주옹-무라오까
성서 히브리어 문법

GRAMMAIRE DE L'HÉBREU BIBLIQUE
김정우 옮김

기혼

지은이/ Paul Joüon-T. Muraoka

폴 주옹(1871-1940) 교수는 프랑스 예수회 신부로서 히브리어와 셈어 학자이며 로마 교황청 연구원 (Institute Biblique Pontifical)의 교수였다. 그의 대표작으로는 『성서 히브리어 문법』(1923)이 있다. 그는 베이루트 성 요셉 대학교(Oriental Faculty of the University of St. Joseph)에서 불어와 히브리어를 가르치는 교수였으며, 그 학교에서 발간하는 저널(*Mélange de la Faculté orientale de Beyrouth*)에 많은 글을 썼다.

타까미추 무라오까(村岡崇光, 1938~현재) 교수는 일본 히로시마에서 태어났으며, 동경교육대학 (Kyoiku University)에서 영문학을 전공한 후(B.A. 1960), 예루살렘의 히브리 대학에서 석사 (M.A. 1962)와 박사를 취득하였다(Ph.D. 1970). 그후 영국의 맨체스터 대학(1970-80), 호주의 멜번대학(1980-91), 그리고 마지막으로 화란의 라이덴 대학에서 히브리어 교수로 후학들을 가르쳤다(1991-2003). 그의 대표작으로는 *Emphatic Words and Structures in Biblical Hebrew* (Jerusalem, Leiden, 1985), *A Greek-English Lexicon of the Septuagint* (Leiden, 2002) 등이 있다. 그는 예루살렘에 있는 히브리어 학술원의 명예위원으로 추대되었으며(2006), 현재 라이덴 대학의 명예 교수이다. 그의 자전적 고백으로서는 『나의 비아돌로로사-아시아에서 따라간 일본제국주의의 흔적』 강범하 옮김 (겨자나무, 2014)가 있다.

옮긴이/ 김정우

김정우 교수는 부산대학교(B.S.)와 총신대신대원(M.Div.)을 졸업하고 미국 웨스트민스터 신학교 (Westminster Theological Seminary)에서 구약학을 전공하였고(Th.M., Ph.D.) 1989년부터 총신대학교 신학대학원에서 구약학 교수를 역임하였으며, 1993년부터 지금까지 한국신학정보연구원을 이끌어 오고 있다. 그의 대표 저서로서는 『시편 주석 I, II, III』(총신대 출판부, 1998, 2005, 2010), 『잠언주석』(기독교서회, 2007)이 있다. 그는 총신대학교에서 대학원장, 신학대학원장·부총장을 역임하였고, 대한성서공회의 번역 자문위원장, 세계성서공회의 학문용 성서위원회(Committee of Scholary Edition)의 위원을 역임하였다.

성서 히브리어 문법(A Grammar of Biblical Hebrew)

개정본 펴냄 2022년 8월 15일 (초판 2012년 3월 5일)
지은이 Paul Joüon-T. Muraoka
옮긴이 김정우
펴낸이 장경희
펴낸곳 도서출판 기혼
    주소 : 서울시 서초구 서초동 1350-3 서초실버타운 A-B02
    전화 : 02-3474-9553, 팩스: 02-3474-9551, 이메일: iktinos1993@gmail.com
    등록 : 제2004-67호(2004. 12. 29)
찍은곳 열린문화
표지 디자인 박혜나
한국어판 Copy Right 도서출판 기혼, 2022 Gihon Publisher, Printed in Seoul, Korea
ISBN 978-89-956151-7-1

주옹-무라오까
성서 히브리어 문법

GRAMMAIRE DE L'HÉBREU BIBLIQUE

김정우 옮김

Paul Joüon-T. Muraoka

A GRAMMAR OF BIBLICAL HEBREW

SUBSIDIA BIBLICA 27

EDITRICE PONTIFICIO ISTITUTO BIBLICO

IKTINOS
한국신학정보연구원

기혼

A GRAMMAR OF
BIBLICAL HEBREW

by Paul Joüon-T. Muraoka

이 책은
(株)인성을 창립한 故 유용성 회장(1908.12.08~1996.7.30)의
덕과 믿음을 기리며
꺼지지 않는 등불(잠 31:18)처럼 온 세상을 밝히려는
인성문화관의 지원으로
출판되었습니다.

말씀의 씨앗을 함께 뿌리며
한국신학과 목회 정보의 숲을 함께 가꾸어 온
한국신학정보연구원(IKTINOS, 1993년~현재)의
동역자들에게 드립니다.

2022. 7.17

棄石 김경수

한국신학정보연구원(1993~현재)

제1대 이사장 박영선 목사(남포교회, 1993.5-1997.12)
제2대 이사장 예종탁 목사(동현교회, 1998.1-1999.10)
제3대 이사장 이철 목사(남서울교회, 1999.11-2005.12)
제4대 이사장 오정현 목사(사랑의교회, 2006.1-현재)
　　　　부이사장 홍문수 목사(신반포교회)
　　　　　　　　 박노철 목사(더사랑교회)

　　　　　고성제 목사(평촌 평성교회), 구경모 목사(보라비전교회), 권숙 목사(서울남부교회), 김명진 목사(빛과 진리 교회), 김서택 목사(대구동부교회), 김선종 목사(정읍중앙교회), 김성겸 목사(안산동산교회), 김은수 목사(온사랑교회), 김용 변호사(법무법인 로고스), 김진현 목사(주의 교회), 김태식 목사(평택제일교회), 류병희 목사(예우림교회), 박원주 목사(부산 서문교회), 성만석 대표(가립회계법인), 송영의 목사(진주교회), 오원석 목사(신용산교회), 유기형 회장(인성산업), 이은규 목사(가나교회), 이풍인 목사(개포동교회), 임다윗 목사(충만한교회), 임재룡 목사(맑은샘교회), 정갑신 목사(예수향남교회), 최웅호 선생, 홍석진 목사(온천제일교회), 우림과 둠밈.

"어리석은 자는 천사들도 두려워 하는 길을 담대히 뛰어 들어간다"(Alexander Pope, 1688~1744). 내가 주옹-무라오까의 『성서히브리어 문법』 번역에 감히 뛰어 들었으니 어리석은 자가 분명하다. 이 책은 내가 평생 씨름한 책들 가운데 난이도 가 가장 높은 작품이었다. 이렇게 정교하고 연약하며 동시에 난해하고 복잡한 책 은 세상에서 둘도 찾기 어려울 것이다. 그렇지만 나는 이 책이 한국의 신학계와 언 어학계에 한 권의 고전으로서 마치 문화재처럼 길이 길이 사용되길 염원하며 옥구 슬을 다듬듯이 절차탁마(切磋琢磨, 『詩經』, 「衛風」, '기수 물굽이' [淇奧]) 하여 개정 본을 내게 되었다. 만약 내가 단 한권의 책을 세상에 남겨야 된다면 아마도 이 책이 될 것이라 생각된다. 주옹-무라오까의 『성서히브리어 문법』과 같은 책을 집필하려 면 셈어 전반에 대해 통달하고, 3,500년 동안의 히브리어 발달사 전체에 대한 통합 적 지식을 가지면서 현대 구미어에 능통하여야 하므로 당분간은 우리 나라의 학계 에 그만큼 걸출한 학자가 나오기 쉽지 않을 것으로 보인다. 그렇지만 이 책이 견고 한 발판이 되어 장차 주옹과 무라오까를 계승하고 발전시키는 세계적인 학자가 나 오길 소망한다.

이 책의 첫 출판과 개정판 과정을 되돌아 보면, 2011년 초판을 출간하려고 하였 을 때 그 어떤 출판사도 나서지 않아 결국 〈한국신학정보연구원〉의 〈도서출판 기 혼〉에서 출판하였다. 막상 번역이 완성되었을 때 나의 〈맥킨토시 Nisus 6.0〉에서 출판용 피디에프(PDF)로 변환이 되지 않아 결국 한 페이지씩 프린트한 후 사진을 찍어서 출판하였다. 막상 출판을 하고 나니 송구스럽게도 여러 오타들이 나왔고, 무라오까 교수께서도 계속 오류들을 수정하여 보내셨다. 몇년의 세월이 흘러 개정 작업을 시작하려고 초판으로 편집한 원판 파일을 열었을 때 업그레이된 새 소프트 웨어 환경에서 히브리어 폰트들은 산산히 깨어졌고 살아 남은 것은 호환이 되지 않아 살릴 길이 없었다. 원판의 스타일도 함께 깨어졌다. 다소 과장을 좀 한다면, 돌 위에 돌 하나 남지 않은 느낌이었다. 다시 나의 〈시지푸스 신화〉가 시작되었다. 존재 자체가 소중하고 아름다운 이 책을 다음 세대로 넘기기 위해서는 파일을 먼저 〈마이크로 소프트 워드〉 환경으로 변환하고, 히브리어 폰트와 셈어, 헬라어 등을 호환이 가능한 유니코드 체계로 바꾸어야 했다. 그 과정에서 세계적인 성경 소프트웨어 프로그램인 〈Accordance〉의 대표인 **Roy and Helen Brown** 부부가 큰 도움을 주었고, 한국 책임자인 라이언 멋지(**Ryan Mudge**)는 기술적인 도움을 주었다. 그렇지만 히브리어를 〈MS 워드〉에 새로 담아내고 마소라 기호와 악센트를 넣는 작업에는 섬세한 수작업이 필요하였고, 그 긴 과정에서 나는 어느덧 마치 마소라 학파의 나크다님이 되는 느낌을 받았다. 텍스트를 담는 운영체계가 바뀔 때마다 폰트, 악센트, 스타일의 변화가 끊임없이 일어나서 내 눈에 불을 켜고 원어의 '일점일획'(마 5:18)도 놓치지 않으려고 수 없이 검토하여야 했다.

10년 전 초판 작업을 마치고 이 책이 어떻게 세상에 나오게 되었는지 돌아보면서 "독자들은 이 책에서 주옹의 예수회 도제(徒弟) 정신, 무라오까의 일본 장인(匠人) 정신, 그리고 한국의 선비 정신이 융합되어 세계의 학문이 장차 어떻게 발전할 수 있는지 하나의 지표를 볼 수 있을 것이다"라고 고백한 바가 있다. 그러자 이 책을 JMK (주옹-무라오까-김정우)로 불러주신 민영진 박사님은 "무슨 선비 정신으로?"이라고 반문하며, "노가다 정신"이었다고 말씀하셨다. 이제 선생님께서 이 개정본을 보시면, 노가다 정신이 선비 정신 승화되었음을 인정해 주실 것으로 기대한다.

본 개정본은 편집과 텍스트의 가독성과 정확성에 있어서 주옹-무라오까의 원본(2006)과 한글 초판 번역본(2012)보다 여러 면에서 온전하게 다듬어졌다.

1. 이 책은 서적 출판 전문 프로그램인 〈인디자인〉으로 편집하여, 히브리어와 성경 원문 텍스트를 보고 읽기가 쉬워졌다. 히브리어 단어는 한글보다 크게 표현하였고, 히브리어 단어 및 문장의 우리말 번역은 원본의 이탤릭체에서 고딕체로 바꾸었으며, 한결 수월하게 읽을 수 있는 문체로 다듬어서 가독성을 한층 높이려고 노력하였다. 편집 스타일에 있어서 패러다임은 정확성과 함께 도표로 보기도 좋고 사용하기도 쉽도록 깔끔하게 정리하였다.

2. 초판에 나왔던 오타와 오류들을 최대한 교정하여 정확성을 높였다. 히브리어와 그 음역과 악센트 표기는 지극히 섬세하고 미묘하여 까다롭기 그지없으므

로 역자의 눈을 피해간 곳들이 여전히 남아 있을 것이다.

3. 무엇보다도 한국연구재단의 후원으로 한국신학정보연구원이 수행한 〈성경 히브리어 헬라어 문법 용어 사전〉(2013-2018) 작업과 그 후속 작업을 통하여 그동안 다소 모호했던 문법 용어들과 언어학 용어들을 한층 정확하게 다듬어 장차 성서의 언어인 히브리어, 아람어, 헬라어 문법 용어의 길잡이가 되어 장차 표준 용어로 수용되길 꿈꾸어 보았다. 번역과 개정의 긴 과정에서 나의 바람은 로마 교황청 출판사에서 나온 원본보다 가독성과 정확성에 있어서 더 나은 작품을 만드는 것이었다.

개정본 작업에 있어서 히브리어 단어의 회복과 악센트의 스타일 변환에 예루살렘의 히브리대학에서 수학하고 있는 김은총 군이 여러모로 실제적인 도움을 주었다. 아무리 애를 써도 〈워드〉 환경에서 책다운 모양이 나오지 않고 있을 때 열린문화 서재봉 대표가 〈인디자인〉으로 편집하겠다고 자원해주었고 함은하 실장이 끝없는 인내심으로 세심하게 다듬어서 비로소 자부심을 가질 수 있는 책이 되었다. 워드 기초 텍스트 편집에는 본 연구원의 황지은 간사가 일조하였다. 한글 문법 용어에 대한 토론과 한글 본문 교정에 도움을 준 심상도 박사에게 감사드린다. 다소 늦었지만 초판을 번역할 때 시리아어 표기를 검토해 준 현창학 교수에게도 감사드린다.

다른 누구보다도 한국신학정보연구원을 지속적으로 후원해 주신 이사들과 교회들에 감사드린다.

Soli Deo Gloria

2022.07.17

棄石 김정우

■ 한글 번역 개정본 추천사

주옹의 원전(*Grammaire de L'Hébreu Biblique*, Institut Biblique Pontifical, Rome, 1923) 발간 100주년을 앞둔 올해에 원작과 무라오까의 영어 개정판(*A Grammar of Biblical Hebrew*, Editrice Pontificio Istituto Biblico, Roma, 2006)을 뛰어넘는 명실상부한 세계 최고의 『성서히브리어 문법서』가 우리말로 개정되어 새로 태어났다. 이제 한국어 번역문에서 다시 영어와 불어 원본을 새롭게 조명할 수 있는 명작이다.

유선명 (백석대학교 구약학 교수, 2022.04.02)

이 책은 모든 말씀의 청지기들이 소장해야 할 필수적인 도구이며 본문의 결을 살리는 말씀 주해를 용이하게 해줄 귀한 보고(寶庫)이다. 로마, 일본을 거쳐 한국에서 고운 한글로 다시 태어난 히브리 문법의 집대성이라 할 수 있는 이 책은 앞으로 적어도 신학계의 한 세기를 비출 것이다.

안한나 (횃불트리니티신학대학원대학교 구약학 교수, 2022.04.19)

성경 원어연구가 버려진 돌처럼 홀대되는 오늘날 신학교육현장에서 선비의 정신과 노가다의 열정으로 옥석의 흙을 털어낸 주옹-무라오까의 『성서히브리어 문법』 개정본이 출간되어 기쁘다. 이 개정본이 목회현장과 신학교에서 성경 원어에 대한 관심을 다시 불러일으키는 작은 성령의 바람이 되기를 소망한다.

이영미 (한신대 구약학 교수, 2022.04.02)

대작은 한 사람의 힘으로 완성되지 않는다. 긴 세월 동안 수많은 장인들의 손길을 거칠 때 비로소 완성된다. 이 책은 적어도 세 명의 장인의 손을 거쳤다. 특별히 한글 개정본에는 한국어 독자들의 가독성과 유용성을 높이기 위해 편집뿐 아니라 교정에 세심한 노력을 기울였다. 무엇보다 한국연구재단의 후원으로 한국신학정보연구원이 수행한 〈성경 히브리어 헬라어 문법 용어 사전〉 프로젝트에 기초하여 성서 언어들(히브리어, 아람어, 헬라어)에 대한 문법 용어의 표준성을 높인 것은 한국 성서학의 발전에 이바지할 놀라운 성과다. 건축물의 크기와 견고함은 기초석에서 결정된다. 이 책은 "시온에 놓여진 기초석"과 같다(사 28:16). 이 돌을 의지하는 자는 히브리어 성경을 읽는 데에 부끄러움을 당하지 않고 다급해지지 않을 것이다. 이 돌의 귀중함을 깨

닫고 머릿돌이 되게 하여 견고한 하나님 말씀의 집을 짓는 지혜로운 독자들이 되기를 바란다(시 118:22)

하경택 (장신대 구약학 교수, 2022.04.02)

이 책은 히브리어 문법서라기보다 문법 사전이다. 독자들은 히브리어와 연관된 고대 근동의 셈어들 뿐 아니라 마소라 학파를 비롯한 히브리어의 발전사와 헬라어 문법까지 배우는 즐거움을 누릴 수 있을 것이다.

이윤경 (이화여대 기독교학과 교수, 2022.04.02)

하나님의 귀하신 말씀인 구약 원문을 이해하는데 필수적인 히브리어 형태론과 구문론의 최고 수준 자료를 우리 말로 쉽고 편하게 읽을 수 있게 다듬은 이 소중한 책을 가까이 두어 성경을 연마할 때, 우리의 사역과 연구는 신학과 목회의 깊은 원천에서 (Ad Fontes) 생명수를 길어 올려 내는 기쁨이 될 것이다. 온 마음을 다해 추천하며 권한다.

김희석 (총신대학교 구약학 교수, 2022.04.20)

한국인이 집을 짓는 습성 중 하나는 이전 집을 완전히 허물고 자신의 집을 완전히 새로 짓는 것이다. 또 기어코 자신의 힘으로 기초부터 시작해서 완성까지 하는 것이다. 그런데 서양 사람들은 이전 집터 위에서 그 집을 다 부수지 않고, 뼈대는 그대로 살려 새롭게 짓는다. 또 후대에 그 집을 새롭게 고치도록 여지를 남겨 놓는다. 본서는 바로 이러한 방식으로 저술된 것이다. 이런 방법이야말로 학문이 이전 학문에 기반하면서도 새로움을 추구하는 것이다. 본서는 주옹-무라오까의 연구를 토대로 김정우 교수가 번역 이상의 창조 행위로 만든 저술이다. 본서를 시발점으로 서양 학자들이 이룩한 히브리어 문법 뿐아니라 헬라어 문법도 한국인 학자들에 의해 지속적으로 수정되고 저술되는 전통이 계속 이어지길 소망한다.

김동수 (평택대 신학과 신약학 교수, 「캐넌앤컬처」 편집위원장, 2022.04.25)

이 책의 백미는 인덱스 부분에 있는 〈성구 색인〉이다. 나는 설교를 준비할 때마다 성경 장절을 소개하는 〈성구 색인〉을 통하여 본문을 읽으며 은혜를 받고 말씀을 전한다. 이 책은 준비된 말씀 위에 아름다운 꽃을 입혀 금상첨화가 되게 한다.

김진현 (주의교회 담임목사, 2022.04.19)

한국어로 배우는 주옹-무라오까의 히브리어 문법

지금은 용인으로 장소가 옮겨졌지만 한 때 서초구 양재동 대한성서공회 본사에 있던 〈성서학 문헌정보자료실〉에는 연구하는 교수들에게 제공되는 작은 방이 있었다. 1990년대 초에 개관된 이래 김정우 교수는 강의나 학교 일이 없을 때 늘 문헌정보자료실의 자료 속에 파묻혀 있었다. 특히, 최근 몇 년 동안은 그는 주옹-무라오까의 『성서 히브리어 문법』을 우리말로 번역하는 일에 매달려 있었다. 그 정도의 기간이라면 자신이 직접 히브리어 문법을 우리말로 쓸 수도 있는 시간이었는데, 가끔 그의 방을 들여다보면 그는 번역을 하고 있는 것이 아니라 히브리어 문법을 연구하고 있었다. 자신이 이해가 되지 않으면 무라오까 교수에게 메일을 보내어 묻는다. 네덜란드 라이덴대학교에서 은퇴한 무라오까 교수는 한 때 일본에게 강점당하여 고통을 받던 동남아시아 여러 나라를 자비량으로 방문하여 일본의 죄를 고백하고 성서언어와 고대 번역 중 아람어와 그리스어 칠십인역에 관한 강의를 함으로써 자기 나라의 역사적 잘못을 사죄하는 수행을 하고 있다. 히브리어 문법과 관련된 어떤 난해한 문제를 만나면 집중적으로 파고들어, 질문자에게 자세히 설명하고, 또 첨가하고, 또 생각나는 것을 부연하는 세심한 태도는 김정우 교수와 무라오까 교수가 다를 바가 없다. 문제를 붙잡고 늘어지는 선수들이 서로 한데 어울려 엎치락뒤치락하는 것을 보면서 저 번역이 언제 끝나나 싶었는데, 드디어 이제 끝났다는 소식을 듣는다.

『성서 히브리어 문법』에는, 한 편으로는 게제니우스의 독일어 원문을 카우취가 개정, 증보하고 코울리가 영어로 번역하여 온 세계에 소개한 게제니우스-카우취-코울리(GKC)의 『히브리어 문법』이 있고, 다른 한 편으로는 주옹의 프랑스어 원문을 개정, 증보하여 영어로 번역하여 온 세계에 소개한 주옹-무라오까(JM)의 『성서 히브리어 문법』이 있다. 1970년대 초에 예루살렘 히브리대학교의 하임 라빈 교수는 영국의 옥스퍼드 대학을 오가며 게제니우스-카우취-코울리-라빈 판을 준비하고 있었지만 완성하지 못하고 타계하였다. 라빈 교수는 자기의 제자인 무라오까 박사에게 주옹의 문법 책을 개정, 증보하도록 권유하고 자신은 게제니우스-카우취-코울리의 개정과 증보에 매달렸던 것 같다. 차제에 우리는 주옹-무라오까-김정우(JMK) 판을 가질 수 있는 가능성을 보고 있다. 한국어가 모국어인 이들에게 주옹의 히브리어 문법을 한국어로 어떻게 설명해야 할지를 늘 고심해온 김정우 교수는 그런 문제와 관련된 문법 요소들이 나오면 줄곧 무라오까 교수에게 물었다. 보나마나 틀림없이 무라오까 교수는 질문보다 더 상세한 대답을 했을 것이다. 김정우 교수의 질문은 단지 대본 번역을 위한 것이 아니라 히브리어 문법을 한국 독자에게 설명하려고 할 때 명료하게 하고 싶은 것에 관한 것이었으리라.

1960년대에 연세대학교에서 한국학생들에게 히브리어, 그리스어, 라틴어를 가르치던 찰스 굿윈 교수가 한국 학생들이 고전어를 직접 한국어로 배우지 않고 영어나 독어를 통해서 배우는 것을 몹시 안타까워했던 것을 나는 기억한다. 김정우 교수 역시 히브리어를 아시아인에게, 적어도 한국인에게 어떻게 이해시킬 것인지를 고심하는 모습을 가까이에서 지켜볼 수 있었다. 히브리어와 한국어를 직접 대면시키려한 그의 오랜 노력이 이제 결실을 맺었다. 무라오까 교수도 이 번역으로 크게 격려를 받았을 것이므로 10여 년 전에 무라오까 교수에게서 받았던 메일의 한 대목을 상기하며 독자들에게 소개하고 싶다.

최근에 저와 제 아내는 같은 문제를 가지고 고심하고 있었습니다. 지난 세기 한국과 일본의 불행했던 역사에 관한 것입니다. 저는 2003년 2월에 라이덴 대학교에서 65세로 은퇴를 하게 됩니다. 은퇴 후에 아시아의 여러 나라를 방문하여 우리 내외가 반드시 해야 할 일을 우리는 지금 생각하고 있습니다. 지난 세기에 우리 일본과 일본 군대가 아시아의 여러 나라를 강탈한 것에 대하여 저는 심한 죄책감을 가지고 있습니다.

따라서 저는 일본에게 유린당한 아시아의 여러 나라에 속죄 여행을 하고 싶습니다. 제가 가진 것이라야 얼마 안 되지만 히브리어나 고대 셈족 언어, 또는 고대어 번역 성서에 관한 저의 작은 연구를 아시아 여러 나라의 형제자매들과 함께 나누고 싶습니다. 제게 신학대학생들에게 강의를 할 수 있는 기회를 마련해 주시면 히브리어와 아람어와 그리스어 칠십인역 등, 구약성서의 고대어 번역 등에 관한 강의를 할 수 있을 것 같습니다. 왕복 여비나 체재 비용은 전적으로 우리가 부담하겠습니다. 강사료도 받지 않겠습니다. 형편이 되신다면 허름한 방 하나만 마련해 주시면 거기에서 우리가 한 달이나 한 달 반 정도 숙식을 하면서 머물겠습니다. 거처할 방마저도 부담이 된다면, 제가 제 비용으로 방값을 지불하겠습니다. 민 박사님께서는 다만 몇몇 대학에 말씀하셔서 제가 연구한 것을 함께 나누는 강의를 통하여 보잘것 없으나 속죄를 할 수 있는 기회를 마련해 주시기 바랍니다.

한국 국민에게 저지른 일본의 잘못을 무엇으로 용서받을 수 있겠습니까! 도저히 계산할 수 없는, 한국 국민에게 진 이 막대한 빚을 눈곱만큼이나마 갚아보려고 하는 우리의 심정을 십분 이해해 주시면 고맙겠습니다.

이 편지를 받고 마음이 착잡했다. 해방 이후 반세기가 넘도록, 일본은 우리가 잊을만하면, 우리의 자존심을 상하게 하는 망언(妄言)을 서슴지 않고, 교과서의 왜곡된 서술을 통하여 자라나는 다음 세대에게 왜곡된 한일관계의 역사를 가르치고, 일본의 지도자들이 전쟁범죄자들의 무덤이 있는 야스쿠니 신사를 참배하는 등, 지금까지도 우리를 화나게 만들고 있기 때문이다. 가슴 뭉클하게 하는 편지였지만 이것을 가지고 어떻게 처리를 해야 할지 몰라 막연한 심정이었다. 그러나 편지 말미에 있는 "한국 국민에게 저지른 일본의 잘못을 무엇으로 용서받을 수 있겠습니까! 도저히 계산할 수 없는, 한국 국민에게 진 이 막대한 빚을 눈곱만큼이나마 갚아보려고 하는 우리의 심정을 십분 이해해 주시면 고맙겠습니다"(…So that we could repay a tiny fragment of inestimable debts we owe the Korean people)라는 이 말이 자꾸만 나를 우울하게 만들었다. 일본을 용서한다는 것이 얼마나 힘든 일인지를 개인적으로 체험하는 순간이었다.

이제 우리는 주옹-무라오까의 『성서 히브리어 문법』을 통하여 히브리어 문법 학습과 성경 해석에 있어서 그의 신세를 지지 않을 수 없게 되었다. 또한 김정우 교수의 오랜 노력과 헌신에 우리 모두가 박수를 보낸다.

주후 2012년 2월 15일
대한성서공회 총무 역임
민영진

21세기의 새옷으로 갈아입다

할렐루야! 히브리어 원문 성경을 읽는 온 세계의 학자들로부터 널리 인정을 받고 있는 주옹-무라오까의 『성서 히브리어 문법』을 한국의 대표적인 구약학자 가운데 한 분인 김정우 교수께서 우리말로 번역할 수 있도록 섭리하신 하나님께 모든 영광과 감사와 찬양을 돌립니다.

사람들이 계절마다 옷을 갈아입듯이 책도 시대마다 옷을 갈아 입습니다. 한국교회의 공인성경으로 알려진 『개역성경』은 지금으로부터 약 100년 전인 1911년 『성경전서』의 이름으로 출간되었습니다. 흔히들 이 성경은 『구역』으로 부릅니다. 『구역』은 그후 1938년에 『개역』으로 옷을 갈아 입었고, 『개역』은 1952년에 한글맞춤법 통일안에 따라 다시 『개역한글판』으로 개정되었고 지난 1998년에 『개역개정』으로 보완되어 출간되었습니다. 우리는 100년 동안 성경의 옷을 네 번이나 갈아입은 셈입니다.

이번에 한국신학정보연구원의 기혼 출판사에서는 21세기의 옷으로 새롭게 갈아입은 주옹-무라오까의 『성서 히브리어 문법』을 우리말로 출간하였습니다. 이것은 우리로 하여금 성경을 더욱 온전하게 번역하고 해석할 수 있는 열쇠를 제공한다는 점에서 획기적인 사건이 아닐 수 없습니다.

현재 세계에서 가장 널리 사용되는 히브리어 고급 문법서를 세 권 꼽으라고 한다면, 『게제니우스-카우취』의 문법과 왈키와 오코너의 『히브리어 문법』 그리고 주옹-무라오까의 『성서 히브리어 문법』을 들 수 있을 것입니다. 먼저 1813년에 초판이 나오고 그 후 100년 동안 개정을 거듭하여 1910년에 나온 『게제니우스-카우취』의 문법은 가장 고전적인 문법으로서 19세기 독일의 히브리어 문법을 반영하고 있으나 이후에 개정 작업을 이루지 못하였기에 20세기의 발전된 개념을 담아내지 못했습니다. 한편 20세기 말인 1991년에 나온 김정우 교수의 은사인 왈키와 오코너의 문법은 미국 하버드대학교의 히브리어 문법 전통을 반영하며 교재로 사용하기에 편리하게 구성되어 있으나 히브리어의 시제(tense) 개념을 시상(aspect) 개념으로 대체함으로써 동사 체계 이해에 급진적인 변화를 만들었습니다. 그리고 1923년에 초판이 나오고 2006년에 개정이 완성된 주옹-무라오까의 문법은 이스라엘 히브리 대학의 문법적 관점을 대표하며, 동사에 있어서 시제와 시상 개념을 완벽하게 통합 하고 있습니다. 또한 이 책은 히브리어 성경 연구에 있어서 마소라 학파의 전통에 깊이 뿌리를 내리고 현대적인 개념과 토론들을 완벽하게 정리해 내었습니다.

이 대작이 우리말로 번역된 것을 다시 한 번 축하하고 감사드리며, 한국의 학자 들과 목회자들과 신학생들이 이 탁월한 문법책을 널리 이용하여 히브리어 원문의 뜻을 밝히 깨닫고 하나님의 말씀을 더욱 효과적으로 증거하며 교회와 사회를 견고 하게 세우는 일에 함께 동참함으로써, 하나님께 큰 영광을 돌리게 되시기를 삼가 기원합니다.

주후 2012년 1월 24일
장신대학교 총장
장영일

우리말로 새롭게 창조된 성서 히브리어 세계

주옹-무라오까의 『성서 히브리어 문법』이 김정우 교수의 노력으로 우리말로 번역, 출간된 것을 진심으로 축하합니다. 이 작업은 김정우 교수가 지난 10년간 뿌린 땀의 결실입니다. 제가 기억하기에 김정우 교수가 주옹-무라오까의 『성서 히브리어 문법』을 우리말로 소개해야겠다고 작정하던 때는 2003년 2월이었습니다. 일본인 무라오까가 한국인 신학생들에게 자신이 평생 일궈온 성서 히브리어의 세계를 처음 열어보이던 때이었습니다. 그 때부터 셈해 보니까 김정우 교수가 이 책을 위해서 쏟은 시간이 성큼 10년이 됩니다. 주옹이 불어로 쓰고, 무라오까가 영어로 개정, 확대한 책을 김정우 교수가 우리말로 쓰는(!) 장한 사역을 드디어 멋지게 해 낸 것입니다.

저는 지난 20년 간 김정우 교수와 한 사람의 교수로, 학자로, 목사로, 크리스천으로 만나고 사귀고 정을 나누어왔습니다. 때로는 넓게, 때로는 깊게, 더러는 길게 이야기하고 또 이야기하였습니다. 구약성경을 이야기하였고, 구약신학을 주고받았으며, 성서 주석과 해석학을 놓고 학자적인 속내를 나누었습니다. 처음에는 학문으로 시작하던 대화가 한참 가다보면 신학 교육으로 이어졌고, 그러다 보면 이내 한국 교회의 이런 저런 아픔을 내 몸에 난 상처처럼 서로 부둥켜 안았습니다. 이런 식의 대화가 우리 삶으로 이어졌고, 그 이어짐이 마침내 함께 하는 사역으로 확대되었습니다. 그 대화의 마당이 한국신학정보연구원이었고, 그 대화의 터전이 대한성서공회 문헌 정보 자료실이었습니다.

2007년 여름으로 기억합니다. 김정우 교수가 신장암 수술을 받고 병실에 누워 있었습니다. 감기인줄 알았는데, 감기가 오면 으레 기침인줄 알았는데, 사정이 그게 아니었던 모양입니다. 신장 하나를 떼 내는 수술을 받았다는 연락을 받았습니다. 저는 위로하러 갔는데, 오히려 제가 위로를 받았습니다. 뭐라고 제게 말을 건넨 줄 아십니까? 김정우 교수가 입을 떼며 제게 하는 말이 "하나님이 나를 수선하여 사용하시려는 모양입니다"이었습니다. 하나님 앞에 진정 무릎 꿇을 줄 아는 신앙인이 거기 병실에 있었습니다. 그런데 그 시간에도 김정우 교수는 주옹-무라오까를 붙들고 있었습니다.

흔히, 번역은 반역이라고 합니다. 그러나 이 책에서만큼은 그렇지 않습니다. 차라리, 번역은 새로운 창조라고 말해야 합니다. 주옹-무라오까의 『성서 히브리어 문법』은 생각만큼 우리말로 번역하기가 쉽지 않은 책입니다. 아니, 쉽지 않다기보다도 어렵다고 말하는 편이 훨씬 더 낫습니다. 무엇보다도 대본이 영어로만 되어 있지 않기 때문입니다. 분명 영어로 된 책인데, 막상 펴 보면 영어, 불어, 독일어, 이태리어, 화란어 같은 유럽어가 막 튀어 나옵니다. 히브리어 문법을 다루는 줄 알았는데, 막상 읽어보면, 아람어, 아랍어, 시리아어 같은 셈족 언어가 쉴 새 없이 쏟아집니다. 어디 그 뿐입니까? 문법책답게 이런 저런 전문 용어, 전문 언어, 전문 말글이 책의 구석구석을 채우고 있습니다. 때로는 우리가 그냥 쓰는 말로 도저히 설명할 수 없는 것들은 말을 새로 만들어서(신조어로) 해설하기도 합니다. 그런 책의 1부가 히브리어 음성론이고, 2부가 히브리어 형태론이며, 3부가 히브리어 구문론입니다.

이처럼 방대한, 이처럼 난해한, 이처럼 곤란한, 주옹-무라오까의 『성서 히브리어 문법』을 김정우 교수가 수려한 우리말로 옮기는 데 성공(!)하였습니다. 아니, 옮기지 않았습니다. 주옹-무라오까를 우리말로 재현해 놓았습니다. 독자들은 이 책을 받아든 순간 이런 생각을 대번에 하게 될 것입니다. '이 한 권이면 되겠다. 이 한 권이면 성서 히브리어 문법은 내 것이 되겠다!', 그렇습니다. 이 한 권의 책으로 꼽힐 만한 주옹-무라오까의 『성서 히브리어 문법』이 마침내 우리 책상에 놓이게 되었습니다. 그래서 더욱 기뻐합니다. 그래서 더욱 뿌듯합니다.

이 책이 한국 구약학 연구에 초석이 되기를 빕니다.

주후 2012년 2월 15일
감신대 구약학 교수, 구약학회 회장
왕대일

한글 번역본 저자 서문

이 히브리어 문법책의 한국어판은 성경을 열정적으로 그리고 정밀하게 탐구하는 한국에서 장차 히브리어 성경 연구에 중요한 이정표가 될 것이다. 히브리어 성경과 같은 고대의 텍스트를 정확하게 분석하고 연구하는 데 있어서 좋은 문법책은 필수적인 도구가 된다는 사실을 그 어느 누구도 부인할 수 없을 것이다. 히브리어 성경을 고대 그리스어로 번역한 70인역은 이미 주전 3세기 경에도 히브리어 성경의 문법과 본문의 주석을 정밀하게 다룬 사람들이 있었음을 보여준다. 고대 이스라엘에 대한 이 중요한 유산은 그 이후에 세계 3대 종교의 초석이 되었으며, 유대인과 그리스도인들 중에서 헌신되고 명민한 지성을 가진 학자들에게 뜨거운 관심을 끊임없이 불러 일으켰다.

이제 이 학문적인 전통은 극동 지역에까지 넘어 오게 되었다. 한국에서 활동하는 상당수의 신진 학자들과 탁월한 원로 학자들은 구약성경에 제기된 문법적이고 언어적인 문제들을 심도 있게 다루면서 그들 연구에 큰 족적을 남기고 있다. 이와 같은 선도적 작업을 더 많은 학자들이 지속하고 확대하기 위하여 고급 히브리어 문법 책은 필수적이며, 그와 같은 책은 장차 학문의 발전에 지대한 공헌을 하게 될 것이다. 오늘날 대부분의 한국 학자들은 영어나 다른 유럽어들로 쓰여진 문법 책이나 글들을 읽는 데 별로 어려움이 없을 것이다. 그렇지만 자신의 모국어로 고급 히브리어 문법을 쉽게 접할 수 있다는 것은 전혀 다른 차원이 될 것이다.

이 문법 책의 영어 원본은 지금까지 세상의 모든 언어로 쓰여진 고급 히브리어 문법 책들 중에서 유일하게 가장 종합적인 최신의 작품이다. 이 책은 원래 세계적으로 널리 칭송을 받던 폴 주옹의 1923년 불어 판 히브리어 문법에 근거하고 있다. 그렇지만 이 영어 판은 단지 불어에서 번역한 것이 아니며, 1923년과 2005년 사이에 출판된 히브리어에 대한 중요하고도 다양한 연구에 근거하여 철저하게 개정되었다. 양으로만 보아도 영어 판은 원래 불어 판보다 약 30%나 더 확대되었다.

내가 2003년 2월과 3월에 한국을 처음 방문하였을 때, 그 때 나는 20세기 초반 일본이 한국의 국민들에게 끼친 엄청난 불의와 피해와 고통에 대하여 조금이나마 참회하겠다는 뜻으로 자발적인 교육 봉사를 하고자 하였다. 어느 날 나는 장로회 신학대학교의 예배 시간에 우리가 눈물로 뿌린 씨앗의 열매를 나의 한국 친구들과 함께 기쁨으로 추수할 날이 오기를 사모한다고 말하였다. 이 문법책은 그 열매 중 하나이며 내가 지난 수년 간 김정우 교수와 함께 강도 높게 일한 결실이다. 나는 그의 인내와 헌신과 우정에 깊이 감사드린다. 또한 번역의 초기 단계에서 참으로 값진 기여를 한 박미섭 박사에게도 감사드린다.

한국이 일본 제국주의의 멍에를 벗고 해방된 지 70년이 거의 다 되어도 우리가 공유하고 있는 고통스러운 과거사의 문제는 아직도 풀려지지 않고 여전히 남아 있는 것들이 있지만, 한국어로 된 이 문법책을 통하여 이웃하고 있는 두 나라가 서로에게 좀 더 가까워질 수 있도록 기도드린다.

타까미추 무라오까,

네덜란드 라이덴 대학교 명예교수,

2012년 1월 30일

Author's Preface to the Korean Edition

The publication of this Hebrew grammar in Korean must mark an important milestone in the study of the Hebrew Bible in this country, which is being pursued with great enthusiasm and keen interest. Nobody would dispute that a good grammar is an indispensable tool for a careful analysis and study of an ancient text that the Hebrew Bible is. The Septuagint, the old Greek translation of the Hebrew Bible, shows that there were people already in the third century B.C. who took serious interest in matters of grammar as well as general exegesis of the Hebrew Bible. Since then this important legacy of Ancient Israel, a foundation for the three major religions of the world, has never ceased to attract fervent attention on the part of dedicated scholars and sharp minds among the Jewish people and Christians. This tradition of scholarship is now being carried on also in the Far East. Korea can justly be proud of a number of young and not so young eminent scholars who have made their marks through their researches into grammatical and linguistic issues arising from the Old Testament. For such a pioneering work to be continued and expanded by more scholars the availability of an advanced grammar of Biblical Hebrew is bound to play a significant role. Most contemporary Korean scholars will no doubt be able to cope with grammars, books, and articles written in English, or even other

European languages. Even so, to have easy access to an advanced Hebrew grammar in one's own language makes a big difference. It is also important to realise that this grammar, in its original English form, is currently the only comprehensive and up-to-date advanced Hebrew grammar in any language. It is based on a widely acclaimed Hebrew grammar originally written by P. Joüon in French and published back in 1923. The English version is not a mere translation from French, but has been thoroughly revised in the light of important and varied Hebrew studies published between 1923 and 2005. Even in quantitative terms the English version has increased over the French original by nearly 30%.

When I visited South Korea for the first time in February/March 2003 to do some voluntary teaching as an act of penance against the background of the enormous injustices, damages, and sufferings inflicted by my country on the Korean people during the first half of the 20th century, I said at a chapel service at the Presbyterian College and Theological Seminary that I look forward to a day when I can harvest fruits with joy together with my Korean friends, fruits of seeds which we sowed together in tears.

This grammar seems to me to be one of such fruits, on which I have had the pleasure of working intensively over several years with Prof. Jungwoo Kim. I cannot thank him enough for his patience, dedication, and friendship. And I also want to express my deep gratitude to Dr. Misop Park who made a valuable contribution in the initial stage of the Korean translation.

In spite of the shared painful past, an issue which, nearly 70 years after the liberation of Korea from the Japanese colonial yoke, still remains to be resolved, it is my prayer that the appearance of this grammar in Korean helps to bring our two neighbouring nations a little closer towards each other.

Prof. Dr. Takamitsu Muraoka,

Professor emeritus, Leiden University,

The Netherlands,

30 January, 2012

한글 번역본 역자 서문

2003년 2월 중순에 나는 처음으로 무라오까 선생을 만났다. 그때 대한성서공회의 민영진 총무는 미래의 성경번역자들을 양성하기 위하여 제1회 한글 성경 번역 워크샵(Korean Translation Workshop, 2003.2.17-22)을 개최하였고, 무라오까 선생은 20세기 초반부에 일본 제국주의가 한국과 아시아에 지은 죄를 교육봉사로 속죄하겠다며 자비량으로 왔다는 간증을 하였다. 그때 나는 그에게 깊은 인간적인 친밀감을 느꼈다.

그 만남이 결정적인 계기가 되어 나는 예루살렘의 히브리 대학교에서 성서 히브리어로 박사 학위를 취득하고 당시 건국대학교 히브리어 학과에서 가르치던 박미섭 박사와 함께 주옹-무라오까의 걸작인 『성서 히브리어 문법』을 번역하기로 하였다. 그리고 그 이듬 해인 2004년 7월 무라오까 교수가 있는 네덜란드의 라이덴 대학(Leiden University)으로 가서 한달 동안 그의 문법책과 히브리어 성서 본문을 같이 읽으며 주요 쟁점들에 대하여 토론하면서 매킨토쉬 파일로 편집된 그의 문법책의 원본을 우리말로 구현할 수 있는 다양한 기능들을 배우게 되었다.

처음에 나는 무임승차를 하는 줄 알았다. 사실 20세기 최고의 히브리어 문법책으로 꼽힐 수 있는 이런 수준의 책을 우리말로 집필한다는 것은 그 자체로 거의 불가능한 일이며, 비록 번역을 한다 하더라도 이 책 안에 쓰인 히브리어 문장, 구(句), 단어, 음역, 마소라 악센트 기호, 패러다임, 문헌들을 오타 없이 구현해 내는 것은 불가능하게 보였기 때문이다. 나아가 이 책에는 아랍어, 시리아어 및 불어, 독일어, 이태리어, 화란어, 라틴어들도 상당히 많이 나오고 있으므로, 만약 원본 파일에서 직접 번역을 할 수 있다면 시간도 줄이면서 완성도가 높은 작업이 이루어질 줄 알았다. 나는 호박이 넝쿨 채로 굴러 떨어진 줄로 알았다.

그렇지만 실제 번역의 과정은 시지푸스 신화와 같았다. 먼저 무라오까의 유럽어 매킨토쉬 파일은 한글 파일에서 완전히 호환되지 않아 깨어진 폰트들이 쏟아져 나왔고, 어떤 때는 내 컴퓨터의 소프트웨어가 말썽을 일으켜 파일이 스스로 변형되며, 또 어떤 때는 컴퓨터 자체가 갑자기 다운이 되어 내가 한 작업의 상당한 분량을 잃어버릴 뻔하였다. 게다가 처음에 받은 파일은 영어 번역 초기본(1993)이었는데, 무라오까는 이 파일을 계속 개정하는 과정에 있었다. 박미섭 박사는 이 판의 음성론(1부)과 형태론(2부)에 대한 초역을 마치고 이스라엘 관광청 소장으로 자리를 옮기게 되었다. 그리고 나는 2007년 8월 중순 구문론(3부)에 대한 번역을 마치자마자, 신장 암 판정을 받고 수술실로 들어가게 되었다. 2008년 나는 초역을 다시 다듬어 총신대학교 대학원 학생들과 한 해 동안 세미나를 하였는데, 그 당시 번역의 수준과 편집의 질로서 아무리 수정을 하여도 책이 될 수 없음을 절감하게 되었다. 그 시점에 나의 대학원 학생인 이윤정 선생이 교정과 개정 작업에 참여하게 되었으며, 그 후 나는 3년 반 동안 방학을 송두리째 바치면서 번역을 새로 하듯이 모든 문장을 새롭게 다듬었다. 그러나 번역에 집중할수록 이 책은 번역이 불가능해 보였다. 무라오까의 영어는 쉽지 않았고, 그 안에는 내용을 알아야만 번역할 수 있는 내용들이 너무 많았으며, 무엇보다 원문의 의미는 알아도 번역은 불가능한 문법적, 언어학적 신조어(新造語)들이 헤아릴 수 없이 많았다. 더구나 무라오까는 그의 최종본(Roma 2006)에서 발견한 수백 개의 오타를 쉴새 없이 보내어 왔다. 하나의 바위를 산꼭대기에 겨우 올려두면 다시 산 아래로 굴러 떨어지고, 또 다시 올리면 또 다시 굴러 떨어지는 작업을 매일 같이 반복하였다.

이제 나의 시지푸스 신화는 끝났고, 한국의 성서학계에 이 역사적인 대작을 내어 놓게 됨을 주님께 무한히 감사드리며 영광을 돌린다. 이 책은 그 자체로 기적이며, 우리말 번역도 나의 인생에서는 기적 같은 하나님의 섭리로 완성되었다.

번역자로서 볼 때 이 책은 다음과 같은 특징을 갖고 있다.

이 책은 역사적으로 기념비적인 히브리어 문법서이다. 히브리어 문법에 대한 지식은 18세기부터 셈어를 비롯한 고대 근동 아시아의 언어들이 발견됨으로써 본격적으로 발전하기 시작하였으며 이를 바탕으로 게제니우스(1786-1842)는 19세기 초반까지의 히브리어에 관한 지식을 집대성하였다(W. Gesenius, Hebräische Grammatik, Halle: Renger, 1812). 19세기 후반부의 히브리어 지식은 게제니우스의 제자였던 뢰디거(E. Rödiger, 14-21판)와 카우취(E. Kautzsch, 22-28판)가 게제니우스의 문법을 지속적으로 개정함으로써 완성되었다. 그리고 코울리(A. E. Cowley)는 카우취의 제28판(Leipzig: Vogel, 1909)을 영어로 번역하면서 이 책은 19세기의 대표적 작품으로 지금까지 고전으로 사용되고 있다(Gesenius' Hebrew Grammar, Oxford: Clarendon, 1910).

주옹은 게제니우스 이후 100년 동안 이루어진 히브리어 지식을 20세기 초반까지 집대성하면서(1923), 히브리어 문법에서 가장 소홀히 다루어진 구문론에 책의 절반을 할애하며 상세하고 방대하게 다루었다. 또한 그는 음성론에서 나크다님이 부여한 히브리어 모음들의 성격을 새롭게 설명하였다. 무엇보다도 전통적으로 '바브 연속법'(waw consecutive)으로 이해하고 있는 히브리어 접속사 용법에 대하여 그는 '도치 바브'(inverted waw)라는 새로운 개념을 제시하여 히브리어에서 가장 난해한 시제 문제를 명료하게 처리하여 내었으며, 나아가 시제(tense)와 시상(aspect)을 통합하여 그 당시뿐 아니라 오늘날 대부분의 문법책들과는 전혀 다른 창의적 접근을 하였다. 우리 시대의 가장 정교하고 탁월한 히브리어 문법학자 중 한 명으로 꼽히는 무라오까는 20세기 후반부에 발전된 히브리어와 비교 셈어의 지식으로 주옹의 불어판을 영어로 번역하고 개정하고(1991년), 다시 그 후 15년 동안 이스라엘과 구미에서 축적된 새로운 지식으로 개정하여 21세기의 기념비적인 작품을 남기게 되었다(2006년).

이 책은 단지 히브리어 문법책이 아니라 문법 사전이다. 독자들은 이 책 안에서 히브리어 문법에 관한 모든 지식과 정보를 총망라적으로 얻을 수 있을 것이다. 이 책에는 원시 히브리어로부터 역사적인 히브리어 지식과 마소라에 대한 상세한 정보와 자세한 설명뿐 아니라, 히브리어 문법을 구성하는 모든 요소들에 대한 풍부한 설명과 예문들이 담겨 있으며, 무엇보다도 히브리어 주요 패러다임, 단어 색인, 주제 색인, 성구 색인, 저자 색인, 최신의 참고문헌, 그리고 역자의 용어집까지 완벽하게 담겨 있다.

이 책은 교육적으로 사용하기에 매우 좋은 체계로 구성되어 있다. 이 책은 크게 음성론(1부), 형태론(2부), 구문론(3부)의 세 부(部)로 구성되고, 각 부는 다시 장(章), 목(目, §), 항(項)으로 짜임새 있게 나누어져 있으며, 더 자세한 내용들은 각주에서 설명되고 있다. 형태론은 각 형태의 중심 특징을 설명하고 구문론은 그 형태들의 다양한 용례들을 다시 설명하므로 열심히 공부하는 독자들은 반복을 통한 교육적 효과를 볼 수 있을 것이다. 또한 독자들이 히브리어를 한 눈에 쉽게 알아보도록 볼드체로 편집하였다.

이 책은 동아시아적인 개념으로 표현되고 설명된 최초의 히브리어 고급 문법책이다. 나는 동아시아의 한자 문명권에 있는 독자들이 문법 개념을 쉽고 정확하게 알 수 있도록 한자 용어를 많이 반영하였다. 이것을 위하여 나는 무라오까 선생과 끊임 없이 한자어로 상의하며, 장차 한국과 중국과 일본이 공유할 수 있는 용어들을 만들어 보았다. 또한 이 책은 건조한 문법책이지만 술술 읽혀지도록 최대한 쉬운 우리말 용어와 명료한 문체로 번역되었다.

독자들은 이 책에서 주옹의 불란서 예수회 멘토 정신, 무라오까의 일본 장인 정신, 그리고 한국의 선비 정신이 융합되어 세계의 학문이 장차 어떻게 발전할 수 있는지 하나의 지표를 볼 수 있을 것이다.

　이 책이 나오기까지 사랑과 수고를 아끼지 않고 쏟아준 많은 분들에게 가슴 깊이 감사드린다. 무라오까 교수는 지치지 않고 긴밀한 조언을 주었다. 박미섭 박사는 이 문법책에서 가장 지루하고 까다로운 음성론과 형태론의 초역을 마쳤으며, 나는 그가 우리말로 번역한 히브리어 알파벳의 발음 표기, 마소라 악센트 부호들의 발음 표기, 동사와 명사들의 형태와 패러다임들의 발음 표기들을 대부분 수용하고 주요 문법 용어들을 상당수 채택하였다. 이윤정 선생은 원문과 대조하면서 미세한 부분까지 놓치지 않고 세심한 교정을 여러 번 걸쳐 하였다. 한국신학정보연구원의 김홍련 간사와 최인정 간사는 독자들이 최대한 편하게 볼 수 있도록 헌신적인 편집 작업을 하였다. 향원(香原) 이경희(李慶凞) 선생은 연구에만 몰두해온 학자의 인생과 그 학문의 향기를 한 폭의 동양화에 붓통의 붓들과 서책 위의 안경, 그리고 국화 한 송이로 아름답게 그려주셨다.

　무엇보다도 지난 20년 동안(1993~현재) 한결같은 사랑과 기도로 한국신학정보연구원을 후원해준 모든 교회와 친구들에게 가슴 깊이 감사를 드린다. 그분들의 사랑이 없었다면, 이와 같은 대작은 결코 빛을 볼 수 없었을 것이다.

　나는 이 책이 우리의 영원한 고전이 되길 희망한다. 또한 이 책이 성경에 관심을 가진 모든 분들에게 필독서가 되어 하나님의 말씀을 정확하게 이해하는 데 도움을 주길 바란다. 나아가 이 책을 통하여 한국 신학이 뿌리를 더욱 깊이 내려 건강한 교회가 세워지는 데 기여할 수 있기를 기도한다.

　마지막으로 이 번역서의 부족한 부분들과 허물들은 너그럽게 이해해주길 빈다.

Soli Deo Gloria!

2012년 1월 12일,

棄石 김정우

불어 원본 서문

우리 시대에 이룬 성서학의 괄목할 만한 발전으로 말미암아 많은 사람들과 특히 가톨릭인들은 거룩한 언어인 히브리어를 좀 더 깊이 알고자 하는 열망을 갖게 되었다. 더구나 우리는 셈어 어휘론에 대한 연구가 크게 발전함에 따라, 더욱더 과학적인 방법으로 히브리어를 연구해야 할 필요성을 절감하게 되었다. 이 같은 과학적인 연구는 항상 그리스어나 라틴어처럼 오래 전에 사어(死語)가 된 언어들에 적용되어 왔다. 우리는 과학적인 연구에 근거하여 높은 완성도를 갖춘 문법책이 필요하다는 요청에 부응하기 위하여 이 문법책을 쓰게 되었다. 다른 누구보다 베이루트(Beirut)의 성 요셉 대학교 동양학부(Oriental Faculty of the University of St. Joseph)에 있던 우리의 학생들과 이후에 로마의 교황청 성경 연구원(Pontifical Biblical Institute)의 학생들이 문법책의 집필을 요청해 왔다. 우리는 최고의 기초 문법서들과 쾨니히(E. König)가 쓴 『히브리어 교재』 *Lehrgebäude*와 같은 역작들 사이에 있는 간격을 매울 수 있는 중급 문법서가 필요하다는 것을 느꼈으며, 결국 이 책을 쓰기로 결심하였다.

우리는 이 책의 범위와 전개 방식에 있어서 단지 '사실적인 지식'([1])의 단계를 넘어설 뿐 아니라 마소라 본문에 나오는 수많은 문법적 어려움을 외면하지 않고 해결할 수 있는 능력을 갖추고자 하는 수많은 학생들의 요구를 우선적으로 고려하게 되었다. 그들은 이 책에서 모든 기본 개념들뿐 아니라 그다지 중요하지 않아 보이는 세부적인 개념들도 보게 될 것이다. 다만 히브리어를 배우는 데 좌절감을 줄 수 있는 수많은 세부 내용들과 변칙들에 대한 설명은 어느 정도 제한하였다. 학생들에게는 세부 사항들을 많이 아는 것보다 특이한 형태를 구별해 내고 그것이 설명 가능한 것인지, 또는 비교할만한 형태가 전혀 없는 불규칙이거나 잘못된 형태인지 분별할 수 있는 능력을 갖추는 것이 중요하다. 그러나 특정한 세부 사항이 비록 매우 사

---

[1] 물론 형태(forms)와 단어(words)에 대한 '사실적인 지식'은 더 깊은 연구를 위한 필수적인 기초가 된다. 히브리어를 공부하려는 이들은 쓰기 체계, 발음, 형태 변화, 기초 어휘에 대한 정확한 지식을 갖추어야 한다. 우리는 이러한 언어학적 기초를 일반적으로 갖춘 학생들이라면 누구나 쉽게 이 책을 이용할 수 있다고 생각하지만, 이 책을 사용하기 전에 언어학에 대한 기본 개념들을 간단히 살펴보는 것은 분명히 유익할 것이다. 이와 같은 필요성 때문에 뚜자흐(J. P. Touzard)는 그의 책 *Grammaire hébraïque abrégée*(『히브리어 문법 개요』, 파리, 1911) 서문에서 초보자들을 위한 간단한 안내 지침으로 "Premiers éléments"(기초 자료)를 실어 놓았다.

소한 것이라 할지라도 불분명한 점을 어느 정도 밝힐 수 있는 경우라면 거의 대부분을 다루려고 하였다. 이 책의 독자들은 카우취(E. Kautzsch)가 다루지 않았던 것들을 이 책에서 보게 되는 반면, 그가 다루었던 어떤 사항들은 의도적으로 배제되었음을 보게 될 것이다.

우리는 지나치게 세부적인 사항들을 피함으로써 더 많은 지면을 설명하는 것에 할애할 수 있었다. 과학적으로 접근하는 데 거의 관심이 없는 사람들도 잘 설명되고 이해된 형태는 기억 속에 오래 남는다는 것을 알게 될 것이다. 음성론에 대한 확실한 개론은 잊혀진 형태를 더 쉽고 정확하게 기억하게 하며, 잘못된 모음 표기를 바로 잡아주는 역할을 한다. 논리적인 설명은 성인이 되어 히브리어를 배우는 이들의 기억을 돕는 필수적인 요소이다.

히브리어와 같은 셈어는 학생들에게 전적으로 새로운 세계라는 인상을 준다. 히브리어 음성론에는 우리의 언어와는 생소하게 다른 내용들이 나오며, 그 형태론과 구문론에는 우리의 언어와는 전혀 다른 특징들이 나타난다. 따라서 우리는 히브리어의 체계와 성격을 올바로 이해하기 위해 우리 자신의 음성론적이며([1]) 문법적인 습관뿐 아니라, 우리의 언어에 있는 독특한 특정 개념들을 일단 접어둘 필요가 있다. 우리는 바로 시작 부분부터 히브리어 모음들의 성격, 음색([2]), 장단에 대한 설명에 있어서 대부분의 문법책과 매우 다르게 제시하였다. 우리는 많은 부분에 있어서 널리 받아들여지는 관점들과 다른 관점을 제시하였다. 왜냐하면 진지하게 검토한 결과, 기존 학설들은 충분히 정확하지 않았기 때문이다. 하나의 실례로서 히브리어에서 매우 중요한 시제(tense) 문제를 들 수 있을 것이다. 어쨌든 독자들은 이와 같은 성격의 책이 새로운 내용은([3]) 별로 담지 않고, 단지 사실적인 세부 사항이나 열거할 것으로 기대하지는 않을 것이다. 우리는 이 책의 성격 때문에 논쟁 자체는 최대한 자제하고, 아주 가끔 논쟁적인 쟁점들에 대한 다양한 의견들을 제시하였다.

---

[1] 이론뿐 아니라 실제적으로도 그래야 한다. 학생들은 처음부터 올바른 음색과 장단과 강세로 자음과 모음을 정확하게 발음하며, 음절의 구분 등을 주의하며 발음하도록 훈련해야 한다. 또한 처음부터 밀엘(mil'el, 끝음절 전) 강세를 잘 구분하여 발음하도록 노력해야 한다. 이것은 인쇄상의 어려움에도 불구하고 이 책에 체계적으로 표시되었다.

[2] 히브리어 모음들이 지닌 음색은 결정적으로 중요하므로, 그것들을 음역할 때 음성 기호들을 부득이하게 사용할 수밖에 없었다.

[3] 우리는 일부 새로운 점들을 *Mélanges de la Faculté Orientale de Beyrouth*(베이루트 성 요셉 대학 동양학부 통합 저널)와 *Biblica*에서 다루었다. 우리들이 제안하는 설명을 좀 더 자세히 알고자 하는 독자들을 위해 이 출판물들을 때때로 언급할 것이다.

참고문헌과 관련하여 서론에 언급된 일반적인 문헌들 외에 더 중요한 점들에 대해서만 추가적으로 제공하였고, 이 경우에도 정말 유용한 문헌들만 제공하였다([1]).

헤아릴 수 없이 많은 문법적 설명들을 대하면서, 우리는 솔직히 확실성보다 개연성(probability) 정도로 만족해야 할 때가 많았다. 독자들은 일반적으로 문법학자의 어휘에 잘 등장하지 않는 '있음직한'(probable), '대개'(probably), '아마도'(perhaps)와 같은 단어들이 이 책에 자주 되풀이되는 것을 보고 놀라게 될 것이다. 그러나 우리는 현학적으로 들리지 않도록 노력하는 동시에 모든 설명들이 똑같이 명쾌하다는 인상을 주려고도 하지 않았다.

우리가 마소라 본문의 모음 표기를 맹목적으로 신뢰하는 것은 아니지만, 그것은 대체로 언어적 현실을 충실하게 반영하고 있으므로 우리가 작업하는 데 있어서 견고한 문법적 기초를 제공한다는 확신을 갖게 되었다. 그러나 우리는 이와 같은 보수적인 입장에도 불구하고, 마소라의 본문에 임의적이고 의심스러우며 잘못된 것으로 보이는 점들이 나오고 있음을 지적하는 것을 회피하지 않았다. 독자들은 곧 마소라 본문에 대한 연구가 비평적인 방법으로만 수행될 수 있음을 알게 될 것이다. 그리고 이것은 훈련을 받지 않고는 수행할 수 없는 작업이다.

우리는 독자들이 끝없는 세부 사항들의 바다 속에 빠지지 않도록 노력하였음에도 불구하고, 히브리어와 마소라 본문의 성격상 상당수의 세밀한 부분들을([2]) 언급하지 않을 수 없었다. 학생들은 이 점에 대하여 놀라지 말고, 오히려 히브리어의 개괄적인 특징을 파악하기 위해 이 문법책을 전체적으로 한 번 빨리 읽어 본 후에, 세부 사항들에 대하여 심층적으로 학습하는 것이 좋을 것 같다. 예로서, 우리는 불규칙 동사에 관한 긴 단락 가운데 가장 중요한 점들은 시작 부분에 모아 두었고, 세부 사항들과 불규칙 현상들은 끝 부분에 두었다. 물론 모든 세부 사항들을 암기할 필요는 없으며, 특히 초보 단계에서는 더욱 그렇다. 학생들은 문법 공부에 진전이 생기고 관심이 점점 깊어짐에 따라 성경 본문을 읽으면서 틀림없이 이런 어려운 문제들을 접하게 될 것이며, 그때에 세부 사항들을 익혀도 늦지 않을 것이다.

형태론에 있어서 필수적인 서론인 음성론은 아직 여러 형태들에 익숙하지 않은 초보자들에게는 실제적으로 어려울 것이다. 그러나 음성론에 나오는 것들은 형태

---

[1] 카우취(Kautzsch)가 상당히 자세하게 제공한 참고문헌은 베르그스트래서(Bergsträsser, I. Theil, 1918)가 개정한 문법책에 거의 빠짐 없이 담겨 있다.

[2] 언급할 필요도 없지만, 모든 어휘적인 세부 사항들은 우수한 사전들에서 찾아야 한다.

론에서 반복될 것이므로 걱정할 필요가 없어서 우리는 음성론을 최대한 간략하게 다루었다.

우리는 이 책을 좀 더 쉽게 사용하도록 하기 위하여 음성론과 형태론에 인용된 많은 예들을 어형 변화표에서 가져 왔다. 따라서 어떤 형태들은 별표(*)가 없더라도 성경 본문에 나오지 않는 것일 수 있다. 인용된 것들 가운데 일부 절대형 명사나 3인칭 남성 단수 동사 형태들도 마찬가지이다.

음성론과 형태론에서 여기에 인용된 모든 단어들은 번역하지 않았으며, 특히 자주 나오는 단어들도 마찬가지이다([1]). 어떤 경우에는 뉘앙스를 더 정확하게 나타내기 위해 라틴어를 사용했다.

때로는 비교하기 위하여 아랍어, 아람어, 시리아어를 인용하였다. 이것은 학생들이 장차 히브리어를 좀 더 깊이 이해하려면 최소한 기초적인 수준에서라도 이러한 언어들을 알 필요가 있음을 느끼도록 하기 위함이었다.

우리는 히브리어 문법에서 종종 무시되어 온 구문론(Syntax)에 깊은 관심을 갖고 이 영역을 구분하여 별도로 다루었다([2]). 우리는 단지 성경의 참고 구절들을 늘리는 대신에 풍부한 실례들을 방대하게(in extenso) 제공하면서 번역과([3]) 함께 제시하여 구문론 공부를 쉽게 할 수 있도록 노력했다. 특정한 현상이 나오는 구절에 대해서는 총체적인 목록을 제공하려고 하지 않았으나, 빈도수의 정도는 표시해 두었다([4]).

일반적으로 우리는 본문 비평상의 문제가 있는([5]) 예들은 인용하여 증거로 삼지 않았다. 그것들에 대한 논의는 이 문법책의 범위를 넘어서는 것이므로 언어학적 주석들에게 맡겨두는 것이 가장 좋아 보인다.

용어 사용에 있어서 우리는 전통적인 용어들을 일반적으로 수용하였으나 잘못

---

[1] 단어 공부는 자연스럽게 문법 공부와 병행해야 한다. 예를 들어, 학생들은 다양한 기준들(의미나 형태)에 따라 구분된 단어들을 익힐 수 있다. 일단 쉬운 본문을 읽을 수 있게 되면, 관심을 끄는 단어들이나 구문이 나오는 몇 개의 구절들을 공부하는 것도 좋은 방법이다.

[2] 우리는 구문론과 밀접한 관계를 갖는 문체론에 대해서도 가끔 다루었다.

[3] 우리가 제시한 번역들은 문자 그대로의 뜻(직역)을 보여주기 위하여 문법적으로 엄밀하게 제시한 것임을 고려해야 한다. 구문론의 끝 부분으로 가면, 본문에 너무나 빈번하게 등장하여 학생들에게 이미 익숙해진 몇몇 단어들에 대해서는 모음 표기를 생략하였다.

[4] 상당수의 예들을 구문론에 반영하지 않았다. 어떤 책들(예, 룻기)은 인용된 예들이 너무나 많기 때문에 이것들을 모두 담으려면 언어학적인 주석을 따로 써야 할 정도이다.

[5] 이 문제는 의문 부호가 뒤집어진 형태인 ¿로 표시했다.

된 개념을 가져올 수 있는 것들은 피하였다. 오늘날 히브리어 문법 어휘의 일부를 이루는 칼(*Qal*), 니팔(*Nifal*), 피엘(*Piel*), 히필(*Hifil*)과 같이 용어들은 마치 영어 단어들처럼 가장 단순한 방법으로 표기하였다. 우리가 시제를 표시하기 위해 구문론에서 사용하는 전통적인 용어들도 마찬가지이며, 예로서 완료형은 카탈(*qatal*), 미완료형은 익톨(*yiqtol*)로 표기하였다(참고, § 111 *b*).

색인과 함께 별도로 작성한 어형 변화표에는 학생들이 익히기 쉽도록 새로운 장치를 만들었다. 동사 부분에서 완료형(Perfect) 바로 다음에 미완료형(Future)을 두었다. 왜냐하면 미완료형에서 한 동사의 활용은 다른 활용과 확실하게 구별되기 때문이다(예로서 페-요드 동사와 아인-아인 동사에서 완료형은 정동사와 차이가 없지만 미완료에서 구별이 뚜렷해진다. 역자 주). 즉, 미완료형은 한 활용을 특징짓는 필수적이고 충분한 형태이다. 그 다음에 미완료형과 동일한 모음을 가지고 있는 명령형이 나오고 마지막으로 동명사형인 부정사형과 분사형이 온다.

두 개의 부정사 형태들은 종종 초보자들이 구별하는 데 어려움을 겪기 때문에, 절대형 부정사 앞에는 결코 나오지 않는 전치사 라메드(l)를 연계형 부정사 앞에 두었다.

동사 변화표를 한 눈에 볼 수 있는 곳에서(어형 변화표 16), 규칙적인 칼, 니팔, 히필, 호팔의 네 가지 동사 형태들 아래에, 쉽게 혼동을 일으키는 불규칙 동사들을 두었다.

나는 이 글을 빌어 교황청 성경 연구원(Pontifical Biblical Institute)의 교수인 조셉 네이란드 신부(Rev. Fr. Joseph Neyrand, S. J.)에게 깊은 감사의 마음을 전한다. 그는 이 문법책을 기쁜 마음으로 읽고 교정해 주었으며, 그의 예리한 관찰은 큰 도움이 되었다.

Paul Joüon,

1923년,

Institute Biblique Pontifical,

Rome.

영어 번역본 서문

1923년에 폴 주옹(Paul Joüon)의 *Grammaire de l'hébreu biblique*(『성서 히브리어 문법』)이 출판된 후, 이 책은 성서 히브리어 문법책들 가운데 가장 우수한 작품 중 하나로 널리 인정을 받아왔다. 이 문법책은 두 가지 확실한 강점을 갖고 있다. 첫째로 이 책은 수많은 불어 서적들의 특징인 명료하고 간결한 설명을 담고 있다. 둘째로 이 책은 그 내용의 절반을 구문론에 할애하였다. 수많은 문법책에서 구문론이 히브리어 문법에서 부수적인 위치로 밀려나 있는 실정은 참으로 안타까운 일이다. 오늘날 일반 언어학에서 구문론이 주도적인 자리를 잡고 있다는 점을 고려할 때 주옹의 기여는 높이 평가되어야 한다.

주옹의 문법은 게제니우스-카우취(Gesenius-Kautzsch)와 쾨니히(E. König)의 문법과 함께 상당한 규모를 가진([^1]) 현대적이고 종합적인 작품으로 널리 환영을 받았음에도 불구하고, 때때로 지나칠 정도로 외면되어 왔다. 우리가 볼 때 학식이 풍부할 것으로 여겨지는 학자들 가운데 히브리어 문법에 대한 특정한 개념이나 관점을 마치 자신이 처음으로 제시하는 것처럼 말하면서, 주옹을 공정하게 다루지 않은 사람들도 있다. 또 다른 극단에는 히브리어 문법의 어떤 점에 대한 논의에서 이미 주옹의 입장을 잘 알고 있다는 흔적을 드러내고 있음에도 불구하고, 이 예수회 학자에게 진 빚을 인정하지 않는 학자들도 있다. 이런 일들은 아마 주옹의 문법책이 불어로 쓰여졌다는 데 기인되었을 수 있다.

원판의 서문에서 주옹은 셈어 언어학의 발전에 관해 언급하고 있다. 60여 년 전에 그가 셈어 언어학의 학문적인 성과에 비추어 새로운 히브리어 문법책을 써야 할 것에 대한 필요성을 느낀 점에 대해 오늘날 우리들도 동일하게 공감하고 있다. 1923년 이후 전반적으로 셈어 언어학과 특히 히브리어 언어학은 크게 발전하였고 새로운 연구의 방향들이 열리게 되었다. 이러한 발전은 우가릿어, 에블라어와 같이 이전에 알려지지 않은 언어들이 발견되고, 주옹의 시대에 알려진 고대 언어들로 기록된 문헌들이 더 많이 발굴되고, 전혀 새로운 영역과 주제들에 대한 연구가 이루어지며 지속적으로 발전하고 있는 일반 언어학의 영역에서 새로운 방향들이 형성됨으로써 이루어지게 되었다. 연구의 범위에 있어서 주옹의 책에 견줄만한 히브리어 문법책은 아직 등장하

[^1]: 불어판은 i-xii(서문) + 542(본론) + 79*(어형 변화표와 색인)의 규모(633쪽)로 나왔다.

지 않았지만, 비교적 좁은 영역인 히브리어 언어학은 지금까지 동면 상태에 머물러 있지는 않았고, 상당수의 중요한 연구 논문들과 값진 독창적 소논문들과 논평들이 풍부하게 발표되었다.

따라서 이 탁월한 문법책을 현대화하고 오늘날 더 널리 읽히고 이해되는 언어로 변환하려는 시도는 충분히 정당한 것으로 보인다. 주옹의 문법책은 세월의 시험을 이기고 굳게 서 있음에도 불구하고 우리 시대의 작품으로 만드는 작업은 필수적이고 바람직한 것 같다. 사실 주옹이 연대적으로 후대의 언어인 고전 아랍어에만 근거하여 원시 히브리어의 많은 중요한 특징들을 복원해 낸 것은 이제 텔 엘 아마르나 서신의 난외 주와 우가릿어에 의해 확증되었음을 사려 깊은 독자들은 알아차릴 수 있을 것이다. 그는 상당히 많은 점들에서 자신의 시대를 앞서가고 있었다[1].

따라서 이 책은 불어 원판에 대한 영어 번역이자 개정판이다[2]. 불어 원판 서문이 온전한 영어의 문체로 번역된 것을 제외하면 원문에서 개정되지 않은 채 남겨진 단락이 거의 없다. 개정 작업은 새로운 각주 달기, 본문을 어느 정도 다시 쓰기, 때로는 한 단락 전체를 생략하거나 새로운 단락을 삽입하는 형태로[3] 이루어졌다. 그러나 독자들이 편집된 형태를 명료하게 보고 내용을 쉽게 이해할 수 있도록 원문에서 개정된 내용들을 인쇄상으로 표시하지 않았다.

우리는 원문을 개정하고 현대화하기 위해 1920년 이후에 출판된 연구 논문집과 정기 간행물들에 실린 소논문들과 기념 논총을 최대한 반영하였고, 현대 히브리어로 쓰여진 출판물들도 포함하였다. 오늘날 유명한 히브리어 학자들이나 셈어 학자들이 현대 히브리어로 쓰여진 글들을 무시하는 것은 그들의 한계만 드러낼 뿐이다. 이 책에서 유일하게 포함하지 않은 이차적인 문헌들은 끊임없이 그 수가 불어나고 있는 구약 성경의 주석들이다.

주옹은 불어 원판의 서문에서 그가 문법책을 집필할 때 염두에 둔 몇 가지 중요한

---

[1] 마지막 지적과 관련하여, 예를 들어 현대 언어학에서 변형-생성(transformational-generative) 문법으로 알려진 것에 대한 그의 방법론을 § 125 *v. w* 항목에서 참조하고, 바우어(Bauer)와 레안더(Leander)의 문법책에 대한 평가에서 그가 역사적 접근법과 서술적 접근법을 근본적으로 구분하고 있는 것을 보라. 더 나아가서 필자가 볼 때 주옹은 심도 있게 쏘쉬르(Saussure)를 인용한 최초의 히브리어 학자들 중 한 명이다(가장 최초의 학자는 아닐지 몰라도)(§ 122 *b*).

[2] 사실 우리의 번역은 책 표제에 "Deuxième édition anastatique corrigée"(개정 2판)라고 표기된 1947년의 불어판 원서에 기초하고 있다.

[3] 때때로 새로 삽입된 단락이 § 2 *fa*처럼 두 자로 하위 단락을 표시하는 경우도 있으나 항상 그런 것은 아니다. 전체 단락이 생략된 경우는 극히 드물다.

원칙들을 제시하였다. 우리가 동일한 내용을 되풀이 할 필요는 없지만, 우리의 최신 개정 작업에서 추구해 온 몇 가지 입장들을 언급할 필요가 있다고 생각한다.

1. 이 문법책은 접근 방법과 개념에서 본질적으로 서술적(descriptive)이다. 달리 말 하자면, 통시적이거나(diachronic) 역사적이지(historical) 않고 공시적(synchronic)이 다. 우리는 바우어와 레안더(Bauer and Leander)가 완성하지 못한 문법책과 달리, 히 브리어의 문법과 구조를 그 언어가 재생될 수 있는 가장 초기 단계 즉, 마소라 이전 (pre-massoretic)의 모습으로 재생하거나 재구성하는 데 목표를 두지 않는다.

우리는 주후 천 년대의 후반부에 살았던 티베리아 학자들이 결정한 구약 성경의 히브리어 본문에서 재생될 수 있는 히브리어 구조를 제시할 뿐이다(¹). 우리는 이와 같은 접근 방식을 도입함으로써 어려움과 부자연스러움이 필연적으로 따른다는 사실 을 충분히 안다. 그렇지만 티베리아 학파가 결정한 히브리어의 형태는 우리가 작업을 시작할 수 있는 가장 포괄적이고 단단한 바탕을 제공한다고 믿는다.

물론 우리가 서술적인 접근 방법을 채택한다고 해서 티베리아 전통 이외의 다른 자료 들을 다루지 않겠다는 말은 아니다. 오히려 우리는 성서 이외의 티베리아 전통과 구별되 는 히브리어 문헌들로 고대 금석학적(epigraphic) 자료들, 사해 사본, 소위 '미쉬나', 히브 리어나 더 후대의 히브리어 문헌들을 다룰 뿐 아니라, 성서 히브리어 언어학의 여러 문제 들에 대하여 값진 도움을 주는 고대나 현대의 동족 언어나 방언들도 다루었다.

우리는 가끔 마소라 이전의 자료들을 언급할 때, 티베리아 마소라 전통의 배후에 는 우리가 조심스럽게 말할 수 밖에 없는 유구한 역사가 있음을 인식하고 있다. 그래 서 우리가 특히 음성론과 형태론에서 '원시적', '원래의', '어근적으로'와 같은 용어를 자주 사용하는 것은 다소 완곡한 의미로 표현한 것이다. 히브리어를 역사적으로 재구 성하는 작업은 너무나 복잡하기 때문에 그것은 우리의 목적과 범위 밖에 있음을 이해 해 주길 바란다.

2. 주옹은 그의 문법책을 집필하면서 어떤 히브리어 본문이나 비평본을 선택했는 지 언급하지 않고 있다. 현재의 영어판에서는 엘리거와 루돌프(K. Elliger and W. Rudolph)가 레닌그라드 B19a 필사본을 편집하여 인쇄한 *Biblia Hebraica Stuttgartensia* (Stuttgart, 1967-77)와 동일한 필사본을 도탄(A. Dotan, Tel Aviv, 1973) 이 편집하여 출판한 '아디'(Adi) 판도 가끔 사용되었다(²). 그러나 우리가 이 책에서 인

---

¹ 결과적으로 우리의 히브리어(그리고 성서 아람어) 음역은 역사적으로 긴 *i*와 짧은 *i*를 구분하지 않는다. 따라서 הַסְתִּיר는 *histîr*나 *histur*가 아니라 *histir*이다.

² 좀 더 최근에 새로운 활자로 출판된 A. Dotan (Hendriksen: Peabody, MS, 2001)의 개정본을 보라.

용한 모든 본문에 대하여 이 두 판을 체계적으로 검토하지는 않았다. 결과적으로 독자들은 크레와 크티브 등과 같은 문제들에서 이 문법책과 BHS 사이에 적지 않은 차이점을 발견될 것이다. 우리는 때때로 레닌그라드 사본, 카이로 예언서 사본과 알렙포 사본의 사진판(Makor: Jerusalem)을 참조했다.

3. 참고문헌에 대한 정보는, 특히 각주 부분에서, 비록 포괄적으로 제공하려는 목표를 갖지는 않았지만 주옹보다는 좀 자유롭게 하였다. 현재 참으로 포괄적이면서 가장 현대화된 성서 히브리어 고급 문법책이 없는 상황 속에서 이 점은 정당화 될 수 있다고 생각한다(¹).

4. 구약 성경 안팎에서 제공된 예들이 적지 않게 추가되었다.

5. 기술적인 이유로 메테그(*metheg*)나 가아야(*gaʿya*)는 상당히 제한적으로 사용하였으며 꼭 필요하다고 판단되는 부분에만 사용하였다. 예, חָכְמָה '그녀는 지혜롭다'와 חָכְמָה '지혜'(§ 14를 보라).

6. 모음 표기는 원문판보다 약간 더 줄였다.

7. 성경의 참고 구절들을 제시할 때 주옹은 스티어와 타일레(Stier and Theile)의 원문 대조 성경(Vigouroux Polyglot로 다시 출판됨)을 따랐으나, 우리는 대부분 *Biblia Hebraica Stuttgartensia*를 따랐다. 이 문법책을 사용하는 분들이 이러한 차이 때문에 큰 불편을 느끼지 않기를 바란다(²).

8. 주옹이 불어보다 라틴어가 히브리어의 세미한 의미를 더 잘 재현해 낼 수 있다고 생각하여 라틴어를 사용한 것은 타당한 이유가 있었다. 그러나 우리는 히브리어를 공부하는 학생들이 더 이상 라틴어에 익숙하다고 볼 수 없으므로 라틴어를 훨씬 제한하여 사용하기로 결정했다.

마지막으로 이 책이 완성되도록 도와준 여러 기관들과 개인들에게 깊은 감사를 드리고 싶다.

(1) 멜번 대학교(the University of Melbourne) 문과대학에서는 연구소와 대학원 위원회를 통해 필요한 컴퓨터 장비와 연구 자료들 및 연구 조교들과 대체 교수들을 채

---

¹ 독자들은 왈키와 오코너(Waltke and O'Connor)의 *Biblical Hebrew Syntax*, pp. 695-716(성서 히브리어 구문론, pp. 695-716)에 첨부된 다소 방대하나 포괄적이지 않은 참고문헌을 참조할 수 있을 것이다(예로, 현대 히브리어로 된 글이 하나도 나오지 않는다). 왈드만(N. M. Waldman)의 최근 작품은 한편으로 더 방대하지만(자세한 내용은 아래 § 2 *e*, n. 참조), 책의 뒤에 실린 참고문헌은 특히 성서 히브리어에 관한 유럽 언어들로 쓰여진 문헌들을 보면 선택적이고 포괄적이지 않다.

² 몇몇 차이점들을 지적하였으며, 예로 § 14 *c* 7을 들 수 있다.

용하기 위해 많은 재정적 지원을 해주었다. (2) 동 대학교의 고전 근동학과(이전의 중동학과)에서는 사무적인 일과 다른 자료들을 관대하게 마련해 주었다. (3) 예루살렘의 히브리 대학교(Hebrew University of Jerusalem) 박사 과정 연구소에서는 필자가 연구원으로 있던 1987-88년 동안 이 프로젝트에 상당한 시간을 할애할 수 있도록 허락해 주었다. 그리고 (4) 여러 도서관들, 특히 동 대학교의 바일류(Baillieu) 도서관, 히브리 대학교 국립 도서관, 예루살렘의 올브라이트(W. F. Albright) 고고학 연구소 도서관과 예루살렘의 에꼴 비블릭(École Biblique) 도서관, 멜본 대학교 소속 오르몬드 대학(Ormond College)의 연합 신학 도서관(the Joint Theological Library), (5) 불어 원문의 상당 부분을 초역하고, 나머지 부분에 대한 필자의 번역 초안을 개정하며 참고문헌 연구의 일부를 담당해 준 패트릭 델소코로(Patrick Delsocorro), (6) 이 책 인쇄본의 컴퓨터화 작업을 위해 매우 값진 도움을 준 같은 학과의 동료 젠킨스(R. G. Jenkins) 박사, (7) 필자가 교황청 성경 연구원의 출판사와 처음 일하게 되었을 때부터 끊임없는 지원과 격려를 보내 준 스웨트남(J. Swetnam) 신부, (8) 이 책의 원고를 주의 깊게 읽어 준 동 연구원의 지안토(A. Gianto) 신부, (9) 이 책의 출판을 위해 우수한 기술적인 작업을 해 준 그레고리안 대학교(the Gregorian University) 출판사, (10) 지루한 워드 프로세서 작업을 해 준 이 학과의 박사 연구원인 브라이언 휴손(Bryan Hewson)과 니겔 슈타트함(Nigel Statham, 특히 니겔은 이 책의 영어에 주의 깊은 관심을 기울였다), (11) 남다른 인내심으로 엄청난 양의 사무적인 작업을 담당해 준 이 학과의 비서장 아르츠(Ms J. Aarts), 그리고 마지막으로 헤아릴 수 없는 저녁 시간을 집 밖에서 보내야 했던 남편과 아버지를 이해해 준 나의 가족에게 깊은 감사를 표한다.

우리는 이 문법책이 히브리어 학자, 셈어 학자, 그리고 성서 학자들 사이에 고전 히브리어 문법에 대한 관심을 지속시키며 촉진시키는 데 도움을 줄 뿐 아니라, 히브리어 성경을 더욱 잘 이해하게 하는 데 기여하기를 간절히 희망한다.

타까미추 무라오까
1990년 10월

멜번 대학교 고전-근동학과
The University of Melborne
Parkville, Victoria 3052, AUSTRALIA

영어 번역 수정본 서문

2년이 채 지나기 전에 우리 문법책의 2쇄를 준비하게 되어 매우 기쁘다. 우리는 이번 판에서 일부는 기술적인 이유들 때문에, 그리고 또 일부는 1991년 중반 초판이 출판된 이후에 비평가들이 평가할 시간이 충분하지 못했기 때문에, 이번 판에서 우선적으로 인쇄상의 오류들을 교정하는 데 만족하게 되었다. 유감스럽게도 이 오류들은 사람들의 손 때문이 아니라 우리가 사용한 프린트 기계의 오류로 발생한 것이었다. 또한 우리는 책의 전반적인 모습을 크게 바꾸지 않고 소규모의 수정과 개선에 관심을 두었다. 매우 감사하게도 앤더슨(F. I. Andersen) 교수, 블라우(J. Blau) 교수, 스미스(M. S. Smith) 박사는 가제본에 대한 서평을 해주었고, 교황청 성경 연구원의 알트한(R. Althann) 신부의 네 차례에 걸친 교정과 제안으로 이 작업은 꽤 쉽게 이루어졌다. 우리는 이 문법책을 읽어준 이들의 친절함과 배려에 큰 도움을 입었다. 끝으로 우리는 문제가 되었던 페이지들을 컴퓨터 상으로 작업하는 데 귀한 시간을 기꺼이 할애해 준 멜본 대학교 젠킨스(R. G. Jenkins) 박사에게 많은 감사의 빚을 지게 되었다.

타까미추 무라오까

1992년 12월

라이덴 대학교,히브리어, 아람어, 우가릿어와 문화학과
Rijksuniversiteit te Leiden
Leiden, The Netherlands.

영어 번역 개정본 서문

이 개정판은 1991년에 출판된 초판과 여러 가지 점에서 차이가 있다.

1. 1993년의 수정판 작업에서 우리가 놓친 몇몇 단순한 실수들을 교정하였다. 필자는 온 세계에서 서평을 해준 학자들과 히브리어 학자들에게 감사드리며, 특히 정오표(errata)를 만들어 준 마르게인(J. Margain) 교수께 감사드린다.

2. 1991년 이후로 약 20년의 비교적 짧은 기간 동안에도 히브리어 언어학의 발전은 정체되어 있지 않았다. 우리는 이 기간 중에, 적어도 2003년 말까지 출간된 수많은 연구물들을 소화하려고 최선을 다했다.

지난 약 20년 동안 쏟아진 수많은 출판물들 가운데 텍스트 언어학(text-linguistics) 또는 담화 문법(discourse grammar)이 중요한 흐름을 만들어 내었다. 이 연구물들은 거의 전적으로 히브리어 동사에 있어서 소위 시제 형태들의 분포에 주된 관심을 두고 있다. 이 학파의 학자들은 절 단위(clause-level)를 넘어설 필요가 있다고 강조한다. 물론 전통적인 접근 방법도 바브 연속법(Waw consecutive)과 같은 용어들을 사용하는 데서 보듯이, 그러한 관점을 완전히 무시한 것은 아니었다. 이 학파의 수많은 출판물들에 자주 나오는 '거대 구문론'(macrosyntactic)이라는 용어는 그들이 문법이나 구문론, 문체론이나 내러티브론의 상호 작용에 관심을 갖고 있음을 보여준다. 또 다른 한편으로 그들은 히브리어 동사의 다양한 '시제'에 어떠한 가치들을 부여해야 하는지에 대해서는 좀처럼 관심이 없다. 예를 들어, 그들은 독자적으로 있는 카탈(qatal)은 과거의 일회적인 동작(preterital)을 표현한다고 암암리에 가정하는 것으로 보인다. 이와 같은 접근 방법을 따르는 이들은 성서 히브리어 동사 체계가 시제(tense) 중심인지, 또는 시상(aspect) 중심인지에 대해서는 관심이 없는 것 같다. 그들은 사실상 다양한 히브리어 동사 '시제들'의 분류법을 고안하는 것과 그것들이 내러티브(narrative)나 담화(discourse)의 흐름 속에서 작용하는 방식에 대해서만 유일한 관심을 드러내고 있을 뿐이다. 그러나 어떤 언어에서든 실제로 말할 때(speech)에는 오직 하나의 동사만으로도 문법적으로 탄탄하고 독립되며, 완전한 것을 표현하게 된다. 이와 같은 동사의 시제 형태는 독자적인 가치를 가져야 하며, 말의 흐름 속에 있는 다른 동사나 동사들과 관련하여 사용될 때 갖게 되는 가치에서 끌어낼 필요가 없다. 우리는 근본적으로 이 접근 방법에 대해 유보적인 입장을 갖고 있기 때문에 동사의 '시제들'에 관한 한, 이 문법책에서 구문론을 대대적으로 개정하지 않기로 했다([1]).

3. 주옹은 자신의 문법책이 중간 수준의 교과서가 되기를 바랐지만, 이미 1991년 영어판은 고급 문법책의 모습을 갖추기 시작했다. 이 점은 풍부한 각주에 언급된 상당량의 참고문헌들과 학문적인 대화를 포함하고 있는 현재의 개정판에서 더욱 분명해진다. 게제니우스-카우취의 개정판이 아직까지 나오지 않은 것을 감안할 때, 우리의 작업은 정당성을 가질 수 있을 것이다. 이와 같은 사실 때문에 우리는 다른 무엇보다도 모든 자료를 실제 각주에 담기로 결심하였다. 또한 각주에 할당된 지면을 최소화하기 위해 이차 문헌은 소수의 예외적인 경우들을 제외하고 사회학에서 사용하는 방법을 차용하였다. 이리하여 이 문법책의 본문 속에 언급된 모든 연구물과 실제로 인용되지 않은 소수 연구물을 통합하여 완전한 참고문헌을 부록에 첨가하였다. 우리는 현대의 권위 있는 글들에 대한 색인도 첨가했다. 더욱 세련된 히브리어 폰트를 사용하여 위에서 언급한 특징들이 이 문법책에 잘 반영되도록 하였으며 이전 판보다 좀 더 보기 좋게 만들었다.

필자는 이 개정판을 기꺼이 출판해 준 교황청 성경 연구원(Pontifical Biblical Institute)의 출판사와 수년 동안 끊임없이 격려와 조언을 준 스웨트남(Fr. J. Swetnam) 신부와 그의 최근 후계자인 브룩(Fr. P. Brook) 신부에게 진심으로 감사드린다.

이 개정판의 초고를 세심하게 검토하며, 영어 문체, 문법과 표현에 관한 수많은 제안들뿐 아니라, 친절하고도 겸손하게 중요한 제안들을 해준 리차드슨 부부(Mr. and Mrs. M. E. J. Richardson)에게 가슴 깊이 감사드린다. 물론 이 모든 것들이 이 개정본의 전반적인 질을 향상시키는 데 도움을 주었다. 여전히 남아 있는 불완전한 부분은 어떤 것이든 전적으로 필자의 책임이다. 1966년에 예루살렘에서 시작된 그들과 우리(필자의 아내 포함)의 만남은 우리가 맨체스터 대학교의 근동학과에서 일할 때와 1991년 이후로 지금까지 네덜란드에서 함께 지낸 시간들을 통해 더욱 견고해지고 서로에게 유익하도록 지속된 것은 필자에게 하나님의 섭리로만 보인다. 그

---

[1] 필자의 제자 말레사(Michael Malessa) 박사가 *Tempus: Besprochene und erzählte Welt*(Stuttgart, [2]1971)의 저자 바인리히(H. Weinrich)가 도입한 방법론에 대하여 바터(Vater, 1994: 55f.)가 진지한 비평과 부정적인 평가를 한 것에 대해 필자가 관심을 갖도록 도와주었다. 바인리히는 최근에 텍스트 언어학의 관점에서 글을 쓰는 많은 히브리어 학자들에게 방법론적으로 선도자(mentor) 역할을 하고 있으며, 유스턴(Joosten 1997)은 그에 대해서 보다 관대한 평가를 하였다.

뿐 아니라 이 문법책이 헌정된(이미 1991년 판에서) 학자인 제임스 바아(J. Barr)교
수는 필자의 학문과 경력의 발전에 지대한 영향을 주었다. 그는 필자가 예루살렘에
서 쓴 박사 논문(1969)의 심사위원들 중 한 분이었고, 필자가 학문적인 활동을 시작
한 맨체스터 대학교의 주임 교수였다.

마지막으로 무엇보다 필자의 아내 케이코(Keiko)가 또 다시 모든 히브리어 구들
과 절들을 컴퓨터에 새로 입력하는 값지고도 힘든 임무를 감당해 주었다.

타까미추 무라오까
2005년 6월

네덜란드 고대 근동 연구소,
NINO(The Netherlands Institute of the Near Eastern Studies),
Leiden, The Netherlands.

차례

서 론

§1. 히브리어 문법의 정의. P. 69.

§2. 히브리어: 셈어에서의 위치. P. 70. [a 지리적 구분법; aa 유형적 구분법; ab 역사적 또는 시대적 구분법; b 동북 그룹; c 서북 그룹; d 아람어; e 히브리어; f 페니키아어; fa 우가릿어; g 남부 그룹; h 아랍어; i 에티오피아어; j 셈어들의 특징; k 셈어군과 다른 언어들의 유사성]

§3. 성서 히브리어의 역사. P. 76. [a 일관성과 다양성; b 두 가지 주요 시대 구분, 사해 사본; c 방언; d 시문과 산문 언어의 차이점; e 고대(archaic) 성서 히브리어; f 언어의 다양성과 저자의 의도]

§4. 히브리어 문법의 역사. P. 80. [a 중세 유대인 율법 학자들; b 인문주의자들; c 현대 과학적 문법; d 추가 연구들; e 히브리어 사전학; f 히브리어 용어 색인집] 알파벳 비교표. P. 18.

제1부: 철자법과 음성론

§5. 자음: 문자와 발음. P. 87. [a 음소; b 알파벳; c 알파벳 도표; d 끝 글자들; e 폭이 확

제2부: 형태론

제1장: 정관사와 대명사

제2장: 동사

제4장: 불변화사

제3부: 구문론

제1장: 시제와 법

제2장: 격

제3장: 전치사

제4장: 명사

제5장: 대명사

제6장: 일치

제7장: 절

A: 절 일반

B. 특수절

제8장: 접속사 바브

패러다임과 색인

약어표

A) 구약 성경

창	창세기	**출**	출애굽기	**레**	레위기
민	민수기	**신**	신명기	**수**	여호수아
삿	사사기	**삼상**	사무엘상	**삼하**	사무엘하
왕상	열왕기상	**왕하**	열왕기하	**사**	이사야
렘	예레미야	**겔**	에스겔	**호**	호세아
욜	요엘	**암**	아모스	**옵**	오바댜
욘	요나	**미**	미가	**나**	나훔
합	하박국	**습**	스바냐	**학**	학개
슥	스가랴	**말**	말라기	**시**	시편
잠	잠언	**욥**	욥기	**아**	아가
룻	룻기	**애**	예레미야 애가	**전**	전도서
에	에스더	**단**	다니엘	**스**	에스라
느	느헤미야	**대상**	역대상	**대하**	역대하
마카 1	마카비 1서	**마카 2**	마카비 2서	**토**	토빗
시라	벤시라				

B) 일반적 용어들과 자주 인용되는 문헌들

abs.: absolute
AC: Ancient Canaanite
acc.: accusative
adj.: adjective
adv.: adverb
AF, *Spelling*: F. I. Andersen and A. D. Forbes. 1986. *Spelling in the Hebrew Bible*
AF, *Voc.*: F. I. Andersen and A. D. Forbes. 1989. *The Vocabulary of the Old Testament*
AfO: *Archiv für Orientforschung*
AJBI: *Annual of the Japanese Biblical Institute*

AJSL: *American Journal of Semitic Languages and Literatures*

Akk.: Akkadian

AN: *Abr-Nahrain*

Andersen, *Verbless*: F.I. Andersen. 1970. *The Hebrew Verbless Clause in the Pentateuch*

ANES: *Ancient Near Eastern Studies* (formerly *Abr-Nahrain*)

AO: *Aula Orientalis*

AOAT: Alter Orient und Altes Testament (Münster)

apoc.: apocopated

Arb.: Arabic

Arm.: Aramaic

BA: Biblical Aramaic

Barr, *Spellings*: J. Barr. 1989. *The Variable Spellings of the Hebrew Bible*

Barth, *Nominalbildung*: J. Barth. ²1894. *Die Nominalbildung in den semitischen Sprachen*

BASOR: *Bulletin of the American Schools of Oriental Research*

Baumgartner, *Lexikon*: W. Baumgartner, B. Hartmann, and E.Y. Kutscher. ³1967-96. *Hebräisches und aramäisches Lexikon zum Alten Testament*

BDB: F. Brown, S.R. Driver, Ch.A. Briggs. 1907. *A Hebrew and English Lexicon of the Old Testament etc.*

Bendavid: A. Bendavid. ²1967-71. לשון מקרא ולשון חכמם (*Biblical Hebrew and Mishnaic Hebrew*), 2 vols.

Ben-Ḥayyim: Z. Ben-Ḥayyim with assistance from Abraham Tal. 2000. *A Grammar of Samaritan Hebrew Based on the Recitation of the Law in Comparison with the Tiberian and other Jewish Traditions*

Ben-Ḥayyim, *LOT*: 1957-77. *The Literary and Oral Tradition of Hebrew and Aramaic amongst the Samaritans*, 5 vols. [Heb.]

Berg.: G. Bergsträsser. 1918, 1929. *Hebräische Grammatik*, I-II

BH: Biblical Hebrew

BHK: R. Kittel and P. Kahle (eds). ³1937. *Biblia Hebraica*

BHS: K. Elliger and W. Rudolph (eds.). 1967-77. *Biblia Hebraica Stuttgartensia*

Bib: *Biblica*

BL: H. Bauer and P. Leander. 1922; repr. 1962. *Historische Grammatik der hebräischen Sprache des alten Testamentes*

Blau, *Heb. Phon. and Morph.*: J. Blau. 1972. *Hebrew Phonology and Morphology* [Heb.]

____, *Grammar*: 1976. *A Grammar of Biblical Hebrew*

BM: *Beit Mikra*, published by World Jewish Bible Center, Jerusalem

BO: *Bibliotheca Orientalis*

Böttcher: F. Böttcher. 1866-68. *Ausführliches Lehrbuch der hebräischen Sprache*, ed. F. Mühlau, 2 vols.

Brockelmann, *GvG*: C. Brockelmann. 1908-13; repr. 1961. *Grundriss der vergleichenden Grammatik der semitischen Sprachen*, 2 vols.

_____, *Syntax:*. 1956. *Hebräische Syntax*

Brønno: E. Brønno. 1943. *Studien über hebräische Morphologie und Vokalismus auf Grundlage der mercatischen Fragmente der zweiten Kolumne der Hexapla des Origenes*

BSL: *Bulletin de la Société de Linguistique de Paris*

BSOAS: *Bulletin of the School of Oriental and African Studies, University of London*

C: consonant

c.: century

CAD: 1956-. *The Assyrian Dictionary of the Oriental Institute of the University of Chicago*

Codex A: Codex Aleppo.

Codex C: 1971. Codex Cairo of the Prophets (Makor facsimile ed.)

Codex L: Codex Leningradensis B19^a

cohort.: cohortative

com.: common (gender)

comp.: compare

contr.: contrast

cp.: compare

cst.: construct

dat.: dative

Davidson, *Syntax*: A.B. Davidson, [3]1902 *Hebrew Syntax*

DBAT: Dielheimer Blätter zum Alten Testament

DCH: D.J.A. Clines (ed.). *The Dictionary of Classical Hebrew* (1993-2006)

DJD: Discoveries in the Judaean Desert (Oxford)

Driver, *Notes*: S.R. Driver. [2]1913. *Notes on the Hebrew Text and the Topography of the Books of Samuel*. Where reference is made to Driver's discussion of a particular verse in the book of Samuel, only "ad" will be used: e.g., "Driver ad 1Sm 1.2" or "Driver ad loc."

_____, *Tenses*: S.R. Driver. [3]1892. *A Treatise on the Use of the Tenses in Hebrew and some other Syntactical Questions*

DSS: Dead Sea Scrolls

EA: J.A. Knudtzon. 1907-15. *Die El-Amarna-Tafeln*

EB: E.L. Sukenik et al. (eds.). 1965-82. אנצקלופדיה מקראית [*Encyclopaedia Biblica. Thesaurus rerum biblicarum alphabetico ordine digestus*], 3rd impression

EBH: Early Biblical Hebrew

ed., eds: editor, editors

Ehrlich:A.B. Ehrlich. 1908. *Randglossen zur hebräischen Bibel. Textkritisches, sprachliches und sachliches*, 7 vols.

EJ: *Encyclopaedia Judaica*, 16 vols. 1971-72

Engl.: English

ESA: Epigraphic South Arabian

ET: English translation

Eth.: Ethiopic, i.e. Ge῾ez

exx.: examples

f.: future, feminine

fem.: feminine

Fr.: French

FRA: J. Friedrich - W. Röllig. 1999. *Phönizisch-punische Grammatik*, 3. Auflage, neu bearbeitet von Maria Giulia Amadasi Guzzo unter Mit- arbeit von Werner R. Mayer

Fschr.: Festschrift

Fschr. Blau: H. Ben-Shammai (ed.). 1993. *Hebrew and Arabic Studies in Honour of Joshua Blau*

Fschr. Muraoka: Baasten, M.F.J. and W.Th. van Peursen (eds). *2003. Hamlet on a Hill: Semitic and Greek Studies Presented to Professor T. Muraoka on the Occasion of his Sixty-Fifth Birthday* [OLA 118]

Fut.: Future

Germ.: German

Gibson: J.C.L. Gibson, *Davidson's Introductory Hebrew Grammar ~ Syntax*. 4th ed. (Edinburgh)

GKC: *Gesenius' Hebrew Grammar as Edited and Enlarged by the late E. Kautzsch. Second English ed. revised by A.E. Cowley. 1910.*

GLECS: *Comptes rendus des séances du groupe linguistique d'études chamito-sémitiques*

GN: geographical name

Gogel: S.L. Gogel. 1998. *A Grammar of Epigraphic Hebrew*

Gordon, *UT*: C.H. Gordon. 1965. *Ugaritic Textbook*

HAE: J. Renz and W. Röllig. 1995-2003. *Handbuch der althebräischen Epigraphik,*

3 Bände

HAR: *Hebrew Annual Review*

Harris, *Development*: Z.S. Harris. 1939. *Development of the Canaanite Dialects. An Investigation in Linguistic History*

Heb.: Hebrew [in a bibliographical reference to a work written in Modern Hebrew]

HS: *Hebrew Studies*

HSS: Harvard Semitic Studies

HUCA: *Hebrew Union College Annual*

Huehnergard, *Ugr. Voc.*: J. Huehnergard. 1987. *Ugaritic Vocabulary in Syllabic Transcription*

ib.: ibidem

Ibn Janaḥ, Riqmah: M. Wilensky and D. Tené (eds). 1964. ספר הרקמה לר׳. יונה אבן גינאח. 2 vols.

IEJ: *Israel Exploration Journal*

impv.: imperative

IOS: *Israel Oriental Studies*

Ital.: Italian

JA: *Journal Asiatique*

JANES: *Journal of Ancient Near Eastern Studies*, Columbia University

JANESCU: *The Journal of the Ancient Near Eastern Society of Columbia University*

JAOS: *Journal of the American Oriental Society*

JBL: *Journal of Biblical Literature*

JNES: *Journal of Near Eastern Studies*

JNWSL: *Journal of Northwest Semitic Languages*

JOTT: *Journal of Translation and Textlinguistics*

JPOS: *The Journal of the Palestine Oriental Society*

JQR: *Jewish Quarterly Review*

JS: *Journal for Semitics / Tydskrif vir Semitistiek*

JSS: *Journal of Semitic Studies*

JThSt: *Journal of Theological Studies*

juss.: jussive

K: Ktiv (e.g. Gn 3.23K)

KAI: *Kanaanäische und Aramäische Inschriften*

KB³: L. Koehler, W. Baumgartner et al. ³1967-96. *Hebräisches und aramäisches Lexikon zum Alten Testament*

Khan, *Syntax*: G.A. Khan. 1988. *Studies in Semitic Syntax*

König: E. König. 1881-97. *Historisch-kritisches Lehrgebäude der hebräischen*

Sprache, 3 vols. [vol. 3, *Syntax*] [2.345 = vol. 2, p. 345.]

Kropat: A. Kropat. 1909. *Die Syntax des Autors der Chronik verglichen mit der seiner Quellen*

KTU: M. Dietrich, O. Loretz, and J. Sanmartín. 1995. *The Cuneiform Alphabet Texts from Ugarit, Ras Ibn Hani and other Places*

KUSATU: *Kleine Untersuchungen zur Sprache des Alten Testaments und seiner Umwelt* (Universität Mainz)

Kutscher, *Isaiah*: E.Y. Kutscher. 1974. *The Language and Linguistic Background of the Isaiah Scroll* (*IQ Isa*[a]), tr. from the Heb. ed. (1959)

_____, *History: A History of the Hebrew Language* (Jerusalem / Leiden, 1982)

L: Codex L, i.e. Codex Leningradensis B19[a]

Lambert: M. Lambert 1931-38 (1972). *Traité de la grammaire hébraïque* [reprinted with corrections and some additional materials prepared by G.E. Weil]

LBH: Late Biblical Hebrew

Lĕš: *Lĕšonénu*

lit.: lit(erally)

LXX: Septuagint

m.: masculine

Macuch, *Gram.*: R. Macuch 1969. *Grammatik des samaritanischen Hebräisch*

masc.: masculine

MedH: Mediaeval Hebrew

Meyer: R. Meyer. 1966-72. *Hebräische Grammatik*, 4 vols.

MH: Mishnaic Hebrew

ModH: Modern Hebrew

Morag, *Vocalization*: Morag, Sh. 1962. *The Vocalization Systems of Arabic, Hebrew, and Aramaic*

_____, *Yemenite*: 1963. *The Hebrew Language Tradition of the Yemenite Jews* [Heb.]

Moscati: S. Moscati (ed.), A. Spitaler, E. Ullendorff, and W. von Soden 1964. *An Introduction to the Comparative Grammar of the Semitic Languages. Phonology and Morphology*

Muraoka, *Emphatic*: T. Muraoka 1985. *Emphatic Words and Structures in Biblical Hebrew*

MUSJ: *Mélanges de l'Université Saint-Joseph de Beyrouth* (also known as *Mélanges de la Faculté orientale de Beyrouth*)

n.: footnote. But N in Indexes.

Nd: determinate noun

Nid: indeterminate noun

Nöldeke, *Neue Beiträge*: Th. Nöldeke. 1910. *Neue Beiträge zur semitischen*
    Sprachwissenschaft
Obs.: Observation
OLA: Orientalia Lovaniensia Analecta.
OLZ: *Orientalistische Literaturzeitung*
Or: *Orientalia*
Or. Suec: *Orientalia Suecana*
OT: Old Testament
OudSt: *Oudtestamentische Studiën*
P: Pause, pausal
PAAJR: *Proceedings of the American Academy for Jewish Research*
parall.: parallel
PEQ: *Palestine Exploration Quarterly*
perf.: perfect
perh.: perhaps
pers.: person
Pesh.: Peshitta
pf.: perfect
Phoen.: Phoenician
pl.: plural
PLO: Porta Linguarum Orientalium (Wiesbaden)
plur.: plural
PN: personal name
poet.: poetic
Polzin: R. Polzin 1976. *Late Biblical Hebrew: Toward an Historical Typology of*
    Biblical Hebrew Prose
pred.: predicative
prob.: probably
Proceedings: *Proceedings of the International Conference on Semitic Studies Held in*
    Jerusalem, 19-23 July 1965 (Jerusalem, 1969)
pron.: pronoun
PS: Proto-Semitic
ptc.: participle
Q: Qre (e.g. Gn 3.23Q)
QH: Qumran Hebrew
Qimron, *HDSS*: E. Qimron. 1986. *The Hebrew of the Dead Sea Scrolls*.
R: radical, root letter (e.g. R_1 = first radical)

Rabin, *Syntax*: Rabin, C. 1964. *A Syntax of Biblical Hebrew* (= תחביר לשון המקרא)

Rainey: A.F. Rainey. 1996. *Canaanite in the Amarna Tablets. A Linguistic Analysis of the Mixed Dialect Used by Scribes from Canaan.* 4 vols.

RB: *Revue Biblique*

RÉJ: *Revue des Études Juives*

Rev.: Review

Samar.: Samaritan (Pentateuch)

sbd: somebody

SBH: Standard Biblical Hebrew

ScrHier: *Scripta Hierosolymitana*

Sec.: Secunda, i.e. the second column in the Hexapla compiled by Origen, quoted in the main from G. Mercati, *Psalterii Hexapli Reliquiae*. I. *Codex rescriptus Bibliothecae Ambrosianae 0.39 Supp. phototypice expressus et transcriptus* (Rome, 1958)

sg.: singular

SH: Samaritan Hebrew

sing.: singular

Sivan: D. Sivan. 1984. *Grammatical Analysis and Glossary of the Northwest Semitic Vocables in Akkadian Texts of the 15th-13th C. B.C. from Canaan and Syria.* Neukirchen-Vluyn.

Sperber, *Hist. Gram.*: A. Sperber. 1966. *A Historical Grammar of Biblical Hebrew*

sq.: sequens, sequentes (= "following")

SSLL: Studies in Semitic Languages and Linguistics (Leiden)

SSN: Studia Semitica Neerlandica (Assen)

st.: status

sth: something

subj.: subject

subst.: substantive, substantival

suf.: suffix, suffixed

s.v.: sub voce

Syr.: Syriac

Tropper: J. Tropper. 2000. *Ugaritische Grammatik*

UF: *Ugarit-Forschungen*

Ugr.: Ugaritic

usu.: usually

V: vowel

var.: variant reading

vs.: versus *or* verse

vss: verses

VT: *Vetus Testamentum*

VTS: Supplements to *Vetus Testamentum*

Vulg.: Vulgate

WO, *Syntax*: B.K. Waltke and M. O'Connor. 1990. *An Introduction to Biblical Hebrew Syntax*

WO: *Die Welt des Orints*

Wright, *Arabic Grammar*: W. Wright - W. Robertson Smith - M.J. de Goeje. ³1896-98. *A Grammar of the Arabic Language*, 2 vols.

Y.: Yahweh

Yeivin, *Babylonian*: I. Yeivin. 1985. *The Hebrew Language Tradition as Reflected in the Babylonian Vocalization* [Heb.]

ZA: *Zeitschrift für Assyriologie und verwandte Gebiete*

ZAH: *Zeitschrift für Althebraistik*

ZAW: *Zeitschrift für die alttestamentliche Wissenschaft*

ZDMG: *Zeitschrift der deutschen morgenländischen Gesellschaft*

자주 나오는 부호들

인용된 성경 본문 뒤에 나오는 도치된 질문 표시인 ¿은 그 형태나 본문이 미심쩍음을 표시한다.

별표 *는 그 형태가 나타나지 않음을 표시한다. 그러나 어형 변화표 4에서 별표는 다른 기능을 갖는다(그곳의 설명을 보라).

> 부호는 한 형태가 다른 형태로 변하고 있음을 표시한다. 예로, § 17 *b*; 또는 그것이 더 빈번함을 표시한다. 예로, 어형 변화표 2: 호팔.

< 부호는 한 형태가 다른 형태로 진화되었음을 표시한다.

‖ 부호는 병행 본문이 있음을 표시한다.

† 부호는 목록이 종합적임을 표시한다.

아랍어 숫자 뒤에 x가 나오는 것은 그 특정한 형태의 빈도수를 표시한다.

강세 위치는 음역에서 /bay′tá/처럼 강세 음절 뒤에 ′가 오거나 /báytá/와 같다. 히브리어에서 이것은 בֵּיתָהֿ처럼 Ó로 표시된다.

"n"이란 글자는 각주를 표기한다. 그러나 대문자 "N"은 색인 번호이다.

서 론

§1. 히브리어 문법의 정의

a   히브리어 문법은 이 책에서 살펴보는 바와 같이 일반적으로 주후 7세기 경에 티베리아 학파의 유대인 학자들이 확립하였던 전통적인 성경 본문에 나오는 히브리어의 문법을 가리킨다. 티베리아 학자들은 성경 독법의 전통을 보존하고 전수하는 데 있어서 당대의 시리아 문법학자들의 영향을 간접적으로 받은 것으로 추정된다([1]). 그 당시 시리아 학자들은 바빌론의 히브리어 학자들에게 도움을 주었고 바빌론의 학자들은 다시 티베리아 학자들에게 도움을 주었다.

b   이 시기에 가장 괄목할 만한 작업으로는 자음으로 이루어진 본문에 모음을 표기하는 수많은 기호들이 붙여진 것이다([2]). 또한 자음 발음, 음절 구분, 강세, 단어들 간의 연결, 휴지, 억양 등에 약간의 수정이 이루어졌다. 이러한 기호들, 특히 모음 기호들은 주로 '점들'(נְקֻדוֹת)로 이루어져 있어서 흔히 자음 본문에 '점 찍기'(*pointing* 또는 *punctuation*)라고 한다. 그리고 이 체계의 창안자들은 '나크다님'(*Naqdanim*, 점 찍는 자들)이라고 부른다. 나크다님들은 매우 정밀하게 발음을 결정하였으며, 이 발음은 당시 회당의 예배 의식에서 아주 조심스럽게 엄숙하고도 아름답게 사용되었다. 그리고 어느 정도 우아하고 또

---

[1]   참조, Morag 1974: 52f. 또한 시리아어를 모국어로 사용하는 학자들의 연구에 관해서는 Segal 1953을 보라. 모음 체계를 창안해 내었거나 그것을 만드는 데 직접적으로 연관된 이들인 나크다님 (Naqdanim)과 모음이 첨가된 본문에서 대두되는 질문들에 관해 연구하고 기록한 '마소라 학자들' 을 구분하는 것이 어느 정도 의미가 있을 것이다. 아래 § 16 *a* 참조. 비록 단순한 티베리아 모음 체계를 사용하는 사본들 속에서조차 실제 성경(또는 성경과 관련된) 사본들이 다양한 언어적 현실과 전통들을 입증해 주지만, 나크다님과 마소라 학파를 구분하는 것은 유익하다. 한 저자 미상의 초기 중세 학자가 일련의 마소라 학자들을 거론하고 그들의 성격을 묘사한 것에 대해서는 Levy 1936: 10에서 보라.

[2]   티베리아식 모음 표기 체계 외에도 팔레스타인, 바빌론, 사마리아 체계 등이 있었다. 이들은 각각 다른 형태의 모음 부호들과 명확한 음성 체계를 가지고 있었다. 또한 티베리아 모음 부호에 팔레스타인 음성 체계를 가지고 있는 성경 사본들도 있다. BL, §§ 6-9; Morag 1962: xx-xxx; idem 1968: cols. 837-57; Yeivin 1985 참조. 이 네 가지 체계 중에 가장 잘 알려진 티베리아 체계는 가장 후대의 것으로서 가장 정밀하다. 다른 세 가지 체계에는 구약 성경 전권을 보존하는 사본이 하나도 존재하지 않는다는 점이 더욱 중요하다(사마리아 체계는 명백한 이유로 결함을 갖고 있다. 더 상세한 사항은 Ben-Ḥayyim, § 1.2를 보라).

한 의도적으로 꾸며 만든 이 발음은 분명히 인위적인 특징들을 가지고 있지만, 전반적으로 그 신빙성에 있어서는 의심할만한 여지가 없다. 나크다님은 그들의 전통이 위태로워졌을 때 당대의 발음을 충실하게 기록하기 원했으며, 우리는 그들이 자신들의 임무를 성공적으로 수행했다고 생각한다. 이 점은 그 체계가 지닌 내적인 일관성에 있어서나, 다른 동족 언어들과 비교해 볼 때 더욱 잘 증명된다.

히브리어 문법에서 특히 형태론과 같은 세부적인 사항들은 나크다님이 기록한 모음 표기에 기초하고 있다. 그리고 그들의 작업은 그 반대의 사실이 입증되지 않는 한 믿을 만한 것으로 추정하는 것이 더 바람직하다(¹). 이러한 세부적인 사항들에서 나타나는 히브리어 체계가 언제 어디서 통용되었느냐 하는 것은 또 다른 문제이다. 우리는 나크다님이 성경의 특정한 읽기 전통을 기록했다고 추정한다. 그러나 그들은 성서 히브리어와 아람어가 어떻게 발음되어야만 하는지(ought to) 강제하려고(dictating) 한 것은 아니다(²).

§ 2. 히브리어: 셈어들 가운데 그 위치(³)

a   히브리어는 1781년(⁴) 이후로 학자들이 셈어(Semitic)로 부르는 어족에 속한다(창 10.21-31 참고). 이 언어들은 아래 § *b~i*에서 요약한 것처럼 지리적으로 구분될 수 있다(⁵).

---

[1] 오직 자음 본문에 기초하여 성서 히브리어 문법을 완벽하게 쓰는 것에 대한 타당성과 가능성 또는 그 반대 입장에 관해서는 Barr 1968: 188-222, 특히 194-207; Ben-Ḥayyim, § 0.5를 보라. 언어적 연구를 위한 기초로서 마소라 본문의 신빙성에 관해서는 Morag 1974a; Versluis 2003: 10-14를 보라.

[2] Barr 1968: 188을 보라.

[3] Nöldeke 1899; Brock., GvG, I. 1-34; Lidzbarski 1898; Cooke 1903; Bergsträsser 1983; Spuler (ed.) 1953-54; Polotsky 1964; Speiser 1964; Ginsberg 1970; Garbini 1984; Kienast 2001: §§ 12-17. Garr (1985)는 특정 시대의 서북 셈어 방언들을 방언 지리학(dialect geography)의 방법론으로 분류하였다. 참조, Rabin 1963. 20세기에는 현대 아랍어, 아람어 및 에티오피아어의 숙어들에 대한 많은 연구가 이루어졌지만, 아래에 제시된 개관은 거의 전적으로 고대 셈어들에 관한 것이다. 이 언어들은 모두 다양한 차원에서 성서 히브리어 연구에 도움을 줄 수 있다. 현대 히브리어는 그것이 현대 언어로 발전하게 된 특별한 상황 때문에 그 자체로 독자성을 띠고 있다.

[4] Eichhorn 1781: 161에 언급된 A. S. Schlözer를 따른 것이다. Leipnitz가 Schlözer보다 먼저 이 용어를 사용했다는 제안에 대한 반박을 Baasten 2003에서 보라.

[5] Lipiński(1997: § 4.5)는 네 방위를 따라 동서남북 셈어 군이라는 더 섬세한 지리적 구분법을 제안한다.

aa 　　　　지리적인 구분법 외에도 등어선(isoglosses, 언어의 특징을 따라 지역들을 서로 다르게 분리하는 선-역자주)에 근거한 유형적인 구분법이 있다. 등어선은 자음 체계, 내적 수동태, 깨어진 복수형태(broken plural, 복수형태가 단수 형태와 다른 형태에서 나온 것-역자주), 시제 체계, 격 체계 등과 같은 언어적인 특징들을 공유하는 것으로 구분한다. 그러나 이러한 구분법은 매우 복잡하며, 여전히 뜨거운 논쟁이 되고 있다. 최근에 발견된 언어들, 즉 아모리어, 암몬어는 물론 우가릿어, 에블라어와 같은 언어들이 셈어족에 첨가되면서([1]) 문제는 더욱 복잡해졌다. 사실 동북과 서북의 셈어 군들을 매우 예리하게 구분하는 견해에 대해 우려하는 것은 어느 정도 정당하지만, 이와 같은 구분은 최소한 주전 천 년대 초반부터 실제로 존재하고 있었음은 명백하다([2]).

　　　　다양한 유형적인 구분은 첫째로 고어가 갖고 있는 이질성과 둘째로 서로 공유하는 형태-어휘론적(morpho-lexical) 혁신성이라는 두 가지 변수에 의하여 이루어진다. 이 구분에 의하면 아카드어는 가장 오래된 고어에 속하며, 그 나머지들은 서부 셈어와 중부 셈어로 구분된다. 서부 셈어는 다시 에티오피아어를 포함한 남부 셈어와 남부 아랍어(금석문[金石文]과 현대문)로 나누어지며, 중부 셈어는 아랍어, 가나안어, 아람어로 구분된다([3]).

ab 　　　　또 다른 접근법으로는 역사적 또는 시대적 구분법이 있다: (1) 앗시리아어, 바빌론어, 에블라어와 마리 방언을 포함하는 고대 셈어(*Old Semitic*); (2) 남부 아랍어의 비문과 고전 에티오피아어로 대표되는 초기 신흥 셈어(*Early Young Semitic*); (3) 가나안어, 아람어, 아랍어 세 그룹들을 포함하는 후기 신흥

---

[1] Greenfield 1969: 92-101 참조. 에블라어에 관해 Gelb 1977; Cagni 1981, Fronzaroli 1984; Dombrowski 1988 참조. 최근에 알레포(Aleppo)에서 남쪽으로 약 50km 떨어진 시리아 중부에서 발견된 주전 3천 년대 중반의 문헌에서 입증된 이 셈어는 고대 아카드어와 마리 언어와 매우 유사한 것으로 알려져 있다: Faber 1997: 7 참조. 이전에 북부 아랍어로 구분되었으나 지금은 일반적으로 가나안어로 간주되는 암몬어에 관해 Jackson (1983) 참조. 그러나 그의 글은 Lipiński에 의해 신랄한 비판을 받았다: 리핀스키는 이 언어에 대하여 중요한 기타 참고 문헌을 제공하였다. 1986: 448-50. Aufrecht 1987: 85-95와 특히 Aufrecht 1989도 보라.

[2] 서북 셈어 방언들의 분류에 대한 일반적인 토론으로서는 Kaufman 1988을 보라.

[3] Hetzron 1974; idem 1976: 101-6을 보라. 헤츠론은 아랍어와 가나안어를 함께 묶어 아람어와 대비시킨다. 왜냐하면 전자에는 2, 3인칭 여성 복수 어미인 *-na/nā* 나오는데 후자에는 *-ā(n)*이 나오기 때문이다. 그렇지만 텔 페케리예(Tell Fekherjyeh)에서 발견된 고대 아람어 비문에는 후자의 형태소인 *-ā(n)*이 나오고 있다. 휴네가드(Huehnergard 1987a)와 보이그트(Voigt 1987: 14f)는 비문에 나오는 남부 아랍어를 중부 셈어에 귀속시킨다.

셈어(*Late Young Semitic*)([1]).

b   **동북 그룹**(바빌로니아, 앗시리아): 아카드어(바빌로니아에서도 사용되었으며 비-셈어인 수메르어에 대립하는 오늘날의 일반적인 명칭). 아카드어는 바빌론어와 앗시리아어의 두 가지 방언들을 포함하고 있다. 우리는 주전 3천년대 중반 이후부터 기독교가 시작되던 시기에 이르기까지 아카드어로 된 쐐기 문헌들을 갖고 있다([2]).

c   **서북 그룹**(메소포타미아, 시리아):([3]) 아람어, 히브리어, 페니키아어.

d   아람어는([4]) 초기에 시리아 사막의 부족들이 사용하다가 점차 동쪽과 서쪽 주변 지역으로 퍼져 나간 것으로 보인다. 페르시아 시대에 팔레스타인에서 히브리어의 위치가 상당히 약화되었다. 지금까지 알려진 가장 오래된([5]) 아람어 문헌은 텔-페케리에(Tell Fekheriye)에서 발굴된 이중 언어(앗시리아어-아람어) 비문이며 그것은 주전 9세기경의 것으로 추정된다([6]).

그 이후 시기의 아람어 방언들은 동부 아람어(3인칭 미래 시제의 접두사가 기독교 이후 시대에는 *n*으로 나옴)와 서부 아람어(3인칭 미래 시제의 접두사가 다른 모든 셈어와 마찬가지로 *y*로 나옴)로 구분될 수 있다. 주요 동부 아람어 방언들은 원래 에데사(Edessa)의 방언인 시리아어(동부 또는 네스토리아파 시리아어와 서부 또는 야곱파 시리아어로 더 세분화될 수 있음), 바빌론 탈무드의 유대 방언, 만다어(*Mandaean*) 등이 있다. 서부 아람어는 팔레스타인 타르굼과 예루살렘 탈무드의 후기 방언들, 사마리아어, 팔미르어(*Palmyrene*, 주후 1-3세기의 비문), 나바트어(*Nabataean*, 주후 1세기의 비문), 기독교인이 사

---

[1] Kienast 2001: § 17을 보라. 독일어로는 각각 Altsemitisch (고대셈어), Frühjung-semitisch (초기 신흥셈어), Spätjungsemitisch (후기 신흥셈어)로 불린다.

[2] 더 이전 단계에 고대 아카드어가 있었으나, 바빌론어와 앗시리아어가 그것의 직접적인 계열에 속하는지는 불확실하다. 표준 문법책은 von Soden 1952, 1969이며, 사전으로는 von Soden 1965-81과 계속 작업 중에 있는 *The Assyrian Dictionary of the Oriental Institute of the University of Chicago* (약칭 CAD, Chicago, 1956-)가 있다.

[3] 서북 셈어와 그것의 대표적 언어로 볼 수 있는 히브리어의 개념에 대해 Harris 1939: 8-10; Garr 1985 참조. 서북 셈어들의 금석 자료들을 포함하는 사전으로서 Hoftijzer - Jongeling 1995를 보라.

[4] Chabot 1910; Rosenthal 1939; idem 1978: 81-91.

[5] 주전 10세기경의 것으로 볼 수 있는 텔-할라프(Tell Ḥalaf)의 매우 짧은 비문이 예외가 될 가능성이 있다.

[6] 고대 아람어 비문들을 편집한 자료로서 Donner-Röllig 1966-69; Rosenthal (ed.) 1967; Gibson 1975를 보라. 문법책으로 Degen 1969; Segert 1986을 보라.

용한 팔레스타인 아람어, 레바논 산맥 맞은 편(Anti-Lebanon) 지역의 마룰라 (Ma'lula)라는 현대 방언 등이 있다(¹).

페르시아 시대에는 페르시아 제국 전역에 걸쳐 사용된 표준 아람어가 발달하였다. 그러므로 이것은 '제국 아람어'(Reichsaramäisch 또는 Imperial Aramaic)로 불린다(²). 그러나 이 시기 동안에 이미 여러 방언들로 변형된 표시들이 나타난다. 엘레판틴으로 알려진 유대 식민지의 파피루스(주전 5세기)와 에스라서(4.8-6.18; 7.12-26)와 다니엘서(2.4-7.28)의 몇몇 장에서 사용된 표준 아람어 관용구는 기독교 원년이 시작될 무렵까지 지속되었다. 왜냐하면 유대 광야와 타르굼 옹켈로스(Onkelos)에 있는 일부 문헌들 안에서 기본적으로 이런 형태의 아람어가 나오기 때문이다.

e   히브리어는(³) 이스라엘 백성이 가나안 땅에 들어오기 이전에 사용된 언어가 발전한 것이다(⁴). 고대 가나안어는(⁵) 무엇보다도 텔 엘 아마르나(Tell el Amarna)에서 발견된 바빌론어 서신들의 난외주들(*glosses*)을 통해 알려졌다. 이 서신들은 약 주전 1400년경에 당시 외교적 언어인 바빌론어로 기록되어 있으며, 가나안 지역의 서기관들이 모국어의 단어와 형태를 가끔 사용하여 이집트 정부에게 보냈던 것들이다. 다른 중요한 자료들로서는 우가릿어, 모음 표시

¹ Rosenthal 1939에 의해 이루어진 주요한 연구 이후에 출판된 기타 참고 문헌으로서 Rosenthal 1961; Degen 1969; Drower - Macuch 1963; Epstein 1960; Macuch 1982; idem 1965; Muraoka 1987; Sokoloff 2002; idem 2002a; Muraoka 1997을 주목하여 보라.

² Greenfield 1974; Folmer 1995; Muraoka - Porten ²2003.

³ 히브리어에 관한 최근의 연구들에 대한 훌륭한 개관을 Rabin 1970에서 찾아 볼 수 있다. 엄격한 의미에서 히브리어와 히브리어 문법보다 더 폭넓은 개관을 다루고 있는 Waldman 1989도 보라. 언어의 이름으로서 "히브리어"는 상당히 후대에 나온 것이다. 신약성서와 요세푸스의 글에서조차 우리는 히브리어와 아람어를 뚜렷이 구별할 수 없다. 히브리 성서에서도 히스기야 왕의 신하들은 앗시리아 침략군의 사절에게 "유다 말"(יְהוּדִית)로 하라고 부탁한다(왕하 18.26f.). 당대 앗시리아 문헌에는 유다 지역과 "가나안 말" (שְׂפַת כְּנַעַן)이라고 부르며(사 19.18의 이집트에 관한 신탁에서), 고대 이집트에서는 그곳을 "가나안"으로 부른다.

⁴ 성서 히브리어는 동부 셈어인 가나안어와 서부 셈어인 아람어가 혼합된 언어라는 H. Bauer의 주장 (1924)과 이 입장을 지지하는 G. R. Driver (1936)에 대한 비판은 Bergsträsser 1923, Landsberger 1926, Harris, *Development*, 11, 그리고 Kutscher, *History*, 24를 보라.

⁵ 고대 가나안어(Old Canaanite 또는 Ancient Canaanite)라고 부를 수 있는 이 단계의 언어는 Moran, Rainey, Sivan, Izre'el 및 Huehnergard와 같은 학자들에 의해 최근에 연구되어 왔다. 그러나 고대 가나안어와 소위 원시 히브리어가 완전히 일치하지는 않았을 것이다. 두 가지를 동일시하는 것의 위험성은, 후자에서 일반적으로 가정되는 칼 수동태, 즉 *qutila* 또는 *qut(t)ala*와 고대 가나안어 (엘-아마르나)의 *qatil(a)*의 대립으로 예증될 수 있다. 이에 관해 Sivan, 169f.를 보라.

와 함께 아카드어의 쐐기 문자로 표기된 우가릿어의 단어들, 아모리어로 된 인명들, 이집트 상형 문자로 표기된 몇 개의 가나안 사람들의 이름들이 있다(¹). 고대 히브리어는 성경 본문 외에도 상당히 많은 비문의 자료들에 나타난다. 예로, 유명한 게제르 농경 달력(주전 10세기), 사마리아 도편(ostraca, 주전 8세기 초), 실로암 비문(주전 700년경), 네게브의 아라드에서 나온 백여 개의 도편(대부분 주전 6세기 말), 22개의 라기쉬 도편(아라드 도편과 거의 같은 시기)(²), 그리고 불완전하게 보존된 벤시라서(Ben-Sira)와 같은 외경 등이 있다(³). 모압 왕 메샤 비문(참고, 왕하 3.4, 주전 850년경)은 사소한 부분들을 제외하고 히브리어와 별로 다르지 않은 언어로 기록되어 있다(⁴).

f 킬라무와(Kilamuwa) 왕의 비문(주전 9세기)과 주전 5세기 이후의 몇몇 다른 비문들에 나타나는 페니키아어는 히브리어에 매우 가까우며 카르타고와 그 식민지에서 사용된 푼어(*Punic*) 방언은 페니키아어에 가깝다(⁵).

fa 위에서 언급한 바와 같이 주전 14세기 중반부터 12세기 말까지의 문헌 속에 나오는 우가릿어는 히브리어, 페니키아어, 아람어와 함께 흔히 독립된 서북 셈어로 간주된다(⁶). 역사적으로 말하자면, 우가릿은 가나안으로 알려진 지

---

¹ Moran 1961 참고.

² 이와 같은 성경 외의 금석 자료들은 두 가지 이유 때문에 고대 히브리어에 대한 더 깊은 이해를 하도록 값진 정보를 제공해 준다. 즉, (1) 그것들 가운데 많은 자료들은 대부분의 성서 문학보다 훨씬 더 정확하게 연도 설정을 할 수 있으며, (2) 그것들은 후대의 편집 과정을 거치지 않았다. 그럼에도 불구하고, 그것들은 대부분 매우 짧거나 단편적이고, 내용도 빈약하므로 우리의 토론에서 그 가치를 지나치게 높게 잡을 수 없다. Elwolde 1997: 20f., n. 8 참조.

³ 이 본문은 *The Book of Ben Sira: Text, Concordance and an Analysis of the Vocabulary* (Jerusalem, 1973)와 Beentjes 1997에 있다. Van Peursen (2004)은 그 언어에 대하여 중요한 연구를 제공하였다.

⁴ 이 비문 자료들에 관한 최근 문헌들로서 Donner - Röllig 1966-69; Gibson 1971; Lemaire 1977; Pardee 1982; Davies 1991, 2004; Ahituv 1992; Renz - Röllig 1995-2003이 있다. 모압어에 관해서는 Segert 1961; Andersen 1966을 보라.

⁵ 표준 문법서들로서 Harris 1936; FRA (1999); van den Branden 1969가 있다. 또한 폭넓은 참고 문헌과 학습용 본문을 포함하는 Segert 1976이 있다.

⁶ 이것은 1929년에 발견된 셈어이다. 이 언어를 전통적인 계열에 따라 구분하고자 하는 시도는 심각한 어려움에 부딪히게 되었다. 왜냐하면 이 언어는 다양한 셈어들과 여러 중요한 언어적 공통점들을 공유하고 있기 때문이다. Goetze 1941; Harris, 1939, 10f.; Cantineau 1950: 21-34, 특히 34를 보라. 유사하면서도 조심스럽게 표현된 Gordon의 글을 UT, 144-46에서 보라. Greenfield는 Ginsberg와 함께 우가릿어와 가나안어의 유사점을 강조한다: 1969, 특히 97-100을 보라. 이 문제에 대한 간략한 검토를 위해 Israel 2003a; Tropper, § 13도 보라. 표준 문법서는 Gordon, *UT* 외에 Tropper (2000)를 보고, 사전은 Del Olmo Lete and Sanmartín 2004를 보라.

역 밖에 있었으며 시리아 서북 해안의 고대 도시인 우가릿(오늘날의 라스 샤므라)에서 사용되었고 쐐기 문자로서 진흙 토판에 기록되었다. 이 언어는 선사 시대의 히브리어와 성서 문헌, 그리고 일반적인 문화를 이해하는 데 기본적으로 중요하다.

g　　　　**남부 그룹**(아라비아, 에티오피아): 아랍어, 에티오피아어.

h　　　　북부 아랍어로서는 마르울카이스 왕(Mar'ulqais, 주후 328년)의 비문이 있다. 아랍어는 이슬람의 정복 결과로 시리아, 바빌로니아, 메소포타미아로 퍼져서 점차 아람어를 대치하였으며 이집트, 북 아프리카를 거쳐 마침내 스페인까지 퍼져 나갔다.

　　　　남부 아랍어의 주요 방언들에는 미네아어(Minaean 또는 Minaic), 카타반어(Qatabanic), 하드람어(Hadrami), 사바어(Sabaean 또는 Sabaic)가 있다([1]).

i　　　　에티오피아어나 게에즈어는 남부 아라비아에서 에티오피아로 이주한 사람들의 언어이다. 이 언어로 기록된 가장 오래된 기념비로서 악숨(Aksum)의 에자나 왕('Ezana, 주후 4세기) 비문이 있다([2]).

j　　　　**셈어들의 특징.** 셈어들은 다른 어족들과 구분되는 몇 가지 특징들을 갖고 있으며, 특히 히브리어에서 발견되는 특징에는 다음과 같은 것들이 있다: 1) 특정한 후음이 있다(*ḥ* ח, ʻ ע) 2) 강세 자음이 있다(*ṭ* ט, *ṣ* צ, *q* ק) 3) 어근들은 대부분 순수하게 세 개의 자음으로 이루어진다. 단어의 자음 골격은 일반적인 개념을 표시하는 반면, 모음들은 이 개념을 결정짓는 여러가지 서법(modality)을 나타낸다([3]). 이러한 특징들의 일부가 다른 어족들에서도 발견되는 것은 사실

---

[1] Höfner 1943; Beeston 1984.

[2] Drewes 1962; idem 1991-.

[3] 셈어를 사용하던 사람들이 어느 정도까지 자음 어근들을 형태론적으로 불연속적인 모음 형태소들(삽어[infixes]와 접미사들)과 구분되는 실체로 인식했으며 인식하고 있는지에 대한 질문에 관해 Greenberg 1950을 보라. 이 글은 셈어에서 두 개의 연속적인 자음이 동종의(homorganic) 자음일 수 없음을 보여 준다. 이 강제성은 셈어 어근의 모든 1-2 및 2-3 위치에 적용되며, 2-3 위치에 같은 자음이 올 경우는 예외이다. Kurytowicz 1972: 17-24도 보라(이 방법을 보다 정교하게 히브리어에 적용한 연구로서 Koskinen 1964와 Bachra 2001을 보라). 이와 같은 강제성이 어근에 첨가된 모음의 존재와 관계 없이 작용한다는 사실은 어근의 실재에 대한 증거가 된다(비록 충분히 발전되지는 않았으나, 유사한 견해가 이미 Lambert § 161에 나타났다.). Meillet and Cohen 1952: 85-98에서 Cohen 참조; Ullendorff 1958, Cohen 1973-79; Bergsträsser 1928: 3-19 [= tr. Daniels 1983: 2-24]; Spuler l953-54: 3-25도 보라.

이다. 그러나 전체적으로 볼 때 이것들은 셈어를 특징짓는 요소들이다.

k　　　　**셈어 군과 다른 언어들의 유사성([1])**

　　　콥트어의 기원이 된 고대 이집트어는 셈어들과 어떤 특징들을 공유하고 있다. 고대 이집트어는 셈어들과 같은 기원을 가지고 있으나 매우 이른 시기에 나누어졌다. 그리고 각각의 언어는 외래어들의 영향을 받게 되었고 그 자체로 완전히 독립된 변화를 겪게 되었으며, 결과적으로 그 특성이 근본적으로 변화되었다.

　　　셈어와 현대 함어들인 베르베르어(Berber)와 구스어(Cushitic)와의 관계는 훨씬 덜 가깝다([2]).

　　　인도-유럽어들과 셈어들 사이에 먼 관계가 있다는 제안은 심각한 문제점들을 내포하고 있다. 이 주제에 대하여 가장 잘 쓴 최근의 연구 가운데 특히 묄러(Möller)([3])가 제시하는 증거들조차 그 유사성의 예를 확실히 제공하지 못하였다([4]).

§3. 성서 히브리어의 역사([5])

a　　　　비록 우리가 가진 성경 본문이 상당히 오랜 세기를 거쳐왔다고 하더라도, 그것을 기록한 언어는 놀라울 정도의 일관성을 지니고 있다([6]). 그러나 그 일관성은 언어의 모든 양상으로서 철자법, 음성학, 음운론, 형태론, 구문론, 어

---

[1] 함어-셈어 집단에 대한 일반적이고 유형론적인 묘사에 관해서는 Diakonoff 1974; Lipiński 1997: 23-47을 보라. 히브리어가 더 넓은 언어적 상황 속에서 어떤 위치에 있는지를 설명하는 Lieberman 1986; Cohen 1988도 보라. 몇몇 방법론적인 질문들에 관해서는 von Soden 1965를 보라. 또한 Diakonoff 1988; Polotsky 1964도 보라.

[2] 비샤리어(Bischari), 사호어(Saho), 아파르어('Afar), 소말리아어(Somali)도 여기에 포함된다. 어떤 사람들은 훨씬 더 남쪽으로 내려간다. 예로서, Dolgopolsky 1998 참조. 또한 Satzinger 2002와 Voigt 2002를 보라.

[3] M. Möller 1906; idem 1911.

[4] 특히 A. Meillet in *Revue critique* 1 (1910), 313을 보라. 더 최근의 것으로 Brunner 1979; Levin 1971; idem 1995를 보라.

[5] Chomsky 1964; Rabin n.d.; idem 1988; Hadas-Lebel 1981; Kutscher 1982; Sáenz-Badillos 참고.

[6] Young 1993 참고.

휘와 어법(phraseology) 등에 있어서 동일하지 않으며, 시대와 저자에 따라 어휘와 어법의 변화가 상당히 두드러지게 나타난다. 일반적으로 구문론은 변화가 가장 적은 편이다. 그럼에도 긴 시간의 간격이 있는 본문들을 비교해 보면 그 차이는 매우 현저하게 나타난다. 따라서 에스라서, 느헤미야서, 역대기와 같은 포로 후기의 역사서들에 나타나는 구문론은 사무엘서와, 열왕기의 구문론과는 상당히 다르다([1]).

성경 본문의 일관성이 가장 분명하게 나타나는 영역은 형태론이다. 그렇지만 여기서도 자음 요소와 모음 요소를 구분할 필요가 있다. 셈어는 그 형태적인 성격에 있어서 자음은 골격처럼 안정된 요소를 이루는 반면에, 모음은 가변적인 요소를 띠고 있으므로, 모음은 여러 세기에 걸쳐 자음보다 더 빨리 변화했음이 분명하다. 그렇지만 우리는 전수된 본문에서 단지 몇몇 자음의 변화와 극소수 모음의 변화만을 확인할 수 있으므로 사실상 자음 본문은 수세기에 걸쳐 어느 정도 표준화되었을 가능성이 높다고 판단할 수 있을 것이다. 그리고 자음 본문들의 많은 부분들이 언제 형성되었든지 간에 모음 표기는 일정하게 만들어졌음이 분명하다. 주후 7세기의 나크다님들은 가장 후대의 본문으로서 대부분 타당성을 지닌 본문들뿐 아니라 가장 오래된 본문들에도 그 당시 회당의 발음을 부여하였다.

필사자들과 나크다님들이 각각 자음 본문을 일관성 있게 다듬고 모음을 일관성 있게 표기한 것 외에도, 성경 저자들이 일관성 있게 만든 요소들이 있다. 후기 성경 문헌들의 언어는 가장 초기 문헌들의 언어와 강한 유사성을 가지지만, 미쉬나(주후 2세기)의 언어와는 상당히 다르다. 따라서 후기 성경 저자들은 일반적으로 전기 문헌들이 지닌 신성하고 고전적인 모델을 어느 정도 모방하려고 했음을 알 수 있다. 반면 미쉬나 히브리어([2])는 그 문헌이 편찬된 시기에 랍비 학교들과 팔레스타인에 살고 있던 유대인들 중 일부 집단들 사

---

[1] Kropat, *Syntax*; Polzin 1976; Hurvitz 1982를 보라. 루커(Rooker 1990)는 에스겔서의 언어가 후대 성서 히브리어의 선구자로서 과도기적임을 보여주려고 한다. 제사 자료가 포로기와 포로 후기를 반영한다는 우세한 견해와 반대로, 최근의 연구들은 그 자료에 사용된 히브리어의 고대성을 강조하는 경향이 있다. 예, Külling 1964; Paran 1989; Milgrom 1990: xxxii-xxxv; Hurvitz 2000.

[2] 미쉬나 히브리어는 넓은 의미에서 그와 관련된 랍비 문헌, 토셉타, 미드라쉬들과, 더욱 중요한 것으로서 쿰란과 유대 광야에서 발견된 문헌들의 언어도 포함한다. 미쉬나 히브리어의 전반에 관해서는 Kutscher 1971: cols. 1590-1607을 보라.

이에서 사용되던 언어를 반영했다고 보아야 한다. 이런 입장은 불완전하지만, 후대의 성서 히브리어가 그 시대에 사용하던 어법을 있는 그대로 반영했다고 보지는 않는다.

이 모든 것들은 성서 히브리어의 발전 과정을 추적하는 것이 얼마나 어려운지 보여준다[1]. 더욱이 우리는 특정한 작품들의 대략적인 기록 연대나 편집 연대조차 모르고 있다는 점을 고려한다면 히브리어의 발전 과정을 추적하는 것은 훨씬 더 어려움을 인정하지 않을 수 없다[2].

b   따라서 우리는 히브리어 역사를 크게 두 시대, 즉 바빌론 포로기 이전과 이후로 구분하는 것으로 만족하여야 한다[3]. 포로 이전기는 히브리어의 황금기로 곧 고전 히브리어 시대이다. 포로 이후기 동안 히브리어는 부분적으로 점차 유대인의 일상적인 관용어가 된 아람어의 영향 아래 있었다[4]. 포로 이후기 히브리어의 가장 발전된 단계는 전도서, 에스더서, 에스라서, 느헤미야서, 역대기의 언어에 나타난다[5].

지난 반 세기 안에 발견된 것들, 또는 새로운 비문의 자료들, 특히 사해 사본과 그 연구들, 그리고 미쉬나 히브리어의 성격과 후기 고전시대 이후에 통용된 여러 가지 히브리어 형태들에 대한 신선한 연구들은 후대 성서 히브리어

---

[1] 데이비스(Davies 2003)로 대표되는 성서 학자들은 히브리어 성경 전체를 페르시아 시대의 작품으로 연대를 설정하려고 한다. 그러나 그들이 페르시아 시대나 그 후대로 잡는 성경 책들에는 그들이 전형적인 후기 성서 히브리어로 인정하는 언어적 특성이 나오고 있으므로 이 입장으로서는 이와 같은 사실을 설명할 길이 없다. 철자법에 있어서도 완전 철자법인 ירושלים이 오직 에스더와 역대기에 처음 나오며(예레미야에 한 번 예외), 스가랴, 에스라, 느헤미야와 역대기는 דויד를 일관성 있게 완전 철자법으로 쓰고 있다(다른 곳에서는 7회뿐). 이것들은 기존하는 경향과 모순된 것이 아니라, 표준적이 아닌 후대의 특징이 높은 빈도수로 처음 나타난 것으로 보아야 한다. Rezetko(2004: 223)의 입장과 달리.

[2] 이스라엘 백성들이 이집트에서 몇 세기를 머문 후 출애굽 할 당시에 무슨 언어를 사용했으며 가나안에 들어갈 때에는 무슨 언어를 사용했는지 연구하는 것은 매우 흥미있을 것이다. 이 점에 관해 Bauer and Leander (pp. 23f.)를 참조할 수 있을 것이다. 그들은 아람어(Aramaic)를 꼽는데, 그들에 따르면 그것은 단지 아랍어(Arabic)의 한 방언이었다. 그러나 그들이 제안한 논증은 설득력이 없다. §2 *e*, n. 2를 보라.

[3] '고전 성서 히브리어'의 발달에 관해서는 Rabin 1979를 보라.

[4] 아람어 영향의 문제에 대해서는 Hurvitz 1968, idem 1996, Wagner 1966을 보라. 또한 Greenfield 1984 참조.

[5] 학생들은 '우수한 고전 산문'에 대한 지식을 충분히 습득한 후에 이 책들을 공부해야 한다. 그러나 현대 히브리어를 통해 처음으로 히브리어를 접한 이들에게는 이 후기 책들이 더 친숙해 보일 것이며, 이것을 통하여 고전적인 성서 히브리어에 좀 더 쉽게 접근할 수 있을 것이다. 그런 학생들은 Rosén 1962: 307ff.를 참조하여 도움을 얻을 수 있다.

로부터 일직선적으로 발전한 것은 아니지만 지속적으로 발전되어 왔음을 알게 해 준다. 벤 시라의 히브리어(주전 2세기 초)는 이 연속성 상의 어딘가에 자리잡고 있다([1]).

c   히브리어는 오랜 세월에 걸쳐서 발전되어 왔으므로 그 형태들은 시기마다 차이점을 가지고 있을 뿐 아니라, 사용된 여러 지역에 있던 방언의 특징들을 갖게 되었음이 분명하다([2]). 예로, 북왕국과 남왕국 사이에 언어적 차이는 틀림없이 있었을 것이다. 그러나 북쪽 방언과 남쪽 방언의 차이점들을 정확하게 제시할 수 있을 정도의 자료들은 충분하지 않다.

d   문법에 있어서 또 다른 차이점으로 매우 중요한 것은 시문과 산문 언어 사이에 나타난다. 히브리 시에는 시 특유의 많은 단어들이 등장하며, 이 단어들 가운데 주목할 만큼 많은 수가 아람어에서 발견된다. 예로, אֱנוֹשׁ 사람 (=אָדָם), אֹרַח 길(=דֶּרֶךְ), אָתָה 오다(=בָּא), מִלָּה 단어(=דָּבָר), חָזָה 보다(=רָאָה). 시는 의도적으로 문체의 우아함을 나타내거나 또는 운율을 맞추기 위하여 보다 드물고 이례적이며 고어적인 형태들을 사용하는 경향이 있다. 따라서 시에는 고어풍의 장형 전치사 עַל = עֲלֵי; עַד = עֲדֵי; אֶל = אֱלֵי (§ 103 *m*); 명사의 어미들 ־ֹו, י ‍ (§ 93 *l, r*); 인칭대명사의 접미사 מוֹ, ־ָמוֹ, ־ֵמוֹ 형태(§ 61 *i*)가 나온다. 시는 구문 구조와 특히 시제 사용에 있어서 상당히 자유롭다. 만일 시문에만 근거하여 어떤 구문론적인 문제들을 다루려고 한다면 분명히 난처한 지경에 빠지게 될 것이다([3]). 시가 산문에 비해 정관사, 관계사 אֲשֶׁר 그리고 대격 불변화사 אֵת를 훨씬 적게 사용한 것은 분명히 심미적으로나 간결하게 표현하기 위함이었을 것이다.

e   시문들은 성경 문헌의 긴 역사 속에서 만들어졌으며, 심지어 중간사 시

---

[1] 참조, van Peursen 2004: 55f., 401-08. 쿰란 히브리어가 히브리어 발달사의 전후 관계 속에 어떤 자리를 잡고 있는지에 대해서는 Qimron 2000과 Muraoka 2000a를 보라.

[2] 삿 12.6의 이야기에서 에브라임 사람들은 שִׁבֹּלֶת의 치찰음을 길르앗 사람들과 다르게 발음했음을 알 수 있다. Blay 2001: 3-9와 Woodhouse 2003을 보라. 렌스버거(Rendsburg 1990a)는 북 이스라엘, 즉 북부 히브리어가 몇몇 시편에서 사용되고 있음을 논증하고 있다. 이 방언의 영역을 넓히기 위한 시도로 쓰여진 그의 2003a와 그에 대한 비판으로서 Versluis 2003: 20-22를 보라. 또한 Young 1993, 1997 참조. 성서 히브리어에서 사람들이 어느 정도로 그리고 어떤 성격으로 두 개의(또는 그 이상의) 독특한 숙어들이나 방언들을 사용하였는지 결정하는 것은 매우 어려운 일이다.

[3] 이 문법책에서 특히 구문론은 전반적으로 고전 산문 본문들과 특히 우수한 내러티브 본문들에 근거하고 있다. 시가서 히브리어의 문법을 다루고자 한 시도들을 Michel 1960; O'Connor 1980, and Sappan 1981에서 보라.

대에도 만들어졌다. 반면에 소위 '고대 성서 히브리어'로 쓰여진 상당히 오래
된 시문들도 있다. 그것들은 야곱의 축복(창 49장), 바다의 노래(출 15장), 발
람의 신탁(민 24-25장), 모세의 노래(신 32-33장), 드보라의 노래(삿 5장), 한나
의 노래(삼상 2장), 다윗의 조가(삼하 1장) 등이다([1]).

f　　　결론적으로 성경의 저자들은 하나의 방언, 시대 또는 문학적인 장르 안
에서, 심지어는 한 절 안에서조차 철자법, 형태, 구문, 어휘, 어법에 변화를 주
고 싶어한다([2]). 그러므로 외관상으로 유사한 언어 형태들이 짝을 이루며 나올
때, 저자가 이로써 어떤 본질적인 차이를 의도하고 있는지 아니면 단지 수사적
인 변화만을 만들고 있는지를 좀 더 자세히 살펴야 한다.

§4. 히브리어 문법의 역사([3])

a　　　히브리어 문법에 관한 가장 초기의 저작은 주후 10세기에 아랍 문법
의 영향을 받은 사아디아 가온(Saadia Gaon, 주후 942년 사망)의 작업으로
시작되었다. 그는 파윰(Fayyum) 출신이다. 주요 유대인 율법 학자들로서 하
유즈(Ḥayyuj, 약 1000년경), 아불 왈리드 메르완 이븐 자나흐(Abu'l Walid
Merwan Ibn Janaḥ, 약 1030년경), 아브라함 이븐 에즈라(Abraham Ibn Ezra,
1167년 사망), 다비드 킴히(David Qimḥi, 라닥[Radaq]이라고도 함, 약 1235년
사망)와 그의 부친 요셉 및 형제 모세 등이 있다. 이 유대인 학자들은 아람어와
아랍어 문법의 도움을 받았다.

b　　　존 로이흘린(John Reuchlin)이 쓴 *De rudimentis hebraicis* (히브리어
기초, 1506년)는 기독교인으로서 쓴 첫 문법책으로 꼽힌다. 히브리어 문법에
사용된 많은 전문 용어들이 그의 저작에서 유래하였다. 엘리아스 레비타(Elias
Levita, 1549년 사망)라는 유대인 학자는 자신의 저작과 가르침으로 기독교 학
자들 사이에 히브리어 지식을 보급하는 데 중요한 공헌을 하였다. 존 북스토프

---

[1] Sáenz-Badillos 1993: 6-62를 보라.

[2] Bendavid 1. 34, 50.

[3] Bacher 1892; idem 1895(또한 연구 논문으로서 Leipzig, 1895); Tené and Barr 1971: cols. 1352-
1401.

(John Buxtorf, 1629년 사망)와 그의 후계자들은 여전히 유대인들이 만든 문법적 이론을 면밀히 따랐다. 18세기에 슐텐스(A. Schultens, 1750년 사망)는 히브리어를 설명하고 이해를 깊게 하기 위해 아랍어 지식을 잘 활용하였다. 그러나 19세기에 히브리어 문법은 점차 과학적인 방법을 채용하면서 크게 발전하게 되었다.

c   게제니우스(Gesenius, 1842년 사망)는 과학적 연구 방향의 선구자였다. 그의 문법책은 몇 차례 개정되며 출판되었다. 이 책은 여러 번의 철저한 개정을 거듭하면서 주석가들의 실제적인 안내서(*vade mecum*)와 주된 참고서가 되었다. 뢰디거(Rödiger, 14-21판)와 카우취(Kautzsch, 22-28판)는 게제니우스의 책을 꾸준히 향상시켰으며, 카우취는 마지막 판에서 방대한 양의 자료들을 빽빽하게 수록하였다. 이 책의 문법적인 이론은 다소 보수적이지만, 전반적으로 분명하고 정확하다. 그리고 참고 문헌은 마지막 판의 날짜까지 거의 완벽하다. 1910년 카우취가 사망한 이후에 베르그스트레서(Bergsträsser)는 그의 선임자의 책을 획기적으로 바꾼 29판을 출판하였다. 이것은 사실 완전히 새로운 작품이 되었고 관련된 내용의 순서조차도 이전 판과는 상당히 다르다. 이 책은 보다 더 비평적이고 훨씬 더 풍부한 학문적 지식을 포함하고 있으며, 히브리어의 역사적인 발전에 더 많은 관심을 담고 있다([1]). 그러나 애석하게도 완성되지 못한 채 남아 있다.

에발트(Ewald, 1875년 사망)는 문법적 사실들을 합리적으로 설명할 수 있는 규칙들을 만들고자 했다. 그의 문법책인『종합 히브리어 교재』(*Ausführliches Lehrbuch der hebr. Sprache*, 제8판[최종판], 1870)는 지금까지도 유용하며, 구문론 부분에서는 특히 그러하다.

올스하우젠(Olshausen, 1882년 사망)은 음성론과 형태론만을 다루는 그의 책『히브리어 교본』(*Lehrbuch der hebr. Sprache*, 1861)에서 일반적으로 아랍어로 대표되는 원시 셈어를 통해 히브리어 형태들을 설명한다.

뵈처(Böttcher, 1863년 사망)는 뮐라우(Mühlau, 총 2권, 1866-68)가 편집한 그의 책『종합 히브리어 교재』(*Ausführliches Lehrbuch der hebräischen Sprache*에서 음성론과 형태론만을 다룰 수 있었다(형태론은 불완전하다. 제2권, p. vi 참조). 그러나 이 책은 히브리어 형태들에 대하여 가장 완전한 목록을

[1] Joüon 1920a: 111 참조.

수록하고 있다는 점에서 매우 유용하다.

슈타데(Stade, 1906년 사망)도 음성론과 형태론 부분만 출판하였다 (*Lehrbuch der hebr. Grammatik*, 1879). 그의 동사 형태론은 인칭에 따라 완료형, 미래형, 명령형의 형태들을 구분한 목록을 거의 완전하게 갖추고 있다. 이렇게 제시된 방식은 형태들의 비교 연구를 편리하게 만든다.

쾨니히(König)는 세 권으로 된 종합적인 문법책 *Lehrgebäude der hebr. Sprache* (히브리어 교본)을 저술하였다. 제1권(1881)은 대명사와 동사, 제2권(1895)은 명사, 불변화사, 일반적인 형태론과 음성론, 제3권(1897)은 구문론을 다룬다. 그의 저작은 종종 그의 선임자들의 책보다 더 완전하다. 그는 많은 경우에 다양한 견해들을 인용하고 논의한다. 이 책은 매우 유익한 자료를 담고 있다.

바우어(Bauer)와 레안더(Leander)는 『히브리어 역사적 문법』(*Historische Grammatik der hebräischen Sprache*, 1922)을 출판하였다. 이 연구는 그 제목이 가리키는 것처럼 역사적 문법일 뿐만 아니라 서술적(descriptive) 문법이기도 하다. 역사적인 부분에서 가설이 중요한 역할을 하고 있다. 서술적인 부분(예로 명사의 형태)은 풍부하고 매우 정확하다고 할 수 있다. 두 학자는 자세한 부분에까지 많은 연구를 하였다. 그들은 브로켈만(Brockelmann)의 비교 셈어 문법을 통합하여, 히브리어 문법을 인도-유럽어 학자들이 이룩한 학문적인 완성의 수준에까지 끌어 올리려고 하였다. 그러나 이 문법은 구문론이 결여된 채 미완성으로 남아 있다.

최근에 상당한 보충 자료들을 포함하여 다시 출판한[1] 랑베르(Lambert)의 『히브리어 문법 개론』(*Traité de la grammaire hébraïque*, 1931-38)은 종합적인 문법책이다. 랑베르의 문법책은 주옹의 불어판 문법책과는 대조적으로 구문론보다 형태론에서 그 독창성이 더욱 두드러진다. 저자는 히브리어 문법 분야의 많은 소 논문들을 *Revue d'études juives* (유대학 저널)와 *Journal Asiatique*에 발표하였다.

브로켈만(Brockelmann)의 *Hebräische Syntax* (1956)는 자신의 기념비적 저서인 『비교 셈어 문법 개요』(*Grundriss der vergleichenden Grammatik der semitischen Sprachen*, 1908-13)의 제2권에 주로 기초하고 있으며 창의적

---

[1] G. E. Weil이 편집하고 Gerstenberg: Hildesheim, 1972에 출판되었다.

이고 유용하다.

또 다른 최근의 종합적인 문법책으로서는 마이어(Meyer)의 괴셴 시리즈 *Hebräische Grammatik* (총 4권, 1966-72)가 있다. 그는 그의 책에서 우가릿어, 쿰란 히브리어, 그리고 히브리어 발음에 관한 마소라 이외의 전통들 등에 대한 최근의 연구 성과들을 담아내고 있다.

리히터(Richter)가 쓴 『고대 히브리어 문법의 기초』(*Grundlagen einer althebräischen Grammatik*, 총3권, 1978-80)는 치밀하게 계획된 연구로서[1], 이후에 그로스(Groß 1987; 1996; 2001)와 반 데어 메브(van der Merwe 1990)와 같은 여러 학자들의 연구에 많이 적용되었다.

d   이와 같이 중요하고 종합적인 연구물들 외에도 깁슨(Gibson)이 데이비슨(Davidson)의 초기 저작([3]1912)을 완전히 다시 개정한 『데이비슨의 히브리어 문법 서론과 구문론』(*Davidson's Introductory Hebrew Grammar~Syntax*, 1994)과 드라이버(S. R. Driver)의 훌륭한 책 『히브리어의 시제 사용과 구문론에 대한 논문』(*A Treatise on the Use of the Tenses in Hebrew and some other Syntactical Questions*, [3]1892)은 특히 유익하다[2]. 그리고 쾨니히(König)의 문법책을 유익하게 보충해주는 『문체론, 수사학, 시학』(*Stilistik, Rhetorik, Poetik, Leipzig*, 1900)도 중요하다. 그 밖에도 지난 20여 년 동안 히브리어 구문론에 관한 특정한 논의들을 다루는 중요한 연구 논문집들이 많이 발표되었다. 대표적으로, 앤더슨(Andersen)의 『오경 안에 나타난 히브리어 무 동사절』(*The Hebrew Verbless Clause in the Pentateuch*, 1970), 무라오까(Muraoka)의 『성서 히브리어에 나타난 강조 어휘들과 구조들』(*Emphatic Words and Structures in Biblical Hebrew*, 1985), 왈키와 오코너(Waltke and O'Connor)의 『성서 히브리어 구문론 서론』(*An Introduction to Biblical Hebrew Syntax*, 1989), 그로스(Groß)의 『구약 산문의 동사 문장의 어순』(*Die Satzteilfolge im Verbalsatz alttestamentlicher Prosa*, 1996) 등을 꼽을 수 있다.

---

[1] Blau의 서평을 보라(1987).

[2] 지난 세기 동안 우리는 히브리어 동사 체계에 대하여 괄목할 만하게 새로운 이해를 하게 되었지만, 드라이버의 *Treatise*는 여전히 출중한 작품으로 자리잡고 있다. 물론 그가 시상(aspect) 이론을 적용한 부분에 약간의 결함이 없는 것은 아니다. 이 책에서 저자는 거의 성경 전체를 치밀하게 분석하고 있으며, 약 3000개에 가까운 성구를 언급하고 있다. 그것은 제한된 단락이나 선별된 예들에 근거하여 설명하는 작품이 아니다.

e   **사전학**은 19~20 세기 동안 많은 발전을 이루었지만 여전히 해야 할 작업들이 많다([1]). 게제니우스의 『히브리어 사전』(*Thesaurus linguae hebraicae*, 1829~1858년)은 비록 많은 부분이 철지난 내용이 되어 버렸지만, 아직도 지식의 보고로 존재한다. 그러나 그 가운데 가치 있는 많은 내용들이 제대로 주목받지 못하고 있음도 사실이다. 게제니우스 사전의 독일어판은 그를 잇는 후대의 편집자들에 의해 점차 완전하게 개정되었다. 마지막 제 16판인 *W. Gesenius' hebr. und aram. Handwörterbuch*([2])는 1915년에 불(F. Buhl)이 개정하였다. 이 사전은 풍부한 인용 문헌, 어원 부분, 본문 수정들에 대한 제안들이 특히 유익하다. 흔히 BDB(Brown, Driver and Briggs)로 불리는 『옥스포드 사전』(*Oxford Lexicon*, 1907, *A Hebrew and English Lexicon of the Old Testament*)은 이런 부분에서 다소 부족하지만, 좀 더 깊이 있고 철저한 면도 자주 엿보인다. 특히 드라이버(S. R. Driver)가 다룬 문법 분야 중에서 불변화사 부분은 탁월하다. 다만 한 가지 불편한 점이 있다면, 영어-히브리어 색인이 없다는 점이다([3]). 또한 어근에 따른 단어의 배열은 사실 가끔 논란을 불러 일으키거나(참고, § 34 *b*) 임의적일 수 있으며, 게제니우스-불(Gesenius-Buhl)의 알파벳 순서를 따른 단순한 배열보다는 실용적이지 않다. 쾨니히의 사전 (*Hebr. und aram. Wörterbuch* [²1910])은 위에 언급된 저작들보다는 훨씬 덜 종합적이지만, 쾨니히 자신의 문법책을 상호 참조(cross-references)하고 있다는 점에서 도움이 된다. 쾰러-바움가르트너(Köhler-Baumgartner)의 『히브리어, 아람어 사전』(HAL)은([4]) 유용하며 현대적인 도구가 되기는 하지만, 일반적으로 사전학이라는 측면에서 보면 BDB보다 못하다. 그리고 중요한

---

[1] 오코너(O'Connor 2002)가 유익하게 다듬은 요약을 보라.

[2] 제 17판(16판을 사진판으로 다시 재생함), 1920. 완전히 개정된 제 18판(H. Donner and R. Meyer)의 첫 분권(fascicule)이 1987년에 출판되었고 현재(2006) 알파벳으로 멤(Mem)까지 나왔다.

[3] 위에 언급된 게제니우스와 쾰러-바움가르트너의 사전은 둘 다 독어-히브리어 색인을 포함하고 있다. 또한 다음과 같은 유용한 색인도 있다: *Index to Brown, Driver & Briggs' Hebrew Lexicon*, compiled by Einspahr 1976.

[4] L. Koehler, W. Baumgartner and J. J. Stamm, *Hebräisches und aramäisches Lexikon zum alten Testament*, 6 vols. (Leiden, 1967-96), 영어 번역판 *The Hebrew and Aramaic Lexicon of the Old Testament*, tr. and ed. M. E. J. Richardson (Leiden, 1994-2000). 이 사전은 그보다 앞서 편찬된 *Lexicon in veteris testamenti libros*(1985)와 BDB보다 어느 정도 주목할 만한 진전이 있음에도 불구하고, 앞에 언급된 BDB가 여전히 많은 장점들을 가지고 있다.

사전으로 벤 예후다(E. BenYehudah)의 『모든 히브리어의 보고(寶庫), 옛것과 새것』(*Thesaurus totius hebraitatis et veteris et recentioris*, 1908-58)[1], 조렐(Zorell)의 『히브리어와 아람어 사전』 *Lexicon hebraicum et aramaicum veteris testamenti* [라틴어] 1940)이 있다[2]. 용어 색인집(concordance)으로 사용되지만 아직 완성되지 않은 뢰벤스탐, 블라우, 카다리(E. Loewenstamm, J. Blau, and M. Z. Kaddari)의 『성서 히브리어 사전』(אוצר לשון המקרא, 1957 ff.)이 있다. 알론소 쉐켈(Alonso Schökel)의 책인 『성서 히브리어-스페인어 사전』(*Diccionario bíblico hebreo-español*, Madrid, 1994)은 히브리어와 스페인어를 정교하게 대조하면서 의미 분석을 하고 있다. 클라인스(Clines)가 편집하여 계속 출간되고 있는 『고전 히브리어 사전』(*The Dictionary of Classical Hebrew*, Sheffield, 1993~)은 어휘의미론의 중요한 개념인 의미의 계열 관계(paradigmatic relation)와 결합 관계(syntagmatic relation)를 따라 수집된 많은 기초 자료들을 제시하고 있으며 히브리어 성서뿐 아니라 주후 200년대까지의 다른 히브리어 문헌들을 다루고 있는 유익한 도구가 되고 있다[3].

f 고전적이며 종합적인 히브리어 용어 색인집으로 만델케른(Mandelkern)의 『히브리어와 갈대아어의 구약 용어 색인집』(*Veteris Testamenti Concordantiae hebraicae atque chaldaicae*, 1896)이 있다[4]. 최근에 나온 두 개의 용어 색인집으로서는 리소브스키(Lisowsky)의 『히브리어 구약 성경 용어 색인집』(*Konkordanz zum hebräischen alten Testament*, 이것은 칼레(Kahle)와 키텔(Kitttel)이 편집한 Biblia Hebraica에 기초하여, 리소브스키 자신이 손으로 쓴 것을 인쇄한 것임, Stuttgart, 1958 [2009년에 새로 출간됨, 역자주])이 있으며, 다양한 형태의 책으로 이루어진 에벤-쇼샨(Even-Shoshan)의 『새 성경 용어 색인집』(*A New Concordance of the Bible, Jerusalem*, 1981)이 있다. 이 두 색인집은 매우 유용하며, 특히 후자는 구약 성서 언어의 의미론과 어휘 연구를 위한

---

[1] 제목이 나타내는 바와 같이 이 사전은 히브리어 역사 전반을 다루고 있으며, 일차적으로 성서 히브리어에 관심이 있는 이들로 하여금 단어들을 역사적인 전망으로 볼 수 있도록 도와준다. 저자 사망 후에 Segal과 Tur-Sinai (Torczyner)에 의해 그 작업이 완성되었다. 투르-시나이는 많은 각주를 첨가하였다.

[2] 아람어 부분은 Vogt가 출판하였다(1971).

[3] Cf. Muraoka 1995c; Andersen 1995.

[4] Margolin과 Goshen-Gottstein에 의해 첨가 및 수정되어 다시 인쇄되었다(1962).

풍부한 정보를 제공하고 있다(¹). 그럼에도 그 어느 것도 만델케른의 용어 색인
집을 능가하지는 못한다. 왜냐하면 리소브스키의 용어 색인집은 전치사와 대
명사와 같은 소위 기능어들(function words)을 포함하고 있지 않기 때문이다.
그러나 위의 책들이 참고 구절들을 모두 총망라하여 제공하고 있지만, 그 어느
것도 일반적인 단어들과 형태들이 나타나는 모든 사례의 실제 본문을 제공하
고 있지 못하다는 점은 미흡한 부분이라고 할 수 있겠다(²).

알파벳 비교표				
1	2	3	4	5
메샤 (약 주전 850)	사마리아	이집트 파피루스 (주전 5-3 세기)	정방형: 피터스버거 (주후 916-7)	랍비

---

¹ Lisowsky의 책은 구약 성경의 아람어 부분을 포함하지 않았다.
² 또한 이 용어색인집에 기초하여 제작된 컴퓨터 자료들과 용어색인집도 있다. 예, Andersen and Dean Forbes (1976).

제1부

철자법과 음성론

§ 5. 자음: 문자와 발음

a   음소([1])는 자음과 모음으로 구분될 수 있다. 그러나 이 구분이 충분하지 않음을 주목해야 한다. 어떤 모음들은 자음이 될 수 있다(예로, 히브리어 모음 *i, u*는 자음 *y* ‬, *w* ‬가 됨)([2]). 또한 어떤 자음들은 모음이 될 수 있다(히브리어에는 이런 예가 없음).

b   히브리어 **알파벳**은 대부분의 셈어 알파벳([3])처럼 자음 글자만으로 이루어져 있다([4]). 잘 알려진 성경 사본들([5]) 뿐만 아니라 우리가 사용하는 성경 인쇄본의 글자들은 사각형과 비슷한 모양을 하고 있다. 그래서 정방형 서체(כְּתָב מְרֻבָּע, *square script*)라고 부른다. 주전 3세기경에 등장한 이 서체는 아람어체에서 발전한 것으로, 유대인들이 바빌론 포로에서 돌아온 후에 아람어와(§ 3 *b*) 함께 점차 사용하게 되었다. 가끔 유대 서체(Jewish script)라고도 불리는 이 새로운 글자체는 게제르 달력, 실로암 비문 및 메샤 비문 등에 사용된

---

[1] '음소'(phoneme)의 정의에 관해 아래 § *gb*를 보라.

[2] § 21 *c* (틈입 파타흐 furtive paṭaḥ)도 보라.

[3] 히브리어 알파벳의 발달과 그 기원 및 아람어와 사마리아어 문자에 관해 각각 아래를 보라: Naveh 1987, idem 1970; Purvis l968. 또한 참조, Birnbaum 1971-72; Driver 1976; Sass 1988. 또한 샌즈-바딜로스, 『히브리어 발달사』, 최명덕, 박미섭 역 (서울: 기혼, 2011)을 보라.
기본적으로 이 자음으로 이루어진 문자의 성격을 벗어나려는 매우 초기의 시도가 우가릿어에 나타난다. 여기에는 *i*와 *u*를 각각 표시하는 두 개의 모음 표기가 나온다. 이것들은 알파벳 끝에 부차적으로 첨부되며, 성문 폐쇄음(glottal stop)과 함께 오거나 없이 나온다.

[4] 셈어 알파벳들이 원래 음절 문자적 성격을 가지고 있었다는 추측에 관해서는 Lambert 1918; Gelb 1952: 147-53을 보라.

[5] 소수의 쿰란 성서 사본 단편들은 여기에서 제외된다. 가장 오래된 것으로서 완전한 사본은 카이로 예언서 사본이다(896년). 쿰란 동굴들을 포함하여 유대 광야에서는 대부분 단편 형태로 남아 있는 엄청난 수의 성경 사본들이 발견되었다. 이것들은 주전 3세기 후반 이후의 것으로 추정된다. 1902년에 발견된 나쉬 파피루스는 출 20.2 이하(십계명)와 신 6.8 이하와 8.4 이하를 포함하고 있으며 주전 2세기 중반 이후의 것으로 추정된다.

히브리 서체(כְּתָב עִבְרִי)로 불리는 고대 글자체를 대신하게 되었다(§ 2 e)([1]). 고대 히브리 서체(*paleo-Hebrew*)로 불리는 이전의 고대 글자체는 일부 사해 사본 중 모세 오경의 단편들과 헬라-로마 시대의 유대 동전들에 어느 정도 남아 있으며, 그 글자체는 사마리아인들이 유대인들로부터 분리된 후에(그때가 언제였든 간에) 다소 변형되어 계속 사용되었다. 랍비 서체(*rabbinic* script)나 라쉬 서체(*Rashi* script)는([2]) 정방형 서체의 변형이다. 이 서체들은 특히 랍비 성경의 난외 주에 인쇄된 주석들을 기록할 때 사용되었다.

c   히브리어 알파벳 글자는 22개이며, שׁ을 구별하기 위한 점을 고려하여 שׁ, שׂ을 구별하면 23개가 된다([3]).

이름	음역		발음	발음 설명	수값
알렙	א	ʾ	아랍어 성문폐쇄음(§ *j*)	무성후음	1
베트	בּ		영어 *b* (§ *o*)	유성 순음의 파열음	2
	ב	*v*	영어 *v* (§ *o*)	유성 순음의 마찰음	
기멜	גּ		영어 강한 *g* (§ *o*)	유성 구개 파열음	3
	ג	*ḡ*	현대 그리스어 *g* (§ *o*)	유성 구개 마찰음	
달렛	דּ	*d*	영어 *d* (§ *o*)	유성 치음의 파열음	4
	ד	*ḏ*	영어 부드러운 *th* 예, *this* (§ *o*)	유성 치음의 마찰음	
헤	ה	*h*	영어 *h* (§ *j*)	무성 후음	5

---

[1] 서로 유사하며 혼동을 일으키기 쉬운 현대 서체의 글자들은 고대 서체에서 서로 유사했던 글자들과 같지 않다. 우리는 본문에서 일부 수정된 부분들을 이해하기 위해 이 점을 고려해야 한다. 앞에 나온 <알파벳 비교표>를 보라(§ 4*f* 끝 부분).

[2] 이렇게 불리는 이유는 라쉬가 이 서체를 만들었기 때문이 아니라, 유대 문헌의 인쇄가 시작될 때부터(1476) 그의 성경 주석 및 탈무드 주석들이 이 서체로 인쇄되었기 때문이다.

[3] 글자들의 이름은 두자법(頭字法, acrophony) 체계에 근거하고 있다. 즉, 알파벳의 특정 글자의 이름 중 첫 소리가 그 글자에 의해 표현되는 소리이다: 예, 일곱 번째 글자 ז[zaʾyin]. 자세한 내용을 Driver 1976: 152-71에서 보라. 알파벳 글자 순서와 총 개수(22)는 시 119, 애 1-4, 집회서(벤시라서) 51과 같은 알파벳 시들 속에 입증되고 있는 바와 같이 고대의 것이다. 사실 우가릿어 자료들이 시사하는 것처럼 이 형식은 주전 14세기까지 거슬러 올라간다. 랑베르(Lambert, p. 10)는 글자들의 실제 순서가 최소한 부분적으로는 글자 모양의 시각적인 유사성에 따라 결정되고(고대 히브리 서체의 알렙, 베트, 기멜, 달렛), 부분적으로는 글자 이름들이 가진 의미의 유사성에 따라(예, 요드와 카프) 결정되었다고 생각한다. 페가 아인 앞에 위치하는 고대의 한 비표준적인 순서에 관해 Cross 1980: 13을 보라.

바브	ו	w	영어 w(§ 7 d)	모음(반모음)	6
				양순음의 추이음	
자인	ז	z	영어 z	유성 치음의 치찰음	7
헤트	ח	ḥ	ح (§ k)	무성 후음	8
테트	ט	ṭ	ط (§ l)	무성 치음의 파열 연구개음	9
요드	י	y	영어 y(§ 7 d)	모음적(반모음)구개추이음	10
카프	כ	k	영어 k(§ o)	무성 구개 파열음	20
	כ	ḵ	현대 그리스어 χ (§ o)	무성 구개 마찰음	
라메드	ל	l	영어 "clear" l (§ 5 gb)	유성 설음	30
멤	מ	m	영어 m	유성 양순음의 비음	40
눈	נ	n	영어 n	유성 치비음	50
싸메흐	ס	s	영어 s (§ m)	무성 치찰음	60
아인	ע	ʿ	ع (§ k)	유성 후음	70
페	פ	p	불어 p (§ o, n.)	무성 양순음의 파열음	80
	פ	f	영어 f (§ o)	무성 순음의 마찰음	
짜데	צ	ṣ	ص (§ m)	무성 연구개 치찰음	90
코프	ק	q	ق (§ l)	무성 연구개 파열음	100
레쉬	ר	r	이태리어, 아랍어 r (§ n)	유성 설음	200
씬	שׂ	ś	(?)(§ m)	무성 치찰음	300
쉰	שׁ	š	영어 sh (§ m)	무성 치찰음	
타브	ת	t	불어 t (§ o, n. 5)	무성 치음의 파열음	400
			영어 th, 예 thin,	무성 치음의 마찰음	
	ת	ṯ	현대 그리스어 Θ (§ o)		

d   **끝 글자들**. 다섯 글자는 단어의 끝에 올 때 특별한 형태를 취한다(¹). 끝 글자들이 아닌 글자와 끝 글자들의 쌍은 다음과 같다: כ와 ך; מ과 ם; נ과 ן; פ와 ף; צ와 ץ. 멤의 끝 글자 형태는 왼쪽 상단 획의 끝이 그 시작과 맞물리도록 하여 닫힌 모양을 이룬다. 다른 네 개의 끝 글자를 쓸 때는 획의 끝이 왼

---

¹ 역사적으로 볼 때 멤(mem)을 제외한 모든 끝 글자 형태는 끝 글자가 아닌 형태들보다 오래되었다. 이 다섯 글자는 기억을 돕기 위한 단어 כמנפץ (kamnappeṣ, 캄나페쯔), 산산이 조각내는 자처럼에 담겨 있다.

쪽으로 구부러지는 대신 아래 쪽으로 연장된다.

e **폭이 확장된 글자들**. 히브리어는 오른쪽에서 왼쪽으로 쓴다. 한 줄의 끝에서 단어는 분리되지 않으며([1]), 공백이 남는 것을 피하기 위해 어떤 글자들, 즉 א, ה, ל, ם, ת는 폭이 넓게 기록된다.

f **수값들**([2]). 모든 알파벳 글자는 수값들을 표현하기 위해 사용될 수 있다. 따라서 1-9= א-ט; 10-90= י-צ; 100-400= ק-ת; 500은 תק (=400+100)로 표현된다; 600-800도 이와 비슷하다; 900은 תתק (=400+400+100)으로 표현된다 (500-900은 끝 글자들을 이용하여 다음과 같이 표현할 수 있다: 500 ך, 600 ם, 700 ן, 800 ף, 900 ץ). 천 자리 숫자는 일 자리 단위들을 나타내는 글자 상단에 두 개의 점을 찍어 나타낸다. 예, א (알렙 위 점 둘) =1000. 논리적으로 15는 יה 이지만, 이것은 하나님의 이름 יהוה의 축약 형태이므로 15(=9+6)는 טו로 표현된다. 이처럼 16은 논리적으로 יו이지만, 이 연속된 글자들은 고유 명사에서 처럼 하나님의 이름을 표현하기 때문에(예, יוֹאָב "하나님은 아버지[이다]"), 16 (=9+7)은 טז로 대신한다.

g **약어들**([3]). 약어를 표시하기 위해 약어의 끝에 "생략 기호"(apostrophe) 와 비슷한 기호를 사용하거나 두 글자 사이에 큰 따옴표를 사용한다. פ׳ = פְּלֹנִי "누구 누구, 무엇 무엇", וגו׳ = וְגוֹמֵר "그리고 끝마치는 것=기타 등등", רַשִׁ״י (라쉬, Rashi, Rabbi Shlomo Yitzhaqi), תַּנַ״ךְ ('타나흐'로 발음됨, תּוֹרָה, נְבִיאִים, כְּתוּבִים = "율법-예언서-성문서"=히브리어 성경)가 있다. 예로 פ״נ 동사들이라는 표현을 쓰는데, 이것은 어근의 첫 자음이 눈(Nun)이라는 뜻이다(פעל 동사의 첫 자음을 따서 פ로 표현함); § 40 *c* 참고.

ga 물론 우리는 고전 히브리어의 발음에 관해 간접적인 정보만을 가지고 있지만 그 가운데 중요한 내용은 다음과 같다.

1. 유대 전통들: 아쉬케나즈(Ashkenazi), 스파라드(Sephardi) 및 예멘 (Yemenite)([4]).

---

[1] 이와 대조적으로 비문들 속에서는 단어들이 종종 줄의 끝에서 넘어간다.

[2] 위의 c 알파벳 비교표를 보라. 글자를 숫자로 사용한 것은 최소한 주전 2세기까지 거슬러 올라간다. 참고, Driver 1976: 270.

[3] 특히 Dalman(1905)에 있는 Händler의 약어 사전을 보라. Even-Shoshan의 הַמִּלּוֹן הֶחָדָשׁ(새사전, 1976)는 모든 일반적인 약어들의 목록을 알파벳 순서로 만들어 놓았다. 약어에 관한 질문에 대해 Driver 1976: 270f.를 보라.

[4] 이 분야에 Yalon, Morag, I. Yeivin, Eldar 등 이스라엘 학자들의 공헌이 현저하다. Aharon Maman

2. 현재 사용되는 셈어들, 특히 아랍어, 에티오피아어, 아람어의 발음.

3. 내적인 고찰들.

4. 히브리어 단어들과 이름들의 음역(transliteration), 전사(轉寫, transcription). 특히 헥사플라(Hexapla)의 두 번째 열, 제롬, 칠십인역의 히브리어와 헬라어. 여기에는 비셈어계 고전어들의 음소가 셈어계의 음소와 다르기 때문에 어려움이 있다.

5. 아카드어, 우가릿어 및 이집트어 음역들; 여기에도 위와 비슷한 문제가 나타난다.

gb   현대 언어학은 음(phone)과 음소(phoneme) 사이에 중요한 차이점이 있음을 강조한다. 음은 실제 말에서 들리거나 발음되는 소리이며, 기계적인 장치로 측정되거나 녹음될 수 있는 물리적인 실체이다. 순음, 치음 등과 같은 자음의 분류와 전, 후, 중간, 고음 등의 모음의 분류는 이와 같은 방법을 따른 것이다. 이와 대조적으로, 음소는 특정한 음성적 실체로서 인식되는 것이다. 그러므로 정의하자면 그것은 무수한 음들의 공통분모와 같은 추상적인 것으로서, 즉 어떤 본질적인 특성들을 공유하는 실제 소리들이다. 주어진 언어에서 다른 화자뿐 아니라 같은 화자들조차도 주어진 음소를 약간씩 다른 방법으로 발음하지만 그것들은 모두 일반적으로 하나의 음소로 인식되며 의사소통에 아무런 심각한 문제를 일으키지 않는다. 예로, 표준 영어는 두 개의 다른 발음을 가진 /l/ 음소가 있는데, 이것은 가끔 keel의 '탁한, 불분명한 l'과 leek의 '맑은, 분명한 l'로 불리는 것을 말한다. 그것들은 소리가 매우 다르다. 만일 불어나 독일어를 사용하는 자가 keel을 '맑은 l'로 발음한다면, 자신이 비영어권 출신임을 은연 중 드러내는 것이 된다. 그러나 영어를 모국어로 사용하는 자는 그 단어를 어려움 없이 이해할 것이다. 전문적으로 '변이 음소'(allophone)로 불리는 두 종류의 l은 한 단어 안에서 각각 그들의 위치에 따라 다르게 발음된다: 분명한 l은 모음 앞에 나타나는 반면, 불분명한 l은 자음 앞이나 단어의 끝에 나타난다. 다시 말해 이것들은 위치에 따라 발음이 변형되는 것이다.

더욱이 음소들은 그 의미를 다르게 한다. 히브리어에서 두 가지 예를 든다면, 첫째로, נִשְׁחַת 그는 망했다, 부패했다와 נִשְׁחַט 그는 도살당했다에서 의미상의 차이는 단지 ת와 ט의 음소의 차이로만 나타난다. 비록 이와 같은 음성적

의 편집 하에 계속 출판 중인 עדה ולשון (공동체와 언어) 씨리즈도 주목하라.

인 차이가 아주 사소하게 보여도 그것들은 두 개의 다른 음소들이다. 둘째로, 이와는 달리 הֶעֱתַקִי와 לֹא־תַעֲשֶׂה에서 타브에 다게쉬가 있느냐 없느냐 하는 문제는 그 동사의 의미와 상관 없으며, 이것들이 /t/ 음소에 대한 두 개의 변이음소임을 말해준다[1]. 따라서 고대 언어에서는 음들보다 음소들을 다루는 것이 더 쉽다.

h   **자음들의 분류**[2]. 자음 음소들은 아래와 같이 편리하게 구분될 수 있다.

순음(脣音, Labials): ב מ פ[3]

치음(齒音, Dentals): ד ת ט (연구개음)

구개음(口蓋音, Palatals): נ כ י

연구개음(軟口蓋音, Velars): ט (치음), צ (치찰음), ק

후음(喉音, Gutturals): א ה ע

치찰음(齒擦音, Sibilants): ז ס צ (연구개음), שׁ שׂ

설음(舌音, Linguals): ל ר

비음(鼻音, Nasals): מ נ

i   **연구개음들**(velars) 또는 강세음들(emphatics). 세 개의 연구개 자음 *t*, ט, *s* צ, *q* ק[4] 강세음이라고 불린다. 또한 이것들은 비강세음인 세 개의 자음 *t* ת, *s* ס, *k* כ와 대응된다. 이 강세음들은 연구개(soft palate)로 불리는 입 안의 뒷쪽 부분에서 나오며, 비 강세음들보다 발음 기관이 더욱 긴장하면서 발음된다. 많은 언어들에는 이러한 강세음이 없지만 다른 셈어들에서는 나타나며 아랍어의 ط(Ṭā), ص(Ṣād), ق(Ḳāf)처럼 강세음으로 발음된다. צ에 관해서는 § *m*을 보라.

j   **후음들**(gutturals). 후음은 가끔 후두음(laryngals, ʾ와 *h*)과 인두음

---

[1] 괄호 속의 두 사선 사이(/ /)에 나오는 음은 이 문법책에서 꼭 음소를 가리키는 것은 아니다.

[2] 히브리어 자음들의 전통적인 발음들에 관한 설명은 Schramm 1964: 15-24에서 보라.

[3] 이 네 개의 자음을 합하여 בּוּמַף (부마프, *bumaf*, '기억하기 쉽게 도와주는 단어')라고 부른다.

[4] ק는 비슷하게 생긴 *q* 또는 *k̦* (다른 연구개음들처럼 아래에 점을 가지고 있다)로 음역되었다. 고대 히브리어와 사어가 된 모든 셈어들에 나오는 소위 "강조적" 자음들의 정확한 성격은 아직까지 해결되지 않고 있다. 이 질문에 대한 균형 잡힌 글을 Cantineau 1951-52: 91-93에서 보라. 그는 피스톤처럼 강한 공기의 발산이 뒤따르는 성문(glottal) 폐쇄의 특징을 갖는 현대 에티오피아 식의 발음 방법과 관련시키고자 한다. Garbell 1954: 234도 보라. 실험 음성론자인 Laufer는 현대 히브리어와 아랍어에서 이 모든 자음들의 발음 방법이 인두음화(pharyngealisation)의 부차적인 특징을 갖고 있다는 점에 주목한다: Laufer 1987. 다른 견해들을 Diakonoff 1974: 8. 591a, and Berg., § 6, n에서 보라.

(pharyngals, (ḥ와 ')으로 더 세분된다. **알렙**(alef, א)은 (발음될 때)[1] 무성의 닫힌 후두음(voiceless guttural stop)이다. 이 발음을 하려면 성문(glottis)을 급히 닫아서 모음이 나오려는 것을 갑자기 막아야 한다[2]. 이것은 영국 북부에서 쓰이는 *better*라는 단어의 *tt* 발음에서 들을 수 있다. 이것은 또한 독일어에서 감정이 섞일 때는 (*jā* 대신) *ja'*로 발음되거나 *geatmet* (숨을 쉬었다)의 접두사 *ge* 다음에 발음되는 것에서 듣게 되는 소리이다. 예, יֶאְשָׁ֫ם 그는 자신을 유죄로 만들 것이다. 여기서 א은 관례상 /'/ 기호(그리스어의 무기음표)로 음역된다.

    헤(ה)는 무성 후음의 마찰음(voiceless guttural fricative)으로 영어와 독일어의 *Hand*에서 들을 수 있는 음이다. 불어에는 이 음이 존재하지 않는다.

k

    헤트(ḥet)는 대부분의 유럽어들에는 존재하지 않는 무성 후음(voiceless guttural)이다. 그것은 아랍어 무함마드(Muḥammad)에 나오는 ح (Ḥā)의 *ḥ* 음과 정확히 일치한다. ה와 비교하면, 이것은 후두를 강하게 바짝 죄어서 만드는 **h** 음이라고 할 수 있다. 오히려 이것은 후음의 치찰음(*guttural hiss*)으로 적절하게 표현되어 왔다[3].

    여러 셈어들과 비교하면 ה의 음은 아랍어에서 Ḥā(ح *ḥ*)와 Ḫā(خ *ḫ*)로 표현되는 두 개의 다른 음들에 해당한다[4]. Ḫā(خ *ḫ*) 음은 무성 연구개 마찰음으로 스위스식의 발음에서 들을 수 있으며, 그 예로서 독일어의 *nach*와 스코틀란드어의 *loch*[5]가 있다. ה는 이전에 어떤 단어들에서는 *ḥ* 음가를, 다른 단어들에서는 *ḫ* 음가를 가졌을 가능성이 매우 높다. 그러나 나크다님 시대의 ה는 *ḥ*라는 하나의 소리만을 나타냈다. 만일 ה가 두 개의 음가를 가지고 있었다면, 브가드크파트의 이중 발음과 같이(§ *o*) 사소한 차이를 표시하는 것에도 주의를 기울였던 나크다님이 그 두 가지 음가를 표시하지 않았을 리가 없다.

---

[1] 우리가 아는 바와 같이 א은 실질적으로 § 24 *b*에 자세히 설명된 대로, 단어 가운데서 특정한 조건들이 갖추어진 경우들을 제외하고는 발음되지 않는다. 오늘날 이스라엘 히브리어에서 그것은 단어의 시작 부분에 올 때 거의 들리지 않는다.

[2] 성문(glottis)은 성대(vocal cords)를 분리시키는 작은 틈이다. W. Vycichl은 알렙이 원래 유성 마찰 후두음(voiced fricative laryngal)이었다고 제안한다: 1973-79a: 495-97.

[3] 기스몬디(Gismondi 1890: 5)에는 "sibilus gutturalis"라는 용어가 나온다.

[4] Wevers 1970: 101-12 참조. 문제의 두 자음 사이의 구분은 주전 2000년대 중반의 가나안 이름들과 외래어들에 대한 이집트 음역 속에서 관찰되었다. 같은 사항이 /'/와 /ġ/의 구분에도 적용된다. 아래 §1을 보라. Sivan - Cochavi - Rainey 1992: 11-13; Hoch 1994: 411-13을 보라.

[5] 중세 카라이트 철자법에서 카프 라페는 خ로 표기되었다(Khan 1996: 8).

카프 라페(Kaf rafé, 다게쉬 없는 카프-역자 주) כ *k*가 존재했던 시기에는 ח
의 *ḫ* 음가가 존재했을 가능성은 거의 없다. 그 이유는 이 두 개의 음이 매우 유
사하기 때문이다. *k* 발음은 사실 무성 구개 마찰음으로서, 예로, 현대 그리스
어의 χάρις나 독일어의 *nach*의 표준 발음(다양한 스위스식 발음이 아닌)에
서 듣게 된다. 어떤 경우에는 모음을 표기할 때 *ḥ* 음가가 나타나기도 하고 *ḥ*
음가가 없어지기도 한다. 이것은 다음과 같은 것들이다. 틈입 파타흐(*pataḥ
furtive*)의 예로, שָׂבֹחַ (참고, 아랍어 *t-b-ḫ*) 도살된이 있다. 마찬가지로 보조
파타흐(*auxiliary pataḥ*)의 예로, שָׁלַחַתְּ "네가(여. 단.) 보냈다"(§ 70 *f*)의 형태
가 있다. 왜냐하면 *šālaḫt*를 발음할 때에는 אַל־תֵּשְׁתְּ *ʾal tešt* "마시지 마라"를
발음할 때처럼 더 이상 보조 모음을 필요로 하지 않기 때문이다. 더욱이 *k* (כ)
음의 중복은 히브리어에서는 전혀 생소한 것이다; 이것은 그와 유사한 *ḥ* 음과
마찬가지이다. 그러나 ח는 모든 후음들처럼 완전한 중복을 거부하지만 가상
중복(virtual gemination, 또는 약한 중복)은 허용하며, 가끔 자발적인 중복(§§
20 *a, c*)까지 용납하기도 한다([1]). 따라서 ח는 *ḥ*의 음가가 아닌 *ḥ*의 음가를 전
제한다고 볼 수 있다([2]).

l   **아인**(*ʿayin* ע)은 많은 언어들에는 존재하지 않는 유성 후음(voiced
guttural)이다. 그것은 ʿ*Ayn* 눈(*eye*)에서처럼 아랍어의 소리와 일치한다. 이 소
리는 "낙타의 안장에 짐을 얹을 때 낙타가 내는 후음 소리"에 비유되었다(Huart
1902: 139)([3]). 다른 언어들과의 비교해 보면, ע은 아랍어에서 ع과 غ *ġ* (가인)
으로 표현되듯이 셈어에서는 분명히 구별되는 두 개의 음에 해당한다([4]). 후자
의 자음은 유성 연구개 마찰음으로 연구개음 *ġ*에 해당하는 마찰음이다(이 *ġ* 음
자체는 무성음 *q* ק에 대응하는 유성음임). ע은 한때 어떤 단어들에서는 ع ʿ의

---

[1] ח가 원래의 *ḫ*에 해당되는 경우들에도 그렇다. 예, אַחִים 형제들(참고, 아랍어 *ʾaḫ*).

[2] 한편으로 *ḥ*와 *ḥ*가, 다른 한편으로 *ġ*와 ʿ이 합쳐졌을 가능성이 있는 시기에 대한 최근의 논의에 관
한 요약을 Zevit 1980: 5, n. 22에서 보라.

[3] 의성어 *uʿ uʿ*는 구토할 때 나는 소리를 모방한 것이다; Wright, *Arabic Grammar*, I. 295 참고.

[4] 루치츠카(Růžička)가 쓴 긴 연재 연구물에도 불구하고, 원시 셈어 안에 순수한 셈어 음으로서 가
인(Ghain)음이 존재했다는 점이 일반적으로 인정되고 있다. 이 논쟁에 대한 요약은 Moscati, § 8.45
에서 보라. 비록 칠십인역의 증거가 일관되지는 않지만, עַזָּה(한글성경의 가사)를 Γαζα로 음역한 것
과 같이 칠십인역에 나타나는 이름들에 대한 음역은 *ġ*음을 입증해 준다: Lisowsky 1940: 122f, 그
리고 Murtonen 1986: 5, n. 6; 171, 1185 항목; 177, 1258 항목; 179, 1274 항목 참고. 또한 위의 § *k*,
두 번째 각주를 보라.

음가를 가졌고, 다른 단어들에서는 غ *ġ*의 음가를 가졌을 가능성이 높다([1]). 그러나 나크다님 시대에 ע은 ʿ이라는 한 가지 소리만을 나타냈다. ח의 경우와 마찬가지로(§ k를 보라), 아주 미세한 차이까지도 주의를 기울인 나크다님들은 ע이 또 다른 발음을 갖고 있었다는 단서를 제공하지 않고 있다. 기멜 라페 (gimel rafé, 다게쉬 없는 기멜, ḡ)가 존재했던 시기에 غ *ġ* 음이 존재했을 가능성은 거의 없다. 그 두 음은 서로 너무나 유사하다. 현대 그리스어 γάλα에서 듣게 되는 *ḡ* 음은 사실 유성 구개 마찰음이다. 어떤 경우들은 모음을 표기할 때 ʿ 음이 나타나기도 하고, *ḡ* 음이 없어지기도 한다. 예로, שָׁמֹועַ "들었다"의 틈입 파타흐; שָׁמַעַתְּ "네가(여.단.) 들었다" 형태의 보조 파타흐가 있다(§ 70 2). ע의 음역은 관례상 /ʿ/ (그리스어의 거친 숨표)로 표기된다.

la   후음은 점차 약화된 흔적이 있으며, 그 예로 לְהָבִיא 대신 לָבִיא (§ 54 *b*), הַשֵּׁכֶים 대신 אַשְׁכֵּים (렘 25.3), 바르 코크바 서신에서 אֵת 대신 ת (대격 불변화사)가 있다. 그러나 일반적으로 사마리아 히브리어 전통에서 볼 수 있는 것처럼, 후음이 뒤섞였을 가능성은 거의 없다([2]).

m   **치찰음들**(sibilants). צ *ṣ* 음은 유성 연구개의 치찰음으로, ס *s*에 대응하는 강세음이다(§ *m*). 이것은 잘못 발음하여 지적받는 발음이기도 하지만, 흔히 파찰음(affricate stop) /ts/로 발음된다. 어쨌든 이 /ts/는 영어의 *cats*의 ts나 독일어 *Zeit*의 z처럼 발음되며, 말하자면 /t/+/s/가 아닌 하나의 음으로 간주되어야 한다([3]). 모든 유대인들은 먼 옛날부터 지금까지도 שׂ을 ס([4])과 같은 s음으로 발음한다([5]). שׁ의 음은 영어의 *shoe*와 독일어의 *Schuh*에서 들을 수

---

[1] 이집트어에서 /g/와 /q/의 철자법에 대해서는 Hoch 1994: 412f.를 보라.

[2] Kutscher, *History*, 18-21를 보라. 사마리아 히브리어 발음에 관해 Ben-Hayyim, § 11.8- 1.1.8.3과 Macuch, *Gram.*, 132-36를 보라.

[3] Steiner 1982를 보라. 그 글은 초기 셈어에 파찰음(=/ts/)이 있었을 가능성을 제시한다. 그러나 Cantineau(1950a: 88)는 예레미야 애가의 바티칸 사본(LXX)을 언급한다.

그곳에는 이 글자가 C[=시그마]와 함께 T 위에 자리잡은 상태로 음역되었다. 예, 1137 면(fol.)

C

TIAΔH와 라틴-푼어 비문들에 사용된 <s>와 <t>는 연결된다(FRA, § 48 e). Cohen 1939: 26f.와 Steiner, 1982: 40; Vitestam 1987-88도 보라.

[4] 따라서 הִשְׂכִּיל 그가 신중하게 행동했다와 הִסְכִּיל 그가 어리석게 행동했다(§ 54 *d*)는 동일하게 발음되었다(hiskil). שׂ을 /s/로 발음하는 것이 아람어의 영향 때문인가 아닌가에 대하여 Diem 1974와 Blau 1977의 서로 다른 견해를 보라.

[5] 사마리아인들은 שׁ 글자 하나만을 가지고 있으며, š으로 발음한다: Ben-Ḥayyim, p. 36; Macuch, *Gram.*, 84f.를 보라.

있는 치경음(alveolar)이다. *s*와 *š* 사이에는 중간 발음이 존재한다(예, 폴란드어의 *ś*, 스페인어의 *s*, 그리고 포루투갈어의 마지막 *s* 음). 히브리어에도 어떤 중간 발음이 존재했었을 가능성이 있다. 씬(Sin)이 초기 히브리어에서 어떻게 발음되었든지 간에 히브리어에서 씬(Sin)과 쉰(Shin)은 두 개의 구분되는 음소였음이 분명하다. 이것은 아랍어와 같은 다른 셈어들에서 그 음들과 음소들이 깔끔하고 일관성 있게 일치하는 것으로 입증되었다([1]). 아래 § *q*를 보라. *š*과 *ś*이 같은 글자인 שׁ으로 표현된 이유는, 히브리인들이 페니키아 알파벳으로 만들어진 언어들을 빌려 쓰게 된 시기에 그런 구별이 사라졌기 때문이다. 초기 히브리어와 아람어에서 *ś*은 다른 모음을 표기할 정도로 *š*과 아주 다르게 발음되지 않았다. סְבַךְ 덤불 숲과 שְׂבָכָה 그물, 망과 같은 단어들이 함께 나타나는 것을 보면 나중에는 *š*과 *ś*이 비슷하게 발음된 것으로 보인다. 히브리어, 고대 아람어 및 남부 아람어(고대 비문, 현대 언어에서)들은 이러한 음소를 가진 것으로 보이는 유일한 세 가지 셈어이다([2]). 이와 반면에 구별점을 가진 שׁ이 이 소리를 표시하려고 사용된 것으로 보이지는 않는다. שׁ이 도입되었을 시기에 그것은 아마 s을 표시했을 것이다. 이것은 초기의 *š* (또는 *ś*)이 s으로 된 경우에 사용되었던 어원적인 철자법이었을 것이다. 많은 성경 단어들에서 s과 שׁ은 상호 교환적으로 쓰인다. 예로, 거의 항상 סוּג 물러가다, 후퇴하다가 사용되지만, 단 한 번 שׂוּג로 나온다; 그리고 흔히 כַּעַס 분노는 כַּעֲשׂ로 네 번 나타난다 (참조, Gesenius, *Thesaurus*, *s*). 한편 성서 히브리어 시대 이후의 히브리어에서 שׁ은 종종 ס로 대체되지만([3]), 초기 히브리어에서 이 두 음들은 분명히 구분되었다: 예로, √ סכל 어리석다와 √ שׂכל 총명하다가 있다.

n   **설음들(linguals).** ר는 ל처럼 설음이다. 그것은 아랍어의 *r*과 이태리어와 스페인어의 *r*처럼 한 번, 또는 그 이상의 혀의 진동으로 이루어진다([4]). 그러

---

[1] 이집트어 철자법에서도 이 두 개의 셈어 발음은 다른 음소로 분리되어 나온다; Hoch 1994: 409.

[2] 이것은 현대 남부 아라비아 방언들에서처럼 설측음화 된 치찰음으로 널리 받아들여지고 있다. Cantineau 1951-52: 86f.; Koskinen 1964: 57; Steiner 1977; Beeston 1984; Bomhard 1988; 128-30: Voigt 1992. 고대 아카드어도 유사한 음소를 가지고 있었다는 견해에 대한 증거가 있다.

[3] Blau 1970: 114-25를 보라. 때때로 שׁ 대신 ס을 사용한 것은 이중 의미를 초래하기도 한다: 호 8.4의 הֵשִׂירוּ 그들이 ~를 왕으로 세웠다(<√שׂרר) 또는 그들이 그를 폐위시켰다(<√סור)에 관해 이븐 에즈라를 보라.

[4] Joüon 1911: 383-88 참조.

나 오늘날 프랑스의 많은 지역과 특히 도시에서 들을 수 있는 불어와 독일어의 마찰 후음처럼 ר를 발음하지 않도록 주의해야 한다(¹). ר가 어느 정도 후음처럼 취급된다고 해서 그것을 후음으로 간주하여야 하는 것은 아니다(참고, § 23).

o   **브가드크파트**(Bgadkfat). 기억을 돕기 위해 만들어진 단어인 בְּגַדְכְּפַת 에 포함된 여섯 자음은 파열음과 마찰음(²)의 이중적인 발음을 가진다. 파열 음들은 영어에서 *b, g* (*get*에서처럼 강한 음), *d, k, p, t*에 해당하는 자음의 음 가를 가진다. 파열음을 표시하기 위해서는 글자 안에 다게쉬(*dagesh*)라고 불 리는 점을 찍는다(³). 파열음에 대응되는 마찰음은 부분적으로 그 이전에 있 는 모음의 영향으로 동화되어서 그것과 유사한 마찰음이나 이어지는 소리를 내 게 된다. 사본들에서는 마찰음을 표시하기 위해서 라페(*rafé*)라고(⁴) 불리는 가로 획을 글자 위에 붙였다; 그러나 성경 인쇄본들에 다게쉬가 없는 것은 그 자음이 라페임을 표시하는 것이 분명하다. 마찰음들은 다음과 같다.

ב   *b*,   *bh*   현대 그리스어의 β, 영어의 *v*와 거의 같음(⁵).

ג   *ḡ*,   *gh*   현대 그리스어 γάλα의 γ (§ *l* 참조).

ד   *d*,   *dh*   현대 그리스어 δ (영어 *this*의 *th*).

---

¹ 그러나 Goshen-Gottstein 1949와 Eldar l983-85를 참조하라.

² 마찰음이 얼마나 오래된 것인지에 대해서는 여전히 논의 중이다. 베르그(Berg. I, § 6 m)는 주전 4 세기에 이 이중 발음이 처음으로 도입되었다고 추정한다. Torczyner 1937도 참조하라. FRA, § 38 b 에 따르면, 이 특성은 페니키아어와 포에니어에는 없었다고 한다. 그러나 비록 고대 페니키아어에서 는 아니지만 이런 과정이 이미 시작되었다는 증거들은 있다: cf. Muchiki 1999: 53 칼레(Kahle, 1959: 179-84)는 한때 이 이중(double) 발음이 마소라 학자들의 학문적인 발명이었다고 가정한 적이 있다. 왜냐하면 마소라 학자들보다 더 이전의 학자들로서 예를 들자면 오리겐(Origen) 이나 제롬(Jerome)에게는 오직 마찰음만이 알려졌기 때문이다. 이 이론에 대한 설득력 있는 반박으 로서는 Ben-Ḥayyim 1954: 15ff.와 Brønno 1968: 195-99를 보라. 이 마찰음들이 카라이트(Karaite) 집단 내에서 어떻게 발음되었는지는, 아랍어 알파벳으로 음역된 일부 초기 중세 히브리어 본문들 속 에서 ר은 ز, כ는 خ, ח는 ح로 표기된다. Khan 1987: 33f., 44을 보라. 레쉬가 이중 발음도 인정해 주 는 전통에 관해 Revell 1981과 Eldar 1985를 보라.

³ 칼레의 BL, p. 119에 의하면 다게쉬(דָּגֵשׁ)는 아람어 현재 분사형으로 꿰뚫는, 구멍을 내는을 뜻한 다. 파열 자음은 고대인들에 의해 다게쉬 또는 카쉐(קָשֶׁה, 강한, 단단한)로도 불렸다.

⁴ 라페(רָפֶה)는 아람어 현재 분사형으로 풀린, 느슨한의 의미이다. 마찰음은 옛사람들이 라흐(רַךְ, 부드러운)로 부르기도 하였다.

⁵ 어떤 유대 공동체들에서는 유성 양순 마찰음 [β]로 발음된다: Schramm 1964: 15와 Morag 1971: 1131을 보라.

כ *k*,   *kh* 현대 그리스어 χ의 c(§ *k* 참조).

פ *ṗ*,   *ph* 현대 그리스어의 φ = 영어의 *f*[1].

ת *t*,   *th* 현대 그리스어의 θ = 영어 *thing*의 *th*[2].

히브리어를 올바로 읽으려면 위의 여섯 가지 마찰음을 정확하게 발음해야 한다[3].

p　　　　다게쉬에 관해서는 § 10을 참조하라. 브가드크파트의 마찰음화에 관한 규칙들은 § 19를 참고하라. 여기서는 다음과 같이 일반적인 규칙을 소개하는 것으로 만족하고자 한다. 모든 모음 요소는 비록 그것들이 매우 사소한 것일지라도(예로, '소위' 유성 슈바로 불리는 것) 그 뒤에 따라 나오는 브가드크파트를 마찰음으로 바꾼다.

q　　　　음성론적으로 말하자면, 위에 논의된(§ *o*) 여섯 쌍의 음들은 변이 음소들이다. 예로, 두 개씩 쌍으로 된 음들은 단 하나의 음소처럼 생각될 수 있으며 음성적인 조건에 따라 두 개의 다른 음들로 변형되는 것이다[4]. 따라서

---

[1] 랑베르(Lambert, § 25)는 *spot*와 달리 *pot*에서처럼 영어의 첫음절에 오는 *p*와 같이, 숨을 동반한 기식음(aspirated) *p*의 존재 가능성을 언급한다. 이것은 제롬과 사아디아에 의해서도 언급된 것과 같이, 알파벳 시편인 26, 34편이 마지막 부분에 페로 시작하는 여분의 절을 가지고 있기 때문이다. Berg., I, § 6 i 참조. 이 점은 /k/와 /t/에 관해서도 거의 마찬가지이다; Cantineau 1951-52: 90와 BL, § 10 q를 보라. 따라서 이것은 세 개의 음성적 삼중 구조(triads)와 관련된 것으로 보인다: /p/(파열음)-/p'/-/f/ (마찰음); /k/-/ḥ/-/q/(강조음); /t/-/t'/-/ṭ/.

[2] 잘 알려진 다른 형태의 음은 아쉬케나즈 전통의 /s/이다.

[3] 오늘날 예멘 공동체와 이라크 쿠르드 지역의 자코(Zakho)에서 아람어를 사용하는 공동체만이 이러한 구분을 온전하게 보존하고 있다: Morag 1971: 1131. 알파벳 글자들의 위나 아래에 획을 사용한 것, 또는 *h*를 첨가하는 것은 깔끔하고 선명해 보이나, 이 책의 음역 체계는(§ 5, c 도표를 보라) 몇 가지 이유 때문에 다르게 하였다.

[4] 그러나 마찰음들이 초기에 음소화 되던 과정에 대한 몇몇 표식들이 있다. 예로, 부정사 לָקַחַת 취하다를 לְקָחַהּ 네(여. 단.)가 취했다와 대비해 보라. 앞에 오는 /a/ 모음에도 불구하고 לְקָחַהּ에 파열음 ת가 나타나는 것은 2인칭 남성 단수 לְקָחְתָּ, 2인칭 복수 לְקַחְתֶּם/ן 및 1인칭 단수 לְקַחְתִּי를 유추하여 나온 것으로 설명할 수 있다. 이와 같이 אַתָּ와 אַתָּה의 대비, נָתַתְּ (2여.단.)와 נָתַתָּה 네가(남.단.) 주었다의 대비도 이와 유사하다(§ 39a, n. 4 추후 체크). Yeivin, *Babylonian* p. 351, Blau 1997: 181, n. 4, 그리고 Offer(1992) 참조: 오퍼(Offer)는 한 단어 형태에서 마지막 자음에 나오는 슈바는 원래 동형이의어(homograph)를 분리시키기 위하여 첨가되었다고 주장한다. 예로서, קָטַלְתָּ 당신(남. 단.)이 죽였다는 קָטַלְתְּ 당신(여. 단.)이 죽였다와 같은 경우에서 브가드카파트의 비-마찰음을 표현하기 위해 사용되기 시작하였다. 이와 같은 유추의 영향이 없는 곳에서 단어의 마지막 긴 자음은 단순화되었다: 이와 같이 אֱמֶת (< *ʾamitt < *ʾamint), אַחַת (< *ʾaḥatt < *ʾaḥadt). 또한 וַיְדַבֵּר와 הַתְּדַבֵּר의 대비도 주목하라. 후자의 타브에 있는 다게쉬는 약다게쉬(lene)일 가능성이 높다; 또한 /ʾelef/의 복

이것은 씬과 쉰을 두 개의 구별된 음소로 생각할 때, 고대 히브리어가 최소한 23개의 자음 음소를 가지고 있었다는 것을 뜻하며[1] 히브리어 알파벳은 원래 음소적인 성격을 갖고 있었음을 의미하게 된다. 이와 달리 티베리아 전통은 29개의 자음 음가를 가지고 있었다. 27개로 추정되는 원시 셈어 자음 음소들 (*w*와 *y* 제외) 가운데, 21개(또는 ש과 ס이 같은 방법으로 발음되었다면 20개) 는 히브리어에 그대로 보존된 반면(77% 또는 74%), 없어진 음소들 가운데 네 개는 변이 음소들로 티베리아 전통 속에 남아 있다.

r   아래 도표는 히브리어, 아람어[2], 시리아어, 아랍어 및 원시 셈어 사이에 자음들이 정상적으로 대응하는 관계를 보여주고 있으며 상호간에 어떤 연관성이 있음을 확인해준다[3].

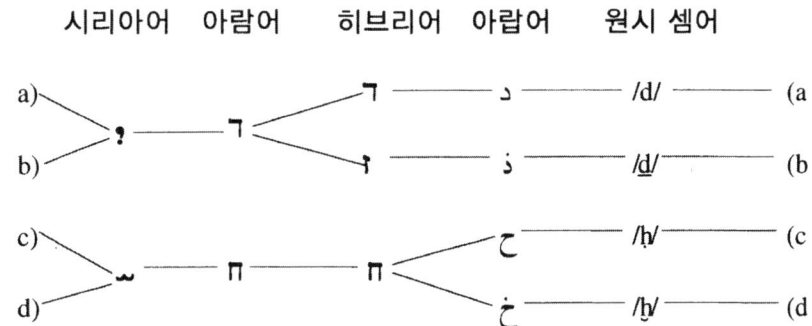

시리아어   아람어   히브리어   아랍어   원시 셈어

수 연계형 /ʾalfē/와, 해리스(Harris)가 복원한 동일 단어의 다소 의심스러운 쌍수 연계형 /*ʾalpē/도 주목하라. 로젠(Rosén 1961)은 이 마지막 대비를 반박하는 데 성공하지 못했다. 그 글에는 다른 쌍인 [qirbi] 내 안/속과 [qirvi] 접근하라(여. 단. 명령)가 언급되고 있다. Schramm 1964: 56-58과 아래 (§ 18 *m*, *n*.) 언급될 우리의 관찰도 보라. 또한 이 문제에 대하여 충분히 논의하려면 Cantineau가 '기능적 변이'(*variantes facultatives*)라고 부른 형태들, 즉 שֶׁפְרֵי / שִׁפְרֵי와 같이 필수적이지 않은 변형들의 쌍들을 고려해야만 한다: Cantineau 1950a: 101f.

[1] 25개일 가능성도 있다: 위의 § k, l을 보라. Gogel(1998: 36)의 입장과 달리, 자소(字素, graphemes, 무라오까는 '정서법'으로 제안한다)의 다양한 값(maltivalence)에 대한 가능성을 허용해야 한다.

[2] 여기서 성서 아람어를 의미한다.

[3] /l/, /m/, /n/과 같이 일대일로 일치되는 대부분의 경우들은 여기에서 언급하지 않았다. 완전한 목록에 대해서는 Moscati, 43-45를 보라. 거기에서 /k/ 행이 § 8.60에 있는 두 번째 도표에서 빠져 있음을 주목하라.

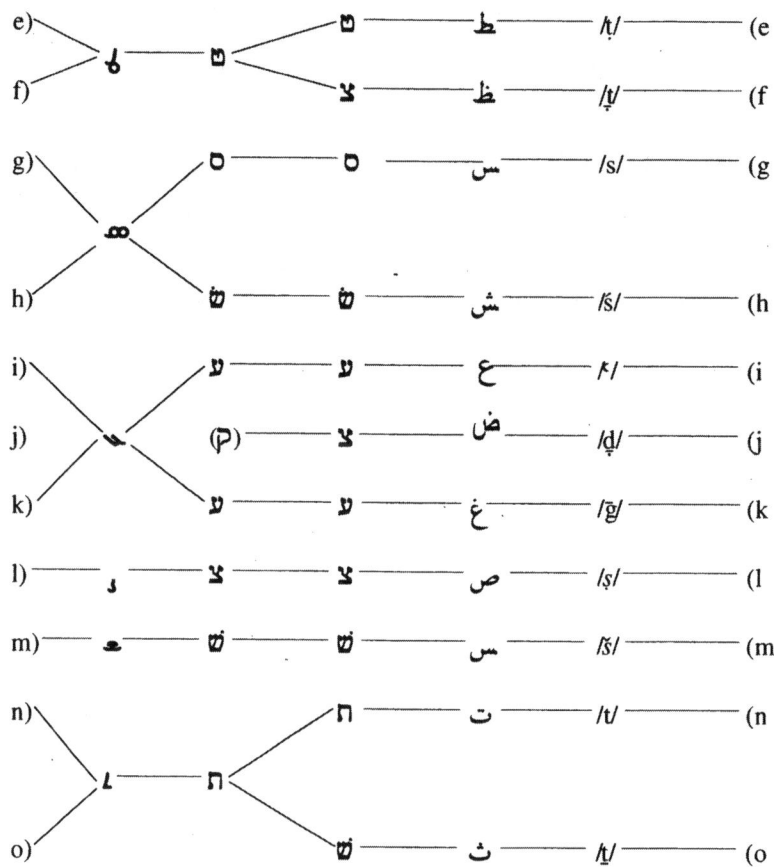

예,

	시리아어		아람어	히브리어	아랍어		뜻
a)	debbā	ܕܒܐ	דֻבָּא	דֹב	دب	dubb	곰
b)	drāʿā	ܕܪܥܐ	דְּרָעָא	זְרֹעַ	ذراع	dirāʿ	팔
c)	ḥakkim	ܚܟܝܡ	חַכִּם	חָכָם	حكيم	ḥakkīm	지혜로운
d)	ḥamrā	ܚܡܪܐ	חַמְרָא	חֶמֶר	خمر	ḥamr	포도주
e)	ṭabbāḥ	ܛܒܚܐ	טַבָּחָא	טַבָּח	طباح	ṭabbāḥ	요리사
f)	ṭellālā	ܛܠܠܐ	טללל	צֵל	ظل	ṭill	그늘
g)	(s-g-d)	ܣܓܕ	סגד	סגד	سجد	√s-j-d	엎드리다

	시리아어		아람어	히브리어	아랍어		뜻
h)	ʿsar	ܥܣܪ	עֲשַׂר	עֶשֶׂר	عشر	ʿašr	십(10)
i)	ʿaynā	ܥܝܢܐ	עַיְנָא	עַיִן	عين	ʿayn	눈
j)	ʿarʿā	ܐܪܥܐ	אַרְעָא/קְע	אֶרֶץ	أَرْض	ʿarḍ	땅
k)	tarʿā	ܬܪܥܐ	תַּרְעָא	שַׁעַר	ثغر	ṯaḡr	성문[1]
l)	ṣevʿā	ܨܒܥܐ	אֶצְבְּעָא	אֶצְבַּע	إِصبع	ʾiṣba	손가락
m)	šmayyā	ܫܡܝܐ	שְׁמַיָּא	שָׁמַיִם	سماء	samāʾ	하늘
n)	ktāvā	ܟܬܒܐ	כְּתָבָא	כְּתָב	كتاب	kitāb	문서
o)	tlāṯ	ܬܠܬ	תְּלָת	שָׁלֹשׁ	ثلاث	ṯalāṯ	셋

s   현대 이스라엘 히브리어에서 브가드크파트의 이중적인 발음은 בּ, כּ, פ에서만 유지되며 그 예는 다음과 같다: בּ = [b], ב = [v]; כּ = [k], כ = [ḥ] (독일어의 *doch*에서처럼); פּ = [p], פ = [f]. ג, ד, ת는 다게쉬 점의 유무에 관계없이 [g, d, t]로 발음된다. 더욱이 아인과 헤트는 위에서 묘사된 것처럼 일반적으로 발음되지 않으며, 아인은 알렙처럼, 헤트는 카프 라페(다게쉬 없는 카프)처럼 *ḥ*로 발음된다. ט, צ, ק는 각각 t, ts (*cats*에서처럼), *k*로 발음된다. 마지막으로 자음 바브는 [v]로 발음되므로 מָוֶת는 [mávet]가 된다.

§ 6. 모음: 기호와 발음

a   히브리어 모음들은 음색(timbre 또는 음질 quality)에 있어서 본질적으로 서로 다르다. 그러나 같은 음색을 가진 두 개의 모음이라도 그 발음이 요구하는 시간에 따르는 음량(quantity, 장단)면에서 서로 다를 수 있다. 모음의 음색과 음량은 엄밀히 구분되어야 한다. 티베리아 히브리어에서 음량은 음소적 지위를 갖고 있지 않다. 우선 히브리어 모음의 음색을 살펴보기로 하자.

---

[1] 아랍어는 열림(opening)을 뜻한다.

b   주된 음색들의 자연 음계(scale)는 다음과 같다:

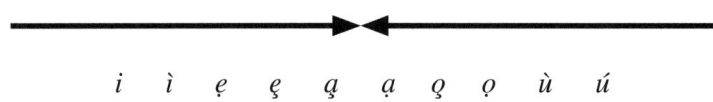

각 모음에 따라 닫힌 모음 또는 열린 모음으로 구성된다([1]).

    *i*와 *u*모음들은 가장 많이 닫힌 모음들이고(*i*는 닫힌 후설 모음이고, *u*는 닫힌 전설 모음이다), *a*는 가장 많이 열린 모음이다([2]).

    일반적으로 인정된 원시 셈어의 모음 음계는 *i, a, u* 세 개의 모음만을 포함한다. 여전히 이것들은 아랍어에서 유일하게 기호로 표시되는 세 개의 모음이다.

    티베리아 나크다님들이 표기한 히브리어 모음의 음계는 다음의 기호들로 표시되며 일곱 개의 음색으로 이루어져 있다([3]):

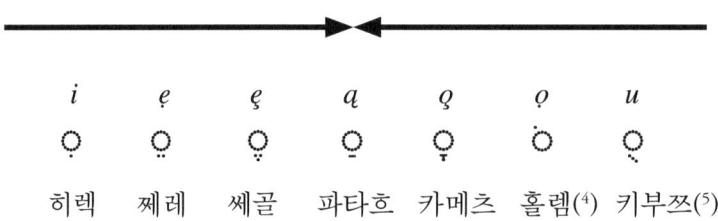

    히렉   쩨레   쎄골   파타흐   카메츠   홀렘([4])   키부쯔([5])

---

[1] 닫힌 모음을 발음할 때 혀의 가장 높이 들린 부분과 입천정 사이의 틈이 좁은 한편, 열린 모음을 발음할 때는 이 틈이 넓다.

[2] 인쇄상의 이유로, 우리는 여기에서 닫힌 음들은 *i, ú*로, 열린 음들은 *i, ù*로 표기한다. *i*와 *u*를 표현하는 두 개의 각각 다른 음들 사이의 차이점은 *a, e, o* 모음들의 경우보다 훨씬 덜 뚜렷하다.

모음 부호들의 히브리어 이름과 그것들의 기원에 대해 BL에서 Kahle, § 7i-m, Dotan 1971: 1448f., 그리고 Lambert, § 34(n. 3 포함)를 보라. 랑베르는 쎄골만이 그것의 원래 형태인 포도 송이 모양을 보여주고 있으므로, 그것은 이차적으로 발생한 것으로 본다. 또한 그는 모든 티베리아 모음 부호들의 이름들이 외국어에서 왔다는 점을 흥미롭게 지적하였다. 티베리아 체계에서 파타흐와 쎄골은 구분되어 두 가지 다른 부호로 표현되지만, 바빌론 체계에서는 단 하나의 부호인 파타흐(바빌론 마소라에서 *pitḥa*'라고 불린다)만 나오고 있다는 사실을 고려해 볼 때 그의 제안은 매우 흥미롭다.

[3] 히브리어의 다양한 모음 체계를 설명하려는 현대 언어학적 시도에 관해 Morag, *Vocalization Systems*, 22-29를 보라.

[4] 유일하게 글자 위에 기록되는 홀렘은 שׁ과 שׂ을 구분하는 점과 너무 가까울 때 경제적인 이유로 인해 생략될 수 있다. 그러므로 우리는 מֹשֶׁה *mošę* 모세(또는 מֹשֶׂה), נֹשֵׂא *nśoʾ* 옮기다(또는 נֹשֵׂא)로 쓸 수 있다. 묵음, 즉 발음되지 않는 א은 앞 자음의 홀렘을 그 오른쪽 윗부분에 갖는다: רֹאשׁ *rǫ(ʾ)š* 머리, חַטֹּאָת 또는 חַטֹּאֹת ~의 죄(그러나 이 용법이 항상 지켜지는 것은 아니다).

[5] 역사적으로나 어원적으로 긴 u 모음은 종종 וּ(슈렉)으로 기록된다. 예, כָּתוּב 기록된. 벤-하임(Ben-

이 음계에서 *a*는 중앙에 있는 모음이다.

이러한 일곱 개의 음색은 원시 셈어에 있었던 세 개의 원시 모음에서 어떻게 발생해 왔느냐에 따라 다음과 같이 분류될 수 있다:

첫 번째 그룹 **a**: *a*

두 번째 그룹 **i**: *i, ẹ, ę*

세 번째 그룹 **u**: *u, ọ, ǫ*(¹)

c   이러한 일곱 개의 음색은 전통, 고대의 해설들 및 같은 어족들 간의 비교를 통해 알 수 있다. 그것들은 여러 언어들 가운데 정확하게 짝을 이루는 것들을 가지고 있다. 예로, 이태리어는 히브리어처럼 하나의 (열린) *a*모음과 두 개의 *e*모음과 두 개의 *o*모음을 가지고 있으며, 현대 불어는 열린 모음들과 닫힌 모음들 간에 뚜렷한 구분을 하고 있다.

나크다님은 매우 정교한 청각을 사용하여 위에 제시된 일곱 개의 음색들을 표기하는 기호로써 완전한 체계를 만들었음을 시사해 준다(²). 그리고 그

Ḥayyim, 1953: 92, n. 1)이 강조한 바와 같이, 사아디아는 일곱 개의 모음만을 알고 있으며 슈렉과 키부쯔 간의 구분을 하지 않는다. 만일 나크다님이 그 둘 간의 음성적 차이를 알고 있었다면, 그들은 눈에 두드러지는 형태인 כוּלָם 그들 모두(렘 31.34)에서 슈렉 대신 키부쯔를 사용하여 크레에 כֻּלָּם으로 기록했을 것이다. 그렇지만 그들은 이 특별한 형태(כוּלָם)가 성경에서 완전 철자법으로 기록된 유일한 경우라고만 말했을 뿐이다. 또한 창 27.31에서 보는 바와 같이 드물지 않게 불완전 철자법으로 나오는 יָקֻם을 들어서, 나크다님이 이 형태를 표준 형태인 יָקֻם과 다르게 발음했다는 증거로 제시하는 것도 정당하지 않다. 그들은 단지 난외주에서 이 특정한 형태가 성경에서 유일하게 불완전 철자법으로 기록된 것임을 지적했을 뿐이다. 또한 יִירָאוּ 그들이 두려워할 것이다에 있는 모음 *i*와 그 불완전 철자법인 יִרָאוּ에 있는 모음 *i* 사이에 있는 차이점과, 나아가 이 둘과 יִרְאוּ 그들이 볼 것이다 사이에 있는 모음 *i*와 사이에는 음성학적 차이점이 없다.

¹ 당황스러울 정도로 많은 음역 방법들이 존재하고 있는 점에 대하여 간단히 언급할 필요가 있다. 극단적인 최대주의자들(maximalist)은 라틴 알파벳과 일련의 구분점들(diacritics)을 이용하여 히브리어 발음을 표기한 모든 기호를 재생시키려고 한다. 따라서 예로, כָּתַב는 kåtab로 표기할 수 있다. 이리하여 완전 철자법과 불완전 철자법 사이의 차이점들도 재생할 수 있다. 예로, לוֹא *lô*와 לֹא *lō*를 를 비교해 보라. 최근에 *Journal of Jewish Studies*와 같은 곳에서 사용되는 극단적인 최소주의자들(minimalist)은 현대 이스라엘의 발음에 대체적으로 가깝다. 이리하여 때때로 완전하게 모음이 찍혀 있는 히브리어 본문에 사용된 동일한 부호가 여러 방식으로 음역된다. 이 두 극단적 부류 사이에 다양한 체계들이 있다. 각 체계는 나름대로의 이유와 장점과 단점들을 가지고 있다.
현대 이스라엘 발음에 익숙한 사람들을 위하여 만든 합리적인 타협점은 나의 글에서보라 (*Muraoka, Emphatic*, p. x). 우리는 *x*를 *ḥ*로 대체하여 사용할 것이다. 참고, Weinberg 1971-73.

² 티베리아 체계는 동부 시리아인들의 것을 모방하였을 개연성이 높다. 서부 시리아인들의 체계에는 다섯 개의 모음 밖에 없었으나, 동부 시리아인들은 티베리아 체계처럼 일곱 개의 모음을 사용하였다(참고. Berg., I, § 9 c). 티베리아 체계 외에 두 개의 다른 체계들로서, 팔레스타인 체계와 바빌론 체계가 있으며 여기에는 모음 부호가 글자 위에 표기되는 특징이 있다. 따라서 이것들은 하선(sublinear)을 이루는 티베리아 체계와 달리 상선(supralinear) 체계라고 불린다. 각 체계는 각자의 음

것은 주후 7세기경 티베리아에 존재했던 모든 모음들을 나타내었을 것으로 추정된다.

나크다님의 이 체계는 단지 음색만을 표현한다. 일반적으로 히브리어의 초기 단계에서 모음의 길이는 음소로 표현되었다고 생각되었으며, 오리겐과 제롬 시대까지만 해도 모음의 길이는 히브리어 모음들의 중요한 특징으로 생각되었다(아래 § e [3]을 보라). 그러나 나크다님의 체계는 모음의 음량(길이)과 그 어원들이 가지고 있는 이전 역사를 무시하는 것이다(¹). 따라서 ֹ(종종 ֹו로 기록됨)는 흔히 원시 장모음 a를 나타낸다. 예로, טוֹב 좋은(원래 ṭāb에서 옴)이 있다. 마찬가지로 ָ는 종종 원래의 단모음 a를 나타내며, 예로, šålọm שָׁלוֹם 평화 *šalām에서 옴)가 있다; ֶ는 꽤 자주 원래의 단모음 a를 나타내며, 예로, ʾẹḥåd אֶחָד 하나 (*ʾaḥad에서); hẹʿårim הֶעָרִים 그 도시들(*haʿārim에서); yẹdhẹm יְדְכֶם 너희들의 손 (*yadkẹm에서)이 있다.

d 티베리아의 발음에서 모음의 음량을 추측할 수 있는 정당하고 유일한 구분은 다음과 같다: 일곱 개의 일반적인 완전 모음 중 세 개의 모음과 그에 대응하는 세 개의 단모음인 하텝들(ḥaṭefs)로 구분된다. 후자는 ֲ 하텝 파타흐, ֱ 하텝 쎄골, ֳ 하텝 카메쯔(§ 9)로 구성된다. 그러나 이 세 개의 단모음은 모음의 음가가 없는 슈바의 변이 음소들이다(²).

티베리아 히브리어에 관한 한, יָדְךָ (휴지 형태, 단수) 너의 손과 יָדֶיךָ (쌍수) 너의 손들이나 יָדֵנוּ 우리의 손 (단수)과 יָדֵינוּ 우리의 손들 (쌍수) 사이에 음성적 차이는 없다. 이 두 모음들은 동일한 음성적 조건 즉, 끝 음절 전에 강세가 있는 열린 음절(³)에서 발견된다. 그러므로 의미의 구분이 반드시 음성적 구

성적/음성론적 체계를 표현한다. Morag, *Vocalization Systems*를 보라. 바빌론 체계에 대해 Yeivin, *Babylonian*을, 팔레스타인 체계에 대해 Revell 1970; idem 1970a; idem 1977; Yahalom 1969-70을 보라. 사마리아 체계는 다소 빈약하게 발전되었다: Ben-Hayyim 1954a와 idem 2000, p. 6을 보라.

¹ 그러나 이것은 티베리아 부호들에 의해 표현된 모음 체계가 완전히 음소적(phonemic)이라는 뜻은 아니다. 예로, 쎄골은 때때로 파타흐의 변이 음소로 해석될 수 있다; Morag, *Yemenite*, 119를 보라. 또한 idem, *Vocalization Systems*, 22, n. 17을 보라.

² 그러나 몇몇 경우에는 두 종류의 하텝 사이의 대립이 중요하다: 예로, אֲנִי 나, 그러나 אֳנִי 배들; עֲנִי 대답하라!(여성 단수 명령형), 그러나 עֳנִי 가난. 마찬가지로 성서 아람어 אֱמַר 말하라!(명령형)와 אֲמַר 그가 말했다(완료형). 그러나 גֳּלִי와 גְּלִי는 둘 다 그것이 드러났다라는 의미이다. 그러나 Khan 1996: 22 참조. 또한 Khan 1996a 그리고 id., 1997: 98f.를 보라.

³ ֵ가 ֶ로 변화한 것은 뒤따라 오는 열린 모음 또는 가운데 모음 ֶ의 영향으로 동화되었을 가능성이 있다.

분으로 표현되어야 한다고 생각하는 것은 잘못이다. 어떤 언어에서도 모호성은 공통적으로 나타나는 특징이기 때문이다(¹)

장모음 *i* 또는 *u*가 나오지 않는 것은 소위 장모음 보상 현상으로 *i*와 *u*에서 각각 $\hat{e}$와 $\hat{o}$가 만들어지기 때문이다. 따라서 מִגְדָּל (מְבָרֵ֫ךְ과 대비됨)이지만 בֵּרֵךְ (מִגְדָּל과 대비됨) 그리고 מְבָרֵ֫ךְ (מִגְדָּל과 대비됨)이 된다: מְבָרֵ֫ךְ의 카메쯔는 더 이전의 장모음 /ā/로 거슬러 올라간 것으로 보인다. 위의 § *b*, n.을 보라.

e   **관찰**. 1. 다섯 개의 장모음 *ā, ē, ī, ō, ū*와 다섯 개의 단모음 *a, e, i, o, u*의 구분은 요셉 킴히(Qimḥi, 12세기)가 고전적인 형태로 만든 것이며(²) 현대까지도 일반적으로 사용되고 있다. 이것은 티베리아 모음 체계를 매우 크게 (radical) 변형시킨 것이다. 그는 아마도 그가 사용했던 로망스어 방언이나 라틴어, 심지어 아랍어(세 개의 장모음 *ā, ī, ū*와 세 개의 단모음 *a, i, u*)의 영향을 받았을 것이다.

2. 티베리아 모음의 음색과 음량에 관한 논의들은 19세기 말 이전에는 거의 다루어지지 않았다. 특히 Grimme 1896: 32ff.; Sarauw 1939; Birkeland 1940; Blau, *Grammar*, §§ 3.3 - 3.7.1.을 보라.

3. 어떤 기계적인 장치로 측정할 수 있는 음성적 장단(phonetic length) 외에도, 음운적 장단(phonological length)이 있다. 예로, 형용사 כָּבֵד의 $\hat{e}$모음은 장음으로 간주되는데, 그 이유는 남성 복수 כְּבֵדִים에서처럼 모음 탈락의 영향을 받지 않기 때문이다. 반면에 동사 כָּבֵד에서 같은 기호로 사용된 이 모음은 칼동사 완료 3인칭 복수 כָּבְדוּ에서는 분명히 음운적으로 단음임이 입증된다.

이와 유사하게 만일 파타흐가 음운적으로 단음으로 간주되어야 한다면, 활용례의 유사성을 따라 쩨레와 홀렘도 단음으로 간주되어야 한다: 예로, יִלְבַּשׁ 그가 입을 것이다의 경우는 יִשְׁמֹר 그가 지킬 것이다와 יִתֵּן 그가 줄 것이다로

---

¹ 수 2.24에서 다른 독법인 יְדֵ֫ינוּ (삿 4.7 יָדֵ֫ינוּ에서도 유사하게)는 יָדֵ֫ינוּ와 יָדֵ֫ינוּ 사이의 음성적 일치를 간접적으로 증거해준다. 이것은 נָתַן בְּיַד라는 관용구에서 단수 형태가 옳다는 것이 확실하기 때문이다. 예로, 수 21.42에 נָתַן יהוה בְּיַדָם이 나타난다. 티베리아 모음 체계에서 눈에 띄는 또 다른 모호성은 너의 신 또는 너의 신들을 의미할 수 있는 /ʾelāhāh/에서처럼, 어떤 형태의 성서 아람어 명사 변화에 있어서 단수와 복수의 구분이 없다는 점이다. 오리겐의 세쿤다에 나타나는 유사한 모습도 주목하라: 예, σεμαχ שְׂמַח 시 31.4와 ηναχ עֵינֶ֫ךָ 31.23; 이에 대한 논의는 Brønno, *Studien*, 199f를 보라.
² 벤-하임(Ben-Ḥayyim, 1953: 95)에 따르면, 킴히(Qimḥi)는 그의 선배들로부터 이 개념을 배웠다.

대비된다. שָׁמַר 그가 지켰다의 경우는 קָטֵן; 그가 작았다와 כָּבֵד 그가 무거웠다로 대비된다. שַׁעַר 문의 경우는 קֹדֶשׁ 거룩함과 סֵפֶר 책[1]으로 대비된다. 그리고 사실 헥사플라의 두 번째 열은 이런 경우들에 o과 ε를 사용하는 경향이 있다. 이와는 달리 홀렘을 ω로 사용하고(예로, 시 31.24, 칼 분사형 נֹצֵר를 νωσηρ 로), 쩨레는 η로 사용하기도 하였다(예로, עֵשָׂו는 Ησαυ, קֵדָר는 Κηδαρ). 이것은 음성적으로 볼 때 이 모음들의 표기(transcription)를 반영하는 전통에서 이와 같은 특정한 형태들이 장모음으로 발음되었음을 시사한다[2].

f   이 책은 히브리어 문법의 발전 역사를 다룬 책은 아니다. 그러나 티베리아 히브리어 모음 체계가 가설적인 원시 히브리어나 원시 셈어의 모음 체계와 어떻게 연관되고 있는지를 이해하는 것은 어느 정도 도움이 될 수 있다. 예로, 절대형 דָּם과 그 연계형 דַּם 간에 나타난 변화는 티베리아 이전 시대에 /ā/와 /a/의 모음 길이가 달랐음을 반영해준다. 마찬가지로, כָּתַב의 카메쯔는 티베리아 이전 시대에 강세 전 음절이었던 초기의 단모음 /a/가 길게 된 것을 반영한다. 다시 말하자면, טוֹב와 אֱלֹהִים에서 홀렘은 이전의 장모음 /ā/에서 왔을 수 있다는 것이다. 이것은 아람어 טָב와 אֱלָה 또는 아랍어 /ʾilāh/에 보존되어 있다[3]. 이러한 이유로 아래에서 '원시적인' 또는 '원래의' 가설적인 형태들 안에 나타나는 단모음이나 장모음에 관해 설명해야 할 필요가 있다. 또한 장모음이 원래의 *i* 모음을 탈락시키는 현상도 관찰할 수 있다: 예로, *ṣirār* > צְרוֹר 가방; 그러나 이와 대조적으로 , *ʿinab* > עֵנָב 포도가 있으며, 또한 *ruḥāb* > רְחוֹב 광장(Brock., *GvG*, I. 351)이지만, *šuʿar* > שַׁעַר 끔직한(§ 30 참조)이 있다. 이 문법책에 작은 별표로 표시된 형태들은 원시적인 원래 형태들을 재구성한 것이다. 원시 히브리어/셈어는 세 개의 단모음(*a, i, u*)과 그것에 대응하는 장모음(*ā, ī, ū*), 그리고 두 개의 이중 모

---

[1] 주옹(Joüon)이 이와 유사한 통찰을 가지고 있었다는 점은 이 문법책의 불어 원판 § 28 *d-e*에 나타난다. 그러나 그곳에 있는 그의 입장은 모음의 길이를 네 등급으로 나누는 그의 입장과 상충된다(§ 6 *f*).

[2] Brønno, 250f., 258, 453f.와 Blau 1978: 94. 그리스어에서 모음 길이의 구분이 사라진 것은 주후 2-3세기 경으로 잡는 것이 가장 신빙성이 있어 보인다: Allen 1987: 94. 우리는 오리겐의 시대에 ι, η, ει, υ와 같은 일련의 모음들이 아직 하나의 음소로 통합되지 않았다고 가정한다. 여기서 오리겐이 모든 홀렘과 쩨레를 각각 ω와 η로 표기하였다는 점은 찾을 수 없다. 실제 상황은 훨씬 더 복잡하였다: Brønno, 248-62, 360-64를 보라.

[3] 히브리어 악센트 이동의 역사에 대한 신빙성 있는 재구성에 관해서는 Blau, *Grammar*, § 9를 보라.

음(*ay, aw*)을 가지고 있었다고 알려져 왔다. 이 여덟 개의 원시 모음들과 일곱 개의 티베리아 모음들 간의 관계는 아래의 도표에서 살펴볼 수 있다(§ *i*).

　　　또한 히브리어 모음이 음량 구분에서 음색(음질) 구분으로 전환되는 것은 비교적 후대에 일어난 것으로 보인다. 칠십인역과 오리겐의 헥사플라 두 번째 열(column) 뿐만 아니라 제롬(주후 4세기)의 주장에 명백히 나타나고 있는 히브리어 음역은 모두 음량적인 구분을 나타낸다[1]. § *e* 끝 부분 참고.

g　　　발음할 때 혀의 위치와 관련하여 정반대의 두 모음인 $\dot{\text{◌}}$ *i* 모음과 $\dot{\text{◌}}$ *u* 모음의[2] 발음에는 어려움이 없다.

　　　$\dot{\text{◌}}$ 모음은 닫힌 *e*음이다. 이 모음은 불어 *pré, blé, désir*와 가까우며, 이태리어의 *nero*의 *e*에 가깝다. 이 음은 *i* 모음에 가까우며, 열리는 정도에 있어서 *i* 모음의 첫 번째 등급에 해당하는 변형음이다. 따라서 원래의 **inab*가 *ʿĕnåv* עֵנָב 포도들이 된다[3].

　　　$\dot{\text{◌}}$ 모음은 열린 *e*음이다. 이 모음의 예로, 불어의 *près, règle, terrain, miel*, 그리고 이태리어의 *mięle*가 있다. 이 음은 $\dot{\text{◌}}$와 $\dot{\text{◌}}$ 사이에 있다. 음성적으로 그것은 *i* 그룹에 속한다. 발음의 관점에서 *a*모음에서 유래된 $\dot{\text{◌}}$ (예, אֶחָד *ʾähåd = ʾęhåd*)와 *i*모음과 *ę* 모음에서 유래된 $\dot{\text{◌}}$ (예, *bęn* בֵּן ~의 아들 [בֶּן, בֵּן 에서 옴]) 사이에는 차이가 없다. $\dot{\text{◌}}$가 *a* 모음에서 유래된 것은 *ä*로 음역될 수 있다.

　　　$\dot{\text{◌}}$ 모음은 열린 *a*음이다. 이 모음은 $\dot{\text{◌}}$ *ę* 모음과 유사하며 *a* 모음과 *ę* 모음은 자주 교환된다[4].

　　　$\dot{\text{◌}}$ (*q*) 모음은 열린 *o* 음이다. 예로, 불어의 *sort, pomme, bonne*, 이태리어의 *buǫna*, 영어의 *doll* (비교, *å* 소리와 비슷한 소리를 가진 *all*)이 있다. $\dot{\text{◌}}$ 모음은 원래의 단모음 *u*나 원래의 단모음 *a*에서 유래했다. 원래의 단모음 *a*에

---

[1]　그러한 변화가 언제 발생했는지 언급이 없다: Harviainen(1977: 104-9)은 9세기라고 주장한다.

[2]　사아디아에 의하면, 이 모음은 입술을 둥글게 하면서 발음되었다: 사아디아의 *Kutub al-Lughah*에 대한 Skoss의 번역(1951-52: 303)을 보라.

[3]　라틴어의 *i*에서 온 이태리어 *ę* 비교. 예, *vęrgine, vęndico, sęno, capęllo capęllo* (*capillus*; *cappa*에서 온 *cappęllo*와 대조를 이룸)

[4]　바빌론식 발음에서 *q*는 *ä* (= *ę*)가 되었다; 참고. BL, p. 100. 바빌론 모음 체계는 티베리아식 파타흐와 쎄골 두 모음에 해당되는 하나의 모음 부호를 가지고 있다. 우리는 반대로, 티베리아 발음에서 그 변화 형태가 닫힌 *a* 모음에 영향을 주어, 그것이 *å* (= *ǫ*)가 된 것을 보게 될 것이다(§ *i*). 두 현상이 대칭을 이루는 것은 주목할 만하다.

서 유래된 것은 관례상 메텍(§ 14)과 함께 Ǫ로 표시할 수 있으며, 어원적으로는 *å*로 음역할 수 있다. 그러나 음색으로 말하자면, 음성적으로 티베리아 전통에서 *å* 음은 *ǫ* 음과 합쳐졌다(¹). (자세한 내용을 § *j*에서 보라).

　　Ǒ *ǫ* 모음은 닫힌 *o*음이다. 예로, 불어의 *dos, rose*, 이태리어의 *croce*와 비슷하다. 이 음은 *u* 모음에 가까우며, 열리는 정도에 있어서 *u* 모음의 첫 등급에 해당하는 변형음이다. 따라서 원래의 **kul*은 *kǫl* כֹּל 모든이 된다(²).

　　티베리아 모음 체계에서 가장 많이 닫힌 모음 *i* 모음과 *u* 모음은 대칭을 이루고, 이와 마찬가지로 닫힌 모음들인 *ẹ* 모음과 *ǫ* 모음, 그리고 열린 모음들인 *ę* 모음과 *ǫ* 모음이 대칭을 이룬다(³).

---

¹ 만일 우리가 티베리아 전통을 따르기를 원한다면, 우리는 모든 Ǫ를 같은 *ǫ* 음색으로 발음해야 할 것이다. 많은 유대인들이 원래의 *a*에서 온 Ǫ를 *a*처럼 발음한다(그리고 실제로는 Ǒ *ǫ* 처럼 발음한다). 이 발음은 어원적인 고려나 교육적인 관심 때문에 유래되었다고 보기는 어렵다. 그것은 티베리아 전통 안에 있는 비티베리아적인(non-Tiberian) 발음으로서, 바빌론적인 것일 수 있다. 티베리아 발음 체계와 대조적으로 Ǫ를 두 개의 음색 *ǫ*와 *a*로 구분하는 것에 대하여 많은 현대 문법학자들은 잘못된 것으로 간주한다. 이븐 에즈라(Ibn Ezra, 1167)는 Ǫ를 *a*로 발음하는 것이 의심스럽다는 점을 이미 알고 있었다(참고, Bacher 1881: 37). 이 문제에 관해서는 Derenbourg 1869: 513ff.; Berg., I, § 10 a; BL, p. 100을 보라. 우리는 과학적인 발음으로 전통이 되어버린 잘못된 발음을 완전히 극복할 수 있다는 기대할 수 있을까? 이것은 의심스러운데, 특히 Ǫ의 이중 발음은 초보자들로 하여금 Ǫ가 *u*에서 왔는지 또는 *a*에서 왔는지 즉시 알아낼 수 있게 해 주는 교육적 장점을 가지고 있기 때문이다. 이 문법책에서 우리는 Ǫ를 음성적으로는 *ǫ*로, 어원적으로는 필요에 따라 *ǫ* 또는 *å*로 음역할 것이다. 음역하지 않을 경우에는 일반적인 관례에 따라 *å* 대신 *a*를 쓸 것이다. 예, 문법적 용어에서 *qåmeṣ, ḥåṭep* 대신 *qameṣ, ḥaṭef*을 쓸 것이다. 역사적으로 서로 다른 두 개의 모음 음소가 음성적으로 병합된 것은 욥 36.15 יְחַלֵּץ עָנִי בְעָנְיוֹ 그가 고통받는 자들을 그들의 고통에서 구한다에서 간접적으로 입증된다. 이 경우에 עֳנִי 어근과 어원적으로 연결될 뿐 아니라 עֳ 모음의 정체가 시적으로 활용되고 있다. 또한 יְחַלֵּץ를 이 절의 뒷부분에 있는 בַּלַּחַץ와 비교하라.

Ǫ의 이중 발음은 쿰란 철자법을 통해서 명백한 것처럼 마소라 이전의 것이기도 하다: 근본적으로 그것은 단모음 *u*에서 온 경우에 종종 바브와 함께 완전 철자법으로 기록되지만, 어원적으로 *a*에서 온 것은 결코 그렇게 기록되지 않는다. 예를 들어, 추정되는 마켑이 뒤에 있든 없든 흔히 사용되는 כול 모든, 각각, 1QH(감사시)2(10). 21 בתומכי 내가 ~를 따름에 있어서(칼 부정사 연계형 + 접미사 = בְּתָמְכִי), ib. ותשוך 그리고 당신이 보호했다(√שׂוך에서 옴, 전환(conversive)의 바브와 함께 오는 칼 미완료형 =וַתָּשֶׂך Qimron), HDSS, § 100.2를 보라.

티베리온 카메쯔에 대응되는 바빌론 모음 체계의 부호가 어떻게 발음되었는가 하는 문제는 아직까지 결론나지 않았다. Kutscher(1966: 224)는 그것이 [ā]였다는 견해 쪽으로 기울지만, Morag(*Yemenite*, 102-05)는 [å]였다고 믿는다. Ben-Ḥayyim(1953: 91)은 모음에 관한 사아디아의 글을 통해 바빌론 전통에서도 카메쯔가 [å]로 발음되었다고 추론한다.

² 라틴어의 *u*에서 온 이태리어 *ǫ*를 비교하라. 예, *mǫlti, mōglie, sǫpra, vǫlto* (*vultus*에서 옴; *volgere*에서 온 *vǫlto*와 대조), *cǫlto* (*cultus*에서 옴; *cogliere*에서 온 *cǫlto*와 대조).

³ 여러 유대 공동체들의 히브리어 모음에 대한 전통적인 발음에 관해 Schramm 1964: 24-29와 Morag 1971: 1135-43을 보라.

h   오늘날 이스라엘 발음은 음소적으로 모음의 길이가 중요하지 않은 모음 체계를 가지고 있고 다섯 개의 모음 /a, i, u, e, o/로 이루어진다.

중설 열린 모음(중설 저모음) ָ (카메쯔), ַ (파타흐), ֲ (하텝 파타흐) = /a/(영어의 *cup*에서와 같이)

전설 닫힌 모음(전설 고모음) ִ (히렉) 요드가 있든 없든 = /i/ (영어의 *hit*에서와 같이)

후설 닫힌 모음(후설 고모음) ֻ (키부쯔)과 וּ (슈렉) = /u/ (영어의 *put*에서와 같이)

전설 중모음 ֵ (쩨레), ֶ (쎄골), ֱ (하텝 쎄골) = /e/ (영어의 *pen*에서와 같이 전설 중모음).

후설 중모음이지만 더 열리고 더 짧은 모음 ֹ (홀렘), ָ (카메쯔 카탄), 그리고 ֳ (하텝 카메쯔) = /o/ (영어의 *law*에서와 같이 뒤)[1].

i   **원시 셈어 모음과 히브리어 모음의 관계**

원시 셈어는 세 개의 장모음 ā, ī, ū와 세 개의 단모음 a, i, u 그리고 두 개의 이중 모음 ay와 aw를 가지고 있었던 것으로 알려진다. 히브리어의 발전 과정을 살펴보면, 장모음들은 그에 해당하는 단모음들과 비교할 때 닫힌 음을 가지고 있었던 것으로 나타난다.

아래의 도표는 일반적으로 원시 셈어 모음에서 히브리어 모음들로 넘어간 주된 변화들을 보여준다[2].

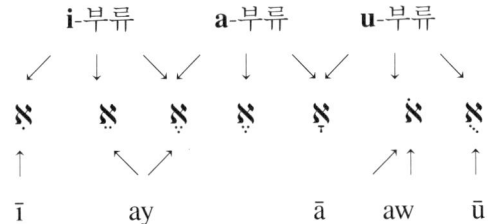

원시 셈어 모음에서 그에 해당하는 히브리어 모음으로 발전하는 과정을 묘사하는 예들은 다음과 같다. 이 모음들이 어떤 종류의 음절(열린, 닫힌, 강세 있는, 강세 없는)에 나타나는가 하는 것은 대괄호 안에 표시되었다.

---

[1] 슈바에 관해 아래 § 8을 보라.

[2] 랑베르(Lambert, § 129)가 원래 제시한 것에서 약간 수정된 이 도표는 전반적인 개념만을 제공하기 위한 것이다. 자세한 내용은 매우 복잡하다: § 29도 보라.

/ā/ > אָ (드물다): כְּתָב 기록된 것(아람어 형태) < /*kitāb/ [강세 있는 닫힌 음절]

> אֹ: טוֹב (성서 아람어는 여전히 טָב임); כָּתֵב 칼 분사형, 참고. 아람어 /kātib/([1]) [열린 음절; 강세 있는 닫힌 음절]

/ī/ > אִי: יָדִין 그가 심판할 것이다< /*yadīn/; דִּינִי /dīni/ 여성 단수 명령형, 심판하라! [열린 음절; 닫힌, 강세 있는 음절]

/ū/ > או: יָקוּם 그가 일어날 것이다< /*yaqūm/- 이것이 표준 철자법이며 יָקֻם이 아니다; קוּמוּ /qūmu/ 일어나라!, 남성 복수 명령형[열린 음절; 강세 있는 닫힌 음절].

/a/ > אֶ: מֶלֶךְ 왕 </*malk/; הֶעָרִים 도시들; וַיֹּאמֶר /wayyōʾmer [열린 음절; 강세 없는 닫힌 음절]

> אָ: כָּתַב 그가 썼다< /*kataba/; מַלְכִּי 나의 왕; נַעַל 신발 한 짝[닫힌 음절; 강세 있는 열린 음절]

> אָ: דָּבָר 말, 말씀< /*dabar/; קָמָה /qåʾmå/ 그녀가 일어났다 [열린 음절; 강세 있는 닫힌 음절]

/i/ > אִ: מִן ~로부터 [강세 없는 닫힌 음절]

> אֵ: יָקֵם 그가 세울지어다!</*yaqim/; סֵפֶר /sēfer/< /*sifr/ לֵבָב /lēvåv/ 마음, 심장 [열린 음절; 강세 있는 닫힌 음절]

> אֶ: קֶבֶר 무덤< /*qibr/; חֶלְקִי 나의 몫 [닫힌, 강세 없는 음절; 강세 있는 열린 음절]

/u/ > אָ: כָּל ~의 모든; כֹּל의 연계형 </*kull/; וַיָּקָם /wayyåʾqom/ 그리고 그가 일어났다< /*wayyaʾqum/ [강세 없는 닫힌 음절]

> אֹ: כֹּל 모든; יָקֹם 그가 일어날지어다!< /*yaʾqum/; קֹדֶשׁ /qoʾdeš/ 거룩함; /; קְרֹבָה 가까운, 여성 단수 < /*qaruba/ [열린 음절; 강세 있는 닫힌 음절]

> אֻ: כֻּלָּם 그들 모두 [강세 없는 닫힌 음절]

/ay/ > אֵ: בֵּית ~의 집 < /*bayt/; סוּסֵינוּ /susēʾnu / 우리의 말들

---

[1] 가나안 언어들의 중심 특징 중 하나인 이 변화는 이미 주전 15세기경 이집트 문헌에서 입증되며 (Hoch 1994: 423), 약 한 세기 후의 작품인 EA a-nu-ki=히 אָנֹכִי (§ 39 a)에도 나오고 있다. 그러나 희소한 예들을 제외하고는 우가릿어(Tropper 178f.)와 아모리어에 아직까지 이 변화는 알려지지 않았다. 또한 Harris 1939: 43-45; Sivan, pp. 25-34도 보라. 페니키아 왕의 이름 חִירָם은 원래의 형태 חִירוֹם (왕상 5.24)을 히브리어화 한 형태이다.

> **אֶ**: סוּסֶ֫יךָ 너의(남성 단수) 말들 [강세 있는 열린 음절]

/aw/ > **אָ**: מוֹת ~의 죽음 < /*mawt/

요약하자면, **음색**에 관한 한 원래의 **장모음** *ī*와 *ū*는 히브리어에 각각 *i* 와 *u*로 보존되었다. 그러나 *ā*는 일반적으로 *ǫ*가 되었고, 드물게 *å*가 되었다. 원래의 **단모음** *a, i, u*는 종종 강세 없는 닫힌 음절로(¹) 남아 있으며, 일반적으로 강세 없이 같은 자음으로 중복된 음절(중첩 음절)로(²) 보존되었다. 그러나 강세 있는 닫힌 음절(가끔)과 열린 음절에서 그것들의 음색이 변하여 각각 *å* (= *ǫ*), *ę*, *ǫ*가 된다(³).

*ā*에서 *ǫ*로, 그리고 *ǫ*에서 *ǫ* (*å*)로의 변화는 대응을 이룬다는 점에 주목해야 한다: 두 개의 원래 모음들은 각각 두 등급 더 닫히게 된다. 반면에, 원래 대칭을 이루고 있는 두 개의 모음 i와 u는 각각 열린 *ę*와 *ǫ*로 변할 때 한 등급 더 열린다. 그러나 각각 *ę*와 *ǫ*로 바뀔 때는 두 등급 더 열리게 된다(⁴).

j **특히 ◌ 모음에 관하여.** 그 이중적인 기원 때문에 어려움을 주는 이 모음은 좀 더 설명을 보충할 필요가 있다(참고, g). 이 ◌ 기호는 파타흐의 획과 홀렘의 점으로 이루어진다(⁵). 이것의 모양은 *ǫ*와 *ǫ* 사이에 있는 *ǫ* 음과 잘 어울린다(⁶).

◌ 모음은 기원에 있어서 원시 모음 *u* (소위 카메쯔 카탄 또는 하툽)(⁷)

---

¹ *u*는 *a* 또는 *i*보다 훨씬 드물게 나온다. 그러므로 우리는 *qutl* 명사 형태에서 주로 קׇטְלִי가 나온다. 예로, קׇדְשִׁי. 그리고 yuqtal 동사 형태에서 יׇקְטַל 대신에 יׇקְטַל이 나온다. 쿠처(Kutscher 1969: 226)에 따르면, 성서 히브리어의 읽기 전통을 제외한 팔레스타인의 비표준적인 히브리어는 종종 칠십인역과 제롬 시대 사이에 있었던 원시 셈어의 변화 경로인 /i/ > /e/와 /u/ > /o/를 증거해 준다.

² כֻּלׇּם /kullåm/에서와 같이 한 음절이 동일한 자음 중복으로 끝날 때 동일 자음 중복 음절(sharp syllable)이라고 부른다.

³ /*ā/ 또는 /*u/에서 온 /ǫ/의 이차적인 성격은 "/ū/의 완전 철자법(약 80%)이 /ō/의 완전 철자법보다 (46.5%) 훨씬 더 광범위하게 나타난다"(AF, Spelling, 311)는 사실에 반영되어 나타난다.

⁴ (티베리아 전통과 달리) 팔레스타인 전통에서 모음이 악센트 없는 폐음절에서 어떻게 나타나는 가에 대해서는 Harviainen 1977을 참조하라.

⁵ 이미 이븐 에즈라도 동일한 관찰을 제시했다: *Sefer ṣaḥto* (ed. del Valle Rodrigue, 1977: 115). 그리고 이것은 레닌그라드 사본(B 19ᵃ). 알렙포 사본, 카이로 예언서 사본과 같은 우수한 성서 사본들에 의해 확인되었다.

⁶ 한 개, 두 개, 세 개의 점을 가지고 있는 i 부류의 ◌,◌ 그리고 ◌의 세 모음을 비교하라.

⁷ 바빌론 전통에서 /u/는 이 형태의 카메쯔에 일반적으로 상응하는 모음이다. Yeivin, Babylonian, 375를 보라.

뿐만 아니라, כָּתַב에서처럼 원시 모음 a (소위 카메쯔 가돌이나 카메쯔 라하브)에서 유래한다([1]). 후자의 경우는 성경 사본들에서 가끔 나오는 것처럼 관례상 ◌ָ로 쓰여지며, 그것이 원래의 *a*에서 유래했음을 표시하기 위해 *å*로 음역한다. ◌ָ 기호는 그 이중적인 기원에도 불구하고 단 하나의 음색 *o̩*를 표현한다. 이것은 ◌ֶ 기호가 그 이중적인 기원에도 불구하고 단 하나의 음색 *e̩*를 표현하는 것과 정확히 일치한다. 티베리아 기호 체계는 *e* 모음을 두 가지로 구분하고 *o* 모음도 두 가지로 구분할 정도로 정밀하다. 그런데 단 하나의 기호를 가지고 *o* 모음과 *a* 모음처럼 서로 다른 두 모음을 표시하였다는 것은 믿기 어렵다. 그렇게 중요한 문제를 나크다님의 실수로 돌리는 것은 무모한 일로 보인다. 이것은 수많은 음성적 현상들에서 나크다님이 발음할 때 *å*는 정말 *o̩*처럼 들렸음을 시사한다. 따라서, 유음적 다게쉬(euphonic dagesh, § 18 *i*; 예로, לְכָה־נָּא *lḥånnå*)의 경우에 중첩 음절 위치에서 첫 번째 *å*가 열린 *o̩*의 음색을 가지고 있었음이 틀림없다. *a*와 같은 닫힌 음의 변화는 닫힌 모음 *e*와 *o*처럼 오히려 이 위치에서는 자연스럽지 못하다. 만일 לְכָה־נָא와 מַה־זֶּה נִכְּה־בֹּ의 경우처럼 라고 말한다면, 그것은 ◌ָ 모음이 ◌ֶ *e̩*와 ◌ָ *o̩*에서처럼 열린 모음(*o̩*)의 변형이기 때문이다(참고, § 18 *i*). אֶחָד로 예를 든 것처럼 조화의 법칙을 좀 더 자세히 보라(§ 29 *f*). 같은 내용의 자세한 사항들이 음성론과 형태론에서 제시될 것이다 (§§ 6 *l* 1; 7 *b* n.; 9 *d* 2; 32 *c*; 88 B *g*; C *f*).

k   원래의 *a*에서 *o̩*로 변화된 것은 히브리어가 사용된 서부 아람어에서도 유사하다. 서부 아람어에서 원래의 *ā*가 *o̩*가 되었다(성서 아람어에서 ◌ָ로 기록되었지만 ◌ֹ(원래 서부 시리아어에서 오미크론, ο μικρόν)이다)([2]). *a*에서 (*o̩* 이든 *o*이든 간에)로 변화하는 현상은 많은 언어들과 방언들에서 발견된다. 예로, 영어의 *what* = [wo̩t]와 *not* [no̩t]에 있는 *o̩*를 비교 해보라. 또한 이 두 단어들이 표준 미국 영어에서 어떻게 발음되는지 주목하라.

          원시 *o̩*음에서 히브리어 *o̩* 음으로 전환할 때 *a* 음의 중간 단계를 거쳐왔음이 분명하다([3]).

---

[1] 따라서 *kul, כָּל כלל 어근)에서 온 כָּל ~의 모두 = *ko̩l*이다. 참고, כֻּלָּם. 그러나 כָּל 그가 측정했다(사 40.12†)= *kål* כיל 또는 כול 어근)이다.

[2] 따라서 원시어*lā 아니다는 *lā* (= *lo̩*)가 되었다: 성서 아람어 לָא, 시리아어 ܠܐ *lā* (히브리어의 *lo̩* לֹא와 대조).

[3] *a*에서 온 *o̩*는 원래 연구개음이었을 수 있다. 연구개음 *o̩*는 연구개 자음 ק와 동질적이다. 즉, 이것은 우리가 어떤 특정한 모음 없이 ק를 발음하려고 할 때 감지되는 모음이다.

*a*에서 유래된 ◌ֳ 모음이 다양하게 인식된 것에 관해서는 Idelsohn 1913; Morag, *Yemenite*, 100-6; idem, 1971: 1135f를 보라.

l **두 종류의 ◌ֳ 모음에 대한 실제적인 관찰들.**

*u*에서 유래된 ◌ֳ 모음은 קָמֶץ הַטוּף, 즉 '짧아진'(문자적으로, 낚아채진) 카메쯔 또는 카메쯔 카탄이다. *a*에서 유래된 ◌ֳ 모음은 קָמֶץ רָחָב, '넓은' 카메쯔, 또는 קָמֶץ גָדוֹל이라고 불린다.

그러므로 *ǫ* 모음은 일반적으로 강세 없는 닫힌 음절 외에서는 발견되지 않는다. *å* 음은 다른 종류의 음절, 즉 강세가 있는 닫힌 음절과 강세가 있든 없든 열린 음절에서 발견된다. 예로, אָכְלָה *ʾoḵ-lå* 음식, וַיָּקָם *wayyå̌qom* 그가 일어났다, חָנֵּנִי *ḥonne̦ʾni* 나를 불쌍히 여겨라가 있다.

예외적인 경우들이 그렇게 많은 것은 아니지만, 비교적 중요한 것들은 다음과 같다:

1) קֳדָשִׁים 형태와[1] 함께 קָדָשִׁים 형태가 있다. 이 두 형태는 전통적으로 [qodašim](스파라딤은 후자를 [qa-]로 발음함), 열린 음절에서 *ǫ*로 발음된다. 이렇게 특이한 철자법은 ◌ֳ 기호가 *ǫ* 음만을 표현하고 있음을 나타낸다. 마찬가지로, שָׁרָשִׁים* 대신에 שֳׁרָשִׁים[2]이다. 참고, § 96 Ag[3].

2) בַּיִת 집의 복수 형태는 강세 없는 닫힌 음절에서 *å* 음을 가진 בָּתִּים *båt-tim* (§ 98 *f*)이다[4].

3) שַׁכֹּלְתִּי *šåḵol̇ti* 내가 자식을 잃었다의 휴지 형태는 שָׁכֹלְתִּי *šåḵol̇ti* 이다. 즉, *ǫ* 음 대신 *ǫ* 음을 가진다(다른 예들은 § 32 *c*를 보라).

카메쯔 카탄을 확인하는 또 다른 방법은 바로 그 카메쯔가 *u* 또는 *ǫ* (홀렘)에서 변화된 것인지 살펴보는 것이다. 만일 기본 형태가 이 두 모음 중 어느 하나를 가지고 있다면, 활용의 과정에서 변화된 형태로 나타나는 카메쯔는 보통 카메쯔 카탄이 될 것이다. 따라서 וַיָּקָם은 יָקוֹם 또는 יָקִים과 연관되며,

---

[1] קֹדֶשׁ *qoʾdeš* 거룩함의 복수 형태. קֳׁ는 정관사와 함께, 그리고 קֳדָשַׁיו에 나타난다(대하 16.18에서 예외).

[2] שׁׁרֶשׁ *šoʾreš* 뿌리의 복수 형태.

[3] דָרְבֹן* (가축 따위를 모는) 막대기는 *dǫ-rvon*으로 읽힌다. 그러나 BL, p. 500은 *då-*를 전제로 하고 있다. 불행히도 그 어원은 불확실하다. 이것은 카메쯔의 기원이 우리에게 알려지지 않은 매우 드문 경우들 중 하나이다.

[4] 레닌그라드 사본은 메텍을 동반한 형태를 가지고 있지 않은 것으로 보인다.

-כֹּל은 כֹּל과 연관된다 שָׁקְדֵשׁ는 שׁ קֹדֶשׁ와 연관되며, לְהָלְקָה는 לֹ קְהָל와 대비되는 형태로 나타난다.

m 　　　또 다른 카메쯔는 메텍의 표기를 통하여 간접적으로 나타난다. 3인칭 여성 단수 완료형은 קָטְלָה *qå-ṭlå* 그녀가 죽였다이며, 이것은 원시 형태인 **qaṭalat*에서 나왔다. 카메쯔와 함께 나오는 메텍은 여기서 음절의 경계를 표시하며 따라서 *qå*이다. 이와 반대로, 메텍이 없는 קָטְלָה 형태는 *qoṭ-lå* 죽여라이며, 이것은 첨가의 -הָ를 가진 명령형 קְטֹל이다(§ 48 *d*). (*o* 모음이 ק로 이동하면서 *o* 모음이 되었다). 예로, אָכְלָה 먹어라!가 있다.

n 　　　◌ָ는 정관사(הָ)의 *å* 모음을 나타내는 경우를 제외하고, 하텝 카메쯔(◌ֳ) 앞에 나올 때에는 메테그가 있음에도 불구하고 *o* 음이다. 예로, בְּעָלִי *poʿoli* 나의 행위는 בֹּעַל에서 왔으며, נָעֳמִי *Noʿomi* (여자 이름)는 נֹעַם 달콤함에서 왔다. 그러나 בָּאֳנִיָּה 형태는 모호하다: 그것은 정관사가 없는 *boʾoniyyå* 어떤 배 안에서이거나 정관사가 있는 *båʾoniyyå* 그 배 안에서이다(§ 35 *e*).

§7. 모음의 음색이나 음량을 표시하는 자음
(모음 문자, Matres lectionis)

a 　　　몇몇 자음들인 ו, י, ה와 가끔 א은 비록 불완전하지만 특정한 모음을 표시하는 데 사용된다. 이 자음들은 히브리어로 '이모트 하크리아' (אִמּוֹת הַקְּרִיאָה) 로 불렸는데 중세 라틴어에서 '마테르 렉시오니스' (mater lectionis)로 번역한 것으로서 **모음 문자**라고도 불리며, 또한 발음되지 않으므로 묵음 문자라고도 부른다(이것은 유성음과 대비된다)([1]).

b 　　　**음색 표시로서 모음 문자**. 특정한 자음으로 특정한 모음을 표시하는 것은 그 성격에 있어서 음성적이거나, 어원적 또는 실용적인 이유 때문일 수 있으며 그것은 각각의 경우마다 다를 수 있다. *u*와 *i* 모음(대체로 역사적으로 긴 모음들임)은 그것에 해당하는 모음적인 자음들인 ו, י로 자연스럽게 표시된다.

---

[1] AF, *Spelling*(1986)과 Barr, *Spellings*(1989)는 모음 문자의 사용에 대한 전반적 질문에 대해 흥미롭고 중요한 연구를 다룬다. 모음 문자(mater lectionis)라는 용어는 "도움을 주는 글자"라는 뜻으로서 마치 아장거리는 아기를 돕는 어머니처럼 모음이 없는 본문에 첨가된 글자이다. Weinberg 1975, 1976, 1977, 1978, 1979도 보라(현재 같은 제목으로 단행본이 출판되었다. [1985]).

예로, דין = קום קוּם, דין = דִּין이 있다.

    o̦, e̦, ẹ 모음들도 종종 וְ와 יְ로 표기된다. 이것은 우선적으로 축약되는 경우에 나타나는데(*aw> o̦; ay > ē, ẹ*). 예, יוֹם = יוֹם (/*yawm/에서 옴), בֵּית = בֵּית (בַּיִת의 연계형에서 옴)이 있으며, 또한 다른 경우들에도 나타난다. 사실 יוֹם, בֵּית 그리고 그와 비슷한 것은 어원적 철자법에 해당되는 것이다. 따라서 바브와 요드는 단지 어떤 경우에만 모음 문자이다. 반면에 사 42.4יָחִילוּ에는 진정한 모음 문자가 나타난다.

    모음 문자가 만들어진 것은 의사소통을 원활하게 하기 위한 음성적 고려가 최우선적 요인으로 작용하였음이 분명하다. 이 점은 모음 문자들이 고대 비문들에서 고유 명사나 외래어들을 표현할 때 자주 사용된 것으로 확인된다[1].

    단어 끝에 오는 *o̦* 모음은 가끔 ה로 표시된다. 이 철자법은 *o̦*가 *ahu*에서 유래된 *o̦*에 나타났다; 따라서 כלה (= כֻּלֹּה)는 자주 כֻּלֹּי로 나타난다; 참고, § 94 *h*[2]. 그러나 이 ה는 *aw*에서 단축된 *o*를 표시하는 것으로서 원래는 모음 문자가 아니었으나 그 자음 음가를 유지하고 있다. 단어 끝에 *å* 모음이 오는 어떤 경우들은 이러한 철자법의 원리에 따라 유추하여 확장되었음을 나타낸다: 예로, פֹה, כֹה, שְׁלֹמֹה, שִׁילֹה, יְרִיחֹה 왕상 16.34, פַּרְעֹה; שֹׂוכֹה 수 15.35(대하 11.7שֹׂוכוֹ)[3]와 같은 것들이 있다.

    단어 끝에 오는 *å* 모음은 ה로 표시된다. 이 철자법은 *at*로 끝나는 명사의 절대형에서 만들어졌음이 틀림없다. 이 *at*는 아마도 고대 휴지형(pausal form)에서는 *ah*(고전 아랍어에서는 *h*가 발음되었다)였을 것이다. 예로, מלכה = מַלְכָּה[4]가 있다.

    단어 끝에 오는 *e* (*ē, ẹ*) 모음은 ה로 표시된다. 이 철자법은 יִגְלֶה, יִגְלֶהוּ

---

[1]   Muraoka 1983-84: 86; Sarfatti 1993: 19.

[2]   이 철자법의 관행은 고대 히브리어 금석문 자료들 속에서 오늘날 충분히 입증되고 있다. 예, 라기스(Lachish) 3.12 אתה 그것(남성 단수). 야브네 얌(Yavneh-Yam) 제 2행 עבדה 그의 종. 사실 그것은 바브와 함께 쓰는 것보다 더 고대의 것이다.

[3] 예로, פַּרְעֹה 형태에서와 같이 그의를 가리키는 것과 다른 뜻으로 사용되는 ה에 관해 AF, *Spelling*, 184-86을 참고하라.

[4]   때때로 마지막 모음 *a*는 ה로 표기되지 않는다. 예로, אַתָּה 너 대신 크티브 형태 אַתְּ가 다섯 번 나타난다. 종종 여성 복수 미완료 어미 נָה 대신 ן 형태가 나온다. 예, תִּקְטֹלְן (§ 44 *d*). 2인칭 남성 단수 완료형 어미는 일반적으로 תָּ이다. 예, קָטַלְתָּ (그러나 נָתַתָּה 주다 동사에서는 נָתַתָּה가 더 자주 쓰인다. § 42 *f*). 참고, Blau 1972: 54f.와 Zevit l980: 33, n.

의 3인칭 접미사를 가진 שְׂרֵהוּ, שָׂרֶהָ와 같이 미완료 형태의 영향으로 생겼다. 예로, יִגְלֶה, גָּלָה; שָׂרֶה, שָׂדֶה가 있다.

역사적으로 짧은 *u* 모음 역시 그 뒤에 중복된 글자가 올 때 꽤 자주 바 브로 기록된다: 예로, כֻּלָּם 창 2.25; עֲרוּמִּים 시 102.5; יוֹכַּח 욥 5.7; 렘 31.33([1])이 있다. 더 많은 예들은 AF, *spelling*. 96-98에서 찾아볼 수 있다.

요약하면, וֹ는 *u, o* 모음을 표시할 수 있다([2]).

יֹ는 *i, e, ę* 모음을 표시할 수 있다.

단어 끝에 오는 ה는 *å, e, ę* 모음을 표시할 수 있다; 또는 다소 드물게 *o* 를 표시한다.

א은 어떤 모음과 결합될 때에는 묵음이 될 수 있다; 그러나 사실 그것 은 대부분 어원적인 철자법을 나타낸다. 예로, רֹאשׁ 머리(참고, 아랍어 *ra's*에 서 알렙이 발음됨)가 있다. 부정어 לֹא 또는 לוֹא에 관해서는 § 102 *j*를 보라.

비어원적인 א은 가끔 *o* 모음을 가진 가진 형태들 속에서 발견된다. 예 로, קָאם (호 10.14, קָם 대신, § 80 *k*), שֵׁנָא 잠 (시 127.2, 아람어 철자법 שְׁנָה 대신); 대상 6.65 רָאמוֹת (|| 수 21.38 רָמוֹת; פְּתָאיִם פְּתָיִם과 פְּתָאִים([3])이 있다.

불필요한 알렙은 끝 모음 다음에 첨가된다(이것은 두 글자가 하나의 음 을 나타내는 이중 문자[digraph]로 알려짐). 예로, נָקִיא 욘 1.14; רְבוֹא 스 2.64; 그리고 אֵפוֹא에서처럼 이것은 결국 쿰란 히브리어와 아람어 철자법의 특징이 되었다([4]). 이것은 아랍어에서도 흔히 나타난다.

불변화사 נָא (§ 105 *c*)는 א과 함께 쓰인다. 이것은 아마도 명령형과 여 성 복수 미완료형의 끝에 오는 נָה와 잘 구별하도록 하기 위함이다.

이리하여 알렙은 헤, 요드, 바브와 구별되어 나타난다. 만약 그것이 어

---

[1] Berg., I, § 7 e. 그러나 위에 인용된 마지막 경우(כֻּלָּם)는 대명사가 그 단어에 붙었을 때 완전 철 자법으로 기록된 유일한 경우이다.

[2] 다소 드문 경우에 וֹ가 *o* 음의 모음 문자처럼 보인다: אֶשְׁקוֹטָה 사 18.4; לִשְׁאוֹל־לוֹ 대상 18.10. 우리는 때때로 미쉬나와 탈무드에서 וֹ가 ־,를 표시하는 것으로 사용된 것을 본다(*å*이든 *o*이든 간에, 일반적인 *o* 모음을 전제한다). 참고, Krauss 1913: 738, line 30과 Morag 1963: 102.

[3] 더 많은 예들을 항상 BHS와 일치하지는 않지만, Sperber, *Hist. Gram*., 562f. AF, 82-84에서 볼 수 있다.

[4] 비록 √הלה가 아니라 √חלה에서 온 것이지만, תַּחֲלוּא 질병이라는 명사는 공시적으로 말하자면 תַּחֲלֻאִים과 같은 복수 형태를 볼 때 여기에 속하지 않는다.

떤 모음을 뜻하는 것이었다면, 그것은 독자들의 읽기에 도움을 주기 위한 글자로서 모음 문자로 불려지지 않았을 것이다[1].

c   **역사적인 모음의 음량을 표시하는 모음 문자.**

모음 문자는 비록 불완전하더라도 특정한 음색을 표시할 뿐만 아니라, 불완전하기는 하지만 어원적으로 장모음들을 표시한다. 그러나 히브리어는 아랍어 문자와 달리, 묵음 문자(즉, 모음 문자)들이 이런 모든 장모음을 표시하는 것은 아니다. 어떤 장모음들은 자주 모음 문자로 나타나지 않는다 (*scriptio defectiva* כְּתִיב חָסֵר, 불완전 철자법). 이와 반대로, 비록 완전 철자법(*scriptio plena* כְּתִיב מָלֵא)이 요구되지 않더라도 역사적으로 단모음들이 가끔 모음 문자로 표시된다. וֹ는 어원적으로 장모음 וֹ와 וֹ를 표시하는 데 사용된 반면, יִ는 어원적으로 장모음 וֹ와 וֹ를 표시하는 데 사용된다[2]. 모음 문자 *â*가 존재하지 않는 것은 아마도 *â* 모음이 길게 발음되는 경우가 아주 드물다는 사실로 설명될 수 있다(예, *kitāb*에서 유래한 כְּתָב § 96 D *d*). 왜냐하면 히브리어에서는 원시음 *ā*는 대부분 *ộ*가 되기 때문이다.

어떤 형태들은 종종 불완전하게 기록된다; 따라서 셋은 의심의 여지없이 역사적으로 장모음 *ộ* 임에도 불구하고 שְׁלֹשׁ로 짧게 쓰여졌다; 참고, 칼 능동 분사, 예로 קֹטֵל (*qātil*에서 옴)을 들 수 있다[3]. 흔히 경제적이거나 심미적인 이유로 모음 문자는 וֹ 또는 יִ가 동일한 단어에 나타날 때 생략된다. 따라서 גּוֹיִם 민족들은 대부분 גּוֹיִים 대신에, מִצְוֹת *miṣwọt* 명령들은 מִצְווֹת 대신에, לְוִיִּם은 לְוִייִּם 대신에 사용되며 חַיִּים은 예외이다. אֱלוֹהַּ 하나님은 단수 형태의 규칙적인 철자법이지만, 항상 복수 형태는 אֱלֹהִים으로 사용한다. מַחְסוֹר 부족함, 결핍은 형태 안에 וֹ가 들어 있는 두 가지의 경우(מַחְסֹרוֹ 신 15.8과 וּמַחְסֹרֶךָ 잠 6.11)를 제외하고 항상 완전 철자법으로 기록된다.

반면에 어원적으로 단모음들이 가끔 모음 문자를 갖는 경우가 있다; 따라서 *ộ*가 원래 단모음(*u*모음에서 유래됨)이었던 יִקְטֹל 형태의 미완료형은 매우 자주 וֹ와 함께 쓰인다(참고. BL, p. 302)[4]; 마찬가지로, קְטֹל 형태(명령형

---

[1] AF, *Spelling*, 82, 85를 보라.

[2] דְּרֶךָ와 같은 형태들에서 쩨골은 원래의 복수 명사 어미 /-ay/가 체계적으로 /-ē/로 바뀌어진 것으로서, 티베리아보다 훨씬 이전 시대에 오직 장모음이었다고 말할 수 있다.

[3] AF, *Spelling*, 129에 따르면 קוֹטֵל이 1,040회 קֹטֵל이 4,269회 나타난다.

[4] Qimron(1997: 40-43)에 따르면 완전 철자법은 직설법 미완료에 일반적으로 나오며, 이와 대조

과 부정사 연계형)에서도 드물게 쓰여진다.

완전 철자법은 후대 문헌들에서 더욱 자주 사용되어지는 경향이 있다. 사해 사본들은 이러한 경향을 생생하게 입증하고 있다(¹). 이것은 성서 히브리어 시대 이후의 히브리어 문헌들 속에서 매우 발달하였고, 모음 기호들을 보충하게 되었다. 모음 문자는 단어 끝에서 처음으로 사용되기 시작하였으며, 점차 단어의 중간 위치로 이동하게 되었다고 주장되어 왔다. 그러나 주전 9세기경의 것으로 추정되고 이제까지 알려진 가장 오래된 아람어 문헌 중의 하나로서, 앗시리아어-아람어의 이중 언어로 기록된 비문이 1979년에 발견되었다. 이 비문에는 요드와 바브가 단어 가운데 많이 나타나고 있으며(²) 이것들이 항상 장모음을 표시하는 것은 아니었다는 증거를 충분히 제시한다. 주전 700년경으로 추정되는 예루살렘 히브리어 비문에는 ארור 화 있을진저(accursed)라는 단어가 나온다(³). 그러나 이러한 점에서 성서 히브리어 철자법이 얼마나 일관성 없이 사용되는지는 다음과 같은 예들로 설명할 수 있을 것이다. 삼상 12.17 יִתֵּן יהוה קֹלת וּמָטָר, 참고. ‖18절 קֹלֹת וּמָטָר; 1QM 6.12 קוֹלוֹת; 사 7.15 מָאוֹס בָּרָע וּבָחֹר בַּטּוֹב(⁴). ‖16절 מָאוֹס בָּרָע וּבָחֹר בַּטּוֹב. 애 5.11 בְּתוּלֹת, 애 2.10 בְּתוּלֹת, 슥 9.17 בְּתֻלֹת, 사 23.4 בְּתוּלוֹת(⁵).

이처럼 일관성이 없는 철자법은 한 단어의 어디에서나 나타나며 심지어 단어의 끝에서도 나타난다. 모든 단어의 끝 모음이 모음 문자로 표기되었다고 주장하고(⁶), 티베리아 마소라 학파가 שָׁמַרְתְּ와 סוּס와 같은 표준적인 모

적으로 불완전 철자법은 도치 바브에 매우 빈번하게 나오고 있다고 한다. 그는 이것이 *yiqṭōl*과 *wayyiqṭol*의 대립을 표시하는 것으로 본다.

¹ Qimron, *HDSS*, 17f.를 보라.

² Muraoka 1983-84: 83-87을 보라. 역시 주전 9세기의 것으로 추정되는 것으로서 최근에 발견된 다른 아람어 비문에는 관계 대명사 די에 모음 문자를 사용한 유일한 예가 나오는데, 이것은 놀랄만한 일이 아니다. Ephal and Naveh 1989: 192-200을 보라. Sarfatti 1982: 58-65도 보라. 지역적으로 더 가까운 우가릿어는 가끔 {y}와 {w} 문자소(graphemes)를 각각 /i/ 와 /u/ 모음을 가리키는 표시로 사용한다: Tropper, pp. 51-55.

³ Davies 4.401; *HAE* 렘(7):4.

⁴ 더 많은 예들은 Sperber, *Hist. Gram.*, 566-74에 나온다. 그러나 이것들은 항상 BHS와 일치하지는 않는다.

⁵ 이 예들은 Weinberg 1975: 462[= 1985: 6]에 언급되고 있다.

⁶ Andersen(1999: 22, 25)과 Cross(2003: 19*)는 이런 주장을 하고 있다. 이 가정을 따른다면, 출 1.19 ותאמרן 그리고 그들이(여성) 말했다와 같은 형태를 어떻게 발음할 수 있는가? 이와 같이 쿰란 기도문(1Q34ᵇⁱˢ)에 나오는 ידיכ는 동일한 기도문의 다른 사본(4Q 509)에서 ידיכה 당신의 손들과 대구를 이루며 나온다. 그 어디에서도 마소라 학파는 יָדֶךָ와 그와 같은 것에 대하여 크레

음 표기를 이례적으로 부과한 것이라고 제안하는 것은 너무나 그럴 듯하여 오히려 사실로 받아들이기 어렵다.

d   단어 끝에서 וֹ와 ִי가 항상 모음 문자로 사용되지는 않지만 그것들은 정상적으로 발음된다. 이것들은 이 글자들의 이전 모음이 이질적인 경우들에 나타나며 그 예들은 다음과 같다. וֹ, וֻ, וֹ, וֹ; וֹ, וֹ, יִ, יִ. 이와 같은 결합 형태에 있어서 וֹ와 ִי는 아마도(¹) 자음 음가를 갖고 있을 것이다. 예로, וֹ = *ɑy*이며, *qi*가 아니다.; וֹ = *åw*이며 *å*가 아니다. 복수 명사의 3인칭 남성 단수에 붙는 접미사 יוֹ에서 ִי는 묵음이다. 예로, סוּסָיו "그의 말들"은 *susåw*로 발음된다.

§8. 슈바

a   ְ 슈바(shva) 기호는(²) 모음이 없음을 표시하며 아랍어의 수쿤(*sukuμn*)과 비교된다. 이것은 형태에 있어서 절의 끝을 표시하는 기호인 솝 파숙과 매우 비슷하다. 솝 파숙은 절의 끝에 음이 없음을 뜻하는 반면, 슈바는 שָׁמַרְתִּי에서 처럼 자음 다음에 모음이 없는 것을 표시한다. 일반적으로 슈바는 유성 슈바(³)

(Qere) 표시를 덧붙이지 않았다. 히브리어 비문들에서 이 문제에 변화가 일어나는 점에 대해서는 Gogel 1998: 83-88 참조.

¹ 이 관점에 찬성하는 내용을 §19 *d*에서 보라.

² שְׁוָא *šwå* 슈바는 성서 히브리어 שָׁוְא 아무것도 아님(*nothing*)에서 왔다. 슈바는 엄밀한 의미에서 아무 것도 아님을 의미하거나 거의 아무것도 아님을 가리킨다. 만일 이 어원이 맞다면, 그것은 반어적으로 슈바가 복잡성을 띠고 있음을 드러내어준다. 예로, 슈바는 일반적으로 Aharon Ben Asher가 쓴 유명한 마소라 논문 דִּקְדּוּקֵי הַטְּעָמִים(강세 문법)의 중심 주제이다: Dotan 1967: 30f. 이 히브리어 용어가 시리아어 *šwayyå*와 연관되었다는 또 다른 어원에 관한 설명은 Dotan 1954: 13-30, 특히 15-17과 Lambert, §38, n. 2를 보라. 이 관점에 따르면, 이 히브리어 부호가 슈바라고 불리는 것은 그것의 중요한 기능이 음절 구분들을 표시하는 것이기 때문이다. 이것은 마치 동일함(두 개의 동일한 부점으로 이루어진 그 형태와 관련됨)을 뜻하면서 슈바야(*šwayyå*)로 불리는 시리아어 부호가 한 문장 안에서 논리적인 구분들을 표시하는 것과 마찬가지이다. 솝 파숙(*sof pasuq*)이 문장 안에서 더 넓은 의미 구분이 있는 곳에 오는 점을 다시 주목하라. 매우 흥미롭게도 사아디아는 슈바를 아랍어로 /jazm/으로 불렀다고 한다. 이것은 자르다, 어미음을 생략하다는 뜻으로서 아랍어에서 *yaqtulu* 또는 *yaqtula*와 대립되는 지시형 *yaqtul*을 표현하기 위해서도 사용된 전문 용어이다. 그는 계속해서 /ḥaraka sākina/ '쉬는 모음'과 /ḥaraka mutaḥarrika/ '움직이는 모음'에 대해 논의한다. 그는 슈바를 모음이 없는 것으로 분명하게 정의한다. Skoss 1955: 30; Dotan 1997: 117f를 보라.

³ 이것은 히브리어 נָע에 대한 라틴 용어이며 이 히브리어 용어는 아랍어 /mutaḥarrik/ 움직이는, 즉 유성의를 번역한 것이다.

와 무성 슈바(¹)의 두 종류로 구분되지만, 이 슈바는 본질적으로 모음 음가가
없는 제로 모음을 표시한다고 생각된다. 유성 슈바는 빠르고 중얼거리는 듯한
모음을 표시한다고 알려져 있으며, 보통 ᵉ 또는 ə, 영어 *about*의 a와 같은 것으
로 음역된다(²). 통시적이고 역사적인 관점으로 볼 때, 유성 슈바는 한 때 모음
이 있었다가 강세의 이동으로 없어진 곳에 나타난다. 어떤 경우에는 원래의 모
음을 쉽게 되찾을 수 있지만, 또 다른 경우에는 원래의 모음이 있었을 것으로
추측되는 동족 언어들과 비교함으로써만 찾을 수 있다. 예로, כָּתְבוּ는 כָּתַב에
서 왔음을 알 수 있지만 כְּתָב 문서는 아랍어 *kitaµb*와 비교해서만 알 수 있다.
이처럼 슈바 기호가 확실히 모호하다는 사실은 히브리어 문법의 주요 쟁점으
로 인식되어 왔다. 이 쟁점은 히브리어 문법에 관한 가장 초기의 과학적인 논
문들 중 하나(³)인 *Diqduqé haṭṭeˁamim* (강세 문법)에서부터 시작된 것으로 알
려져 왔다. 그러나 미세한 음성적인 뉘앙스까지도 매우 세심하게 나타내었던
나크다님과 같은 학자들이 그런 모호한 여지를 허용했을 것 같지 않으며 그것

---

¹ 히브리어 נָח = 아랍어 /sākin/ 쉬는.

² 이것은 스파라딤 발음에서 유래된 것으로 순수한 티베리아 전통에 속하지 않는다: Dotan 1967:
35. 유성 슈바의 발음을 위해 마소라 문법 학자들이 세운 규칙들은 다음과 같다: a) 후음 앞에서 후
음의 모음과 유사한 완전 모음, 예, בְּאֵר 대략 = / beˀer /, b) 요드 앞에서 /i/, 그리고 c) 다른 곳에
서 /a/. 유성 슈바가 후음이나 요드 이외의 자음 앞에서 /a/ 음색, 즉 추측컨대 짧은 /ă/로서, 따라서
◌에 해당되는 모음으로 발음되었다는 전통적인 견해를 받아들이기 어렵다(Kimhi, ספר מכלול,
p. 137a에 명백히 그렇게 언급되어 있고, 성서 히브리어에 대한 예멘 발음에 정밀하게 반영되어 있
다. Morag 1971: 1138을 보라).
   만일 이것이 사실이라면, 모음 부호 발명자들은 그런 경우에 ◌를 사용했었을 것이다. 비록 사본
들 사이에 상당한 차이와 변동이 있긴 하지만, 가끔 유성 슈바 대신 ◌를 사용한 예가 정말로 있다.
예, וַיְכֻלּוּ 창 2.12(더 많은 예들을 § 9 c에서 보라). 또한 BHK에 따르면, 그 모음은 같은 자음이 연
이어 오는 약 1000개 중 22개의 경우에 나타난다. 예, שַׁנֲנֶּ시 140.4; גֲּלָלַי מְ 느 12.38 Dotan,
op. cit., p. 36. 그러나 이와 같은 하텝은 만일 가아야(gaˁya, 메텍)가 존재했다면, 그다지 필요하지
않았을 것이다. 그럼에도 불구하고 그것은 지식이 부족한 독자를 추가적으로 돕기 위해 첨가되었
다: Dotan, op. cit., p. 231. 결론적으로, 공시적인 차원에서 볼 때 슈바는 나크다님에 의해 제로 모
음(zero vowel) 음소를 표시하는 부호로 의도된 한편, 복합 슈바들은 그 변이 음소들이다. 위에 약
술된 초기 문법서들에 제시된 것처럼 유성 슈바의 여러 음성적 발음들은 동일하게 변이 음소적이었
다. Kreuzer(1999/2000: 440)의 비평은 별로 설득력이 없다.
   중세 문법서들은 유성 슈바의 기본적인 음성적 발음을 위해 때로는 완전 모음 파타흐를, 때로는 하
텝 파타흐를 사용한다; 어떤 책들에 따르면 이것은 슈바와 함께 가아야(gaˁya)가 존재하는가 그렇
지 않은가에 달려 있다. Morag 1963: 160-65를 보라.
   티베리아 슈바의 성격에 대한 10세기(?)의 한 무명인의 설명을 Levy 1936에서 보라.

³ 마소라 학자들과 중세 문법학자들이 슈바를 음성적으로 설명한 것에 관해 Allony 1943-44: 61-
74, 1944-45: 28-45와 Morag 1963: 160-66를 보라.

은 생각조차 할 수 없는 일이다(¹).

b　　　엘리아스 레비타(Elias Levita 15세기)가 만들어 낸 유성 슈바를 확인하는 다섯 가지 규칙은 다음과 같다.

　　1) 단어가 시작될 때 첫 번째 것. 예, כָּתַבְתֶּם

　　2) 인접한 두 개의 슈바 중에서 두 번째 것. 예, יִכְתְּבוּ

　　3) '큰'(large) 모음 이전. 예, כֹּתְבִים

　　4) 다게쉬가 있는 자음 아래. 예, דִּבְּרָה

　　5) 두 개의 동일한 자음 중에서 첫 번째 자음 아래. 예, רֹמְמוּ

　　이것들이 절대적인 규칙이 아니라는 점은 שָׁמְרוּ에서 분명히 나타난다(²). 여기서 비록 מְ의 슈바가 일반적으로 무성 슈바로 인식 되었을지라도 '긴' 모음 뒤에 오는 슈바가 무성인지 유성인지에 대해서는 15세기(Almoli)까지도 논쟁이 되었다.

c　　　파열음 전(이전)에 오는 단순 슈바는 묵음이어야 하므로, שַׁרְבִיט의 베트(마찰음) 전에는 유성 슈바가 와야 한다는 것은 일반적인 순환 논법일 뿐이다(³).

---

¹ 참고, BL, p. 168, n. 3: "….(나크다님들은) 회당예배에서 성경 낭송을 위하여 발음 기호를 만들었으므로, 그들은 고도로 세심하게 작업하였을 것(minutiösen Sorgfalt)이 분명하다. 따라서 그들은 하나의 동일한 기호를 가지고 '중얼거리는 모음'(Murmelvokal)과 '모음이 전혀 없는'(gänzliche Vokallosigkeit) 다른 두 가지 음으로 만들었을 것이라는 가정실을 받아들이기 어렵다"(독일어 원문, 역자 번역). 이와 유사한 의견이 Jepsen에 의해서도 표현되고 있다: 1951/52: 1-5, 특히 pp. 2f를 보라. Harviainen에 따르면 슈바는 어떤 발음을 허용하도록 고안된 타협점으로 만들어졌다고 한다: Harviainen 1977: 227f. 티베리아 발음에 대한 가장 초기의 설명들 중 하나로서, Moshe Ben Asher의 작품으로 여겨지는 *Kitaμb al-muṣawwitāt*에 따르면, 슈바는 일곱 개의 모음들에 대한 단순한 변이 음소들의 꾸러미로 간주된다: Morag 1984: 47f.를 보라.

　고대 바빌론 전통에서도 두 종류의 슈바로 구분되었던 것 같지 않다: Yeivin 1985: 398, 404를 보라. Rabin은 유성 슈바가 변이 음소로 간주되어야 한다고 양보하며, 티베리아 학자들의 발음에서 슈바가 유성이든 무성이든 간에 그 음가는 거의 제로(zero), 즉 무성이었다고 믿는다: Rabin 1970: 24-26. 또한 Jepsen 1951/52: 15, 특히 2-4; Garbell 1957: 12; idem 1959: 152-55; Margolis 1910: 62-70, 그리고 Chomsky 1952: 34f., n. 19를 보라. 사아디아는 비록 유성 슈바와 무성 슈바에 대한 전통적인 구분에 대해 논의하지만(§ 6 *b*, 5th n.) 슈바를 배제한 일곱 개의 모음만 인정한다(Skoss 1955: 30-34를 보라). 오리겐의 헥사플라 세쿤다에서 270개의 유성 슈바 중 184개는 그리스어 음역에 그에 상응하는 모음 부호가 없다: Brønno, 322-41.

² 이에 대한 논의는 Morag 1982: 184f.에서 보라. Khan에 따르면, 슈바는 일반적으로 '긴' 모음 다음에서도 묵음이었다. 이 점은 마소라 문법서들과 소위 '악센트' 분석과 카라이트의(Karaite) 사본들에서 볼 수 있다. Khan 1987: 54-56; Yeivin 1985: §§ 377-86도 보라.

³ 이와 유사한 순환론적 주장은 때때로 וַתְּכַבֵּד와 같은 형태의 다게쉬를 해석할 때 사용된다. 우리는 이것이 /waṭṭhabbẹd/가 아니라 /waṭhabbẹd/로 분석되어야 함을 제안한다. § 5 *q*, 첫 번째 각주를 보라.

d   슈바는 다음과 같은 경우에서처럼 끝자음에 첨가될 수 있다. 2인칭 여성 단수형의 קָטַלְתְּ /qåṭalt/(여기서 슈바는 옛 단모음 *i*를 표현함); וַיַּשְׁקְ /wayyašq/ 그리고 그가 물을 주었다(הקשׁ의 끝 자음이 생략된 히필 미완료형); וַיִּשְׁבְּ /wayyišb/ 그리고 그가 포로로 잡아갔다(שׁבה의 끝 자음이 생략된 칼 미완료형); אַל־תֵּשְׁתְּ 마시지 마라!(שׁתה의 끝 자음이 생략된 칼 미완료); אַתְּ /ʾatt/ (/ʾatt/일 수 있음) 너, 당신의 여성형(*ʾatti에서 옴). 이런 예들은 § *b* (2)에 있는 규칙들의 예외가 아니라 오히려 특별한 경우들로 간주해야 한다: 참고, שָׁלַחַתְּ / šålaʾḥaṭ/ 너(여. 단.)는 보냈다의 형태도 마찬가지이다(¹).

e   위의 §*c*에서 지적한 것처럼 마찰음 브가드크파트는 가끔 단어의 중간에서 단순 슈바, 역사적인 단모음, 주로 파타흐, 쎄골, 그리고 카메쯔 카탄 다음에 나타난다. 예로, מַלְכֵי 복수 연계형, ~의 왕들과 מַלְכִי 나의 왕을 들 수 있다. 이 위치에 있는 브가드크파트는 일반적으로 다게쉬 점(다게쉬 레네)의 영향을 받아들여서 파열음으로 발음되기 때문에, מַלְכֵי에 나오는 슈바는 자주 유성 슈바로 잘못 이해되어서 중간 슈바(shva medium)라는 특별한 용어가 주어졌다. 그러나 관례상 무성 슈바와 유성 슈바를 구분한다 할지라도, 또 다른 종류의 단모음을 생각한다는 것은 거의 불가능하다. 이런 종류의 슈바를 가장 간단히 설명하자면, 먼저 원래 폐쇄음들(stops)(²) 다음에 나오는 모음이 탈락되었을 것이다. 그리고 이런 현상은 폐쇄음인 파열음과 마찰음이 자동 교환되는 것을 조절해주는 규칙이 작동되지 않을 때 일어났을 것이다. 참고, § 96 A *b*(³).

f   오늘날 이스라엘의 발음에서 무성 슈바와 *e*로 발음되는 유성 슈바 사이에는 음소적(phonemic) 구분이 없다. *e*로 발음되는 유성 슈바는 위치에 따라

---

¹ 사마리아 전통의 히브리어 발음은 이와 다르다. 즉, 위에 언급된 세 형태들은 단어 끝 자음 다발에서 짧은 모음 /i/를 첨가한다. 이것은 부차적인 것이 아니라 원시적인 것으로 보인다. Macuch, *Gram.*, §§ 43c(p. 196), 62a, 64c를 보라. 다른 한편, 쎄골 명사들은 마지막 두 자음 사이에 보조 모음을 가진 티베리아 음절 구조와 유사한 음절 구조를 보이고 있다. 고대 아람어 라메드-요드 동사의 지시형 형태와 관련하여 어떤 이들(예, Dion 1974: 187f.)은 이 단모음 /i/가 원래의 장모음 /ī/에서 온 것으로 추정한다.

    참고, 고유 명사 יְחֲדִיאֵל 야흐디엘과 יַעֲשִׂיאֵל 야아시엘(Berg., II, § 30 r [p. 169]).

² אֶתְכֶם에서와 같이 역사적인 단모음이 아닌 '중간 슈바'(šwa medium)가 나오는 경우들을 설명하려는 시도에 대해서는 Meyer, I, pp. 62f.를 보라.

³ 중간 슈바의 성격에 대한 가장 자세하고 균형잡힌 견해를 Berg., I, § 21 q-t,v에서 보라. Z. Ben-Ḥayyim 1941: 83-93도 보라. Lambert, § 39, n. 1은 중간 슈바의 유성음적 성격에 찬성한다. 다른 문헌을 Morag 1982: 168, n. 45에서 보라.

결정되며 반드시 필요하지 않은 변이 음소이다. 따라서 גְּדוֹלִים에서 [gdolim]은 [gedolim]과 함께 완전히 정상으로 받아들여지는 발음이다([1]). 이와 유사하게 יִשְׁמְרוּ도 yišmru와 yišmeru 발음이 함께 사용된다. 더욱이 *e*는 대체로 형태소(morpheme)의 경계선에서 나타난다. 예로, מְדַבֵּר [medaber]; יְדַבֵּר [yedaber]; בְּסֵפֶר [beséfer] 책에; וְגָדוֹל [vegadol] 그리고 큰이 있다.

§ 9. 하텝 슈바

a   ֲ, ֳ, ֱ 세 부호는(§ 6 *d*) 하텝(*ḥaṭef* 아람어로 חֲטֵף은 낚아챈, 잡아챈, 단축하는[²])이나 또는 복합 슈바(*compound shva*)라고 불린다([3]). 그것들은 변화되지 않은(*unnuanced*) 단순 슈바와는 대조적으로 다소 변화된(*nuanced*) 슈바라고 부른다. 그러므로 이것들은 매우 짧은 모음으로서 완전 모음들과 비교해서 반모음들로 부를 수도 있다. 세 개의 하텝 슈바([4])는 종종 후음들과 함께 나타난다; 그리고 관련 규칙들은 나중에 후음들을 다룰 때 소개할 것이다 (§ 21 *f-i*).

b   하텝 슈바는 비후음(non-gutturals)들과 함께 나타나는 일반적인 슈바보다도 오히려 흔히 나타난다. 사본들은 종종 이런 점에 있어서 많은 변화들을 갖고 있기 때문에, 이런 현상들에 대해 정확한 규칙을 제공하는 것은 실제적이지 못하다([5]).

        비후음들과 함께 나타나는 하텝 슈바가 단순 슈바보다 좀 더 강한 모음을 취할 필요가 있다면, ֱ 모음은 거의 취하게 되지 않을 것이다. 왜냐하면 그

---

[1] 유성 슈바가 들릴 수 있는 음성적 환경은 Rosén 1962: 4에 자세히 설명되어 있다. 현대 이스라엘 발음이 고전의 규칙들에서 벗어나는 전반적인 음성적 현상들에 관해 Weinberg 1966: 40-68을 보라.

[2] 이 이름이 바빌론 마소라 용어 חֲטֵפָא에서 유래되었을 가능성이 가장 많으므로, 원래의 발음은 아마도 חֲטֵף였을 것이다. Dotan 1954: 21을 보라.

[3] Yeivin 1980a를 보라.

[4] 구약 성경의 알렙포 사본에서 가끔씩 나타나는 독특한 하텝 히렉(ḥaṭef ḥireq)에 관해 Yeivin 1968a: 21을 보라.

[5] 이 점에 있어서 히브리어의 용법이 성서 아람어 용법과 매우 두드러진 유사성을 보이는 것은 주목할 만하다(참고, Kautzsch 1884: 36). 여기에서 아람어가 히브리어 발음에 영향을 미쳤을 가능성이 높다.

것은 틀림없이 너무 약하게 느껴지기 때문이다. 만일 ◌ֻ를 취하는 데 있어서 어원적이거나 모음 조화와 같은 특별한 이유가 없다면 일반적으로는 ◌ָ가 온다. 그러므로 ◌ָ나 ◌ֻ가 반드시 원시 모음 *a*나 *u*를 나타내는 것은 아니다. 그 예로서, אֶשְׁכֹּל에서 온 אֶשְׁכְּלָה와 שָׂמַח에서 온 שְׂמֵחָהוּ가 있다[1].

c　◌ֲ (하텝 파타흐)가 발견되는 주된 경우들:

1) 일반적으로 반복되는 첫 번째 자음 아래에 온다. 예로, ע״ע 동사 활용의 예에서: סֹבְבוּ, גָּלֲלוּ가 있다. 그러나 예외로 יְבָרֶכְךָ 그가 너를 축복할 것이다 창 27.10과 הִנְנוּ, הִנְנִי (휴지 형으로 הִנֵּנִי, הִנֵּנוּ)가 있다[2].

2) 대개 중복되지 않는 중간 자음과 함께 온다. 예로, וַתְּאַלֲצֵהוּ 그리고 그녀가 그를 압박했다, 졸라 대었다 삿 16.16(피엘)가 있다.

3) 어떤 형태에서는 어원적으로 장모음 다음에 그리고 강세 이전에 כ, ר와 함께 온다. 예로, תֹּאכֲלֶנָּה 창 3.17; בָּרֲכִי 시 103.1가 있다.

4) ו 그리고 다음에 나오는 치찰음과 함께 온다. 예로, וְזָהֲב 그리고 ~의 금 창 2.12; וּשְׁמַע 그리고 들어라 민 23.18; וּשְׁבֵה 그리고 포로로 잡으라 삿 5.12가 있다.

5) 다양한 경우들: וַתִּהֲלַךְ 출 9.23; כִּנֲרוֹת 수 11.2; וּלֲהַבְדִּיל 창 1.18; רֻטֲפַשׁ 욥 33.25; הַצֲפַרְדְּעִים 출 8.5(보통 הַצֽ이다); אֶכְתֲּבֶנָּה, 렘 31.32; וָאֶשְׁקֲלָה 스 38.26.

d　◌ֳ (하텝 카메쯔)가 발견되는 주된 경우들[3]:

1) 어원적인 이유로 오는 경우가 있다. 예로, קָדְקֳדוֹ 그의 정수리, *qudqud*> קָדְקֹד에서 옴; קָדָשִׁים, *qudš* > קֹדֶשׁ에서 옴(קָדָשִׁים *qo̦-dåšim*과 함께 사용됨, § 6 *l*).

2) 발음의 조화를 위해서 오는 경우가 있다. 가끔 *å*와 모음을 지닌 후음이나 연구개음 앞에 나오는 경우가 있다. 예로, וְנִקְרָאָה 그리고 그녀가 불릴 것이

---

[1] 참고, Blake 1926: 329-43.

[2] *Diqduqé haṭṭéʿamim*, 5단락(ed. Dotan, 1967: 115f., 190-92)에 따르면, 동일한 두 자음의 첫 번째 것 앞에 가아야(gaʿya 또는 metheg)가 없을 때, 그 두 자음은 그 사이에 아무런 손상도 없이 발음된다. 다시 말하자면, 순수하게 중첩된 자음으로 발음된다. 예, הִנְנוּ 렘 3.22. רִבְבוֹת אֶפְרַיִם 신 33.17에 다게쉬 없는 라페(rafé) ב와도 함께 나타난다(רִבְבוֹת אַלְפֵי 민 10.36과 대조).

[3] 중세 문법학자들은 카메쯔 하텝과 소위 카메쯔 카탄 사이에 구별을 인정하지 않고 둘 다 카메쯔 하텝이라고 불렀다. Chomsky 1952: 34와 Yeivin 1980a: 175를 보라.

다 에 2.14(레닌그라드 사본은 그렇지 않음); אֶשְּׁקָה־נָּא 내가 입을 맞추고자 한다 왕상 19.20(레닌그라드 사본은 그렇지 않으나, 카이로 사본에서는 분명히 그렇다). 이 ◌ָ는 아마도 ◌ָ가 *ǫ*로 발음되었다는 사실로 설명할 수 있다.

§ 10. 다게쉬

a   자음의 중복을 표시하는 다게쉬는 강 다게쉬(*dagesh forte*)라고 부른다(¹); 기능적인 관점에서 그것은 중복(*doubling*)의 다게쉬라고 부를 수 있다. 브가드크파트에서 파열음이나 즉각적인 음을 나타내는 다게쉬는 약 다게쉬(*dagesh lene*)라고 부른다(²). 기능적인 관점에서 그것은 단순 파열(*simple plosion*)의 다게쉬라고 부를 수 있다. 브가드크파트와 함께 오는 강 다게쉬는 연장된 파열(*prolonged plosion*)의 다게쉬가 된다. פ에서처럼 브가드크파트(§ 5 *o*)의 다게쉬는 두 가지로 해석될 수 있다(³). 그것은 브가트크파트가 파열음이거나(예, יִשְׁפֹּט *yiš-pǫṭ* 그가 심판할 것이다), 또는 길게 발음되는 것, 즉 파열될 뿐 아니라 중복되는 것임을 나타낼 수 있다(예, יִפֹּל *yippǫl* 그가 떨어질 것이다, יִנְפֹּל*에서 온 נִפֹּל* 대신). 다른 모든 자음들에서 다게쉬는 모호하지 않다. 왜냐하면 그것은 קִטֵּל *qiṭṭel*처럼 관련 자음이 중복되었음을 가리키기 때문이다.

          나크다님이 모음 표기한 히브리어에서는 예로 *ff*음처럼 중복된 마찰음은 없다고 자주 주장된다: 따라서 אַפּוֹ 그의 코는 반드시 *'appǫ* (어근: אנף)가 되지만 לְבָבוֹת 같은 형태는 중복된 /v/와 함께 /livvot/로 발음되어서는 안 된다는 결정적인 근거는 없다. 한편 이 철자법은 아마도 첫 번째 /b/가 어떤 종류의 모음이나 또 다른 음 앞에 나오던 초기 단계를 반영하는 것일 수 있다(⁴).

b   자음의 음량은 § 18*a*를, 브가드크파트의 마찰음화에 관해서는 § 19를 참고하라.

c   오늘날 이스라엘의 히브리어에서 강 다게쉬는 음성적으로 약 다게쉬와

---

¹ דָּגֵשׁ חָזָק 강 다게쉬, 또한 כָּבֵד ’ה 무거운 다게쉬로도 불린다.

² 약 다게쉬 דָּגֵשׁ רָפֶה의 의역이다. 또한 קַל ’ה 가벼운 다게쉬로도 불린다.

³ 초기 마소라 학자들은 강 다게쉬와 약 다게쉬를 구분하지 않았다: Yeivin 1983: 305.

⁴ 위의 § 9 *c*, 각주를 보라.

차이가 없다: 그러므로 הַדָּבָר 그 말은 [hadavar]로 발음된다. 왜냐하면 이것은 자음 중복이 더 이상 음소적 지위를 갖지 않기 때문이다: עֻלִּי 나의 젖먹이 그리고 עֻלִי 나의 멍에(< עֹל)는 둘 다 동일하게 ['uli]로 발음된다.

§ 11. 마픽

a 성경 인쇄본에서 마픽(mappiq)이라고 불리는 점은 단어 끝에 오는 הּ에만 나타나며, 이것은 묵음이 아니라 발음되어야 함을 표시한다. 예로, אַרְצָהּ ᵓarṣåh 그녀의 땅 אַרְצָה ᵓarṣå 그 땅으로와 대조됨); סוּסָהּ 그녀의 말(סוּסָה 암말과 대조됨); קָטְלָהּ 그녀를 죽이기 위해, 그녀를 죽여라(첨가의 הּ가 있는 명령형 קָטְלָה 죽여라와 대조됨, § 48 *d*).

마픽은 또한 자음 הּ를 가진 어근에서 나타나며 다음과 같다: גבהּ 높아지다, מהמהּ (הִתְמַהְמַהּ) 망설이다, נגהּ 빛나다, תמהּ 놀라다.

b 아람어 נפק 나가다에서 온 이 מַפִּיק라는 단어는 나가게 하다의 뜻으로서 자음을 발음하다라는 의미를 지닌다; 참고, 시리아어의 *mhagyånå* 기호

§ 12. 라페

a 라페(rafé)는 자음 글자 위에 있는 가로 획이다[1]. 그것은 다게쉬 (포르테[강], 레네[약])[§ 10]와 마픽[§ 11]으로 표기되는 자음과 다른 것임을 상기시킨다. 이것은 상황에 따라 세 가지 의미를 갖는다:

1) 라페는 강 다게쉬가 없는 것을 말하며, 자음이 중복되지 않음을 표시한다. 예로, 사본들 안에서 나오는 עִוְרִים 눈 먼 사람들과 같은 형태들은 ʿiwwrīm으로 발음하는 것을 피하기 위해서이다(§ 18 *m* 4 참고); 2) 라페는 약 다게쉬가 없는 것을 말하며, 브가드크파트가 마찰음임을 분명히 표시한다. 예로, מַלְכֵי (§ 5 *o* 참고); 3) 이와 유사하게 라페는 단어 끝에 오는 הּ가 발음되지 않음을 표시한다. 예로, לָהּ *lå*로 발음하고 *låh*로 발음하지 않는다(§ 25 *a*).

---

[1] 대부분의 현대 히브리어 성경에는 기술적인 문제 때문에 이 부호를 생략한다.

b   라페(rafé)라는 단어의 의미는 § 5 *o*를 참조하라.

§ 13. 마켑

a   마켑은(maqqef)([1]) 영어 '대시'(dash) 기호(-)와 비슷한 작은 획으로서, 두 개 이상의 단어가 매우 밀접한 결합체를 이루고 있음을 나타낸다. 마켑으로 연결된 일련의 단어들은 하나의 음성적인 단위를 이루고 있다: 첫 번째 단어는 그것의 주된 강세를 잃어버리고 단지 부차적인 강세만을 갖게 될 수 있다. 다시 말해, 마켑으로 연결된 첫 단어는 후접어(proclitic)가 된다([2]). 마켑으로 표시되는 이 결합은 연결 악센트로 표시되는 것보다 일반적으로 더욱 밀접하다.

마켑은 둘, 셋, 또는 네 개의 단어까지 연결할 수 있다. 예로, אֶת־כָּל־אֲשֶׁר־לוֹ 그에게 있는 모든 것 창 25.5이 있다.

b   마켑은 엄격한 규칙을 따라 사용되지 않는다.

그것은 특히 단음절 단어들 뒤에서 자주 나온다([3]). 마켑을 가진 명사들은 다음과 같다: בֶּן־ 아들(거의 항상) 그리고 בַּת־ 딸(대체로). 이와 대조적으로, אֵם 어머니, שֵׁם과 שֵׁם 이름에는 마켑을 거의 사용하지 않으며, אָב (연계형은 אֲבִי־) 아버지에는 전혀 사용되지 않는다. 연계형에서 כֹּל־은 כֹּל 모든보다 더 자주 사용된다.

다음 불변화사들은 거의 항상 마켑과 함께 온다: 예로, אַל־ 아니다, אֶל־ ~로 향하여, אִם־ 만약 ~라면, מִן־ ~로부터, פֶּן־ ~하지 않도록, עַד־ ~까지, עַל־ ~ 위에, עִם־ ~와 함께가 있다. אֵת로 표현되는 두 개의 불변화사들 중 하나는 전치사 ~와 함께를, 다른 하나는 대격 표시를 나타내며 이것들은 자주 마켑과 함께 (אֶת־) 나온다([4]).

---

[1] 아람어 נְקַף에서 온 מַקֵּף는 엄밀히 말하자면 둘러싸는이란 뜻이지만, 여기서는 주로 연결하는 의 뜻으로 이해된다. 첫 단어는 마소라 언어에서 דָרֵיז는 빠른, 서두르는으로 묘사된다(Hyvernat 1904: 536).

[2] 뒤따라 나오는 단어에 밀접하게 의존될 때 자신의 악센트를 상실하는 그리스어의 후접어들과 비교하라: ὁ, ἡ 등; ἐν, εἰς, οὐ 등.

[3] Yeivin 1959: 35-48 참고.

[4] אֶת־는 세 번 예외적으로 אֶת로 쓰인다: 시 47.5, 80.2. 잠 3.12. 이 점에 관해 Dotan 1967: 113 을 보라.

c 　　　　불변화사 נָא־ 제발(*please* § 105 *c*)은 거의 항상 마켑 뒤에 오며, 따라서 앞에 오는 단어를 후접어로 만든다.

　　　　마켑 앞에 오는 단어는 후접어가 되며 약간 더 짧은 모음을 갖는 경향이 있다. 따라서 שֵׁם (절대형과 연계형), כֹּל (절대형과 연계형)은 שֶׁם־, כָּל־이 된다([1]); 부정사 קְטֹל은 קְטָל־이 되며, יִשְׁמֹר 그가 지킬 것이다는 יִשְׁמָר־가 된다. יָד 손은 יַד־가 되며, מָה 무엇?은 מַה־가 된다.

　　　　יָם 바다(어근 ימם; 참고. הֹיָם [§ 93 *d*], 복수형 יַמִּים)라는 단어는 두드러진 특징을 지닌다. יָם־에서 카메쯔가 유지된다([2]). 예로, יָם־כִּנֶּרֶת 게네사렛 바다, 호수가 있다. 그러나 יַם־סוּף 홍해, 갈대 바다는 예외이다.

d 　　　　**관찰**. 절대형 명사가 마켑 앞에 올 수 있다. 예로, לְחָק־לְךָ 너를 위한 규례로서 출 12.24(마켑 없이는, חֹק임); גֵּר־יָתוֹם וְאַלְמָנָה 외국인, 고아 그리고 과부 신 27.19가 있다. 마찬가지로 부정사 절대형도 마켑 이전에 올 수 있다. 예로, הַכֵּר־פָּנִים 얼굴을 알아보다 잠 28.21('편파적이 되다', 참고, § 123 *b*).

§ 14. 메텍

a 　　　　메텍(מֶתֶג *metheg* 고삐, 굴레)은 그 이름에 나타나는 바와 같이 발음을 제어하는 기능을 가지고 있다([3]). 그것은 정확한 발음을 유지하기 위해서, 또는 부정적으로 말하자면 빠르게 발음하거나 성급하게 잘못 발음하지 않도록 보통 모음의 왼쪽에 두는 작은 세로 획이다. 그러나 악센트들이 종종 주된 또는 부차적인 강세의 위치를 표시하는 것처럼(§ 15*d*), 메텍은 강세를 나타내는 것이 주된 기능은 아니지만 종종 부차적인 강세를 표시한다([4]). 마찬가지로 어떤 경우

---

[1] כָּל־이 마켑 없이 카메쯔와 함께 나타나는 곳: 시 35.10; 87.7. 사 40.12. 잠 19.7: Dotan 1967: 119를 보라.

[2] מ의 영향 때문이다. 참고, 형용사 תָּם (어근 תממ)은 항상 카메쯔와 함께 나타난다.

[3] 가아야(*ga'ya*)로도 알려져 있다. 참고, Yeivin 1980: 240-64와 idem 1968: cols. 641-43. 사본들마다 메텍의 배치는 매우 다르게 나타난다: Lipschütz (ed.) 1965에 소개된 바와 같이, 이것은 벤 아쉐르 마소라 학파와 벤 납달리 마소라 학파 사이에 있는 가장 주목할 만한 차이점들 중 하나이다. Khan 1996a도 참고하라.

[4] 일부 문법 학자들은 메텍을 가아야(*ga'ya* גַּעְיָה) 목소리의 낮춤과 높임이라고 부르는 것은 아마도 이 사실 때문일 것이다. 사실 가아야는 두 명칭 중 더 오래된 것이다: Yeivin 1985: 241.

에 그것은 음절의 구분을 표시하기도 한다. 메텍은 악센트 체계의 일부분을 이루며, 일반적으로 악센트 기호들이 사용되는 사본에서만 나타나고, 모음 기호들만 사용하는 사본에서는 나타나지 않는다. 이 현상은(¹) 메텍이 원래 그것이 나오는 모음 자체의 성격을 표시하기 위해 고안된 것은 아님을 시사하는 것 같다. 따라서 חָכְמָה (3. 여. 단. 완료) 슥 9.2와 같은 대표적인 예에 나오는 메텍은 '지혜'를 뜻하는 실명사 חָכְמָה에 나오는 동일한 자음(ח) 아래의 첫 번째 카메쯔와 다르게 발음하도록 표시된 것이라고 보기는 어렵다(²). 또한 메텍은 유성 슈바와 무성 슈바 사이에 있는 관례적인 차이를 표시하는 기능을 첨가하기 위해 고안된 것으로 보기도 어렵다.

　　　메텍의 용법에 관해서 사본들에서나 문법 학자들 사이에도 의견이 일치하지 않기 때문에, 여기서는 몇몇 구체적인 예들과 가장 일반적인 용법들을 제시하는 것으로 충분할 것이다(³).

b　　　**예들**: קָטְלָה /qå-ṭlå/ 그녀가 죽었다에서(§ *c*1) 메텍은 음절 경계를 표시한다. 그것은 또한 부차적인 강세를 나타내기도 한다: 즉, *qå̀-ṭlå*이다. 메텍은 וְקָטַלְתִּי (§ 43 *a*)에서 카메쯔가 정확하게 발음되어야 함을 표시한다; 그것은 또한 부차적인 강세의 위치를 표시하는 것이다: *w-qå̀ṭalti* (§ *c* 2). אָנֹכִי에서도 마찬가지이다(§ 39 *a*).

c　　　**주요 용법들**: 메텍은 다양한 모음들에 나타난다(⁴):

　　　1) 메텍은 슈바와 강세가 있는 음절 앞에 나오는 역사적인 장모음과 함께 온다. 예로, קָטְלָה, יִירָאוּ 또는(불완전하게) יִרָאוּ 그들이 두려워 할 것이다 (יִרְאוּ /yir-ʾu/ 그들이 볼 것이다와 대조됨)가 있으며; 잠 4.16 יִשָׁנוּ 그들이 잔다. 그러나 느 13.21 תִּשָׁנוּ 너희가 다시 행한다가 있다. 그러므로 메텍은 발음을 구별하게 하는 기능을 가지고 있음이 명백하다.

　　　2) 메텍은 강세 이전의 두 번째(강세 전전) 열린 음절에 있는 모음과 함

---

¹　Yeivin 1985: 242.

²　참고, 시 86.2 שָׁמְרָה 지켜라, 긴 명령형; 그리고 16.1 שָׁמְרֵנִי 나를 지켜라.

³　성경 본문 밖에서는 메텍이 형태를 구별하는데 유용한 경우들을 제외하고 종종 인쇄되지 않고 있다. 특히 그것이 ◌ָ를 구분하는 데 사용되는 경우들을 주목해야 한다. 예, יַלְבִּשְׁךָ 그가 너를 옷 입힐 것이다와 메텍이 없는 יִקְטָלְךָ 그가 너를 죽일 것이다를 비교하라.

⁴　두 가지 종류의 메텍에 관해 주로 Baer 1867-69: 56-67, 194-207을 따르는 Berg., I, p. 71에 제시된 다른 문헌들을 보라; Baer의 연구는 비평적으로 조심스럽게 사용될 필요가 있다.

께 나온다. 예로, הֶחָכָם, הָאָדָם, הָעַמִּים, וְקִטַּלְתִּי (만일 강세 이전의 두 번째 음절이 닫힌 음절이라면, 강세 이전의 세 번째 열린 음절에 있는 모음과 함께 온다. 예로, הָאַרְבָּעִים[1]이 있다). 마찬가지로 메텍이 있는 모음 이전의 두 번째 (전전) 열린 음절에 있는 모음과 함께 나온다. 예로, 민 26.31 הָאַשְׂרִאֵלִי가 있다. 예외적인 경우로서 וּ 그리고는 메텍을 취하지 않는다. 예로, וּבָנִים을 들 수 있으며, 이것은 아마 u가 원래는 짧았기 때문일 것이다[2]. 이런 경우에 메텍은 평소 모음을 보호하는 것 외에도 부차적인 강세를 표시한다.

3) 메텍은 하텝 앞에 오는 모음과 함께 나온다. 예로, יַעֲמֹד가 있다. 하텝 이 완전 모음이 되는 경우도 마찬가지이다. 예로, יַעֲמְדוּ (§ 22 c)가 있다.

4) 메텍은 הָיָה ~이다, 있다와 חָיָה 살다 동사들의 첫 번째 닫힌 음절에 있 는 모음과 함께 나온다. 이것은 정확한 발음을 유지하기 위해서이며, יִהְיֶה yih-yę 그가 있을 것이다가 된다; וַיְהִי와 וַיְחִי 형태들에서 메텍은 마켑 앞이나 파슈타 (pashṭa) 악센트가 나올 때만 나타난다.

5) 메텍은 불변화사 אָנָּה, אָנָּא 아! 제발에 나온다(§ 105 c).

6) 메텍은 가상 중복을 가진 자음 앞에 나오는 정관사 그리고 슈바 앞에 나오는 정관사의 파타흐와 함께 나온다. 예로, הַמְכַסֶּה ḥam⁽ᵐ⁾ḥassę 그 감추는 자 레 3.3가 있다; 그러나 הַיְלָדִים처럼 יְ 앞에서는 예외이다. 마찬가지로 의문 부사 הַ는 파타흐와 함께 온다. 예, הַמְכַסֶּה אֲנִי 창 18.17이 있다.

7) 메텍은 마켑 앞에서 어원적인 장모음과 함께 나오며, 이것은 장모음 이 짧아지는 것을 막기 위함이다. 예로, שָׁת־לִי šāt-li 창 4.25; כָּל־ 시 138.23 (כָּל־은 레닌그라드 사본과 알렙포 사본에서 발견되지만 이것은 아니다); אֶת־ 욥 41.26 (אֶת־가 아님).

§ 15. 악센트

a   모든 히브리어 단어는 후접어(proclitic)가 아닐 때, 즉, 뒤따라오는 단어 에 밀접하게 의존하지 않을 때, 그 단어가 지닌 다른 모음들보다 더 크게 강조

---

[1] 민 33.38; 대상 26.31에서도 우리는 (1과 2를 포괄하는) 하나의 일반적인 실질적 규칙을 만들 수 있을 것이다: 메텍은 최소한 유성 슈바에 의해 강세로부터 제거된 첫 개음절(여기에서 그렇게 간주 된 것처럼)의 모음에 붙여진다. 예, אֲרַחְתָּיו; דְּלִיּוֹתָיו; מוֹאֲבִיָּה.

[2] 중세 시인들에 의하면 וּ는 짧다; 참고, Luzzatto 1853: 584. 이와 유사하게 1번 용법과 달리 וּבָנָי 는 메텍 없이 쓰여졌다; 그러나 וַיְהַב (§ 9 c 4)는 메텍과 함께 기록되었다.

하여 발음하는 강세 모음을 갖는다. 어떤 단어가 약간 길 경우에 그것은 부차적인 강세를 가질 수 있다. 그리고 그것이 매우 길 경우에는 두 개의 부차적인 강세를 가질 수도 있으며, 이 부차적인 강세는 각각 메텍으로 표시된다. 예로, הָאֲשֶׁרֵלִי (참고, § 14 c 2)이다. 강세가 주된 것이든 부차적인 것이든 간에, 그 위치는 일반적으로 악센트(טְעָמִים, 문자적으로 입맛 또는 נְגִינוֹת 노래 가락)라고 부르는 기호로 표시된다.[1]

b   나크다님이 기록한 히브리어에서 주된 강세는 주로 얼티마(ultima)와 펜얼티마(penultima)에 흔히 나타난다. 여기서 얼티마는 끝 음절을 말하고 펜얼티마는 끝 전음절을 말한다. 히브리어 강세는 점차 발전되면서 단어의 끝쪽으로 끌리는 경향이 있다[2]. 끝 전음절 강세는 מִלְּעֵיל 밀엘 (아람어 מִן + לְ + עֵיל = 라틴어의 desuper "위에서 부터", 즉, 단어의 시작으로)이라고 부르며; 끝 음절의 강세는 מִלְּרַע 밀라(아람어 מִן + לְ + אֲרַע "땅에서부터", 라틴어로 deorsum "아래에서부터", 즉, 단어의 끝쪽으로)라고 부른다[3].

          이 문법책에서 강세는 관례상의 기호인 ◌̇로 표기한다(또는 주된 휴지 부분에는 아트나흐 ◌로 표기한다). 예로, וַיָּקֹם wayyå'-qŏm (밀엘), וַיָּקֹם

---

[1] 혼동을 피하기 위해, 여기에서 악센트는 일반적으로 강세의 위치를 표시하는 그림 부호들(그리고 이 부호들에 의해 표현되는 네우마[neumes] 기호들)을 가리킨다. 강세는 소리를 음성적으로 높이기 위하여 사용된다. 엄격히 말해서 고대 그리스어나 라틴어 강세와 달리 히브리어 강세는 음정을 높이기보다 오히려 힘이 더 들어간 발음과 관련된다. 음정을 높이는 현상은 현대 그리스어, 대중 라틴어, 그리스어, 영어, 이태리어 등에서 부차적인 요소가 되었다. 히브리어 강세가 본질적으로 강도를 두드러지게 하거나, 발음을 힘차게 한다는 점은 그것이 발음에 미치는 영향에서 입증되고 있다. 반대로, 오늘날 이스라엘 히브리어 발음은 음악적인 고저를 나타내는 악센트로 특징지워진다. 이와 같은 이유로 우리는 '어조'(tone)보다 '강세'(stress)라는 용어를 선호하며, 마찬가지로 '앞선 어조'(pretonic)보다 '앞선 강세'(pre-stress)와 같은 용어를 선호한다.

[2] 티베리아 전통을 통해 우리에게 전해진 강세 체계가 그것을 재구성한 이전 역사(prehistory)와 관련하여 어떻게 이해될 수 있는지 보여주기 위한 시도로서 Blau 1976: §§ 9.1 - 9.3.5와 약간의 수정을 가한 idem, 1979: 49-54를 보라. 이 재구성 과정에서 가장 중요한 요소는 원래 1890년 경 랑베르(Lambert 1890)가 철저히 연구한 바와 같이, 자명한 것으로 가정된 마지막 전음절(penultimate, 밀엘) 강세이다. Cantineau 1931도 보라. 이러한 통시적인 관점에서, וַיָּקֹם과 같은 형태의 밀엘 악센트는 더 이전 단계를 보존하고 있으며, 강세가 '물러난' 경우가 아니다. 이 점에 대해 블라우(Blau, 2001: 11)가 정당하게 강조한 바가 있다(§ 117 c).

[3] 초기 단계에 사용된 이 두 용어의 다양한 용법에 관해, 특히 Ochla we-Ochla에 예증된 것과 같이, 동형이의어(homographs)와 동음이의어(homonyms)의 쌍들을 구별하는 장치로서의 용법에 관해 Dotan 1974: 21-34, 특히 23-25를 보라. Dotan은 단어 위와 아래의 점들이 시리아 사본들의 구별점들(diacritical dots)에 비교될 수 있다고 때때로 주장되는 용법을 입증해 주는 증거를 히브리어 사본들 속에서 지금까지 발견하지 못했다고 정당하게 강조한다.

wayyåqom (밀라, 주된 휴지 부분에서)([1]).

강세의 위치에 관한 규칙들은 § 31을 참조하라.

c   강세의 위치는 매우 중요하다; 그것은 가끔 음소적으로 의미를 구분하는 역할을 한다. 예로, 다음을 비교하라. בָּנוּ 그들이 지었다(בָּנָה에서 옴)와 בָּנוּ 우리 안에; קָ֫מָה 그녀가 일어났다와 קָמָה 일어나고 있는(여성 단수 분사, § 80 *j*); וְקָטַלְתִּי 그리고 내가 죽였다와 וְקָטַלְתִּי 그리고 내가 죽일 것이다(도치 바브와 함께); קוּמִי 일 어나라!(여성형)와 קוּמִי 나의 일어남(부정사); תָּמָּה 그녀는 완전하다와 תַּמָּה 완전한 (여성 형용사).

d   우리가 사용하는 히브리어 성경은 두 개의 악센트 체계를 가지고 있다: 1) 21권의 책에서 사용되는 일반적인 체계 또는 산문 체계; 2) 세 권의 시가서인 אִיֹּוב 욥기, מִשְׁלֵי 잠언, תְּהִלִּים 시편에서 사용되는 체계(기억을 돕기 위해 첫 글자를 조합해서 만든 단어 אֱמֶת 진리, 진실함으로 부름).

e   악센트 규칙은 성경 본문이 이전에 절들(פְּסוּקִים)로 구분되어 있었음을 전제한다. 비록 대략 절들의 길이를 같게 만들려는 시도가 있었을지라도 어떤 절들은 약간 짧게 나타난다(그러나 결코 세 개 단어 이하로 구성되지 않는다). 절의 구분이 항상 논리적으로 일치하는 것은 아니다; 따라서 가끔 조건문에서 너무 긴 절을 피하기 위해서 귀결절이 조건절과 분리되기도 한다(신 19.16-17; 왕상 3.11-12; 21.20-21; 룻 1.12-13).

악센트의 기원은 분명하지 않다([2]). 악센트의 주된 목적은 음악적인 조율이나 성경 낭독을 조절하기 위한 것이다. 악센트는 원래 네우마(*neumes*)나 음표 기호들을 모은 것이다. 이 네우마들 중 일부는 휴지(*pausal*)의 성격을 가지고 있기 때문에(§ 32), 가끔 그 기호들은 중간 휴지(*caesuras*)나 문장을 하부 단위로 구분하는 표시로 사용된다. 마지막으로 네우마 기호들은 (휴지이든 아니든 간에) 대체로 단어의 강세가 있는 음절에 놓이게 되므로, 일반적으로 악센트는 강세의 위치를 표시한다.

중간 휴지(주요, 중간, 부차적 휴지)를 표시하는 악센트들은 분리 악센트(*disjunctive*)라고 불린다. 왜냐하면 이것은 실제로 로마 표기법의 마침표 기

---

[1] 밀라 악센트가 확실히 더 일반적이기 때문에, 그것은 대체로 경제적인 이유에서 표시되지 않고 있다. 예, בָּנוּ는 בָּנוּ를 표현하는 것으로 여겨진다.

[2] 악센트 부호의 발명은 모음 부호의 발명보다 더 앞선 것으로 믿어지고 있다. Morag 1974: 50, 52f.; Dothan 1981을 보라.

호들(. ; ,)처럼 한 단어나 구를 그 다음에 나오는 단어 및 구와 분리시키기 때문
이다. 이와는 달리, 다른 악센트들은 한 단어를 그 다음에 나오는 단어와 연결
시키므로, 연결 악센트(*conjunctive*)라고 부른다(¹).

f   분리 악센트이든 연결 악센트이든, 강세가 있는 음절에 놓이지 않는 몇
몇 악센트들은 전치하거나(*prepositive*) 또는 후치한다(*postpositive*). 전치하는
것은 항상 단어의 처음에 위치하는 것을 말하며 후치하는 것은 항상 단어의 끝
에 위치하는 것을 말한다. 전치 또는 후치 악센트들과 달리, 강세가 있는 음절
에 위치하는 악센트들은 중치(*impositive*) 악센트로 부를 수 있다. 일부 사본들
에는 강세가 있는 음절에 전치 또는 후치 악센트가 반복하여 나온다; 그러나 표
준 인쇄본들에는 파슈타(*pashṭa* 분리 악센트, § *g*: A 8 *a* 참고)로 부르는 후치
악센트를 제외하고는 이런 경우가 일어나지 않는다. 이 악센트는 강세가 밀엘
일 때 반복된다. 예로, הַמַּ֫יִם 물 창 1.7에서 후치 악센트는 단어의 끝에 기록되
었다; 여기에서 파슈타는 강세가 있는 음절 ma에 반복되었으며 *ḥammạ'yim*으
로 읽혀진다(²). 파슈타 이외의 전치 또는 후치 악센트를 가지고 있는 단어들에
서 강세의 위치는 문법적인 지식 없이는 판단하기 어렵다.

g   **A. 표준 악센트 체계(21권)**
       분리 악센트(Disjunctive accents)

1) ◌̣ 씰룩(*silluq*, 메텍과 구분하라, § 14). ׃ 파숙(*sof pasuq*)은 "절의 끝"을 뜻
하며 :로 표기된다. 씰룩은 쏩 파숙 바로 앞에 있는 마지막 단어에 나온다. 예,
창 1.1 : הָאָ֫רֶץ

2) ◌̣ 아트나흐(*atnaḥ*). 절의 가운데 온다. 예, 창 1.1 אֱלֹהִ֑ים.

3*a*) **후치 악센트.** ◌̇ 쎄골타(*sgolta*). 아트나흐 전 네 번째 또는 다섯 번째 중간
휴지에 나온다. 예, 창 1.7 אֶת־הָרָקִ֒יעַ.

---

¹ 분리 악센트들이 연결 악센트들보다 더 오래되었다: Dothan 1987.

² 밀라(mil'ra) 단어가 파슈타를 가지고 있을 때(뒷쪽 *g* 8a), 단어의 가장 왼쪽에 위치하는 ◌̇ 부
호(예, לָא֖וֹר 창 1.5)는 그림상으로 유사한 중치하는(impositive) 연결 악센트인 아즐라(azla, 예,
וְר֨וּחַ 왕상 18.12)와 혼동을 일으키지 않는다.

3b) | ֓ 주된 샬셸레트(major *shalshelet*, 왼쪽에 세로 획과 함께). 매우 드물다 (7회). 문장의 처음에 쎄골타 대신 온다. 예, 창 19.16 וַיִּתְמַהְמָ֓הּ׀

4a) ֔ 자켑 카톤(*zaqef qaton* 작은 자켑). 예, 창 1.14 הַשָּׁמַ֔יִם.

4b) ֕ 자켑 가돌(*zaqef gadol* 큰 자켑). 선행하는 악센트가 연결 악센트가 아닐 경우, 작은 자켑 대신 온다. 예, 창 1.14 לְהַבְדִּ֕יל.

5) ֖ 티프하(*tifha*, 또는 타르하 *tarḥa*). 예, 창 1.1 בְּרֵאשִׁ֖ית; 특히 짧은 절에서 가끔 아트나흐 대신 온다. 예, 창 3.21 ע֖וֹר (제21번 연결 악센트 마엘라와 비교하라).

6) ֗ 르비아(*rvia*ʕ). 예, 창 1.2 וְהָאָ֗רֶץ.

7) **후치 악센트**. ֘ 자르카(*zarqa*). 예, 창 1.7 אֱלֹהִים֘.

8a) 후치 악센트. ֙ 파슈타(*pashṭa*). 예, 창 1.5 לָאוֹר֙ (§ *f* 참고, 제 18번의 연결 악센트 아즐라와 구분하라).

8b) **전치 악센트**. ֚ 여티브(*ytiv*, 전치 악센트가 아닌 제15번 연결 악센트 메후파흐와 비교하라). 선행하는 악센트가 연결 악센트가 아닐 경우, 단음절 단어나 첫음절에 강세를 갖는 단어에 파슈타 대신 나온다. 예, 창 1.11 עֵ֚שֶׂב

9) ֛ 트비르(*tvir*). 예, 창 1.8 אֱלֹהִ֛ים.

10a) ֜ 게레쉬(*geresh*). 예, 창 1.9 הַמַּ֜יִם.

10b) ֝ 그라샤임(*grashayim* 또는 게르샤임 *gershayim*). 중복 게레쉬. 이것은 드물다(16회). 강세가 끝 음절에 올 때, 그리고 연결 악센트 아즐라(18회)가 앞에 나오지 않을 때 게레쉬 대신 온다. 예, 창 1.11 פְּרִ֞י.

11a) ֡ 파제르(*pazer*). 예, 창 1.21 הָרֹמֶ֡שֶׂת.

11b) ֟ 파제르 가돌(*pazer gadol* 큰 파제르) 또는 카르네 파라(*qarne fara* 소 뿔). 드물다(16회). 예, 에 7.9 הָמָ֟ן.

12) **전치 악센트**. ֠ 틀리샤 그돌라(*tlisha gdola*). 예, 슥 4.5 וַיַּ֠עַן 제19번 연결 악센트 틀리샤 크타나와 구분하라.

13) | ֣ 르가르메(*lgarme* 자신을 위하여, 스스로). 이것은 제14번 연결 악센트 무나흐와 왼쪽 세로 획이 결합된 것이다. 예, 사 39.2 וְאֵ֣ת׀.

연결 악센트(Conjunctive accents)

14) ֻ 무나흐(*munaḥ*, 제13번 분리 악센트 르가르메와 구분하라. 예, 창 1.1 בָּרָא.

15) ֻ 메후파흐(*mhuppaḥ*, 제 8b번 분리 악센트 여티브와 구분하라). 예, 창 1.7 בֵּין.

16a) ֻ 메르하(*merḥa*). 예, 창 1.1 אֵת.

16b) ֻ 메르하 크풀라(*merḥa kfula*, 이중 메르하). 예, 창 27.25 לִי.

17) ֻ 다르가(*darga*). 예, 창 1.4 וַיַּרְא.

18) ֻ 아즐라(*azla*). 예, 왕상 18.12 וְרוּחַ; 분리 악센트 게레쉬와 함께 올 때 카드마(*qadma*)라고도 불린다. 예, 창 1.9 יִקָּווּ הַמַּיִם; 제 8a번 후치 분리 악센트 파슈타와 구분하라).

19) **후치 악센트**. ֻ 틀리샤 크타나(*tlisha qtanna*). 예, 창 1.29 הִנֵּה (제12번 전치 분리 악센트 틀리샤 그돌라와 구분하라)).

20) ֻ 갈갈(*galgal* 바퀴) 또는 예라흐(*yeraḥ* 달). 파제르 가돌(제11b번, 이 악센트와 관련됨)처럼 드물다(16회). 예, 에 7.9 עָשָׂה.

21) ֻ 마옐라(*m'ayyela*). 이것은 씰룩(제1번) 또는 아트나흐(제2번)를 가지고 있는 단어들이나 그룹들에서 부차적인 강세를 표시하기 위해 사용되는 티프하(제5번)와 구분하라. 예, 민 28.26 בְּשָׁבֻעֹתֵיכֶם; 창 8.18 וַיֵּצֵא־נֹחַ.

h

B. 시가서 악센트(세 권의 책[אֱמֶ"ת]에 해당함, § *d*)
분리 악센트(Disjunctive accents)

1) ֻ 씰룩(*silluq*, 위의 A1 참고).

2) ֻ ֻ 올레 베요레드 (ʿ*oleh wyored* 올림과 내림). 아트나흐보다 약하다.

3) ֻ 아트나흐(*atnaḥ*, A 2 참고). 올레 베요레드보다 덜 강하다.

4) ֻ 르비아 가돌(*rviaʿ gadol*, A 6 참고).

5) ֻ 르비아 무그라쉬(*rviaʿ mugrash*). 즉, 게레쉬가 있는 르비아(참고, A 10 *a*).

6) |ֻ 주된 샬쉘레트(*major shalshelet*, B 19번과 구분하라. 참고, A 3 *b*).

7) **후치 악센트**. ֻ 찌노르(*ṣinnor*, 자르카[*zarqa*], 참고, A7) (같은 형태의 ֻ를 가지고 있는 찌노리트(*ṣinnorit*)[B 20]는 메르하[B 12] 또는 메후파흐[B 17] 앞에

있는 열린 음절에 위치한다.

8) ⃝ 르비아 카톤(*rviaʿ qaton*). 올레 베요레드 앞에 온다(B 2).

9) **전치 악센트**. ⃝ 드히(*dḥi*) 또는 티프하(*tifḥa*, 전치 악센트)(참고, A 5, B 15, 연결 악센트와 구분하라).

10) ⃝ 파제르(*pazer*, A 11 *a* 참조).

11a) |⃝ 메후파흐 르가르메(*mhuppaḥ lgarme*) 즉, 왼쪽에 세로 획이 있는 메후파흐(B 17).

11b) |⃝ 아즐라 르가르메(*azla lgarme*) 즉, 왼쪽에 세로 획이 있는 아즐라(B 18).

연결 악센트(Conjunctive accents)

12) ⃝ 메르하(*merḥa*, A 16 *a* 참고).

13) ⃝ 무나흐(*munaḥ*, A 14 참고).

14) ⃝ 일루이(*ʿilluy*) 또는 윗 무나흐(*upper munaḥ*).

15) ⃝ 타르하(*ṭarḥa*, B9 분리 전치 악센트 드히와 구분하라).

16) ⃝ 갈갈(*galgal*)(참고, A 20).

17) ⃝ 메후파흐(*mhuppaḥ*, B11과 구분하라. 그리고 참고, A 15).

18) ⃝ 아즐라(*azla*, B 11 *b* 과 구분하라. 그리고 참고, A 18).

19) ⃝ 부차적 샬쉘레트(*minor shalshelet*, B 6과 구분하라).

[20 ⃝ 찌노리트(*ṣinnorit*, B7과 구분하라)].

i   표준 악센트 체계의 일반적인 용법

한 절의 끝은 씰룩으로 표시되며, 그 뒤에 주된 휴지를 만드는 쏩 파쑥이 따라온다. 한 절은 아트나흐에 의해 두 부분으로 나뉘는데 그 길이는 똑같지 않을 수도 있다. 그것의 길이에 따라 각 부분은 더 세분화 되며, 쎄골타 ⃝ (오직 아트나흐로 나뉘어진 첫 부분에서), 자켑 ⃝, 르비아 ⃝. 악센트로 표시되는 하위 단위(이분법)로 나뉜다. 위의 도식에서 이 악센트들의 비중은 내려갈수록 점점 낮아진다. 또한 두 개의 주된 악센트인 씰룩과 아트나흐, 그리고 세 개의 하위 악센트(쎄골타, 자켑, 티프하)는 필요한 경우에 각각 약한 분리 악센트 다음에 나온다. 말하자면 이 약한 분리 악센트는 그것들의 선행 악센트가 된다.

분리 악센트	선행 악센트
씰룩 ֔ (A1); 아트나흐 ֑ (A2)	֖ 티프하(A5)
쎄골타 ֒ (A3a)	֮ 자르카(A7)
	(다소 드물다)
자켑 ֔ (A4a)	֙ 파슈타(A8)
	[֚ 여티브 8b]
티프하 ֖ (A5)	֛ 트비르(A9)

j **예**: 사 39.2와 같은 긴 절에서 쎄골타까지 포함하여 모든 분리 악센트를 사용하면 다음과 같다. 비교적 중요한 분리 악센트들을 그 비중에 따라 아래와 같이 세로 획의 숫자로 표시하였다. ⫼는 씰룩과 아트나흐(실질적인 비중은 씰룩과 동등하다), ⫾는 쎄골타, ‖는 자켑, ∣는 티프하를 표시한다; 그리고 르비아는 //으로 표시하였으며, 실질적으로 동등한 비중을 지닌 다른 선행 악센트들은 /로 표시하였다.

וַיִּשְׂמַ֣ח עֲלֵיהֶם֮ / חִזְקִיָּ֒הוּ֒ ⫼ וַיַּרְאֵ֣ם אֶת־בֵּ֣ית נְכֹתֹ֗ה /
אֶת־הַכֶּ֣סֶף / וְאֶת־הַזָּהָ֗ב וְאֶת־הַבְּשָׂמִים֮ /
וְאֵ֣ת / הַשֶּׁ֣מֶן הַטּוֹב֒ וְאֵת֙ / כָּל־בֵּ֣ית כֵּלָ֔יו ‖
וְאֵ֣ת כָּל־אֲשֶׁ֣ר נִמְצָ֗א בְּאֹֽצְרֹתָ֑יו ⫼ לֹֽא־הָיָ֣ה דָבָ֗ר //
אֲשֶׁ֣ר לֹֽא־הֶרְאָ֣ם חִזְקִיָּ֒הוּ֒ / בְּבֵית֣וֹ וּבְכָל־מֶמְשַׁלְתּֽוֹ ⫼ :

여기서 보는 바와 같이, 이 절은 아트나흐 ֑ 에 의해 길이가 다른 두 부분으로 나누어진다. 이 중 첫 번째 부분은 쎄골타 ֒ 에 의해 다시 나누어진다: 세골타 앞에 있는 첫 번째 부분은 자르카(*zarqa*)에 의해 다시 나누어진다; 그러나 두 번째 부분은 쎄골타에서 아트나흐까지 자켑 ֔ 에 의해 다시 두 부분으로 나뉘며, 이 중 첫 번째 부분은 르비아에 의해 다시 나누어진다. 아트나흐부터 씰룩에 이르는 이 절의 두 번째 부분은 티프하에 의해 다시 나뉘어진다. 세 개의 주요 분리 악센트인 아트나흐, 씰룩, 티프하는 선행 악센트로서 하위의 분리 악센트를 갖는다. 앞에 나온 도표를 보라. 이와 같이 다양한 분리 악센트들과 그것에 선행하는 연결 악센트들은 논리적인 법칙과 구문론에 근거하여 선택된다. 약간의 변칙적인 형태들은 운율과 관련되어 있을 수 있다.

k 악센트에 관한 지식은 가끔 문법뿐 아니라 주해를 위해서도 중요하다. 위에 인용된 절에서 בְּאוֹצְרֹתָיו의 בְּ에는 라페(*rafeh*)가 없다. 왜냐하면 그 앞에 오는 모음이 분리 악센트에 의해 그것과 분리되어 있기 때문이다. 룻 2.14의 경우에도 마소라 악센트에 따르면, "그리고 보아스가 식사 시간에 그녀에게 말했다, '여기로 오라.'"로 읽어야 하며, "그리고 보아스가 그녀에게 말했다. '식사 시간에 여기로 오라'"로 읽으면 안 된다.

사 40.3 קוֹל קוֹרֵא בַּמִּדְבָּר 에서 악센트 규칙은 "외치는 자의 소리: 광야에서"로 읽도록 제시하고 있다. 이것은 두 개의 유사한 악센트 중 첫 번째 것이 항상 더 강하다는 규칙과 일치한다(Delitzsch *ad loc*. 참고)([1]). 이 규칙은 또한 룻 3.9에도 분명히 나타나고 있다. 이 구절에서는 첫 번째 자켑이 모음의 휴지 형태를 나타내고 있으나(אֲמָתֶךָ), 두 번째 자켑은 그렇지 않다(אֲמָתְךָ)([2]).

l 악센트는 강세가 어디에 있는지 결정하는 데 유용하다. 왜냐하면 전치 또는 후치가 아닌 모든 악센트들은 직접적으로 강세의 위치를 표시하고 있으며, 후치 악센트 파슈타는 간접적으로 강세의 위치를 표시해 주기 때문이다(§ *f*). 그러므로 성경을 읽는 독자는 처음부터 항상 악센트가 표시되어 있는 곳에 강세를 두어야 한다. 실제 발음상, 밀엘(*mil'el*, 끝 전음절) 강세를 분명하게 그리고 밀라(*mil'ra*, 끝 음절) 강세를 덜 분명하게 표시하는 것이 편리할 것이다.

m 아람어 현재 분사형으로 '분리시키는 것'이라는 의미를 가진 파쎄크(paseq פָּסֵק)는 단어의 왼쪽에 위치하는 세로 획이다. 이 기호는 르가르메나 주된 샬쉘레트처럼 그림상 악센트의 세로 획과 유사하다. 파쎄크는 후대에 도입되었으며 다른 악센트들보다 일관성이 약해져서 결과적으로 그 용법이 분명하지 않게 되었다. 우리의 성경 본문에서 발견되는 약 480개의 예들([3]) 중 이 기호들의 대부분은 두 단어가 어떤 경우에 너무 가까워지지 않도록 하는 완충 작용을 한다. 예로, 렘 51.37 בָּבֶל ׀ לְגַלִּים ׀ מְעוֹן־תַּנִּים 처럼 같은 자음이 한 단어

---

[1] 이것은 칠십인역의 일반적인 이해인 φωνὴ βοῶντος ἐν τῇ ἐρήμῳ Ἑτοιμάσατε ... (광야에서 외치는 소리여, 예비하라)와 다르다. 요 1.23 ἐγὼ φωνὴ βοῶντος ἐν τῇ ἐρήμῳ (나는 광야에서 외치는 소리이다)를 참조하라.

[2] 마소라 악센트법이 성경 본문의 해석에서 얼마나 중요한 함의를 갖는지에 대해서는 Yeivin 1980: 218-28에서 잘 설명되고 있다. 또한 Aronoff 1985; Kogut 1994도 참조하라.

[3] 그 목록은 Wickes 1887: 120ff.에 나타난다.

의 끝과 다른 단어의 처음에 나타날 때 사용된다. 그러나 꽤 많은 경우들은 이런 정의에 맞지 않는 것처럼 보이며, 여러 가지 가능한 몇몇 가설들이 이 경우를 설명하기 위해 제시되었다: 예로, 파쎄크는 발음을 구별하는 기호이거나, 고대의 축약을 표시하거나 짧은 주석을 삽입하기 위한 기호로 설명된다.

n   악센트에 관하여 두 개의 주요 연구서들이 있다: W. Wickes, *A Treatise on the Accentuation of the Three so-called Poetical Books of the Old Testament* (1881), 그리고 *A Treatise on the Accentuation of the Twnety-one so-called Prose Books of the Old Testament* (Oxford, 1887). 또한 Margolis 1901; Derenbourg 1870; Kahle 1901; Yeivin 1980; Dotan, cols. 1433-68을 참조하라.

o   억양(intonation)에 관해서는 아무 것도 알려진 바가 없지만, 다음의 두 가지 사실은 서술문과 의문문의 어투들이 서로 다른 억양 형태를 가지고 있었음을 강하게 시사한다: 1) 서술문과 의문문은 어순이 다르지 않다. 2) 예/아니오 질문들이 모두 특별한 의문사인 /ha/로 표시된 것은 아니다(§ 161 *b*).

§16. 마소라 본문과 마소라([1])

a   우리가 사용하는 성경 인쇄본들의 히브리어 본문은 그 안의 모든 세부 사항들을 포함하여 흔히 마소라 본문(*massoretic text*)이라고 부른다([2]). 그러나 사실 우리의 본문이 지닌 어떤 세부 사항들은 마소라 학파의 작업보다 앞서는 반면, 또 다른 일부 사항들은 마소라 학파의 작업보다 후대에 속한다. 마소라 학파의 작업은 나크다님의 작업보다 후대의 것으로서 그들의 작업을 전제하고 있다. 마소라 학파는 그들의 작업을 8-10 세기에 걸쳐 완성하였다. 그들이 사용한 공인 본문(*textus receptus*)은 일반적으로 벤 아쉐르(10세기)의 작업으로서, 경쟁 관계에 있던 벤 납달리의 것보다 선호되었다.

b   **본문의 구분**(division of the text). 문법적인 관점에서 볼 때 가장 중요

---

[1] 구약 성경의 본문과 마소라 학파의 작업에 관한 간단한 개론으로서 Würthwein 1988을 보라[영어 번역 Rhodes 1994]. 또한 Kelley, Mynatt and Crawford 1998, Mynatt 1994, Wonneberger 1984[ET Daniels 1984]도 유익한 책이다.

[2] 마소라(*Massorah*)는 미쉬나 히브리어 מָסַר 전수하다에서 파생된 후대 형태인 מָסוֹרֶת에서 왔다. 이 단어는 מַאֲסֹרֶת 사슬을 가리키는 מָסֹרֶת 겔 20.37과 아무런 공통점이 없다. Ben-Ḥayyim(1957: 212f.)은 이 단어를 사마리아 아람어 מסר 세다와 관련시킨다. מֹסֵר 서기관 참조.

한 것은 절 구분이다(פְּסוּקִים, 절들, § 15 *e*). 유대인들은 기독교인들이 불가타 성경에 도입한 장 구분을 13세기에 수용하였다(פֶּרֶק 장 또는 קָפִיטוֹלִי). 랍비 나단(Rabbi Nathan)은 이 체계를 1440년경에 그의 용어 색인집에 처음 사용하 였다.

c 　　　오경은 회당 예배에서 낭송을 위해 54개의 단락(פָּרָשָׁה)으로 구분되었 다. "페투하"(פְּתוּחָה)는 "열려 있다"는 뜻으로, 한 단락이 끝나고 다음 단락이 새 행으로 시작할 때 어느 정도 공간이 남는 것을 가리킨다. "세투마"(סְתוּמָה) 는 한 단락에 이어 나오는 다음 단락이 새로운 행으로 시작할 필요가 없이 "닫 혀 있다"를 뜻한다. 주요 단락들은 페투하들을 뜻하는 פפפ (예, 출 30.11)나 세 투마들을 뜻하는 ססס (출 38.21)로 표기되며, 그것들은 다시 פ 또는 ס에 의해 작은 단락들로 나누어진다(예, 창 1.6; 3.16).

d 　　　마소라 학자들이 집대성한 다양한 종류의 연구들은 모든 페이지의 가 장자리(*Masora marginalis*)나 각 책의 끝에 또는 전체 성경의 끝 부분(*Masora finalis*)에 나타난다. 표준 인쇄본들은 그 기록들의 일부만을 제공해 줄 뿐이다 (H. Hyvernat 1902-05를 보라)[1]. 마소라 학자들이 사용한 이 전문 용어들은 성서 히브리어 시대 이후의 히브리어이거나 아람어이다. 이것들은 종종 약어 로 기록되어 있다.

　　　אוֹת 글자(letter); אֶלָּא ~외에는, ~아니라면; אֶמְצַע 가운데; אתנ = אס׳ף 예, 겔 17.15 קמץ בלא אס׳ף 즉, "여기에 아트나흐나 숩 파쑥은 없 지만 카메쯔가 있다."

　　　ב (숫자 표시 부호로서) 둘, 예, ב׳ טְעָמִים 두 개의 악센트; בָּתַר 뒤에;

　　　דָּגוּשׁ, 여성형은 다게쉬(또는 마픽)가 있는. דְּגוּשָׁה; דַּף 낱장, 쪽; זְעֵיר, 여 성형은 זְעֵירָא 작은;

　　　חַד 하나(수에서); חוֹל 세속적인; חוּץ ~밖에; חָסֵר 불완전한, 불충분한(참 고, § 7 *c*);

　　　טַעַם 악센트;

　　　יָתִיר 충분한, 지나친;

　　　כָּאן 여기;

---

[1]　Ginsburg 1880-1905; repr. 1975; Weil 1971은 마소라 연구를 위한 필수적인 도구이다.

כְּתִיב 기록된(§ e);

ל = לֵית (לָא אִית에서 옴) 없다, 존재하지 않다;

מָלֵא 가득 찬; 완전 철자법(§ 7 c); מִקְרָא 성경; מִקְצָת 부분;

נ׳א = נוּסְחָא אַחֲרִינָא 다른 독법; 복수형 נוּסְחָן אַחֲרִינָן 다른 독법들; נָח, 여성형은 נָחָה 묵음의(발음되지 않는); נָקוּד 점; נָקֹוד 점이 찍힌;

ס׳א = סְפָרִים אֲחֵרִים 다른 책들 또는 사본들; סְבִיר 추측;

סִימָן (σημεῖον) 기호, 기억을 돕기 위한 단어; סְכוּם 세어진, 수;

סוֹף פָּסוּק 절의 끝; פָּסְקָא 분리, 간격(많은 경우에 문장의 공백을 가리킴);

ק = קְרִי 읽히다(§ e); קֹודֶם 또는 더 나은 표현으로 קֳדָם 전에, 앞에; קָמוֹץ, 여성형은 קְמוּצָה, 카메쯔를 가진 בְּזָקֵף קָמֵץ (§ 32 f);

רַבָּתִי, רַבְּתָא 큰 (글자);

תֵּיבָה 단어(글자들로 구성된 것); תִּקּוּן 수정; תְּרֵי 둘.

e   **크레-크티브**(Qre-Ktiv). 가장 중요한 마소라 주들(notes들은 크레와 크티브에 관련된 것들이다. 크레(קְרִי 아람어 수동 분사형: 읽혀진 또는, 여기에서는 읽혀져야 하는의 뜻이다)는 마소라 학자들에 의하면 읽혀야만(must be read) 하는 독법이거나 현재 통용되고 있는 독법을 의미한다; 크티브(כְּתִיב 아람어 수동 분사형: 기록된)는 자음 본문에 나타나는 독법을 말한다. 크레는 단어 위의 작은 동그라미로 표시되며, 그 동그라미는 읽혀야 할 자음들이 표시된 난외주를 가리킨다. 크레의 모음들은 본문 안에 있다. 크티브는 본문의 자음들로만 표시되는 반면 모음들은 표시되어 있지 않으며, 단어의 형태와 문맥에 따라 재구성되어야 한다. 따라서 룻 3.3에 וְיָרַדְתִּי가 나오고 난외주에는 ק דת וירדת가 나오는데, 이것은 크레가 일반적인 2인칭 여성 형태인 וְיָרַדְתְּ이며, 크티브는 고대 형태인 וְיָרַדְתִּי임을 나타낸다.

    본문에 나오는 어떤 단어를 기록된 대로 읽으면 안 될 경우에, 그 단어의 모음은 생략되며, 그것은 כתיב ולא קרי 기록되었으나 읽히지 않음이라는 주가 첨가된다. 예로, 룻 3.12의 אם이 있다. 이와 반대로, 한 단어를 읽기에 첨가해야 할 경우, 그 단어들의 모음들이 본문 속에 삽입되는 한편, 자음들은 난외주에 표시된다. 예로, 룻 3.17의 본문에서 אָמַר가 있고 난외주에 אלי קרי ולא כתיב가 있는 경우에 이것은 אֵלַי가 기록되어 있지 않지만 읽혀야 한다는 것을 나타낸다.

크레-크티브는 항상 자음 본문과 관련된 것으로서 그것은 자음 본문에 대한 두 가지 다른 독법을 표현한다. 흔히 크레는 크티브보다 더 나은 독법을 제공하지만, 크티브가 크레만큼 좋거나 더 나은 경우들도 있다. 크레는 항상 그 자체로 가장 좋은 독법이라고 주장하지는 않지만, 사본들 가운데 가장 좋은 독법을 제공하는 것은 사실이다([1]). 크티브는 자주 고대 형태를 보존한다([2]).

f   **영구적 크레(Qre perpetuum)**. 자음 본문에 표시된 것과는 달리 읽어야 하는 몇몇 일반적인 단어들에 있어서, 편의상 크레의 자음을 표시하는 난외주가 생략된 것을 볼 수 있다. 이것이 적용된 예들은 다음과 같다.

1) 하나님의 이름 יְהֹוָה: 크레는 אֲדֹנָי 나의 주님이지만, 크티브는 아마도([3]) יְהוֶה일 것이다(고대의 증거를 따라). (יְהֹוָה 표기에는 אֲדֹנָי의 하텝 파타흐 대신 단순 슈바가 요드 아래 있음을 주목하라). 만일 אֲדֹנָי가 신성 문자(יהוה) 앞에 이미 있을 경우, יֱהֹוִה로 기록되며([4]), 크레는 אֱלֹהִים이다. יהוה 앞에 오는 불변화사들의 모음 표기는 크레인 אֲדֹנָי의 발음을 전제한다. 따라서 전치사 מִן은 후음 앞에서 מֵ가 되며, 예로, מֵיהוה = מֵאֲדֹנָי (§ 103 *d*)가 있다. 마찬가지로, 예로, לָמָּה 대신 לְמָה יהוה가 되며, 이것은 לָמָה אֲדֹנָי로 읽는다(§ 37 *d*).

2) 오경에서 3인칭 여성 단수 인칭대명사 הוּא이다. 이 형태의 크레는 הִיא이며, 크티브는 הוא이다(§ 39 *c*).

3) 오경에서 여성 실명사 נַעַר 소녀(נַעֲרָה 대신에 오는 일반적인 형태이며, 신 22.19에서만 발견됨)는 아마 철자법의 특이한 형태일 것이다(הוא처럼): 이것은 사마리아 오경에서는 발견되지 않는다. נַעַר는 거의 소녀의 의미로 사용되지 않았을 것으로 보인다. 왜냐하면 이것의 복수형은 נְעָרִים으로 예상되기

---

[1] 실제로 사본들마다 매우 다양하다. 크레/크티브 쌍의 총계는 800에서 1,500개에 이른다.

[2] 칠십인역은 때로는 크티브와, 때로는 크레와 일치한다. 사해 사본들에서도 이 문제는 분명하지 않다. 크레/크티브에 관한 전반적인 질문에 관해 Yeivin 1980: 56-61; idem 1976; Gordis 1937을 보라.

[3] 이 책에서도 전통적인 여호와(*Jehovah*) 대신 학자들이 널리 수용하는 형태인 야웨 (*Yahweh*)를 사용하였다. 레닌그라드 사본에는 아람어 שְׁמָא 그 이름 즉, 신명에 근거한 יְהֹוָה가 일반적인 형태로 나오며, יְהוָה는 드물게 사용되었다(참고, 출 3.2). 사마리아 전통은 주님의 이름(tetragrammaton)을 쉐마(*šēmå*)로 읽는다.

[4] 이 점과 관련하여 사본들 사이에 상당한 차이점이 있다. 비록 모든 경우에서 바브 아래 히렉이 첨가되는 점은 일치하나 אֲדֹנָי יֱהֹוִה (예, 레닌그라드와 알렙포 사본의 겔 6.6. 그러나 카이로 사본에는 יֱהוִה יְהֹוָה이다); אֲדֹנָי יֱהֹוִה (예, 레닌그라드 사본의 창 15.2, 8)가 나온다.

때문이다; 그러나 성경에는 נְעָרֹת로 나온다(참고, 창 24.61; 출 2.5).

4) יְרוּשָׁלַ͏ִם의 경우에 크레는 아마도 יְרוּשָׁלַיִם일 것이고, 크티브는 יְרוּשָׁלֵם 예루살렘일 것이다([1]).

5) 고유 명사 *Yiśśāḥār*는 יִשָּׂכָר의 발음을 확보하기 위해서 יִשָּׂשכָר로 기록되었다(창 30.18 등). 그러나 벤 납달리 학파는 첫 치찰음을 슈바와 함께하는 שׂ으로 읽고, 두 번째 것을 카메쯔와 함께 하는 שׂ로 읽는다.

6) שְׁנַיִם, שְׁתַּיִם '둘'에 관해서는 § 100 *c*와 *g*를 참고하라.

g   **혼합된 읽기**(lectiones mixtae). 어떤 형태들은 이상한 모음 표기를 가지고 있으며 이것은 모음 표기를 한 사람들이 두 가지로 발음하는 것이 모두 가능함을 표시하기 원했음을 시사한다([2]). 따라서 시 7.6에 기록된 וְיַרְדֹּף의 모음 표기는 칼형 יִרְדֹּף 또는 피엘형 וִירַדֵּף로 읽을 수 있음을 나타낸다. 혼합된 읽기가 있었다는 가설은 달리 발음할 수 없는 어떤 형태들을 합리적으로 설명할 수 있게 한다([3]).

h   마소라 본문에 나타난 사소한 특징들의 의미가 항상 분명한 것은 아니다. 바로 그런 이유 때문에 후대의 편집자들은 다음과 같은 것들을 부분적으로 무시하였다.

1) 어떤 자음들 위에 외부 점들(*external points*). 예로, 창 16.5의 וּבֵינֶיׄךׇ에서 두 번째 요드 위의 표기, 또는 창 33.4 그리고 그에게 입맞추다에서 모든 글자들 위에(וַׄיִּׄשָּׁׄקֵׄהׄוּׄ) 표기되어 있다. 이런 점들은 사해 사본에서 보는 것처럼 그것들이 표시하고 있는 글자나 그 글자들을 생략하도록 요구하는 것으로 보인다([4]).

2) 큰 글자(*majuscule letters*). 예로, 창 1.1, 아 1.1, 레 11.42(오경의 중간 지점을 가리키는 ו). 그리고 작은 글자(*minuscule letters*). 예로, 창 2.4 이 있다.

---

[1] 다섯 곳에서 이 도시 이름이 요드와 함께 완전 철자법으로 기록되었다. 렘 26.18; 에 2.8; 대상 3.5; 대하 25.1, 32.9.

[2] E. Kautzsch, *Hebr. Gramm.*[27](p. V; 이 중요한 관찰은 28판부터 사라졌다); König, I, p. 160; Berg., I, § 4 *b* 참고.

[3] § 75 *g* תְּהֵלָךְ § 89 *j* וַיֵּלְדָךְ, § 91 *b* כְּבֵרִים 참고.

[4] Martin 1958: I. 154-60을 보라.

3) 들린 글자(*suspended letters*). 예로, 삿 18.30, 시 80.14(시편의 중간 지점을 가리키는 נ).

4) 마지막으로 이유를 알 수 없지만 특이하게 기록된 몇몇 글자들이 있다.

음성론

§ 17. 자음 변화

a　　　**자음 첨가**(consonnant added)는 단어의 처음에 연속적으로 나타나는 자음의 문제를 해결하기 위한 것이다: "어두음 첨가 알렙"(*prosthetic Alef*)은 발음을 쉽게 하기 위해 가끔 단어 처음에 알렙(실제로는 발음되지 않음)이 모음과 함께 첨가되는 것이다. 예로, אֶתְמוֹל (23회) 외에 אֶתְמוֹל 어제(5회)가 있으며, 일반적인 형태인 זְרוֹעַ 외에 אֶזְרוֹעַ 팔(2회)이 나타난다(¹). 마찬가지로 같은 음성적 현상이 다른 언어들 속에서도 관찰된다. 예로, 통속적인 라틴어 *iscientia, istare, estatio, Estephanus*; 영어 *especially, esquire, estate*; 불어 *esprit, espérer* 가 있다. 그리고 열린 반음절(open half-syllable)의 알렙을 가진 단어도 매우 드물게 나타난다. 예로, אֲבַטִּחִים 멜론(아랍어 *biṭṭīḥ*)이 있다. § 88 L *a* 참고.

b　　　**자음 도치**(metathesis). 히트파엘의 동사 활용에서 /t/는 그 다음에 나오는 치찰음과 즉각적으로 교체된다. 예로, */*hit-šammęr* > הִשְׁתַּמֵּר 자신을 지키다가 있다. 따라서 *ts, tš, tṣ*와 같은 자음군을 피하게 된다. 이것은 이미 원시 셈어에서도 마찬가지였다(§ 53 *e* 참고).

　　　그러나 히브리어와 가까운 여러 다양한 셈어들과 모압어의 관용어에서도 단어 가운데 삽입된 *t*의 활용이 존재하는 것을 볼 때, 히트파엘에 일어나는 현상은 진정한 자음 도치 현상이 아닐 수 있다. 즉, 보편적인 음성적 현상이 아니라 예전의 *t* 삽입 활용이 어떤 조건 아래에서 남아 있는 것이라고 볼 수 있다. 또한 일반적으로 이러한 자음 도치 현상은 동사 활용 이외의 경우에는 존재하지 않으며, 특히 히트파엘에 제한된다는 것과 נתש, תֵּשַׁע 9, 아람어 כתש와 같은 어근들이 존재하며, 그것 모두는 연속된 *ts*를 보존하고 있

---

¹ 첫 모음 ę가 여기에 사용된 것은 ę가 이 위치에서 가장 약한 모음으로 느껴졌기 때문일 것이다. 매우 약한 하텝 세골 ◌ֱ에 관해 § 9 *b*를, 하텝 파타흐 ◌ֲ보다 약한 하텝 세골 ◌ֱ에 관해 § 21 *i*를, 그리고 § 68 *a, n*을 참조하라. 그렇다면 부차적인 강세 때문에 마켑과 함께 오는 אֲכָלְכֶם, אֲמָרְכֶם, אֲכָל־מִמֶּנּוּ의 하텝 파타흐를 설명할 수 있을 것이다(אֱלַי 향하여와 אֲלֵיכֶם 너희를 향하여도 보라). 그러나 출 18.12 לֶאֱכָל־לֶחֶם 등과 같은 예외들도 있다. 처음에 오는 이 알렙이 실제로는 발음되지 않았을 가능성에 대해 Levy 1936: כב (p. 24*)를 보라.

다는 점을 주목하라([1]).

　　　사전에서도 가끔 자음 도치 현상을 관찰할 수 있다. 예로, 일반적인 כֶּבֶשׂ 양 (107회)과 כִּבְשָׂה 암양 (8회)과 함께 כֶּשֶׂב (13회)와 כִּשְׂבָּה (1회)도 발견할 수 있다. 또한 שִׂמְלָה 옷 (30회)과 함께 שַׂלְמָה (16회)에서도 발견된다.

c　　　**자음 탈락**(consonant dropped). 자음 탈락은 단어의 처음이든 (*aphaeresis*), 중간이든(*syncope*) 또는 끝이든(*apocope*) 간에 히브리어에서 흔히 나타나는 현상이다. 탈락될 수 있는 자음들은 현저하게 모음적인 성격을 가진 두 개의 자음 /w/와 /y/, 두 개의 약한 후음 /ʾ/와 /h/, 그리고 /n/ (히브리어에서 동화되는 경향이 있음)과 드물게는 /l/이 있다.

d　　　**첫 자음 탈락**(aphaeresis). 단어 처음에 오는 자음 *w, y, n, l* 또는 완전 모음이 없는 ʾ는 탈락될 수 있다. 예로, פ"ו 동사의 명령형 שֵׁב; פ"נ 동사의 명령형 שָׂא; לָקַח 취하다 동사의 명령형 קַח; 흔히 אֲנַחְנוּ 우리 대신에 여섯 번 나타나는 נַחְנוּ가 있다.

e　　　**중간 자음 탈락**(syncope). *h* (최소한 통시적으로 보면 모음 사이에 놓여서 발음됨)는 대체로 사역 동사 미완료와 분사 활용에서 중간 자음이 탈락되는 현상으로 나타난다. 예로, *יְהַקְטִיל 대신 יַקְטִיל이 있다(§ 54 *a*). 마찬가지로, 재귀 동사(히트파엘)에서, 3인칭 대명사 접미사(*hu, hem, hen*)에서도 나타난다. 예로, בָּהֶם, יַקְטְלֵם 대신 בָּם, בְּנוּ קִבְצָן 등. 그리고 יְהוֹנָתָן 대신에 יוֹנָתָן에서처럼 신명(theophoric) 요소인 -יְהוֹ에서도 중간 자음 탈락이 나타난다. 정관사 ה는 ב, כ, ל 전치사 뒤에서 중간 자음 탈락 현상을 일으킨다. 예로, *לְהַמֶּלֶךְ 대신에 לַמֶּלֶךְ이 나타난다(§ 35 *e*).

　　　א은 중간 자음 탈락이 매우 자주 일어나지만, 어떤 형태들에서 그 철자법에 일반적으로 남아 있다. 예로, *לִקְרָאת 대신 לִקְרַאת ~을 향하여; *מֵאֹים 대신 מֹים 결함(מֵאֹים 2회)([2])이 있다.

f　　　**끝 자음 탈락**(apocope). 끝 자음 탈락 현상은 ל"ה 어근의 동사나 명사 형태에서 흔히 나타난다. 예로, וַיַּעֲנֶה (1회) 대신 וַיַּעַן 그리고 그가 대답했다(어근은 ענה임); *לְמַעֲנֶה 대신 לְמַעַן ~때문에가 있다.

　　　통시적으로 말하자면, 여성 단수 접미사 /t/나 /at/가 여전히 연계형과

---

[1] Lipiński 1997: § 41.24-25도 보라.

[2] 참고, Kutscher, *Isaiah*, pp. 498-500.

관련된 형태들 속에 남아 있지만 이것 역시 끝 자음 탈락의 경우로 보일 수 있다. 예로, מַלְכַּת ~의 여왕 그리고 שְׁמָרַתְהוּ (<שְׁמָרַתְהוּ) 그녀가 그를 지켰다이다.

g   **동화**(assimilation). 모음이 없는 자음 n은 그 다음에 오는 자음에 동화되어 그 자음이 중복되는 경향이 있다. 예로, 전치사 מִן의 n이다; 따라서 שָׁם + מִן > מִשָּׁם 그곳으로부터, מִן + זֶה > מִזֶּה 이것으로부터, 여기로부터가 된다. 이 현상은 פ״נ 어근의 동사와 명사 형태에서 규칙적으로 나타난다. 예로, נגשׁ에서 유래한 *יִנְגֹּשׁ 대신에 יִגַּשׁ가 있다(자세한 내용은 § 72에서 참고하라)[1].

동화는 어근의 세 번째 자음에 n이 있는 동사에서는 일어나지 않는다. 예로, שָׁכַנְתָּ 네가 거주했다; תֵּאָמַנָה 대신 תֵּאָמַנָה; תֵּעָגֵנָה 대신 תֵּעָגֵנָה [2]가 있으며; נָתַתָּה 네가 주었다는 예외가 된다(첫 자음이 נ이므로)[3]; 또한 동화 현상의 다른 예로, 시 71.23 תְּרַנֵּנָּה 그들이 기뻐할 것이다; 창 4.23 הַאְזֵנָּה 들어라가 있다.

접두사 הִת의 ת는 그 다음에 오는 치음에 동화된다. 예로, /*mitdabber/ > מִדַּבֵּר;/*hittamma/ > הִשַּׁמָּא가 된다. 그것은 또한 부분적으로 강세음 (emphatic) ṣ에 동화된다. 즉, 그것은 강세음 *t*가 된다. 예로 /*hitṣaddeq/이 (자음 도치와 함께, § *b*) הִצְטַדֵּק이 된다(참고, § 53 *e*).

*l*은 לָקַח 동사에서 동화된다. 예로, יִקַּח가 있다(§ 72 *j*).

*d*는 /*ahadt/에서 온 אַחַת 하나에서 동화된다(§ 100 *b*).

*h*는 그 앞에 오는 *t*나 *n*에 동화된다. 예로, *שְׁלַחַתְהוּ > שְׁלָחַתּוּ 그녀가 그를 보냈다(§ 62 *d*)와 *אֵינֶנְהוּ > אֵינֶנּוּ (§ 61 *f*).

§ 18. 자음 중복

a   **자음 중복**(doubling) 또는 **연장**(prolongation). 자음을 발음할 때 요구되

---

[1] עֵז 염소의 어근 עֲנַנ는 히브리어에 나타나지 않으며 동족어들과 비교해 봄으로써만 추론할 수 있다. 예, 아랍어 ‘*anz*와 아카드어 *enzu*, 참고, § 96 A *o*.

[2] 이 미완료 형태들은 Tropper(1999: 186)의 견해와 상충된다. 그는 שָׁכַנְתָּ 네가 거주했다의 비동화(non-assimilation) 작용과 그와 유사한 것은 마지막 자음과 인칭 접미사 사이에 있는 가설적인 *a* 모음 때문이라고 주장하였다.

[3] 또는 앞선 *t*의 영향 때문일 수 있다: 참고, Ugr. *ytt* 나는 주었다(< √*ytn*). 또한 *ytnt* 네가 주었다. 동화 작용을 과정(fientive) 동사에 제한하고 모든 아인-요드 동사들은 상태적이라고 주장하는 보이그트(Voigt 2002/03: 143-45)의 시도는 설득력이 없다.

는 시간의 차이는 모음을 발음할 때 요구되는 시간의 차이보다 훨씬 덜 인식되지만, 한 자음에 최소한 두 개의 음량(quantities)이 있음을 쉽게 알 수 있다. 한 자음이 연장될 때, 내파(implosion, 공기의 흐름이 멈춤)와 파열(explosion, 허파로부터 공기가 밖으로 빠짐)이 중복된 자음이라는 느낌을 주면서 상당한 간격으로 구분된다[1]. 긴 자음이거나 중복된 자음은 일반적으로 그 글자를 반복하여 음역된다[2]. 예로, אַפּוֹ /ʼap-pọ/가 있다. 그러나 이것은 사실상 하나의 자음을 다루고 있음에도 불구하고 그 자음이 두 번 반복된다고 잘못 생각하게 만드는 약점이 있다. 이 경우는 장모음을 표시하는 것과 같이 긴 자음을 표시하는 것이 논리적일 것이다. 즉 ʼapọ처럼 글자 위에 가로 획(macron)을 사용하거나 ʼap:ọ에서처럼 콜론을 사용하여 표시하는 것이 바람직해 보인다. 그러나 사실 우리는 강 다게쉬가 정확히 무엇을 의미하는지 잘 알지 못한다. 결론적으로 이것은 음성론적으로 자음의 완전한 반복을 다루는 것이 아니라고 할 수 있다. 오히려 형태-음소론적으로(morpho-phonemically) 볼 때, 이 현상은 모음의 삽입 없이 단어 중간에 나오는 자음군 같은 것이다. 예로서, הִלֵּל 그가 찬양하였다와 같은 피엘 동사 형태와 그와 관련된 טִלְטֵל 그가 던졌다와 같은 필펠(Pilpel) 동사 형태를 비교해 볼 때 알 수 있다[3].

aa   중복(gemination)은 מִלָּה 단어와 מִילָה 할례의 대조, מִנִּי ~로부터(시문) 와 מִינִי 나의 부류(my kind)의 대조, עֻלָּהּ 그녀의 굴레와 עוּלָהּ 그녀의 젖먹이의 대조에서처럼, 최소 단위의 쌍들(minimal pairs)이 서로 대조를 이루는 것을 통해 볼 수 있듯이 음소적(phonemic)인 것이다.

b   이와 같이 히브리어는 강 다게쉬로 표시하는 완전한 중복 외에도 가상 중복(virtual gemination)을 가지고 있다. 그것은 반-중복(semi-gemination) 또는 약한 중복(weak gemination)이라고 부르는 것이 더 나을 것이다[4]. 예로, שָׁחַת

---

[1] Rousselot 1902: 993; Passy 1912: § 144ff. Cantineau 1950: 105f도 보라. 다게쉬가 있는 자음들의 발음을 위해 널리 실행되고 있는 이 방법은 이태리어의 *Boccaccio* 또는 일본어 *Hokkaido*의 발음법과 유사하다. 파열음(plosives)과 폐쇄음(stops)은 치찰음(sibilants), 유음(liquids) 또는 비음(nasals)과 같은 방법으로 중복되거나 길어질 수 없다.

[2] *sitting*에서와 같이 영어에서 중복된 글자는 예로, *siting*과 대조적으로 그 앞에 있는 모음이 짧음을 표시하기 위한 철자법상의 고안이다. 독일어의 *Haffen* 호수들(*Haff*의 복수 여격)과 *Hafen* 항구, 덴마크어의 *bomen* 나무들과 *bommen* 폭탄들, 이태리어의 *fato* 운명과 *fatto* 사실의 대비도 마찬가지이다.

[3] Goldenberg 1994: 37-42를 보라.

[4] 참고, Gismondi 1912: § 16 "mitior reduplicatio."

그가 파괴시켰다(שִׁחֵת의 피엘), הַיְלָדִים 그 아이들이 있다. 이 예들은 /*šiḥ-ḥet/, /*ha̦y-yла̊ḏim/에서처럼, 형태론적인 규칙에 따라 중복을 요구한다. 사실 이것에 일반적 의미의 중복은 일어나지 않았지만, 중복이 일어났다면 모음이 있어야 한다. 즉, 중첩 음절(sharp syllable)의 특징적인 모음이 있어야 하는 것이다. 일반적으로 중복은 초기 단계에 존재했다고 추정된다. 그리고 그 중복은 중첩음절이 갖는 모음의 특징들을 생기게 했다고 추측할 수 있다. 그러나 결과적으로 그 중복은 이 모음들에 어떤 변화도 주지 않고 중지된 것이다. 심지어 그 음절이 지금은 열린 음절로 보임에도 불구하고 그렇게 되었다. 이 설명에 의하면 중복의 힘은 여전히 존재하지만, 지금 중복은 존재하지 않는다는 것이다. 그러나 만일 지금 중복이 존재하지 않는다고 해도 열린 음절이 갖는 모음의 특징은 가지고 있어야 한다.

그 예로, שֵׁחֶת*(1)가 있다. 만일 중첩 음절에 전형적인 모음이 유지된다면, 거기에는 어떤 특정한 중복 즉 자음이 장음화되는 현상이 분명히 있었을 것이다(2). 이것은 후음의 자발적인 가상 중복이 일어나는 경우에 훨씬 자주 있었던 것으로 보인다(예, אָחִים이 있음 § 20 *c*). 그 이전에 완전한 중복이 있었다고 가정하기는 어렵다(3). 후음에서 자음이 약간만 길어진 것은 실제로 긴 것이 아니다. 왜냐하면 그 때에는 후음에 다게쉬가 있어야 했을 것이기 때문이다. 그렇다고 짧은 것일 수도 없다. 왜냐하면 그 때에는 그 음절이 열려지고 모음은 열린 음절에 적합해야 하기 때문이다. 그러므로 문제된 자음은 길이에 있어서 중간 정도가 되어야만 한다. 이 현상을 생생하게 표시하자면 /ha̦yла̊ḏim/ 또는 /ha̦yyelа̊ḏim/과 같이 음역할 수 있을 것이다.

c   **강한 중복**(strong gemination, 강 다게쉬에 의해 표시됨)은 필수적(essential)이거나 유음적(euphonic)일 수 있다(§ *h*)(4). 필수적 중복의 경우들

---

1 이 논점은 모음과 음절 사이에 밀접한 관계가 있음을 전제한다(참고, § 28 *a*).

2 마지막 자음의 경우에 관해 § *l*을 참조하라.

3 그러나 § 98 *b* 2를 참조하라. 히브리어에서와 같이 가상 중복이 있는 성서 아람어를 볼 때, 이 중복은 없는 것(zero)이 아니라 반-중복(semi-gemination)으로서 중간 정도의 길이를 가진 것임을 알 수 있다. 사실 이 가상 중복은 강한 중복과 마찬가지로 *n* + 자음으로 분해될 수 있다. מַדָּע*와 מַדְּע* 가 각각 מַנְדַּע와 מַנְדַּע로 분해되는 것처럼 לְהֶעָלָה 들어가도록 하기 위하여(עלל의 하펠 부정사)도 לְהַנְעָלָה로 분해될 수 있다((단 4.3).

4 여기에 보존된 고대 용어들(*dagesh necessarium, d. euphonicum*)은 별로 만족스럽지 못하다. 여기서 필수적이라는 표현은 결코 선택적이란 말의 반의어가 아니며, 필수적인 다게쉬들(기본적인 세

은 다음과 같다.

　　　1) 어떤 자음 바로 뒤에 같은 자음이 따라 올 때. 예로, /nåtan/ + /nu/= נָתַ֫נּוּ (두 개의 *n* 사이에 모음적인 요소가 없다([1]). 삿 19.13 וְלֵ֫כָה 그리고 우리가 머물자(<לְכָה); /kårat/ + /ti/= כָּרַ֫תִּי (§ 42 *e*).

　　　2) /yinten/ 대신에 יִתֵּן이 되는 동화 현상이 일어날 때.

　　　3) 형태의 특성상 중복이 요구될 때. הִתְקַטֵּל קַטֵּל קִטֵּל과 같이 피엘 또는 관련된 동사 형태와 קַטֵּל קְטוֹל קָטִיל 등과 같이 관련된 명사 형태들에서 중복이 요구된다.

　　　4) (후음이 아닌) 자음에 자발적인 중복이 일어나는 경우(§ *d*).

d　　　(후음이 아닌) 자음의 **자발적인 중복**(spontaneous gemination). 이 중복이 자발적으로 불리는 이유는 동화 현상 때문에 일어나는 중복과 달리 외부적인 이유를 갖고 있지 않기 때문이며, 또한 강의형(intensive forms)의 중복에서처럼 내부적인 이유도 없이 나타나기 때문이다([2]).

e　　　자발적인 중복은 끝 자음이 아닌 곳에서 자주 일어나며 이 중복은 원시 모음 /u/ 다음에서 일어난다(후음들과 ר는 예외이다). 따라서 원시 형태 /*ʿagul/(히브리어 עָגֹל 붉은이라는 형용사는 여성형에서 עֲגֻלָּה가 되고(*עֲגֻלָה가 아니다)([3]), 복수형에서는 עֲגֻלִּים이 된다. 마찬가지로 אָדֹם 붉은, אֲדֻמָּה; עָמֹק 깊은, עֲמֻקָּה이다. 원래 /*qutal/이었던 칼 동사의 수동형도 히브리어에서 קֻטַּל이 되어 피엘 동사 수동형 קֻטַּל과 같은 형태를 띠게 된 것도 자발적인 중복 현상 때문이다(§ 58 *a*).

　　　만일 끝에 있지 않은 자음이 중복될 수 없는 후음이거나 ר라면, /*gabuh/

번째 것을 제외하고)은 모두 유음(*euphony*) 때문에 발생한다. 일부 사본들에는 강조적(*emphatic*)이라고 부를 수 있는 후대에 만들어진 다른 종류의 다게쉬가 나타난다(참고, Luzzatto 1836: 197f.).

[1] 모음이 없는 현대 히브리어에서는 נתנו 그들이 주었다와 구분하기 위하여 נתננו 형태로 쓴다. 시 4.2 חָנֵּ֫נִי 나를 불쌍히 여겨주십시오를 동일한 뜻과 거의 같은 식으로 발음이 되는 9.14 חָֽנְנֵ֫נִי와 비교하라. 잠 26.2 קְלָלַת ~의 저주는 קִלְלַת와 거의 같다.

[2] Sivan 1986: 301-12는 시리아-팔레스타인의 아카드어에서 문법적으로 제약 받지 않는 자음의 장음화에 관해 논의한다. 그러나 그와 같은 장음화의 원인이 되는 요소들은 성서 히브리어에서와 다른 것으로 보인다.

[3] 채레(Caere, 오늘날 로마에서 북서쪽으로 50킬로미터 지역에 있는 브라치아노[Bracciano] 호수의 남쪽에 위치하는 체르베테리[Cerveteri]이다)의 에트루스칸(Etruscan) 시의 페니키아 이름은 Ἄγυλλα이며, 라틴어에서는 Agylla(= 동그란 모양의)로 음역된다. 그러므로 중복 현상은 페니키아어에도 존재하고 있었음이 분명하다.

(히브리어 גָּבֹהַ) 높은이 여성형에서 גְּבֹהָה가 되는 것처럼 단모음 /u/가 열린 음절에서 /o̯/가 된다.

이것은 /o̯/가 후음과 ר 앞을 제외하고는 열린 음절에서 유지될 수 없음을 보여준다. (그러나 이차적으로 재생된 /o̯/는 예로 휴지 위치에 오는 יִקְטֹלוּ 에서, 그리고 휴지 위치 앞에 오는 יִקְטֹלוּן에서도 입증된다. § 32 d)[1]. 이것으로부터 후음이 아닌 자음 앞의 열린 음절에 오는 בֹ는 역사적으로 장모음이었다는 결론에 이르게 된다. 예로, קֹטֵל (qātil 형태); חוּל 어근에서 유래한 מְחֹלָה 춤이 있다.

f   자발적인 중복은 다음과 같은 경우에 매우 빈번하게 나타난다. גָּמָל 낙타, 복수형 גְּמַלִּים [2]; עַקְרָב 전갈, 복수형 עַקְרַבִּים; שָׁפָן 날쥐(jerboa), 복수형 שְׁפַנִּים과 같이 a 모음 뒤에서; מַקְטָל 형태의 많은 명사들, 예로, מַעֲמַקִּים 깊은 곳들, § 96 C b. 형용사 קָטָן 작은, קְטַנָּה, קְטַנִּים를 주목하라. 이것과 평행을 이루는 형태인 קָטֹן은 여성형이나 복수형이 없다(§ 99 d). 마지막 모음을 가진 단음절 명사들에서도 자발적인 중복을 관찰할 수 있다. 예로, הֲדַס 도금양(식물, myrtle), 복수형 הֲדַסִּים; זְמַן* 시간, 복수형 זְמַנִּים; אֲגַם 습지, 연못, 복수형 אֲגַמִּים 이 있다.

g   자발적인 중복은 i 모음 뒤에서 다소 드물게 나타난다. 예로, אִסָּר 의무, 책임(qiṭāl 형태); 접미사를 가진 אֶסָרָהּ[3]가 있다. 그것은 또한 קְטָלוֹן 형태(qatalān에서 옴)에서 부차적인 i (a에서 유래된) 뒤에서도 나타난다. 예로, זִכָּרוֹן 기억, 연계형 זִכְרוֹן이 있다(§ 88 M b).

후음 ח의 자발적인 가상 중복에 관해 § 20 c를 보라.

h   유음적(euphonic) 중복 가운데, 특히 연결 중복(또는 연결 다게쉬)과 분리 중복(dirimens, 또는 분리 다게쉬)을 구별할 수 있다(§ k). 연결 다게쉬는 두 단어를 밀접하게 또는 매우 밀접하게 연결함으로 나타난다[4]. 그러나 다음 두

---

[1] גָּדוֹל 큰과 같은 קָטוֹל 형태의 어떤 형용사들은 원래 qaṭul 형태에 속했다. o는 특정한 이유들로 인해 부차적으로 길어진 것이다(참고, § 88 D c).

[2] Camēlus (κάμηλος)는 고전 이후(post-classical) 시대에 때때로 camellus로 기록된다(참고, 이태리어 cammello는 두 개의 임의적인 중복을 가지고 있다!). .

[3] 삿 5.7의 הֲדַלּוּ와 지시 대명사 복수 형태 אֵלֶּה와 같은 형태들도 여기에 속한다. 대부분의 임의적 중복의 경우들은 원래 강세가 현재 중복되고 있는 자음 앞에 있었다고 추정함으로써 설명할 수 있을 것으로 보인다. Lambert, § 74가 그와 같이 설명한다.

[4] 이것은 연성 형태소(sandhi)의 현상으로서, 다게쉬는 단어 처음에(word-initially) 나타나는 점에서

경우를 구별해야 하는데, 드힉과 메라힉의 경우이다(§ *j*).

i   드힉(*Dḥiq* 아람어 דְּחִיק)은 압축된이라는 뜻이다(말하자면, 모음이 두 단어 사이에서 압축되었다는 의미임). 드힉이 나타나는 데 있어서 필요한 조건들은 다음과 같다.

     1) 첫 번째 단어의 끝 모음이 ◌ָ (사실 항상 모음 문자 ה와 함께 옴)이거나 '유성' 슈바 뒤에 오는 ◌ָ /å/이어야 한다(사실 항상 ה와 함께 옴).

     2) 첫 번째 단어의 강세는 밀라(mil'ra)여야 하지만, 이것은 그 다음 단어와 매우 밀접하게 연결되기 때문에 강세가 사라진다. 따라서 이것은 마켑 또는 더 드물게는 연결 악센트에 의해 표시된다.

     3) 두 번째 단어의 강세는 첫 번째 음절에 있어야 한다. 예로, לְכָה־נָּא / lḥån-nå'/ 그러면 오라; נַכֶּה־בֹּו /naḳḳẹb-bọ'/ 우리가 그를 칠 것이다(민 22.6)가 있다.

נַכֶּה, לְכָה와 같이 일차적인 강세가 없는 단어들에서 이 위치에 있는 카메쯔는 같은 급의 /ẹ/, /ọ/와 같은 열린 음을 가져야 한다(참고, § 6 *j*). 이 현상은 닫힌 모음 /ẹ/([1]) 그리고 /ọ/와 함께 나타나지 않고, *a*의 닫힌 음인 /ạ/와도 함께 나타나지 않을 것이다.

관찰. 1) הֲזֶה와 함께 나올 때 중복은 강세와 상관없이 일어난다. 예로, וְזֶה־פְּרְיָהּ 그리고 이것이 그 (땅의) 열매이다 민 13.27(강세가 두 번째 음절에 있음). 그러므로 이 경우는 엄밀히 말하면 여기에 속하지 않는다.

     2) מַה־ (파타흐와 함께 오는)의 경우는 여기에 속하지 않는다. 참고, § 37 *c*.

     3) 이 규칙의 세부 사항들과 예외들은 복잡하다([2]).

j   메라힉(*Merḥiq*, 아람어 אָתֵי מֵרַחִיק 멀리서 오다의 줄인 말)은 강세가 멀리서 온다는 뜻이다(첫 단어의 강세가 밀엘이기 때문이다). 메라힉이 나타나

독특하다. 일반적인 강 다게쉬는 모음 뒤에 일어난다. 이것이 순수한 중복인지 아닌지에 대해서는 토론의 여지가 있다. Berg., I, § 10 *o*, *p*, 그리고 Tur-Sinai 1954: 173을 보라. 그러나 이와 같은 다게쉬를 가진 브가드크파트는 강하게 발음되도록 의도된 것이 아니라고 말하는 베르그스트래서의 주장은 지나쳐 보인다. 참고, 시 30.10의 מַה־בֶּצַע는 헥사플라 세쿤다에 μεββεσε로 음역되었다.

[1]   따라서 항상 הִנֵּה־נָא 형태가 발견된다(창 19.8 등). 창 19.2에 הִנֵּה־נָּא가 예외적으로 한 번 나타난다(마켑 대신 연결 악센트가 나타나는 또 다른 독법). 이 예는 닫힌 모음 *ẹ* 다음에 유음적 중복을 피하는 경향을 분명히 보여준다.

[2]   Baer (1880) vii-xv를 보라.

는 데 있어서 필요한 조건들은 다음과 같다.

　　1) 첫 번째 단어의 끝 모음이 $\circ$ (사실상 항상 모음 문자 ה와 함께 옴)이 거나 $\circ$ /å/(ה와 함께 또는 ה 없이 옴)이어야 한다[1].

　　2) 첫 번째 단어의 강세가 원래부터이든 우연히든, 느씨가(nsiga) 법칙[2]에 의해 강세가 후퇴하기 때문에 밀엘이어야 한다. 다음 단어와의 연결은 밀접해야 하지만 너무 밀접해서는 안 된다. 또한 일반적으로 마켑이 없고 단지 연결 악센트만 있다.

　　3) 두 번째 단어의 강세는 첫 번째 음절에 와야 한다. 예로, חָפַצְתָּ בָּהּ / ḥåfaṣtåb-båh/ 너는 그녀를 좋아한다 신 21.14; הָיְתָה לּוֹ 그것은 그의 것이 되었다 왕상 2.15(느씨가)이 있다; עֹשֶׂה פְּרִי 열매를 맺는 창 1.11(느씨가); שָׁבִיתָ שֶּׁבִי 너는 포로들을 잡았다 시 68.19 (שֶּׁבִי는 שְׁבִי의 휴지 형태이다); לָמָּה זֶּה 그런데 왜? (마켑 없이 17회, 마켑과 함께 7회). 이 위치에 오는 카메쯔는 쎄골처럼 열린 음이어야 한다(참고, § i).

　　관찰. 1) 이 두 유음적 다게쉬가 지닌 본질적인 차이는 첫 번째 단어의 강세에 있다. 드힉의 경우에는 강세가 밀라여야 하지만 그 강세는 사라진다; 메라힉의 경우에 강세는 밀엘이거나(is) 밀엘이 된다(become).

　　2) 카메쯔가 비록 짧아지긴 하지만 /a̯/가 되는 대신 /o̯/와의 유사성 (affinity)을 유지하고 있다는 사실은(예로 עַם, עָם; עַמִּי; מָה, ־מַה에서처럼) 이 현상이 이차적으로 발생한 것임을 보여준다[3].

　　분리 다게쉬(dagesh dirimens). 단어 안의 자음들은 가끔 이 유음적 다게쉬와 함께 나타난다.

k 　　이 중복은 그 결과로 나타나는 슈바와 함께 음절들 사이에 어떤 분리를 만든다. 따라서 עֵנָב 포도의 복수 연계형으로 예상되는 형태인 עִנְבֵי* 대신 עִנְּבֵי 가 레 25.5; 신 32.32에도 나타난다. 마찬가지로 עָקֵב 발 뒤꿈치의 복수 연계형 עִקְּבֵי가 창 49.17에 나타난다. 삼상 1.6의 הַרְּעִמָהּ도 참고하라.

---

[1] 예외적으로 /u/ 뒤에 오는 경우가 있다. 예, קוּמוּ צְּאוּ 창 19.14. Lambert, § 78, n. 4에서 더 많은 예들을 보라. 그곳에 언급된 모든 경우들이 BHS에 나타나는 것은 아니다.

[2] 참고, § 31 *c*. 이 법칙에 따르면 두 개의 강세가 함께 오는 것을 피하기 위해 첫 번째 것이 물러난다.

[3] 히브리어의 유음적 중복과 유사한 현상이 몇몇 언어들에서 예증될 수 있다. 예, 시리아-팔레스타인의 아랍어 방언의 *qultu'llǫ* (*qult*[u] + *lǫ*) 내가 그에게 말했다; 오늘날의 불어 *tu l'as*는 종종 *tu ll'as* 로 발음된다(*il l'a*를 유추하여). 참고, § 35 *b* n.

분리 다게쉬는 특히 유음적 자음인 *l, m, n*과, 치찰음, 연구개음 *q*와 함께 그리고 특히 *b, p, r* 앞에 나타난다. 이와는 대조적으로, 이 자음들에서 다게쉬는 매우 자주 생략된다. 참고, § *m* 3. 브가드크파트가 마찰음이 되는 것을 피하려고 할 때, 분리 다게쉬와 함께 오는 경우는 드물다. 그 외에 유지되는 경우의 예로서는 סְבָכוֹ (다른 독법으로 סֻבְּכוֹ) 렘 4.7이 있다.

l **강 다게쉬의 생략**

A) 일반적으로 어떤 자음에 요구되는 강 다게쉬는 그 자음이 단어 끝에 올 때에 생략된다. 따라서 סָבַב 둘러싸다 동사의 칼 미완료 복수형은 יָסֹבּוּ이지만 단수형은 יָסֹב이다; 히필 미완료 복수형은 יָסֵבּוּ이지만 단수형은 יָסֵב이다; קַל 가볍다(קלל 어근) 동사의 칼 미완료 복수형은 יֵקַלּוּ이지만 단수형은 יֵקַל이다; עמם 어근에서 파생된 실명사의 경우 עַמִּי 나의 백성이지만, עַם으로, 그리고 분리 악센트와 함께 עָם으로 나타난다(¹).

이 위치에 종종 나타나는 ◌ָ 그리고 ◌ֵ (특히 ◌ָ) 모음들은 최소한 자음의 중복 또는 약한 장음화의 경향을 표시한다(참고, § *b*). 이것은 ◌ָ와 ◌ֵ 모음들이 우리가 예상하는 ◌ַ와 ◌ֶ 대신 유지되고 있는 사실을 설명해 줄 수 있을 것이다. 예로, עָם (분리 악센트와 함께)과 הָעָם 외에 עַם에서; צַוֶּה에서 온 어미음이 소실된 명령형 צַו (예로 אֵלָיו, עֲנֵנוּ와 대조됨); 다음과 같은 단어들, מְעַט (복수형 מְעַטִּים), *bint*에서 온 בַּת, § 98 *d* אָב 등과 대조됨); *ʾamint*에서 온 אֱמֶת, 접미사 יֹ를 가진(כַּרְמְלוֹ) כַּרְמֶל가 있다.

m B) '유성' 슈바 전에 오는 자음이 요구하는 강 다게쉬는 종종 생략된다. 왜냐하면 이것은 틀림없이 어떤 경우에 긴 자음이 약한 모음에 의존하는 것을 꺼렸기 때문이다. 따라서 이것은 반-중복(semi-gemination) 또는 약한 중복(weak gemination)의 경우가 된다(§ *b*).

강한 중복(strong gemination)의 중단, 달리 말하자면, 슈바 앞에서 긴 길이의 자음을 중간 길이의 자음으로 짧게 만드는 것은 특히 다음 경우들에 나타난다.

1) 주로 단어 처음의 י에서 강한 중복이 중단된다. *a*) 강한 바브(וַ) 뒤에 나오는 미완료형에서는 항상 강한 중복이 중단된다. 예로, וַיִּקְטֹל (§ 47 *a*), וַיְהִי

---

¹ אַתְּ ʾat (§ 8 *d*, n.)와 נָתַתְּ nåṯat에 있는 강 다게쉬에 관해 § 39 *a*, n. 5를 보라.

가 있다; *b*) 정관사 뒤의 명사들에서, 예, הַיְלָדִים에서 두 번째 자음이 ח 또는 ע이 아닌 한(§ 35 *c*, 예로, הַיְהוּדִים, הָעֵפִים처럼), 첫 요드에서 강한 중복이 중단된다.

2) 정관사 뒤에 오는 피엘과 푸알 분사형의 첫 번째 자음 מ에서 자주 강한 중복이 중단된다. 예로, הַמְבַקֵּשׁ (두 개의 다게쉬를 피하기 위해서일 수 있다)(§ 35 *c*).

3) 유음(liquids) ל, מ, נ, 치찰음, 그리고 연구개음 ק에서 강한 중복이 자주 중단된다(그러나 이 자음들에서 종종 분리 다게쉬가 발견된다. 참고, § *k*). 예로, הִנְנִי(휴지 형태 הִנֵּנִי); הַלְלוּ (하텝 파타흐에 관해 § 9 *c* 참조); מִלְמַעְלָה 위에서부터(그러나 מִלְמַטָּה 아래서부터); בְּקָשָׁה 등 (종종 בָּקֵשׁ 동사와 함께; הַמְבַקְשִׁים에서는 첫 번째 다게쉬가 생략된 후 또 다시 생략됨, 출 4.19; 렘 11.21); נָשְׂאוּ יִשְׂאוּ 운반하다의 미완료형); כִּסֵּא 왕좌에서 온 כִּסְאִי; הַצְפַרְדְּעִים 출 7.29; הַשְּׁפַתַּיִם 겔 40.43.

4) 바브에서 강한 중복이 중단되고 슈바 앞에서 자음이 짧아진다. 예로, עִוְרִים (단수형 עִוֵּר 눈 먼)이 있다[1].

§ 19. 브가드크파트 자음의 마찰음화

a　　　　브가드크파트(bgadkfat)의 이중 발음은 § 5 *o*에서 언급되었다. 우리는 파열음 기호인 약다게쉬(*soft dagesh*, § 10)와 마찰음(spirantised 또는 fricative) 기호인 라페(*rafeh*)에 관해서도(§ 12) 언급하였다[2].

b　　　　**브가드크파트 법칙.** 브가드크파트 자음이 어떤 모음적인 요소 뒤에 나오지 않는다면 그것은 일차적인 파열음 음가를 유지한다. 또한 그것은 다음과

---

[1] 따라서 *t*와 브가드크파트 음들만이 그 어떤 경우에도 중복의 생략을 허용하지 않는다. 이것은 최소한 남은 음들이 다게쉬를 포기할 수 있는 음성론적 조건들 하에서, 이 파열음들과 함께 오며 강다게쉬로 보이는 것이 실제로는 약 다게쉬일 수 있는 증거로 채택될 수 있다. 그리고 이것은 여섯 개의 마찰음 현상의 첫 단계를 가리킨다는 점을 증거해 준다. וַתְּהִי와 וַיְדַבֵּר와 같은 형태들에서 타브가 실제적으로 중복되었다고 주장하는 것은 וַיְהִי와 וַיְדַבֵּר를 고려할 때 자연스럽지 못하다. 따라서 그것들은 /wathi/, /watdabbẹr/ 등으로 음역되어야 한다. 위의 § 5 *q*, n.1을 보라.

[2] 이 복잡한 문제에 관해서는 von Soden 1968을 참고하라.

같은 경우에 마찰음화된다. (1) 브가드크파트가 완전 모음 뒤(이후)에 오든지, 하텝 슈바 모음 뒤(이후)에 올 때, (2) 브가드크파트가 있는 단어의 첫 자음이 단순 슈바를 가지고 있을 때(예, כְּתֹב 쓰라!), (3) 브가드크파트가 활용되는 과정에서 모음의 탈락으로 생긴 슈바를 가진 한 단어의 중간 자음을 따라올 때(예로, וַיִּכְתֹּב > יִכְתְּבוּ > כָּתַב כָּתְבוּ)([1]).

또한 마찰음화에는 몇몇 중요한 범주들이 있으며 이것은 형태론적인 규제나 활용 변화의 영향으로 설명할 수 있다. 이것들은 바로 앞에 단순 슈바가 옴에도 불구하고 브가드크파트 자음이 마찰음화될 때 생기는 경우들이다. 예로 נְדָבָה의 연계형은 [v] 음을 갖는 נִדְבַת가 된다; [v] 음을 갖는 2인칭 남성 복수 명령형의 כִּתְבוּ는 כְּתֹב에서 파생되었다; 후접 전치사 בְּ와 함께 오는 부정사 연계형으로 [f] 음을 갖는 בִּנְפֹל이 있다. דִּבְרְכֶם 너의 말에서처럼 2인칭 대명사 접미사는 항상 [h]와 함께 오는데, 이것은 아마도 אָבִיךְ 너의 아버지 또는 אֲבֹתֶיךְ 너의 아버지들(복수 명사)과 같은 형태의 영향일 수 있다. 또한 יִשְׁמָרְךָ [yišmǫrḥå] 그가 너를 지킬 것이다와 같은 동사에서도 마찬가지이다; 그리고 מַלְכֵי ~의 왕들과 같은(§ 96 A *b*) 소위 쎄골 명사들의 복수 형태는 מְלָכִים의 영향을 받았을 수 있다([2]).

이 법칙은 관성(inertia)을 향하는 자연적인 경향에 근거하고 있다. 브가드크파트에서 파열음이 나오려면 처음에 발성 기관이 닫혀야 하는 반면, 마찰음이 나오려면 어느 정도의 틈새가 있어야 한다. 이와 반면에 어떤 모음이든지 모음을 발음하려면 발성 기관이 상당 정도 열려야 한다. 모음 다음에서 열려 있는 기관들은 파열음에 의해 요구되는 닫힌 상태보다는 마찰음에 의해 요구되는 덜 열린 상태를 유지하는 것이 더 용이하다([3]).

c   단어가 문장의 가장 처음에 오거나 선행하는 단어가 자음으로 끝날 때, 단어의 처음에 오는 브가드크파트는 파열음이 된다. 만일 선행하는 단어가 모음으로 끝날 경우 연결 악센트가 있으면 그것은 마찰음이 되지만, 분리 악센트가 있으면 파열음이 된다. 다음 예를 비교하라. וַיְהִי־כֵן 창 1.7 (마켑)과 וַיְהִי כַּאֲשֶׁר־ 삿 11.5 (자켑 가돌).

---

[1] 마지막 두 부류에 나오는 슈바는 소위 "유성 슈바"이다. (1)에 대한 명백한 예외는 § 100 *c*에서 보라.

[2] 이것은 공시적 서술이며, 통시적으로 접근하면 해석이 달라질 수 있다.

[3] 참고, Sievers 1901: I, 15, n. 1.

d 물론 묵음 א, ה, ו 그리고 י는 마찰음화를 막지 못한다. 그러나 ו와 י가 발음될 경우(§ 7 *d*) 일반적으로 마찰음화를 방지하며, 이것은 그것들의 자음적 성격을 입증하게 된다. 예로, עֲלֵי פִיהֶם 레 7.30; יָדָיו תְּבִיאֶֽינָה 시 22.14가 있다. 이와 유사하게 한 단어 안에서도 나타나며, 예로서 שָׁלֵוְתִּי 욥 3.26을 들 수 있다.

e **예외.** בְּב, בַב, כְפ, כַכ 그룹에서 첫 브가드크파트가 모음 뒤에 나올 때, 예로 וַיְהִי בְּבוֹאָהּ 삿 1.14에서처럼 마찰음화는 일어나지 않는다. 이처럼 비슷하거나 유사한 두 개의 마찰음이 오는 것은 피하게 된다.

f 특정한 경우에 브가드크파트가 파열음이 되는 이유는 형태와 어휘 속에 이미 내재되어 있기 때문이다. 따라서 칼 미완료에서 어근의 두 번째 자음의 브가드크파트는 단순 슈바 뒤에서는 항상 파열음이다. 예로, יִכְתֹּב가 있다. 접미사를 가진 단수 쎄골 명사에서도 마찬가지다. 예, מַלְכִּי 나의 왕 (그러나 מַלְכֵיהֶם 그들의 왕들의 경우는 다르다).

위에 언급된 דִּבַרְכֶם과 달리(§ *b*), 한 단어 형태의 끝에 오는 2인칭 과거 접미사의 타브는 슈바 뒤에서 항상 딱딱하게 파열음으로 발음된다. 예, כָּתַבְתְּ([1]).

§ 20. 후음 자음들(그리고 ר)과 중복

a 후음 א, ה, ח 그리고 ע은(§ 5 *j-l*) 의심할 여지없이 히브리어의 어떤 단계에서 중복되는 현상(gemination)이 있었을 것이다. 일반적으로 셈어에서와 마찬가지로 아랍어에서도 여전히 이와 같은 경우가 있다. 그러나 우리가 관심을 갖고 있는 히브리어 역사의 단계에서는 후음들이 결코 중복되지 않는다([2]). 그렇지만 이것들은 비후음 자음들처럼 약한 중복이나 가상 중복이 될 수 있다(§ 18 *b*). 이 약한 중복은 ח의 자발적인 중복을 제외하고(§ *c*) 그 이전에 있었던 완전한 중복의 흔적으로 남아 있는 것이다. 설음 ר는 완전한 중복 뿐만 아니라(극

---

[1] שָׁלֵוְתִּי와 같이 명백하게 예외적인 것으로 보이는 경우들에 관해 § 5 *q*, n, 8 *d*를 보라.

[2] וַיְּבִיאוּ 창 43.26, 스 8.18; תְּבִיאוּ 레 23.17; רְאוּ 욥 33.21에서 알렙 안에 찍힌 점은 중복을 의미하지 않고, 독자에게 그것이 모음 글자가 아님을 알려 준다. 이것은 팔레스타인 모음 체계로 쓰여진 성경 사본들에서 알려진 관습이다. 참고, Yeivin 1978.

소수의 경우를 제외하고 § 23 *a*) 약한 중복도 될 수 없다(¹).

　　히브리어에서 원래 완전한 중복을 갖고 있던 후음은 약한 중복을 유지하고 있는 경우가 있다(예, 피엘 미완료 יְבַעֵר 그것이 태울 것이다). 또는 어떤 중복도 갖고 있지 않는 경우가 있다(예, 피엘 부정사 בַּעֵר). 위의 두 가지 예에서 보는 바와 같이, 어떤 때에는 가상 중복이 나오고, 또 다른 경우들에는 어떤 중복도 발견되지 않는 이유는 분명하지 않다. יֵעָמֵר (첫 자음이 후음인 동사의 니팔 미완료) 형태에서는 가상 중복이 전혀 나오지 않는다(§ 68 *c*).

　　후음들이 가상 중복되는 경향은 다소 불규칙적이다. 그 경향은 ח에는 강하며, ה에는 꽤 강한 편이고, ע에는 약하며, א에는 매우 약하고 ר에는 전혀 나타나지 않는다. 그렇다면 중복의 성향이 강한 순서를 만든다면 ח > ה > ע > א > ר가 된다.

b 　　가상 중복이 있을 경우 그 음절은 닫힌 것으로 간주되며, 그것의 모음은 닫힌 중첩 음절에서 전형적인 것들이다. 예로, יִקְטֵל에서와 같이 יְבַעֵר가 있다. 가상 중복이 없을 경우 그 음절은 열려 있으며, 그 모음들은 열린 음절에서 전형적인 것들로서(²) בָ, בֵ, 그리고 בֹ가 있다. ר와 함께 나오는 예로, 축복하다라는 동사의 피엘 변화에는 יְבָרֵךְ, בֵּרֵךְ (휴지형 בֵּרֵךְ), בָּרַךְ의 형태들을 갖는다(참고, § 18 *e*).

c 　　ח의 **자발적인 중복**. 후음이 아닌 자음들처럼(§ 18 *d*), 후음 ח에는 때로는 자발적이고 가상적인 중복이 일어난다. 이 특성은 완전 중복이 약화되는 것으로 설명될 수 없다. 왜냐하면 그 후음이 중복을 필요로 하지 않는 단어들에서 일어나기 때문이다. 그것은 이차적인 현상이며 *h* 음의 특성과 관련하여 설명할 수 있다(§ 5 *k*). 이 중복은 다음과 같은 경우에서 일어난다.

　　1) אָח 형제(아랍어 *ʾaḥ*)의 복수 절대형 אַחִים *ʾaḥḥim*에서 그리고 가벼운 접미사들과 함께 가상적인 중복이 일어난다. 예, אָחִי (휴지형 אָחִי), אֶחָיו (בָ에 관해 § 29 *f*를 참고하라). 참고, § 98 *b*.

　　2) 카탈(*qatal*)형태에 속하는 수사 형용사 אֶחָד 하나, 여성형 אַחַת의 단수 형태에서 가상 중복이 일어난다(그러나 복수 형태는 אֲחָדִים이다). 아랍어

---

¹ 예멘과 바빌론 전통에서는 ר의 중복을 알고 있었다. Yeivin 1985: 355를 보라.

² 따라서 보상 장모음화에 관해 말할 여지가 없다. 참고, § 6 *d*. 그러나 순수하게 음성론인 관점에서 볼 때, 세쿤다에 보존된 전통은 이 형태들에 있는 장모음들을 입증해 준다. 예, νηερθ נֶאֱרָה 시 89.40; ηρφου 89.52 הֶרְפַּת. 이에 관한 논의를 Brønno, 68-70에서 보라.

ʾaḥad와 비교하라. 참고, § 100 b.

3) 카틸(qatil) (√אחר) 형태에 속하는 형용사 אַחֵר 다른의 단수 형태에서 가상 중복이 일어난다. 예로서 여성형 אַחֶרֶת(그러나 복수 형태는 אֲחֵרִים, אֲחֵרוֹת)이 있다.

4) 전치사 אַחַר 뒤에서(§ 103 n). 더 적절히 표현하자면, 절대형이 없는 명사의 연계형에서 가상 중복이 일어난다: √ אחר ʾḥr (그러나 복수 연계형을 가진 이 전치사는 אַחֲרֵי이다).

5) 접미사를 가진 명사 מִבְטָח 신뢰에서 가상 중복이 일어난다. 예, מִבְטָחִי. 참고, § 96 C b.

이와 같은 중복은 히브리어의 어떤 독법 전통에도 나타나지 않는다. 그러나 그것은 ח와 같은 것 앞에 오는 모음의 특성을 통해 추론할 수 있다. 그렇지 않다면 אָחִים*, אֶחָד* 등의 형태가 나와야 할 것이기 때문이다.

§ 21. 후음의 자음이 모음에 미치는 영향

a   후음들의 모음에 대한 영향은 상당히 크다. 후음들은 그것들과 동질인 ◌ַ 모음을 선호한다. 그것들은 ◌ַ 모음이나 a 음에 가까운 다른 모음들을 선택하는 경향이 있다. 후음이 ◌ַ 모음을 끌어 당기는 정도는 하향 순으로 ע > ח > ה > א이 된다.

b   ◌ַ 모음은 종종 강세가 있는 음절을 닫는 후음 앞에서 원시 모음 i나 u를 대신한다. 따라서 동작 동사 שָׁלַח 보내다의 미완료형은 יִשְׁלַח (/*yišluḥ/ 대신), 피엘 미완료형은 יְשַׁלַּח (/*yᵉšalliḥ/ 대신, 휴지형 יְשַׁלֵּחַ)이다. /*mizbiḥ/의 연계형은 מִזְבַּח이다(절대형 מִזְבֵּחַ 제단 § c를 보라).

c   ◌ַ 모음은 /o, i, u/ 모음 뒤에 나오면서 강세가 있는 끝 음절을 닫아주는 후음 앞에 "몰래 틈을 타서" 들어간다(따라서 우리는 틈입 파타흐로 부른다). /o, i, u/ 모음은 후음과는 이질적이며, 결코 다른 것으로 대체될 수 없다. 또한 틈입 파타흐는 /e/ 모음 뒤에 올 때 어떤 특정한 상황에서는 다른 것으로 대체될 수 없다(¹).

---

¹ 세쿤다에는 이 이차적인 모음의 흔적이 나타나지 않는다. 또한 단어 끝에서 묵음이 되는 א은 결코 틈입 파타흐를 갖지 않는다.

이 ◌ 모음은 그림상으로 틈입 파타흐(*furtive pataḥ*)라고(¹) 불리며, 매우 짧은 /a̯/이다. 이 틈입 파타흐는 위에 언급된 경우에서 일종의 자음으로 사용된다. 즉, 그것은 선행하는 모음과 함께 중앙에서(centering) 이중 모음이 된다. 예, רוּחַ 신, 영(²); 부정사 연계형 שְׁלֹחַ; שִׂיחַ.

d   강세가 없는 음절(또는 닫힌 음절로 간주되는)을 닫는 후음 앞에서, 원시 모음 *i*와 *u*는 히브리어에서 ẹ와 ọ가 된다. 즉, 그것들은 a̯음에 가까워진다 (부분적 동화 현상). 예로, /*yiʾ-šam/ > יֶאְשַׁם 그가 죄를 지을 것이다, /*yiḥ-zaq/ > יֶחֱזַק 그가 강해질 것이다, /*muʿ-mad/ > מׇעֳמׇד 세워진(³)이 있다. וַיׇּנַח*(칼) 또는 וַיׇּנַח*(히필)을 위한 형태인 וַיׇּנַח(§ 80 *k*), 그리고 נֶחֱמׇד 니팔 동사에서도 마찬가지이다(§ 68 *c*).

               관찰. 물론 후음은 그 앞 음절의 모음 표기에 영향을 주지 않는다. 따라서 후음 앞에 오는 슈바는 바뀌지 않는다. 예로, שׇׁחַט ,שֳׁלְחׇה ,פֳּעׇלִים (פֹּעַל의 복수 형태), וְהׇאׇרֶץ가 있다.

e   **하나의 후음 뒤에서** 후음의 영향은 훨씬 적어진다. 강세가 있는 닫힌 음절에서 종종 원시 모음 *i, u* 대신 ◌ 모음이 발견된다. 예로, /*yišḥuṭ/, יִשְׁחֹט* 대신에 יִשְׁחַט 그가 도살할 것이다, וַיַּעֵד*(עוד의 도치 바브 히필 미완료) 대신에 וַיַּעַד 그리고 그가 증거했다가 있다.

               강세가 없는 닫힌 음절에서 ◌는 자주 ◌ 대신 발견된다. 예로, ל״ה 동사의 히필 완료형 הֶגְלׇה가 הִגְלׇה와 나란히 나타난다; 명사의 예로서, חֶלְקִי חֵלֶק (חֵלֶק 몫에서 옴), עֶזְרִי (도움 עֵזֶר에서 옴, 여성형 עֶזְרׇה)가 있으며; 동사의 예로서, חֶשְׂפִּי 드러냄, 벗음 사 47.2(이례적인 다게쉬와 함께); הֶגְיוֹן, 연계형 הֶגְיוֹן이 있다.

f   후음이 아닌 자음이 슈바를 갖는 경우에 후음 뒤에 하텝 슈바가 나온다. 예로, קׇטְלוּ שׇׁחֲטוּ; עׇמֹד קְטֹל이 된다.

---

¹ 우수한 고대 사본들에는 이 부호는 모음과 마지막 후음 사이에, 또는 후음의 오른쪽에 약간 떨어져 기록되어 있다(이 부호는 일반적으로 도입 파타흐, 선입 파타흐 등으로 불려지지만 강세가 있는 끝 음절을 닫아주는 후음 앞에 틈을 파고 들어가므로 무라오까의 제안을 따라 틈입 파타흐로 이름 지었다-역자 주).

² Brock., *GvG*, I.198; BL, p. 169. 구어체 아랍어에 이와 동일한 현상이 나온다. 예, 같은 단어인 /rūḥ/ 정신, 영혼(*spirit*)이 토착어에서 /rūᵃḥ/로 발음되며 가버려라!를 뜻한다.

³ 호팔 분사. מׇטְׇל보다 더 자주 사용되는 מׇקְטׇל과 비교하라(§ 57 *a*).

하나의 단어 안에서 하텝은 일반적으로 ְ이다.

단순 슈바는 강세가 있는 음절에서 후음 뒤에 유지된다. 예로, שָׁמַ֫עְתָּ가 있다. 그러나 강세가 없는 음절에서는 하텝으로 바뀐다. 따라서 /*naʿri/ 대신 נַעֲרִי; /yeʾsof/ 대신 יֶאֱסֹף이 된다. 그러나 יַחְשֹׁב는 예외이다(§ 68 e).

g 단어 처음에 오는 ה, ח 또는 ע 뒤에서 원시 모음 a와 i 대신 ֱ가 나오며, 때로는 원시 모음 i 대신에 ֱ가, 원시 모음 u 대신에 ֳ가 나온다. 예로, חֲמוֹר 나귀(*himār에서 온 것으로 아랍어는 여전히 이 형태를 갖는다); הֲקִימֹ֫ות는 הֶ 형태와 함께 나타나며 הֱקִים에서 온 것이다; חֳלִי 질병, עֳנִי 가난(qutl 형태).

h 단어 처음에 오는 א 뒤에서 원시 모음 a 대신에 ֱ가 나타나며, 원시 모음 i 대신에 ֱ, 원시 모음 u 대신에 ֳ가 나타난다. 예로, אָב 아버지의 연계형인 אֲבִי, אֱלוֹהַ의 복수 형태인 אֱלֹהִים (아랍어 /ʾilaūh/), אֳנִי 배, 선박(qutl 형태)이 있다. 그리고 אֱנוֹשׁ 사람(/*ʾunāš/> /*ʾunọ̆š/로부터 /*ʾinọ̆š/> אֱנוֹשׁ로 분리 현상을 거쳐 형성된 형태, § 29 h)의 אֱ 또한 주목하라.

그러나 원시 형태가 qitāl(히브리어 קְטוֹל)과 qitūl(히브리어 קְטוּל)인 경우에는 일반적으로 연계형에서조차 אֲ가 אֱ 대신 나타난다. 예로, אֲזוֹר 허리띠, אֲבוּס 구유(참고, § 30 d).

i 활용의 과정에서 ֱ가 강세에서 멀어질 때, 그것은 일반적으로 ְ가 된다. 예로, אֲדֹמִי, אֱדוֹם가 있다. 전치사 אֶל은 시문에서 אֱלֵי, אֲלֵיכֶם이 되며 이와 마찬가지로 ְֱ는 일반적으로 ְְ가 된다. 예로, הֶעֱבַ֫רְתִּי 슥 3.4이다. 그러나 וְהַעֲבַרְתִּי 렘 15.14이 있다[1].

이 현상은 강화된 경우로 간주되어야 한다. 즉, 하텝은 강세의 균형을 맞추기 위하여 약간 강화된다(참고, Jouön 1911: 374).

j 카메쯔가 뒤 따라오는 후음 앞에서 ֳ가 ְ로 바뀌는 경우는 § 29 f를 참조하라.

k 밀엘 명사의 두 번째 모음으로서 쎄골보다 파타흐가 선호되는 경우는 § 88C c, d, h, j를 보라.

---

[1] 마지막 두 개와 같은 예들은 별개의 것으로 간주되어서는 안 된다. 따라서 /ha-/는 널리 추정되고 있는 히필의 원시 형태, 즉 *haqtal의 흔적일 가능성은 희박하다(§ 54 a).

§22. 후음 뒤의 보조 하텝

a 　　　후음은 비후음(non-guttural)과 마찬가지로 단순 슈바 앞에 올 수 있다. 예로, 칼 미완료형에서 יִכְבַּד와 함께 יֶחֱזַק 형태가 발견된다. 그러나 매우 자주 슈바 대신에 아주 짧은 모음이 나오며 주로 완전 모음과 같은 음색을 가진 하텝 (ḥaṭef)이 나온다. 따라서 매우 드문 형태인 יֶחְזַק 대신에 일반적으로 יֶחֱזַק 형태 가 나타난다. 이 보조 하텝의 목적은 후음에서 그 뒤의 자음으로 전환되는 것을 쉽게 하기 위함이다. 매우 짧은 이 모음이 두 개의 인접한 음절에 걸쳐 있게 되 며, 결과적으로 음절 구분이 불가능하게 된다(참고, §27 *a*). 따라서 יַעֲמֹד는 그 림상으로 /yaʿₐmọd/와 같이 표현될 수 있다(¹).

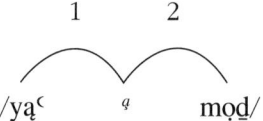

b 　　　하텝에는 엄격한 규칙들이 적용되지 않으므로 많은 변형들과 모순된 형 태들이 나온다. 다음과 같은 것들을 주목할 수 있다.

　　　1) 보조 하텝은 강세가 없는 모음 뒤에서만 나타난다.

　　　2) 보조 하텝은 단순 슈바보다 더 자주 나타난다.

　　　3) א과 ע은 기꺼이 하텝을 취하는 반면, ה와 ח는 하텝 없이도 잘 나타 난다.

　　　4) 후음 뒤에 오는 자음은 하텝을 선호하거나 또는 선호하지 않을 수 있 다. 실제로 후음에서 뒤따라 오는 자음으로 전환할 때 일어나는 어려움의 정도 는 뒤따라 나오는 자음의 성격에 따라 결정된다.

　　　실질적인 예들이 제 1 후음 동사들의 변화와(§68) 제 2 후음 쎄골 명사 들에서 발견된다. 예로, נַעֲרוֹ 그의 젊은이이지만 לַחְמִי 나의 빵(§96 A *i*), פָּעֳלוֹ 그의 일(§96 A *j*)이 나온다.

c 　　　**하텝에서 완전 모음으로의 변화**. 어미 변화에 따라 단어가 길어지는 과

---

¹ 이 하텝들은 칼레(Kahle)가 주장한 바와 같이 티베리아 학자들이 후음들을 그 자음에 상응하게 발 음하도록 인위적으로 고안해 낸 것이 아니다. Morag 11 :1957f.

정에서 하텝 뒤에 오는 모음이 슈바가 되어야 할 때, 그 하텝은 완전 모음이 된다. 예로, יַעֲמֹד, 그러나 יַעַמְדוּ가 된다. 다른 예들로서: נַעֲרוֹ 그러나 נַעַרְךָ; פָּעֳלוֹ 그러나 פָּעָלְךָ(비교, §65와 96 A *j*: 후음이 없는 경우의 보조 모음 ◌ֳ). 메텍에 관해서 §14 *c* 3을 참고하라.

보조 하텝이 항상 사용되지 않는 것과 마찬가지로, 보조 모음도 항상 사용되지 않는다. 따라서 일반적인 יֶחֱזְקוּ 형태 외에도 יֶחְזְקוּ 형태가 사 28.22에서 발견된다.

d   가끔 하텝은 전치사 לְ 다음에서 또 다른 변화가 나타난다. 예로, לַחְפֹּר* 대신에 לַחְפֹּר (§68 *e*)로 나오고; 매우 드물게 בְּ 다음에는 בְּעֶזֹר 대상 15.26(비교, עֶ)이 나온다; 매우 드물게 וְ 다음에는 예로서, וַעֲצֹר 욥 4.2가 나온다. 또한 הָיָה 동사와 함께, הָיָה, לִהְיוֹת 같은 형태도 보라(§79 *s*).

§23. 자음 ר와 후음들의 비교

a   설음의 자음 ר는 발음상 후음은 아니지만 부분적으로 후음처럼 취급된다(§5 *n*).

후음과 마찬가지로 ר는 중복되지 않는다. 그것은 결코 가상 중복이 되지 않는다(¹). 다게쉬로 표시되는 완전 중복과 관련하여, ר는 매우 드물게 허용되고 있지만 정관사 뒤에서는 결코 허용하지 않는다. ר는 항상 삼상 10.24 הַרְּאִיתֶם(²) 네가 보았느냐?, 17.25; 왕하 6.32†의 형태에서 발견된다; מָרַּת / morrat/ ~의 쓰라림(bitterness) 잠 14.10; לֹא־כָרַּת שָׁרֵּךְ 너의 탯줄이 잘리지 않았다 겔 16.4; שֶׁרֹּאשִׁי 나의 머리(that my head) 아 5.2를 주목하라; ר는 어떤 성경 인쇄본에서는 가끔 유음적 다게쉬(드힉 또는 메라힉) 다음에도 나타난다.

b   후음처럼 단어 끝에 오는 ר는 ◌ַ 모음을 선호한다(³). 예로, סוּר 돌리다, 떠나다에서 칼 וַיָּסַר*와 히필 וַיָּסַר* 대신에 나오는 וַיֹּסַר(§80 *k*); רָאָה 보다에서 온 וַיַּרְא(칼 미완료는 יִרְאֶה)는 히필(미완료 יַרְאֶה의 어미가 탈락된 형태)과

---

¹ 참고, Σαρρα = שָׂרָה; Γομορρα = עֲמֹרָה.

² 참고, /arʾrå/ 그가 보여주었다와 같은 사마리아 히브리어 형태; Ben-Hayyim, §2.8.5. 의문사 הֲ 뒤에 오는 ר는 후음처럼 취급되지 않는다. 따라서 הֲרְאִיתָ 네가 보았느냐?라고 말한다(§102 *n*).

³ 시리아어에서는 마지막 *r*와 마지막 *m*까지도 때때로 *a* 모음을 선호한다.

쉽게 혼동할 수 있다; וַיָּצַר에서 온 וַיָּצַר 그리고 그가 포위했다는 וַיָּצַר* 대신에 쓰였다. 이 וַיָּצַר는 √צרר에서 온 צַר의 히필형인 וַיָּצַר 그리고 그가 심하게 압박했다와 쉽게 혼동될 수 있다. 이 동사의 히필형으로는 הֵצַר, יָצַר가 있다. 그러나 ◌ 와 함께 וַיֵּצֶר 그것이 좁았다가 나타나며 §82 b, וַיֹּאמֶר 형태, §73 d가 나타난다. 명사에서도 ◌ 형태가 나타난다. 예, אֹמֶר, בֹּקֶר 등이 있다.

§24. 후음 א

a   알렙은 가장 약한 후음이다. 우리가 관심을 갖고 있는 성서 히브리어가 쓰여진 시대에 그것은 종종 발음되지 않고, 가끔은 기록되지도 않는다(א의 발음은 §5 j를, 모음 글자인 א 은 §7 b를 보라).

b   알렙은 어떤 형태로든 닫힌 음절에서 사실상 발음된다. 즉, 1) 잘 닫힌 음절에서 알렙은 발음된다. 예, יֶאְשַׁם /yeʾ-šam/ 그가 죄를 범할 것이다(יִכְבַּד처럼 닫힌 음절). 2) 반-닫힌(semi-closed) 음절에서 알렙은 발음된다. 예, יֶאֱהַב, הַבְרָאָה (§22 a). 3) 가상적으로 닫힌 음절에서, 즉 가상 중복 다음에 알렙은 발음된다. 예, נִאֵף 그가 간음했다.

알렙이 단어의 어근 중간에나 끝에 오는 경우 그 뒤에 모음이 오면 발음된다. 예, כִּסֵּא = [kisse] 의자에서 온 כִּסְאִי = [kisʾi] 나의 의자, 그리고 שָׁאַל [šåʾal] 그가 물었다. 형태-음소론적으로 מָצָא 그가 발견했다와 같은 형태를 /måṣåʾ/로 분석하는 것이 어느 정도 일리가 있는데, 그것은 결과적으로 מָצְאוּ /måṣʾu/ 그들이 발견했다와 비교해 보면 깔끔한 형태가 되기 때문이다.

c   다른 모든 곳에서는 알렙이 발음되지 않는다. 알렙이 일단 닫힌 음절의 모음 다음에 나타나면 묵음이 된다. 예로, /*maṣaʾ/에서 온 מָצָא(알렙 묵음). 이 전에 알렙이 첫 번째 요소였던 음절의 모음 앞에(¹) 나타나면 묵음이 된다. 예, /*ʾåmar/에서 온 אָמַר가 있다. 이제 /åmar/로 발음되어 마치 모음이 이 단어의

---

¹ 이 경우에 א은 아랍어의 함자(hamza) 없는 알리프(Alif)처럼 모음을 위해 존재하는 단순한 지주어(prop)가 되었다. 알렙이 발음되기 쉬운 위치인 단어 끝에서 더 이상 발음되지 않았던 때에, 그것이 발음되기 더 힘든 위치인 단어나 음절의 첫 부분에서 발음되어야 했다면 오히려 이상하였을 것이다. 그러나 히브리어의 가장 마지막 발전 단계에서조차도 많은 저자들이 단어나 음절의 처음에 오는 알렙에 자음 음가를 주고 있다.

첫 음처럼 들린다.

d   모음이 없는 /ʾ/ 음 앞에 오는 /a/ 음은 두 가지 다른 변화를 거쳤다. 한편으로 그것은 /ā/로 변한 후에 잇달아 /o̦/로 변했다. 이것은 / raʾš/> /rāš/> רֹאשׁ 변화를 거쳐 רֹאשׁ 머리와(§ 98 *f*), / ṣaʾn/에서 온 צֹאן 작은 가축떼(참고, 아랍어 /raʾs/ 그리고 /ḍaʾn/)에서와 같이 일반적인 셈어 현상이다. 또한 מֹאזְנַיִם 저울(아랍어 /mīzān/, wzn 어근), /maʾsir/에서 온 מֹוסֵר 묶는 것(א이 철자에서 생략된다)(¹)이 있다; § 88 L *h*를 참고하라. 그리고 אֹכַל (1인칭 미완료형)의 /o̦/도 더욱 주목해야 한다. 원시음 /ʾaʾ/가 일반 셈어에서 /ʾā/가 되었고, 거기에서 히브리어의 /ʾo̦/가 왔다(참고, § 73 *b*).

    이와 반면에 가나안어의 전형적인 음성적 변화가 작용을 멈춘 후 /maṣaʾ/> /māṣāʾ/> /måṣå/ 같이 /a/는 /ā/가 되고, 그 후 /å/가 되었다.

e   **축약**. 묵음이 되는 과정을 통해 א은 가끔 축약된다. 예로, לֵאמֹר* > לֵאמֹר, וְאֶצֶּלְתִּי* > לֵאלֹהִים (§ 103 *b*). וָאֲצֶּל 민 11.17과 이 동사의 히필 형태의 명백한 예를 고려할 때, וָאָצֶל 민 11.25Q(크레)에서와 같이 알렙이 축약되어 미완료형 요드 *i* 음으로 간주되어야 한다(Berg., II, §§ 14 *h*, 31 *h*와 달리). אָדוֹן의 어떤 형태들은 בְּ, כְּ, לְ 그리고 וְ 다음에 올 때 o̦ 모음은 열린 음절에서 유지된다. 예로, לַאֲדֹנִי, לַאדֹנָי (§ 103 *b*). וָאֲעֶנֶּה 왕상 11.39; וַיֹּאת 사 41.25; מַשֵּׂאת 신 24.10도 주목하라. וְאַבֶּדְךָ 대신에 온 וָאַאַבֶּדְךָ 겔 28.16은 좀 다르다.

f   **모음 전환**(transposition). 묵음 과정을 통해 א은 가끔 모음 전환을 일으킨다. 예로 מֵאָה*(מְאָה*에서 옴) 대신에 מָאתַיִם 200; רְאוּבֵן에서 온 הָראוּבֵנִי 르우벤 사람; 삼상 1.17 שְׁאֵלָתֵךְ에서 온 שֵׁלָתֵךְ 너의 구한 것; מַלְאָכָה* 대신 מְלָאכָה 일; /*śim-ʾāl/에서 온 שְׂמֹאול (שְׂמֹאול) 왼쪽의; מַאוּם은 *מְאוּם을 잘못 쓴 것임.

    단어 처음에 오는 א의 모음 표기에 관해 § 21 *h*를 참고하라.

fa   모음 없는 자음 뒤의 /ʾ/음이 생략되는 것은 후기 아람어의 표준적인 현상으로서, 쿰란 문서 철자법에서만큼 일반적이지는 않다. 이에 관해 Qimron, *HDSS*, 25를 보라. מָלוּ 겔 28.16 그들이 채웠다와 같은 경우는 매우 다른 현상으로서, ל″א와 ה″ל 동사가 합쳐졌을 가능성이 매우 높다. Kutscher, *Isaiah*, p.

---

¹ 문자상 생략된 어원적 알렙들에 관한 분류와 목록을 AF, 88-85에서 보라.

343을 보라. 또한 § 17 *e. s*도 보라.

　　/*rᵊāšim/대신에 나오는 רָאשִׁים 형태도 주목하라. 이와 같은 알렙은 다음과 같이 문자상 생략될 수 있다: תּוֹמִם 창 25.24; אֲחֻזָּנָּה 창 31.39; לְהֹשׂוֹת 왕하 19.25(|| לְהַשְׁאוֹת 사 37.26, 그러나 לִשָׁאוֹת 1QIsᵃ이다).

§ 25. 후음 ה

a　　ה는 다소 약한 후음으로서, 종종 발음되지 않는다.

　　단어 안에 오는 ה는 항상 발음된다. 단어 끝에 오는 ה는 일반적으로 묵음이다. 그러나 그것이 불규칙적으로 발음될 때에는 마픽(§ 11 *a*)으로 표시된다. 예로, גָּבֹהַּ /gåvọh/ 높은, לָהּ /låh/ 그녀에게가 있다. 마소라에서 민 32.42; 슥 5.11 그리고 룻 2.14에 나오는 단어 끝의 ה를 발음하지 않도록 요구하고 있다 (§ 103 *f*). 이것을 더욱 분명히 하기 위해 이 절들에서 לָהֿ는 라페(rafé)와 함께 기록되었다(§ 12 *a*). 마픽 없이 오는 여성 접미사 הָ의 다른 예들도 있다. 이것은 동사와 함께, § 61 *i*; 명사와 함께, § 94 *h*에 나온다. 그리고 יִרְמְיָהוּ 대신에 יִרְמְיָה 그리고 יְשַׁעְיָהוּ 대신에 יְשַׁעְיָה에서와 같이 신명 요소인 יָה를 주목하라.

b　　ה의 중간음 탈락 현상은 § 17 *e*를 참고하라.

c　　3인칭 여성 완료형에 קְטָלַתְהוּ 형태와 ה의 생략과 ת의 중복으로 인한 קְטָלַתָּהוּ와 קְטָלַתָּה 형태가 있다(참고, § 62 *d*).

　　3인칭 남성 인칭대명사 접미사의 ה는 많은 형태에서 사라진다. 예로, /*lahu/ > /law/ לוֹ; /pīhu/ > פִּיו (/piw/).

§ 26. 반-모음적 자음 ו와 י

a　　반-모음적 자음인 ו와 י는 자주 그 앞에 오는 모음과 결합되면서, 그리고 가끔 완전히 탈락하면서 그것들의 자음적 성격을 종종 상실한다.

b　　/uw/음은 /u/음이 된다. 예, /*huwšab/ > הוּשַׁב. /iy/는 /i/가 된다. 예, /*yiyraš/ > יִירַשׁ. 전치사 בְּ, כְּ, לְ, מִן과 접속사 וְ와 함께 나올 때, 다음과 같은 형태가 된다. 예, יְמֵי ~의 날들과 함께, מִימֵי, לִימֵי, כִּימֵי, בִּימֵי 그리고 וִימֵי (참

고, § 103 *b*).

단어 끝에 나오는 /iy/ 음은 הֶ◌가 될 수 있다. 예, /šmōniy/ > שְׁמֹנֶה(참고, 아랍어 /tamān^in/) 여덟; גֵּאֶה 교만한(*qittil* 형태)[1].

c /aw/와 /ay/ 그룹은 그대로 유지되거나 각각 /ọ/와 /ẹ/(덜 드물게 /ę̄/)로 단순화될 수 있다[2].

절대형에서 מָוֶת가 나온다. 그러나 절대형 צוֹם, שׁוֹט, יוֹם(연계형을 따라서 § 96 A *l*)이 나타나며, 연계형에서 מוֹת, יוֹם 등이 된다.

절대형에서 בַּיִת는 첨가의 ה와 함께 בַּיְתָה 형태가 되며, 연계형에서 בֵּית가 된다[3].

부정어 אַיִן은 그 다음 단어에 밀접하게 연결될 때 אֵין이 된다(§ 160 *h*).

시문 형태의 실명사 /śaday/, שָׂדַי는 절대형 שָׂדֶה, 연계형 שְׂדֵה가 된다. 접미사들 앞에서 복수 명사 형태 /susay/는 סוּסֵינוּ 등에서 보는 바와 같이 סוּסֵי가 된다. 그러나 סוּסָיִךְ, סוּסָיִה에서는 סוּסַי가 된다. 참고, § 94.

/aw/, /ay/ 등의 발음에 관해 § 7 *d*를 참고하라.

d 예로서 단어의 끝에서 자음 뒤에 오는 /w/와 /y/는 각각 /u/와 /i/가 된다. 예, /waẙyištạʾhw/ יִשְׁתַּחֲוֶה 그가 경배할 것이다의 끝 자음이 탈락된 형태는 וַיִּשְׁתַּחוּ /waẙyištạʾhu/가 된다(§ 79 *t*). /śạʾhw/ 수영은 שָׂחוּ(겔 47.5)가 된다. /paʾty/ 단순한, 순진한은 פֶּתִי가 된다.

이 짧은 *u*와 *i*를 어쩔 수 없이 완전 철자법으로 기록한 것을 주목하라.

e וְ 접속사는 순음과 단순 슈바를 가진 /y/ 이외의 자음 앞에서, וּ가 된다. 즉 단순 모음 *u*가 된다(참고, § 14 *c* 2). 예, וּמֶלֶךְ(참고, § 104 *c*)[4].

단어 처음에 오는 יִ는 정확히 발음하자면 *yi*이지만, 최소한 어떤 학파들에서는 단순히 *i*로 발음되어 온 것으로 보이며, 현대 이스라엘 히브리어에서도 그렇다. 예로, 고유 명사 יִשַׁי는 대상 2.13에 אִישַׁי로 기록된다[5]. 킴히(Qimḥi)에 따르면 יִקְטֹל은 [iqtoll]로 발음된다[6].

---

[1] Cf. Barth, *Nominalbildung*, pp. XXXff.

[2] 북쪽 방언(사마리아 토기 조각에는 יַיִן 대신 יִן)과 암몬어에서 관찰할 수 있는 축약과 대조된다.

[3] לַיְלָה 밤에 모음 축약이 없는 점을 주목하라. § 93 *g*, 2nd. n

[4] 10세기(?)의 한 마소라 학자에 따르면 *ū* 또는 *ʾu*가 아니다. Levy 1936: 24*.

[5] 고전 시리아어에서도 유사하다.

[6] 단어 처음에 /ʾ/ > /y/ 현상이 일어나는 예들은 Isbell 1978에서 보라.

f   단어 처음에 오는 원시 *w*음은 *y*음으로 대체된다[1]. 예, *walad > יֶלֶד 아이를 낳다(§ 75 *a*). 결과적으로 וֹ로 시작하는 단어는 발견할 수 없다. 다만 다음과 같은 경우는 예외이다. 접속사 וְ, 일반적인 명사 וָו 갈고리, 서로 상관이 없으면서 미심쩍은 두 단어인 וָזָר 와 וָלָד 그리고 몇몇 고유 명사들(§ 75 *a*).

어근의 세 번째 자음으로서 원시음 *w*를 가지고 있는 동사들은 어근의 세 번째 자음으로서 원시음 *y*를 가지고 있는 동사들에 흡수되었다(§ 79 *a*).

정상적이지만 매우 드문 형태인 קוּם (קוֹם 에서 옴)과 함께 역시 드문 형태인 קָם이 나타난다(§ 80 *h*).

g   /w/ 또는 /y/가 인접한 자음으로 대체됨으로써 한 단어 안에서 가끔 /w/ 또는 /y/는 중복을 피한다. 여기에는 /*znuwwim 대신에 /znunim/ ; /*pliyyi/ 대신에 /plili/ ; /*ᶜ*ariyyi*/ 대신에 /*ᶜ*ariri*/; § 80 *h*도 보라[2].

§ 27. 음절에 관하여

a   히브리어는 다른 언어들에서처럼 음절(syllables)을 구분하는 것이 항상 쉽지 않다[3]. 음절 구분이 가능한 경우는 그 음절들이 규칙적일 때이다. 그러나 음절 구분이 쉽지 않은 경우는, 음절들이 규칙에 맞지 않거나 불규칙적일 때라고 할 수 있다.

b   규칙적인 음절은 열린 음절이거나 닫힌 음절이다.

열린 음절은 모음으로 끝난다. קָטְלָה /qå-tlå/ 그녀가 죽였다에서 /qå/와 /tlå/는 열린 음절들이다.

닫힌 음절은 한 자음이나 자음들로 끝난다. אָכְלָה /ʔoh-lå/ 음식에서 /ʔoh/, 그리고 מַלְכִּי /mal-ki/ 나의 왕에서 /mal/은 닫혀 있다.

음절을 닫는 자음이 중복될 때 그 음절은 중첩 음절(또는 경강 음절)이라고 불린다. 예로, עַמִּי /ʕam-mi/, אִמִּי, חֻקִּי ; לָמָּה, יָסֹבּוּ가 있다.

---

[1] 이 현상은 이미 우가릿어에서 일어났다.

[2] Lambert, § 111을 보라.

[3] 이 중요한 음성학적 현상에 관해서는 특별히 Jespersen 153 :1912과 idem 201 :1913f를 보라. 그는 독일어에서 유용한 예들을 인증하는데, 그 중 일부는 히브리어와 유사하다.

c   히브리어에서 불규칙적인 음절들은 불완전하게 닫힌 음절들이다. 다음과 같은 것들이 있다:

1) 반-닫힌(semi-closed) 음절([1]). 이것은 보조 하텝(§ 22 *a*)이 나오는 경우에 발견된다. 예, יַעֲמֹד /ya‘mọd/. 보조 하텝을 대신하는 완전 보조 모음의 경우에도 발견된다(§ 22 *c*). 예, יַעֲמְדוּ /ya‘amḏu/. 그리고 마지막으로 쎄골 형태들에 오는 보조 모음의 경우에도 발견된다. 예, סֵפֶר / se'fẹr /(엄밀히 말하자면 /se'fr/, § 96 A *b*); וַיִּגֶל /wayyi'gẹl/(יִגְלֶה의 끝 모음이 탈락된 형태, § 79 *i*)([2]).

2) 가상적으로 닫힌 음절. 이것은 반-닫힌(semi-closed) 음절의 단순한 변형이며 가상 중복의 경우에 나오는 것과 유사하다. 예, יְבַעֵר (§ 20 *a*), אַחִים (자발적 중복, § 20 *c*).

d   **관찰**. 1) 운율(rhythm)을 계산할 때 완전 음절들만 고려한다. 따라서 יֹרְדֵי בּוֹר 시 28.1에서 첫 번째 단어는 두 음절로 계산된다(참고, § 31 *c*). 마찬가지, 보조 모음들은 무시된다. 예, נַעַמְדָה יָחַד 사 50.8에서 첫 번째 단어는 두 음절로 계산된다(참고, § 22 *c*).

2) 한 음절은 항상 자음(또는 자음들)으로 시작하는 것으로 여겨지며, 이것은 히브리어 철자법 체계에 반영되어 있다. 그러나 음성적으로 음절은 가끔 모음으로 시작되기도 한다. 이것은 종종 א의 경우에 나타나고 있으며(§ 24 *c*), 예로서 יֹאמַר와 같은 단어에서는 알렙이 발음되지 않는다. 또한 이와 같은 현상은 단어 처음에 바브가 오는 경우(§ 26 *e*)와 그리고 아마도 단어 처음에 요드가 오는 경우에도 나타난다(§ 26 *e*).

da   3) 한 음절은 두 개의 연속되는 자음으로 시작할 수도 있다. 이 때 첫 번째 자음은 단순 슈바나 복합 슈바를 갖는다. 예, סְפָרִים /sfå-rim/; אֲרָצוֹת / 'åråṣọt/([3]).

---

[1] 이 모음들은 폐음절에 오므로 이 용어가 반-열림(*half-open*)이란 말보다 낫다.

[2] 이 형태들에서 마지막 모음은 원래 아주 짧았다. 그러나 וַיֵּשֶׁב(미완료형 יֵשֶׁב에서 옴) 같은 형태들에서 같은 모음 부호로 표시된 마지막 모음은 약간 더 길었음이 분명하다. 이 형태에서 ֶ는 보조 모음이 아니다(*way-ye-šẹv*로 음절이 구분된다).

[3] 중세 초기의 히브리어 문법학자들에게 דְּרָכִים에 있는 슈바나 하텝들은 완전 모음들과 동일한 음절의 자격을 가지고 있지 않았다. 따라서 이 단어는 דְּרָ와 כִים으로 나뉘었다. 이것은 그러한 슈바가 "묵음"으로 간주되었다는 것을 의미하는 것은 아니다. 참고, Gumpertz 1953: 131-41. 그리고 Kimḥi 1862: 136b.

db   4) 한 음절은 두 개의 다른 자음으로 닫힐 수 있으며, 끝 자음은 파열음일 때가 많다. 예로, וַיֵּשְׁתְּ 그가 마셨다; יֹלַדְתְּ [분사] (그녀가) 아이를 낳을 것이다; וַיֵּבְךְּ 그리고 그가 울었다; וַיִּשְׁבְּ 그리고 그가 포로로 잡아갔다; נֵרְדְּ 나드(향); קֹשְׁטְ 진리가 있다. כָּתַבְתְּ와 אַתְּ (2인칭 여성 단수 완료형)와 같은 형태들에 관해서는 § 18 *l*, n을 참고하라.

      소위 쎄골 명사(§ 88C *a**)로 불려지는 CVCC(자모자자) 형태의 원시적인 단음절 명사의 경우는 다음과 같다. 끝 자음이 /w/나 /y/가 아닌 경우에, 원시 단모음이 상실됨으로 말미암아 끝자음 뭉치(CC)가 깨어지면서 짧은 단모음이 삽입된다. 이리하여 CV'CVC(자모/자모자)가 된다. 이 과정을 보조 모음 첨가(anaptyxis)라고 부른다:*/malku/ > */malk/ > מֶלֶךְ.

dc   동일한 자음이 원래 단어의 끝에서 중복될 때 그것은 단순화된다. 예로서 לֵב이지만 לִבִּי로, חֹק이지만 חֻקִּי가 된다. 이것은 또한 אַתְּ = /ʾat/이고 /ʾatt/가 아니며, נָתַתְּ = /nåtat/이고 /nåtatt/나 /nåtaʾttə/가 아님을 시사한다.

§ 28. 다양한 종류의 음절과 관련된 모음들

a   모음 형태와 음절 형태 사이의 관계를 지배하는 규칙들이 있다([1]). 어떤 모음들은 특정한 위치에 올 수 없거나 예외적으로 오기도 한다. 우리는 가장 일반적인 관계들에 대한 실제적인 목록을 제공할 것이며, 이것은 모음과 연관된 발음에 있어서 명백한 실수를 피할 수 있게 해줄 것이다. ◌ִ, ◌ֻ, ◌ִ (즉, /i/ 는 모음 문자인 요드 없이 쓰임) 그리고 ◌ָ 모음은 어떤 어려움도 일으키지 않는다: 마지막 두 모음은 강세가 없는 닫힌 음절에서만 나타난다. 예로, יִקְטֹל, יַקְטֵל이 있다. 다른 모음들은 음절의 독특한 형태로 나타나며 이것들은 다음과 같다:

b   A. 1) 강세 없는 열린 음절에는 다음과 같은 모음들이 나타난다:

      역사적으로 긴 ◌ִ, ◌ֹ와 ◌ֵ: 에, תְּקוּמֶ֫ינָה תָּקֹ֫ימֶינָה; קֹטֵל (/*qāṭil/에서 옴); אֱלֹהִים(/*ʾilāhīm/에서 옴).

---

[1] 예로, 폐음절에서 *e*가 항상 열린 ę인 현대 불어 참고. 학계에서 사용하는 철자법인 *événement*은 묵음 *e*가 발음되는 것과 음절을 *é-vé-ne-ment*으로 구분하는 것을 전제로 하고 있다. 사실 묵음 *e*가 더 이상 발음되지 않기 때문에, 이 단어는 음성학적으로 *é-vèn-ment*이 된다.

◌ָ, ◌ֶ와 ◌ֹ: 예, נֶֽעֱבַּד עֶֽנֶב שָׁלוֹם (그러나 ◌ֳ 모음은 후음 앞에만 옴; §18 *d*).

◌ָ, ◌ֶ와 ◌ֹ: 특별한 경우에만 온다. 예, ה 의문사와 함께(§ 102 *n*): הַאֵלֵךְ 내가 갈까?; הֶחָכָם 그는 지혜로운가?; 매우 드물게 ◌ֳ가 온다. 예로, קֳדָשִׁים (§ 6 *l*).

하텝(ḥatef): 예, אֲנִי אֱנוֹשׁ אֳנִי 배들, 선박들.

2) 강세 있는 열린 음절에는 다음과 같은 모음들이 나타난다:

역사적으로 긴 ◌ָ, ◌ֵ와 ◌ֹ: נָקֽוֹמָה קֽוּמוּ יָקֽוֹמוּ.

◌ֶ와 ◌ֹ: 예, סֽוֹבֵּנוּ יִקְטְלֵֽהוּ לָֽנוּ קְטַלָ֫נוּ וִקְטַלְתָּ֫ אַתָּה.

◌ֻ와 ◌ִ: 특별한 경우에만 나타난다. 예, קְטָלָ֫נִי יִקְטֹ֫לָה; ◌ַ(또는 ◌ֻ 또는 ◌ִ)는 모음이 결코 나타나지 않는다.

B. 1) 강세 없는 닫힌 음절에는 다음과 같은 모음들이 나타난다:

◌ַ, ◌ִ와 그리고 ◌ֻ(에만 온다):예, הָנֵּ֫נִי וַיָּ֫קֶם קָדְשֵׁי חֶלְקִי מַלְכִּי.

2) 단어의 끝이 아닌, 강세 있는 닫힌 음절에 다음과 같은 모음들이 나타난다:

◌ַ와 ◌ֵ: 예, תִּקְטֹ֫לְנָה תִּקְטַלְנָה לָֽמָּה לָ֫מֶה.

일반적으로 ◌ֶ가 온다. 예, תִּכְבַּ֫דְנָה. 그러나 ◌ִ는 단지 드물게 또는 중첩 음절에만 나타난다. 예, 접미사에서는 ◌ִי ◌ִנִי 등에 나타나고, 결코 ◌ֻ가 오지 않는다(◌ָ 또는 ◌ֹ도 오지 않는다).

3) 단어 끝에 강세가 있는 닫힌 음절에 다음과 같은 모음들이 나타난다:

역사적으로 긴 ◌ָ, ◌ֵ와 ◌ֹ: קָטוֹל יָקִים יָקוּם.

◌ַ, ◌ֶ와 ◌ֹ: קָטֹן כָּבֵד דָּבָר.

가끔 ◌ֻ가 나타난다. 예, קָטַל קֻטַּל (연음 형태); פָּרַס 페르시아; 그러나 ◌ִ 형태는 비교적 드물게 나타난다. 예, בָּבֶל כַּרְמֶל עֲרָפֶל אֱמֶת דִּבֶּר אַמְרָפֶל; 접미사 כֶם כֶן הֶם הֶן; ◌ֻ는 결코 나오지 않는다(◌ָ 또는 ◌ֹ도 나오지 않는다).

§29. 모음 변화

모음 변화(vowel changes)는 원시 모음에서 온 것이든(§ 6 *i*) 히브리어 안에서 생긴 것이든 간에 히브리어(및 아람어)의 두드러진 특징이다. 더욱이 이러한 모음의 변화는 다소 일정하지 않지만 모음의 음량과 음절의 형태에 의해 좌우된다. 모음 변화와 탈락은 자주 강세의 이동에서 비롯된다(§ 30).

aa   통시적, 또는 공시적 차원에서 /a/와 /i/ 간의 교체를 설명할 수 있는 두 가지 중요한 규칙들이 종종 언급된다. 첫째는 필리피 법칙(Philippi's law)으로[1] 강세가 있는 닫힌 음절에서 /i/가 /a/로 바뀌는 것이다: 예, /*bint/(고전 아랍어처럼)〉 בַּת (그러나 접미사가 붙고 따라서 강세가 없을 때 원래의 모음과 함께 유지된다. בִּתִּי 등). 두 번째는 모음 약화의 법칙으로[2] 전자와 반대되는 현상을 설명하려고 한다: 즉, 강세가 없는 닫힌 음절에서 /a/가 /i/로 바뀐다: 예로, /*haqtal/ > /*hiqtal/ (미완료 형태로부터 유추하여) /hiqtil/이 되며, 이 형태는 표준적이고 기본적인 히필 형태이다. 이 두 법칙에도 예외와 어려운 점들이 없지 않다[3].

ab   이중 모음 /áy/와 /áw/는 강세가 이동할 때 자주 단모음으로 발음되거나 각각 /ē/와 /ō/로 축약된다(cf. § 26 c):

(1) 복수 형태소가 첨가될 때: 예, לַיְל, לֵיל, לַיְלָה 밤 > לֵילוֹת; אָוֶן 슬픔 > אוֹנִים[4].

(2) 연계형 상태에서: 예, לֵיל ~의 밤; מוֹת אָבִי 내 아버지의 죽음(מָוֶת).

(3) 소유 대명사 접미사가 첨가될 때: 예, אוֹנִי 나의 슬픔; בֵּיתָם 그들의 집.

(4) 몇몇 동사 변화에서: 예, /*haylil/> הֵילִיל 그는 신음소리를 내었다; /*hawrid/> הוֹרִיד 그가 끌어내렸다(§ 76 c; 75 a).

יָדַי /yādáy/ 내 손들과   יָדַיִךְ 당신의(여성 단수) 손들을   יְדֵי /ydē/ ~의 손들과 비교하라[5].

몇 개의 예외로서, חֵיל 성벽과 대비되는 חַיִל 힘; עַוְלָה 불의와 대비되는 복수형 עוֹלוֹת와 규칙적인 צֵידָה (< √ צוד) 여행을 위한 음식[6]이 있다.

---

[1] Philippi 1878: 42를 따라 그와 같이 부른다. 필리피 법칙을 연대적으로 재구성한 것에 관해서는 Blau 1986, Blau, *Grammar*, § 9, 그리고 Qimron 1986a, 1986b를 보라. Lambdin 1985도 참고하라. 이 법칙이 적용되지 않는 전통이 있었다는 것은 הַלַּיְלָה를 ελλελθ로 음역한 데서 분명하게 드러난다: see Brønno, 303, 305. 사마리아의 히브리어에서도 상황은 동일하다: *faqqidti* (Ben-Ḥayyim 112). See Qimron 1991.

[2] 참고, Qimron and Sivan 1995.

[3] Harviainen 21-16 :1977에서 간결한 개요를 보라.

[4] /áy/ 및 /áw/ 대신에 /áyi/ 및 /āwe/가 나오는 것은 § ʌʌ C*f.* 참조.

[5] יָדֵינוּ 우리의 손들과 יָדֶיהָ 그녀의 손들에서 강세 /ē/ 또는 /e/는 그것들이 복수연계형 יְדֵי에서 온 것으로 설명할 수 있다. 즉, 그것들은 속격 접미사 자체가 모음을 갖는 /*yadáynu/에서 온 것이 아니다.

[6] 어근적인 요드는 그와 짝을 이루는 바브보다 더 자주 철자법에서 보존되므로, /aw/의 단축은 /ay/의 단축보다 더 이전에 일어났을 것이다. 참조, Blau 1995: 8.

b   원래 장모음인 /ọ/ (/ā/ 또는 /aw/에서 옴), /u/ 그리고 /i/는 일반적으로
쎄 안정적이지만(¹), /ọ/는 강세가 없는 음절에서 자주 /u/로 약화된다. 두 번째
현상은 ע″ו 동사의 니팔 נָקוֹם의 변화에서 규칙적으로 나타난다: /ọ/는 주된 또
는 부차적인 강세를 상실할 때 /u/로 변한다: נְקוּמֹתִי, נְקֻמֹתֶם, נָקֹמָה, 그러나
이다(§ 80 *l*)(²). 가끔 쌍을 이루는 특정한 단어들에서 이와 같은 모음의 변화가
일어나는 것을 볼 수 있다. מְלוֹנָה 쉼과 מְנוּחָה, מָנוֹחַ 밤을 지내는 장소와 מָלוֹן,
מָנוֹס 도주 (접미사와 함께 מְנוּסִי)와 מְנוּסָה(³).

ba   어근적으로 볼 때 장모음 *ū*와 *ī*는 고전 아랍어에서처럼, 닫힌 음절에 올
때 단축된다. 따라서 יָקֻם (그리고 וַיָּקָם, 이 형태는 칼 지시형 3인칭 남성 단수
*ya'qum*에서 왔다. 그러나 תָּקוּמִי 2 여성 단수 *taqūmī*가 있다); יָקֵם(그리고
וַיָּקֶם은 히필 지시형 3인칭 남성 단수 *ya'qim*에서 왔다; 그러나 יָקִימוּ는 3인칭
남성 복수 *yaqī'mū* 임을 알 수 있다. 그렇지만 명사와 형용사는 이런 변화에 영
향을 받지 않는다. 왜냐하면 그 단어 끝의 단모음들(문법적인 격 표시)은 동사
변화에 나오는 모음 단어 끝 모음 형태소보다 탄력이 더 강하기 때문이다(⁴). 그
러므로 שׁוּק 거리는 שֻׁק이 아니며 קִיר 벽은 קֶר가 되지 않는다.

c   ◌ָ 모음은 강세를 상실할 때 일반적으로 ◌ְ가 된다. דָּבָר의 연계형은
דְּבַר, דָּם 피의 연계형은 דַּם이다.

       ◌ֵ 모음은 강세를 상실할 때 일반적으로 ◌ֶ 또는 (특히 중첩 음절에서) ◌ִ
가 된다. חֵקִי, חֵק; תְּסֻבֶּינָה, יָסֹב; וַיִּסֹּב, יָסֵב; כֻּלָּם, כָּל-, כֹּל.

       ◌ֹ 모음은 강세를 상실할 때 일반적으로 ◌ָ 또는 ◌ֻ(특히 중첩 음절에서)
가 된다. אִמִּי, אֵם; תְּסֻבֶּינָה, יָסֹב; וַיִּסֹּב, יָסֵב; אִתִּי, אֵת, אֶת.

d   ◌ֵ가 ◌ִ로 약화되는 것이 가끔 지나치다고 생각되면, ◌ֵ는 단지 ◌ֶ가 된
다. 따라서 피엘에서 קִטֵּל은 정상적인 형태이자 휴지 형태인 반면, קִטֶּל은 연
음(liaison)이 된 이차적인 형태이다(§ 52 *c*). 묵음이 발생하는 פ″א에서 יֹאכֵל
은 휴지 형태이고, יֹאכֶל은 일반적인 형태이다(§ 73 *d*). זָקֵן 형태의 변화에서
연계형은 זְקַן이고(§ 96 B *d*)(⁵), 이 변화에서 필리피 법칙이(§ *aa*) 작용하고 있

---

¹ *ọ*에 관한 예외를 § 89 *i*에서, *i*에 관한 예외를 § 89 *f*에서 보라.

² 이것은 יָסֹבּוּ, תְּסֻבֶּינָה, חֵק, חֵקִי에서 흔히 나타나는 동일한 변화에 의해 영향을 받았을 수 있다.

³ תְּבוּנָה 명철과 같이 쌍을 이루는 유사어가 없는 특정 단어들에서 *ū* 는 *ọ* 에서 (따라서 원시 *ā*에서)
온 것으로 보인다. 참고, Joüon 1920: 369. מוּסָר, § 88 L *e*와 같은 단어들도 참고하라.

⁴ Blau 1976: § 9.1.3.

⁵ 그러나 ◌ֵ는 ◌ַ가 될 수 있다. 예, הֵפֵר, הֵפַר (§ 32 *c*).

음을 관찰할 수 있다. 이와 유사하게, 끝 음절 전에 강세가 있는 닫힌 음절에서 자주 Ȯ 대신 Ọ가 온다. הִקְטַלְתְּ, קְטֵל, קְטַלְתְּ‬, כְּבַדְתְּ, כָּבֵד‬, 그리고 히필에서 (*hiqtilta, הִקְטֶלְתְּ‬* 대신)이다. 그렇지만 여성 복수 미완료 어미 ẹlnå의 변화에는 문제가 있다: ẹlnå는 히필 תַּקְטֵלְנָה‬에서 유지된다(다소 특징적인 i를 유지하기 위하여). ẹlnå는 일반적으로 피엘에서 유지되는 한편, 히트파엘에서는 일반적으로 ạlnå가 된다; 니팔에서는 항상 ạlnå가 나타나며, 휴지 형태에서도 마찬가지이다(즉, 푸알과 호팔 수동 동사 변화처럼, 그리고 아마도 이 활용들에서 유추할 때); פ"י 동사의 칼형에서 항상 ạlnå가 나타난다: 예로, תֵּשַׁבְנָה‬. 단지 명령형에는 תֵּלַכְנָה‬(לֵכְנָה‬에도 불구하고)와 피엘 לְמֶדְנָה‬ 형태가 발견된다(Stade, § 612). 예외적인 ẹlnå 형태가 וַתְּהַלֵּלְנָה‬ 겔 13.19에 한 번 나타난다.

e　　　　　Ọ 모음은 Ȯ 또는 Ẹ로 약화될 수 있다(§ *g*)[1].

Ọ 에서 Ẹ로 되는 첫 번째 등급의 약화(attenuation) 현상은 자주 나타난다[2]. 그것은 다음과 같은 경우들에 나타난다.

1) מֶלֶךְ‬ 형태의 쎄골 명사(참고, מַלְכִּי‬)와 יִגֶל‬ 형태의 동사(יִגְלֶה‬의 끝 모음이 탈락된 형태)에서 Ọ 대신 오는 강세를 가진 Ẹ는 보조 모음 Ẹ의 영향 때문이다. § 96 A *b*.

2) 대부분의 /mẹqtål/과 /mẹqtlå/ 형태에서 비-후음 앞에 이 현상이 나타나는 것으로 보인다. 예, מֶרְכָּבָה‬ 마차, מֶמְשָׁלָה‬ 통치[3].

3) 특정한 소수의 경우 중에 가장 주목할 만한 것은 יָד‬, 연계형 יַד‬에서 온 יֶדְכֶם‬ 너희들의(남성 복수) 손이다(마찬가지로 성서 아람어에 יֶדְהֹם‬ 그들의 손 스 5.8이 있다).

f　　　　　더구나 **카메쯔**나 하텝 카메쯔와 함께 오는 후음 앞에서 Ọ는 규칙적으로 Ȯ가 된다. 예로, בְּחֶרֶב‬ 그러나 אָחִים‬이며, אָחִי‬ 그러나 אֶחָיו‬이다(§ 20 *c*). בְּחֶרֶב‬ 그러나 בְּחָרֶב‬이며, יִתְנַחֵם‬* 그러나 יֶתְנַחֵם‬ 그가 뉘우칠 것이다이다. הֶחָכָם‬ 그 지혜로운 자 그리고 그는 지혜로운가?이며, הֶחָרָשׁ‬ 그러나 הֶחֳדָשִׁים‬이다(§ 34 *d*).

만일 카메쯔가 "짧다면"(즉, 강세가 없는 닫힌 음절에서), Ọ는 그대로 유지된다. 예, הַחָכְמָה‬ 지혜. 이 예외적인 경우의 근거는 확실하지 않다.

---

[1] 참고, Revell 1992.

[2] 바빌론 발음에서 ạ는 ä (= ẹ)가 되었다. § 6 *g*, 3rd n.

[3] 후음 앞에서 Ọ는 원래 모음 *i*가 후음에 부분적으로 동화되어 생긴 것으로 보인다(§ 21 *d*). 예, מֶחֱזֶה‬ 창문 (חֹזֶה‬) 이상, 환상과 대조).

여기서 ָ◌에서 ◌로의 변화는 약화 현상으로 간주하기 어렵다. /ẹ/와 /ọ/의 두 음색은 히브리어 모음의 저울에서 두 개의 대칭을 이루는 열린 모음이다(§ 6 *b*). 실제로 그것들은 중앙 모음 /ạ/로부터 한 등급씩 떨어져 있다. 따라서 문제가 된 법칙은 모음 조화의 경향으로 설명될 수 있을 것이다.

이 /ẹ - ọ/ 모음 연속은(sequence)(¹) 매우 선호되며, 여기에 인용된 법칙의 범위 밖에서 나타난다.

A) **후음 앞에서**: 1) יִקְטְלֵהוּ 그러나 יִקְטְלֶהָ; 2) יַחֲבֹשׁ 그가 묶을 것이다. וַיַּחֲבֹשׁ, 그러나 יֶחְבָּשׁ־ 욥 5.18†(휴지 형태에 /u/에서 온 /ọ/가 있다. § 32 *c*); 밀접하게 연결된 두 개의 단어에서, 예, דְּעֶה חָכְמָה (מֶה עָשִׂיתִי(§ 37 *c*), 대신 מַה (דְּעֶה 대신; 짧은 카메쯔 앞에서!) 잠 24.14 지혜를 알라!

B) **비후음 앞에서**: 1) סוּסֵנוּ, 그러나 סוּסֶךָ; 2) סוּסֵיכֶם, סוּסֵינוּ 그러나 סוּסֶיךָ, סוּסֶיהָ; 3) פְּרִיִי, פְּרִי, 그러나 פֶּרְיְךָ; 4) פַּדָּן (고유 명사) 그러나 פַּדֶּנָה(²).

g 마찬가지로 ◌가 ◌로 되는 두 번째 등급의(degree) 약화 현상도(§ *aa*) 매우 흔하다.

원시 /a/는 완료형 נִקְטַל, הֻקְטַל에서 ◌가 된다. (그러나 미완료형은 (וַיַּקְטֵל), קַטֵּל (중첩 음절에서, 그러나 미완료형은 (יְקַטֵּל); 동작 동사의 칼 미완료형 יִקְטֹל (§ 41 *e*)에서, /davrẹ/ 대신 오는 דִּבְרֵי (דָּבָר에서 옴) 형태의 복수 연계형에서도(§ 96 B *b*)(³) ◌가 된다.

◌에서 ◌가 되는 약화 현상은 명사의 변화에서 자주 나타난다. 1) מַלְכִי 외에도 צִדְקִי, מַלְכֵי 외에도 בִּגְדֵי, כַּסְפֵּי 외에도 נִסְכֵּי, כִּבְשָׂה 외에도 כַּבְשָׂה에

---

¹ 이 모음 연속을 논할 때, 우리는 *a*에서 온 카메쯔, 즉 *å*를 순수하게 음성학적 방식을 따라 *ọ*로 음역함으로써 음성학적 현상에 관심을 끌고자 한다.

² 또한 §§ 68 *e*, 79 *q*, 88 L *g*, 93 *c*, 94 *c,d,h*, 96 A *q*, B *f*를 보라.

³ 이 마지막 예와 그와 유사한 것들에 대하여 대안적인 (널리 받아들여지고 있는) 설명은 다음과 같다. 즉, /i/는 단어 처음에 자음이 겹치는 것을 해결하기 위해 고안된 보조 모음이다. 이리하여 /*dvrẹ/> /divrẹ/. 이 자음 겹침은 /*ldvårim/> /lidvårim/에서와 같이 처음에 오는 자음이 후접어인 경우도 포함한다. 그러나 § 96 B *b*, 그리고 첫 번째 각주를 보라. "보조 모음"이라는 개념은 중세에 나온 것으로 Lambert(§§ 39, 3; 118)가 이미 알고 있었으며, Bravmann 1938: 1-102에 대한 통찰력 있는 비평서인 Cantineau 1949에서 충분히 설명되고 다양한 문법적 범주들에 적용되었다. Cantineau는 문제가 된 음성학적 과정에 대한 Bravmann의 설명에 반대한다. 그러나 그는 여러 종류의 보조 모음들로서 특히 /i/는 개음절 처음에 모음이 상실되어 발생하는 단어 초두의 자음 겹침 문제를 해결하기 위해 생긴 것이라는 점에 대해서는 동의한다.

서 (따라서 קָטְלָה 외에도 여성 부정사 형태인 קִטְלָה가 발견된다. §49 *d*)([1]); 2) מַרְבֵּץ 형태가 연계형 מִרְבַּץ로 변하는 것에서(이화 현상 §96 C *c*); 3) דִּמְכֶם 너희들의(남성 복수) 피 형태에서([2]); 4) *qall* 형태의 일부 명사에서, 예로, פַּת - פַּתִּים; מַס - מִסִּים, 그러나 שַׁק - שַׂקִּים이나 רַב - רַבִּים; דַּל - דַּלִּים과 같은 형용사에서는 이 현상이 나타나지 않는다.

h   **이화 현상**(dissimilation). 어떤 모음들은 동일하거나 유사한 음색을 가진 두 모음의 연속을 피하는 경향이 있다는 것 외에 달리 설명할 수 없다.

          רִאשׁוֹן (רֹאשׁ에서 옴)의 첫번째 모음은 이화 현상 때문이다. 이와 비슷하게 חוּץ에서 온 חִיצוֹן, 연계형 תּוֹךְ에서 온 תִּיכוֹן, אֱנוֹשׁ (§21 *h*), יְהוֹשֻׁעַ (고유 명사)에서 온 יְהוֹשׁוּעַ* 대신에 יְשׁוּעַ도 유사하다.

          לֹא + לוּ에서 온 לוּלֵא ~아니라면(4회), לוּלֵי 10회)에서 두 번째 모음에 이화 현상이 나타난다. 그리고 /ʾoḥọl/ 대신 오는 묵음이 있는 פ״א 동사의 미완료형에서 אֹכֵל 형태에서도(§73 *c*) 두 번째 모음은 이화 현상이 나타난다.

§30. 모음 탈락

a   원시어든 히브리어든 모음들은 종종 힘(에너지)의 변화나 강세의 이동으로 탈락된다. 생략된 모음은 슈바나 그것을 대체하는 형태인 하텝의 형태로 가벼운 흔적을 남긴다. 따라서 דָּבָר라는 단어는 주된 강세가 사라지는 연계형에서는 דְּבַר가 되고, 강세가 /im/으로 이동하는 복수 절대형에서 דְּבָרִים이 된다.

b   원래부터 장모음과 축약된 모음들은 탈락하지 않는다. 예로, /mayṭib/ 대신 מֵיטִיב 형태에서 연관된 두 모음들은 활용을 통해 계속 유지된다; 연계형 מֵיטִיב, 복수 מֵיטִיבִים, 복수 연계형 מֵיטִיבֵי([3])가 있다.

          미완료 직설법 형태 יָקוּם, 지시형 형태 יָקֹם, 도치 바브 미완료 형태

---

[1] 그러나 이 형태들에서 기본을 이루는 모음이 정말로 /a/라는 절대적인 확실성은 없다. 같은 계통 언어들로부터 오는 증거들은 종종 모순되고(예, 시리아어 /kespå/), 내부적인 변동도 있다(예, כֶּסֶף 형태와 נֶסֶף 형태가 모두 발견된다). 참고, §88C *a**.

[2] 마찬가지로, 아람어 타르굼에 דִּמְכוֹן이 나온다. 참고, Dalman 1905: 202.

[3] 따라서 출 2.9 וַהֵינִקֵהוּ 그리고 그녀가 그에게 젖을 먹였다는 형태는 원래 וַתֵּנִיקֵהוּ가 되어야 하는데 예외적이다.

וַיָּ֫קָם 등의 변화에 있어서, 두 개의 다른 형태가 연관되어 있음을 알 수 있다. 즉, 직설법의 원시 형태는 장모음을 갖고 있었고, 지시형의 원시 형태는 단모음을 갖고 있었다.

c   **닫힌 음절**에서 원시 단모음은 음절 자체의 성격에 의해 보호된다; 그것들은 그들의 음색을 바꿀 수는 있지만 없어지지는 않는다. 예, /*qudši*/ > קׇדְשִׁי.

d   **열린 음절**에서 원시 단모음은 쉽게 탈락된다. 다음과 같은 주된 사실들을 살펴볼 수 있다.

A) **끝 음절 강세가 있는 두 음절 단어에서:**

1) 두 번째 모음이 원시 단모음이라면 첫 번째 모음은 그대로 유지된다. 예, /*qatal*/ > קׇטַל; /*dabar*/ > דׇּבׇר; /*ʿinab*/ > עֵנׇב; /*ʾilay*/ > אֵלַי 나를 향하여.

2) 두 번째 모음이 원래 장모음이었다면, 첫 번째 원시 모음 /a/는 그대로 남고[1], 원시 모음 /i/와 /u/는 사라진다. 예, 첫 번째 모음 /a/와 함께: /*qaṭāl*/ > קׇטוֹל(부정사 절대형), /*šalām*/ > שׇׁלוֹם, /*qaṭūl*/ > קׇטוּל(수동 분사형); 첫 번째 모음 /i/와 함께: /*zirāʿ*/(아랍어 /dirāʿ/) > זְרוֹעַ; /ṣirār/ > צְרוֹר (§ 6 *f*), /*ḥimār*/(아랍어에는 여전히 이 형태이다) > חֲמוֹר (후음 아래 하텝 파타흐, § 21 *g*) [그러나 원시 형태에서는 어근의 첫 자음 א을 가지고 있는 /qiṭāl/과 /qiṭūl/이 되고 /i/는 탈락되지 않지만 ◌ֱ가 된다. 예, אֵבוּס, אֵזוֹר (§ 21 *h*)]; 첫 번째 모음 /u/와 함께: /*lubūš*/ > לְבוּשׁ 옷(수동 분사 לׇבוּשׁ 옷을 입은과 달리); /*gubūl*/ > גְּבוּל 국경.

e   B) **끝 음절 강세가 있는 두 음절 이상의 단어에서:**

일반적으로 강세 전의 모음은 영향을 받지 않고 유지되며, 강세 전전 모음은 탈락된다. 예, /*ṣadaqat*/ צְדׇקׇה; /*ḥakamat*/ חֲכׇמׇה 지혜로운 여자; /*zaqinat*/ > זְקֵנׇה 늙은 여자; /*qaṭaltẹm*/ > קְטַלְתֶּם.

그러나 (접미사 없는) 완료형에서 강세 전전 모음이 유지되고 강세 전 모음이 탈락된다. 예, /qaṭalat/ > קׇטְלׇה; /*qaṭalū*/ > קׇטְלוּ; /*ḥakamat*/ חׇכְמׇה 그녀는 지혜롭다; /zaqinat/ > זׇקְנׇה 그녀는 늙었다. /ḥakamat/ 같은 원시 형태는 그것이 동사 형태인지 명사 형태인지에 따라 다르다. 아마도 이것은 초기의 강세

---
[1] 카메쯔는 특히 강세 앞에서 안정적이다(강세 전 카메쯔). 비록 문제시되고 있는 음절 구조가 다르지만, 이것은 *a* 모음이 보전된 것을 설명해 줄 수 있다. 예로서, יִשְׁלׇחֵ֫נִי 그가 나를 보낼 것이다는 יִשְׁמְרֵ֫נִי 그가 나를 돌보실 것이다(< יִשְׁמֹר)와 יִתְּנֶ֫נִּי 그가 나에게 줄 것이다(< יִתֵּן)의 경우에서 *o*와 *i*를 각각 생략하는 것과 대조된다. 참조, Blau 1979a: 8, n.4.

위치의 차이로 설명할 수 있을 것이다. 동사 형태인 חָכְמָה는 /ḥaʾkamat/ 단계를 반영하고 있다. 이것은 휴지 형태인 חָכְמָה*로 표현된 /ḥaʾkamat/ 보다 이전 단계에 속한다(참고, § 95 c).

강세 전 모음 /a/는 특정한 형태들로 유지된다. 예, פָּרָשׁ 말의 복수형 פָּרָשִׁים, § 96 B b; שְׁבָעוֹת, 단수 שָׁבוּעַ 주(week), § 96 D b; גָּלוּתִי 나의 유배, § 88 M j; מָעוּזִי 나의 피난처, § 88 L e; מָגִנִּי 나의 방패, § 88 L h. 그리고 인칭대명사 אָנֹכִי (§ 39 a)와 도치 바브와 함께 나오는 완료형 וְקָטַלְתָּ,וְקָטַלְתִּי (§ 43 a)[1] 형태에 관해서는 특별한 언급이 있어야 한다.

f   **C) 끝 음절 전에 강세가 있는 두 음절 이상의 단어들**에서 다음과 같은 실질적인 점들을 주목할 수 있다.

접미사를 가진 완료형에서 강세 전의 /a/는 유지된다. 예, /qaṭalaʾni/ > קְטָלַנִי; /i/는 피엘에서 탈락된다. 예, קִטְּלַנִי. 그러나 칼에서는 유지된다. 예, שְׁכֵחַנִי 그가 나를 잊었다(§ 61 e).

접미사를 가진 미완료형에서 강세 전의 /a/는 유지되지만, /i/와 /u/는 탈락된다. 예, יִלְבָּשֵׁנִי (/yilbaš/ > יִלְבַּשׁ에서 옴), 그러나 יִתְּנֵנִי (/yittin/ > יִתֵּן 에서 옴), יִקְטְלֵנִי (/yiqtul/ > יִקְטֹל에서 옴). § d, n을 보라.

관찰. 미완료형에서 강세 전의 /a/는 /i/와 /u/ 모음들처럼 탈락된다. 예로, יִקְטְלוּ; יִמְצָאוּ; יִתְּנוּ; יִלְבְּשׁוּ 가 있다.

g   **D) 어미 변화에서 ◌ָ 모음은 다르게 생각되어야 한다.**

명사의 절대형에 있어서 ◌ָ는 일반적으로 유지되지만, 연계형에서는 일반적으로 탈락된다. 따라서 /*miʾat/ > מֵאָה 백, 연계형 מְאַת, 복수 절대형 מֵאוֹת (연계형은 מְאוֹת*일 것이다); שֵׁם, שֵׁמוֹת, 연계형 שְׁמוֹת가 된다. ◌ָ는 특정 단어들의 연계형에서 유지된다: אֵזוֹר 같은 단어들(§ 21 h); זֵעַת נֵכָר ~의 땀, ~의 이질성(추상 명사), מַהְפֵּכַת ~의 재난, תַּרְדֵּמַת ~의 깊은 잠, בְּרֵכַת ~의 연못, עֲרֵמַת ~의 데미, 무더기 등이 있다.

동사에 יָשַׁב 형태의 명령형이 있다: שֵׁב, שְׁבִי, שְׁבוּ 등이다. קֹטֵל 형태의 분사형에서 קֹטְלָה나 קֹטֶלֶת 또는 (대부분) קֹטֶלֶת가 있다. 복수 형태는 קֹטְלִים 이다(§ 50 g).

---

[1] 일반적으로 말하자면, ◌ָ, ◌ֵ 그리고 ◌ֹ 모음들이 현저하게 안정되어 나타나는 것은 그것들의 원시 음이 장음이었다는 것을 절대적으로 지지하는 것은 아니다.

מְקִים 형태의 분사형에는 예로, 연계형 מֵשִׁיב (룻 4.15); מְשִׁיבָה*, 복수형 מְשִׁיבִים 등이 있다.

מֵסֵב 형태의 분사형에 מֵרַע 악하게 행하다; 복수형 מְרֵעִים (안정된 /e/를 가지고 있는 분사형 מֵיטִיב와 대조하라. § *b*) 등이 있다.

קֵטֵל 형태의 형용사에 אִלֵּם 언어장애자의, 복수형 אִלְּמִים 등이 있다.

§ 31. 강세: 위치와 이동

a 강세와 관련된 중요한 내용들은 악센트 단락에서 소개되었다(§ 15 *a-c*). 대부분의 경우에 강세의 위치는 티베리아 악센트 기호로 결정할 수 있음을 살펴보았다. 형태론 역시 그 단서를 제공해 줄 수 있다. 일반적으로 말하자면, 강세의 위치는 음절의 성격에 달려 있다. 닫힌 음절과 관련된 다음 두 가지 부정적인 규칙들은 다음과 같이 공식화할 수 있다.

1) 끝 음절이 열린 음절이 아니면 끝 음절 전의 닫힌 음절은 강세를 가질 수 없다. 예, קָטְלָה이지만 קְטַלְתֶּם이 된다.

2) 반대로 끝 음절 전 음절이 열린 음절이 아니면 끝에 닫힌 음절이 강세를 가져야만 한다. 예, וַיָּקָם, וַיָּקֶם, 그러나 וַיִּקְטֹל וַיִּקְטֵל이다.

b 어형 변화(inflection)나 또 다른 몇몇 이유들로 한 단어가 다른 형태들을 취하게 되면 뒤쪽(후진 강세)이나 앞쪽(전진 강세)으로 강세를 이동시킬 수 있다. § 15 *b* 참고.

종종 단어가 길어질 때 새로운 음절이 강세를 갖게 된다. 예, דָּבָר, 복수형 דְּבָרִים: 강세가 전진, 즉 /im/으로 이동한다. 휴지 형태에서 도치 바브 미완료형의 경우에도 강세가 전진 이동한다. וַיָּקָם 그러나 וַיָּקֹם이다(§ 32 *e*).

완료형에서 강세는 קָטַלְתִּי, קָטַלְתָּ처럼 밀엘이다. 그러나 도치 바브와 함께 오는 וְקָטַלְתָּ, וְקָטַלְתִּי 같은 형태에서 강세는 전진하고, 휴지 형태에서는 וְקָטַלְתָּ처럼 후진한다(§ 32 *e*).

이와 달리, 도치 바브 미완료형에서 강세는 가능한 한 많이 후진한다(§ *a* 참고). 예로, 일반적으로는 יֵלֵךְ이지만 וַיֵּלֶךְ가 된다. 휴지 형태에서 특정한 경우들에는 강세가 전진한다(§ 32 *e*).

c 또한 강세는 리듬 때문에 후진할 수 있다. 즉, 강세를 가진 두 음절이 함께 오는 것을 피하기 위한 것으로서, 이것은 두 단어가 연결 악센트로 연결될 때 일어난다. 즉, 첫 번째 단어는 끝 음절에 강세를 갖고, 두 번째 단어는 첫 번째 음절에 강세를 갖는다[1]. 리듬 때문에 강세가 후진하는 것을 נְסִיגָה(느씨가) 후진이나 נָסוֹג אָחוֹר[2] 후진이라고 부른다. 즉, 강세가 뒷쪽으로 이동하는 것을 말한다.

느씨가가 일어나려면 § a에서 제시된 두 가지 부정적인 규칙이 만족되어야 할 뿐 아니라, 끝 음절이 닫혀 있다면 그것이 원래 장모음을 갖고 있어서는 안 된다. 예로, תֹּאכַל לֶחֶם קָרָא לַיְלָה 창 1.5; מַשְׁכִּימֵי קוּם 시 127.2; 창 3.19; 그러나 לְמֵשִׁיב נָפֶשׁ 룻 4.15가 있다(원래 장모음인 i를 갖고 있다).

또한 무거운 접미사들인 כֶם-, כֶן-, הֶם-, הֶן-은 항상 강세를 유지한다. 그러나 동사의 어미형태소인[3]인 תֶּם-과 תֶּן-은 강세를 포기할 수도 있다. 예, (לֹא 크레=) הֱיִיתֶם לֹא 욥 6.21.

느씨가가 작용될 때 다른 리듬의 법칙에서처럼, 그것은 단지 완전 모음들에만 해당됨을 염두에 두어야 한다(§ 27 d). 따라서 יוֹרְדֵי בוֹר 시 28.1가 나온다(/yǫ/는 끝 전음절로 간주된다). 마찬가지로 예로서 בֹּצֵעַ בָּצַע 잠 1.19이 있다(틈입 파타흐는 포함되지 않는다).

d **이례적인 경우들.** 느씨가는 가상으로 닫힌 음절에서 발견되며, 예로서 אַחַר כֵּן 삼상 10.5, וְכֹחֶשׁ בּוֹ 욥 8.18이 있다. 그리고 반-닫힌(semi-closed) 음절에서 וַיַּחֲזֶק בּוֹ 출 4.4가 발견된다.

이와 대조적으로, 어떤 경우에는 예상된 느씨가가 발견되지 않는 경우들도 있다. 예, הָיְתָה תֹהוּ.

§32. 휴지 형태

a 휴지(pause)는 낭송하는 중에 단어 뒤에서 뚜렷히 멈추는 것을 말하며

---

[1] 그러므로 악센트가 분리 악센트일 때는 충돌이 없다. 예, וַיֵּשֶׁב שָׁם 왕상 2.36. 마켑이 있을 때도 마찬가지인데, 이 경우에는 첫 단어가 후접어가 되기 때문이다.

[2] נָסוֹג는 נסג의 니팔 분사

[3] 어떤 사람들은 어미형태소(sufformative)를 부가형태소(afformatives)라고 부른다. 그러나 이 책에서 부가형태소는 접미사와 접두사로서, 활용과 곡용에 첨가된 요소에 대한 통칭으로 사용한다.

특히 한 절의 끝에 온다. 이 멈춤은 어느 정도 앞에서 멈추거나 예비적으로 늘이는 것을 포함한다. 이것은 멈추려고 준비하는 경주자가 속도를 줄이는 것에 비유할 수 있다. 휴지 형태의 단어를 발음할 때에는 문맥 속에 나타나는 형태보다 더 느리고 완전하며 두드러진다.

　　　　이러한 연장의 결과로, 1) 강세가 있는 모음은 그것의 음색이 어떻든지 간에 그것이 본문에 나올 때보다 원래 더 길었던 것으로 추정할 수 있고, 2) 휴지 형태들은 자주 원시 형태나 그것과 가까운 형태들이 되어서 일부 생략된 모음들이 다시 나타난다. 또한 일반적으로 그와 같이 재생된 모음이 강세를 갖는다(¹).

　　　　또한 휴지 형태에서는 음량의 차이와는 별개로 모음 음색의 변화가 자주 일어났을 것이다. 따라서 음량(장단)의 변화가 수반되었을 것이며, 결국 어떤 경우에는 강세의 이동이 일어나게 된다.

b　　　**순수한 음량(장단)의 변화**. 휴지 형태의 שָׁל֑וֹם 또는 יִקְטֹ֑ל에 있는 /o/ 모음은 문장 속에 있는 것, 즉 비-휴지 형태의 것보다 더 긴지 그렇지 아닌지를 밝힐 수 없다. 아무튼 나크다님은 별개의 모음 기호를 만들지 않았다. 만일 그들이 어떤 음량의 차이를 알고 있었다고 하더라도 특별한 표시를 해야 할 만큼 그것이 중요하다고 생각하지 않았다.

　　　　a̱ 모음은 자주 휴지 형태에서 특히 단음절 단어들에서 변하지 않고 유지된다는 점을 주목할 필요가 있다. 따라서 항상 בַּת, אַרְבַּ֑ע; 미완료 형태에서 נָה- 접미사 앞에 예로 תִּכְבַּ֫דְנָה와 같은 형태를 갖는다.

　　　　e̱ 모음은 כַּרְמֶ֑ל (§ 18 *l*), אֱמֶ֑ת처럼 휴지 형태에서 유지된다. 그것은 특히 מֶ֫לֶךְ 쎄골 명사 형태의 특정한 명사들에서 변하지 않고 유지된다. 예, מֶ֫לֶךְ 명사 자체에서(§ 96 A *c*).

c　　　**모음의 변화**.

　　　　a̱는 매우 자주 ā가 된다. 예로, יִכְבַּד קָטַל קִטֵּל; קָטְלָה, קָטַ֫לְתָּ; נָ֫עַר, נַ֫עַר; מַ֫יִם, מֵ֫מַיִם; יִכְבַּד가 있다.

　　　　e̱는 מֶ֫לֶךְ 형태의 명사들 중 대부분의 경우에 ā가 된다. 예로, קֵ֫שֶׁר, קֶ֫שֶׁר (§ 96 A *c*)가 있다. 그러나 סֵ֫תֶר에서 סָ֫תֶר가 되고, נֶ֫גַע는 נִגְע֫וֹ 형태와 함께 נָ֫גַע가 된다(§ 96 A *e*). 완료형 דִּבֶּר는 דִּבֵּר가 된다.

---

¹ 휴지 형태로부터 시작하여 연성 변화(sandhi, 주변 단어로 인한 발음 변화) 규칙을 도출하면서 히브리어 음성론과 형태론을 재해석하고자 하는 시도에 대해 Rosén 1974에서 보라. 또한 Revell 1980도 보라.

ֶ는 가끔 ַ가 된다. 예로, יִגְמַל; הֶחָפַר, הֶחָפֵר; וַיֵּלֶךְ, יֵלֵךְ, יֵלֶךְ이 있다.

ֵ를 갖고 있는 히트파엘은 중간의 휴지 형태에서 ֵ를, 주요 형태에서 ָ를 취한다. 예로, יִתְיַצֵּב, יִתְיַצָּב, יִתְיַצָּב(§ 53 c); יִתְנֶחָם(§ 29 f)이 있다.

ִ는 어떤 단어들에서는 ֵ(/ẹ/)가 된다. 예로, שְׁכֻלְתִּי, שָׁכֹלְתִּי 창 43.14(§ 6 l); יֶחְבָּשׁ, יַחְבֹּשׁ 욥 5.18(§ 29 f); יִטְרָף, יִטְרֹף 창 49.27; יִישָׁן 신 23.20; 잠 23.22; עָז 창 49.3(사실 씰룩과 함께 온다). 사 7.11에서는 일반적인 휴지 형태 שְׁאֹלָה 창 42.38 대신에 중간 휴지 형태인 שְׁאָלָה /šᵊʔọlå/가 발견된다. 그것은 아마도 לְמָעְלָה /lᵊmåʕᵊlå/와(음성론적으로 /mọ/이다) 유사음을 이루기 위해서일 것이다(¹).

ַ는 לְעוֹלָם וָעֶד 영원 무궁토록 형태에서 ֶ가 된다(עַד 대신).

d   **모음의 회복**. 일반적인 경우들: 완료형: קָטְלָה, קָטְלָה, מָלְאָה; 미완료형: יִקְטְלוּ, יִקְטְלוּ; קָטְנָה, קָטְנָה, מָלְאָה; יִכְבְּדוּ, יִכְבְּדוּ, יִתְּנוּ, יִתְּנוּ (휴지 위치 앞의 /ọ/가 유지된다).

דְּבָרְךָ, דְּבָרֶךָ; פְּרִי, חֲצִי, חֲצִי; פְּרִי; אֲנִי, אָנִי (원시 형태는 /ḥiṣy/이다); אֹתָךְ, אֹתָךְ, לָךְ, לָךְ; בָּךְ, בָּךְ, בָּךְ (그러나 마지막 세 가지 예들에서 원래의 끝 모음이 탈락된다).

e   **강세의 이동**. 강세가 후진하는 경우는 다음과 같다. 예로, אָנֹכִי, אָנֹכִי; 도치 바브 완료형 וְקָטַלְתִּי, וְקָטַלְתִּי가 있다.

도치 바브 미완료형에서 강세는 전진한다. 예로, וַיֵּלֶךְ, וַיֵּלֶךְ; וַיָּקָם, וַיָּקָם; וַיֹּאמֶר, וַיֹּאמֶר가 있다.

f   위에 언급된 결과들을 만드는 휴지 형태들은(²) 주요 휴지 형태들이다. 즉 씰룩 악센트는 절 끝에 있는 휴지 형태이며 아트나흐 악센트는 절 중간에 있는 휴지 형태이다. 그러나 중간 휴지를 표시하는 어떤 악센트들은 주요 악센트들이 만드는 결과들을 만들 수 있다. 그러한 예로서, 특히 자켑 악센트와 함께

---

¹ 이 현상은 다른 많은 현상들과 마찬가지로 ֹ기호가 단일 음색인 /ọ/ 임을 전제한다.

² "휴지 전"(*prepause*)이라는 용어로 설명될 수 있는 현상이 있다. 그것은 휴지 음절 전에 오는 음절 (§ 9 d) 또는 휴지 단어 전에 오는 단어에 관한 것이다(예, § 104 d).
첨가된 눈(§ 44 e)과 함께 오는 형태들의 경우에, יִקְטְלוּן에서 모음이 유지되거나 תֵּרַדְנָה에서 부차적인 장음화 현상이 일어나는 것은 휴지 형태의 모음들이 재생되거나 변형되는 것과 다르다. 휴지 형태에서는 재생되거나 변형되는 모음들에 강세가 있는 반면에, 연장된 미완료 형태에서는 그렇지 않다.

올 때 ◌ָ는 종종 ◌ֳ가 된다(따라서 자주 사용되는 마소라 주 קָמֵץ בְּזָקֵף가 여기에서 온 것이다. 예로, 창 11.3; § 16 *d*). אֲנִי의 특별한 경우에 관해 § 39 *a*를 보라.

하나의 동일한 단어가 세 가지 다른 형태를 가질 수 있다: 문장 속에 오는 형태, 중간 휴지 형태, 그리고 주된 휴지 형태이다. 예, אַתָּה 너는 /ạ/와 함께, אָתָּ֫ה는 밀라 악센트와 /ạ/와 함께, אָתָּ֑ה는 /å/와 함께 온다(§ 39 *a*). 마찬가지로, עַתָּה, עָתָּ֫ה, עָתָּ֑ה 지금 형태도 있다. יִתְיַצֵּב의 세 가지 형태도 보라(§ *c*).

g 휴지 형태 앞에서 늦추어지는 것(slowing-down)은 어떤 경우에 더 긴 형태들이 휴지에서 선호되는 것으로 설명할 수 있다. 따라서 פ"ן 동사의 휴지 형태에서 נ의 동화는 종종 생략된다. 예, יִנְצֹ֑רוּ (§ 72 *b*). 첨가된 נ과 함께 오는 미완료 어미 וּן과 ◌ִין은 특히 휴지 형태에서 발견된다(§ 44 *e-f*). § 62 *c, e*도 보라.

§ 33. 모음 충돌 현상

a 이제 휴지의 특성과 어느 정도 유사한 리듬 현상인 모음 충돌(hiatus)을 설명하고자 한다[1]. 모음으로 끝나는 밀엘 단어가 א, ה 그리고 ע의 후음으로 시작하는 단어 앞에 올 때 강세는 밀라가 된다. 이 현상은 특히 לָ֫מָה에서 나타나며, 그것은 לָמָ֫ה가 된다(중복되지 않는다). 예로, לָמָ֫ה אַתֶּם 삼하 19.11(§ 37 *d*)이 있다. 창 29.21†에서 הָ֫בָה는 הָבָ֫ה אֶת־אִשְׁתִּי가 되며, 마찬가지로 명령형 סֹ֫וּרָה, ק֫וּמָה, שׁ֫וּבָה도 סוּרָ֫ה אֵלַי 삿 4.18; ק֫וּמָ֫ה יְהוָה 민 10.35(יהוה = אֲדֹנָי)가 된다. 일반적인 악센트 법칙과는 대조적으로 다음과 같은 형태들도 발견된다. 예로, זָרְד֫וּ עֲלֵיהֶם 창 26.22; שָׂ֫מוּ אֹתִי 창 40.15; זָרְב֫וּ עָלֵ֫יךָ 출 18.11; שַׁתָּ֫ עֲוֺנֹתֵ֫ינוּ 시 90.8; וּבָאתָ֫ אַתָּה 슥 6.10(참고, § 43 *b*); וְהִבְדִּילָ֫ה הַפָּרֹ֫כֶת 출 26.33; וְהֵבִיאָ֫ה אוֹתָם 레 15.29이 있다.

후음 앞에서 더욱 긴 형태들을 선호하는 것으로 보인다. 참고, § 78 *i*, 79 *m*.

---

[1] 더 나은 용어가 없으므로, 우리는 이 현상을 모음 충돌(*hiatus*)이라고 부른다. 강세가 있는 마지막 모음과 첫 후음은 서로 충돌한다(ה는 제외되는데, 이것은 이 후음의 특별한 성격 때문임이 분명하다. 참고, § 5 *k*, 20 *c*).

제2부

형태론

§34. 일반적 관찰

a
어근(root)은 한 단어에서 가장 단순한 요소이다. 이것은 어근에서 파생되었거나 어형 변화된 모든 요소들을 제거하여 얻을 수 있다. 그 요소들은 모든 모음들뿐 아니라 특정한 자음들로서, 주로 "헤만틱"(heʾemantic, הֶאֱמַנְתָּיו에서 옴[1])으로 알려진 일곱 개의 자음 ה מ נ ת ו י א이다. 예로, הִתְקַדִּשׁ 그들이 자신들을 성별하였다라는 단어에서 어근은 거룩의 개념을 표현하는 קדשׁ라는 자음으로 구성된다. 따라서 여기에 나오는 모음들로서, ד의 중복(동작이 작용적[factitive]임을 표시함 § 52 *d*), הִת 자음의 연속(재귀적임을 표시함 § 53 *a*), 마지막 וּ(3인칭 복수 형태임을 표시함)는 어근에 포함되지 않는다[2]. 따라서 대부분의 히브리어 단어들과 단어 형태들은 어근을 이루는 자음들과 그것들에 덧붙여진 형태인 두 요소로 구성된다. 단어 형태들(word-forms)은 모음이나 자음 접사들(affixes), 또는 이 두 가지가 함께 나오는 것으로 구성되며 이 두 요소들은 서로 구별되는 형태소들이다[3].

일반적으로 우리는 편의상 3인칭 남성 단수 완료형을 어근이라고 말한다. 예로, קָטַל 그가 죽였다는 규칙 동사와 일부 불규칙 동사에서 어근의 자음들을 나타내어 주며 단지 두 개의 모음이 첨가된 형태이다.

현재 알려진 대부분의 히브리어 어근들은 세 개의 자음(triliteral)으로 이

---

[1] heʾemantic은 쉽게 기억하도록 만든 단어라는 הֶאֱמַנְתָּיו에서 왔고 내가 그를 믿었다란 뜻이다.

[2] 명사 형태의 접두사들은 § 88 L을, 접미사들은 § 88 M을 보라.

[3] 이 점에 관한 명쾌하고 이론적이며 일반 셈어학적인 설명에 대해서는 Cantineau 1950을 보라. 물론 이것은 중세 아랍 문법 학자들과 그들의 영향을 받은 유대 문법 학자들 사이에서 합의된 원칙이었다. 이와 같이 이해된 어근은 분명히 추상적인 것이긴 하지만, 그럼에도 불구하고 그것은 언어학적이고 심리적인 실체로서, 초기 페니키아어 및 같은 어족의 알파벳들과 철자법이 지니고 있는 본질적으로 자음적인 성격을 설명해 줄 수 있다. 이제 Cohen 1964도 보라. Cohen은 원칙적으로 Cantineau에 동의하지만, 어떤 단어들은 다른 요소로서 첨가된 형태소를 가지고 있다고 보는 것이 최상이라고 논증한다.

루어져 있다. 세 자음 구조는 히브리어의 필수적인 구성 요소이므로, 그것이 존재하지 않았거나 더 이상 존재하지 않는 경우에는 복원되었다([1]).

히브리어는 네 개의 자음 어근들도 약간 갖고 있다. 이것들은 대부분 원형에서 변형을 이루어 만들어진 것이다(참고, § 60과 88 K).

이와 반면에 일부 어근들은 최소한 어떤 면에서 두 개의 자음으로 이루어져 있다고 볼 수 있다(참고, ע"ע과 ע"י 동사들).

b   대부분의 단어들은 그 어근을 분명히 밝힐 수 있다. 그러나 상당수의 어근은 그렇게 분명하게 드러나지 않는다. 따라서 사전 학자들은 가끔 특정한 ע"ו 또는 ע"י 동사들의 어근을 만날 때 망설이게 된다. 예로, עֵדוֹת 규례는 יער 어근이나 עוד 어근에서 왔을 수 있다(후자일 가능성이 더 높다).

몇몇 단어들의 어근은 알려져 있지 않다. 예로, עַל אֹדוֹת 지팡이; מַקֵּל ~에 관하여에 있는 אֹדוֹת.

일부 단어들의 어근은 음성학적 규칙들과 유추를 통하여 파악하기 어려울 수 있다. 그런 경우에는 외형적인 어근과 실제적인 어근이 있다(다른 문헌들에서는 이차적인 어근과 일차적인 어근으로 부른다). 예로 히트파엘 הִתְיַצֵּב 는 יצב 어근에 속하는 것으로 보이지만, 실제 어근은 נצב이다(§ 77 b). 실명사 תְקוּפָה 순환, 주기는 קוף 어근에 속하는 것으로 보이지만, 사실은 נקף 어근에서 온 히필 הֵקִיף 에워싸다와 관련된다. 마찬가지로 תְּשׁוּעָה 승리는 ישע 어근에서 온 히필 הוֹשִׁיעַ 구원하다와 관련된다([2]).

---

[1] 흔히 사용되는 단어들로서 אָב, יָד, דָם, בֵּן과 같이 두 자음 어근으로 이루어진 단어들도 꽤 많이 존재한다. 이것들은 히브리어 역사의 아주 초기부터 어휘의 일부를 이루었음에 틀림없다. 또한 단 자음으로 이루어진 일련의 불변화사들도 존재한다. 예, בּ, לֹ, כּ, וֹ. 히브리어는 원래 보편적인 두 자음 어근 구조로 이루어졌다는 초기의 연구에 대해 Hurwitz 1913과 보다 최근의 연구로서 Voigt 1988과 이에 대한 평가로서 Blau 1992, 특히 p. 250을 보라. 또한 외형상 세 자음 어근으로 보이는 여러 단어들이 연속적으로 나오는 두 자음을 공유함으로써 그 의미를 추적할 수 있도록 한다는 점이 지적되어 왔다. 예, נצב, עצב, קצף, קצב, קצר는 잘라내다는 의미의 -קצ를 공유하고, פרד, פרד, פרס, פרש는 분리하다는 의미의 -פר를 공유한다. 따라서 세 자음 어근이 지배적으로 사용된 것은 원래 두 자음 어근으로 이루어진 어휘들이 부분적으로 조정되면서 역사적으로 후대에 발전된 것으로 볼 수 있는 가능성이 높다. 그럼에도 불구하고, 모든 현존하는 세 자음 어근들이 결국에는 두 자음 어근으로 축소될 수 있다고 말하는 것은 옳지 않다. Nöldeke는 원시적인 단 자음 또는 두 자음 어근들이 지배적인 세 자음 형태에 맞추어져 가는 과정을 보여주었다. 예, מַיִם > יָם 그리고 מֵימֵי מ > יְמָמָה의 복수 연계형; פֶּה > 복수 פִּיפִיוֹת. Nöldeke 1910: 109-78을 보라. 또한 Berg., II, § 1 *d-g*, Moscati, § 11.5-11.9, Botterweck 1952; Lambert 1897; 또한 Kienast 2001: § 50.10-16도 보라.

[2] 이 단어들은 ע"ו 어근의 *taqtul* 형태를 가진 단어들을 유추하여 형성되었다. § 88 L *s*.

c   동일한 어근이 동사나 명사 형태를 취할 수 있다. 만일 어떤 명사가 동사에서 파생되었으면, 그것은 동사에서 파생된 명사라고 부른다. 반면에 어떤 동사가 명사에서 파생되었으면 명사에서 파생된 동사라고 부른다.

d   품사들은 대명사(정관사 포함), 명사(실명사와 형용사), 동사, 그리고 불변화사(부사, 전치사, 접속사, 감탄사)로 구성된다.

e   한 음소가 여러 가지 변이음소(allophone)로 나타날 수 있는 것처럼(§ 5 *gb*), 일정한 어형 변화 범주인 '형태소'도 여러 가지 '변이 형태소'(allomorphs)로 표현될 수 있다. 따라서 칼 분사 여성 단수 절대형의 어형 변화 범주는 세 개의 변이 형태소인 קֹטֶלֶת, קְטֵלָה, קֹטְלָה로 나타난다. 그것들의 분포는 다양한 요인들과 변수들에 의해 좌우된다.

제1장 정관사와 대명사

§35. 정관사

a 히브리어 정관사(definite article)는 고대의 지시사이며([1]), 어떤 경우에는 여전히 약한 지시사로서의 힘을 여전히 유지하고 있다(참고, §137 *f*). 그러므로 우리는 그것을 지시 대명사와 동일한 항목으로 다루기로 하겠다. 의미상 히브리어 정관사는 영어의 정관사와 거의 일치한다.

b 정관사의 일반적인 형태는 • הַ, 즉 הַ 자음은 *q* 모음 앞에 나오며, *q* 모음은 그 뒤에 오는 자음에 어떤 힘을 더해주어 중복 현상을 일으키는 경향이 있다. 예, הַסּוּס /hassus/ 그 말([2]).

히브리어 대명사의 원시 형태는 도치 바브 미완료형 וַיִּקְטֹל의 וַ처럼 단지 힘있는(짧은) *ha*이다. 참고, §47 *a*([3]).

---

[1] 마찬가지로 로망어들의 정관사는 라틴어 지시 대명사에 그 기원을 두고 있다. 예, 불어의 *le*는 라틴어 *illum*에서 왔다.

[2] Ullendorff 1965: 631-37[=Ullendorff 1977: 165-71], 그리고 עממקום 그 장소, אממלכת 그 공주들과 같은 페니키아어의 증거를 보라(FRA, §117). 여기에서는 페-눈 동사의 경우와 달리 명사의 첫 자음은 중복되어 기록된다. 오리겐의 세쿤다에 있는 증거는 분명하다. 예, 시 29.3 αχχαβωδ הַכָּבוֹד, 30.1 αββαιθ הַבַּיִת. Brønno, 203-5를 보라. 또한 Lambdin 1971: 315-33을 보라. Berg. (II, §5 *e*)는 원래 형태가 /hal-/이었을 수 없다고 주장한다. 정관사와 기원적(precative)-단언적(asserverative) 불변화사 *l*는 둘 다 /*ll*/에서 온 것으로 보고자 하는 Testen(1998: 135-82)의 제안은 최소한 히브리어와 관련하여 받아들여지지 않는다. 그 자신도 소위 히브리어의 강조적 라메드의 용법에 관해서는 회의적이다(1998: 169). Voigt(1998)는 *han을 원시 히브리어 형태라고 주장한다. 이와 반면에 Tropper(§42.7)는 증거가 매우 빈약하여 곤혹스러움에도 불구하고, hn을 우가릿어에서 정관사의 초기 형태로 논의한다. Zaborski(2000)는 *haC*-이 원시 서부 셈어 정관사였다고 주장한다 (C는 자음을 뜻한다).

[3] 힘을 더해주는 이와 같은 현상(참고, 드힉 dḥiq, §18 i)은 특히 이태리어에 나타나고 있다. *a punto*는 *appun'to*가 되고, *a lato > alla'to, a fine > affi'ne*가 된다. *a Roma*는 *arro'ma*로 발음되고; *da vero > davve'ro; da mi > dam'mi; va te ne > vattene; si signore > sissigno're*로 발음된다. 투스카니 방언에서 *a casa > accasa*이다. 참고, §18 j, n. 몇몇 예에 대해서는 통시적으로 설명을 할 수 있다: *ad punctum > appunto*: see Camilli 1965: 133-51, 특히 n. 200을 보라. 이 현상은 특히 몇몇 중부와 남부 지역에서 두드러진다(Zatelli의 고향은 플로렌스이며, 레오날드 다빈치는 그곳의 영웅으로 알려져 있다; 개인 서신으로 알게 됨).

정관사의 모음은 뒤따라 오는 자음을 중복시키는 경향이 항상 있는 것은 아니다.

c   **후음이 아닌 자음이 슈바와 함께 올 때** 자주 중복되지 않는다(§ 18 *m*). 예, הַלְוִיִּם 그 레위인들(메텍에 관해 § 14 *c* 6 참조). 아래의 두 가지 경우에 특별히 주목해야 한다.

1) 다게쉬는 일반적으로 ‫י‬에서는 생략된다. 예, הַיְלָדִים 그 아이들, הַיְשׁוּעָה 그 구원, 승리(같은 의미의 הַתְּשׁוּעָה와 다르다); 그러나 ה 또는 ע 후음이 따라 나올 때에는 예외가 발생한다. 예, הַיְּהוּדִים 그 유다 사람들, הַיְּעֵפִים 그 피곤한 사람들.

2) 다게쉬는 자주([1]) 피엘과 푸알의 분사형인 מ 접두사에서 생략된다. 예, הַמְכַסֶּה 칠십인역의 τὸ κατακαλύπτον 숨기는 것(레 3.3; 같은 형태가 창 18.17에 의문사 ה와 함께 나타난다: 참으로 내가 숨길 수 없지 않겠는가? 참고, § 102 *m*). ה 또는 ע 앞에서는 ‫י‬로 시작하는 명사들의 경우처럼(위의 1을 보라) 대체로 다게쉬를 갖는다. 예, הַמְּעָרָה 그 동굴, הַמְּהוּמָה 그 소동, 소란.

d   **후음** 자음(그리고 ר)은 강한 다게쉬에 의한 중복을 가질 수 없지만, א과 ר를 제외하고 가상(virtual)이나 약한 중복은 가질 수 있다. 정관사 뒤에서 가상 중복을 많이 수용하는 후음의 순서는 다음과 같은 하강 순서(descending order)를 따라, ח > ה > ע 순으로 나온다(참고, § 20 *a*). 정관사 뒤에서 א은 결코 가상 중복 현상을 가질 수 없으며, 물론 ר도 마찬가지이다(הָ 뒤에서도 마찬가지이다). 가상 중복 현상이 일어날 때 ‫ַ‬모음이 온다. 그러나 후음이 카메쯔, 즉 /ā/나 하텝 카메쯔와 함께 올 때, ‫ַ‬가 ‫ֶ‬로 바뀐다(§ 29 *f*).

ח는 거의 항상 가상 중복을 갖는다. 예, הַחֹדֶשׁ 그 달, הֶחֳדָשִׁים 그 달들; הַחָכְמָה 그 지혜, הֶחָכָם 그 지혜자; הַחֶרֶב 그 칼, הֶחָרֵב; הַחַי 그 생물(분명한 이유 없이 הַחַיְ가 나타나는 창 6.19 제외하고 항상 가상 중복을 갖는다).

ה는 일반적으로 가상 중복 현상을 허용한다. 예, הַהֵיכָל 그 성전; הַהוּא 그것(같은 형태가 민 23.19†에 수사 의문사 ה와 함께 나타난다: [정말 그가 ~했는가?]), הַהִיא 그것(여.); הֶהָרִים 그 산들.

주목할 만한 예외로서, 강세가 있는 הָ는 결코 가상 중복 현상을 갖지 않는다. 예, הָהָר 그 산. 다른 예외들도 있다. 예, הָהֵם 저것들(*those*), 그리고 보다

---

[1] 참고, Dotan 1967: 364.

덜 빈번하게 나타나는 형태인 הָהֵ֫מָּה; 여성, הָהֵ֫נָּה (삼상 17.28†)[1].

עַ은 일반적으로 가상 중복 현상을 허용하지 않는다. 예, הָעָם 그 백성, הָעַמִּים 그 백성들; הָעִיר 그 도시; הָעֶ֫רֶב 그 저녁, הָעַרְב.

주목할 만한 예외는 다음과 같다. 강세가 없는 עָ‾는 가상 중복 현상을 요구한다. 예, הֶעָרִים 그 도시들(아마도 הֶהָרִים에서 유추하여 그렇게 되었을 것이다). 다른 예들도 있다. 예, הָעִוְרִים 그 눈 먼 자들 (ו 라페와 함께, § 18 *m* 4), הָעֲזוּבִים 그 버린 자들 잠 2.13, הָעֹזֶבֶת 잠 2.17 등.

관찰. ה와 עַ 후음이 ◌ָ 모음을 갖고 있을 때, 그것들은 유사한 방식으로 취급된다. 강세가 있는 ה와 עַ은 가상 중복을 가질 수 없다. 예, הָהָר, הָעָם 그러나 강세가 없는 ‾הָ와 ‾עָ는 가상 중복을 초래한다. 예, הֶעָרִים, הֶהָרִים. 간단히 말하자면, הָ와 עָ는 강세와 가상 중복을 함께 가질 수 없고, 둘 중에 하나만을 갖는다.

e 정관사 ה 자음은 בְּ, כְּ, לְ 전치사 뒤에서 중간자음이 탈락된다 (syncopated). 예, לַמֶּ֫לֶךְ* 대신 לְהַמֶּ֫לֶךְ (참고, § 17 *e*); בַּיָּמִים הָהֵם 그날들에, בָּעֵת הַהִיא 그때에; בַּחֶ֫רֶב 그 칼로, בָּחָרֶב.

명사의 첫 번째 자음이 하텝을 가지고 있는 경우에, כָּאֲרִי 그 사자처럼과 같은 형태를 갖는다(정관사가 없는 형태인 כְּאֲרִי [§ 103 *b*] 한 사자처럼과 다르다). 정관사를 가진 형태와 가지지 않은 형태의 철자법이 실질적으로 동일한 두 가지 경우가 있다.

1) ◌ֲ 모음이 가상 중복 현상을 갖는 후음 뒤에 올 때. 예, בַּחֲלוֹם은 그 꿈에서 또는 한 꿈에서를 의미할 수 있다(참고, בַּחֲלוֹמִי).

2) ◌ֳ 모음과 함께 올 때. 예, בָּאֳנִיָּה는 /bāʾᵒniyyā / 그 배에서 또는 / boᵒniyyā / 한 배에서가 될 수 있다(참고, § 6 *n*).

관찰. ה는 가끔 탈락되지 않는다. 예, לְהָעָם 대하 10.7; לְהַגְּדוֹד 대하 25.10. 이와 같은 예들은 특히 후기 성서 문헌에서 발견된다[2]. כְּיוֹם 우선, 먼저, 예, 창 25.31과 כְּהַיּוֹם 즉시 삼상 9.13, 느 5.11†이 구분된다; כַּיּוֹם הַזֶּה 오늘

---

[1] 다음의 비대칭성을 주목하라; 단수 הַהוּא, הַהִיא, 그러나 복수 הָהֵם 등.

[2] 다른 예들의 목록을 *DCH* 2.480에서 보라. 페니키아어 나오는 유사한 예들을 FRA, § 119에서 보라. Rendsburg(1992: 74f.)가 제시하는 목록은 지역마다 변이형태(allomorph)가 있음을 입증하기에는 너무나 선별적이다.

날 (여전히 그런 것)처럼 외에도 같은 의미를 가진 כְּהַיּוֹם הַזֶּה도 가끔 나타난다.

f   **정관사의 영향으로 변경되는 모음을 가진 명사들.** 정관사의 ָ 모음의 영향으로 첫 어근이 후음인 다음 네 단어는 후음 아래 ָ 를 갖는다. הַר, עַם(분리 악센트와 함께 עָם), אֲרוֹן 법궤, אֶרֶץ는 각각 הָהָר, הָעָם, הָאָרוֹן, הָאָרֶץ가 된다. חַג 절기는 부차적인 휴지 위치에서도 חָג가 된다. 그러나 이것은 정관사와 함께 올 때 항상 הֶחָג가 되며, 이것은 사실 부차적인 휴지에서 항상 나타나는 형태이다. פַּר (드물게 פָּר) 수소는 정관사와 함께 항상 הַפָּר가 된다.

g   **관찰.** 1) 정관사 앞에서 의문 대명사의 형태는 מֶה이다(§ 37 *c*).

      2) 정관사 앞에서 전치사 מִן의 형태는 일반적으로 변하지 않고 유지된다(§ 103 *d*).

§ 36. 지시 대명사

a   엄밀히 말하자면, 히브리어는 하나의 지시 대명사(demonstrative pronoun) 만 갖고 있으며, 따라서 가까운 사물에 대한 지시 대명사(*hic*, *this*, 이것)와 먼 사물에 대한 지시 대명사(*ille*, *that*, 저것) 간에 구분이 없다. 지시 대명사의 일반적인 형태는 남성 단수 זֶה, 여성 단수 זֹאת, 공성 복수 אֵלֶּה가 된다.

      복수 형태는 단수 형태들과 아무런 관련이 없다. 반대로 단수 형태들은 '이중적 성격의 모음'(*anceps*)을 가진 원시형 *zā*에서 파생된 것으로 보인다. 짧은 형태 *ză*는 *ze*로 변형되는 것을 제외하고 히브리어에서 유지될 수가 없었다 (מֶה처럼, § 37 *b*). 긴 형태 *zā*는 드문 여성 형태인 זוֹ, זֹה와 표준적인 여성 형태 זֹאת =*zā* + (여성형의) *t*에 나타난다. זֹאת의 א은 단순한 모음 문자라기보다 어원일 가능성이 높다([1]).

b   드문 형태들: 여.단. זֹה (8회, 이 중 6회는 전도서에 나타난다); זוֹ(2회)는 일반적인 미쉬나 히브리어 형태이다; 공.복. אֵל(8회)은 오경에 나타나며, 항상 정관사를 가진 הָאֵל([2])의 형태로 나타난다. 예외적으로 정관사 없는 형태가 대상 20.8에 한 번 나타난다.

---

[1] Muraoka 1983-84: 93f와 FRA, § 113 끝 부분도 보라.

[2] הָהֵמָּה보다 더 흔한 형태인 הָהֵם과 비교하라. § 35 *d*.

시문의 형태인 זוֹ는 두 가지의 성과 수로 사용되며 주로 관계 대명사로서 사용된다.

또한 확장된(reinforced) 지시 대명사도 있다. 남. הַלָּזֶה 또는 הַלָּז(¹) (특히 강한 분리 악센트와 함께 온다); 여. הַלֵּזוּ (겔 36.35); 예, הָאִישׁ הַלָּזֶה 여기 이 사람 창 24.65.

c　　　지시 대명사 זֶה 이것(this) 등은 한정된 명사 뒤에서 지시 형용사가 되며, 이 경우에 정관사를 갖는다. 예, הָאִישׁ הַזֶּה, 이 사람(§ 137 *e*).

d　　　3인칭 대명사 הוּא 그, הִיא 그녀; הֵמָּה הֵם 그들; הֵנָּה 그녀들이 형용사적으로 사용될 때, 엄밀하게 말하자면 동일함을 뜻하지만, 사실상 약한 지시 대명사의 의미를 얻게 되었다. 예, בַּיָּמִים הָהֵם 바로 그 날에=그때에 (참고, § 35 *e*).

e　　　정관사는 가끔 약한 지시 대명사의 힘을 보존하고 있다(참고, § 137 *f* I).

§ 37. 의문 대명사

a　　　하나의 형태 מִי 누구?는 남성과 여성의 단수 및 복수를 모두 가리키는 의문 대명사(interrogative pronoun)로 사용된다(²). מִי는 주어로서 מִי בָא 누가 오고 있는가?, 서술어로서 מִי הָאִישׁ 이 남자는 누구인가?, 대격으로서 אֶת־מִי 누구를?, 소유격으로서 בַּת־מִי 누구의 딸?, 전치사와 함께 לְמִי 누구에게?, מִמִּי 누구로부터?로 사용된다.

b　　　사물을 가리킬 때(³) מָה가 (다양한 모음과 함께) 사용되며, 이것 역시 주어, 서술어, 대격, 소유격으로 나오며, 그리고 전치사와 함께 사용된다.

원시 형태는 이중적 성격(anceps)을 가진 *mā*이다(비교, *zā*, § 36 *a*. 아랍어에는 긴 형태인 *mā*가 있고, *li'ma* 안에 짧은 형태 *ma*가 있는 한편, 고전 이디오피아어에는 *kama* ~처럼과 인칭 대명사 접미사와 함께 오는 긴 형태, 예, *kamāna* 우리처럼이 있다). 히브리어에서 긴 형태 *mā*는 מָה가 되었고, 이것은 시

---

¹ 왕하 4.25에서 여성이다.

² מִי의 요드는 고대 가나안어 *mīya* (Sivan, pp. 129f.; Rainey 1.106-8), 우가릿어 *my*, 그리고 페니키아어 מי에서처럼 원래 자음이었을 것이다.

³ 이것은 셈어에서 모음 교체로 표현되는 인칭-비인칭 대조의 유일한 경우이다. *a-i* 관계는 아카드어에서 뒤바뀐다. *mannu* 누구?, *mīnu* 무엇?. 참고, Garbini 1984: 33.

문 형태 כְּמוֹנִי ~처럼과 접미사와 함께 오는 -כ 형태들 속에 나타난다. 예, כְּמוֹנִי § 103 g. 참고, 가끔 -בְּ 대신 בְּמוֹ로, לְ 대신 לְמוֹ로 나타난다([1]). 짧은 형태 *ma* 는 히브리어에서 מַה, מֶה, מָה가 되었다.

강세가 없을 때는 ־מַה가 일반적인 형태이다.

정관사의 모음 표기(그리고 의문사 הַ의 모음 표기)와 비교할 때 מה의 모음 표기는 좀 복잡하다. מה는 (정관사처럼) (I) 후접어도 되고, (II) 전접어(또는 탈-전접어[ex-enclitic])도 되며, (III) 독립어(비접어[non-clitic])가 된다. 그러므로 מה의 세 가지 역할에 따라 세 가지 경우가 고려되어야 한다.

c   **I. 후접어**(proclitic) מה (일반적으로 마켑과 함께 오고, 가끔 연결 악센트와 함께 온다). 일반적인 모음 표기는 ־מַה, 즉 짧은 *a*와 그 뒤에 오는 자음을 중복한다. 뒤에 오는 자음이 자주 중복되는 현상은 원래 형태인 /mah/를 가정함으로써 (*h* 자음을 가지고 있는 우가릿어 *mh*와 같이) 설명할 수 있다; 중복 현상은 /h/의 동화에서 일어난다([2]). 이 모음은 정관사의 모음(§ 35 *b*)과 도치 바브 미완료 וַיִּקְטֹל에 있는(§ 47 *a*) וַ의 모음처럼 어떤 힘을 더해 준다. 예, מַה־יָּפִית 너는 얼마나 아름다운가! 아 7.7; מַה־זֶּה; מַה־זֹּאת (מַּה가 출 4.2에 크티브 형태로 한 번 나타남); מַה־לָּכֶם (מַּלְּכֶם이 사 3.15에 한 번 크티브 형태로 나타남).

후음 앞에서 모음 표기는 정관사의 모음 표기와 다소 유사하다(§ 35 *d*).

ח는 항상 가상 중복 현상을 나타낸다. 예, מַה חַטָּאתִי 나의 죄가 무엇인가 창 31.36.

ה는 일반적으로 가상 중복 현상을 나타낸다. 예, מַה־הַהוּא(비교, הַהוּא). 다음은 주목할 만한 예외로서 정관사 ה가 가상 중복 현상을 보이지 않는다. 예, מֶה הַמַּעֲשֶׂה 그 행위가 무엇인가 창 44.15(유일한 예외는 전 2.12 מֶה הָאָדָם이다. 참조, 렘 33.24 מָה הָעָם).

다른 예들로서, מָה הֵהֶם, מָה הֶהֶם (비교, הָהֵמָּה, הָהֶם).

ע은 일반적으로 가상 중복 현상을 보이지 않는다: מַה עִמָּדִי 내가 무엇을 가지고 있는가? 창 31.32.

주목할 만한 예외로서, עָ는 가상 중복 현상을 보인다. 예, מֶה עָשִׂיתִי 내

---

[1] /-m/의 첨가는 우가릿어에 잘 입증되고 있다. Gordon, *UT*, § 10.2를 보라.
[2] 참고, Blau and Loewenstamm 1970: 31f. Blau 1968: 267 그리고 Khan 1989도 보라. 겔 8.6 מהם (크레 מֶה הֵם)과 같은 불규칙적 철자법은 ה가 모음 글자가 된 후에야 생겼을 것이다.

가 무엇을 했는가?

מַה 뒤에서 א은 결코 가상 중복 현상을 보이지 않는다. 물론 ר도 마찬가지이다(정관사와 함께 오는 경우와 마찬가지이다).

관찰. 가상 중복의 경우에서 만일 후음이 카메쯔를 가지고 있다면 ◌ַ는 ◌ֶ가 된다(참고, 모음 조화 법칙, § 29 f). 예, מֶה חָטָאתִי 내가 무슨 죄를 지었는가? 왕상 18.9; .. מֶה חֳרִי (그 맹렬한) 분노가 무엇을 의미하는가? 신 29.23(한 24절).

또한 때때로 후음 뒤에 오는 모음이 카메쯔가 아닌 경우에도 מֶה가 나타난다.

d   **II. 전접어**(enclitic 또는 탈전접어 ex-enclitic) מַה는 전치사 뒤에 나타난다(특히 בְ와 כְ). מַה는 강세가 없을 때 전접어가 되고, 강세를 다시 갖게 될 때 탈전접어가 된다.

일반적으로 본문 속에는 מַה가 나온다. בַּמֶּה(¹), כַּמֶּה, וַעַן מֶה (르비아 악센트와 함께, 학 1.9) מָה는 후음 앞에 또는 주된 휴지에서 사용된다. 예, בַּמָּה 22.21; בַּמָּה אֵדַע 어떻게 내가 알까? 창 15.8.

לְ와 함께 다음 형태들이 나타난다. 1) לְמֶה는 세 번만 나타난다(삼상 1.8). 이 고립된 형태는 비록 믿을 만하고 잘 입증되며 아랍어 *li'ma*와 유사하지만, מַה가 전접어로 남아 있는 첫 번째 형태(밀엘 악센트와 함께)로 보인다(²). 2) 일반적으로 לְמָה 형태는 후음 א, ה 또는 ע 앞에서 לָמָה 형태로 나타난다(§ 33). 예, לָמָה אַתֶּם 삼하 19.11; לָמָה יהוה 삿 21.3.

e   **III. 독립어**(independent) מַה (다소 드물다).

1) 주로 분리 악센트를 가지고 있는 단어 앞에서 일반적으로 מֶה 형태가 나타난다. 예, מֶה קוֹל 삼상 4.14(트비르 악센트).

2) 단어 뒤에서 실제적으로 휴지 형태에서 항상 מָה가 나타난다. 예, וְנַחְנוּ מָה 그리고 우리로 말하자면, 우리가 누구인가? 출 16.7.

f   **요약.** 다음과 같은 형태들이 발견된다.

מֶה 1) 가상 중복 현상이 없는 후음 앞에서 후접어로서 나타난다.

2) 후음 앞에 오는 전치사 다음에 또는 주된 휴지 형태에서 그리고 לָמָה

---

¹ בַּזֶּה와 같은 형태의 모음 표기와 비교하라. § 103 c.

² 참고, Joüon 1920: 363. Rendsburg(1992: 71)는 여기에서 북쪽 방언의 증거를 찾는다. 그러나 여기에 적용한 접근 방법은 너무 단편적이다.

와 לָ֫מָּה에 나타난다.

　　3) 독립어로 단어 뒤에 나타난다(다소 드물다).

　　מֶה 1) 카메쯔가 뒤따라 오며 가상 중복을 가진 후음 앞에서 후접어로 나타난다.

　　2) 전치사 뒤에서 일반적인 형태로 나타난다.

　　3) 단어 앞에 독립어로 나타난다(다소 드물다).

　　מֶה־는 비후음 자음 앞에서, 그리고 (카메쯔가 뒤따르지 않으며) 가상 중복을 가진 후음 앞에서 후접어로 나타난다.

§38. 관계 대명사

　　원래 어떤 공통점도 없었던 것으로 보이는(¹) אֲשֶׁר(²)와 • שֶׁ 두 단어는 관계 대명사(relative pronoun)로 사용되었다. 관계 대명사 • שֶׁ는 주로 구약성서 후기 문헌과 북부 팔레스타인 색채를 가지고 있는 본문들 속에 발견된다(³). 그것은 히브리어에서 항상 방언으로 존재해 오고 있었음에 틀림없다(⁴); 그것의 고대성은 그 대응어로서 아카드어의 ša, 에블라어의 šu-ši-ša, 페니키아어의 שׁ / אשׁ (ראשׁ는 없다), 그리고 드보라의 노래에서 שׁ(삿 5.7)으로 확인된다. שׁ은 문학적 관용어로서 포로 이전 시대에는 אֲשֶׁר로 거의 완전히 대체되었으며, 포로 후기에는 꽤 자주 나타난다(⁵). 그러나 성서 이후 시대에(미쉬나) שׁ은 전형적인 문어체 용어인 אֲשֶׁר를 완전히 대체하게 된다(⁶).

---

¹ 참고, Joüon 1913: 129.

² 이 단어의 어원은 장소를 뜻하는 명사일 것이다. 참고, 아카드어 ašru(연계형 ašar). 아랍어 ʾitr, 시리아어 ʾatar, 에티오피아어 ʾašar. Cohen 1970-: 37b를 보라. Israel 2003: 340f.

³ BDB, s.v.

⁴ Bergsträsser 1909를 보라.

⁵ BDB, s.v. ·שֶׁ; König, II, p. 322에서 자세한 통계를 보라. BL, §32 b의 실수를 지적할 필요가 있다. 바우어와 린더(Bauer-Leander)는 ·שֶׁ가 에스라(사실 이 책에 한 번 밖에 나타나지 않음)와 역대기(사실 두 번만 나옴)에 흔히 나온다고 한다. ·שֶׁ가 나타나는 모든 경우들(136회)에 대한 목록은 Even-Shoshan s.v. 그리고 Peretz 1967: 127에서 보라.

⁶ Tur-Sinai(Torczyner)는 라기스 서신에서 (그리고 지금은 아라드 서신과 암몬어에서도) 볼 수 있는 바와 같이 אֲשֶׁר가 성서 시대에 문헌상으로뿐 아니라 일반적으로 사용되었다고 생각한다. Ben-

• שֶׁ 대신 매우 드물게 •שְׁ 그리고 שַׁ가 발견된다(삿 6.17에서 א 앞에 한 번 나타난다)(¹). 뒤따르는 자음의 중복을 요구하는 단모음(²)은 모든 위치에서 유지된다. 예, שֶׁאֵין, שֶׁאֲנִי, שֶׁעַל, שֶׁרָאשִׁי 아 5.2(§ 23 *a*).

또한 관계 대명사로 사용되는 זוֹ(³), זֶה그리고 정관사도 발견된다(참고, § 145 *c-d*).

§ 39. 인칭 대명사
(어형 변화 1)

A. 분리 대명사

a　　**1인칭 단수**(공성). 원시 히브리어 형태는 **anā·ki* > אָנֹכִי (휴지 형태)이다(⁴). 본문 속에서 강세는 밀라가 된다. 그러나 ֹ 모음은 이때 강세에서 두 음절 떨어진 곳에 유지되어(§ 30 *e*) אָנֹכִי가 된다.

또 다른 형태가 특히 성서 후기 문헌과 성서 히브리어 이후 시대에 나타

Yehudah 1908-58: vol. 7, col. 6779, n. 2에서 Tur-Sinai의 주를 보라. Levine 1985도 참고하라. Davila (1990: 82f.)는 שׁ가 북쪽 히브리어의 전형적인 형태라고 본다. 쿰란 문서 <미크짜트 마아쎄 하-토라>와 <청동 두루마리>(*Copper Scroll*)에서 שׁ이 거의 단독적으로 사용된 것을 주목하라. 이 문서들의 히브리어는 미쉬나 히브리어의 또 다른 전형적 형태들도 보여준다. Qimron 1994 그리고 Milik 1962:230(§ 14 *e*)을 보라.

¹ 짧은 형태의 여러 모음 표기는 다음과 같다. ·שֶׁ 창 6.3(?), 삿 5.7(두 번), 욥 19.29(?), 아 1.7 † ; שְׁ 전 3.18 שְׁהֶם, 그리고 유사하게 2.22에 나타난다(Dotan이 편집한 것을 포함한 일부 사본에서, 참고, Morag 1974a: 308f.): 삿 6.17 שַׁאָתָּה를 제외하고 보상 장모음화가 일어나지 않는다. 쉰(שׁ)과 함께 오는 슈바는 바빌론 전통에서 흔히 나타난다. Porath 1938: 149f., 그리고 Yeivin, *Babylonian*, 1158-62. Morag 1969-74: 118f.도 보라.

² שׁ 다음에 오는 자음의 장음화는 라틴어로 음역된 페니키아어(Segert 1976: § 51.42), 미쉬나 히브리어(Segal 1936: § 89, 사마리아 히브리어(Ben-Ḥayyim, p. 321[§ 6.3.18])에도 발견된다.

³ "음절로 구분된 음역"(syllabic transliteration)에서 *du-ú*로 나타나는 우가릿어의 *d*를 참고하라. 아랍어에서 그와 동일한 어원을 가진 단어와 달리 이것은 어미 변화를 하지 않는다. 우가릿어는 어미 변화를 하는 형태들과 함께 어미 변화를 하지 않는 *d*를 갖고 있다. Tropper § 43.2-3.

⁴ 우가릿어 *a-na-ku*와 아마르나 가나안어 *a-nu-ki*를 참고하라(EA 287. 66, 69). 우가릿어에는 아직까지 가나안어의 모음 변화인 *ā* > *ō* 현상이 나타나지 않는다. 자음 요소인 /k/는 원시 셈어 /qatal-ku/ 내가 죽였다에서 확인되고 있다(§ 42 *f*).

난다(¹). 그것은 אָנֹכִי를 대치한 것으로서 אֲנִי(²), 휴지 위치에서 אָנִי (비록 소수이긴 하지만), 그리고 때로 연결 악센트와도 함께 나타난다. 예로, חַי אָנִי 나는 살아 있다!에서 항상 그렇다(강조적인 표현).

1인칭 복수(공성). 원래 형태인 נַחְנוּ는 매우 드물다(5회[³]; 라기스 서신에 한 번 나타난다[4.10행]); 이 외에 이차적인 형태인 אֲנַחְנוּ가 사용되며, 이 형태의 א은 단수 형태 אֲנִי에서 유추하여 생겼을 것이다(참고, Brockelmann., *GvG*, I. 299). 휴지 형태로 אֲנָחְנוּ가 나타난다. 강세 뒤에 오는 u는 원래 단모음이었다(비교, 아랍어 *naḥ'nu*). 렘 42.6에서 크티브 형태로 한 번 나타나는 אֲנוּ를 주목하라. 이것은 미쉬나 히브리어의 일반적인 형태이다.

2인칭 남성 단수. 원시 형태 '*an'ta*는 중간 휴지 형태 אָתָּה에서 예, 창 3.19 그리고 주된 휴지 형태 אָתָּה에서 밀엘(끝음절 전 강세)이 남아 있다(§ 32 *f*). 히브리어의 일반적인 경향에 따라 본문 속에서는 강세가 밀라가 되며, אַתָּה가 된다(⁴).

---

¹ Polzin, pp. 126f를 보라. 이 두 형태가 구약 성경의 여러 책들 안에서 어떤 분포를 이루고 있는지에 대한 통계는 BDB, s.v. אָנֹכִי에서 보라. AF, *Voc.*, 280. Rezekto (2003: 225f.)는 약간 미묘한 차이를 드러내는 내용을 제시하고 있다. 두 형태가 공존함으로써 발생하는 문제들에 대한 논의는 Aartun 1971: 1-7; Rosén 1975; Schoors 1989: 71f.; Revell 1995에서 보라.

² אֲנִי에 나오는 복합 슈바는 불규칙적이다. 이것은 강세 전 음절에서 완전 모음 ◌ֲ가 기대되기 때문이다. 이 복합 슈바는 그 형태의 과다한 사용이나 아람어 אֲנָה (BL, pp. 248f.) 또는 אֲנַחְנוּ(여기에서 א은 אֲנִי를 유추하여 옴)의 영향을 받아 만들어졌다.

마지막 i 모음은 1인칭 단수 소유격 인칭 대명사와 완료 시제의 접미사 형태소에서 온 것이다. 이것은 אָנֹכִי에도 똑같이 적용된다. Tropper는 가나안어 모음 교체 ā > ō (*UG*, p. 208) 이후에 모음 이화 현상(dissimilation)이 일어났다고 추정한다. 그러나 그의 추정은 אֲנִי가 그와 대응을 이루는 장음 형태의 영향을 받은 것이 아니라면 אֲנִי에 나오는 마지막 모음 i는 설명이 되지 않는다. 우가릿어에서 이차적인 형태인 *an*과 에블라어 '*anā*는 짧은 형태가 반드시 후대의 것은 아님을 보여준다.

³ 이것은 오경에서 네 번 나타난다(!): Versluis 2003:27, n. 139. 애 3.42의 예는 로테르담의 보아스(J. Boas)가 지적한 바와 같이 알파벳 시의 형식 때문에 발생한 것이므로 그것은 이 형태의 통시적인 발전 과정과 직접적인 관련성이 없다. 그것은 또한 쿰란 히브리어에도 흔히 나타난다. *DCH* ad loc을 보라.

⁴ אַתְּ (크티브) 철자법이 다섯 번 등장한다. 시 89.39의 אַתָּה가 세쿤다에서 αθ인 것을 보라. 참고, 18.41의 נָתַתָּה ναθαθ는 בְגַרְכַפֶת의 초기 음소화 과정(phonematisation)을 나타내는 다른 예이다. אַתְּ를 /'att/ 또는 /'attə/로 해석하고자 하는 이들은, 왜 칼 부정사 연계형 תֵּת가 우리에게 *תֵּתְתְּ (< תֵּתֶתְ <*תֵּנְתְּ)로 전해지지 않은 한편, אַתְּ는 다른 2인칭 형태들을 유추한 것으로 보는지에 대해 설명해야 할 것이다. Ben-Ḥayyim, p. 226, n. 4도 보라. AF, *Spelling*, 135에 따르면 "표준화[크티브]는 일관성을 얻게 되지만, 외형상 여성형 모음 부호로 보이는 뚜렷한 남성 형태들이 잔존한 것(민 11.15, 신 5.24, 겔 28.14)은 אַתְּ가 남성형의 다른 형태였음을 제시한다."

2인칭 여성 단수. 원시 밀엘 형태 *ʾanˈtī*는 강세 뒤에 오는 모음 탈락과 함께 אַתְּ가 된다. 휴지 형태는 אָתְּ이다. אַתִּי*(¹) 형태는 크티브에서만 발견된다(7회).

2인칭 남성 복수. 원시 형태 **ʾantumu*는 살아남지 못했다. *u*는 여성 형태의 i로 대체되어 *ʾantim 형태가 되었고, 그 후 אַתֶּם이 되었다(쎄골과 함께(ɛ))(참고, Brockelmann. *GvG*, I, p. 302)(³).

2인칭 여성 복수. 원시 형태 **ʾantinna*는 אַתֵּנָה 겔 13.20에서 유일한(의심스러운) 형태로서 발견된다고 여전히 주장된다. 그러나 레닌그라드(L), 알렙포(A)나 카이로(C) 사본에는 나타나지 않는다. 다른 곳에는 נ에 다게쉬가 없는 אַתֵּנָה가(3회) 나타난다. 마지막으로 강세 뒤에 오는 모음이 떨어져 אַתֵּן 겔 34.31†(다른 형태, אַתֵּן)이 된다.

3인칭 남성 단수. 원시 형태의 *hūˈa; 히브리어는 הוּא. 쿰란의 몇몇 사본에 자주 나타나는 הוּאָה와 비교하라(⁴).

3인칭 여성 단수. 원시 형태 *šīˈa; 히브리어 הִיא. 여성형의 *š*는 아카드어, 에블라어, 미네아어와 메흐리어에서 발견된다(Brockelmann., *GvG*, I. 303). 히브리어의 *š*은 남성형의 *h*로 대체되었다(⁵). 마지막 *a* 모음에 관해 הִיא

---

¹ אתי로 표기된 사마리아 히브리어에서도 그와 같다(Ben-Ḥayyim § 3.1.3). 강세와 관련하여 אַתִּי*는 אַתְּ처럼 취급되어야 한다. 고대 2인칭 여성 형태인 קָטַלְתִּי와 비교하라. § 42 *f*. 그러나 짧은 형태 אַתְּ [att] 또는 [at](§ 8 *d*, n. 그리고 § 27 *db*를 보라)가 세 번 남성으로 나타난다. 민 11.15; 신 5.27; 겔 28.14.

² 쎄골은 초기의 마지막 전 음절 강세의 잔여물일 것이다. Dotan 1983: 160을 보라.

³ 쿰란 히브리어 אתמה. 참고, 사마리아 히브리어 /attimma/(읽기 전통; אתם으로 기록된 사마리아 오경 자음 본문을 주목하라). Ben-Ḥayyim, § 3.1(p. 225)을 보라.

⁴ 마지막 알렙은 여성형에서도 마찬가지이며 페니키아어 הא에 나타나는 것처럼 모음 글자가 아니다. 페니키아어에서 알렙은 자음 음소이다. 이 점과 관련하여, <hw>와 <hy>를 가지고 있는 우가릿어와 고전 아람어(그리고 아랍어)는 히브리어 및 페니키아어와 다르다.

⁵ 셈어군 속에 나타나는 이 두 자음의 분포에 관해 Kienast 2001: § 43을 보라. 또한 Del Olmo Lete 1999: 109를 보라.
쿰란 히브리어(그리고 아람어)에 הוא, וה 그리고 היא와 함께 나타나는 הואה와 היאה 형태는 원시 히브리어 형태들의 순수한 흔적이라기보다, 쿰란 히브리어가 일반적으로 긴 형태들을 선호하는 것(운율의 효과를 위해?)에 대한 증거로 보는 것이 가장 바람직해 보인다. Fassberg 2003을 보라. 다른 한편, הוא, היא의 마지막 알렙은 부정어 לא의 알렙과 마찬가지로 모음 글자일 가능성이 거의 없다. 자음 /ʾ/는 페니키아어 3인칭 단수 대명사 הא 그, 그녀 그리고 에티오피아어 3인칭 남성 단수 *weʾetu*와 여성 *yeʾeti*의 일부로 나타난다. 참고, 고대 가나안어 *úwa* (=*huwa*, Sivan, p. 126), 우가릿어 *hw* (=/huwa/) 그리고 *hy* (=/hiya/). 우가릿어 *hw*에 관해 Huehnergard, *Ugr. Voc.*, 86, 293을 보라.

만큼 흔히 사용되는 쿰란 히브리어의 הואה를 주목하라.

　　3인칭 남성 복수. 원시 형태 *humu*; 히브리어 הֵם, הֵמָּה. 가장 흔한 형태는 הֵמָּה이다(272회, 반면에 הֵם은 191회)[1]. 그러나 정관사와 함께 사용될 때는 주로 הָהֵם이며, הָהֵמָּה는 12회만 나타난다. 원시 여성 형태 *šinna*의 두 모음이 히브리어 남성형 הֵמָּה로 옮겨갔다.

　　3인칭 여성 복수. 원시 형태 *šinna*, 히브리어 הֵנָּה[2]. 첫 자음 ה는 남성 형태를 유추하여 나왔다. 짧은 형태 הֵן은 미쉬나 히브리어의 표준 형태이며, 성서 히브리어에는 בָּהֵן, לָהֶן, בְּנֵיהֶן[3] 같이 의존 형태소(bound morpheme)로만 나타난다.

　　관찰. 마지막 הָ가 세 가지 복수 형태로 나타나는 것을 주목할 수 있다. 3인칭 여성 הֵנָּה(유일한 형태); 3인칭 남성 הֵמָּה (더 흔한 형태), 2인칭 여성 אַתֵּנָה (더 흔한 형태-4회: אַתֵּן은 한번 나오는 데 비해). 긴 형태들은 쿰란 히브리어에서 매우 두드러진다[4].

b　　정관사 다음에 나오는 3인칭 대명사들 הַהוּא, הַהִיא; הָהֵם הֵמָּה הָהֵמָּה, הָהֵנָּה에 관해 § 36 *d*를 보라.

c　　**오경에 나타나는 여성형 크티브 הוא**. 오경의 자음 본문(사마리아 오경은 아님)에서 우리는 הוא 철자가 남성형뿐 아니라 거의 항상(18회 제외[5]) 여성형으로도 사용되는 것을 발견한다. 나크다님(모음 첨가자들)은 여성형을 הִוא(영구적 크레, § 16 *f* 2)로 기록하였다. 예, הָאָרֶץ הַהִוא 창 2.12. 다소 이상해 보이는 이 현상은 후대의 특정한 오경 사본에서 유래된 것으로 상당히 설득력 있게 설명될 수 있을 것이다. 많은 문법학자들과 함께 우리는 원시 철자법에

---

[1] 근접한 두 절(레 11.27 이하)과 평행 구절들에서(신 3.20 ‖ 수 1.15) 두 형태가 교체하는 것도 주목하라.

[2] 부사 הֵנָּה 여기로, 여기에(방향 접미사와 함께 옴, 라틴어 *huc*)와 구분해야 한다.

[3] 원시 히브리어와 원시 셈어에서 1인칭과 2인칭 대명사는 자음 /n/ 또는 /ʾn/ 을 공유하며 이리하여 /h/ 또는 /š/으로 특징지어지는 3인칭 형태와 구별된다. 이것은 인류학적 관점에서 볼 때 담화에 직접적으로 참여하는 "나-당신-우리"는 서로 더 깊고 친밀함을 보여준다. 참조, Isaakson 1992-93; Del Olmo Lete 1999. 3인칭 대명사는 덜 "친밀하며", 비-인격적인 지시물에 적용된다는 점에서 이 이분법은 인칭 대명사의 의미론(semantics)과 형태 구문론(morpho syntax)과도 연관됨을 보여준다.

[4] Qimron, *HDSS*, 58을 보라.

[5] 18 개의 경우에 대한 목록으로서, Tropper 2001: 159를 보라.

서 הא는 여전히 *hū'a*였을 남성형과 *hī'a*였을 여성형을 둘 다 가리켰다고 추측할 수 있다(¹). 이 형태들이 히브리어에서 각각 *hū*와 *hī*가 되었을 때 הא 철자는 충분히 분명하지 않게 보였을 것이다. 필사자는 음색과 음량을 표현하는 모음 문자를 사용하여 장모음 *ū*와 *ī*를 표시하고 싶어했을 가능성이 있다. 수세기 동안, 특히 주후 1~4세기에 정방형 서체로 히브리어 비문들이 기록된 시기에 י 글자의 형태는 ו 글자의 형태와 거의 동일했다(²). 그러한 상황 속에서 הא에 ו 또는 י를 첨가하고 싶어하던 필사자는 최선의 동기를 가지고 사실상 거의 ו로 판단될 수 있는 글자를 첨가하였다. 그 후에 ו의 모양이 י의 모양과 분명하게 구분되었을 때, 사람들은 이 필사본을 존중하는 마음 때문에 הוא가 의미상 여성형을 가리켜도 감히 철자를 바꾸려고 하지 않았다(³).

d **B. 인칭 대명사 접미사**

인칭 대명사는 동사의 접미사로 올 수 있다. 예, קְטָלַנִי 그가 나를 죽였다 (대격으로 오는 동사 접미사, § 61). 그리고 명사의 접미사로 올 수 있다. 예, 문자적으로 סוּסִי 나의 말(소유격에 오는 명사 접미사, § 94). 또한 불변화사, 특히 전치사들은 접미사를 가질 수 있다. 예, לִי 나에게, הִנְנִי 내가 여기 있다. 인칭 대명사의 접미사 형태는 대부분 분리 인칭 대명사의 형태로 추적할 수 있다.

---

¹ הא는 모압어로 쓰여진 메샤 비문(주전 9세기)에서 남성으로, 페니키아어에서 여성으로 나타난다(הא로 나타나는 후기 대중 푼어[Vulgar Punic] 제외됨).

² 그러나 칠십인역 번역자들이 사용한 사본들에서 ו와 י는 거의 동일한 형태를 갖고 있었다. 참고, Driver, *Notes*, p. lxiv

³ 마소라 본문이 הוא를 쓰는 경우에 사마리아 오경은 규칙적으로 היא를 쓴다. Rendsburg(1982a)는 이 현상을 비셈어[히타이트어와 후르어에 영향을 받은 공성어(epicene=양성을 통용하는 언어])로 설명한다. 그러나 그의 논지에 대한 Emerton 2000의 비평을 보라. Tropper(2001)가 비교 셈어 연구를 통하여 만든 재구성은 거의 신빙성이 없다: היא에 인접하여 나오는 הוא는 유표적 (marked, "betont")이라고 할 수 없으며, הוא가 비사격(non-oblique)으로 나오는 경우는 출 12.15 וְנִכְרְתָה הַנֶּפֶשׁ הַהִוא을 포함하여 열 번 넘게 나온다.

제2장 동사

§ 40. 일반적인 관찰과 분류

a   **동사 변화**(conjugations, **활용**). 히브리어 동사는 여러 어형 변화들([1]) (בִּנְיָנִים 건물들)로 이루어져 있다: 그것들은 칼(Qal, קַל=가벼운)로 불리는 단순 활용(活用)의 형태와 여러 개의 파생되거나 또는 확장된 활용 형태로 구성된 다([2]). 단순 활용은 다른 것들에 비하여 그 형태가 가장 단순하고 표현하는 동작 도 마찬가지로 단순하기 때문에 그렇게 부른다. 예, קָטַל 그가 죽였다([3]). 또한 파 생된 또는 확장된 활용은 단순 활용([4])과 연관되어 확대된 형태를 가지며, 그것 들이 표현하는 동작은 객관적 서법(modality)을 추가하게 된다. 예로, הִקְטִיל 그가 (누군가를) 죽게 하였다.

또한 단순 동작, 소위 강의적(intensive?) 동작이나 사역적 동작의 어형

---

[1] 우리가 사용하는 활용(conjugation)이란 용어는 영문법에서 다른 의미로 사용되지만 더 나은 용어가 없어 채택하였다(일반적으로 어형 변화는 굴절[inflection]이라 하며, 동사 변화는 활용[conjugation], 명사 변화는 곡용[declension]이라고 한다-역자주). 히브리어 활용에 대한 개괄적이고 구조적인 논의 는 Goshen-Gottstein 1969를 참고하라. 성경에서 1300 개 이상의 동사 어근들 중에서 오직 네 개만이 일곱 개의 활용을 모두 가지고 있을 뿐이다(Hoftijzer 1992: 124): גלה, ידע, ילד, פקד 등.

[2] Hoftijzer (1992: 118f., 특히 n. 7)는 일곱 개의 활용을 모두 독자적인 실체로 분석하여야 한다고 주장한다. 칼, 피엘, 히필에서 각각 나온 칼 수동, 푸알과 호팔을 제외하고 칼을 기본형으로 보고 여 기서 피엘과 히필, 니팔, 히트파엘이 나왔다고 보는 것은 문제의 소지가 있다. 왜냐하면 매우 빈번하 게 나오는 동사들을 비롯하여, 몇몇 동사들은 칼에서 전혀 사용된 적이 없어 보이기 때문이다: 예, צוה 피엘(487회), 푸알(8회); בקש 오직 피엘에서만(225회); נגד 히필(334회), 호팔(15 회). 따라서 일정한 동사가 일정한 활용에서 어떤 기능을 갖는지의 문제는 다른 활용에서의 기능과 대비하여 보 아야 함을 시사한다.

[3] 단지 동사를 가리키고자 할 때 우리는 종종 3인칭 단수 완료형을 부정사로 번역한다. 예, קָטַל 죽 이다(to kill). 히브리어 동사를 칼 3인칭 남성 단수 형태로 표시하는 것은 일반적인 관행이다. 그렇지 만 ע"ו 그리고 ע"י 동사들은 부정사 연계형으로 표시한다(참고, § 80 *c*, n.).

[4] 그래서 중세 초기의 유대인 문법학자들은 קַל 가벼운을 כָּבֵד 무거운과 대비시켰다. 왜냐하면, 모 든 "유래된" 활용은 추가적인 형태소적 요소 때문에 별도의 힘을 얻기 때문이다. 이븐 에즈라는 칼, 피엘, 푸알 이외의 모든 활용을 "확장된 것"(נוֹסֶף)으로 불렀다. 참조, Yalon 1971 and Eldar 1980.

변화는 세 가지의 태로서 즉, 능동, 수동, 재귀 가운데 하나의 태를 취하게 된다. 예, הָקְטַל 그는 살해되었다[1].

우리는 전통적인 명칭들을 따라서 실제로는 잘 사용되지 않는 קָטַל[2] 동사 완료형을 예로서 아래와 같이 도표로 정리하여 보았다.

태 \ 동작	능동	수동	재귀
단순 동작	칼 קָטַל "그가 죽였다"	참고, § 58 *a*	니팔 נִקְטַל "그가 자신을 죽였다", "그가 살해되었다"
강의적(?) 동작	피엘 קִטֵּל "그가 강렬하게(?) 죽였다"	푸알 קֻטַּל "그는 강렬하게(?) 죽임을 당했다"	히트파엘 הִתְקַטֵּל "그가 강렬하게(?) 자신을 죽였다"
사역적 동작	히필 הִקְטִיל "그가 죽게 했다"	호팔 הָקְטַל "누가 그를 죽게 했다"[3]	

b   **시제**(tenses)**와 법**(moods). 우리가 시제라고 부르는 것은 히브리어에서는 두 가지 형태로 나타나며, 더 나은 대안이 없으므로(참고, § 111 *b*) 그 형태

---

[1] 예니(Jenni 2000)는 활용(conjugation)과 동작 유형(Aktionsarten[예, 사역, 상태, 반복 등-역자 주], 또는 상태형과 과정형(fientive) 사이에 있는 연관성을 올바로 주목하였다. 또한 § 52 *d*에서 작용형 (factitive)이라는 제목으로 다룬 토론을 보라. 그렇지만 이 상관성은 보편적이거나 체계적이기보다 부분적일 뿐이다. 이 상관성의 개념을 확장하고, "어휘-의미론적 사역 동사"에 대하여 말하는 것은 어휘 의미론과 구문론 또는 형태 구문론(morphosyntax)을 뒤섞는 것이다. 만약에 קָבַר *begraben*, 묻다를 *veranlassen, dass etwas begraben ist*, 어떤 것을 묻게 하다와 동일한 것으로 분석한다면(ib. 78), 모든 타동사들은 어휘-의미론적으로 사역형이 될 것이다(우리가 קָבַר에 대한 이 분석을 '무덤 파는 자의 활동'에 적용할 수 있겠는가?). Vendler (1957: 220, 225)는 기본적으로 똑같은 의미를 가진 동일한 동사들이 하나 이상의 범주에 할당될 수 있음을 인식하였다. 예로서, *he kept running in the rain*(활동)을 *he ran a mile*(성취)과 대조할 수 있다. 이것은 다의성(polysemy)이나 그 근본 의미 (Grundbedeutung)를 꼬집어 말하기 어려운 동사들이 빈번하게 나오기 때문에 생긴 현상이라고 말할 수는 없다(Jenni 2000: 80).

[2] 아람어에 흔히 나오는 קָטַל 동사는 (그리고 원래 강조음이 아닌 *t*와 함께 나타나는 아람어의 *qatala*) 히브리어에 3회 밖에 나타나지 않는다(시문: 시 139.19; 욥 13.15, 24.14). הָרַג는 죽이다를 뜻할 때 사용되는 일반적인 동사이고, הֵמִית는 사람을 죽이다라는 뜻이다.

[3] 엄격하게 말하자면, 그는 죽임을 당하게 되었다.

들을 완료와 미완료로 부르고자 한다(원문에서 미완료는 미래[*future*]로 제시되었으나, 대부분의 문법책에서 이 형태는 미완료로 취급하므로 우리는 미완료로 번역하였다-역자 주). 예, 단순 활용에서; 완료 קָטַל 그가 죽였다; 미완료 יִקְטֹל 그가 죽일 것이다.

법(mood)의 관점에서 말하자면, 완료 קָטַל과 미완료 יִקְטֹל은 직설법이다. 미완료는 많은 단어에서 의지적(volitive) 뉘앙스를 지닌 두 개의 형태들로 표현한다. 즉, (3인칭에서) 지시형(*jussive*) 예, יִקְטֹל 그로 하여금 (누군가를) 죽이게 하라!와 (1인칭에서) 권유형(*cohortative*), 예, אֶקְטְלָה 내가 죽이고 싶다를 갖고 있다. 명령형은 2인칭의 의지법으로 사용된다. 예, קְטֹל 죽여라!

이러한 시제 및 법과 관련된 형태들 외에도 시제와 법(또는 인칭)과 상관 없는 두 가지 형태가 있다. 이것들은 부정사와 분사로서, 동사와 명사의 성격을 둘 다 갖고 있다. 부정사는 동사적인 힘을 가진 동작 명사(action noun)로서, 두 가지 형태를 갖는다. 즉, 부정사 절대형과 부정사 연계형으로 구분된다. 분사는 동사와 형용사의 성격을 다 가지고 있으며 동작을 실행하는 행위자(*agent*, 능동 분사)와 동작의 영향을 받는 대상자(*patient*, 수동 분사)가 있다.

단순 동사 변화인 칼형에서 우리는 지금까지 동작에 관해서만 다루었다. 그러나 실제로 קָטַל 그가 죽였다와 같은 동작 동사(¹) 외에 상태나 특성을 표현하는 상태 동사가 있다. 예, כָּבֵד 그는 무겁다, 무거웠다(§ 41 *b*)(²).

c   **동사의 종류.** 대부분의 동사들은 세 자음으로 구성되어 있다. 어근의 상태에 따라 동사들은 강동사나 약동사로 부른다. 강동사들은 세 개의 불변하는 어근 자음들을 갖고 있다. 강동사는 한 어근(또는 그 이상)이 후음일 때 특정한 모음 표기를 갖는다. 약동사들은 그 어근 안에 약한 자음적(또는 모음적) 요소들이 나타난다. 이러한 동사들을 표기하기 위해 פָּעַל 행하다 동사(시문[詩文]에 나옴)의 글자들을 사용한다(아랍어 문법에 기원을 둔 옛 패러다임[³]). 그래서 פ

---

¹ 우리는 능동 동사(*active verb*), 능동 완료형(*active perfect*), 능동 미완료형(*active future* [원문])이라는 용어들을 동작을 가리키는 의미(즉 동작 동사[*action verb*], 동작 완료형[*action perfect*], 동작 미완료형[*action future*]로 사용하고, 동사의 능동태(*active voice*)를 가리키는 용어로 사용하지 않을 것이다(참고, § *a*). (즉, 이 책에서 *active*는 대부분 능동이 아니라 동작을 가리킨다-역자 주). 최근에는 또 다른 용어로서 과정 동사들(*fientive* verbs)을 사용한다. 이것은 상태보다도 과정을 표시하는 동사들이다. 영어 *fientive*는 라틴어 되다(fieri, to become)에서 왔다.

² 타동성과 자동성은 동사의 모음 표기에 영향을 주지 않는 구문론적 현상이다.

³ 여기서 니팔(*Nif'al*), 히필(*Hif'il*) 등 동사 활용들을 일컫는 전통적인 용어들이 왔다.

는 어근의 첫 요소를, ע은 두 번째 요소를, ל는 세 번째 요소를 표현한다. 따라서 פ״ן 동사는 첫 글자가 '눈'(Nun)인 동사이다. 다른 약동사들도 이와 비슷하게 פ״א, פ״י, ל״א, ל״ה, ל״ו, ע״י, ע״ע라고 불린다(참고, §71). ע״ע 동사는 두 번째 어근이 반복되는 중복 동사로 불린다. 예, סָבַב 그가 에워쌌다.

d   우리는 우선 칼 동사 변화로 시작하여 규칙적인 강동사를 먼저 다룰 것이다. 반복을 피하기 위해서 모든 형태의 범주들(활용 또는 동사 부류들)에 적용되는 내용들을 먼저 소개하고자 한다([1]).

§41. 칼 동사 변화

a   칼(Qal) 동사 변화는 동작 동사([2])와 상태 동사로 이루어진다(§40 *b*). 동작 동사는 *qatal > קָטַל קְטַל 형태를 갖고 있다. 예, נָתַן 주다, יָשַׁב 앉다, אָכַל 먹다([3]).

동작 동사 미완료형에서 두 번째 모음은 일반적으로 *u > ֹ이다. *i > ַ 모음은 יִתֵּן (§72 *i*), יֵשֵׁב (§75 *c*), יֹאכַל 형태(여기서 이화 현상으로 참고, §73 *c*)에 나온다([4]). 첫 모음(접두사의 모음)에 관하여 §*e*를 참고하라.

동작 동사는 타동사적이거나 자동사적인 동작을 표현한다. 어떤 동사들은 재귀적인 동작을 표현하기도 한다. 예, רָחַץ 씻다 그리고 스스로 씻다, 목욕하다(라틴어에서 *lavare*와 같다), סוּךְ 쏟다, 기름을 바르다 그리고 스스로 기름을 바르다, מָשַׁח 기름을 바르다 그리고 스스로 기름을 바르다(암 6.6), טָבַל 담그다 그리고 자신을 담그다. 어떤 경우에는 재귀적 의미가 생략을 통해 온 것으로 보인다. 예, הָפַךְ 돌리다 그리고 스스로 돌리다, 물러나다(삿 20.39 등), סָעַד 유지하다 그리고 자신을 유지하다(왕상 13.7†, 즉 기운을 북돋우다, לֵב[삿 19.5; 창 18:5]).

---

[1] 그러므로 독자들은 이후에 반복되지 않는 주요 형태들 또는 세부 사항들을 우선 주의 깊게 빨리 살펴보는 것이 좋을 것 같다.

[2] 과정 동사들(*fientive* verbs)로 불리기도 한다(앞의 40*b* 첫 번째 각주를 보라).

[3] 이 문법에서 전문용어로서 qatal, yiqtol을 영어로 표기할 때 알파벳 ט를 *t*로 표기하는 대신 *t*로 표기할 것이다.

[4] Barth(1889: 177)에 따르면, 어간 모음으로서의 ֹ는 규칙 동사들에도 나타난다. 예, 민 11.25 יַעֲרִימוּ (∥ 17 절 וְאָצַלְתִּי); 왕하 7.8 יַטְמֹנוּ (불완전 철자법), 삼상 23.22 יַעְרֹם 대비 시 83.4 יַעֲרִימוּ (히필, 완전 철자법!), 욥 14.9 יַפְרִחַ.

어떤 동작 동사들은 명사에서 왔다. 예, לָבֵן לְבֵנָה 벽돌을 제조하다(לְבֵנָה),
מָלַח(1회) 소금으로 간하다(מֶלַח), שָׁבַר 곡식을 사다(שֶׁבֶר), אָהַל(2회) 천막을 치
다 (אֹהֶל)(¹).

b   **상태 동사들**은 "동사변화를 하는 형용사"로서 두 가지 형태를 가지고 있
다. 보다 빈번하게 사용되는 형태는 *qatil(참고, 아카드어 paris)이고, 예, כָּבֵד
그가 무겁다, 좀 드물게 사용되는 형태는 *qatul(참고, 아카드어 maruṣ)이다. 예,
קָטֹן 그가 작다. 이 두 개의 완료형은 둘째 모음이 a인 단 한 가지 형태의 미완료
형을 갖는다. יִכְבַּד 그가 무거울 것이다, יִקְטַן 그가 작을 것이다. 첫째 모음(접두사
의 모음)에 관해서는 § e를 참고하라.

가장 초기 단계에 모든 상태 동사들은 셈족 사람의 관점에서 볼 때, 동작
보다는(²) 상태나 속성으로 인식된 것을 표현했음에 틀림없다. 그러나 사실 많
은 상태 동사들은 실제로 동작이 이루어지는 것을 표현한다. 예, שָׁמֵעַ, שָׁמַע 듣
다. 그가 무겁다(כָּבֵד) 같은 일부 동사들은 순수한 상태 동사적 의미를 갖는 것 외
에, 그가 무거워졌다, 그가 무겁게(비중 있게) 자라갔다처럼(³) 동사의 개념에 가까운
뉘앙스를 갖는다. 일반적으로 상태 동사들은 의미에서나 모음 표기에 있어서
동작 동사들이 되려고 한다고 말할 수 있다(⁴). 동작 동사가 상태 동사를 잠식해
들어가는 것은 의미가 진화하고, 동작 동사가 수적으로 확실히 훨씬 많으며(⁵),
그리고 때로는 특별한 음성적 법칙 때문에 일어나게 되었다.

완료형에서 상태 동사의 특징적인 모음을 갖는 어떤 동사들은 미완료형
에서 동작 동사의 전형적인 모음을 가져온다. 예로서, שָׁכַן, שָׁכֵן 미완료 יִשְׁכֹּן

---

¹ 칼 동사들을 한편으로는 완료형과 미완료형의 어간 모음의 변화(Ablaut)로 분류하고, 다른 한편으
로는 의미론적 범주로 분류하려는 시도에 대해서는 WO, BH Syntax, 367-71(§ 22.3)에서 보라. Aro
1964: 108-38도 보라.

² 따라서 Andersen(2000: 26)의 입장과 달리, 몇몇 qatila 동사들이 qatala 패턴으로 넘어가는 것에
근거하여 qatila 패턴이 발생론적으로 우월하다고 주장할 수는 없다.

³ 정적 읽기(stative reading) 또는 동적 읽기(dynamic reading)를 선별할 목적으로 일련의 요인들을
찾아 내려는 시도는 Dobbs-Allsopp 2000 참조.

⁴ Bauer 1910: 33. 참고, Joüon 1911: 356ff. 상태 동사들도 똑같이 "동사적"임을 밝히려는 관점
에 대해서는 Aartun 1975에서 보라. 정적인 측면과 동적인 측면을 선별하는 것의 어려움에 대해
Rubinstein 1979: 55-76, 특히 60-64도 보라. 동적인 것을 표현하기 위해서는 형용사적 동사를 사용
하는 것이 필수적이라는 점만은 확실하다.

⁵ 그럼에도 예니(Jenni 2000: 73)는 성서 히브리어에 나오는 동사들 중 1/4 이상(약 1570개)이 상태
동사로 파악된다고 말한다.

거주하다; חָפֵץ, 미완료 יַחְפֹּץ 좋아하다, 바라다 (또한 וַיַּחְפֹּץ); נָבֵל, 미완료 יִבֹּל 시들다; עָמֵל*, עָמָל, 미완료 יַעֲמֹל 피곤해지다; מֵת, 미완료 יָמוּת 죽다; שָׁמֵם*, 미완료 יִשֹּׁם 마비되다, 황폐해지다.

완료형에서 상태 동사의 ◌ֵ 모음은 동작 동사의 ◌ַ 모음으로 자주 대체된다: 1) 특히 본문 안에서, 예, שָׁכֵן 그러나 שָׁכַן; 2) 휴지 형태에서도 매우 빈번하게 나타난다. 예, חָזַק 강해지다([1]); 3) 두 개의 동사에서 다른 어간 모음은 שְׁאֵלְתֶּם (삼상 12.13)처럼 ◌ֵ가 되거나 וִירִשְׁתֶּם (신 4.1)처럼 ◌ַ가 된다. 특히 וִירִשְׁתָּהּ (신 17.14), שְׁאֵלְתִּיו (삼상 1.20)에서처럼 치찰음 앞이나 뒤, 그리고 둘 다에서 목적어 접미사와 함께 오기도 한다. 그러나 יְלִדְתִּיךָ (시 2.7). 때때로 ◌ֵ 모음은 접미사의 앞 자리가 아닌 곳에서 유지될 수 없다. 예, שָׁאֵל 그러나 שָׁאַל, שָׁאֵל; גְּדֵלַנִי (욥 31.18*b*) 그러나 גָּדַל이다([2]).

원래 상태형인 *qatil* 동사의 접미사 형태에서 *i* (>*ē*)는 필리피의 법칙(§ 29 a)에 의하여 a로 음이 변하여 כָּבַדְתָּ([3])가 된다. 그러나 원래 *qatul* 동사들의 u는 o로 그대로 보존되며 변하지 않는다. 예, יְכָלְתִּיו, יָכֹלְתִּי.

c 엄격한 의미에서 상태 동사인 경우는 분사를 가질 수 없으며 단지 '동사적 형용사'(verbal adjective)만을 갖는다. 예, חָזָק, יָרֵא 두려운. 그러나 실제로는 상태 동사가 동작 동사로 발전되어 상태 동사들은 자주 분사들을 갖는다. 예, אֹהֵב 사랑하는, שֹׂנֵא 미워하는. 때때로 분사와 동사적 형용사가 함께 존재한다. 예, שֹׁכֵן 거주하고 있는(*inhabiting*, 라틴어 habitans) 대비 שָׁכֵן 거주자, 이웃 (*inhabitant*, 라틴어 habitator).

d 실제로 상태 동사는 미완료형의 a 모음으로 가장 분명하게 확인할 수 있다(만일 이 a가 후음과 같은 음성적 이유 때문에 온 것이 아니라면). 또한 어떤 부류의 동사들은 접두사의 *i*나 *ẹ* 모음으로 확인된다(참고, § e). 흔하지 않지만 완료형의 *ẹ* 모음으로(종종 a로 대체됨) 확인되기도 한다.

이 외에도 이차적인 흔적들이 있다. 예, 동사적 형용사의 존재(כָּבֵד와 קָטֹן 형태들), ◌ָה를 갖는 부정사의 존재(사실상 קָטְלָה, קִטְלָה, קָטְלָה 부정사

---

[1] 여기서 아마 ק의 영향을 받았을 수 있다. 그러나 동사적 형용사는 חָזָק이다. 비교, 형용사 רָחוֹק 멀리 있는이지만; 동사적 형용사 רָחֵק(한 번). רָחַק 멀리 있다이다.

[2] 이 두 동사에서 a는 폐음절의 ל로 인해 나타난 것일 수 있다

[3] 가장 초기 형태는 여전히 고대 가나안어(AC)에 나타난다: EA 147.56 *ba-ṭi-i-ti*[= בָּטַחְתִּי]; 362.5 *ša- mi-ti7* [= שָׁמַעְתִּי].

형태들은 상태 동사 외에 거의 나타나지 않는다. § 49 *d*).

e **동작 동사**와 **상태 동사**의 **미완료형 접두사의 모음**. 미완료형 접두사의 모음이 원래 동작 동사에서 *a*, 상태 동사에서 *i*였다는 견해는 상당히 신빙성이 높다(1). 히브리어에서 이 모음들은 실제로 열린 음절에 나타난다: 즉, ע"ע 동작 동사 יִסֹב, 상태 동사 יֵקַל (§ 82 *b*) ע"ו 동작 동사 יָקוּם, יָשׁיר, 상태 동사 יֵבוֹשׁ (*yibāš*에서 옴, § 80 *b*). 닫힌 음절에서는 동작 동사의 원시 모음 *a*가 꽤 널리 퍼짐에 따라 *i*로 약화된다(§ 29 *g*); *yaqtul(2)*이 상태 동사처럼 *i*를 갖게 되어 יִקְטֹל이 된다. 예로, יִכְבַּד (3). 그러나 다음과 같이 닫힌 음절(그리고 반-닫힌 음절)에서도 원시 모음들이 나타날 수 있다: 1) 제1 후음 동사(첫 자음이 후음인 동사들). 예, 동작 동사 יַעֲמֹד, 상태 동사 יֶחֱזַק, יֶחְזַק (§ 21 *d*), יַחֲרֹשׁ 그리고 그가 땅을 갈 것이다와 יֶחֱרַשׁ 그가 조용할 것이다; 2) פ"י 동사들(원래 닫힌 음절들에서), 예, 동작 동사 יֵשֵׁב (*yayšib*에서 옴), 상태 동사 יִירַשׁ (*yiyraš°*에서 옴). 참고, § 75 *b, c*.

f 의미별로 구분된 가장 흔히 사용되는 상태 동사 목록은 다음과 같다(4).

I. 한정어(또는 수식어, attributes)

완료 טוֹב, 미완료형 יִיטַב (√יטב), 부정사 연계형 טוֹב; 불완전 동사, § 85 *a*, 선하다; 형용사 טוֹב.

רַע, 미완료 יֵרַע 악하다; 형용사 רַע.

גָּדַל*, גְּדָלַנִי (1회), (욥 31.18*b*) 크다; 형용사 גָּדוֹל (*qatul* 형태, § 88 D *c*).

קָטֹן 작다; 형용사 קָטֹן과 קָטָן, § 18 *f*.

גָּבַהּ 높다; 형용사 גָּבֹהַּ.

---

1 처음으로 Barth(1894)에 의해 *yaqtul, yaqtil*. 그러나 *yiqtal* 형태가 공식화 되었다(그래서 바르트 법칙이라고 한다). 그 후, Ginsberg(1939: 319-22)는 이 법칙이 우가릿어에도 적용되는 것을 찾아냈다. 따라서 이 법칙은 오늘날 일반적으로 바르트-긴스버그 법칙이라고 불린다. 이 법칙은 에블라어와 엘-아마르나 가나안어에도 적용될 수 있다. Müller 1984: 152와 Rainey 1978을 보라. 그러나 에블라어보다 700년 정도 후대의 나온 아모리어에는 적용될 수 없다. Huffmon 1965: 64를 보라. 미완료형에서 동작 동사가 어간 모음 *i* 또는 *u*를 가질 수 있는 점을 주목하라. 참고, § 44 *c*.

2 이것은 여전히 고대 가나안어 한 사본 난외주에서 관찰되고 있다: EA 228.19 *ia-zu-ku-ur-mi* 그가 기억하기 바란다.

3 고대 가나안어 이 변화는 여전히 진행되고 있었다. 예, *ia-aš-pur* 대비 *yi-iš-pu-ra-am.* Rainey 2.35f.를 보라.

4 반대되는 증거가 제시되지 않는 한, 미완료형은 *a*를 가진다.

שָׁפֵל 낮다; 형용사 שָׁפָל.

חָזַק, חָזֵק 강하다; 형용사 חָזָק (동사적 형용사 חָזֵק 2회).

דַּל, 미완료 יֵדַל (דלל√) 약하다; 형용사 דַּל.

כָּבֵד*, כָּבַד (1회) 무겁다; 형용사 כָּבֵד.

קַל, 미완료 יֵקַל (קלל√) 가볍다; 형용사 קַל.

רָחַק, רָחֵק 멀다; 형용사 רָחוֹק (*qatul* 형태, § 88 D *c*).

קָרַב*, קָרֵב, קָרְבָה 가깝다; 형용사 קָרוֹב (*qatul* 형태, § 88 D *c*).

נָגַשׁ*, 미완료 יִגַּשׁ 접근하다(§ 72 *g*; 불완전 동사, § 85 *b*).

דָּבַק, דָּבֵק 달라 붙다.

טָהֵר 정결하다; 형용사 טָהוֹר (*qatul* 형태, § 88 D *c*).

טָמֵא 불결하다; 형용사 טָמֵא.

מָלֵא 가득하다; 형용사 מָלֵא(¹).

II . 정신적인 상태(mental states)

אָהַב, אָהֵב, 미완료 יֶאֱהַב 사랑하다.

חָפֵץ, 미완료 יַחְפֹּץ, יֶחְפַּץ (§ *b*), 좋아하다, 바라다.

שָׂנֵא, 미완료 יִשְׂנָא 미워하다.

יָרֵא, 미완료 יִירָא 두려워하다.

יָגֹר, 미완료 יָגוֹר (גור√)(¹), 무서워하다(²); 불완전 동사, § 85 *a*.

חָרַד, 미완료 יֶחֱרַד 두려움에 떨다.

פָּחַד, 미완료 יִפְחַד 두려움에 떨다.

שָׁכֵחַ*, שָׁכַח, שָׁכְחוּ, 미완료 יִשְׁכַּח 잊다.

III . 육체적인 상태(physical states)

לָבֵשׁ, לָבַשׁ 옷을 입다.

שָׂבֵעַ*, שָׂבַע, שָׂבְעוּ 배가 부르다; 형용사 שָׂבֵעַ.

רָעֵב 배가 고프다; 형용사 רָעֵב.

---

¹ 반의어 비어 있다는 나타나지 않는다. 형용사는 רֵיק이다.

² 미완료형 그가 두려워한다 יָגוּר는 동작 동사로 취급된다(참고, 신 32.27, 호 10.5 욥 41.17). 참고, § *b*.

צָמֵא **צָמֵא** 목이 마르다; 형용사 **צָמֵא**.

יָשֵׁן*, 미완료 יִישַׁן 잠자다.

שָׁכַב, שָׁכַב **שָׁכַב** 누워 있다, 눕다; 부정사 שְׁכַב, § 49 c.

שָׁכֹל **שָׁכֹל** 자녀를 잃다, 무자하게 되다.

IV. 기타

יָכֹל **יָכֹל**, 미완료 יוּכַל 할 수 있다 (그러나 아마도 호팔 미완료 형태, § 75 i).

לָמַד **לָמַד** 배우다, 익히다.

מֵת **מֵת**, 미완료 יָמוּת(§ b) 죽다.

שָׁאַל **שָׁאַל**, שָׁאַל, שָׁאֵל 묻다, 질문하다(¹).

שָׁכֵן **שָׁכֵן**, שָׁכַן, 미완료 יִשְׁכֹּן (§ b) 거주하다.

שָׁמַע **שָׁמַע**, שָׁמֵעַ 듣다, 청취하다.

§ 42. 칼 동사 완료형 변화

a 칼 완료형(Qal perfects) (그리고 다른 완료형들)의 활용은 접미사의 첨가로 이루어지며, 대부분의 접미사들에서 분리 인칭 대명사를 쉽게 확인할 수 있다. 3인칭에는 대명사가 내포되어 있다: 여성형 קָטְלָה는 (명사에서처럼) *at 대신에 *â*로 표시된다; 복수형 קָטְלוּ는 *u*로 표시된다. 완료형은 처음에 상태 동사들과 함께 사용되었던 것으로 보인다. 예, כָּבַד = כָּבֵד+אַתָּה 무겁다-너=너는 무겁다(²). 마찬가지로 동작을 표현하기 위해 *qatal 형태와 함께 나오는 형태로서 קָטַלְתָּ가 나온다. 이것은 살인자-너로서 과거적 의미를 가진다. 즉, 너는 살인자인자 그 자다, 네가 죽였다이다.

b 동작 동사의 완료형은 항상 *qatal 형태이며, 그것은 명사처럼 일반적으로 קָטַל (휴지 형태)이 된다. 예, **dabar*가 (휴지 위치와 본문 안에서) דָּבָר 말,

---

¹ שְׁאֵלָתִי와 שְׁאֵלָה 요청을 비교하라. § 97 B d.

² 완료형의 기원은 아카드어 상태 동사와 아마르나 가나안어에서 확실하게 감지된다. 후자에 관해 Böhl 1909: 42-48을 보라. 미완료 변화가 우선한다는 사실은 완료형 변화가 가끔 미완료 변화를 따라 이루어진다는 사실에서 밝혀지고 있다. § 52 *a*(피엘), § 53 *a*(히트파엘), § 54 *a*(히필), § 55 *b*(다양한 내적 수동태 변화), § 58 *a*(칼 수동태), § 59 *a*(희소한 변화 형태들).

말씀이 된다. 본문 안의 형태는 ◌ְ와 함께 קְטַל이다(¹). *qatal*의 두 번째 모음 *a*
는 קָטְלָה, קָטְלוּ와 같이 열린 음절에서 탈락된다. 그러나 קָטָלָה, קָטָלוּ처럼 휴
지 위치에서는 다시 나타난다. 첫 번째 모음 *a*는 קְטַלְתֶּם, קְטַלְתֶּן 같이 강세에
서 두 칸 떨어진 열린 음절에서 탈락된다. 이러한 무거운 접미사는 강세를 지
니게 된다(§ 30 *e*).

c　　　　마찬가지로 כָּבֵד 형태의 상태 동사 완료형은 כָּבְדָה와 כָּבְדוּ에서 그
◌ֵ를 상실한다. 닫힌 음절에서 ◌ֵ는 일반적으로 ◌ַ가 된다(§ 29 *d*). 예, כָּבַדְתָּ,
כְּבַדְתֶּם (קָטַל קָטַלְתָּ; הִקְטִיל, הִקְטַלְתָּ 형태들도 나타난다).

　　　　희소한 형태인 קָטֹן의 상태 동사 완료형도 마찬가지로 קָטְנָה, קָטְנוּ에서
그 ◌ֹ를 상실한다. 그것은 강세가 있는 닫힌 음절에서 ◌ֹ는 유지된다. 예, קָטֹנְתִּי.
그것은 강세 없는 음절에서 ◌ָ로 바뀐다. 예, קְטָנְתָּ, קְטָנְתֶּם 그리고 네가 할 수 있
을 것이다. וַיִּכְלָה 내가 그를 이겼다. יָכֹלְתִּי

d　　　　강세가 없는 닫힌 음절에서 ◌ָ 대신 때때로 ◌ֵ가 나타난다(한 번 ◌ֶ가 나
타난다). 따라서 예로, 상태 동사 יָרֵשׁ 상속하다 (יָרַשׁ* 대신)에서 온 וִירִשְׁתֶּם 신
4.1 등과 같은 형태를 볼 수 있다. 이 형태에서 *i*는 아마도 원시 모음과 치찰음
의 영향 때문인 것 같다. 상태 동사 שָׁאֵל 묻다(שָׁאַל* 대신)에서 온 שְׁאֵלְתִּיו 삼
상 1.20 등, שְׁאֶלְתֶּם 삼상 12.13; 25.5; 욥 21.29 같은 형태가 있다 (참고, *a*가 ◌ֵ
그리고 ◌ֶ로 약화됨, 각각 § 29 *e*와 § 29 *g* 참고).

e　　　　접미사 ת나 נ이 어근으로서 ת나 נ과 연이어 올 때 중복된다(§ 18 *c*). 예,
כָּרַתִּי 내가 잘랐다 출 34.27(< כָּרַת). נָתַנּוּ 우리가 주었다 창 34.16(< נָתַן).

f　　　　**개별적인 어미에 대한 관찰**
　　　　3인칭 남성 단수. 원시 형태는 마지막에 *a*를 가진 *qatala*였다. 이것은 아
랍어와 에티오피아어와 קְטָלַנִי 그가 나를 죽였다와 같이 접미된 형태들로 여전
히 보존되고 있다(²).

　　　　3인칭 여성 단수. 원시 형태는 *qatalat*이다(³). ת는 목적격 접미사 앞에서
(§ 62 *a*, 페니키아어에서 그렇다), 그리고 ל"ה 동사(§ 79 *d*)에서 보존된다. 다음

---

¹ 명사 연계형의 ◌ְ와 비교하라. 예, דְּבַר (§ 95 *d*).

² 고대 가나안어에 여전히 산발적으로 나타난다. Rainey 2.287f.를 보라.

³ 참고, 고대 가나안어 그것은 없어졌다(EA 288: 52)는 둘째 모음을 여전히 보존하고 있다. 그렇지
만 히브리어와 유사한 두 개의 형태들도 나타난다: *mar-ṣa* 그녀는 병들었다 (EA 103: 49). Rainey
2.288f.를 보라.

과 같이 ת를 가진 다른 형태들도 발견된다: וְנִשְׁכַּחַת צֹר (¹) 두로가 잊혀질 것이다. 사 23.15; אָזְלַת יָד 힘이 없어졌다 신 32.36(느씨가); וְשָׁבַת לַנָּשִׂיא 그리고 그것이 통치자에게 돌아올 것이다. 겔 46.17(שׁוֹב 동사, 아마도¿)(²).

2인칭 남성 단수. 원시 형태는 짧은 마지막 모음 *a*를 가진 *qatalta*이다(³). קָטַלְתָּ에서 강세 뒤의 â는 원래 짧았으며, 그것은 אַתָּה와 달리 ה 없이 쓰는 철자법에 영향을 주었을 수 있다(§ 39 *a*). ה와 함께 오는 철자법은 נָתַתָּה에서 흔히 나타난다(이 형태는 נָתַתָּ보다 훨씬 더 빈번하게 사용된다[⁴]. 이것은 동화 작용으로 일어난 문자상의 축약에 대한 일종의 보상 현상이다). ה와 함께 오는 철자법은 רָאִיתָה처럼 ל"ה 동사에서 종종 나타난다(⁵). 또한 그것은 뚜렷한 이유 없이 산발적으로 나타난다. 예, 창 21.23; 삼하 2.26; 왕하 9.3 (ה 없는 네 개의 형태 다음에)(⁶). 히필에서도 마찬가지이다. 예, 왕하 9.7.

וְקָטַלְתָּ 형태에 관해서는 § 43을 참고하라.

2인칭 여성 단수. 원시 형태는 짧은 *i*를 가진 *qatalti*이다. 고대 형태 קָטַלְתִּי 는 산발적으로 크티브 형태로 나타난다. 예, 룻 3.3, 4(일련의 קָטַלְתְּ 형태들이 나오는 가운데 나타난다). 이 형태는 특별히 예레미야와 에스겔에 두드러지게 나타난다(⁷). 사마리아 오경에는 תי 또는 ת 형태가 발견된다 :예, 창 3.13 צִוִּיתִי (Tal의 인쇄본[1994]에서; תי를 선호하는 것으로서는 von Gall이 편집한 인쇄

---

¹ 여기에 느씨가 현상이 발생하여 형태가 쎄골화되었다. 성서 아람어 הִשְׁתְּכַחַת 발견되었다 단 5.14(아마도 느씨가와 함께), 그리고 5.11, 12, 6.5, 23에도 나온다. Kutscher (*Isaiah*, p. 191)는 이 현상이 아람어화 된 형태일 수 있다고 생각한다.

² 이 예들에 대한 설명은 Kutscher, *History*, p. 39에서 보라.

³ 엘 아마르나 서신에서 표준 아카드어 -*āta*와 함께 *na-ṣir-ta* 그리고 *uš-šir-ta*와 같은 형태들이 발견된다. Rainey 2.287 참고, Brock. *GvG*, I. 572와 다른 이들에 의하면 이 *a*는 장모음이다.

⁴ נָתַתָּ 27회, 그리고 נָתַתָּה 65회, AF, p. 180. AF의 입장과 달리, 이것은 마소라 학파가 통일성을 이루기 위하여 억지로 만든 것으로 볼 수 없다. 왜냐하면 남성형 נָתַתָּ는 단 한 번도 나타나지 않는 반면에, 남성형 אַתָּ가 크레 אַתָּה (5회)와 함께 세 번이나 발견되기 때문이다(§ 39 *a*를 보라). /-tå/ 외에 모음 없는 어미 /-t/가 그리스어와 라틴어 음역에 많이 나타나는 것에 관해서는 Brønno, 19-21, 그리고 Sperber, *Hist. Gram.*, p. 177을 보라.

⁵ סֹתָּה 그리고 (סֹתָה)로 표기된 철자법의 예들에 대한 목록은 Barr, *Spellings*, 125-27에서 보라. Barr는 긴 철자법이 더 오래된 것이라고 생각한다.

⁶ 비문에서 긴 철자법은 짧은 철자법처럼 드물지 않게 나타난다. 예, 라기쉬 3.8 ידעתה. Gogel 1998: 83-87을 보라. *HAE* II/2.43-63, 그리고 특히 Andersen 1999: 25-7. 그렇지만 어떤 범주에서는 출현하는 전체 횟수가 낮다.

⁷ 1QIsᵃ에 나타난 상황에 대해서는 Kutscher, *Isaiah*, pp. 25, 188-90을 참고하라(아람어의 영향). 그러나 Harris (*Development*, 75)의 입장과 달리, 그것을 방언적인 것으로 보기 어렵다.

본 p. lxviii을 보라). 강세 뒤의 짧은 모음은 슈바로 약화되어 קְטַלְתְּ qåṭalt가 되었으며, 이것이 일반적인 형태가 된다. 그러나 접미사 앞에서 i가 다시 나타난다(§ 62 a)[1].

1인칭 공성 단수. 원시 셈어 형태는 qatalku이다. k (게에즈어에 보존되어 있는)는 2인칭 t의 영향으로 t가 되었다; 그리고 u는 독립 인칭 대명사와 1인칭 접미사를 유추하여 i가 되었다. 가끔 י 없이 קְטַלְתִּ 철자법이 발견된다. 이 형태는 일반적으로 크티브 형태에 나타난다. 예, 시 140.13[2]. 이미 엘 아마르나 서신의 난외주들에는 ba-ni-ti 내가 지었다 같이 -ti 어미의 예들이 나타난다[3]. וְקָטַלְתִּי 형태에 관해 § 43를 참고하라.

3인칭 공성 복수. 원시 형태는 qatalū이다[4]. 첨가된 눈을 가진 קְטַלוּן 형태가 세 번 나타난다. 이것은 의심스러운 형태이거나 잘못된 형태이다: 신 8.3, 16; 사 26.16(또한 1QIS[a]. 미완료의 첨가된 눈에 관해 § 44 e를 참고하라.

여성형에서 원시 셈어는 qatalā 형태를 갖고 있었다. 그것은 히브리어에서 정상적이라면 קְטָלוּ*가 되었을 것이다. 본문에는 가끔 여성 복수 또는 쌍수의 주어를 갖는 קְטָלָה 형태들도 일부 발견된다. 예, צָעֲדָה בָנוֹת 창 49.22, יָדֵינוּ שָׁפְכֻ 신 21.7(크레-크티브). 그러나 주로 크티브 형태로 나타나는 이 예들[5]은 실제로 3인칭 여성 단수 형태들이다(창 49.22에 대해서는 이미 이븐 에즈라가 지적하였다. 참고, § 150 h). 어떤 경우에는 qatalā 형태(결국은 קְטָלָה가 됨)를 보존하고 있는 아람어의 영향 때문에[6] ו 대신 ה로 잘못 썼을 수 있다[7].

2인칭 남성 복수. 원시 형태 qataltumu는 여성형의 유추로 qataltim > קְטַלְתֶּם이 되었다(독립 인칭 대명사에서와 마찬가지이다. § 39 a). u는 접미사

[1] אַתְּ와 함께 사용되는 고대의 2인칭 여성 대명사 형태 אַתִּי*를 비교하라. § 39 a. 사마리아 히브리어는 고대 어미 /-ti/를 일관되게 유지하고 있다(Ben-Ḥayyim § 2.0.13 그리고 Macuch, Gram., p. 261). Qimron 1993: 43도 보라.

[2] 몇 개의 예가 비문들에서 발견된다. Sarfatti 1990: 43-45; Gogel 1998: 82.

[3] Rainey 2.284-87을 보라.

[4] 참고, 고대 가나안어 [la]-qa-ḫu 그들이 취했다(EA 287: 36).

[5] 모든 가능한 예들이 Berg., II, § 4b에 소개되고 있다.

[6] 1QIs[a]의 예들에 관해 Kutscher, Isaiah, pp. 191f.를 보라.

[7] 이 문제에 관해 Lambert 1891을 보라. 그는 הֹ를 가진 3인칭 여성 복수 형태가 히브리어에 존재함을 인정한다.

앞에서 보존된다(§ 62 *a*). 유일한 형태인 עֲשִׂיתֶן (2. 남. 복.) 겔 33.26은 미쉬나 히브리어에도 아주 가끔 나타난다.

　　　2인칭 여성 복수. 원시 형태 *qataltinna*는 קְטַלְתֶּן이 되었으며, 이것은 매우 드물게 나타나는 형태이다. אַתֵּן과 비교하라. § 39 *a*.

　　　1인칭 공성 복수. 원시 형태는 *qatalna*이다. 히브리어에서 독립 인칭 대명사와 대명사 접미사에 대한 유추로 *na*는 *nu*로 대체되었다.

§ 43. 도치 바브 완료형(וְקָטַלְתִּי)

a　　　도치 바브 완료형(inverted perfect, וְקָטַלְתִּי)에서 밀엘 강세가 밀라 강세로 바뀌는 경향이 있다('도치 바브'는 동사의 시제와 강세를 도치시키는 역할을 한다-역자주). 그러나 많은 경우에(¹) 이와 같은 경향이 실행되지 않는다. 1인칭 복수에서 강세는 전진할 수 있지만, 그것은 결코 실행되지 않는다(²). 이와 같이 되는 음성적 이유는 분명하지 않다.

　　　עׇׇ"ע 동사(§ 82 *g*)와 עׇ"ו 동사(§ 80 *j*)의 3인칭 여성형에서 강세는 전진 이동할 수 있다. 예, וְרַבָּה, וְקָמָה.

　　　1인칭 단수와 2인칭 남성 단수에서 강세는 일반적으로 앞으로 이동한다. 예, וְקָטַלְתָּ, וְקָטַלְתִּי(³)(이 형태들에서 강세 전전의 카메쯔가 유지된다. § 30 *e*).

　　　예외. 1) 휴지 형태는 강세가 전진 이동하지 않는다: וְקָטָלְתְּ, וְקָטָלְתִּי.

---

¹ Furuli(1997: 84, n. 9)에 따르면, 관련된 경우 중 약 25% 정도로 추정된다. 여기에서 강세가 전진한다(advance:앞으로), 후진한다(뒤로)는 개념은 오른쪽에서 왼쪽으로 이동하는 히브리어 어순의 방향을 기준으로 설정한 것이므로, 시각적으로 표현하자면 전자는 (←), 후자는 (→)가 된다(역자 주).

² 이 모든 것은 서로 상응하는 1인칭과 2인칭 대명사에서 강세의 위치가 변하여 생긴 것일 수 있다. 이 점은 본문 속에 나타나는 אָנֹכִי 형태에서 카메쯔가 불규칙적으로 유지되고 있는 점을 설명해 줄 수 있다. 그러나 짧은 형태 אֲנִי의 영향이 밀라 형태 וְקָטַלְתִּי를 야기시켰을 수도 있다. 이것은 이 형태들에 나타난 강세가 일반적인 법칙을 따라 끝 음절로 이동함으로써 발생한 것이 아님을 제시해 준다. 그 이동은 이 형태들이 존재하게 되었을 때 더 이상 적용될 수 없었다. 그렇지 않았다면 *וְקְטַלְתִּי 와 같은 형태를 기대했을 것이다.

³ 완료형의 도치 바브(미완료형의 도치 바브와 달리, § 47)는 약한 모음 부호, 즉 슈바 또는 그 대체 형태들을 가지고 있다. 즉, 순음 앞에서 וּ이고, 하텝 파타흐 앞에서 וַ이다. 예, וַהֲקִמֹתָ (참고, § 104 *c*). 도치 바브 완료형의 의미는 § 119를 참고하라. 여기서는 가장 일반적인 번역인 미완료 의미만으로 만족할 수 있을 것이다. 예, 그리고 내가 죽일 것이다.

b   2) ל״א과 ל״ה 동사에서 강세가 종종 전진 이동하지 않는다. 이 점에 관하여 확실한 규칙들을 세우기 어렵다. 그럼에도 אָ가 אֹ와 각각 אָ와 אֹ보다 강세를 더 강하게 유지하는 경향이 있음을 주목할 필요가 있다. 또한 칼 동사 변화는 특별하게 다루어져야 하므로, 여러 동사의 어형 변화들 간에 구별이 필요하다. 이런 점들을 미루어 볼 때, 우리는 다음과 같은 사항들을 관찰할 수 있다(¹).

          ל״א 동사. 칼형에서 동작 동사의 אָ 모음과 상태 동사의 אֹ 모음이 강세를 유지한다. וְיָרֵאתָ, וְיָצָאתָ, וּבָאתִי. 다른 어형 변화들에서는 אֹ가 강세를 상실한다. וְהוֹצֵאתִי, וְהֵבֵאתִי, וּמִלֵּאתָ.

          ל״ה 동사. 칼형에서 אָ 모음이 강세를 유지한다. 예, וְעָשִׂיתָ (89개의 예), וְעָשִׂיתִי (20회); וְהָיִיתִי, וְהָיִיתָ. 다른 어형 변화들에서 אָ는 일반적으로 강세를 유지한다. 그러나 אֹ는 강세를 상실한다. 따라서 וְהַעֲלִיתָ 신 27.6; 삿 6.26; 렘 38.10이지만 וְהַעֲלִיתָ 출 40.4이다.

          관찰. 후음 א 앞에서 그 형태는 밀라가 되는 경향이 있다(참고, § 33). 예로서 א 앞에서 וּבָאתָ 대신 וּבָאתָ가 온다. 예, וּבָאתָ אַתָּה 슥 6.10; וְהִשְׁקִיתָ 신 11.10 대신 וְהִשְׁקִיתָ אֶת־ 민 20.8; 렘 35.2가 나타난다.

§ 44. 칼 동사 미완료형 변화

a   칼 미완료형(Qal future)(그리고 다른 동사 형태들)의 어형변화는 인칭을 표시하는 접두사들과 그리고 성과 수를 표시하는 접미사들로 이루어진다(다섯 번의 경우에서). 형태론적으로 완료형이 "접미형 시제" (sufformative tense)로 묘사될 수 있다면, 미완료형은 "접두형 시제" (preformative tense)(²)로 묘사될 수 있다. 1인칭 접두사 א와 נ, 그리고 2인칭 접두사 תּ는 각각 이들에 대응

---

¹ 끝 음절 전 음절이 폐음절일 때 강세가 끝 음절로 이동하고, 끝 음절 전 음절과 끝 음절 전전 음절 모두 원래 장모음을 가질 때 동일한 경향이 나타난다. Gordon 1938과 Blau 1971: 15-18을 보라. Blake, 1944: 285, n. 29는 Gordon의 규칙에서 예외가 되는 중심 범주들로서, וְהִקְטִילוֹ 그리고 הִקְטִילָה를 잘 지적하고 있다. Revell 1984도 참고하라.

² 어떤 사람들은 '접두사 변화'(prefix conjugation)와 '접미사 변화'(suffix conjugation)라는 용어를 더 선호한다. 저자(주옹-무라오까)는 칼 미래(Qal future)를 선호하지만, 우리는 일반적 관례를 따라 칼 미완료(Qal imperfect)로 번역하였다(역자 주).

되는 분리 인칭 대명사에도 나타난다. 이와 달리 3인칭 접두사 ־י와 ת에 관해서는 설명하기 어렵다. 2인칭과 3인칭 남성 복수의 접미사 וּ는 קָטְלוּ([1])에 있는 것과 같다. 2인칭 여성 단수에 접미사 ־ִי가 오고, 2인칭과 3인칭 여성 복수에 접미사 נָה가 온다.

명사적 기초를 가지고 있으며 "동사변화" 형태(conjugated)를 가지는 형용사나 또는 실명사처럼 보이는 완료형과 달리, 미완료형은 일반적으로 명령형에서 쉽게 나타나는 동사적 기초(예, קְטֹל) 위에 형성된다. 그러므로 미완료형은 명령형처럼 본질적으로 동사 형태에서 왔다.

b   **첫 번째 모음**(접두사의 형태). 우리가 지금 사용하고 있는 규칙 동사의 칼 동사 변화에서 동작 동사와 상태 동사의 모음은 모두 ִֹ이다. 예, יִתֵּן ,יִקְטֹל; יִכְבַּד. 그러나 § 41 *e*에 언급한 바와 같이 동작 동사의 원래 모음은 아마도 *a*였을 것이다. 1인칭 단수는 쎄골 모음과 함께 אֶקְטֹל, אֶכְבַּד 형태를 취한다([2]).

c   **두 번째 모음**. 우리가 앞에서 살펴본 바와 같이(§ 41 *a*), 동작 동사의 두 번째 모음은 일반적으로 *u > ֹ이고, 때때로 *i > ֵ이며, 상태 동사에서는 항상 ַ이다(§ 41 *b*).

이 모음들은 열린 음절에서 탈락될 수 있으며, 사실상 탈락된다. 예, יִקְטְלוּ ,יִתְּנוּ ,יִכְבְּדוּ. 그러나 휴지 형태에서는 유지된다. 예, יִקְטֹלוּ (§ 32 *d*). 여기에서 *o*는 원래 형태인 짧은 *u*를 반영하므로, 이차적인 장음화가 일어난 경우들을 제외하고, 상당히 자주 וֹ와 함께 완전 철자법 יִקְטוֹל로 나타나는 점은 인상적이다([3]).

וֹ와 함께 나타나는 다음 세 가지 경우들은 불규칙적이거나 잘못된 형태로 간주되어야 한다: יִשְׁפֹּטוּ הֶם 출 18.26; לֹא תַעֲבוּרִי מִזֶּה 룻 2.8; תִּשְׁמוֹרֵם 잠 14.3. 이 형태들이 옳다면, 휴지 위치 앞이나 휴지 위치에서 완전 모음이 선호되었으며, 여기에서 순음과 함께 *u*가 *o*보다 선호되었다고 설명할 수 있을 것이다.

---

[1] 어미음 ū도 원시 셈어(proto-Semitic)에서 명사의 남성 복수 주격이었다.

[2] 이 모음에 대한 설명은 논쟁의 여지가 있다. 우리가 생각하는대로 א이 더 이상 발음되지 않았다면, 접두어(prosthetic) 알렙의 경우에서와 같이 쎄골이 첫 모음이 되었을 것이다(§ 17 *a*). 만일 יקטֹל이 *iqtol*(§ 26 *e*)로 발음되었다면, *eqtol*(א 묵음과 함께) 발음은 전자와 뚜렷이 구분되었을 것이다. 접두 모음 *a*가 기본적으로 일관성을 갖고 나타나는 것은 고대 아카드어에서 *a*와 *i*가 함께 나오는 점을 비교해 볼 때, 이차적인 발전으로 보인다: Hetzron 1976: 94f.

[3] יִקְטוֹל :יִקְטֹל의 비율은 1356 : 125이고, פ"נ 동사에서는 192 : 44이다. AF, pp. 194f.

d　　　　**특정 인칭들에 대한 고찰.**
　　여성 복수에서 3인칭과 2인칭은 같은 형태 תִּקְטֹ֫לְנָה를 가진다. 이 형태는 2인칭으로는 매우 드물게 사용된다(2인칭 여성 복수 완료형 קְטַלְתֶּן도 마찬가지이다). 3인칭 תִּקְטֹ֫לְנָה에는 여성형을 표시하는 요소가 두 가지가 있다. 여기서 ת는 3인칭 여성 단수 תִּקְטֹל에서 파생되어 나온 것이다. 원래 형태는 יִקְטֹ֫לְנָה*였을 것이다(아랍어와 고대 아람어에서는 יִ를 가지고 있다)[1]. 이 형태는 창 30.38; 삼상 6.12; 단 8.22의 세 곳에만 나타난다. 또 다른 하나는 명령형에도 나오는 /-nā/ 형태이다. 이것은 미쉬나 히브리어에서 완전히 자취를 감추고, 일찌기 성서 히브리어에서도 남성 /-u/ 형태가 종종 여성 형태로도 사용된다(§ 150 *a,c*)[2].
　　일반적인 철자법 נָה 대신 종종 ן 형태가 나타난다[3]. 특히 이것은 오경에서 도치 바브 다음에 나타내고 있음을 주목할 만하다. 예, 창 19.33, 36[4].

da　　때때로 /tiqṭlu/가 3인칭 여성 복수로 나타난다. 이때 /t/는 여성 단수를, /u/는 복수를 표시하는 형태소이다. 겔 37.7 תִּקְרְבוּ 그리고 욥 19.15 תַּחְשְׁבֻ֫נִי는 둘 다 여성 복수 주어를 가지고 있다.

e　　3인칭 남성 복수, 2인칭 남성 복수 תִּקְטְלוּ, יִקְטְלוּ에서 접미사 וּ에 붙은 눈, 즉 첨가된 눈이라고 불리는 ן이 붙어 있는 형태가 종종 발견된다. 사실상 이 ן은 원시 형태에 속하며 우가릿어, 아랍어, 아람어와 다른 동족 언어 등에 나타난다. 총 305개의 예들은[5] 구약 성경에 상당히 넓게 퍼져 있다. 그 대부분은 신명기(56회), 이사야(37회), 욥(23회), 그리고 시편 104편(15회)에 나타난다[6]. ן을 가진

---

[1] 그렇지만 Voigt 1987: 12f.; § 7 *c* 세 번째 각주를 참조하라.

[2] 여성 복수 형태소 /-nā/는 고전 아랍어와 고대 아람어에도 나타난다. 반면에 후대 아람어 방언들에서 이것은 남성 복수 /-ūn/을 유추하여 /-ān/으로 대체되었다. 참고, Huehnergard 1987a. 이것에 대응되는 우가릿어 형태소 역시 <n>과 함께 기록된다. 그것 앞에서 모음이 나오지 않고, 오히려 모음으로 끝났을 가능성이 많다. Tropper § 73.233.4를 보라.

[3] 342개 중 41개, AF, 103, 180.

[4] Barr(*Spellings*, 130)는 철자법의 변동 및 창 4.23 שְׁמַ֫עַן과 출 2.20 קְרֶ֫אן에 나타나는 두 개의 눈에 띄는 경우들(둘 다 여성 복수 명령형)에 근거하여 짧은 철자법이 /-n/으로 끝나는 다른 발음을 표현한 것일 수 있다고 결론짓는다(Berg., II, § 5 *a*에 이미 그렇게 언급되어 있다).

[5] 시반(Sivan 1997: 31)에 따르면 321개.

[6] 삼상 2:15에 대한 Driver, *Notes*(p. 30). Lambert가 언급하는 바와 같이(§ 703), 긴 형태들은 더 오래된 책들에서 더 일반적으로 나타나고, 예레미야 애가, 에스더, 다니엘, 에스라, 느헤미야에는 나타나지 않는다. 역대기에는 저자가 사용한 자료의 영향으로 두 번 나타나고(대하 6.26 ∥ 왕상 8.35; 대

형태가 존재하는 이유는 본문의 고대성, 의도적인 고어체 사용이나 운율(¹) 때문일 수 있다. 그러나 좀 더 일반적인 이유는 서기관들이 더 완전하고 더 강조적이거나 두드러진 형태를 선호하였기 때문으로 보인다. 이것은 וּן을 가진 형태가 특히 휴지 위치(주된 휴지 위치 및 중간 휴지 위치)에 나타나는 것으로 설명할 수 있다. 휴지 위치에서 선행하는 모음은 유지되고 가끔 이차적인 장모음화 현상이 일어난다. 예, יִקְטְלוּן (참고, § 32 d), יִלְקְטוּן 시 104.28, תִּדְבָּקוּן 신 13.50, יִלְמְדוּן 신 4.10. 그러나 이 형태들은 가끔 본문 속에서도 발견된다. 예, יִקְצֹרוּן 룻 2.9(파슈타 악센트).

의미가 분명히 지시형일 때, וּן을 가진 형태가 매우 드물게 나타난다(²). 예, יִכְרַעוּן 욥 31.10, בַּל־יֶחֱזָיוּן 사 26.11.

어떤 긴 형태도 금지(prohibitive)의 불변사 אַל과 함께 나타나지 않고, 매우 드물게(8회 뿐, 신 1.22, 4.11[2회], 5.19, 삿 8.1, 사 41.5, 겔 44.8, 암 6.3) 도치 바브와 함께 나타나고 있는 사실은 짧은 형태가 원래의 지시형/과거를 나타낸다는 일반적인 가정과 일치한다(³).

이렇게 확장된 형태들은 마지막 음절에 강세를 가지고 있으며, 이 강세의 위치는 /yaqtulūʾna/처럼 우리가 가정하고 있는 원시 형태의 위치와 일치한다.

f   이와 유사하게, 가끔 2인칭 여성 단수 -ֹי 접미사에 "첨가된 눈"이 나타난다. 이런 예는 많지 않지만, 예, תַּעֲשִׂין 룻 3.4; תֵּדְעִין 3.18; תִּדְבָּקִין 2.21; תִּדְבָּקִין 2.8(티프하 악센트)에서 나온다. 이 ן은 또한 역시 원시 형태로서 아랍어와 아람어에 나타나며 위에서 설명한 것과 같은 경우에 사용되며, 동일한 방식으로 해석되어야 한다.

하 7.19 ǁ 왕상 9.6), 일반적으로(Kutscher, *Isaiah*, p. 193에 따르면 아람어의 영향으로) 긴 형태 대신 짧은 형태로 대체한다(대하 6.29, 33ǁ 왕상 8.38, 43; 대하 11.4 ǁ 왕상 12.24). 그러나 고대성 하나만으로 이 모든 예들을 다 설명할 수는 없다.

¹ 이 형태소는 후대 성서 히브리어(그리고 미쉬나 히브리어)에 나타나지 않으므로, 아람어의 영향으로 볼 수 없다. 참조, Kutscher, *History*, § 58.

² 초기 아람어에서처럼 성서 아람어에서 직설법에 항상 וּן이 나타나는 한편, 의미상 지시형이 요구될 때 일반적으로 ן이 생략된다. 서북 시리아에 있는 사말어(Samalian, 주전 8세기)의 위치는 독특하다. 여기에는 직설법과 지시형 모두 /-ū/를 가지고 있다. Dion 1974: 184-86을 보라.

³ 참고, Hoftijzer 1985: 2-4.

§ 45. 권유형 אֶקְטְלָה

a   권유형(cohortative) אֶקְטְלָה, נִקְטְלָה는 1인칭 의지법이다[1]. 그것은 첨가의 הָ֯를 덧붙여서 만들어진다. 그것의 기원에 대해서는 추후 구문론(§ 116 *b*, n.)에서 설명할 것이다. 접미사 הָ֯는 접미사 י֯와 처럼 취급된다. 따라서 그것은 문장 속에서 강세를 가지고, 선행하는 원래 단모음을 탈락시킨다. 예, נִתְּקָה 시 2.3(נִנַתֵּק에서 옴), נִשְׁכְּבָה 렘 3.25(נִשְׁכַּב에서 옴. 휴지 위치에서 선행하는 모음은 다시 나타나고 강세를 갖는다. 예, אֶשְׁמְרָה 시 59.10; אֶחְכְּמָה 전 7.23. 원래 선행하는 장모음은 당연히 유지되고, 그것의 강세를 그대로 보존한다. 예, אֲקוּמָה, אַקְטִ֫ילָה[2].

b   구문론에서 살펴보겠지만(§ 114, 116), 권유형은 내가 죽였으면!, 내가 죽이고 싶다!와 같이 직접적인 용법과 내가 죽이기 위하여(וְאֶקְטְלָה)처럼 (ו와 함께) 간접적이거나 종속적인 용법을 가지고 있다. 이 용법은 지시형도 마찬가지이다.

      권유형의 의지적 뉘앙스는 감정의 불변화사(affective particle) נָא에 의해 강화될 수 있다. 예, אָסֻ֫רָה־נָּא 출 3.3(드힉, § 18 *i*) (그러므로) 나는 앞으로 나아가고자 한다(§ 105 *c*).

      명령형도 첨가된 הָ֯를 가질 수 있다. § 48 *d*.

§ 46. 지시형 יַקְטֵל

a   지시형(jussive)은 3인칭 의지법이다. 어떤 경우에는 2인칭 의지법으로 사용되기도 하고(§ 114 *g*, 2인칭 고유의 의지법인 명령형 대신에), 매우 드물게 1인칭 의지법(1인칭 고유의 의지법인 권유형 대신에)으로 사용되기도 한다. 지시형은 직설법보다 더 짧은 형태를 갖는 경향이 있지만, 항상 그런 것은 아니다. 예로서 규칙적인 동사 형태에서 칼 미완료형 יִקְטֹל은 짧아질 수 없다. 원

---

[1] 3인칭에서도 권유형 ה가 매우 드물게 나타난다. 사 5.19 יְחִ֫ישָׁה 그로 하여금 서두르게 하라, תָּבֹ֫ואָה 그것이 오게 하라! 욥 11.17 תָּעֻ֫פָה (תָּעֻ֫פָה가 아니라면) 그것이 날아가 버리게 하라에 나오는 세 개의 예들은 모두 정상적인 지시형 대신에 나타난다. 참고, 겔 23.16 크레, 20 וַתַּעְגְּבָה.

[2] 이와 유사한 형태론이 우가릿어와 고대 가나안어에서 풍부하게 입증되고 있다. Tropper, § 73.26, 특히 73.265를 보라.

래 장모음을 가지고 있는 히필 미완료형 יַקְטִיל을 제외한 많은 다른 미완료형에서도 마찬가지이다. 히필 미완료형의 장모음 *ī*가 *i* > ◌로 짧아져서, 실질적으로 יַקְטֵל 그가 (누군가로) 하여금 죽이기를 바란다! 그리고 תַקְטֵל 그녀가 (누군가로) 하여금 죽이기를 바란다! 형태가 사용된다. 확실하게 표시된 지시형의 형태는 단지 미완료형에만 나타나고, 이 미완료형들 안에서도 특정한 형태들로만 나타난다. 더욱이 이런 형태들의 지시형은 모음으로 된 접미사, *ī* (2 여.단.), -*ū* (2, 3 남.복.)를 가질 때에는 더 이상 나타나지 않게 된다(1).

b　　독특한 지시형 형태가 특히 어떤 약동사 부류인 ע"ו 그리고 ע"י 동사에서 발견된다. ל"ה 동사에서 형태가 짧아진다는 것은 끝 자음이 생략되는 것과 같다(§ 17 *f*). 예, 직설법 יִגְלֶה는 지시형 יִגֶל이 된다.

지시형은 매우 드물게 첨가된 ן을 가지고 있다(§ 44 *e*).

§ 47. 도치 바브 미완료형 וַיִּקְטֹל

a　　도치 바브 미완료(inverted future)는 강한 바브를 가지고 있다. 예, וַיִּקְטֹל 그리고 그가 죽였다. 즉, 이 바브는 뒤따르는 자음에 힘을 더해주는 모음 *a*를 갖고 있으며(정관사[§ 35 *b*]와 의문 대명사 מַה [§ 37 *c*]의 힘처럼) 결과적으로 그 자음은 중복된다. 그러나 וַיִּקְטֹל에서는 자음 중복이 생략된다(§ 18 *m*)(2).

---

1 이것은 지시형이 사용될 수 있는 곳에 지시형 대신 직설법을 사용하는 히브리어의 경향을 잘 설명해 줄 수 있을 것이다. 예, ל"ה 동사에서, 참고, § 114 *g*, 첫 번째 각주.

2 사마리아 히브리어 발음에는 바브 뒤에 파타흐가 없음에도 불구하고, 그것은 원시 형태로 간주되어야 한다. 이와 동시에, 뒤에 오는 자음의 중복은 이 원시 모음을 보존하기 위해 고안된 것으로 간주될 수 있다. Ben-Ḥayyim 1977: 81, 그리고 Blau, *Heb. Phon. and Morph.*, 228, n. 9.에 있는 논의를 보라. 이것은 중세 마소라 학파가 만들어낸 것이라는 가설로서는 어미가 상실된 수백 개의 바브 연속 형태들(consecutive forms)을 설명할 수 없다. 예로, 모든 וַיְהִי 형태들은 고대의 *וַיִּהְיִ 철자법에 대한 변형으로 설명할 수 없을 것이다. 이것만이 Gibson(1994: § 69)이 제시한 입장에 대한 심각한 비판이다. 깁슨은 그 어떤 변환(conversive) 형태들이나 연속(consecutive) 형태들도 받아들이지 않는다. 그는 한편으로는 yiqtol weqataltī와 다른 한편으로는 qatal wayyiqtol이 시상(aspect)의 변화를 표시할 뿐이라고 주장한다. 이 형태들에서 qatal과 yiqtol은 전접 접속사가 있든지 없든지 간에 각각 자신의 시상을 나타낸다고 본다. 오리겐의 헥사플라 두 번째 칼럼에 있는 데이타는 빈약하며 분석에 어려움을 준다. 이 점에 대해서는 Brønno 383-99를 보라. 또한 Ben-Ḥayyim이 사마리아 오경의 히브리어를 읽는 데 있어서 주의할 점을 제시한 것을 주목하라(§ 2.9.6).

우가릿어 wn(= /wan/ ?)과 비교하고자 하는 Gordon의 제안은(UT, § 12.9) wn. ymgy 그리고 이제 그가 도착한다와 wn >[n] 그리고 그가 대답했다와 같은 예들을 살펴볼 때 성공적이지 못하다.

도치 바브를 가진 동사의 형태는 음성론적 규칙에 따라 두 가지 변화를 겪게 된다: 1) 끝 모음은 앞장에 나온 지시형에서처럼 단축된다(§ 46 *a*); 2) 강세는 끝 전음절(penultimate)에 위치하고, 결과적으로 강세 이후의 끝모음은 짧아진다(¹). 이 변화들은 첫 음절이 열린 음절이고 끝 음절이 닫힌 음절이며, 첫 모음은 카메쯔, 쩨레 또는 히렉일 경우에만 일어난다. 물론 וַתֵּ֫רֶא 그리고 그녀가 보았다는 주목할 만한 예외이다. 위에 제시된 두 가지의 변화 가운데 때로는 첫 번째 변화가 나타나고, 때로는 두 번째 변화가 나타나며, 때로는 아무런 변화도 나타나지 않는 경우도 있다. 예, וַיִּקְטֹל(여기에서 모음은 지시형에서보다 더 짧아질 수 없으며; 따라서 강세는 지금보다 더 뒤로 물러날 수 없다. § 31 *a*); וַיַּקְטֵל(יַקְטִיל의 모음이 지시형에서처럼 짧아지며 따라서 강세가 더 이상 뒤로 물러날 수 없다. /*yaqtīl*/ > /*yaqtil*/ > /yạqtel/); וַיָּ֫קָם (יָקוּם의 모음이 지시형에서처럼 짧아졌다─/*yaqū'mu* > /*ya'qum* > /yǻqom/); 그러나 휴지 형태에서 강세는 밀라이며 홀렘은 더 이전 단계에 있었던 짧은 *u*가 이차적으로 길어진 것을 나타낸다); וַיָּ֫קֶם (강세는 밀엘이다); וַתָּ֫גָ֫רֶשׁ 수 24.12(피엘); וַיְבָ֫רֶךְ (ר에 중복이 생략됨)(²).

b   강세가 일반적인 음성론적 규칙들에 따라 뒤로 물러날 수 있는 어떤 경우에(§ 31 *a*) 강세가 물러나지 않는 경우들이 있다. 다음 경우들을 주목하라.

1) פ"ו 그리고 פ"י 동사의 a와 함께 오는 칼 미완료, וַיִּיטַ֫ב, וַיִּירַ֫שׁ.

2) 마지막에 알렙이 오는 형태들, וַיִּרָ֫א; וַיֵּצֵ֫א, וַיָּבֵ֫א, וַיִּקְרָ֫א.

3) 니팔에서 일반적으로 강세가 뒤로 물러나지 않는다. 예, וַיִּוָּלֵ֫ד.

그러나 상당수의 예외들이 있다. 따라서 항상 וַיִּלָּ֫חֶם이고, וַיִּנָּ֫חֶם이 7회 나타난다(두 번은 밀라이다). 종종 휴지 형태에서도 나타나는 것으로서, 강세 있는 ◌ָ와 함께 오는 형태들을 주목하라. וַתֵּעָצַ֫ר, וַיִּגְעָ֫ר, וַיִּוָּדַ֫ע, וַיִּשָּׁמַ֫ע, וַיִּשָּׁבַ֫ע, וַיֵּאָ֫סֶף 민 11.30, 삿 20.11†과 함께 וַיֵּאָ֫סֶף אֶל־עַמָּיו 그리고 그가 그의 백성과 다시 연합하였다 형식에서는 항상 밀엘 형태로 나타난다(항상 절의 끝에서: 창 25.8, 17; 35.29; 49.33; 신 32.50†).

제 2 후음 동사들의 피엘 형태에 관해서는 § 69 *d*를 참고하라.

───────────────

¹ 공시적인 관점에서 볼 때에만 뒤로 물러나는(receding) 강세에 대해 말할 수 있다. § 15 *b* 첫 번째 각주를 보라.

² 금지 부정어 אַל 역시 강세를 뒤로 미는 경향이 있다. 예, אַל־תֵּ֫שֵׁב 왕상 2.20 (וַתֵּשֶׁב와 비교), אַל־תָּ֫שֶׁת 출 23.1. 그러나 אַל־יָנַ֫ע 왕하 23.18(후음)이다. § 80 *k*, 세 번째 각주.

c　　　　ל"ה 동사에서 단축 현상은 지시형처럼 끝자음 탈락 현상을 가져온다(§ 46 *b*). 예, וַיִּגֶל, יִגְלֶה.

d　　　　**1인칭 단수**에는 많은 특이점들이 있다. 중복될 수 없는 후음 알렙 앞에서 바브에 따라오는 열린 음절의 *a*는 ◌ָ이다. 예, וָאֶקְטֹל. 이때 강세는 뒤로 물러나지 않는다(예, וָאָקוּם) [1]. 이와 같은 경우는 오경과 그리고 예언서에서 매우 자주 모음 문자 없이 기록된다. 예, וָאָקֻם, וָאָקֻם, 이 형태들은 후기의 성경 책들에서 주로 완전 철자법으로 나타난다. 이 점은 초기의 성서 히브리어에서 1인칭이 다른 인칭들과 다르지 않았음을 시사해 준다(Berg., II, § 5 *d*).

　　　　정상적인 형태인 וָאֶקְטֹל 이외에도 첨가된 ◌ָה를 가진 이차적인 형태 וָאֶקְטְלָה가 있다(권유형에서처럼, § 45). 이 형태는 וָאֶקְטֹל 그리고 내가 죽였다와 정확히 같은 의미를 가지고 있다. 결과적으로 ◌ָה는 아무런 의미상의 가치를 지니지 않는다 [2]. וָאֶקְטְלָה는 특히 몇몇 후대의 책들, 구체적으로 다니엘, 에스라, 느헤미야에 나타난다 [3]. 도치 바브 미완료 וָאֶקְטְלָה의 ◌ָה는 틀림없이 간접적인 권유형 וָאֶקְטְלָה 내가 죽이도록의 ◌ָה를 유추하여 생겼다. 그것은 아마도 운율을 맞추기 위하여 만들어졌을 것이다.

e　　　　**1인칭 복수**에서 일반적인 형태가 기준이 되어서 וַנִּקְטֹל, וַנָּקָם이 나온다. 첨가된 ◌ָה와 함께 나오는 형태도 드물게 나타난다. 뵈쳐(Böttcher II, p. 199)는 여섯 개의 예를 들고 있다. 창 41.11; 43.21; 시 90.10; 스 8.23(וַנָּצוּמָה וַנְּבַקְשָׁה); 8.31. וַנִּקְטְלָה의 ◌ָה는 아마도 간접적인 권유형 וְנִקְטְלָה 우리가 죽이도록을 유추하여 생겼을 것이다.

§ 48. 명령형

a　　　　명령형(imperative)은 2인칭 의지법이다. 명령형의 어미 변화는 미완료형의 접미사 ◌ִי, וּ 그리고 נָה로 구성된다. 명령형의 어간(theme)은 미완료형

---

[1] ל"ה 동사들에 관해 § 79 *m*, 첫 번째 각주를 참고하라.

[2] 예니가 "유사-권유형"이라고 부른 이 경우들에 대한 더 자세한 예들은 id. 2002/03: 27에서 보라.

[3] 자세한 내용을 Kropat, 75에서 보라. 쿰란 히브리어는 첨가된 /-ā/와 함께 오는 형태들을 거의 독점적으로 사용한다. Qimron, *HDSS*, 44. וָאֶקְטְלָה 형태들의 전체 목록을 Berg., II, § 5 f.에서 보라.

과 같다. 예, תִּקְטֹל 너는 죽일 것이다에서처럼 קְטֹל 죽여라!

일반적으로 말하자면, 미완료에서 지시형 형태가 직설법 형태와 다를 때, 의지법인 명령형은 같은 의지법인 지시형의 모음을 취한다. 예로서, 히필 규칙 동사에서 명령형 הַקְטֵל은 지시형 יַקְטֵל의 ◌ֵ를 가진다. 마찬가지로 עִ"וִ 동사에서 지시형 יָקֵם처럼 명령형 הָקֵם이 나타난다. 그러나 עִ"וִ 동사의 칼형에서는 지시형 יָקֵם과 함께 명령형 קוּם이 (변칙적으로) 나타난다(§ 80 c). 일부 현대 언어 학자들이 생각하듯이 명령형이 미완료형보다 더 오래된 것이라는 점에 동의한다면, 지시형은 2인칭과 3인칭 명령형이라는 점에 유의해야 한다(¹).

명령형의 모음은 대부분 미완료(지시형)의 모음과 일치한다. 예, יִקְטֹל 에서처럼 קְטֹל, יִקְרַב에서처럼 קְרַב, יִתֵּן에서처럼 תֵּן이다. 예외는 매우 드물어 보인다(²).

파생된 동사 형태들에서도 명령형은 모음 표기에 관한 한 미완료형과 닮았다. 니팔 יִקָּטֵל에서처럼 הִקָּטֵל, 피엘 יְקַטֵּל에서처럼 קַטֵּל, 히필 지시형 יַקְטֵל에서처럼 הַקְטֵל, 히트파엘 יִתְקַטֵּל에서처럼 הִתְקַטֵּל이다.

고유한 수동태 변화인 푸알과 호팔형에서 명령형은 존재하지 않는다(³). 그러나 다음의 두 가지 예외를 주목하라. 누워라! 누운 자세로 있어라!는 뜻으로 보이는 הָשְׁכְּבָה 겔 32.19(참고, מֻשְׁכָּב 눕혀 있는, 왕하 4.32†); הָפְנוּ (?) 렘 49.8 돌이켜져라(=돌이켜라)는 뜻으로 볼 수 있다.

b   קְטֹל, כְּבַד 그리고 תֵּן은 각각에 대응하는 미완료형(§ 44 c)에서처럼 접미사 ◌ִי, וּ 그리고 ◌ָה 앞에서 모음이 탈락된다(§ d). 예, קִטְלִי; 그러나 휴지 형태에서는 유지된다. 예, גְּזֹרוּ 왕상 3.26, שְׁמָעוּ; תֵּנִי 사 43.6. ọ는 원래 짧은 모음이므로 때때로 보게 되는 קְטוֹל 철자법은 비정상적인 것으로 간주되어야 한다(⁴).

---

¹ 그렇지만 이것은 철학적인 질문이다. Garr(1998: § 4.1)의 입장과 달리, 비록 완료와 미래(미완료)가 명령형 또는 부정사 연계형에서 나왔지만 이것들(명령형, 부정사 연계형)을 동사의 기본적인 형태로 가정할 만한 본질적인 이유가 없다. 순수하게 형식적인 차원에서도 니팔 명령형 또는 부정사 הִקָּטֵל을 가지고 완료 נִקְטַל을 생성해낼 수 없다.

² 강동사에서 우리는 오직 סְעַד 삿 19.8(참고, 5절)만을 발견할 수 있다. 이것의 미완료는 יִסְעַד 임에도 불구하고.

³ 순수한 수동태 니팔에서도 그와 같다. 따라서 창 42.16 הֵאָסְרוּ와 같은 예는 특이하다. 참고, § 114 o.

⁴ 부정사 연계형 포함하여 קְטֹל=874: 202 . 그러나 לֵאמֹר (945회) 대비 לֵאמוֹר (3회; 창 48.20; 렘 18.5, 33.19)는 포함되지 않았다. AF, 195.

c   **어형 변화(inflection)에 대한 관찰.**

כָּבֵד 형태에서 원시 여성 형태는 *kabdī 등이었다. a가 i⁵로 변하는 모음 약화 현상으로 כִּבְדִי가 되었다(¹). 이 a는 제2 후음 동사를 제외하고는 보존되지 않는다. 예, שָׁחֲטִי.

קְטֹל 형태에서 예상되는 대칭적 형태는 o를 가진 קָטְלִי이다. 이 형태는 항상 목적격 접미사 앞에서 o와 함께 나타난다. 예, קָטְלֵנִי (§ 64 a). 그리고 첨가된 הֶ와 함께 가장 빈번하게 나타난다. 예, קָטְלָה(§ d). 반면에 접미사가 יֶ와 וּ일 때 o와 함께 오는 형태는 오히려 드물다. 예, מָשְׁכוּ 삿 9.10, מָשְׁכִי 겔 32.20. 사실 일반적인 형태들은 קִטְלִי, קִטְלוּ이다(כִּבְדִי, כִּבְדוּ와 유사하다). קָטְלִי와 קָטְלוּ를 קִטְלִי와 קִטְלוּ 형태로 대체하는 것은 설명하기 어렵다. 아마도 그것은 각각 כִּבְדִי 그리고 כִּבְדוּ 형태들에 대한 유추 현상으로 생긴 것 같다.

d   **첨가된 הֶ를 가진 명령형**(²). 남성 단수에서(³) 종종 첨가된 הֶ를 가진 확장된 형태가 나타난다. 그것은 원래 강조의 성격을 가지고 있었지만 실제로는 별다른 뉘앙스가 첨가된 것 같지 않다(⁴). 그러나 그것은 자주 하나님(시 5.2), 아버지(창 27.19), 선지자(민 22.6), 그리고 제사장(삼상 14.18)에게 말할 때 존칭으로 사용되며, 또는 존대법으로나(⁵), 때로는 נָא로써 강화되었다(창

---

¹ 이것은 '중간' 슈바이고, 따라서 브가드크파트에는 R₂로서 다게쉬가 없다(rafé, § 19 f). 물론 קְטֹל 형태의 명령형에서도 마찬가지이다. 예, מְלֹכִי. 원래 형태는 *qutl이었던 것으로 보이며, 여기에서 *qtul > קְטֹל이 되었다. 이 슈바는 앞으로 이동한 모음의 흔적일 수 있다. 다른 학자들은 원시 형태를 아카드어에서와 같이 *qutul이라고 생각한다. 고대 가나안어(= EA 252.25) nu-pu-ul-mi (만일 이것이 떨어져라!라는 뜻이라면)도 비교하라. 그러나 만약 미완료와 명령형(그리고 부정사 연계형) 사이에 있는 밀접한 관련성을 가정해 본다면, qtvl은 명령형과 부정사 연계형을 기본 형태로 나타나기 시작한다. 고전적인 셈어는 단어 첫 자음군을 인정하지 않았다는 일반적 견해는 재고될 필요가 있어 보인다. 이런 자음군은 기본적인 단어들에 나타난다: שְׁתַּיִם štayim '둘', 아랍어 ('i)ṯnāni '둘', ('i)bn '아들', ('i)mru '사람', 그리고 아랍어의 다양한 동사 형태들로서 특히 완료, 명령형 그리고 동명사들에도 나타난다.

² 이미 아모리어(Streck 2002: 189)와 우가릿어(Tropper, § 73.14)에서 입증되었다.

³ 이 형태소는 이론적으로 나머지 세 개의 형태(여성 단수와 남성/여성 복수)에 나타나며, 어형 변화의 어미에서만 확인할 수 없다는 주장(Dallaire 2002: 61)은 근거가 희박하다. 이 형태소의 역사적 기원에 대해서는, ib. 62-67 참조.

⁴ 유스턴(Joosten 1999)의 지지를 받고 있는 파스버거(Fassberg 1994: 11-33, 요약판 1999)에 따르면 긴 명령형은(종종 תְּנָה לִּי와 같은 1인칭 접미사에서 표시되는 바와 같이) 화자 자신에게나 화자에 대한 더 일반적인 관계나 화자의 관심을 표시한다고 주장한다. 그러나 명령형은 그 정의상 화자에게 초점을 맞추고 있다.

⁵ Jenni(2002)는 청자의 태도와 상황의 관점에서 존대법(Höflichkeit)의 특성을 관찰한다. 왕은 그의 신하에게 정중할 수 있다. Dallaire(2004: 73)가 집대성한 바에 따르면 102개 중 40개의 장형 명령형

27.19)[1]. 이때 장형 변화를 꼭 사용해야 하는 것은 아니다. 그러나 그것을 사용함으로써 그 안에 내재된 실용적인 특성을 분명하게 해주며, 이것은 장형과 단형이 병렬되어 나타날 때 잘 알 수 있다. 예로서, 왕상 13.6f. חַל־נָא אֶת פְּנֵי יהוה וְהִתְפַּלֵּל בַּעֲדִי .. בֹּאָה אִתִּי וּסְעָדָה .. 청하건대 나를 위하여 주님께 은총을 얻도록 기도해 주십시오. 나와 함께 가서 식사합시다. 이처럼 유표적이고(marked) 무표적인(unmarked) 형태가 섞인 경우는 시편 119편에 나타나며, 이것들은 모두 하나님께 말할 때 나타나고 있다[2].

קְטֹל 형태와 함께 나오는 형태는 일반적으로 קָטְלָה이며(§ *c*), 드물게 קָטְלָה가 나타난다. 예, מִכְרָה 창 25.31(후음과 함께 나오는 예로서, עֶרְכָה 욥 33.5, אֶסְפָה 민 11.16). כְּבַד 형태에는 당연히 כִּבְדָה가 나온다. 예로서, שִׁמְעָה, שִׁכְבָה를 들 수 있다. קְרַב에도 불구하고 예외적으로 קָרְבָה 시 69.19를 발견할 수 있다[3].

이 הָ◌ 접미사는 ◌ִי 그리고 וּ 접미사처럼 취급된다(§§ *b, c*). 따라서 휴지 형태들은 קָטְלָה, כְּבֵדָה, לֵכָה이다.

הָ◌가 있는 형태를 선호하는 경우는 대부분 순전히 발음을 부드럽게 하기 위함이다[4]. 더욱이 이 용법은 매우 일관성이 없이 나타난다. 예로서 תְּנָה가 23회, תֵּן이 16회 나타난다. 그러나 לֵךְ는 לְכָה보다 훨씬 더 자주 사용된다(לֵכָה로는 세 번 기록되었다). 항상 חוּשָׁה 서둘러라!(8회, 그 중 7회는 시편에 나타난다) הַגִּישָׁה 바쳐라!(5회), עוּרָה 깨어나라!(6회, 시편에서), הִשָּׁבְעָה 맹세하라!(5회), הַקְשִׁיבָה 귀를 기울이라!(10회, הַקְשֵׁב는 욥 33.31에 단 한 번)이다.

הָ◌가 첨가됨으로써 생긴 뉘앙스가 어떤 것인지 사실상 구분할 수 없기 때문에, 만일 더 크게 강조하고 싶을 때에는 감정을 나타내는(emotive) 불변화사 נָא(참고, § 45 *b*)를 첨가한다. 예, לֵךְ־נָא 창 27.9, לְכָה־נָא 민 23.27. 그럼 가시오! 부디, 가시오!(참고, § 105 *c*).

에서 윗 사람이 아랫 사람에게 말한다: 예, 왕상 21.2, 3(아합이 나봇에게). 아합은 תְּנָה와 אֶתְּנָה라는 말로 거래를 요청하며, 나봇은 퉁명스럽게 לֹא אֶתֵּן이라는 말로 거절한다(4절). 왕은 이것을 고압적인 그의 아내에게 그대로 전한다.

[1] Lambert, § 719, n. 1을 보라.

[2] 세부 사항에 대해서는 Jenni 2002: 12 참조.

[3] 여기서도 슈바가 "중간" 슈바이다(참고, § *c*, n.)

[4] 아마도 이 이유 때문에 이 형태가 시가서에 자주 사용되는 것 같다. Tsevat 1955: 25와 n. 255를 보라.

§ 49. 부정사

a 부정사는(infinitive, § 40 *b*) 그 형태와 구문론적 용법에 따라 절대형 (absolute) 또는 연계형(construct)으로(¹) 구분된다(§§ 123-24).

칼 활용에서 이 두 부정사 형태는 엄격하게 구분된다. 부정사 절대형은 קָטוֹל이고, 부정사 연계형은 קְטֹל이다(²). 이 두 형태들은 지금은 모습이 서로 비슷하지만, 원래에는 아무런 관계가 없었다. 부정사 절대형은 원래 명사 형태 *qatāl*로서, 일반적으로 קָטוֹל로 발전되었다(원래 장모음인 *o*와 함께; 상당히 자주(³) 불완전 철자법 קָטֹל로 기록되었다). 부정사 연계형 קְטֹל은 명령형 קְטֹל과 마찬가지로 *qtul*에서 왔다(⁴)(*o*는 생략될 수 있거나 변할 수 있는 모음이다; 그러므로 가끔 나타나는 קְטוֹל 철자법은 일반적인 것이 아니다)(⁵). 따라서 현재 우리가 가지고 있는 이 두 형태들은 끝 음절에서 같은 모음 *o*를 가지게 되었으며, 그것은 קָטוֹל에서 원래 장모음이었고, קְטֹל에서 생략될 수 있는 모음이었다. 더욱이 קָ와 קְ 사이에 있는 대비를 고려해 볼 때, 이 두 부정사 형태는 예로 절대형 גָּדוֹל 큰과 연계형 גְּדוֹל 사이의 관계와 같은 점을 가지고 있는 것처럼 보인다. 옛 문법뿐 아니라 언어적인 느낌에 있어서도 이 관계는 실제적인 것으로 인정되어, 부정사 절대형과 부정사 연계형이라는 이름이 만들어진 것 같다(⁶).

---

¹ 이 문법서에서 우리가 아무런 수식어 없이 "부정사"라고 말할 때, 그것은 통상적인 부정사인 부정사 연계형을 일컫는다. 부정사 절대형은 매우 특별한 경우들에만 사용된다.

² 두 개의 부정사를 더 잘 구분하기 위해 형태 변화표에서 부정사 연계형에 전치사(לְ)를 첨가시킨다. 예, קְטֹל(לְ), קוּם(לְ).

³ 용례는 다소 다양하게 나타난다. 이리하여 הָלֹךְ 34회. הָלוֹךְ 12회 나타나고, 반면에 יָדוֹעַ 2회, יָדֹעַ 11회 나타난다. GKC(§ 45 *a*)는 קְטוֹל 철자법이 때때로 나타난다고 잘못 주장하고 있다(BL, p. 317도 마찬가지이다). AF, 193에 따르면, קָטֹל קָטוֹל이 245:179 비율로 나타난다. 비교적 적게 나타나는 칼 이외 동사의 부정사 절대형도 여기에 포함된 것으로 보인다. Barr, *Spellings*, 109-12도 보라.

⁴ Sivan, 167f.의 입장과 달리, 고대 가나안어 형태가 *qatālu*일 수 없었을 것이다. 만일 קָטְלֵנִי와 같이 접미사가 붙은 형태가 종종 그렇듯이 고대 형태를 보존한 것으로 간주해야 한다면, 부정사 연계형은 명령형을 닮았음에 틀림없다. 그렇지 않다면, 부정사 연계형 קְטֹל과 부정사 절대형 קָטוֹל 사이의 차이점을 설명하기 어렵게 될 것이다.

⁵ § 48 *b*, n. 1를 보라.

⁶ 구문론적으로 말하자면, 묘하게도 이 두 개의 부정사는 그것들의 명칭에 상당히 어울리는 용법들을 가지고 있다. 부정사 절대형은 절대형 명사처럼 절대적인(*absolute*) 방식으로 사용되는 한편, 부정사 연계형은 연계형 명사처럼 명사나 대명사에 연계될 수 있다.

b   **파생된 활용들**에서 부정사 절대형은 이차적으로 형성된 것처럼 보인다. 따라서 두 부정사 사이의 구분은 칼형에서처럼 엄격하게 유지되지 않는다. 또한 부정사 연계형은 종종 부정사 절대형으로 사용된다. 예, 니팔 הִקָּטֵל, 피엘 קַטֵּל. 가끔 부정사 절대형은 이차적인 형태 변경에 의해서만 부정사 연계형과 차이가 난다: 예로서 규칙 동사 히필형에서 연계형 הַקְטִיל, 절대형 הַקְטֵל 이다; 제 3 후음 동사의 피엘에서 연계형은 שַׁלֵּח (가벼운 형태)이고 절대형은 שַׁלֵּחַ (무거운 형태)가 된다(¹).

ọ를 가진 부정사들(קָטוֹל에 대한 유추 현상으로 어원적으로 틀림없이 장모음 ọ와 함께 옴)은 니팔의 הִקָּטֵל (נִקְטוֹל), 그리고 הַקְטֵל 형태 외에는 거의 발견되지 않는다.

순수한 수동태 동사 변화들에서(푸알과 호팔), 이 두 부정사들은 매우 드물게 나타난다(²). 호팔에서 부정사 절대형 הָקְטֵל은 혼합적 성격이 두드러진다. 그것은 히필 부정사 절대형 הַקְטֵל에서 첫 모음 ◌ַ가 ◌ָ로 바뀜으로써 수동태화 된 것이다. 수 9.24 הֻגֵּד.

부정사 절대형은 후기 성서 히브리어(Polzin, pp. 43*f.*)와 쿰란 히브리어에서 비교적 드물게 나타나며 미쉬나 히브리어에서 사실상 사라진다.

c   **부정사 연계형의 모음**. 일반적으로 부정사 연계형은 미완료 형태와 같은 모음을 가진다. 이것은 모든 파생된 동사 변화 형태들에 나타난다. יַקְטִיל처럼 הַקְטִיל이다. 칼에서 יִקְטֹל처럼 קְטֹל이다. 그러나 *a*를 가진 미완료 형태들은 매우 드물게 *a*를 가진 부정사 형태를 가진다. 예, שְׁכַב (상태 동사; 이것이 주된 예이다)(³). 일반적으로는 부정사에 ọ가 나타난다. 예로서 제 2 후음 동사에서 יִשְׁחַט에도 불구하고 שְׁחֹט이고, 셋째 자음이 후음인 동사에서 יִשְׁלַח에도 불구하고 שְׁלֹחַ이며, ל"א 동사에서 יִמְצָא에도 불구하고 מְצֹא이다. 그러므로 미완료에 *a*를 갖는 거의 대부분의 상태 동사들은 부정사에서 ọ 모음을 갖는다. 예로서, שְׁנֹא, שְׁאֹל, שְׁמֹעַ, שְׁבֹעַ; תֹּם, חֹם, רֹב. ọ 모음은 부정사 절대형

---

¹ 분사에서 볼 수 있는 것과 마찬가지이다. 예, 절대형 שַׁלֵּחַ, 연계형 שַׁלֵּח.

² 참고, Dothan 1993.

³ שְׁכַב를 제외하고, *a*를 가진 부정사들은 접미사를 갖거나 뒤에 오는 단어와 밀접하게 연관된 경우를 제외하고는 나타나지 않는다. 이리하여 민 20.3 בִּגְוַע אַחֵינוּ 우리의 형제들이 죽을 때에; 전 12.4 בִּשְׁפַל קוֹל הַטַּחֲנָה 맷돌 소리가 약해질 때. 참조, 4Q 160 Frg. 7.4 לִשְׁכֹּוב 그리고 4QSamᵃ frg. 92.5[=삼하 11.11]: Qimron 1976: § 311.112, 311.151*f*.

을 반영하는 것으로 보기는 어려우며 오히려 부정사 연계형의 일반적인 형태를 따르는 것으로 보인다.

따라서 קְטֹל 형태는 부정사 연계형의 기본 형태로 변하는 과정 가운데 있다([1]).

ca   성서 히브리어는 부정사의 역할도 할 수 있는 여러 형태의 동명사들을 가지고 있다([2]). 이것들은 유사-부정사(pseudo-infinitive)라고 부를 수 있을 것이다. 이 형태들은 § *d, e*에서 논의될 것이다. 그것들이 후대의 것이거나 아람어의 영향 때문에 생긴 것이라고 말하는 것은 옳지 않다. 합 3.13에 흥미로운 구절이 나타난다. יָצָאתָ לְיֵשַׁע עַמֶּךָ לְיֵשַׁע אֶת־מְשִׁיחֶךָ. 여기서 יֵשַׁע는 비록 첫 번째 경우에 אֶת가 뒤따라오지 않으므로 동사적 명사로 사용되었을 가능성이 더 많긴 하지만 두 번 다 부정사 연계형의 역할을 한다. 아래 *e*에 언급된 כְּבִקָּרַת רֹעֶה עֶדְרוֹ 겔 34.12 כְּמַהְפֵּכַת אֱלֹהִים אֶת־סְדֹם 사 13.19도 보라; 목자가 자기 양을 돌봄 같이.

d   여성형 어미 הָ를 가진 칼 부정사 연계형.

어떤 칼 동사들(사실 거의 대부분 상태 동사이다)에는 일반적인 부정사와 함께, 여성형 어미 הָ를 가진 부정사가 있다: קְטָלָה (여기에서 모음 미세 현상을 거쳐 קִטְלָה가 됨), קָטְלָה (또는 'קָ').

가장 흔한 예들로서 יְרֹא 외에(두 번만 나타남) יִרְאָה 두려워하다 (또한 실명사로 두려움); אַהֲבָה 사랑하다(역시 명사로 사랑), 그리고 לֶאֱהֹב는 전 3.8에 단 한 번 나타난다; לְרַאֲוֶה בָךְ 겔 28.17 너를 눈여겨 보도록이 있다. 이와 대조적으로 사랑하다의 반의어 미워하다의 부정사는 일반적으로 שְׂנֹא이다. 예, 삼하 19.7(이 구절에서 אַהֲבָה와 대립되어 나타난다); 여성 (연계형) 형태는 두 번 밖에 등장하지 않으며, 이 두 경우에 동작의 주어는 속격으로 나타난다(§ 124 *g*): 예로, מִשִּׂנְאַת יהוה אֹתָנוּ 신 1.27; בְּשִׂנְאַת אֹתָם 9.28가 있다. 또한 מָשְׁחָה 출 29.29; חָמְלָה 겔 16.5; אַחֲרֵי אָכְלָה 삼상 1.9‖אַחֲרֵי שָׁתֹה‖, 이것은 전치사와 함께 나타나는 불규칙적인 부정사 절대형이다. לִקְרַאת (항상 연계형으로 나타남) 만나다 형태는 ~전에, ~앞에 (קָרָה = קָרָא 만나다 동사에서 옴, § 78 *k*)의 전치사적 의미를 가질 때 실명사처럼 사용된다. 피엘 부정사 여

---

[1] 이것은 부분적으로는 קְטֹל과 קְטוֹל 사이에 있을 수 있는 관계 때문일 수 있다.

[2] Orlinsky 1947.

성형에 관해 § 52 *c*를 보라.

e 　　　접두사 מ과 함께 오는 부정사 형태도 드물게 몇 개 나타난다(아람어의 부정사 מִקְטַל과 같다). 이 아람어화 된 부정사들은 후대에 생긴 것으로 보인다. 예, לְמִקְרָא הָעֵדָה 민 10.2 집회를 소집하는 것(다른 모든 곳에서는 מִקְרָא 가 실명사로 집회, 모임을 뜻한다); מַסַּע 10.2(신 10.11†; 파타흐는 부정사의 특징이다[참고, § 95 *dl*; 실명사는 מַסַּע*일 것이다]); מַשָּׂא 민 4.24; 대하 20.25; 35.3. 가끔 מִקְטָל 형태는 다소 실명사적인 의미를 가진다. 예, מַשָּׂא פָנִים וּמִקַּח־שֹׁחַד 대하 19.7 불공평함과 뇌물을 취하는 것, מִשְׁלוֹחַ מָנוֹת 에 9.19 음식을 보내는 것(여기서는 *miqtāl* 형태), כְּמַהְפֵּכַת אֱלֹהִים אֶת־סְדֹם 사 13.19, 렘 50.40, 암 4.11 하나님이 소돔을 뒤엎으신 것처럼.

f 　　　בְּ, כְּ, לְ 전치사들을 가진 שְׁכַב קְטֹל 부정사들.

어근의 두 번째 자음이 브가드크파트일 때, 그것은 בְּ 그리고 כְּ 뒤에서 일반적으로 라페(rafé)를 유지한다. 예로서, בִּנְפֹל 욥 4.13; כִּנְפֹל 삼하 3.34; 몇 가지 예외가 있다: בְּשָׁכְן 창 35:22, בִּשְׁפֹּךְ 겔 17:17가 있다. 그러나 그것은 לְ 뒤에 올 때 파열음이 된다. 예, לִנְפֹּל 시 118.13; לִשְׁכַּב 창 34.7; 몇 가지 예외로서: 시 37.14 לִטְבוֹחַ, 삼상 22.17 לִפְגֹּעַ가 있다. לְ를 가진 부정사는 בְּ나 כְּ를 가진 부정사보다 훨씬 자주 나타나고[1], 종종 매우 약한 의미를 갖거나 아무런 의미도 갖지 않는다. 따라서 이 형태는 더욱 밀접한 하나의 단위로 구성된 것으로 생각되었을 수 있다[2]. 제 1 후음 동사 לַחְפֹּר 형태를 비교하여 보라. § 68 *e*; 무성 슈바를 가진 이 형태가 미완료 יַחְפֹּר의 영향을 받았을 수 있듯이, (중간 슈바 대신) 무성 슈바를 가진 부정사 לִקְטֹל은 미완료형 יִקְטֹל의 영향을 받았을 수 있다. 또한 בְּקוּם과 달리 יָקוּם과 לָקוּם이 서로 유사한 점과, 미쉬나 히브리어의 특징인 לוֹמַר, לֵרֵד, לִיתֵן과 같은 형태들도 주목하라[3].

---

[1] בֶּאֱמֹר와 לֵאמֹר는 같은 비율로 나온다. § 103 *b*.

[2] דָּבָר와 같은 명사의 연계형과 함께 항상 לִדְבַר, כִּדְבַר, בִּדְבַר로 나타난다. § 103 *b*. 후기 아람어 방언들에서 라메드는 부정사의 핵심적인 부분이 되었다. 따라서 그것은 라메드 없이 거의 나타나지 않는다.

[3] Ginsberg(1935: 219-21)는 לִשְׁכַּב(위를 보라)에서와 같이 R₂로서의 브가드크파트를 파열음으로 발음하는 것을 미쉬나 히브리어가 마소라 히브리어에 영향을 미친 것으로 설명한다. 왜냐하면 미쉬나 히브리어는 בִּשְׁכַב와 같은 연결소를 상실했기 때문이다.

§ 50. 분사와 동사적 형용사

a 분사(participle)는 능동형(active)이거나 수동형(passive)이다(§ 40 *b*). 능동 분사는 능동형과 재귀형의 동사 변화에서 발견된다. 수동 분사는 수동 동사의 변화에 나타난다. 또한 칼 동사에서 상태 동사들은 동사적 형용사를 가질 수 있다(§ 41 *c*).

b **칼. 동사적 형용사**(verbal adjective)는 *qatil*과 *qatul* 형태를 갖는다. 예, כָּבֵד, קָטֹן. 상태적 완료형을 만드는 이 형태들은 '활용된 형용사' 일 뿐이다. 동작 동사 완료형 קָטַל에서 온 명사 형태 *qatal*은 ע″ו 동사와 니팔 동사 외에는 동사적 형용사로 사용되지 않는다. 예로, קָם 일어나는(*arising*)은 순수한 분사를 대신하며(§ 80 *d*), 그리고 נֶחְמָד 바람직한, 탐나는이 있다. קָטֹן 형태의 동사적 형용사는 매우 드물다: 예로서, יָגֹר 두려워하는, בּוֹשׁ 부끄러워하는, אוֹר 빛나는, יָכֹל 할 수 있는이 있다. 그러나 כָּבֵד 형태의 동사적 형용사는 좀 흔한 편이다: 예로서, יָשֵׁן 잠든, יָרֵא 두려워하는이 있다. 그러나 그것은 종종 능동 분사에 의해 대체된다. 예로, אֹהֵב 사랑하는, שֹׂנֵא 미워하는(§ 41 *c*)이 있다. 시 9.18 שְׁכֵחֵי אֱלֹהִים과 50.22 שֹׁכְחֵי אֱלוֹהַּ를 비교하라. 둘 다 하나님을 잊은이라는 의미이다([1]). 동사적 형용사 여성 단수 כְּבֵדָה와 완료형 3인칭 여성 단수 כָּבְדָה 사이에 있는 형태적 차이를 보면, 동사적 형용사 남성 단수 כָּבֵד와 완료형 3인칭 남성 단수 כָּבֵד 사이에 있는 비슷한 형태적 대립을 가정해 볼 수 있다([2]).

c **능동 분사**의 원시 형태는 *qātil*이었다. 이것은 단순히 *qatil*의 첫 모음이 길어져서 확장된 형태이다. 이 형태에서 *qōṭēl*이 왔으며, 종종([3]) 불완전 철자법 קֹטֵל로 기록된다(§ 7 *c*). 활용에 관해서는 § *g*를 참고하라.

수동 분사의 원시 형태 *qatūl*이었다. 이것은 단순히 *qatul*의 둘째 모음이 길어져서 확장된 형태이다. 이 형태에서 קָטוּל이 왔다([4]).

d **분사로만 사용되는 형태**(항구적 분사형). 한편 칼형에 나타나지 않는

---

[1] MT *qāṭēl*과 1Q Is^a *qōṭēl*이 번갈아 사용되는 예들을 주목하라. Kutscher, *Isaiah*, 340f

[2] 참조, Rosén 1993: 507-10; Mishor 1993.

[3] קֹטֵל : קוֹטֵל = 4269: 1040 (AF, 193).

[4] קָטוּל 형태는 칼에서 유일하게 남아 있는 수동태이다. 고대 칼 수동태 분사형 *qutal* > קָטֹל의 흔적이 남아 있다. § 58 *b*. 불완전 철자법인 קָטֹל 형태는 흔히 나온다. 271/1089로서 즉, 25%이다. AF, *Spelling*, 202.

동사가 상당히 자주 분사형 קַטּוּל로 나온다. 예, דִּבֶּר 말하는 (39회, מְדַבֵּר의 의미로도 39회). קִוָּה 바라는 (피엘 קִוָּה의 분사는 존재하지 않는다); חִכָּה 바라는 (1회), מְחַכֶּה (3회)처럼; כִּסָּה 덮는 (1회), 그리고 수동태 כָּסוּי 덮힌 (1회), מִכְסֶה, מְכַסֶּה처럼; 수동 분사 בָּרוּךְ 복된 (푸알 מְבֹרָךְ 6회 뿐)은 아마 반의어 אָרוּר 저주 받은을 유추하여 생긴 형태일 것이다.

e   어떤 קַטּוּל 분사들은 능동 의미 또는 능동 의미에 가까운 뜻을 가지고 있다: 예로, אֲחֻזֵי חֶרֶב 아 3.8에서 אָחוּז 칼을 쥐고 있는, 칼로 무장한; זָכוּר 시 103.14†(그가) 기억한다; 대상 5.18 לְמוּדֵי מִלְחָמָה 싸움에 익숙한[1]. 아람어에는 능동 의미를 가진 몇몇 קְטִיל 수동 분사들이 있다. 예, דְּכִיר 그리고 אֲחִיד는 아람어풍일 가능성이 있다[2]. 이것들은 위에 인용된 예들과 일치한다. 신 1.13, 15에는 전문가, 권위자라는 의미를 가진 יְדֻעַ가 나타난다. 참고, 사 53.3 יְדוּעַ חֹלִי 질병에 익숙한을 참고하라.

f   **파생된 활용들**. 파생된 활용에서(니팔 제외) 분사는 접두사 מ과 함께 형성된다. מ의 모음은 미완료형 접두사의 모음과 같다. 예, יַקְטִיל처럼 מַקְטִיל이다. 불규칙 동사에는 두 가지의 예외가 있다. ע״ע 동사에서 יָסֵב 임에도 불구하고 מֵסֵב가 된다. ע״ו 동사에서 יָקִים이지만 מֵקִים이다(이 두 형태에서 מֵ는 מֵיטִיב를 유추하여 만들어졌다. § 76 *c*). 다른 모음들에 있어서도 분사는 미완료 형태를 따른다. 예, יְקַטֵּל처럼 מְקַטֵּל이다.

     역시 접두사 מ을 가지고 있었던 니팔의 고대 형태는 נִקְטָל 형태로 대체되었다. 이것은 완료형 נִקְטַל의 형태로서, 분사의 명사적 성격 때문에 ָ를 가진다(예로, דָּבָר, מְדַבֵּר 명사들과 비교하라). 그러므로 칼형의 상태 동사들에서처럼 니팔 형에서는 분사와 완료형에 본질적으로 같은 형태가 나타난다. 이것은 아마도 칼형 상태 동사들에 대한 유추 현상으로 만들어졌을 것이다.

g   **분사의 어미 변화**. 예, קֹטֵל, קֹטֶל, קֹטְלִים (§ 30 *g*); קֹטְלָה 또는 קֹטֶלֶת 그리고 (주로) קֹטֶלֶת (§ 97 C *a*); נִקְטָל, נִקְטָלִים; נִקְטָלָה 그리고 (주로) נִקְטֶלֶת;

---

[1] 이것은 순수한 수동 분사가 일반적으로 그 수동적 관점에서 관찰되는 지속적 동작보다 이미 발생한 동작에서 일어나고 있는 상태를 가리킨다는 사실과 어떤 관계가 있을 것이다. 따라서 אָחוּז = 붙들린, 붙잡힌이 붙잡고 있는이 되었다. "완료 분사"라는 용어로 말할 수도 있다. § 121 *o*와 Van Peursen 2003: 206-12를 보라.

[2] 페니키아어에서도 칼 수동 분사가 *qatil*이다. FRA, § 140 b. Fox(2003: 201)의 입장과 달리 그 예들은 정신 상태 동사들에 제한되어 있지 않다.

מַקְטִיל, מַקְטִילִים; מַקְטִילָה 그리고 (주로) מַקְטֶלֶת (참고, § 89 g) (¹).

§ 51. 니팔 동사 변화

a 니팔(Nifal)은 단순한 동작의 재귀적인 동사 변화 형태이다(§ 40 *a*) (²). 니팔의 특징은 재귀의 개념을 표현하는 נ에 있다. 미완료형, 명령형 그리고 부정사의 접두사 다음에 오는 נ은 뒤따르는 자음에 동화된다. 그러므로 이 형태들은 **어근의 첫 자음이 중복**되는 특징을 가지고 있다.

완료형. 원시 형태는 *naqtal*이다(³). 첫 번째 *a*는 *i*로 약화되어 נִקְטַל 형태가 된다(§ 29 *g*)(⁴). 그러나 이 *a*는 * *nawšab* > נוֹשַׁב 형태(§ 75 *a*)와 נָסַב (§ 82 *c*) 및 נָקוֹם 형태(§ 80 *f*)의 열린 음절에서 유지된다.

미완료형. 원시 형태는 *yanqatil*이며(⁵), *a*가 *i*(§ 29 *aa*)로 바뀌는 모음 약화 현상이 일어나 *yinqatil*이 되었고, 그 후에 יִקָּטֵל이 되었다.

명령형. 접두사는 ה이며, הִקָּטֵל 형태를 갖는다. 같은 형태가 부정사 연계형에 나타난다. 부정사 절대형에서 부정사 연계형 הִקָּטֵל이 사용되거나, 마지막에 *o* 모음을 가진 같은 형태 הִקָּטוֹל 또는 완료형에 따라 형성된 형태인 נִקְטוֹל이 사용된다(§ 49 *b*).

현재 우리가 갖고 있는 **분사형**은 접두사 מ을 가진 원시 형태를 대체한 것으로서 완료 형태를 가진다. 그러나 분사는 그 명사적 성격 때문에 ָ 모음을 갖는다: נִקְטָל (§ 50 *f*). 분사의 어미 변화를 § 50 *g*에서 보라.

b **여러 형태들에 대한 관찰**.

미완료형. 1인칭 단수에서, אֶקָּטֵל 외에도 *i*를 가진 אִקָּטֵל 형태도 자주

---

¹ 뚜렷한 형태소 /t/를 가진 형태가 /-ā/를 가진 형태보다 훨씬 많다. Böttcher, II, § 993. Lambert(§ 787)에 따르면, 쎄골 형태는 순수한 분사에 더 흔하고, 다른 형태는 형용사적으로 또는 실명사적으로 사용되는 분사들에 더 흔하다.

² 참고, Siebesma 1991.

³ Ugr. /napṭarū/를 주목하라, Huehnergard, *Ugr. Voc.*, 321. 고대 가나안어에서의 상황에 관해서는 Rainey, 2.307-9를 보라

⁴ 이 약화 현상은 **naqtaltem*과 같은 형태에서처럼 강세로부터 떨어지면서 일어나기 시작했을 것이다.

⁵ EA 35.50 *it-ti-šu-nu la ta-ša-ki-in* [=*tanšakin*] 너는 그들과 같은 위치에 있지 않다이지만, 같은 편지에 동일한 동사가 *la-a i-ša-ki-in* 그것을 두지 않게 하라가 나타나는 것을 주목하라. Rainey 2.117-32에서 더 보라.

발견된다. 이것은 중첩 음절(동일 자음 중복으로 끝나는 음절)에서 일반적으로 나타나며 또한 항상 אָקָּטְלָה로 나타난다. 또한 이 *i*는 וּשֵׁב אוּנְשֵׁב 형태의 פ"ו 동사에서 규칙적으로 나타난다(§ 75 *a*, 첫 번째 각주).

미완료형의 두 번째 모음은 때때로, 특히 휴지 형태에서 /a/가 된다 (필리피 법칙의 결과로 생겼을 가능성이 높다. § 29 *b*). 예, 창 21.8 וַיִּגָּמַל, 출 31.17 וַיִּנָּפַשׁ. 그러나 겔 32.28 תִּשָׁבַר 형태는 본문의 문맥 안에서 나온다(아마 레쉬 때문일 것이다. 참고, Yeivin, *Babylonian Tradition*, p. 504)[1]. 사실 바빌론 전통은 /a/를 선호한다(참고, Yeivin, ib). 사마리아 히브리어에는 그것에 대한 몇 가지 흔적이 나타난다. Ben-Ḥayyim, § 2.1.4.4를 보라.

여성 복수에서 어미는 항상 ־לָנָה이다(§ 29 *d*).

도치 바브 미완료에 관해 § 47 *b*를 참고하라.

명령형. הִשָּׁמֵר는 항상 밀엘 강세와 함께 나타난다. 이것은 느씨가 현상이 일어난 일반적 형태 הִשָּׁמֶר לְךָ를 유추하여 만들어졌음이 틀림없다.

부정사 연계형[2]. 전치사 뒤에서 ה가 탈락되는 형태가 몇몇 있다. 예로, לֵרָאוֹת 나타나기 위하여 사 1.12(לְהֵרָאוֹת 대신), בֵּעָטֵף 애 2.11. 그러나 여기에 인용된 두 예들과 대부분의 다른 예들에서 이 모음 표기가 잘못되었을 수 있다. 따라서 사 1.12에서는 칼형 לִרְאוֹת로 읽을 수 있고, 애 2.11에서는 시 61.3처럼 칼형 בַּעֲטֹף 번민하는으로 읽는 것이 더 나아 보인다(히필에 대한 유사한 관찰을 § 54 *b*에서 보라).

부정사 절대형. 규칙 동사에서 가장 흔한 형태는 הִקָּטֵל이다(부정사 연계형과 같은 형태이다); 이것은 הִפָּקֵד יִפָּקֵד אִם 만일 그를 잃는다면 왕상 20.39의 경우처럼 유사음 현상 때문에 사용된다. 참고, 민 15.31; 신 4.26; 삼상 27.1. 이와 달리, נִקְטֹל(§ 49 *b*) 형태가 삼상 20.6 נִשְׁאֹל נִשְׁאַל 그가 허락을 받도록 간절히 부탁했다에서 완료형과 함께 사용되었다(§ 81 *e*를 비교하고, § 123 *p*를 참고하라).

c　　**의미**[3]. 주된 의미라고 할 수 있는 재귀적인 뜻이 종종 보존되어 있다.

---

[1] 더 많은 예들을 Berg., II, § 16 g에서 보라.

[2] § 54 *b*, 각주를 보라.

[3] Lambert 1900을 보라. 여기에서 확인된 "의미들" 중 일부는, 예를 들어, 재귀적 용법은 행위자가 없는 (agentless) 개념 아래에 종속시킬 수 없음이 분명하다. Jenni (2000: 70-71)는 행위자가 없는 개념을 니팔의 지배적인 의미로 추정하였다.

따라서 נִשְׁמַר는 거의 항상 스스로 지키다이고, נִקַם은 거의 항상 스스로 복수하다; נִשְׁעַן은 거의 항상 스스로 지탱하다이고; נֶחְנַק*은 스스로 목매다(1회)를 뜻한다. 다른 니팔들은 동시에 수동적 의미도 가지고 있다. 예, נִסְתַּר 스스로 숨다 그리고 숨겨지다, נִגְאַל 스스로 구원하다 그리고 구원되다.

허용의 니팔(Nifal tolerativum). 어떤 경우에는 어떤 일이 자신에게 일어나도록 허락하다라는 의미로 나타나며, 일반적으로 실제 동작의 개념으로 사용된다. 예, נִדְרַשׁ 질문받도록 자신을 허락하다, 이로부터 사실상 대답하다(하나님에 관하여 말할 때)라는 뜻이다; נִזְהַר 자신이 경고받도록 허락하다, 이로부터 실제로 경고를 받다는 뜻이 된다; נוֹסַר 자신이 징계받도록 허락하다, 스스로 징계하다; נֶעְתַּר 자신이 (실질적으로) 간청받도록 허락하다, 간청을 허락하다(¹).

니팔은 헬라어의 중간태(*middle* voice) 역할을 할 수 있다. 예, נִשְׁאַל 자신을 위하여 요청하다; 또한 상호적인 의미로도 사용될 수 있다. 예, נוֹעַץ 서로 상의하다, 심사숙고하다, נוֹעַד 서로 만나다(정해진 시간과 장소에서), נִלְחַם 싸우다, נִדְבַּר 서로 이야기를 나누다(²).

상당히 자주 니팔은 순수한 수동의 의미를 갖는다. 예, נוֹלַד 태어나다; נִקְבַּר 묻히다(칼의 수동태에 관해 §58을 참고하라) (³).

비록 니팔은 엄격한 의미에서 칼의 재귀적인(그리고 종종 수동적인) 의미로 사용되지만, 그것이 히필(⁴) 또는 피엘의 재귀적인(또는 수동적인) 의미로 사용되는 경우도 있다(피엘의 고유한 재귀 동사는 히트파엘이다); 따라서 스스로 위로하다는 의미를 가진 니팔 נִחַם은 피엘 נִחַם 위로하다의 재귀 동사이다; נִזְהַר 스스로 경고받도록 허락하다는 הִזְהִיר 경고하다의 재귀 동사일 뿐 아니라, 경

---

¹ 아마 창 42.16의 הֵאָסְרוּ도 여기 속할 가능성이 있다. 허락(consent)의 히필과 비교하라. 예, הִשְׁאִיל 빌려주다(§ 54 d).

² 이 상호적 니팔이 나타나는 많은 경우에서 그 주어는 한 명의 개인이다. 예, 대하 30.2 וַיִּוָּעַץ הַמֶּלֶךְ 대비 32.3 .. וַיִּוָּעַץ עִם־שָׂרָיו וְגִבֹּרָיו 와 וְשָׂרָיו וְכָל־הַקָּהָל를 주목하라.

³ 니팔이 수동 의미를 가지고 있을 때 그 분사는 칼 수동 분사와 겹치게 된다. 예, נָתוּן (3회) 그리고 נִתָּן(3회) 주어진. 그러나 의미상의 차이가 있을 수도 있다. 문법적인 차원에서 נִתָּן은 일반적으로 과정을, נָתוּן은 결과를 표시한다. 신 28.31, 32는 예외이다. 반면에 어휘적인 차원에서 קָרוּא = 초대된, 부름받은, 선택된, נִקְרָא =이름이 불린(2회), 읽혀진(1회)이다.

⁴ 예, 느 6.1 נִשְׁמַע לְ 그것은 ~에 의해 들려지게 되었다(*it was made to be heard by*). 그들이 그에게 보고했다(그것이 ~에 의해 들렸다[*it was heard by*]가 아니다). 그렇지 않다면, 이것은 비인칭 수동태의 경우이다. § 152 fa.

고가 주어지다라는 의미의 수동 동사이기도 하다(겔 33.6에서 그렇다. 이와 달리 4절의 לֹא נִזְהָר는 경고에 귀 기울이지 않았다이다); נִשְׁמַד 제거되다, 지워지다는 히필 הִשְׁמִיד의 수동태이며, 칼형 שָׁמַד는 나오지 않는다. 내적(internal) 수동태인 푸알 및 호팔과 비교해 볼 때, 니팔은 *n* 자음 때문에 독자적인 동사 변화 형태로서 분명하게 표시되며, 이것은 순수한 수동 형태로 사용되도록 가속화시켰을 것이다. 종종 히필로 사용되는 일부 동사들은 그것들이 실제로 수동 의미일 때 니팔을 사용한다. 예, הִסְתִּיר 숨기다, הִשְׁמִיד 소멸시키다[1].

     니팔의 의미들 중 대다수는 당연히 피엘 동사의 재귀 형태인 히트파엘과 공유된다[2].

§52. 피엘 동사 변화

a   피엘(Piel)은 그 기능을 결정함에 있어서 히브리어 동사 변화들 중에서 가장 이해하기 어려운 형태이다[3]. 그것의 정확한 기능이나 기능들이 무엇이든 간에, 최소한 그것은 수동형 푸알과 재귀형 히트파엘에 대응되는 능동 형태라고 말할 수 있을 것이다. 피엘의 형태상 두드러진 특징은 어근의 두 번째 자음이 중복되는 것이다. 전통적으로 그것은 의미상 강조적인 것으로 간주되어 왔다[4]. 피엘의 기능에 대한 일반적인 가정과 어근의 두 번째 자음이 중복되

---

[1] 의심할 바 없이, 이 동사들의 모든 니팔형은 순수한 수동태가 아니다. 흔히 사용되는 히필(112회) 동사 הִשְׁלִיךְ 던지다는 호팔(13회)에서와 달리 니팔로는 전혀 사용되지 않는다. הֶחֱרִים 바치다(48회), 호팔(3회)도 마찬가지이다.

[2] 예니(Jenni 1973: 63f.)의 공통분모인 "행위자(agent)가 자기 동작에 개입하는 정도나 성격에 상관없이 영향을 미치는(affecting) 과정이나 행동"은 니팔의 상호적 기능에 대하여 결코 만족스러운 설명을 제공하지 못한다. 또한 그의 관점으로는 일반적인 니팔 동사인 נִשְׁבַּע 맹세하다(154회), נִבָּא 예언하다(87회)와 같은 것을 어떻게 분석해야 할지 알 길이 없다. 우리는 모든 니팔 동사들을 "행위자의 부재"(agensloser Manifestativ)라는 단순 범주 속에 다 담을 수가 없다(Jenni 2000: 70f.). 예로, נִשְׁבַּע 맹세하다. 니팔 נֶחְלָה 그는 병들었다에서 그 행위자(agens)는 칼 חָלָה의 것과 동일한데, 호팔 הָחֳלָה는 어떻게 이 체계 속에 포함시킬 수 있는가? "행위자 없음"(agentless)이란 특성은 본토박이 아랍어 문법학자들이 *majhūl* "미지(unknown, scil. agens)"라는 전문용어로서 칼 수동, 푸알, 호팔에 적용할 때 사용된다.

[3] 같은 어려움이 오늘날 살아 있는 언어들을 포함하여, 같은 어족에 속하는 모든 다른 셈어들에서 대응되는 형태에 존재한다.

[4] Kouwenberg(1997)가 더 힘차게 옹호하고, Joosten(1998)이 뒤따른 입장이다. 그러나 아래에 언급할 모든 의미상의 범주들을 강의성으로 설명할 수 없다.

는 현상 사이에 직접적인 관련이 있는지는 분명하지 않다.

미완료 형태들로부터 설명해 나가는 것이 편리할 것이다.

미완료형. 원시 형태는 *yaqattil*이고 이것은 대체로 יְקַטֵּל이 되었다[1]. (강세 전전 음절의 모음이 탈락된다. § 30 *e*).

완료형. 고전 아랍어에 여전히 보존되고 있는 원시 셈어 형태 *qattal*과 달리[2], 초기 히브리어에서 완료형은 두 번째 /a/가 미완료형에서 온[3] /i/로 바뀌어 *qattil*이 된 것으로 보인다[4]. 그 후, 첫 번째 /a/가 /i/로 약화되었다(§ 29 *g*)[5]. 따라서 역사적인 히브리어 피엘 형태 קִטֵּל은 가장 초기의 두 /a/ 모음 중 어느 것도 보존하고 있지 않다. 그러나 결과적으로 완료형과 나머지 형태들 사이에 뚜렷한 차이를 만들었다(히필의 완료형과 비교하라. § 54 *a*).

명령형 קַטֵּל은 미완료형의 모음을 가지고 있다. 같은 형태가 **부정사 연계형**에 나타난다[6]. **부정사 절대형**은 주로 부정사 연계형 קַטֵּל의 형태를 사용하지만, 마지막 모음이 *o*인 קַטֵּל의 형태로 드물게 나타난다(이 *o*는 장모음이

---

[1] 우가릿어에는 1인칭 단수에 *a*가 나타나고, 분사에 *mu* 접두어가 나타난다. 그러나 그것들에 대한 해석은 논쟁 중이다. Tropper, § 74.412.1을 보라. 분사의 /u/는 그 앞에 오는 순음 때문에 만들어진 것일 수 있다. 아모리어에 역시 *yaqattil* (미완료) 대비 *muqattil* (분사)로 나타난다. Streck 2002: 190.

[2] 초기 히브리어가 *qittil*(그리고 히필의 *hiqtil*)이라는 대체 형태를 갖고 있었을 가능성이 있었다는 이론에 관해 Blau 1971: 152-58을 보라. 그러나 Blau가 완료 시제만을 논의하고 있으며, 따라서 완료형과 미완료형 사이에 있는 상호적인 영향은 허락하지 않는다. 대체로 /i-i/ 두 모음이 연속적으로 나오는 가정에 대한 증거는 /a-a/가 연속적으로 나오는 가정에 대한 증거보다 더 약해 보인다. 어쨌든 이 가정은 부분적으로만 적용된다. 왜냐하면 예로, הוֹשִׁיב는 /hawšib/에서만 발전될 수 있었기 때문이다. 첫 /a/가 /i/로의 변화하였다는 베르거스트래서의 설명(Berg., II, § 17 I)은 별로 설득력이 없다.

[3] 원시 히브리어 피엘의 두 번째 모음으로서의 *o/ọ*에 관해 Qimron 1986: 80을 보라. 마찬가지로, 히필에서 완료형의 두 번째 모음은 미완료형을 유추하여 만들어진 것이다. 그렇지 않다면 *qattala*는 칼 또는 아랍어와 이디오피아어에서 그에 대응되는 형태의 영향을 받아 형성된 유사한 새 형태일 것이다. 왜냐하면 미완료형의 영향을 끌어들이는 것은 임의적이기 때문이다. Huehnergard 1992: 227을 보라.

[4] 우가릿어에는(아람어에서처럼) /šallima/ 그것이 지불했다/전달했다가 나온다. Huehnergard, *Ugr. Voc.*, 321. 사마리아 히브리어는 첫 번째 원시 모음 /a/를 보존하고 있다. Ben-Ḥayyim, p. 112와 Macuch, *Gram.*, 283. 세쿤다의 시 89.45 μαγαρθ (MT מִגַּרְתָּה)에 관해 Brønno, 65f.를 보라. 이 형태는 칼 동사로 해석되어야 가장 적절하다.

[5] 이 약화 현상은 *qattaltem*과 같은 형태들에서 강세로부터 먼 경우에 일어나기 시작한 것으로 보인다. 파타흐는 נַשַּׁנִי 그가 나를 잊어버리게 했다에서만 보존되고 있다. 이것은 מְנַשֶּׁה와 유사음을 이루기 위한 것으로, 창 41.51에서처럼 이 이름의 통속적인 어원과 관련된다. 그것은 아마도 고대의 형태일 것이다. R₁의 *i* 모음은 페니키아어에서도 Βαλσιλληχ와 같은 인명에서 입증되고 있다. 그것은 후에 완전 철자법 בבעלישיל로 기록된다(FRA, § 144를 보라).

[6] *hal-li-iq* 파괴하다(250.7, 37, 55)는 엘-아마르나 250.7, 37, 55에서 부정사 연계형으로 나타나고 있다.

었을 것이다. § 49 *b*).

분사형은 미완료형의 모음들을 가지고 있다: מְקַטֵּל(¹).

b **개괄적 관찰**. 자음이 슈바를 가지고 있을 때 완전한 중복은 매우 자주 가상 중복으로 약화된다(§ 18 *m*). 예, בִּקְשָׁה (그리고 종종 בַּקְּשׁוּ 동사에서, 그러나 명령형에서는 항상 בַּקְּשׁוּ이다), 이것은 הַלְלוּ 찬양하라에서는 항상 약화된다.

c **여러 형태들에 대한 관찰**.

완료형 3인칭 남성 단수. 비록 ◌ּ가 이차적인 모음이긴 하지만, קִטֵּל은 피엘의 적절한 형태이며, 그 휴지 형태도 마찬가지이다(²). קִטַּל 형태가 매우 자주 발견되는데(³), 여기의 파타흐는 원시 모음 *a*가 아니라 쩨레가 약화된 것이다(§ 29 *d*). 더 가벼운 형태인 קִטֵּל 형태는 대부분 연결 악센트와 함께 사용되고, קִטֵּל이 (마켑 앞에서) 강세를 상실할 때 사용된다; 그것은 분리 악센트와 함께 매우 드물게 사용된다. 따라서 연결 악센트가 나올 때에는 항상 בֵּרַךְ 형태가 나타난다; 약한 분리 악센트가 나올 때에 בֵּרַךְ가 두 번, בֵּרֵךְ가 두 번 나타난다; 휴지 형태는 (발견되지는 않지만) בֵּרֵךְ이었을 것이다. 그러나 문제되고 있는 모음 교체가 거의 전적으로 완료형에만 한정되어 있다는 사실은(⁴) 이것이 단지 음성론적인 현상만이 아님을 시사해 주는 것 같다; 이것은 칼형 또는 니팔형을 유추하였거나, 1인칭과 2인칭 완료형을 유추하여 나온 것일 수 있다. 꽤 흔히 사용되는 히트파알(Hitpaal)은 별도로 관찰할 필요가 있다(§ 53 *b*).

다음에 나오는 세 개의 동사에서(⁵) ◌ּ 모음이 나타난다: דִּבֶּר 그가 말했

---

¹ 위 § *a*에서 세 번째 각주를 보라.

² 접미사를 가진 형태 קִטְּלָן와 비교하라.

³ 사실 우리 본문들 안에 나타나지 않는 ◌ּ 모음을 가진 피엘 형태들이 종종 사전들에 소개된다. 이 문제에 관한 중요한 연구는 Rabin, 1967에 나타난다. 바빌론 전통에서 문제의 모음은 일반적으로 /a/이고 /e̯/가 아니다. Yeivin, Babylonian, 514. 드문 동사 형태들 중 하나인 파렐(Paʿlel, § 59 *b*)도 여기에 속할 수 있다. Har-Zahav 1930: 161.

⁴ /a/ 모음은 바빌론 전통에서 훨씬 더 널리 사용된다. Yeivin, *Babylonian*, 519, 525-27, 535, 537-41을 보라.

⁵ 세 개의 예외적인 경우들을 설명하기 위한 시도를 Blau in 1971a: 155f.에서 보라. 비록 그는 /i/를 피엘 완료형의 두 번째 원래 모음으로 추정하지만 말이다(위의 § *a*, n. 4). 이것과 관련하여 헥사플라의 두 번째 열이 1인칭과 2인칭에서 피엘과 히필의 둘째 모음으로 ε를 규칙적으로 사용하고 있는 점을 주목하라. Brønno, 88f.

다(주로 문장 안에서); וְכִפֶּר 그리고 그는 속죄할 것이다; וְכִבֶּס 그리고 그가 씻을 것이다(11회, 그러나 כִּבֵּס가 두 번 나온다!). 이 불규칙적인 현상들을 설명하기는 어렵다. 휴지 위치에서 דִּבֵּר 그리고 כִּבֵּס가 나타난다(삼하 19.25†)[1].

활용 중에서도 ◌가 발견되는데(필리피 법칙, § 29 aa, d), קִטֵּל에서 원시 형태가 아닌 것처럼 이 모음은 원시 형태가 아니다. 예, קִטַּלְתָ[2].

미완료형. 1인칭 단수에서 אֲ 대신 매우 자주 אֱ가 발견된다. 예, אֱזָרֶה 내가 흩을 것이다 레 26.33; 겔 5.12; 12.14†(카메쯔 전, § 29 f 참고); 이 ◌는 וָאֶסָעֲרֵם 슥 7.14에서 ◌가 된다(§ 21 h 비교)[3].

여성 복수에서 어미는 일반적으로 ◌ֵלְנָה이다(§ 29 d). 예로, תְּדַבֵּרְנָה (본문과 휴지 위치에서). ◌ֵלְנָה는 다양한 이유들 때문에 세 개의 휴지 형태에서 발견된다(호 4.13, 14; 사 3.16; 13.18). 불규칙적인 형태인 ◌ֶלְנָה가 겔 13.19 에 한 번 발견된다.

명령형. קַטֵּל의 ◌가 פַּלֵּג 시 55.10; קָרֵב 겔 37.17에서 ◌로 바뀐다.

여성형 어미 ◌ָה를 가진 **부정사 연계형**(참고, § 149 d)이 יַסְּרָה 레 26.18; זַמְּרָה 시 147.1; 접미사를 가진 צַקְקָתֵךְ 겔 16.52에 나타난다.

부정사 절대형 קַטֵּל은 드물다. 그것 대신 부정사 연계형 קַטֵּל이 매우 빈번하게 사용된다. 예, 왕하 2.11 הֹלְכִים הָלוֹךְ וְדַבֵּר. 삼하 12.14 נִאֵצְתָּ 에서 유사음화 현상 때문에 a가 i로 약화되었다.

분사. מָאֵן 형태(항상 אִם־מָאֵן אַתָּה 구에 나타난다. 출 7.27; 9.2; 10.4; 렘 38.21)는 원래 מְמָאֵן*에서 중자탈락이 된 것이다. מֵאֲנִים 렘 13.10의 모음 표기는 잘못된 것으로 보인다(일반적으로 מְ이다). 참고, Brockelmann., GvG, I, pp. 264ff.[4]. 습 1.14 מְמַהֵר는 비록 멤으로 끝나는 단어 다음에 나오지 않지만, 이와 유사한 경우처럼 보인다.

---

[1] Ben-David 1990: 19-21을 보라.
[2] 그러나 이와 관련하여 세쿤다에 보존된 전통은 다르다. 시 46.10 κισσες אֲקֵצְלָת이지만 시 89.40 חִלַּלְתָ ελλελθ이다. 히필에서도 마찬가지이다. 시 30.8 εσθερθα הֶעֱמַרְתָּ 대비 36.3 εελικ הֶחֱלִיק. 이 점에 대한 논의를 Brønno, 66-68에서 보라. 히트파엘에 관한 세쿤다의 증거는 일정하지 않다. 그 자료들은 Brønno, 107f.에서 보라.
[3] 피엘 미완료 1인칭 단수의 접두사와 함께 오는 e 모음은 바빌론 전통에서 표준적이다. Yeivin, Babylonian, 522. 참조, 세쿤다 시 18.30 אֲדַלֵּג εδαλλεγ; 89.36 אֲכַזֵּב εχαζεβ.
[4] Ben-Ḥayyim(p. 18 c.)은 이것들을 칼 분사라고 주장하지만, 그 어떤 동사도 다른 곳에서 칼로 사용되지 않는다.

d　　　**의미**. 위의 § *a*에 간단히 언급된 바와 같이 다른 동사 변화들, 특히 칼 변화와 관련하여 피엘 변화의 기능이 어떻게 정의되어야 하는가에 대한 논의는 히브리어와 셈어 학자들이 직면하고 있는 어려운 도전들 중 하나로 여전히 남아 있다[1]. 현재 우리의 지식으로는 단지 일부 동사들에만 어울리는 것으로 보이는 몇 개의 뚜렷한 의미 범주들을 제시할 수 있을 뿐이다. 상당히 많은 수의 다른 동사들에 대해서는 여전히 그와 같은 분류를 할 수가 없다[2]. 또한 주어진 모든 증거들을 왜곡하지 않고는, 이 모든 "뉘앙스들"의 근거가 된다고 말할 수 있는 하나의 개념이나 의미 범주를 제시할 수도 없다.

　　작용적 용법(factitive) [3]. 이 형태의 피엘은 칼형 자동사의 동작 동사 또는 상태 동사에 대응되며, 종종 그 기초를 이루는 형용사나 분사의 결과적(resultative) 용법이 깔려 있다: אָבַד 멸망하다, 사라지다로부터: אִבַּד 누군가를 멸망하게 하다, 사라지게 하다; קָדַשׁ 거룩하다로부터; קִדַּשׁ 거룩하게 하다; גָּדַל 자라다로부터; גִּדֵּל 크게 하다, (아이를) 키우다; כָּעַס 화나게 하다 (2회); קִנֵּא 질투하게 하다(1회); 그대로 두다에서 נִקָּה 벌하지 않은 채로 두다; חִיָּה 살아 남게 두다(=죽이지 않다); זִכָּה 정결하게 유지하다; סָתַר* (1회) 숨겨두다; לִמַּד 가르치다는 칼형의 원래 자동사적 의미와 관련된다(미완료 יִלְמַד를 주목하라). בֵּרֵךְ 축복하다는 여기에 속하거나(참고, בָּרוּךְ 복된) 대안적으로 **선언적**이거나 **명사 파생적**일 수

---

[1] 이 문제에 대해 Goetze 1942는 현대에 접어들어 신선하고 유익한 접근을 시작하였다. 그는 아카드어 자료들에 근거하여 피엘이 강의형(intensive) 동사라는 전통적인 개념에 도전하였다. 그의 통찰들 중 일부는 그 후에 Jenni 1968에 의해 성서 히브리어에 적용되었다. Ryder II 1974, Leemhuis 1973, 그리고 Goshen-Gottstein 1985의 서평도 참조하라.

[2] 위에 언급된 Goetze의 선구적인 논문 이후에 이루어진 일부 연구들이 어떻게 성서 히브리어에 적용될 수 있는지 보여주기 위한 시도로서 WO, BH *Syntax*, pp. 396-417에서 보라.

[3] '작용적'(factitive)이란 어휘는 라틴어 *facere* 만들다(to make)에서 왔다. 이것은 "사역적 의미"(causative)와 구분하기 위해 사용된다: 즉, 그를 거룩하게 하다(작용적)과 그를 걷게 하다(사역적)로 구분할 수 있다.
일반적으로 "사역적 의미"는 히필과 연관된다. 그리고 사실 אָבַד와 קָדַשׁ와 같은 일부 동사들은 피엘과 히필에 모두 나타나며, 그 의미나 뉘앙스에서 구분할 만한 차이가 거의 없다. Waltke&O'Connor (BH *Syntax*, 435-41)는 광범위한 논의를 하였음에도 불구하고, 우리가 평가하기로는 이 쌍들과 다른 쌍들 사이에 어떤 의미의 차이가 있는지 확실히 보여주지 못했다. Jenni(2000: 76f.)가 אבד 피엘과 אבד 히필 사이에 대립이 있다고 주장하는 경우들에 대하여 재구성한 것들도 마찬가지이다. 그는 추정적인 대립 개념으로서 달성(achievement)과 완성(accomplishment)을 두 개의 예에 부과하였다. 그러나 문제된 상황에서 대립 개념은 발생하지 않았으며, 또한 추론되지도 않았다. 그와 같이 사용된 피엘과 히필 간의 구분은 드문 경우에만 가능하다. 예, 사 29.13 וּבִשְׂפָתָיו כִּבְּדוּנִי 대비 왕상 12.10 כַּאֲשֶׁר הִכְבִּיד אָבִיךָ אֶת־עֻלֵּנוּ, 그러나 삼상 6.6 וּפַרְעֹה אֶת־לִבָּם כִּבְּדוּ מִצְרַיִם; 그리고 חיה에서 피엘과 히필은 종종 서로 바뀌어 사용된다. Rubinstein (1979: 67f)을 보라.

있다(~에게 축복[הַבְּרָכָה]을 선언하다).

선언적-평가적 용법(declarative-estimative). נִקָּה 결백하다고 선언하다 (נָקִי); טִהַר 깨끗하다고 선언하다(טָהוֹר); טִמֵּא(1) 불결하다고 선언하다(טָמֵא). 이 것은 작용적 의미에 포함될 수 있다. 그렇지만 **작용적** 용법은 실질적으로나 물 리적으로 어떤 상태나 특성이 발생하는 것을 가리키는 반면, 선언적-평가적 용 법은 정신적으로나 언어적으로 어떤 상태나 특성이 발생하는 것을 가리킨다.

복수화(pluralising). 일부 피엘 동사에 의해 표시되는 동작은 다수의 주어나 목적어를 포함한다(2). 다수의 주어, 예, שִׁאֵל* 질문하다 삼하 20.18†; לִקֵק* 핥다 삿 7.6; 다수의 목적어, 예, שִׁלַּח 파송하다 삿 20.6; קִבֵּר (땅에) 묻다 왕상 11.15; קִצֵּץ 잘라내다 삿 1.6. 소위 빈번상(frequentative)이 여기에 속할 수 있다(3): 그것은 동작의 빈도수와 관련이 있다. 예, צִחֵק* ~를 비웃다(칼, 웃 다); שִׁאֵל* 구걸하다(한 번; 칼, 질문하다, 요청하다); שִׁבֵּר 산산조각 내다(칼, 부수다); סִפֵּר* 이야기하다(recount, 칼, 계산하다); פִּתַּח 풀다(칼, 열다).

명사 파생 동사(denominative). 다음의 예들은 그 배후에 그것들과 관 련된 명사들이 있거나 확실히 그것들보다 더 원시적인 명사가 있었다는 점에 서 의미상 명사 파생 동사들이다: דִּבֵּר 말하다(דָּבָר); כִּהֵן 제사장으로 활동하다 (כֹּהֵן과 대비됨); אִלֵּם 곡식의 단을 묶다(אֲלֻמָּה와 대비됨). 작용적인 용법과 **선 언적-평가적** 용법과 달리, 이것은 문법적 범주가 아닌 어휘적(사전적) 범주이 다. 힘을 빼앗거나 제거하는 결성어를 가진, 명사 파생 피엘 동사들은 좀 다르 다. 예, דִּשֵּׁן 기름을 제거하다(즉, 제단에서 기름낀 재인 דֶּשֶׁן을 제거함); שֵׁרֵשׁ 뿌리를 뽑다(שֹׁרֶשׁ에서 옴. 반대로, הִשְׁרִישׁ는 뿌리를 내리다이다); חִטֵּא 죄를 제 거하다(חֵטְא에서 옴; 히트파엘 결성어 동사 הִתְחַטֵּא 자신을 죄에서 정결하게 하 다와 비교하라); 이와 대조적으로, הֶחֱטִיא는 누군가로 하여금 죄를 짓게 하다이

---

1 전 3.6 לְאַבֵּד "잃다"는 לְבַקֵּשׁ "찾다"와 좋은 대조를 이루지 않고 있는 점은 평가적-선언적 관점에 서 해소할 수 있다. 즉, "잃은 것으로 여기다" 또는 "가게 하다, 떠나게 하다"로 본다면 자발적 행동을 뜻하는 것으로 볼 수 있다.

2 이미 Ehrlich가 창 31.28과 관련하여 그렇게 보았다: "wegen der vielen Personen, die es zu küssen gab." 여기에서 어떤 이들, 예로서 Kouwenberg(1997: 24-26)와 같은 이들은 가끔 학계에서 가정되고 있는 형식(*significant* 기표, 記標)과 의미(*signifié* 기의, 記意) 사이에 있는 본질적이거나 직접적인 연 관성에 대한 증거를 찾았다고 한다. 그러나 이것은 보편적으로 인정되고 있는 언어적 기호들의 임의적 인 성격을 거스르는 것으로서, 낭만적인 개념에 불과하다.

3 Lambert(§ 649)는 아 2.8 דִּלֵּג를 습 1.9 칼 דָּלַג와 비교한다. Zlotniq 1930도 보라.

다; סְעֵף 가지들을 자르다(סִעֵף); 렘 50.17 עִצֵּם 뼈를 씹어먹다(עִצֵּם); 수 10.19 זִנֵּב וְזַנֵּב 꼬리를 자르다(זִנֵּב); 그리고 아 4.9 לִבֵּב 마음을 사로잡다(לֵב, לִבַּבְתִּנִי)가 있다.

부사어(adverbial) 피엘은 (히필과 달리) 드물다. 예, שָׁחַת 사악하게 행동하다, 죄를 짓다(הִשְׁחִית처럼 목적어의 생략에 의한 것으로 보인다. § 54 *d*); עִוֵּל* 사악하게 행동하다(두 번); מִהַר 빨리 행동하다의 의미(여기서 부사 מַהֵר 빨리가 온다, § 102 *e*). 피엘의 수동태인 푸알은 § 56을 보라.

§ 53. 히트파엘 동사 변화

a 히트파엘(Hitpael)은 피엘과 연관된 재귀적 활용이다(§ 40 *a*). 히트파엘의 두 가지 **특징**은 피엘과 마찬가지로 어근의 두 번째 자음이 중복되는 것(§ 52 *a*)과 재귀적 개념을 표현하는 ת에 있다(니팔의 נ과 같다. § 51 *a*)[1].

미완료 형태들부터 설명해 나가는 것이 적절하다.

미완료형: 히브리어 형태는 *yitqattel* יִתְקַטֵּל이다(피엘의 יְקַטֵּל처럼).

완료형: 접두사의 모음과 이 동사의 특징인 *t*로 이루어진 *it* 그룹이 완료형 전체에 나타난다. 여기에서 모음은 필연적으로 자음 뒤에 오게 된다. 이 자음은 명령형과 니팔 부정사 연계형(§ 51 *a*)에서처럼 (א 대신) ה이며[2], הִת가 된다. 이 형태의 나머지 부분은 미완료 형태를 유추하여 הִתְקַטֵּל이 된다. הִת는 명령형과 부정사형 הִתְקַטֵּל에서도 나온다. 분사에는 미완료형의 모음을 가진 מִתְקַטֵּל이 나타난다.

b **일반적 관찰**. 지금까지 유일하게 소개해 온 *e*를 가진 일반적인 형태 외에 완료형, 미완료형, 명령형에 *a* 모음을 가진 이차적이고 드문 형태가 있

---

[1] Abul Walid가 그의 동시대 문법 학자들과 달리 제대로 주목한 바와 같이, 아랍어에서 이것에 대응되는 형태는 *tafaʿʿala*이며, (삽입사 t가 첨가된) *ʾiftaʿala*가 아니다.
이 *t* 삽입사(infix)는 셈어에서 거의 보편적인 현상으로서, 모압어, 우가릿어, 고대 페니키아어, 아모리어, 고대 아람어에 나타난다. 아모리어에 관해서는 Huffmon 1965: 81f.를 보라. 그러나 모압어와 페니키아어에서 어근의 두 번째 자음이 중복되었는지 안 되었는지는 알 수 없으나, 우가릿어는 칼에 대응하는 순수한 *t* 삽입 형태로서, 소위 Gt 형태를 갖고 있었던 것으로 보인다. 이 점에 관해 Huehnergard, *Ugr. Vocabulary*, pp. 320f. 그리고 Tropper, § 74.232.1을 보라. 성서 히브리어에서 *t* 삽입사가 첨가된 동사 형태에 관한 개관은 Boyle 1969와 Wheeler 1970-7에서 보라. *t*가 삽입된 히필의 흔적에 관해 Blau 1957을 보라.

[2] אֶתְחַבֵּר 대하 20.35에는 א이 있다(예외적인 마지막 파타흐와 함께).

다. 히트파알(hitpaal) 형태는 일곱 개의 동사에 나타나며, 그 중 세 개는 ל״א 동사들이다: הִתְאַנַּף 화를내다, הִתְאַפֵּק 참다, 억제하다; הִתְנַפֵּל 곤두박질하다; הִתְעַנַּ֫ג 나약해지다; הִתְחַטָּא 자신의 죄를 없애다; הִטַּמָּא (§ e) 자신을 불결하게 하다; הִתְפַּלָּא 놀란 모습을 보이다(?). 히트파알은 성서 히브리어의 바빌론 전통과 아람어에서 표준적인 형태이다. 히브리어에서 이 형태가 드물게 나타나는 것은 아람어화 현상 때문인 것 같다[1].

c 완료형, 미완료형, 명령형에서 e를 가진 형태의 **휴지 형태들**은 a 모음을 갖게 되며, 중간 휴지 형태에서는 Ọ를, 주요 휴지 형태에서는 Ǫ를 갖는다 (§ 32 c). 예, יִתְיַצָּ֑ב 그가 자리 잡을 것이다. 굳게 설 것이다는 יִתְיַצָּ֑ב 삼상 3.10(자켑과 함께; 참고, יִתְיַצֵּ֑ב 욥 41.2; 이와 마찬가지로 יִתְנַשָּׂא는 יִתְנַשָּׂא 민 23.24) 가 된다. 휴지 형태에 오는 이 a 모음은 원시 형태가 아니며; 히트파알 형태에서 유래된 것이다. a 모음은 더 크게 들리는 음이기 때문에 휴지 형태에서 원래 모음 e를 대신하게 되었다.

d **피엘형과의 비교**. 피엘의 완료형에서 첫 번째 원시 모음 a는 i로 약화되어 קִקֵּל이 되지만, 히트파알에서 הִתְקַטֵּל로 보존된다. 피엘의 완료형에서 קַטֵּל의 a 모음은 Ọ로 진화되었다; הִתְקַטֵּל 형태에서 a는 휴지 형태이며 הִתְקַטֵּל 형태에서 온 것이다.

תּ는 치찰음 앞에서는 도치 현상이 일어난다. 예, hit-šammer는 הִשְׁתַּמֵּר 가 된다(§ 17 b) [2].

e תּ는 그 뒤에 오는 치음에 동화된다. 예로, mit-dabber는 מִדַּבֵּר가 된다. 그러나 מִתְדַּפְּקִים 삿 18.22이다; *hit-ṭammåʾ는 הִטַּמָּא가 된다. 그것은 강세음 צ에 부분적으로 동화되어 강세음 ṭ가 된다. 예, *hit-ṣaddeq은 자음 도치 현상으로 הִצְטַדֵּק이 된다(§ 17 g). 때때로 תּ가 נ에 동화된다. 예로, הִתְנַבֵּא 외에도 הִנַּבֵּא가 나타난다. 그리고 כ에 동화되기도 한다: 예로, הַכַּפֵּס 잠 26.26[3].

f **여러 형태들에 대한 관찰**.

---

[1] Yeivin, *Babylonian*, 550 참조. 아람어에서 hitpaal 형태는 아마 이차적으로 수동태화된 재귀형일 것이다. 참고, Joüon 1920: 354ff.

[2] 유일하게 예외적인 형태인 렘 49.3 הִתְשׁוֹטַטְנָה에 대해 이미 랍비 성경의 본문(ad loc)에서 킴히(Qimḥi)는 두 개의 근접한 t 계통의 음이 내는 불협화음을 피하기 위하여 만들어졌음을 지적하였다.

[3] 전 7.16 שׁוֹמֵם은 שׁוֹמֵם으로 다시 발음되어야만 한다(§ 59 a). 즉, 수동태 포랄(Polal)이다. 마치 민 21.17 תְּכֹנֵן, 사 54.14 תִּכּוֹנָ֑נִי, 시 59.5 יִכּוֹנָ֑נוּ가 각각 תְּכֹנֵן, תִּכּוֹנָ֑נִי, יִכּוֹנָ֑נוּ으로 다시 읽혀져야 하는 것과 같다: Ginsberg 1935: 211.

완료형 활용은 피엘에서처럼 ◌가 나타난다. 예로서, הִקְטֵ֫ל처럼 הִתְקַטֵּ֫לְתָּ이다(필리피 법칙, § 29 *aa*). 강세 없는 닫힌 음절에서 *a*가 *i*로 약화 되는 וְהִתְגַּדִּלְתִּי 겔 38.23과 같은 몇몇 형태들이 발견된다.

미완료형. 여성 복수 어미는 일반적으로 ־לְנָה이다. 예, תִּתְהַלֵּ֫כְנָה (§ 29 *d*). 부정사 연계형은 단 11.23 הִתְחַבְּרוּת에 나타나는 아람어 어미를 갖는 다(§ 88 M *j*). 출 2.4의 이례적인 형태 וַתֵּתַצַּב는 일반적으로 사마리아 오경 의 ותתיצב에 비추어 וַתִּתְיַצַּב로 수정된다; 그것은 서로 유사한 의미를 가진 וַתִּתְיַצַּב와 וַתַּעֲמֹד (니팔)에서 나온 것으로서, 혼합된 형태일 수 있다.

g **세부적인 관찰**.

פָּקַד 소집하다 등의 동사에서는 ק가 중복되지 않은 הִתְפָּקֵד 소집되다, 사람 수를 세게 하다 형태가 발견된다. 예, 삿 20.15, 17; 21.9. 어떤 학자들에 따르면 이 형태는 ק의 성질 때문에 중복이 생략된 히트파엘 형태일 수 있다고 한 다. 그러나 이 주장은 이 어근의 피엘 형태가 매우 희소한 점과(사 13.4에만 나 타남) 상충될 수 있다. 다른 학자들에 따르면 이것은 칼의 재귀 형태일 수 있다 고 한다(예, Brockelmann., *GvG* I, p. 529)[1]. 사실 הִתְפָּקְדוּ 형태가 네 번이 나 나타나는데, 이것은 첫 번째 모음 *i*가 *u*(*ǫ*)로 바뀌면서 이차적으로 수동태 화 된 הֻתְפָּקְדוּ 형태이다; 그리고 이 이상한 형태는 특히 검열에서 통과되다, 등 록되다와 같은 의미를 가지고 있기 때문에(민 1.47; 2.33; 26.62; 왕상 20.27) 더 욱더 의심스럽다. 마지막으로, 이것은 아랍어의 여섯 번째 활용인 *tafāʿal*에 대 응되는 Pāʿel의 T-활용과 관련될 수 있다[2].

h 히트파엘형은 드물게 이차적으로 수동태화 되어 호트파알(Hotpaal)이 된다. 부정사 הֻכַּבֵּס 씻겨지다(재귀적 뉘앙스가 없다) 레 13.55, 56; הֻטַּמָּ֫אָה는 (여인이) 스스로 자신을 더럽히다는 뜻으로 보는 것이 적절하지만, 단순히 그녀가 더 럽혀졌다를 뜻할 수 있다. 신 24.4; הֻדַּשְׁנָה 대신 הֻדַּשְׁנָה 그것이 기름졌다 사 34.6.

i **의미**. 히트파엘은 기본적으로 피엘의 재귀적 의미를 가진다[3]. 예, הִתְקַדֵּשׁ 스스로 거룩하게 하다(קִדֵּשׁ 거룩하게 하다). 일반적으로 말하자면, 히

---

[1] 어떤 이들에 따르면, 장소 이름인 אֶשְׁתָּאוֹל과 עֶשְׁתְּמֹעַ도 자음 도치를 갖는 동일한 형태에 속 한다.

[2] Goshen-Gottstein 1969: 86, n. 75.

[3] הִתְהַלֵּךְ와 같은 동사에 '반복상'(iterative) 또는 '지속상'(durative)의 의미가 있다고 주장되어 왔다. Speiser 1955를 보라.

트파엘은 피엘이 가진 고유한 뉘앙스들과 함께, 니팔의 여러 의미들을 가질 수 있다. 따라서 그것은 헬라어 중간태(*middle*)의 의미를 가질 수 있다. 예, הִתְפָּרֵק 스스로 무엇을 떼어내다 출 32.3. 그것은 순수한 수동태로 발전될 수 있다. 예, הִשְׁתַּכַּח 잊혀지다. 가끔 그것은 ~로 변장하다 또는 자신을 (진실로 또는 거짓으로) ~인 체하다라는 가장하는(*simulating*) 뉘앙스를 가진다. 예, הִתְחַלָּה 아픈 척하다(חָלָה) 삼하 13.5, 6; הִתְאַבֵּל 슬픈 척하다(אָבֵל) 14.2; הִשְׁתַּכֵּר 술 취한 자(שִׁכּוֹר)처럼 행동하다 삼상 1.14[1]; הִתְגַּנֵּב 도둑(גַּנָּב)처럼 행동하다 삼하 19.4; הִתְנַכֵּר 이방인(נָכְרִי)처럼 행동하다 창 42.7, 왕상 14.5, 6; הִשְׁתַּגֵּעַ 미친 사람(מְשֻׁגָּע)처럼 행동하다 삼상 21.6; הִתְנַבֵּא 예언자(נָבִיא)처럼 예언하다(떠들다) 삼상 18.10[2]; 잠 13.7 어떤 이는 부자인 체하지만(עָשִׁיר > מִתְעַשֵּׁר) 가진 것이 없고, 어떤 이는 가난한 체하지만(רָשׁ > מִתְרוֹשֵׁשׁ) 많은 재물을 가지고 있다. 또한 사 10.15를 보라; 잠 25.6, 그리고 이와 연관된 히트포엘(Hithpoel)형으로서 הִתְהֹלֵל 미친 사람(מְהוֹלָל)처럼 행동하다 삼상 21.14[3]가 있다.

    몇 개의 예에서 이 동사 변화 형태는 구하다, 기도하다(הִתְפַּלֵּל)라는 뜻을 가지고 있는 것으로 보인다. 정의(פְּלִילָה 또는 פְּלִילִים)를 구하다(참. 사 16:3); הִתְחַנֵּן 자비(חֲנִינָה 또는 תַּחֲנוּנִים)를 구하다[4].

    명사에서 파생된 동사로서 히트파엘은 피엘과 같이(§ 52 *d*) 결성어(privative)의 의미를 가질 수 있다. 예, הִתְחַטָּא 자신으로부터 죄를 제거하다 (חָטָא 죄를 제거하다와 비교하라).

§54. 히필 동사 변화

a   히필(Hifil)은 사역적인 동작의 능동적인 동사 변화이다(§ 40 *a*). 히필의 특징은 ה인데, 이것은 일반적으로 미완료와 분사 형태에서처럼 접두사 다음에서 탈락된다(§ *b*).

---

[1] 이 본문에 대한 Qimḥi의 해석을 보라.

[2] 이 형태는 단 한번도 נָבִיא로 불려지지 않은 사울에게 적용되었다.

[3] LXX προσεποιήσατο 그가 ~인척 했다를 보라.

[4] Yeivin 1929-30: 49를 보라. 그는 아랍어의 열 번째 형태를 언급한다: /ʾistasqā/ 마시도록 요청하다, 비가 내리도록 기도하다; /ʾistaġafara/ 용서를 구하다.

미완료 형태부터 설명하는 것이 적절할 것이다.

미완료형. 원시 히브리어 형태는 *yhaqtil*(단모음 *i*와 함께)이며, ה가 탈락되어(§ 17 *e*) *yaqtil*이 된다([1]).

이 단모음 *i*는 지시형과 명령형에 보존되어, 일반적으로 ִ◌가 된다. 그러나 직설법에서는 (תַּקְטֵ֫לְנָה에서만 제외하고) *i*가 길어졌는데(יַקְטִיל), 이것은 아마도 ע״ו 동사의 히필 형태를 유추하여 생긴 것 같다. 예, יָקִים(§ 80 *g*). 예외: *yasibb*를 반영하는 יָסֵב 형태에서 *i*는 길어지지 않았다. 이것은 ע״ע 동사에서 끝자음이 중복되는 경향 때문에 생긴 현상이다(참고, § 18 *l*).

완료형. 원시 형태 *haqtal*은 두 *a* 모음 중 그 어느 것도 히브리어에서 보존되지 않았다(피엘 완료형을 참고하라. § 52 *a*).

첫 번째 *a*는 *i*로 약화되었다(§ 29 *g*)([2]). 그러나 이 *a*는 *hawšib*, *hayṭib* 형태들에 보존되었으며, 이것들은 הוֹשִׁיב(§ 75 *a*), הֵיטִיב(§ 76 *c*)가 되었다; 참고, 니팔에서 *nawšab* > נוֹשַׁב 형태를 보라(§ 51 *a*)([3]).

두 번째 *a*는 미완료형을 유추하여 *i*가 되었으며, 따라서 *hiqtil*이 되었다. 이 *i*는 3인칭 הִקְטִיל, הִקְטִ֫ילָה, הִקְטִ֫ילוּ에서 길어졌는데(강세를 유지한다), 이것은 יַקְטִיל, יַקְטִ֫ילוּ 미완료 형태들을 유추한 것이다. 예외: *hisibb* 대신 הֵסֵב 형태에서 *i*는 길어지지 않았다. 나머지 인칭들에서 *i*(ִ) 는 *a*가 되었다(필리피 법칙, § 29 *aa*). 예, הִקְטַ֫לְתָּ.

명령형 הַקְטֵל은 미완료의 지시형 יַקְטֵל의 모음을 가지고 있다(§ 48 *a*).

부정사 연계형 הַקְטִיל은 미완료형의 모음을 가지고 있다(§ 49 *c*).

부정사 절대형 הַקְטֵל은 부정사 연계형이 이차적으로 변형된 형태이다(§ 49 *b*).

분사 מַקְטִיל은 미완료형의 모음을 가지고 있다(참고, § 50 *f*).

---

[1] 아모리어에서 미완료형의 접두사 모음은 /a/였다. Huffmon 1965: 66-69를 보라. 우가릿어에서의 상황은 그것의 중복 형태인 D 형태(히브리어 피엘)와 관련된 상황과 유사하다. Tropper, § 74.622.1을 보라.

[2] 이미 엘 아마르나에 /hi-/가 나타난다: 256.7 *ḫi-iḫ-bi-e* 그가 숨겼다. 이 약화 현상은 *haqtaltem*과 같은 형태들에서처럼, 강세에서 먼 곳에서 시작되었을 것이다. וְהִרְאֵיתִ֫י 나 3.5, 이집트어에 보존된 *ha-r-fi* 치료하다(Sivan-Cochavi-Rainey 1992: 60), 그리고 또한 사마리아 히브리어에는 ([Ben-Ḥayyim, § 2.1.2.], 비록 Macuch, Gram., pp. 287f.는 /-æ-/로 표시하지만) 파타흐가 보존되어 있다. לֵ֫יל에 관해서는 § *c*를 참고하라.

[3] Blau는 *hiqtil* (궁극적으로 <*huqtul*)이 *haqtal*과 공존하는 것으로 가정한다(1971a: 152-58).

b 　　　　**일반적 관찰**. 이미 언급한 바와 같이 ה는 일반적으로 미완료와 분사에서 탈락된다. 그러나 **미완료**에서 ה를 가진 몇몇 예가 발견되는데, 이것들은 부분적으로 아람어의 영향을 받은 것일 수 있다. 예, יְהוֹשִׁיעַ 삼상 17.47; 시 116.6(휴지 형태), יְהוֹדֶה 느 11.17 등; יְהֵילִילוּ 사 52.5.

　　　　부정사에서 전치사 뒤에 오는 ה는 유지된다. 예, לְהַקְטִיל. 몇몇 예들에서 ה가 탈락된다. 예, לְקַטִּיל. 그러나 대부분의 경우에 모음 표기가 의심스럽다. 예, לַסְתֵּר 사 29.15는 피엘 לְסַתֵּר로 모음 표기할 수 있다. לִצְבּוֹת 와 לִנְפֵּל 느 5.22는 칼형 לִנְפֹּל와 לִצְבּוֹת로 모음 표기할 수 있다. לַנְחֹת 출 13.21는 칼형 לִנְחֹת로 모음 표기해야 한다(니팔에 관한 유사한 주를 § 51 *b*에서 보라). 그러나 다음 예들에서는 모음 표기가 확실히 나타난다. לְאַדְרִיב 삼상 2.33; לַחֲטִיא 전 5.5; לְעַבִיר 삼하 19.19. 또한 לְבִיא 암 8.4; לְשַׁבִּית 대하 31.10; לַשְׁחִית 쿰란 〈하박국 주석〉(1QpHb) 4.13(¹)을 보라.

c 　　**여러 형태들에 대한 관찰**.

　　　　완료형. 많은 경우에 ל״ה 동사에서 ֶה가 나타난다. 예, הֶגְלָה (§ 79 *q*). הֶכְלַמְנוּם 우리가 그들을 괴롭혔다 삼상 25.7에서는 ֶה가 뚜렷한 이유 없이 나온다.

　　　　미완료형. 몇몇 드문 예들에서 원래 장모음 *i*는 동사 변화에서 탈락되는 것으로 보인다. 예, וַיִּדְבְּקוּ 삼상 14.22. 이것은 히필과 칼 형태 중에서 하나를 선택하여 읽을 수 있도록 혼합된 글자(*lectio mixta*, § 16 *g*)로 표기된 것일 수 있다. 또는 וַיִּדְבַּק에 기초한 이차적인 발전 형태일 가능성이 높다. 비교, § 63 *c*.

　　　　여성 복수 형태에서 어미는 항상 ־ֶלְנָה이다(§ 29 *d*).

　　　　명령형. הַקְטֵל 대신에 드물게 이례적인 철자법 הַקְטִיל이 나타난다. 예, 왕하 8.6. 희소한 모음 표기인 הַקְטִיל, 예, הוֹפִיעַ 시 94.1은 הַקְטֵל을 잘못 쓴 것일 수 있다.

　　　　미완료형과 명령형에서 모음 어미가 첨가될 때 *e* 대신 *i*가 나타난다: 예,

---

¹ 부정사 연계형과 관련하여, Rendsburg(1982)는 Yiphʿil이 성서 히브리어뿐 아니라 페니키아어에 존재했다는 Dahood와 Segert의 제안을 반대한다. 그러나 그는 소위 성서 히브리어에 존재하였다는 Yiphʿil 형태와 /h/가 없는 니팔 명령형은 미쉬나 히브리어에서 미완료를 유추하여 중간 자음이 탈락된 경우들이라고 주장한다. 그렇지만 לַלֵּל과 같은 전형적인 미쉬나 히브리어 형태들이 성서 히브리어에는 나타나지 않으므로, 그것들은 단지 중간 자음이 탈락된 경우들로 보아야 한다.

הַקְטִילִי ;הַאֲכִילֵהוּ 그를 먹여라!; יַקְטִיל는 따라서 미완료형이거나 지시형일 수 있다; הוֹשִׁיעָה는 연장된 *a*를 가지고 있다. *i*는 거의 항상 강세를 갖는다. 또한 몇몇 불규칙적인 경우에 *i*가 나타난다: וַיַּחְשִׁיךְ 시 105.28; וַנַּעֲמִיד 느 4.3. 이것은 1인칭 단수 형태들과([1]) ל"א 동사에서([2]) 거의 항상 나타난다.

부정사 연계형. הַקְטִיל 대신 가끔 הַקְטֵל이 나타난다. 예, הַשְׁאִיר 민 21.35; הַשְׁמִדְךָ 신 7.24(참고, 28.48; 수 11.14. 대조, 수 23.15; 11.20 등); 그러나 이 *i*는 의심스러운 형태이다([3]).

겔 24.26 לְהַשְׁמִעוּת에서 부정사 연계형은 아람어 어미를 가지고 있다 (§ 88 M *j*).

부정사 절대형. הַקְטֵל 대신 הַקְטִיל 철자법은 상당히 자주 나타난다. 이 철자법은 *e*가 원래 길었거나 그렇게 되는 경향이 있었음을 시사한다.

분사. 동사 변화에 관해 § 50 *g*를 참고하라.

d **의미.** 기본적으로 **사역**의 의미를 갖고 있다. 예, הוֹצִיא 나가게 하다(יָצָא 나가다); הֶאֱכִיל 먹게 하다. 먹을 것을 주다. 먹이다 (אָכַל 먹다); הִפִּיל 떨어지게 하다 (נָפַל 떨어지다); הֶרְאָה 보게 하다(רָאָה 보다); הֵמַר 쓰리게 하다(מַר 쓰라린, 그것이 쓰리다). 그러나 이 동사 변화 형태는 어떤 것이 이루어지도록 명령하다(to order)라는 의미로서 어떤 행동을 하게 하다(to make)라는 의미가 아니다. 그러므로 הִקְטִיל은 그가 죽이도록 명령했다로 번역해서는 안 된다. 이러한 생각을 표현하려면 קְטַל 형태를 사용해야 한다. 따라서 칼 בָּנָה 짓다는 짓게 하다로 사용되고, הָרַג 죽이다는 죽이게 하다. עָשָׂה 하다는 하게 하다로 사용된다(이 모든 동사들은 사역적 형태를 갖고 있지 않다); 마찬가지로 히필 הִכָּה 때리다도 때리게 하다로

---

[1] Berg., II, § 5 d는 이 형태들이 종종 불완전 철자법으로 기록된 것을 주목한다. 예, וָאֶבָא 출 19.4, וָאֵשְׁלַךְ 신 9.21.

[2] Lambert, § 819: 예, וָיּוֹצִא 신 4.20.

[3] 만일 이것이 믿을 만한 형태라면, 그것은 *a*의 약화현상으로 설명할 수 있을 것이다. 항상(7회) עַד־בִּלְתִּי הִשְׁאִיר로 나온다(마켑과 함께. 강세에서 먼 *a*가 쉽게 약화될 수 있었을 것이다. 또한 *i*는 치찰음과 가까이 있는 *i* 음들에 의해 야기된 것일 수도 있다.). 민 21.35, 신 3.3; 수 8.22, 10.33, 11.8, 왕하 10.11†. 어떤 문법 학자들은 이 형태들을 3인칭 완료형으로 잘못 보고 있다. 참고, König, I. 212, 276; *Syntax*, §§ 385 *l*, 401 *v*; Driver, ad 신 3.3, 7.24(*ICC*). 그러나 접속사 없이 관계절이 나오는 곳에서는 완료형일 가능성이 상당히 높다(§ 158 *a*). 삼하 22.1(∥ 시 18.1) בְּיוֹם הִצִּיל יְהוָה 여호와께서 구원하셨던 날에.

Abul Walid(R. Ibn Janaḥ)는 그의 책 리크마(*Riqmah*, Wilensky-Téné 편집[1964], § 31 [30])에서 הַדְרִיכָה 렘 31.32와 הֶחֱזִיקַנִי 렘 51.33을 모두 부정사(연계형)로 본다. הִצִּיל 사 31.5(∥ נָגֹן)와 הַמְלִיט (∥ פָּסֹחַ)도 마찬가지이다.

사용될 수 있다. 신 25.2; 그러나 הֶאֱכִיל은 반드시 억지로 먹인다는 뜻은 아니다([1]). 히필 동사의 문법적 주어는 '다른 실체'(E₂; e=entity)로 하여금 어떤 것을 하게 하거나 어떤 것이 되게 하는 '하나의 실체'(E₁)이다. 이로써 '한 실체'(E₁)가 스스로 행동을 하거나 '또 다른 실체'(E₃)로 하여금 일을 하게 한다. 그 행동은 강제성을 띨 수 있으나([2]), 반드시 그런 것은 아니다.

히필은 상당히 자주 '자동사의 사역적 의미'(intransive causative)나 **시작상**(ingressive)의 의미를 가진다. 다시 말하자면, 히필은 동작이 주어 자체에 머무르게 되어서, **작용적 의미**(factitive)를 가지는 피엘형에 대응이 된다(counterpart, § 52 d). 예, הִשְׁמִין 뚱뚱해지다; הֶאֱדִים 붉어지다; הֶחְשִׁיךְ 어두워지다; הֶאֱרִיךְ 길어지다; הֶחֱרִישׁ 조용해지다; הִשְׁקִיט 잠잠해지다; הִלְבִּין 하얗게 되다(하얗게 만들다도 됨); הֵקִיץ 깨우다(자동사도 됨); הִזְקִין 늙어가다. (이 예들에서 히필의 용법은 피엘의 작용적 용법과 같은 의미를 갖는다-역자주).

가끔 성취된 결과는 동작의 방식이 된다(부사어 히필). 예, הֵיטִיב 잘 행동하다; הִשְׁחִית 나쁘게 행동하다(שָׁחַת처럼, § 52 d); הֵרַע 악하게 행동하다; הִשְׂכִּיל 신중하게 행동하다; הִסְכִּיל 어리석게 행동하다(참고, § 124 n); הִרְבָּה 많이 하다(§ 141 h); הִמְעִיט 조금 하다.

사역적 의미와 관련하여 선언적-평가적 의미가 있다. 예, הִצְדִּיק 의롭다고 선포하다; הִרְשִׁיעַ 악하다고 선언하다; הֵקַל 무시하다(어떤 사람을 중요하지 않다고 생각하다); הֶעֱרִיץ* 두려워하다(어떤 사람을 강하다고 생각하다)([3]).

다소 특별한 의미로서 어근에 표현된 것을 인정하는(conceding) 것이 있다(즉, 양보와 허락). 예, הִשְׁאִיל 요청에 동의하다. 요구된 것/요청된 것을 수

---

[1] 보라, 삼하 13.30 הֻכָּה אַבְשָׁלוֹם (그의 명령으로 시행된 살육); 창 22.3 .. וַיַּחֲבֹשׁ אֶת חֲמֹרוֹ וַיְבַקַּע עֲצֵי עֹלָה 그리고 그는 그의 나귀에 안장을 지웠다 ... 그리고 번제에 쓸 나무를 쪼개었다 (즉, 그의 두 시종으로 하여금 이런 심부름을 하게 하였다. 그러나 이 점에 대한 라쉬의 해석을 참조하라); .. וְהוֹצִיא .. וְנָתַ ת 레 14.4. 그리고 그는 (그 집)을 무너뜨려야 한다 ... 그리고 그것을 내다 버려야 한다. 삼하 12.9 אֵת אוּרִיָּה הַחִתִּי הִכִּיתָ בַחֶרֶב (나단이 다윗에게 말함)에서 저자는 출 35.1에 있는 바 אֵתֶם צִוִּיתָ לְהַכּוֹת לַעֲשׂוֹת יְהוָה 처럼 צִוִּיתָ로 썼을 수 있었다. 그러나 현재의 본문은 우리야의 억울한 죽음에 대하여 누가 궁극적인 책임을 져야 하는지를 강조한다.

[2] 사 29.21에 있는 מַחֲטִיאֵי אָדָם 누명을 씌우다와 같이, E₂의 의지를 거스리며 부과된 행동을 가리킬 수 있다. 아마 הִבְרִיךְ (낙타)로 하여금 무릎을 꿇게 하다, 그리고 암 2.12 תַּשְׁקוּ אֶת הַנְּזִרִים יַיִן 에도 적용될 수 있다(동일한 동사들에서 וַתְּצַוּיתֶם도 주목하라; cf. Ibn Ezra ad loc.).

[3] Classen 1972 참조.

여하다(¹), 따라서 빌려주다(שָׁאַל 요구하다/요청하다, 빌리다). 칼형 빌리다 לָוָה에 대응하는 것으로서 히필의 빌려주다 הִלְוָה*가 나타난다. 이와 유사한 관계는 칼형 עָבַט 담보로 잡히다(*to give a pledge*)=빌리다와 히필 הֶעֱבִיט* 맹세하다(*to take a pledge*)=빌려주다(to lend)의 관계에 적용된다.

히필형으로 나오는 많은 명사에서 파생된 동사의 경우, 그 동사 형태의 뿌리가 된 명사는 동작의 목적어가 되거나 동작의 결과가 된다. 예, הִשְׁרִישׁ 뿌리를 박다(שֹׁרֶשׁ에서 옴, 그러나 피엘 שֵׁרֵשׁ=뿌리를 뽑다. § 52 *d*); הִקְרִין 뿔을 키우다, 뿔을 갖다(קֶרֶן); הִפְרִיס 갈라진 굽을 갖다(פַּרְסָה); הִמְטִיר 비를 만들다, 내리다(מָטָר) 그리고 הִגְשִׁים 1회(גֶּשֶׁם). 시간이나 장소를 나타내는 명사에서 온 히필의 명사 파생 동사들도 몇 개 있다. 예, הֶעֱרִיב* 저녁에 무엇을 하다(עֶרֶב); הֵימִין 오른쪽으로 가다(יָמִין 오른쪽); הִשְׂמְאִיל 왼쪽으로 가다(שְׂמֹאל 왼쪽; 네 자음 어근, § 60).

e 일부 히필 동사의 **자동사적**인 의미는 이상하게 보일 수 있다. 가끔 이 의미는 목적어가 생략됨으로써 만들어진다. 예, הִקְשִׁיב 듣다. 즉, (귀를) 기울이다; הֵשִׁיב 응답하다/대답하다. 즉, (말דָּבָר)이 돌아가게 하다. 특정한 부사어 히필도 같은 방식으로 설명할 수 있다. 예, הֵיטִיב (행동מַעֲלָל)을 좋게 하다, 즉 올바로 행동하다; הִשְׁחִית (행동עֲלִילָה)을 나쁘게 하다, 즉 나쁘게 행동하다(§ *d*).

f 히필이 아닌 칼의 의미를 가지고 있는 몇몇 다른 경우들은 이차적인 히필 또는 유사-히필(²)일 수 있다. 특히 *i*를 가진 칼 미완료형의 경우에 있어서, 히필과 유사한 형태는 쉽게 히필 형태로 바뀔 수 있었다. 다음 동사들은 유사-히필로 설명될 수 있다: קִיא 토하다(§ 81 *c*); קִין 일어나다(§ 76 *d*); רִיב 논쟁하다; שִׂים 두다; פָּרַד과 פרד 분리시키다; טָמַן 숨기다; יָסַף 더하다(§ 75 *f*); יָרָה 던지다(§ 75 *f*); יֵשַׁע 구하다; כלם 남용하다/모욕하다; נדד 격퇴하다; נָחָה 인도하다;

---

¹ 허용(*tolerativum*)의 니팔과 비교하라. § 51 *c*. Margain(1973-79: 23-31)은 허용의 히필 (그리고 피엘) 개념을 약간 과장하고 있는 듯하다. 따라서 삿 16.19וַתְּיַשְּׁנֵהוּ에 대한 번역으로서 *elle le laissa s'endormir sur ses genoux*는 너무 약해 보인다. 그녀가 그로 하여금 그녀의 무릎에서 잠들게 했다는 번역은 들릴라의 능동적인 역할(Margain,'stratagème')을 잘 강조해 준다. 그것은 삼손이 잠들게 해달라고 부탁한 요청을 들릴라가 그저 따른 것이 아니었으며, 또한 삼손의 머리를 자기 무릎 위에 억지로 두게 할만큼 재치가 없었던 것도 아니었다. 순수하게 사역적인 의미를 가진 히필의 경우에서 그 일차적인 개념은, 그 동사들의 주어가 행동을 이끄는 인물이며, 비유적인 의미에서 첫 번째 원인이라는 데 있다.

² 칼 대신 히필을 사용하는 것은 후기 성서 문헌, 쿰란 히브리어와 미쉬나 히브리어에서 더 빈번해진다(Moreshet 1976; Qimron, *HDSS*, 49도 보라). 이 문제에 관한 초기 문헌에 관해서는 Barth 1889: 179ff.와 Yalon 1971: 43-55를 보라.

נצב 배치하다; סתר 숨기다; קהל 모으다; רנן 기쁨으로 소리 지르다; שקה 물을 대다.

§55. 수동태 변화

a   히브리어는 피엘형의 수동태 קֻטַּל과 히필형의 수동태 הָקְטַל을 가지고 있다. §58 a에서 설명하겠지만, 칼형은 한때 수동태 활용(*qutal)을 가지고 있었으나 완료형에서는 푸알과 식별하기 어렵고, 미완료형에서 호팔과 식별하기 어렵게 되었다.

b   **형태**. 수동태 동사 변화에서(칼 수동태 포함) 완료형과 미완료형의 첫 번째 모음은 원시 모음 u이다: *qutal, *yuqtal(§ 58 a); קֻטַּל, יְקֻטַּל; (הָ)הָקְטַל, יָקְטַל(יֻ).

미완료형의 둘째 모음은 상태 동사에서처럼 원시 모음 a인데, 이것은 아마도 이 동사들을 유추한 것일 수 있다.

완료형의 둘째 모음은 첫 번째 그룹의 상태 동사들에서처럼 원래 i였으며(아랍어의 qutila, quttila, ʾuqtila와 비교하라), 아마도 이 동사들을 유추하여 만들어졌을 것이다. 히브리어에서 이 i 모음은 미완료형을 유추하여 a 모음으로 대체되었다. 예, *quttil은 יְקֻטַּל을 유추하여 קֻטַּל로 대체되었다.

이러한 수동태 활용들은 모음 변화로써 그에 대응되는 능동태 동사들과 대조된다. 이와 달리 니팔과 히트파엘의 두 형태는 원래 재귀적인 용법 외에도 수동태의 활용들로서 사용된다. 이런 이유 때문에 '내적 수동태'(internal passive)라는 용어는 가끔 순수한 수동태의 활용들에 적용되며 그 수동태의 특징은 접두사나 접미사가 아닌 동사 어간의 내부적인 요소로 표기된다.

c   영어와 같은 몇몇 비-셈어들과 비교해 볼 때, 히브리어는 수동태 동사 변화들을 별로 사용하지 않는다. 성서 히브리어에서 푸알의 40%는 분사이며, 호팔에서 분사 비율은 푸알의 분사 비율보다 더 낮다. 이것들은 행동보다는 상태를 가리킨다([1]).

---

[1] Jenni 1973: 66.

§56. 푸알 동사 변화

a   푸알(Pual)의 형태에 관해서는 §55를 참조하라.

첫 번째 모음은 거의 항상 *u*이며, 이것은 중첩 음절에서 정상적이다. 때때로 이 *u*는 특정한 자음의 영향으로 *o* 음과 같은 뉘앙스를 지닌다. 예, מְאָדָּם 붉게 칠해지다(항상, 예, 출 25.5); כֻּרַּת (§ 23 *a*); כֻּלּוֹ 시 72.20.

b   부정사 연계형은 입증되지는 않았지만 קֻטַּל일 것이다[1].

부정사 절대형은 단지 창 40.15의 גֻּנֹּב만 나타난다.

푸알 완료형으로 보이는 어떤 형태들은 사실상 칼 수동태에 속한다. 예, אֻכַּל (§ 58 *a*).

c   마찬가지로, מ이 없는 것으로서 푸알 분사를 닮은 일부 형태들은 사실상 칼 수동태에 속한다. 예, אֻכָל (§ 58 *b*).

푸알은 의미에 있어서 피엘의 수동태이다.

§57. 호팔 동사 변화

a   호팔(Hofal)의 형태는 §55를 참조하라.

히필에서와 같이 ה는 생략된다(§ 54 *b*).

원래 *u*인 첫 번째 모음은 중첩 음절로 유지된다. 따라서 פ״ן 동사에서처럼 두 번째 자음은 중복되는 동사들에서 유지된다. 예, הֻנַּשׁ. 그것은 꽤 자주 순음 מ의 영향으로 분사에서 유지되어 מֻקְטָל 형태로 나타나며, 이것은 מָקְטָל보다 더 자주 사용된다. 그렇지 않으면, 닫힌 음절에서는 일반적으로 *o* 가 나타난다: יָקְטַל이 יֻקְטַל 보다, הָקְטַל, הֻקְטַל이 일반적이다. 모음의 선택은 다소 일정하지 않다; 예로, שׁלך 동사의 완료형에 וְהֻשְׁלַךְ 단 8.11; 겔 19.12; וְהֻשְׁלְכוּ 렘 22.28; הָשְׁלַכְתָּ 사 14.19; הֻשְׁלַכְתִּי 시 22.11가 나온다.

b   부정사 연계형은 הֻקְטַל 형태에 속하지만, 어떤 규칙 동사에도 나타나지 않는다.

부정사 절대형 הָקְטֵל은 혼합된 특성을 가지고 있다. 그것은 히필의 부

---

[1] 레 14.43에서 부정사 연계형 חִלֵּץ로 읽어야 한다(Ehrlich, ad loc.).

정사 절대형 הַקְמֵל의 첫 모음 ָ가 ֻ로 바뀌면서 수동태화 된 것이다(§49 *b*). 예, הָחְתֵּל 겔 16.4; הֻגַּד 수 9.24.

명령형은 §48 *a*를 참조하라.

c   호팔 미완료형을 닮은 일부 형태들은 사실상 칼 수동태에 속한다. 예, יֻתַּן (§58 *a*).

호팔은 의미상 히필의 수동이다. 따라서 הֻקְטַל은 일반적으로 그가 죽게 되었다 = 누군가 그를 죽게 했다를 의미해야 한다.

§58. 칼 수동태

a   원시 셈어에서 단순 동작의 수동태(Qal Passive)는 아랍어에서 여전히 사용되고 있는 것처럼 완료형 *qutil(a)*[1], 미완료형 *yuqtal(u)* 형태였다.

미완료형. 히브리어에서 원시 형태가 יִקְטַל(ְ)로 남아 있다. 이 형태는 호팔의 미완료형이 중간음 ה의 탈락으로 나오는 것과 형태적으로 유사하다: יְהַקְטַל*[2] 대신 יִקְטַל.

완료형. 히브리어에서 원시 형태 *qutil*은 다른 수동태 활용에서처럼(§55 *b*) 미완료형을 유추하여 두 번째 모음으로 *a*를 갖는 *qutal*이 되었다. *u*는 열린 음절에서 유지될 수 없으므로 그 음절이 닫혀져야 하며, 이것은 (비-후음) 자음의 이차적인 중복을 통해 일어난다: 참고, §18 *e*. 그러므로 *qutal*은 *quttal*이 되어야 한다. 이 형태는 푸알 완료형 קֻטַּל[3]과 형태상 동일하다.

따라서 결과적으로 완료형에서 칼 수동태는 푸알과 같게 되고, 미완료

---

[1] Brockelmann, *GvG*, I. 537 참조.

[2] 마찬가지로, 아랍어에서 칼 미완료 *yaqtul*과 사역 동사의 미완료 *yuqtil*은 수동태에서 동일한 형태 *yuqtal*을 갖는다. Retsö 1989: 32-48, 특히 33-38을 보라. Retsö (1989: 46f.)는 성서 히브리어 수동태 미완료형들이 거의 시적이고, 예전적이며 공식적인 어법에서 전형적으로 사용되고 있음을 지적한다.

[3] Fassberg (2001)는 티베리아 전통에서 칼 수동태가 사라진 것은 원래 칼 동사가 피엘 동사로 전환함으로써 발생하였다는 신빙성 있는 주장을 하였다. 그는 제2 성전 시대의 자료에서 그 근거들을 제시하고 있다. 그렇지만 דבר 동사는 40개의 칼 분사형과 38개의 피엘 분사형으로 나오는 분포에도 불구하고 여기에 적용될 수 있는지는 미심쩍다. 왜냐하면 세쿤다에서 피엘로 발음된 동사들은 몇 개의 가능한 예외들을 제외하고는 피엘로 음역되었기 때문이다; 예, 시 49.4 ιδαββερ (יְדַבֵּר): Brønno, 71-88을 보라.

형에서 호팔과 동일하게 된다. 바로 이것 때문에 옛날 문법 학자들은 모든 קֻטַּל 형태들을 푸알로 보고, 모든 יֻקְטַל 형태들을 호팔로 보았다. 그러나 이 형태들은 그 자체로 칼 수동태일 수 있다. 따라서 어떤 형태가 칼 수동태가 될 수 있는지 또는 없는지 각각 그 이유를 검토해야 한다. 만약 주어진 קֻטַּל 형태가 능동의 피엘형을 가지고 있지 않은 반면, 칼형을 가지고 있다면, 그리고 그 형태의 의미가 피엘의 수동이 아니라면, 그것은 칼 수동태로 간주되어야 할 것이다. 마찬가지로 주어진 יֻקְטַל 형태가 능동의 히필형을 가지고 있지 않은 반면, 칼형을 가지고 있으며, 그 형태의 의미가 히필의 수동이 아니라면, 그것은 칼 수동태로 간주되어야 할 것이다.

따라서 לֻקַּח 그가 취해졌다. 그리고 יֻקַּח 그가 취해질 것이다(§ 72 *j*)는 거의 칼 수동태일 것이다. 왜냐하면 그 의미는 피엘이나 히필의 수동이 아니라 단순 동작의 수동이기 때문이다([1]); 이 동사는 피엘 형태나 히필 형태를 가지고 있지 않은 반면, 칼 형태를 가지고 있다. 마찬가지로 완료형 יֻלַּד 그가 태어났다는 칼형의 수동태가 된다([2]). 그것의 의미는 칼형의 수동이고, 분만하다(산파로서, § 52 *d*)를 뜻하는 피엘형의 수동이 아니다([3]). 미완료형 יֻתַּן([4]) 그것이 주어질 것이다 (§ 72 *i*)도 마찬가지이다: 그 의미는 칼형의 수동이며, 그 동사는 히필형을 가지고 있지 않다. 이와 같이 완료형 אֻכַּל 그것이 먹혔다도 그 피엘형을 가지고 있지 않다. 또한 קֻרַם도 알려진 히필 형태를 가지고 있지 않다. 이와 같이 몇 개의 니팔 미완료도 마찬가지이다: 출 19.13 יִסָּקֵל 그는 돌에 맞아 죽어야 한다(또 다른 확실한 니팔 형태는 없다); 이와 유사하게 22.11 יִגָּנֵב 그것은 도적 맞았다; שָׂרַף 태우다는 가끔 니팔 미완료로 모음이 표기되었다. 그러나 이 동사의 다른 니팔 형태는 입증되지 않고 있다([5]). 현대 히브리어 사전들에는 칼 수동태로 볼 수 있는 상당수의 실례들이 푸알, 호팔 또는 니팔의 항목에 실려 있다.

b   완료형 נִקְטַל에 해당하는 분사형 נִקְטָל이 있는 것과 마찬가지로, 칼 수동

[1] 왕하 2.10의 분사형 לֻקָּח와 9절의 니팔 אֶלָּקַח를 비교하라.

[2] 아랍어의 완료형 *wulida* 그가 태어났다와 비교하라.

[3] Joüon 1920: 359f. 참고.

[4] 고대 가나안어에 관해 Rainey 2.75-80; Retsö 1989: 42-46을 보라. 칼 수동태는 이미 Ibn Jikatilla (10세기)와 Samuel ha-Nagid (11세기)가 알고 있었다. Bacher 1881: 99; Chomsky 1952: 103, n. 146을 보라. Williams (1970)는 Lambert 1900와 Ginsberg 1935의 연구를 모르는 것 같다.

[5] Lambert 1900: 205; 더 상세한 예들은 Ginsberg 1935: 209f.를 보라.

태 완료형 קֻטַּל에 해당하는 분사형 קֻטָּל이 있다. 예로서 완료형 אֻכַּל에 해당하는 אֻכָּל 먹히는, 태워지는 출 3.2; 완료형 יֻלַּד에 해당하는 יֻלָּד (יֻלַּד 대신) 태어나는 삿 13.8; 완료형 לֻקַּח에 해당하는 לֻקָּח 취해지는 왕하 2.10이 있다 (참고, §56 c).

c 일부 **부정사들**도 칼 수동태에 속하는 것으로 보인다. 예로 הֻלֶּדֶת 태어나다. 출생하다(¹); שֹׂים 놓여지다(ib. 362) 삼하 14.7; 욥 20.4도 가능하다.

d 우리가 살펴 본 바와 같이, 지금까지 여전히 그 흔적이 조금 남아 있는(²) 칼 수동태는 위에서 지적한 음성론적 이유들과 또한 점차 수동 의미를 취하게 된 니팔 때문에 조금씩 히브리어의 언어적인 의식에서 사라져서 거의 불필요한 형태가 되었다.

§59. 희소한 동사 변화들

a 위에 열거된 규칙적인 동사 형태들 외에도 히브리어에는 다소 드문 활용들이 몇몇 나타나고 있는데, 그들 중 대부분은 피엘과 연관되어 있다.

1) 포엘(poͅel) (³) 형태는 가장 빈번하게 나오며 여러 형태로 나타난다. 강동사에서 포엘(poͅel)은 사실 포엘(poˤel)이며; 수동태는 포알(poˤal); 재귀형은 히트포엘(hitpoˤel)이 된다. 능동 동사의 원시 형태는 완료형 qātal(a), 미완료형 yuqātil(u)이다. 미완료형에서 그 형태는 일반적으로 יְקוֹטֵל이 된다; 완료형 קוֹטֵל은 히브리어에서 종종 그런 것처럼 미완료형을 유추하여 만들어졌으며, 히브리어에서 이런 경우는 매우 흔하다. 많은 학자들은 두 번째 자음이 길어진 qattala처럼, 첫 번째 모음이 길어진 qātala 형태가(⁴) 강조의 뉘앙스를 담고 있다고 주장한다(⁵). 예로서, מְשֹׁפְטִי 나를 재판하는 욥 9.15(¿); שֹׁרֶשׁ 뿌리

---

¹ 참고, Joüon 1920: 360.

² 우가릿어에 칼 수동태가 존재하였을 가능성은 분명히 있다: Gordon, *UT* (§9.31); Tropper, §74.221; Retsö 1989: 38-42. AC (고대 가나안어)에 대해서는, Sivan 1984: 169f. 참조.

³ 우리는 첫 번째 모음 oͅ와 두 번째 모음 eͅ를 가진 형태들을 위하여 이 부정확한 음역을 사용한다.

⁴ Fleisch 1944를 보라. Tropper(§74.502)는 yukānin과 yusābib를 일차적인 형태들로 추정한다. 그러나 이것은 왜 장음화가 자음뿐 아니라 모음에서도 함께 이중으로 일어나야 하는지 설명해 주지 못한다.

⁵ 이 경우들을 관습적으로 아랍어의 세 번째 동사 변화 형태(fāˤala)로서, 예로 의욕상(conative)을 표현하는 역할과 같은 것에 적용시키려는 시도에 관해서는 Morag 1969-74: 120-25를 보라. Fleisch(1944: 47-82, 439)는 고전 아랍어에 이와 같은 용법이 있다는 점을 수용하지 않는다.

를 내리다. 사 40.24; תִּרְצָחוּ 너희가 치다. 시 62.4(צ에 다게쉬가 있음에도 불구하고); מְלוֹשְׁנִי 헐뜯는 자 시 101.5.

이 형태가 흔히 나타나는 ע״ו 동사에서 포엘(*poẹl*) 형태는 사실 폴렐(*poleَl*)이 된다. 예, קוֹמֵם 일으키다. 이 형태의 기원은 논쟁의 여지가 있다(§ 80 *h*).

이 형태가 드물게 나타나는 것으로 보이는 ע״ע 동사에서(§ 82 *e*), 포엘(*poẹl*)은 사실 *poʿẹ* 형태가 된다. 예, סוֹבֵב 둘러싸다. 이 형태의 기원은 논쟁의 여지가 있다(§ 82 *e*).

b   2) *paʿlẹl* 형태 (또는 *a*가 *i*로 약화된 형태인 *piʿlẹl*)는 수동태 *puʿlạl*을 갖는다. 예, שַׁאֲנַן 조용히 하다(형용사 שַׁאֲנָן에서 옴), רַעֲנַן 파릇파릇하다(형용사 רַעֲנָן에서 옴); 수동태 אֻמְלַל 시들다.

c   3) 첫 번째와 마지막 자음이 중복되는 *pilpẹl* 형태는 ע״ו 동사에서 사실 *pilpẹl*로, ע״ע 동사에서 사실 *piʿpẹ*로 나타난다. 많은 경우에 이 두 부류의 동사들 중 하나를 선택하는 것은 어렵다. 수동형은 *pulpạl*이고, 재귀형은 *hitpalpẹl*이다. 예, גִּלְגֵּל 굴리다(타동사); הִתְגַּלְגֵּל 구르다(자동사)(√גלל에서 옴); טִלְטֵל 던지다(√טול에서 옴); 자주 사용되는 כִּלְכֵּל 누구를 먹이다. 부양하다. 수동형 כָּלְכַּל(√כיל에서 왔을 것이다); הִתְמַהְמַהּ 머뭇거리다(어근?) ([1]).

d   4) 매우 드문 형태인 *pǝʿalʿạl*은 סְחַרְחַר 가슴이 떨리다 시 38.11(의성어적 조화); 수동형 חֳמַרְמָר 애간장이 녹다 애 1.20; 2.11; חֲמַרְמָר 붉어지다 (다른 어근; 욥 16.16)에 나타난다. 마찬가지로 יְפֵיְפִיתָ 너는 (다른 누구보다) 더 아름답다 시 45.3; אָהֲבוּ הֵבוּ 그들은 사랑 외에 아무 것에도 관심을 두지 않았다 호 4.18([2]); 참고, פְּקַח־קוֹחַ 커다란 해방 사 61.1([3]).

e   5) 또한 명사 파생 동사들로 보이는 일부 독립된 형태들도 발견된다. 예, תִּתְחֲרֶה 너는 흥분한다, 논쟁한다 렘 12.5는 벤시라 31.29; 40.5에 나타나는 תַּחֲרָה*의 명사 파생 동사이다; תִּרְגַּלְתִּי 내가 길을 인도했다 호 11.3은 רֶגֶל의 명사 파생 동사 תִּרְגֵּל에서 온 것이다.

f   미쉬나 히브리어의 피엘 재귀 형태인 니트파엘(*Nitpaʿʿẹl*)은 니팔의 נ

---

[1] 이 그룹뿐 아니라 아래 단락에 나오는 그룹에서, 두 자음의 반복이 나타나는 대부분의 동사들은 종종 짧은 시간적 간격을 두고 연결되는 동작의 반복을 표현한다. Eitan 1920-21: 174-77과 Yannay 1974: 71-95를 보라.

[2] 의도된 형태는 אָהֲבַהֲבוּ일 수 있다. König 1.395를 보라.

[3] Eitan 1920-21: 176을 보라.

이 히트파엘에 첨가된 혼성 형태로서, וְנִתְוַסְּרוּ (וְנִוָּסְרוּ 대신?) 그리고 그들이 징계를 받아들일 것이다 겔 23.48(그러나 이것은 니팔 וְנִוָּסְרוּ로 모음 표기됨)와 וְנִתְכַּפֵּר (וְנִכַּפֵּר 대신?) 그리고 그것이 속죄될 것이다(그러나 וַיְכֻפַּר를 잘못 쓴 것일 수 있다) 신 21.8에 나타난다([1]).

g   우가릿어 *tšthwy* 그녀가 엎드린다에 비추어 볼 때, *hitpqꜥlel*로 간주된 형태서 가장 빈번하게 나오는 הִשְׁתַּחֲוָה 예배하다. 엎드리다는 거의 √חוה의 히쉬타펠 (Hištafꜥel) 형태일 가능성이 매우 높다([2]). 3인칭 남성 단수 וַיִּשְׁתַּחוּ와 3인칭 남성 복수 וַיִּשְׁתַּחֲווּ를 주목하라.

h   נוֹלְדוּ 대상 3.5, 20.8은 누팔형(Nufal)의 예이다([3]).

§60. 네 자음 어근 동사

네 자음 어근 동사(quadriliteral verbs)는 수적으로 매우 적다. 피엘을 유추하여 만들어진 형태들로서 תִּרְגֵּם* 번역하다, יְתַרְגֵּם*, 수동형 מְתֻרְגָּם이 나온다. 예, יְכַרְסְמֶנָּה 그것이 그것을 삼켜버린다 시 80.14; מְכֻרְבָּל 옷을 입은 대상 15.27. 히필을 유추하여 만들어진 형태들로서 הִשְׂמְאִיל* 왼쪽으로 가다, יַשְׂמְאִיל 그리고 (א의 탈락과 함께) 부정사 הַשְׂמֵאל*, הַשְׂמִיל; מַשְׂמֵאל이 나온다(참고, §54 *d*).

§61. 목적격 접미사를 가진 동사
(어형 변화표 3)

---

[1] 참고, /wniššåmmådti/와 같은 사마리아 히브리어; Ben-Ḥayyim, §2.1.4.6-10과 신 21.8의 주제 (lemma)를 위한 11Q19 lxiii 7 וכופר.

[2] 그렇다면 이것은 히브리어에 남아 있는 원시 셈어 사역형 형태소 *š*과 삽입사(infix) *t*의 유일한 잔재가 될 것이다. 이집트어 속에 나타나는 셈어 차용어들 외에도(Hoch 1994: 458, 481f.), 우가릿어에는 사역형 동사가 /h/ 또는 /ʔ/가 아닌 /š/의 특징을 띠는 형태소가 나타난다. 이것은 이 형태소가 고대 서북 셈어들에 널리 보급되었음을 충분히 증거해 준다. 참조 Cohen 2004a; 또 다른 대안적 어근에 대해서는 Kreuzer 1985 참조. 이 밖의 히브리어에서 샤펠형(Shafel)의 흔적에 대한 또 다른 가능성은 Soggin 1965; Rabin 1969; Wächter 1971 참고.

[3] Yalon 1964: 152-59에 의해 처음으로 그와 같이 확인되었다. Morag 1969-74: 126-28; Shivtiel 1948: 13, 그리고 Yeivin 1985: 608f.도 보라.

a   라틴어의 대격(accusative)에 해당될 수 있는 동사의 인칭 대명사 목적격은 두 가지 방법으로 표현될 수 있다. 한 가지는 대격의 표시어(*nota accusativi*)라고 불리는 불변화사 אֵת에 인칭 대명사 접미사를 붙이는 것이다(§ 103 *k*). 예, קָטַל אֹתוֹ 그가 그를 죽였다. 또 다른 하나는 더욱 빈번하게 나오는 것으로서 동사 형태 자체에 접미사들을 첨가하는 것이다. 예, קְטָלוֹ 그가 그를 죽였다. אֵת의 사용은 특정한 구문론적 상황들에 의하여 결정된다(§ 125 *e* ff.). 완료형에서 2인칭 복수 접미사와 함께 올 때, 거의 항상 את가 나온다(קְטַלְנוּכֶם은 1인칭 복수 접미사와 함께 오는 유일한 예이다[1]). 종종 뚜렷한 이유 없이 임의적으로 선택되기도 한다. 따라서 וַיַּכֵּם 그리고 그가 그들을 쳤다가 15회 나오는 반면, וַיַּךְ אוֹתָם은 세 번만 나온다(삿 15.8; 삼상 5.6; 왕하 25.21)[2].

b   영어와 다른 많은 언어들에서 그는 스스로 거룩하게 했다와 같은 재귀적 동작은 목적격 대명사로써 표현되는 반면에(§ 146 *k*), 히브리어는 동사의 재귀적 형태인 니팔과 히트파엘을 사용한다. 예, הִתְקַדֵּשׁ. 일부 칼형 동사는 재귀적 의미를 가질 수 있다(§ 41 *a*); 또한 피엘 כִּסָּה 스스로 옷을 입다 창 38.14도 마찬가지이다(참고, Ehrlich, ad loc.). 접미사와 함께 오는 נֶפֶשׁ의 용법도 주목하라. § 146 *k*.

c   동사의 접미사 형태는 동사 형태가 모음으로 끝나는지 또는 자음으로 끝나는지에 따라 달라진다(참고, 어형 변화표 1과 3). 강세의 관점에서 볼 때 무거운 접미사들인 כֶם, הֶם (כֶן, הֶן)은 항상 강세를 갖는다; 접미사 נִי, נוּ, הוּ 및 הָ는 강세를 결코 갖지 않는다. 모음 뒤에 오는 ךָ는 강세를 갖지 않으나 슈바가 앞에 올 때는 강세를 갖는다(예외, קְטַלְתַּךְ 형태, § *d*).

d   자음으로 끝나는 동사 형태는 연결 모음에 의해 자음으로 시작하는 접미사와 연결된다. **완료형**에서 이 모음은 *a*(ַ 또는 ֲ)이다. 예, קְטָלַנִי קְטָלָנוּ, 그러나 קְטָלֵנִי이다. 이 *a*는 아마도 ל״ה 동사에서 왔을 것이다. 예, גָּלָנוּ[3]. 어

---

[1] 이렇게 결합된 형태는 시 118.26 בֵּרַכְנוּכֶם에 오직 한 번 나타난다.

[2] Muraoka, *Emphatic*, 152에 인용된 문헌 외에, 결합적(synthetic) 구문과 분석적(analytic) 구문 사이에 있는 선택에 관해서는 Polzin, 28-31과 Melammed 1964도 보라. Bendavid(1.71)는 미쉬나 히브리어에서 규칙이 된 결합 구조는 후기 성서 히브리어에서 더욱 더 전형적으로 생각되었다고 본다. 모압어에서 את는 실명사와만 나타나지만, 대명사 목적어는 항상 동사에 직접 붙어 나온다.

[3] 이 견해를 지지하는 것으로서, 연결 모음이 ל״ה 동사에서 유래되고(아래 참고) 원래의 마지막 모음에서 오지 않는 미완료 형태를 추론하여 증거할 수 있다. ל״ה 동사에서 유래된 모음들에 대한 다른 경

떤 학자들은 이것이 아랍어 완료형 *qatala*에 나오는 끝 모음 *a*라고 한다.

미완료와 다른 시제들에서(¹) 연결 모음은 *e*(◌ְ 또는 ◌ֶ)이다. 예, יִקְטְלֵהוּ, 그러나 יִקְטְלֶהָ (§ 29 *f*). 이 *e*는 ל״ה 동사에서 온 것이다. 예, יִגְלֵהוּ, יִגְלֶהָ.

예외들: 접미사 כֶם과 ן 앞에는 연결 모음이 없고 슈바만이 있다. 또한 כ는 단수 접미사이든 복수 접미사이든 항상 라페(rafé)이다(다게쉬가 없음). 예, אֲהֶבְךָ, יְבָרֶכְךָ; יִקְטָלְךָ ;יִקְטְלֶךָ ;קְטָלְךָ(³), וְלִבֵּשְׁכֶם ;יִקְטָלְכֶם ;קְטַלְכֶם(²), קְטַלְתָּם ;קְטָלָם ;שְׁאָלָם.

ה 전에 휴지가 있을 때, 연결 모음은 일반적으로 ◌ֶ이다. 예, יִקְטְלֶהָ, קְטָלָהּ (완료형에서 예상되는 형태인 קְטָלָהּ는 드물다). 이 ◌ֶ는 아마도 ל״ה 동사의 미완료형에서 유래되었을 것이다: יִגְלֶהָ (이와 유사하게 명사에서도 예로 שְׁמֶךָ가 나타난다. § 94 *c*).

e   **모음 탈락**. 원시 모음 *u*와 *i*는 미완료형(그리고 명령형)의 열린 음절에서 접미사 앞에서 탈락된다. 예, יִתֵּן, יִתְּנֵנִי; יִקְטֹל, יִקְטְלֵנִי; יִקְטְלֵנִי; 그러나 원시 모음 *a*는 유지된다. 예, יִלְבַּשֵׁנִי, וְלִבֵּשׁ(⁴). 완료형에서 원시 모음 *i*는 피엘형에서는 탈락된다. 예, קְטָלַנִי, קִטֵּל. 그것은 (상태 동사) 칼형에서 유지 된다. 예, שְׁכֵחָנִי (필요 때문에; 참고, § 30 *f*).

f   **강세의 눈**(energic נ)을 가진 **접미사들**. 강세의 눈 또는 어중삽입의 눈(*epenthetic*)으로 불리는 נ을 가진 일련의 접미사들이 미완료형(그리고 명령형)에서 나타난다. 이 נ은 원래 (아랍어에서처럼) 어떤 강세적 의미를 표시했을 것이다(⁵). 그러나 지금은 더 이상 의미론적인 가치를 갖지 않는다(⁶); 그

우들은 § *f*에서 볼 수 있다. 참고 문헌들을 § 94 *b*, n에서 보라.

¹ 연결 모음은 **완료형** 형태가 (후음 앞에서) *a*를 가진 명령형과 구별되게 해준다. 예, שְׁלָחֵנִי 나를 보내라(שְׁלָחַנִי 그가 나를 보냈다).

² 이 위치에서 ◌ָ 대신 때때로 ◌ַ가 나타난다. 예, 미완료에서, אֶסְפְּכָה 삼상 15.6(참고, Driver, *Notes*, ad loc.), 사 25.1, 시 30.2, 145.1. 분사에서, 출 31.13; 부정사에서, 사 1.15 비교, 접미사가 붙은 명사로서, 예, שְׁמֶכָה 시 145.1.

³ 앞의 각주를 보라.

⁴ אהב의 미완료형 1인칭 접미사는 모두 예외이다: אֶהֶבְכֶם 호 14.5, 시 119.167; אֲהָבֵהוּ 호 11.1.

⁵ 아랍어에서 강조의 미완료형은 *anna* 또는 *an*으로 끝난다. 히브리어에서 단순한 *n*을 가정하여 이 형태들을 더 쉽게 설명할 수 있다: *ẹnhu > ẹnnu, ẹnhâ > ẹnnâ*, 그리고 *ẹnkâ > ẹkkâ*. 한편 *ẹkkâ*가 *ankâ*보다 *ẹnkâ*에서 왔다고 보는 것이 헥사플라의 세쿤다에 반영된 전통과 일치한다. 예, 시 30.10 יְהֹדֶּךָ αϊωδεχχα; Brønno, 196f.

Dallaire (2002: 64)는 삼상 16.11과 20.21을 증거로 제시한다. 여기에는 장형 명령형이 강세의 눈과

강조적 효과는 단지 음성적일 뿐이다. 일반적인 형태는 נּוּ‍ֶ‍ֽ, נָּה‍ֶ‍ֽ, ךָּ‍ֶ‍ֽ, נִי‍ֶ‍ֽ이다.

쎄골의 기원에 대해서는 논쟁이 되고 있다. 이것은 모음 조화를 이루려는 경향 때문에 ֹ를 가진 형태들에서 나왔을 수 있다(참고, § 29 *f*); 나중에 이것은 다른 형태들에도 확산되었을 것이다(참고, BL, p. 216). 예, *innå*가 *ẹnnå*로 되었을 것이다(¹). 그러나 우리의 생각에는 이 ֶ가 ל״ה 동사에서 온 것으로 보인다. 예, יִלְוֶה 등의 모델을 따른 אֶרְאֶךָּ, יִרְאֶנָּה, יִלְוֶנּוּ(§ 79 *k*).

강세의 נ이 없는 형태들은 도치 바브를 지닌 미완료 형태, 그리고 금지의 אַל 뒤에서 또는 אַל 없이 나오는 지시형에서 전형적으로 사용된다. 그러므로 תִּשְׁמְרֶנּוּ가 나올 것으로 기대했는데 וַתִּשְׁמְרֵהוּ 형태가 전형적으로 나타난다. 그리고 לֹא תִשְׁמְרֶנּוּ를 기대했는데 אַל תִּשְׁמְרֵהוּ가 나온다(²).

이 규칙은 권유형에는 적용되지 않는 것 같다(³). 모음 표기를 잘못했다 하더라도(예, 삼상 9.26 ק֫וּמָה וַאֲשַׁלְּחֶ֑ךָּ, 여기서 וַאֲשַׁלְּחֶ֫ךָ가 예상된다), 창 45.28 לְכוּ, 왕하 6.28, 29 וְנֹאכְלֶ֫נּוּ .. תְּנִי, 그리고 렘 48.2 אֵלְכָה וְאֶרְאֶ֫נּוּ; וְאֶעֶשְׂךָ לְגוֹי 창 12.2와 같은 경우들은 설명할 수 없다. 그러나 렘 18.18 הַנְּבִיאָה .. וְאֹכְלָה וַאֲבָרֶכְכָּה 27.7 גָּדוֹל וַאֲבָרֶכְךָ וַאֲגַדְּלָה שְׁמֶ֑ךָ 시 145.1 אֲרוֹמִמְךָ .. וַאֲבָרֲכָה; 전 2.1 לְכָה נָּא אֲנַסְּכָה; וְאַל נִכְשְׁלָה וְנֵלֵ֫כָה이지만, 바로 뒤에는 אֲבָרֶכְכָה וַאֲהַלֲלָה가 따라나온다. 시문에서 이러한 구분은 문체론적인 변화에 한정될 수 있다. 예, 사 26.5 יַשְׁפִּילֶ֫נָּה יַשְׁפִּילָה. 이것은 어근의 셋째 자음 뒤에 모음이 있느냐 없느냐에 따라 결정되는 것으로 보

목적 접미사와 결합되어 있으므로, 권유형은 강세 형태들 가운데 하나에서 나왔다는 자신의 주장을 지지하는 것으로 제시한다. 그가 제시하고 있는 방대한 자료에는 더 이상 비교할 수 있는 경우들이 없다. 그렇지만 우리는 다른 곳에서 네 개의 동일한 결합체들(syntagms)의 예들을 볼 수 있는데, 이 모든 것들은 그의 분석과 상반된다: 렘 36.14, 15; 39.12; 욥 5.27.

⁶ Zewi (1999: 76-79)는 강조의 *n*을 가진 형태들이 나타나는 경우들을 의미론적-논리적인 그룹들로 분류한다. 그러나 많은 그룹들에 *n*이 없는 형태들이 나타나고 있는 사실은 그 두 가지 형태 사이에 의미론적 대립이 형성되지 않았다는 점을 보여준다.

¹ 성서 아람어에는 *-inna* < *-anna*에서 나온 *inn* 형태가 있다: 예, יִתְּנִנַּהּ 그가 그것을 줄 것이다 단 4.14(=히. יִתְּנֶ֫נָּה).

² 이 질문에 대하여 Lambert (1903)가 철저하게 연구하였다는 점에 대하여 Williams (1972)는 모르고 있는 것 같다. Böttcher (1868: § 1037 거의 끝부분)는 이미 이 구분을 알고 있었고, *wayyiqtléhu*와 *qtalú* < *qtaláhu* 사이에 있는 중요한 기능적 유추를 알고 있었다. Muraoka 1975; Blau 1978; Qimron 1986-87: 159f.도 보라. 휴지 형태 ֶ֫ךָ는 완료형(신 24.13), 부정사형(신 4.36, 23.5, 욥 33.32), 그리고 분사형(신 8.5; 12.14, 28; 욥 5.1)에도 나타난다.

³ Ginsberg 1970: 113의 입장과 대립된다.

인다(¹).

매우 드물지만 자유롭게 나타나는 강세 형태들도 발견된다. 출 1.10 כִּי־תִקְרֶ֜אנָה מִלְחָמָה 전쟁이 일어난다면; תִּשְׁלַ֫חְנָה 삿 5.26에서와 같이 시문에서 (짧은) 단순 과거(preterital) 형태 yiqtol의 대체 형태로 나타난다; 욥 13에서 אַל과 함께; תָּרֹ֫נָּה 잠 1.20(√רנן)은 복수형이라기보다 3인칭 여성 단수이대 תֶּהֱמֶ֥ה.

g נ과 함께 오는 드문 형태들. 1인칭 단수에 נִי֫ 그리고 נִּי֫ 형태들이 있는데, 이것들은 드물게 나타난다. 1인칭 복수의 נוּ֫는 의심스럽다. 2인칭에서 드물게, 특히 כָ֫כָה에서 완전 철자법 כָה가 나타난다(²).

h 고양된 문체나 시문에서(³) 드물게(그리고 거의 항상 휴지 위치에서) נ을 가진 형태들이 발견된다(동화되지 않음). 예, אֲרֹמְמֶ֫נְהוּ 출 15.2; 신 32.10(문장 가운데); 렘 5.22(휴지 위치); אֶתְּקֶ֫נְךָ 렘 22.24(ר). יְכַבְּדָ֫נְנִי (◌ֹ와 함께 옴) 시 50.23은 유일한 형태이다.

i 드문 접미사 형태들(⁴). 단수. 2인칭 남성: כָה(대신 ךָ 드문 철자법) (⁵); כָה 사 55.5; 2인칭 여성: כִי (◌ֵךְ 대신)는 드물게 그리고 주로 휴지 위치에 온다. 예, 사 60.9; 54.6; כִי 시 103.4; כִי־ 시 137.6; 3인칭 남성: הֹ 출 32.25; 민 23.8; 3인칭 여성: הָ (마픽 없이, §25 a) 출 2.3; 렘 44.19; 암 1.11(느씨가). 복수. 3인칭 남성: מוֹ를 가진 형태들은 시문의 형태들이다; 출 15.5의 יְכַסְיֻ֫מוּ에 מוּ가 나타난다(유운이나 또는 방언 형태일 것이다).(⁶)

j 아카드어, 고전 아랍어, 게에즈어(고대 에티오피아어)와 달리, 히브리어 동사들은 이중으로 목적격 접미사를 가질 수 없다. 예, תַּנְחִילֶ֫נָּה אוֹתָם 너는 그들로 하여금 그것을 상속받게 할 것이다 신 31.7; וְיַשְׁמִיעֵ֫נוּ אֹתָהּ 그리고 그로 하여금 그것을 우리에게 말하게 하라 30.12, 13(⁷); הֶרְאֲנִי יְהוָה אֹתְךָ 주께서 너를

---

¹ Hetzron 1969와 Garr 1985: 111을 보라.

² Barr, *Spellings*, 116f.을 보라. 이 형태에 대한 설명을 위 §42 f에서 보라.

³ 라기스 토판 3.12에는 평이한 산문체가 나온다: אתננהו 내가 그것을 반복할 것이다(תנה 피엘에서 옴).

⁴ 명사에 첨가된 접미사들의 희소한 형태들과 비교하라. §94 h.

⁵ Barr, *Spellings*, 127을 보라. Barr는 긴 철자법이 더 오래된 것이라고 생각한다(ib. 125).

⁶ μου는 세쿤다에서 세 번 나타난다: 49.12 בָּתֵּימוֹ βηθαμου; 28.8, 49.14 לָמוֹ λαμου; 그러나 35.16 שְׁנֵימוֹ σεννημωου이다.

⁷ Saadia의 번역인 *wayusmiʿunāhā*와 에티오피아역(vs. 13) *wayasämmĕʿännaha* 참고.

내게 보여주셨다 왕하 8.13; הִרְאַנִי אֹתוֹ וְאֵת נָוֵהוּ 그리고 그가 나에게 그것을 보여주실 것이며 그리고 그가(또는 그것이) 머무시는 곳(을 보여주실 것이다) 삼하 15.25. 이 결합체(syntagm)는 매우 드물게 나타나며, 대부분의 경우 사역적 형태가 아닌 주어가 지시물로서 동사에 붙여진다.

§ 62. 접미사를 가진 완료형
(어형 변화표 3)

a   연결 모음 *a*는 § 61 *d*를 참조하라. *i*(ִ) 모음의 상실은 § 61 *e*를 참조하라.

       접미사 앞에서, 어떤 인칭들은 완료형에서 오히려 원시 형태에 가까운 형태를 갖는다(§ 42 *f*). 3인칭 여성 단수 קָטְלַת (원시 형태: *qatalat*); 2인칭 여성 단수 קָטַלְתִּי (¹)(원시 형태: *qatalti*); 2인칭 남성 복수(²) קְטַלְתּוּ (원시 형태: *qataltumu*)가 나타난다.

b   접미사가 추가된 동사 형태는 **모음의 배열**에 따라 변화를 겪게 된다. 따라서 3인칭 여성 단수 קָטְלָה는 קְטָלַת가 된다. 새로운 모음의 배열은 접미사를 갖는 명사들을 유추하여 만들어졌기 때문이다. 예로, קְטָלֵךְ 그가 너를 죽였다와 דְּבָרֵךְ 너의 말을 비교하라. 모음들은 그 위치나 길이에 의해 보호될 때 자연스럽게 그 위치를 유지하게 된다. 따라서 히필은 모든 인칭에서 모음 배열이 변하지 않고 유지된다.

c   **몇 가지 인칭들에 대한 관찰**.

       3인칭 남성 단수. 문장 속에서 일반적인 규칙과 달리(§ 28 *b*) 열린 음절에 ◌ָ를 갖는 קְטָלַנִי와, 휴지 위치의 קְטָלָנִי를 발견하게 된다(קְטָל과

---

¹ 이리하여, 2인칭 여성은 통용되고 있는 1인칭 형태와 혼동되었다. 결과적으로 하나의 형태인 קְטַלְתִּיהוּ는 네가(여.) 그를 죽였다와 내가 그를 죽였다와 같이 두 가지로 해석되었다; קְטַלְתִּיהָ; קְטַלְתִּים도 마찬가지이다. 완료형 2인칭 남성 복수 + 목적격 접미사의 연결소가 성서 이후 시대의 히브리어에서 계속되고 있는 점은 Qimron 1987를 보라.

² 이 형태는 여성으로도 사용되지만, 어쨌든 결합된 형태는 매우 드물다: 민 20.5, 21.5 הֶעֱלִיתֻנוּ; 슥 7.5 צַמְתֻּנִי. 일반적으로 분리된 형태가 선호되었다.
예, 수 4.3 וְהִנַּחְתֶּם אוֹתָם; 아라드 24.13 וְהַעֲבַרְתֶּם אֹתָם עִמָּכֶם וְהִנַּחְתֶּם אוֹתָם ושלחתתם אתם 그리고 너희가 그들을 보낼 것이다(Schüle 2000: 65를 보라).

קְטָלֵל을 비교하라). 창 30.6; 시 118.18에서 ־נִי가 나타난다(아마도 하나님 의 이름 앞에서 강조하기 위하여). 3인칭 남성 단수 접미사와 함께 고대 형 태 קְטָלָהוּ는 강동사 변화 동사에서 단 한번 나타난다. 렘 20.15(휴지 위치 에서); 그 밖에 우리는 항상 *ahu*가 탈락 현상과 축약 현상에 의해 *o*로 변한 קְטָלוֹ 형태만 발견할 수 있다(2인칭 남성에서 קְטַלְתָּהוּ와 קְטַלְתּוֹ를 비교 하라). § *e*.

d 　　　**3인칭 여성 단수.** קְטָלַת 동사 형태는 매우 특별한 방법으로 취급된다. 1) 그것은 항상 -*lat*에 강세를 갖는다; 2) 자음으로 시작하는 접미사 앞에서 그 것은 연결 모음을 받지 않는다; 3) 다른 접미사들 앞에서 קְטַלְתַּךְ, קְטַלְתַּם 형태들이 나타난다: 이 동사 형태의 마지막 *a*는 열린 음절에서 *â*가 되고 강 세를 가지며, 강세가 있는 음절 뒤에 오는 모음은 짧아진다. 따라서 קְטָלַתְנִי, קְטָלַתְךָ קְטָלַתַךְ, קְטָלַתָּךְ; קְטָלַתְהוּ 그리고(*th* 대신 *tt*와 함께) קְטָלַתּוּ; קְטָלַתָּה, 이 형태로부터 קְטָלַתָּנוּ; קְטָלַתָּה 형태가 발견된다.

e 　　　**2인칭 남성 단수.** 문장 중에서 קְטַלְתַּנִי와 휴지 위치에서 קְטַלְתָּנִי가 나타난다. 3인칭 남성 단수 접미사와 함께 올 때 고대 형태 קְטַלְתָּהוּ는 강 동사에서 단 한번 나타난다. 겔 43.20(휴지 위치에서); 다른 곳에서는 항상 קְטַלְתּוֹ가 나타난다(3인칭 남성 단수와 비교, § *c*).

f 　　　**2인칭 여성 단수.** 3인칭 남성 단수 접미사와 함께 올 때, 자음이 탈락 되지 않은 קְטַלְתִּיהוּ 형태만 발견된다(2회). 휴지 위치에서 הִשְׁבַּעְתָּנוּ 수 2.17, 20; 아 5.9에 ֺ와 함께 나타나는데, 이것은 설명하기 어렵다; יְלִדְתָּנוּ 렘 2.27도 마찬가지이다.

g 　　　**1인칭 단수.** ה가 탈락된 קְטַלְתִּיהוּ 형태는 קְטַלְתִּיהוּ보다 더 일반적 이다. 이것이 선택된 이유는 그다지 분명하지 않다. 가끔 다른 형태들이 병 행 본문들에 나타난다. 예, 삼하 7.10과 대상 17.9(평행 구절)을 비교하라([1]).

h 　　　목적격 접미사에 붙는 복수 어미 /-u/는 불완전 철자법으로(312회), 예, 레 17.5 וֶהֱבִיאֻם 또는 완전 철자법으로(511회), 예, 사 14.2 וֶהֱבִיאוּם, 기록된다: AF, *Spelling*, p. 201.

---

[1] 쿰란 히브리어에서 비록 ה가 발음되지 않았을 가능성이 있지만, 더 완전한 형태가 규칙적으로 사용 된다. Qimron, *HDSS*, 60.

§63. 접미사를 가진 미완료형
(어형 변화표 3)

a   연결 모음 *e*는 §61 *d*; 모음 상실은 §61 *e*; ‫נ‬이 있는 접미사는 §61 *f*, 그리고 ‫נ‬이 있는 접미사는 §61 *h*를 참조하라. ‫תִּקְטְלוּ‬ 형태 대신 ‫תִּקְטֹלְנָה‬ 가 사용된다: 렘 2.19; 욥 19.15; 아 1.6. 연결 모음 *e* 대신 때때로 *a*가 나타난다(완료형에서처럼); 따라서 ‫נִי‬‫ַ‬가 여러 번 나타난다. 예, 창 19.19; 29.32; 출 33.20. 때때로 ‫נִי‬‫ֶ‬가 나타난다. 예, 창 27.19(§61 *g*). 다른 접미사들과 함께: ‫וַיַּכִּירָהָ‬ 창 37.33; ‫יִלְבָּשָׁם‬ 출 29.30.

b   ‫תַּעַבְדֵם‬은 출 20.5와 신 5.9의 주된 휴지 위치와 출 23.24의 중간 휴지 위치(자켑)에서 나타난다. 또한 ‫נַעַבְדֵם‬은 신 13.3의 주된 휴지 위치에서 나타난다. 이것은 휴지 위치에서 예상되는 형태인 ‫תַּעַבֹדֵם‬*을 피하기 위한 의도로 보인다. *ọ*가 단어의 처음으로 이동하면서 *ọ*가 되었다(명령형 ‫קְטֹל‬, ‫קָטְלֵם‬과 비교하라) (¹).

‫יָחְנְךָ‬ 창 43.29, 사 30.19; ‫יָחְבְרָךָ‬ 시 94.20; ‫תָּאְכְלֵהוּ‬ 욥 20.26도 주목하라. 특히 어근의 두 번째 자음에 ‫ָ‬를 가진 경우들은 주목할 만하다: ‫יֶהְדָּפֶנּוּ‬ 민 35.20; ‫יִגָּפֶנּוּ‬ 삼상 26.10(²).

---

¹ Berg., II, §14 *g*의 견해와 달리 이것들은 분명히 호팔이 아니다. 바빌론 전통에서 미완료형의 /o/도 보존된다. 예, ‫תְּטֻבְלֵנִי‬. 다른 예들은 Kahle 1913: 185에서 보라.

² 여덟 개의 추가적인 예들은 Berg., II, §14 *g*에 열거되어 있다. 이것들은 모두 BHS에 나타나지 않지만, 대부분 주된 휴지 위치에서 나타난다. 이와 유사한 형태들(‫ידורשהו‬ 와 ‫ידרושהו‬)은 사해 히브리어 문헌들에 일반적이다. 이것은 1950에 Yalon에 의해(=1967: 42) 처음으로 제시되었다. 이 점에 대해서 Qimron, *HDSS*, 51-53을 보라. 더 자세한 자료들은 Qimron의 논문에서 보라(1967: 161-75). 그밖의 관련 자료들은 Yeivin 1971와 Yeivin, *Babylonian* 469-72에서 보라. 위에 인용된 우리의 예들(‫תַּעַבְדֵם‬ 등)은 Qimron의 주목을 받지 못하였다. 사해 사본의 히브리어는 티베리아 히브리어와 구분되는 자체적으로 고유한 유기적 조직을 가지고 있었음이 분명해 보인다. 그렇지만 티베리아 체계에 나오는 일부 주변적인 특징들이 쿰란 히브리어 체계의 주요 요소들로 전환되었고, 어근의 첫 자음 뒤에 오는 모음이 보조 모음으로 사용되기 시작했다고 여전히 주장할 수 있다. 킴론(Qimron)은 그것의 기원에 대해서는 설명하지 않는다. 티베리아 전통에서, 부정사와 명령형과 함께 오는 접미사의 첨가 방식에 대한 킴론의 설명은 다소 부정확하다: 구체적으로 명령형 ‫קֻטְלֵנִי‬의 예는 나타나지 않는다. 또한 그는 ‫שְׁלָחֵנִי‬와 같은 /a/ 명령형은 다루지 않는다. 어쨌든 이 문제는 모음 부호가 없는 쿰란 히브리어와는 상관이 없다. 또한 그것은 미완료형, 부정사형, 명령형 사이에 있는 "삼중적 평행 구조"를 혼란스럽게 한다. 바로 이 삼중적 평행 구조는 킴론이 ‫יישמעוני‬와 같은 경우를 포함하여 모든 관련된 쿰란 히브리어 자료를 설명하는 주된 원리로 사용되었기 때문에, 모순이 깊어진다.
이 쿰란 형태들은 아카드어에서 현재 시제 형태로 사용된 /yiparras/가 성서 히브리어에 존재한다는 이론을 결코 지지하지 않는다. 이 가설은 Rössler 1961; idem 1962; Meyer 1961; Rosén 1969: 214,

c   히필에서 원래 장모음 *ī*는 때때로 (비록 이차적으로 발생한 것이지만, §54 *a*) 접미사 앞에서 탈락된다: יַעְשְׁרֶנּוּ 삼상 17.25; תַּעְשְׁרֶנָּה 시 65.10. §54 *c*를 비교하라.

d   §62 *h*에서 언급된 사항은 /-u/로 끝나는 미완료 형태에도 똑같이 적용된다. 예, 수 11.8 וַיַּכֻּם은 10.39 וַיַּכּוּם과 대조된다.

e   첨가된 눈을 가진 미완료형은 목적격 접미사도 취할 수 있다. 예, 잠 1.28 יִשַׁחֲרֻנְנִי .. יִמְצָאֻנְנִי .. יִקְרָאֻנְנִי; 욥 19.2 תְּדַכְּאוּנַנִי; 렘 5.22 יַעַבְרֻנְהוּ. 더 많은 예들을 Berg., II, §5 *g*에서 보라.

§64. 접미사를 가진 명령형
(어형 변화표 3)

a   미완료형에서와 같이 연결 모음 *e*는 §61 *d*를, 모음의 상실은 §61 *e*를, נ을 가진 접미사는 §61 *f*를 참조하라. קְטֹלְנָה 형태 대신 קִטְלוּ가 나타난다. 남성 단수 קְטֹל은 קָטְל이 된다. 예, קָטְלֵנִי. 어근의 셋째 자음 브가드크파트는 כָּתְבֵם 잠 3.3; 7.3 형태처럼 마찰음으로 발음된다.

     *a*를 가진 형태, 예로 לְבַשׁ는 *לְבָשֵׁנִי 형태가 되었을 것이다(미완료 תִּלְבָּשֵׁנִי와 비교하라). 그러나 다음과 같은 제 2 후음 동사, 제 3 후음 동사들의 경우를 제외하고는 그 실례들이 없는 것처럼 보인다. 예, אֱהָבֶהָ 잠 4.6; שְׁלָחֵנִי 사 6.8; קְרָאֶנָּה 렘 36.15; קָחֶנּוּ 삼상 16.11.

     접미사들 앞에서 קִטְלוּ와 קָטְלִי 형태들이 유지된다.

b   미완료형에서처럼(§63 *a*) 연결 모음은 드물게 *a*로 나타난다. 예, כָּתְבָהּ 사 30.8.

227f.에 의해 제시되었다. 이 가설에 대한 반박은 Bloch 1963; Fenton 1970; Marcus 1970; Tropper, §73.28에서 보라. 그리고 사마리아 히브리어 자료에 대한 잘못된 해석과 관련하여 Ben-Hayyim 1977: 84f.를 보라. 이 입장에 대해 Heckl(2001)은 반대하지만, Kottsieper(2000)는 Rössler를 지지한다. 이 이론은 마소라 모음 부호가 약 열두 개 정도 잘못된 것으로 제시하지만, 잠정적으로는 수만 개로 불어날 수도 있다. 왜냐하면, 이 잠정적인 세 번째 "시제"는 만약 아카드어와 남부 셈어에 대한 관련 구절을 진지하게 받아들인다면(!), 미완료 칼에서 어간 모음을 갖는 페-눈 동사들에 제한될 필요가 없고, 어떤 동사나 활용에서든 발견될 수 있기 때문이다. Andersen(2000: 24f.)은 *yiparras*가 아카드어와 게에즈어에서 창의적으로 만들어진 것이라고 주장한다.

히필 2인칭 남성 단수에서 접미사 앞에 오는 동사 형태는 הַקְטֵיל이고 הַקְטֵל이 아니다(어미 변화를 할 때처럼 הַקְטִילִי, הַקְטִילוּ 형태가 온다). 예, הַקְטִרֵיבֻהוּ 미 1.8.

§ 65. 접미사를 가진 부정사
(어형 변화표 3)

a   동사적 명사(verbal noun)인 부정사(연계형)에서 동사에 붙은 접미사 또는 목적격(대격) 접미사들은 거의 전적으로 **명사에 붙는 접미사** 또는 주격(속격) **접미사들**로 대체되었다. 오직 1인칭에만 유일하게 동사에 붙는 접미사가 보존되었다. 예, קָטְלֵנִי 나를 죽이는 것(קָטְלִי 내가 죽이는 행위와 대비됨). 또한 1인칭에서도 동사에 붙는 접미사 대신 명사에 붙는 접미사가 발견된다. 예, יַבְּמִי 나와 결혼하는 것 신 25.7; תִּתִּי 나를 허락하는 것 민 22.13; עָצְבִּי 나를 괴롭히는 것 대상 4.10(§ *b*). 다른 인칭들에는 동사에 붙는 접미사 대신 명사에 붙는 접미사가 나타난다. 예, בִּקְעָם 그들을 쪼개는 것 대하 32.1, 암 1.13 그들이 쪼개는 행위; הַכֹּתוֹ 삼상 20.33 그를 치는 것(참고, § 124 *i*).

b   부정사 연계형 קְטֹל은 קָטְל이 된다. 이때 어근의 세 번째 자음으로 오는 브가드크파트는 마찰음으로 발음된다. 예, כָּתְבוֹ 렘 45.1. 드물게 파열음으로 발음된다. 예, עָצְבִּי 대상 4.10(§ *a*). 때때로 부정사 קְטֹל이 קִטְל이 된다(명령형의 활용 예인 קְטֹל, קִטְלִי를 비교하라). 예, בִּגְדוֹ([1]) 그의 배신 행위 출 21.8; מִכְרָם 암 2.6(그러나 מָכְרָה 출 21.8); נִפְלוֹ 삼하 1.10(그러나 נָפְלוֹ 삼상 29.3과 함께); 항상 שִׁבְרִי 레 26.26; 겔 30.18; 34.27†; שָׁטְנוּ 슥 3.1([2]).

---

[1] בֶּגֶד, בָּגַד 의복에서 *i* 모음을 갖는 형태들인 בִּגְדִי, בִּגְדוֹ 등이 있다. 사실 접미사가 붙은 부정사 연계형의 *i* 모음은 בֶּגֶד, מֶכֶר와 같은 관련된 *i* 쎄골 명사들을 유추하여 만들어졌을 가능성이 있다. Lambert 310, n. 1과 Orlinsky 1947: 109, 111. 그리고 고대 가나안어 *pí-iṭ* -[*rù*]를 주목하라. Sivan, 168.

    שָׁטְנָם에서와 같이 첫 번째 어근에 *a*가 나오는 것은 명령형 שְׂטַנוּ에서 보는 바와 같이 뒤따르는 후음 때문에 만들어졌다.

[2] 두 형태를 형태-구문적(morpho-syntactic)으로 구분한 통계가 있다. *qtol*- 22회(접미사=주어, 13; =목적어, 9) 그리고 *qotl*- 38회(접미사=주어, 34=목적어, 4). 따라서 *qtol*-은 주로 목적격 접미사로 사

*a*를 가진 부정사의 접미사는 שָׁכְבָה 창 19.33, 35에서만 발견되며, שָׁכְבְּךָ 신 6.7; 11.9. 그리고 שָׁכְבוּ 룻 3.4와 함께 나란히 나타난다. § 69 *b*, 70 *d*도 참고하라.

קָטְלִי와 같은 형태에서 어근의 첫 번째 자음이 쿰란 히브리어에서 *o* 모음으로 발음되었다는 것은 1QH 2(10).21 בתומכי 내가 ~에 매달림에서(*in my clinging to*)와 같은 철자에서 증명된다.

c 접미사 הָ와 כֶם 전에, 때때로 קֹטְל 대신에 모음의 위치가 교체된 קְטֹל 형태가 나타난다. 이것은 물론 발음을 쉽게 하기 위해서이다. 예, אֲכָלְךָ 창 2.17. 발음을 쉽게 하기 위한 다른 방법은 두 번째 자음에(¹) 보조 모음 *o*를 첨가하는 것이다. 예, מָאָסְכֶם קָרָבְכֶם *qorovhem* 신 20.2; 사 30.12(비교, 예, פָּעֳלְךָ 너의 행위, § 22 *c*; קָטֳבְךָ, § 96 A *j*). 참고, 또한 מֹצָאֲכֶם 창 32.20; הַפְכְּכֶם 사 29.16; מֶחָאֲךָ יָד וְרַקְעֲךָ בְּרֶגֶל 겔 25.6; במצאכה 4QMMT C 30.

d 매우 드물게 부정사의 접미사가 강세의 눈과 함께 온다. קֹם에서, 신 4.36; 23.5; 욥 33.32.

§ 66. 접미사를 가진 분사

a 동사적 명사인 분사는 복수 형태에서 항상 명사 접미사를 취한다. קֹטְלִי 나를 죽이는 자들. 예, 삼하 22.4 מְשַׂנְאַי τοὺς μισοῦντάς με 나를 미워하는 자들. 단수에서는 일반적으로 명사 접미사가 나타난다. 예로서 קֹטְלִי 나를 죽이는 자, 좀 드물지만 동사에 붙는 접미사가 나타나기도 한다: קֹטְלֵנִי.

용되고 *qotl*-은 주격 접미사로 사용된다는 Bendavid의 관찰(2. 497f., 이미 Abul Walid, *Riqmah* [ed. Wilensky-Téné, p. 203]에 그렇게 언급되었음)은 전적으로 입증되지 못한다. §63 *b*, n. 2도 보라. 따라서 *qtol* 형태는 접미사가 자음으로 시작하는 곳에 임의적으로 사용된다. 그러므로 2인칭 여성 단수와 첨가적 הָ를 가진 형태들은 *qotl* 형태에만 나타난다(유일한 형태인 רֹדְפִי 시 38.21 크티브 형태에 대해서는 너무 비중을 많이 둘 필요가 없다). 이 부분적인 형태론적 분포는 음성론적으로 제한된다. 즉, 그것은 접미사가 자음으로 시작되는지 또는 모음으로 시작하는지에 달려 있다. 몇몇 아랍어 방언들에는 이와 유사한 형태론적 환경에서 보조 모음이 첨가된다. Cantineau 1949: 56을 보라.

¹ 첫 번째 모음을 보조 모음으로 간주하는 것도 가능하다. Yeivin 1971: 265도 보라. Yeivin이 수집한 자료에 따르면 두 번째 자음 다음에 /o/를 가진 모든 예들이 2인칭 대명사 접미사를 가지고 있음을 알 수 있다.

예로서, עֹשֵׂנִי 나를 만든 자 욥 31.15. 정관사와 함께 동사에 붙는 접미사가 부득이하게 나타난다: הַמְאַזְּרֵנִי 나를 띠로 두르는 자 시 18.33. 참고, § 121 *k*.

b 사 47.10에 불규칙적인 형태 רֹאָנִי가 나타난다(§ 63 *a* 비교).

매우 드물게 강세의 눈을 가진 분사형 접미사 כָֿה가 발견된다. 신 8.5; 12.14, 28; 욥 5.1. אָב의 어미 변화와 비교하라. § 96 C *c*.

c 분사는 접미사를 취할 때 실명사화된 동사로서 이런저런 일을 하는 자라기보다 실제 동사일 수 있다. 예, 호 2.16 הִנֵּה אָנֹכִי מְפַתֶּיהָ וְהוֹלַכְתִּיהָ הַמִּדְבָּר 보라 내가 그녀를 유혹하여 광야로 그녀를 데려갈 것이다. 렘 16.21 הִנְנִי מוֹדִיעָם בַּפַּעַם הַזֹּאת אוֹדִיעֵם אֶת־יָדִי 그러나 내가 그들에게 알리며, 이번에는 내가 그들에게 내 권세를 알릴 것이다; 9.14.

§ 67. 후음 동사

후음 동사는 어근의 첫 번째, 두 번째, 또는 세 번째 자음에 후음, 즉 ח, ע, 또는 유성음 א 또는 ה를 가지고 있는 동사를 말한다. 설음 ר는 어느 정도까지는 어떤 면에서 이 후음들처럼 취급된다(§ 23). 후음이 순수한 중복을 허용하지 않는다는 점을 제외하면, 자음에 관한 한 후음 동사들은 규칙 동사들과 다르지 않다. 그러나 후음 동사의 모음 표기는 매우 독특하다. 그것은 음성론에서 후음과 관련된 부분에 제시된 원칙들을 따라 결정된다(§§ 20ff.).

§ 68. 제 1 후음 동사

(어형 변화표 4: עָמַד 서다)

a 아래의 음성론적 규칙들이 여기에 적용될 수 있다.

1) 첫 후음 이후에: 슈바 대신 하텝 파타흐가 온다. 예, 명령형 עֲמֹד, 그러나 א은 하텝 파타흐를 갖지 않고, 일반적으로 하텝 쎄골을 갖는다(¹). 예, 명

---

¹ 이것(하텝 쎄골)은 가장 약한 모음이므로 알렙이 발음되지 않는다. 참고, § 17 *a. n.* 아래 § *b*(끝) אֱמֹר와 비교하라. עֻנּוּ 노래하라(민 21.17; 시 147.7 †)는 עֲנוּ 대답하라(삼상 12.3 †)와 구분된다.

령형 אֱמֹר(§ 73 *c*), אֱזֹר, 그러나 완료형 2인칭 남성 복수는 אֲמַרְתֶּם, 그리고 접미사가 있는 부정사 연계형은 אָכְלְךָ이다.

2) **후음 전에서**: 열린 음절에서 *i*가 ◌ַ로 바뀐다. 예, 니팔 미완료 *yi-ʿâmẹd* > יֵעָמֵד. 닫힌 음절(또는 반-닫힌 음절)에서 *i* > ◌ַ, 예, *yiḥ-zaq* > יֶחֱזַק; *u* > ◌ָ 예, *muʿmad* > מָעֳמָד (비교, מָקְטָל, 이것은 מָקְטָל보다 더 드물게 나타난다. 참고, § 21 *d*).

3) 종종 보조 하텝을 가지며(§ 22 *b*), 그것은 단어가 길어질 때 완전 모음이 된다. 예, יַעֲמֹד יַעַמְדוּ (§ 22 *c*).

b **칼형**. 미완료에서 능동 동사와 상태 동사 사이의 구분이 두 모음에 모두 나타난다. 예, *yaʿmud* > יַעֲמֹד; *yihzaq* ⟩ יֶחֱזַק (§ 41 *e*) ([1]).

그러나 ל״ה 동사에서([2]) 접두사의 모음은 거의 후음의 성격에 따라 결정된다. ה 그리고 ח 앞에서 그것은 ◌ֶ이고; ע 앞에서 ◌ַ이다. 예, יֶחְסֶה יֶהְגֶּה; יַעֲשֶׂה יַעֲלֶה; 예외들: יֶהְיֶה יֶחְיֶה (§ 79 *s*).

그러므로 두 번째 모음이 *o*인 פ״א 능동 동사에서 접두사의 모음은 ◌ַ이다. 예, יֶאֱזֹר יֶאֱסֹר יֶאֱרֹב. 이것은 아마도 אֱזֹר와 같은 명령형을 유추하여 만들어졌기 때문이다([3]).

1인칭 단수에 אֶ가 나타난다(אֲ가 아니다): אֶעֱשֶׂה אֶעֱלֶה אֶעֱמֹד.

c **니팔형**. 완료형 נֶעְמַד는 이차적인 형태인 *niʿmḍd* = נִקְטַל에서 발전된 것이다. 그러나 부정사 절대형에는 נַעֲמוֹד가 나타난다. 그렇지 않으면 ◌ָ는 드물게 나타난다([4]). ל״ה 동사에 ◌ָ를 가진 몇몇 완료형이 있다. 예, נַעֲשָׂה.

사실 미완료형에는 가상 중복의 예가 없다. 항상 יֵעָמֵד 형태가 나타난다.

d **히필형**. 완료형 הֶעֱמִיד는 이차적인 형태인 *hiʿmid* = הִקְטִיל에서 발전되었다.

e **세부 관찰**.

칼 명령형에서 강세 없는 닫힌 음절의 후음 이후에 오는 *i*는 *ẹ*로 바뀌는

---

[1] 다른 상태 동사들로서: אָהֵב(ה) 사랑하다, יֶאֱהַב; אָשֵׁם (שׁ) 유죄가 되다, יֶאְשַׁם; חָסֵר 부족하다, יֶחְסַר; יֶחְסָר.

[2] 때때로 ל״ה 동사가 아닌 동사들에도 나타난다: 시 29.9(BHS) וַיֶּחֱשֹׂף.

[3] 명사 형태들에 מַאֲרָב 매복과 같은 것이 있다.

[4] 참고, 시 28.7 세쿤다 συναζερθι (마소라 본문 וְנֶעֱזָרְתִּי).

가벼운 경향을 보인다. 예, תֶּאֶסֹף이지만 הֶאָסְפָה이다(아마도 ֹ의 영향으로. 참고, § 29 *f*). עֶרְכוֹ 그러나 עֶרְכָה; חֻשַּׁפִּי(참고, § 21 *e*). 제 2 후음 동사의 경우는, 예로 אָחֲזוּ, אֶהֱבוּ가 있다.

칼 부정사 연계형에서 일반적인 형태 לַעֲמֹד 외에 לַחְפֹּר 형태가 가끔 나타난다(비교, לִנְפֹּל, § 49 *f*). 거의 모든 예들에는 ח가 나온다: לַחְשֹׁב (항상, 4회), לַחְצֹב (항상, 2회), לַחְשֹׂךְ 학 2.16; לַחְתֹּת (חתה에서 옴) 사 30.14 לַחְסוֹת 사 30.2 (그러나 לַחֲסוֹת 시 118.8, 9; 룻 2.12). 일반적으로 ח는 쉽게 하텝 없이 나타난다. § 22 *b*. 이 형태들에 상응하는 미완료형 יַחְפֹּר, יַחְשֹׁב 그리고 יַחְצֹב와 비교하라(¹). 이것들은 이 형태들에 영향을 주었을 수 있다. § 22 *d*.

f   ֱ와 ֲ 사이에는 자주 **교체**가 일어난다. 이것은 *ę* 음이 후음의 영향으로 *ą*가 되는 경향이 있기 때문이다. 따라서 칼형에서 예로, תֶּאֶסְפִי, יֶאֱסֹף 같은 형태가 나타난다. 그러나 니팔에서는 예로, נֶעֶשְׂתָה, נֶעֶשְׂתָה 같은 형태가 나타난다. 히필 완료형에서(²) 1인칭과 2인칭의 ֱ는 도치 바브 다음에서 강세가 전진하지 않더라도 규칙적으로 ֲ로 바뀐다. 예, הֶאֱבַדְתָּ 욥 14.19, 그러나 וְהַאֲבַדְתִּי 레 23.30이다. 그리고 종종 הֶעֱבַדְתִּיךָ 사 43.23 그러나 וְהַעֲבַדְתִּיךָ 렘 17.4이 된다. 참고, אֱדוֹם 형태로부터 종족을 표현하는 אֲדוֹמִי가 왔다(³).

히필형의 경우, ע을 가진 일부 형태에서 첫 음절이 열린 음절일 때에는 ֱ를 갖는다. ע은 일반적으로 ֲ를 갖는다. 예, הֶעֱבַרְתָּ 수 7.7(대신에). 비정상적인 음절 구분을 일으키는 이 약화 현상은 아마 ע을 확실하게 발음하려는 의도를 가지고 있는 것 같다. 마찬가지로, 호팔에서 ֳ대신 ֱ를 갖는다. 예, הֶעֱלָה 삿 6.28; 대하 20.34(명사에 나타나는 유사한 현상을 § 96 A *j*에서 보라). 다음은 강세가 전진할 때 발생하는 영향을 보여주는 또 다른 예들이다. וַיֶּאֱסֹר; תַּחְפְּרוּ; וַתֶּאֱרַכְנָה ‖ יַאַרְכוּ; יֶחְדַּל ‖ יֶחְדְּלוּ; יַחְפְּרוּ ‖ וַיַּחְדְּלוּ; וַיֶּאֱסְרֵהוּ (Berg., II, § 21 *c*).

---

¹ 이와 유사한 것으로서: יֶהְיֶה; הֶחָכִים; יַאֲדִירוּ; יַאֲדִיר; יֶאְשַׁם.

² 참고, 삼상 15.18에 대하여 Driver, *Notes*.

³ 이것은 강세가 전진하면서 야기된 일반적인 음성론적 형태의 일부로 보인다. 이것은 또한 אֱסוּר 대비 חֲבָלִי; חַדְרֵי 대비 חֶדְרוֹ; אֲמוּנִים (אֱמוּנִים) 대비 אֱמָן; אֲבֻסְךָ 대비 אֵבוּס אֲמָתוֹ; אֲסֵרִים 대비 אֱמֶת; חֲבֵלִי와 같은 형태들에도 영향을 미친다. 이와 같은 교체 현상은 바빌론 전통에서 더 흔하게 나타난다: Yeivin, *Babylonian*, 385f.

불규칙 동사 הָיָה 그리고 חָיָה의 모음 표기는 § 79 s를 참조하라.

§ 69. 제 2 후음 동사
(어형 변화표 5: שָׁחַט 도살하다)

a   아래의 음성론적 규칙들이 제 2 후음 동사(두 번째 자음이 후음인 동사)에 적용된다.

1) 규칙 동사에 해당하는 형태들이 갖는 슈바 대신에 $\underset{.}{}$가 온다(§ 21 f). 예, שָׁחֲטוּ(비교, קָטְלוּ), יִשְׁחֲטוּ (비교, יִקְטְלוּ), יְשַׁחֲטוּ (비교, יְקַטְּלוּ).

2) 강세가 있는 닫힌 음절의 후음 다음에서 a모음은 원시 모음 또는 규칙 모음을 대신하는 경향이 있다(§ 21 e). 이 경향 때문에 능동 동사의 미완료형과 명령형은 상태 동사들과 같이 일반적으로 a를 취한다(¹). 예, שָׁחַט, יִשְׁחַט (יִשְׁחֹט*, שְׁחֹט* 대신). 그러나 부정사 절대형은 o 모음을 유지한다(שָׁלֹחַ와 같은 제3후음 동사와 거의 대부분의 상태 동사들처럼, § 49 c). 예, שָׁחֹט. 그러나 접미사와 함께 올 때 a 모음도 갖는다. 예, מַעֲלָם, שָׁחֲטָם 그리고 סָעֲרָם.

3) 피엘, 푸알, 히트파엘에서 ר는 가상 중복을 결코(²) 취하지 않는다. 예, 어형 변화표 5의 בָּרַךְ 동사에 피엘 בֵּרַךְ (בֵּרֵךְ, § 52 c); 푸알 יְבָרַךְ가 나타난다.

א은 몇 개의 동사에서만 가상 중복을 취한다. נִאֵף 간음하다, נִאֵץ 모욕하다, 경멸하다, 그리고 שִׁאֵל 구걸하다(³).

후음 ח, ה 그리고 ע(§ 20 a)조차도 일반적으로 가상 중복을 취한다. 예, שִׁחֵת 타락시키다; נִחֵם(⁴) 위로하다; נִהֵג 인도하다; בִּעֵר 불태우다. 미완료형 יְבַעֵר; 그러나 부정사 연계형 בַּעֵר.

b   **세부 관찰**.

---

¹ 상태 동사들: (הֵ)אָהֵב 사랑하다, יֶאֱהַב; רָחֵק 멀다; טָהֵר 순수하다; רָעֵב 배고프다; (אֶ)שְׁאַל 묻다 שָׁאֵלֽ.

² כָּרַתֽ 겔 16.44(§ 23 a)에 순수한 중복이 나타난다.

³ 일부 일관성 없는 형태도 주목해야 한다. 예, יִשְׁאֲלוּ ‖ שָׁאֵלוּ ‖ תְּנַאֲפֽנָה; נֶאֶרְפָּה ‖ יְנַאֲפוּ; נֵאֵרֽ.

⁴ a를 가진 이 피엘은 니팔에서도 동일한 모음들을 가지고 있는 것으로 보인다: 예, נִחַם 자신의 마음을 바꾸다, 후회하다(§ 72 b).

칼형. *o*를 가진 미완료형의 예들: יִנְהַם 그것이 으르렁거릴 것이다; יֶאֱחֹז 그것이 붙잡을 것이다(이 형태는 드물며, יֹאחֵז와 함께 나타난다. § 73 *f*). *o*를 가진 명령형: נְעֹל (문을) 걸어라! 삼하 13.17; אֱחֹז 출 4.4 밖에 없다; 여성 אֶחֳזִי 룻 3.15(매우 짧은 *o*로 단축된 *o*와 함께); 복수 אֶחֱזוּ 느 7.3, אֶחֱזוּ 아 2.15; סְעָד־ 삿 19.8, 그러나 יִסְעַד 등이 있다. יִמְעַל 외에도 תִּמְעֹל을 주목하라.

접미사를 가진 부정사는 삿 13.25 לְפַעֲמוֹ에서처럼 첫 번째 자음 다음에 *a*를 가질 수 있다; 겔 25.6 רַקְעֲךָ .. מַחְאֲךָ; 23:39 וּבְשַׁחֲטָם; 삿 5.4 בְּצַעְדְּךָ([1]).

c   *a*를 가진 명령형의 동사 변화. 예, שְׁחַט는 שַׁחֲטִי, שַׁחֲטוּ가 된다. 이때 *a* 모음은 단어의 처음으로 이동한다(참고, § 48 *c*). 이 형태들은 가상 중복을 가진 피엘 명령형과 혼동될 수 있다. 예, 칼형 רַחֲצוּ 창 18.4 그리고 סַעֲדוּ 창 18.5는 피엘일 수 있다. 피엘 מַהֲרִי 창 18.6은 칼형일 수 있다.

d   **피엘형**. 후음이 가상 중복을 가지지 않는 도치 바브 미완료형에서 וַתְּגָרֶשׁ 수 24.12(§ 47 *a*), וַיְבָרֶךְ와 같은 형태들이 나타난다. וַיְבָרֶךְ 창 39.14 도 참고하라.

§70. 제 3 후음 동사

(어형 변화표 6: שָׁלַח 보내다)

a   아래의 음성론적 규칙이 제 3 후음 동사(세 번째 자음이 후음인 동사)에 적용된다:

후음으로 닫힌 음절에 후음과 동질인 ◌ַ 모음이 온다: 이때 ◌ַ 모음은 1) 강제적으로 원시 모음을 대체하거나(§ 21 *b*), 2) 모음과 후음 사이에 있는 틈으로 미끌어져 들어간다(§ 21 *c*).

b   1) 비교적 가벼운 형태들로서 즉 문장 속의 정동사 형태에서(완료형, 미완료형, 명령형), 부정사 연계형, 분사의 연계형에서 원시 모음 *i*와 *u*가 *a*로 대체된다. 예, יִשְׁלַח (대비 יִקְטֹל); יִשְׁלַח (대비 יִקְטֹל); 히필 지시형 יַשְׁלַח (대

---

[1] 이 모음은 이와 연관된 쎄골 명사들의 모음 때문에 생겼을 가능성이 매우 높다. Orlinsky 1947: 112 를 보라.

비 יִקְטֹל); 히필 명령형 הַשְׁלֵךְ (הַקְטֵל과 비교); 니팔 미완료형 יִשָּׁלַח (과 비교); 피엘 부정사 연계형은 일반적으로 שַׁלֵּחַ (대비 קַטֵּל), 분사의 연계형은 שׁלֵחַ (대비 קֹטֵל)이다; 참고, § e.

예외들: 칼 부정사 연계형에는 거의 항상 o가 나타난다. 예, שׁלֹחַ (שְׁחֹט 처럼 제2 후음 동사에서도 마찬가지이다. §49 c도 참고하라). 아래 §d 참고.

2) 원시 모음 i는 보통 ֵ가 되지만 그대로 유지된다. 그러나 비교적 무거운 형태들, 즉 휴지 위치에서의 정동사, 부정사 절대형, 분사의 절대형에서 틈입 파타흐가 들어간다. 예, יִשְׁלָח; 부정사 절대형 שָׁלֹחַ; 분사의 절대형 שֹׁלֵחַ. 원시 모음 u는 부정사 연계형 שְׁלֹחַ를 제외하고 유지되지 않는다(¹).

더구나 원래 장모음인 ī, ū, 그리고 ō는 유지된다. 예, 히필 직설법 יַשְׁלִיחַ; 수동 분사형 שָׁלוּחַ; 부정사 절대형 שָׁלֹחַ.

가벼운 형태들과 무거운 형태들은 두 가지로 구분할 수 있다: 정동사 형태 들은 문장 속에 있는지 또는 휴지 형태로 있는지에 따라 구분되며, 부정사와 분사는 연계형이냐 또는 절대형이냐에 따라 구분된다.

3) 음절 끝에 나오는 후음은 하텝 모음을 취하지 않는다. 그러나 אֶשְׁלַחֲךָ 또는 בְלַעֲנוֹהוּ 시 35.25 경우처럼 동사가 2인칭 남성 단수나 2인칭 복수의 목적격 접미사 앞에 나올때 예외가 된다.

c   문장 안에서와 휴지 자리의 칼 미완료형(그리고 명령형)에서 동작 동사들은 상태 동사들과 같은 형태를 갖는다(²). 즉, 둘 다 ֹ 또는 ַ 모음을 갖는다.

d   **세부 관찰**.

a를 가진 부정사는 매우 드물고(§49 c) 그 다음에 오는 단어와 밀접히 관련될 때만 나타난다. 예, גְּוַע 민 20.3; שְׁלַח 사 58.9.

접미사와 함께 올 때 부정사는 ֹ 모음을 갖거나 예, שָׁלְחִי 민 32.8, שָׁלְחֵךְ 창 38.17이 있으며 또는 ִ 모음을 갖는다. 예, פִּתְחִי בְטְחֵךְ 렘 48.7, בְקֻמְעָם 겔 37.13; בְקֻמְעָם 암 1.13; 또는 (드물게) ֻ를 갖는다. 예, רִקְעֲךָ 겔 25.6.

e   §b에 제시된 일반적인 규칙들에 대한 몇 가지 예들이 있다. 따라서 피엘 미완료와 피엘 부정사 연계형(문장 속에서) יִזְבַּח 합 1.16; לְשַׁלֵּחַ 출 10.4;

---

¹ 그러므로 원시 모음 u는 그에 대칭되는 모음 i처럼 취급되지 않는다. 따라서 한 동작 동사의 미완료 휴지 형태는 יִשְׁלָח이고 יִשְׁלֹח*가 아니다.

² 상태 동사들: גָּבַהּ 높다; שָׁכַח*, שָׁכְחוּ, שָׁכְחוּ 잊다; שָׁבַע*, שָׂבַע, שָׂבְעוּ 배부르다; שָׁמַע, שָׁמְעוּ 듣다, 청취하다.

לָפֶתַח 대하 2.6([1])에서 발견된다.

f   2인칭 여성 단수 완료형에 보조 파타흐를 가진 שָׁלַחַתְּ (שָׁלַחְתְּ* 대신)와 같은 형태가 나타나 תְּ가 마찰음이 되지 않도록 한다(§ 19 *f*). 따라서 לְקַחַתְּ 네가 취했다는 לָקַחַת 취하기 위하여(전치사 לְ + 부정사 קַחַת, § 72 *j*)와 구분된다.

g   활용된 동사의 휴지 모음들: 예, 피엘 שִׁלֵּחַ, שִׁלֵּחָה, שִׁלֵּחוּ 삿 1.25이 있다. 칼형 יִשְׁלָח, יִשְׁלָחוּ, תִּשְׁלָחְנָה 왕하 2.16; 명령형 שְׁלָח, שִׁלְחָה, שִׁלְחוּ*, שְׁלָחוּ.

h   접미사를 가진 형태들. 예, שְׁלָחֵנִי, יִשְׁלָחֵנִי שְׁלָחַנִי (나를 보내라!, 그러나 그가 나를 보냈다); אֶשְׁלָחֲךָ, אֶשְׁלָחֲךָ.

§ 71. 약동사들

a   정상적인 형태인 קָטַל과 다른 이 동사들은 후음 동사처럼 모음 표기에서 뿐만 아니라, 자음에 있어서도 구분이 되며 그 동사들을 약동사(*weak verbs*)라고 부른다([2]) (§ 40 *c*). 이 동사들은 어근 안에 약한 자음적 요소를 갖거나 ו″ע, י″ע 동사들에서는 약한 모음적 요소를 갖는다.

      ו, י, א, 그리고 נ은 약한 자음들이지만 각각 그 정도가 다르다. ו는 특별히 약하다. 그것은 단어의 처음에서 유지될 수 없으므로(§ 26 *f*) 탈락되거나, 예, שֵׁב(ושׁב*에서 옴), 또는 י로 대체된다. 예, יָשַׁב, ל″ה 동사에서 원시 세 번째 자음이 *w*인 동사들은 같은 위치에 *y*를 가진 동사들로 대체되었다.

b   자음이 약하여 발생하는 영향은 여러 가지이다.

      1) 자음(ו 또는 נ)이 탈락할 수 있다. 예, שֵׁב (ושׁב*에서 옴), גַּשׁ (נגשׁ에서 옴).

      2) 자음(ו 또는 י)이 그 앞에 오는 모음과 결합될 수 있다. 예, הוֹשִׁיב (*hawšīb* 대신), הֵיטִיב (*hayṭīb* 대신).

      3) נ자음은 그 뒤에 오는 자음에 동화될 수 있다. 예, יִגַּשׁ (*yingǎš* 대신).

---

[1] 참조, Ben-David 1990: 21f.

[2] 불규칙(*irregular*)이란 용어를 가끔 선호하는 이유가 있다. 그러나 그것은 결코 드문(*infrequent*)의 동의어는 아니다. 이 둘은 유사어가 아니다. 오히려 무작위로 선택한 출 2.1-10과 같은 본문 안에서, 비록 שִׁלַּח와 같은 후음 동사들을 규칙 동사로 계산한다고 해도, 불규칙 동사는 21개나 나타나고 규칙 동사는 6개만 나타난다.

    4) **א** 자음은 묵음이 될 수 있다. 예, **מָצָא**, **יֹאכַל**.

c   약 동사들의 분류.

    1) 첫 자음이 약한 동사들: **יָשַׁב**, **אָכַל**, **נָגַשׁ***.

    2) 셋째 자음이 약한 동사들: **גָּלָה**, **מָצָא**.

    3) 두 자음으로 이루어진 어근을 가진 동사로서, 그 어근이 정상적인 형태일 때 두 자음 사이에 원래 장모음, *ū* 또는 *ī*를 가진 동사들: **קוּם**, **דִּין**.

    4) 두 자음으로 이루어진 어근을 가진 동사로서, 그 어근이 정상적인 형태일 때(예, 복수 명령형 **סֹבּוּ**) 두 번째 자음이 원래 긴 동사들: **סָבַב**.

§ 72. פ״ן 동사
(어형 변화표 7: **נָגַשׁ*** 접근하다)

a   이 동사들의 첫 **נ**은 약하기 때문에 두 가지 결과가 나타난다. 하나는 **נ** 특유의 동화 현상이고, 다른 하나는 우발적으로 일어나는 첫 자음 탈락 현상이다.

b   자음 다음에 모음 없이 오는 **נ**의 동화 현상은 매우 흔하고 표준적이기까지 하다(§ 17 *g*). 예, *yinṣor* > **יִצֹּר**. 예외들은 다음과 같다:

    1) 긴 형태들(§ 32 *g*)이 선호되는 휴지 위치에서 동화 현상은 자주 일어나지 않는다. 예, **יִנְקֹפוּ**(¹), **יִנְצֹרוּ**.

    2) 후음 이전에서는 일반적으로 동화 현상이 일어나지 않는다. 예, **יִנְהַם**. 모든 니팔형들에서처럼 니팔 **נַחַם**에는 동화 현상이 나타난다(두 개의 **נ**이 오는 것을 피하기 위해서이다) (²).

    3) **ל**와 함께 오는 **נְפֹל** 형태의 부정사 연계형은 일반적인 형태에서(§ 49 *f*) 동화 현상이 일어나지 않는다. 예, **לִנְפֹּל**.

    4) פ״ן 동사처럼 취급되는(§ *j*) **לָקַח** 동사는 니팔에 동화 현상 없이 **נִלְקַח**로 나타난다(칼 미완료형 **נִקַּח** 우리가 취할 것이다와 대조됨).

c   **נ**의 첫 자음 탈락 현상(§ 17 *d*)은 우발적이고 이차적이며 유추적이다. 이

---

¹ Rössler가 이와 같은 형태에서 잘못된 결론을 내리게 된 것에 대해서는 위의 § 63 *b*, 두 번째 각주를 보라.

² 니팔 **נַחַם** 마음을 바꾸다, 뉘우치다는 피엘 **נַחֵם** 위로하다와 같은 모음을 가지고 있다(§ 69 *a*).

것은 미완료형에서 어간 모음 *a* 또는 *e*를 가지고 있는 특정 동사들의 명령형과 부정사 연계형에서만 나타난다. 따라서 이 동사들에서 거의 항상 גַּשׁ 형태[1]의 명령형이 발견되고, גֶּשֶׁת 형태(§ *h*)의 부정사 연계형이 매우 자주 나타난다. פ״ן 동사들에서 첫 자음 탈락 현상은 그 현상이 일반적으로 나타나는 פ״ו 동사들을 유추하여 생긴다. 또한 명령형 גַּשׁ와 같은 형태는 *n*이 사라지는 미완료형 יִגַּשׁ의 영향을 쉽게 받았을 것이고, 그리고 나서 부정사 형태로 확산되었을 것이다: *gaš*에서 גֶּשֶׁת가 왔다[2].

d   첫 자음이 탈락된 부정사 גֶּשֶׁת는 *gaš*와 여성 어미 *t*에서 만들어졌다. *t*는 세 자음 구조를 재구성하기 위해 첨가되었다(Barth의 보상 법칙)[3]. 그런 후 *gašt*가 גֶּשֶׁת로 쎄골 명사화되었다(*malk*에서 מֶלֶךְ로 변한 명사들처럼, § 96 A *b*). 후음과 함께 גַּעַת (נַעַר처럼)와 같은 형태가 나타난다.

e   이제까지 언급한 바에 의하면, 명령형이나 첫 자음이 탈락된 부정사가 있으므로 먼저 פ״ו 동사를 다루고(예, דַּע, שֵׁב; שֶׁבֶת), 그 다음에 פ״ן 동사를 다루게 될 것이다.

f   **세부 관찰**.

         פ״ן 동사에서 니팔과 피엘이 동일할 수 있다. 예, נִקָּה (ל״ה 동사) 니팔 벌을 받지 않다. 피엘 결백하다고 선언하다; נִחַם (§ *b* 2).

g   상태 동사 נָגֵשׁ*, יִגַּשׁ는 불완전 동사이다(§ 85 *b*). 엄밀하게 말하자면, 칼형은 가까이 있다[4], 접근하다를 의미하고 니팔형은 자신을 가깝게 하다, 접근하다를 의미한다. 실제로 완료형과 분사에는 니팔(נִגַּשׁ, נִגָּשׁ)이 사용되는 한편, 다른 시제들(미완료, 명령형, 부정사 연계형)에는 칼(יִגַּשׁ, גַּשׁ, גְּשִׁי, גְּשׁוּ/גֹּשׁוּ, גֶּשֶׁת)이 사용된다. 그러므로 נ에 라페가 있는 형태들은 잘 나타나지 않는다.

         상태 동사 완료형 נָבֵל 시들다. (꽃이나 잎이) 떨어지다는 동작 동사 미완료형 יִבֹּל (§ 41 *b*)과 연관된다.

---

[1] *e-ǫ* 모음 연속이 나오는 창 19.9 גֶּשׁ־הָלְאָה 저쪽으로 가라(참고, § 29 *f*)에서 *e*는 치찰음 때문에 만들어졌을 수 있다.

[2] 왜 끝 자음 생략은 *ǫ* 모음을 가진 미완료형 동사에 나타나지 않는가에 관하여 질문해 볼 수 있다. 부정사에서 קְטֹל 형태가 우세하게 나타나는 것은(참고, § *h*) נְבֹל을 설명해 줄 수 있다. 그렇다면 이것에 유추하여 명령형 נְבֹל이 보존되었을 것이다.

[3] 참고, *Nominalbildung*, pp. XIIff.

[4] 이 순수한 상태 동사 의미는 욥 41.8에 나타난다.

h   부정사 연계형의 거의 표준 형태인 קְטֹל 형태는 단독적으로 또는 첫 자음이 탈락된 부정사와 함께, 가끔 *a* 모음이 있는 미완료형 동사들에 보존된다; 따라서 항상 נְסֹעַ (5회) 천막을 거두다이다; 일반적으로 자동사인 동작 동사들에서, נָגַע 만지다는 נְגֹעַ가 여섯 번, נְטֹעַ가 두 번 나타난다; 불규칙 동사 נָשָׂא 운반하다에서(§ 78 *l*) 일반적인 형태인 שְׂאֵת 외에도 נְשֹׂא는 네 번만 나타난다.

ha   미완료형에 *a*를 가지고 있고 그것의 첫 번째 눈이 동화되는 동사들은 명령형에도 눈을 가지지 않는다. 예, גַּשׁ 대비 נְהַג와 נְפֹל.

i   불규칙 동사 נָתַן 두다, 주다. 이 동사는 미완료형에서 *i* > O가 되는 점이 주목할 만하며, 이것은 פ"ו 동사에서는 거의 예외 없이 발견된다(יֵשֵׁב 형태)[1]: יִתֵּן, 여기에서 명령형 תֵּן이 왔다[2]. 마찬가지로, 부정사 연계형은 *tint (*tin* + *t*)에서 온 תֵּת이며, 여기서 *titt* (접미사 앞에 나타남: 예, תִּתִּי 내가 주는 행위)가 온 것이며, 따라서 중복이 취소되어 *tit* > תֵּת가 된 것이다. 미완료형 יֻתַּן은 칼 수동태인 יֻתַּן 그것이 주어질 것이다와 연관된다(§ 58 *a*).

완료형에서 마지막 נ은 그 다음에 오는 자음에 동화된다. *nåtanti* 대신 נָתַתִּי이고, נָתְנָה는 נָתַנְתָּה보다 훨씬 더 자주 쓰인다. § 42 *f*) 등이다(예, נָתַתִּי, שָׁכַנְתְּ와 대조된다).

*o*를 갖는 부정사는 민 20.21 נְתֹן과 창 38.9 נָתֹן에만 나타난다.

j   불규칙 동사 לָקַח 취하다, 가지고 가다. 이것은 פ"ו 동사처럼 취급되는 유일한 פ"ל 동사이다. 이렇게 다소 독특하게 취급되는 것은 아마도 다음과 같은 의미론적인 유추 때문일 것이다: 즉, 그 반의어 주다 יִתֵּן (동화 현상과 함께)의 미완료형을 따라 יִקַּח 형태가 만들어졌다[3]. 여기에서 명령형 קַח, 부정사 לָקַחַת, קַחַת가 왔다(완료형 2인칭 여성 לָקַחַתְּ와 대조된다. § 70 *f*).

니팔 נִלְקַח에는 동화 현상이 나타나지 않는다(§ *b* 4).

완료형 לֻקַּח, 분사형 לֻקָּח, 그리고 미완료형 יֻקַּח는 칼 수동태들이다(§ 58 *a,b*).

k   불규칙 동사 נָשָׂא 운반하다, 취하다 등은 § 78 *l*을 보라.

---

[1] 그러나 § 41 a, 세 번째 각주를 참조하라.

[2] 참고, 아카드어 *nadānu*에서 온 단순 과거형 *iddin*과 현재형 *inaddin*.

[3] Ungnad 1905: 278에 따르면. 그 후 Brockelmann, *GvG*, I. 176, 293이 따랐다. 참고, Berg., I, § 19 *a*, BL, § 52 *p*. 이 가정은 우가릿어의 *yqh* 등을 설명하지 못한다. 왜냐하면 우가릿어는 *ntn* 대신 *ytn* 을 사용하기 때문이다. 아마도 이것은 취하다라는 의미도 있는 נָשָׂא, שָׂא의 영향을 받은 것 같다.

פ״נ 동사들로서 동시에 ל״ה 동사가 되며, 끝 자음이 탈락하여 하나의 자음으로 이루어진 형태는 § 79 *i, j*를 참조하라.

l **명사 형태들**과 비교.

동사 형태들처럼 명사 형태들도 동화 현상이 일어난다. 예, יִטַּע 그가 심을 것이다와 같이 מַטָּע 농장; יַכֶּה 그가 칠 것이다와 같이 מַכָּה 타격, 재앙; 그러나 후음 앞에서는 יִנְהַג (마차를) 운전하다와 같이 מִנְהָג 운전.

이 형태들에서 첫 자음 탈락 현상이 일어나지 않는 것은 미완료형에 *a* 를 가진 동사들 가운데 명령형과 부정사의 첫 자음이 탈락되는 이차적인 성격을 확증해준다.

§ 73. פ״א 동사
(어형 변화표 없음)

a א은 다음에 나오는 칼 미완료 형태의 다섯 개 동사에서 묵음이다: אָכַל 먹다, אָמַר 말하다, אָבַד 길을 잃다, 멸망하다, אָבָה 바라다, אָפָה (빵을) 굽다[1]. 이 동사들에 있어서 א은 다른 제 1 후음 동사처럼(§ 68) 취급되지 않고 묵음이 된다. 그 이유는 그것들이 분명 높은 빈도로 나타나기 때문이다. 일반적으로 말하자면, 가장 자주 사용되는 형태들이 또한 가장 심하게 약화된다.

b **미완료형 יֹאכַל**에 대한 설명.

첫 번째 모음. 첫 번째 모음 *o*는 원래 두 개의 알렙이 나타나게 되는 1 인칭 단수에 그 기원을 두고 있다. 원시 형태는 *ʾaʾkul*이다(동작 동사의 첫 번째 모음처럼 *a*를 가지고 있다. § 41 *e*). 그리고 셈어에서 *ʾaʾ*음이 *ʾā*로 변한다. 따라서 *ʾākul*은 히브리어에서 **ʾōkul* > **ʾōkọl* > **ʾọkọl*이 되었다. 마침내 이 *o* 는 다른 인칭들로 확산되었다. 참고, Brockelmann., *GvG*, I, pp. 239, 591[2].

c **두 번째 모음**. אָכַל 동사에서 미완료형의 두 번째 원시 모음은 *u*이다

---

[1] 미쉬나 히브리어는 이 목록에 אָנַג, אָסַר, 그리고 קְפַּד를 추가하였다. Haneman 1980: 225-27을 보라.

[2] 아랍어에서 1인칭에 *ʾākul*이 나오지만, 2인칭에는 *taʾkul*이 나타난다. 또한 이 모음들 대신 접두사 모음 *o*를 갖고 있는 우가릿어는 다르게 설명되어야 한다. 왜냐하면 우가릿어는 아직 *ā* > *ō*의 변화를 거치지 않았기 때문이다. Tropper의 해결책은(§ 75.212.12a) 너무나 사변적이다.

(참고, 성서 아람어 יֵאכֻל, 아랍어 *ya'kul*). 이것은 명령형 אֱכֹל에서 볼 수 있는 바와 같다[1] (비교, אֱמֹר). 1인칭의 *'ọkọl* 단계에서 두 모음들은 같은 음색을 갖게 되었다. 결과적으로 두 번째 *ọ*는 *ẹ*로 달라지는 현상을 일으켜 אֹכֵל(휴지 형태)이 되었다. § 29 *h*.

d   **두 번째 모음의 여러 형태들**. 원시 모음 *u*(> *ọ*)를 대신하게 된 이 새로운 모음 *ẹ*는 אֹכֵל, אֹמַר, אֹבַד에서 일반적인 모음이다. 그것은 ◌ָ(부차적인 약화 현상)와 ◌ַ(주요 약화 현상)로 두 등급 약화될 수 있다. 참고, § 29 *d*.

◌ֵ 모음은 주된 휴지 위치 이외에서 유지되지 않으며, 그 위치에서도 항상 유지되는 것은 아니다. יֹאכֵל, יֹאבֵד, יֹאמֵר, תֹּאמֵר (두 번)이지만 יֹאמַר이다[2].

◌ֵ에서 ◌ַ로 변하는 주요 약화 현상은 וַיֹּאמֶר 외에서 일어나지 않는다. 이것은 이 형태가 매우 일반적으로 사용되고 있기 때문일 것이다[3]. 그러나 וַיֹּאכַל 형태를 주목하라(אבד 동사에 대한 예는 없다).

◌ֵ에서 ◌ָ로 변하는 부차적인 약화 현상은 나머지 경우들에 일어난다: יֹאכַל, יֹאמַר, יֹאבַד.

그러므로 ◌ֵ 모음이 일반적인 모음이다.

이 모든 점들로부터 다음과 같은 사항들이 나타난다:

1) 주된 휴지 위치에서 강세가 있는 모음은 ◌ֵ이다. 예외, יֹאמַר.

2) 주된 휴지 형태 밖에서 강세가 있는 모음은 ◌ָ이다.

3) 강세 뒤에 오는 모음은 ◌ַ◌ 또는 ◌ָ◌이다.

e   두 개의 미완료형 יֹאכַל과 יֹאמַר의 두 번째 모음을 취급할 때 발생하는 차이점은 다음과 같이 세 등급(강, 중, 약)으로 발음을 구분하는 것으로 요약할 수 있다.

강한 등급	중간 등급	약한 등급
יֹאכֵל	יֹאכַל	וַיֹּאכַל
יֹאמֵר	יֹאמַר	וַיֹּאמֶר

---

[1] ◌ָ에 관해 § 68 *b*를 참고하라. 마찬가지로 부정사에 אֱכֹל이 아니라 אֲכָל이 나타난다.

[2] 욥기에서 시문의 담화를 시작하는 형식에서는 예외이다: וַיֹּאמַר 욥 3.2 등.

[3] 비교, וַיֵּצֶר, יֵצֶר 좁다 (√ צרר, § 82 *b*).

יֹאבַד   יֹאבֵד

여성 תֹּאמַר (2 회)

복수 תֹּאמַרוּ, יֹאמְרוּ

f   칼형이 아닌 형태에서는 א이 묵음인 경우는 거의 없다. 예, אֲבִידָה 렘 46.8 내가 파괴할 것이다; 니팔형 נֶאֱחֹז 민 32.30; 수 22.9.

א은 § *a*에서 제시된 다섯 동사들 이외에 몇몇 동사들에서 드물게 묵음이 된다.

אָחַז 붙잡다 동사에서 א은 종종 묵음이 된다. 1인칭에서는 *o*가 더 자연스러우며, אֹחֵז가 나타난다(참고, § *b*). 그러나 יֹאחֵז와 더불어 종종 יֶאֱחֹז가 나타난다[1]. 이 동사에서 א은 총 18회 묵음이 되며 3회는 발음된다.

상태 동사 יֶאֱהַב, אֹהַב, אָהַב 사랑하다의 1인칭에서 אֹהַב가 나타난다 (그러나 한 번은 אֶהֱב이다. § *g*).

אָסַף 모으다 동사에서 א은 묵음이 되며 철자에서 탈락되기까지 하는 예가 4회 나온다. 예, 시 104.29 תֹּאסֵף 대신 תֹּסֵף. 이 형태들은 둘 다 의심스러우며, יסף 어근의 형태들을 닮았다. 출 5.7 תֹּאסִפוּן 그리고 삼상 18.29 וַיֹּאסֶף 은 분명히 יסף에서 나온 것으로서 혼합된 경우들이다.

g   **세부 관찰**.

1) 연속되는 두 모음 לֵאמֹר 말하기 위하여, 말하기에서 으로 축약된다(לֶאֱמֹר 대신). 이것은 의심할 여지 없이 이 형태가 높은 빈도로 나타나기 때문이다(비교, 예, לֶאֱכֹל). 참고, § 103 *b*.

같은 축약이 אֱהָב 잠 8.17†, תֵּאתֶה 미 4.8; וְאֵחַר 창 32.5에서 일어난다.

2) 두 동사 אָבָה와 אָפָה는 ל״ה 동사이기도 하므로, 그것들의 미완료형은 יֹאבֶה, יֹאפֶה*이다.

h   명사 형태들과의 비교. 명사 형태들에서 א이 묵음인 경우는 아주 드물다. 예, מֹאזְנַיִם 저울, *ma'sir*에서 온 מוֹסֵר 족쇄(철자에서 א이 생략됨); 참고, § 88 L *h*.

---

[1] 으모음은 § 68 *b*를 참조하라.

§ 74. 일반적인 פ"י 동사

어근의 첫 번째 자음이 י인 동사들은 다음 세 부류로 구분될 수 있다:

1) 특정 형태에서 י로 대체된 원시음 ו를 가진 동사들(פ"ו)(§ 75).

2) 원시음 י를 가진 동사들(פ"י). 그것들은 아랍어에서와 같이 히브리어에서 몇 개 되지 않는다(§ 76).

3) 마지막으로, 어근의 두 번째 자음 צ가 어떤 형태에서 중복되는 특별한 부류의 פ"י 동사들이 있다. 많지는 않지만 이 모든 동사들은(פ"צי) 아마도 원시음 ו를 가진 어근에서 파생되었을 것이다(§ 77).

또 다른 공시적 구분법으로서 פ"צי 동사를 구분하지 않는 것은 두 가지이다.

1) 어근의 첫 번째 자음이 접두 모음에 결합되며 미완료 어간에 a 모음을 가진 동사들: 예, יִינַק.

2) 미완료의 어간 모음이 ē이고, 어근의 첫 자음이 미완료, 명령형, 부정사 연계형에 나타나지 않는 동사들: 예, יֵשֵׁב. 그러나 יָרַשׁ (어원적으로 פ"ו 형태)와 같은 동사들은 위의 두 구분에 다 속할 수 있다. 미완료 יִירַשׁ이지만, 부정사 연계형은 רֶשֶׁת, 그리고 명령형은 רַשׁ뿐 아니라 יְרַשׁ가 된다.

§ 75. 원래 פ"ו인 פ"י 동사(= פ"ו)

(어형 변화표 8: יָשַׁב 앉다, 머물다)

a   원래 פ"ו 동사들인 경우에 ו는 파생된 동사들인 니팔형, 히필형 그리고 호팔형에서 유지된다. 칼형에서 그것은 י로 대체되거나 탈락된다. 피엘과 푸알에서 그것은 י로 대체된다.

1) ו를 가진 형태들: 니팔형. 기본 형태는 원시 접두사 na를 가진 nawšab이다(§ 51 a). 여기에서 축약되면서 נוֹשַׁב가 되었다. 미완료형에서 ו가 중복된다: יִקָּטֵל(¹) 처럼).

히필형. 접두사의 원시 모음 a(§ 54 a)는 유지되어, hawšīb, yawšīb >

---

¹ 1인칭은 (א가 아닌) א 형태인 אִוָּשֵׁב이다(§ 51 b): אִוָּתֵר, אִוָּדַע, אִוָּדַע 등이 나타난다.

הוֹשִׁיב, יוֹשִׁיב 형태가 되었다.

호팔형. 가정적인 형태인 *huwšab*는 원래 장모음 *ū*와 함께 הוּשַׁב가 된다([1]).

칼형. 미완료에 יוֹרֶה, יוֹסֵף 형태들이 있다(§ *f*).

2) וֹ가 יֹ로 대체된 형태들. 칼형에서는 단어의 처음에 모음이 있다: 완료형 יָשַׁב; 분사 יֹשֵׁב, יָשׁוּב가 있다. 또한 미완료형은 יֵשֵׁב이다(*yayšib*에서 왔을 것이다. § *c*).

히트파엘형에는 וֹ와 יֹ가 나온다. 예, הִתְוַדָּה 고백하다(다소 빈번함), הִתְיַלֵּד 자신이 족보에 기록되다(תּוֹלֵדָה 명사에서 파생된 동사) 민 1.18. הִתְיַצֵּב에 관해서는 § 77 *b*를 참고하라.

3) **첫 자음 וֹ가 탈락된 형태들**. 칼형에서 단어 처음에 슈바와 함께 나올 것으로 기대된 וֹ는 탈락된다: **명령형** שֵׁב (וְשֵׁב*); **부정사 연계형** *šib*에서 여성형 어미 *t*를 가진(§ 72 *d*) *šibt*가 됨. 이 형태는 쎄골화 될 때 שֶׁבֶת*가 될 것이다 (§ 89 *h*); 그러나 사실상 שֶׁבֶת 형태로 나타나는데, 아마도 *a*를 가진 부정사 형태를 유추하였기 때문일 것이다. 예, *raš-t*에서 온 רֶשֶׁת([2]).

b   **동작 동사들과 상태 동사들. 상태 동사 완료형**: יָרֵא 두려워하다, יָגֹר 무서워하다. 어형 변화표에 인용된 יָרַשׁ 상속받다의 원시 형태는 יָרִשׁ*이다(아랍어 *wariṯa*와 비교).

미완료형에서 동작 동사와 상태 동사는 두 번째 모음뿐 아니라 첫 번째 모음에서도 다르다(§ 41 *e*). 동작 동사의 미완료형은 **yayšib* > יֵשֵׁב이고, 상태 동사의 미완료형은 **yiyraš* > יִירַשׁ이다.

c   **동작 동사 미완료형** יֵשֵׁב. 두 번째 모음 ◌ֵ는 동작 동사 미완료형의 원시 모음 *i*에서 온 것이다(§ 41 *a*). פ״ו 동사 외의 경우에 ◌ֵ는 매우 드물다(예, יִתֵּן). 많은 문법 학자들에 따르면, 첫 번째 모음 ◌ֵ는 어근의 두 번째 자음의 모음을 유추하여 *i*에서 왔을 수 있다. 이 가정에 의하면, **yišib*는 아랍어 פ״ו 동사의 미완료 형태인 *yalidu walada*에서 옴)처럼, 어근의 첫 번째 자음이 없이 중간음이 탈락된 형태였을 것이다([3]). 그러나 이 ◌ֵ가 *ay*에서 왔으며 원래 장모음

---

[1] 이 *ū*는 ע״ו와 ע״ע 동사들에 침투하였다: הוּקַם (§ 80 *h*), הוּסַב (§ 82 *d*).

[2] 일반적으로 마지막 ◌ֶת는 ◌ֶת가 되는 경향이 있다. 예. קְטֶלֶת (=קְטֵל+ת). 참고, § 89 *h. qitl* 형태가 *qatl*에 의해 변형된 것을 비교하라. § 96 A *f*.

[3] 우가릿어의 *a-ši-ib* 나로 하여금 거주하게 하라(Huehnergard, *Ugr. Voc.*, 320) 뿐 아니라 *abl* 내

이었을 가능성이 훨씬 더 높은 것으로 보이는 이유는 다음과 같다.

1) 상태 동사 미완료형 יִירַשׁ에서 첫 번째 모음 *i*는 *iy*에서 유래되었으므로 원래 장모음이었다; 이와 유사하게 동작 동사 미완료형에서 첫 모음 *e*도 원래 장모음이어야 하며, 따라서 그것은 *ay*에서 유래되었다.

2) 일반적으로 말하자면, 히브리어에서 동작 동사의 미완료형과 상태 동사의 미완료형은 가능한 한 두 번째 모음뿐 아니라 첫 번째 모음에서도 다르다 (§ 41 *e*). 그러므로 상태 동사 미완료형에서 첫 번째 모음 *i*를 가진 *yiyraš*는 첫 번째 모음 *a*를 가지고 있는 동작 동사 미완료형 *yayšib*와 대립된다([1]).

3) ◌ֵ가 *ay*에서 왔다는 사실은 원시음 ו가 보존되어 있는 칼 미완료 형태들인 יוֹסֵף (*yawsif*에서 옴)와 יוֹרֶה (§ *f*) 사이에 있는 형태의 유사성에서 알 수 있다.

4) ◌ֵ의 길이는 그것이 결코 탈락되지 않는다는 점을 볼 때 확실하다. 예로, יֵדָעֲךָ 그가 너를 알 것이다([2])는 יְדָעֲךָ (완료형) 그가 너를 알았다 또는 그가 너를 안다와 대비된다.

5) 헥사플라 세쿤다에 있는 ιησηβ (시 9.8)와 θηληχ (ib. 32.8)와 같은 헬라어 음역들을 주목하라.

관찰. יֵשֵׁב는 도치 바브와 함께 וַיֵּשֶׁב가 된다(마찬가지로 히필에 וַיּוֹשֶׁב 가 있다).

d **상태 동사 미완료형** יִירַשׁ. 이미 언급된 대로(§ *c*) 이 형태에 나오는 두 모음은 상태 동사 미완료형을 표시한다.

강세와 관련하여, וַיִּירַשׁ에서 강세는 후진하지 않음을 주목할 수 있다 (§ 47 *b*). וַיֵּשֶׁב에서도 마찬가지이다(§ 76 *b*). 비교, 예, וַיִּחַר (חרה에서 옴, § 79 *i*).

e 두 개의 칼 미완료형 יֵשֵׁב와 יִירַשׁ는 이차적인 기원을 가지고 있는 것으

가 가지고 올 것이다와 *atn* 내가 줄 것이다(Gordon, *UT*, § 9.48)와 같은 형태들은, 비록 첫 번째 모음의 길이는 결정할 수 없지만, 최소한 우가릿어에서의 상황은 고전 아랍어와 사마리아 히브리어 (Ben-Ḥayyim, § 2.9.8)와 유사했을 가능성을 제시한다. Tropper(§ 75.511g)는 긴 형태를 선호한다. Blau 1975: 71도 보라.

[1] 혼합된 형태가 יִירַק와 달리 יִירַק 또는 יֵרַק로 나타난다. 마찬가지로 명령형 רַשׁ는 휴지 형태 רָשׁ와 대비된다.

[2] 이 장음 ◌ֵ는 결코 모음 문자와 함께 기록되지 않았음을 주목할 만하다. 그러나 시 138.6에서 יֵדָע 를 יֵדָע로 읽어야 하는 이 형태는 아마 예외일 것이다.

로 보인다. נוֹשַׁב, הוֹשִׁיב와 הוֹשֵׁב에서처럼 접두사 다음에 원시음 וֹ를 예상할 수 있을 것이다. 그러나 *yawšib* > יוֹשֵׁב* 같은 형태들은 히필 지시형과 칼 능동 분사형을 닮았다는 데 문제가 있다. 그러나 יוֹרֶה와 יוֹסֵף에서 וֹ는 보존된다(§).

f   **원시 וֹ를 가진 동사의 칼 미완료형**: יָרָה 던지다와 יָסַף 더하다

1) 미완료형 יוֹרֶה는 사실상 칼 형태이다. 그것은 히필 형태와 완전히 같기 때문에, 이차적으로 그와 같이 간주되어 왔다. 여기서부터 יוֹרֶה와 그 유사어인 분사형 מוֹרֶה가 왔다[1].

2) 미완료형 יוֹסֵף는 사실 칼 형태이며, 창 4.12(לֹא와 함께); 신 13.1; 18.16(לֹא와 함께); 욜 2.2; 민 22.19†(참고, § 114 *g*)에 보존되어 있다. 이 형태는 히필 지시형과 유사하며, 히필 직설법 יוֹסִיף 형태와 거의 동일하다. 이 유사성 때문에 יוֹסֵף는 히필 형태인 יוֹסִיף로 바뀌게 되었다. 그리고 나서 יוֹסִיף를 모델로 하여 완료형 הוֹסִיף (희소함, 6회), 부정사 연계형 הוֹסִיף (4회), 분사 מוֹסִיף (1회)[2]가 만들어졌다. 그러므로 יסף 동사는 어느 정도 불완전한 형태이다(quasi-defective, § 85 *b*). 일반적인 형태들은 완료형 יָסַף, 미완료형 יוֹסִיף, 부정사 연계형 הוֹסִיף이다[3].

그러므로 מוֹרֶה, יוֹסִיף, הוֹסִיף 같은 형태들은 이차적이거나 유사-히필 형태들이다(§ 54 f; ע״ו 동사의 다른 예는 § 81 *c*에서 보라).

g   **흔히 사용되는 동사들.**

יֵשֵׁב 형태의 동작 동사들:

יָרַד 내려가다.

יָלַד 아이를 낳다; יִלֵּד는 칼 수동태이다(§ 58 *a*).

יָדַע 알다. 제 3 후음 동사이므로 미완료형 יֵדַע [4], 명령형 דַּע, 그리고 부정사형 דַּעַת로 나타난다(◌ 모음과 함께).

---

[1] 왕하 13.17 יְרֵה וַיּוֹר 쏘아라!(라고 그가 말하자) 그가 쏘았다를 주목하라. 칼에서 히필로 변화한 것은 던지다를 의미하는 다른 동사들이 히필이기 때문에 야기되었을 것이다: הֵטִיל과 הִשְׁלִיךְ (둘 다 칼 형태가 없다).

[2] Ginsberg(1935: 223)는 레 19.25 לְהוֹסִיף를 제외하고, 이것들 가운데 단 하나도 초기의 성경책에 나오지 않는다고 지적한다.

[3] 참고, Lambert 1898: 142; idem, 1896: 154. 그리고 모압어 לספת 더하다(21행)와 수정되었을 가능성이 있는 민 32.14와 사 30.1(סְפוֹת, לְסְפֵת > סְפֵת, לָסֶפֶת)을 보라.

[4] ע״ע 상태 동사에서 יֵקַל (*yeqal*), יֵדַע와 같은 미완료 형태들과 비교하라.

יָשַׁע* 칼형이 없음; 히필 הוֹשִׁיעַ 건지다; 니팔 נוֹשַׁע.

יָצָא 나가다. 이 동사는 פ״י나 ל״א로[1] 취급되지 않으며, פ״ן처럼 취급된다: 미완료형 יֵצֵא; 명령형 צֵא; 부정사형 צֵאת (צֵאֶת* 대신). 도치 바브 완료형들에 관해 § 43 *b*를 참조하고, 도치 바브 미완료형은 § 47 *b*를 보라(드문 불규칙 형태들: וַיֹּצִא, 명령형 הוֹצִיא, § 78 *i*).

הָלַךְ 가다. 이 동사는 우가릿어에서 상응되는 단어와 마찬가지로 פ״ן 처럼 취급되는 유일한 פ״ה 동사이다. 비록 이 발전 과정은 알려져 있지 만, פ״ן 동사들과 유사한 발전 과정을 겪었다[2]. 미완료형 יֵלֵךְ, 명령형 לֵךְ, 부정사형 לֶכֶת. 휴지 위치에서 וַיֵּלַךְ가 온다(§ 32 *c*). 히트파엘은 규칙적이다: הִתְהַלֵּךְ. 일부 강동사 형태들도 발견된다. 예, יַהֲלֹךְ 시 58.9 등[3]. תְּהַלֵּךְ 출 9.23; 시 73.9 형태는 תְּהַלֵּךְ이거나 תִּתְהַלֵּךְ일 수 있는 혼합된 형태(*lectio mixta*, § 16 *g*)일 것이다.

h   יָרֵשׁ*, יָרַשׁ 형태의 **상태 동사들**:

יָשֵׁן* 잠자다; 미완료형 יִישַׁן; 부정사형 לִישׁוֹן 전 5.11†.

יָעֵף* 피곤하다; 미완료형 יִיעַף.

יָעַץ, יָעֵץ 조언하다. 후음 때문에 *a*를 갖는다; 미완료 יִיעַץ.

יָקַר 귀하다; 미완료형 יִיקַר.

יָרֵא 두려워하다(동시에 ל״א 동사이다): 미완료형 יִירָא, וַיִּירָא; 명령형 יְרָא, יְראוּ(=*yru*이며, יִרְאוּ*가 아니다); 부정사형 יְרֹא (2회, 일반적인 형태는 יִרְאָה이다. § 49 *d*).

i   *u* > ō 모음 변화를 가진 **상태 동사들**:

יָגֹר 무서워하다. 미완료형과 명령형, יָגוּר와 גוּר는 관련된 어근 גוּר에서 온 것이다. 따라서 이 동사는 불완전하다. § 85 *a*.

---

[1] 완료(יָצָא, יָצָאתִי 등)와 분사 여성 단수(יוֹצֵאת)를 제외함.

[2] Ungnad 1905: 278; Lambert 1893: 137, 각주를 보라. Prätorius(1882: 310)가 처음 제시했고, Brockelmann., *GvG*, I. 585, Berg., I, § 16 그리고 BL, 214가 뒤따른 대안적 설명은 받아들이기 어렵다; 이것이 그와 같은 음성론적 변화(/*hah-/ > /*hā-/)에 대한 유일한 예가 된다는 사실 외에, 사역적 형태소는 /h/가 아니라 /š/인 우가릿어에서 이제 찾을 수 있는 증거를 주목해야 한다. Harris, *Development*, 33을 보라. 어근 *hlk*가 원래의 두 자음 어근 *lk*와 *kh*의 혼합 형태라는 (후자는 성서 아람어에 나타난다) Gordon의 제안(*UT*, p. 390)은 아카드어 /alāku/에 비추어 볼 때 가능성이 없어 보인다. Blau 1979-80: 145-46도 보라.

[3] 모압어 메사 비문에 אהלך(피엘로 보이지 않는다)과 함께 ללך가 나타난다. 14행.

שָׁקַ֫שׁ 덫을 놓다, יָקוֹשׁ 새 사냥꾼의 명사에서 파생된 동사; 미완료형은 없다.
יָכֹל 할 수 있다. יכל 어근의 의미는 역량(capacity)에 관한 것으로 보인
다. 관련된 어근 כול (또는 כיל) 측정하다(특히 용량과 관련됨); 히필 담다, 포함
하다 비교.

동사적 형용사 יָכֹל은 마소라 본문에서 발견되지 않는다. 그러나 렘
38.5에서 그렇게 읽혀져야 한다([1]).

부정사 연계형 יְכֹ֫לֶת는 매우 드문 형태로서, יְבֹ֫שֶׁת 마르게 됨. 창 8.7 외
에 그 어느 곳에서도 발견되지 않는다(참고, § 76 d).

미완료형 יוּכַל은 여러가지 방식으로 설명될 수 있다:

1) 어떤 이들에 의하면 이것이 칼 수동태일 수 있다. 그러나 상태(state)
를 표현하는 동사는 거의 수동태를 가질 수 없다. 왜냐하면, 수동태는 동작
(action)과만 연관되어 있기 때문이다.

2) 다른 이들에 의하면 이것이 yawkal에서 온 yoḥal을 가리키는 칼 미
완료형일 수 있다. 그러나 이것이 맞다면, יֹאכַל 등에서처럼 o가 유지되었을
것이다(§ 73 b); 게다가 상태 동사들에서 접두사의 모음은 i이다(§ 41 e).

3) 가장 그럴 듯한 설명은, יוּכַל이 호팔 미완료형이라는 견해이다. 이것
은 여전히 유서 깊고 널리 받아들여져 온 견해이기도 하다(Ewald, Olshausen
등). 이 형태 자체는 호팔을 표시하며, 만일 그가 할 수 있다(he could)는 의미
가 사역적 수동태와 조화될 수 있다면, 다른 형태로 보지 않는 것이 현명하다.
다음과 같은 의미론적 과정을 관찰할 수 있다: 호팔의 원래 의미로서 그가 ~
을 할 능력이 있도록 되어질 것이다(he will be made capable)는 그가 ~을 할 능력이
있게 될 것이다(he will become capable), 그가 ~을 할 능력이 있을 것이다(he will
be capable)로 쉽게 약화될 수 있었고, 마침내 그가 할 수 있을 것이다(he will be
able to) ([2]) 가 되어 사역적인 의미가 점차 사라졌을 것이다([3]). 마찬가지로, 엄

---

[1] 참고, Ehrlich, ad loc. 미쉬나 히브리어 יכל은 가능한(possible)이란 의미로 나타난다. 참고, Dalman
1905, s. v.

[2] 이것은 독일어의 befähigt가 어떻게 fähig 할 수 있는과 가까운 의미를 가질 수 있는지 말해준다. 마
찬가지로, Fähigkeit처럼 능력의 의미를 갖는 Befähigung이 있다.

[3] 미쉬나 히브리어, 유대 아람어, 그리고 시리아어에서 많은 사역적 수동 분사가 아무런 사역적 뉘앙
스 없이 순수한 형용사들로서 사용된다. 예, 미쉬나 히브리어 מְבוֹאָר 분명한, 명백한(원래 분명하게
표현되다, 설명되다를 뜻한다).

밀하게 말하면 불이 타오르게 되어지다를 의미하는 호팔 יוּקַד는 그 사역적인 의미를 상실하여 칼형 יָקַד*, יִיקַד처럼 화염에 타다, 타오르다가 된다([1]).

그러므로 יכל 동사는 불완전하여 완료형은 칼형이지만, 미완료형은 호팔형이 된다. 정상적인 칼 미완료형은 *יִיכַל일 것이다. 우리는 그것이 왜 사라졌는지 알지 못한다([2]). (상태 동사의) 완료형이 יְכִל인 성서 아람어에서도 마찬가지로 상태 동사의 미완료형은 사라진다. 그것은 u를 갖는 동작 동사 형태 יִכֻּל로 대체되었다(비교, § 41 b).

j   **세부 관찰**.

미완료 יֵשֵׁב. 여성 복수 어미는 항상 qlnå이다(§ 29 d). 그러나 그것에 상응하는 명령형은 남성 단수형을 유추하여 elnå가 되었다. 예, תֵּלַכְנָה 그러나 לֵכְנָה.

미완료 יִירַשׁ. 종종([3]) 불완전한 철자법 יִרַשׁ가 나타난다. 예, יִרְאוּ 그들이 두려워할 것이다(yi-r'u 음절 구분을 표시하는 메텍과 함께; יִרְאוּ yir-'u 그들이 볼 것이다와 대조됨, § 14 c 1).

k   강동사 **명령형**: יְרָא 두려워하라!, 복수 יִרְאוּ([4]); צַק 외에도 יְצֹק 부으라, 쏟아라!(פ"צי으로도 취급되는, 매우 불규칙적인 동사 יָצַק에서 옴, § 77 b).

남성 단수에 종종 첨가된 הֳ가 나타난다. 예, שִׁבְה, דִרְה(참고, § 48 d).

히브리어는 יְהַב* 주다 동사의 명령형만 가지고 있다. 특히 단수에서 הָבָה([5]) 형태가 나타난다(그러나 א 앞에서, 창 29.21 הָבָה; 모음 충돌 현상이 일어난다. § 33), 한 번 הַב, 그리고 복수에 הָבוּ; 여성 단수 הָבִי가 나타난다. 마지막 두 형태에서 a가 유지된다(דִרָ, דִעוּ, דְעִי와 대조된다).

l   **강동사 부정사 형태**: לִיסֹד에서 יְסֹד 기초를 세우다가 나온다(또한 중복

---

[1] 이와 달리 Blau가 그럴듯하게 제시한 바에 따르면, 이 형태들에는 iwC > ūC: /yiwkal/ > /yūḫal/과 같이 음이 교체되는 예들이 나온다고 한다. 그러나 이와 같은 교체 현상은 널리 퍼진 것 같지 않아 보인다. Blau 1971: 3f.를 보라.

[2] Blau(2003: 71)는 실제적으로 입증되고 있는 형태가 원형이며, *יִיכַל은 유추로 만들어졌다고 주장한다. 그렇지만 그는 단지 가정된 음성법(iwC > ūC)의 예로서, 표준적인 יִיקַד 대신에 יוּקַד로 읽고 있는 단 하나의 경우만을 더 제시할 뿐이다.

[3] 362개 중 46개 경우에 그렇다. AF, Spelling 167.

[4] א이 묵음이 되었기 때문에 מִלֵאוּ처럼 יִרֱאוּ가 아니다.

[5] הָבָּה* 형태를 기대했을 것이다. 이 명령형을 더 강한 모음으로 읽는 것은 그것이 감탄사로도 사용된다는 사실에서 온 것일 수 있다. § 105 e. 이것을 유추하여 הָבוּ, הָבִי가 나타난다. 그러나 마지막 음절에 강세가 있다(mil'ra).

과 함께 לִיסוֹד 대하 31.7[§ 77 *a*, n. 2]; 길이는 모음에서 자음으로 옮겨간다);
יְרָא (2회, 일반적인 형태인 יְרָאָה 뿐 아니라, § 49 *d*); יְבֹלֶת, § *i*; שׁ יָבֵשׁ와 יַבֶּשֶׁת.

m 명사 형태들과의 비교(참고, *a*).

1) וֹ를 가진 형태들: מוֹעֵד 정해진 만남, 모임(יָעַד 정하대시간, 장소]; מוֹשָׁב 거처; תּוֹדָה 찬양(ידה 어근: 히필. הוֹדָה 찬양하다). 이 모든 형태들에서 *o* 는 *aw*에서 나왔다.

2) וֹ가 ־로 대체된 형태들: 단어 처음에, 예, יִרְאָה 두려움(부정사이기도 하다. § 49 *d*); יַחַד 동시에(부사).

3) ו 첫 자음이 탈락된 형태(לִדָה 형태): לֵדָה 출생(부정사로도 사용된 다); חֵמָה 열, 분노(극히 드문 형태인 יחם 뜨거워지다에서 옴, 참고, 시리아어 *ḥemta*); עֵדָה[1] 정해진 만남, 집회(참고, 시리아어 ʿedtå); עֵצָה 모략, 조언; שֵׁנָה 잠(참고, 시리아어 šentå); דֵּעָה 지식; זֵעָה* 땀. 이 형태는 *šib* + *t* > שֶׁבֶת (§ *a* 3) 형태의 부정사 형태이다. 그러나 여성형 어미 ָה와 함께 예로, *lid* + *å* = לֵדָה 가 된다. לֶדֶת 뿐만 아니라 לֵדָה가, דַּ֫עַת와 함께 דֵעָה가 발견된다. 부정사 שֶׁבֶת는 순수한 명사로 사용된다. 예, 왕상 10.19 자리(솔로몬의 보좌).

§ 76. 원시 י″פ 동사(פ″ייׄ)

(어형 변화표 9: יָטַב 좋다)

a 원시음 י를 첫 자음으로 갖는 동사들은 일곱 개 밖에 없다. 이것들은 모두 상태 동사이다[2] (미완료에서 *a*와 함께). 칼과 히필에서만 실례들이 발견된다.

어형 변화표에 יָטַב*를 인용하였으며, 이 동사의 완료형은 존재하지 않는다(§ *d*).

원시음 י는 모든 형태에 유지된다.

b **칼형.** 미완료형 *yiṭab* >יִיטַב이며(비교, יִירַשׁ, § 75 *b*), 상태 동사 미완료형의 첫째 및 둘째 모음을 갖는다(§ 41 *e*).

---

[1] עֵד 증거(어근 עוד)의 여성형 עֵדָה와 대조하라. § 80 s; 97 E *b*.

[2] 이것은 순수한 우연의 일치인가, 또는 혹시 י″פ 어근으로 동작 동사가 되는 것을 피하기 위한 의도적인 시도인가?

강세와 관련하여, וַיֵּיטִ֫ב에서 그것이 후진하지 않는 점을 주목해야 한다(참고, § 75 *d*).

c **히필형. 미완료형** *yayṭib* > יֵיטִיב.

완료형 *hayṭib* (원시음 *a*와 함께) > הֵיטִיב. 이 *ẹ* 모음은 완료형 הֵקִים (§ 80 *g*)과 הֵסֵב (§ 82 *d*)로 확산되었으나 그 과정 중에 원래 길이를 상실했고, 이리하여 הֲקִימֹ֫תִי, הֲסִבֹּ֫תָ 등이 만들어졌다.

분사형 *mayṭib* > מֵיטִיב. 이 *ẹ* 모음은 분사형 מֵקִים과 מֵסֵב로 확산되었다. 그러나 여기서도 원래의 길이가 상실되었으며, 이리하여 מְקִימִי 나를 높이 드는 자, מְסִבַּי 나를 둘러싼 자들이 나온다.

주의. 좋다(to be good) 동사에서, 접두사 다음에 י가 없는 형태들은 본질적으로 טוב 동사에 속한다. 예, הֵיטִיב, מֵיטִיב. 이것들을 יטב 어근과 연관시키기 위해서는 불완전 철자법을 가정해야 한다. 사실, 히필 형태들은 일반적으로[1] 접두사 다음에 י와 함께 쓰이며, 이 점은 그 형태들이 יטב 어근에 속한다는 것을 분명히 해준다(§ *d* 4).

d 일곱 개의 **원시 פ״י 동사**.

1) יָבֵשׁ, 미완료 יִיבַשׁ 마르다(참고, 아랍어 *yabisa*, 미완료 *yaybasu*). 부정사 יְבֹשׁ (1회; 이 형태는 유일하게 כְּלֹת로 나타난다. § 75 *i*). 히필형은 불규칙적으로 *y* 대신 *w*를 갖는다: הוֹבִישׁ 말리다[2].

2) יָנֵק*(참고, 시리아어 *yineq*, 아카드어 *enēqu*), 미완료형 יִינַק 젖을 빨다. 히필 הֵינִיק 젖을 빨게 하다, 젖을 먹이다.

3) יָשֵׁר, 미완료형 יִישַׁר 똑바르다(참고, 아랍어 *yasira*, 미완료 *yaysaru*).

4) יטב* 좋다. 완료형은 없다: יָטֵב* 또는 יָטֹב*였을 것이다. 그것은 완료형 טוֹב, טוֹבוּ로 대체되었다(§ 80 *q*). 미완료형 יִיטַב. 히필형 יֵיטִיב, הֵיטִיב; 덜 빈번하게 יֵטִיב, הֵטִיב (§ *c*).

5) יקץ* 잠에서 깨다. 완료형이 없으나, יָקַץ*였을 것이다(참고, 아랍어 *yaqiẓa*). 그것은 유사-히필이었을 가능성이 있는 히필 완료형 הֵקִיץ(어근: קיץ) 대체되었다(참고, § 54 *f*). 미완료 יִיקַץ (드물게 יְקַץ), וַיִּיקַץ, 그리고 한

---

[1] 117개 중 106개의 경우, AF, *Spelling*, 173.

[2] 같은 형태인 הוֹבִישׁ는 בּוֹשׁ 부끄러워하다 동사에서 어형변이를 일으킨(metaplastic) 히필이며, (칼처럼) 부끄러워하다라는 뜻이다(§ 80 *q*).

번 וַיִּיקֶץ 창 9.24이다.

사역 동작 깨우다는 הֵעִיר (עור√)로 표현된다.

6) יִלל* 히필 הֵילִיל 신음하다: 미완료형은 비정상적으로 יְיֵלִיל[1]이다.

7) ימן* 히필 הֵימִין 오른쪽으로 가다(יָמִין 오른쪽의 명사 파생 동사).

e   **명사 형태들**과의 비교. 원시적인 *y*가 동사 형태들에서처럼 유지된다.
예, מֵיטָב 가장 좋은 부분, מִישׁוֹר 평야, תֵּימָן 남쪽, יַבָּשָׁה 마른 땅, 단단한 땅.

§ 77. פ״צ 동사[2]
(어형 변화표 없음)

a   어근의 두 번째 자음이 צ인 여섯 개의 פ״י 동사에서, 모음 다음에 오는
צ가 특정 형태들에서 중복된다. 강세 치찰음 צ는 그것의 성격상 쉽게 중복된
다[3]. 이 현상은 ṣ 앞에 장모음이 있는 형태들에서 일어난다. 예, 칼 미완료형
yiṣat > yiṣṣaṭ; 호팔 미완료형 *yūṣaʿ > yuṣṣaʿ*; 호팔 완료형에서도 마찬가지이
다[4]. 그러므로 이것은 음량이 도치된 경우이다. 즉, 길이가 모음에서 ṣ로 옮겨
진 것이다[5]. 이 형태들로부터 ṣ의 중복은 다른 형태들로 확산되었다. 예, 니팔
נִצַּת, 히필 יַצִּיעַ 그리고 심지어 명사 형태인 מַצָּע에서도 나타난다.

b   **여섯 개의 פ״י 동사들**. 입증된 형태들은 숫자상 몇 개 되지 않는다. 두
동사의 어근인 יצת와 נצג는 전적으로 확실하지 않다. 다른 동사 어근인 יצב
의 어근은 이차적이다.

1) יצב는 히트파엘형 הִתְיַצֵּב 스스로 자리잡다에만 나타난다. 원래 어근

---

[1] 이것은 사 52.5에 단 한 번 나타나는 יְהֵילִיל을 대신하는 형태일 것이다.

[2] 이 편리한 표시에서 צ는 어근의 두 번째 자음(R₂)을 나타낸다. 기억을 돕기 위한 용어는 פ״צ בְּקַעַ״ת גֵּר 나그네의 골짜기이다. 이와 관련된 동사의 어근들은 נצג, יצת, יצע, יצק, יצג, יצב, 그리고 יצר이다.

[3] 다른 치찰음들이 유사한 중복을 일으키는 산발적인 예는 이 현상이 צ의 강세적 특성과 아무런 관계가 없음을 제시한다. אֶסְרֵם 호 10.10; וְיִסְּרֵנִי 사 8.11(피엘 완료형 וְיִסְּרֵנִי 잘못 읽은 것이 아니라면); יְשָׁרְנָה 삼상 6.12; לִיסוֹד 대하 31.7 ∥ לְיַסֵּד 사 51.16(이것은 שֵׁלֵּב와 같은 미쉬나 히브리어 형태를 상기시킨다), מוּסָד 사 28.16, מַסָּד 기초 왕상 7.9를 주목하라. 히필 יַסִּית 왕하 18.32; מַסִּית 렘 43.3; הִסִּיתוּךְ 렘 38.22도 참고하라.

[4] 참고, Brockelmann., *GvG*, I. 601.

[5] 참고, BL, pp. 218, 379. הֵסִית 등과 비교, § 80 *p*.

은 נִצַּב이며, 니팔형 נִצַּב[1], 히필형 הִצִּיב, 그리고 호팔형 הֻצַּב를 가지고 있다. 이 형태들은 יצב 어근에서 온 형태들과 유사하므로, 히트파엘형 הִתְיַצֵּב가 만들어졌다[2].

2) יצק 쏟다, 붓다. 칼 미완료형 יִצֹק[3]; 히필 미완료형 יַצִּיק. 길어지지 않은 צ를 가진 형태들도 있다. 이리하여 모든 호팔 형태들에서 הֻצַּק, יוּצַק, מוּצָק가 된다. 칼형에서 וַיִּצֶק[4] 왕상 22.35와 같은 불규칙 형태들이 있다.

3) יצע 펴다: 히필 미완료 יַצִּיעַ; 호팔 미완료 יֻצַּע. 명사 형태 מַצָּע (1회) 침대.

4) יצת 불이 붙다, 타다. 어근은 절대적으로 확실한 것은 아니다; 그 어근은 נצת일 수 있다. 칼 미완료형 יִצַּת[5]; 니팔 완료형 נִצַּת (§ 85 b); 히필형 הִצִּית, יַצִּית, 그러나 불규칙하게 אֲצִיתֶנָּה 사 27.4가 나온다.

5) יצג 두다. 이 어근은 절대적으로 확실하지는 않지만 נצג일 수 있다. 히필형 הִצִּיג, יַצִּיג; 호팔 미완료형 יֻצַּג.

6) יצר 모양을 만들다. יִצְרְהוּ, אֶצָּרְךָ에서처럼 접미사를 가진 칼 미완료형 יִצֹר 예외적인 형태 וַיִּיצֶר, וַיִּצֶר[6]; 칼 수동태 יוּצַר.

주의. יָצָא 동사는 פ״צ로서 취급되지 않는다. § 75 g.

§ 78. ל״א 동사

(어형 변화표 10: מָצָא 찾다)

a   § 24에서 א 후음에 관하여 말한 내용은 ל״א 동사들에도 적용된다[7].

---

[1] 이 동사의 니팔은 נִגַּשׁ에서와 같이 완료형과 분사형에만 나타난다. 그러나 후자와 달리 칼형은 나타나지도 않고, 그것은 다른 어떤 시제나 법에서도 사용되지 않는다. 이것들을 위해서 히트파엘 הִתְיַצֵּב가 사용된다.

[2] 참고, Brockelmann., *GvG*, I. 601; BL, 379; Nöldeke 1910: 183f.

[3] 레닌그라드 사본에 의하면 단 세 번만 나타난다. 반면에 대부분의 경우는 צ에 다게쉬가 없다.

[4] 자동사로 사용되었다, 피가 흘렀다. *i*는 원래 장음이었다. גָּלָה의 끝 자음이 생략된 칼 형태 וַיִּגֶל과 대조하라. § 79 *i*. יֵצֶר와 יֵצַר 그것이 좁아질 것이다(√צרר, § 82 *b*)를 비교하라. Yeivin에 따르면 여기에서 쩨골은 원래 /u/의 중립적인 변화 형태이다. 1980: 184.

[5] וַיִּצַּתּוּ (2회)는 마치 √נצת에서 온 것 같은 형태를 갖는다.

[6] 위의 § 77 *b*, 네 번째 각주 (וַיִּצֶק에 대한 것) 참조.

[7] קָרָא와 יָצָא는 פ״י 동사의 특징적인 모습들을 병합한다. § 75를 보라.

이 형태는 다른 세 번째 자음(R₃) 후음 동사들과 다르다. 이 동사들의 어형변화에서 알렙은 더 이상 발음되지 않는다(¹). 결과적으로 א에 의해 원래 닫혀 있던 음절은 열리게 되며 열린 음절들의 모음들을 취하게 된다. 이 동사 변화가 규칙 동사의 변화들과 달라지는 사항들은 대부분 음성론적 규칙들로 설명할 수 있다: 즉, *a' > ā > å, i' > ē > ẹ,* 그리고 *u' > ō > ọ*로 변한다.

b　　　　**칼형**. 완료형에서 동작 동사 형태 외에 ◌̣를 갖는 상태 동사 형태도 있다. 동작 동사의 완료형: 두 개의 짧은 *a*를 가진 원시 형태 **maṣa*는 열린 음절에 두 개의 *å*를 갖는 מָצָא 찾다가 된다. 상태 동사 완료형: 원시 형태 **mali'*는 מָלֵא 가득 차 있다가 되고(일반적으로 짧은 *i*는 열린 음절에서 ◌̣가 된다) (²), 이 쩨레는 זָקֵן에서 온 זָקַנְתִּי와 달리 1인칭과 2인칭 완료형에서 유지된다(מָלֵאתִי; מָלֵֿאתִי).

　　　　미완료형. 상태 동사 미완료형은 일반적으로 *a*를 갖는다. 예, יִמְלָא. 동작 동사들의 미완료형도 *a*를 갖는다. 예, יִמְצָא (*יִמְצֶה 대신에). 이것은 미완료형 **yiglay*에서 יִגְלֶה가 된 것을 유추하여 만들어졌을 것이다. § 79 *e*.

　　　　칼형과 파생 동사들에 나타나는 אֶנָה-(종종 אֶן-로 기록된다)를 갖는 여성 복수 형태는 ל"ה 동사들을 유추하였기 때문이다. 예, תִּגְלֶינָה처럼 תִּמְצֶאןָֿ; 룻 1.4 וַתִּשֶּׂאנָה .. וַתִּבְכֶּינָה 또한 צֶאֶינָה וּרְאֶֿינָה 나와서 보라 아 3.11에 있는 두 개의 여성 복수 명령형을 보라.

　　　　명령형은 미완료형 모음을 갖는다: מְצָא.

　　　　그러나 부정사는 *ọ*를 갖는다: מְצֹא. 이것은 부정사의 본래 형태인 קְטֹל처럼 되었다. § 49 *c*.

c　　　　**니팔형**: נִמְצָא. 동사 변화에서 예상되는 형태인 *נִמְצָֿאת 대신에 ◌̣를 갖는 נִמְצֵֿאת 등이 나타나고 있다. 이것은 ל"ה 동사들로서 예로, נִגְלֵית에서 온 것이거나 아마도 יָרֵאתָ처럼 칼 형태들에서 온 것이다(§ *b*).

　　　　피엘형: מִצֵּא(³). 동사 변화에는 자연스럽게 ◌̣가 나타난다. 예, מִצֵּאתָ.

　　　　히필형: הִמְצִיא. 동사 변화에서 다른 파생 동사 형태들처럼 ◌̣를 갖고 ◌ִי를 갖지 않는다. 예, הִמְצֵֿאתָ.

---

¹ 그러나 § 28 *b*와 아래의 § *d*.를 참고하라.

² 다른 상태 동사들: יָרֵא 두려워하다, 미완료 יִירָא (이와 동시에 פ"יו 동사이다. § 75 *h*), טָמֵא 불결하다, שָׂנֵא 미워하다, צָמֵא 목마르다.

³ 예, מִלֵּא 채우다, קִנֵּא 질투하다, טִמֵּא 더럽히다, חִטֵּא 죄를 제거하다, רִפֵּא 치료하다.

히트파엘형: 강동사처럼(§ 53 *b*) ◌ֵ를 갖는 표준 형태 외에, הִתְחַטָּא 자신의 죄를 제거하다, הִטַּמָּא 자신을 불결하게 하다, הִתְפַּלָּא 놀란 것처럼 보이다(?)에서 *a*(여기서 ◌ַ)를 갖는 드문 형태도 나타난다. 강동사처럼 ◌ֵ를 갖는 형태는 휴지 위치에서 *a*를 취한다. 예, יִתְנַשֵּׂא는 יִתְנַשָּׂא 민 23.24가 된다.

d   **일반적 관찰.**

א은 완료형의 자음 접미사(תִּי, תָּ, תְּ, נוּ)와 미완료형 자음 접미사 (נָ, ןָ, הָ) 앞에서, 그리고 동사 형태들 끝에 올 때는 묵음이다(예, הַמְצִיא 그러나 הִמְצִיאוּ / himṣíʾu/). 다른 곳에서는 발음된다.

e   א이 발음되지 않을 때 두 가지 뚜렷한 결과를 가진다: 1) א의 철자는 가끔 생략된다; 2) ל״א 동사들은 상당히 자주 ל״ה 동사들처럼 취급된다. 이 과정은 아람어의 영향을 받았을 가능성이 크며, 미쉬나 히브리어에서 훨씬 더 심화되었다.

f   1) א 자체가 생략되는 경우가 있다. 예, וַתִּשַּׁק 룻 1.14(9절에는 올바른 철자법으로 기록됨); אָבִי 왕상 21.29(같은 절에 אָבִיא로 올바르게 기록됨); מִלָּתִי 욥 1.21; יָצְתִי 32.18. 일부 경우들에는 중자 탈락이 일어난 것으로 보인다. 예, הֶחֱטִי אֶת־ 왕하 13.6; מְבִי אֶל 렘 19.15.

g   2) ל״א 동사들은 상당히 자주 음성적으로 또는 문자적으로 ל״ה 동사처럼 취급된다([1]).

ל״ה처럼 모음을 표기한 형태들: 예로, כִּלֵּאתִי 내가 돌이켰다, 돌렸다 시 119.101; חוֹטֶא 죄를 짓는 전 2.26 등; חֹטָאים 삼상 14.33; מִלֵּא 그가 채웠다 렘 51.34; דִּכָּא 그가 나를 부수었다 시 143.3; רִפֵּאתִי 내가 치료했다 왕하 2.21; נִפְלְאָתָה (불규칙적인 파타흐; 비교, 휴지 형태 נִפְלָתָה, § 79 *d*) 그것은 위대했다 삼하 1.26 (*MUSJ* 6 [1913] 177); הִפְלִא 그가 위대하게 만들었다 신 28.59.

ל״ה 동사에서 전형적인 ה를 갖는 형태들: 예, אֶרְפֶה 내가 치료할 것이다 렘 3.22; רְפֵה 치료하라! 시 60.4; הֶחְבֵּה 숨기다 왕상 22.25; יְמַלֶּה 그가 채울 것이다 욥 8.21.

이 불규칙 형태들 중 어떤 것들이 정말로 존재했는지, 또는 그것들이 후대 필사자들의 실수 때문에 생긴 것인지는 말하기 어렵다.

---

[1] Rendsburg(1990: 85-94)는 이것을 고대 이스라엘의 구어체 히브리어에서 전형적인 현상으로 간주한다. 이와 반대로 ל״ה 동사도 가끔 ל״א 동사처럼 취급된다. § 79 *l*.

h   **특정 형태들에 대한 주의.**

도치 바브 완료형은 § 43 *b*를, 도치 바브 미완료형은 § 46 *b*를 참고하라.

권유형(נִמְצְאָה ,אֶמְצְאָה)은 기피된다(§ 114 *b*, n.) ([1]).

여성 단수 분사는 일반적으로 מֹצֵאת 형태이다(מֹצְאָה* 대신). 더 드물게 מֹצֵאת 형태가 나타난다(비교, 부정사 שְׂאֵת와 함께 בְּאֵר, § *l*, 그리고 형태 § 88 C *i*). 복수 형태에서 아주 드물게 מֹצְאִים 대신에 א이 묵음인 מֹצִאים 이 나온다.

니팔 남성 복수 분사에서 규칙 형태인 נִמְצְאִים 대신 נִמְצָאִים 형태가 자주 나온다. 예, 거의 항상 נִמְצָאִים과 נִבָּאִים이 나타난다(참고, § 96 C *b*).

i   히필에서는 명령형, 지시형, 도치 바브 미완료형에 일반적인 모음 ◌ 대신에 아주 드물게 원래의 장모음 *i*가 나타난다. 예, 명령형 הָבִיא 렘 17.18 그리고 הוֹצִיא 사 43.8(둘 다 ע 앞에); וַיָּבִיא 느 8.2(ע 앞에); וַיּוֹצִא 시 105.43(צ 앞에); וַתַּחְטִא 왕상 16.2; 21.22(א 앞에); וַיּוֹצִא 신 4.20; 왕하 11.12(א 앞에); וַתַּחְבִּא 왕하 6.29(א 앞에). 이 경우들에서 *i* 모음(이것은 모음 문자 י가 함께 나타나지 않을 때 의심스럽다)은 후음 앞에서 더욱 긴 모음을 가지려고 하는 성향으로 설명할 수 있다([2]). 그러나 후음이 아닌 자음들 이전에도 *i*가 나타난다: 사 36.14 지시형1) יַשִּׁא QIsᵃ에서도 동일하다. 그러나 평행을 이루는 왕하 18.29, 대하 32.15에는 יַשִּׁיא로 기록되어 있다); וַתַּחְטִא 왕하 21.11; וַיּוֹצִא 시 78.16. 이 경우들에서 만일 *i*가 확실하다면, 그것은 설명하기 어렵다.

j   **특별히 불규칙적인 동사들.**

יָצָא 나가다 동사는 ל"א처럼 취급되지 않고 פ"יו처럼 취급된다. § 75 *g*. בוֹא 들어가다, 오다에 관해 § 80 *r*을 참조하라.

상태 동사 מָלֵא는 가득차 있다와 물이 꽃병을 채운다처럼 준-상태 동사에서 채운다를 뜻한다. "그 사람이 꽃병을 물로 채운다"처럼 엄격한 의미에서 동작을 표현하기 위해서는 일반적으로 피엘 מִלֵּא를 사용한다. מִלֵאוֹ 에 7.5 그가 그것을 채웠다(본문이 옳다고 가정할 때)는 형태는 (아마도 아람어의 영향으로) 존재했을 가능성이 있는 동작 동사 מָלָא*의 완료형으로 추정해 볼 수 있다. 칼

---

[1] 그러나 בוֹא 동사와 함께 오는 권유형은 드물지 않다. אֶבוֹאָה 창 29.21 + 4회; נָבוֹאָה 왕하 7.9 + 2회. אֶצְאָה 겔 26.2; נֵצְאָה 대하 1.10, וַנֵּצְאָה 느 2.13, אוֹצִיאָה 창 19.8; 삿 19.24도 주목하라. 삼상 28.15 וָאֶקְרָאֶה의 크티브에 드물게 나오는 예가 숨겨져 있다.

[2] 모음 충돌(hiatus) 현상과 비교하라. § 33. 그리고 § 79 *m*을 참고하라.

부정사 מְמַלְאת는 לֹ"ה 동사를 유추하여 만들어졌다. 피엘 부정사에는 מַלֵּא (7 회)뿐 아니라 מַלֵּאת (5회)가 나타난다.

k   I. קָרָא 부르다, 소리치다 동사 외에 종종 קָרָה 형태를 갖는 II קָרָא 만 나러 가다 동사도 있다. 동명사 לִקְרַאת ~와 마주치다, ~를 향해 가다(§ 49 *d*)는 II קָרָא 형태와 연관된다. 다른 명사 형태들은 קָרָה에 관련된다. 예, מִקְרֶה 발생, 사건, 운명.

l   נָשָׂא 옮기다 등의 동사는 동시에 פ"ן 동사의 특징을 가지고 있다. 미완료형 은 יִשָּׂא; 명령형(첫 자음 탈락으로)은 שָׂא이다. 부정사는 드물게(4회) נְשֹׂא(§ 72 *h*) 이고, 일반적으로 첫 자음이 탈락된 형태로 나타난다. 원시 형태 *śa'+ *t*는 우선 쩨 골화에 의해 *שֶׂאֶת가 되었고, 그 후에 *שֵׂאֶת가 되었다. 이 형태는 לָשֵׂאת에서 발견된다. לְ가 없는 형태는 שְׂאֵת로서, 예를 들면 실명사 בְּאֵר 우물에서처럼 모음이 끝에 온다. § 88 C *i*(מֹצָאת) 외에 מֹצֵאת 형태를 비교하라. § *h* ([1]).

§ 79. לֹ"ה 동사
(어형 변화표 11: גָּלָה 드러내다)

a   동사들은 3인칭 남성 단수 완료형의 마지막에 גָּלָה처럼 (묵음) ה가 마지막에 오기 때문에 그렇게 지칭한다. 사실 이것들은 어근의 세 번째 자음으로 י를 갖는 동사들이다([2]). לֹ"ה 동사 외에도, 아랍어와 모압어에서처럼 히브리어에는 한때 일부 לֹ"ו 동사들이 존재했으나 이것들은 לֹ"י 동사들에 흡수되었다. 이것은 마치 פ"ו 동사들이 어떤 형태들에서는 פ"י 동사들로 대체된 것과 같다(§ 75 *a*)([3]). לֹ"ו 동사의 흔적으로서 שָׁלַוְתִּי 욥 3.26 나는 평안하다 형태가 발견된다(비교, שָׁלֵו 고요한, שַׁלְוָה 고요함)([4]). 예로, 이중 모음(aw)이 축약

---

[1] ◌ֶ를 갖는 세 개의 부정사 형태를 주목하라: תֵּת, § 72 *i*, צֵאת, § 75 *g*, שֵׂאת.

[2] 모든 לֹ"י 어근들은 원래 마지막 장모음을 가진 두 자음 어근으로 이루어졌다는 주장이 때때로 제시되었다. 최근에 제시된 이 이론에 대한 자세한 설명은 Diem 1977에서 보라. 그러나 Diem이 고려하지 않은 우가릿어와 페니키아어에는 *w*나 *y*가 어근의 세 번째 자음으로 강력하게 입증되고 있다. Gordon, *UT*, § 9.51, 52, 그리고 Segert 1984: § 54.57; FRA, § 176을 보라. 세 자음 어근으로 보는 대안을 변호하는 입장으로서 Voigt 1988과 Blau 1992: 250을 보라.

[3] 우가릿어에서 לֹ"ו 동사는 훨씬 더 잘 보존되었다. Tropper, § 75.531b.

[4] 참고, 삼상 25.18 크티브 עֲשׂוּיָה; 사 3.16 크티브 נְטֻוּוֹת 메사 비문, 제 5행에 ענו (=ענה) 어근에서

되면서, נִגְלֹתִי*(*gålawti* 대신)가 예상되었을 것이다[1].

b 히브리어에서 ל״ה 동사의 변화는 상당한 규칙성을 갖고 있다[2]: 1) 앞에서 언급한 바와 같이 옛 ל״ו 동사들은 ל״י 동사들에 흡수되었다; 2) 칼형에서 동작 동사와 상태 동사 사이의 차이는 더 이상 나타나지 않는다; 3) 파생 동사들의 모든 시제에서(부정사 절대형을 제외하고) 끝 모음은 칼형의 모음이다. 즉, 모든 완료형은 ◌ָה를, 모든 미완료형은 ◌ֶה를, 모든 명령형은 ◌ֵה를, 그리고 모든 부정사 연계형이 וֹת를 갖는다. 모든 분사들(심지어 수동태도, נִגְלוּי 제외하고)은 נִגְלֶה처럼 ◌ֶה를 갖는다.

c **원시 세 번째 자음** י는 여전히 다음과 같은 경우에 나타난다: 1) 수동태 분사 נִגְלוּי; 2) 몇몇 드문 형태들과 특히 휴지 위치에서: 표준 형태인 גָּלוּ 대신에 גָּלָיוּ 형태처럼, 표준 형태인 יִגְלוּ 대신에 יִגְלָיוּ 또는 יִגְלָיוּן 형태들이 나온다[3].

이 י는 נִגְלֵיתִי (*ay* 대신에 *ę*), תִּגְלֶינָה (*ay* 대신에 *ę*), גָּלִיתִי (*iy* 대신 *i*)와 같은 형태들 안에 숨어 있다.

이 י는 중간 자음이 생략된 형태들로서, 예, *galayu 대신 גָּלוּ, *yiglayu 대신 יִגְלוּ, 그리고 끝자음이 생략된 형태들로서 예, יִגְלֶה (= *yiglay)에서 온 יִגֶל에서 탈락된다.

이 י는 단어 끝에서 묵음이다: 예, *galay는 gålå가 되어 גָּלָה로 기록된다.

e (숨어 있는 י)를 가진 명사 변화 형태들 שָׂדֶה, 연계형 שְׂדֵה; שָׂדֵהוּ, שָׂדֶהָ (§ 96 B *f*)와 중간 자음이 탈락된 형태들, 예, שָׂדִי, שָׂדְךָ를 비교하라(그리고 이것들을 접미사 ךָ를 갖는 동사 형태들과 비교해 보라: גָּלְךָ, יִגְלְךָ).

d **칼형.**

완료형. 어떤 형태들은 동작 동사들로부터 나오고, 다른 동사들은 상태

온 미완료 형태 יַעַנֶּה 그가 압박할 것이다가 나타난다. 여기서 עָנָו 겸손한, עֲנָוָה 겸손이 왔다. 반대로, עָנָה 대답하다의 어근은 원래 עֲנִי였다.

[1] גָּלָה 드러내다, 계시하다, 포로로 잡혀가다는 그 자체가 원시 형태에서 ל״ו 동사였을 것으로 보인다. 비교, 아랍어 *jalā*, 미완료 *yajlū* 드러내다.

[2] 아랍어에서 균일성(uniformity)의 정도는 그다지 뚜렷하지 않다. 아람어에서는 히브리어에서보다 훨씬 덜 뚜렷하다.

[3] Rendsburg(1992: 82)는 원래 /y/가 유지되는 것에 대하여 아람어의 영향을 받은 북쪽 히브리어의 직설법 형태로 설명한다.

동사들로부터 나온다.

　　　1) 동작 동사들에서 파생된 형태들: 3인칭 남성 단수 *galay에서 파생된 גָּלָה(¹); יִ는 מָצָא의 א처럼 묵음이다(비교, 아랍어 rama[y] 던지다, rama로 발음된다).

　　　3인칭 여성은 직접적으로 3인칭 남성에서 만들어진다: *gala+ t > גָּלַת, 이것은 성서 히브리어에서 드문 형태이다. 그러나 미쉬나 히브리어와 아람어에서 표준적인 형태이다(²). 일반적으로 휴지 형태인 גָּלָתָה와 문맥상의 형태인 גָּלְתָה에서처럼 (비교, קָטְלָה와 קְטָלָה). 또 다른 여성 어미 הָ가 첨가된다.

　　　희소한 3인칭 복수 형태 גָּלָיוּ.

　　　2) 상태 동사들에서 파생된 형태들. גָּלִית와 함께하는 모든 형태들, 예, גָּלִית (비교, 상태 동사 raḍiya 만족하다에서 온 아랍어 raḍīta).

　　　주의. 3인칭 복수 גָּלוּ에서, 중간 자음이 탈락된 형태는 원시 모음(a와 i)을 인식할 수 없게 한다.

e　　　**미완료**. יִגְלֶה 형태는 yiglay에서 왔을 것이다: 따라서 יִגְלֶה는 원래부터 상태 동사 형태이다. יִגְלָיוּ와 같이 희소한 형태는 이것을 추가적으로 증거해준다.

　　　관찰. 1) תִּגְלִי와 יִגְלוּ같이 중간 자음이 탈락된 형태들에서 원시 모음을 인식할 수 없다.

　　　2) ay에서 파생된 הָ는 원래 장모음이다.

　　　3) 후음을 첫 자음으로 갖는 ל״ה 동사들에서 접두사가 어떤 모음을 취하는지에 대해서는 § 68 b를 참조하라.

　　　4) 지시형과 도치 바브 미완료에서 직설법 형태를 상당히 자주 발견할 수 있다(§ m). 그러나 일반적으로는 끝 자음이 탈락된 형태가 나타난다(§ i).

f　　　**명령형**. 미완료의 열린 ę 모음 대신 닫힌 ẹ 모음이 나타난다: גְּלֵה.

　　　부정사 절대형: קְטוֹל을 유추하여 גָּלֹה가 나타난다(참고, § p).

　　　부정사 연계형은 גְּלוֹת이며 그 원래 형태는 불분명하다. 부정사 절대형

---

¹ 히브리어에서 우리는 *gālē를 기대하게 된다. 이 a는 다른 동작 동사 완료형 קָטַל 등을 유추하여 온 것 같다. 비교, mōray에서 온 남성 실명사 מוֹרָה 면도칼, § 89 b.

² 렘 13.19 הָגְלָת 포로로 보내졌다가 그와 같다. 이 형태는 실로암 비문에 나타난다(הִת). ת를 가진 이 형태는 접미사 앞에 의무적으로 온다. 표준 아람어 형태는 גְּלָת이다. 미쉬나 히브리어에서의 상황은 Bar-Asher 1999: 185-252를 보라.

을 절대형 명사로, 그리고 부정사 연계형을 연계형 명사로 여기는(§ 49 *a*) 히브리어는 גְּלוֹת를 גָּלָה와 연관시킨다. 이것은 마치 שְׁנַת를 שָׁנָה와 연관시킨 것과 같다(§ *p*).

    능동 분사 גֹּלֶה(¹), 연계형 גֹּלֵה, 여성 גֹּלָה; 복수 גֹּלִים, 여성 גֹּלוֹת (참고, § *p*).

    수동 분사 גָּלוּי는 발음이 되는 י를 갖는다(§ *c*); 참고, § *p*.

g   **파생된 동사 변화들**. 이미 언급한 바와 같이(§ *b*) 일반적으로 파생된 활용들의 모든 시제에서(부정사 절대형 제외하고) 끝 모음은 칼형의 모음과 같다. 따라서 니팔 분사는 נִגְלֶה(여성 נִגְלָה)이다; 비교, גֹּלֶה(여성 גֹּלָה, 참고, § *p*).

h   파생된 동사 변화들에서 *e*와 *i* **모음의 교체**(²).

    비수동형(non-passive) 활용인 피엘, 히필, 히트파엘과 수동형의 활용인 푸알과 호팔을 구분할 필요가 있다. 니팔은 수동형의 활용처럼 취급된다.

    수동형의 활용들에는 항상 *e*가 나타난다. 니팔에서 וְנִקֵּיתָ 창 24.8은 예외이다. 또한 1인칭 복수에 *i*만 나타난다. 예, נִגְלִינוּ 삼상 14.8; נִפְלֵינוּ 출 33.16.

    비수동형 활용들에서 *i*가 항상 나타날 수 있다. 사실 *i*는 *e*보다 더 자주 나타난다: 1) 항상 접미사 앞에서; 2) 항상 1인칭 복수 ־ִינוּ에서; 3) 항상 2인칭 단수 피엘 גִּלִּיתָ, גִּלִּית에서; 4) 거의 항상 2인칭 복수 ־ִיתֶם에서 나타난다.

    히필과 히트파엘 그리고 피엘의 1인칭 단수에서 상당히 다른 형태가 나타난다. 다음과 같은 점들을 관찰할 수 있다: 1) 1인칭 단수에서 *e*가 매우 자주 나타난다(³). צִוֵּיתִי(30회; *e* 5회); קְרֵיתִי (6회; *e* 2회)를 주목하라; 2) 2인칭 단수에서 *i*가 매우 자주 나타난다(방금 언급한 바와 같이 피엘에서는 규칙적이다).

---

¹ Barth(*Nominalbildung*, p. xxxi)와 다른 이들에 따르면 *gāliy* (= *qātil*)에서 왔다. 다른 설명에 따르면, 그것은 *gālay*에서 왔다.

² 참고, Driver, *Notes*, 삼상 23.2에 대하여, 그리고 Berg., II, § 30 o.

³ 128개의 가능성이 있는 경우 중 23회 나타난다: Rubin 2001: 36. 1인칭 단수에서 쩨레가 우세하게 나타나는 것은 /-iti/ > /-eiti /로 변화하는 이화 작용 때문에 생긴 것이 거의 확실하다; Ungnad 1905: 263도 이 입장을 지지한다. 이것은 단지 비-의무적인 경향이다(즉, 이런 경향은 꼭 일어나야 한다는 것은 아니다). 루빈의 규칙(2001)은 두 번째 자음 어근(R₂)이 중복되지 않는 히필에는 적용되지 않는다는 사실 외에도, 음성학적 규칙이나 법칙은 동사의 패러다임 안에서 몇 개의 예외에만 적용되어서는 안 되며, 일반적으로 적용되어야만 한다.

i　　　**끝음 탈락 형태들.** 지시형과 도치 바브 미완료형 뿐 아니라 명령형에서도(¹) 종종 끝음 탈락 형태들이 나타난다. 지시형과 도치 바브형 다음에 오는 미완료형과 달리, ל״ה 동사들의 끝음 탈락은 1인칭 단수와 복수에 나타나는 점을 주목해야 한다.

　　　미완료형: 칼형. 직설법 יִגְלֶה의 형태는 הֶ가 떨어지면서 우선 יִגְל이 되고(드문 형태), 그런 후 יִגֶל(다소 드문 형태)이 된다. 일반적으로 쎄골 형태들이 나타난다. 가장 흔하게 יִגֶל(²)이 나타나고, 가끔 יִגֶל이 나타난다. 예, וַיִּגֶל. וַיֵּשַׁע; וַיֵּשְׁתְּ; וַיֵּבְךְ; וַיֵּרֶד; וַיֵּרֶב; וַיִּבֶן; וַיִּגֶל; וַיִּבֶז; וַיֵּמַח(제3 후음); וַיֵּשֶׁב; 형태는 3인칭 남성에서 매우 드물다(예, יֵּרֶא). 그러나 וַיִּפֶן 뿐 아니라 וַיִּפֶן, וָאֵפֶן, וַנִּפֶן; וַיִּרֶב, יֶרֶב 뿐 아니라 וַתֵּרֶב; וַיֵּכְל 뿐 아니라 וַתֵּכֶל이 나타나고, 제 2 후음인 경우에 וַתֵּתַע가 나타난다(³).

　　　제 1 후음 동사에서 일반적으로 ַַ가 나타난다. 예, וַיַּעַשׂ, וַיַּעַל, וַיַּעַן, וַתַּהַר. 이 형태들은 히필과 유사하다. 그러나 יֵחַד, וַיֵּחַן, יֵחַד에서 i가 유지된다(비교, שָׁלַחְתְּ의 תְּ, § 70 f).

　　　ל״ה 동사이면서 פ״ן인 동사들은 וַיֵּט; וַיִּז이다.

　　　רָאָה 동사는 끝 자음이 탈락된 형태들을 갖는다. וָאֵרֶא, וַתֵּרֶא, יֵּרֶא. 그러나 וַיַּרְא가 또한 히필로서 나타난다: (왕하 11.4† 그리고 그가 보게 했다, 그리고 그가 보여주었다).

　　　히필. 직설법 יַגְלֶה의 형태는 הֶ가 떨어지면서 יַגְל이 된다. 이 형태는 가끔 יַגֶל로 쎄골화 된다(*malk에서 מֶלֶךְ이 된 것과 같음)(⁴). 예, וַיַּשְׁק; יַרְד; וַיַּרְא 왕하 11.4†(칼형도 마찬가지이다); וַיֵּט (נָטָה에서 옴); וַיַּכְ הָ(נכה에서 옴); וַיִּפֶר; וַיֹּמֶר; וַתֶּמֶר; וַיַּגֶל 제 1 후음 동사 וַיַּעַל (칼형도 마찬가지임) 형태가 나타난다.

　　　니팔. 직설법 יִגְלֶה 형태에서 הֶ의 끝자음이 탈락되어 יִגְל이 된다. 예, תִּגָּל 사 47.3.

---

¹ Dallaire (2002: 66, 257)는 세 개의 변이형태 명령형을 가정하고 있다: - 제로, - a, - an(na). 우리는 예로서 צַו (첫 유형)와 צַוֵּה (소위 제2 유형) 사이에 그 어떤 기능적 대립이나 구문론적 대립을 만들 수 없다.

² *sifr에서 온 명사 형태 סֵפֶר와 대조해 보라. § 96 A b. יִגֶל에서 i는 아마도 יְ의 영향 때문에 보존된 것으로 보인다.(i가 있는) פ״י 형태들과 대조해 보라. וַיִּיקֶץ, § 76 d, וַיִּיצֶר, § 77 b.

³ 같은 시제 형태들에 나타나는 비대칭성(assymetry)을 주목하라.

⁴ 히필 יַגֶל (< yagl)과 칼 יִגֶל 또는 יִגֶל (<yigl) 사이에 있는 뚜렷한 구분을 주목하라. 따라서 시 71.21 תֶּרֶב גִּדַּלְתִּי에서 동사는 사역적 히필이다.

피엘. 마찬가지로 יִגְלֶה는 יִגֶל이 된다. 예, וַיְצַו.

j   **명령형: 히필**. הַגְלֵה 형태가 הֶ◌의 탈락으로 **hagl*이 되고, 이 형태는 항상 הַגְלֵל로 쎄골화 된다. 예, הֶרֶף, הֶרֶב; 제 1 후음일 때 הַעַל과 함께 나온다. ל״ה이자 פ״נ인 동사들은 הַךְ, הַטְ를 포함한다.

피엘. גַּלֵּה 형태가 הֶ◌의 탈락으로 גַּל이 된다. 예, גַּל, צַו([1]). 마찬가지로, 히트파엘에서 הִתְחָל 삼하 13.5가 나타난다.

k   **접미사 이전에 오는 형태**들(어형 변화표 12).

완료형. גְּלָנִי 형태가 나타난다(קְטָלַנִי처럼). 그러나 비록 소수이긴 하지만 휴지 형태는 גְּלָנִי이다. גִּלַּךְ는 שָׁדַךְ처럼 중간 자음이 생략된 형태이고, 휴지 형태는 גְּלֵךְ와 גְּלֵךְ이다. גִּלֵּהוּ도 주목하라.

미완료형. יִגְלֵנִי는 *yigle + ni*로부터 나온다(*e*는 연결 모음이며 다른 모든 동사들에도 확산되었다. § 61 *d*). יִגְלֶךָ는 중간 자음이 생략된 형태이며 휴지 형태는 יִגְלֶךָ이다.

강세의 נ이 있는 형태들은 יִגְלֶה 형태를 따라 ◌ֶ를 갖는다: יִרְאֶנּוּ, יִגְלֶנָּה, אֶרְאֶךָ 등 (참고, § 61 *f*).

미완료와 명령형에는 매우 드물지만 잘못된 철자법인 ◌ֵ가 나타난다: 예, הַכֵּינִי 나를 쳐라! 왕상 20.35, 37.

분사. 예, מַפְרְךָ 너를 번성하게 할 것이다 창 48.4; עֹשָׂה 그것을 만드는 자 렘 33.2; מְפַתֶּיהָ (잘못된 י와 함께) 그녀를 유혹한다 호 2.16(ה◌에 접미사를 가진 명사 형태들과 비교하라. § 96 B *f*).

l   **일반적 관찰**.

ל״ה 동사 변화는 ל״א 동사의 영역을 침범하는 경향이 있지만(§ 78 *g*), 이와 반대로 문자상으로나 음성적으로 어떤 ל״ה 형태들이 ל״א 동사처럼 취급되는 경우들이 있다. א으로 기록된 형태들: וַיֶּחֱלָא 대하 16.12; נִקְרָא (נִקְרֵיתִי가 뒤따름) 삼하 1.6; ל״א의 모음을 표기한 형태들은 אַתָּנוּ 렘 3.22; תִכְלָה 왕상 17.14 (תֶּחְסָר와의 유사음 현상 때문일 것으로 보임)을 포함한다; ל״א과 완전히 유사한 형태들은 לִירוֹא 대하 26.15; יִפְרָא 호 13.15를 포함한다. 참고, קרה/קרא는 § 78 *k*.

m   **끝음이 탈락하지 않은** 도치 바브 미완료형과 지시형. 이 현상은 매우

---

[1] 쿰란 히브리어에 여전히 많이 나타난다: 외경 토빗 10.8 דֵּךְ Μεῖνον.

혼하며, 특히 1인칭 단수에 나타난다([1]). 따라서 그것은 결코 실수로 여겨질 수 없다.

가끔 긴 형태가 후음 이전에 오거나 분리 악센트와 함께 올 때 선호되는 것으로 보인다([2]). וַיַּעֲשֶׂה가 네 번(모두 후음전); 왕상 16.25; 왕하 3.2; 13.11; 겔 18.19. וַיַּעֲלֶה가 두 번(둘 다 후음전), 왕상 16.17; 18.42; וַיִּבְנֶה가 세 번(모두 후음전) 수 19.50; 왕상 18.32; 대하 26.6; וַתַּעֲלֶה가 세 번, 왕상 22.35; 렘 44.21(후음전); 왕상 10.29에 분리 악센트와 함께 나타난다. 지시형: תֵּרָאֶה 창 1.9(후음전); יַעֲשֶׂה 렘 28.6(후음전); יַעֲשֶׂה פַרְעֹה 창 41.34. 긴 형태들은 특히 열왕기서에 자주 나타난다.

그러나 어떤 경우에 있어서 도치 바브와 함께 오는 것으로서 끝 자음이 생략되지 않은 형태는 사실상 반복적이고 지속적인 과거를 표현한다(§ 113 *e*, *f*). 예, 왕상 10.29 וַתַּעֲלֶה וַתֵּצֵא; 16.25 וַיַּעֲשֶׂה עָמְרִי הָרַע בְּעֵינֵי יהוה; 그리고 삼상 1.7 תַּכְעִסֶנָּה וַתִּבְכֶּה וְלֹא תֹאכַל כֵּן도 가능하다. 여기서 강세 바브는 일반적인 구문론을 유추하여 그 사건들을 과거로 설정하는 데 사용된다.

n   הֶ대신 הֶ를 갖는 불규칙 형태들.

아람어에서나 아마도 부분적으로 그 영향을 받아 ◌ֲ 모음이 나타나는 몇몇 예들이 발견된다([3]). 예, מַה־תַּעֲשֶׂה 수 7.9; אַל־תַּעֲשֵׂה 삼하 13.12; 렘 40.16(크레); וַנַּעֲשֶׂה 수 9.24. 레위기의 한 단락 안에서는 휴지 위치에 תְּגַלֵּה가 나타난다: 18:7*a* (7*b* תְּגַלֶּה), 12, 13, 14, 15 *a* (그러나 15*b* תְּגַלֶּה), 16, 17; 20.19.

o   **권유형**의 הֶ는 ל״ה 동사에 사용되지 않는다. 권유형을 표현하기 위해 직설법 형태가 사용된다. 예, אֶעֱלֶה וְאַגִּידָה לְפַרְעֹה וְאֹמְרָה אֵלָיו 내가 올라가서 바로에게 보고하여 그에게 말하게 해주십시오 창 46.31 אָסֻרָה־נָּא וְאֶרְאֶה 내가 가까이 가서 보고자 한다 출 3.3; 창 19.32, 50.5; 신 32.20. הֶ를 가진 권유형은 두 개만 나타난다. 이것들은 아마도 유사음 현상 때문에 생겼을 것이다:

---

[1] 1인칭 단수에는 상당한 변화가 있다. 예, וָאֶעֱשֶׂה 20회, וָאֵרָא 15회; וָאֶהְיֶה 9회, וָאֱהִי 12회; וָאֶצֶו 2회, וָאַעַשׂ 5회; וָאֶצֶוֶּה 5회, וָאֶצַו 1회. 구약 성경에서 라메드-헤 동사의 어미음이 소실되지 않는 것은 110개이나, 소실되는 것은 모두 1,300개이다. 소실되는 것 중에서 오직 세 개가 오경에 나타나며 모두 1인칭이다(Stipp 1987을 보라). 1인칭 단수에서 어미음이 생략되지 않는 56개의 경우는 그 형태에서 권유형으로 해석될 수 있다. 참조, § 47 d와 아래 § o.

[2] 모음 충돌 현상을 비교하라. § 33. 그리고 § 78 *i*도 비교하라.

[3] 몇몇 경우에 성경 인쇄본들마다 다른 형태를 가지고 있다.

시 77.4; 119.117.

도치 바브 완료에서 **강세**의 위치는 § 43 *b*를 참고하라.

여러 형태들에 관한 세부 관찰.

p   **칼형: 부정사 절대형**에서 종종 גָּלֹה 대신 גָּלֹו가 자주 나타난다. גָּלֹות 형태(사 22.13; 42.20; 합 3.13)도 역시 매우 자주 나타난다.

부정사 연계형에서 가끔 גְּלֹות 대신 גְּלֹה 또는 גְּלֹו가 나타난다[1].

능동 분사. גֹּלֶה. 가끔 중간 자음이 탈락된 여성 형태 גֹּלָה 외에도 גֹּלִיָּה 가 시문에서 나타난다[2]. 예, פֹּרִיָּה (항상, 4회); בֹּכִיָּה 애 1.16; אֹתִיּוֹת 사 41.23.

수동 분사. גָּלֹוי는 규칙적인 어미 변화를 한다. גְּלֻיֹּות, גְּלֻיִּם, גְּלֻיָה. 아주 가끔 어근의 셋째 자음 *w*가 *y* 대신 나타난다. 예, עָשֹׁו 욥 41.25 (*ʿâsuw*를 위한 형태), עֲשֹׂוֹת (크티브) 삼상 25.18.

q   **히필: 완료형.** הִגְלָה 형태와 함께 꽤 자주 הֶגְלָה 형태가 나타난다(참고, § 54 *c*). 이와 같이 הֶקְשָׁה, הִשְׁקָה 그리고 הֶרְאָה와 הֶפְנָה와 함께 הֶגְלָה가 나타난다. 특히 둘째 모음이 ◌ִ일 때 ◌ֶ가 나타난다(*e-q* 모음 순서, § 29 *f*). 예, הֶרְאָה (항상 왕하 24.14 וְהִגְלָה 외에), 그러나 הִגְלִית 등이다; 항상 הֶלְאָנִי이 다. 그러나 הֶרְאִית 등이다; הֶרְאַנִי, 그러나 הֶרְאָם, הֶרְאָנוּ, הִרְאֹנִי; 이 다. 그러나 또한 הֶלְאֵתִיךָ가 나타난다.

부정사 절대형. 일반적인 형태는 הַגְלֵה이다(비교, הַקְטֵל). 예외: רְבֵה 수가 많다. 이 동사에서 부정사 절대형은 הַרְבֵּה (3회)이다. 왜냐하면 הַרְבֵּה 형 태는 특화된 부사어의 의미로서 많은, 매우 많은(더 정확하게 말하자면, 많게 함 으로써)을 뜻하게 되었기 때문이다(§ 102 *e*) [3].

חוי 어근의 히쉬타펠(Hishtafel) 형태는 § *t*를 참고하라.

r   **명사 형태들과의 비교**(참고, § *c*).

וֹ가 나타나는 ל״י 형태들: שַׁלְוָה 고요함, שָׁלֵו 고요한(비교, שָׁלְוְתִי, § *a*); עֶרְוָה 벌거벗음(עֶרְיָה보다 더 자주 나타난다); עָנָו 겸손한, עֲנָוָה 겸손; כְּסוּת 덮 개, § 88 M *j*.

---

[1] 참고, 왕하 13.17, 19 עַד־כַּלֵּה; 스 9.14 대하 24.10, 31.1 עַד־לְכַלֵּה. 참고, Berggrun 1943, 현재 Bar-Asher 1972: 255에 인쇄되어 있다.

[2] 쿰란 히브리어에서도 동일하다. Qimron 1996: 266.

[3] 때때로 부정사 연계형 הַגְלֹות가 부정사 절대형으로 사용되는 것을 볼 수 있다. § 123 *q*.

ְי־가 나타나는 לְ"יִ 형태들: אֲרִי와 אַרְיֵה 사자; שְׁבִי와 שִׁבְיָה 사로잡힘; בְּלִי 없음(부정어); חֶזְיוֹן, 연계형 חֶזְיוֹן 이상, 환상, * ḥaz[a]yān에서 옴(둘째 a의 탈락과 함께 또는 탈락 없이 나오는 qatalān 형태, 참고, § 88 M b); בְּכִית 비탄, 애도, § 88 M i..

יְ־가 숨어 있는 형태들: שָׂדֶה 들판, שָׂדַי (시문) 대신; קָצֶה 끝 부분(√קצי 에서 온 קֵץ 끝과 함께).

יְ־가 탈락된 형태들: 중간 자음이 탈락된 형태들을 포함한다: קָצֶה 끝; tawrayat에서 온 תּוֹרָה 법(√wry, 참조, 아람어 (אוֹרַיְתָא). חָזוֹן 이상, 환상, § 88 M b; עָוֹן 죄악. 끝음 탈락 형태들: רֵעַ 벗, 동료(רֵעֶה 외에); מַעֲלֶה 위에(מֵעַל 오르막 길, 오름 외에); לְמַעֲנֶה ~를 위하여(מַעֲנָה 의지, 의도 외에); בַּל 왜냐하면; 시문의 부정어, לְבִלְתִּי 부정사 연계형의 부정어, § 93 q.

s 불규칙 동사 הָיָה 이다와 חָיָה 살다.

제 1 후음 동사이고, עַ"יִ 동사인 동시에 לְ"ה 동사로서 서로 유사한 형태를 가진 이 두 동사는 다소 동일하게 취급된다.

그것들은 여러 특징들을 나타낸다:

1) 후음은 접두사의 모음에 거의 어떤 영향도 주지 않는다. 예, יִהְיֶה, יִחְיֶה (יֶחֱסֶה 와 대조, § 68 b); נִהְיֶה; 그러나 הֶחֱיָה (비교, הֶגְלָה, § q).

2) 이 두 עַ"יִ 동사의 יִ 는 자음이다(참고, § 81 a, 첫 번째 각주). 그것은 끝음이 생략된 형태인 יְהִי 그리고 יְחִי를 제외하고는 묵음이 아니다. 이것들은 각각 *yihyî와 *yiḥyî에서 발전되었다. 참조, § 26 d.

3) 끝 자음이 생략된 형태인 יְהִי와 יְחִי는 휴지 형태에서 יֶחִי와 יֶחִי가 된다(비교, בְּכִי, בֶּכִי 울음).

4) ◌ֵ 대신 일반적으로 ◌ֱ가 나타나는데, 이것은 그 뒤에 오는 יִ의 영향 때문일 것이다. 예, הֱיוֹת, הֱיִיתֶם, הֱיֵה.

5) 접두된 불변화사는 יִ의 영향 때문에 ◌ִ 모음을 갖는다. 후음은 단순 슈바를 갖는다. 예, בִּהְיוֹת, לִהְיוֹת (§ 103 b) 그리고 (이 형태들을 따라) מִהְיוֹת (§ 103 d), וִהְיִיתֶם, וִיהִי(§ 104 c)가 나타난다. 예외: ◌ֶ와 함께 וְהָיָה 그리고 וְחָיָה가 나타나는데, ◌ֶ의 영향 때문일 것이다.

관찰. 살다 동사의 칼 완료형에 חָיָ 형태가 드물게(7회) 나타난다([1]).

---

[1] 창 12.13 וְחָיְתָה를 제외하고, 모두 미쉬나 히브리어에 나오는 형태와 일치하는 후기 문헌들에 있다.

일반적인 형태(24회)는 יְהִי이며, 중복 어근 *ḥayay*에서 왔다(비교, 상태 동사 완료형 תַּם), וַהֲנֵנִי יְהֹוָה וְחָי 삼하 12.22([1]). וַיְהִי, יְהִי, יֶהֱיֶה 등에 나오는 메텍은 § 14 *c* 4를 참고하라.

t   שׁחה 동사: **히쉬타펠**(Hištafᶜel) 형태 הִשְׁתַּחֲוָה 머리를 숙이다, 엎드리다, 예배하다.

원래 어근은 שׁחו이며, 따라서 ל״י이다(참고, § *a*). 동사 변화 형태는(히트팔렐[Hitpaᶜlel]이 아니고) 히쉬타펠이다(§ 59 *g*). 이 형태는 사역적 재귀 동작으로서 머리를 숙이다, 엎드리다를 뜻한다([2]).

완료형에서 원시 형태는 *hištaḥway*이다. 미완료형 *yištaḥway*는 יִשְׁתַּחֲוֶה가 되었다(3인칭 복수 יִשְׁתַּחֲווּ). 끝 자음이 생략된 형태는 *yišta'ḥw*이며, 여기에서 자음 w는 모음 u가 된다: וַיִּשְׁתַּחוּ.

관찰. 왕하 5.18 הִשְׁתַּחֲוֵיתִי에서 부정사는 성서 아람어 형태에서처럼 모음 표기를 한다(사실 이것은 잘못된 것이다. 왜냐하면 부정사 접미사는 *ūt* 어미를 갖기 때문이다([3]). 이 오류의 과정을 유추해 보면, 먼저 어떤 필사자가 יִי로 잘못 기록한 후에, 그 다음 시대의 사람들은 계속하여 아람어 방식을 따라 기계적으로 모음을 표기하여 읽었던 것 같다. הִשְׁתַּחֲווֹתוֹ로 읽어야 한다(3인칭에서는)([4]).

§ 80. ע״ו 동사

(어형 변화표 13: קוּם 일어나다)

a   일반적으로 ע״ו (아인 바브)라고 불리는 동사들은 두 개의 자음으로 이루어진 어근을 가지고 있고, 어근의 정상적인 상태에서 그 사이에 생략될 수

Haneman(1974: 25)에 따르면, יְהִי는 전기 성서 히브리어의 특징이고, יִהְיֶה는 후기 성서 히브리어의 특징이다.

[1] 시리아어에 *ḥyā* 동사의 많은 형태들은 중복 어근에서 왔다. 예, 미완료형 *neḥḥe*, 아펠(Afel)형 *ʾaḥḥi*.

[2] 참고, 아랍어 *taḥawwā* (*ḥwy* 어근의 다섯 번째 형태) (뱀이) 똬리를 틀다.

[3] Cf. Bauer - Leander 1927:127; Dalman 1905: § 29*g* [p. 279].

[4] 또 다른 아람어 부정사, § 80 *n*.

없는 모음 *u*가 있다. 예, *qum* 일어나다([1]). 이 동사들의 어근은 한 가지 상태로만 나타나지 않고 세 가지 상태로 나타난다. 그리고 이것은 히브리어의 초기 단계로 거슬러 올라가는 것처럼 보인다([2]). 두 자음 사이에 들어가는 요소는 생략될 수 없는 *u* 또는 *w*일 수 있다.

어근의 정상적인 상태에서 중간에 들어가는 요소는 원래 길고 생략될 수 없는 u 모음이다: *yaqūm* > יָק֫וּם (직설법).

단축된 상태에서 중간에 들어가는 요소는 원래 짧고 변할 수 있는 *u* 모음이다: *yaqum* > יָקֹם (지시형).

자음적 성격(*consonantal*)이라고 말할 수 있는 세 번째 상태에서, 중간에 들어가는 요소는 *w* 자음이다. 예, קוּם (§ *h*). 히브리어에서 자음적 상태는 동사에 드물게 나타나지만 명사에는 자주 나타난다. 예, עִוֵּר 맹인, 눈먼 자, מָ֫וֶת 죽음, יוֹם (*yawm* 대신) 날(§ *s*).

생략될 수 없는 *u*를 갖는 상태는 정상적인 상태로 간주되어야 한다. 사실 그것은 정상적인 미완료인 직설법 미완료형에 나타난다. 예, יָק֫וּם, *yaqūm* 이 규칙 동사의 미완료형 *yaqtul*과 거의 같은 음량을 가지고 있음을 주목하라: *ū*는 자음 *t* + *u*에 거의 상응하는 음량을 가지고 있다. 이와 같은 종류의 u를 가진 상태가 정상적인 상태이다. 이 점은 히브리어가 부수적인 연결 모음을 버리면서까지 중간에 삽입되는 이 모음을 가능한 한 많이 보존하려는 경향에서도 분명히 나타난다. 예, תְּקוֹמֶ֫ינָה (§ *b*).

b　　**칼형**. 형태들에 대한 설명은 아래과 같이 미완료형, 명령형, 부정사형, 동사적 형용사, 완료형의 순서로 할 것이다.

미완료형. 두 개의 다른 모음으로 구분되는 동작 동사와 상태 동사 형태들이 있다(참고, § 41 *e*).

동작 동사의 미완료형은 *yaqūm* > יָק֫וּם으로 정상적인 상태의 *u*를 가지고 있다([3]).

---

[1] 참고, Nöldeke 1898: § 177. *w*를 어근의 두 번째 자음으로 갖는 동사들과 비교하라. 예, רָוַח 넓다; גָּוַע 죽다; √צוה, צַוֵּה 명령하다; √קוה, קַוֵּה 기다리다; √רוה (물을) 흡수하다, הִרְוָה, רָוֶה. 이 형태들에서 ו는 강한 자음으로 취급된다. 페니키아어에서는 √חוה 살다 어근이 일반적인 형태인 반면(FRA § 174bis), 히브리어에서는 √חיה가 일반적인 어근이다. 참조, חַוָּה 하와(창 3.20)는 이 어근에 대한 통속적 설명이다(folk-etymology).

[2] ע״ע 동사의 유사한 경우와 비교하라. § 82 *a*.

[3] יָקֹם 유형의 불완전 철자법은 다소 빈번하게 나타난다(927개 가운데 234개, 즉, 25%): AF, *Spelling*, p. 203.

상태 동사의 미완료형은 *yibāš이다. 상태 동사의 두 번째 모음은 동작 동사의 *ū* 모음처럼 원래 길었다. 그 형태는 일반적으로 *o*를(*ā*에서 옴) 가진 יֵבוֹשׁ가 되었다(¹).

지시형은 원래 짧은 *u* 모음을 가지고 있었다(단축된 상태). 예, *yaqum. 이것은 일반적으로 *o*를 갖는 יָקֹם이 되었다. 도치 바브 미완료에서 이 *o*는 강세 뒤에서 *o*가 된다. 예, וַיָּקָם. 그러나 휴지 위치에서 *o* 모음이 보존된다. *וַיָּקֹם.

가끔 여성 복수형에서 길어진 형태인 תְּקוּמֶ֫ינָה가 나타난다. 그것은 자음 접미사를 가질 때, 이 형태에서 정상적인 상태의 특징인 *u*를 보존하기 위하여, ל״ה 동사의 영향으로 연결 모음 *e*를 사용한다(§ 79 *c*). 그렇지 않으면, 이 위치에(즉, 강세 있는 닫힌 음절) *o*가 나타나야 한다: תְּקֹ֫מְנָה. 이 형태에서 정상적인 상태가 없어지고, 결과적으로 단축된 상태를 갖게 된다. 통계적으로 보면, 이것은 정상적인 형태이다(²). 예, 겔 16.55: 두 번 תָּשֹׁ֫בְןָ 3인칭 복수(ה 없이, § 44 *d*), 그 다음에 긴 형태 תְּשׁוּבֶ֫ינָה 2인칭 복수(참고, § *i*) (³).

c   **명령형**: קוּם. 원시 형태는 단모음을 가진 *qum이다(아랍어 qum; 비교, 히필 명령형 הָקֵם); 그러므로 *קֹם으로 추측해 볼 수 있을 것이다(참고, 여성 복수 קֹ֫מְנָה). 이 *u*는 아마도, 열린 음절에서 *u*가 어원상 장음인 ק֫וּמִי와 ק֫וּמוּ 형태들을 유추하여 만들어졌을 것이다.

부정사 연계형은 일반적으로 미완료형의 모음을 가진 קוּם이다.(⁴)

부정사 절대형은 קָטוֹל을 유추하여 *o*를 갖는 קוֹם이다.

d   **동사적 형용사**는 קָם이다; 그것은 분사로 사용된다. 상태 동사에서 מֵת와 בּוֹשׁ가 된(ו와 함께 기록됨) 동사적 형용사 *mit, *buš는 각각 동사적 형용사인 qatil과 qatul을 유추하여 특징적인 *i*와 *u* 모음을 취함으로써 만들어졌다.

---

¹ יֵבוֹשׁ 그가 부끄러워할 것이다는 유일하게 확실한 상태 동사 미완료형의 예이다. וַיֵּרָא 삼하 2.32는 니팔이 아니라 칼이다. יָבֹא는 동작 동사 미완료형이다(§ *r*).

² Muraoka 1992: 51-54.

³ 요드 없이 기록된 תְּהִיֶ֫ינָה 미 2.12; תְּמוּתֶ֫ינָה 사 54.10; תְּמוּתֶ֫ינָה 겔 13.19;4.12를 ל״ה 동사를 유추하여 모음 표기가 잘못된 것으로 생각할 수 있으나, ל״ה 동사들에도 때때로 וַתֵּרַ֫דְנָה 출 2.16; וַתֵּעֲלֶ֫ינָה 단 8.8 등과 같은 형태들도 발견된다.

⁴ 많은 학자들은 부정사 연계형을 따라 ע״ו와 ע״י 동사라고 지칭한다: 예, קוּם 동사와 דִּין 동사. 그러나 이러한 용법은 바람직하지 않다. 왜냐하면 부정사는 어근의 특징적인 요소를 항상 보여주지 않기 때문이다(더구나 부정사는 동사적인 만큼 명사적이기도 하다). 예로 שִׂים 어근의 동사는 부정사 שׂוֹם을 갖는다(§ 81 *b*). 이 동사들은 명령형을 따라 분류하는 것이 더 적절할 것으로 보인다. 예, קוּם 동사, שִׂים 동사.

*mit와 *buš를 유추하여 동작 동사에 *qam > קָם 형태가 나타났다: 이것은 형용사 qatal에 상응하는 형태이다(예, כָּבֵד 현명한). 이 형태는 예로 아랍어와 아람에에 보존된 순수한 셈어 분사 형태를 대신하게 되었다(1). 이 קָ 모음은 서로 대칭을 이루는 קֻ와 קֹ 모음과 성격상 유사하다. 그러나 그것들은 복수 연계형에서 보존된다: קָמֵי, מֵתֵי.

수동 분사는 קָטוּל을 유추하여 u를 가진 קוּם이다. 그것은 매우 드물며 (예, מוּל 할례 받은), 대부분 ע"ו (그리고 ע"י) 동사들은 자동사적 의미를 갖는다.

e **완료형**. 상태 동사 완료형 מֵת 그리고 בֹשׁ (ו 없이 기록됨)는 규칙 동사에서처럼 "활용된" 동사적 형용사 מֵת와 בֹושׁ이다. 또한 완료형 קָם은 "활용된" 동사적 형용사 קָם이다. 동사적 형용사 קָם처럼 완료형 קָם은 이차적인 형태이다. 여기에서 다시 קָ 모음은 원시 히브리어에서 길었을 리가 없다. 장모음 ā와 함께 온다면 קֹום*으로 추측해 볼 수 있다. 이것은 니팔 נָקֹום에 포함되어 있는 것으로 보아 한 때 존재했을 수 있는 형태이다. 만일 קָ가 장음이라면, 활용에 있어서 니팔과 히필에서처럼 연결 모음과 함께 나왔을 것이다. 예로 קָמֹות* 가 있다. 그런데 מֵת에서 온 מַתָּה가 나타나듯이(2), 단모음을 가진 קַמָה가 나타난다. 그러나 בֹּשְׁתָ /boštå/이다. 참고, 고대 가나안어 nu-uḫ-ti 나는 평안했다 (EA 147.56)와 페니키아어 qōm, rōm, 푼어 con/chon(3).

f **니팔 동사 완료형** נָקֹום. 원시적인 접두사 *na가 열린 음절에 보존된다 (§ 51 a). 아랍어 ʾinqām(a)에 나타나는 קֹום (*qām에서 옴) 요소는 아마 칼 완료형의 옛 형태일 것이다.

미완료형 יִקֹּום은 נָפַל, יִפֹּל과 같은 פ"ן 동사의 칼형을 유추하여 완료형의 모델로 만들어진 것처럼 보인다. 완료형 נָקֹום은 פ"ן 칼형을 닮았다(4).

g **히필 동사 미완료형**에서 원시적인 형태는 *yaqīm > יָקִים이다. 장모음 ī가 강동사로 확산되었다: יַקְטִיל* (§ 54 a). 지시형에서, i 단모음을 가진 *yaqim은 יָקֵם이 된다; 도치 바브 미완료형은 וַיָּקֶם이다. 마찬가지로, 명령형

---

1 בֹּוסִים 슥 10.5에는 ā에서 온 o를 가진 형태가 나온다. 이것은 아마도 고대 분사 형태일 것이다.
2 קָם의 카메쯔는 원래 짧았을 것이다. 다양하게 제안된 설명들은 Berg., II, § 28 v, n. 3에서 보라. Aristar 1979; Holmstedt 2000: 149-52.
3 FRA, § 167.
4 ע"ע 동사에서도 동일하게 설명됨을 § 82 c에서 보라.

에서는 הָקַם이 나타난다(장모음을 가진 קוֹם과 대조하라. § *c*).

완료형 הֵקִים. *i*는 미완료형에서 온 것이다(강동사에서도 마찬가지이다). ◌ 모음은 그것이 어원적으로 장음인 הֵיטִיב를 유추하여 만들어졌을 수 있다(§ 76 *c*) (¹).

분사 מֵקִים은 이와 유사하게, מֵיטִיב를 유추하여 생긴 것이다(참고, § 50 *f*).

호팔 הֻקַם은 הוּשַׁב를 유추하여 *u*를 가지고 있다(§ 75 *a*).

h   중복 동사 변화에서, עַוֵּד 휘감다, 묶다 시 119.61에서 자음적 요소인 w가 나타난다. 다른 곳에는 아람어에서처럼 w 대신 y가 나타난다. 다소 드물게 나타나는 후대의 예들은 아람어에서 온 차용어들로 보인다: קִיֵּם 설립하다, 제정하다(아람어 קַיֵּם) 에 9.21 등, 룻 4.7; 시 119.28, 106; חַיֵּב 채무자로 만들다, 위태롭게 하다 단 1.10(²).

이와 대조적으로 일반적인 중복 동사 형태는 *poel*이며, 이 경우에 더 정확하게는 *polel*이다(§ 59 *a*). 예, קוֹמֵם 올리다, 일으키다; מוֹתֵת 죽게 하다; רוֹמֵם 들어 올리다. 수동태: רוֹמַם 들어 올려지다. 재귀형: הִתְבּשֵׁשׁ 부끄러움을 느끼다, הִתְעוֹרֵר 동요되다, 뒤흔들리다(³).

i   **연결 모음**. 칼 미완료형에서처럼(§ *b*) 히필 미완료형의 여성 복수에 연결 모음 *e*가 나타나서, 이 형태의 특징인 *i*가 보존될 수 있다: תְּקִימֶינָה. 그렇지 않으면, 이 위치(강세 있는 닫힌 음절)에 *e* 모음이 나타났을 것이다: תָּקֵמְנָה, 이 형태는 실제로 욥 20.10 תְּשַׁבֵּנָה에 발견된다(⁴).

---

¹ טוֹב 동사에서 히필 הֵטִיב는 *e* 모음의 음량을 제외하고는 יטב의 히필 הֵיטִיב와 유사하다(참고, § 76 *c*). 유추의 원리에 근거하여 많은 제안들이 제시된 것을 보면서, 왜 하나의 특정한 형태나 형태들의 그룹이, 이 경우에는 הֵיטִיב가 עׁ״ע 어근을 가진 히필 동사의 전체 활용에 유사한 변화나 형태를 가져왔는지 묻게 된다.

² 벤 시라 8.6; 30.12, 23에 몇 개의 예들이 있다. 참고, Smend 1906: XLIV. 이 קֵם 형태는 미쉬나 히브리어와 아람어에서 표준적인 피엘/푸알/히트파엘 형태이다. 미쉬나 히브리어에 관한 최근 연구로 Haneman 1980: 302f.를 보라.

³ 이 형태들의 완전 철자법과 불완전 철자법은 고르게 균형을 이루고 있다(241: 206), AF, *Spelling* p. 196. § 82 *e*를 보라. Lambert는 § 26 *g*에 언급된 음성론적 법칙에 근거하여 긴 강의형 활용들의 기원을 설명하려고 하였다. 그러나 그의 시도는 동사 부류들 사이에 상호적인 영향이 있었음을 가정하지 않는 한, 중복 어근들에 일반적인 동일 활용들에는 적용할 수 없다. 그렇지 않으면 중복 어근들에 대해서는 따로 따로 분리하여 설명을 해야 할 것이다. Lambert 1892: 107, n. 2를 보라. 참고, Barth 1897; Blau 1971: 148, n. 72.

⁴ 레 7.30 תְּבִיאֶינָה와 미 2.12 תְּהִימֶנָה도 주목하라. 참고, 위의 *b*.

니팔형과 히필형의 동사 변화 중 완료형에서는 연결 모음 o도 나타
나는데[1], 이것은 자음 접두사를 가진 형태들에서 모음을 보존하도록 해준
다. 미완료형의 e와 달리, 이 o는 초기 서부 셈어의 상태 동사 형태인 *qatlāti*
에서 그 흔적을 찾을 수 있는 것 같다. 그것은 아카드어 *parsāku*와 유사하다:
qatlāti > qatlōti[2]. 예, הֲקִימֹ֫תִי, נְקֹטֹ֫תֶם. 히필에서 이 모음은 가끔 사라진
다: הֲקִמֹ֫תִי (비교, הִקְטַ֫לְתִּי) הֲנֵ֫פְתָּ 출 20.25(그러나 הֲנִיפֹ֫ותִי 욥 31.21)와 같
은 형태가 된다(참고, § m).

ע″ע 동사의 연결 모음과 비교하라. § 82 f.

j　　　**강세**. 어근 음절은 그 중요성 때문에 일반적으로 강세를 갖는다. 예,
תָּקֹ֫מִי, יָקֹ֫מוּ. 완료형에 קָ֫מָה (그러나 여성 분사는 קָמָ֫ה이다), 그리고 일반
적으로 קָ֫מוּ(גָּֽלְל֫וּ에서 온 גָּלוּ와 대조하라)가 나타난다. 가끔 קָ֫מָה, 예, 사 28.7
פָּ֫קוּ(גָּלוּ 형태들을 뒤따라 옴)와 같은 형태가 나타난다: 특히 후음 ע 또는 א
앞에서 그렇다. 예, 시 131.1(모음 연속 현상, § 33)[3]. 도치 바브 완료형에
וְקַ֫מְתָּה와 וְקָ֫מוּ가 둘 다 나타날 수 있다.

도치 바브 완료형에서 일반적으로 וַהֲקִימֹ֫ותִי, וְקַמֹ֫תִי, וְקָ֫מָה가 나타난
다.

명령형 ק֫וּמָה는 후음 앞에서 ק֫וּמָה가 된다(§ 33).

k　　　**여러 동사 변화에 대한 세부 관찰**.

칼형. קָם 대신 매우 가끔 קָאם 철자법 형태가 발견된다. 예, 분사들(동
사적 형용사) לָאט 숨겨진 삿 4.21; רָאשׁ 가난한 삼하 12.1, 4. 이 분사의 א은 아
람어의 영향 때문인 것 같다. 그러나 완료형 קָאם 호 10.14(§ 7 b)에서 א은 설
명하기 어렵다. שָׁאטִים 겔 28.24, 28, 16.57 שָׁאטֹות에서 모음 첨가자들은

---

[1] 종종 불완전 철자법으로 기록된다(186: 92): AF, *Spelling* p. 192.

[2] 참고, Berg., II, 27 s; Blau, *Heb. Phon. and Morph.*, 191. 아마르나 가나안어의 *al-ka-ti* 내가 갔다
와 같은 예들을 Rainey 1973: 237, Izreʾel 1978: 31 그리고 Sivan, p. 144에서 보라. Rainey (2.285f.)
가 이런 형태를 혼용어로 본 것은 아마 옳은 것 같다. ל″י 동사에서 영향을 받았다(*galaw- > galô-*)는
관점은 본질적으로 불가능하다. 유사한 연결 모음이 우가릿에서도 나타나고 있다: Tropper, 642, 672.
또한 Voigt 32002/03: 144f., 148-55 참조. 그는 그중에서도 특히 두 개의 분리된 칼의 예를 다루고 있
다: 단 9.2 בִּינֹ֫תִי 욥 33.13 רִיבֹ֫ות. 이 둘 중에 그 어느 것도 의미론적으로 상태 동사가 아니다. 미쉬나
히브리어에서는 *o*가 없는 짧은 유형이 일반적인 형태로 보인다: Haneman 1980: 290. ע″ע 동사에서
도 마찬가지이다: id., p. 322.

[3] 더 자세한 내용을 Berg., II, § 28 e에서 보라.

שׂוֹט 멸시하다의 분사형으로 본 것이 분명하다. 그러나 그것은 שׁאָט 공격하다, 괴롭히다에서 온 שָׁאטִים으로 읽어야 할 것 같다.

미완료형에서 고립된 형태인 יָדוֹן 창 6.3†에는 *u* 대신 *o* 모음이 나온다[1]. חוּס 깊이 감동되다, 연민을 갖다 동사에서 렘 21.7 וְלֹא־יָחוּס와 사 13.18 לֹא־תָחוּס עֵינָם (둘 다 직설법 의미를 갖는다)를 제외하고 *u* 모음이 나타나지 않는다. 다른 곳에서는 항상 לֹא תָחֹס가 나타난다: 이 구는 가끔 금지를 표현한다(여기서 지시형의 *o* 모음을 선호했을 것이다). 신 7.16; 13.9; 19.13, 21; 25.12. 또는 순수한 직설법적 힘으로 나오기도 한다. 겔 5.11; 7.4, 9; 8.18; 9.10[2].

יָקֻם 대신에 나오는 지시형 מְקֻם 창 27.31은 이상한 형태이거나 잘못된 형태이다. תָמֻשׁ 삿 6.18; יִסֻר 잠 9.4, 16도 마찬가지이다(비교, וַיָּקָם, § 47 *d*).

도치 바브 미완료형에서 어원적으로 짧고 강세 없는 ֹ는 후음 또는 ר 앞에서 ַ가 된다. 예, וַיָּנַח, וַיָּנַע[3]; וַיָּסַר 그리고 그가 돌아섰다(히필과 동일한 형태이다. § *n*); וַיָּצַר 그가 포위했다(참고, § 23 *b*). 그러나 גּוּר I. 체류하다와 גּוּר II. 두려워하다에서 온 וַיָּגָר 형태가 나타난다. וַיָּעַף는 네 번 나타난다(그러나 항상 의심스런 문맥이다): 삿 4.21; 삼상 14.28, 31; 삼하 21.15. 의도된 형태는 וַיִּעַף 그리고 그는 지쳤다 대신에 וַיָּעַף였다고 일반적으로 인정된다(다른 설명은 König, *Wörterbuch*, s.v. עיף를 보라).

1인칭에서 일반적인 형태는 וָאָקֻם, 즉 모음 문자가 없는 형태이다(§ 47 *d*).

명령형에서 ק וּמִי 미 4.13에 *u* 대신에 *o*가 나타난다(왜?).

부정사 연계형에 때때로 *u* 대신에 *o*가 나타난다: בְּמוֹט 시 38.17; 46.3 (연결 악센트에서); כְּנוֹחַ 민 11.25; 수 3.13(연결 악센트에서), 그러나 לָנוּחַ 삼하 21.10이다. כְּנֹעַ 사 7.2(연결 악센트에서), 그러나 לָנוּעַ(항상 그렇다. 4 번); לָעוֹז 사 30.2(아마 מָעוֹז와의 유사음 현상 때문에); וּבְרוֹמָם 겔 10.17(발음을 부드럽게 하기 위한 현상 때문에); שֹׁב 수 2.16(연결 악센트에서).

---

[1] 아마 그가 다스릴 것이다, 힘을 행사할 것이다라는 뜻을 가질 가능성이 있다. 참고, 아카드어 *danānu* 강하다, 강해지다.

[2] חוּס와 함께 아랍어 *ḥassa* 느끼다 등에 대응되는 חסס 어근이 존재했을 것이다. 그것의 미완료형은 יָחֹס*일 것이다. 이 미완료형은 때때로 חוּס에서 온 미완료형 יָחוּס를 대체했을 것이다. 시 72.13에 יָחֹס 그가 자비를 베풀 것이다가 나타난다(*o*와 함께 오는 모음 부호는 불완전 철자법 때문일 것이다).

[3] אַל־תָּנַח 왕하 23.18과 비교하라(§ 47 *a*, n.).

이와 대조적으로, *o*를 가진 부정사 연계형은 상태 동사에서는 일반적인 형태이다(그것의 미완료 형태에는 *ā*에서 온 *o*가 나타난다): טוֹב בּוֹשׁ (§ *q*).

l   **니팔형: 완료형.** נָקוֹם의 *o*는 주된 또는 이차적인 강세를 상실할 때 *u*가 된다. 따라서 נָקוֹמָה, נְקוּמֹתֶם이지만 נְקוּמֹ֫תִי 형태가 나타난다(§ 29 *b*). 예, נְסוּגֹ֫תִי 내가 물러났다, 후퇴했다 사 50.5.

       분사 נָבוֹן*는 복수형에서 נְבֹנִים 출 14.3†이다; 참고, נָכוֹן, נְכֹנִים.

m   **히필형: 완료형.** 원래 장모음인 *i*는 강세 전전 위치에서 *e*로 짧아지는 경향이 있다. 즉, 2인칭 복수에서 어떤 접미사와 함께 올 때, 그리고 도치 바브 완료형에서; 그러나 어떤 경우에도 불변하는 규칙은 없다.

       2인칭 남성 복수에 *i*를 갖는 형태 다섯 개와 *e*를 갖는 형태 두 개가 발견된다. 예, הֲפִיצוֹתֶם (2회), הֲשֵׁבֹתֶם (2회); וַהֲקִמֹתִ֫י 시 89.44; 출 26.30; 신 27.2†, 그러나 항상 וַהֲקִימֹ֫תִי (22회)이다; וְהֵשַׁבְתָּ֫ 신 4.39; 30.1†, 그러나 항상 וַהֲשִׁיבֹתִ֫י (10회)이다; וְהֵפִיצוֹתִ֫י מ 민 31.28†, 그러나 항상 (4회)이다. 1인칭과 2인칭을 다룰 때, 그 차이점을 주목해야 한다(비대칭의 경우이다). 그러나 הֲרִימֹ֫תִ 시 89.43(세쿤다 αρημωθ) 그리고 89.44 세쿤다 ακιμωθω (הֲקִימֹ֫תוּ)이다.

       ה의 **모음.** 강세 전전 위치에서 ◌ָ가 유지되지 않는다; 그것은 가끔 ◌ֲ로 짧아진다. 예, הֲשִׁבוֹ 왕상 13.20, 23, 26†; הֲשִׁבֹתָ 시 85.4; 그러나 ◌ֲ가 가장 많이 나타난다. 예, הֲקִימֹ֫תִי, הֲרִימֹ֫תִי, הֲרִימֹתָ. 강세 앞 세 번째 위치에는 항상 ◌ֲ가 나타난다. 예, וְהֵשַׁבְתָּ (위를 참고하라).

       후음 앞에서 ◌ֲ가 ◌ֶ로 길어진다(의문사 הֲ를 가진 הַאֵלֵךְ 내가 갈까?와 같은 형태들과 비교하라. § 102 *n*). 유일한 예들은 הַעִידֹ֫תִי 내가 증거한다, 신 4.26; 8.19; 30.19; 렘 11.7; 42.19; הַעִירֹתִ֫הוּ 내가 일깨웠다 사 41.25; 45.13(ע״ע 동사에 나타나는 동일한 현상 참고, § 82 *n*).

       연결 모음이 없는 형태들(참고, § *i*). 연결 모음 없는 형태는 일반적으로 ◌ֶ를 갖는 הֶחֱכַּמְתָּ֫נִי이다. 예, וְהִטַּלְתִּ֫י 렘 16.13; הֵכִ֫נּוּ 대하 29.19(הֲכִינֹ֫נוּ 대상 29.16의 중자 탈락); הֵמַ֫תָּה (הֲמִיתֹתָ֫ה*의 중자 탈락. 참고, Brock., *GvG* I, p. 265). *o*는 강세를 상실할 때 *i*로 약화될 수 있다(§ 29 *g*). 예, וַהֲמִיתִ֫יהָ, הֲמִתֶּם 등이며 그러나 הֵמַ֫תָּ, וַהֲמַ֫תִּי이다(1).

---

[1] הֵסַ֫תָּה 그녀가 선동했다 왕상 21.25는 실수로 2인칭의 모음 모음 표기가 되었으며 הֵסַ֫תָּה로 모음

n   **미완료형**. 도치 바브 미완료형 וַיָּ֫קֶם의 ◌ֶ는 후음이나 ר 앞에서 ◌ַ가 된다. 예, וַיָּ֫רַח 그리고 그가 냄새를 맡았다; וַיָּ֫סַר 그리고 그가 제거하였다. 칼형과 동일한 형태, § *k*(참고, § 23 *b*); 후음 뒤에서 וַיַּ֫עַד이다.

אַל과 함께 올 때 강세가 물러난다. 예, אַל־תָּ֫שֶׁב 왕상 2.20(§ 47 *a*, n.).

1인칭에서 일반적인 형태는 모음 문자가 없는 וָאָקֶם이다(§ 47 *d*). 또한 וָאָשִׁיב 느 2.20, 그리고 더 드물게 וָאָשֵׁב 수 14.7 같은 형태들도 발견된다.

부정사 연계형 הֲנָפָה 사 30.28에 아람어 형태 הֲקָמָה (참고, הֲדָרָה 단 5.20 교만해지다)가 나타난다(참고, § 88 L *b*) (¹).

부정사 절대형으로 הָכֵין 겔 7.14(본문이 옳다면), 그리고 הָכֵן 수 3.17(그러나 ‖ הָכִין 수 4.3)이 발견된다.

o   ע″ע에 의한 ע″ו의 **변형**. 이 두 동사 부류는 어근의 정상적인 상태에서 공통된 특징으로서, 즉 한 요소의 길이가 동일하다. ע″ו에서 원래 장모음이 있는 반면, ע″ע에는 긴 자음이 있다(일반적으로 두 번째 것이고, 때때로 아람어화 된 형태에서 첫 번째 것이다. § 82 *h*). 단축된 상태에서도 형태들이 종종 유사하다. 예, 칼 지시형 미완료 יָקֹם과 미완료 יִסֹּב; 히필 지시형 미완료 יָקֶם과 미완료 יָסֵב, 호팔 הוּקַם과 הוּסַב. 이러한 여러 유사점들 때문에 이 두 부류의 동사들은 서로를 변형시킨다. ע″ע으로 변형된 ע″ו 동사 형태의 예는 בַּז 슥 4.10(בָּז 대신에); נְקֹטּוּ 겔 6.9(נָקֹטּוּ 대신에) (²); רום의 니팔 동사에 있어서 모든 형태들은 רמם 어근에서 온 것으로 보인다. 예, יְרוֹמֽוּ 겔 10.17(ע″ו 동사에 의해 변형된 ע″ע 동사는 § 82 *o*를 참조하라).

p   **어근의 첫 번째 자음이 중복된 형태들**. 어근의 첫 번째 자음이 중복된 ע″ו 동사가 수많은 형태들로 나타나는 것은 ע″ע 어근이 아람어화된 형태들의 영향을 받았기 때문일 것이다. 물론, ע″ו 어근에서는 일부 시제들(니팔 완료형, 분사형; 히필 완료형, 명령형)에서도 중복이 나타나지만 ע″ע 어근에서는 단 한 번도 나타나지 않는다. 그러므로 아람어의 영향이 간접적이긴 하지

표기되어야 한다. 이 실수는 자음 그룹에 가장 명백한 모음 표기를 하려고 한 나크다님의 경향으로 설명할 수 있다.

¹ 또 다른 아람어 부정사 형태, § 79 *t*.

² 욥 10.1 הִנָּקְטָה는 ע″ע의 니팔(נָקַל*, נָקֹטָּה*) 패턴에 근거하여 만들어진 פ″ן 동사의 칼처럼 보인다. 이리하여 קוט 몹시 싫어하다에서 온 정상적인 니팔 הִנָּקֹטָה를 대체하였다. 칼 נָקַט가 실제로 존재했었을 수도 있다. 유대 아람어 קְנַט 싫어하다와 비교하라.

만, 이 형태들을 아람어풍이라고 부를 수 있다.

어근의 첫 번째 자음이 중복된 이 형태들에서 가장 중요한 형태는 נוֹחַ 쉬다 동사의 히필에 나타난다. 이 동사에는 다른 의미를 가진 두 개의 히필이 존재한다. 첫 번째로 규칙적인 형태인 히필 הֵנִיחַ는 1) ~을 내려놓다; 2) ~에게 (לְ) 휴식을 주다를 의미한다. 두 번째로 중복된 형태 הִנִּיחַ는 1) 두다, 위치시키다 (그것과 많은 의미를 공유하는 נָתַן처럼); 2) 그곳에 남겨 두다; 3) 누구를 평화롭게 남겨 두다, 자유롭게 해 주다를 뜻한다. 두 번째 히필 형태들은 다음과 같다. 완료 הִנִּיחַ; 미완료 יַנִּיחַ, וַיַּנַּח; 명령형 הַנַּח, הַנִּיחֵהוּ; 부정사 הַנִּיחַ; 분사 מַנִּיחַ (미완료형의 첫 번째 모음과 함께; מֵנִיחַ와 대조). 완료형에는 연결 모음이 없다. 예, הִנַּחְתִּי (비교, הֲנִיחוֹתִי). 호팔: הֻנַּח, מֻנָּח.

히필에서 סוּת (또는 סִית?) 동사는 표준 형태들과 함께 중복 형태들을 가지고 있다. הֵסִית 또는 הִסִּית 자극하다, 선동하다; יָסִית 또는 יַסִּית; מֵסִית, מַסִּית.

נסוּג 동사의 히필형은 중복된 형태들만을 갖는다. יַסִּיג 뒤로 이동시키다 또는 뒤로 밀다, מַסִּיג; 호팔: הֻסַּג.

위의 마지막 두 동사(סוּת, נסוּג)에서 치찰음은 פ״יצ 동사들에서처럼(§ 77 a), 장음화에 일조했을 것이다: 예, הִצִּיג, יַצִּיג가 있다. הֵנִיחַ에서 그 형태가 구별된 것은 아마도 의미상의 차이 때문일 것이다. 미완료형 יָנִיחַ에서 이 형태는 그와 유사한 יָחֵן 그가 둘 것이다. 그가 위치시킬 것이다의 영향을 받았을 수 있다.

니팔형에서 (נָקוֹם 대신에) 중복과 함께 오는 형태인 נִקּוֹם 형태(아마 미완료형 יִקּוֹם에서 왔을 것이다)는 נִמּוֹל 그가 할례받았다에서 발견된다. 비교, נֵעוֹר 슥 2.17(한 2.13) 깨어나다(첫 자음 후음과 함께). 이 유형의 니팔은 미쉬나 히브리어에서 발전되었다. 예, נִדּוֹן 그는 재판을 받았다[1].

q   **상태 동사**. ◌를 갖는 유일한 상태 동사는 מוּת 죽다이다. 이 동사는 동사적 형용사와 완료형 מֵת 이외에는 상태 동사의 형태를 갖지 않는다. 미완료에서 동작 동사 형태인(§ 41 b) יָמוּת가 나타난다. 여기서부터 명령형과 부정사 연계형 מוּת가 왔다. הֵמַתָּה 등은 § m을 참조하라. ◌를 갖는 몇몇 상태 동사들은 다음과 같다.

부정사 בּוֹשׁ 부끄러워하다, 완료형 בֹּשׁ(buš 대신에), 동사적 형용사 בּוֹשׁ,

[1] 사마리아 히브리어에서는 첫 번째 자음의 중복은 이 부류의 동사들에 한정되지 않는다: Ben-Ḥayyim § 2.1.4.2와 Macuch, *Gram.*, 289.

미완료형 יֵבֹשׁ (*yibāš* 대신에). 규칙적인 히필 הֵבִישׁ 부끄러움을 느끼게 하다와 함께 자음 도치된 히필 הוֹבִישׁ 부끄러워하다(칼동사처럼)가 존재하는데, 이것은 יָבֵשׁ에서 온 히필형 הוֹבִישׁ 그가 마르게 했다(*he dried*)와 유사한 형태이다. § 76 *d*.

부정사 אוֹר* 밝다, 빛나다, 완료형 אוֹר; 미완료형 יֵאוֹר(니팔이라기보다 칼이다), 그러나 תָּאֹרְנָה 삼상 14.27 크레; 동사적 형용사 אוֹר.

부정사 טוֹב 좋다, 완료형 טוֹב (3인칭 복수 טֹבוּ만 나타남); 동사적 형용사 טוֹב, 예로, הָלֹךְ וְגָדֵל וְטוֹב; 삼상 2.26; 부정사 절대형 טוֹב, 예를 들자면, הֲטוֹב טוֹב אַתָּה .. אִם־נִלְחֹם נִלְחָם בָּם 삿 11.25. 미완료형 יִיטַב는 이와 연관된 יטב 어근에 속한다(§ 76 *d*).

r   **불규칙 동사** בָּא, בּוֹא 들어가다, 오다는 동작 동사이다. 왜냐하면 1) 완료형은 동작 동사들의 전형적인 모음을 가진 בָּא가 되기 때문이다. 만일 그것이 상태 동사였다면 בֵּא*(비교, מָלֵא) 또는 בֹּא*가 되었을 것이다. 2) 미완료형은 동작 동사의 첫 번째 모음에 *a*를 가진 יָבֹא이다(15회 יָבוֹא) (¹), § 41 *e*. 상태 동사라면 יֵבֹא*가 되었을 것이다(비교, *yibāš* 대신 (יֵבֹשׁ). 3 아랍어에서 *bā'a* 동사는 동작 동사의 *u* 모음을 가진 미완료 형태가 되며, 이것은 그 뒤에 후음이 따라와도 마찬가지가 된다. 그러므로 יָבֹא에서 ◌ֹ는 상태 동사의 원시형 *a*에서 온 것이 아니라, 동작 동사의 *u*에서 온 것이다(²). 명령형과 부정사 연계형 ◌ֹ를 갖는다: בֹּא, בּוֹא(³).

도치 바브 완료형은 § 43 *b*를, 도치 바브 미완료형은 § 47 *b*를 참조하라.

연결 모음. 칼 미완료형에서 매우 드물게 תְּבוֹאֶ֫ינָה가 나온다. 일반적인 형태는 תָּבֹ֫אנָה이다. 히필 미완료에서 תְּבִיאֶ֫ינָה만 나타난다. 히필 완료형에서 연결 모음을 갖는 형태로 다른 형태들보다 훨씬 적게 나타난다. 예, הֲבִיאֹ֫תֶם (1회) 그리고 הֲבֵאתֶם (10회); הֲבִיאֹ֫תִי와 הֲבִיאֹת 형태는 접미사 앞을 제외하고는 나타나지 않는다.

---

¹ (3인칭 남성 단수뿐 아니라) 모든 형태들을 다 계산한다면, 완전 철자법 315회, 불완전 철자법 805회가 나온다: AF, *Spelling* p. 195.

² יָבֹא의 모음은 아마도 *o*를 갖는 지시형-명령형을 유추하였기 때문일 것이다. Joüon 1920: 357-59를 보라. 참고, 우가릿어 *uba* = /'*ubū'a*/, 첫 번째 *u*는 두 번째 *u*의 영향을 받았다(Tropper 452도 그와 같이 설명한다).

³ 완전 철자법과 불완전 철자법이 고르게 균형을 이루고 있다. 264회 대 275회 AF, *Spelling*, 196를 보라.

ה의 모음(참조, § *m*). 강세 전전 위치에서 ◌ָ는 접미사가 없는 형태에서 유지된다. 예, וְהֵבֵאתָ; 3인칭 단수에서 접미사가 있으면 ◌ַ로 짧아진다. 예, הֲבִיאָֽנִי. 다른 모든 곳에서는 ◌ֲ로 짧아진다. 예, הֲבִיאֹתַ֫נוּ, הֲבֵאתֶ֫ם.

불규칙적인 형태들인 명령형 הָבִ֫יא와 도치 바브 미완료형 וַיָּבִיא는 § 78 *i*를 참조하라.

중간 자음 ה가 탈락된(§ 54 *b*) 부정사 형태 לָבִיא는 렘 39.7; 대하 31.10에서 발견된다.

s   **명사 형태들과의 비교**(참고, §§ *a-b*).

וֹ가 있는 형태들: עִוֵּר 맹인, מָ֫וֶת 죽음, יוֹם (*yawm* 대신에) 날; מָנוֹחַ와 מְנוּחָה(§ 29 *b*) 휴식; תְּעוּדָה 증거, 증언(הֵעִיד 증언하다에서 옴).

קָם과 같이 וֹ가 없는 형태들: זָר 외국인, זֹנָה 창녀, עָב(1) 구름.

מֵת와 같은 형태들: גֵּר 외국인, 이민자, כֵּן(형용사) 정직한, נֵר 등불, עֵד 목격자, 여성 עֵדָה 목격자, 증거, 증언(2).

qūl 형태의 단어들, § 88 B *f*: טוֹב 선함, צוּר 바위.

§ 81.   ע״י 동사

(어형 변화표 14: דִּין 재판하다)

a   ע״ו 동사를 설명한 내용들은 ע״י 동사에도 그대로 적용된다. 이 동사들은 두 개의 자음으로 이루어진 어근을 가지고 있으며, 어근의 정상적인 상태에서 그 사이에 원래 장모음인 *ī*를 가지고 있다. 예, *dīn* 재판하다(3). ע״ו 동사보다 ע״י 동사가 훨씬 적으며 15개의 동사가 있다. 이것은 사실상 사전 학자들이 일반적으로 인정하는 숫자보다 더 많다. 그들은 어근이 불분명하거나, 어근을 결정하기 위한 충분한 표시가 없어서 완전히 모르는 것들을 ע״ו로 분류해 버리는 경향이 있다. 예로, אָץ 권하다, 촉구하다; הֵמִיר 교환하다; הֵנִיף 흔

---

1   연계형은 עָב 대신 עַב로 나타난다(참고, König, 2, p. 75). 연계형에 קָם 형태의 다른 예는 나타나지 않는다.

2   עָיַד에서 온 עֵדָה 집회, 모임을 대조하라. § 75 *m*, 97 E *b*.

3   이것들을 자음적인 *y*와 함께 나오는 동사들과 대조하라: 예, אֹיֵב (완료 אָיַ֫בְתִּי 출 23.22 분사 대적), עָיֵף*(?) 지치다, הָיָה와 הָיָה, § 79 *s*.

들다; הֵסִית 자극하다, 선동하다; הֵרִיעַ 소리치다. 아랍어를 유추해 볼 때, כָּל 측정하다의 어근은 오히려 כִּיל이 되어야 한다. 그러나 동족 언어들과 비교하는 것이 항상 결정적인 것은 아니다. 예로, 좁다를 뜻하는 히브리어와 시리아어 단어(각각 צוּק와 *'āq*이다)는 바브(*w*)를 가지고 있는 반면에, 아랍어 *đāq*는 요드 (*y*)를 가지고 있다. 어떤 경우에는 ע״ו 어근과 ע״י 어근이 공존했던 것으로 보인다. 예, דֹושׁ와 דִּישׁ 짓밟다, רֹוחַ와 רִיחַ 숨쉬다(¹). 어근은 특히 엄격한 의미에서 동사적인 형태인 미완료형과 명령형에서 명백히 나타난다. 따라서 שִׂים(²), לִין 그리고 שִׂישׂ 어근들이 있었다고 가정해야만 한다. 그러나 *u*를 가진 불규칙적인 부정사(§ *b*)로서 שֹׂום 두다; לֹון 밤을 보내다, שֹׂושׂ 기뻐하다가 나타나며(참고, § 80 *c*, n.), 일부 고립되고 아마도 잘못된 형태들도 나타난다. רִיק 비어 있다; רִישׁ 분노하다; זִיד 교만하다(참고, 형용사 זֵידֹון = *zayd* + *ōn*) 어근들을 가정할 필요가 있어 보인다.

b   **칼: 미완료형**: 정상적인 상태인 **dīn*을 갖는 יָדִין; 단축된 상태인 **din*을 갖는 지시형 יָדֵן. 이 형태들은 ע״י와 ע״ו 어근의 히필 형태와 유사하다.

명령형 דִּין은 불규칙하게 어원적으로 긴 모음을 가지고 있다(קוּם처럼, § 80 *c*).

부정사 연계형은 일반적으로 미완료형의 모음을 갖는다. 예, דִּין, שִׁית 두다. 세 개의 동사에서 부정사는 *u*를 갖는다(³): שֹׂום 두다(35회; שִׂים 1회); לֹון 밤을 보내다(6회; לִין 1회, 창 24.23에서 לָלִין, 아마도 두 번째의 *â - u* 모음 연속을 피하기 위해서 일 것이다); שֹׂושׂ 기뻐하다(1회).

수동 분사는 극히 드물다: שִׂים(⁴), שֹׂום(? 참고, 삼하 13.32).

분사의 가치를 가지고 있는 동사적 형용사는 ע״ו 동사에서와 같다. 예, דָּן (קָם처럼). 또한 לִין 밤을 새우는 느 13.21은 מֵת 형태를 따른다(비교, זֵד 교만한과 לִין 오만한 형용사).

정상적인 완료형 דָּן은 ע״ו 동사처럼 동사적 형용사에서 만들어진다

---

¹ 또한 두 개의 모음적인 자음인 *w*와 *y*는 유사하기 때문에 하나의 형태에서 다른 형태로의 전환이 쉽게 이루어진다. 이리하여 ע״י의 피엘에 קִיֵּם 형태 대신에 קֹיֵם 형태가 나타난다(§ 80 *h*).

² 시리아어에서 이 동사는 두 번째 자음에 *y*를 갖는다. 완료 *sâm*, 미완료 *nsim*.

³ 아마도 *u*를 갖는 몇몇 명사 형태에서 영향을 받았기 때문일 것이다. 참고, Joüon 1920: 370.

⁴ 수동 부정사 שִׂים은 § 58 *c*를 보라.

(§ 80 *e*).

c   **니팔**은 ע״ו 동사와 같다(§ 80 *f*). 예, נָדוֹן, נָבוֹן.

       히필은 ע״ו 동사와 같다(§ 80 *g*). 예, הֵבִין.

       주의. 이 동사에서 히필은 때때로 이차적이거나 겉으로 그렇게 보이는 것들이다(유사-히필, § 54 *f*). 예, הֵקִיא 토하다(칼형의 의미를 가짐). 칼 미완료, 예, יָקִיא가 히필처럼 보이고 히필로 간주되기 때문에, 이차적인 완료형 הֵקִיא는 이 미완료형으로부터 만들어졌다. 다른 가능한 예들: הֵקִין(§ 76 *d*); הֵרִיב; הֵשִׂים.

d   **불규칙 동사** בִּין. 이해하다를 뜻하는 형태로서 일반적이고 오래된 것은 הֵבִין이다; 따라서 미완료형 יָבִין은 히필이다. 칼형처럼 보이는 이 미완료형으로부터, 이차적인 완료형 בָּן 이해하다가 만들어졌다. 그러나 그 실례는 다소 드물다(¹). 이 칼 완료형 이외에도 훨씬 더 이차적인 형태인 בִּין이 있다(2회뿐: 단 9.2; 10.1). 이것은 완료형 הֵבִין을 모델로 하여 어미가 변화된 혼합 형태이다. 단 9.2 בִּינֹתִי (참고, 욥 33.13 רִיבוֹתָ).

       히필 הֵבִין은 이해하다라는 뜻 외에(원래 구분짓다, 구별하다의 뜻), 이해하게 만들다라는 의미를 가지고 있다. 여기에서 이차적인 완료형 בָּן과 בִּין이 만들어진 것은 הֵבִין에 이해하게 만들다라는 의미를 남겨둠으로써 이 두 가지 의미를 구분하려고 했기 때문일 수 있다(²).

       הִתְבּוֹנֵן과 בּוֹנֵן 형태는 ע״ו 동사와 유사하다. § 80 *h*.

e   특정한 형태들에 대한 관찰(대부분의 특이한 점들이나 비정상적인 형태들이 ע״ו 동사들에도 나타난다).

       완료형. 슥 5.4에서 לָנָה 대신에 לָּנֶה가 나타나는 것은 느씨가(강세 후퇴) 현상이다. ◌ָ가 ◌ֶ로 바뀌었다. לָמָה와 함께 나오는 לָּמֶה를 비교하라. § 37 *d*).

       미완료형. 지시형: 예, וַיָּשֶׂם, 그러나 ר 앞에서 תָּשֶׁר이다 삿 5.1; אֵל과 함께 אַל־תָּשֶׁת 출 23.1; אַל־תָּשֶׂם 삼상 9.20(§ 47 *a*, n.). 창 24.33 크레 וַיִּישֶׂם 그리고 50.26 וַיִּישֶׂם은 문맥에 따라 칼 수동형으로 이해될 수 있다(³).

---

¹ Barth (1889: 190f.)는 이와 반대로 주장한다. 즉, הֵבִין, מֵשִׂים 등과 같은 것들은 칼 *i* 미완료 형태인 יָבִין, יָשִׂים을 이차적으로 유추한 형태이다.

² 참고, Joüon 1920: 356f.

³ 참고, Blau, *Heb. Phon. and Morph.*, 191.

부정사 절대형. *ọ*를 갖는 고유한 형태로서, 예를 들자면 רֹב 삿 11.25 대신, 부정사 연계형이 부정사 절대형의 역할을 하는 경우인 רִיב יָרִיב 렘 50.34; 유사음 현상으로서 בֵּין הָבִין 잠 23.1(비교, § 51 *b*와 § 123 *q*).

f　　　**명사 형태들과의 비교**.

י가 있는 형태들: דִּין 재판; רִיב 논쟁, 소송; שִׁיר 노래; בִּינָה 총명, § 88 B *e*.

י가 없는 형태들: שָׁר 가수; זֵד 교만한 자; לֵץ 오만한 자; מָדוֹן 다툼(√דִּין); שָׂשׂוֹן 기쁨(*śaś* +접미사 **ān*); 이 형태는 마치 동사적 형용사 קָם과 דָּן이 *qatal*을 모방하는 것처럼 *qatalān*을 모방한다); 마찬가지로 זָדוֹן 교만, לָצוֹן 오만함 (참고, § 88 M *b*).

§ 82. עע״ 동사

(어형 변화표 15: סָבַב 둘러싸다)

a　　　동사(¹)나 중복 동사는 두 개의 자음 어근을 가진 동사들로서, 어근의 정상적인 상태에서 두 번째 자음이 어원적으로 길다: 예로, 복수 명령형 סֹבּוּ(ע״ו)와 ע״י 동사에 대한 유사한 정의를 각각 § 80 *a*와 81 *a*에서 보라). 이 동사들의 어근은 하나의 상태로 나타나지 않고 세 개의 상태로 나타나는데, 이것은 분명히 아주 초기부터 있었던 것으로 보인다(²). 어근의 두 번째 자음은 길 거나 짧거나 반복될 수 있다.

어근의 정상적인 상태에서 두 번째 자음은 길다: *s-bb*; 단축된 상태에서는 그것이 짧다: *s-b*; 분리된 상태라고(³) 부를 수 있는 세 번째 상태에서 그것은 반복된다: *s-b-b*.

긴 두 번째 자음을 가지고 있는 *s-bb* 형태는 정상적인 상태로 간주되어

---

¹ עע״ 표시는 두 번째 자음이 중복된다는 것을 의미한다. § 40 *c*.

² ע״ו 동사에서 이와 유사한 경우를 비교하라. § 80 *a*.

³ 분리된(*dissociated*) 상태: 이 은유적인 용어는 정상적으로 긴 자음 *bb*가 두 개의 개별적인 요소인 *b-b*로 분리되었음을 말한다. 비록 정확성이 떨어지지만, 넓어진(*dilated*) 또는 확장된(*extended*) 상태 라는 용어를 사용할 수도 있을 것이다. 다소 다른 의미에서 긴 자음의 분리 현상을 비교하라. 예로, 아 람어 **yiddaʿ* > יִנְדַּע 그가 알게 될 것이다에서 이 현상은 탈-중복 현상(*degemination*)으로 부르는 편 이 나을 것이다.

야 한다. 실제로 이 긴 자음은 이 부류에 속하는 동사들의 특징이다. 예로, 이 것은 마치 피엘 형태 קִטֵּל의 두 번째 자음이 긴 특징을 가지고 있는 것과 같다. s-bb 형태는 정상적이다. 이 점은 히브리어가 연결 모음을 첨가해서라도 가능한 한 그것을 보존하려는 경향을 갖고 있다는 사실을 미루어 봐서도 분명해진다. 예, סַבּוֹתָ, תְּסֻבֶּינָה(§ f).

대체로 정상적인 상태는 음성적으로 가능할 때마다 즉, 모음이 뒤따라올 때마다 발견된다. 예로, 명령형 סֹבּוּ, 미완료형 יָסֹבּוּ; 상태 동사 완료형의 3인칭 여성과 복수 תַּמּוּ, תַּמָּה.예외: 동작 동사 완료형의 3인칭 여성과 복수에서는 분리된 상태, 즉 סָבְבָה(¹), סָבְבוּ가 사용된다. 이것은 이 형태들을 상태 동사들과 구분하기 위함이었을 것이다(²). 3인칭 남성 단수에서는 분리된 상태인 סָבַב가 동작 동사들과 함께 사용되지만, 단축된 상태 תַּם (< *tamma < *tamima; 참고, § 88 B g, n.)은 상태 동사들과 함께 사용된다.

단축된 상태는 모음이 뒤따라오지 않을 때 나타난다. 예, יָסֹב, סֹב. 이 자음은 사실상 짧지만, 장음화(중복)를 이루려는 경향이 확실하다.

분리된 상태는 꼭 필요할 때나 유용할 때를 제외하고는 거의 발견되지 않는다. 자음의 반복은 예로서 분사 סֹבֵב, 부정사 절대형 סָבוֹב를 만드는 데 필수적이다; 그것은 동작 동사 완료형 סָבַב가 상태 동사 완료형 תַּם과 구분되게 한다. 그 외에 분리된 상태는 매우 드물게 나타난다(§ k).

b   **칼: 완료형**. 일반적으로 말하자면, 동작 동사들은 분리된 상태 סָבַב (*sabab[a]에서 옴)로 나타나고, 상태 동사들은 단축된 상태 תַּם(*tamim[a]에서 옴)으로 나타난다. 예외는 § k를 보라.

미완료형. 동작 동사와 상태 동사는 두 번째 모음뿐 아니라 첫 번째 모음에서도 다르다(참고, § 41 e): יָסֹב(³), יֵקַל(⁴) (참고, יֵרַע 그가 깨뜨릴 것이다와

---

¹ 자음의 중복 때문에 ◌ְ 대신 ◌ֲ가 나타난다 § 9 c. 그러나 레닌그라드 사본에서 이것은 바로 이 특정한 동사에 실제로 나타나지 않는다. 완료형 3인칭 단수와 복수형에 관한 한, 하텝 파타흐는 거의 대부분 설움과 함께 나타난다: צָרֲרוּ, צָלֲלוּ, דָלֲלוּ. 그러나 כָּלֲלוּ와 שָׁלֲלוּ이다. שָׁנְנוּ 시 64.4와 שָׁנְנוּ 시 140.4도 비교하라.

² 그러나 시문에서는 변형된 형태로서 나타난다: 시 118.11 סַבּוּנִי גַם סְבָבוּנִי, 시 18.6 ‖ 삼하 22.6 סַבֻּנִי.

³ 두 번째 모음으로 i를 갖는 동작 동사 미완료형의 좋은 예는 יֵגַן 그가 덮을 것이다이다(참고, § 41 a). Barth에 따르면 다른 예들이 더 있다. 예, יֵגַל

⁴ *yiqal은 아람어화의 중복으로 יֵקַל이 된다. 예, יֵדַּל.

יָרַע 그가 악하였다, 창 38:10; 삼하 11:27; 사 59:15-역자주). 상태 동사 형태의 다른 예들은 יֵחַם, יֵחַת, יֵמַר이다.

도치 바브와 함께 올 때, 한편으로는 וַיִּסֹב가 나타나지만, 다른 한편으로는 וַיֵּקֶל (밀라; 비교 וַיֵּירַשׁ)과 וַיֵּצֶר 그리고 그것이 좁아졌다(쩨레는 וַיֹּאמֶר < יֹאמַר를 비교하라)가 나타난다. 휴지 위치에 וַיָּסֹב가 나타난다.

명령형 סֹב는 미완료형의 모음을 가지고 있다.

부정사 연계형은 일반적으로 단축된 상태인 סֹב이지만, 때때로 분리된 상태인 סְבֹב가 된다(§ *k*). *o* 모음은 다른 동사 부류처럼(§ 49 *c*) 상태 동사에도 영향을 주었다. 예, חַם, חֹם, רֹב (참고, § *l*).

부정사 절대형은 분리된 상태인 סָבוֹב이고, 분사 סֹבֵב와 סָבוּב도 마찬가지이다.

동사적 형용사는 רַךְ 삼상 14.19; 삼하 15.12; חָת* 또는 חַת* 삼상 2.4; 렘 46.5에서 발견된다([1]).

c   **니팔: 완료형** נָסַב. 원래 접두사 *na는 열린 음절에서 보존된다(§ 51 *a*). 미완료형 יִסַּב는 פ״נ 동사 칼 형태(예, יִגַּשׁ*, וַיִּשַּׁ)를 유추하여 형성되었다. 완료형 נָסַב는 פ״נ 동사의 칼 형태와 유사하다([2]). 이와 같은 유사점 때문에, 히브리어는 פ״נ 동사의 칼 상태 동사처럼 보이는 נָמַס 그것이 녹았다와 같은 니팔 완료형들까지도 만들게 되었다; 여기에서 미완료형 יִמַּס (יִגַּשׁ와 유사하다)는 상태 동사의 *a* 모음을 가지고 있다([3]). 참고, § *m*. 어떤 문법 학자들에 따르면, *o*가 있는 미완료형 יִסֹב도 니팔이거나 그럴 가능성이 있다. 참고, § *h*와 *m, n*. 물론 분사에서 동일한 형태가 나타난다: נָקֵל נָמֵס (נְקַלָּה 여성).

부정사 연계형 הִסֵּב, הִמֵּס(○는 הִקָּטֵל을 유추하여 만들어졌다).

d   **히필: 미완료형** יָסֵב. 원래 단모음 i는 ○가 된다. 도치 바브와 함께 וַיָּסֶב 형태가 온다.

완료형. 미완료의 ○가 완료형 הֵסֵב로 확산되었다: הֵחֵל 그가 시작했다. הֵפֵר 그가 깨뜨렸다(휴지 위치에서 הֵפַר, § 32 *c*). 그러나 상태 동사와 함께 일반

---

[1] 이것들은 וַיֶּחִי와 같은 휴지 형태들과 혼돈하면 안된다. 자세한 내용을 Revell 1981: 97-99에서 보라.

[2] ע״ו 동사에 대해서도 동일한 설명을 할 수 있다: § 80 *f*에서 보라.

[3] יִסֹב와 יָסֹב 형태는 아람어화 된 칼 미완료 형태일 수도 있다(§ *h*). 의미에 따라 특정한 형태를 칼 또는 니팔로 부를 수 있다.

적으로 ◌ַ가 나타난다: הֵדַק(¹); הֵמַר; הֵצַר; הֵקַל; הֵרַד(²).

ה의 ◌ֵ모음은 הֵקִים을 유추하여 사용되었을 것으로 보이며, 그 자체는 הֵיטִיב (ay에서 온 ẹ는 장모음이다. §80 g)를 유추하여 만들어진 형태이다. 그렇다면 הֵקִים 형태의 발전 과정은 분사형 מֵסֵב (미완료형 יָסֵב에도 불구하고 첫 번째 모음 ◌ֵ를 가짐, §50 f)의 발전 과정과 대칭을 이루게 된다. מֵסֵב 는 הֵקִים을 유추하여 나왔으며, הֵקִים 자체는 הֵיטִיב를 유추하여 나타났다(³).

명령형, 부정사 연계형, 그리고 **부정사 절대형**에 הָסֵב가 나타난다.

관찰: ע″ע 동사에서 끝 자음이 중복되는 경향 때문에 어원적으로 장모음인 ī가 결코 나타나지 않는 것을 알 수 있다.

호팔 הוּסַב는 어원적으로 הוּשַׁב를 유추하여 장모음인 ū를 갖는다(§75 a).

_e_ 피엘 동사 변화에서 qittẹl 형태 סֵבֵב, 또는 pọẹl 형태 סוֹבֵב가 나타난다. 후자는 엄밀히 말하자면 pọẹ 형태이다(§59 a). 수동형: סוֹבַב. 재귀형: הִסְתּוֹבֵב.

만일 모음 부호를 다시 붙일 수 있다면, sovev와 histovev 형태의 예들은 sibbev 형태보다 훨씬 더 자주 나타날 것이다(Berg., II, p. 140 [§27 r]). 이것과 관련하여, ו″ע (§80 h)와 י″ע (§81 d) 어근들에서 전자가 더 지배적으로 나타나고 있으며, 이 두 어근의 형태들과 중복 형태들 사이의 변형과 상호 작용이 잘 입증되고 있음을 주목하라(§80 o, 82 o) (⁴).

_f_ **연결 모음**. 미완료형과 완료형에서 자음 접미사를 가진 형태들로 어근의 정상적인 상태를 유지하도록 연결 모음이 사용된다(ו″ע 동사들도 마찬가

---

¹ 상태 동사 완료형 דַק와 입증되지 않은 미완료형 יֵדַק* 외에, 입증되지 않은 동작 동사 완료형 דָקַק* 와 미완료형 יָדֹק이 있다.

² 상태 동사의 히필에 이 a가 존재하는 것은 다음과 같이 설명될 수 있다. 형용사로서 (또한 동사적 형용사의 역할을 하는) דַק, מַר 등이 있다. 동일한 형태가 상태 동사 완료형으로도 사용된다. 마지막으로 상태 동사 미완료형에 또다시 a 모음이 나타난다. 예, יֵקַל. 히필의 a는 상태 동사에서 a를 갖는 이 형태들을 유추하였을 수 있다. 예로 מַר 쓰라린, 그것은 쓰리다와 יֵמַר 그것이 쓰릴 것이다를 유추하여 הֵמַר 그가 쓰라리게 만들었다는 형태가 나왔을 것이다(참고, Joüon 1920: 354). 어떤 경우에는 뒤에 오는 자음의 영향을 받아 a가 생겼을 수 있다. 이와 대조적으로 Revell은 앞에 오는 자음이 모음의 선택을 결정하는 것으로 이해한다. 1985: 322f.

³ 일반적으로 הֵ는 הִקְטִיל의 הִ를 유추하여 만들어진 것으로 주장된다. 그렇다면 니팔에서 נִקְטַל을 유추하여 נֵסַב*를 기대했을 것이다.

⁴ 이 주제에 관한 최근의 논의를 Blau 1971a: 147-51에서 보라. 그러나 Haneman 1980: 302, 327에 따르면 미쉬나 히브리어에서 피엘 장형 형태가 미쉬나 파르마 사본(Codex Parma) 전체에서 단 한 번도 나타나지 않는다고 한다.

지이다. § 80 *b, i*).

미완료 형태에 ל״ה 동사에서 온 *ę* 모음이 나타난다(§ 79 *c*): תְּסֻבֶּֽינָה, תְּסֻבֶּֽינָה.

완료형에 *o* 모음이 나타난다(이것의 기원은 § 80 *i*를 보라). 예, סַבּֽוֹת; 히필 הֲסִבּֽוֹת; 니팔 נְמַקֹּֽתֶם.

가끔 어근의 정상적인 상태가 사라지고 연결 모음이 없다. 참고, § *j*.

g　　　**강세**. 연결 모음을 가진 형태들에서, 이 모음은 강세를 갖는다. 예, סַבּֽוֹתָ. 물론 무거운 접미사가 있을 때는 예외이다. 예, סַבּוֹתֶֽם. 도치 바브 완료형에 일반적으로 וְסַבּוֹתִ֫י, וְסַבּוֹתָ֫가 나타난다.

그렇지 않으면 중첩 음절로 끝나는 마지막 전 음절이 일반적으로 강세를 갖는다. 예, 미완료 יָסֹֽבּוּ; 완료 קָלֽלָה, קַלּֽוּ(그러나 종종 קַלּֽוּ이다). 도치 바브 완료형에서 강세가 전진한다. 예, וְרַבּֽה.

명령형에는 סֹֽבִּי와 סֹֽבּוּ와 같은 일반적인 형태들 대신에 밀라 형태들이 (분명한 이유 없이) 종종 나타난다. 그리고 일반적인 ֹ 대신 ֻ 모음을 가진 형태들이 나타난다. 예, 항상 רָנּֽוּ(3회), רָנִּֽי(3회), 그러나 רֹֽנִּי(2회) 나온다.

　　　관찰. 강세가 있는 중첩 음절의 *e*와 *o* 모음은 일반적으로 그 음절이 더 이상 강세를 갖지 않을 때 i와 u가 된다: תְּסֻבֶּֽינָה; יָסֹֽבּוּ, תְּסֻבֶּֽינָה. 예외: יִשָּׁדֻם 잠 11.3 크티브; יִשָּׁלֽוֹ 합 2.8; תְּחָגֻּֽהוּ 출 12.14; יְבֻזּֽוּם 습 2.9; 이들 중 첫 번째 경우를 제외하고 모두 *o* 모음 다음에 *u*를 갖는데, 이것은 이화 현상일 가능성을 시사한다.

h　　　**아람어화 된 형태들**. 어근의 두 번째 자음이 긴(중복된) 히브리어 형태들 외에 첫 번째 자음이 중복되는 아람어화된 다른 형태들도 있다. 아람어화 된 형태들에서 두 번째 자음의 중복 현상은 때로는 보존되고 때로는 생략된다. 이 형태들은 아람어에서 일반적이기 때문에 아람어화된 형태들이라고 불린다. 예, 성서 아람어 תַּדֵּק 그것이 산산 조각낼 것이다 단 2.40(דקק 동사의 하펠 Hafel 형태), 시리아어의 /nebbọz/ 그가 약탈할 것이다(*bzz* 동사). 히브리어에서 이 형태들은 아람어의 영향 때문에 생겼을 것이다. 어떤 경우에는 פ״ן 동사를 유추하여 이런 용법을 발전시켰을 수 있다. 아람어화된 형태들은 칼, 히필, 호팔 미완료형에서 발견된다. 예, 칼 יִסֹּב(¹), יִסֹּֽבּוּ; 히필 יַסֵּב,

---

¹ יִסֹּב와 יִסַּב 유형의 아람어화된 칼 미완료 형태들은 니팔과 유사하다. § *c*. 또한 이 형태들은 פ״ן 동사의 칼 유형과도 유사하다. נִגַּשׁ; לִפֹּל.

יִסַּבּוּ, יָסֹבּוּ; 호팔 יֻסַּב.

예들(¹). 상태 동사 תַּם 완전하다, 완성되다, 끝나다, 소모되다의 경우에, *a*를 가진 미완료형 יִתַּם과 *o*를 가진 미완료형 יִתֹּם이 있는데, 이것들은 사실 유사어로 보인다. 이 동사는 상태 동사이므로 *a*를 갖는 미완료형이 정상적이다. 아람어화된 중복 형태는 이 동사에서 어디에나 항상 발견된다(예외, 시 19.14는 의심스런 형태이다). 3인칭 복수에서 어근의 두 번째 자음이 중복된 יִתַּמּוּ 형태는 다섯 번 나타나지만, יִתֹּמּוּ 형태는 단 한 번만 나타난다(²).

סָבַב 동사는 특히 어렵다. 칼 סָבַב는 능동적인 타동사의 의미로서 즉 둘러싸다, 주위를 돌다와, 재귀적 의미로서 즉 (스스로) 돌다, 선회하다, 여기에서 단순히 지나가다, 가다, 오다의 의미를 갖게 된다. 따라서 니팔 동사를 가질 필요가 없는 것으로 보이며, 실제로 니팔은 다소 드물고 이차적인 것으로 보인다. 이리하여 니팔이 나타나는 모든 경우에 칼형이 사용될 수 있으며, 심지어는 둘러싸다라는 의미를 가지는 경우에도 칼형을 기대하게 될 것이다. 예, 창 19.4; 삿 19.22(비교, 20.5 וַיָּסֹבּוּ); 수 7.9. 미완료형 יִסַּב 스스로 돌다, 주위를 돌다는 에스겔서에만 사용되며(완료형 נָסַב도 사용한다), 이것은 니팔이다. 재귀적 의미로만 사용되는 흔한 미완료형 יָסֹב는 원래 칼형이다(삼상 22.18에서 분명함, סֹב 뒤에 온다). 미완료형 יָסֵב가 능동 타동사의 의미로만 사용되기 때문에(렘 41.14 예외), 미완료형 יָסֹב가 어떤 단계에서는 쉽게 니팔로 생각될 수 있으며, 이것은 그에 대응하는 완료형 נָסַב를 만들었을 수 있다; 유사한 본문으로 יִסֹב 민 36.7 그리고 נָסַב 렘 6.12를 비교하라.

동사 √שׁמם(여. שְׁמֵמָה) (사람이 보고) 놀라다, 기겁하다는 왕상 9.8 יִשֹּׁם과 욥 17.8 יָשֹׁמּוּ처럼 과정 동사이다; 그러나 상태 동사로서 (땅 등이) 황무하다는 의미를 가질 때, 그것은 정상적인 미완료형 יֵשַׁם*이 된다(창 47.19; 겔 12.19; 19.7; 참고, 6.6). 아마 니팔로 여겨지는 과정 동사 יִשֹּׁם에서 완료형 니팔 נָשַׁם*이 만들어진 것으로 보인다. 이 완료형은 그에 대응하는 미완료형이 없으며, 칼 완료형과 같은 의미를 갖는다.

*o*를 가진 다른 칼 미완료 형태들: יִדֹּם 조용해지다(그러나 יֵדַם 조용하게

---

¹ 모든 예가 Kautzsch 1906에 기록되어 있다. Kautzsch는 그의 문법서 마지막 판(28판)에서 그의 연구에 대한 결론을 완화시켰다. *Grammatik*, § 67 *g*.

² 더 가벼운 형태(יִתַּמּוּ)에 대해서는 יִתֹּמּוּ 출 15.16 욥 29.21; וַיַּכֻּתְּמוּ 민 14.45; וַיַּכְּתוּ 신 1.44도 보라.

되다 즉 파괴되다는 니팔이다); יֻקַּב 저주하다, יַקְּ 머리를 숙이다.

*a*를 가진 다른 칼 미완료 형태들: יֵדַל 약하다; 아마도 יֵשַׁח 굽히다도 여기 속할 것이다.

i   **히필**(그리고 **호팔**)의 예들: 미완료: 일반적인 형태 יָחֵל 시작하다 외에 יַחֵל 깨뜨리다, 위반하다 민 30.3, אַחֵל 내가 위반할 것이다 겔 39.7(그러나 피엘 יְחַלֵּל로 읽어야 할 것이다); יַכֵּת* 때려 부수다 신 1.44; 민 14.45. 호팔 (또는 칼 수동) יֻכַּת 사 24.12 등; יַסֵּב, 흔한 형태, 예, 출 13.18; 호팔 (또는 칼 수동) יֻסַּב 돌려지다, 회전되다.

칼과 히필 미완료형 이외에 몇몇 아람어화된 형태들이 발견된다. 예, **니팔 완료형** נֶחַל 더러워지다, 겔 7.24; 22.16; 25.3; נָחַר 불에 타다, 마르다 시 69.4; 102.4; נָאָרִים 저주받다, 미 3.9; נֻחַנְתְּ 네가 불쌍히 여김을 받았다(?) 렘 22.23. 이 모든 형태들은 첫째 자음이 후음인 어근들에 제한되어 나타난다.

j   **연결 모음이 없는 형태들**(참고, § *f*). 가끔 연결 모음이 없다; 연결 모음에 의해 보존되었던 어근의 정상적인 상태가 단축된 상태로 바뀐 것이다. 예, 칼형: תַּמֹּנוּ (תַּמֹּונוּ) 민 17.28; 렘 44.18 (תִּקְמְנוּ와 유사한 형태); 히필 תָּתֵל 삿 16.10 (הַתְּתֵלוֹת 대신); וְהֵפַרְתָּ 삼하 15.34. 단축된 상태는 다른 경우들에도 발견된다. 예, 칼: נָבֹזָה 삼상 14.36 (נָבֹזֶה 대신); נָבְלָה 창 11.7 (נָבֹלָה 대신); יָזֹמּוּ 11.6 (יָזֹמוּ 대신). 니팔: נָסֹבָּה 겔 41.7 (נָסַבָּה 대신).

k   **분리된**(dissociated) **상태와 분리되지 않은 상태**[1].

부정사 연계형(§ *b*)에서 일반적인 형태 סֹב 외에(비교, 미완료 יָסֹב) 특히 전치사 לְ와 함께 분리된 형태 סְבֹב가 (קְטֹל처럼) 가끔 나타난다. 예, סֹב (1회) 신 2.3, לִסְבֹּב(1회) 민 21.4; לִשְׁדֹוד 렘 47.4; בִּגְזֹז 삼상 25.2 לִגְזֹז 창 31.19, 그러나 לָגֹז 38.13 ; 항상 לִשְׁלֹל שָׁלָל로 나온다. 그러나 וְלָבֹז בַּז 사 10.6; 겔 38.12,13 (유사음 때문).

동작 동사. 칼 완료형에서 일반적으로 분리된 상태 סָבַב, סָבְבָה, סָבְבוּ 가 나타난다. 접미사와 함께 올 때, 가끔 더 짧은 형태인 정상적인 상태를 사용하는 것을 선호한다. 예, סַבּוּנִי (4회 ; סְבָבוּנִי 8회). 규칙적인 형태인 בַּזֹּונוּ 신 3.7 외에 분리된 상태 2.35 בָּזַזְנוּ가 발견된다.

상태 동사. 칼 완료형에서 일반적으로 다음과 같은 형태들이 나타난다:

----

[1] 비교, 불어의 *j'acquerrai*와 고대 형태 *j'acquérerai* (Corneille).

קַל, קָלָה, קַלָּה; 그러나 예외들이 있다. 예, דַּלְלוּ 사 38.14 외에 דָּלֲלוּ 사 19.6; 욥 28.4; עָשֵׁשָׁה, עָשֵׁשׁוּ; שָׁחֲחוּ 욥 9.13 그러나 שַׁחוּ 합 3.6. 상태 동사 שָׁמֵם에서 항상 שָׁמֲמוּ, שָׁמֵמָה가 나타난다.

상태 동사 칼 미완료는 분리된 상태에서; יָחֹן 암 5.15 그가 은혜를 베풀 것이다는 원래 יַחֹן* 또는 יַחַן*이었음을 제시한다. 이것은 자비롭다는 원래의 의미를 가진 유일한 상태 동사 형태이다. 여기에서 어떤 사람에게 자비를 베풀다라는 뜻으로 빈번하게 사용되는 타동사적 성격이 만들어졌고(참고, Brockelmann., *GvG*, II. 286), 동작 동사에 전형적인 יָחֹן, חָנַן 형태들이 생기게 되었다.

히필에서 분리된 상태는 다음의 경우들에 나타난다. 부정사 הַשֵּׁמֵם 미 6.13; 분사 מְשַׁמִּים 겔 3.15; רנן 동사의 모든 형태들, 예, אַרְנִין, הַרְנִינוּ 소리치게 하다.

l **여러 동사 변화들에 관한 보충적 관찰.**

칼형: o를 가진 완료형. דֹּרוּ 사 1.6 그들이 압박을 받아왔다는 칼 수동형이다. רֹמּוּ 욥 24.24 그들이 높임을 받았다도 여기에 속할 것으로 보인다(수동형 הֻמְּכוּ와 대조하라). 그러나 רֹבּוּ 창 49.23 그들이 쏘았다(?)는 설명하기 어렵다(동작 동사로서의 의미는 상태 동사 형태일 가능성을 배제한다).

*u*를 가진 미완료 형태들(ע״ו 동사들에 의해 변형된 형태들). 예, יָרֹן 잠 29.6.

마찬가지로 *u*를 가진 부정사 연계형이 있다. בּוֹז 전 9.1; בְּחוּקוֹ 잠 8.27. 상태 동사에서 o를 가진 부정사로 대체되는 *a*를 가진 부정사 연계형(§ *b*)이 이상하게도 몇몇 동작 동사에서 발견된다(잘못된 형태일 수 있음): לְבָרָם 전 3.18 그들을 시험하기 위하여(비교, בּוּז 9.1); לְרַד 사 45.1 정복하다; כְּשֹׁד 렘 5.26 굽힘 같이.

명령형 גָּל 시 119.22(גֹּל 외에)은 גֹּל*의 짧아진 형태일 것이다(참고, § *b*, n., Barth를 따름).

קַבָה*-לִי 대신 민 21.11, 17에서 קָבָה-לִי *qovå-lli*[1]가 나타나는데, 이것은 두 번의 중복이 연달아 일어나는 것을 피하기 위한 장치임이 틀림없다. קֳדָשִׁים에서 원래 짧은 *u*에 대응하는 개음절의 카메쯔와 비교하라. 마찬

---

[1] 두 번째 카메쯔도 o 음질을 가지고 있기 때문에(§ 18 *i*) 이 형태는 티베리아 발음에서 *qovo-lli*처럼 들린다.

가지로, 민 22.6과 23.7에 *'ur(r)å-lli* 대신에 אָרָה־לִּי *'orå-lli*가 나타난다. 민 23.13에서 קָבְנוֹ 형태(원래 *quvṇọ* 또는 *qubbẹnnu* 형태)는 우가릿어에서 매우 자주 나타나는 것처럼(Gordon, *UT*, § 6.16,17) 삽입의 נ을 가지고 있다(비교, 102 § יְשֵׁנוֹ *k*).

m   **니팔**. § *c*에서 언급한 것처럼, 니팔 완료형 נָסַב는 פ״ן 동사의 칼 형태로 간주되게 되었고, *ẹ*를 가진 상태 동사의 완료형은 이것을 유추하여 만들어졌다: 예, נָמַס 녹다, 미완료 יִמַּס. 또한 נָקַל 외에 נָקֵל도 있다(4회; 완료형보다는 동사적 형용사로 사용된다). 상태 동사 완료형 נָגֹל 굴려지다 또는 구르다(자동사)는 נָגֹלּוּ 사 34.4에 나타난다. 이것은 미완료형이 *a*를 가지기 때문이다: 예, יִגַּל 암 5.24. 이와 반면에, *o*를 가진 미완료형에 대응하여, *o*를 가진 완료형들이 있다. 그래서 נָקוֹם, יִקּוֹם 형태가 된다(ע״ו 동사에 의해 변형된 형태). 예, נָבֹזּוּ 암 3.11(미완료, תֵּבוֹזּוּ 사 24.3, וֹ와 함께 옴); נָרֹץ 전 12.6(미완료 תֵּרֹץ 겔 29.7, *tirrọṣ* 대신에). 더구나 미완료형 תֵּבוֹק 사 24.3과 יֵרוֹעַ 잠 11.15 그리고 13.20에서 이와 대응하는 완료형 נָבֹק*과 נָרֹעַ*를 재구성할 수 있다[1].

נֶחֱלָּה 레 21.9 그녀가 자신을 더럽힐 것이다는 둘째 모음으로 *ẹ*를 가진 니팔 미완료형의 독특한 경우일 수 있다. 이 *ẹ*가 만일 믿을 만한 형태라면 יִקָּטֵל의 *ẹ*를 유추하여 만들어진 것일 수 있다(부정사 연계형 הִקָּטֵל과 הֵחֵל과 הֵמֵס의 *ẹ*가 הִקְטֵל을 유추하여 생긴 것처럼). 그러나 여기서 *a*는 매우 의심스런 형태이다. 왜냐하면 다른 곳에는 *a* 모음이 나오기 때문이다: וָאֵחַל 겔 22.26; יֵחָל 사 48.11.

분리된 상태의 미완료형이 욥 11.12에서 יִלָּבֵב로 나타난다.

n   **히필**. *i*를 가진 몇몇 형태들이 있다(ע״ו 동사들에 의해 변형된 형태): הֵפִיר 겔 17.19; 시 33.10(참고, 89.34); הֵשִׁיר 호 8.4; יָשִׁים 렘 49.20(아람어화 된 중복).

ה의 모음. 강세 전전 음절에서 ◌ָ는 보존되지 않고, 일반적으로 ◌ַ가 된다. 예, הַסְבּוֹת. 후음 앞에서 ◌ַ는 ◌ָ로 길어진다; 유일한 예들은 다음과 같다. הַחִלֹּתָ 그리고 הַחִלֹּתִי 시작하다 신 2.31; 3.24; 삼상 22.15; 에 6.13(비교, 부정사 הַחֵלָּם 창 11.6) 그리고 הָחֵתָּה 사 9.3(ע״ו 동사에서 같은 현상과 비교하라. § 80 *m*, 예, הָעִירוֹתִי. 이 ע 앞에서는 가상 중복이 없을 가능성이 높기 때문에 아마도 ה 앞에서도 없을 가능성이 높다).

---

[1] 이 모든 것에 비추어 볼 때, 중간 *o*를 갖는 ע״ע 니팔 미완료형의 존재는 의심스럽다.

וַיֵּ֫חֶל과 וַיֹּ֫סֶף처럼 강세가 후진할 때 어근의 첫 자음 뒤에 오는 ◌ 모음은 ◌로 바뀐다(그러나 어근의 두 번째 또는 세 번째 자음이 후음이거나 레쉬인 וַיֵּ֫רַע와 וַיֵּ֫צֶר가 있다. 그렇지만 וַיָּ֫פֶר를 주목하라). 그리고 이 ◌ 모음은 וַהֲדִקּוֹת 그리고 וַתְּחִלֶּ֫ינָה에서처럼 강세가 전진할 때 ◌로 바뀐다. 그러나 어근의 두 번째 또는 세 번째 자음이 후음 또는 레쉬(ר)일 때 וַהֲרֵעֹ֫תָ와 יָפֵ֫רֶנּוּ가 나온다. 다른 예들은 Berg., II, § 27 *l*에서 보라.

o **ע״ו 동사에 의한 ע״ע 동사의 변형**

ע״ו 동사에서 많은 형태들이 ע״ע에 의해 변형된 것처럼(§ 80 *o*), 많은 ע״ע 동사 형태들이 ע״ו 형태들에 의해 변형되었다. 몇몇 형태들은 이미 §§ *l, m, n*에 인용되었다; 더 많은 다른 형태들이 사전들과 용어 사례집에서 발견된다. 히브리어에서 중얼거리다, 불평하다는 뜻을 가진 동사는 원래 ע״ע 동사인 לנן에서 비롯된 것으로 보인다(참고, 파생 명사 תְּלֻנּוֹת 중얼거림, 불평). 그러나 나크다님들은 이 동사가 마치 לון이라는 어근에서 온 것처럼 모음 표기하였다. 그 이후에 이 형태는 ע״ו 동사에 의해 전체적으로 변형되었다[1]: 즉, 니팔 *נָלוֹן, תִּלּוֹנוּ; 히필 הֲלִינֹתֶם, הֲלִינֻ֫נוּ, וַיָּ֫לֶן. 원래의 어근으로 보이는 동사인 מָשַׁשׁ 만져서 느끼다, 더듬다 외에, 히브리어에는 (그리고 아람어) 몇 개의 형태로 입증되는 이차적인 어근 מוּשׁ가 있을 가능성이 있다. 예, 창 27.21; 삿 16.26; 시 115.7.

p **명사 형태들과의 비교(참고, § *a*)**

분사 סֹבֵב, סָבוּב와 부정사 절대형 סָבוֹב를 제외한다면, 분리된 상태는 명사 형태에는 좀 드문 편이다. 예, שְׁמֵמִים 황폐한; הָרִים 외에 시문 형태 הֲרָרִים 산들; עַמִּים 백성들 대신 עֲמָמִים (참고, 성서 아람어 עַמְמַיָּא)이 나타나지만 매우 드물다.

정상적인 상태와 단축된 상태는 동사에서처럼 같은 조건 아래에 나타난다. *qatl* 형태: עַם 백성(그리고 עָם), עַמִּי; *qitl*: חֵן 호의, 은총, חִנִּי; *qutl*: חֹק 법령, חֻקִּי; ר를 가진 *qatl* 형태: שַׂר 장관, 복수 שָׂרִים, שָׂרֵי (*śarrẹ* 대신에; 이 위치에서 ◌가 유지된다). קָם, קָמִים, קָמֵי(§ 80 *d*)와 비교하라. 예로 שָׁנָה 연, 해, 복수 שָׁנִים, שְׁנֵי와 대조하라. *taqtila* 형태: תְּחִלָּה 시작(히필 הֵחֵל 시작하다에 대응된다); *maqtal* 형태: מָסָךְ 덮개, 보호, מַשָּׁק 침투 행위(?)(아람어화된 중복으로).

---

§83. 여러 동사 종류의 비교
(어형 변화표 16)

a   여기에서 우리는 관련 어근을 결정하는 데 도움이 되는 다양한 여러 형태들의 동사 변화표를 종합적으로 보게 될 것이다. 이것들은 연구가 진전됨에 따라 점차 보완될 수 있다.

b   **접두사가 열린 음절인 경우**

동사 부류	실례들			
	칼	니팔	히필	호팔
1) ע″ו	יֵבוֹשׁ, יָקוּם	נָקוֹם	יָקִים, הֵקִים	הוּקַם
2) ע″ע	יֵקַל, יָסֹב	נָסַב	יָסֵב, הֵסֵב	הוּסַב
3) פ″י	יִירַשׁ, יֵשֵׁב	נוֹשַׁב	יוֹשִׁיב, הוֹשִׁיב	הוּשַׁב

c   **접두사 다음에 중복된 자음이 나오는 경우**

     1) 모든 동사의(제 1 후음 동사 제외) 니팔(미완료형 등)에서: 예, יִקָּטֵל, יִסַּב, יִקּוֹם.

     2) פ″ן 동사에서 규칙적으로: 예, 미완료형 יַגִּישׁ, יִגַּשׁ.

     3) פ″יצ 동사에서: 예, יַצִּיע.

     4) ע″ע 동사의 아람어화된 형태에서: 예, 미완료형 יִדַּל יִסֹּב; יִסַּב.

     5) ע″ו 동사의 아람어화된 형태에서: 예, הִנִּיחַ, יַנִּיחַ § 80 *p*.

d   **미완료형에서 마지막 모음 ◌ֵ**

     1) 일반적으로 피엘과 히트파엘에서: יִתְקַטֵּל, יְקַטֵּל.

     2) 니팔에서: יִקָּטֵל.

     3) פ″ו 동작 동사 칼형에서: יֵשֵׁב. 몇몇 다른 동사의 칼형에서: 예, יִתֵּן.

פ″א 동사의 휴지 형태에서[1] : תֹּאמֵר, יֹאבֵד, יֹאכֵל.

     4) 대체로 지시형과 히필 명령형에서: 예, יֵקֶם, יַקְטֵל; הָקֵם, הַקְטֵל.

     5) ע″ע 동사의 히필 직설법에서: 예, יָסֵב, יֵסֵב.

---

[1] 그러나 여기에서 *e*는 이차적으로 나온 것이다. § 73 *e*.

e **미완료형에서 첫 번째 모음 Ⓞ**

1) ו"פ 동작 동사 칼형에서: יֵשֵׁב. ע"ע 상태 동사 칼형에서: יֵקַל.

2) י"פ 동사 히필형에서: יֵיטִיב.

§84. 약동사들의 상호 관계

a 약동사는 동사 안에 강한 요소들과 함께 약한 요소를 가진 어근으로 표시된다: 약한 요소는 자주 변할 수 있지만, 동사에 의해 표현되는 개념은 대체로 그대로 남아 있다. 따라서 덫을 놓다라는 동사적 개념을 표현하기 위하여 히브리어는 안정된 핵심 요소인 קֵשׁ에 약한 요소인 י 또는 נ을 첨가하여 יָקֵשׁ와 נָקֵשׁ를 만들었다. 마찬가지로 멀어지다, 소외되다라는 동사적 개념을 표현하기 위해 히브리어는 נָקַע와 יָקַע를 만들었다. 성경에서 거의 나타나지 않는 형태들을 가진 동사의 경우에, 실제로 두 개의 연관된 어근들을 다루고 있는지 아닌지를 말하기 곤란할 때가 가끔 있다. 이것은 특히 몇몇 ו"ע와 ע"ע 동사들에 적용된다. 어떤 형태는 음성적으로 우연히 어형 변이를 초래할 수도 있다([1]). 따라서 하나의 고립된 형태에서는 어근의 존재를 추정해 낼 수 없다. 예로서, 우리는 히트파엘 형태 הִתְנַצֵּב(§ 77 *b*)로부터 히브리어에는 נצב와 함께 יצב라는 어근이 있다고 주장할 수 없다. 마찬가지로 미완료형 יֵלֵךְ로부터 הָלַךְ와 함께 יָלַךְ라는 어근이 있다고 주장할 수 없다(§ 75 *g*).

b 여러 약한 요소들과 함께 사용되는 핵심 요소의 예들: 산산이 부수다: דכך, דוך와 דכא; 많다: רבב와 רבה; 침묵하다: דום, דמם과 דמה; 멸시하다: בזז와 בזה; 만나다: קרה와 קרא.

불완전 동사들에서 다른 예들은 다음 § 85를 보라.

---

[1] 예로, 시리아의 아랍어 *waqada* 불을 피우다, 밝게 하다는 완료 *qād*, 미완료 *yaqīd*가 된다. 후자는 *qīd*로 발음되는 명령형 *qid*를 거쳐 만들어졌다(참고, Landberg 1883: 290).

§ 85. 불완전 동사

a   때때로 동일한 동사적 개념을 표현하기 위하여 일부 형태들(동사 변화, 시제)은 하나의 어근에서 빌리고 나머지는 다른 어근에서 빌린다 (영어에서도 go-went-gone과 같은 변화가 이루어짐을 참조하라). 이 두 동사는 각각 불완전 동사(defective verb)로 불린다. 아래의 예들은 가장 일반적인 불완전 동사들이다.

부끄러워하다: בּוֹשׁ*(§ 80 *q*)와 יבשׁ (§ 76 *d*).

좋다: טוֹב (§ 80 *q*)와 יטב (§ 76 *d*).

깨어나다(자동사): יקץ (§ 76 *d*)와 קִיץ.

두려워하다: יָגֹר (§ 75 *i*)와 גוּר (참고, § 41 *f*, n.).

마시다: שָׁתָה; 물을 마시게 하다, 마시도록 주다 הִשְׁקָה(이 두 동사 사이에 어원적인 연관성이 멀다는 주장은 의심스럽다).

b   동사 활용에 있어서 어떤 시제는 하나의 동사 활용에서 빌려오고 나머지는 다른 동사 활용에서 빌려올 때, 그것은 불완전하거나 보완적인 동사가 된다:

יָסַף 더하다는 유사-불완전 동사이다. § 75 *f*. 완료(칼) יָסַף; 미완료(히필) הוֹסִיף.

יצת 불타다(자동사): 완료(니팔) נִצַּת; 미완료(칼) יִצַּת(§ 77 *b*).

כשׁל 걸려 넘어지다: 완료(칼) כָּשַׁל(드물게 נִכְשַׁל); 미완료(니팔) יִכָּשֵׁל, 분사(니팔) נִכְשָׁל.

לאה 피곤하다: 완료(니팔) נִלְאָה; 미완료(칼) יִלְאֶה.

מוג 녹다: 완료, 분사(니팔) נָמוֹג; 미완료, 부정사 연계형(칼) מוֹג, תָּמוֹג.

נגשׁ 접근하다: 완료(니팔) נִגַּשׁ; 미완료(칼) יִגַּשׁ, 명령형(칼) גַּשׁ(§ 72 *g*).

נחה 인도하다: 완료(칼) נָחָה; 미완료(히필) יַנְחֶה.

נתך 쏟아지다(자동사): 완료(니팔) נִתַּךְ; 미완료(칼) יִתַּךְ.

פוץ 흩어지다: 완료(니팔) נָפוֹץ; 미완료(칼) יָפוּץ.

몇몇 경우에(יצת, נגשׁ, נתך) 니팔 완료형과 칼 미완료형이 있으며, 이 두 형태가 서로 닮은 것을 주목하라[1].

c   칼형에서 항구적 분사는 § 50 *d*를 참고하라.

---

[1] 참고, Lambert 1900: 212. יָגֹר; נָפוֹץ, יָפוּץ 경우에도 어떤 유사성이 있다. § *a*.

제3장 명사

§86. 일반적 관찰

히브리어와 셈어 문법에서 명사는 실명사뿐만 아니라 형용사도 포함한다([1]). 왜냐하면 형용사는 그 형태(formation)나 어형 변화에 있어서 실명사와 다르지 않기 때문이다([2]). 히브리어 명사는 격들(주격, 대격, 속격, § 93 *b*)을 표시하는 끝 모음들을 상실했기 때문에, 정확하게 말하자면 격 변화가 없다. 주격, 대격, 그리고 속격으로 표현되는 논리적인 관계들은 구나 문장 안에서 명사의 위치에 의하여 나타난다. 그러나 속격에서, 두 번째 명사인 '피지배 명사'(*nomen rectum*)를 지배하는 첫 번째 명사인 '지배 명사'(*nomen regens*)는 연계형이라고 부르는 특별한 형태를 자주 가진다. 이것은 절대형으로 부르는 일반적인 형태와 다르다(§ 92 *a*). 연계형에서 명사의 모음 표기에 변화들이 일어나고, 복수, 쌍수, 여성 어미 및 대명사 접미사가 첨가됨으로써 명사가 길어질 때 변화들이 일어나는 것은 모두 강세가 이동하기 때문이다. 모음 표기에서 일어나는 이 모든 변화들이 명사의 형태를 바꾸어 준다(§ 95 *a*). 이 어형 변화(inflection, 변화: 저자의 용어임)는 매우 섬세하며 동사의 활용보다 덜 규칙적이다. 이 변화들을 이해하기 위해서는 음성적 규칙들뿐 아니라 히브리어의 여러 명사들이 가진 원시 형태들을 알 필요가 있다.

§87. 명사 형태의 구성

a   명사들은 원시적이거나(primitive, אָב 아버지, אֵם 어머니, רֹאשׁ 머리,

---

[1] 넓은 의미에서 명사는 동사적 명사들로서, 즉 부정사와 분사도 포함한다.

[2] 그러나 형용사들은 실명사들의 모든 형태들을 가지고 있지 않다(참고, § 87 *c*).

רֶגֶל 발처럼) 또는 파생적이다(derivative)([1]). 명사들은 다른 명사에서 파생되거나, 예, 복수 מַרְגְּלוֹת 발등상(רֶגֶל에서 옴), שַׁעַר 문지기(שַׁעַר 문에서 옴), 동사에서 파생된다. 후자가 전자보다 훨씬 많지만, 모든 명사가 동사에서 파생되었다고 추정할 만한 근거는 희박하다. 사실 많은 동사들은 명사에서 파생되었다(명사 파생 동사들). 많은 어근들에 있어서 명사나 동사 중 어느 것이 먼저 있었는지 결정하는 것은 불가능하다.

특정한 명사 형태들은 특정한 동사 형태들과 연관된다. 예, גִּדּוּף 모욕은 피엘 גִּדֵּף 모욕하다와, תְּהִלָּה 찬양은 피엘 הִלֵּל 찬양하다와 관련된다. 이와 반면에, 대부분의 명사 형태들을 시제들과 연결시키려는 시도들은 결정적인 근거를 제시하지 못하고 있다(Lagarde는 완료형과 명령형[2], Barth는 완료형과 미완료형을 연결한다)([3]).

b   동사적 형태들(활용들 § 40 *a*)은 소수인 반면에, 명사적 형태들은 그 수가 많고 다양하다. 각 동사적 형태는 하나 이상의 개념을 거의 표현하지 않는다(예, 피엘과 연관된 여러 개념들은 § 52 *d*를 보라). 이와 반면에, 많은 명사적 형태들은 하나 이상의 특정한 개념과 관련된다. 그러나 일반적으로 말해서 히브리어에는 (다른 셈어에서처럼) 유사한 것을 가리키는 명사들이 동일한 형태소의 틀로 나타나는 경향이 있다. 예로, קַטֵּל 형태는 흔히 육체적 또는 정신적 결함을 나타내는 형용사들과 관련된다. 예, עַוֵּר 눈먼(§ 88 H *b*); קַטָּל 형태는 직업 명사(*nomina opificum*)와 관련된다. 예, דַּיָּן 재판관(§ 88 H *a*); קְטֹל 명사는 신체 사지의 명칭들과 관련된다. 예, כָּתֵף 어깨(§ 88 D *b*); קְטִיל 형태는 농사 활동의 명칭과 관련된다. 예, קָצִיר 추수(§ 88 E *b*); 그러나 이와 같이 형태와 의미가 서로 일치하는 깔끔한 관계는 소수 형태에만 나타날 뿐이다([4]).

c   추상 명사뿐 아니라 구상 명사도 특정한 형태로만 사용된다.

---

[1] 참고, Fox 1998. 그는 명사든 동사든 간에 유사한 의미를 가진 다른 단어들과 함께 자음 어근을 공유하지 않는 원시-셈어의 실명사를 재구성하였다. 이렇게 재구성되어 독립된 명사들은 접두사나 접미사를 가진 것들을 배제한 대부분의 명사들을 설명해준다. 그것들은 § 34에 정의된 의미로서의 참된 "어근"을 갖고 있지 않다.

[2] De Lagarde 1891.

[3] *Nominalbildung.*

[4] Kienast(2001: § 55, § 77.1)의 입장과 달리, 무작위로 선택된 다음 명사들 중 어느 것도 동작 명사라고 부를 수 없다.
파르스(pars-) 형태-נֶפֶשׁ, אֶרֶץ, דֶּרֶךְ, אֶבֶן;
피르스(pirs-) 형태-קֶבֶר קֶדֶם, בֶּגֶד, גֶּשֶׁם, דְּלִי, נֶזֶם.

형용사들은 특정한 형태들로만 사용된다([1]). 일반적으로 말하자면, 하나의 모음을 가진 (원시) 형태들과 접두사를 가진 형태들은 히브리어에서 형용사로 사용되지 않는다. 형용사에 사용된 형태들은 다음과 같이 단순한 형태들이다. (1) 두 개의 원시 단모음을 가진 형태들 קְטַל, קְטֵל, קְטָל, (2) 어원적으로 짧은 첫 번째 모음과 어원적으로 긴 두 번째 모음을 가진 형태들 קְטוֹל, קְטוּל, קְטִיל, (3) 두 번째 자음이 중복된 형태들 קִטֵּל, קַטֵּל, קַטִּיל, קַטּוּל, קַטִּיל, (4) 접미사 ־ִי를 가진 형태, 그리고 (5) קְטַלְל처럼 일부 더 희소한 형태들.

복합 명사들은 자주 고유 명사로서 사용된다. 예, גַּבְרִיאֵל 하나님의 사람 (§ 93 m). 이와 반면에, 그것들은 매우 드물게 보통 명사로 사용된다: בְּלִיַּעַל 아무 쓸모 없는 자, 비루한 자는 부정어 בְּלִי와 아직까지도 의미상 논란이 있는 요소(יַעַל)로 이루어져 있지만, 명사의 형태는 변화하지 않는다; 아마도 צַלְמָוֶת도 이 부류에 속할 수 있다. 이것은 צֵל מָוֶת로 해석되며, 이 해석은 칠십인역의 σκιὰ θανάτου (사망의 그림자)까지 거슬러 올라간다(시 23:4; 그러나 그 모음 표기는 의심스럽다; 학자들은 어둠을 의미하는 צַלְמוּת 또는 צַלְמָוֶת로 읽도록 제안하여 왔다).

d   차용어들은 다양하게 히브리어 형태소에 자리 잡아왔다. 따라서 아카드어 *egertu*에서 온 אִגֶּרֶת 편지는 유사-쎄골 명사처럼 기멜(*g*)을 이차적으로 중복하여 만들어졌다. 그 복수형은 마치 מַלְכָּה 여왕에서 온 מַלְכוֹת처럼 복수 연계형 אִגְּרוֹת로 만들었다.

이와 반면에, שַׁבָּת 안식일은 *qattal* 형태를 가진 진정한 히브리어 명사처럼 보이지만(§ 88 H), 아카드어 *šab/pattu*에서 빌려온 것으로서 원래 이 명사의 그룹에 속한 것이 아니다([2]).

§ 88. 명사 형태들

이 단락은 길이를 조절하기 위하여 다음과 같이 몇 개의 짧은 단락들로 구분하였다(대문자 A, B, C 등으로 표기됨).

---

[1] 참고, Werner 1983.

[2] Rechenmacher 1996 참조.

§ 88 A) 하나의 자음만을 가진 형태; B) 두 개의 자음을 가진 형태; C-G) 세 개의 자음을 가진 형태; H-I) 두 번째 자음이 중복된 세 개의 자음을 가진 형태; J) 반복되는 자음을 가진 형태; K) 네 개의 자음을 가진 형태; L) 접두사를 가진 형태; M) 접미사를 가진 형태.

아래에 제시된 목록은 형태로서 명사를 분류하는 방식으로 일반적인 의견 일치가 있는 것들이다. 독자들은 바우어(Bauer)와 레안더(Leander)가 함께 쓴 문법책에서 비교적 완전한 목록을 볼 수 있을 것이다(¹). 그 책에는 종종 특정한 명사를 특정한 형태로 분류하는 이유들이 정당함을 제시하고 있다. 브로켈만(Brockelmann)은 모든 셈어에서 명사 형태들의 틀로써 히브리어의 형태들을 소개한다. 이것은 독자들의 이해에 큰 도움을 준다. 지금까지 이루어진 모든 연구에도 불구하고, 많은 명사들의 원시 형태는 여전히 불분명한 채로 남아 있다.

§ 88 A. 하나의 자음만 가진 형태들

(최소한 겉보기에) 하나의 자음만을 갖는 형태들은 매우 드물다: אִי, 복수 אִיִּים I 섬, II 들개(*jackal*); צִי 1) 복수 צִיִּים 그리고 צִיִּם 배, 선박; צִי* 2) 복수 צִיִּים 정체를 알 수 없는 광야의 짐승.

§ 88 B. 두 개의 자음으로 이루어진 형태들

a   **Qal**. 일반적으로 *â*가 되는 원시 단모음 *a*와 함께(²): יָד 손(§ 96 E *a*), דָּם 피(§ 96 E *a*), שַׁד 여성의 가슴, וָו 갈고리(§ 26 *f*), דָּג 생선, תָו 표식. 혈연 관계를 나타내는 명사들(§ 98 *b*): אָב 아버지, אָח 형제, חָם 시아버지.

여성 어미를 가진 형태들: שָׁנָה 해, 년, שָׂפָה 입술, אָמָה 하녀(§ 98 *d*);

---

¹ § 61(pp. 448-506). Bauer와 Leander의 문법서는 이 부분을 탁월하게 다루고 있다. 우리는 이 책에서 많은 도움을 받았다.

² 이 명사들 중 몇몇 어근이 원시 상태에서 어떤 형태를 갖고 있었는지 논쟁이 치열하다. Qil에 대해서도 마찬가지이다.

דֶּלֶת 문, קֶשֶׁת 활. 첫 자음이 탈락된 부정사 גֶּשֶׁת (§ 72 *c*, נגשׁ에서 옴); דֵּעַת (§ 75 *g*, יָדַע에서 옴)를 비교하라.

b   **Qil** (어형 변화, § 96 E *b*). 일반적으로 *e*가 되는 원시 단모음 *i*를 가진 형태들: עֵץ 나무, אֵל 신(god); בֵּן 아들(§ 98 *c*), שֵׁם 이름, שֵׁת 기초.

여성 어미를 가진 형태들: מֵאָה 백(100), פֵּאָה 측면, 모퉁이. § 75*m*에 기록된 לֵדָה 출산(부정사도 역시)처럼 פ״ו 동사의 첫 자음이 탈락된 실명사들과, שֶׁבֶת, לֶדֶת(§ 75 *a*)와 같은 부정사들을 비교하라.

c   **Qul**. 일반적으로 *o*가 되는 원시 단모음 *u*를 가진 형태들: תֹּר 산비둘기가 여기에 속할 가능성이 있다(완전 철자법 תּוֹר는 적절하지 않을 수 있다).

d   **Qāl**. 일반적으로 *o*가 되는 원시 장모음 *ā*를 가진 형태들[1]: דּוֹד 사랑하는 사람, חוֹף 해변; טוֹב 선함(아마도).

e   **Qīl**. 히브리어에서 보존된 원시 장모음 *ī*를 가진 형태들[2]: גִּיד 힘줄, טִיט 점토, 진흙, מִין 종류, סִיג 찌꺼기, סִיר 냄비, עִיר 도시, קִיר 벽, רִיר 타액, 침, שִׂיחַ 관목.

ע״י 동사의 부정사는 실명사가 될 수도 있으며, *qil* 형태도 가지고 있다. 예, דִּין 재판하다와 재판; רִיב 다투다와 다툼, שִׁיר 노래하다와 노래.

여성 어미를 가진 형태들: בִּינָה 명철, קִינָה 장송곡, 애가, טִירָה 야영지.

f   **Qūl**. 히브리어에 보존되는 원시 장모음 *ū*가 있는 형태들[3]. דּוּד 바구니, חוּט 실, חוּץ 밖, 거리, טוּב 선함, לוּחַ 판(*table*), צוּר 바위, רוּחַ 숨, 호흡, שׁוּק 거리, שׁוּר 벽.

여성 어미를 가진 형태들: שׁוּרָה 줄(*row*), פּוּרָה 포도즙 짜는 기구.

g **두 번째 자음이 긴(중복된) 형태들**[4]

Qall (어형 변화, § 96 A, *n*). 중복되는 경향 때문에 일반적으로 *o*가 되는 원시 단모음 *a*를 가지고 있다. 순음 *m* 앞에서 모음이 *o*(*å*)로 순음화된다[5]: יָם, עָם (일반적으로 분리 악센트를 가지고 있다; 다른 경우에는 עַם이다); 형

---

[1] קוֹל 형태의 명사들은 때때로 그 기원이 의심스럽다. *o*는 *aw*가 축약하여 생긴 것일 수 있다.

[2] ו״י 동사(§ 80 *a*)와 ע״י 동사(§ 81 *a*)의 어근에 관하여 이미 언급한 것을 보라.

[3] ו״ע 동사(§ 80 *a*)와 ע״ו 동사(§ 81 *a*)의 어근에 관하여 이미 언급한 것을 보라.

[4] 바로 위에 있는 각주를 보라.

[5] 이 현상은 *o*가 *o* 음을 가지고 있다는 것을 전제한다. 비교, כָּמֵתּ 형태(§ C *f*). 이 질문에 관한 Revell 1981의 연구도 보라.

용사 חָם, חָם.

명사[1]: עַם과 עַם; 복수 עַמִּים 백성; הַר, הָהָר 산; פַּר; הַפָּר 수송아지; שַׂר 왕자, 통치자; כַּף 손바닥; יָם 바다.

여성 어미와 함께: אַמָּה 규빗; שָׂרָה 공주(*śarra* 대신에).

형용사[2]: דַּל 약한; דַּק 얇은; חַי 살아 있는; מַר 쓴; עַז 강한; צַר 대적; קַל 가벼운; רַב 위대한; רַךְ 부드러운; רַק 여윈; רַע 나쁜; חָם 뜨거운; תָּם 완전한.

여성 어미와 함께: חַמָּה (시문) 해, 태양; צָרָה 여자 대적자(*śarra* 대신에); חַיָּה 동물, 짐승.

h   **Qill** (어형 변화, §96 A *o*). 마지막 위치에서 *e*로 변하는 경우를 제외하고 일반적으로 보존되는 원시 모음 *i*를 가진 형태: אֵם; 접미사와 함께 אִמִּי 어머니; אֵשׁ 불[3]; לֵב; 접미사와 함께 לִבִּי 마음; צֵל 그늘, 복수 연계형 צִלְלֵי 그늘; קֵן 복수 קִנִּים 보금자리; חֵן, 접미사와 함께 חִנּוֹ 은총.

여성 어미와 함께: פִּנָּה 모퉁이, גִּנָּה 방패, גֵּרָה 새김질.

i   **Qull** (어형 변화, §96 A *p*). 마지막 위치에서 *o*가 되는 경우를 제외하고 보존되는 원시 모음 *u*를 가진 형태들: חֹק, 접미사와 함께 חֻקִּי 법령; כֹּל; 접미사와 함께 כֻּלָּם 전체, 모든 것; חֹר 자유인, 귀족. *qull* 형태는 자주 *qall* 형태의 형용사에 해당되는 추상 명사를 만들기 위해 사용된다(§ *g*): חֹם 뜨거움; עֹז 힘; קֹר 추위; רֹב 많음; רֹךְ 부드러움; רֹעַ 악함; תֹּם 완전함[4].

여성 어미와 함께: חֻקָּה 법령; סֻכָּה 초막(정확하게 말하면 덮개); מֹרָה* 쓰라림[5].

---

[1] עַם 형태의 실명사들은 세 자음 어근의 *qatl* 형태에 해당한다.

[2] קַל 형태의 형용사들은 아마도 세 자음 어근의 *qatil* 형태에 상응할 것이다. 여기서 *qall*은 *qalil*의 축약된 형태일 가능성이 있다(참고, Joüon 1911: 402). 참고, § D *b*.

[3] 통시적으로 אֵשׁ (접미사와 함께: אִשּׁוֹ)는 두 자음 어근 형태 /*ʾiš/에서 그 기원을 찾아 볼 수 있다. Blau 1972: 62-65.

[4] 이와 유사하게 많은 *qutl* 명사들이 추상 명사이다(§ 88 C *j*).

[5] 복수 עֲמוֹת (겔 45.7에 단 한 번 나옴)에도 불구하고 עֻמָּה (일반적으로 לְ–와 함께)는 여기에 속하지 않을 수 있고, 마지막 타브가 어근일 가능성이 있다. 참고, Ben-Ḥayyim, § 6.3.1.7.

[§§ 88 C-G. 세 개의 자음을 가진 형태들]

§ 88 C. 하나의 모음만을 가진 형태들

a*   상당 수의 히브리어 명사는 원시 형태 CVCC와 그것의 파생 형태 CCVC에서 왔으며 후자는 비교적 드물다. 이 두 형태들에서는 모음이 짧다. 그러나 티베리아 전통의 히브리어 음운론(phonology)에서는 일반적으로 단어 끝에 자음군을 허용하지 않는다(§§ 18 l, 27 *db*). 따라서 CVCC 형태는 기본적인 형태, 즉 대명사 접미사가 없는 단수 형태에서 CVCVC 형태로 변한다. 이 때 추가된 모음은 이차적으로 첨가되었기 때문에 이중 삽입(epenthetic) 또는 보조모음 삽입(anaptyptic)이라고 불리며 쎄골이 된다. 그러므로 이 명사들은 쎄골 명사들이라고 부른다. 이 쎄골은 어근의 둘째 또는 세째 자음이 후음일 때 파타흐가 되며, 여기에 유성 ה를 포함한다(예외, רֶחֶם과 לֶחֶם, §§ *c*와 96 A *i*). 모든 쎄골 명사들은 마지막 전음절에서 강세를 갖는 점을 주목할 필요가 있다([1]). 그리고 쎄골 명사들은 이런 강세를 갖는 유일한 다음절(polysyllable) 명사 그룹에 속한다. 이 쎄골 명사들이 하나의 모음을 가진 그룹으로 분류되는 이유는 두 가지이다. (1) 어형 변화된 형태들에서 하나의 모음을 지닌 형태가 여전히 나타나기 때문이다. 예로, עֵגֶל 송아지에서 עֶגְלְךָ 너의 송아지, 복수 연계형 עֶגְלֵי, 그리고 여성형 עֶגְלָה 암송아지가 나타난다. (2) 동족어에서 유사어들이 같은 기본 형태로 나타나기 때문이다. 시리아어 ʿeglā, 아랍어 ʿijl은 둘 다 송아지를 의미한다. 바로 이런 이유 때문에 우리는 쎄골 명사들을 종종 **qatl**, **qitl**, 그리고 **qutl** 형태로 취급한다. 그러나 이 세 개의 원시 쎄골 형태들과 히브리어에 실제로 나타나는 형태들 사이의 상호 관계를 설정하는 작업은 몇몇 요인들 때문에 상당히 복잡하다.

       1. 히브리어 쎄골 명사들은 첫 음절에 네 개의 모음 즉, 파타흐, 쎄골, 쩨레, 홀렘 중 하나를 가질 수 있다.

       2. 첫 음절에 파타흐와 홀렘을 갖는 대부분의 쎄골 명사들은 각각 원시적인 **qatl**과 **qutl** 형태를 반영하고 있다고 보아도 무방하다. 예, נַעַל 신발, 아

---

[1] 일부 약한 어근들에서 파생된 것들로서 예, בְּכֶה 울음, 통곡을 제외한 בְּכִי. 이 점에서 볼 때 밀라(끝음절) 강세를 갖는 지명 בָּבֶל이 특이하다.

랍어 *naʻl*과 시리아어 *naʻlå* 참고; קֹדֶשׁ 거룩함, 아랍어 *quds*와 시리아어 *qud̲šå* 참고.

3. 히브리어 자료(data)는 가끔 모호하다. 예, כֶּבֶשׂ 어린양의 여성 형태는 כִּבְשָׂה 또는 כַּבְשָׂה이다. אֹמֶר 말은 אִמְרוֹ 그의 말, 그리고 복수 연계형에서 אִמְרֵי로 변화된다; 또 다르게 변형된 단수 형태 אֹמֶר 또는 אֵמֶר를 가정해 볼 수 있다. 참고, 유사어 אִמְרָה*에서 온 אִמְרָתִי. שִׂמְלָה와 שַׂלְמָה (자음 도치) 겉옷의 차이도 마찬가지이다. 약간 다른 형태들의 차이도 주목하라: נֵבֶל/נֶבֶל 악기의 일종; נֶדֶר/נֵדֶר 맹세; הֵפֶךְ/הֶפֶךְ (후자는 씰룩과 함께, 둘 다 한 절 안에 나타난다. 겔 16.34). 참고, § *h*, 96 A *f*.

4. 비-티베리아 전통들에서도 서로 다른 형태들이 나타난다: 암 5.26 מַלְכְּכֶם과 제롬의 *melchechem* "당신들(복수)의 왕", 그리고 바빌론 전통에서 /milkiyyå/(마소라 본문 מַלְכִּיְה)([1])를 비교하라; 이 외에도 시 89.28 לְמַלְכֵי의 세쿤다에서는 λαμαλαχη가 나온다.

5. 동족 언어들에 나타나는 증거는 가끔 모호하다. 예, בֶּרֶךְ, בִּרְכַּיִם 무릎, 그러나 시리아어 *burkå*; מֶלֶךְ, מַלְכִּי, 그러나 아랍어 *malik*; אֹזֶן 그러나 시리아어 *ʼednå*; כֶּסֶף, כַּסְפּוֹ 그러나 성서 아람어 כַּסְפָּא, 시리아어 *kespå*.

6. 휴지 형태에서 첫 번째 자음 뒤에 오는 모음이 항상 세골 명사의 문제를 결정하는 것은 아니다. בֶּטֶן 배(belly)에서 온 휴지 형태 בָּטֶן은 בִּטְנִי 등의 어형 변화에도 불구하고 원시 형태 qatl에서 온 것으로 볼 수 있다. 반면에, שֵׁבֶט 지팡이(שִׁבְטוֹ에서 온 שֵׁבְטוֹ 외에), סֵתֶר 피난처(סִתְרֵי에서 온 סֵתֶר 외에)와 같은 형태들은 סֵפֶר (의심할 여지 없이 qitl 쎄골 형태)와 달리 모두 카메쯔를 가지고 있으며 אֶרֶץ (qatl 쎄골 형태)는 또 다른 면에서 문제의 복합성을 드러낸다.

어려움은 קֶטֶל 형태에서 가장 심하게 나타난다(§ 96 A *f*). 분명히 모든 קֶטֶל 쎄골 형태가 원시적인 qatl 형태에서 파생된 것은 아니다. 히브리어 쎄골 형태들을 공시적으로 분류하기 위해서는 그 어형 변화 형태를 주된 기준으로 설정하는 것이 가장 좋아 보인다([2]). 물론 어떤 형태들은 입증되지 않기 때문에, 필요한 자료가 항상 제공되고 있는 것은 아니다. 따라서 בֶּטֶן은 아

---

[1] Yeivin, *Babylonian*, 1092를 보라.

[2] 알기 쉽게 설명하자면, 네 번째 형태로서 쎄골 형태인 qetl 형태를 도입하는 것이 도움이 될 수 있다. 그것은 נֶגֶד 맞은 편, 반대쪽(참고, נֶגְדּוֹ, נֶגְדִּי 등), חֵלֶק 몫, 부분(참고, חֶלְקִי); עֵזֶר 도움(참고, עֶזְרִי)과 같은 명사들을 포함할 수 있을 것이다. 아래 § *ha* 참조.

랍어 *baṭn*에도 불구하고 *i*-쎄골 명사로 분류될 것이다(¹). שֶׁמֶשׁ도 이와 마찬가지이다. 그 이유는 시 89.37에서 (마소라 본문 שֶׁמֶשׁ כַּ와 헥사플라의 χασαμσ, 아카드어 *šamšu*와 아랍어 *šams*(²)에도 불구하고, הַשֶּׁמֶשׁ가 나오기 때문이다.

a	**Qatl**(³). 원시 모음 *a*를 가진 형태. 이 형태는 일반적으로 쎄골화된다(§ 96 A *b*): קֶטֶל. 가끔 이 형태는 마지막에 *a*모음을 갖는 קְטַל이 된다(§ *g*). 일부 *qatl* 명사들은 이차적으로 나온 것이다. 예, *bint* > *bant* > בַּת 딸(필리피 법칙, § 29 *aa*), 또는 *qatil*이나 *qatal* 형태들의 단축 형태일 수 있다(מֶלֶךְ 왕을 아랍어 *ma'lik*, וֶלֶד 아이를 아랍어 *wa'lad*와 비교하라). *qatl* 형태의 명사들은 지금까지 가장 많이 나왔다.

b	강한 어근들: מֶלֶךְ, 접미사와 함께 מַלְכִּי 왕(§ 96 A *c*); אֶרֶץ, אֶבֶן 돌; הָאָרֶץ 땅; כֶּלֶב 개; כֶּרֶם 포도원; שֶׁמֶן 기름.

	여성 어미와 함께(어미 변화, § 97 A *b*): מַלְכָּה 여왕; עַלְמָה 젊은 여자, 처녀.

c	후음 א을 두 번째 자음으로 가진 어근들: *ra'š* > *rā(')š* > *rō'š* > *rọ(')š* = רֹאשׁ (순수하게 문자상 어원적인 א을 가지고 있음); 마찬가지로 צֹאן 작은 가축떼(비교, 아랍어 *ḍa'n*); 참고, § 24 *d*.

	후음 ה, ח, ע을 두 번째 자음으로 가진 어근들. 후음에는 거의 항상 ◌ַ ◌ֶ 모음이 표기된다: לַהַב 불꽃; נַחַל 골짜기; פַּחַד 두려움; נַעַל 신발; נַעַר 젊은이; שַׁעַר 문. 그러나 ח를 가진 두 단어들은 לֶחֶם 빵과 רֶחֶם 자궁, 가슴으로 나타난다. 참고, § 96 A *i*.

d	א을 세 번째 자음으로 가진 어근들(⁴): פֶּרֶא 들나귀; גֶּבֶא 연못; טֶנֶא 항아리

---

¹ 바빌론 전통에서도 동일하다. Yeivin, Babylonian, 837을 보라.

² 한 편으로 세 개의 단음절(qvtl) 형태들 사이에서 서로 동화되는 것과 또 다른 한편으로 그것들과 이음절(qvtvl) 형태들 사이에 일어나는 동화 작용에 대한 토론으로서는 Fox 2003: 107-17, 120 참조.

³ 참고, Fox 2003: 135-38.

⁴ 알렙은 묵음이 되므로 מֶלֶךְ 형태의 모음 표기에 변화가 일어나지 않는다. *qitl*에서 파생된 유사한 형태들에 관해서는 § *h*를 보라. פֶּרֶא와 גֶּבֶא에 관해 각각 아카드어 *parû* 노새(mule)와 아랍어 *jab'*를 참고하라.

후음 ה, ח, ע을 세 번째 자음으로 가진 어근들. 후음에는 ◌֫◌의 모음이 표기된다: זֶ֫רַע 씨앗, סֶ֫לַע 바위.

e ל״י 어근들(어형 변화, §96 A *q*). 원시 형태 *qaty*가 קְטִי, קְטֵי와 קְטֶה 두 형태로 변했다(구체적 설명은 §96 A *q*에서 참조하라): צְבִי 작은 사슴(gazelle), גְּדִי 새끼 염소.

여성 어미를 갖는 형태: צְבִיָּה 작은 암사슴.

ל״ו 어근들: שָׁ֫חוּ (겔 47.5)[1] 수영, 헤엄. 여성 어미를 갖는 형태: שַׁלְוָה 고요함.

f ע״ו 어근들. 자음 ו를 가진 형태들. *a*가 ו 앞에서 *ǫ* (*å*)로 순음화되었다 (참고, §B *g*). מָ֫וֶת, 연계형 מוֹת 죽음(§96 A *l*); אָ֫וֶן 악함; עָ֫וֶל 부정, 불의, תָּ֫וֶךְ 가운데. שָׁוְא* 대신 단축된 형태 שָׁוְא 헛됨과 שַׁו (1회)도 나타난다(욥 15.31 크티브). 단축된 형태: יוֹם 날, צוֹם 금식, שׁוֹר 황소, שׁוֹט 채찍.

여성 어미를 가진 형태: עוֹלָה, 복수, עוֹלַת 사악함, 불의.

ע״י 어근들. 자음 י를 가진 형태들. י는 보조 모음 *i*를 가져왔다: בַּ֫יִת, 연계형 בֵּית 집; עַ֫יִן 눈; חַ֫יִל 힘; זַ֫יִת 기름(§96 A *l*); יַ֫יִן 포도주; צַ֫יִד 사냥. 단축 형[2]: חֵיל 성벽, חֵיק 가슴, 품.

여성 어미를 가진 형태: אֵימָה 공포, 두려움; צֵידָה 여행을 위한 양식; שֵׂיבָה 백발.

주의. ע״ע 어근에서 *qall* 형태는 *qatl* 형태에 해당된다. §B *g*.

g Qtal[3]. 아람어처럼 일부 명사들에서 모음은 단어의 끝으로 이동하였다(이 단어들 중 일부는 아람어에서도 발견된다): דְּבַשׁ, 접미사와 함께 꿀(아람어); זְמָן*, 접미사와 함께 זְמַנָּם 시간(아람어); סְבַךְ* 덤불(아람어) אֲגַם; 복수 אֲגַמִּים 습지, 늪(아람어); הֲדַס, 복수 הֲדַסִּים 도금양, 은매화(myrtle, 아람어); חֲשַׁשׁ 쭉정이; חֲתַת 공포, סְתָו 겨울(아람어).

이차적인 중복을 가진 여성 형태 **qtalla**는 매우 드물며, 에스더의 유대 이름 הֲדַסָּה 도금양, 은매화 그리고 סְעַפָּה* 가지에서 발견된다.

h **Qitl**. 원시 모음 *i*를 가진 형태. 이 형태는 일반적으로 קֵ֫טֶל (§96 A *b*)

---

[1] 자켑 악센트 때문에 ◌֫ 대신 ◌֗가 온 것일 수 있다. 참고, Joüon 1920: 367, n.

[2] ע״ו 동사에는 축약된 형태들이 많은 반면에, ע״י 동사에는 드물다. BL, p. 457에 따르면, 여기에 인용된 두 예는 원래 *qatil*이었을 가능성이 있다.

[3] *qtal* 형태는 때때로 연계형에서 발견된다. 예, נְטַ֫ע*, 연계형 נְטַע 농장(§96 A *c*).

로서, 가끔 קֶטֶל로 쎄골화된다(§ a* [3] 그 후 qatl과 동일한 형태가 된다)(¹). א 을 두 번째 자음으로 갖는 어근들에서 모음은 단어의 끝으로 이동했다: קְטֵל (§ i).

강한 어근들: סֵתֶר, 접미사와 함께 סִפְרִי 책(§ 96 A e); עֵגֶל 송아지; 비밀, 피난처; חֵפֶץ 사랑, 의지; 후음이 세 번째 자음으로 올 때: שֵׁמַע 들음; תֵּשַׁע 아홉. 첫 번째 자음 다음에 쎄골을 갖는 일부 명사들도 여기에 속한다(위의 § a* 를 보라): 예, בֶּטֶן 배(belly); קֶבֶר 무덤; זֶבַח 희생, 제물; נֶגַע 타격, 강타.

여성 어미와 함께: תִּשְׁעָה 아홉; סִתְרָה 보호; בִּקְעָה 계곡; ◌ְ와 함께: עֶגְלָה 암송아지.

ל״א 어근들: חֵטְא* 대신 짧은 형태인 חֵטְא 죄가 나타난다(비교, שָׁוְא, § f). 다음의 단어들은 원래 qitl이다: דֶּשֶׁא 풀밭; פֶּלֶא 경이로움, 기이함; כֶּלֶא 감옥.

ל״א 어근들: ḥiṣy는 휴지 형태에서 חֵצִי 절반, 본문 속에서 חֲצִי가 된다. 참고, § 96 A r. 또한 בֶּכֶה 울음; קֶצֶה 끝; בְּכִי (בֶּכֶה 외에); שְׁבִי 포로; פְּרִי 열매. 여성 어미와 함께: שִׁבְיָה 포로.

주의. ע״ע 어근들에서 qill 형태는 qitl 형태에 해당된다. § B h.

ha **Qetl**. 이것은 **Qitl**의 변형이며, 첫 자음 어근(R₁)이 후음인 명사에 자주 나온다. 그러나 가끔 다른 자음들인 ל과 נ(유음)과 함께 나온다. 예, אֵבֶל 애곡; חֶטְאוֹ는 חֵטְא ~의 물방울; אֵצֶל ~의 곁에; חֶבֶל 고통; חֶזְקָה* || חֶזְקִי 내 힘; עֶגְלִי 그의 죄; חֵלֶב 기름; חֵלֶק 부분, 몫; חֵפֶץ 기쁨; עֵבֶר 건너편; עֵגֶל 송아지; עֵדֶר 양 떼; עֵזֶר 도움; עֵרֶךְ 순서, 줄, 열; עֵשֶׂב 풀.

또한 여성 어미와 함께: אֶבְרָה 깃털, 새의 날개 끝부분(|| אֵבֶר); עֶגְלָה 젊은 암소 (남성 עֵגֶל); אֶמְרָה* 말 (|| אֶמְרָה*); חֶבְרָה 교제.

그렇지만 몇몇 경우에 e 모음은 a의 다른 음(異音)이다: 예, חֵבֶל 숨, 호흡은 חֲבָלִי와 חֶבְלִי와 함께; חֶדֶר 방은 חֲדָרוֹ와 חַדְרֵי와 함께; חֵלֶד 기간은 חֲלָדִי와 חֶלְדִּי와 함께; 아마 עֶשֶׂר 십(10)은 עֲשָׂרָה와 그리고 아랍어 'ašr와 함께; נֶגֶב 남쪽은 הַנֶּגְבָּה와 함께; נֶכֶד 반대쪽, 맞은 편; נֶכֶד 후손; לֶכְתּוֹ 는 그 의 떠남과 함께. 그렇지만, 후음이 첫 자음 어근(R₁)으로 나오는 규칙적인 **Qitl**

---

¹ Ben-David(1983)에 따르면 상호보완적으로 분포되어 있다. 즉, 쩨레가 있는 형태는 구의 시작 부분에, 쎄골이 있는 형태는 끝 부분에 규칙적으로 나온다.

명사도 있다: אֵשֶׁת ~의 아내; חֵקֶר 탐구, 연구; עֹמֶק 깊음; אִמְרֵיכֶם 당신의 말.

i   **Qtil**. 두 번째 자음 어근(R_2)이 א인 명사들에서 ◌ 모음은 단어의 끝으로 이동했다. בְּאֵר 우물; זְאֵב 복수; זְאֵבִים 늑대; כְּאֵב 고통; רְאֵם 들소; שְׁאֵר 살, 육체; תְּאֵנָה 무화과([1]).

이차적인 중복을 갖는 **qtilla** 형태는 드물다: שִׂמְטָה 해방, 면제; כְּלִמָּה 당황스러움; קְהִלָּה 집회, 모임. 이 형태는 *i*를 가진 미완료형에 해당하는 부정사 *qtil* > קְטֵל의 여성형으로 보이며([2]), 이것은 마치 *qtulla* 형태가 부정사 *qtul* > קְטֹל의 여성형인 것과 같다. § *k*. 예상되는 형태인 קְטֵלָה 대신에 이차적인 중복을 갖는 קְטֵלָּה가 나타나는데, 이것은 아마도 음성적으로 중복이 필요한 קְטֻלָּה를 유추하여 생긴 형태일 것이다(§ *k*).

j   **Qutl**. 원시 모음 *u*를 갖는 형태. 이 형태는 일반적으로 קְֹטֶל로 쎄골화된다(§ 96 A *b*). 일부 드문 경우에 *o* 모음이 끝으로 이동했다: קְטֹל (§ *k*).

강한 어근들(어형 변화, § 96 A *g*): אֹזֶן 귀; עֹרֶף 목덜미; 두 번째 자음 ה와 함께: אֹהֶל 천막; בֹּהֶן 엄지 손가락; 두 번째 자음 ע과 함께: פֹּעַל 일; 세 번째 자음이 후음일 때: גֹּבַהּ 높이. 많은 추상 명사들은 카톨(*qātol*) 형용사들과 연관된다: גֹּבַהּ 높이; עֹמֶק 깊이; אֹרֶךְ 길이; רֹחַב 폭; גֹּדֶל 위대함; עֹצֶם 힘; עֹשֶׁר 부, 재물; קֹדֶשׁ 거룩함; חֹשֶׁךְ 어두움; חֹזֶק 힘.

여성 어미와 함께: קָרְחָה 대머리; חָרְבָּה 폐허; עָרְלָה 포피; חָכְמָה 지혜; עָרְמָה 교활함; טָהֳרָה 청결함; טֻמְאָה 불결함(순음 *m* 앞에 *u*가 유지됨); בָּאְשָׁה 잡초.

ל״י 어근들(어형 변화, § 96 A *s*): אֳנִי 함대, 여성형(단위 명사) אֳנִיָּה 배; עֳנִי, חֳלִי, חֹלִי 질병; *יֳפִי, יֹפִי 아름다움.

ל״ו 어근들: בֹּהוּ 공허, תֹּהוּ 혼돈.

주의. ע״ע 어근에서 *qull* 형태는 *qutl* 형태에 해당된다. § B *i*.

k   **Qtul**. 일부 명사들에서, 특히 두 번째 자음이 א일 때, *o* 모음은 단어의 끝으로 이동하였다: בְּאֹשׁ 악취; לְאֹם 복수 לְאֻמִּים 민족; שְׁאָט (의미가 불확실

---

[1] זְאֵב ,בְּאֵר와 같은 형태들의 발전 과정을 재구성하려는 시도에 대해서는 Blau 1977: 17-23에서 보라. 이 명사들은 고전 아랍어에 매우 흔한 지소사 *qutayl* 형태와 관련된 זְעֵיר 조금(a little)과 פְּלֵיטָה 도망자들, 도피자들과 구분되어야 한다. 이 두 단어는 거의 항상 완전 철자법으로 기록되는 점을 주목하라(후자는 BHS에서 3회 불완전 철자법으로 나온다). 참고, Barr, *Spellings*, 141, 147.

[2] 참고, Barth, *Nominalbildung*, § 96.

함); סְבַךְ 덤불(비교, סֹבֶךְ, § g)(¹).

이차적인 중복을 갖는 **qtulla** 형태는 꽤 자주 나타난다. 대부분의 경우에 이 형태는 부정사 *qtul* >קְטֹל의 여성형으로 보인다. *u* 모음 다음에 오는 자음으로서, 단어 끝에 오지 않는 자음에는 임의적인 중복이 일정하게 나타난다. § 18 *e*. 예, אֲחֻזָּה 소유, יְרֻשָּׁה 소유, סְגֻלָּה 재산, פְּקֻדָּה 감독 등, גְּאֻלָּה 해방, חֲנֻכָּה 봉헌, אֲלֻמָּה 곡식의 단, כְּהֻנָּה 제사장직(²).

§ 88 D. 두 개의 단모음을 가진 형태들(³)

a **Qatal**. (어형 변화, § 96 B *b*). 두 개의 원시 단모음 *a*를 가진 이 형태는 일반적으로 *â*가 되었으며 실명사와 형용사로 자주 나타난다.

실명사: דָּבָר 말(word); אָדָם 사람; פָּרָשׁ 말(*horse*); בָּקָר 큰 가축; בָּרָד 우박; בָּרָק 천둥; עָנָן 구름; מָטָר 비; נָהָר 강; זָכָר 남자; שָׂכָר 급료, 임금; רָעָב 굶주림; צָמָא 목마름; שָׂבָע 가득함.

형용사: חָכָם 지혜로운; חָדָשׁ 새로운; יָשָׁר 정직한; רָחָב 넓은; חָזָק 강한; רָשָׁע 악한; עָקָר 불임의; קָטָן, 여성 קְטַנָּה 작은(자발적인 중복과 함께, § 18 *f*); אֶחָד 하나(ʾaḥad에서 옴. 자발적인 가상 중복과 함께, § 20 *c*).

ל״י 어근(어형 변화, § 96 B *f*): שָׂדֶה 들판과 שָׂדַי (시문); קָנֶה 갈대; מָנֶה 미나(단위). ל״ע 어근: עָנָו 겸손한.

ע״ע 어근: בָּדָד 고립된, חָלָל 구멍 난, 치명적으로 다친.

여성 어미와 함께(어형 변화, § 97 B *b*): *qatalat* 형태는 일반적으로 קְטָלָה가 된다. 이 형태는 추상 명사에 자주 나타난다: צְדָקָה 정의, נְבָלָה 불명예, 비행. 큰 소리를 표현할 때: זְעָקָה, צְעָקָה 그리고 צְוָחָה 외침, שְׁאָגָה 부르짖음, אֲנָחָה 한숨. בְּרָכָה 축복도 어쩌면 여기에 속하는가?

---

¹ Qimron(2004)은 נְאֻם 말씀(utterance), 선언이 여기에 속한다고 하지만 우리는 왜 그것이 단 한 번도 נְאֹם 또는 נְאָם (연계형)으로 발음되지 않았는지 의아스럽게 생각하게 된다.

² 이 형태의 구성과 관련하여 Mettinger 1971을 보라. 후기 문헌들에 일반적으로 나오는 이 명사들은 대부분 법률 또는 전문적인 용어들로 나타난다. 그것들 중 일부는 구체적인 사물을 표시하며 추상적인 개념을 나타내지 않는다. 참고, Cassuto 1965: 77.

³ 참고, Fox 2003: 123-27.

b   **Qatil**(어형 변화, § 96 B *d*). 원시 형태는 일반적으로 קָטֵל이 되었다. 이 형태는 형용사에 흔히 나타난다; 그것은 첫 번째 그룹에서 상태 동사의 완료형을 제공한 형태이다. § 41 *b*. 이 형태는 실명사와 특히 신체의 사지를 표현하는 명칭들과 함께(이것들은 어느 정도 실명사화된 형용사들이다) 상당히 자주 나타난다.

형용사: כָּבֵד 무거운; זָקֵן 늙은; יָבֵשׁ 마른; מָלֵא 가득 찬; דָּשֵׁן 기름진; עָרֵל 할례받지 않은; שָׁמֵן 뚱뚱한.

실명사: רָחֵל 암양; גָּדֵר 벽; חָצֵר 뜰, 신체의 사지; כָּבֵד 간(즉, 무거운 것); כָּתֵף 어깨(편편한 또는 넓은에서); יָרֵךְ 넓적다리; עָקֵב 발꿈치; כָּרֵשׂ* 배(*belly*); חָזֶה 가슴도 역시(마주 보는 것, 반대되는 것에서). 추상적 의미로는 גָּזֵל 약탈, 강도질만 나타난다(עֵשֶׁק 강탈로 인한 이익, 강탈 행위와 관련됨).

ל״י 어근(어형 변화, § 96 B *f*): דָּוֶה 아픈; יָפֶה 아름다운; קָשֶׁה 힘든.

ל״ו 어근: שָׁלֵו 고요한.

ע״ע 어근: קַל 가벼운 형태의 형용사; שָׁמֵם 황폐한(참고, § B *g*, *n*.).

여성 어미와 함께(어형 변화, § 97 B *d*): בְּרֵכָה 샘, 연못; בְּהֵמָה 짐승; גְּדֵרָה 벽; לְבֵנָה 벽돌; 드물게 추상 명사에서: מְהֵרָה 서두름. 일부 단어에서 의미가 수동적 뉘앙스를 갖는다: טְרֵפָה (들짐승에 의해) 찢긴 동물; אֲבֵדָה 잃어버린 물건; גְּנֵבָה와 גְּזֵלָה 도둑 맞은 물건.

לֵדָה (아이의) 출산과 같이 פ״ו 동사에서 첫 자음이 탈락된 형태들도 이 *qatilat* 형태에 속한다. 이 형태들은 § 75 *m*에 인용되었다.

c   **Qatul** (어형 변화, § 96 B *e*)([1]). 원시 형태가 일반적으로 קָטֹל이 되었다. 이 형태는 형용사에서 흔히 나타난다: 그것은 두 번째 형태의 상태 동사 완료형으로 발전한 형태이다. § 41 *b*. 그것은 히브리어에서 실명사로 사용되지 않는다. *u*는 어형 변화에서 다시 나타난다. 예, עֲגֻלָה (§ 18 *e*).

공간을 표현하는 형용사들: אָרֹךְ 긴; עָמֹק 깊은; גָּבֹהַּ 높은; קָטֹן 작은 (קָטָן과 함께); נָכֹחַ 똑바른, 일직선의; עָגֹל 둥근.

색깔을 표현하는 형용사들: אָדֹם 붉은; 접미사와 함께 אֲדַמְדַּם; יָרֹק 초록색의; צָהֹב 금색의; צָחֹר 눈부신 흰색의(?); שָׂרֹק 붉은; שָׁחֹר 검은; נָקֹד 와 בָּרֹד 얼룩진, 얼룩덜룩한.

---

[1] 비교, Fox 2003: 175-77.

역시 *qatul* > קָטֹל 형태에 속하는 다음의 형용사들에서 *o*는 생략되지 않는다: גָּדוֹל 위대한, 큰, טָהוֹר 정결한, קָדוֹשׁ 거룩한, קָרֹב 가까운, רָחוֹק 먼 (참고, § 18 *e*, n.)([1]).

d   **Qital**(어형 변화, § 96 B *c*). 원시 형태가 일반적으로 קְטָל이 되었다. 다소 드문 이 형태는 실명사로만 나타나며 거의 대부분 구상 명사이다: עֵנָב 포도; שֵׁכָר 독주; צֵלָע 갈비뼈; לֵבָב 마음(훨씬 더 자주 나타나는 לֵב의 확장된 형태); חֵמָר 역청; שֵׂעָר 털, 머리털; שֵׁגָל 왕비; מֵעָה* 복수 מֵעַיִם* 내장 기관들; רֵחֶה*, 쌍수 רֵחַיִם 손 맷돌; נֵכָר 이방의. 이 명사들 중 일부는 원래 *qitl*이었던 것으로 보인다(참고, § 96 B *c*).

§ 88 E. 첫 번째 단모음과 두 번째 장모음을 가진 형태들

a   **Qatāl**. 원시 형태가 일반적으로 קְטוֹל이 되었다.

실명사: אָדוֹן 주인; אָתוֹן 암나귀; לָשׁוֹן 혀; עָרוֹד 들나귀; שָׁלוֹם 평화; כָּבוֹד 영광; שָׁלֹשׁ 셋; אָחוֹר 뒤쪽; אָמוֹן 건축자; עָשׁוֹק 압제자([2]).

동작 명사로서 קְטוֹל은 부정사 절대형으로 사용된다. § 49 *a*. קְטוֹל 형태의 순수한 형용사들은 일반적으로 *qatul* > קָטֹל이다. 참고, § D *c*([3]).

b   **Qatīl**(§ 96 D *b*)([4]). 원시 형태가 일반적으로 קָטִיל이 되었다. 그것은 *qatil*의 확장된 형태이다. § D *b*. 형용사, 가끔 실명사화된 형용사, 수동 의미를 갖는 형용사([5]), 동작 명사, 특히 농사 활동들을 가리키는 명사들이 이 형태

---

[1] 참고, P. Joüon 1911: 397ff.; BL, p. 467.

[2] 미쉬나 히브리어와 후기 아람어에서 קְטוֹל은 직업 표시 명사들(*nomina opificum*)에 흔히 나타난다: 예, טָחוֹן 방앗간 주인. 또한 이것은 도구를 표시하는 명칭으로도 사용된다: 예, דְקוֹר 구멍 내는 기구(천공기). 이러한 경향은 이미 후기 성서 히브리어에서 눈에 띈다. 렘 6.27 בָּחוֹן 검사자, 22.3 עָשׁוֹק ‖ 21.12 עֹשֵׁק; 3.7, 11 בָּגוֹדָה ‖ בֹּגֵדָה; 사 1.17 חָמוֹץ 무자비한 자; 새 호 9.8 (이외에도 יָקוֹשׁ). Bar-Asher 1977: 95-102를 보라.

[3] 철자법으로 두 형태를 구분할 수 없다(즉, קְטוֹל이 원래 קָטֹל에서 왔는지 또는 קְטוֹל에서 왔는지를 구분함에 있어서 철자법은 결정적인 기준이 되지 않는다). 만일 양쪽 부류(qatul 또는 qatāl)에 속하는 단어들을 포함한다면, 통계는 불완전 철자법 2,643건 대비 완전 철자법 4,002건으로 비교될 수 있다. AF, 198을 보라.

[4] 참고, Fox 2003: 192-94.

[5] 우가릿어와 아람어에서 *qatīl* (> קָטִיל [아람어에서])은 칼 변화의 수동 분사이다.

로 나타난다. צָעִיר 작은, 젊은; נָעִים 즐거운; חָסִיד 경건한; נָקִי 깨끗한; עָנִי 고통 받는(§ 96 D *c*); כָּלִיל 전체적인, 전부; אָסִיר 죄수; מָשִׁיחַ 기름 부음 받은 이(메시아); חָלִיל 예언자; נָבִיא 왕자; נָזִיר 봉헌된, 나실인; פָּקִיד 감독관; שָׂכִיר 용병; (구멍 뚫린) 피리, 플룻; יָמִין 오른쪽(실명사); קָדִים 동쪽, 동양(실명사). 동작 명사들: 농사 활동들에 관한 명사들: זָמִיר 포도나무 가지치기; קָצִיר 추수; בָּצִיר 포도 수확; אָסִיף 수확, 추수; חָרִישׁ 밭갈이, 쟁기질([1]); 소리의 발설에 관한 명사들: זָמִיר 노래; הָגִיג 속삭임; רָכִיל 비방.

여성 어미와 함께. 동작 명사들: הֲלִיכָה 행진; חֲלִיפָה 변화, 교환; סְלִיחָה 용서([2]).

c   **Qatūl**([3]). 원시 형태가 일반적으로 קְטוֹל이 되었다. 그것은 *qatul*의 확장된 형태로서(§ D *c*), *qatīl*이 *qatil*의 확장된 형태인 것과 마찬가지이다. 이 형태는 형용사, 분사, 동작 동사로 나타난다.

형용사들: עָצוּם 강력한, 많은; עָרוּם 교활한; בָּצוּר 요새화 된. 바로 이 קְטוֹל 형태는 칼 동사 변화의 수동 분사이다(§ 50 *c*). 가끔 그 의미가 사실상 능동적이다. 예, אָחוּז 붙들고 있는(§ 50 *e*).

동작 명사들(희소한 경우에서): שָׁבוּר 파괴와 חָרוּץ 절단(레 22.22). 여성 어미와 함께: 추상 명사들: אֱמוּנָה 진실함, 성실함; גְּבוּרָה 힘; מְלוּכָה 왕권; 동작 명사들: קְבוּרָה 매장; שְׁבוּעָה 맹세; יְשׁוּעָה 효과적인 도움, 승리.

d   **Qitāl**. 원시 형태가 일반적으로 קְטוֹל이 되며 짧은 원시 모음 *i*는 탈락된다. § 30 *d*: זְרוֹעַ 팔; חֲמוֹר 당나귀(§ 21 *g*); אֱלוֹהַ 신; 도구, 속박, 그릇을 표현하는 명사들: חֲגוֹר 허리띠, 여성 חֲגוֹרָה אֵזוֹר 허리띠(א, § 21 *h*); שְׂרוֹךְ 신발 끈; צְרוֹר 가방. אֵסֹר에 관해(â를 가짐, § *f*) § 18 *g*를 참조하라([4]).

여성 어미와 함께: עֲבֹדָה 일; בְּשֹׂרָה 좋은 소식(복음).

e   **Qutāl**([5]). 원시 형태가 일반적으로 קְטוֹל이 된다. 원시 단모음 *u*가 탈

---

[1] 이 단어들 중 일부와 한 두 개는 성경에 나오지 않는다; 예, זרע 씨뿌림은 주전 10세기 게제르 달력(1-2행)에 나오며, 모음 부호를 사용한 점이 이례적이다.

[2] 미쉬나 히브리어에서 קְטִילָה는 아무 동사에서나 명사로 사용될 수 있지만, 대부분 칼에 사용된다.

[3] 참고, Fox 2003: 201.

[4] 참고, Fox 2003: 226.

[5] 참고, Fox 2003: 234.

락된다. §30 *d*: רְחוֹב 광장, אֱנוֹשׁ 사람(§21 *h*); בְּרוֹשׁ 전나무(juniper). 아랍어에서 자주 그런 것처럼 일부 단어들에서 이 형태는 경멸적인 뉘앙스를 풍긴다. 예, 폐물, 쓰레기: נְעֹרֶת 삼오라기(tow, 삿 16.9; 사 1.31); בְּלוֹי 누더기; קְטֹרֶת 연기가 아마도 여기에 속할 가능성이 있다[1].

f   קְטָל (§96 D *d*). 원래 장모음 *â*[2](히브리어의 *ọ* 대신)를 가진 아람어 형태 קְטָל (*qṭål*)은 주로 후기 책들의 일부 명사들에서 발견된다. 탈락된 첫 모음은 *a, i* 또는 *u*였을 것이다: כְּתָב 기록된 것, 책(아랍어 *kitāb*); קְרָב 전투; סְפָר 계산; יְקָר 명예, 존경; שְׁאָר 남은 것(아마도 *qutāl*); מְצָר 요새; סְתָו 겨울(아랍어 *šitā*').

g   히브리어 형태 קְטִיל은 가정적인 원시 형태인 *qiṭīl*에서 왔을 것이다. 사실 קְטִיל은 *qaṭīl*의 단축된 형태로 보이며, 이 경우에 *a*는 이례적이며, 알 수 없는 이유 때문에 탈락되었을 것으로 보인다. 아마 아람어의 영향 때문일 수 있다. 이 형태에서 실명사 이외의 것은 거의 발견되지 않는다. 그리고 그 대부분의 명사들은 외래어에 기원을 두고 있는 것으로 보인다. גְּבִיר 주인(여성 גְּבִירָה 귀부인, 절대형과 연계형 גְּבֶרֶת, §97 F *b*); אֱוִיל 어리석은 (자), 정신나간 (자)(실명사와 형용사); כְּסִיל 어리석은 (자), 실성한 (자); אֱלִיל 하찮은 것, 우상; יְגִיעַ 피곤함; בְּדִיל 주석(tin, 민 31.22); בְּרִיחַ 빗장; דְּבִיר (성전의) 맨 뒷방 (지성소); כְּפִיר 젊은 사자; חֲזִיר 돼지; מְחִיר 지참금(아카드어)[3].

h   히브리어 형태 קְטוּל은 일부 실명사들에서 발견되며, 그 중 몇 개는 집합 명사이다[4]. 탈락된 첫 모음은 상당히 일반적으로 i 또는 u, 또는 특이하게 아람어에서처럼 a일 수 있다.

   *qiṭūl*에 속하는 것으로 보이는 단어: כְּלוּב 새장(텔 엘 아마르나: *kilubi*).

   *quṭūl*에 속하는 것으로 보이는 다음의 집합 명사들: זְכוּר 수컷들; רְכוּשׁ 동산, 움직일 수 있는 재산; יְקוּם 살아있는 것들(*qyūm*을 위한 형태), 이 세 개는 모

---

[1] 이 외에도 קְטוֹרָה (1회). *qutāl* 형태는 아랍어 'utān 연기에서 발견된다. BL, p. 469에 따르면 קְטֹרֶת 은 *qutul*이다.

[2] 이 ọ는 연계형에서 짧아지려는 경향이 있음에도 불구하고, 히브리어에서 원래 장모음이었음에 틀림없다(§96 D *d*).

[3] 참고, BL, p. 471 그리고 Garr 1987: 136.

[4] 참조, Gordon 1991. Gordon(1998)은 פְּרִי와 같은 수많은 *qty* 명사를 동일한 형태로 분류하지만, 약한 R₃ 때문에 그 기초적인 형성 패턴을 확실하게 설명하는 것은 어렵다.

두 복수 형태를 갖지 않는다; גְּבוּל 국경, 경계(집합 명사 및 단수), לְבוּשׁ 겉옷 (집합 명사 및 단수).

다른 명사들: גְּדוּד (약탈자들의) 무리, 떼; זְבֻל 거주지; גְּמוּל 행위(여성형 גְּמוּלָה); יְבוּל 산물, 생산품. 인간 생명을 가리키는 명사로서 오직 복수형으로만 나오는 명사들(§ 136 *h*): בְּחוּרִים 젊음; בְּתוּלִים 처녀성; זְקֻנִים 노년(시절); נְעוּרִים 소년(시절).

첫 번째 자음에 א을 가진 형태(§ 21 *h*): אֵבוּס 구유, אֵטוּן 아마(*linen*, 잠 7.16); אֵמוּן 신실, 성실. 의미상으로 보면, אֵסוּר 속박, 매듭은 아마도 *qiṭāl*에 속하는 것으로 보인다. § *d*. אֵסוּר*는 음성적 이유나 유추로 אֵסוּר가 된 것 같다 (참고, § 29 *b*).

§ 88 F. 첫 번째 장모음과 두 번째 단모음을 가진 형태들

a   **Qāṭal** > קוֹטֶל (어형 변화, § 96 C *b*). 원시 형태 *qāṭal*은 매우 드물다: 아마도 עוֹלָם 영원함[1]; חוֹתָם 인장, 봉인(이집트어), חוֹתֶמֶת 아마도 חוֹתָם의 여성형으로 보임; כֹּתֶרֶת 기둥의 머리(복수가 כֹּתָרוֹת이기 때문); עֹפֶרֶת 납(lead).

קוֹטֶל 형태로 나타나는 다른 단어들은 *qawṭal*에서 온 것이다. 참고, § K *a*. § 26 *g*에 따르면, עוֹלָל은 여기에 속하지 않고 오히려 Qaṭṭal 형태에 속하는 것으로 보인다(§ 88 H *a*).

b   **Qāṭil** > קוֹטֵל, קֹטֵל (어형 변화, § 96 C *c*)[2]. *qaṭīl*처럼(§ E *b*) 그것은 *qaṭil*의 확장된 형태이며 칼 동사 변화의 능동 분사 형태이다[3].

이 형태는 자주 실명사적 분사로 사용된다: אוֹיֵב 대적; אֹהֵב 친구(사랑하는 자, 또한 예로서 대하 20.7 사랑받는 자); קֹרֵא (우는) 자고새. 상당히 자주 직업을 표현하는 명사들로 나타난다: כֹּהֵן 제사장(칼 동사로 사용되지 않음); רֹעֶה 목자; צֹרֵף 보석상(아마도 제련공); כֹּבֵס 세탁자(항구적 분사형); שֹׁפֵט 재

---

[1] 그러나 여기서 *-ām*은 대격 어미일 수 있다(Brock., *GvG*, I. 474).

[2] 참조, Fox 2003: 240f.

[3] 일부 *qaṭil* 형태들은 순수한 동사적 명사가 되었다. 예, 민 24.20 אֹבֵד 파괴; 렘 29.16 גּוֹלָה 유배, 추방; 왕상 10.5 עֹלָתוֹ 그의 번제(∥ 대하 9.4 עֲלִיָּתוֹ). 원래 그것들은 진정한 분사였을 가능성이 높다. 참고, Wernberg-Møller 1959.

판관; סוֹפֵר 서기관; 가끔 이 분사는 명사에서 파생된 형태를 갖는다: שֹׁעֵר 문지기(שַׁעַר 문에서 옴); בּוֹקֵר 목동(< בָּקָר); קֹהֶלֶת 집회 인도자(קָהָל), § 89 b.

여성 어미와 함께: חוֹמָה (방어하는) 성벽; עוֹלָה 번제; קוֹרָה 들보. 아람어로 보이는 단어들에서 ā는 ֳ (안정된 모음이며, 아마도 장모음)가 되었다: דָּלִית* 가지, 복수 דָּלִיּוֹת; זָוִית* 각도, 복수 זָוִיּוֹת (참고, BL, p. 505).

§ 26 g에 따르면 עוֹלֵל은 아마도 여기에 속하지 않고 오히려 Qattil 형태에 속한다(§ 88 H c). 이 형태는 가끔 Qattal 형태와 함께 나란히 나타난다(§ 88 H a): חֹרֵשׁ 대비 חָרָשׁ, חֹבֵר 대비 חַבָּר.

c   **Qūtal**. 매우 드문 형태이다: שׁוּשַׁן 백합(שׁוֹשָׁן 외에도), סוּגַר 새장(?).

§ 88 G. 두 개의 장모음을 가진 형태들

קִיטוֹל 형태는 오히려 드물다: נִיחֹחַ 유쾌함, 만족스러움; נִיצוֹץ와 כִּידוֹד 불꽃; תִּירוֹשׁ 포도즙; קִיטוֹר 연기; צִינֹק 형틀(아마도 ī가 이례적으로 길어진 qiṭāl 형태일 수 있다).

[§§ 88 H-I. 두 번째 자음이 중복된 형태들]

§ 88 H. 두 개의 단모음을 가진 형태들

a   **Qattal** > קַטָּל(1) 히브리어에서 일부 직업을 표현하는 많은 명사들은 קַטָּל 형태를 가지고 있다. 다른 셈어들에서는 qattāl이다. 예, טַבָּח 도살자. 그러나 여기서 ā는 어원적으로 장모음으로 보이지 않는다(2). 예들, 형용사들:

---

[1] 참조, Fox 2003: 257-60.
[2] 이것은 접미사 ân에 있는 ā와 똑같은 문제이다, § M a. קַטָּל에 관한 한(§ E f), 이 두 경우는 아람어에서 차용한 것으로 보기 어렵다. ֳ를 갖는 연계형은 ā가 어원적으로 길지 않다는 것을 가리킨다: דַּין, חָרָשׁ. 복수 연계형에서 카메쯔가 보존되는 것은 그 반대의 경우를 증명해주지 않는다: חָרָשֵׁי, חַטָּאֵי (비교, חֲטָיֶהֶם, § 96 A e); מַלְחֵיהֶם. 통시적 분석에 관해 Loretz 1960을 참고하라. Aartun 1975도 보라.

קַנָּא 질투하는(5회; קַנּוֹא 2회); דַּוָּי 아픈; חַטָּא 죄많은, 죄악된; 실명사들: גַּנָּב 도둑; דַּיָּן 재판관; רַכָּב 전차를 모는 사람; פָּרָשׁ 말을 모는 사람, 기수(*parraš* 대신에); חָרָשׁ 직공, 노동자(*harraš* 대신에)([1]).

　　　여성 어미와 함께: קְטָלָה 또는 קְטֵלָה. קְטֵלָת 형태는 לֶהָבָה 불꽃, 연계형 לַהֶבֶת; חָרָבָה와 יַבָּשָׁה 메마름(또한 יַבֶּשֶׁת, 연계형이 아님)에서 발견된다. 몇몇 경우에는 קְטָלָה가 아람어의 파엘(Pael) 부정사에 해당하며, 아람어에서 ◌ָ는 어원적으로 길다([2]): בְּקָרָה 돌봄; בַּקָּשָׁה 요청; בֶּהָלָה 갑작스러움; נְאָצָה 난폭한 행위, 모욕적인 행위; נֶחָמָה 위로.

　　　קְטֶלֶת 형태는 결점이나 신체적 특징들을 표현하는 קִטֵּל 형용사들에 해당하는 명사들에 자주 나타난다. § *b*: עַוֶּרֶת 눈멈(עִוֵּר 눈먼); גַּבַּחַת와 קָרַחַת 대머리(קֵרֵחַ와 גִּבֵּחַ 머리가 벗겨진); קַדַּחַת와 דַּלֶּקֶת 끓어오르는 열기; שַׁחֶפֶת 결핵(tuberculosis); אִוֶּלֶת 미침, 광기(*a*가 *i*로 약화됨); 그릇을 표현하는 일부 명사들: צַלַּחַת 깊은 항아리; צַפַּחַת 물 주전자; קְלַחַת 주전자.

b　　　순수한 히브리어 형태인 קִטֵּל은 결점이나 신체적 특징들을 표현하는 형용사들에 나타난다: עִוֵּר 눈먼, 맹인; אִלֵּם 언어장애; פִּסֵּחַ 지체장애(절뚝그림); גִּבֵּן 척추장애(허리가 구부러진); עִקֵּשׁ 구부러진; חֵרֵשׁ 청각장애(*hirreš*를 위한 형태); כֵּהֶה 거무스름한; צִחֶה 마른. 또한 גֵּאֶה 자랑스러운; פִּקֵּחַ 눈뜬 (עִוֵּר의 반의어); שִׁלֵּשׁ와 רִבֵּעַ 각각 셋째 세대와 넷째 세대; 마지막 두 단어는 § 96 C *c*를 보라([3]).

c　　　**Qattil** > קַטֵּל은 능동태에서 피엘 동사 변화의 부정사 연계형이다. § 52 *a*.

d　　　**Quttal** > קֻטָּל(드물다): סֻלָּם 사다리, 여성형; קֻבַּעַת 잔, 성배.

§ 88 I. 두 번째 장모음을 가진 형태들

a　　　**Qattāl** > קַטּוֹל(희소함): קַנּוֹא 질투하는(2회; קַנָּא 5회, § H *a*).

---

[1] 비록 מַלָּח 항해사와 אַשָּׁף 마술사는 qattāl 형태의 직업 명사로 분석되어도, 그것들은 R₂에 중복이 없는 수메르어와 아카드어에서 빌려온 것이다.

[2] 이 히브리어 명사들이 아람어의 영향을 받았다면, 이 ◌ָ는 장모음으로 간주될 수 있다. 사역형 קַקְטָלָה의 아람 형태를 § 88 L *b*에서 보라.

[3] Tur-Sinai는 이 형태가 피엘 수동 분사와 관련된다고 주장한다: Tur-Sinai 1954: 265-67.

b **Qattīl** > קָטִיל. *qatīl*의 강조 형태: אַבִּיר 강한; אַדִּיר 강력한; אַמִּין 견고한; כַּבִּיר 위대한; שַׁלִּיט 통치자; צַדִּיק 의로운; עַלִּיז 즐거운; עַתִּיק 고대의; בָּרִיחַ 빠른(*barrīḥ* 대신); עָרִיץ 난폭한; פָּרִיץ 강도, 성벽 파괴자.

c **Qattūl** > קָטוּל. *qatūl*의 강조 형태이다. חַנּוּן 인자한; רַחוּם 자비로운; שַׁכּוּל 자식을 잃은; קַשּׁוּב 주의 깊은, 경청하는; 실명사들: עַמּוּד 기둥; אַשֻּׁר 계단. 여성 어미와 함께: חַבּוּרָה 상처; בַּטֻּחוֹת 안전.

d קְטוֹל은 구분하기가 항상 쉽지 않은 여러 원시 형태들을 표현한다. ◌ְ 는 약화된 *a*일 수 있다. *o*는 *ā* 또는 *u*에서 왔다. 예, גִּבּוֹר 용사(*gabbār*에서 온 것으로 보인다. 시리아어에서 그렇다); שִׁכּוֹר 술고래(*šakkār* 또는 *šikkār*), צִפּוֹר 새(*ṣuppur*에서 옴; 이화 현상으로 *u* 대신 *i*가 옴, 참고, § 29 *h*); רִמּוֹן 석류(*rummān* > *rummōn*으로부터; 이화 현상에 의해 *i*가 옴).

e קִטּוּל은 (이화 현상으로) *quttūl*에서 왔거나 (*a*에서 *i*로 약화되어) *qattūl*에서 왔을 것이다. 이 형태는 미쉬나 히브리어에서처럼 주로 피엘 동사 변화에 해당하는 동작 명사로 사용된다: צִפּוּי 겉칠; שִׁלּוּם 보복; שִׁקּוּץ 공포; שִׁקּוּי 음료; 구체적 의미와 함께: לִמּוּד 제자(적절히 말하자면 가르침); עִזּוּז 강한 (엄격히 말하자면; 힘). 상당히 자주 남성 복수형으로 나타난다: גִּדּוּפִים 모욕; מִלֻּאִים 채움, 봉헌; נִחֻמִים 위로, 연민; שִׁכֻּלִים 자녀를 잃음; שִׁלּוּחִים 거절함, 부인함([1]).

§ 88 J. 반복되는 자음을 가진 형태들

a 세 번째 자음의 반복:

Qatlal. 형용사 שַׁאֲנָן 조용한(복수 שַׁאֲנַנִּים)과 רַעֲנָן 초록색의(복수 רַעֲנַנִּים); 해당하는 완료형들을 § 59 *b*에서 보라([2]).

b **Qutlal**: 형용사 אֻמְלָל* 연약한; 해당하는 완료형을 § 59 *b*에서 보라.

---

[1] Gulkowitsch 1931: 22, n. 7의 입장과 달리 이 형태는 미쉬나 히브리어에 꽤 많이 나타난다. Elizur 1987을 보라. 참고, Fox 2003: 250f.

[2] 어형 변화 형태에서(또한 다른 연관된 많은 어휘소에서도) 마지막 *n*이 중복되는 것은 폭스(Fox 2003: 284f.)의 주장과 달리, 명사형 패턴 *qvtvll*의 일부가 아니라, גְּמַלִּים 과 אֲדָמָה 형태에 있는 중복에서와 같이 자생적인 것(§ 18*d*-*g*)으로 설명하는 것이 더 나아보인다.

Qatlīl: סַגְרִיר 비 (연속적인 또는 간헐적인) 잠 27.15†; עֲבְטִיט 무거운 채무.

Qatlūl: נַעֲצוּץ 가시 덤불; נַאֲפוּפִים 간음자들; שַׁעֲרוּר 무서운([1]).

두 번째 및 세 번째 자음의 반복:

Qataltal: 두 개의 옅은 색깔을 표현하는 형용사: אֲדַמְדָּם 불그스름한 (אָדֹם에서 옴)과 יְרַקְרַק 초록빛을 띤(יָרֹק에서 옴). 다른 형용사들: הֲפַכְפַּךְ 꾸 불꾸불한; חֲלַקְלַק* 미끄러운; עֲקַלְקַל* 꼬불꼬불한(복수형 עֲקַלְקַלּוֹת).

Qataltul 옅은 색깔을 표현하는 하나의 형용사: 여성 שְׁחַרְחֹרֶת 거무스 름한(שָׁחֹר에서 옴). 또 하나의 다른 형용사: פְּתַלְתֹּל 꼬불꼬불한.

Qataltūl: אֲסַפְסֻף 잡다한 군중 민 11.4†(אָסוּף 모인에서 옴).

c

(두 자음) 어근의 반복, 즉 ע״ע 또는 ע״ו:

Qalqal: גַּלְגַּל 바퀴(접미사와 함께: גַּלְגַּלָּיו); דַּרְדַּר 가시; עַפְעַפִּים 눈꺼풀; קַשְׂקֶשֶׂת (생선의) 비늘. 다음의 명사들도 이 형태에 속한다: כּוֹכָב 별 (*kabkab > *kawkab > kōḥāv); כִּכָּר 원반, 달란트(*karkar > kirkar > kikkar): 그리고 טוֹטָפוֹת 이마에 붙이는 띠들(*ṭafṭaf)도 아마 여기에 속하는 것으로 보인 다. 복수 연계형 גַּרְגְּרוֹת 목구멍(단수, 미쉬나 히브리어 גַּרְגֶּרֶת).

Qalqul: קָדְקֹד 머리의 정수리; גֻּלְגֹּלֶת 해골.

Qalqūl: בַּקְבֻּק 물 주전자; חַרְחֻר 끓어오르는 열기; 복수 형태로: שַׁעֲשֻׁעִים 기쁨; תַּעֲתֻּעִים 웃음거리.

d

특히 두 번째 및 세 번째 자음을 반복하는 일부 어휘소들의 의미는 반복 되고, 증가하는 특성을 나타낸다. 이것은 마치 그림을 보여 주는 듯한 독특한 언어적 특성이다. 예, עַפְעַפִּים, גַּלְגַּל, עֲקַלְקַל 눈을 깜박임; כּוֹכָב 빛나는 별들; קַשְׂקֶשֶׂת 비늘; זַלְזַלִּים 포도나무의 덩굴손(tendrils); תַּלְתַּלִּים 머리털의 타래. 이 것은 יוֹם יוֹם 날마다; אִישׁ אִישׁ 사람마다처럼 어휘소 전체가 반복되거나 בַּבֹּקֶר בַּבֹּקֶר 아침마다처럼 전치사가 결합되어 반복되는 것과 유사하다.

§ 88 K. 네 자음 어근 형태들

네 개의 자음(quadriliteral)으로 이루어진 형태들은 비교적 적다. 일부

---

[1] זְנוּנִים 매춘(zanwūw 대신 zanūn)도 여기에 속할 수 있다. 참고, Joüon 1920: 366; נַהֲלֹלִים 목장.

단어들에서 자음들 중 하나는 이차적으로 유래된 것일 수 있다. 우리는 여기에서 관례상 네 번째 자음을 히브리어 알파벳의 네 번째 글자인 ד=*d*로 표시할 것이다(따라서 기본 어형 끝에 *d*가 붙게 된다)[1].

a   **Qatlad**는 가장 흔한 형태이다: עַקְרָב 전갈; עַכְבָּר 쥐; קַרְקַע 바닥; חַשְׁמַל 호박색의 금은 합금(electrum?); גּוֹזָל 새끼 새(*gawzal*에서 옴, 참고, § F *a*); גּוֹרָל 제비 뽑기(*gawral*에서 옴); זַלְעָפָה 폭력 등(이차적인 ל). א이 첫 번째 자음인 경우: לֶהָבָה 불꽃(외에)에서 שׁ은 아마도 이차적인 것으로 보인다(아람어에서 사역형을 표현하는 접두어 שׁ)[2].

b   **Qatlud**: כַּרְכֹּב 가장자리; כַּרְכֹּם 사프란(saffron, 아 4.14)); חַרְגֹּל 메뚜기의 일종; פַּרְעֹשׁ 벼룩; קַרְדֹּם 도끼; קַרְסֹל 발목; 여성 복수 הַרְצֻבּוֹת 족쇄.

c   **Qatlid**: שַׁרְבִיט 왕의 홀(이차적인 ר), זַרְזִיף 소나기.

d   **Qatlūd**: גַּלְמוּד 메마른(ל는 이차적인 것으로 보인다); עַכְשׁוּב 독사(?); שַׁבְּלוּל 달팽이(분리 다게쉬 § 18 *k*).

e   세 개의 모음을 갖는 형태들: סְמָדַר 개화, 만발; עַכָּבִישׁ 거미; חַלָּמִישׁ 화강암; 연계형 חַלְמִישׁ, § 96 D *b*, n.

f   다섯 자음 명사(quinqueliteral)는 매우 드물다: צְפַרְדֵּעַ 개구리; שַׁעַטְנֵז 혼합물.

§ 88 L. 접두사가 있는 형태들

접두사 א, ה 그리고 יו는 상당히 드물지만, מ과 ת는 매우 빈번하다.

a   א은 몇몇 단어에서 어두첨가 글자이다(§ 17 *a*): 일반적인 형태 זְרוֹעַ 외에 אֶזְרוֹעַ 팔(두 번); אֶצְבַּע 손가락(아람어 *ʾiṣbaʿ*; 시리아어 *ṣevʿâ*); אֶצְעָדָה 팔찌; אֶזְרָח 토착적인; אַשְׁמוּרָה 야경, 연계형 אַשְׁמֹרֶת; 반(semi)-열린 음절을 이루는 א와 함께: אֲבַטִּחִים 멜론들; אֲבַעְבֻּעֹת 물집, 사마귀; אֱגוֹז 견과.

ʾaqtal 형태의 세 단어는 아랍어 *ʾaqtal* 형태에 (색깔과 특정한 신체적

---

[1] *qatyal* 또는 *qityal* 형태의 가능성에 관해서는 van Selms 1967을 보라.

[2] *qatyal* 또는 *qityal* 형태의 가능성에 관해서는 van Selms 1967을 보라.

특징들을 위한 형용사로서 고양된 표현으로 사용됨) 해당한다: אַכְזָב 기만하는 (급류); אֵיתָן (’aytan) 영구적인 (급류); אַכְזָר (시문) 잔인한, 형 집행인[1]. אׇזְכָּרָה 에 관해 § *b*를 참조하라. 다른 단어들에서 첫 번째 알렙은 어근에 속하는 것으로 보인다. § K *a*.

b　　ה는 아람어의 사역 동사 부정사 형태인 הַקְטָלָה에서만 발견된다[2]. 부정사 הָנָפָה 사 30.28† 키질하는 행위(נוף에서 옴, נָפָת와 유사음을 이루기 위해 사용된 것으로 보인다)만이 나타난다. 실명사 הֲנָחָה 에 2.18† 짐을 내림, 쉼 (נוח에서 옴); הַכָּרָה 사 3.9† (사람에 대한) 편견; הַצָּלָה 에 4.14† 건짐, 구원이 발견된다. ה 대신 א와 함께: אׇזְכָּרָה 기념물.

c　　יִ는 원래 3인칭 남성 단수 미완료 형태로 보이는 일부 명사에서 발견된다. 여기에 몇몇 고유 명사가 포함된다: 예로서, יִצְחָק 그가 웃는다(이삭); יַעֲקֹב 그가 발꿈치를 잡는다(야곱)[3].

다른 예들: יִצְהָר 매우 좋은 기름(그것은 밝다에서 온 것으로 보인다); יַלְקוּט 주머니(그가 모으다에서 온 것으로 보인다); יַחְמוּר 영양의 종류들; יָרִיב 대적, 경쟁자; יְקוּם 실체, 본체; יַנְשׁוּף 부엉이; 또한 יהוה도 가능하다.

d　　מ은 매우 빈번하게 접두사로서 사용된다. 접두사 מ의 두 원시 모음은 a와 i이며, 그것은 열린 음절에서 일반적으로 מַ와 מְ가 된다. 닫힌 음절에서 *a* 는 유지될 수 있거나 מִ 또는 מֶ로 약화될 수 있다. *i*는 후음과 함께 올 때 מֶ가 되는 경우를 제외하고 유지된다(§ 29 *e*, n.). 접두사 מ의 원시 모음을 확인하는 것은 어려운 일이므로 여기에 히브리어 형태들을 제시하고자 한다[4].

접두사 מ을 갖는 명사들은 주로 추상 명사[5], 장소 명사, 도구 명사이

---

[1] 숫자 אַרְבַּע 넷(§ 100 *d*)도 이 형태를 가지고 있다. 이 형태들에 אֵ가 아닌 אַ가 나타남을 주목하라.

[2] 아람어 파엘(Pael) 동사의 부정사로 사용되는 קַטָּלָה를 주목하라(§ 88 H *a*).

[3] 많은 동족 언어들에 이와 유사한 "문장 이름들"(모세, 로 암미 등)이 나온다. 참고, Cohen 1970: 34; Noth 1928. 형태론적 분류에 대한 시도는 Koehler 1947-52에서 보라.

[4] 오리겐의 세쿤다와 제롬의 음역에는 그들이 원래 사용하였던 본문 전통에는 *ma*가 지배적이었고, *mi-* 또는 *me-*는 주로 첫 자음이 치찰음인 경우에 제한되었음을 보여준다. 예, 시 35.20 מִרְמוֹת μαρμωθ; 46.10 מִלְחָמוֹת μαλαμωθ, 그러나 46.8 מִשְׂגָּב μισγαβ이다. Brønno, *Studien*, 172-81과 Sperber, *Hist. Gram.*, 206f.를 보라. 이러한 경향은 바빌론과 사마리아의 히브리어 발음 전통에서도 관찰된다. Yeivin, *Babylonian*, 995f.와 Ben-Ḥayyim, § 4.2.3.1-5를 보라. 이 문제에 관하여 최근에 이루어진 참신한 연구는 Lambdin 1985: esp. 138에서 보라.

[5] מ을 갖는 드문 부정사 형태들과 비교하라. § 49 *e*. 5.

다. 장소 명사로서 מַקְטֵל 형태뿐만 아니라 מִקְטָל 형태가 주로 나타난다. 도구 명사로서 מַקְטֵל 형태가 주로 나타난다.

e   מַקְטֵל(¹). 강한 어근: מַלְאָךְ 사자, 천사(²); מַאֲכָל 음식; מַמְלָכָה 왕국; מְלָאכָה 일(מַלְאָכָה*에서 옴, § 24 *f*); מַאֲרָב 매복; מַעֲרָב 서쪽; מַעְבָּרָה 여울; מַעֲמָק* 깊은 장소.

     פ"ן 어근: מַתָּן 선물; מַטָּע 심기(그리고 식물 자체, 사 61.3); מַסַּע* 진의 출발, 행진(민 10.2, § 49 *e* 참고); מַשָּׂא 짐, 무거운 것; מַשָּׂא 빛. יָדַע에서 온 아람어화 된 후기 형태로서 מַדָּע 지식; יָצַע에서 온 מַצָּע† 안락 의자(§ 77 *b*).

     פ"ו 어근: מוֹשָׁב 거주지(*mawšab*에서 옴); מוֹצָא 출구; מוֹרָא 두려움; מוֹדַע 친척(³); מוֹרָשָׁה 유산(장소적 의미); 아마 מוֹלֶדֶת 출생지(그러나 *maqtil* 형태일 가능성이 있다). 일부 명사에서 다소 특이한 이유로 *o*는 *u*로 약화되었다(참고, § 29 *b*); מוּסָר 고침, 수정(*maw* > *mo* > *mu*); מוּצָק 융합; מוּעָדָה 관습, 관례(⁴).

     פ"י 어근: מֵיטָב 좋은 것(*maytab*에서 옴), מֵיתָר 줄, 끈, מֵישָׁרִים 정직, 청렴.

     ל"ה 어근(⁵): מַרְאֶה 외관, 모습(*mar'ay*에서 옴); מַעֲשֶׂה 행위; מַעֲלֶה 오르막 길; מַעֲנֶה 의도; מַטֶּה 막대기; 여성형 מַכָּה 때림, 타격; 끝 자음 탈락과 함께: מַעַל 위; לְמַעַן ~때문에.

     ע"ו와 ע"י 어근: מָקוֹם 장소(*maqām*에서 옴); מָבוֹא 입구; מָדוֹן 다툼(דִּין 어근); 자음 י와 함께: מַעְיָן 수원지; מְנוֹרָה 촛대. מְנוּחָה 휴식(이 외에) 형태의 명사들에서 *u*는 일반적으로 *o* 대신에 온 것이다(§ 29 *b*); 그러나 일부 명사에서는 *u*가 원시 모음일 수 있다. מָעוֹז (וֹ와 함께) 피난처의 명사는 עזז 피난처를 찾다에서 온 *maqtal* 형태이다(참고, 아랍어 *ma'ād*). 어형 변화에서 וֹ이 중복되는 것은(예, מָעֻזִּי, מָעוּזִּי) עזז 강하다 어근의 영향으로 변형되었기 때문

---

¹ מַקְטֵל과 מִקְטָל, מְקֻטָּל의 어형 변화에 관해서는 § 96 C *b*를 참조하라.

² 일차적인 의미는 추상적인 것임이 틀림없다: 보냄, 임무. 아랍어 *mal'ak* 메시지와 메신저, 사자와 비교하라. 라틴어 *nuntius*도 마찬가지이다.

³ 일차적인 의미는 추상적인 것임이 틀림없다: 지식, 여기에서 구체적인 의미인 친지와 결과적으로 (결혼에 의한) 관계라는 의미가 나왔다. 파타흐는 불규칙적이다.

⁴ 이 형태들은 호팔 분사처럼 보인다.

⁵ מַטֶּה는 *iy*에서도 올 수 있으므로, 원시 형태를 결정하는 데 있어서 어느 정도 불확실성이 있을 수 있다.

이며, 이것은 의미의 인접성 때문에 발생한 것이다(피난처, 요새). 치찰음도 중복을 일으키는 데 영향을 주었다. 단어 중간에 오는 ◌ָ는 안정적이다. מָגֵן에서도 마찬가지이다(§ *h*).

עי״ע 어근: מְסָךְ 덮개, 보호; מַשָּׁק* 뚫는 행위?(아람어적 중복); 분리된 상태에서: מַעֲלָל 행위. 불규칙적인 형태인 מְמֵר 쓰라림, 슬픔(잠 17.25†)은 *qatl*로 바뀐 *maqtal* 형태일 것이다(*mamarr > mamar > mamr*); 비교, מֹרֶךְ, § *j*와 תֵּמֶס § *v*.

주의. מַשָּׁאוֹן 속임수, 사기(נשא 어근)에서 *maqtal* 형태가 아람어처럼 *ān* 접미사를 갖는다(참고, Brock., *GvG*, I. 391).

f מִלְחָמָה. 강한 동사 어근: מִגְדָּל 탑; מִבְטָח 신뢰; מִשְׁפָּט 재판; 전쟁; מִבְחָר* 우수함(מִבְחוֹר보다 덜 빈번함); מִשְׁקָל 무게(מִשְׁקוֹל보다 더 빈번함). 참고, 부정사 מִקְטָל, § 49 *e*.

ל״ה 어근: מִקְנֶה 소유; מִקְוָה 희망; 여성 מִרְמָה 속임, 사기; מִצְוָה 계명.

ע״ו 어근: מֵרוֹץ 달리기, 경주 전 9.11†.

עי״ע 어근: מֵסַב 둘러싸는 것; מֵצַר 좁은 곳; 불안.

g מֶרְכָּבוֹת(מִקְטָל)[1]: מֶרְכָּב 전차; 여성 מֶרְכָּבָה, 연계형 מֶרְכֶּבֶת, 복수; מֶרְחָב 넓은 장소; מֶרְחָק 먼 장소; מֶלְקָחַיִם 집게, 접미사와 함께 מֶלְקָחֶיהָ; 통치, 접미사와 함께 מֶמְשַׁלְתָּיו. 후음 앞에서: מֶחֱזֶה 창문; מֶצְוָה 절반; מֶחְקָר 비밀 장소.

h מַקְטֵל(연계형 מִקְטַל § 96 C *c*). 강한 어근: מַרְבֵּץ (동물의) 쉬는 곳; מַשְׁעֵן 지지물, 지주; מַזְרֵחַ 부르짖음; מַשְׁבֵּר 자궁의 입구(?); מַשְׁעֵנָה 지지물; 지팡이; מַהְפֵּכָה 큰 재앙; 전복.

פ״ן 어근: מַפֵּץ 곤봉; מַצֵּבָה 돌기둥; מַסֵּכָה 용해, 융합; מַגֵּפָה 타격; 패배.

פ״י 어근: מוֹעֵד (*maw'id*에서 옴) 약속된 장소; מוֹקֵשׁ 덫.

פ״א 어근: 마찬가지로 מֹאזְנַיִם 저울(아람어 어근 *wazana*) *ma'sir*에서 온 מוֹסֵר 속박(א이 철자에서 생략됨); 참고, § 24 *d*.

ע״י 어근: מְרִיבָה 논쟁; מְלִיצָה 수수께끼; מְדִינָה 주, 도(province).

ע״ע 어근: מָגֵן 방패(안정된 ◌ָ와 함께, § 96 C *c*: מָגִנִּי, מָגִנֵּי); 여성

---

[1] מִקְטֵל을 사용한 것은 *e - e* 모음의 연속을 선호하는 경향에 영향을 받았음이 분명하다. § 29 *f*. 원시 형태에 관해서는 § 29 *e* 2를 참고하라.

מְגִלָּה 두루마리; מְזִמָּה 목적; מְסִלָּה 큰 길; מְאֵרָה 저주, 곤궁(*m'ir-ra* 대신), מְגֵרָה 대패?

i   מִקְטֵל(§ 96 C *c*)은 *maqtil* 대신에 사용되는 매우 드문 형태이다. 그것은 מִזְבֵּחַ 제단과 מִסְפֵּד 애도의 행위에만 발견된다(치찰음의 영향으로, Brock., *GvG*, I. 381).

j   מַקְטֻל(*maqtul*에서 옴)은 מַקְטוֹל(*maqtāl*에서 옴)과 항상 분명하게 구분될 수 없다. § *k*. 여성 형태 מַקְטֶלֶת은 *maqtulat* 또는 *maqtālat*에서 왔을 수 있다. 사실 모든 경우들이 *maqtulat*로 보인다.

        강한 어근: מַחְשֹׂף 껍질을 벗김; מַעֲרֻמִּים 벌거벗음. 여성 어미와 함께: מַאֲכֹלֶת 음식; מַשְׂכֹּרֶת 보상; מַחֲלֹקֶת 구분; מַתְכֹּנֶת 정확한 분량; מַחֲגֹרֶת 허리띠를 매는 행위; מַרְכֹּלֶת 덫, 시장.

        ע״ו 어근. מְקוֹלָה 형태에서 *u*는 원시 모음이거나 *o*에서 온 것일 수 있다(참고, § 29 *b*)[1]. 동일 어근을 가진 이중어(동일한 어원에서 나뉘어진 두 개의 낱말)에서 *u*는 *o*가 약화된 것이다. 예, מָנוֹחַ 외에 מְנוּחָה 휴식이 있다. 반면에 원시 형태는 불확실하다. 예, מְהוּמָה 고생, 무질서, מְשׁוּבָה 변절.

        ע״ע 어근. 예상되는 형태 *maqull* > מִקֹּל은 입증되지 않는다. 불규칙적인 두 형태인 מְתֹם 완전함(*matumm > *mutumm* > *mtumm*)과 מֹרֶךְ 두려움(*murukk > *muruk* > *murk*)만이 나타난다. 참고, Brock., *GvG*, I. 381[2].

k   מַקְטוֹל(*maqtāl*에서 옴)은 מַקְטֻל (*maqtul*에서 옴 § *j*)과 대조하라: מַחְסוֹר 모자람, 부족함[3]; מַלְקוֹחַ 전리품; מַטְמוֹן 숨겨진 재물; מַכְאוֹב 아픔; מַלְקוֹשׁ 늦은 비; מַשְׁקוֹף 문의 윗쪽 들보; מַשּׂוֹר 톱(נשׂר에서 옴).

        여성 형태들은 없다(참고, § *j*).

l   מִשְׁקָל מִקְטוֹל: מִבְחוֹר 탁월함(*מִבְחָר보다 더 빈번함); מִשְׁקוֹל 무게(보다 덜 빈번함); מִזְמוֹר 찬송시; מִכְשׁוֹל 걸림돌; מִקְצוֹעַ 모퉁이; מִכְלוֹל 완전함; מִישׁוֹר 평지(ישׁר에서 옴). 여성 형태들: מִשְׁקֹלֶת 추, 다림줄; מִכְמֹרֶת 그물.

m   히필 분사 형태인 מַקְטִיל은 드물게 실명사로 사용된다: מַשְׁחִית 파멸, 폐허; מַכְבִּיר 풍부함.

---

[1] תְּקוּלָה (§ *s*) 형태에 관해서도 마찬가지이다.

[2] 불규칙적인 형태인 הֹאַר (§ *v*)와 비교하라.

[3] BL, p. 493에 따르면 *maqtul*이다.

n   מַקְטוּל. 아랍어에서 *maqtūl*은 첫 번째 동사 변화에서 수동 분사 형태인 반면, מַקְטוֹל은 도구 명사들처럼 구상 명사를 이룬다. 따라서 *u*는 가끔 *o*를 대신하는 것으로 추측해 볼 수 있다. 예들: מַפּוּחַ 풀무(Dalman: 미쉬나 히브리어 מַפֹּחַ), 복수 מַקְצֻעוֹת 대패들(?)(Dalman: 미쉬나 히브리어 מַקְצֻעוֹת); מַנְעוּל 자물쇠; מַאֲבוּס 가축 우리(?) מַמְּגֻרָה 곡물 저장소(분리 다게쉬, dagesh dirimens, § 18 *k*); מַבּוּעַ 수원(시리아어 *mabboʻâ*); מַבּוּל 홍수(참고, 시리아어 *māmolå*). 다음 단어들은 아랍어에서처럼 분사의 의미를 가지고 있다. מַלְבּוּשׁ 겉옷(아랍어, *malbūs*, 즉 입혀진 것); מַסְלוּל 길, 도로(아마도 쌓아 올려진 것); מַצְפּוּנִים 숨겨진 것들; מַחֲלֻיִים 질병.

o   접두사 תַ는 מַ보다 적게 사용되지만, 그럼에도 불구하고 매우 흔하다. 접두사 תַ의 모음은 거의 항상 *a*이다. *i*는 תִּקְטֹל 형태에서만 나타나는데, 그것은 꼭 원시 모음은 아니다. 여기에서도 우리는 히브리어 형태들을 제시할 것이다. 여성 어미를 갖는 형태들은 훨씬 더 흔하다([1]). 남성 형태로서 תַּקְטֵל은 단 한 번만 나타나고 תִּקְטֹל과 תַּקְטוֹל 형태는 나타나지 않는다.

   접두사 תַ를 가진 대다수의 명사들은 동사적 실명사들이거나 동작 명사들(*nomina actionis*)이다. 예, תְּעוּדָה 증거, 증언. 이 형태들은 주로 ע"ו 어근들에서뿐 아니라, פ"ו와 ע"ע 어근들에서도 발견된다. 동사적 실명사들은 의미에 따라 어떤 동사 변화와도 연관될 수 있다. 사실상 그것들은 주로 히필과 관련되고, 피엘, 히트파엘 그리고 칼형과는 그보다 더 적게 연관되며, 니팔과는 거의 연관되지 않는다. 동일한 동사적 실명사는 그 의미에 따라 여러 동사 변화들과 연관될 수 있다. 따라서 תְּשׁוּבָה (שׁוב 어근)는 돌아옴, 귀환이라는 일반적인 의미를 가질 때에는 칼 동사와 관련된다. 그렇지만 대답이라는 드문 의미를 가질 때에는 히필과 관련된다. 기도를 뜻하는 תְּחִנָּה (חנן 어근)는 히트파엘과 관련되지만, 은총이라는 드문 의미를 가질 때에는 칼형과 관련된다. 예, 칼: תְּמוּתָה 죽음; 니팔: תַּרְדֵּמָה 깊은 잠; 피엘: תְּהִלָּה 찬양, תַּנְחוּמִים 위로; 히필 תְּחִלָּה 시작; תְּעוּדָה 증거, 증언; תּוֹלְדָה 자손, 계보; תְּשׁוּעָה 효과적인 도움, 승리, § *s*; 히트파엘: תְּשׁוּעָה 간청; תְּפִלָּה 기도.

p   תַּקְטֵל: תֵּימָן 남쪽, 아마 תּוֹשָׁב 거주하는 외국인(연계형, תּוֹשַׁב 그러나 복

---

[1] 이것은 순수한 우연의 일치인가, 또는 여성 형태와 관련된 글자인 תּ가 여성 어미를 사용하는 데서 영향을 받은 것인가?

수 연계형 תִּשְׁבֵּי, § 96 C *b*). 여성형: תּוֹצָאוֹת 유출물; תּוֹעֵפוֹת 더미, 덩어리(?).

תַּאֲוָה 바람과 같은 ל״ה 어근의 여성 형태들은 모호하다; 그것들은 *taqtalat*에서나 또는 *taqtilat*에서 온 것일 수 있다. 충분한 자료가 없으므로 종종 어느 것에서 왔는지 결정하는 것이 어렵다. תּוֹדָה 찬양은 *taqtilat* 형태(시리아어 *tawdîṯâ*)로 보이고; תּוֹרָה 법, 율법은 *taqtalat* 형태(비교, 아람어 אוֹרַיְתָא)로 보인다.

q   תִּקְטָל. 여성 형태들: תִּפְאָרָה (2회)와 תִּפְאֶרֶת 장식; תִּפְלֶצֶת 두려움 (?). ל״ה 어근들의 여성 형태들에 대해서는 § *p* תִּקְוָה 소망, 희망을 참고하라.

r   תִּקְטֹל: תִּשְׁבֵּץ 옷. 모든 다른 명사들은 여성 어미를 가지고 있다; תַּרְדֵּמָה 깊은 잠; תַּרְעֵלָה 비틀거림; תּוֹכֵחָה와 (더 일반적으로) תּוֹכַחַת 수정, 교정; תּוֹלֵדָה 자손, 계보. ע״ע 어근들에서 첫 번째 모음 *a*는 탈락한다: תְּחִלָּה 시작; תְּחִנָּה 기도, 은총, § *o*, תְּפִלָּה 기도. הָ◌ 어미를 가진 ל״ה 어근들에서 *taqtilat* 형태는 *taqtalat* 형태와 구분될 수 없다(§ *p*). יָה-와 ית- 어미를 가진 형태는 *taqtilat*이다. תַּאֲנִיָּה 슬픔; תּוּשִׁיָּה 조언, 목적([1])(*o* 대신 *u*를 가지고 있다); תַּרְבִּית 이익; תַּרְמִית 속임수, 사기; תַּעֲנִית 금식(굴욕); תַּבְנִית 형태; תַּכְלִית 완성.

s   תַּקְטֹל(*taqtul*에서 옴). 남성 명사의 예가 없다.

ע״ו 동사에서 여성 형태는 תְּקוּלָה이다. 여기서 *u*는 원시 모음이거나 *o*에서 온 것일 수 있다(참고, § 29 *b*)([2]). 이 *u*의 기원은 좀처럼 결정하기 쉽지 않다. 예, תְּקוּמָה 저항; תְּמוּתָה 죽음; תְּבוּסָה 발로 짓밟는 행위; תְּמוּרָה 교환; תְּשׁוּבָה 돌이킴, 대답, § *o*; תְּבוּאָה 들어 옴, 산물; תְּעוּדָה 증거, 증언; תְּבוּנָה 이해력, 총명(בִּין에서 옴); תְּרוּמָה 헌물 (< רום); תְּנוּמָה 졸음 (< נום).

תְּקוּלָה 형태는 ע״ו 어근 이외에도 나타난다. תְּקוּפָה 순환, 일주(נקף 어근); תְּרוּפָה 치유(רפא 어근); תְּשׁוּעָה 효과적인 도움, 승리(ישׁע 어근, 아마도 유사어 יְשׁוּעָה의 영향으로 생긴 형태일 것이다).

t   תַּקְטִיל. 매우 드물며 아람어에 기원을 두고 있다: תַּלְמִיד 제자; תַּכְרִיךְ 망토, 덮개.

u   תַּקְטוּל: תַּגְמוּל 친절; תַּעֲנוּג 기쁨; תַּחֲנוּנִים 간청; תַּמְרוּרִים 쓰라림. 여성

---

[1] 참고, Joüon 1909: 326.

[2] מְקוֹלָה 형태에서도 마찬가지이다. §*j*. 참고, Joüon 1920: 369. Brock., *GvG*, I. 359에 따르면 이 형태는 *qutûl*을 대체한 형태일 수 있다.

형태: תַּהֲלוּכָה 행진, 행렬; תַּהְפּוּכָה 반전, 뒤틀림; תַּעֲלוּמָה 신비(¹).

v   또한 그 기원이 불확실한 이차적인 תּ가 특정 형태들에서 발견된다. תֶּמֶס 액화, 용해는 **tamass > tamas > tams*에서 왔을 것이다(비교, מֶמֶר, § *e*); תֶּבֶל 오염, 불명예(בלל)도 아마 여기 속할 것이다. תַּעַר 삭도, 면도칼은 ערה 어근과, תְּעָלָה 치료는 תְּעָלָה와 연관된다. תֹּאַר 모습, 외모는 ראה에서 자음 도치된 것으로 보인다(비교, מֹרֶךְ, § *j*); 그렇다면 그것은 *qutlat*로 고쳐 쓴 *taqtul*일 것이다.

§ 88 M. 접미사를 가진 형태들

a   접미사 **ān*은 일반적으로 *ọn* וֹן이 된다. 다른 셈어들에서는 *ān*을 가진 몇몇 명사들이 나오는 반면에, 히브리어에는 ָן이 나온다. 예, קָרְבָּן 헌물. 그러나 *å*는 여기에서 어원적으로 긴 것 같지 않다(²). 지명들에 나타나는 접미사 ָן에 관해 § 91 *h*를 참조하라.

b   **Qatalān**은 *qatal* + *ān*으로 만들어졌다. 이 추상 명사 형태는 예상되는 바와 같이 히브리어에서 קְטָלוֹן이며, 그것은 רְעָבוֹן 기근(?)에서만 발견된다. 다른 경우에는 *qatalān*의 두 번째 자음이 중복된다. 이 이차적인 중복은 이 형태의 특징인 세 개의 모음을 보존하기 위하여 이루어졌다. 이 중복은 또한 어떤 음성론적 이유 때문에 어떤 명사들에서 나왔고, 그 후 다른 명사들로 확산되었을 것이다(³). 첫 번째 원시 모음 *a*는 שַׁבָּתוֹן 쉼, 휴식에만 보존되었고, 이것은 שַׁבָּת(동일한 의미)의 영향으로 만들어졌다(도시명 Ἀκκαρών [아카드어 *Amqarrūna*]과 עֶקְרוֹן을 비교하라). 다른 모든 곳에서는 *a*가 *i*로 약화된다 (*qittålọn*). 왜냐하면, 이것은 아마도 강세가 있는 긴 음절 *ọn*에서 멀리 떨어

---

¹ 참고, Von Soden 1989에 따르면 이 형태는 감정이 깊이 깔린 명사들을 포함한다.

² *qattål* 형태의 *å*와 똑같은 문제이다, § H *a*. 순수하게 아람어에서 차용한 것으로 여겨지는 명사의 경우에는 결정하기 어렵다. 그러나 עִנְיָן 일, 용무(전도서에만)에서도 연계형 עִנְיַן은 원시 장모음 *ā*가 단축되었음을 나타낸다. ַ를 갖는 연계형은 אֶבְדַן, קָרְבַּן, שֻׁלְחַן, קִנְיַן에서도 발견된다. 주전 이천년대 후반부의 이집트어에 나타나는 서쪽 셈어 차용어들과 *n* 접미사를 가진 고유 명사들에 관해서는 Sivan-Cochavi-Rainey 1992: 38-40을 보라.

³ 따라서 עִוָּרוֹן 눈멈은 아마도 형용사 עִוֵּר와 피엘을 유추하여 만들어진 형태일 것이다(피엘 어근으로 입증된 유일한 활용). עִשָּׂרוֹן 십분의 일은 피엘 십분의 일을 내다를 유추하여 만들어진 형태일 것이다.

져 있기 때문일 것이다(¹). 연계형이나 접미사를 가질 때, 그 형태는 קִטְלוֹן이 며(²) 일반적으로 중복되지 않는다. 그러나 첫 자음이 후음일 때 히렉 대신 쎄 골이 온다: 예, הִגָּיוֹן 연계형 הֶגְיוֹן 묵상; עֶשְׂרוֹן 복수 עֶשְׂרֹנִים 십분의 일(그 러나 עִזְבוֹנֵךְ 겔 27.27이다). 예들: זִכָּרוֹן 연계형 זִכְרוֹן, 복수 זִכְרֹנִים 기억; שִׁבָּרוֹן 부숨, 파괴; פִּקָּדוֹן 저장; עִצָּבוֹן 힘든 일, 중노동; צִמָּאוֹן 메마른 땅; חִפָּזוֹן 급 한 도주; בִּטָּחוֹן 확신; שִׁמָּמוֹן 황폐함; 중복될 수 없는 ר 앞에서: עֵרָבוֹן 서약(> ἀρραβών)(³); דֵּרָאוֹן 공포. ל״ה 동사에서 마찬가지로 חִזָּיוֹן 환상(9회, 그러나 36회는 חָזוֹן으로 나타난다. 아래 참고), הִגָּיוֹן, שִׁגָּיוֹן 일종의 노래 형식; גִּלָּיוֹן 세련된 접시; נִקָּיוֹן 정결함; כִּלָּיוֹן 전멸; ר 앞에서: הֵרָיוֹן 임신. 그러나 י가 나타나 는 이 형태들 외에, 중간 자음이 탈락된 형태들도 몇 개 있다: חָזוֹן 환상(시리 아어/ḥezwånå/ vision); עָוֹן 죄악, 불법 행위; רָצוֹן 선한 의지; גָּאוֹן 높음; הָמוֹן 소 란; רָזוֹן 야윔; חָרוֹן 분노.

ע״י 동사의 형태는 앞에서 언급한 바와 매우 유사하다. 예, שָׂשׂוֹן 기쁨 (שִׂישׂ 어근, 부정사 שׂוֹשׂ): qatal + ān을 유추하여 만들어진 śaś + ān 형태이 다. 이것은 마치 קָם과 דָּן이 qatal을 유추하여 만들어진 것과 같다. זָדוֹן 자만; לָצוֹן 오만, 건방짐(⁴).

불규칙한 형태들: אֲבַדּוֹן 파멸에서 세 번째 자음이 중복된다(참고, 계 9.11 Ἀβαδδών). 에 9.5에 아람어 형태 אַבְדָן이 나타난다(⁵).

창 3.16에서 הֵרֹנֵךְ는 잘못된 형태인 것 같다(הֵרָיוֹנֵךְ로 읽으라). (입증 되지 않은) 중간 자음 탈락 형태는 *הֵרוֹנֵךְ일 것이다. 그러나 위에서 언급된 חָזוֹן, רָצוֹן과 같은 명사를 참조하라.

    추상 명사 **qitlān** > קִטְלָן과 קִטְלוֹן 형태.

    일반적인 형태는 קִטְלוֹן이다. כִּשְׁרוֹן 성공; יִתְרוֹן 장점, 이점; חֶסְרוֹן 부족

---

¹ qittaltęm이 된 *qattaltem과 비교하라. §52 a, 일곱 번째 각주.

² 이 형태는 קִטְלוֹן 형태(qitlān에서 옴)와 결합되었다. §c. qitlān과 qutlān 형태와 달리 qatlān 형태 는 나타나지 않는다. 그러나 qatalān은 qatlān의 확장된 형태로 보인다. 연계형 קִטְלוֹן은 이 qatalān에 서 왔을 가능성이 있다. Hurvitz에 따르면 קִטְלוֹן 형태는 후기 성서 히브리어에서 즐겨 사용되기 시작 하였다: 1969: 18-24.

³ 참고, Blass-Debrunner-Rehkopf 1976: §40 그리고 Hurvitz 1969.

⁴ 그러나 이 형태들에서 카메쯔는 불안정한 모음이다. 예로서 연계형에 שְׂשׂוֹן 같은 형태가 나타나는 것은 의심할 여지 없이 ל״ה에서 연계형 רְצוֹן과 같은 형태들을 유추하여 만들어졌을 것이다.

⁵ 그러나 시리아어에서 형태는 /ḏ/가 아니라 /d/와 함께 나타난다: /ʾabdånå/.

함. 연계형에서만 나타나는 קִטְלוֹן 형태들은 *qitlān* 또는 *qatalān*에서 온 것일 수 있다. § *b*. 예, פִּתְרוֹן 속죄; פִּתְרוֹן 설명; רִפְיוֹן 느슨함[1].

불규칙적인 형태는 קִטְלָן이다: קִנְיָן 획득물(연계형 ◌ֹ); בִּנְיָן 건물(연계형은 입증되지 않는다); עִנְיָן 사업(연계형 ◌ֹ). 이것은 단지 전도서에만 나타난다(아람어화).

d   **qutlān** 형태는 קָטְלָן이 되었고(연계형 ◌ֹ) קֻטְלוֹן*이 되지 않았다. 아마도 너무 유사한 두 모음 *u-ọ*가 연속적으로 오는 것을 피하기 위해서일 것이다. (참고, Brock., *GvG*, I. 255). שֻׁלְחָן 탁자(연계형 ◌ֹ); קֻרְבָּן 헌물(연계형 ◌ֹ); אָבְדָן* 상실(연계형 ◌ֹ).

e   **형용사적** 접미사 **ān > וֹן*. 히브리어는 어떤 명사들, 특히 단음절 명사들에 וֹן을 첨가하여 형용사를 만든다. קַדְמוֹן (1회) 동쪽의(*qadm*, קֶדֶם에서 옴); אַחֲרוֹן 마지막의(אַחַר 뒤에서 옴), רִאשׁוֹן 첫 번째의(רֹאשׁוֹן*이 이화 현상을 일으킨 형태, § 29 *h*). 여기에서 유추하여 קִיצוֹן 극단적인 (קֵץ에서 옴, √קצץ); חִיצוֹן 외부의(חוּץ에서 옴); תִּיכוֹן 가운데의(연계형 תּוֹךְ에서 옴); תַּחְתּוֹן 더 낮은, 열등한, עֶלְיוֹן 상관, 지존자. 접미사 **ān*은 아람어에서처럼 여성 어미에 첨가된다. עֲקַלָּתוֹן 꼬불꼬불한에서처럼; לִוְיָתָן 뱀, נְחֻשְׁתָּן 뱀은 וֹן으로 바뀐다.

f   **지소** 접미사(diminutive sufformative) וֹן (아마 *ān*에서 왔음): אִישׁוֹן 눈동자(작은 사람; שַׂהֲרֹנִים 작은 달들 또는 초생달; 아마도 뱀을 표현하는 이름들인 שְׁפִיפֹן 뿔 달린 뱀; צִפְעוֹנִי 바실리스크(basilisk, 전설 속의 뱀), § *g* (צֶפַע와 함께; Dalman: 미쉬나 히브리어 צִפְעוֹן).

g   **형용사적** 접미사 *i*[2]. 히브리어는 ◌ִי 접미사로써 일부 형용사를 형성한다. 특히 서수, 종족, 조상의 이름을 딴 형용사들에 나타난다. שִׁשִּׁי 여섯 번째(שֵׁשׁ에서 옴, § 101 *a*); מוֹאָבִי 모압(인)의(מוֹאָב에서 옴); עִבְרִי 히브리(인)의; כְּנַעֲנִי 가나안(인)의; צִידֹנִי 시돈(인)의; יִשְׂרְאֵלִי 이스라엘(인)의 (매우 드물다; 레 24.10-11에만 특별한 이유로 나타나고, 삼하 17.25에 고유 명사로 나타난다). אַכְזָרִי 잔인한(אַכְזָר에서 옴, § L *a*); נָכְרִי 이방의, 외국의(입증되지 않은 형태

---

[1] קִטְלוֹן 형태는 특히 전도서에 많이 나타난다. du Plessis, 1971: 164-67을 보라.

[2] 접미사 요드는 원래 모음 글자가 아니었다. 페니키아어에서 그것은 여전히 자음이며, 히브리어 여성형 הָ-에서도 마찬가지이다(아래를 보라). 우가릿어 접미사는 /-īy/와 -āy/의 두 가지이다. 후자는 아람어의 전형적인 형태이다: Tropper, § 51.46. 아랍어에 매우 흔한 이 형태소는 "니스베"(*nisbe*)로 불린다.

인 נֵכָר*에서 옴); תַּחְתִּי 열등한(תַּחַת에서 옴); פְּנִימִי 내부의(복수 형태 פָּנִים 얼굴)에서 옴; רַגְלִי 보병의(ragl, רֶגֶל에서 옴); חָפְשִׁי 자유로운; 변형된 모음 표기와 함께: שְׂמָאלִי 왼쪽의(שְׂמֹאל 왼쪽에서 옴); יְמָנִי 오른쪽의(יָמִין 오른쪽에서 옴; שְׂמָאלִי을 유추하여).

가끔 접미사 i가 접미사 ōn에 첨가된다: קַדְמֹנִי 동쪽의; אַדְמֹנִי 붉은; צִפְעֹנִי 바실리스크(basilisk, § f); יִדְעֹנִי 점쟁이(입증되지 않은 형태인 יִדְּעֹן* 과학 또는 고등 과학에서 옴); נִ-와 함께: רַחֲמָנִי* 자비로운.

וֹ 또는 הֹ로 끝나는 고유 명사들은 그것들에 상응하는 נִי로 끝나는 형용사들을 갖는다: גִּילֹנִי שִׁילֹנִי;גָלֹה, שִׁילֹ. 마찬가지로 שֵׁלָה:שֵׁלָנִי가 있다.

가끔 여성 어미는 보존된다: פְּלִשְׁתִּי 블레셋의(פְּלֶשֶׁת에서 옴); עַזָּתִי 가사의(עַזָּה에서 옴, 현대의 가자); 그것은 탈락될 수 있다: יְהוּדִי 유대의, 유대인의(יְהוּדָה에서 옴); תִּמְנִי 딤나의(תִּמְנָה에서 옴).

בִּנְיָמִין의 형용사는 בֶּן־הַיְמִינִי (정관사와 함께)이거나 단순히 יְמִינִי이다; בֵּית לֶחֶם의 형용사는 הַלַּחְמִי이다(정관사와 함께). (참고 § 139 d).

וֹ 접미사는 여성형에서 יָה- (§ 89 e) 또는 ־ית (§ 89 f)가 된다: תַּחְתִּית (7회), תַּחְתִּיָּה (1회); מוֹאָבִיָּה (6회), מוֹאָבִית (1회); עִבְרִיָּה 항상(2회), מִצְרִית 항상(2회).

h   접미사 ay와 어근 ay를 구분하는 것은 항상 쉬운 것이 아니다. 접미사 ay는 אַרְבֶּה 메뚜기떼 그리고 לִבְנֶה 백양목, 포플라에서 הֹ 형태로, עֶשְׂרֵה 10에서 הֹ 형태로 발견된다. § 100 e.

i   접미사 it. ל״י 어근들에서 여성 어미 t가 어근의 i에 첨가될 때 it 어미를 형성하게 된다. 예, bki + t > בְּכִית 울음. 이 it 어미는 다른 어근들에서 추상 명사의 접미사가 되었다. רֵאשִׁית 처음; אַחֲרִית 끝; שְׁאֵרִית 나머지; חֲתִית 공포; תָּכְנִית 분량, 치수. 구상 명사는 매우 드물다: חֲנִית 창(spear), זְכוּכִית 유리. § 101 b도 또한 보라.

j   접미사 ut. ל״ו 어근들에서 여성 어미 t가 어근의 u에 첨가될 때 ut 어미를 형성한다. 예, ksu + t > כְּסוּת 덮개. 이 어미는 다른 어근들에서 추상 명사 접미사가 되었다. מַלְכוּת 왕권; יַלְדוּת 청(소)년 시절; עַבְדוּת 노예생활; מִסְכֵּנוּת 가난; עֵדוּת 계명, 증거(복수 עֵדְוֹת* > ʾēdwōt, § 97 G b)([1]); גֵּאוּת 높음,

_____

[1] 이것은 아마 עֵדֻרֹת의 이차적 형태일 가능성이 매우 높다(Talshir 2002/03: 115-19).

교만. 접미어 *ut*는 ל״י 어근에서도 발견된다: פְּדוּת 해방; בְּכוּת 울음; בְּכִית와 함께 사용됨. 이것은 아람어와 아카드어에서 매우 많이 사용되는 접미사이다.

아람어 부정사의 *ut* 접미사가 לְהַשְׁמָעוּת 겔 24.26(§ 54 *c*); הִתְחַבְּרוּת 단 11.23(§ 53 *f*)에서 발견된다.

גָּלוּת 유배, 추방; חָזוּת 환상; בָּרוּת 음식과 בְּכוּת 울음과 같은 단어들에서 $\frac{\circ}{}$는 안정된 모음이며, 아마도 어원적으로 장모음일 것이다. 이 *â*는 이 명사들이 아람어 분사 형태를 모방하여(예, *gālę*) 만들어진 것으로 설명할 수 있다; 따라서 רָמוּת 높이는 분사 רָם을 모방하여 만들어졌다[1].

k 복수 어미와 구분되는 접미사 וֹת는 의심스러운 형태이다[2]. 잠 1.20; 9.1에서 단수로 취급되는 חָכְמוֹת 지혜는 일종의 위엄의 복수 형태로 보인다 (참고, § 136 *d*). 정상적인 복수 형태로서 *חֲכָמוֹת가 나오는 대신에, 이 단어는 단수 형태인 חָכְמָה를 유추하여 *hoḥ*-로 모음 표기되었다[3]. הוֹלֵלוֹת(전 10.13) 외에도 הוֹלֵלוֹת 미친 짓(전 1.17; 2.12; 7.25; 9.3)은 의심스러운 형태이다. 만일 וֹת 모음 표기가 믿을 만한 것이라면, 그것은 חָכְמוֹת를 유추하여 만들어졌을 것이다. 삿 5.29에서 חַכְמוֹת가 단수 대명사 및 동사와 함께 오는 것도 주목하라.

l 일부 문법 학자들에 의하면, 몇몇 단어들에서 발견되는 ם은 접미사일 수 있다. 또한 다른 이들에 따르면, 그것은 고대 어형 변화에 사용되던 멤화 현상(*mimation*)의 흔적일 수 있다(참고, § 102 *b*).

지명에 나타나는 마지막 ◌ם-에 관해 § 91 *h*를 참고하라.

m 접미사로 사용되는 ל의 존재 여부는 의심스럽다. כַּרְמֶל (곡물 생산을 위한) 농경지(כֶּרֶם 포도원과 비교); גִּבְעֹל 꽃(?)(גָּבִיעַ 잔과 비교). 또한 עֲרָפֶל 구름(?) (참고, 우가릿어 'rpt, 아카드어 *urpatu* 구름).

---

[1] BL, p. 506을 따른 것이다. 만일 이 명사들이 직접적으로 분사 형태들에 근거하여 만들어지지 않았다면, 여성 분사로서 평행 형태들인 חָזְיַת, דָּלְיַת를 유추하여 만들어졌을 수 있다(§ F *b*). 비록 וֹת 접미사를 가진 성서 히브리어 명사들이 대부분 후기 문헌들에 나타난다고 말하는 것은 옳지 않지만, וֹת 접미사를 가진 추상 명사들이 미쉬나 히브리어와(아마도 아람어의 영향으로) 그 이후의 히브리어에 매우 많이 사용된다. Gulkowitsch 1931: 97ff.와 Hurvitz 1972: 79-82를 보라.

[2] Rendsburg(1992: 79)는 일반적인 여성 단수 형태소가 /-ot/였던 페니키아어를 근거로 제시한다 (FRA, § 228). 그러나 이것은 특별한 경우(ad hoc)이다.

[3] שִׁקְמָה, שִׁקְמִים 돌무화과 나무(sycamore) 형태의 드문 복수 형태들과 비교하라. § 96 A *b*.

§89. 명사의 성: 남성과 여성 어미들

a   하나의 명사는 남성이거나 또는 여성이며, 가끔 두 가지 성을 함께 가진다(¹). 우리는 성(gender)과 성의 어미(*gender endings*)를 주의 깊게 구별해야 한다. 남성 어미는 남성 형용사에 항상 나타나고(²), 자주 남성 실명사에 나타난다. 여성 어미는 여성 형용사에 항상 나타나고, 자주 여성 실명사에 나타난다. 따라서 단수 어미 הֹ‍ָ는 여성 형용사와 많은 여성 실명사에만 나타나기 때문에 여성 어미이다. 마찬가지로, 복수에서 ‍ִים은 남성 어미이고, וֹת는 여성 어미이다. §90 *b, d*.

실명사의 성은 주로 형용사와 일치됨으로써 확인된다. 또한 여성의 동사 형태는 주어 명사가 여성임을 표시해 줄 수 있지만, 남성의 형태를 통해서는 아무 것도 추정할 수 없다(§150 *b*). 더욱이 한정적으로 사용되는 지시 대명사, 분리되거나 접미된 인칭대명사, 그리고 수사(³)는 이 점에 있어서 믿을 만한 단서를 제공할 수 있다.

b   단수에서 **남성** 명사들은 일반적으로는 표기되지 않으며 특정한 어미를 갖지 않는다. 극히 소수의 남성 명사는 여성 어미를 갖는다. 예, קֹהֶלֶת 회중의 인도자, 전도자. 여기에서 여성 어미는 강조의 뉘앙스를 갖는다. 이것은 아랍어에서 단순한 형태인 *rāwiⁿ* 내레이터(*narrator*)와 대비되는 *rāwiyat* (훌륭한) 내레이터와 같은 형태이다(⁴). 이와 같이 사람의 이름과 함께 나오는 단어들인 סֹפֶרֶת 서기관; פֹּכֶרֶת הַצְּבָיִם 사슴(*gazelles*) 사냥꾼(?)도 마찬가지이다. מֹודַע 친척(룻 2.1)과 비교해 볼 때 מֹדַעַת (3.2)는 가까운 친척인 것 같다(남자를 지칭하고 있는 것으로 보아 남성일 수 있다). 몇몇 남성 명사에 나타나는 הֹ‍ָ는 여성 어미가 아니다: מֹורָה 면도칼, 삭도(*mora*[y] 대신); פֶּחָה 총독(아카드어 단어). ל"י 어근에서 온 명사들에 있어서 הֹ‍ָ는 어근에 속한다. 예, שָׂדֶה 들판(‖

---

¹ 의미론과 형태론 사이의 상관 관계를 확립하려고 애썼지만 Rosén(2003)은 상당한 융통성이 있음을 인정한다.

² 동사적 형용사와 분사를 포함하여.

³ 특히 기수 3-10은 상당히 신빙성 있게 실명사의 성을 결정해 준다(여성은 남성 명사들과 남성은 여성 명사들과 함께 사용된다! §100 *d*). 이리하여 복수 יָמִים 낮들과 같이 복수 לֵילֹות 밤들은 남성이다; שְׁלֹשָׁה יָמִים וּשְׁלֹשָׁה לֵילֹות 삼상 30.12.

⁴ 참고, Wright, *Arabic Grammar* I, §233, Rem. *c*.

시어 שָׂדַי와 함께 사용된다). 사실 이 명사들은 남성이다. 예, מַעֲלֶה 오르막길 (비교, 여성 מַעֲלָה 계단, 등급[*degree*])([1]).

c   단수에서 상당히 많은 수의 여성 명사는 여성 어미를 가지고 있지 않다. 예, 자연적으로 여성이 되는 명사들: אֵם 어머니; אָתוֹן 암나귀; עֵז 암염소; רָחֵל 암양; 그리고 다른 명사들: אֶבֶן 돌; עִיר 도시, 성읍; חֶרֶב 칼; אֶרֶץ 땅; יָד 손. 그러나 대부분의 여성 명사들은 단수에서 여성 어미를 갖는다([2]). 자세한 내용은 § 134에서 참고하라.

d   히브리어 명사의 주된 여성 어미는 원래 *at*이며, 그것은 연계형에서 보존되었다([3]). 절대형에서 원시 형태는 (강세 있는) הָ, 또는 쎄골 형태 תֶֶּסֶ, תֶּסֶֹ, תֹּסֶ 또는 단순한 ת이다. 연계형에 많이 나타나는 쎄골 형태들은 아마도 연계형에서 나왔을 것이며, 어떤 경우에는 절대형으로 확산되었을 것이다.

da   앞에 모음이 없이 나오는 여성 표기의 -*t*는 흔하지 않다. -*t*는 예로, אַחַת 하나(< *ʾaḥådt*); שֶׁבֶת 같은 פ״י 동사의 부정사 연계형(접미사와 함께: 예, שִׁבְתּוֹ: § 76 *m* 3), √נתן의 부정사 연계형 תֵּת(접미사와 함께: 예, תִּתִּי)에 나타난다. 참고, 표준 히브리어 שָׁנָה 해, 년 대신에 북이스라엘 히브리어(사마리아 토판)에 나오는 단어 שַׁת(< *šant*)([4]). 또한 § *f*. 를 참조하라.

e   어미 הָ는 훨씬 일반적이다. 그리고 어떤 형태들에서는 오직 이 한 가지에만 가능하다. 예, סוּסָה 암말. 어떤 명사들에서는 쎄골 형태가 הָ와 함께 나온다. יֹ로 끝나는 명사들에서, 예로 מוֹאָבִיָּה에서 הָ를 가진 형태(מוֹאָבִיָּה)와 함께 ת를 가진 형태인 מוֹאָבִית도 나올 수 있다(§ 88 M *g*).

f   바로 위에서 언급한 바와 같이, 단순한 ת는 주로 יֹ를 가진 명사들과 함께 나타난다. 예, תַּחְתִּית 낮은 곳(lower)(§ 88 M *g*); 참고, בְּכִית 울음(§ 88 M *i*)과 כְּסוּת 덮개(§ 88 M *j*)([5]).

---

[1] 창 32.9*a*와 시 27.31†에 나오는 מַחֲנֶה 진영, 군대는 여성으로 취급된 듯하다. 그러나 마소라 본문이 의심스럽다(הַאַחַת와 יַחֲנֶה로 읽어야 할 것 같다). 참고, 페니키아어 רַב מֵאַת는 רַב를 잘못 읽은 것이 아니라면 백부장을 뜻한다.

[2] 남성 명사에는 여성 어미가 매우 드물기 때문에(§ *b*), 단수에서 여성 어미는 거의 항상 여성 명사를 표시한다고 말할 수 있다.

[3] Gelb는 /t/가 원래 연결음(glide)이었다고 생각한다: Gelb 1969: 34f.

[4] 동일한 형태가 페니키아어와 모압어에도 나타난다. 여성 형태소 *t*는 주전 2,000년대 후반의 이집트어에 보존된 서부 셈어 단어들에서도 입증된다. Sivan-Cochavi-Rainey 1992: 40f.를 보라.

[5] 단순화된 형태를 갖는 세 개의 부정사 תֵּת(§ 72 *i*), צֵאת(§ 75 *g*), שְׂאֵת(§ 78 *l*)와 형용사 אַחַת 하나

g   쎄골 어미 중 지금까지 가장 일반적인 것은 תֶקֹטֶלֶת이다. 우선 그것은 *a* 모음을 가진 명사들에서 발견된다: *niqtal* + *t* > *niqtalt* > נִקְטֶלֶת; 그 다음으로 *i* 모음을 가진 명사들에서 발견된다: *qātil* + *t* > *qātilt* > קֹטֶלֶת; 그리고 마지막으로 원래 장모음 *ī*를 가지고 있는 명사들에서 발견된다: מַקְטֶלֶת, מַקְטִיל (분사의 이러한 예들에 관해서는 § 50 *g*를 참조하라). 다른 예들: *a* 모음을 가진 명사들: יַבֶּשֶׁת 마른 땅, 육지(2회, יַבָּשָׁה 외에); 연계형 מַמְלֶכֶת מַמְלָכָה 왕국에서 옴); *i* 모음을 가진 명사들: מַצֶּבֶת 절대형과 연계형(מַצֵּבָה 돌기둥, 기념비에서 옴); אַחֶרֶת (남성 אַחֵר 다른); 원래 장모음 *ī*를 가진 명사들; 연계형과 절대형 גְּבֶרֶת (גְּבִירָה 귀부인에서 옴); שַׁלֶּטֶת (남성 שַׁלִּיט 통치자); 참고, § 97 F *b*.

h   쎄골 어미 תֶקֹטֶלֶת는 매우 드물다. 그것은 일반적으로 תֶקֹטֶלֶת로 대체되었다. 예, לֶדֶת 형태의 부정사에서(לֵדָה 외에, § 75 *a*). *i*에서 온 ◌ֶ는 다음과 같은 연계형들에서 보존되었다: חֲמֵשֶׁת (חֲמִשָּׁה 다섯에서 옴); שֵׁשֶׁת (שִׁשָּׁה 여섯에서 옴), אֵשֶׁת (אִשָּׁה 여자, 부인에서 옴)[1].

i   쎄골 어미 תֶקֹטֹלֶת는 *u* 또는 *ā*에서 온 ◌ֹ를 가진 남성 형태에 해당한다. 불행하게도 가끔 이 ◌ֹ의 기원을 밝히기가 어렵다. תֶקֹטֹלֶת에서 ◌ֹ는 항상 변할 수 있으며, 남성의 ◌ֹ가 확실하게 어원적으로 장모음일 때조차도 그렇다. 따라서 **šalāš* > שָׁלֹשׁ 셋; 여성 שְׁלֹשָׁה, 연계형 שְׁלֹשֶׁת (*ọ*와 함께; 비교, שְׁלָשְׁתָּם). 마찬가지로, קְטֹרֶת 연기(아마도 *qutāl*, § 88 E *e*)는 קְטָרְתִּי가 된다[2].

    쎄골 어미 תֶקֹטֶלֶת를 갖는 명사들은 상당히 빈번하게 나타난다; קְטֶלֶת 형태에서: נְחֹשֶׁת 청동; 연계형 כְּתֹבֶת 기록; 연계형 חֲרֹשֶׁת 일; נְעֹרֶת 삼오라기 (*tow*); 두 개의 부정사 형태 יְכֹלֶת (§ 75 *i*), יְבֹשֶׁת (§ 76 *d*). קְטֹלֶת 형태에서: שִׁבֹּלֶת 메아름; כַּפֹּרֶת 보상; פָּרֹכֶת (성전의) 커텐, 휘장. קְטֹלֶת 형태에서: שִׁבֹּלֶת (곡물의) 이삭; בַּקֹּרֶת(불확실한 의미). מַקְטֹלֶת 형태에서: מַאֲכֹלֶת 음식 등(참

의(*ʾahadt* 대신에, § 100 *b* 그리고 우가릿어의 *aḫt*)도 보라.

여성 형태소 /-*t*/는 (/-*at*/와 달리) 우가릿어에 *mar-kab-te* 전차처럼 음절로 기록된 단어들에서 입증되고 있다. 더 많은 예들은 Huehnergard, *Ugr. Voc.*, 295f.에서 보라. 고대 가나안어 *mi-te kaspu* 200 조각의 은(Sivan, 130)에서도 마찬가지이다. בַּת (아랍어 *bintu*), 모압어와 사마리아 토판에 나타나는 북 이스라엘어 שַׁת 해, 년, 그리고 שֶׁבֶת, דַּעַת 같은 쎄골 명사들도 마찬가지이다. 따라서 인칭 접미사와 함께 올 때 שִׁבְתּוֹ 등이 된다. Sivan, 105-7; Tropper, § 52.21 참고.

[1] 절대형에서 이 세 명사에 중복이 나타나는 것을 주목하라: אִשָּׁה (§ 99 *c*)와 שִׁשָּׁה (§ 100 *d*)에서는 동화 현상에 의해; חֲמִשָּׁה에서는 שִׁשָּׁה (§ 100 *d*)를 유추하여.

[2] 절대형에서 גְּבֶרֶת 및 גְּבִרְתִּי에서 유사한 단축 현상이 나타남을 비교하라(참고, § *f*).

고, § 88 L *j*). מַקְטֶלֶת 형태에서, § 88 L *l*. 다른 형태들에서: בֹּשֶׁת 수치(בּוּשׁ 어근), גֻּלְגֹּלֶת 해골; שְׁחַרְחֹרֶת 거무스름한. 쎄골 어미들의 어미 변화에 관해 § 97 F를 참조하라.

j   몇몇의 다소 의심스러운 분사 형태들은 예상되는 쎄골 형태를 가지고 있지 않다: 렘 22.23 크레 יֹשַׁבְתְּ (크티브, 연결의 히렉과 함께 יֹשַׁבְתִּי § 93 *o*); 참고, 51.13. 세 번(창 16.11, 삿 13.5, 7) הִנָּךְ הָרָה וְיֹלַדְתְּ 보라, 네가 임신했고 아들을 낳을 것이다가 나타난다. 여기에서 혼합된 쓰기(§ 16 *g*)를 발견할 수 있으며, 이것은 분사 וְיֹלֶדֶת (사 7.14처럼)와 더 일반적일 형태로 보이는 도치바브 완료형 וְיָלַדְתְּ 중에 하나를 선택하도록 한다.

k   **드문 여성 어미들**

ה◌ 대신에 쓰인 아람어 철자법 א◌: שֵׁנָא 잠 시 127.2; מַטְרָא 감옥 애 3.12; מָרָא 쓰라린 룻 1.20.

l   여성 어미 *ay*는 עֲשָׂרָה 열(10)에서 발견된다; אַשְׁרֵי[1] ~의 행복함 (beautitude of)에서도 나타날 수 있는데, 그것의 절대형은 אַשְׁרַי*[2]일 것이다. 고유 명사 שָׂרַי (שָׂרָה 외에)에서도 나타날 수 있다[3].

m   원시 어미 *at*는[4] 몇몇 단어에 나타난다. 그 단어들은 명사에 있어서 끝에 강세가 있는 닫힌 음절에 일반적인 ◌ 모음을 가지고 있거나 ◌ 모음을 가지고 있다.

n   많이 사용되는 단어들 중 מָחֳרָת (*moḥoråt*)[5] 내일 만이 유일하게 ה◌ 를 가지고 있다(이 단어의 형성 과정은 분명하지 않다). 다른 예들: קָאַת 사다새 (*pelican*, 다른 형태, קָאָת); קָאַת 잠, 수면 시 132.4(שֵׁנָה 대신); פֹּרָת 열매가 많은

---

[1] 메텍이 없거나 슈바의 메텍만 있는 אַשְׁרֵי도 있다. 이 현상은 그것이 (여성형 ay) 발음할 때 무시되어서는 안 된다는 것을 제시한다.

[2] 창 30.13에서 בָּאָשְׁרִי 행복하도다, 복되도다(with beautitude)로 읽혀야 할 것으로 보인다. 비교, 11절의 בְּגָד* 행복하구나(with happiness; 참고, Ehrlich *ad loc.*). 동일한 형태소를 보여주는 우가릿어의 병행구에 대해서는 Gordon, *UT*, § 8.54를 보라.

[3] 참고, 우가릿어 여성 인명들 중에서 *pdry* "Pidray(피드라이)," *tly* "Tallay(탈라이)" 등과 같은 형태들이 상당히 많이 나타난다. 물론 *y*는 애칭 형태소일 가능성이 있다. Tropper, § 52.43.

[4] 이것은 메사 비문, 페니키아어 및 암몬어 비문들에도 나타난다.

[5] 이 형태를 연계형으로 보는 Brockelmamn(*GvG*, I. 409)의 입장은 적절하지 않다. 부사적으로 사용되는 아카드어의 비격변화 절대형(직격과 구별됨)을 주목하라; von Soden 1995: § 62.c 따라서 이 단어는 § 102 *c*에 속해야 할 것으로 보인다.

식물 또는 열매가 많은 포도 덩굴 창 49.22(시문; 참고, 사 32.12; 시 128.3), 실명사화 된 분사(비교, פְּרִיָּה); יִתְרַת עָשָׂה 풍부함(다른 형태 ֹ) 렘 48.36(그러나 사 15.7 יִתְרָה עָשָׂה); עֶזְרָת 도움 시 60.13(아마도 עֶזְרָתָ로 모음 표기되어야 할 것 같음= עֶזְרָתָה 시 44.27); נַחֲלָת 유산 시16.6(잘못된 형태로 보임); עָזִּי וְזִמְרָת יָהּ 주님은 나의 능력이시고 (나의) 힘이시다[1]. 어떤 경우에는 ־ַת가 고대 대격 모음 a를 가진 여성 어미인 תָ֫ה 형태에서 단축된 것일 수 있다(§ 93 c): 예, עֶזְרָת, מְעָרַת에서도 마찬가지이다; 위를 보라.

ת־ַ는 또한 몇몇 지명들에 나타난다. 예, בַּעֲלָת; חֶלְקַת; 그리고 이것은 또한 몇몇 인명에도 나타난다: 예, גָּלְיָת(골리앗, 삼상 17:4), שְׁמָעַת (시므앗, 여성, 왕하 12:21). 일반적인 אֶפְרָתָה 에브라다 외에도 창 48.7†에 אֶפְרָת가 나타나는데, 이것은 아마도 실수인 것 같다(중자 탈락). § 93 f.

o   흔히 사용되는 명사들 중 ־ַת 어미와 함께 오는 확실한 예가 없다(두 가지 변형된 형태들이 § n에 언급되었다). בָּרֶ֫קֶת 귀한 돌 단어는(בָּרֶ֫קֶת 외에) 외래어로 보인다. 다른 한편, ־ַת는 몇몇 지명에 나타난다: צָרְפַת 사르밧; גִּבְעַת; אֵילַת (אֵילוֹת 외에); 그리고 몇몇 인명에도 나타난다: אֲחֻזַּת; בְּכוֹרַת; גִּינַת.

p   **주의.** 여성의 ת는 가끔 어근의 일부로 간주된다. דֶּ֫לֶת 문, 복수 דְּלָתוֹת, 쌍수 דְּלָתַ֫יִם; קֶ֫שֶׁת 활, 복수 קְשָׁתוֹת; שֹׁקֶת 구유, 연계형 복수 שִׁקֲתוֹת 창 30.38(i 에 관해, § 96 A g를 참조하라); שָׂפָה 입술, 쌍수 שְׂפָתַ֫יִם, 연계형 복수 שִׂפְתוֹת; חֲנִית 창, 복수 חֲנִיתִים와 חֲנִיתוֹת.

§ 90. 복수

a   단수처럼(§ 89 a) 복수도 성과 성의 어미를 주의 깊게 구별해야 한다. 명사의 성은 일반적으로 단수와 복수(또는 쌍수)에서 동일하다[2].

---

[1] 참고, Joüon 1909: 335.

[2] Cohen 1929-30에 따르면 성서 히브리어에는 복수 어미 *im*을 가진 490개의 남성 명사, *ot*를 가진 80개의 남성 명사, 복수 어미 *ot*를 가진 312개의 여성 명사, *im*을 가진 40개의 여성 명사가 나온다. 가운데 자음이 ע״ו 인 명사들과 -*on* 접미사를 가진 명사들은 *ot* 어미를 가지는 경향이 있는 한편, *Qittul*과 *Qattul* 형태의 명사들은 복수에 *im*만 갖는다. 또한 광범위한 동식물을 표현하는 명사들은 ot 복수 어미를 갖는다(참고, § 136 b).

b   일반적인 남성 어미는 ◻ִֽ-이다; 그것은 모든 남성 형용사와 많은 남성 실명사와 몇 개의 여성 실명사들에 나타난다. ◻ִֽ-을 갖는 여성 실명사의 예, שָׁנָה 해, 년, 일반적인 복수 שָׁנִים (드물게 사용되는 시적인 복수 형태 שָׁנוֹת*는 연계형과 접미사를 가진 형태로만 입증되고 있다)(¹); רָחֵל 암양, 복수 רְחֵלִים; אֶבֶן 돌, 복수 אֲבָנִים(²); פִּילֶגֶשׁ 첩, 복수 פִּילַגְשִׁים; שִׁבֹּלֶת 곡물의 이삭, 복수 חִטָּה 밀(식물의 한 종으로서), 복수 חִטִּים 밀알들(곡물들 또는 줄기들), 집합적 의미에서; 마찬가지로 שְׂעֹרָה 보리, 복수 שְׂעֹרִים; דְּבוֹרָה 벌, 복수 דְּבֹרִים; תְּאֵנָה 무화과 복수 תְּאֵנִים(³).

       יֹ를 가진 명사의 경우, 남성 복수는 ◻ִיִּים이다: 예, נְקִיִּים 정결한(단수 נָקִי); 그러나 더 자주 단축되어 ◻ִים으로 나온다: 예, עִבְרִים 히브리인들(초기 형태는 단 한 번 עִבְרִיִּים 출 3.18)(⁴).

c   가끔 아람어 어미 ◻ִין이 나타난다(미쉬나 히브리어에는 매우 빈번하고, 비록 불완전 철자법으로 쓰이기는 하지만 모압어에는 규칙적인 형태이다). מְלָכִין 왕들(또는 아람어에서처럼 조언자들; 참고, 단 4.24) 잠 31.3; צִדֹנִין 시돈 사람들 왕상 11.33; רָצִין 달리는 자들, 호위병들 왕하 11.13; חִטִּין 밀 겔 4.9; אִיִּין 섬들 겔 26.18; יָמִין 날들 단 12.13; מִדִּין 양탄자(?) 삿 5.10(시문); עִיִּין 폐허 더미들 미 3.12; 욥기에 מִלִּין 단어들(아람어 단어)이 מִלִּים (10회)이 나타나는 것 외에도 13회 나타난다(⁵).

d   여성 어미는 ◻וֹת이다. 그것은 모든 여성 형용사와 많은 여성 실명사 및 두 개의 남성 실명사에 나타난다(⁶).

---

¹ 그러나 텔 씨란(Tell Siran) 비문에는 절대형으로 보존되어 있다: שנת רחקת 먼 세월(제7행).

² 따라서 형용사와 함께 나오는 것으로서, 예로 단수에서 אֶבֶן גְּדֹלָה가 나오는 것처럼 복수에서 אֲבָנִים גְּדֹלוֹת가 나온다.

³ 농작물을 가리키는 이 명사 그룹은 여기에 속한다: 예, 미쉬나 히브리어 בֵּיצָה의 복수형태인 בֵּיצִים 달걀들. 따라서 פִּשְׁתִּים의 단수 형태를 *פִּשְׁתָּה 아마, 삼대(flax)로 재구성하고(Qimhi가 수 2.6에서 이미 이렇게 보았다), 히브리어 사전에서 재구성된 פֵּשֶׁת는 제거해야 할 것으로 보인다. 게제르 달력(3행)의 פשת는 쉽게 불완전 철자법으로 변할 수 있다. 이 모든 여성 단수 명사들은 공성 명사(*nomina unitatis*)이다.

⁴ 참고, 페니키아어 צדנם 시돈 사람들은 예상되는 형태 * צדנים 대신에 온 것이다: FRA, § 63 c. 참조 Qimron 1997: 37-40. 성경의 자음 본문이 확정되었을 때, 모음 축약은 아직 그렇게 많이 진행되지 않았기 때문에 עִבְרִי의 복수형으로서 *עברים과 같은 형식은 나타나지 않는다.

⁵ 이 형태소는 아람어와 접촉하면서 강화되었을 가능성이 있지만, 그 고대성은 이집트어 음역인 *na-ʾa-rú-na* 전사들(히브리어 נְעָרִים)과 우가릿어 *bi-da-lu-na* 상인들(‖ *bi-da-lu-ma*)에 의해 확실시 된다. Sivan-Cochavi-Rainey 1992:43과 Tropper, § 53.313을 보라.

⁶ 거의 30%의 여성 복수 형태가 불완전 철자법으로 기록되었다: AF, Spelling, p. 197.

וֹת를 가진 남성 명사의 예들: אָב 아버지, 복수 אָבוֹת; אוֹב* 가죽 물병; דֹּר דּוֹרִים אֹבוֹת חֲדָשִׁים 새 가죽 물병 욥 32.19; דּוֹר 세대, 복수 דֹּרוֹת (וֹים은 דֹּר דּוֹרִים 모든 세대 [3회]에만 나타난다); שָׁבוּעַ 한 주일, 복수 שָׁבֻעוֹת, § 96 D *b*; לַיְלָה 밤, § 93 *g* (3회 לֵיל), 복수 לֵילוֹת. וֹ를 갖는 몇 개의 명사는 복수에 있어서 וֹת를 갖는다: מַטֶּה 막대기, 지파; מַחֲנֶה 진영, 군대; שָׂדֶה 들판(그리고 וֹים, § *e*).

וֹ를 갖는 명사들에서 여성 복수 형태는 וֹת-이다(참고, 단수, יָּה, § 89 *e*): מִצְרִי, מִצְרִיָּה, מִצְרִיּוֹת, מִצְרִית, מִצְרִיּוֹת.

da   아카드어에서 다른 형태로 여전히 보존되어 있는 고대 복수 어미 /ān/은 삿 5.7 פְּרָזוֹן חָדְלוּ פְרָזוֹן (פְּרָזָן* >)에서 확인된다; 원시 어미에 첨가된 불필요한 /im/과 함께 올 때 그것은 확인하기 어렵다; עֻזְבֹנַיִם; נִצָּנִים; קִמְּשֹׂנִים(¹).

db   소위 깨어진 복수형이라고 부르는 것은 아래 § 96A *b*를 보라.

e   일부 명사들은 남성과 여성 복수 어미를 둘 다 가지고 있다; 그러나 그 중 한 가지만 빈번하게 사용되고, 다른 하나는 특별한 또는 시문의 용법에 사용된다. 예, עָב 구름, 일반적인 복수 עָבִים ∥ 복수 עָבוֹת는 시문에서 두 번만 나타난다: 삼하 23.4; 시 77.18; עֲבֹת 밧줄, 끈, 일반적인 복수 עֲבֹתִים, 그러나 עֲבֹתֹת는 사랑의 끈 호 11.4, 또한 땋은 사슬 출 28.14 등에 사용된다. שָׁנָה, § *b*, דּוֹר § *d*도 보라.

명사 שָׂדֶה 들판은 두 개의 복수 형태를 가지고 있다; שָׂדִים* 들판들, 시골, שָׂדוֹת 개별적인 들판들, 개별적인 농지들(²). אֲלֻמָּה* 곡식 단에서 두 개의 복수 형태가 나온다: אֲלֻמִּים 일반적인 곡식 단들 창 37.7a. 그리고 אֲלֻמּוֹת 개별적인 곡식 단들 7*b*와 시 126.6이 있다(³). כִּכָּר 원반, 둥근에서 온 복수 형태로 כִּכְּרֵי כֶּסֶף 은으로 된 원반들(동전들)과 כִּכְּרוֹת לֶחֶם 빵 덩어리들이 있다(가치가 낮은 사물을 표시하는 여성 형태; 비교, נַעַל, נְעָלִים 신발, 그러나 נְעָלוֹת 수 9.5†는 낡은 신발들을 의미한다). צֵלָע 갈비뼈로에서 온 צְלָעִים (남성; 왕상 6.34†) 문짝들과 צְלָעוֹת (여성) 옆 방들이 있다.

---

¹ 참고, Brockelmann, *GvG*, I 451과 Bauer (1930:76f.)는 여기에서 הַר שֹׁמְרוֹן 경비하는 자들의 산에 있는 אַיָּלוֹן과 שֹׁמְרוֹן을 포함한다.

² 참고, Joüon 1913: 140.

³ *Ibid.*, 141.

f　　**항구적 복수형**. 일부 단어들은 오직 복수 형태로만 사용된다. 이 단어들의 대부분은 추상 명사이거나 의미상 단수이다. 예, סַנְוֵרִים 눈 멈, 거짓 환상(참고, §136). 몇 개의 구상 명사들이 있다: מַיִם 물, 물들; שָׁמַיִם 하늘, 하늘들; מֵעַיִם* 내장들; פָּנִים 얼굴(그리고 얼굴들 겔 1,6); מְתִים 사람들(단수 형태는 몇 개의 고유 명사에서 מְתוּ [§ 93 s] 형태로 나타난다. 참고, 우가릿어 *mt*와 아카드어 *mutu* 사람, 남자).

　　성경에서 항상 복수형으로 나타나는 몇몇 명사들은 단지 그 단수 형태가 충분하게 입증되지 않고 있기 때문이다: 예, בֵּיצִים (6회) 계란들, 그 단수형인 בֵּיצָה는 미쉬나에서 충분히 입증된다.

　　바로 위에 언급된 현상은 명사가 단수형으로만 입증되는 **항구적 단수형**의 경우에도 마찬가지로 적용된다. 명백한 예로서는 רֵעָה (3회) 친구를 들 수 있다. 그렇지만, 다른 것들은 그 의미 때문에 단수 형태로 제한되어 나타난다: 예로 בֹּהוּ 공허, 텅빔을 들 수 있다[1].

§91. 쌍수

a　　눈들과 귀들처럼 쌍으로 이루어진 사물들에는 복수 대신 쌍수(dual)가[2] 사용된다. 성서 히브리어에서 쌍수의 사용은 다소 제한적이다[3]; 그것은 몇 개의 명사에서만 나타나고(§ *c*), 형용사, 동사, 대명사에서는 결코 나타나지 않는다[4].

b　　쌍수 어미는 ◌ַיִם이며, 연계형에서 ◌ֵי가 된다. 여성 어미가 없는 단어들에서 단어의 형태는 단수이며, 필요할 경우에는 음성 규칙에 따라 변화된다: יָד 손, רַגְלַיִם 발 רֶגֶל (원시 형태 *ragl*에서 옴); עֵינַיִם 눈 עַיִן (비교, זַיִת 올리브, 복수 זֵיתִים); שֵׁן 이, 치아 שִׁנַּיִם (원시 형태 *šinn*에서 옴); כָּנָף 날개

---

[1] Neef(2000)는 이런 한계를 인식하고 있다.

[2] Fontinoy 1969를 보라.

[3] 고대 히브리어에서 쌍수는 우가릿어와 고전 아랍어에서와 같이 덜 제한적이었던 것으로 보인다. 삿 5.30 רַחֲמָתַיִם 두 처녀씩(속어, 계집애들); ib. רִקְמָתַיִם 양쪽에 수놓은 장식을 보라. 참고, Cross and Freedman 1975: 19.

[4] Tropper(1992)는 아주 소수의 쌍수 여성 대명사들과 단 하나의 카탈 사례를 확증할 수 있다고 믿는다.

יְרֵכַֽיִם (¹); יָרֵךְ 허벅지 כְּנָפַֽיִם.

여성 단수 어미 הֶ◌를 가진 명사들에서 ת는 쌍수 어미 앞에서 유지된다: שָׂפָה 입술, שְׂפָתַֽיִם. 쎄골 어미를 가진 명사 נְחֹשֶׁת 동, 놋에서 쌍수는 נְחֻשְׁתַּֽיִם 족쇄이다(비교, *irons* 족쇄, 수갑). חוֹמָה 벽의 경우에 쌍수 어미가 복수 어미에 첨가되어 בֵּין הַחֹמֹתַֽיִם 두 벽들 사이에서(4회)가 된다. 마찬가지로 גְּדֵרֹתַֽיִם 이중 벽(도시 이름, 수 15.36†)과 לוּחַ 서판에서 온 לֻחוֹתַֽיִם이 있다.

규칙적인 복수 קְרָנוֹת 뿔들 외에 קְרָנַֽיִם (다니엘서)은 쎄골 명사 복수 형태에서 강세 전에 오는 ◌ָ를 가지고 있다(비교, 복수 קְרָנוֹת). 아마도 이것은 복수 형태를 유추하여 만들어진 형태일 것이다. 마찬가지로 לְחָיַֽיִם 턱들(*לְחָיַֽיִם 대신, לְחִי, לֶֽחִי에서 옴); דְּלָתַֽיִם 이중 문; דְּרָכַֽיִם 양쪽 길이 있다.

왕상 16.24와 왕하 5.23에서 כִּכְּרַֽיִם כֶּֽסֶף은 두 키카르(*kikkar*, 한글 성경: 달란트)에는 혼합된 쓰기(§ 16 g)일 수 있다. 이것은 כִּכְּרֵי (속격 연계형)와 כִּכָּרַֽיִם (동격 또는 대격) 중 하나를 선택하게 한다(²).

c   쌍수는 다음과 같은 경우들에 나타난다.

숫자: 2 שְׁנַֽיִם, 200 מָאתַֽיִם, 2000 אַלְפַּֽיִם; 한 쌍으로 셀 수 있는 명사에서 그것들이 하나의 단위를 이루고 있다고 간주될 때: יוֹמַֽיִם 연속적인 두 날들(라틴어 *biduum*); שְׁנָתַֽיִם 연속적인 두 해들; שְׁבֻעַֽיִם (1회) 연속적인 두 주들; פַּעֲמַֽיִם 두 번; 아마도 רִבּוֹתַֽיִם 이만(20,000), 만만; אַמָּתַֽיִם 두 규빗; כִּכָּרַֽיִם 두 키카르도 역시.

쌍수는 자연적으로나 인위적으로 쌍으로 이루어지는 사물들에서도 발견된다: יָדַֽיִם 손들, 팔들(참고, § b); אָזְנַֽיִם 귀들; בִּרְכַּֽיִם 무릎들; יְרֵכַֽיִם 허벅지들; כַּפַּֽיִם (손) 바닥들; כְּתֵפַֽיִם* 어깨들; מָתְנַֽיִם 허리; צִפָּרְנַֽיִם* 손톱들; שְׂפָתַֽיִם 입술들; שָׁדַֽיִם 가슴들; שׁוֹקַֽיִם 허벅지들; שִׁנַּֽיִם 치아들, 이빨들; מֹאזְנַֽיִם 저울들. זְרוֹעַ 팔은 일반적으로 복수 형태 זְרֹעוֹת를 갖는다(예, 삿 15.14 삼손의 양 팔); 왕하 9.24 בֵּין זְרֹעָיו 그의 팔들, 즉 어깨들 사이에와 해석이 불확실한 창 49.24와 사 51.5에도 쌍수 형태가 있을 수 있다. נַֽעַל에서 온 복수 형태 נְעָלִים이 있다. 그러나 사실상 한 쌍의 신발 נַעֲלַֽיִם이 언급되고 있는 암 2.6과 8.6은 예외이다. כְּלָיוֹת 신장(단수 כִּלְיָה*)에는 쌍수형이 아닌 복수형이 사용되고 있는 점을 주목하라.

---

¹ 쌍으로 이루어진 신체 부위의 명칭들은 일반적으로 여성이다. § 134 *j*.

² 또는 두 단어가 밀접한 의미적, 음성적 단위를 이루는 것으로 느껴지는 이음 소리(連聲, sandhi) 효과일 수도 있다. Garr 1987: 135를 보라.

d　　　고유한 의미에서 쌍수로 나타나는 명사들은 비유적인 의미로 사용될 때 복수로 나타난다. 이것은 특히 두 개 또는 그 이상의 것들로 존재하는 사물을 가리킬 때 그렇다; **עֲיָנוֹת** 샘들, 원천들; **כַּפּוֹת** 한 줌 가득, 손바닥들, 컵들[1]; **כְּנָפוֹת** 모퉁이들, 끝부분들; **קְרָנוֹת** (제단의) 뿔들; **יָדוֹת** 굴대들과 팔걸이 (솔로몬의 보좌에서, 왕상 10.19), **רְגָלִים** (여성) 번, 횟수. 이 여성 복수 형태들은 대부분 **וֹת**를 가지고 있는 점을 주목하라 (참고, § 134 *q*).

e　　　쌍수로 사용되는 몇몇 명사들은 비유적으로 쓰이든 않든 간에 복수 형태를 가지고 있지 않다. 그런 경우에 쌍수가 복수로 사용된다: **אַרְבַּע רַגְלַיִם** 네 개의 발들 레 11.23; **שֵׁשׁ כְּנָפַיִם** 여섯 개의 날개들 사 6.2; 겔 1.6; **שִׁבְעָה עֵינַיִם** 일곱 개의 눈들(돌의 눈들 [즉, 눈을 가진 돌] 슥 3.9; **עַיִן**은 여기서 남성이다. § 134 *a*, n.); **כָּל־בִּרְכַּיִם שָׁלֹשׁ שַׁנַּיִם** 세 개의 뾰족한 끝들 (갈고리의 촉들, 삼상 2.13); 모든 무릎들 겔 7.17; **כָּל־יָדַיִם** 모든 손들 21.12; **מְצִלְתַּיִם** (몇 개의) 제금, 심벌즈들 느 12.27; **שְׂפָתַיִם** (몇 개의) 이중 갈고리들 겔 40.43. 이 용법은 앞 단락에서 묘사된 것(§ *d*)과는 구별된다. 예로, **שֵׁשׁ כְּנָפַיִם**에는 일반적으로 쌍으로 나타나는 대상을 다루고 있다. 그렇지만 그 복수 형태인 **כְּנָפוֹת**는 기수를 뜻할 때 표준구인 **אַרְבַּע כַּנְפוֹת הָאָרֶץ**로 나타난다(예, 사 11.12; 욥 37.3에서는 수사가 빠져 있다. 즉, 수사가 있는 것으로 여겨라).

ea　　　히브리어 명사들은 다음 세 그룹으로 분류할 수 있을 것이다.

　　　1) 세 개의 구별된 형태를 가진 명사로서 하나의 개체를 가진 단수, 두 개의 개체를 가진 쌍수, 세 개 또는 그 이상을 가진 복수 명사의 그룹: 이것들은 주로 숫자들과 시간과 치수에 있어서 다양한 길이를 표시하는 명사들을 포함한다. **מֵאָה** 백, **מָאתַיִם** 이백, **שְׁלֹשׁ מֵאוֹת** 삼백; **יוֹם (אֶחָד)** 하루, **יוֹמַיִם** 이틀, **אַרְבָּעָה יָמִים** 나흘; **אַמָּה (אַחַת)** 한 규빗, **אַמָּתַיִם** 두 규빗, **חָמֵשׁ אַמּוֹת** 다섯 규빗[2]. 다른 예들: **שָׁנָה, שְׁנָתַיִם, שָׁנִים / שְׁנוֹת** 해, 년(후자는 연계형으로만 쓰인다); **אֶלֶף, אַלְפַּיִם, אֲלָפִים** 천; **שָׁבוּעַ, שְׁבֻעַיִם, שָׁבֻעִים / שָׁבֻעוֹת** 주간; **פַּעַם, פַּעֲמַיִם, פְּעָמִים** 횟수.

　　　2) 두 개의 구별된 형태를 가진 명사로서, 즉 단수와 쌍수를 가지고 있

---

[1] **כַּפּוֹת רַגְלַיִם** 발바닥 예, 수 3.13, 또는 **כַּפּוֹת יָדַיִם** 손바닥 예, 왕하 9.35 같은 구에서까지도 나타난다.

[2] 예외적으로 둘 만이 복수명사가 뚜렷이 두 가지 형태로 구별된다. 예, 겔 40.9 **שְׁתַּיִם אַמּוֹת**; 삼하 1.1 **יָמִים שְׁנָיִם**; 삼상 13.1 **שְׁתֵּי שָׁנִים**.

고, 쌍수는 '셋과 그 이상'을 나타내는 명사들의 그룹: 이것에 대해서는 위의 § e를 보라([1]). 이 그룹은 주로 신체의 부위를 표시하는 명사들로 구성되어 있다([2]).

3) 두 부분으로 구성된 물건들을 표시하는 쌍수로만 사용되는 명사들의 그룹. 예, מֹאזְנַיִם 저울; מְצִלְתַּיִם 심벌즈; מֶלְקָחַיִם 집게. 이 명사들의 쌍수는 하나의 개체나 그 이상을 표시할 수 있다. 예, 벤 시라 45.8 מכנסים 바지, מעיל과 평행을 이룬다.

f   명백하게 **쌍수로 보이는 어미들**. מַיִם 물, 물들과 שָׁמַיִם 하늘, 하늘들에 있는 어미는 쌍수 형태가 아니라 비정상적인 복수 형태이다. 이 두 단어에서 원래 복수 어미인 -*īm*은 강세의 영향을 받아 -*im*으로 약화되었다. 이것은 성서 아람어에서 ל״י 동사의 복수 분사형인 בָּנַיִן 건물(*bǎnay* + *īn*) 형태와 비교될 수 있다. 마찬가지로 아랍어에서 **muṣṭafa(y)*와 같은 명사는 (속격-대격) 복수에서 *īna* 어미가 단축되어 복수형 *muṣṭafáyna*가 된다; 미완료 *yarḍa(y)*는 *īna* 어미가 단축되어 2인칭 여성 단수에서 *tarḍáyna*가 된다.

g   בֵּין הָעַרְבַּיִם 두 저녁 사이([3])에서 עַרְבַּיִם이라는 단어는 쌍수일 수밖에 없다: 이것은 아마도 여기서 עֶרֶב로 불려지는 한 시간 대의 끝과 다음 시간 대의 시작을 가리키는 것으로 보인다([4]). צָהֳרַיִם 정오에서 쌍수가 나오는 것은 두 시간 대가 정오에서 만나는 것을 반영하는 것으로 설명할 수 있을 것이다; 그러나 *-*ayim*은 부사적 어미인 *-*ām* (장소 또는 정오의 시간[5])이 분리된 형태일 가능성이 더 높아 보인다. 그렇지만 모압어 צהרם (메샤 15행)에 비추어 볼 때, 두 언어가 동족어라면 히브리어 형태는 순수한 쌍수일 가능성이 거의 없다. 왜냐하면, 모압어에서 복수(남성)와 쌍수 어미는 둘 다 /-n/이기 때

---

[1] 1970년대 이스라엘의 한 일간신문에서는 헨리 키신저와 그 당시 국방장관으로서 전쟁터에서 눈을 다쳐 한 눈에 안대를 착용하고 나온 모세 다얀(Moshe Dayan) 사이에 세 눈으로 한 대화 (tête-à-tête, שִׂיחָה בִּשְׁלֹשׁ עֵנַיִם, a talk with three eyes)라는 표현이 있었다.

[2] 이 명사들 중 일부는 뚜렷한 복수 형태를 가지고 있지만 다른 의미를 갖는다. 예로, אַרְבַּע רְגָלִים 4회(위의 § d). 숫자 2가 뚜렷한 쌍수 명사와 함께 사용된 경우에, 일반적으로 이중성 개념이 어느 정도 강조된다. 예, 삿 16.28 나의 두 눈 중 하나를 뺀(מִשְּׁתֵי עֵינַי) 블레셋인들에게 복수할 수 있도록. 삼하 9.13 פִּסֵחַ שְׁתֵּי רַגְלָיו 그의 두 발이 절름거리는.

[3] 참고, Nöldeke (1916) 168, 그러나 Brockelmann., *Heb. Synt.*, § 18 *b*를 보라.

[4] 비교, § 136 *b*.

[5] 비교, 아마도 יוֹמָם, § 102 *b*.

문이다. נַהֲרַיִם 메소포타미아(?)의 어미는 מִצְרַיִם 이집트처럼 다양하게 설명되고 있다([1]).

h　　　　지명들에 나타나는 *-a'yim, -ām; -a'yin, -ān* 어미들은 어떤 경우에 쌍수를 나타낸다. 그러나 쌍수의 개념이 정당화되지 않는 경우에 그 어미는 지명을 표시하는 어미([2]) *ay*로서 *ā*에서 분리된 것이다. 예, דֹּתָן 창 37.17과 왕하 6.13; עֵינַיִם 창 38.21과 הָעֵינָם 수 15.34; יְרוּשָׁלַ͏ִם (크레, 그러나 후기 문헌들에는 요드와 함께 완전 철자법으로 기록되었다)([3]). 예로 부사적 어미를 가진 אַרְבַּעְתָּיִם 네 배와 비교하라(§ 100 *o*). 연계형에서의 쌍수에 관해 § 92 *g* 를 참조하라.

§92. 연계형

a　　　　명사는 소유나 소속 등의 개념을 표현하기 위해 다른 명사와 밀접히 결합되어 사용될 수 있다. 이것은 라틴어의 속격 구문과 같다. 예, *equus Pharaonis* 바로의 말. 히브리어에서 이 관계는 두 명사가 단순히 밀접하게 결합됨으로써 표현된다: סוּס פַּרְעֹה. 두 명사는 하나의 논리적인 단위를 만들기 때문에 하나의 음성론적 단위를 형성한다. 여기에서 첫 번째 명사는 "지배 명사"(*nomen regens*)라고 부르고, 두 번째 명사는 "피지배 명사"(*nomen rectum*)라고 부른다. 첫 번째 명사는 음성론적으로 두 번째 명사에 의지하고 있기 때문에 연계형(*construct state*)이라고 부른다. 이것은 한 건물이 그 기초 위에 서 있는 것과 같다. 연계형의 반대는 절대형(*absolute state*)이다. 따라서 אִישׁ רֹכֵב עַל־סוּס אָדֹם 한 붉은 말을 타고 있는 한 남자(슥 1.8)에서 אִישׁ와 סוּס는 연계형이 아니라 절대형을 취하고 있다(רֹכֵב와 אָדֹם은 동격으로, 또한 절대형을 취하고 있다).

---

[1] Finkelstein 1962를 보라.

[2] יְרוּשָׁלַם의 원래 형태는 /em/으로 끝났을 가능성이 높으므로(참고, 쐐기 문자 철자법 *urusalim*과 시리아어 *ʾorišlem*, 헬라어 Ἱερουσαλημ), 이 /-ayim/ 또는 /-ayin/은 /-ēm/ 또는 /-ēn/으로 거슬러 올라갈 수 있을 것이다.

[3] Brockelmann., *GvG*, I 393과 Torczyner 1916: 67-72를 보라. Fontinoy 1971과 Driver의 삼상 1.1 에 대한 설명을 참조하라.

b   음성론적 관점에서 볼 때 두 번째 명사에 기대고 있는 첫 번째 명사는 항상 그 강세 중에 어떤 부분을 상실한다. 두 명사의 결합이 마켑에 의해 더욱 밀접해질 때(§ 13), 그 강세는 이차적인 것이 될 수 있다. 예, פֶּחַת־יְהוּדָה 유대의 총독(학 2.21). 강세는 완전히 사라질 수도 있다. 예, בֶּן־אָדָם 사람의 아들 (겔 2.1).

c   강세가 약화되어 나타난 결과 중 하나는 모음이 생략되는 것이다. 일부 모음은 탈락하고, 다른 모음들은 짧아진다. 모음이 생략되는 경향은 마켑이 있을 때(§ 13 *c*) 더욱 강하게 나타난다. 연계형의 모음 표기에 관해서는 명사의 어미 변화에서 더 자세하게 소개할 것이다. 여기서는 모음 표기가 생략된 연계형과 생략되지 않은 연계형의 예들을 몇 가지 소개하는 것으로 충분할 것이다.

       단수: 절대형 דָּבָר, 연계형 דְּבַר 단어, 말; זָקֵן, זְקַן 노인. 그러나 절대형과 연계형 אֹיֵב 대적; אֵם 어머니; שֵׁם 이름; יָם 바다(§13 *c*); אֵפוֹד 에봇; אֵבוּס 구유 (§ 21 *h*).

       복수: דְּבָרִים, דִּבְרֵי 단어들, 말들; שָׁנִים, שְׁנֵי 해들, 연수들; שֵׁמוֹת, שְׁמוֹת 이름들. 그러나 ו״ע 어근으로부터 온 קָמִים, קָמֵי, § 80 *d* ; מֵתִים, מֵתֵי가 있고; ע״ע 어근으로부터 온 שָׂרִים, שָׂרֵי 치리자들, 관리들이 있다. § 82 *p*.

       쌍수: יָדַיִם, יְדֵי 손들; בִּרְכַּיִם, בִּרְכֵּי 무릎들; כְּנָפַיִם, כַּנְפֵי 날개들; שְׂפָתַיִם, שִׂפְתֵי 입술들.

       주의. 가끔 복수(와 쌍수) 연계형에서 절대형의 모음이 잘못 사용된다. 예, חֲטָאֵי (§ 96 A *e*); גְּדָיֵי (§ 96 A *q*); מִקְרָאֵי (§ 96 C *b*); שִׁכְחֵי (§ 96 B *d*).

d   הָ를 가진 명사들에서 모음은 הֵ가 된다: שָׂדֶה, שְׂדֵה 들판(참고, § 79 *f*, n).

e   원시 여성 어미 *at*를 가지고 있는 명사들에서 그 절대형이 הָ가 된 것들은 원시음 *t*와 짧은 *a*를 둘 다 보존한다: 절대형 מַלְכָּה, 연계형 מַלְכַּת 여왕. 다른 여성 어미들은 변하지 않는다.

       복수에서 어원적으로 긴 *o*를 가지고 있는 여성 어미 וֹת는 변하지 않는다.

f   남성 복수 어미 ִים을 가진 명사들은 연계형에서 ֵי 어미를 가진다: סוּסֵי, סוּסִים. ִים 어미와 아무런 관련이 없는 이 어미의 기원은 아직까지 풀리지 않은 문제로 남아 있다. 어떤 이들은 이것을 연계형의 쌍수 어미인 ֵי로 보며, 또 다른 이들은 복수 어미로 사용된 추상 명사 어미로 본다. 이 *e*는 ל״י

어근에서 온 명사들에서 *ay*가 축약된 것으로 보인다. *śaday, שָׂדַי (시문의 용어), 접미사를 가진 복수로서 שָׂדֶה와 같은 명사는 접미사와 함께 오는 복수에서 예로, *śadaynu* > שָׂדֵינוּ 우리의 들판, 밭이 되며, 여기에서 복수 연계형 שְׂדֵי가 왔다. 원래 לֵיֵ״ 어근의 명사들에서 발견되는 이 ◌ֵ는 나중에 다른 어근들에서 형성된 명사들로 확장되었을 것이다([1]).

g   쌍수 어미 *-*aym* > -*a'yim*은 연계형에서 -*ê*가 된다. 이 때 *ay*는 *ê*로 축약되고 끝 자음은 탈락된다: יָדַיִם, יְדֵי 손들. 연계형(그리고 접미사를 가진 형태들도 역시)에서 우리가 볼 수 있는 바와 같이 쌍수 형태는 복수 형태와 다르지 않다. 세 번째 자음이 브가드크파트인 단어들에서만 쌍수 형태(마찰음 없이, 예, בִּרְכֵּי 무릎들, 그러나 בִּרְכֵיהֶם 삿 7.6)가 복수 형태(마찰음과 함께, 예, מַלְכֵי, מַלְכֵיכֶם)와 구분될 수 있다(여기에서는 무거운 접미사와 함께 오지만, 다른 곳에서는 가벼운 접미사와 함께 온다. 예, מְלָכֶיךָ, בִּרְכֶּיךָ).

h   연계형에서 때때로 첨가된 모음 ◌ִי (§ 93 *l*)와 וֹ (§ 93 *r*)가 나타난다. 또한 אָחִי, אֲבִי의 연계형들도 보라(§§ 93 *b*, 98 *b*).

§ 93. 명사에서 첨가된 모음들 ◌ָה, ◌ִי, וֹ, וּ

a   몇몇 **첨가된**(paragogic=added) 모음들은 명사에서 발견되며 특히 강세가 없는 ◌ָה가 가장 많이 나타난다(권유형의 강세 있는 첨가 모음 ◌ָ֫ה와 비교하라. § 45); 그 다음으로 다소 빈번하게 ◌ִי 모음이 나타나며, 그리고 וּ와 וֹ는 매우 드물게 나타난다. 이 모음들의 기원을 알기 위해서는 고대 셈어의 격 변화(declension)를 알 필요가 있다(몇몇 다른 모음들의 기원에 대해서는 § 94 *b*, *c*; 102 *b*를 보라). 그것들은 고전 아랍어에 여전히 존재하고 있으므로, 히브리어에서도 초기 단계에 분명히 존재했을 것이다([2]).

b   셈어의 **격 변화**는 라틴어의 주격, 속격 그리고 대격에 해당되는 세 개의 격(cases)을 온전히 가지고 있었다. 명사가 한정되지 않은 경우에 מ(*m*)은

---

[1] 이 설명은 יִקְטְלֵ֫הוּ (§ 61 *d*), תְּקוּמֶ֫ינָה (§ 80 *b*), סוּסְךָ סוּסֶ֫נּוּ (§ 94 *b*와 각주) 형태들에서 발견되는 *e* 모음이 לֵיֵ״ 어근에서 온 것이라는 사실로써 뒷받침된다.

[2] 마지막 모음 *u, i, a*는 아카드어에서뿐 아니라 아마르나 문서의 가나안어 난외주와 우가릿어 및 초기 페니키아어에서 발견된다. 참고, Layton 1990: 37-154.

격모음에 첨가되었다(멤화=mimation)(¹). 이 מ은 아랍어의 *n*과 비교된다(눈화=nunation). *yawm* > יֹום 날 명사의 격 변화는 다음과 같다.

	주격	속격	대격
한정 명사	*yáwm*	*yáwmi*	*yáwma*
비한정 명사	*yáwmum*	*yáwmim*	*yáwmam*

친족 관계를 표현하는 몇 개의 두 자음 명사인, *ʾab* 아버지, *ʾaḥ* 형제, *ḥam* 시아버지에서(§ 98 *b*) 연계형의 격 변화(그리고 접미사 앞에서)는 장모음을 갖는다. 예로,

주격 *ʾabū*   속격 *ʾabī*   대격 *ʾabā*

쌍수와 복수에는 오직 두 개의 구별된 형태만이 있었다. 그 중 하나는 주격 형태이고, 다른 하나는 속격과 대격 형태이다.

	주격	속격/ 대격
쌍수	*yawmā́mi*	*yawmáymi*
복수	*yawmū́ma*	*yawmī́ma*

여성 쌍수는 남성 쌍수와 복수처럼 각각의 성과 수의 표시에 하나의 요소를 결합함으로써, 격 변화를 하였다. 이와 대조적으로, 여성 복수 격 변화는 여성 형태소와 별도로 표시되는 복수 형태소를 가진다.

	주격	속격/ 대격
여성 쌍수	*malkatā́mi*	*malkatáymi*
여성 복수	*malkā́tu*	*malkā́ti*

가끔 주격은 직격(*casus rectus*)으로, 속격/대격은 사격(*casus obliquus*)으로 부른다. 우리가 알고 있듯이 성서 히브리어의 역사적 발전의

---

¹ 멤화(mimation, 또는 눈화 nunation)는 아마르나 난외주에나 우가릿어에서 입증되지 않는 것으로 보아 초기 히브리어에 존재했을 가능성이 없다.

결과로 말미암아, 사격의 형태소는 두 성의 쌍수 연계형과 그리고 남성 복수의 절대형과 연계형에서 우세하게 되었다[1]: -īm, -ē (< -ay), -áyim. 이론적으로 같은 원리가 여성 복수에도 적용될 수 있다. 그러나 단어 끝에 오는 모음의 격 형태소가 탈락함으로써 원래의 격을 음성적으로 구별할 수 없게 되었다.

c   **첨가 모음** הָ◌ָ. 이 강세 없는 모음에 대하여 이전에는 고대의 한정적 대격의 흔적으로 간주하였다. 그러나 우가릿어에 비추어 볼 때, 이제는 그렇지 않음을 알게 되었다. 우가릿어에도 *arṣh* 땅으로와 같은 형태가 나타나는데, 이 때 끝 글자는 모음 문자가 아니라 자음이다[2]. 그것은 주로 한 장소를 향한 방향 또는 목적지를 표시하며(§ 125 *n*), 여기에서 방향의 הָ◌, 장소의 הָ◌ (*He locale*)라는 문법적 용어가 나왔다. 첨가된 הָ◌를 가진 명사는 일반적으로 그 스스로, 또는 그것에 붙은 정관사 때문에 한정된다. 단어의 모음 표기는 가능한 한 변하지 않는다. 여성 어미 הָ◌를 가진 명사들에서 원시음 ת가 다시 나타난다. 예, תִּרְצָ֫תָה, תִּרְצָה 디르사로. 단모음들은 열린 음절에서 유지된다: 예, דַּמֶּ֫שֶׂק מִדְבַּ֫רָה 다메섹 광야로 왕상 19.15, מִדְבָּר, 연계형 בְּ; 그러나 연계형이 아닌 경우에는 מִדְבָּ֫רָה이다); פַּדֶּ֫נָה אֲרָם은 פַּדַּן־אֲרָם으로 창 28.2(*ẹ* - *ǫ* 모음 연속, § 29 *f*); הָהָ֫רָה 그 산으로 창 14.10†(הַהַר에서 옴; הָהָר* 대신, *ẹ* - *ǫ* 모음 상호 교환); כַּרְמֶ֫לָה 삼상 25.5(כַּרְמֶל에서 옴); בָּבֶ֫לָה (בָּבֶל에서 옴); גָּתָ֫ה 왕상 2.40(גַּת에서 옴); צָרְפַ֫תָה 대하 14.9(צָרְפַת에서 옴); צָרְפַ֫תָה 왕상 17.9(צָרְפַת에서 옴); צָרְתָ֫נָה 4.12(צָרְתָן에서 옴).

쎄골 명사에서 상당히 자주 הָ◌는 접미사처럼 원시 형태에 첨가되지 않지만, 단지 필요한 경우에만 변형되는 히브리어 형태에 첨가된다. 따라서 בַּ֫יִת에서 온 הַבַּ֫יְתָה 그 집(안)으로가 나타난다(ת 라페와 함께); 비교, 연계형 בֵּיתָה ~의 집으로, בֵּיתָהּ 그녀의 집, מַלְכָּהּ 그녀의 왕. 마찬가지로 אֹהֱ֫לָה는 אֹ֫הֶל에서 온 것이다. אָהֳלָהּ 그녀의 장막과 비교하라; גֹּ֫רְנָה는 גֹּ֫רֶן에서 온 것이다. יָ֫ם에서 הַיָּ֫מָּה 그 바다로 온다; יַמָּהּ 그녀의 바다와 비교하라[3]. נֶ֫גֶב에

---

[1] 이 과정의 시작은 우가릿어에서 이미 확인될 수 있다. Tropper, § 54.121.2를 보라.

[2] *h*가 원래 자음의 성격을 지니고 있었음은 그것에 해당하는 아카드어 형태소 *š*을 볼 때 확실해진다. *š*은 문법적인 형태소로 사용될 때 종종 가나안어의 *h*에 해당한다. 그러나 *h*는 이미 우가릿어에서 그 자음 가치를 상실하기 시작하였음이 분명하다: Gordon, *UT*, § 5.39. Tropper § 54.3. Kienast (2001: § 154)의 입장과 달리, 우리는 문제의 히브리어 형태소와 우가릿어의 *h*, 그리고 에티오피아어의 -*hā*가 원래 하나의 형태소인 것으로 확인할 수 없다.

[3] שָׁ֫מָּה와 שָׁם의 카메쯔를 비교하라.

서 נֶגְבָּה 남쪽으로가 형성되었다("묵음" 슈바와 함께, 그러나 נֶגְדָּה ~앞에 시 116.14; 18 참고). 그러나 원시 형태에서 파생된 것으로 אַרְצָה 땅으로(אֶרֶץ); הַחַדְרָה 방(ר)(חֶדֶר) (안)으로가 있다.

이례적으로 그리고 분명한 이유 없이 הָ는 ֶ가 된다. נֹבֶה 놉으로 삼상 21.2; 22.9†(אֶל 앞에서)에서; דֹּדָנֶה וְאָנֶה 드단으로 겔 25.13†; אָנֶה 어디로든 왕상 2.36, 42; 왕하5.25†에서.

이 הָ는 מִזְרְחָה שֶׁמֶשׁ 태양이 떠오르는 곳으로, 동쪽으로 신 4.41(מִזְרָחָה 대신, 아마도 휴지 형태 때문) 그리고 두 개의 고유 명사 גִּתָּה חֵפֶר 그리고 עֶתָּה קָצִין 수 19.13에서 강세를 갖는다. 비교, עֶתָּה, § g.

d   הָ는 방향(direction)이나 동작(motion) 개념으로서 ~를 향하여(towards) 또는 ~로(to)에 주로 사용된다(¹): קֵדְמָה 동쪽으로(그러나 קֶדֶם, § 96 A f); הָהָרָה 그 산으로(13회; 한 번은 정관사 없이 הֶרָה, § c리 창 14.10); הַחוּצָה 밖으로(19회; 8회는 같은 뜻인 חוּצָה); הַיָּמָּה 바다로, 그러나 יָמָּה 서쪽으로(³); הַבַּיְתָה 집(안)으로, 그러나 בֵּיתָה 내부 안으로(into the inside)이다. 연계형에서: בֵּיתָה יוֹסֵף 요셉의 집(안)으로 창 43.17, 24; אַרְצָה מִצְרַיִם 이집트 땅으로 출 4.20. 복수와 함께: הַשָּׁמַיְמָה 하늘로; כַּשְׂדִּימָה 갈대아인들에게로= 갈대아로 겔 11.24, 16.29; 23.16; מִיָּמִים יָמִימָה 해마다 삼상 1.3(시간에 적용된 동작).

e   방향의 개념이나 ~를 향하여(라틴어에서 대격과 함께 오는 ad)라는 동작의 개념은 약해지거나 어떤 경우에 사라질 수도 있다. הַמִּזְבֵּחָה 제단에서는 제사 의식에서 상당히 빈번하게 나타난다. 그것은 주로 הִקְטִיר (제물을) 태우다(출 29.13, 25 등); 또한 הֶעֱלָה 위로 올라가게 하다 (레 14.20); זָרַק (일정량을) 던지다, 가득 뿌리다(대하 29.22)와 함께 나타난다. 그러나 이 동사들과 함께 עַל הַמִּזְבֵּחַ도 나온다; 따라서 이 두 표현은 실질적으로 유사하다. 렘 29.15 בָּבֶלָה는 (만일 적절한 독법이라면) 바빌론에서(동작 개념 없이)를 의미할 것이다.

또한 왕하 23.8; 렘 18.2등에서 שָׁמָּה 그곳에서이며 그곳으로가 아님을 주목하라.

---

¹ הָ가 없는 대격(§ 125 n) 명사도 나타난다. 참고, Hoftijzer 1981.

² הֶרָה처럼 설명되지 않은 단어 סֶלָה도 있다(합 3.3, 9, 13; 시 3.3 등).

³ 이와 같이, 일반적으로 הַיָּם 그 바다, יָם 서쪽이 나온다. 참고, § 137 q.

명사와 함께하는 הָ를 유추하여, שָׁמָּה 그곳으로는 주로 동작이 있을 때 사용되고, הָ 없이 나오는 명사를 유추하여 שָׁם은 주로 동작이 없을 때 사용되었을 것이다. § 102 *h*.

f   방향의 הָ는 이미 ~로 향하여라는 동작 개념을 이미 표현하는 전치사들 뒤에서 가끔 불필요하게 덧붙여 나온다: אֶל־הַצָּפֹ֫ונָה 북쪽으로 겔 8.14†(צָפֹ֫ונָה 40.40처럼); לִשְׁאֹ֫ולָה 스올로 시 9.18†(일반적인 형태인 שְׁאֹ֫ולָה 처럼). 이 הָ는 그 일차적인 의미를 상실하여 운동 개념이 전혀 없는 전치사들과 함께 사용되기도 하였다: לְמַ֫עְלָה(1) 위에, 위쪽으로(움직임과 함께 또는 없이), מִלְמַ֫עְלָה 위에서부터, 위에(움직임 없이); לְמַ֫טָּה 아래에(움직임과 함께 또는 없이), מִלְמַ֫טָּה 아래로부터, 아래(움직임 없이); בַּנֶּ֫גְבָּה 남쪽에서 수 15.21(נֶ֫גְבָּה가 상당히 일반적으로 사용되기 때문일 것이다); מִצָּפֹ֫ונָה 북쪽에서부터 수 15.10; 참고, 삿 21.19†(צָפֹ֫ונָה가 꽤 일반적으로 사용되기 때문일 것이다). 도시 이름과 함께 오는 הָ는 가끔 그 명칭의 일부가 되기도 한다. 따라서 בְּתִמְנָ֫תָה 외에도 עַד־כַּרְמֵי תִמְנָ֫תָה 딤나의 포도원으로 삿 14.5, 14.2; 항상 אֶפְרָ֫תָה로 나타난다(7회; 한 번 אֶפְרָת 창 48.7b, 아마도 잘못된 형태일 것이다. 중자 탈락 현상, § 89 *n*); הַגִּלְגָּ֫לָה 신 10.7; קְהֵלָ֫תָה 민 33.23; יָטְבָ֫תָה 33절도 보라. 이 현상은 도시의 이름들이 방향의 대격과 함께 자주 사용되기 때문에 매우 자연스럽게 일어나는 것으로 설명할 수 있다. 예, 나는 에브라다로 가고 있다(2).

g   대격의 *a*는(3) 남성 실명사 לַ֫יְלָה 밤에서 발견된다(4). 이 단어는 시간을 표현하는 한정적 대격으로 굳어졌다. 아마도 הַלַּ֫יְלָה가 종종 사용되었기 때문일 것이다. 예로, 오늘 밤(참고, § 126 *i*).

---

1 강세가 있는 모음 뒤에 보조 모음 하텝이 없는 점을 주목하라. 대조, מַעֲלָה, מַעֲלָה (참고, § 22 *b* 1).

2 예로 *Stamboul*은 εἰς τὴν πόλιν에서, *Isnik*은 εἰς Νίκαια에서, *Stanco*는 εἰς τὴν Κῶ에서 왔다.

3 이 어미는 방향의 הָ (위 § *f*)와 구별되는 것으로 보인다. 이것은 우가릿어 철자법에서 *h* 자음 없이 *ll*이 나타나는 것과 고대 가나안어 *le-lá-ma* 저녁에가 부사적으로 사용되는 점에서 분명하게 나타나고 있다. הֵ֫נָּה도 마찬가지이다. 참고, 고대 가나안어 *at-ta* 지금(Sivan, 131). 아라드(Arad) 비문에서 עת가 빈번하고도 규칙적으로 불완전(?) 철자법으로 나타남을 주목하라.

4 לֵיל은 세 번만 나타난다. 연계형 לֵיל; 복수 לֵילֹות. 고대 아람어 לַ֫יְלָה [= *laylē*]로 보존된 원시 형태 *laylay*는 히브리어(와 아랍어)에서 *layl*로 단축되었다. 참고, Brockelmann., *GvG*, I. 260, 464. לַ֫יְלָה 에서 *ay*가 *ē*로 단축되지 않는다(참고, § 26 *c*, 2nd n.; 이것은 모음 부호를 가능하면 적게 바꾸려는 경향 때문이다. § 93 *c*). 대조, לֵילֹות. Blau 1983: 79도 보라.

עַתָּה 부사는 문장 안에서는 밀라 강세를, 휴지 위치에서는 밀엘 강세를 가진다(עַתָּה, עָתָּ § 32 *f*). 그리고 이것 역시 עֵת 때, 시간의 한정적 대격일 수 있다: 이때에, 여기에서 지금: 참고, Brock., *GvG*, I. 464([1]).

h 대격의 *a*는 다른 뉘앙스를 가진 몇 개의 단어들에서도 발견된다. 일반적으로 결단코 그렇지 않기를, 절대로 그럴 수 없다(*Heaven forbid!* 삼상 2.30)로 번역되는 חָלִילָה에서 대격은 그것에 해당하는 아랍어 표현에서처럼 오히려 일종의 소원을 표현한다(참고, § 105 *f*). מְאוּמָה 어떤 것, 아무 것(항상 부정적 의미)에서 대격은([2]) 삼상 21.3에서처럼 어떤 것에 관한 한이라는 의미를 가진 예들에서 왔을 수 있다; 참고, אָמְנָה 진실로 창 20.12, 수 7.20†은 אָמְנָם 참으로와(§ 102 *b*) 유사어로서 אֹמֶן의 대격일 수 있다.

i 가끔 הָ는 더 이상 원래의 역할을 갖지 못하고, 단지 운율을 위해 사용된다. 그것은 가끔 시문에서 운율을 조절하기 위하여 사용되었을 수 있다: הַחַשְׁמַלָה 단쇠(electrum) 겔 8.2(휴지 형태, 장엄한 묘사에 나옴), נֶחְלָה 시내 시 124.4, הַמָּוְתָה, 죽음 시 116.15([3]); אָרְצָה, 땅 욥 37.12.

j הָ는 여성에서 상당히 자주 나타나며, הָתָ- 형태의(הָ를 대신하여) 어미로 나타난다([4]). 어떤 경우에 이 형태는 두 개의 강세가 있는 음절이 접촉하는 것을 피하기 위해 선택된 것으로 보인다: אֵין יְשׁוּעָתָה לּוֹ 그에게 구원이 없다 시 3.3([5]); קוּמָה עֶזְרָתָה לָּנוּ 우리를 돕기 위해 일어나소서 44.27(비교, לְעֶזְרָה לוֹ 대하 28.21); בְּעַוְלָתָה בּוֹ לֹא עַוְלָתָה בּוֹ 시 92.16. 다른 예들: בְּצָרָתָה לִּי 125.3; אֵימָתָה וָפַחַד 출 15.16; יְדֵיהֶם 내가 고통 중에 있었을 때 시 120.1; אֶרֶץ עֹלָתָה קָפְצָה פִּיהָ 불의한 자가 스스로 입을 막는다 욥 5.16;

---

[1] 고대(?) 철자법 עתה가 라기스 토판 4.2와 아라드 토판 1.2 등에 매우 자주 나타나는 것처럼 겔 23.43과 시 74.6에 나타난다.

[2] 이 단어가 어근적으로 מאום에서 나왔다는 가정은 거의 가능성이 없어 보인다. 이것은 *ma-hū-ma*로 구성되어 있으며, 마지막 요소(*ma*)는 셈어에서 공통적인 전접어 *m*이다. 참고, Faber 1988: 225-28.

[3] Wernberg-Møller(1988: 161)는 이 예에서 논의를 시작하여, 때때로 나타나는 순수한 대격의 잔재들이 사 8.23 יַקְצְרוּ אַרְצָה זְבֻלוּן הֵקַל 그리고 호 8.7 סוּפָתָה에서와 같이 방향의 헤와 구분됨을 보여주려고 한다.

[4] Hurvitz는 이곳과 첨가된 모음에 대한 단락에서 토론된 경우들에서, 에스겔서와 같은 후기 문헌들 외에서는 정관사가 실제로 요청되지만 현저하게 나타나지 않음을 지적한다. 이것은 이 현상의 고대성을 가리키는 또 다른 증거가 된다. Hurvitz 1985: 116-19.

[5] 참고, Briggs *ad loc.* (*ICC*).

אֵיפָתָה 어둠의 땅 10.22. 이 모든 형태들은 시가서에만 나타난다(¹).

k 마지막으로 강세 없는 הָ는 여성 어미가 될 수 없는데도 일부 불분명하거나 잘못된 예들에서 발견된다. תַּנּוּר בֹּעֵרָה 흰 독수리 신 14.17; הָרָחָמָה 타오르는 가마 호 7.4; הַשַּׁעַר הַתַּחְתֹּונָה 아랫문 겔 40.19; גָּלִילָה 왕하 15.29(גָּלִיל וְכֹל로 읽으라); הַחִיצֹונָה 16.18(הָ의 중복 오사).

l **첨가 모음** ִֹ. 이 모음은 일반적으로 연계형 명사들에서 발견되고 따라서 뒤따라오는 명사들과 밀접하게 이어지므로 연결의 *i*라고 부른다(²). ִֹ는 일반적인 용법과 기원 때문에 연계형의 *i*라고 부를 수 있다. 바로 이 ִֹ는 친족 관계를 표현하는 두 자음 명사들인 חָמִי, אֲחִי, אֲבִי*의 연계형에 나타난다(§ 98 *b*)(³). 비록 친족 용어는 아니지만, פֶּה 입에서 나온 פִּי는 여기에 속한다: § 98 *e* 11. 이 ִֹ는 시문에서 명사, 형용사 그리고 특히 분사에 사용되었으며, 처음에는 엄밀한 의미에서나 또는 느슨한 의미에서 연계형을 표현하기 위한 것이었고, 나중에는 순수하게 운율적인 모음으로 사용되었다. 그것은 일부 분사에서 단어의 한 부분이 되었다(§ *q*).

m **실명사**에서: 일부 합성된 고유 명사에서 첫 번째 실명사는 두 번째 실명사와 관련하여 연계형이 된다. מַלְכִּי־צֶדֶק 정의의 왕; גַּבְרִיאֵל 하나님의 사람; עַבְדִּיאֵל 하나님의 종; חֲנִיאֵל 하나님의 은총(비교, 페니키아어 *Hannibal*=חֲנִיבַעַל). 또한 בְּנִי אֲתֹנֹו 그의 나귀 새끼(그의 암나귀의 새끼) 창 49.11; עַל־דִּבְרָתִי מַלְכִּי־צֶדֶק 멜기세덱의 반열을 따라 시 110.4; 전치사 앞에서 רַבָּתִי בַגֹּויִם 열방 중에 위대하신 자와 שָׂרָתִי בַּמְּדִינֹות 열방 중의 공주 애 1.1(⁴).

형용사에서: רַבָּתִי עָם 인구가 조밀한(사람이 많은) 애 1.1; מְלֵאֲתִי מִשְׁפָּט 정의가 가득한 사 1.21.

n **분사**에서: 연계형의 ִֹ가 상당히 자주 나타난다. 이것은 한편으로는 실명사 앞에 오는 분사가 자주 연계형을 취하기 때문이다(§ 121 *l*). 그리고 다

---

¹ Tsevat 1955: 21f.를 보라.

² 참고, Rabin 1969a: 194f.와 Noth 1928: 33f.

³ 히브리어에 독특한, אבי 형태의 *i*는 속격 *'abī의 고대형 *ī로 보이며(§ *b*), 격조사가 상실된 후 그것에 새로운 역할이 부여된 것으로 보인다(참고, § 98 *b*). Driver(1925)는 고대 바빌론에서 단어 끝에 오는 자음군에 첨가된 보조 모음으로서 이와 유사한 *ī*가 있었다고 언급한다. 인용된 히브리어 예들 중 일부만이 이런 설명을 허용한다.

⁴ 이 두 예에서 밀엘 강세는 그 앞에 오는 (느씨가를 가진) רַבָּתִי עָם 때문일 것이다.

른 한편으로는 예로 קֹטֵל 형태의 분사가 일반적으로 연계형에서 ◌ֵ를 유지하기 때문이다. 따라서 קֹטְלִי 같은 형태는 연계형을 분명하게 표현하는 장점을 가지고 있었다.

속격에서: עֹזְבִי הַצֹּאן 양떼를 저버리는(양떼를 저버리는 자) 슥 11.17 (רֹעִי הָאֱלִיל 무익한 목자에서 רֹעֵה 대신에 רֹעִי가 나온 것은 이상하다; 이것은 아마 유사음 현상 때문일 것이다); שֹׁכְנִי סְנֶה 덤불 속의 거주자 신 33.16.

더 확장하여 연계형 구문에서(전치사 앞에): שֹׁכְנִי בְחַגְוֵי הַסֶּלַע 바위 틈 사이의 은신처에 살고 있는 렘 49.16(¹). 이 구문이 확장된 곳에서: חֹצְבִי שֹׁכְנִי לְבָדָד יַעַר מְרוֹם קִבְרוֹ 높은 곳에서 그의 무덤을 깎아 만드는 사 22.16; 숲에서 홀로 살고 있는 미 7.14; 시 101.5; 113.7; 창 49.11.

마지막으로 연계형 개념이 없거나 심지어 전혀 없는 경우들도 있다. 이 때 ◌ִ 모음은 הֹ에서처럼(§§ i-k) 이제는 단지 운율 때문에만 존재한다: אֹהַבְתִּי לָדוּשׁ (곡식) 밟기를 좋아하는 호 10.11; 시 113.5, 6; 114.8; 123.1.

o   어떤 경우에는 ◌ִ를 갖는 고어 형태가 크레에 의하여 수정되었다. 렘 10.17. 크티브 יוֹשַׁבְתִּי, 크레 יֹשֶׁבֶת; 애 4.21, 겔 27.3. 렘 22.23에서 크레는 יוֹשַׁבְתְּ라는 이상한 형태를 갖게 되고(§ 89 j), 마찬가지로 מְקֻנַּנְתְּ (ibid.); 51.13 שֹׁכַנְתְּ이다. 이 모든 예들에서 ◌ִ는 올바른 형태이고, 믿을 만한 형태로 간주될 수 있다. 그와 달리 왕하 4.23 크티브 הֹלַכְתִּי는 아마도 아주 단순한 산문체로 기록된 본문 안에서 잘못된 형태일 것이다; ◌ִ는 אַתִּי를 유추하여 온 것일 수 있다.

창 31.39 גְּנֻבְתִי יוֹם וּגְנֻבְתִי לָיְלָה 밤이든 낮이든 도둑을 맞은 것은 수동 분사의(²) 예일 수 있다: 이것은 산문에서 첨가의 ◌ִ가 나타나는 유일한 예일 것이다.

p   시 113.8לְהוֹשִׁיבִי에서 ◌ִ는 단순히 잘못된 형태이다(◌ִ는 그것의 전후에 나타나는 첨가의 ◌ִ에 의해 생긴 것이다); 시 116.1קוֹלִי תַּחֲנוּנָי에서 ◌ִ는 의심스러운 형태이다. 왜냐하면 다른 모든 곳에서 항상(5회) קוֹל ת'로 나타나기 때문이다.

---

¹ 비교, יֹשְׁבֵי בְּאֶרֶץ צַלְמָוֶת 사 9.1 형태의 구문(§ 129 m).

² 그러나 이 형태는 ō가 단축된 qatāl > קְטוּל일 수 있다(비교, שָׁלֹשׁ, שְׁלֹשְׁתָּם). Brockelmann, *GvG*, II. 251은 *Diebstahl* 도둑질로 번역한다.

q 첨가의 יֹ는 부정의 불변사 בִּלְתִּי (§ 160 *m*), לְבִלְתִּי (160 *l*)에서 항상 발견된다. 그것은 בֶּלֶת* 또는 *בֶּלֶת (בלה 어근) 입다(그리고 찢다), 소비, 소모(consumption) 형태를 전제하고 있으며, 여기서에서 부족함, 존재하지 않음이란 뜻이 생겼다; 그것은 זוּלָתִי ~를 제외하고에서 항상(6회) 나타난다(따라서 왕하 24.14에 단 한 번 나타나는 זוּלַת는 의심스러운 형태이다). 자주 מִן 대신에 시문 형태인 מִנִּי가 나타난다. § 103 d. אֲנִי וְאַפְסִי עוֹד 나 그리고 오직 나만이라는 표현에서 יֹ는 첨가의 יֹ가 아니라 1인칭 접미사이다(§ 160 *n*).

r **첨가 모음 יֹ**. 이 모음은 몇 개의 명사의 연계형에서만 발견된다. חַיְתוֹ 짐승이 주목할 만하다. 연계형의 יֹ가 אֲבִי 형태의 יֹ에서 오는 것과 마찬가지로(이것은 셈어 속격 *abī*에서 온 것으로 보인다. § *l*), וֹ는 *abā* 형태의 대격의 *ā*에서 온 것일 수 있다(§ *b*). 어떤 경우에 이유를 알 수 없지만 연계형에서 יֹ 대신 사용된다. בְּנוֹ 창 49.11(§ *m*) 대신 בְּנוֹ צִפֹּר 십볼의 아들 민 23.18; בְּנוֹ בְעֹר 브올의 아들 24.3, 15(시문, 고대 본문)이 나타난다. לְמַעְיְנוֹ־מָיִם 시 114.8 대신에 복수 לְמַעְיְנֵי로 읽어야만 할 것이다(참고, 칠십인역, 시리아역, 라틴역). 마지막으로 חַיְתוֹ가 7회 나타난다 (그 중 한 번은 산문에 나타난다). 창 1.24 חַיְתוֹ־אֶרֶץ 야생 짐승들(문자적으로 땅의 짐승들)은 너무 거칠어 보인다고 생각되었을 חַיַּת־אֶרֶץ*를 피하기 위하여 시문의 형태를 선택한 것일 수 있다(그러나 25절에 정관사와 함께 חַיַּת הָאָרֶץ가 사용되었다). 참고, 시 79.2 לְחַיְתוֹ־אָרֶץ. 다른 예들: חַיְתוֹ שָׂדָי 사 56.9; 시 104.11; 50.10; 104.20; חַיְתוֹ־גוֹי 습 2.14([1]).

s **첨가 모음 וֹ**. 이 וֹ모음은 첫 번째 요소가 두 번째 요소에 기초하여 만들어진 몇 개의 복합 고유 명사에서만 발견된다. 따라서 그것은 고유 명사들에 나타나는 יֹ 모음과 같은 역할을 한다(§ *m*). יֹ와 וֹ가 결국 *abī*, *abā* 형태에서 온 것과 마찬가지로, 이 וֹ는 아마도 *abū* (§ *b*) 형태의 주격에서 왔을 것이다([2]). 그 예들은 희소하지만, 어근 *w*가 *u*로 변화되었을 가능성도 배제해

---

[1] 여기에서 예변적(proleptic) 대명사가 있다는 Gaß's (2002)의 입장은 최소한 공시적 차원에서 볼 때 설득력이 없다. 왜냐하면 이것은 성경에 나오는 그 첫 번째 예(창 1.24)가 성(性)에 있어서 일치하지 않기 때문이다.

[2] 고전 아랍어의 격조사들이 거의 다 사라진 현대 아랍어 방언에서, *abu*는 연계형에서, *abū*는 접미사에서 정상적 형태로 나온다: *Abu Bekr*, *Abu Nāder*; *abūna* 우리 아버지(어떤 이들은 더 친근하게 *abīna*라고 말한다).

서는 안 된다([1]). 더구나 프래토리우스(Prätorius)에 의하면([2]), 몇몇 명사에서 *qatūl* 형은 친근함을 표현하는 형식으로 여길 수 있다. 예로, פְּנוּאֵל 하나님의 얼굴 창 32.32 (31절, פְּנִיאֵל)([3]); רְעוּאֵל 하나님의 친구(?) 36.4([4]); שְׁמוּאֵל 하나님의 이름(?)([5]); גְּאוּאֵל 하나님의 위엄(?) (아마 **gaʾw* 형에서 나온듯). מְתוּ 사람과 함께 나오는 것의 고유한 형태는 아직 알려지지 않고 있다; מְתוּשָׁאֵל, מְתוּשֶׁלַח (참조, 페니키아어 *Metuastart*는 "아스타르테의 사람"이며 아카드어 *mutu*는 "사람"을 가리킨다).

이런 복합 명사들 외에도 주격의 וֹ는 몇몇 인명에 나타난다: בִּכְרוּ, מְלִיכוּ 느 12.14 크레, שַׁמּוּא 6.6(아랍인의 이름; 참고, 1절 שֵׁם).

§94. 인칭 대명사 접미사를 가진 명사들
(어형 변화표 20)

a 명사와 마찬가지로, 명사에 의존하고 있는 대명사는 속격을 취한다. 예, אָבִי는 정확하게 표현하면 ὁ πατήρ μου 나의 아버지(*the father of me*)라는 뜻이다. 원칙적으로 접미사는 연계형에 첨가된다(연계형의 모음 표기는 가끔 변형된다). 명사와 함께 사용되는 접미사는 어형 변화표 1에서; 접미사를 가지고 있는 명사들의 형태는 어형 변화표 20에서 볼 수 있다. 동사에 첨가되는 접미사들의 경우에서처럼, 명사에 첨가되는 כֶם, כֶן, הֶם, הֶן 접미사는 무거운 접미사들로 불린다. 그것들은 가벼운 접미사들로 불리는 다른 접미사들보다 단어의 모음 표기를 더 확실하게 해준다. 참고, §96 A *b, ja*.

b 자음으로 시작하는 접미사들은 자음으로 끝나는 명사 형태들과 연결 모음에 의해 연결된다. 동사에서처럼(§61 *d*), 두 개의 연결 모음 *a*와 *e*가 사

---

[1] 비교, 아랍어 *ḡazw* 약탈, 급습은 *ḡazū*로 발음된다; 히브리어 **wayyištaḥw*는 וַיִּשְׁתַּחוּ가 되었다. § 79 *t*.

[2] Prätorius 1903: 777ff.

[3] 이 단어를 항구적 복수형(*plurale tantum*)로 사용하고 있는 점에서, 아마 고대 복수 격조사의 흔적이 남아 있는지 모른다: *-ū* (주격)과 *-ī* (사격).

[4] 참고, Noth 1928: 153, 각주 2, 그리고 Layton 1990: 91-94.

[5] 삼상 1.20에 대한 Driver의 해석 참조.

용된다. מָ֫וֶת, זָ֫יִן, 그리고 *ahu* > וֹ 에서도 ֫ 가 나타난다. 이 *a*는 고대 대격의 *a*일 가능성이 있다(§ 93 *b*). *e*는 שֵׁ֫בֶט, בֵּ֫יִן; (ה‑ָ‑ §*h*), הָ֫מוֹ, ‑נוּ 에 나타난다. 이 *e*는 ל״ה 어근의 명사들로부터 나왔을 것이다. 예, שָׂדֶה에서 온 סוּסֵ֫נוּ[1].

c   **단수 명사와 함께 오는 접미사.** (명확성을 위해 접미사가 명사에 결합된 형태로 소개될 것이다. 명사 סוּס 말(horse)을 선택하였으며, 그것은 이 명사가 변하지 않는 모음을 가지고 있기 때문이다. 따라서 이 명사의 연계형은 절대형과 같다. 어형 변화표 20을 보라).

단수	1 공.	סוּסִי:	원시 형태: *sūsiya*; - (나의 말).
	2 남.	סוּסְךָ:	문장 속의 형태, 단축 형태 סוּסְךָ[2].
	2 여.	סוּסֵךְ:	שָׂדֶךְ를 유추하여[3].
	3 남.	סוּסוֹ:	*sūsahu*에서 옴, 고대의 대격 *a*와 함께.
	3 여.	סוּסָהּ:	*sūsaha*에서 옴, 고대의 대격 *a*와 함께.
복수	1 공.	סוּסֵ֫נוּ:	שָׂדֵ֫נוּ를 유추하여; - (우리의 말).
	2 남.	סוּסְכֶם:	무거운 접미사 כֶם 앞에서 원시 모음(아마도 역시 *e*였을 것이다)이 탈락되었다[4].
	2 여.	סוּסְכֶן:	(위와 같다).
	3 남.	סוּסָם:	*sūsahẹm*에서 옴, 고대의 대격 *a*와 함께[5].
	3 여.	סוּסָן:	*sūsahẹn*에서 옴, 고대의 대격 *a*와 함께.

---

[1] ה‑ָ를 가지고 있는 명사들의 어형 변화에 관해서는 § 96 B *f*를 참조하라. ל״י (그리고 ל״ו) 어근이 동사와 명사에 연결 모음을 상당히 자주 제공한다는 사실은 별로 놀라운 일이 아니다. 이것은 사실 이 어근들만이 R₂ 뒤에서 원래 강세 장모음과 함께 오는 형태들을 갖고 있기 때문이다. 비교, תֶּחֱטָ֫אנָה, בְּכֶ֫ינָה의 ֫*ẹ*, § 103, *n*. 참고, §§ 61 *d, f*; 78 *b, c*; 80 *b, i*; 82 *f*; 92 *f*.

[2] 휴지 형태 סוּסֶ֫ךָ는 예로서 שָׂדֶךְ와 같이 휴지 형태에서만 보존되는 ל״ה 명사에서 왔다, § 96 B *f* (비교, קְטָלְךָ, יִקְטָלְךָ § 61 *d*). *ẹ-q* 모음 연속에 관해서는 § 29 *f*를 참조하라. 이 형태들은 2인칭 남성 단수 접미사 ךָ가 모음으로 끝나는 형태에 첨가될 때는 강세가 없고, 자음 뒤에 올 때는 강세를 갖는 원리를 예증해 준다.

[3] Brockelmann. *GvG*, I. 478에 따르면 ֫ 는 고대 속격 *i*를 가리키는 것으로 볼 수 있다. § 93 *b*. 원래 어미 *-ki*도 그것이 등장하는 데 영향을 주었을 수 있다.

[4] 2인칭 복수 인칭 접미사의 원시 형태들은 남성 *kumu, 여성 **kinna*로 나타난다. 남성의 *ẹ*는 독립 인칭 대명사 אַתֶּם에서와 같이 설명된다. § 39 *a*(참고, Brockelmann., *GvG*, I 310). 쿰란 히브리어뿐 아니라 사마리아 히브리어에도 긴 형태소 ‑כֶמָה, ‑הֵמָה, *-kimma, -imma, -inna*가 나온다. Qimron, *HDSS*, 62f.와 Ben-Ḥayyim, § 3.2.5를 보라.

[5] 3인칭 복수 접미사의 원시 형태들은 독립 인칭 대명사와 같이 남성 *humu, 여성 **šinna*로 나타난다. § 39 *a*(참고, Brockelmann., *GvG*, I. 312). 앞의 각주도 보라. 참고, 고대 가나안어 *ta-aḥ-ta-mu* 그들 아래에.

d   **복수(및 쌍수) 명사와 함께 오는 접미사**. 접미사는 연계형에서 복수(및 쌍수)원시 어미 *ay*에 첨가된다.

단수	1 공.	סוּסַי, סוּסָי	원시 형태: *sūsayya*; - (나의 말들)[1].
	2 남.	סוּסֶיךָ	*sūsayka*에서 옴. *ȩ-ȩ* 모음 연속은 §29*f* 참조.
	2 여.	סוּסַיִךְ	*sūsayk*에서 옴.
	3 남.	סוּסָיו	*sūsayhu*에서 옴. 여기서 ־יו는 순수하게 역사적-어원적이다[2].
	3 여.	סוּסֶיהָ	*sūsayha*에서 옴. *ȩ-ȩ* 모음 연속은 §29*f* 참조.
복수	1 공.	סוּסֵינוּ	*sūsaynu*에서 옴; - (우리의 말들).
	2 남.	סוּסֵיכֶם	*sūsaykȩm*에서 옴.
	2 여.	סוּסֵיכֶן	*sūsaykȩn*에서 옴.

---

[1] 참고, 고대 가나안어 *ḫe-na-ya* 나의 눈들.

[2] 그것은 상당히 자주 크티브 형태에서는 생략되어, 실제 발음이 *sūsåw*였음을 증거해 주지만, 크레 형태에서는 거의 항상 요구된다. 예, 크티브 רחמו, 크레 רַחֲמָיו, 삼하 24.14. יַחְדָּו 함께에 대해서는 §102 *d*를 참조하라.

요드 없는 불완전 철자법은 초기 히브리어 비문들에서 발견된다. 이것은 그 용법의 고대성을 제시한다. 예, אנשו 그의 사람들(라기스 3.18)과 אלו 그에게(야브네-얌, 13행). Andersen과 Forbes(AF, Spelling, 324-26)는 표준 철자법יו가 글자상의 구분을 위하여 인위적으로 고안된 철자법의 개혁에서 온 것이라고 주장한다. 예, בנו 그의 아들과 בניו 그의 아들들을 구분.

이와 반면에 עֲלֵי, אֱלֵי 그리고 עֲדֵי에 있어서 마지막 요드는 고유한 것이었다. 왜냐하면 이것은 먼저 성경의 시가서 부분에 거의 배타적으로 등장하며, 또한 셈어 군의 자료에도 나타나기 때문이다; 아랍어 *ʾilā*(*y*); 아랍어 *ʾalā*(*y*), 아카드어 *eli*; 우가릿어 *ʿly*, 아카드어 *adi*. 이 점은 물론 이 전치사들이 원래 복수 명사로 간주되었든 그렇지 않든 상관이 없다. 그러나 고대 남방 아랍어에 관해서는 Beeston 1984: §33:3을 보라.

אַחַר와 תַּחַת도 이와 유사한 발전 과정을 거쳤을 가능성이 있다(이것들은 각각 לִפְנֵי와 עַל의 반대로 쓰임; §103 *n*). בֵּין과 סָבִיב가 가끔 유사 복수로 사용된 것은 그것들의 의미를 고려할 때 쉽게 이해할 수 있다. 따라서 /*y*/는 복수 연계형 형태소 /*ay*/의 일부로서 이 복합체들이 발전하는 과정 중 어느 단계에서 실재했음에 틀림없다. *ayhu* > *å*의 발전 과정에 대하여 어떤 설명을 하든 간에, 비문들에서 입증되고 있는 철자법은 이와 같은 음성적 형태를 반영한다고 말할 수 있다. 따라서 예로, 위에 언급된 אנשו 형태는 기본적으로 마소라 본문의 אֲנָשָׁיו와 동일한 음성적 실재를 표현할 수 있다. 음성적 발전 과정에 대한 다른 견해는 Cross and Freedman 1952: 68f.에서 보라. 그들은 /*ēw*/를 방언의 형태라고 주장한다. Orlinsky 1942-43: 288-92와 Meyer, II, pp. 56f.도 보라. /*åw*/ 는 결국 아람어 형태 /*awhi*/ (> /*ōhi*/)와 평행을 이루는 /*aw*/로 거슬러 간다는 주장도 불가능하지 않다. 모음 이화 현상 때문에 결과적으로 /*ayhu*/> /*awhi*/가 되었다는 설명도 불가능한 것은 아니다. /*a*/가 /*å*/로 변한 것은 다소 후대의 현상일 수 있다. 이 때 /*å*/ 모음과 유사한 순음 /*w*/의 영향이 있었기 때문이다. - *ay* 와 *aw* -가 한 쌍을 이루는 복수 형태소라는 크로스의 제안은 설득력이 약하다(Cross 2003: 21*).

3 남.   סוּסֵיהֶם: *sūsayhẹm*에서 옴.

3 여.   סוּסֵיהֶן: *sūsayhẹn*에서 옴.

e   **여성 어미 ◌ָה**를 가진 명사들, 예, סוּסָה 암말. 접미사는 연계형 סוּסַת 에 첨가된다. 연계형의 ◌ַ는 סוּסַתְכֶם, סוּסַתְכֶן (중간 슈바)에서 유지되지만, 다른 모든 곳에서는 ◌ָ가 된다. 예, סוּסָתִי, סוּסָתְךָ.

f   **여성 복수 어미 ◌וֹת**를 가진 명사들, 예, סוּסוֹת 암말들. 여기서 히브리어는 특이한 현상을 보여준다: 즉, 접미사는 연계형 סוּסוֹת에 직접 첨가되지 않고, *ay* 음절 뒤에 온다. 이 *ay* 음절은 연계형에서 남성 명사의 복수(및 쌍수) 어미일 뿐이다. 예, סוּסוֹתֶיךָ의 ◌ֶי(=*ay*)을 가진 סוּסוֹתֶיךָ. 따라서 이 형태들은 이중적인 복수 표시를 갖고 있다: 여성형 ◌וֹת와 남성형 *ay*.

g   그러나 *ay*가 없는 예들이 발견된다. 그것들은 오직 3인칭 복수 접미사와 함께만 나타난다. סוּסוֹתֵיהֶם 형태 대신에 종종 더 오래된 סוּסוֹתָם 형태가 나타난다. 더 긴 형태는 복수형을 중복하여 표현한다는 점에서 실용적이지 않다. 따라서 אֲבוֹתָם 그들의 아버지들, 조상들이 אֲבֹתֵיהֶם보다 더 자주 사용된다(¹). 후자는 후기 문헌인 에스라, 느헤미야, 역대기에만 나타나고, 예레미야와 왕상 14.15에도 나타난다; 삼하 22.46 מִמִּסְגְּרוֹתָם과 평행을 이루며 비교되는 시 18.46 מִמִּסְגְּרוֹתֵיהֶם을 주목하라(²). אִמֹּתָם (2회) 그들의 어머니들; שְׁמוֹתָם과 שְׁמוֹתָן 그들의 이름들; דוֹרוֹתָם 그들의 세대들에는 위와 같은 변화가 나타나지 않는다(³). 가끔 유음화 현상은 이 두 가지의 접미사를 다 사용할 수 있는 일부 명사들에서 한 형태를 선택하는 데 영향을 미친 것 같다. 예로, מִזְבְּחוֹת에 관해서는 신 7.5와 12.3을 비교하라(◌ָם이 세 번 반복되는 것

---

¹ 106: 33. 대격 불변화사 אֵת를 비교하라. אֹתָם은 אֶתְהֶם보다 더 일반적이다(§ 103 *k*).

² Qimron(*HDSS*, 63, n. 80)은 쿰란 히브리어에서 때때로 דורותיהמה가 דורותממה로 수정된 것을 언급하고 있다. Qimron 1987a: 237f. 그는 짧은 형태가 성서 히브리어에서 주도적이고, 초기 책들이 그것을 선호한다고 주장하고 있다. 시 37.15 קשתותם 대신에 4Q171 frg. 1-2 ii 16에서 קשתותיהם 이 나오고 있음을 주목하라.

³ Böttcher(2.42)는 항상 접미사 ◌ָם과 함께 오는 וֹת를 가지고 있는 56개의 명사를 인용하고 있다. 어떤 이들은 확장된 형태만을 가지고 있는 명사들이 35개가 나오며, 이들 중 많은 것들이 포로기 또는 포로기 이후의 책들에 제한되어 나타나고 있음을 발견한다. 반면에, 22개의 명사는 긴 형태와 짧은 형태 두 가지를 동시에 가지고 있으며, 그 중 다수는 짧은 형태를 취하는 경향이 있다. בַּת는 주목할 만한 예외이다(בְּנוֹתָם은 창 34.21에 한 번만 나타나고, בְּנוֹתֵיהֶם은 20회 나타난다).

을 피하기 위해 םִ◌ֶ이 옴). מַצֵּבֹת에 관해 출 34.13과 23.24를 비교하라(휴지 위치에 יהֶם◌이 옴).

접미사 םֶ◌과 ןֶ◌을 가진 예들 외에 1인칭과 2인칭의 예들은 드물고 모호하다. עֵדֹתִי 시 132.12(모호한 형태: 단수는 עֵדְתִי일 것이고, 복수는 עֵדְוֹתַי *'edwotay*일 것이다; י가 빠진 것은 잘못된 형태일 수 있다). מַכֹּתְךָ 신 28.59(י가 빠진 것은 잘못된 형태일 것이다). אֲחְיוֹתֵךְ 겔 16.52(י가 빠진 것은 잘못된 형태일 것이다. 51절과 비교하라).

h   **단수 명사에 오는 드문 접미사 형태들**[1].

단수 2인칭 남성. 드문 철자법 כָה◌ֶ, 예, 시 139.5; 잠 24.10[2].

2인칭 여성 드문 형태(아람어화)[3] כִי◌ֵ : 렘 11.15; 시 103.3; 116.19; 135.9; 왕하 4.2를 제외하고 모두 시가서에 나타난다.

드문 형태인 ןָ◌ (불변화사들과 함께 일반적인): 분사(§ 66) נֹתְנָן 겔 23.28; 25.4. כֹּל과 관련하여, כֻּלָּן 2회(사 22.1; 아 4.7)와 휴지 위치에 나오는 (일반적인) 형태 כֻּלָּן, 2회 나타난다(사 14.29, 31)(참고, 아래 복수 1인칭 공성 כֻּלָּנוּ를 보라).

3인칭 남성. ה 철자법은 꽤 흔하게[4] 나타나며, 초기 히브리어 비문에

---

[1] 동사와 함께 오는 인칭 접미사들 중 희소한 형태들을 비교하라. § 61 *i*.

[2] 완전 철자법 כה-는 짧은 형태에 비하여(7,076회; Andersen 1999: 25), 성경에서 단지 40회만 나타난다(Barr, *Spellings* 127). 완전 철자법은 쿰란 히브리어에서 훨씬 더 흔하게 나타난다. Qimron, *HDSS*, 58f.를 보라. 그것은 코르바트 우자(Khorvat Uza)에서 발견된 한 단편에 나오고 있다(약 주전 600년대): קרבכה 당신의 무덤 (13행). 이 본문에는 아마 복수 명사형과도 함께 나오는 것 같다: זרעתיכה 당신의 팔들(11행).
씨버스(Sievers, 1901-19)가 가장 먼저 주장하고, 이후 칼레(Kahle)가 그를 이어 -*hå*는 아랍어의 영향을 받은 나크다님이 인위적으로 소개한 신빙성 없는 어미로 보도록 제안하였다. 그러나 칼레는 이후에 사해 히브리어 문헌에 수백 개의 완전 철자법 형태를 접하면서 그와 같은 형태가 역사적으로 존재했다는 점에 동의하였다(1959: 174). 이 논쟁에 관해서는 Z. Ben-Ḥayyim 1953; idem, 1954: 22-39, 51-64; Kutscher, *Isaiah*, 446-51; Qimron, *HDSS*, 58f.를 보라. 칼레는 2인칭 남성 단수 완료형에 관해서도 유사한 주장을 하였다. Yalon 1967: 16-21도 보라. 반면에 -*åh*는 휴지 형태, 미쉬나 히브리어, 그리고 헥사플라와 제롬의 음역에서 표시되고 있는 바와 같이, 진정하고 확실한 형태라는 것을 아무도 부인하지 못할 것이다. 참고, Kutscher, *History*, § 46. -*åh* 형태는 몇몇 전치사(예, בְּ, לְ) 와 עָנָה 그가 네게 대답하였다와 같은 ה''ל 동사의 3인칭 남성 단수 완료형에 규칙적으로 나타난다.

[3] Kutscher, *Isaiah*, 210-13을 보라. Rendsburg(1992: 72)에 따르면, 이것은 북이스라엘에서 전형적으로 사용했던 다른 형태이다.

[4] Young(2001: 228-30)은 이 희소한 형태가 성경의 여러 각권들에 분포되어 나타나고 있음을 제시하고 있다. 그것은 단 11.10 만큼이나 늦은 후대의 문헌에도 나온다.

일반적으로 나오는 형태이다; 이 הָ는 원시 형태 *ahu*의 *h*를 표현한다(참고, § 7 *b*, 위의 § *d*, n. 2). 이 הָ는 결코 마픽과 함께 나오지 않는다. 이 사실은 나크다님 시대에 마픽이 원래의 자음 음가를 상실하고 단지 모음의 철자가 되었음을 보여준다. כֵּלֹה는 כֵּלֹו 만큼 일반적인 철자법으로서 특히 주목할 만하다. 다른 예들은 상당히 희소하며, 가끔 크레는 וֹ로 읽도록 제시한다. 예, אָהֳלֹה 창 9.21; 12.8; 13.3; 35.21. לָ"ה 명사의(שָׂדֵהוּ) 접미사 הוּ-는 일부 명사에 나온다. רֵעֵהוּ 렘 6.21 이외에(참고, 실로암 비문에 רעו [1]) 항상 רֵעֵהוּ로 나타난다. 후자는 일반적인 형태 רֵעַ 동료, 친구에서 온 것이며, 드문 형태인 רֵעֶה (충실한) 친구에서 온 것이 아니다. 다른 예들: לְמִינֵהוּ 창 1.12, 21, 25(그러나 לְמִינֵהוּ 11절)(더 완전한 형태인 לְמִינֵהוּ가 휴지 위치에서 더 일반적인 형태인 것 같다); אוֹרֵהוּ 욥 25.3.

אָב, אָח, פֶּה와 같은 단음절 명사들에 첨가된 고어 형태 *-ihu*는 성서 히브리어에서 상당히 드물게 나오지만, 쿰란 히브리어에는 주로 나타나는 형태이다([2]).

3인칭 여성. הָ(마픽 없이, § 25 *a*)는 가끔, 특히 어떤 자음들 전에, 주로 브가드크파트 전에 발견된다. ב 전에: 민 15.28, 31; 겔 16.44; 24.6; פ 전에: 시 48.14; ת 전에: 겔 47.10; 욥 31.22; ו 전에: 나 3.9; א 전에: 왕하 8.6; 잠 12.28; ה 전에: 사 21.2; 렘 20.17; ע 전에: 레 6.2. 휴지 형태에서: 레 12.4, 5; 사 23.17; 45.6; 잠 21.22. הָ는 겔 36.5에서 한 번 나타난다(아마도 잘못된 형태일 것이다).

복수 1인칭 공성. 드문 형태 נִי (불변화사들과 함께 일반적인 § 103 *e*). 항상 כֻּלָּנוּ가 나타난다(참고, 위의 여성 단수 כֻּלָּהּ). 이것은 아마도 לָנוּ, בָּנוּ, אִתָּנוּ을 유추하였기 때문일 것이다. 이 경우들 이외에 하나의 예만이 발견된다: מֹדַעְתָּנוּ 룻 3.2(아마도 자켑이 나오며, 또한 이 단어가 서술어이기 때문이다).

2인칭 여성. כֵנָה 겔 23.48, 49.

3인칭 남성. מוֹ 시 17.10; מוֹ 시 17.10; 58.7; 한 번만 발견되는 형태 כֻּלָּהֶם 삼하 23.6(참고, Driver, ad loc.).

---

[1] 이것에 관한 논의는 Gogel 1998: 156, n. 181에서 보라.

[2] 우리와 의견을 달리하는 Qimron(*HDSS*, 60)은 אביו 형태가 존재하였음을 부인한다.

3인칭 여성. הָֿנָּה는 일반적으로 주요 휴지 위치에서: 창 21.29; 42.36; 렘 8.7; 잠 31.29; 욥 39.2; 아마도 룻 1.19에서 유사음 현상을 위해 사용된 것 같다; הָֿנָּה 창 41.21(르비아와 자켑과 함께); הֵֿנָּה 왕상 7.37; 겔 16.53.

(연결 모음 없는) הֶן 접미사는 가끔 자음으로 끝나는 명사 뒤에서 발견된다(הֶם 대신); חֶלְבְּהֶן 레 8.16, 25(그러나 불완전 철자법의 복수으로 읽어야 할 것 같다. 참고, 창 4.4. 비교, 1.21 לְמִינֵהֶם 불완전 철자법).

i **복수 명사에 오는 드문 접미사 형태들**

단수. 2인칭 여성. 드문 (아람어화) 형태 ־ַיְכִי, ־ָֿיְכִי: 왕하 4.7(크티브), 북쪽 방언의 영향을 입증하는 구절들에 나타난다. 왕하 4.2 לִיכִ와 4.16, 23 אָֿתִּי도 마찬가지이다 (위 § *h*를 보라); 시 103.3-5; 116.7, 주로 시문에 나타난다.

3인칭 남성. ־ָֿיהוּ 합 3.10; 욥 24.23; 또한 불완전 철자법 ־ָֿהוּ (외관상 단수로 보인다) 삼상 14.48(아마도); 30.26; 겔 43.17; 나 2.4. 아람어 접미사 ־וֹהִי가 (아마도 잘못으로) 시 116.12에 발견된다.

3인칭 여성. ־ָֿיהָא 겔 41.15(아마도 잘못됨)

복수 2인칭 여성. ־ֵֿיכֶֿנָה 겔 13.20.

3인칭 남성. ־ֵֿיהֶֿמָה 겔 40.16([1]); ־ֵֿיהֶֿנָה 1.11.

3인칭 남성. ־ָֿימוֹ, 매우 드물게 그의라는 의미로 나타난다. 시 11.7과 욥 27.23(עָלֵימוֹ)에서; 참고, § 103 *m*([2]).

j **단수와 복수 명사의 접미사로서 유사한 형태와 혼동된 형태들**. 문자상으로나 발음상으로 혼동이 쉽게 일어나는 경우가 있다. 복수 명사에서 י가 생략된 것은 의도였든 실수이든 간에, 모호한 자음 그룹을 만들어 내게 되었다. 따라서 복수로 읽혀지는 דְּרָכֶֿךָ 너의 길들 출 33.13; 수 1.8; 시 119.37은 단수 דַּרְכְּךָ, דַּרְכֶּךָ로 읽힐 수도 있다. 이러한 경우에 있어서 단수와 복수 중 어느 것으로 보아야 할지 결정하는 것은 쉽지 않다([3]).

---

[1] 성서 히브리어의 표준적인 형태인 יהם 외에, יהמה 어미는 쿰란 히브리어에 매우 빈번하게 나타난다. Qimron, *HDSS*, 62f.를 보라.

[2] 비교, 에블라어. *ši-ne-mu* = *šinn-êmo* 그의 이, 치아 (Gordon 1997: 107).

[3] 나크다님이 ־ָֿהֶן, ־ֵֿיהֶ־, ־ָֿיהוֹ, ־ָֿהֶם, ־ֵֿיהֶם, ־ָֿנוּ와 ־ֵֿינוּ 같은 쌍들 사이에 의도적으로 음성적 구분을 하지 않았을 가능성에 대해서는 위의 § 6 *d*, 3rd n. 을 보라. 받아쓰기를 하는 필사자는 י를 쉽게 첨가하거나 생략했을 수 있다. 외형상 복수로 보이는 ־ָֿה를 가진 명사들에 관해서는 § 96 C *e*를

복수 명사에 붙는 접미사들은 더 길고 공명이 더 잘되며, 가끔 단수 명사에, 특히 וֹת를 가지고 있는 명사에 나타난다(¹): אַלְמְנוֹתֶיךָ 민 14.33; זְנוּתֵיכֶם 사 54.4(아마도 עֲלוּמָיִךְ와의 유사음 현상 때문에 온 것 같다); תַּזְנוּתַיִךְ 겔 16.15, 20(크레); שְׁבוּתֵיכֶם ;23.7 תַּזְנוּתֶיהָ 습 3.20; *at*를 가지고 있는 일부 명사(²): עֲצָתֵךְ 사 47.13; 겔 35.11; 시 9.15; 스 9.15에 나타난다.

§95. 명사 변화

a
명사가 절대형에서 연계형으로 변할 때, 복수 또는 쌍수 어미를 취할 때, 그리고 대명사 접미사 및 소유격 접미사들을 취할 때, 일반적으로 모음 표기에 변화가 생긴다. 한 명사에서 이같은 모든 변화들을 일컬어 어형 변화(inflection)라고 한다(역자주: 일반적으로 어형 변화는 굴절이라고 하며, 동사 변화는 활용[conjugation], 명사 변화는 곡용[declension]이라고 한다. 본 문법책의 저자는 활용과 곡용을 둘 다 '굴절'로 표기한다. 역자는 동사 변화는 활용으로 번역하기도 하였으며, 명사, 대명사, 형용사의 변화는 굴절이나 곡용 대신에 '어형 변화'로 통일하였다). 이러한 변화들은 강세의 이동, 약화 또는 억제 때문에 생긴다. 이것들은 이 책의 음성론에 관한 단락에서 제시된 규칙들을 따라 이루어진다; 또한 그것들의 적용과 이례적인 형태들은 다양한 패러다임을 다룰 때 제시될 것이다.

b
몇 가지 어형 변화 형태에 있어서 무거운 접미사 כֶם, כֶן, הֶם 및 הֶן과 함께 나오는 경우의 모음 표기는 가벼운 접미사와 함께 나오는 경우와 다름을 분명히 보게 될 것이다. 무거운 접미사와 함께 나오는 명사의 어간(stem)은 가벼운 접미사와 함께 나오는 어간과 다르다. 즉, 무거운 접미사와 함께 나오는 어간은 일반적으로 연계형이고, 가벼운 접미사와 함께 나오는 어간은 절대형이다. 예, 연계형 מַלְכֵי, מַלְכֵיכֶם; 그러나 절대형 מְלָכִים, מְלָכִי (참고, § 96 A *b*, 10번째 각주); 연계형 יְדֵי, יְדֵיהֶם; 그러나 절대형 יָדִים, יָדָיו; 연계

참조하라. חֶלְבְּהֶן 창 4.4와 같이 불완전 철자법으로 쓰여졌을 가능성이 있는 경우들의 목록은(§ *h*) AF, *Spelling*, 137f.에서 보라.

¹ 그러나 König, *Syntax*, § 258 *f*에 따르면 진정한 복수 형태가 절대적으로 불가능한 것은 아니다.

² 그러나 복수 형태로 모음 표기가 되어야 할 것이다. 예, עֲצָתֵךְ.

형 פְּנֵי, פְּנֵיהֶם 그러나 절대형 פָּנִים, פָּנָיו(¹). 또한 단 하나의 어간 형태를 가진 명사들도 있다. 예, 연계형 רַגְלֵי, רַגְלֵיכֶם, 절대형 רַגְלַיִם. 그러나 여성 복수 어미 וֹת-를 가지고 있는 명사는 소유격 접미사를 붙일 때 복수 연계형 어간 형태를 사용한다. 복수 절대형 어간이 복수 연계형 어간과 다를 때조차도 마찬가지이다. 예, 절대형 דְּלָתוֹת (דֶּלֶת의 다른 복수 형태)와 연계형 דַּלְתוֹת는 דַּלְתוֹתַי, דַּלְתוֹתֵיהֶם으로 나타난다; 참고, 복수 연계형 שִׂפְתוֹת (שָׂפָה의 이차적인 복수 형태), שִׂפְתוֹתָיו 그리고 שִׂפְתוֹתֵיהֶם. 가벼운 접미사와 함께 사용되는 어간 형태는 자주 연계형보다 덜 단축된다(위에 주어진 예에서 그렇다. מַלְכֵי 대비 מְלָכַי); 가끔 무거운 접미사와 함께 사용되는 어간 형태는 실제로 연계형보다 덜 단축된다. 예, 복수 절대형 מַצֵּבוֹת 기념 돌기둥, 석비, 연계형 מַצְּבוֹת, מַצְּבוֹתֵיהֶם (그리고 מַצֵּבֹתָם). 또한 §96A ja 참조.

c   모음의 분포와 관련하여, 접미사가 없는 명사와 접미사가 없는 완료형 사이에 큰 차이가 있음을 주목하라. 탈락될 수 있는 두 모음이 있을 때 명사에서는 첫 번째 모음이 탈락되고, 완료형에서는 두 번째 모음이 탈락된다 (§30 e). 예,

명사: דָּבָר, דְּבָרִים; זָקֵן, זְקֵנָה, זְקֵנִים.
완료형: קָטַל, קָטְלָה, קָטְלוּ; כָּבֵד, כָּבְדָה, כָּבְדוּ.

그러나 접미사를 가지고 있는 완료형에서 모음 구분은 명사에서와 동일하다. 예,

명사: דְּבַרְךָ, דְּבָרֵךְ.
완료형: קְטָלַךְ, קְטָלֵךְ.

d   단어의 끝 닫힌 음절에 강세가 있는 a를 취급함에 있어서 명사와 동사 사이에 주목할 만한 차이가 있다. 동사에서 ◌ַ는 문장 속에 오는 모음이고, ◌ָ는 휴지 위치에 오는 모음이다: קָטַל, קָטָל. 명사에서 ◌ָ는 일반적으로 (문장 속과 휴지 위치의) 절대형에서 발견되고, ◌ַ는 연계형에서 발견된다: דָּבָר, דָּבָר; 연계형 דְּבַר. 이와 같이 니팔에서 완료형으로 נִקְטַל, 분사형으로 נִקְטָל(일반적인 형태)이 나타난다. 부정사에는 ◌ַ 모음이 나타난다(아마도 미완료형을 유추하여): 예, שְׁכַב, §49 c; הֲגֵה(²). 고유 명사로 사용될 때 미

---

¹ 이것은 또한 전치사 לִפְנֵי에도 적용된다: לִפְנֵיהֶם 그들 앞에 대비 לְפָנֶיהָ 그녀 앞에.
² 참고, מַסַּע §49 e.

완료형 יִצְחַק 그가 웃을 것이다는 יִצְחָק 이삭이 된다. 명사에서는 ◌ָ가 연계형에
필수적인 모음이었기 때문에, ◌ָ는 휴지 위치뿐 아니라 문장 안에서도 절대형
에 사용되어야만 했다. 동사에서는 이와 달리 문장 안의 형태와 휴지 형태를
구분하기 위하여 ◌ַ와 ◌ָ를 교대로 사용하였다(§ 42 *b*).

§ 96. 남성 명사 변화
(어형 변화표 17)

여기에서 남성 명사라고 하는 것은 단수에서 여성 어미를 가지지 않으
며 복수에서 남성 어미 ◌ִים-을 가지는 명사를 의미한다(§ 89 *a*).

이 단락은 길이가 너무 길기 때문에 아래와 같이 몇 개의 짧은 단락으
로 나누었다(대문자 A, B, C, D, E로 표시됨). § 96 (A) 쎄골 명사의 변화(하나
의 원시 모음을 가지고 있음); (B) 두 개의 원시 단모음을 가진 명사의 변화;
(C) 불변하는 첫 번째 모음과 두 번째 원시 단모음을 가진 명사의 변화; (D)
첫 번째 원시 단모음과 두 번째 원시 장모음을 가진 명사의 변화; (E) 두 개의
자음과 하나의 원시 단모음을 가진 명사의 변화

이 어형 변화 형태들 중 그 어느 것에도 속하지 않는 명사들은 어렵지
않다; 즉 그 명사들은 סוס처럼 원시 장모음을 가지고 있는 단음절 명사들(§
94 *c*), קִיטוֹר 연기처럼 두 개의 원시 장모음을 가지고 있는 두 음절 명사들, 또
는 מַטְמוֹן 숨겨진 재물처럼 첫 번째 원시 단모음이 닫힌 음절에 오고 두 번째
원시 장모음이 오는 명사들이다.

§ 96 A. 쎄골 명사 변화

a   하나의 원시 단모음을 가진 모든 명사들은 이 부류의 어형 변화에 포
함된다. 즉 어근의 두 번째 자음과 세 번째 자음 사이에 보조 모음(일반적으
로 쎄골이므로 '쎄골 명사'라고 함)을 취한 강한 어근 또는 약한 어근에서 온
명사들과, 또는 보조 모음이 없는 데서 온 강한 어근 또는 약한 어근에서 온

명사들이다(¹). 어형 변화표(제17변화표)는 다음과 같은 순서로 배열되었다:
(1-3) 후음이 없는 강한 어근에서 온 쎄골 명사, § b: qatl מֶלֶךְ (§ c), qitl סֵפֶר
(§ e), qutl קֹדֶשׁ (§ g); 4-5) 후음이 있는 명사: qatl נַעַר (§ i), qutl פֹּעַל (§ j);
6-7) ע״ו 어근에서 온 명사 מָוֶת (§ l); ע״י 어근에서 온 명사 זַיִת (§ m); 8-10)
ע״ע 어근에서 온 명사: qatl עַם (§ n), qitl עֵז (§ o), qutl חֹק (§ p); 11) ל״ה
어근에서 온 qatl: גְּדִי (§ q).

b   **강한 어근에서 온 쎄골 명사**: מֶלֶךְ 왕, סֵפֶר 책, קֹדֶשׁ(²) 거룩함.

일반적인 논의. 이 세 형태와 관련하여 세 가지 질문이 생긴다. 1) 왜
◌ֶ가 일정하게 보조 모음으로 나타나는가? 2) 왜 복수 절대형에서 강세 앞에
카메쯔가 일정하게 나타나는가? 3) 왜 복수 연계형에서 어근의 세 번째 자음
브가드크파트가 마찰음인가? 이 질문들에 대하여 다양한 설명들이 제시되었
다. 가장 만족할 만한 것으로 보이는 설명은 다음과 같다(³).

단수. (*sifr 형태에 대한 설명부터 시작하는 것이 가장 좋다). 원시 형
태 *sifr가 우선 *sefr가 된 후, e̦에 가까운 보조 모음 e̦를 취한다: סֵפֶר(⁴). 이
보조 모음 쎄골이 *malk 형태와 *qudš 형태로 확산되었다.

סֵפֶר 형태에 있는 보조 모음 e̦의 영향으로 원시 형태 *malk는 매우 많
이 열려 있는 보조 모음 ᵃ를 갖는(= e̦) mal ᵃk가 되었다. 그리고 나서 주된 모
음 a는 보조 모음 ä의 영향으로 ä가 되었고(⁵), 여기에서 mäl ᵃh… = מֶלֶךְ이
되었다.

원시 형태 *qudš는 *qodš가 되었고, סֵפֶר와 מֶלֶךְ을 유추하여 보조 모

---

¹ 마소라 본문에 산발적으로만 나타나는 חֵטְא, נֵרְדְּ 및 קֶשְׁטְ와 같은 이 원시 형태들은 헥사플라의
두 번째 열의 기초를 이루는 본문 전통에 보존된 형태들이다. 예, αρς = אֶרֶץ; γαβρ=גֶּבֶר. Brønno,
123-50을 보라. 그러나 이것은 우리에게 친숙한 쎄골 패턴이 오리겐(Origen, 3세기) 이후에야 비로
소 만들어졌다는 것을 의미하지는 않는다. Kutscher, *Isaiah*, pp. 109-11, 502-4를 보라. 두 번째 자음
과 세 번째 자음 사이에 모음 삽입이 없는 구조는 페니키아어에도 여전히 널리 보존되어 있다. FRA,
§§ 193, 194.

² 이 קֹדֶשׁ 명사는 복수 절대형에서 약간 이례적인 형태로서 קֳדָשִׁים 대신 קָדָשִׁים 또는 קְדָשִׁים
(대조, בְּקָרִים 아침, (בְּקָרִים)이 나타남에도 불구하고 일반적인 형태인 קֹדֶשׁ가 유지된다.

³ 참고, Joüon 1911: 375ff.

⁴ ל״ה 동사의 칼 미완료에서 마지막 자음이 생략된 יִגֶל, יִגֶל, יִגֶל 형태들을 비교하라. 가장 일반적
인 형태인 יִגֶל은 명사에 나타나지 않는다. יִגֶל도 마찬가지이다(참고, § 79 i).

⁵ 참고, Brockelmann., *GvG*, I. 184.

음 ẹ를 취한 후 קֹ֫דֶשׁ가 되었다([1]).

복수. 히브리어에는 두 가지 형태의 복수 형태가 있다. 첫 번째 것은 두 번째 것보다 더 오래되었고([2]) 매우 드물게 나타나며, 단수의 원시 형태에 근거하여 만들어진다: *raḥm*, 복수 רַחֲמִים 창자, 내장; *šiqm* (שִׁקְמָה) 복수 שִׁקְמִים 돌 무화과 나무; תַּ֫חַת > תַּחְתַּי 내 아래; עֶ֫שֶׂר 열, 10, עֶשְׂרִים 스물, 20; שֶׁ֫בַע 일곱, 7, שִׁבְעִים 칠십, 70; תֵּ֫שַׁע 아홉, 9, תִּשְׁעִים 구십, 90; 쌍수의 예, 1,000 אֶ֫לֶף에서 온 אַלְפַּ֫יִם 2,000; רֶ֫גֶל 발, 다리에서 온 רַגְלַ֫יִם; בֶּ֫רֶךְ 무릎에서 온 בִּרְכַּ֫יִם; 비교, חׇכְמוֹת 지혜는 단수 חׇכְמָה에 근거한 일종의 위엄의 복수 형태이다(§ 136 *d*); *פִּשְׁתָּה* 복수 פִּשְׁתִּים 아마포(linien)도 또한 여기에 속할 수 있다. 어근의 두 번째 자음의 약다게쉬를 주목하라. 두 번째 형태는 새로운 복수 형태로서 이전의 단수 형태가 아닌 새로운 단수 형태, 즉 쎄골화된 형태에 기초하여 만들어진다. 따라서 먼저 *mäläk*에서 그리고 다른 두 형태에서 *ä*로 간주된 보조 모음 ◌가 열린 음절에서 *å*가 되었다: *mlåhīm*. 세 개의 복수 형태인 מְלׇכִים, סְפׇרִים, 그리고 קְדׇשִׁים에 나타나는 강세 전의 카메쯔는 세 개의 단수 형태에 있는 보조 쎄골 모음에서 온 것이다([3]).

그러나 카메쯔는 원래 짧은 /a/가 후대에 길어짐으로써 생겼다고 보는 견해가 더 신빙성이 있어 보인다. 이것은 우가릿어에서 입증되는 바와 같다: 예, /ḥablu/ 밧줄의 사격(oblique) 복수형 /ḥabalīma/([4]). 다시 말하자면, 아랍

---

[1] 칠십인역에 나오는 음역들을 따라 판단해 볼 때, 중간 단계인 *qọdọš*가 있었을 가능성이 있다. 예, Γοσόν =גֹּ֫שֶׁן, Τοφόλ =תֹּ֫פֶל, Βοόζ =בֹּ֫עַז, Βοόν =בֹּ֫הֶן. 그리고 פֹּעַל 또는 פֹּעוּל 또는 שֹׁחוֹר= שׁוֹחוֹר와 같은 쿰란 히브리어 철자법은 이 점을 뒷받침해 준다. 참고, de Lagarde 1889: 52-7과 Kutscher, *Isaiah*, 502-4.

그렇지 않다면, 단수 מֶ֫לֶךְ 등은 가정적으로 깨어진 복수 형태에서 (이 단락[b]에서 여덟 번째 각주) 파생된 */malak/에서 온 역성어(back-formation)와 그리고 파타흐가 쎄골로 중성화되어 만들어진 것으로 설명할 수도 있을 것이다(역자 주: 역성어란 기존하는 단어에서 접사를 제거하고 만든 것이다. 중성화란 쎄골이 /a/와 /I/ 사이에 있다는 뜻이다). 이와 같이 */sefar/ > /sẹfẹr/, 그리고 */qọdaš/>/qọdẹš/. 참조 Yeivin 1980: 184, Garr 1989: 109-16, 그리고 Goerwitz 1990.

[2] 이 형태가 더 오래되었다는 것은 아래에 언급된 어휘소 형태에서 입증된다: 어떤 언어에서나 원시적인 요소에 속하는 품사의 일부 수사 및 전치사와, 그리고 쌍수 및 더 초기 히브리어 시대의 잔재에 나온다. 또한 מְלׇכִים에 나오는 바와 같은 두 번째 형태는 복수성을 두 번 표시해 주는 것으로서, 이것은 이차적 발전으로 만들어졌음을 시사해 준다.

[3] § 97 A *b*, n을 보라.

[4] Huehnergard, *Ugr. Voc.*, 304-307. Sivan, 63f., idem, 1990, 그리고 Tropper, pp. 294-96도 보라. 우가릿어와 동시대 언어로서 에마르(Emar)에서 사용한 아카드어의 주변어 속에 있던 서부 셈어 기층어 (substratum)에 나타나는 비교 자료들에 대해서는 Pentiuc 2001: 244를 참조하라.

어와 에디오피아어의 "깨어진" 복수 형태와 비교할 수 있는 *qVtal*을 대안적인 복수의 기초로 가정하고, 그 형태에 일반적인 복수 어미가 첨가되었다고 보는 것이다. 따라서 *malak* > *malakīm* > *malākīm* > מְלָכִים[1].

מַלְכֵי와 같은 연계형은 절대형의 완전한 형태 *mălăhīm*에서 온다. 이 때 슈바는 강세 전에 오는 카메쯔의 잔재이다. 그러나 만일 우리가 위에서 소개한 것처럼 복수에 나타나는 카메쯔에 대한 대안적 설명을 수용한다면, /malḫe/는 /malaḫe/에서 쉽게 파생되어질 수 있다. 이 경우에, 브가드크파트 의 마찰음화를 결정하는 규칙은 마지막 두 자음 사이에 오는 짧은 /a/가 탈락 되기 전에 끝났음이 분명하다.

연계형의 가벼운 형태는 무거운 접미사와 함께 사용된다. 예, מַלְכֵיכֶם; 이와 반대로, 절대형 מְלָכִים의 무거운 어간 형태인 מַלְכֵ는 가벼운 접미사와 함께 사용된다. 예, מְלָכֵיךָ מְלָכַי[2]. 이 이분법적 구분은 음성적 규칙 때문 에 생겼다. 그 규칙에 따르면, 두 음절에 의해 강세로부터 멀어진 열린 음절 에 있는 강세 없는 모음은 탈락된다. 따라서 /malaḱkā/ > /mlāḱkā/(단수)가 된다. 그러나 /malākēkem/ > /malkēkem/ (복수)이다. 복수 연계형 מַלְכֵי도 동일한 규칙을 따른다: /malVkē X/ > /malkē X/: 여기에서 뒤따르는 명사 X 는 강세를 가진다.

쌍수는 고대의 복수 형태처럼 단수의 원시 형태에 기초한다: *ragl*, רֶגֶל 발, 다리, רַגְלַיִם; *birk*, בֶּרֶךְ בִּרְכֵי ,בִּרְכַּיִם 무릎 (마찰음화 없이, § 92 g). 강세 전에 카메쯔를 갖는 일부 불규칙한 쌍수 형태들에 대해서는 § 91 b

---

[1] 참고, 아랍어 ʾarḍun/ 땅, 그러나 복수 ʾaraḍūna/; 에티오피아어 /ḥelqat/ 고리, 반지, 그러나 복수 /ḥelaqāt/. 그러나 이 언어들에서 "깨어진" 복수형이 압도적으로 많이 나오는 것은 최소한 이 언어들 에서 인칭 접미사가 붙는 복수 형태소는 이차적인 형태가 아니었음을 제시해 준다. 참고, Blau, *Heb. Phon. and Morph.*, 208.

פְסִילִים, 단수 פֶּסֶל 우상(§ 99 f), שְׁחִיתוֹת, 단수 שַׁחַת 구덩이(§ 99 f) 그리고 בְּהֹנוֹת, 단수 בֹּהֶן 엄 지 발가락 또는 엄지 손가락(참고, 아랍어 단수 ʾibhām; § 96 A j)과 같은 다른 복수 형태들도 있다. 이 복수 형태들은 다른 단수 형태나 깨어진 유사-복수 형태를 가정해야만 설명할 수 있다. 참고, Tur-Sinai, 1954: 247f.

[2] 여기에 일종의 균형의 법칙이 작용한다. 이중(二重) 어간 형태는 두 개의 원시 단모음을 가지고 있 는 דָּבָר (§ B b)와 זָקֵן (§ B d) 유형의 남성 복수에서도 나타난다. 이와 유사하게 כְּ는 무거운 인칭 접 미사와 함께 כָּכֶם, כָּהֶם이 되고, כְּמוֹ는 가벼운 접미사와 함께 כָּמוֹנִי, כָּמוֹךָ가 된다(§ 103 g). אֵת는 무거운 접미사와 함께 אֶתְכֶם, אֶתְהֶם가 되고, אֹת는 가벼운 접미사와 함께 אֹתְךָ, אֹתִי이 된다(§ 103 k). מַלְכֵיכֶם*과 같은 형태는 매우 이례적임을 주목하라. 이 경우에 카메쯔는 동일하게 이례적인 형 태인 שְׁבֻעוֹת에서처럼 강세 전전 음절에 오게 된다.

에서 보라.

c **제 1 변화**. מֶלֶךְ 왕. 원시 형태 *malk*의 *a*는 접미사를 가진 단수에서 다시 나타난다: מַלְכְּכֶם, מַלְכִּי. 이 *a*는 휴지 형태에서도 ◌ֶ로 다시 나타나지만, 모든 명사에서 그런 것은 아니다. 따라서 כֶּרֶם 포도원, אֶרֶץ (참고, הָאָרֶץ, § 35 *f*)이지만 מֶלֶךְ이다[1]. ◌ֶ는 원래 *qitl*이었지만 מֶלֶךְ 형태로 넘어간 명사들에서 일반적으로 발견된다. 예, 아마도 צֶדֶק 정의, קֶדֶם 동쪽, דֶּשֶׁא 풀, פֶּלֶא 경이로움, כֶּלֶא 감옥.

그러나 원시 *a*는 어형이 변화된 형태에서 자주 *i*로 약화된다. 따라서 *qatl* 형태는 *qitl* 형태와 합쳐진다[2]: בֶּטֶן 배, בִּטְנִי; בֶּגֶד 겉옷, בִּגְדִי(마찰음 ד과 함께!), בְּגָדִי; קֶבֶר 무덤, 연계형 קִבְרִי (그리고 קְבָרוֹת). *e* 모음이 때때로 나타난다: נֶגֶד (전치사) ~앞에, נֶגְדִּי[3]; נֶכֶד 자손, נֶכְדִּי[4], חֶלֶד 인생, חֶלְדִּי.

대체로 연계형은 절대형과 다르지 않다: מֶלֶךְ. 그러나 가끔 연계형은 קֶטֶל 형태를 갖는다. 예, חֶדֶר 방, 연계형 חֲדַר (아 3.4†); שֶׁגֶר 새끼, 어린 (짐승의), 연계형 שֶׁגַר (출 13.12†). 비교, קְטַל 형태, § 88 C *g*.

d **복수**. 어형 변화표에는 남성 명사의 다른 모든 어형 변화표처럼 오직 남성 어미 ◌ִים-을 가진 복수 형태만을 제시하지만, ◌וֹת를 가진 복수도 물론 나타날 수 있다. 따라서 여성 명사에서 ◌וֹת를 가진 복수 형태는 אֶרֶץ, אֲרָצוֹת; נֶפֶשׁ 목숨, 영혼, נְפָשׁוֹת; 남성 명사에서도 קֶבֶר 무덤, קְבָרוֹת (קְבָרִים 외에)가 나온다. קְטָלִים 형태는 § *b*를 참고하라.

מַלְכֵי 형태의 연계형에서 가끔 마찰음화는 사라진다. 몇몇 경우에 이것은 치찰음의 영향 때문이다[5]: כַּסְפֵּיהֶם 창 42.25, 35; נִסְכֵּיהֶם 사 41.29 등; רִשְׁפֵּי 아 8.6(그러나 רִשְׁפֵי 시 76.4); אָסְפֵּי 미 7.1; טַרְפֵּי 겔 17.9; צִמְדֵּי 사 5.10. *a*가 *i*로 약화되는 것에 관해서는 § *c*를 참조하라. **쌍수**: 참고, § *b* (끝).

e **제 2 변화**. סֵפֶר 책. 이것은 מֶלֶךְ의 어형 변화와 비슷하다. 원시 형태 *sifr*의 *i*는 접미사를 가진 단수 סִפְרִי와, 복수 연계형 סִפְרֵי에 다시 나타난다. 그러

---

[1] Fassberg(2002)에 따르면 이와 같은 예외는 신학적인 동기 때문에 만들어진 것이다. 즉, *מֶלֶךְ은 מֹלֶךְ과 너무나 비슷하게 들리기 때문이다.

[2] 참고, Revell 1985.

[3] 참고, Brockelmann., *GvG*, I. 198: 뒤에 오는 구개음의 영향 때문이다.

[4] 참고, 위의 각주를 보라.

[5] Th. Nöldeke 1904-05: 72를 보라.

나 후음인 첫 자음 뒤에서 *i*는 *ẹ*가 된다(§ 21 *e*). חֵ֫לֶק 몫, 부분, חֶלְקִי, חֶלְקְהֶם
(비교, 짝을 이루는 여성형 חֶלְקָה); עֵ֫זֶר 도움, עֶזְרִי (비교, 짝을 이루는 여성
형 עֶזְרָה); עֵ֫גֶל 송아지, עֶגְלָךְ, עֶגְלִי (비교, 여성 עֶגְלָה), 그러나 חֶקְרִי, עִמְקֵי
이다. 휴지 형태에서 일반적으로 סֵ֫פֶר가 나타난다; 입증된 형태들은 다음과
같다: שֵׁ֫בֶט 지팡이, סֵ֫תֶר 피난처, נֵ֫צַח 영원함, יֵ֫שַׁע 도움, חֵ֫רֶם 진멸(anathema);
이것들은 자주 *qitl*형태를 변형시킨 *qatl* 형태의 영향을 받았다(§ *f*), 일반적
으로 말하자면, 연계형은 절대형과 다르지 않다. 연계형 הֶבְלִי 숨, 호흡(הֶ֫בֶל
뿐 아니라)은 절대형 הֶ֫בֶל 외에 (또는 הֶ֫בֶל로 대체된) הֵ֫בֶל*을 전제한다(¹).

복수. 고대의 복수 형태(§ *b*)가 שִׁקְמִים 돌 무화과 나무, פִּשְׁתִּים 아마
(flax) 그리고 십 단위 수들 עֶשְׂרִים, שִׁבְעִים, תִּשְׁעִים에서 나온다. 단수 חֵטְא
죄(보조 모음 없이)는 복수 연계형에서 חֲטָאִים의 카메쯔를 취하여 חֲטָאֵי가
된다(비교, גְּדִי, גְּדָיִים, גְּדָיֵי, § *q*; מִקְרָאֵי, § C *b*).

f   *qatl*과 *qitl* 형태의 **변형**(contamination). 첫 번째 모음에 관한 한, 원시
qitl 형태의 상당수가 히브리어에서 *qatl*이 되었다. § 88 C *a**를 보라. 변화에
서 생기는 형태들의 유사성 때문에 한 형태에서 다른 형태로 쉽게 전환된다:
따라서 קְטָלִי, קְטָלִים(²), קְטָלֵי(³) 형태들은 *qatl* 또는 *qitl*에서 온 것일 수 있
다. 쎄골 형태 קֵ֫טֶל은 공명(resonant)이 더 잘되는 형태인 קֶ֫טֶל 형태가 되는
경향이 있다(참고, 부정사 שֶׁ֫בֶת, § 75 *a*). 하나의 동일한 명사에서 *qatl*을 전
제하는 일부 형태들과 *qitl*을 전제하는 다른 형태들을 발견할 수 있다. 결과적
으로, 어떤 명사가 원래 *qatl* 또는 *qitl*이었는지, 또는 두 형태가 동시에 존재
했는지를 말하는 것은 어렵거나 불가능하다. 예, קֵ֫דְמָה 동쪽으로(§ 93 *d*) 형태
는 *qidm* 형태를 전제하는 반면, קֶ֫דֶם, קַדְמֵי 그리고 קַדְמוֹן은 *qadm* 형태를
전제한다; *qidm* 형태만이 원시 형태일 가능성이 있다.

g   **제 3 변화**. שׁ קֹ֫דֶשׁ 거룩함. 이것은 מֶ֫לֶךְ과 סֵ֫פֶר의 어형 변화와 유사하다
(참고, § *b*). 그러나 원시 모음 *u*는 어형 변화 속에 매우 드물게 다시 나타난

---

¹ 첫 자음을 따라오는 모음의 성격은 많은 경우에 전자의 기능에 따라 크게 좌우된다. 즉 그 자음의
기능에 의하여 제약을 받든가(conditioned) 또는 결정되는 것(determined)으로 보인다(무라오까의
개인적 설명-역자 주). 자세한 내용을 Revell 1985: 320-22에서 보라.

² 세 가지 쎄골 형태의 קְטָלִים 형태는 דָּבָר 형태의 복수 형태이기도 하다. § B *b*.

³ קְטָלֵי 형태는 가장 모호한 형태들 중 하나이다. 이것은 קֵ֫טֶל, קֶ֫טֶל의 변함 없는 복수 형태이며,
קֶ֫טֶל, קֵ֫טֶל의 일반적인 복수형도 될 뿐 아니라, 때때로 קֵ֫טֶל과 심지어 קֹ֫טֶל의 복수형으로 나타난다.

다. 예, גַּדְלוּ 시 150.2†(다른 모든 곳에는 גָּדְלוּ 등이다). ǫ는 거의 모든 곳에 나타난다. 예, קָדְשִׁי([1]). *i* 모음은 בֹּסֶר 신 과즙에서 온 בִּסְרוֹ; אֹמֶר 말에서 온 אִמְרֵי, אָמְרוֹ 등; שֶׁקֶת 수로에서 온 복수 연계형 שִׁקְתוֹת (§ 89 *p*)(이 모음이 그곳에 나타나는 것을 설명하기 어렵다).

복수. 일반적인 복수는 מֶלֶךְ과 סֵפֶר 형태의 복수처럼 קְטָלִים과 같은 형태를 가진다. 예, בְּקָרִים 아침들. 첫 번째 자음이 후음일 때에는 חֳדָשִׁים 달들, עֳפָרִים 작은 사슴들이 된다. 바로 이와 같이 매우 짧은 ǫ는 הַגֳּרָנוֹת 그 타작 마당(삼상 23.1; 욜 2.24)과 קֳדָשִׁים 거룩한 물건들에서 발견된다. 그것은 짝을 이루는 형태들인 קָדָשִׁים *qo-dåšīm*과 שָׁרָשִׁים 뿌리들에서 ǫ로 길어진다(참고, § 6 *l*). 이 모든 단어들에서 슈바 대신 ǫ가 오는 것은 그 앞에 오는 자음의 영향 때문이다([2]). 오래된 복수 형태는(§ *b*) בָּטְנִים 피스타치오 열매들(בֹּטֶן* 또는 בָּטְנָה*에서 옴, 창 43.11)에서 발견된다. 쌍수: 예, מָתְנַיִם 허리, 엉덩이(*mutn* > מֹתֶן*에서 옴); 참고, § *b*(끝).

h   후음을 가진 쎄골 명사. 어근의 두 번째나 세 번째 자음이 후음일 때 Ǫ 대신 Ǫ가 나타난다. 이 책의 음성론에서 설명한 것처럼 그 후음들의 특징들이 여기에 적용된다. 세 번째 자음이 후음인 경우에는 별 어려움이 없다. 예로서, זֶרַע 씨앗, נֶצַח 영원함 형태들이 있다. 또한 이 경우에는 두 번째 자음이 후음인 פֹּעַל 일(work) 형태와 동일한 רֹמַח 창(lance) 형태가 나온다. 두 번째 자음이 후음인 경우에는 *qutl* 대신에 פֹּעַל 형태와 *qatl* 대신에 נַעַר 소년 형태가 나온다. 두 번째 자음이 후음인 경우에는 *qitl* 형태가 나타나지 않거나, 만일 그와 같은 형태가 있다면 그것도 נַעַר 형태에 속할 것이며, 따라서 그것과 구분되지 않을 것이다(참고, שַׁעַר § B *c*).

i   제 4 변화. נַעַר 소년, 청년. 단어가 길어질 때, 후음 뒤에 자주 보조 모음 Ǫ 또는 완전 모음 Ǫ가 나타난다. 예, נַעֲרִי, נַעַרְךָ (§ 22 *b-c*). חַם으로 끝나는 두 개의 단어에서 Ǫ Ǫ 모음 표기가 일반화되었는데, 이 현상은 설명하기 어렵다([3]): לֶחֶם 빵과 רֶחֶם 자궁(그러나 삿 5.30†의 고대 시문에서는 여자 또는 젊

---

[1] 여성 형태들에서도 마찬가지이다. 예, חָכְמָה, § 88 C *j*; 97 A *a*.

[2] נ과 ק에 관하여, 에티오피아어에서 ū가 순음화된 자음들인 *g, q, k, ḫ*와 함께 보존되어 있음을 비교하라.

[3] 비음의 영향 때문일 것이다. הֵן도 마찬가지이다. § *j*.

은 여자의 의미를 가진 רֶחֶם이다); 휴지 위치에서는 לֶחֶם과 רֶחֶם이다. 오래된 형태의 복수 רְחָמִים에 대해 § b를 참조하라.

j   **제 5 변화.** פֹּעַל 일. 여기서도 후음 뒤(=밑)에 자주 보조 모음 즉 ◌ֳ가 나타나거나 단어가 길어질 때 완전 모음 ◌ֳ가 나타난다: פָּעֳלִי, פָּעֳלְךָ(§ 22 *b-c*). 같은 보조 모음 ◌ֳ는 후음이 없는 קְטָבְךָ에 나타난다(비교, קָרְבְכֶם, § 65 *c*). 일반적인 형태인 פָּעֳלוֹ 대신 다음과 같은 형태들이 발견된다. פָּעֳלוֹ 사 1.31; 렘 22.13(열린 음절에서 *o*와 함께 나오며, ע 밑에서는 ◌ֳ가 일반적이다); תָּאֳרוֹ 사 52.14(그러나 תָּאֳרוֹ 삼상 28.14); (동사에 나타나는 유사한 현상과 비교하라. § 68 *f*).

אֹהֶל 천막에서 이 단어를 시작하는 א은 항상 완전 모음인 *o* 또는 *o*를 가진다; אָהֳלִי, אָהֳלְךָ 등; אֹהָלִים, אָהֳלֵי 등; הָאֹהֱלָה에 대해서는 § 93 *c*를 참조하라. *o*는 אָרְחֹתָיו, אָרְחֹתָם, אָרְחֹתֶיךָ 너의 길들,에서도 발견된다(그러나 אָרְחֹתֵיהֶם, אָרְחֹתַי이다). בֹּהֶן 엄지 손가락은 후음에도 불구하고 ◌ֳ를 가지고 있다([1]); *o*를 가지고 있는 복수 연계형 בְּהֹנוֹת는 단수 בְּהֹן*을 전제한다 (사마리아 오경 모든 곳에서 이렇게 읽는다).

ja   ל״ה, ע״ו/י 그리고 ע״ע 이외의 쎄골 명사 어근들의 변화는 아래와 같이 요약될 수 있다.

복수 절대형. /CCāCim/ or /CCāCōt/
복수 연계형. /CVCCē/ or /CVCCōt/

어근의 첫 번째 자음(R₁) 뒤의 /V/(모음)는 세 개의 기본적인 쎄골 명사 형태인 qatl, qitl, qutl 중 전형적인 하나의 모음을 가진다.

qatl: מֶלֶךְ, מְלָכִים, מַלְכֵי; נֶפֶשׁ, נְפָשׁוֹת, נַפְשׁוֹת.
qitl: סֵפֶר, סְפָרִים, סִפְרֵי; שֵׁמָה, שְׁמָשׁוֹת,* שִׁמְשׁוֹת.
qutl: קֹדֶשׁ, קְדָשִׁים, קָדְשֵׁי; אֹרַח, אֳרָחוֹת, אָרְחוֹת.

소유격 접미사가 첨가되면, /CVCC/ 또는 /CCāC-/ 중 하나가 기본이 된다. 전자는 단수 명사, 무거운(즉, 2인칭 복수와 3인칭 복수) 접미사를 가진 남성[2] 복수 명사, 여성 복수 명사와 쌍수 명사들로 사용된다. 후자는 가벼운 접미사와 함께 나오는 남성 복수 명사와 함께 사용된다. 예로, 다음과 같다.

---

[1] § *i*, 각주와 위의 § *b*, 각주 6을 보라.
[2] "남성"이란 여기에서 문법적 성이 아니라, 전형적인 남성 형태소를 가리킨다. 이리하여 נֶפֶשׁ는 여기에서 남성으로 취급된다. "여성"도 마찬가지이다.

CVCC: אָרְחוֹתֵיהֶם‎, אָרְחוֹתַי‎; מַלְכְּכֶם‎, מַלְכֵיכֶם‎, מַלְכָּם‎; מַלְכִּי‎, רַגְלֵיהָ‎, רַגְלֵכֶם‎

그러나 CCāC: מַלְכִּי‎, מְלָכֶיךָ‎, מְלָכָיו‎, מְלָכֶיהָ‎, מְלָכֵינוּ‎.

단음절 명사 יָד‎는 그 쌍수 형태에서 남성으로 취급된다: יָדָי‎, יָדֵינוּ‎, יָדָיו‎ 그러나 יְדֵיהֶם‎. 또한 § 95 *b*를 보라.

전형적인 여성 단수 형태소인 /-ā/와 함께 나오는 명사의 복수형은 그 복수형이 전형적인 여성 형태소를 취하는 한 여성 명사처럼 행동한다: 단수. שִׂמְלָה‎ 옷; 복수 절대형, שְׂמָלוֹת‎, 연계형. שִׂמְלוֹת‎; 접미사와 함께 שְׂמְלֹתַי‎, שְׂמְלֹתֵיהֶן‎; 이와 유사하게 אָרְחוֹתַי‎ אָרְחוֹתֵיהֶם‎.

k   **끝에 모음을 가진 단음절 명사 변화**: קֶטֶל‎ קֶטֶל קֶטֶל‎ קְטֹל‎ (참고, § 88 *C g*, *i*, *k*). 1) קֶטֶל‎ 명사에서는 일반적으로 접미사 앞에서 자발적인 중복이 이루어진다. 예, מְעַט‎ 조금, מְעַטִּים‎[1]. 접미사와 함께 올 때: 예, דְּבַשׁ דִּבְשִׁי‎ 꿀; שְׁכֶם‎[2] 등(back), שִׁכְמוֹ‎. 2) קֵטֶל‎의 경우들은 ע״א‎에 나타난다. 예, בְּאֵר‎ 우물, 복수 בְּאֵרוֹת‎, 연계형 בְּאֵרֹת‎; זְאֵב‎ 늑대, 복수 זְאֵבִים‎, זְאֵבֵי‎. קֵטֶל‎ 단어들에는 당연히 가상 중복이 일어난다(§ 18 *e*): לְאֹם‎ 백성, לְאֻמִּים‎. 접미사가 올 때 בְּאֹשׁ‎ 고약한 냄새, בָּאְשׁוֹ‎가 나타난다. 3) 접미사를 가진 부정사 형태 קְטֹל‎은 § 65 *b*를 참조하라. 이 CCVC 형태들은 비교적 약한 강세를 갖고 있는 연계형들에서 나왔을 가능성이 매우 높다: 예, גְּבַהּ‎ 삼상 16.7; בְּגֹדֶל‎ 출 15.16; קֹדֶשׁ‎ 시 46.5. 십 단위와 백 단위에 사용되는 שֵׁשׁ‎와 תֵּשַׁע‎도 참조하라. *qotol* 형태의 형태들이 거의 전적으로 연계형에 제한되어 나타나는 쿰란 히브리어는 이와 같은 가정을 강하게 뒷받침해준다[3].

l   **제 6 변화**. מָוֶת‎ 죽음. ע״ו‎ 어근에서 온 *Qatl* 형태들은(§ 88 *C f*) 자음 ו‎를 갖는다. 원시 형태 *mawt*에서 *a*는 ו‎ 앞에서 *å* (*q*)로 순음화되었다; 보조 모음 ֶ는 강한 어근들에서 온 쎄골 형태들을 유추하여 도입되었다. רֶוַח‎ 공간 단어만이 זֶרַע‎처럼 강한 어근에서 온 쎄골 형태와 완전히 유사하게 변한다. 더 많은 예들을 § 88 *C f*에서 보라. 연계형에서 형태가 축약된다: *mawt > mōṯ*

---

[1] גָּמָל‎의 복수 גְּמַלִּים‎을 비교하라: § B *b*.

[2] ֶ를 가진 유일한 형태이다. 원시 형태는 *šakm*이었을 것이다(BL, p. 456은 아마르나 서신에 나오는 *ša-ak-mi*를 인용한다). 그러나 שֶׁכֶם‎은 *qitl* 또는 심지어 어떤 *qatil* 형태(신체 부위를 가리키는 명칭에 상당히 흔히 사용된다. § 88 D *b*)의 연계형일 수도 있으며, 그것이 절대형이 되었을 수 있다.

[3] Qimron, *HDSS*, 36-8을 보라.

מוֹת; 이 형태는 변화 전체에서 유지된다.

어떤 단어들에서는 심지어 절대형에도 단축이 나타난다: שׁוֹט 채찍, יוֹם 날, צוֹם 금식 등; 또는 절대형 대신 연계형이 사용되었다고 할 수 있다.

שׁוֹטִים과 같이 정상적인 복수 형태에 대신에, שְׁוָרִים (שׁוֹר 황소에서 옴) 형태가 호 12.12†에 나타난다. 비교. *qūl* 형태에서: שׁוּק 거리, שְׁוָקִים; דּוּד, דְּוָדִים 솥이라는 의미로 나오는 대하 35.13†(그러나 דּוּדִים 바구니라는 의미로 나오는 왕하 10.7†).

m   **제 7 변화**. זַיִת 올리브. ע″י 어근에서 온 *qatl* 형태들은 자음 י를 가지고 있다. 원시 형태 *zayt*는 그 앞에 오는 *y* 때문에 보조 모음 *i*를 가진 זַיִת가 된다. 이것은 연계형에서 단축된다: *zayt > zēṯ* זֵית. 이 형태는 어형 변화에서 유지된다.

일부 드문 단어들에서 절대형에서도 단축이 일어난다: חֵיק 가슴, חֵיל 성벽(לֵיל 밤 사 21.11†); 또는 오히려 연계형이 절대형 대신 사용된다.

זֵיתִים과 같은 정상적인 복수형 대신, חַיִל 군대의 복수는 חֲיָלִים; 마찬가지로 תַּיִשׁ 수염소, תְּיָשִׁים; עַיִר 어린 나귀, עֲיָרִים; עַיִן 샘 עֲיָנוֹת가 된다.

גַּיְא 골짜기는 몇 가지 이례적인 형태들을 보여준다. 단수에서 발음되지 않는 א은 때때로 기록할 때 생략된다: גַּיְ, 연계형 גֵּי. 복수에서 크레는 גֵּאָיוֹת(불규칙!)이고 크티브는 גֵּיאוֹת 또는 גֵּאיוֹת이다, 참고, 겔 35.8 גֵּאוֹתֶיךָ.

n   **제 8 변화**. עַם 백성. ע″ע 어근에서 온 *qatl* 형태들(참고, §88 B g). 어떤 단어들은 특이하다. 분리 악센트 및 정관사와 함께 올 때, עַם 대신 עָם이 나타난다. יָם 바다는 יַם סוּף 홍해, 갈대 바다를 제외하고 연계형에서도 사용된다(심지어 마켑과 함께 사용되기도 함)(§13 c). 순수한 중복이 일어나지 않는 후음 앞에는 가상 중복만 있다: 예, פַּחִים 덫들; 또는 중복이 완전히 사라져 열린 음절에 ◌ָ가 온다: 예, שָׂרִים 군주들, 치리자들(*śarrim* 대신에). 이 ◌ָ는 안정된 모음이다: 연계형 שָׂרֵי, מָרֵי, רֵעֵי. 어형 변화에서 *a*는 *i*로 드물게 약화된다. פַּת 소량, 조금 פִּתִּי(비교, בַּת 딸, בִּתִּי, §98 d); מַס, מִסִּים; צַד, צִדּוֹ; 참고, 시 30.12 마소라 본문의 שַׂקִּי 대신에 오리겐의 헥사플라에서는 σεκκι; סַף 문지방, סִפִּים; סַף 잔, סִפּוֹת (그러나 סַפּוֹת 삼하 17.28)가 나온다. 분리된 상태의 형태들은 매우 드물다(참고 §82 a): 일반적인 עַמִּים 외에 עֲמָמִים이 나온다; הֲרָרִי, 복수 연계형 הַרְרֵי. אַנְף 어근에서 온 אַף 코는 עַם 형태의 명사처

럼 어형 변화한다: אַפֵּי, 쌍수 אַפַּיִם 얼굴.

o **제 9 변화**. עֵז 염소(אֵם 어머니)([1]). עֲ"עֲ 어근에서 온 *qitl* 형태들(§ 88 B *h*). 원시 *i*가 중첩 음절에서 보존된다: עִזִּי, אִמִּי; 쌍수 שִׁנַּיִם 치아들, 이빨들. 분리된 상태의 형태들: צֵל 그늘, צְלָלִים; חֵץ 화살, חִצֶּיהָ 시 77.18(일반적인 형태 חִצִּים 외에). עֵז처럼, חֵץ 입천장과 זֵק*, זִקִּים 사슬의 두 번째 자음 נ이 동화되었다.

p **제 10 변화**. חֹק 법령. עֲ"עֲ 어근에서 온 *qutl* 형태들(참고, § 88 B *i*). 원시 *u*는 일반적으로 중첩 음절에서 보존된다: חֻקִּי, עֻזִּי; ֹ는 매우 드물게 나타난다: עֻזוֹ. 중복이 생략될 때도 ֹ가 나타난다: חָקְכֶם, חָקְקֵם. 연계형에서 חֹק와 כֹּל 형태들이 나온다. 그러나 마켑과 함께 올 때 חָק־와 כָּל־이 된다(참고, § 13 *b*). 분리된 상태로 오는 חִקְקֵי 삿 5.15(시적인 고대 본문), 사 10.1†은 חֹק에서 온 것이 아니라(אֹמֶר, אִמְרֵי § *g*와 같은 경우들에도 불구하고), חֵק*에서 왔을 것이다.

q **제 11 변화**. גְּדִי 새끼 염소. לֹ"ה 어근에서 온 *qatl* 형태들(참고, § 88 C *e*). 원시 형태 *qaty*는 일반적으로 קְטִי가 되고, 더 드물게 קְטֶה가 된다; 따라서 짝을 이루는 בְּכִי와 בֶּכֶה 울음 겔 10.1†은 *baky*에서 발전된 형태들이다. 이러한 짝을 이루는 형태(이중어)는 다음과 같이 설명할 수 있다: 원시 형태 *baky*는 절대형에서 מֶלֶךְ과 כֶּלֶא를 유추하여 בֶּכֶה가 되었다. 그리고 연계형에서 *a* 모음이 탈락되고 *y*가 모음화 되어서 בְּכִי가 되었다; 그리고 이 형태는 절대형에서도 사용되었다. 휴지 위치에 오는 בֶּכִי 형태는 아마도 בֶּכֶה를 유추하여 ֶ가 사용되었다. הֶגֶה 속삭임과 קֶצֶה 끝은 בֶּכֶה처럼 만들어진 형태들이고, פְּרִי 열매; שְׁבִי 포로; צְבִי 1) 장식, 2) 작은 사슴(gazelle); גְּדִי 새끼 염소; לְחִי 볼, 뺨은 בְּכִי처럼 만들어진 형태들이다. 변화 중에 *pary*의 *a*는 일반적으로 *i*로 약화된다: פִּרְיִי. 그러나 가끔 *e*가 나타난다. 예, פֶּרְיְךָ (*e-e* 모음 순서, § 29 *f*), פֶּרְיְכֶם. 어떤 형태들은 פְּרִי 어간 형태와 함께 나온다: 예, פָּרִים, פִּרְיָן 외에도 פִּרְיֵהֶן, פְּרִייֵהֶם가 나온다. כִּלְאַיִם과 מְלָכִים을 유추하여 복수에서 다음과 같은 형태들이 발견된다: גְּדָיִים (ֹ가 유지된 연계형 גְּדָיֵי; 비교, חֲטָאֵי, § *e*), אֲרָיוֹת, אֲרָיִים 사자들 1회(אֲרִי에서 옴; אֲרִי와 짝을 이루는 אַרְיֵה 형태에

서 후자가 더 일반적이다); חֲלָאִים 반지들(חֲלִי에서 옴; י 대신 א가 옴). 예상 되는 형태인 פְּתָאִים*과 צְבָאִים* 대신 마소라 학파는 צְבָאִים과 פְּתָאִים을 쓰 고 있다(צְבִי 작은 사슴과 פֶּתִי 어리석음에서 옴[문장 안에 사용된 휴지 형태의 유일한 예이다]). 마찬가지로 쌍수에서 לְחָיַיִם, 연계형 לְחָיֵי, לְחָיָו이다(비교, ֳ를 마지막 전음절의 모음으로 가지고 있는 복수 연계형들, § B *d*).

r   חֲצִי 절반의 **변화**. ל"ה 어근에서 온 *qitl* 형태(참고, § 88 C *h*). 원시 형 태 *hisy*는 연계형과 절대형에서 חֲצִי가 되고, 휴지 형태에서 חֵצִי가 되며, 접 미사와 함께 올 때 חֶצְיוֹ가 된다(후음 뒤에 ֶ가 옴; 참고, § *e*).

s   חֳלִי 질병의 **변화**. ל"ה 어근에서 온 *qutl* 형태들(참고, § 88 C *j*). 원 시 형태 *huly*는 연계형과 절대형에서 חֳלִי, 휴지 형태에서 חֹלִי, 접미사와 함께 올 때 חָלְיוֹ가 된다. 모음 ֳ는 이 형태의 특징적인 모음의 흔적으로서 슈바 대신에 주로 나타난다(또는 후음 다음에, 하텝 파타흐 대신). 그러나 가끔 ֶ가 나타난다: בְּדְמִי(연계형, דֳּמִי 외에), 사 38.10; יׇפְי (연계형) 겔 28.7; וּצְרִי 창 37.25.

§ 96 B. 두 개의 원시 단모음을 가지고 있는 명사의 변화

a   이 부류에 포함되는 형태들은 *qatal, qital, qatil* 그리고 *qatul*이다. 우 리는 이 순서대로 다룰 것이다. ל"ה 명사의 *qatal* 형태는 마지막에 다루고 자 한다 (§ *f*).

b   **제 12 변화**. דָּבָר 말. *qatal* 형태(참고, § 88 D *a*). 원시 형태 *dabar*는 일반적으로 절대형에서 דָּבָר가 되고 연계형에서 דְּבַר가 된다. 가벼운 접미 사와 함께 올 때 무거운 어간 형태 דְּבָר가 사용된다: דְּבָרֵי, דְּבָרֶ֑ךָ 등. 무거 운 접미사와 함께 올 때는 가벼운 어간 형태 דְּבַר가 사용된다: דְּבַרְכֶם. 복수: 원시 형태 *dabarīm*은 일반적으로 절대형에서 דְּבָרִים이 되고, 연계형에서는 *davrẹ*가 되며(¹), 일반적으로 *a*가 *i*로 약화되어(§ 29 *g*) דִּבְרֵי가 된다. דִּבְרֵי 의 슈바는 원시 단모음이 생략되어 나온 것으로서, 뒤에 오는 브가드크파트를

---

¹ 헥사플라 시 34.20(MT 35.20)에 음역 δαββη가 나타난다. 이 밖에도 *davrẹ*는 זַנְבוֹת와 같은 예들 에서 그 발전 단계가 확인된다(아래를 보라).

마찰음으로 만든다; 참고, כְּזָבֵיהֶם 그들의 거짓말들(그러나 *עֲנָפֵיהֶם 그들의 가지들이다). 절대형 דְּבָרִים의 무거운 어간 형태 דְּבָר는 가벼운 접미사와 함께 사용되어 דְּבָרִי가 된다. 연계형 דִּבְרֵי의 가벼운 어간 형태 דְּבַר는 무거운 접미사와 함께 사용되어 דִּבְרֵיכֶם이 된다. 쌍수 원시 형태 *kanafa'yim은 일반적으로 절대형 כְּנָפַיִם 날개들, 연계형 כַּנְפֵי (마찰음 /f/와 함께; 비교, שִׂפְתֵי 입술들, § 97 E *b* 끝);인칭 접미사와 함께 כְּנָפֵי, כַּנְפֵיכֶם이 된다.

몇 개의 복수 형태에 자발적인 중복이 나타난다(§ 18 *f*): גְּמַלִּים 낙타들, קְטַנִּים 작은 것들[1]. 복수 연계형에서 원시 형태 *davrẹ*의 a가 몇 개의 단어 속에 보존된다: זַנְבוֹת 꼬리들, כַּנְפֵי 날개들과 쌍수 כַּנְפֵי (위를 보라), 그러나 주로 후음 뒤에서: חַכְמֵי 지혜로운 사람들, עַנְוֵי 비천한 사람들; 물론 후음 앞에서: נַהֲרֵי 강들.

불규칙 명사들: פָּרָשׁ 말(horse)의 복수는 *פְּרָשִׁים 대신 פָּרָשִׁים이다[2]. 이 형태는 פָּרָשׁ 마병(*parraš* 형태)에서 온 פָּרָשִׁים과 같은 모음 표기를 갖는다. 이 두 단어는 단수에서 유사한 형태를 가지며, 그 유사성(따라서 모호성이 있음)은 기계적으로 복수로 확장되었다. לָבָן 하얀의 연계형은 לְבֶן שִׁנָּיִם 이가 하얀 (직역, 이의 흰빛)에서 לְבֶן으로 창 49.12†에서 나타난다; 여기서 *ẹ*는 *q* 대신 사용되는데, 이것은 아마도 유음화 현상일 것이다. חָלָב 우유의 연계형은 חֲלֵב이며, 이 형태는 설명하기 어렵다. 예상하는 바와 같이, עָשָׁן 연기의 연계형은 עֲשַׁן 수 8.20, 21이다†; 그러나 עֶשֶׁן הַכִּבְשָׁן 용광로의 연기에서 עֶשֶׁן 출19.18† 형태가 발견된다; עָשָׁן의 a 모음은 단어의 시작 부분으로 물러나면서 *'ašn* 이 되었고, 이 형태가 쎄골 명사화되어 עֶשֶׁן이 되었다. *qatil* 형태에서 다소 흔한 이 a의 변화는(§ *d*) 아마도 *qatal* 형태에서 עֶשֶׁן에만 나타나는 것으로 보이며, שֶׂכֶר 임금, 급료 잠 11.18에도 나타날 가능성이 있다. אַחַד 하나에 관해서는 § 20 *c*와 100 *b*를 참고하라. אַחַר에 관해서는 § 20 *c*를 참고하라.

---

[1] קְטַל 형태의 복수 형태들은 동일하다(§ A *k*). 예, מְעַטִּים. 따라서 아래의 복수 형태들에서 단수 형태들을 추측해 내는 것은 불확실하다: עֲצַבִּים 우상들, שְׁלַבִּים (사다리의) 계단들(?), חֲרַבִּים (창문 등의) 격자.

[2] 강세 전전 음절에 나타나는 ọ에 대한 다른 예들이 § 96 D *b*, 88 M *j*; 88 L *e* (מָעוֹז에 대하여), *h* (מָגֵן에 대하여)에 나온다. 참고, § 30 *e*. 세쿤다에 χαθαβιμ과 χαθαβωθ 형태가 나타난다. 예, 시 18.48 נְקָמוֹת νακαμωθ; 6.8, 12 צְבָאוֹת σαβαωθ. 또한 참고, 35.20 דִּבְרֵי δαβρη; 18.43 פְנֵי φανη. Brønno, 151을 보라.

c　　　　קְטָל **형태의 변화**. 원시 형태 *qital*에서 왔다(참고, § 88 D *d*). 이 변화는 קְטָל의 변화와 유사하다. ◌ָ는 ◌ֶ처럼 같은 조건들 아래에서 탈락된다. 이 단어들은 그렇게 많지 않지만 대부분 이례적인 형태들이 나타난다. שֵׂעָר 머리카락을 볼 때, 그것과 짝을 이루는 형태인 שַׂעַר*가 있었음을 전제하는 몇 가지 형태들이 나온다: 연계형 וְשַׂעַר 사 7.20; שַׂעְרֵךְ 아 4.1; 6.5; 여성형 הַשַּׂעֲרָה. 원시 히브리어 형태는 어쩌면 *śiʕr*였을 것이다. 이것은 한편으로는 *śaʕr* > שַׂעַר로, 다른 한편으로는 원시 모음을 유지하면서 보조 모음 *a*를 가진 *śiʕar*가 되어 결국 *śeʕar*로 발전했을 것이다; 그후 보조 모음 *a*가 주된 모음이 되어 강세를 갖게 되었을 것이다: *śeʕar* > שֵׂעָר (참고, § A *h*). 일반적인 연계형은 שֵׂעַר이다. 단지 צֵלָע 옆구리만 연계형에서 צֵלַע 또는 צֶֽלַע가 되며, 접미사와 함께 צַלְעוֹ, 복수 연계형에서 צַלְעוֹת가 된다; 또한 여기서도 원시 형태는 아마도 *i*를 가진 *ṣilʕ*이었을 것이다(아랍어 *ḍilʕ*은 더 흔한 형태인 *ḍilaʕ* 외에도 나타난다). נֵכָר 이방인(추상적 의미에서)은 연계형에서 נֵכַר 신 31.16†가 된다([1]). 원시 형태는 *nikr*였을 것이다. *qital* 형태는 다른 어떤 추상 명사에도 나타나지 않는 것 같다.

d　　　　**제 13 변화**. זָקֵן 늙은, 노인(כָּתֵף 어깨). *Qatil* 형태(참고, § 88 D *b*). 원시 형태 *zaqin*은 일반적으로 זָקֵן이 된다. 연계형에서 ◌ֵ는 ◌ַ로 바뀐다: זְקַן (필리피 법칙§ 29 *aa*). 이것이 대부분의 단어에 나타나는 연계형이다. 그러나 일부 단어들에서 이 קְטֵל 형태의 모음은 첫 번째 자음으로 이동하여 *qatl*이 되고, 다시 쎄골화하여 קֵטֵל 또는 קֶֽטֵל이 된다. 따라서 연계형 כֶּֽתֵף 어깨, יֶֽרֵךְ 허벅지, גֶּֽדֵר 벽, 담 עֶֽרֵל과 함께 עֲרֵל 할례받지 않은, כָּבֵד 1회 외에 כֶּֽבֵד 1회 무거운; גֵּזֶל 강도, 약탈이 나온다(이와 같이 짝을 이루는 단어가 어떤 형태를 취해야 할런지는 발음의 조화에 달려 있다)([2]).

불규칙 형태들: ◌ֵ는 חֲמֵשׁ 다섯(참고, 여성 חֲמִשָּׁה, § 100 *d*), בְּעֵקֶב 창 25.26† 그리고 יָרֵא에서 유지된다. 이와 반대로, 그것은 כְּאָבֶל־אֵם 시 35.14에서 ◌ֶ로 단축된다(비교, 연계형 חֵלֶב과 לְבֶן, § *b*). 접미사들과 함께 일반적으로 강세 전에 오는 ◌ֵ와 함께 כְּתֵפִי, זְקֵנִי 같은 형태들이 나타난다.

---

[1] Fox (2003: 215)의 입장과 달리 강세 *ē*를 보존하는 것이 정상적이다.

[2] 이 연계형의 이중 형태를 פ״י 명사의 첫 자음이 탈락된 이중 연계형과 비교하라(§ 75 *m*). 예, *lidat* > לֶֽדֶת, 절대형과 연계형 לֶֽדֶת, *śinat* > שֵׂנָה, 연계형 שְׂנַת.

복수: 강세 전에 오는 ◌ָ와 함께 절대형 זְקֵנִים; 연계형 זִקְנֵי (דִּבְרֵי처
럼), 그러나 후음인 첫 번째 자음과 함께 올 때: חַבְרֵי 동료들; חַנְפֵי 불경스러운;
עַרְלֵי חַצְרֵי 안뜰; עַרְלֵי 할례받지 않은. 절대형 זְקֵנִים의 무거운 어간 형태 זְקֵן은 가
벼운 접미사와 함께 사용된다: זְקֵנֵי. 연계형 זִקְנֵי의 가벼운 어간 형태 זִקְן은
무거운 접미사와 함께 사용된다: זִקְנֵיכֶם.

◌ָ는 다음과 같은 동사적 형용사들의 복수 연계형에서 마지막 전음
절의 모음으로 나타난다: שְׁכֵחֵי 1회, שְׂמֵחֵי 1회 외에 שִׂמְחֵי 1회, אֲבֵלֵי 1회,
יְשֵׁנֵי 1회 חֲפֵצֵי 1회 (비교, ◌ָ의 첨가, 예, גְּדֵרֵי, § A q). 그러나 יָרֵא 두려워 하
는은 규칙적인 형태를 가지고 있다: יִרְאֵי와 יִרְאַת. יָתֵד 말뚝의 접미사를 가
진 복수 형태 יְתֵדֹתָיו 등에서 ◌ָ는 불규칙적이다(연계형 יִתְדֹת); 참고, § 97
B e, 첫 번째 각주.

אַחֵר에 관해서는 20 c를 참조하라.

e   קָטֹל 형태의 변화. 원시 형태 qatul(참고, § 88 D c). קָטֹל의 연계형
은 קְטֹל이나 (קֲטָל과 קְטֵל의 연계형처럼) 또는 קָטֹל이다: גְּבֹהַּ 높은(1)(절대
형 גָּבֹהַ); גָּדֹל/גְּדָל, קְדֹשׁ, קָטֹן, טָהֹר טְהָר) (그리고 טָהֹר), זְקֵן의 연계형에서처
럼(§ d) 모음이 첫 자음으로 옮겨가 qatl 형태가 되고, 이 형태는 쎄골화하여
קֶטֶל이 된다. אֶרֶךְ 긴(2)(절대형 אָרֹךְ), 예, אֶרֶךְ אַפַּיִם 노하기를 더디함(라틴
어 longanimis). 이때 변화에 나타나는 어미가 첨가되면서 자발적인 중복이
일어난다(3). עֲגֻלִּים 둥근, אֲדֻמִּים 붉은; עֲמֻקָּה 깊은. 그러나 후음 앞에서는
그렇지 않다: גְּבֹהִים. 참고, § 18 e. 그밖에 다른 곳들에서도 מְתוּקָה 달콤함,
단 것이 나타난다.

f   제 14 변화. שָׂדֶה 들판. ◌ֶ◌ 모음 표기를 가지고 있는 ל״ה 어근에
서 온 대부분의 명사들은 qatal이다(참고, § 88 D a); 일부는 qatil이다(§ 88
D b): 예, חָזֶה 가슴(아마도). 원시 형태가 무엇이었든 간에 qatil 형태들의
어형 변화는 qatal의 어형 변화와 유사하다. שָׂדֶה에서 그 원시 형태 śaday
는 드물게 시문에 나오는 שָׂדַי 형태에 보존되어 있다. 이중 모음 ay가 ē로
축약되어 두 가지 다른 형태로 나타난다: 절대형 שָׂדֶה의 e와 연계형 שְׂדֵה

---

1 이것은 유일한 예이지만, 후음 때문에 설득력이 없다.

2 이것은 유일한 예이다. אָרֹךְ의 기원으로 보이는 אָרֹךְ* 형태는 존재하지 않음을 주목하라. 참고,
Torczyner 1911: 273.

3 גְּדֻלָּה 위대함은 גְּדוּלָה의 다른 형태로서 사전적으로 특화된 용법일 수 있는가?

의 *e*([1]). 어떤 소유격 접미사들 앞에서(어형 변화표 20을 보라) *ē*는 ◌ᵉ 또는 (◌ᵉ 앞에서, 참고, § 29 *f*) ◌로 유지된다; שָׂדְךָ (휴지 형태, 따라서 다른 어근들에서 온 명사들의 휴지 형태: שָׂדֶךָ § 94 *c*), שָׂדְךָ (여기에서 סוּסֶךָ 형태가 왔다), שָׂדֵהוּ, שָׂדֵנוּ שָׂדָהּ, (여기서 סוּסֵנוּ 형태가 왔다). 다른 인칭 접미사들 앞에서 중간 자음 탈락 현상이 나타난다: שָׂדִי, שָׂדְךָ, שָׂדָם은 סוּסִי, סוּסָם סוּסְךָ을 유추하여 만들어졌다; 마찬가지로 3인칭의 희소한 형태 שָׂדוּ, שָׂדָהּ가 있다([2]). (비교, 인칭 접미사와 함께 오는 הָ◌를 가진 동사 형태들, § 79 *k*). 이 형태는 복수 어미 앞에서도 중간 자음이 탈락된다: שָׂדִים*, שָׂדוֹת; 항구적 복수 פָּנִים 얼굴. 외관상 복수로 보이는 형태들(apparent plurals)에 관해서는 § C *e*를 참조하라.

§ 96 C. 안정된 첫 모음과 두 번째 원시 단모음 명사의 변화

a   이 범주의 명사들은 첫 번째 모음이 열린 음절에서 원래 길지만, 닫힌 음절에서는 짧으며 두 번째 모음은 짧다: 예, *qātal*과 *maqtal*, *qātil*과 *maqtil* 형태들([3]). 어형 변화의 특징은 일반적으로 둘째 모음에서만 나타난다(하나의 예외, § *c*). 어형 변화는 하나의 *qātal*, 하나의 *qātil*, 그리고 ל״ה 어근에서 온 하나의 *qātal - qātil*을 포함한다.

b   **제 15 변화**. עוֹלָם 영원함(*qātal* 형태, § 88F *a*)과 열린 음절에 어원적으로 긴 첫 번째 모음이나, 닫힌 음절에 짧은 두 번째 모음 *a*를 가지고 있는 다른 명사들(예, מַקְטֵל). 이 명사들의 변화는 매우 단순하다. 첫 번째 모음은 안정적이고, 두 번째 모음 *a*는 דָּבָר의 두 번째 모음처럼 취급된다. § B *b*. 이례적인 연계형들: אוֹלָם; מִבְטָח 시 65.6(히), 잠 25.19; מַתָּן 잠 18.16.

ל״א 동사의 니팔 분사에서(נִמְצָא 형태) 일반적인 נִמְצָאִים 형태 (עוֹלָמִים, דְּבָרִים에서처럼 강세 전에 ◌를 가짐) 대신에 נִמְצָאִים 형태가 자

---

[1] וַיִּגֶל는 명령형 גְּלֵה와 구분됨을 비교하라. § 79 *e, f*. 또한 이 모음의 실제 음질에 대한 관찰을 참고하라: § 79 *e* 관찰 2.

[2] ל״ה 명사가 일반적인 명사에 영향을 미치며, 일반적인 명사도 ל״ה 명사에 영향을 미치고 있음이 분명하다.

[3] 두 개의 음절 이상으로 구성된 단어들에 있어서 첫 번째와 두 번째 음절보다 어미에서 두 번째 (음절의) 모음과 마지막 모음을 발음해야 한다.

주 발견된다; 예로, 거의 항상 נִמְצָאִים과 נְבָאִים 형태가 나타난다(§ 78 *h*)[1]. 이와 반면에, מִקְרָאִים 집회들의 연계형은 강세 전의 모음으로서 불규칙적인 ◌ֵ를 갖는다: מִקְרָאֵי[2](비교, חֲטָאֵי, § A *e*, גְּדָיֵי, § A *q*).

מַקְטֵל 형태의 몇 가지 명사들은 복수에서 자발적인 중복을 취한다(§ 18 *f*). 예, מַעֲמַקִּים 깊은 곳들, מַחֲמַדִּים 아름다운 것들, מַרְבַדִּים 양탄자, מַטְעַמִּים 뭉근한 불에 오래 끓인 음식(stew), מַעֲדַנִּים 기쁨, 별미; מִקְטֵל 형태의 예, מִשְׁמַנִּים 기름진 음식들, מִכְמַנִּים 보물, 재물(가상 중복과 인칭 접미사와 함께, מִבְטַחִי 등, § 20 *c*). 다른 형태들을 갖는 명사들: עֲקְרַבִּים 전갈들, אַשְׁמַנִּים (의미가 불분명함); נִכְבַּדֵּי (그러나 נִכְבָּדִים) 존경받는. 첫 번째 음절이 닫혀 있다는 사실은 두 번째 음절도 마찬가지로 닫히도록 만든 것으로 보인다. מוֹרַג(다른 형태 ◌ַ) 사 41.15의 복수는 *a*가 *i*로 약화되어 מוֹרִגִּים이 된다[3].

c   **제 16 변화.** אֹיֵב 원수(*qātil* 형태, § 88 F *b*)와 다른 명사들. 이것들은 열린 음절에서 첫 번째 원시 장모음이나 닫힌 음절에서 첫 번째 원시 단모음을 가지며, 두 번째 원시 단모음 *i* > ◌ֵ 모음을 갖는다(예, מַקְטֵל, מִקְטֵל). 첫 번째 모음은 안정적이고, 두 번째 모음 ◌ֵ는 זָקֵן의 두 번째 모음처럼 취급되지 않는다. § B *d*

반면 זָקֵן에서 ◌ֵ는 연계형에서 유지되지 않고 열린 음절에서는 유지된다(זְקֵנִי, זְקֵנִים), אֹיֵב에서 (그리고 대부분의 다른 형태들에서도) ◌ֵ는 일반적으로 연계형에 유지되고 열린 음절에는 유지되지 않는다(אֹיְבִי, אֹיְבִים).

연계형은 분사 형태들 קֹטֵל, מַקְטֵל, מִתְקַטֵּל에서처럼 일반적으로 ◌ֵ를 갖는다. 예, שֹׁפֵךְ 창 9.6; חֹלֵם 신 13.6; 실명사화된 형태로서, כֹּהֵן 제사장, חֹתֵן 장인, 아내의 아버지(קֹטֵל 형태는 드물다: אֹבֵד 신 32.28†[시문 형태], 고유 명사 עֹבַדְיָה; נֹטַע 시 94.9); 또한 예, תֵּבֵל 세계(orb), מָגֵן 방패(이 두 형태

---

[1] 이 두 단어에서 발음이 마치 무시된 것처럼 빠르게 나오는 것은 아마도 그것들이 빈번하게 사용되기 때문일 것이다. 슈바가 있는 대부분의 경우에 연결 악센트가 온다. 중요한 예외들은 삼상 19.20; 3켈 13.16, 38.17; 대하 25.1 크레, 특히 아트나흐와 함께 오는 켈 20.30 נִמְצָאִים이다. 참고, 1987: 134f.

[2] 이상한 형태인 תֹּשְׁבֵי 거주자들 왕상 17.1†은 의심스럽다(참고, 칠십인역). 참고, מוֹשָׁב에서 온 מוֹשְׁבֵי 켈 34.13.

[3] von Soden 1988에 따르면 세 번째 자음이 중복된 많은 복수 형태들은 강한 감정적인 어조를 전달한다.

는 불변하는 첫 모음을 가진다), עָקֵשׁ 왜곡된, מַקֵּל 막대기, 지팡이(1회 מַקֵל).
그러나 מַקְטֵל 형태는(§ 88 L *g*) 연계형 מִקְטֵל을 갖는다[1](◌◌가 ◌◌로 이화되
었다; 참고, Brockelmann., *GvG*, I 147); מַרְבֵּץ 쉼터, 연계형 מִרְבַּץ; 그리고 마
찬가지로 מִרְזֵחַ, מַשְׁעֵן, מַשְׁבֵּר 자궁의 입구(?); מִשְׁעָן 지지, 지원; מַרְזֵחַ
소란스러운 잔치. מִקְטֵל 형태도 마찬가지이다(מַקְטֵל 대신에, § 88 L *i*): מִסְפֵּד,
מִסְפֵּד 통곡, 애곡; מִזְבֵּחַ, מִזְבֵּחַ 제단.

             열린 음절에 오는 ◌◌ 모음은 몇 개의 단어에서 유지된다. 따라서는
קְטֵל 형태에서(§ 88 H *b*) 오직 שְׁלֵשִׁים 세 번째 세대(삼대)와 רִבֵּעִים 네 번째
세대(사대)에만 나타난다; מַקְהֵלִים, מַקְהֵלוֹת 모임들, 집회들; מַחֲרֵשׁוֹת 보습
들(농기구); מַצֵּבוֹת 돌기둥들; מַסֵּכוֹת 부어 만든 형상들; מוֹעֵצוֹת 의회, 위원회;
מוֹסֵרוֹת 끈, 띠들; סַנְוֵרִים 갑작스런 눈멈, 헛된 환상; פַּרְדֵּסִים 정원들. 분사 형
태에서 ◌◌는 몹시 드물게 유지된다. 예, שֹׁמֵמִין 애 1.4; 1.16 שׁוֹמֵמִים(비교,
여성 형태 § 97 C *a*)[2].

             반(semi)-닫힌 음절에서 즉 ךָ, כֶם 앞에서 ◌◌ 또는 ◌◌가 나타난다. 그러
나 첫 자음 후음과 함께 ◌◌가 나타난다: אַהֲבָךְ, גַּאֲלָךְ, אֹסְפְּךָ, אֹיִבְךָ, יֹצֶרְךָ.
셋째 자음 후음과 함께 בֹּרַאֲךָ 형태와 שֹׁלַחֲךָ 형태가 나타난다. מָגֵן 방패(גנן
어근)는 불변하는 ◌◌를 가지고 있다: 연계형 מָגֵן (위를 보라), מָגִנִּים,
מָגִנֵּי, § 88 L *h*를 보라.

d   **안정된 첫 번째 모음과 *u* > ◌◌의 두 번째 모음을 가진 명사의 변화.** ◌◌
는 קְטֹל 형태처럼 취급된다(§ B *e*). 예, עֵירֹם 벌거벗음, עֵירֻמִּים; קַרְדֹּם 도끼,
קַרְדֻּמּוֹת, קַרְדֻּמּוֹ. מָעוֹז에 관해서는 § 88 L *e*를 참조하라.

e   **제 17 변화.** חֹזֶה 선견자(ל״ה 어근과 닫힌 음절에서 첫 번째 원시 단모
음을 가진 명사들의 *qātal*과 *qātil* 형태들: 예, מַעֲלֶה 히필 분사 올라가게 하다
와 명사 오름, 오르막길)[3]. 어원적으로 말하면, 열린 음절에서 길고 닫힌 음절
에서 짧은 첫 번째 모음은 변하지 않는다. שָׂדֶה는 שָׂדֶה처럼 취급된다. § B *f*.

             הָעֹשֶׂה 겔 7.15에서 절대형에 ◌◌ 대신 ◌◌가 나타난다; 이와 반대로,
רֵעֶה 삼하 15.37; 16.16; 왕상 4.5†에서 연계형에 ◌◌ 대신 ◌◌가 나타난다.

---

[1] 그러므로 מִקְטֵל 형태는 모호하다. 그것은 מִקְטָל, מַקְטֵל 또는 מִקְטֵל에서 온 것일 수 있다(아
래를 보라).

[2] Garr 1987: 147에 나오는 논의를 보라.

[3] 아마도 분사는 *maqtil*, 실명사는 *maqtal*일 것이다.

이 모든 비정상적인 형태들은 의심스럽다.

הֶם를 가지고 있는 (모든 형태의) 명사들에서 복수로 보이는 형태들 (참고, § 94 *j*). 어떤 인칭 접미사들은 발음상, 그리고 일반적으로 철자법에서도 복수로 보이는 형태들을 가지고 있지만 사실상 단수이다. 이 형태들에서 *ay* 어미는 *e*로 단축되었다. 이때 *e*는 일반적으로 복수에서처럼 יֵ와 함께 나오는 ֵי로 기록된다. י가 없는 형태들: נְוֵהֶם 그들의 목장 렘 49.20; 겔 34.14; אֹפֵהֶם 그들의 빵 굽는 자 호 7.6. י를 가지고 있는 형태들: מַרְאֵיהֶם 그들의 모습 단 1.15, מַרְאֵיהֶן 창 41.21; 나 2.5; נוֹטֵיהֶם 그것들을 펼치는 자 사 42.5(참고, § 136 e, n.); מַחֲנֶיךָ 너의 진지 신 23.15(מַחֲנֶךָ 뒤에), שָׂדֶיךָ 너의 들판 왕상 2.26; מִקְנֶיךָ 너의 가축 사 30.23.

§ 96 D. 첫 번째 원시 단모음과 두 번째 원시 장모음을 가진 명사 변화

a　　이 명사들의 두 번째 모음은 어원적으로 길고, 따라서 보존된다. 원시 단모음인 첫 번째 모음은 탈락되는 경향이 있다; כְּתָב와 שְׁאָר 같은 일부 형태들에서 그 원시 모음은 사라지기까지 한다. פָּקִיד의 형태 변화는 강한 어근의 *qatīl* 형태에 대한 예이고, עָנִי는 ל״ה 어근에서 온다. 마지막으로 כְּתָב는 *qitāl* 또는 *qutāl*의 예이다.

b　　**제 18 변화**. פָּקִיד 감독관, 관리와 원시 단모음 *a*를 첫 번째 모음으로, 그리고 원시 장모음을 둘째 모음으로 갖는 다른 명사들: 예, קָטוֹל, גָּדוֹל(생략될 수 없는 *o*와 함께, § 88 D *c*)[1], מָקוֹם, שָׁלוֹם.

원시 단모음 *a*는 강세 전의 위치에서 ָ가 된다. 그것은 연계형에서처럼 일반적으로 강세 전전 위치에서 탈락된다. 예외들[2]: שָׁלִישׁ 부관, 세 번째 사람(군인), 입증되지 않은 연계형 שָׁלִישׁ; 복수 שָׁלִשִׁים, 입증되지 않은 연계형 שָׁלִשָׁיו. [(סָרִיס 환관에서 일부 형태들은 *qatīl*을, 다른 형태들은 *qattīl*을 전제한다: 연계형 סְרִיס; 복수 סָרִיסִים, 연계형 סָרִיסֵי (1회) (סְ), סָרִיסָיו 등. פָּרִיץ 벽을 무너뜨리는 자도 마찬가지이다: 연계형 פְּרִיץ; 복수 פָּרִיצִים, 복수

---

[1] 연계형 גְּדָל־과 גְּדָל־; 마찬가지로 טְהָר־와 טְהָר־이다.

[2] 이례적으로 불변하는 ָ에 대한 다른 예들: פָּרָשִׁים (§ B *b*), עָנָן (§ C *c*), מָעוֹז (§ 88 L *e*); 여성, § 97 D *b*, E *b*, G *b*.

연계형 פָּרִיצֵי)]. שָׁבוּעַ 주, 일주일은 다음과 같은 복수 형태들을 가지고 있다: שָׁבֻעִים, שָׁבוּעֹת, 연계형 שָׁבֻעֹתֵיכֶם (§ 14 c 2); 그러나 쌍수 שְׁבֻעַיִם 레 12.5†(비교, 절대형 שָׁבֻעֹת 맹세 겔 21.28, שְׁבוּעָה에서 옴).

qatalān 형태의 어형 변화에 대한 예로, זִכָּרוֹן, 연계형 זִכְרוֹן (¹), 복수 זִכְרֹנִים이 있다. 참조, § 88 M b.

c **제 19 변화.** עָנִי 고통받는 자, 압제 당하는 자, 온유한 자(ל"ה 어근의 qatīl 에서 온 형태, § 88 E b). 첫 번째 모음 ◌ָ는 פָּקִיד에서처럼 취급된다(§ b). 복수에서 'anīyīm이 'aniyyīm > עֲנִיִּים이 된다(비교, 여성 עֲנִיָּה 형태); 단축과 함께: שָׁנִי 진홍색, 복수 שָׁנִים (참고, § 90 b).

d **제 20 변화.** כְּתָב 기록, 책(§ 88 E f). 이 명사에서 첫 번째 원시 모음은 아마도 i일 것이다(아랍어 kitāb 책); 다른 단어들에서는 u이거나 a일 수도 있다. 여기에서 원시 장모음 ā를 나타내는 ◌ָ는 חֲמַת רַבָּה 암 6.2†를 제외하고 모든 어미 변화에서 유지된다. קָטֵל 형태들과(§ 88 H a) 연계형에 ◌ָ가 있는 ◌ָן을 가진 형태들을 비교하라(§ 88 M a). 복수 연계형의 예, מְצָדוֹת 요새 삼상 24.1; 사 33.16(단수 מְצָד; 비교, תְּעָלָה § 97 D b).

§ 96 E. 두 개의 자음과 하나의 원시 단모음을 가진 명사 변화

a **qal > קָל 형태**(§ 88 B a). ◌ָ는 몇몇 가벼운 특징들을 제외하고 דָּבָר의 마지막 ◌ָ처럼 취급된다(§ 96 B b). 예, יָד 손, 연계형 יַד, יֶדְכֶם 그러나 (§ 29 e); 복수 יָדוֹת, יְדוֹת; 쌍수 יָדַיִם, יְדֵי, יְדֵיכֶם; דָּם 피, 연계형 דַּם, דְּמֵי, 그러나 דִּמְכֶם (§ 29 g); 복수 דָּמִים, דְּמֵי. 분사 קָם에서 ◌ָ는 변하지 않는다: 복수 연계형 קָמֵי (§ 80 d).

불규칙 명사들 אָב, אָח, חָם은 § 98 b를 참조하라.

b **qil > קֵל 형태**(§ 88 B b). ◌ֵ는 זָקֵן의 경우처럼 취급되지 않는다(§ 96 B d). 그것은 연계형에서 대부분 유지된다. 예, 연계형 אֵל 신(god), עֵץ 나무, שֵׁם (6회만 שֶׁם이다). 그러나 בֶּן이다(거의 항상 마켑과 함께)(²). 어형 변화

---

¹ 절대형 חַלָּמִישׁ, 연계형 חַלְמִישׁ 화강암에 나오는 절대형과 연계형 사이의 관계와 동일하다.

² אָב의 어형 변화에 나오는 ◌ָ와 비교하라(§ 96 C c).

된 형태들의 예, עֶצֶב, עָצְבֵּ֫ךָ, עֲצָבִים, עֲצַבֵּי, עֲצַבֵּ֫ינוּ; (마찬가지로 אֵל, אֵלִי, אֵלִים); 그러나 שֵׁם, שְׁמִי, שִׁמְךָ, שְׁמָם, שִׁמְכֶם (또한 마찬가지로 בְּנוֹ 등); 복수 שֵׁמוֹת, 연계형 שְׁמוֹת. 분사 מֵת에서 ◌ֵ는 변하지 않는다: 복수 연계형 מֵתֵי (§ 80 *d*).

불규칙 명사 בֵּן은 § 98 *c*를 참조하라. *qall* עַם, *qill* אֵם, *qull* חֹק 형태의 명사들은 이 부류에 속하지 않는다. 참조, § 96 A *n, o, p*.

§97. 여성 명사의 어미 변화
(어형 변화표 18)

여성 명사는 단수 또는 복수에 여성 어미를 가진 명사이다(§ 89 *a*). 여성 명사는 (실제로 또는 가정적으로) 그에 해당하는 남성 명사에 여성 어미 ◌ָה, ◌ֶת(◌ַ֫עַת, ◌ֶ֫בֶת, ◌ֶ֫רֶת, ◌ַ֫חַת, 또는 앞의 모음을 갖지 않은 ◌ת) 중 하나가 첨가되어 만들어진다(§ 89 *d-j*). 남성 형태에 영향을 줄 수 있는 변형들(modifications)은 각각의 특별한 어형 변화를 다룰 때 소개할 것이다.

이 단락은 대문자 A, B, C, D, E, F, G로 표시된 몇 개의 소단락으로 구분할 것이다. 이것은 § 96의 구분법과 일치한다. (A) 하나의 원시 모음만 가진 명사 변화; (B) 두 개의 원시 단모음을 가진 명사 변화; (C) 첫 번째 불변하는 모음과 두 번째 원시 단모음을 가진 명사 변화; (D) 첫 번째 원시 단모음과 어원적으로 긴 두 번째 모음을 가진 명사 변화; (E) 두 개의 자음과 원시 단모음을 가진 명사 변화; 또한 (F) 쎄골 어미의 변화; (G) ◌ִית, ◌וּת, ◌ָה를 가진 명사 변화.

§97 A. 하나의 원시 모음만 가진 명사 변화

a　　　이 부류는 *qatl, qitl* 그리고 *qutl* 형태의 여성 명사들을 포함하며, 이 형태들에 해당하는 남성 명사들 대부분은 쎄골 형태화 되었다. 여성 명사를 형성하기 위해 *at > å*가 원시 형태에 첨가되고, 여기에서 *qatlat, qitlat* 그리고 *qutlat* 형태가 나온다. 예, מַלְכָּה 여왕, סִתְרָה 보호, טֻמְאָה 불결함. 가끔 원시 모음이 접미사를 가진 남성 명사처럼 변한다. 예로 **kabś* (כֶּ֫בֶשׂ 어린 양)은 여

성 형태 כִּבְשָׂה 외에 כַּבְשָׂה 어린 암양이 있다(§ 88 C b). *raśc (רֶשַׁע, 불법, 악행)는 רְשָׁעוֹ에서처럼 i를 갖는 (유사어) 여성 רִשְׁעָה를 가지고 있다 (비교, מַלְכִּי 외에 בִּטְנִי와 같은 형태, § 96 A c)(¹). qitl 형태에서 첫 자음 후 음 아래에 ◌ָ가 사용된다(§ 21 e). 예, *ḥilq (חֵלֶק 부분, 몫)처럼 חֶלְקָה처럼 חֶלְקִי 가 있다(§ 96 A e); 마찬가지로 עֵגֶל 송아지, עֶגְלָה처럼 עֶגְלַת 암송아지가 있고, עֵזֶר 도움, עֶזְרָה처럼 עֶזְרִי가 있다. qutl 형태에서 u는 남성 변화에서처럼 거 의 항상 ◌ָ가 된다. 예, קָרְחָה (머리의) 벗겨진 부분, § 96 A g(참고, קָרְשִׁי처럼 § 88 C j). 원시 u는 טֻמְאָה 불결함(순음 앞에서)과 여성 고유 명사 חֻלְדָּה (비 교, חֹלֶד 족제비 또는 두더지)에 보존되어 있다.

제 2 후음과 함께: נַעַר 소년, 청년, 여성 נַעֲרָה 처녀, 젊은 여자(비교, נַעֲרִי); טָהֳרָה 정결함(비교, פָּעֳלִי), בָּאְשָׁה 잡초(비교, בְּאֹשׁ 악취에서 온 בָּאְשׁוֹ, § 96 A k).

ע״ע 어근: רַב 많은, 여성 רַבָּה; (후음과 함께) רַע 나쁜, רָעָה; חֹק 몫, 법령, חֻקָּה 법령(비교, חֻקִּי).

ל״ה 어근: אַלְיָה 기름진 꼬리(*ᵓaly에서 옴. 비교, *pary에서 온 פְּרִי); שִׁבְיָה 유배(šaby에서 옴. 여기에서 שְׁבִי가 옴)에서 a가 i로 약화됨(비교, שִׁבְיוֹ). 이 차적인 형태인 גְּדִי 어린 염소, אֳנִי (배의) 함대에서 다음과 같은 여성 명사들이 형성되었다: גְּדִיָּה 어린 암염소, אֳנִיָּה 배.

b 제 21 변화. מַלְכָּה 여왕(qatlat 형태, § 88 C b). ◌ָ는 דָּבָר의 마지 막 ◌ָ처럼 취급된다: מַלְכָּתְךָ, מַלְכָּתִי. 그러나 무거운 접미사와 함께 올 때: מַלְכַּתְכֶם이다. 복수: 절대형 מְלָכוֹת는 남성형 מְלָכִים의 강세 전 카메쯔를 유추하여 강세 전 카메쯔를 갖는다. § 96 A b(남성 복수의 카메쯔는 단수의 보조 모음에서 온 것일 가능성이 있다)(²). 연계형: מַלְכוֹת (מַלְכִי처럼 마찰 음 כ와 함께). 연계형의 어간 형태가 모든 접미사와 함께 사용되는 것을 주목 하라(남성 쎄골 명사와 דְּבַר 및 זְקַן 형태에서 복수 중복어간 형태와 비교하 라). מַלְכוֹתַי*와 같은 형태는 카메쯔가 강세 전전 음절에 오기 때문에 상당히 이례적이다(비교, מְלָכֵיכֶם*은 불가능한 형태이다. § 96 A b 마지막 각주).

---

¹ Qatlat는 קִטְלָה가 되었을 것이다. 그러나 확실한 예가 없다.

² 따라서 쎄골 명사 부류 외에는 강세 전 카메쯔가 없다. 예, מִרְמָה 속임, 사기, 복수 מִרְמוֹת(*מַרְמוֹת 가 아니다); מִצְוָה, 복수 מִצְוֹת(מִקְטְלָה 형태, § 88 L f).

쌍수는 § 91 *b*를 참조하라.

c   ***qitlat*** (§ 88 C *h*)와 ***qutlat*** (§ 88 C *j*) **형태의 변화**. (קְטַלָה קְטֵלָה)와
קְטֻלָה קְטֵלָה (קְטֵלָה)의 변화와 קְטֻלָה의 변화는 완전히 대칭을 이룬다. 따라서
שִׁפְחָה 여종으로부터 온 형태들은 다음과 같다: 복수 절대형 שְׁפָחוֹת, 연계형
שִׁפְחוֹת; חָרְבָּה 폐허에서 온 형태들은 복수 절대형 חֳרָבוֹת, 연계형 חָרְבוֹת
(비교, קְדָשִׁים, חֳדָשִׁים, § 96 A *g*); 그러나 עָרְלָה 포피(foreskin)에서 온 형태
는 הָעֲרָלוֹת 수 5.3†, 연계형 עָרְלוֹת가 있다[1].

        תְּאֵנָה 무화과(*qtil* 형태, § 88 C *i*)의 어형 변화에서는 ◌ֵ가 유지된다:
תְּאֵנָתִי, תְּאֵנִים, תְּאֵנֵי(비교, בְּרֵכָה, § 97 B *b*).

§ 97 B. 두 개의 원시 단모음을 가진 명사 변화

a   이 부류는 두 개의 원시 단모음을 가진 여성 명사들(§ 88 D), 특히
*qatal, qatil, qatul*을 포함한다.

b   **제 22 변화**. צְדָקָה 정의(*qatalat* 형태). 원시 형태 *ṣadaqat*는 절대형
에서 צְדָקָה가 된다; 이때 강세 전전 음절에 있는 첫 번째 모음은 탈락된다.
연계형에서 *ṣadaqat*는 צִדְקַת가 되며, 이때 *a*가 *i*로 약화된다(§ 29 *g*). 여기
의 슈바는 중간 슈바이며, 따라서 셋째 자음으로 오는 브가드크파트는 마찰음
이 된다. 인칭 접미사와 함께: צִדְקָתִי, צִדְקָתְךָ. 그러나 צִדְקַתְכֶם. 복수에서
*ṣadaqat*는 절대형에서 צְדָקוֹת가 되지만, 연계형에서 *ṣadqāt*는 צִדְקוֹת가
된다("중간" 슈바와 함께). 연계형의 어간 형태가 모든 인칭 접미사와 함께 사
용되는 것을 주목하라(מַלְכוֹת처럼, § A *b*).

c   연계형 צִדְקַת에서 세 번째 어근 브가드크파트는 마찰음으로 발음된
다. 예, נִדְבַת 관대함; 그것은 חֲרַדַת 공포(חֲרָדָה에서 옴), בִּרְכַּת 축복에서 파
열음이 된다(그러나 בִּרְכוֹת, בִּרְכָתִי). *ṣadqat*의 첫 음절의 *a*는 אַדְמַת 땅에
서 유지된다. 그렇지 않으면, 후음 뒤에서 이차적인 *i*는 *e*가 된다: חֶרְדַּת와
עֶגְלָתוֹ (עֶגְלָה 마차, 수레에서 옴). עֲטָרָה 왕관에서 온 연계형은 쎄골화된다:
עֲטֶרֶת. עֲטָרָה (4회) 무리, 모임은 렘 9.1(한 9.2)의 연계형뿐 아니라 절대형에서처

---

[1] חָכְמוֹת 지혜 형태에 관해서는 § 96 A *b*를 참조하라.

럼(4회) עֲצֶרֶת이다; 휴지 형태 עָצָרֶת 대하 7.9. 접미사를 가진 יִבְמָתוֹ, יְבִמְתֵּךְ 시누이, 올케 형태는 쎄골 형태 יְבֶמֶת*에서 파생되었다(i는 a에서 약화된 것이다); 절대형은 성경에서 입증되지 않는다(미쉬나에 יְבָמָה가 있다).

d   *qatilat > קְטִלָה* **형태의 변화**[1]. *qatilat* 형태를 가진 명사의 변화는 눈에 띄게 비정상적인 형태들로 나타난다: 이것들은 한편으로 ◌̣를 유지하는 경향이 있지만, קְטִלָה 형태에 해당하는 ◌̣는 탈락된다. 이 부류에 속하는 대부분의 명사들은 이런 저런 형태의 특징들을 갖는다. קְטִלָה 형태의 명사들은 두 개의 그룹으로 구분될 수 있다: 일부 명사들은 어형 변화할 때 ◌̣를 유지하고(תְּאֵנָה처럼, *qtil* 형태, § 97 A *c*), 다른 명사들은 그렇지 않다.

◌̣는 다음 명사들에서 유지된다: בְּרֵכָה 연못, 연계형 בְּרֵכַת[2], 복수 בְּרֵכוֹת(절대형과 연계형); גְּזֵלָה, גְּזֵלַת 약탈; טְמֵאָה, טְמֵאַת 불결함, מְלֵאָה, מְלֵאָתִי 가득함(연결의 히렉, § 93 *m*); שְׁאֵלָה 요청, שְׁאֵלָתִי 등, 그러나 욥 6.8, שְׁאֵלָתָם 시 106.15.

반면에, 다음과 같은 형태들이 나타난다: נְבֵלָה, נְבְלַת 시체[3]; בְּהֵמָה 짐승 בֶּהֱמַת (후음 뒤에 *i* 대신 *ę*가 옴), 복수 연계형 בַּהֲמוֹת. 그러나 예로, בֶּהֶמְתֵּנוּ처럼 인칭 접미사를 가진 단수 형태들은 쎄골 형태의 이중어(doublet)인 בֶּהֶמֶת*를 전제한다; חֲשֵׁכָה 어둠, חֶשְׁכַּת (후음 뒤에 *i* 대신 *ę*가 옴).

יַרְכָה* 측면은 יַרְכְתֵי, יַרְכָתַיִם, יַרְכְתוֹ 형태들을 갖는다. כ가 마찰음이 되는 יַרְכָה* 형태를 전제한다(יָרֵךְ 엉덩이, 허벅지의 여성 형태). 원래 יַרְכָה* 형태를 제시하는 ◌̣ 모음은 어디에서 왔는지 알려지지 않고 있다.

e   *qatilt* 형태는 쎄골화에 의해 קְטֶלֶת가 된다(*qatalt*처럼, § *c*); 따라서 גֶּדֶר 벽, 담, גְּדֶרֶת*(참고, 시 62.4), גְּדֶרֶת[4]; חֲבֶרֶת*. אֱמֶת 동료, אֱמֶת에서 (אֲמִתּוֹ 시 19.10) 원시 형태 *'amint*는 *'amę'nęt*, *'amętt*가 되었고, (매우 짧고 강세 없는) 첫 번째 모음이 강세 있는 모음에 동화되어 *'amętt*, אֱמֶת

---

[1] פְּלֵיטָה 형태가 주로 완전 철자법으로 기록되는 점에 근거하여 Barr (*Spellings*, 141)는 지소사 (diminutive)인 *qutailat* 형태라고 주장한다. 물론 이 형태는 아랍어에서와 달리 히브리어에서 매우 드물게 나타난다. 참고, Barth, *Nominalbildung*, § 192d & Brockelmann, *GvG*, I § 137 a.

[2] בְּרָכָה 축복에서 온 בִּרְכַּת와 대조하라(§ *c*).

[3] 연계형이 없는 נְבָלָה 사악함, 파렴치한 행위와 대조하라.

[4] 복수 연계형 גִּדְרוֹת에도 불구하고 인칭 접미사를 가진 형태는 גְּדֵרֹתָיו이다(참고, § *d*). 비교, 연계형 יֶתֶר에도 불구하고 יְתֵר, יְתֵדֹתָיו (§ 96 B *d*); 연계형 מַצְּבוֹת에도 불구하고 מַצֵּבָה, מַצֵּבֹתֶיךָ이다(§ 97 C *b*).

가 되었다.

f　　　**qatulat 형태의 변화**(참고, § 18 *d*, § 96 B *e*) 이것은 히브리어에서 קְטֻלָה가 되고 어려움이 없이 나온다. *u* 모음은 닫힌 음절에 나온다.

§97 C. 안정된 첫 번째 모음과 두 번째 원시 단모음을 가진 명사 변화

a　　　מִקְטָל, מִקְטֵל, קְטֵל 형태들은 여성 단수에서 세 가지 형태를 가질 수 있다. 예, קְטֵלָה, קְטֵלֶת 그리고 특히 קְטֶלֶת: 첫 번째 형태는 아인-바브, 아인-아인 동사(הסֹבְבָה와 같이 규칙적인 세 자음 동사들처럼 변하지 않을 때) 및 라메드-요드 동사(삼하 18.8 נָפוֹצֶת에 유일한 예외가 있다)에 적용되는 규칙이다. 반면 다른 두 형태의 동사들에 대해서는 확실하게 적용할 수 있는 규칙이 없다[1]. 복수에서 וֹת를 갖는 어미들(그리고 ־ִים, § 96 C*c*) 앞에서처럼, ◌ָה 앞에서 ◌ְ는 가끔 유지거나 탈락되지만, 어떤 뚜렷한 규칙을 따라 이루어진 것은 아니다. 일반적으로 말하자면, 이 ◌ְ는 탈락하는 경향이 있으며 그것을 유지하기 위해서는 휴지 위치에 있거나, 특정한 자음들의 영향을 받거나 한 자음이 반복되어야 한다.

또한 이 ◌ְ는 원시 장모음들과 함께 오는 וֹת와 ־ִים 음절들 앞에서 보다 ◌ָה 앞에서 유지될 가능성이 더 많은 것으로 보인다. 예, אֹכְלָה 그러나 אוֹכְלָה 사 29.6; 30.30; 33.14; 문장 안에서도 הַיֹּלְדֹת 그러나 יוֹלֵדָה (1회); בְּגְדֹת 그러나 בֹּגֵדָה 습 3.4(휴지 위치에도 불구하고); נֹטְרָה 파수꾼 아 1.6. 그러나 נֹטְרִים 파수꾼들 8.11, 12; 자음의 반복과 함께: שׁוֹמֵמָה[2].

쎄골 어미를 가진 형태들의 변화는 § 97 F *b*를 참조하라.

גֹּלֶה 형태의 여성 형태는 § 79 *p*를 참조하라.

b　　　이 형태들 외에도 ◌ְ는 절대형에서 유지된다. 예, מַצֵּבָה 돌기둥, 절대형과 연계형 מַצֶּבֶת, 연계형 מַצֶּבֶת; 복수 מַצֵּבוֹת, 연계형 מַצְּבוֹת에도 불구하고 מַצְּבוֹתֶיךָ (참고, § 97 B *e*, 첫 번째 각주). מַהְפֵּכָה 큰 재앙과 תַּרְדֵּמָה 깊은 잠에서 ◌ְ는 연계형에서 유지된다: מַהְפֶּכֶת, תַּרְדֵּמַת (참고, זֵעַת, § E *b*).

---

[1] Sharvit 1993: 598.

[2] 참고, Ben-David 1992.

§97 D. 첫 번째 원시 단모음과 두 번째 모음을 가진 명사 변화

a   קָה 어미가 첨가될 때 첫 번째 원시 단모음은 강세 전전 음절에 오게
되고 따라서 탈락된다. 예, קְטוֹלָה, קְטוּל. 이 단어들의 어형 변화는 아무런
어려움이 없다. 단모음이 닫힌 음절에 오는 מְגִלָּה 두루마리, תְּהִלָּה 찬송과 같
은 형태들도 마찬가지이다(비교, §B *f*, קְטֻלָה형태).

b   תְּעָלָה 수로에서 카메쯔는 변하지 않는다(כְּתָב מְצָד의 카메쯔처럼,
§96 D *d*): 연계형 תְּעָלַת; 인칭 접미사와 함께 오는 복수 תְּעָלֹתֶיהָ. 그러므
로 이 קָ는 아마도 어원적으로 볼 때 장모음일 것이다(비교: 예, סְעָרָה 폭풍,
연계형 סְעָרַת). 마찬가지로 מְעָרָה 동굴의 카메쯔는 변하지 않는다: 연계형
מְעָרַת, 절대형과 연계형 복수 מְעָרוֹת. 그러나 여기에서 카메쯔는 (원래 형
태 *maʿarrat*에서 옴) 원시적으로 존재하였던 중복 자음에 의해 보호된 것이
다(비교, שָׂרֵי 등, §96 A *n*).

§97 E. 두 개의 자음과 하나의 원시 단모음을 가진 명사 변화

a   원시 단모음(*a, i*)은 קְטָל과 קֶטֶל 형태의 첫 번째 모음처럼 취급된다.
§96 B *b, c*.

b   **제 23 변화.** 그러므로 שָׁנָה 해, 년(√שנה)과 שֵׁנָה 잠(√ישׁן)의 변화에는
아무런 어려움도 없다. 이 두 단어의 형태들은 모음이 탈락될 때 같아진다.
예, שְׁנַת, שְׁנָתוֹ; 복수 연계형 שְׁנוֹת(참고, §90 *b*).

        ע״י 어근에서 온 명사들은(קָמָה와 מֵתָה 형태) 불변하는 첫 번째 모
음을 가지고 있다(§80 *d*). 예로, עֵדָה 증언, 증거(√עוד)는 עֵדָתִי* 형태를 갖
게 되겠지만, 반면에 עֵדָה 집회, 모임(√יעד §75 *m*)은 עֲדָתִי 형태를 갖는다.
רָמָה 고원, 높은 곳(√רום)은 רָמָתֵךְ, רָמָתֵיךְ 형태를 갖는다.

        קָ는 연계형 זֵעַת 땀(√יזע)에서 유지된다. 비교, מַהְפֶּכֶת 등, §C *b*. 세
쿤다에 기록된 전통에 따르면 הַצֵּלָה도 그와 같다: 시 1.1 βησαθ는 마소라 본
문의 בְּעֲצַת를 음역한 것이다.

        그 기원과([1]) 형태가 불분명한 בָּמָה 고원, 높은 곳에 있는 카메쯔는 변

────────────

[1] Cuny(1910)는 βωμός 단상, 제단과 비교한다.

하지 않는다(비교, 카메쯔와 함께 나오는 רָמֹתַיִךְ): 연계형 בָּמֹתֵי, בָּמֹות.
בָּמֳתֵי *båmŏtḗ*에서 다른 형태의 연계형이 여섯 번 발견되며 복수의 *ọ*는 이상하게도 매우 짧은 *ọ*로 단축되었다. 남성 복수의 연계형 어미 ◌ֵי는 마치 *ọ*의 단축을 보상하려는 것처럼 여성 복수 연계형의 어미에 첨가되었다[1]. 이 형태는 시문에만 나타난다: בָּמֳתֵי אָרֶץ 사 14.14; בָּמֳתֵי יָם 욥 9.8; בָּמֳתֵי עָב 암 4.13과 크레(크티브 בָּמֹותֵי와 달리) 신 32.13; 사 58.14; 미 1.3; 따라서 항상 주된 휴지 위치에서 강세가 있는 음절 앞에 나타난다(그러나 참고 בָּמֹות יַעַר 렘 26.18; 미 3.12; בָּמֹות אָוֶן 호 10.8).

אָלָה 저주, 맹세(√אלה)에서 카메쯔가 불변한다: אָלָתִי, 복수 연계형 (그리고 절대형) אָלֹות.

쌍수: 예, שָׂפָה 입술: שְׂפָתַי, שְׂפָתַיִם; 비교, כַּנְפֵי, § 96 B *b*.

§ 97 F. 쎄골 어미들의 변화

a   명사의 형태들과 상관 없이, 이제 쎄골 어미들의 변화에 관한 모든 것들을 여기서 함께 소개하는 것이 적절해 보인다.

여성 어미의 쎄골화[2]는 연계형에서 나온 것으로 보인다(§ 89 *d*). 그것은 가끔은 연계형에만 나타나고, 가끔은 절대형에도 확장된다[3].

연계형에서 쎄골 어미와 함께 오는 명사들: עֲטָרָה, 연계형 עֲטֶרֶת 왕관; לֶהָבָה, 연계형 לַהֶבֶת 불꽃; 몇 개의 명사는 접두사 מ을 가지고 있다. 예, מַמְלָכָה, 연계형 מַמְלֶכֶת 왕국, מִשְׁפָּחָה, 연계형 מִשְׁפַּחַת 씨족, 집안; מַרְכָּבָה 전차, 연계형 מֶרְכֶּבֶת, מֶרְכַּבְתּוֹ; 복수 מַרְכָּבוֹת, 연계형 מַרְכְּבוֹת.

הֶ◌를 가진 형태 외에 절대형에서 쎄골 형태를 가진 명사들: עֲצָרָה와 עֲצֶרֶת, עֶצֶרֶת 모임; תִּפְאָרָה와 더 자주 사용되는 תִּפְאֶרֶת, תִּפְאֶרֶת 영광; מַחֲשָׁבָה와 מַחֲשֶׁבֶת 계획, 경영[4].

---

[1] 비교, תֹו를 갖는 복수 인칭 접미사들 앞에 오는 ◌ֹ § 94 *f*.

[2] 이 과정은 몇몇 수사들로 확장되었다: שְׁלֹשֶׁת, עֲשֶׂרֶת, אַרְבַּעַת, חֲמֵשֶׁת, שֵׁשֶׁת.

[3] 우리는 절대형으로 사용된 남성 명사 연계형의 예들을 살펴보았다. 예, § 96 A *l, m, q*; 여성 명사와 함께, § 97 B *c*, C *b*.

[4] עֲצֶרֶת와 같은 단어는 절대형으로 사용될 때나, 심지어 휴지 위치에서도(עֲצָרֶת) 강세 전 카메쯔

어떤 명사들은 쎄골 형태만을 가지고 있다. 예, מִשְׁמֶ֫רֶת 준수(수 22:3), 의무(왕상 2:3), יוֹנֶ֫קֶת 어린 가지, 잔 가지, כֹּתֶ֫רֶת (기둥의) 머리.

b **ת‍ֶ‍ֶ‍ל־ 어미 변화**, §89 *g*. ת‍ֶ‍ֶ‍ל־가 *alt* 음에서 올 때, מֶ֫לֶךְ (*malk*에서 옴)가 מֶ֫לֶךְ 등이 되는 것과 마찬가지로, ◌ֶ가 일반적으로 닫힌 음절에서 어형 변화에 사용된다. 예, אֵ֫זֶל תַּֽאַוָּתִי, אֵ֫זֶל 광기에서 옴(*qattal* 대신 *qittal*, §88 H *a*); מַֽחֲשַׁבְתּוֹ, מַמְלַכְתְּךָ. 예외: יִבְמֶ֫ךָ, §B *c*. 부정사 גֶּ֫שֶׁת는(§72 *d*) שִׁבְתּוֹ처럼 גִּשְׁתּוֹ가 된다. ת‍ֶ‍ֶ‍ל־ 어미가 *ilt* 음에서 올 때 ◌ֶ가 때때로 사용되지만, 때때로 ◌ִ도 사용된다. שֶׁ֫בֶת 형태의 부정사 연계형에 ◌ִ가 나타난다: לְרִדְתִּי, שִׁבְתִּי, רִדְתִּי (참고, §75 *m*). 어원적으로 장모음 *i*가 절대형에 나타나는 명사에서: גְּבִירָה (§88 E *g*) 여주인, *gbirt*, גְּבִרְתִּי, גְּבֶ֫רֶת; מֵינִ֫יקָה*, 유모, /*mēniqt*/, מֵינֶ֫קֶת, מֵינִקְתּוֹ. חֲבֶרְתֵּךְ (남성 חָבֵר 동료)와 בְּהֶמְתֵּ֫נוּ בְּהֵמָה에서 옴, §B *d*)와 같은 형태에서 ◌ֶ는 ◌ֵ를 나타낼 수 있다.

반면에, ◌ַ는 קְטֶ֫לֶת 형태의 단어에서 발견된다(참조, **제 24 변화**. יוֹנֶ֫קֶת 어린 가지): יוֹלַדְתּוֹ, יוֹנַקְתּוֹ, אֹמַנְתּוֹ 어머니, אֹמַנְתּוֹ 유모, חֲתַנְתּוֹ 장모, אֹיַבְתִּי 미 7.8, 10(비교, אֹיִבְךָ의 ◌ִ §96 C *c*).

관찰. ת‍ֵ‍ֶ‍א־는 부정사 צֵאת와(§75 *g*) ל״א 동사의 분사에서 אָת‍־로 단순화된다: נִפְלָאת, מֹצֵאת (§78 *h*).

c *ilt*에서 온 매우 드문 어미 ת‍ֶ‍ֶ‍ל־의 변화는(§89 *h*) אִשָּׁה 여자, 연계형 אֵ֫שֶׁת, אִשְׁתִּי 등에서 ◌ְ를 갖는다 (§99 *c*).

d ת‍ֶ‍ֶ‍ל־ 어미의 변화에서(§89 *i*) ◌ַ 또는 ◌ֻ가 나타난다: 모음의 선택은 자음의 성격에 달려 있는 것으로 보인다(비교, קֹ֫דֶשׁ의 변화, §96 A *g*). ◌ַ를 가지고 있는 형태들: מִשְׂכַּרְתִּי 보상, מַֽחֲלֻקְתּוֹ 구분; מַֽתְכֻּנְתּוֹ 정확한 치수; מַרְכֻּלְתּוֹ, מַלְכֻּדְתּוֹ 덫; מַרְכֻּלְתּוֹ 장터 (모두 *maqtul* 형태이다. §88 L *j*). נְחֹ֫שֶׁת 청동에서 ◌ֻ가 거의 항상 사용된다[1](1회 ◌ֻ: נְחֻשְׁתִּי 애 3.7). ◌ֻ를 가지고 있는 형태들: גֻּלְגָּלְתּוֹ 해골 (*qulqul* 형태, §88 J *c*); קְטֹ֫רֶת 연기(아마도 *qutāl* 형태, §88 E *e*); שְׁלָשְׁתָּם 셋 (*qatāl* 형태, §88 E *a*); בָּשְׁתִּי 수치(בֹּ֫שֶׁת는 בּֽוּשָׁה에 기초하여 만들어졌을 것이다); כֻּתָּנְתִּי 긴 겉옷(כֻּתֹּ֫נֶת에서 옴; 아마도 *quttāl* 형태: 비

_____

가 없음을 주목하라. 강세 전 카메쯔가 없는 것은 그 형태가 참으로 원래부터 연계형이었음을 제시해준다(참고, §89 *d*).

[1] *u*가 일관되게 나오는 이유는 גְּבֶ֫רֶת가 גְּבִירָה에 기초하여 만들어졌듯이 נְחֹ֫שֶׁת가 נְחוּשָׁה에 기초하여 만들어졌기 때문이다(§*b*). שְׁלָשְׁתָּם과 בָּשְׁתִּי를 대조하라(שׁ 앞에서도 마찬가지이다).

교, 아랍어 *kattān* 아마, 린넨 천, 아람어 *kittånå*, 시리아어 *kettånå*). 이 단어는
다소 불규칙적이다: 연계형 כְּתֹנֶת; 복수 כֻּתֳּנוֹת, 연계형 כָּתְנוֹת[1].

e   **관찰**. 복수 절대형에서 마지막 모음이 원시 *a*인 명사들은 항상 강세
전에 ◌ָ를 갖는다. 예, מִשְׁמֶרֶת 준수, מִשְׁמָרוֹת. 그러므로 ◌ֹלוֹת를 갖는 복수
절대형은 *ilt* 또는 *ult*를 갖는 형태에서만 올 수 있다. 예, אִגֶּרֶת, 복수 절대
형 אִגְּרוֹת는 *ʾiggirt* 형태에서 왔다(참고, 아카드어 *egirtu*). 반면에 כֹּתָרוֹת
와 같은 복수는 כֹּתֶרֶת (기둥의) 머리가 *kātirt*가 아닌 *kātart* 형태에서 왔음을
말해 준다.

f   일반적인 형태 חַטָּאת 죄는 매우 드문 형태인 חַטָּאָה (주된 휴지 위치
에서 2회) 외에 חַטָּאת* 형태로 나온다. 연계형 חַטַּאת는 절대형 חַטָּאת에 기
초하여 이차적으로 형성되었다. 복수 절대형은 חַטָּאוֹת, 연계형은 חַטֹּאת이
다[2].

§ 97 G. ◌ִית-, ◌וּת-, 그리고 ◌ֹ를 가진 명사 변화

a   ◌ִית-를 가진 명사들. 예로 מוֹאָבִית 형태의 형용사들은(מוֹאָבִיָּה 외에;
남성 מוֹאָבִי) 복수에서 מוֹאָבִיּוֹת가 된다(참고, § 89 *e*). 대부분 추상 명사인
(§ 88 M *i*) ◌ִית-를 가진 실명사들은 복수 형태가 나타나지 않는다. 구상 실명사
חֲנִית 창(lance)의 복수. 참고, § 89 *p*; דָּלִית와 זָוִית에 관하여. 참고, § 88 F *b*.

b   ◌וּת-를 가진 명사들(참고, § 88 M *j*). גָּלוּת 같은 일부 명사들은 불변하
는 ◌ֻ를 갖는다(참고, *ibid.*). 복수 형태로 나타나는 형태들: מַלְכוּת[3] 왕권,
복수 מַלְכֻיּוֹת 단 8.22†, *malḫuwwōt* 대신에(비교, 성서 아람어 מַלְכוּתָא, 복
수 מַלְכְוָתָא); חָנוּ* 둥근 천장(vault), 복수 חֲנֻיוֹת 렘 37.16; 절대형과 연계형
עֵדוּת 법령(불변하는 ◌ֵ와 함께, √עוד), 복수 עֵדְוֹת* *ʿēdwōt*, עֵדְוֹתֶיךָ 등.

---

[1] 연계형에 중복이 없는 것은 거의 확실하게 כְּתֹנֶת에 있는 중복이 이차적임을 제시해 준다. 이것은
זִכָּרוֹן 형태에서 연계형이 זִכְרוֹן인 것과 같다(§ 88 M *b*). 비교, χιτών과 에블라어의 *zi-ga-<ra>-na-tim* = *zikrānātim* (*VE* 166).

[2] שַׁבַּתּוֹ와 שַׁבַּתָּה처럼 인칭 접미사가 תָּ와(תְּ가 아님) בַ (복수 연계형 שַׁבְּתוֹת에서처럼 בְּ가 아님)와
함께 나오는 것을 보고 이븐 에즈라는 שַׁבַּתְּ가 기본적인 형태라고 믿게 되었다. 그의 סֵפֶר צָחוֹת,
ed. del Valle Rodriguez, 1977: 92 (281), 그리고 호 2.13에 관한 그의 설명을 보라.

[3] מַלְכֵי (§ 96 A *b*), מַלְכוּת (§ 97 A *b*) 형태의 연계형에서처럼 마찰음화가 이루어진다.

וְנוֹתֵיכֶם 형태의 외형상 복수로 보이는 형태들(접미사와 함께)은 § 94 *j*를 참조하라.

c ה‧를 가진 명사들. 아람어에서 차용된 מְנָת 부분(מנה√)에서 ◌ֲ는 아람어에서처럼 어원적으로 길다: 연계형 מְנָת; 복수 연계형 מְנָאוֹת와 מִמְנָיוֹת는 마찬가지로 아람어화된 קְצָת 맨끝, 말단(קצה√)과 짝을 이루는 단어가 되며 연계형은 קְצָת, 복수 קְצָוֹת로 나온다; 비교, כְּנָוֹתָיו 스 4.7(아람어 동료에서 옴, 복수 כְּנָוָתֵא). ◌ָת를 가진 이들 연계형으로서 예로 מְהָרָת (§ 89 *n*)와 연계형 ת‧; תַּחַשָּׁאת(§ 97 F *f*), 연계형 את‧를 비교하라.

§ 98. 불규칙 명사들
(어형 변화표 19)

a 여기에서 소개하는 명사들은 특히 불규칙적인 명사들이며, 편의상 세 가지 부류로 구분할 수 있다. I) 두 개의 강한 자음을 가진 명사들; II) ל״י 어근에서 온 하나 또는 두 개의 자음을 가진 명사들; III) 어근의 두 번째 자음이 약한 א, ו 또는 י를 가진 명사들.

b **I) 두 개의 강한 자음을 가진 명사들**(대부분 혈연 관계를 표현하는 명사들이다). קַל 형태의(§ 88 B *a*) 첫 번째 세 개의 명사는 연계형에서와 접미사 앞에서 ◌ֲ를 갖는다(참고, § 93 *l*).

1. אָב 아버지, 연계형 אֲבִי; 접미사와 함께 אָבִי 등(강세 전에 카메쯔를 가짐). 복수 אָבוֹת는 וֹת를 가지고 있으며, 이것은 아마 אִמּוֹת 어머니들을 유추하였을 것이다; 연계형 אֲבוֹת, 인칭 접미사와 함께 אֲבוֹתַי 등; 3인칭 복수 접미사와 함께 אֲבוֹתָם이 אֲבוֹתֵיהֶם보다 더 자주 사용된다(§ 94 *g*). 연계형 אַב는 고유 명사들에 나타난다: 예로, אֲבִישָׁלוֹם (한 번 나타나는 אֲבִישָׁלוֹם의 불완전 철자법일 가능성이 있다), אַבְרָהָם (그리고 이 이름의 어원에서, 창 17.4, 5 אַב הֲמוֹן).

2. אָח 형제, 연계형 אֲחִי; 접미사와 함께 אָחִי 등(강세 전에 카메쯔). 복수에서 절대형과([1]) 가벼운 접미사와 함께 오는 형태에 자발적인 가상 중복

---

1. 참고, 아카드어 복수형 *aḫḫū*.

이 생긴다: אֲחִים, אַחֵי 등(§ 20 *c*); ‍ָ 앞에서: אֶחָיו אֶחָי (§ 29 *f*).

3. חָם 시아버지, 연계형 ‎*חֲמִי; 접미사와 함께 חָמִיךָ, חָמִיהָ†.

c קֶל 형태를 가진 한 개의 명사(§ 96 E *b*):

4. בֵּן 아들, 연계형은 일반적으로 בֶּן־ (거의 항상 마켑과 함께)이며, 드물게 בֶּן־이고(항상 בֶּן־נוּן, 고유 명사 בֶּן־יָקֶה 잠 30.1, בִּנְיָמִין에서, 그러나 בֶּן־יְמִינִי이다), 한 번 בְּנִי (§ 93 *m*), 한 번 בְּנוֹ(§ 93 *r*)이다. 불규칙적인 복수 בָּנִים은 설명하기 어렵다(Brockelmann., *GvG*, I. 322에 따르면 *binīm*이 이화된 형태이다). 비록 친족(혈연) 용어는 아니지만, שֵׁם 이름은 בֵּן과 많은 유사성이 있다: 세부 사항은 § 96 E *b* 참조.

d 네 개의 여성 명사들:

5. בַּת 딸, *bant 대신에(*bint에서 옴); 접미사와 함께 בִּתִּי 등(*a*가 *i*로 약화됨, § 29 *g*)([1]); בָּנִים, בְּנֵי를 유추하여 만들어진 복수 בָּנוֹת, 연계형 בְּנוֹת.

6. אָמָה 여종. 복수 אֲמָהוֹת, 연계형 אַמְהוֹת에서, 이에 해당하는 아람어 단어 אַמְהָתָא אֲבָהָתָא, *אֲבָהָיָא 그 아버지들에서 옴)와 미쉬나 히브리어의 אִמָּהוֹת 어머니들에서처럼 ה가 나타난다.

7. אָחוֹת 자매, 다양하게 설명되는([2]) *ʾaḥāt 형태에서 왔다(아카드어에서도 동일). 연계형 אֲחוֹת, 인칭 접미사와 함께 אֲחוֹתִי 등. אַחִים처럼 민 6.7에서 한 번 וּלְאַחֹתוֹ로 가상 중복이 나타나지만, 뚜렷한 이유가 없다(비교, וְלַאֲחֹתוֹ 레 21.3). 성서 히브리어에 나타나지 않는 복수 *אֲחָיוֹת, 연계형 *אַחְיוֹת는 설명하기 어렵다. 접미사와 함께 אַחְיוֹתִי 등. 그러나 אֲחוֹתַיִךְ 겔 16.55 그리고 אַחְיוֹתֵךְ 52절; אַחֹתִי 수 2.13 크티브와 같은 드문 형태들은 아마 더 초기의 형태인 אַחְוֹת를 숨겨두고 있는 것 같다([3]).

8. *חָמוֹת 시어머니는 אָחוֹת와 같은 형태이다(비교, 아랍어 *ḥamāt* 복수 *ḥamawāt*); 접미사와 함께 חֲמוֹתָהּ, חֲמוֹתֵךְ.

e **II) ל״י 어근에서 온 하나 또는 두 개의 자음을 가지고 있는 명사들**

9. שֶׂה 작은 가축 떼 중 한 마리(צֹאן 작은 가축 떼의 단위를 표시하는 명사, § 135 *b*). *śay에서 옴, 연계형 שֵׂה; 접미사와 함께 שֵׂיוֹ 신 22.1†, שְׂיֵהוּ 삼상 14.34†.

---

[1] 공시적으로 그렇지만 통시적으로 *i* > *a*의 변화는 필리피 법칙을 따른 것이다(§ 29 *aa*).

[2] 이집트의 아람어에는 규칙적 파생어 אחהה가 주로 나온다(Muraoka - Porten: 2003: 65).

[3] Talshir 2002/03: 109-13.

10. פֶּה 입, *piy에서 왔을 것이다. 연계형 פִּי; 접미사와 함께 פִּיךָ, פִּיהֶם, פִּיו (פִּיהוּ보다 더 흔하다), פִּיהָ 등. 복수 פִּיּוֹת는 날카로운 칼날이란 뜻을 가지고 있다. 잠 5.4†, פֵּיּוֹת 삿 3.16†(마치 *pay에서 온 것 처럼)[1]. 어근이 반복되는 복수 פִּיפִיּוֹת 사 41.15; 시 149.6(비교, 반복이 나타나는 형태 מֵימֵי, מֵימַי 등. מַיִם에서 옴, 아래 11).

11. מַיִם 물, 물들은 단수인 *may의 불규칙적인 복수이다(참고, § 91 f). 연계형 מֵי, 상당히 드물게(13회) מֵימֵי. 그러나 반복된 형태로 항상 접미사와 함께 사용된다: מֵימַי 등.

12. שָׁמַיִם 하늘, 하늘들은 단수 *šamay의 불규칙 복수이다(참고, § 91 f). 연계형 שְׁמֵי, 인칭 접미사와 함께 올 때 שָׁמֶיךָ 등.

13. כְּלִי 그릇, כֶּלְיְךָ, כֶּלְיוֹ, כְּלִי. 이 형태들은 פְּרִי, פֶּרְיְךָ, פְּרִיוֹ(§ 96 A q)와 유사하다. 이 형태들은 원시 단수 형태가 kaly였다고 가정하게 한다. 그러나 이 단수 형태와 복수 형태인 כֵּלִים, כְּלֵי의 관계는 불분명하다; 여기서 ◌ִ는 탈락 가능한 반면, 그것과 밀접한 연관성이 있을 것으로 추정되는 미쉬나 히브리어의 פֵּירוֹת 과일(פְּרִי의 복수)과 아람어의 פֵּירָא, 복수 פֵּירִין에서는 그렇지 않다.

f

III) 어근의 두 번째 자음이 약한 명사들: 두 번째 자음이 א인 -רֹאשׁ; 두 번째 자음이 ו인 -יוֹם; 두 번째 자음이 י인 עִיר, בַּיִת. ◌ַיִם을 갖는 복수 형태:

14. רֹאשׁ 머리, 복수 רָאשִׁים, 연계형 רָאשֵׁי. 단음절 명사 *ra'š에서 알렙은 묵음이므로 a가 길어져 rāš가 되었고, 여기에서 רֹאשׁ가 왔다; 그러나 복수 *ra'šīm의 a도 길어졌지만, 강세는 없다: 여기에서 רָאשִׁים이 되었다[2]. שְׂמֹאל 왼쪽, 형용사 שְׂמָאלִי 왼쪽의(참고, § 24 d)도 보라.

15. יוֹם 날, 복수 יָמִים, 연계형 יְמֵי. 원시 형태 yawm이 יוֹם으로 단축되었다; 쌍수는 יוֹמַיִם이다. 복수에서 예상되는 형태인 *יוֹמִים, *יוֹמֵי 대신 יָמִים, יְמֵי 형태들이 사용된다. 아마도 שָׁנִים, שְׁנֵי를 유추하였을 것이다[3]. 시

---

[1] 삼상 13.21 פִּים (모음 표기?)은 פֶּה의 복수형이 아니라, 무게로 읽은 Macalister를 따르면 무게의 단위 פִּים을 가리키는 명칭일 것이다. 참고, Moscati 1951: 99-101, 102f.

[2] 대조, רָשׁ, רָשִׁים 가난한(어근 רוּשׁ). 이 두 복수 형태는 철자에서만 서로 다르다.

[3] 참고, Barth 1906: 791. 이 복수 형태는 참으로 שָׁנִים의 영향을 받았을 수 있다. 그러나 실로암 비문(3행), 다른 초기 히브리어 금석학 자료들, 페니키아어, 그리고 우가릿어는 이차적인 형태인 יֹם이 (단수에서조차) 존재했었음을 보여준다. 남방 아랍어 금석학 자료에는 ym과 함께 ywm이 나타나고

문에 사용되는 복수 연계형 יְמוֹת 신 32.7; 시 90.15†(이 두 경우에 사용된 שְׁנוֹת는 시문의 복수 연계형이다. § 90 *b*)([1]).

16. עִיר 도시, 복수 עָרִים, 연계형 עָרֵי. 단수와 복수 사이의 관계가 불확실하다. 복수는 עָר־מוֹאָב과 같은 곳에서 여전히 발견되는 단수 형태 עָר*에서 만들어졌을 것이다. *ī / å* 교체에 관해 יָמִין 오른쪽, 형용사 יְמָנִי 오른쪽의 (여기서 ◌ 는 שְׂמָאלִי 왼쪽의를 유추하였기 때문이다)와 비교하라.

17. בַּיִת 집, 연계형 בֵּית; 복수 בָּתִּים, 연계형 בָּתֵּי. 매우 불규칙적인 이 복수 형태는 아직까지 충분히 만족스럽게 설명하지 못하고 있다. 일부 학자들은 *båttim*으로 발음하는 것을 거부하고 *båtīm*으로 발음하기까지 하는데, 우리가 볼 때 이것은 잘못된 것이다([2]). *å* 발음은 성서 아람어 תְּלָתֵּהוֹן 그들 중 셋(단 3.23) *tlåttehon*과 동일한 음성적 정황, 즉 강세가 없고 중복된 자음 앞에서 나타난다. 시리아어 *tlåttayhon* 참조([3]). *ay*와 *å*가 예외적으로 교체되어 나타나는 것에 관해서는 אַיִן과 אָן 어디에?, 그리고 지명의 어미들인 ◌ַיִם, ◌ָם; ◌ַיִן, ◌ָן을 비교하라(§ 91 *h*).

§ 99. 불완전 명사들

a   앞 단락들에서(§§ 96-98) 복수 형태가 단수 형태와 다른 (또는 다를 수 있는) 특정한 명사들을 주목하였다. 예, עִיר 도시, 복수 עָרִים (§ 98 *f* 16). 이 단락에서는 우리는 단수와 복수에서 서로 다른 어근을 갖고 있는 단어들 가운데 남자와 여자를 가리키는 명사로 시작하여, 특별한 관심을 끄는 몇 가지 불

있다. 따라서 이 두 개의 교차적인 형태가 나란히 존재했을 가능성이 있다. 실로암 비문(2행)에도 קל(아람어처럼)이 나온다. 이것은 קֹל을 잘못 쓴 것은 아니다.

[1] 그러나 텔 씨란(Tell Siran) 비문에서 절대형 ימת와 שנת가 나오고 있음을 주목하라: ימת רבם 많은 날들과 멀고 먼 해들(7행 이하).

[2] *ī*가 원래부터 중복되어 나왔음은 그것과 상응하는 시리아어 형태에서 동일한 특징이 나오고 있음을 통하여 알 수 있다. 우가릿어에서 *bwtm, btm*과 함께 나타나는 *bhtm*도 보라. 종종 아람어 방언들에서 *h*로 대체되는(예, 히브리어의 √בוש 대신 √בהה) 반모음적인 중간 자음은 추후에 중간 자음이 탈락하면서 중복으로 보상되었을 것이다. Tropper, 163도 보라.

[3] 이 형태들에 관해서는 Muraoka 1987: 49, n. 98을 보라. באתין 집들 5Q15 frg. 1 ii 6의 철자법은 장모음 *a*를 제시한다.

완전 명사들을 다루고자 한다.

b   여자와 대립되는 남자(라틴어 *vir*)는 단수에서 אִישׁ이다. 이 명사는 אישׁ 또는 אושׁ 어근에서 왔을 것이다(아마도 강한이란 뜻으로). 복수는 אֲנָשִׁים, 연계형은 אַנְשֵׁי[1]이며, 그 주된 의미는 남자들(*viri*)이 아니라 사람들(*homines*, 동물들의 반대로)인 것처럼 보인다. 어근은 אנשׁ이며, 이것은 시문에서 명사 אֱנוֹשׁ (אָדָם의 유사어) 인간(*homo*)으로 나타난다(참고, 아랍어 ʾ*unās* "사람"). 참고, 어형 변화표 19.18.

c   여자는 단수 אִשָּׁה, 연계형 אֵ֫שֶׁת (§ 97 F *c*), אִשְׁתִּי 등이다[2]. (비교, חֲמֵ֫שֶׁת, חֲמִשָּׁה). 이 단어는 다른 어근인 אנשׁ에서 왔으며, 아랍어 어근 ʾ*nt*에 해당한다(참고, ʾ*untā* 여성). 그러므로 אִשָּׁה의 주된 의미는 여성(*female*)일 것이다. 복수 נָשִׁים, נְשֵׁי의 본래 의미는 여자들(*women*)이며 נשׁו 또는 נשׁי 어근에서 왔다(참고, 아랍어 *niswat* "여자들"). 이 복수 형태는 אֲנָשִׁים을 유추하였기 때문인 것 같다(참고, 예, 삿 9.51 הָאֲנָשִׁים וְהַנָּשִׁים). 참고, 어형 변화표 19.19.

d   작은은 남성 단수에서 קָטֹן과 קָטָן이 둘 다 사용된다; 여성과 복수에는 קְטַנָּה, קְטַנִּים, קְטַנּוֹת 밖에 없다(§ 18 *f*).

e   물에 있어서 반복되는 형태(참고, מֵימַי, מֵימֵי)는 절대형에서 사용되지 않고, 단순한 형태는 접미사와 함께 사용되지 않는다. 참고, § 98 *e*.

f   우상은 단수 פֶּ֫סֶל 형태와 복수 פְּסִילִים 형태(입증되지 않은 פְּסִיל*에서 옴)가 있다. 구덩이는 단수 שַׁ֫חַת, 복수 שְׁחִיתוֹת(2회); 그리고 아마도 נֶ֫טַע 대신에 נְטָעִים이 시 144.12에 나온다[3]; 간청, 기원은 항상[4] 단수 תְּחִנָּה, 복수 תַּחֲנוּנִים에서 발견된다. 참고, 단수 צֵן 또는 צִנָּה 가시의 복수인 צִנִּים 외에 צְנִינִים도 나타난다; 미쉬나 히브리어 נְזִיקִין(< נֶ֫זֶק 손해, 상해).

g   일부 명사는 단수와 복수 형태가 매우 달라서 복수 형태가 단순히 불규칙적인 것인지 또는 단수에서 자매어의 다른 형태에서 온 것인지 의문스러운 경우가 있다. 예, צַלַּ֫חַת 항아리, 복수 צְלָחוֹת; יַעֲנָה 타조, 복수 יְעֵנִים; יַעֲלָה 암노루, 암사슴(잠 5.19), 복수 יְעֵלִים[5].

---

[1] 세 차례 אִישִׁים이 나타난다: 사 53.3; 시 141.4; 잠 8.4.

[2] 규칙적이고 일반적인 אִשְׁתְּךָ 대신 시 128.3†에 뚜렷한 이유 없이 אֵשְׁתְּךָ가 나타난다.

[3] Hurvitz 1972: 167을 보라.

[4] 대하 6.39의 복수 형태는 의심스럽다. 평행 구절인 왕상 8.49는 단수 형태이다.

[5] 참고, Lambert 1901: 213.

§ 100. 수사: 기수

a   숫자를 표시하는 명사들은 원래 실명사 또는 형용사였다. 그러나 그것들은 모두 그 정도는 다르지만, 일부는 실명사적이고 일부는 형용사적인 것으로서 혼합된 성격을 갖게 되었다.

      첫 두 개의 수 1과 2는 다른 모든 것들보다 더욱 더 형용사적인 특성을 갖고 있으므로 별도로 고려되어야 한다. 3에서부터 10까지의 숫자는 집합적인 실명사 그룹으로서 동질적인 성격을 갖고 있다. 11에서 19까지는 밀접하게 짜여진 두 개의 명사 그룹으로 구성되며, 그 첫 번째 것은 단위 수를, 두 번째 것은 숫자 10을 표현한다. 이 중 11과 12는 하나의 그룹으로서(1과 2처럼) 몇 가지 특이한 점을 갖고 있다. 20에서 90까지 십 단위를 표현하는 숫자들은 특별한 그룹을 이룬다.

b   **숫자 1**: 남성: 절대형 אֶחָד, 연계형 אַחַד; 여성 절대형과 연계형 אַחַת. 원시 형태는 ʾaḥad이다(비교, 아랍어 ʾaḥad, 우가릿어 aḥd). 단수에서 ח에는 자발적인 중복이 나타난다. § 20 *c*. אֶחָד의 ◌에 관해서는 § 29 *f*를 참조하라. 원시 여성형 ʾaḥadt에서 *d*는 *t*로 동화되어 ʾaḥatt > אַחַת (§ 17 *g*)가 되며, 그 이전의 중복 현상 때문에 끝에 ◌가 보존된다; 휴지 형태 אֶחָת; 우가릿어 aḥt 와 에티오피아어 ʾaḥatti는 남성 ʾaḥadu와 다르다. 복수: אֲחָדִים 몇 개, 몇몇 등. 이것의 여성 형태는 성경에 나타나지 않는다. 연계형 אַחַד는 가벼운 형태로서 절대형 대신에 사용되기도 한다. 예, 숫자 11 אַחַד עָשָׂר에서(참고, § 129 *m*), 참조. 각각 שְׁנַיִם, שְׁתַּיִם에서 온 שְׁנֵים, שְׁתֵּים(§ *c*)([1]).

c   **숫자 2**: 남성: 절대형 שְׁנַיִם (가볍고 단축된 형태인 שְׁנֵים[2]이 숫자 12 שְׁנֵים עָשָׂר에 사용된다), 연계형 שְׁנֵי; 여성 שְׁתַּיִם (가벼운 형태 שְׁתֵּים이 שְׁתֵּים עֶשְׂרֵה에 사용된다), 연계형 שְׁתֵּי. 숫자 2는 자연스럽게 쌍수 형태를 갖는다. 남성 원시 형태는 아마도 šinayim이었을 것이다. 여성 שְׁתַּיִם은 앞쪽에 나오는 슈바에도 불구하고 파열음 ת와 함께 štạyim으로 발음되어야 한다(§ 19 *f*). 원시 형태 *šintayim은 *šittayim이 되었고, 그 후 שְׁנַיִם (첫 번째 단순 슈바와 함께)을 유추하여 슈바와 함께 שְׁתַּיִם으로 발음되었다. 그러나

---

[1] 겔 33:30†에서 첫 자음이 탈락된 형태 חַד는 의심스럽다. 그것은 정상적인 아람어 형태이다.

[2] 비교, אַיִן과 가벼운 형태 אֵין, § 160 *g*. 시리아어는 ēaynaw(hy) 그의 눈에와 ēēnaw(hy) 그 앞에를 구분한다.

*šittayim 형태에서 사용되었음에 틀림없는 파열음 t를 유지하고 있다. 따라서 이례적인 형태 שְׁתַּיִם은 혼합된 형태이다: 즉, *šittayim에서 t가 가진 파열음의 성격을 보존하고 (그러나 그 길이는 사라진다), שְׁנַיִם에서 슈바를 가져왔다(1). 물론 תָּ는 בִּשְׁתַּיִם, 그리고 בִּשְׁתֵּי와 같은 결합에서 파열음으로 남는다.

d   **숫자 3-10**: 3-10을 가리키는 명사들은 집합 실명사들이다. 각 수는 이중 형태, 즉 남성과 여성을 가지고 있으며, 이것은 불어의 집합 명사 *un sixain, une dizaine*와 비교할 수 있을 것이다. 숫자 3-10의 가장 두드러진 특징은 공통 셈어로 거슬러 올라가는 것으로, 여성 집합 명사가 남성 명사들과 함께 사용되고 남성 집합 명사가 여성 명사들과 함께 사용되는 것이다(2).

3: 남성: 절대형 שָׁלֹשׁ, 연계형 שְׁלֹשׁ; 여성 שְׁלֹשָׁה, 연계형 שְׁלֹשֶׁת. 원시 히브리어 형태 šalāš: ọ는 어원적으로 장모음이긴 하지만, 일반적으로 불완전 철자법으로 기록된다. § 7 c. שְׁלֹשֶׁת의 원시 ọ는 쎄골화된 형태인 שְׁלֹשֶׁת를 거쳐(3) 어형 변화에서 ọ가 된다: שְׁלָשְׁתָּם, § 97 F *d*. 마켑과 함께 שְׁלֹשׁ-와 שְׁלָשׁ- 형태가 나타난다.

4: 남성: 절대형과 연계형 אַרְבַּע; 여성 אַרְבָּעָה, 연계형 אַרְבַּעַת. 원

---

1 만일 아카드어 šina / šitta 대신에 아랍어 남성 ʾiṯnāni / 여성 ṯintāni를 히브리어 형태들과 관련 있는 것으로 보아야 한다면, 남성 형태는 예외적인 어두 자음군을 가졌을 것이다. Hoberman(1989) 역시 유성 슈바가 없는 štayim 형태를 이 숫자의 진정한 원래의 모습이라고 주장한다. 티베리아 마소라 학자들은 그 형태를 /ʾištayim/ 등으로 읽었다: Kimhi, מכלול, p. 140a, 그는 욘 4.11의 מִשְׁתֵּים־עֶשְׂרֵה 의 쉰에 다게쉬가 없는 점을 지적한다; 그리고 Levy 1936: 8f. 이 어두 첨가어 알렙은 때때로 페니키아어에도 나타난다. 원래 여성 형태 /tintay(m-)/은 사마리아 히브리어 /šittəm/에만 보존되어 있다: Ben- Ḥayyim, § 5.1.2.

2 불어는 *une dizaine d'hommes* (10명의 남자)와 *un dizain de femmes* (10명의 여자)와 같은 표현법에 있어서 셈어의 용법을 모방하고 있다는 식으로 말해진다. 이 특별한 용법은 아직까지 만족스럽게 설명되지 않고 있다. 이 현상에는 언어 심리학과 관련된 어떤 것이 있는 것으로 보인다. 우리는 여기에서 주로 비대칭을 지향하는 심미적인 경향으로 보아야 할 것 같다. 이것은 오래 전에 Schultens이 제안한 설명의 핵심이다: "non injucunda connubia (불쾌한 결합이 결코 아니다)!" 이와 유사한 또 다른 설명으로서는 불어가 이 숫자들의 명사적인 성격을 더욱 강조하기 위하여 이와 같은 용법을 만들었다는 것이다(참고, Joüon 1913: 134ff.). 이 현상은 가끔 양극성(polarity)으로 묘사하기도 한다: 참조, Ternes 2002 (*contra* Speiser 1938).
히브리어에서 이 규칙은 엄격하게 준수되어, 숫자의 남성 또는 여성 형태로부터 명사의 여성 또는 남성 형태를 추론해 낼 수 있다(참고, § 89 *a*)! 그 예외는 드물며(예, שְׁלֹשֶׁת נָשִׁים 창 7.13; שְׁלֹשֶׁת אֲחִיֹתֵיהֶם 욥 1.4, 그리고 שְׁלֹשֶׁת כִּכְּרוֹת לֶחֶם 삼상 10.3;), 그것은 필사자의 실수일 가능성이 있다. 기본적인 형태는 여성 형태이며, 이것은 예로 아랍어에서(현대 히브리어와 반대임) 절대형의 숫자를 표현하기 위하여 사용된다. 예, "3은 6의 절반이다"(참고, § *o*). 결과적으로 남성형은 여성형에서 추론될 수 있다. 중성에 있어서 형태의 선택에 관해서는 § 152 *g*를 참조하라.

3 이것을 쎄골화되지 않은 형태 שְׁמֹנַת (아래 8)와 비교하라.

시 형태 ʾarbaʿ (참고, § 88 L *a*).

　5: 남성: 절대형 חָמֵשׁ, 연계형 חֲמֵשׁ; 여성 חֲמִשָּׁה, 연계형 חֲמֵשֶׁת. 원시 히브리어 형태 ḥamiš. 예상되는 형태인 חֲמִשָׁה* 대신에 שׁ이 중복된 חֲמִשָּׁה 형태는 그 뒤에 오는 숫자 שֵׁשׁ를 유추하였기 때문일 수 있다. 쎄골 어미 ֶ◌ֶ◌에 관해서는 § 89 *h*를 참고하라.

　6: 남성: 절대형과 연계형 שֵׁשׁ; 여성 שִׁשָּׁה, 연계형 שֵׁשֶׁת. 원시 히브리어 형태 šidš(¹), 이 형태에서 동화 현상에 의해 šišš > שֵׁשׁ가 되었다. 쎄골 어미 ◌ֶ◌ֶ에 관해 § 89 *h*를 참고하라.

　7: 남성: 절대형과 연계형 שֶׁבַע; 여성 שִׁבְעָה, 연계형 שִׁבְעַת. 원시 형태 šabʿ. 예로서 שֶׁבַע הַפָּרוֹת 그 일곱 마리의 암소들 창 41.20에서 שֶׁבַע 는 연계형일 수 있다. 그러나 그것은 또한 절대형일 수도 있다(참고, עֲשָׂרָה הַשְּׁבָטִים 그 열 지파들, 왕상 11:31). שְׁבַע 형태는 아마도 연계형으로서(참고, שְׁבַעַת אֲלָפִים) מֵאוֹת 앞에만 나타나며, 아마도 절대형으로서(참고, שִׁבְעָה עֶשְׂרֵה שְׁבַע) 앞에서만 나타난다(²). 이와 마찬가지로 תֵּשַׁע (תְּשַׁע를 제외하고) 형태도 תְּשַׁע מֵאוֹת와 תְּשַׁע עֶשְׂרֵה에만 나타난다.

　8: 남성: 절대형과 연계형 שְׁמֹנֶה; 여성 שְׁמֹנָה, 연계형 שְׁמֹנַת. 원시 히브리어 형태 šamāniy (비교, 아랍어 ṯamān^in). 이 단어는 שְׁמֹנֶה מֵאוֹת에서처럼 연계형일 가능성이 있을 때조차도 항상 ◌ֹ를 갖는다. שְׁמֹנַת와 쎄골화된 형태인 שְׁלֹשֶׁת를 비교하라.

　9: 남성: 절대형과 연계형 תֵּשַׁע, 여성 תִּשְׁעָה, 연계형 תְּשַׁעַת. 원시 히브리어 형태 tišʿ >. תְּשַׁע 형태에 관해서는 שְׁבַע를 보라(supra, '위').

　10: 남성: 절대형과 연계형 עֶשֶׂר; 여성 עֲשָׂרָה, 연계형 עֲשֶׂרֶת. 남성 형태는 qatl이지만, 여성 형태는 qatal이다(³)(남성 עֶשָׂר는 숫자 11-19에 나타난다[⁴]).

e　　**숫자 11-19.** 이 숫자들은 두 개의 밀접하게 연결된 명사로 구성되는데,

---

¹ 참고, 에디오피아어 sǝdstu 6과 아랍어 서수 여섯 번째: sādis.

² 그러므로 이것은 단축된 형태일 것이다. 마찬가지로 11-19를 가리키는 다른 숫자들의 경우에, שְׁלֹשׁ עֶשְׂרֵה에서처럼 연계형으로 나오는 첫 번째 명사는 단축된 형태이고 순수한 연계형이 아닐 것이다.

³ 아랍어에서도 마찬가지이다: ʿašr^un, ʿašarat^un.

⁴ 다른 모든 수에서 여성 형태는 남성 형태를 모델로 하여 만들어진다.

첫 번째는 일 단위를 표현하고 두 번째는 숫자 10이다. 따라서 11은 1-10으로 표현된다. 이 그룹에는 종속관계(subordination, 속격)는 없지만 등위관계(co-ordination)는 있다: 즉, 지금은 쓸모 없게 된 영어 표현인 *five and twenty*처럼 1 (그리고) 10의 단위로 정확히 표현한다. 두 번째 명사에 밀접하게 연결된 첫 번째 명사는 단축된 형태를 가지며, 그것은 가끔 연계형과 유사하다. 그러나 הֹ를 가지고 있는 명사들의 경우에 (연계형과 유사한) 단축 형태는 매우 드물다. 예, חֲמֵ֫שֶׁת עָשָׂר 삿 8:10; 삼하 19:18; שְׁמֹנַת עָשָׂר 삿 20:25. 숫자 13-19에서 첫 번째 요소로서 사용된 3-9는 일반적인 방법으로 취급된다. 즉, 남성 형태는 여성 명사들과 함께, 여성 형태는 남성 명사들과 함께 사용된다. 숫자 10에는 두 개의 새로운 형태가 있는데, 그것들은 형용사 형태일 가능성이 있다: 남성 עָשָׂר, 여성 עֲשָׂרֵה (ay에서 온 ◌를 가지고 있다[1]); 비교, שְׁמֹנֶה 는 항상 ◌를 가지고 있다. 예, שְׁמֹנֶה עֶשְׂרֵה בְּרָכוֹת 18가지 축복문[탈무드에 나옴]). 더 자세한 내용을 아래에서 보라.

f   **숫자 11**: 남성 אַחַד עָשָׂר; 여성 אַחַת עֶשְׂרֵה. 형용사 אַחַד와 אַחַת는 여기서 순수한 연계형이 아닌, 가벼운 형태로 나타난다(§ *b*). 또한 남성 עַשְׁתֵּי עָשָׂר, 여성 עַשְׁתֵּי עֶשְׂרֵה 형태들도 나타난다(비교, 아카드어 *ištēn ešret* 또는 *ištenšeret*) [2]. 대부분의 학자들이 아카드어에서 온 것으로 간주하는 이 형태들에 대하여 Brockelmann (*GvG*, I 490)과 다른 이들은 초기 히브리어 방언 형태였다고 주장한다. עַשְׁתֵּי 형태는 עֲשְׁתֵּין*의 단축된 형태이다(비교, 43 שְׁנֵי עָשָׂר, שְׁנַיִם עָשָׂר).

g   **숫자 12**: 남성 שְׁנַיִם עָשָׂר; 여성 שְׁתַּיִם עֶשְׂרֵה. 비록 드물긴 하지만 남성 שְׁנֵי עָשָׂר; 여성 שְׁתֵּי עֶשְׂרֵה 형태도 있다. שְׁנַיִם과 שְׁתַּיִם 형태들은 밀접하게 연결되므로 절대형의 가벼운 형태들로서 여기에서 선호되었다. 드문 형태들인 שְׁנֵי와 שְׁתֵּי는 (아마 עַשְׁתֵּי의 영향으로) 여전히 더욱 단축된 형태들이다[3].

---

[1] 히브리어와 우가릿어의 숫자들은 형태론과 문장론에서 몇몇 중요한 차이점들을 나타내고 있다. 따라서 우가릿어의 철자법 ʿšrh에 근거하여 히브리어 עֶשְׂרֵה의 헤가 원래 자음이었다고 결론내리는 것은 잘못된 것으로 보인다. 참고, Hetzron 1977: 183f.

[2] 우가릿어 ʿšt ʿšr와 남방 아랍어(ESA) 금석문의 ʿšt 그리고 ʿštnm도 참고하라.

[3] 일부 문법 학자들은 שְׁנַיִם과 שְׁתַּיִם을 영구적 크레로 잘못 보고 있다. 만일 그렇다면, 이 형태들을 שְׁנֵי와 שְׁתֵּי로 읽어야 하지만, 크티브는 각각 שְׁנַיִם과 שְׁתַּיִם으로 모음 표기해야 할 것이다(참고, § 16 *f*).

h   **숫자 13-19.** 이 숫자들에서 실명사인 첫 번째 요소(3-9)는 명사와 반대되는 성을 가지고 있는 반면, 형용사인 두 번째 요소는(10) 명사와 같은 성을 갖는다. 합계에서, 예로 13은 두 번째 요소인 10이 남성 עָשָׂר인지 또는 여성 עֶשְׂרֵה인지에 따라 남성 또는 여성이 결정된다고 말할 수 있다.

	남성 숫자	여성 숫자
13.	שְׁלֹשָׁה עָשָׂר	שְׁלֹשׁ עֶשְׂרֵה
14.	אַרְבָּעָה עָשָׂר	אַרְבַּע עֶשְׂרֵה
15.	חֲמִשָּׁה עָשָׂר	חֲמֵשׁ עֶשְׂרֵה
16.	שִׁשָּׁה עָשָׂר	שֵׁשׁ עֶשְׂרֵה
17.	שִׁבְעָה עָשָׂר	שְׁבַע עֶשְׂרֵה
18.	שְׁמֹנָה עָשָׂר	שְׁמֹנֶה עֶשְׂרֵה
19.	תִּשְׁעָה עָשָׂר	תְּשַׁע עֶשְׂרֵה

예, 남성 명사 דָּבָר와 함께 나올 때 שְׁמֹנָה עָשָׂר דְּבָרִים 18개의 말씀들이 된다(비교, 18가지 축복문, § *e* 끝 부분).

i   **십자리 수 20-90:** 20 עֶשְׂרִים, 30 שְׁלֹשִׁים, 40 אַרְבָּעִים, 50 חֲמִשִּׁים, 60 שִׁשִּׁים, 70 שִׁבְעִים, 80 שְׁמֹנִים, 90 תִּשְׁעִים. 이 숫자들은, 20조차도 복수 어미를 가지고 있다. 20은 원래 10의 쌍수로, 히브리어 עֶשְׂרַיִם*이었다([1]); 그러나 다른 숫자들의 어미 ־ִים이 ־ַיִם을 대체하게 되었다. 30 등 다른 십 단위 숫자들은 일 단위 3에 해당하는 복수로 여겨진다. 쎄골화된 형태 שֶׁבַע와 תֵּשַׁע는 שִׁבְעִים*과 תִּשְׁעִים* 형태를 갖지 않지만, שִׁבְעִים과 תִּשְׁעִים 형태를 가진다. 이것은 아마도 עֶשְׂרִים을 유추한 것으로 보인다.

j   **중간수 21-99.** 이 숫자들은 접속사 ו 그리고에 의해 두 요소를 연결함으로써 표현된다. 주로 십단위 숫자가 앞에 오고, 예, עֶשְׂרִים וְאֶחָד, 드물게 אֶחָד וְעֶשְׂרִים 형태가 사용된다([2]).

k   **숫자 100:** מֵאָה (여성), 연계형 מְאַת; 복수 절대형 מֵאוֹת(연계형은 입

---

[1] 아카드어(예, *ešrā*), 남방 아랍어 금석문과 에디오피아어에서도 그렇다. Hetzron 1977: 192-95를 보라.

[2] 자세한 내용을 König, 2. 215ff에서 보라.

중되지 않았다)[1].

l **숫자 200**: מָאתַיִם, מֵאָה의 쌍수로서 מְאָתַיִם* 대신.

백 단위 숫자 300-900: מֵאוֹת 명사는 여성이지만 일 단위 3-9 명사는 남성 형태로서 연계형을 갖는다; 예, *300* שְׁלֹשׁ מֵאוֹת, שְׁבַע מֵאוֹת, § *d*; שְׁמֹנֶה מֵאוֹת, § *d*; תֵּשַׁע מֵאוֹת, § *d* 형태들을 주목하라.

숫자 1,000: אֶלֶף (남성); 복수 אֲלָפִים, 연계형 אַלְפֵי.

숫자 2,000: אַלְפַּיִם, אֶלֶף의 쌍수; 연계형은 이론적으로 אַלְפֵי*일 것이다(파열음 פ와 함께). 그렇지만, 이와 같이 실제로 사용되었는지는 의심스럽다[2].

천 단위 숫자 3,000-9,000: אֲלָפִים 명사는 남성이지만, 일 단위 3-9를 위한 명사들은 여성 어미를 갖고; 연계형을 취한다. 예, שְׁלֹשֶׁת אֲלָפִים[3].

m **중간 수 101-9,999**. 예, 120은 100 그리고 20으로 표현하고, 그보다 드물게 20 그리고 100으로 표현한다. 324는 300 그리고 20 그리고 4로 표현하고, 그보다 드물게 4 그리고 20 그리고 300으로 표현한다. 1,222는 1,000, 200, 20 그리고 2로 표현한다(스 2.12). 여기에는 시대별 발전 과정이 있는 것으로 보인다. 제사장 문헌(P)으로 분류되는 곳, 에스겔과 역대기에는 천 단위 수들이 더 작은 숫자들 뒤에 나타난다. (소위) J, E, D 자료로 분류되는 곳과 여호수아 1-12, 사사기, 사무엘서, 이사야서에서 십 단위 수들이 일 단위 수들 앞에 오는 반면에, 그 반대 순서가 예레미야서, 제사 문헌(P), 에스겔 그리고 수 13-24에 나타난다[4].

n **숫자 10,000**에 대해서는 일반적인 형태인 עֲשֶׂרֶת אֲלָפִים 외에 특별한 단어들이 있다: רְבָבָה, רִבּוֹ, רִבּוֹא[5]. 이와 마찬가지로 **20,000**

---

[1] 크티브 מאיות 왕하 11:4, 9, 10, 15†는 일반적으로 מֵאוֹת으로 읽는다(비교, עֲשָׂרוֹת 십 년간, 십 단위들). מֵאָיוֹת로 읽을 수도 있다(비교, מָאתַיִם). König, 2.217은 מֵאָיוֹת로 읽는다.

[2] Muraoka 1995a: 21에서 보라.

[3] 백 단위를 표현하기 위하여 우가릿어도 *mit*의 여성 복수 형태를 어미가 없는 일 단위의 기수와 함께 사용한다. 예, *tlt mat*. 천 단위(3,000-9,000)를 표현하는 우가릿어 숫자는 히브리어와 다르다. 우가릿어는 여기에서도 어미가 없는 형태를 사용한다. 예, *tlt alpm*이고 *tltt alpm*이 아니다. 이것은 우가릿어 기수 3-10의 주된 구문론과 일치한다: Tropper, § 69.133.1.

[4] Herner 1893: 73ff.를 보라.

[5] 이것은 후대 형태이다. 쿰란 히브리어 철자법의 특징적으로 나타나는 여분의 마지막 알렙을 주목하라. 참고, Kutscher, *Isaiah*, 171-75; Qimron, *HDSS*, 21f. 참고, 우가릿어 단수 *rbt*, 복수 *rbt*와 *rbbt*.

שְׁתֵּי רִבּוֹא ㄴ 7.72; שְׁתֵּי רִבּוֹת ㄴ 7.71, 또는 רִבֹּתַיִם 또는 עֶשְׂרִים אֶלֶף 또는
שֵׁשׁ־רִבָּאוֹת ㅅ 2.69가 있다. 60,000 אַרְבַּע רִבּוֹא ㄴ 7.66; 40,000

중간 숫자들. 예, 18,000. שְׁמוֹנָה עָשָׂר אֶלֶף 삼하 8.13.

숫자 100,000: מֵאָה אֶלֶף 민 2.9 등; מְאַת אֶלֶף 왕하 3.4.

o   **배수**(multiplicatives). אַרְבַּעְתָּיִם 네 배 삼하 12.6; שִׁבְעָתַיִם 일곱 배
창 4.15, 24; 사 30.26); 시 12.7; 79.12 형태들이 나타난다. 이것은 ־ַיִם 어미
를 가진 여성 형태이다(이것이 기본 형태이다. § *d*, n.). 이 형태는 쌍수로 보
이지만, 사실상 부사적 어미이다(아마 ־ָם에서 분리된 형태일 것이다. 참고,
§ 91 *g*, 102 *b*). כִּפְלַיִם 두 배 사 40.2 욥 11.6도 보라. 이 단어들은 우리의 네
배와 일곱 배와 어느 정도 밀접하게 일치한다. 모호한 형태인 רִבֹּתַיִם 시 68.18
은 같은 방법으로 만들어졌을 것이다[1]. 배수의 개념을 표현하는 또 다른 방
법들에 관해서는 § 142 *q*를 참조하라. 빈도수를 표현하는 숫자들은 § 102 *f*
를 참조하라.

§ 101. 서수

a   서수(ordinal) 형용사들은 처음 열 개의 숫자에만 존재한다. 열 번째
위의 숫자는 기수(cardinal)를 사용한다(참고, § 142 *o*). 첫 번째는[2] 형용사
רִאשׁוֹן (רֹאשׁ 머리에서 옴, § 88 M *e*)[3]로, 두 번째는 기수에서 직접적으로 만
들어진 שֵׁנִי (여성 שֵׁנִית, 복수 שְׁנַיִם)로 표현된다; 이와 유사하게, שִׁשִּׁי 여섯 번
째는 שֵׁשׁ에서 직접적으로 만들어진다. 다른 숫자들은 *qatili* > קְטִילִי 형태
를 보여준다. 이것은 *qatil* 형태와 형용사 어미 ־ִי로 만들어진 것이다. 세 번
째 שְׁלִישִׁי, 네 번째 רְבִיעִי (אַרְבַּע의 알렙 없이 옴), 다섯 번째 חֲמִישִׁי (חֲמִשָּׁה

---

[1] 참고, Müller 1906: 13ff.

[2] 출 38.14 הַכֶּתֶף־אֶל ‖ הַשֵּׁנִית הַכֶּתֶף לְ에서와 같이 구체적인 단어 없이 '첫째'를 나타내는 고대 표
현법(우가릿어에서처럼)의 흔적에 관해서는 Blau 1982: 5-7을 보라.

[3] 이것은 비교적 늦은 시기에 나온 이차적인 형태로 보인다. 창조 기사(창 1장)에서 첫째 날은
יוֹם אֶחָד로 부르는 한편, 뒤따라 오는 날들은 שֵׁנִי, שְׁלִישִׁי, רְבִיעִי처럼 올바르고 규칙적인 서수로
부른다. Loewenstamm 1954를 보라. 우가릿어에는 첫째를 가리키는 특정한 어휘소가 없으며, 기수
*aḥd*를 사용한다: Tropper, § 63.211. 그러나 앞의 각주도 보라.

를 유추하여 중복된 חֲמִשִּׁי 형태는 의심스럽다), 일곱 번째 שְׁבִיעִי, 여덟 번째 שְׁמִינִי, 아홉 번째 תְּשִׁיעִי, 열 번째 עֲשִׂירִי.

b   여성 형태들은 ־ית로 끝난다. 예, שְׁלִישִׁית 세 번째; 우리는 매우 드물게 나타나는 ־ִיָּה 어미를 가지고 있다: שְׁלִישִׁיָּה 사 19.24; 15.5 = 렘 48.34† 그리고 עֲשִׂירִיָּה 사 6.13†. 동일한 형태들이 **분수**를 표현한다. 예, שְׁלִישִׁית 세 번째 부분, 삼분의 일. 분수를 표현하는 특별한 단어들도 존재한다: 절반 חֲצִי, 다소 드물게 מַחֲצִית(¹), 두 번 מֶחֱצָה 민 31.36, 43†; 삼분의 일 שָׁלִישׁ; 사분의 일 רֶבַע, רֹבַע(²); 오분의 일 חֹמֶשׁ; 십분의 일 עִשָּׂרוֹן, 복수 עֶשְׂרֹנִים (qatalān 형태, § 88 M b); מַעֲשֵׂר 열 번째 부분, 십일조.

       삼분의 이는 פִּי שְׁנַיִם으로 표기한다 신 21.17; 왕하 2.9; 슥 13.8. 이와 반면에 שִׁנְאַיִם은 두 배를 뜻한다. 출 22.39, 6, 8.

       몇 번이나라는 개념에 관해서는 § 102 f를 참조하라.

---

¹ 우가릿어의 분수는 1/2(!)과 2/3를 제외하고, 접두사 /m-/을 사용한다. 이때 접미사 /-t/는 함께 나오거나 나오지 않을 수 있다. מַעֲשֵׂר를 주목하라.

² 사람의 이름으로서 쎄골 형태를 가진 שֶׁלֶשׁ와 שִׁלְשָׁה도 주목할만하다.

제4장: 불변화사

　　명사, 대명사 또는 동사 외의 모든 품사 즉 부사, 전치사, 접속사 및 감탄사를 불변화사(*particles*)라고 한다. 이 다양한 불변화사의 부류들을 정확히 구분하는 것은 때때로 어렵다. 예로서 동일한 단어가 부사와 전치사로 사용될 수 있다.

§ 102. 부사

a　　어떤 부사들(adverbs)은 원시 형태를 갖는다. 예, לֹא 아니다, 아닌, שָׁם 거기, אָז 그 때. 다른 부사들은 파생된 형태를 갖는다. 예, אָמְנָם 진실로, 참으로 (אֹמֶן에서 옴, 1번); 마지막으로 많은 부사들은 단지 부사어(adverbial)의 역할을 하는 다른 품사들이다(실명사, 형용사, 부정사 절대형): 예, הַרְבֵּה 많이 (רָבָה의 히필 부정사 절대형: 많이 만드는 행위, 많이 만드는 데 있어서, § 79 *q*). 종종 부사어 개념이 두 개 또는 그 이상의 단어 그룹에 의해, 특히 전치사와 실명사에 의해 표현된다. 예, בֶּאֱמֶת 진실로, 정말로, לָמָּה 왜?(לְ와 의문 대명사 מָה), מַדּוּעַ 무슨 이유로?(מָה + יָדַע, 라틴어 *scibile quid?*, 물건, 일[thing]이란 뜻을 가진 יָדוּעַ가 약화됨[¹]: 무슨 일?=왜?).

b　　부사어 형태소를 수없이 만들어내는 인도-유럽어들(영어 -*ly*, 불어 -*ment*, 그리스어 -ως)과는 달리 히브리어에서 파생된 부사들은 소수이며 매우 드물다. ◌ָם 어미와 함께: אָמְנָם, 참으로, 그러나 הַ 의문사 뒤에서: הַאֻמְנָם (אֹמֶן에서 옴, 1회); דּוּמָם 조용히; חִנָּם 은혜로, 무료로, 헛되게, 이유 없이(חֵן 은총에서 옴; 비교, 라틴어 *gratia*와 *gratis*); רֵיקָם 비어 있는, 빈 손으로, 이유 없이 (רֵיק 비어 있는에서 옴); יוֹמָם 낮에(라틴어 *diu, interdiu*). ◌ֹם 어미와 함께 오는 형태는 פִּתְאֹם 갑자기와 פִּתְאוֹם (11회; שִׁלְשֹׁם 12회) 그저께 밖에 없다. 이 어미들은 여러 가지 방법으로 설명되어 왔다. 어떤 학자들은 ◌ָם을 비한정 대격의

---

¹ 아람어 מַדְעָם과 비교해 보라. 이에 대해서는 참조, Muraoka - Porten 2003: §§ 3*c*, 17, 44*a-e*. Socin(1900-01: § 63 *d*)에 따르면, 아랍어 방언에서 *ʿilm* 지식은 사물을 의미한다. 예, *weš ʿilm* 왜? Jöuon(1925: 15f.에서)은 원래 לָמָּה와 מַדּוּעַ의 차이를 주장하였으나, Barr(1985)는 이 두 가지의 의미 사이에 차이가 거의 없다고 주장한다.

고대 어미로 보는 한편(§ 93 *b*)([1]), 다른 이들은 하나의 특별한 어미로 본다([2]). םֹ‑을 가진 일부 명사들의 경우에, 우선 그 *o*가 어원적으로 긴지 짧은지 파악해야 한다. פִּתְאֹם은 ע이 약화되고 *a*의 길이가 보상으로 길어져서 *pitam*(פֶּתַע 즉시, 찰나에서 옴) > *pitām*이 되었을 것이다. שִׁלְשׁוֹם과 관련하여, 이 형태는 아카드어 *ina šalši ūme* 삼일에서 온 차용어로 보이며, 이 경우에 *o*는 장모음일 것이다. 아카드어의 부사어 어미 *-u(m)*을 보면, םֹ‑ < *um*으로 파생되었음을 보여준다([3]). הֲלֹם과 עֵירֹם도 여기에 속한다.

*ann*과 여성 어미 *it*로 (§ *c*) 이루어진 *annīt* 어미와 함께 방식을 표현하는 두 개의 부사인 אֲחֹרַנִּית 뒤쪽으로와([4]) קְדֹרַנִּית 슬프게가 나온다.

c　　　　**보충의 부사들**(adverbs of suppletion). 이것은 구체적으로 히브리어에서 부사어 형태가 빈약하기 때문에, 부사의 역할을 하게 된 여러 품사들을 부르는 명칭이다.

　　　　형용사들: 남성 형용사가 드물게 부사의 역할을 한다([5]). 예, רַב는 가끔 많이, 상당히라는 뜻으로 사용된다; מַר 쓰라리게 사 33.7; 습 1.14(시문); רָחוֹק 멀리에서 시 22.2; 119.155. 다소 드물게 여성 단수 형용사가 사용된다. רִאשׁוֹנָה 처음으로, 이전에(9회; 그러나 일반적으로 בָּרִאשׁוֹנָה 22회; לְרִ' 2회이다)([6]); 마지막 ת와 함께([7]): רַבַּת 많이 시 120.6; 123.4; 129.1; שֵׁנִית 두 번째로, 다시 창 22.15; יְהוּדִית 유대인의 언어로, אֲרָמִית, אַשְׁדּוֹדִית도 마찬가지이다; 참고, אֲחֹרַנִּית, קְדֹרַנִּית, § *b*(끝).

---

[1] 예, חִנָּם *gratis* 무료로, 대가 없는 아랍어의 비한정 대격 *majjānan* 무료로(gratis)와 우가릿어 *špšm* 해질 때(?)(Gordon, *UT*, § 11.4, 5)와 헬라어 μάτη의 대격 μάτην 헛되게와 비교할 수 있다.

[2] יוֹמָם에서 어근의 자음 מ은 중복된 것일 수 있다. 참고, 시리아어 *ʾimāmā*; 또는 *ām*은 부사어의 어미로서 여기서는 특별히 시간을 가리키는 어미일 가능성이 더 많아 보인다: 즉, 낮에(day time), 불어는 *la journée*, 이탈리어는 *la giornata*이다. 비교, צָהֳרַיִם 정오, § 91 *g*. 고대 가나안어 *ha-ya-ma* 살아 있는 (Sivan, 131)을 비추어 볼 때 두 번째 설명이 더 신빙성이 있어 보인다. EA 137.21 *ri-qa-mi*(=רֵיקָם)도 비교해 보라. Kienast 2001: § 157도 보라.

[3] Deller et al. 1965: 40을 보라.

[4] 뒤에서(at the back)라는 의미로서 부사어로 사용하는 אָחוֹר와 다르다. Joüon 1925: 4f.를 보라.

[5] 형용사 טוֹב 좋은과 רַע 나쁜은 각각 좋게(well)와 나쁘게(bad)라는 부사어의 의미로는 사용되지 않는 것으로 보인다. 좋게를 표현하기 위해 부정사 절대형 הֵיטֵב를, 나쁘게를 표현하기 위해 틀림없이 부정사 절대형 הָרֵעַ를 사용할 수 있었을 것이다. 물론 부정사 절대형 הָרֵעַ가 이런 의미로 사용된 용례는 발견되지 않는다.

[6] 반의어로 בָּאַחֲרֹנָה 6회와 לָאַחֲרֹנָה 2회 그 후에, 마지막으로만 발견된다.

[7] 절대형이 고대에 부사로 사용된 흔적에 관해서는 von Soden 1995: § 62 c, h와 Muraoka 1987: § 60을 보라. 다른 설명에 관해서는 Rainey 3.127f.를 보라.

d　　**실명사들**: יַחַד 함께(연합[하여], 그룹[으로], 참고, 대상 12.17)([1]); יַחְדָּו ([2])(매우 드물게 יַחְדָּיו) 함께; סָבִיב 주위에(실명사로서 한 번 단수 형태로 나타난다. 그러나 상당히 자주 복수 סְבִיבִים, סְבִיבוֹת 주변의 뜻으로 나타난다. 참고, § 103 *n*); מְהֵרָה 빨리, 속도(를 내어); בְּהָלָה 갑자기 레 26.16†; אֱמֶת 참으로 렘 10.10, 시 132.11†(일반적으로 בֶּאֱמֶת); פֶּתַע 갑자기(시문; 또한 בְּפֶתַע, לְפֶתַע); בֶּטַח 안전하게(לָבֶטַח가 더 자주 사용됨); מֵישָׁרִים 정의(롭게), 공정하게. 구문론적 관점에서 이 실명사들은 부사어 대격으로 간주해야 할 것이다(참고, § 126 d). 실명사적인 의미가 분명하지 않은 몇몇 부사들은 원래 실명사였다.

　　　　부사어적 개념은 훨씬 더 빈번하게 전치사, 특히 בְּ 그리고 לְ 뒤에 나오는 실명사에 의해 표현된다(위에 인용된 몇 개의 예들을 보라). 예, לְבַד 따로 [꼭 혼자는 아니다([3])]; בְּמִרְמָה 많이, לָרֹב과 בְּשָׁלוֹם과 לְשָׁלוֹם 평화롭게, בְּמִרְמָה 거짓으로 등.

e　　**부정사 절대형**: 히필: הֵיטֵב 잘, 훌륭하게, הַרְבֵּה 많이(§ *a*), הַרְחֵק 멀리, הַשְׁכֵּם 아침 일찍, הַעֲרֵב 저녁에 삼상 17.16†; 피엘: מַהֵר 빨리. 엄밀히 말하자면, 이 단어들은 잘 하는 행위, 많이 하는 행위, 멀리 이동하는 행위, 무엇을 아침에, 저녁에 하는 행위, 무엇을 빨리 하는 행위를 의미한다. 부사어로 사용된 부정사 절대형은 부정사 절대형의 동사 뒤에서 내적 목적어의 대격으로 사용되는 부정사 절대형 용법이 확장된 것이다(참고, § 123 *r*).

f　　**횟수를 표현하는 수를 위해 부사어로 사용된 기수**: אַחַת 한 번, 레 16.34; שְׁתַּיִם 두 번 느 13.20; שָׁלֹשׁ 세 번 욥 33.29 등. 이 용법은 여성 단어 פַּעַם 횟수, 번이 생략된 것으로 설명할 수 있다.

　　　　횟수를 표현하기 위해 부사어로 사용된 서수: שֵׁנִית 두 번째로 창 22.15; בַּשְּׁבִיעִית 일곱 번째에 왕상 18.44. 여기서도 פַּעַם 단어가 내포되어 있다. 참고, בַּפַּעַם הַשְּׁבִיעִית 수 6.16.

---

[1] יַחַד가 쿰란 공동체를 지칭하는 용어로 사용된 것에 관해서는 Morag 2000: 179-82를 보라.

[2] (복수 어미가 아닌) אַשְׁרֵי에서처럼 여성 어미 *ay*를 가진 *yaḥday*에서 왔을 가능성이 높다. 이 인칭 접미사는 의미가 불분명하다: 이것과 하나되어, 그것과 일치되어(참고, § 146 *j*). 아카드어에서와 같이 여기에서 고대 부사 어미인 /ū/를 찾고자 한 Brockelmann(1899: 344-46)의 제안을 따른다면, 이것이 그 형태소에 대한 유일한 예가 될 것이다.

[3] 예, 왕상 18.6 לְבַדּוֹ 아합은 자기 길로 갔다는 그가 호위대와 함께 갔음을 배제하지는 않는다.

g   부사어 개념을 표현하는 다른 방법들도 있다. 따라서 부사어 히필(§ 54 *d*)은 부사를 동반하면서, ~을 하다, ~을 행하다와 같은 일반적인 의미를 가진 동사와 같아진다. 예, הֵיטַבְתָּ לִרְאוֹת 렘 1.12는 문자적으로 너는 봄으로써 잘 했다이며, 너는 잘 보았다와 같은 뜻이 된다(참고, § 124 *n*). שׁוּב יָסַף와 동사는 여전히, 한 번 더라는 부사어 개념을 내포하고 있다(§ 177 *b*). 즉시라는 개념을 표현하기 위하여 빨리 행동하다라는 의미로 사용된 피엘형 מִהַר가 있다: 왕상 20.41 וַיְמַהֵר וַיָּסַר 그가 즉시 없앴다(아마 삼상 28.20 그가 즉시 떨어졌다[엎드렸다]도 해당될 것이다). 타동사적으로 사용된 같은 동사는 빨리 가져 오다와 같다(창 18.6; 왕상 22.9); 히필 הֵרִיץ 빨리 (뛰면서) 운반하다(삼상 17.17; 대하 35.13)도 마찬가지이다. קִרְאוּ בְקוֹל־גָּדוֹל 너희는 더 큰 목소리로 부르짖으라 왕상 18.27과 같은 문장은 더 크게 부르짖으라와 같다. 매우 많이(very much)라는 부사어 개념은 삼하 18.8 וַיֶּרֶב לֶאֱכֹל מִן 그것이 ~보다 더 많이 삼켰다(먹었다)와 같은 문장에서 부사어 히필로 표현된다.

h   특히 일반적으로 사용되거나 특별한 관심의 대상이 되는 몇몇 부사들은 다음과 같다.

        지시 부사: A) 이 용어의 엄밀한 의미에서(여기라는 일차적인 의미를 가진 지시 대명사 זֶה처럼, § 143 *a*) 그리고 목적어를 현재 시제로 전제하면서; B) 더 넓은 의미에서의 지시 부사로서:

        A): פֹּה 여기(움직임 없이, 라틴어 *hīc*); בָּזֶה; מִזֶּה 여기서부터 보다 더 일반적이다; B): שָׁם 저기, 거기는 이런 의미에 있어서 שָׁמָּה보다 더 자주 나타난다; מִשָּׁם 거기서부터.

        A): הֵנָּה[1] 여기로(라틴어 *hīc*): הֲלֹם보다 더 흔히 사용된다; B): שָׁמָּה[2] 저기로, 이 의미로 שָׁם보다 더 자주 나타난다. § 93 *e*; הָלְאָה 저쪽에, 저쪽으로.

        A): עַתָּה 지금, § 32 *f*; B): אָז 그때.

        A): כֹּה 이와 같이(이와 같은 방식으로), 예, כֹּה אָמַר יְהוָה 주님께서 이와 같이 말씀하신다(그의 말씀을 선포하기 위하여); B): כֵּן 이와 같이 (이와 같은 방식으로), 예, וַיְהִי כֵן 그리고 그것은 이와 같았다; 이와 유사하게 כָּכָה는 이미 언급한 것을 소급하는 역할을 하지만, 강조의 의미를 가지고 있다.

---

[1] 대명사 הֵנָּה 그녀들(여성)과 구분되어야 한다.

[2] 중복에 관해서는 아랍어 *tumma*와 아람어 *tammā(n)*을 참고하라.

i   **의문 부사**: הֲ 이것이 그것이냐? 라틴어 *num?*(모음 표기에 관해 § *l*을 참조하라); הֲלֹא 그것은 ~이 아닌가? 라틴어 *nonne?*; לָמָה 왜?(그리고 לָמָה § 37 *d*), לָמָה זֶּה 왜 도대체?(일반적으로 마켑과 함께 온다); מַדּוּעַ 무슨 이유로?(§ *a* 보다 더 정밀하다); אֵיךְ 어떻게?, אֵיכָה 보다 더 흔하다; אַיֵּה 어디에?(움직임 없이, 라틴어 *ubi?*)(¹), 드물게 אֵיפֹה (²); אָ֫נָה 어디로?(라틴어 *quo?*), אָן 보다 더 흔하다; מֵאַ֫יִן 어디서부터?, מִזֶּה אֵי 보다 더 흔하다. 어디에?, 어디를 통하여? 는 אֵי־זֶה הַדֶּרֶךְ נַעֲלֶה 왕하 3.8 어느 길로 우리가 올라갈까?에 나온다. 문자적으로 우리가 올라갈 수 있는 길이 어디 있는가?이다; מָתַי 언제?(³); עַד־מָתַי 언제까지?, 드물게 עַד־אָ֫נָה (비교, 라틴어 *usquequo*, 시간적 의미로도 사용된다)(⁴).

j   **부정 부사**(negative adverbs): לֹא 아니다, 아닌(마소라 본문에 따르면 לוֹא 35회[⁵]); אַל ~하지 마라(라틴어 *ne*처럼 금지 표현); אֵין, אַ֫יִן(⁶)(§ 160 *g*) 없다(존재하지 않음을 나타내는 부사; 존재를 나타내는 부사 יֵשׁ 있다의 반의어); לְבִלְתִּי(§ 93 *q*)는 부정사 연계형을 위한 특별한 부정어이다. 이 네 개의 일반적인 부정어들 외에 그 용법은 드물게 나오는 부정어들인 בַּל, בְּלִי, בִּלְתִּי는

---

¹ 참고, 고대 가나안어 *ayya* 어디에?: Rainey 3.109f.

² אֵיפֹה 어디에?와 אֵפוֹא를 구분해야 한다. 후자는 원래 지시사였을 가능성이 있지만, 실제적인 용법에서는 논리적인 관계를 나타내는 불변화사 그래서, 그러므로라는 뜻으로 사용한다.

³ 아랍어 *matā(y)*, 시리아어 *ʾemmat(y)*처럼 히브리어 형태는 고대 가나안어 *mati*와 아카드어 *immati* < *ina mati*와 구분된다.

⁴ 여기에 언급된 많은 어휘소들에 공통적인 의문사 형태소 אַי는 원시 셈어 /ayy-/로 거슬러 올라간다.

⁵ 후접하는 -ה, -בּ 그리고 -ל와 결합된 형태들은 계산에 넣지 않았다. 만일 이것들을 포함한다면, לוֹא 는 187회 나타난다(전체 5184회 중에). 숫자의 계산에 관한 문제점은 AF, *Spelling*, pp. 186f.에서 보라. 완전 철자법은 예레미야서에 가장 많이 나타나고, 예레미야서 이전의 책들에도 많이 나타나지만, 그 이후의 책들에서는 그렇지 않다. Barr, *Spellings*, 154-58도 보라. 사해 사본에는 완전 철자법이 불완전 철자법보다 훨씬 많이 나타난다. 역사적으로 보면 /laʾ/ > /lā/ > /lō/로 발전해 온 것으로 보인다(참고, § 98 *f*). 따라서 마지막 알렙은 그 기원에 있어서 사해 사본에서 전형적으로 사용되는 마지막 알렙과는 다르다. Brockelmann., GvG, I, § 253 A, a와 Qimron, *HDSS*, 21f.를 보라. 그렇다면 히브리어 부정어는 /lā/일 가능성이 아주 높은 우가릿어 /l/(Huehnergard, *Ugr. Vocabulary*, 25, 255)와 또한 가끔 고대 아람어에서 알렙 없이 /l/로 나오는 것과 구별될 것이다(Muraoka - Porten 2003: § 5*g*, 10*d*). 다시 말하자면, 히브리어 부정어의 알렙은 원래 모음 글자가 아니었을 것이다. 참고, § 7 *b*. 반면에 לֹא는 초기에 알렙을 모음 문자(mater lectionis)로 사용한 드문 예로 볼 수 있다. 그렇다면 그것은 흔히 사용하는 이 단어를 동일하게 자주 사용하는 לְה와 문자상으로 구분하기 위하여 도입했을 것이다. לְה는 원래 그에게(§ 94 *h*) 뿐 아니라 그녀에게를 뜻한다. Andersen 1999: 6도 보라.

⁶ 욥 22.30¿과 고유 명사 אִי־כָבוֹד 삼상 4.21; 14.3의 אַי는 אַ֫יִן에서 단축된 부정어 형태일 가능성이 있다. 페니키아어도 부정어 לֹ2를 가지고 있다.

구문론에서 함께 설명할 것이다(§ 160). 이것들 외에도 특별한 의미를 갖는 부정어 טֶרֶם 아직 아니다, אֶפֶס 더 이상 아니다도 있다.

k **인칭 접미사와 함께 오는 부사**(어형 변화표 20). 일부 부사들은 인칭 접미사를 가질 수 있다. 이것은 그 실질적 의미가 여전히 명백하게 남아 있는 부사를 볼 때 쉽게 이해될 수 있다. 예, לְבַד 문자적으로 따로, 혼자서, § *d*(לְבַדִּי, לְבַדְּךָ, לְבַדּוֹ 등); יַחְדָּו, § *d*도 참고하라. 그러나 원시 형태나 실질적 의미가 더 이상 뚜렷하지 않은 일부 부사들도 인칭 접미사를 갖는다[1]: 논리적으로 주어이고, 따라서 분리되어야 하는 인칭 대명사는 그것을 인칭 접미사로 바꾸는 부사에 붙는다[1]. 따라서 הִנֵּה 보라는 הִנֵּה־הוּא(예, 룻 3.2) 함께 הִנּוֹ (3회; 형태, 렘 18.3의 크티브ī)가 나온다[2]. אֵין, הִנֵּה 그리고 עוֹד 여전히와 함께 오는 인칭 접미사들의 용법은 다소 독특하다(어형 변화표 20을 보라). 우리는 נִי־, 와 같은 인칭 접미사들이 미완료형의 인칭 접미사들과 유사함을 주목해야 한다. 그것들의 기원은 분명하지 않다. 아마 명령형 רְאֵנוּ*와 רְאֵנִי*를 유추하여 הִנְנִי 내가 여기 있다, הִנֶּנּוּ 우리가 여기 있다라는 표현이 나왔을 수 있다[3]. 그 후 *enn*이 부사 אֵין (거의 반대 의미를 가지고 있음[4])과 עוֹד로 확장하였을 수 있다. 원래 실명사(반복, 계속)일 수 있는 עוֹד는 עוֹדֶנִּי 외에도 עוֹדִי (4회) 형태를 갖고 있음을 주목할 수 있다. 대부분의 전치사들에서처럼 ◌ְ와 함께 הִנְּךָ, עוֹדְךָ 형태가 나타난다; אֵינֶךָ의 ◌ֶ는 그 앞에 오는 ◌ֵ 모음의 영향 때문에 온 것일 수 있다(비교, מִמֶּךָ). 휴지 위치가 아닌 경우에는 중복이 생략된 הִנֶנִי 형태가 나타난다. § 18 *m*; הִנֶּנִּי는 두 번만(창 22.7; 27.18) 나타난다. 비록 선택된 이유를 알 수 없지만, הִנֶּנּוּ (3회) 외에 הִנְנוּ (4회) 형태가 나타난다. אַיֵּה 어디에?와 관련된 형태로서 אַיֶּכָּה 창 3.9†, אַיּוֹ, אַיָּם만 나온다. יֵשׁ 있다(יֶשׁ)에서 온 יֶשְׁךָ, יֶשְׁכֶם 창 24.49†, הֲיֶשְׁכֶם 신 13.4, 원래부터 있었을 가능성이 있지만 이례적인 형태

---

[1] 참고, Brockelmann., *GvG*, II. 264ff.

[2] < *hinnahu*는 이 형태의 초기 단계로 가정할 수 있다. 그것은 사마리아 히브리어의 /inna/에 해당하며, 같은 역할을 하는 아랍어 /<inna/와 유사하다. Ben-Ḥayyim, § 6.3.13을 보라.

[3] הֵן 외에도 이차적인 형태인 הִנֵּה는 הִנְנִי에서 파생되었을 것이다(אַיֵּה의 הַ◌도 유사한 기원을 가지고 있을 것이다). הֵן은 훨씬 덜 빈번하게 사용된다. 물론 הִנְנִי와 같은 접미사 형태는 הִנֵּה에서 보다는 הֵן에서 유래되었다. 독특한 형태인 הִנֵּה־נָּא에 관해서는 § 18 *l* 첫 번째 각주 참조.

[4] 고대 가나안어의 비존재를 표현하는 불변화사 *yānu* 역시 *ia-nu-mi mu-ta-na* 전염병이 없다에서처럼 대격을 취하고 있음을 주목하라. Rainey, 1.167을 보라.

인 יֶשְׁנוֹ(¹) 신 29:14; 삼상 14.39; 23.23; 에 3.8†, 유사한 기원을 가진 ‬ נ‬과 함께 (비교, קָבְנוֹ 민 23.13, § 82 *l*).

l   **의문사 הֲ의 모음 표기**(²). 원시 히브리어 형태는 *ha*이다. 정관사(§ 35 *b*)의 *a* 또는 대명사 *ma*(§ 37 *c*)의 *a*, 또는 וַיִּקְטֹל(§ 47 *a*) 형태의 *wa*에 있는 *a* 와 달리, 이 *a*는 그 뒤에 오는 자음에 어떤 힘도 가하지 않으며, 결과적으로 그 자음은 중복되지 않는다. 열린 음절에서 이 원시 단모음 *a*는 유지되지 못하고, 매우 짧은 *ă*가 된다. 예, הֲלֹא 그렇지 않은가? (라틴어 *nonne?*) 그럼에도 불구 하고, 자음이 중복된 몇 개의 예와 단모음이 열린 음절에서 유지되는 수많은 예들을 볼 수 있다.

m   (단순 또는 복합) **슈바 전에** 하텝 파타흐가 올 수 없기 때문에 ◌ֲ가 나타 난다. 예, הַבְרָכָה *num benedictio?*(= 축복이 [있는가]?) 창 27.38; הַמְכַסֶּה *num celans?*(= [내가] 숨길 것[인가]?) 창 18.17(비교, 칠십인역 레 3.3에 정관사를 가진 같은 형태가 나타난다: τὸ κατακαλύπτον 숨기는 것, 덮는 것, § 35 *c*). 정 관사와 함께 가상 중복이 나타난다, 그러나 순수한 중복이 있는 경우들을 비 추어 볼 때, 중복을 요구하지 않는 의문사 הֲ와 함께 가상 중복이 올 수 있다. 어떤 경우에는 자음이(ר 조차도) 중복된다. 예, הַלְבֵן 라틴어 *num filio?*(=한 아들에게?) 창 17.17; הַבְדֶּרֶךְ *num in via?*(= 길에서?) 겔 20.30; הַכְּתֹנֶת *num tunica?*(=겉옷?) 창 37.32; 항상 הַרְאִיתֶם *num vidistis?*(=정말로 너희가 보았느 냐?) 삼상 10.24; 17.25; 왕하 6.32†(참고, § 23 *a*).

n   **후음 전에**(그러나 ר는 아님) 단모음 *a*가 매우 짧아지는 것을 피하기 위 해 발음이 약간 느려지는 현상이 생긴다. 그러므로 열린 음절에 ◌ַ가 나타난다 (§ 28 *b*). 예, הַאֵלֵךְ 라틴어 *num ibo?*(= 내가 반드시 가야 하는가?)(³). 만일 파타 흐가 카메쯔가 뒤따라오는 후음 앞에 오게 되면, 그것은 ◌ֶ가 된다(§ 29 *f*). 예, הֶחָכָם *num sapiens?*(=그는 지혜로운가?) 전 2.19 (비교, 2.16*b*에 정관사를 가 진 동일한 형태가 나타난다: 그 지혜로운 자. 정관사와 함께 가상 중복이 나타

---

¹ יֶשְׁנוֹ 형태가 나오는 분포를 고려해 볼 때, 이 형태는 미쉬나 히브리어 אֵינוֹ을 유추하여 생긴 것이 라는 Blau(1972a: 61f.)의 제안을 받아들이기 어렵다. 첨가된 /n/과 관련하여 우가릿어 *'my* 외에도 *'mn(y)* 나와 함께를 비교하라. 우가릿어에서 이 /n/은 2인칭에도 나타난다.

² 중세 유대 문법학자들은 הֵא הַתְּמִיהָה 놀람의 헤(Heh of surprise)로 불렀다. 이것은 이 הֲ가 때 때로 의문사라기보다 감탄사로 들리기 때문이다. 참고, § 161 *a*.

³ הֶעֱרוֹתִ, § 80 *m*과 이것을 הֶחֱלֵיתִי, § 82 *n*에서처럼 후음 앞에서 ◌ַ대신 ◌ֶ오는 와 비교하라.

난 것이다: 의문사 הַ와 가상 중복이 나타났을 가능성은 없다). רַ는 전혀 후음이 아니므로(§ 5 n), 여기서 후음처럼 취급될 이유가 없다. 따라서 그것은 다른 자음들처럼 취급된다. 예, הֲרָאִיתָ 라틴어 *num vidisti?*(=네가 정말로 보았는가?)(비교, הֲרְאִיתֶם, § m). 하나님의 이름 יהוה는 אֲדֹנָי로 발음된다. § 16 *f.* 따라서 הֲיהוה 라틴어 *num Dominus?*(=하나님께서 정말로...?) 렘 8.19†가 나타난다.

o   **정관사의 모음 표기와 비교**(참고, § 35). 정관사의 הַ는 그 뒤에 오는 자음에 힘을 가하여 중복을 야기시키는 경향이 있는 단모음 *a*를 가진다. 만일 중복이 없다면, 후음 앞에 오는 모음은 ◌ָ이다. 이것은 의문사 הַ와 함께 결코 나타나지 않는다(¹); 만일 가상 중복이 있다면, ◌ַ 또는 ◌ֶ 모음을 갖게 된다. 이와 같은 모음들은 의문사 הַ와도 함께 나타나지만, 다른 이유로서 발음을 느리게 하기 위함이다.

§ 103. 전치사

a   하나의 자음으로 이루어진 전치사 בְּ, כְּ와 לְ, 그리고 그 기원이 불분명하며 다소 오래된 다른 전치사들을 제외한 전치사들은 처음에 부사로 사용된 고대의 명사들이었다. 그것들은 후대에 명사 또는 명사와 동등한 것들 앞에서 전치사로 사용되었다. 예로서 *ʾaḥar* (히브리어 אָחַר*, 연계형 אַחַר; 참고, § n)는 원래 뒤쪽(the back)을 뜻하는 실명사였다; 그 후 뒤에서, 뒤에라는 뜻의 부사가 되었으며(창 22.13*i*), 그리고 나서, 그 후에라는 시간적 의미의 부사로 사용되었다(창 18.5); 그리고 마지막으로 장소적(창 37.17) 또는 시간적(15.1) 의미에서 ~의 뒤에서, ~의 뒤에라는 뜻을 가진 전치사로 사용되었다. 마찬가지로 עַל은 원래 높은 자, 높은 곳을 의미했다; 그것은 호 7.16; 11.7에서 여전히 이런 의미로 사용되며, 삼하 23.1에서는 부사로서 ~위에라는 의미로 사용된다. 원래 명사인 전치사는 뒤따르는 명사에 연결되는 지배 명사(*nomen regens*, § 92 *a*)로 간주된다.

b   **접두 전치사 בְּ, כְּ 그리고 לְ.** 단자음으로 이루어진 세 전치사 בְ ~에서,

---

¹ 예로, הָאַף 코, 분노와 הַאַף 라틴어 *num etiam?*(그것도 역시?)를 대조하라.

כְּ ~처럼, 그리고 לְ ~에로는 항상 명사 앞에 붙어 나타난다. 따라서 그것들을 가끔 후접어라고 부른다. בְּ의 원시 형태는 아마 *bi*였고, כְּ와 לְ의 원시 형태는 각각 *ka*와 *la*였을 것으로 보이지만([1]), בְּ는 כְּ 및 לְ와 유사한 방식으로 취급된다([2]). 이 세 접두형 전치사에는 어떤 경우에 특별한, 즉, 강한 (◌ָ) 모음 표기가 적용되지만, 일반적으로 약한 (즉, 슈바 또는 그 대체 형태들) 모음 표기가 된다.

I. 약한 모음 표기. 일반적으로 그리고 아래에 열거된 특별한 경우들을 제외하고, 이 전치사는 원시 단모음의 흔적인 단순 슈바를 갖는다. 예, לְאִישׁ(주요 휴지 형태에서까지도: 왕상 2.2). 슈바 앞에서 이 전치사는 *i* 모음을 갖는다; 따라서 연계형 דְּבַר와 함께 כִּדְבַר, בִּדְבַר 그리고 לִדְבַר가 된다([3]). 그러나 첫 자음이 יִ일 경우에 이 יִ는 묵음이 된다. § 26 *b*; 예, 연계형 복수 יְמֵי (יוֹם 날에서 옴)와 함께 לִימֵי, כִּימֵי, בִּימֵי가 된다(이와 유사하게, מִימֵי, § *d*, וִימֵי, § 104 *c*). 하텝(복합 슈바) 앞에서, 하텝의 음을 갖는 단모음이 나타난다. 예, כַּאֲשֶׁר ~처럼, כַּאֲרִי 사자처럼(§ 35 *e*); לֶאֱנוֹשׁ (그) 사람에게, בָּאֳנִיָּתִי* 나의 배에서([4]). 칼 부정사 연계형과 함께 올 때, 일반적인 형태 לַעֲמֹד 외에도 가끔 לַחְפֹּר 형태가 나타난다. § 68 *e*.

부정사 연계형 אֱמֹר는 לְ와 함께 לֵאמֹר 말하기를(לֶאֱמֹר* 대신에, § 24 *e*; 73 *g*)이 된다. 이것은 의심할 여지없이 이 형태가 빈번하게 사용되기 때문이다([5]). 왜냐하면, בֵּאמֹר 형태도 발견되기 때문이다(마찬가지로 명령형은 וֵאמֹר이다. § 104 *c*).

אֱלֹהִים 하나님은 빈번하게 사용되기 때문에 의심의 여지 없이, בֵּאלֹהִים, כֵּא׳, לֵא׳(그리고 וֵאלֹהִים, § 104 *c*)으로 나온다. 그러나 단수 형태

---

[1] 우가릿에서 /li/(Huehnergard, *Ugr. Voc.*, p. 27), 그러나 *bi-i*(ib., pp. 27, 53, 112; Sivan, p. 132).

[2] 헬라어와 라틴어 음역들은 이 세 전치사들 사이에 구분을 하지 않는다. Brønno, 216-24; Sperber, *Hist. Gram.*, 208f.를 보라.

[3] 이것을 *dabrē*에서 온 דִּבְרֵי와 비교하라. § 96 B *b*. 그러나 כִּדְבַר와 לִדְבַר는 בִּדְבַר를 유추하여 *i*를 가지고 있다고 똑같이 말할 수 있다. 전통적인 설명에 따르면, 둘 다 원시 단모음으로 여겨지는 두 개의 단순 슈바 중 첫 번째 것이 *i*로 바뀐다는 것이다. 이것은 주어진 자료를 공시적으로 설명하는 데 있어서 가장 잘 적절해 보인다.

[4] בָּאֳנִיָּה와 같은 형태의 모호성은 § 35 *e*를 참조하라.

[5] 이와 유사하게 לִנְפֹּל에서 בְּ가 아니라 כְּ가 더 빈번하게 사용된다. 왜냐하면 לְ와 함께 나오는 부정사가 כִּנְפֹּל이나 בִּנְפֹּל보다 더 빈번하게 나오기 때문이다(§ 49 *f*).

(다소 드물고 시적인 형태)는 לֵאלֹהַ (וְאֶל), 한 번 לֵאלֹהוֹ 합 1.11이 나온다 (아마도 이 단어가 더 길기 때문일 것이다; 비교, 성서 아람어 לֶאֱלָהּ, 그러나 לֵאלָהָא, לֵאלָהֵי, לֵאלָהִי 등).

חָיָה와 חָיָה 동사의 부정사 앞에 나타나는 모음 표기에 관해서는 § 79 s를 참고하라; 예, לִהְיוֹת, הֱיוֹת.

אָדוֹן 주, 주인이 בְּ, כְּ 그리고 לְ (그리고 וְ, § 104 c)와 함께 올 때 매우 독 특한 방법으로 취급된다. אָ를 가지고 있는 어떤 형태에서, 이 א은 묵음이 된 다(의심의 여지 없이 앞의 경우들과 마찬가지로 이 형태들이 빈번하게 사용되 기 때문이다); 그러나 그 앞에 오는 ◌ָ는 이제 비록 열린 음절에 올지라도 그대 로 유지된다(비교, בָּארוּמָה 대신에 בָּארוּמָה 삿 9.41). 이런 이례적인 형태가 나온 것은 ◌ָ◌ְ를 갖는 형태들과 너무 큰 차이가 나는 것을 피하기 위함이었을 것이다. 단수에서 א은 1인칭 단수 접미사와 함께 올 때 묵음이 된다(사실 실 제로 나타나는 유일한 형태로서) לַאדֹנִי (인칭 접미사 없이: 연계형 לַאדֹן 미 4.13†). 복수에서 א은 연계형에서 묵음이 아니고(예, לַאֲדֹנֵי) 연계형의 어간 형 태(theme) אֲדֹנֵי를 포함하는 형태들, 즉 복수 인칭 접미사를 가진 형태들에서도 묵음이 아니다(לַאֲדֹנֵיהֶם,לַאֲדֹנֵיכֶם,לַאֲדֹנֵינוּ)[1]. 그것은 다른 형태들, 즉 단수 접미사를 가진 형태들에서는 묵음이다: (לַאדֹנֶיהָ,לַאדֹנָיו,לַאדֹנֶיךָ,לַאדֹנַי)[2]. 하나님의 이름 יהוה는 לַאדֹנָי로 발음된다. 따라서 לַיהוה와 같은 형태는 לַאדֹנָי 로 발음되어야 한다.

c   **II . 강한 모음 표기**. 즉 ◌ַ, כַּ와 לַ에 원시 모음 a가 나타난다(그러나 § b, n. 1을 보라); בַּ는 כַּ와 לַ를 유추하여 나왔다. 이 a는 뒤따라 나오는 자음에 어떤 힘도 가하지 않으므로, 결과적으로 중복이 일어나지 않는다(정관사 *ha 와, 대명사 *ma, 그리고 וַיִּקְטֹל에서처럼 wa의 a와 대조하라). 강한 모음 표기 는 완전한 강세 또는 특별히 강세가 있는 단음절 단어들(엄밀한 또는 느슨한 의미에서)이 속해 있는 어떤 그룹들 앞이 아니면 나타나지 않는다. 그러므로 강한 모음 표기가 오는 이유는 운율적인 성격 때문이다. 이 강한 모음 표기가 나오는 경우들은 아래와 같다.

---

[1] 더 짧은 모음 부호를 갖는 연계형에서 ◌ַ와 ◌ָ를 더 길게 발음하는 것은 보상의 방편으로 선호하 였을 것이다.

[2] לַאדֹנִים*도 가능했을 것이다.

A) 세 전치사 בְּ, כְּ 그리고 לְ에 공통적인 경우들: 지시사 זֶה와 זֹאת 그리고 심지어 두 음절로 이루어진 אֵלֶּה 앞에서: 예, בָּזֶה([1]), בָּאֵלֶּה([2]). 그러나 강세가 약할 때, 약한 모음 표기가 나타난다. 예, 창 2.23 לְזֹאת. לְךָ와 בְּךָ에 대비되는 것으로서 무거운 접미사들인 בָּכֶם, כָּכֶם, לָכֶם, בָּהֶם, כָּהֶם(쩨레!([3])), לָהֶם 앞에 오는 ָ를 가진 모음 표기를 비교하라.

B) לְ를 갖는 특별한 경우들: 1) 단음절 부정사들 (엄밀한 또는 넓은 의미에서) 전에서: לָשֵׂאת(שְׂאֵת에서 옴, § 78 *l*). לָצֵאת, לָתֵת, לָלַחַת, לָשֶׁבֶת, לָקוּם. 그러나 강세가 약할 때 약한 모음 표기가 나타난다.

예, 창 16.3 לָשֶׁבֶת אַבְרָם(속격과 함께 올 때처럼 밀접한 관계에서, § 124 *g*: 메르하가 티프하와 함께 옴); 2) 특히 강세가 있는 특정한 단음절들 전, 즉, 휴지 위치에서; 예, לַנֶּפֶשׁ 중간 휴지 위치에서, 레 19.28; 민 9.10; 민 5.2; לָטֶרַח 사 1.14; 3) 그 그룹이 관용적 표현을 이룰 때, 예, לָבֶּטַח 안전하게; לָרֹב 풍부하게; לָעַד 영원히; לָנֶצַח 영원히(그러나 לְנֵצַח נְצָחִים); 4) 명사의 반복이 있을 때, 예, פֶּה לָפֶה 한쪽 끝에서 다른 쪽 끝으로 왕하 10.21; 21.16†; מִדּוֹר לָדוֹר 사 34.10(휴지 위치가 아님); בֵּין מַיִם לָמָיִם 창 1.6([4]). 비교, וְ에 관한 유사한 경우, § 104 *d*.

주의. לְ를 특별하게 취급하는 것은 순전히 이 전치사가 בְּ 그리고 כְּ와 달리 가끔 강한 강세를 취하기 때문이다. 따라서 בַּקָּמִים은 사실 항상 밀접하게 연결된 곳에서 발견된다(시 76.10; 124.2; 잠 28.12, 28†).

정관사와 함께 오는 בְּ, כְּ 그리고 לְ 형태들에 관해서는 § 35 *e*를 참조하라. 의문 대명사 מָה와 함께 오는 경우는 § 37 *d*를 참조하라([5]). בְּ와 לְ의 변화

---

[1] בָּזֶה는 일반적으로 부사어이다: 여기에, § 102 *h*. 이것에서(in this)라는 의미로는 4회만 나타난다: 삼상 16.8, 9; 전 7.18; 에 2.13†.

[2] בָּאֵלֶּה*와 같은 형태에서 ָ는 정관사일 수 없다. 사실 지시사는 형용사로 사용될 때만 정관사를 취할 수 있다. 즉, 한정된 명사 뒤에서만 나온다. 예로서, כַּמְּלָכִים הָאֵלֶּה 이 왕들처럼(§ 137 *e*). 그러므로 전치사와 지시사가 결합된 형태는 정관사를 취할 수 없다. 따라서 בַּזֶה*와 같은 형태는 불가능하다.

[3] כָּהֶם은 왕하 17.15(씰룩과 함께)에서 한 번 나오며, כָּהֵן도 한 번만 나타난다(겔 18.14). בָּהֶן(בָּהֵן이 아님)이 훨씬 더 일반적인 형태인 점을 주목하라.

[4] רַע와 רָע가 나올 때 몇 가지 특징들이 나타난다. 예, בֵּין טוֹב לָרַע 레 27.33(이차적인 휴지 위치에서), 그러나 בֵּין טוֹב לָרָע 왕상 3.9(주된 휴지 위치에서). 그러나 ָ는 정관사로 여겨질 수 있을 경우에는 사용을 피하는 것으로 보인다. 따라서 항상 לְעָם으로 나타난다. 예, 렘 32.38.

[5] 예로서 בַּמֶּה, § 37 *d*와 בָּזֶה 사이에 모음 표기가 다름을 주목해야 한다. 예로, בָּזֶה는 정관사를 가

는 § *f*를, כ의 변화는 § *g*를 보라.

d   **때때로 단어 전에 붙는 전치사 מִן.** 전치사 מִן ~로부터(라틴어 *de, ex, a*)는 가장 특이한 방식으로 나타나며, 이것은 다음과 같이 두 가지 사항으로 요약할 수 있다. A) 일반적으로 ן은 뒤따라 오는 자음에 동화된다; B) 일반적으로 이 뒤따르는 자음은 중복된다.

     세부 사항: A) 1) 자음의 성격과 상관 없이(후음이든 아니든) 원래 온전한 형태인 מִן은 상당히 자주 유지된다(분리 악센트와 함께 오는 출 2.7을 제외하고 항상 마켑과 함께!)(특히 역대기에서)(¹).

     2) 특히 정관사 ה 전에서 מִן은 일반적으로 유지되는데, 이것은 부드러운 발음을 만들기 위한 것임에 틀림없다. 예, מִן הָאֲדָמָה 창 2.7(²).

     B) 1) 후음이 아닌 자음 전에서는 일반적으로 중복이 일어난다. 예, מִיָּמִים. 그러나 י 전에서는 중복이 거의 일어나지 않고(³), י는 묵음이 된다. 예, 복수 연계형 יְמֵי와 함께 כִּימֵי, בִּימֵי, לִימֵי가 나타나는 것처럼(§ *b*). 아마도 이 형태들을 유추하여 מִימֵי가 나타난 것 같다. מִיהוּדָה와 함께 מִיהוּדָה가 나타난다.

     2) 후음(심지어 ח)과 함께 가상 중복은 거의 일어나지 않는다. 따라서 열린 음절에 ◌ִ가 나타난다. 예, מֵחֹדֶשׁ (그) 달 이후. ח에 가상 중복이 나타난다: 예, מֵחוּץ 밖에(비교, הַחוּץ, הַחוּצָה), מִהְיוֹת (비교, בִּהְיוֹת לִהְיוֹת, § 79 *s*), מֵחוּט 창 14.23†(비교, הַחוּט 그 줄, 끈).

     주의: 하나님의 이름 יהוה는 אֲדֹנָי로 발음된다. 따라서 מֵיְהוָה = מֵאֲדֹנָי이다. יְהוִה*와 함께 מִיְהוִה*로 읽어야 할 것이다(§ 16 *f*).

     관찰. 상당히 자주 시문 형태인 מִנִּי가 나타난다(§ 93 *q*). 예, 삿 5.14; 사 46.3; 특히 욥기(19회) 그리고 시편(8회); 두 번 מִנֶּי 사 30.11 (왜?). 비교, מִנִּי 나로부터(1인칭 접미사와 함께), § *h*. מִן의 변화에 관해서는 § h를 보라.

지고 있는 것처럼 보였기 때문에 회피되었을 것이다(참고, 두 번째 각주). וַיִּקְטֹל에 있는 וֹ의 모음 표기를 비교하라. § 104 *c*.

¹ Polzin, 66과 Qimron, *HDSS*, 30f.를 보라. 성서 아람어에서와 달리, 이 *n*은 이집트 아람어에서는 단 한 번도 동화되는 경우가 없다. 참조, Muraoka - Porten 2003: § 3*a*.

² 전치사 מִן의 완전한 형태가 정관사 앞에서 나올 때 적용되는 규칙에 대한 예외 목록은 Sperber 1943: 141-43[=*Hist. Gram.*, 4f.]에서 보라.

³ 비교, § 18 *m*: וַיִּקְטֹל, הַיְלָדִים. 중복이 있는 경우: מִשֵּׁנִי 단 12.2, מֵרָשׁ תָּם 대하 20.11.

e   **전치사의 어형 변화**(어형 변화표 20). 전치사들은 명사로 간주되어 명사와 유사한 방식으로 인칭 접미사를 취한다([1]). 이 전치사들의 인칭 접미사들은 일반적으로 명사의 접미사들과 같다; 그러나 상당수의 예외가 있으며, 특히 이 예외는 원시적인 전치사들과 함께 나타난다. 이 전치사들 중 일부와 함께 올 때, 2인칭 여성 단수와 1인칭 복수에서 명사의 ◌ָ 대신 ◌ֵ가 나타난다. 2인칭 여성 단수에는 סוּסֵךְ와 달리 לָךְ가 나타나며(원시 형태 *la*, § *b*), (아마도 לָךְ를 유추하여) בָּךְ, עִמָּךְ, אִתָּךְ, אֹתָךְ가 나타난다(참고, הִנָּךְ와 עוֹדָךְ, § 102 *k*)가 나타난다. 그러나 מִמֵּךְ와 בֵּינֵךְ이다(אֵינֵךְ, § 102 *k*). 2인칭 남성 휴지 형태는 ◌ָךְ를 취하는 한편(בָּךְ, לָךְ, עִמָּךְ, אִתָּךְ, אֹתָךְ), 명사에서 그것은 ◌ֶ◌ָ를 취한다(ל״ה 명사를 유추하여, § 94 *c*). 1인칭 복수에서, סוּסֵנוּ와 달리 לָנוּ 그리고 (아마도 לָנוּ를 유추하여) בָּנוּ, עִמָּנוּ, אִתָּנוּ, אֹתָנוּ가 나타난다. 그러나 (הִנֶּנּוּ)הִנְנוּ, מִמֶּנּוּ도 나타난다. 3인칭 복수에서 전치사들은 일반적으로 명사처럼(סוּסָם) ◌ָם 접미사를 갖는다. 그러나 많은 전치사들은 홀로 나오든(exclusively) 그렇지 않든(alternatively) 간에 ◌ֶהם 접미사를 갖는다. בָּהֶם, בָּם이 나온다 (한 구절에 둘 다 나타나는 경우로서 레 11.43); לָהֶם; כָּהֶם(쩨레, § *c*, 세 번째 각주); עִמָּהֶם, עִמָּם; אֶתְהֶם은 אֹתָם보다 더 드물게 나타난다([2]).

    대부분의 전치사는 단수 명사가 인칭 접미사를 취하는 방식대로 접미사를 취하고, 일부는(§ *l*) 복수 명사의 방식대로 취한다.

    단수 명사가 인칭 접미사를 취하는 방식을 따르는 전치사들 중에서 명사적인 성격을 더 많이 가지고 있는 것들은 일반적으로 불규칙적이지 않다. 따라서 נֶגֶד 반대로, 대항하여는 סוּס와 똑같은 인칭 접미사를 취한다: נֶגְדִּי, נֶגְדְּךָ, נֶגְדּוֹ, נֶגְדָּם 등, § 96 A *c*; 마찬가지로 절대형 בַּעַר * (מִבַּעַר에서), בְּעַד 대항하여, 건

---

[1] 동사와 같은 방식으로 드물게 나오는 경우들: 예로, תַּחְתֵּנִי 삼하 22.37, 40, 48(그러나 평행 구절인 시 18.37, 40, 48에는 תַּחְתָּי이다); בַּעֲדֵנִי 창 2.21. תַּחְתֵּנִי 시 139.11(이 형태는 앞의 예들처럼 휴지 위치일 뿐 아니라 יְשׁוּפֵנִי와 함께 각운을 맞추기 위함이다).

[2] 그러나 אֶתְהֶן은 אֹתָן과 13:1의 비율로 훨씬 자주 나타난다(이 외에도 אוֹתָנָה 2회). 또한 אוֹתְכֶם, אוֹתְהֶם 그리고 אוֹתְהֶן처럼 이것을 유추하여 만들어졌을 가능성이 높은 형태들이 각각 한 번씩 나타난다. Andersen과 Forbes는 (AF, *Spelling*, p. 189) אתכם 등과 같이 불완전 철자법으로 기록된 더 많은 경우들은 이와 유사한 אֶתְכֶם 등의 형태를 숨기고 있다고 본다. 그러나 유추적으로 볼 때 형태 변화는 אֹתְכֶם 등을 선호했을 터인데도, 대부분의 경우에 אֶתְכֶם 등으로 모음 표기를 한 것이 놀랍다. 그러므로 후자가 진정한 형태를 보존하고 있는 것으로 보인다.

너서, 위하여: בַּעֲדִי (1회 בַּעֲדֵנִי), בַּעַדְךָ (비교 נַעַרְךָ, § 96 A i), בַּעֲדָם 등[1].

그러나 원시 전치사들은 여러가지 특이한 모습들을 나타낸다. 우리는 이 전치사들을 다음의 순서를 따라 분류할 것이다: לְ와 בְּ, כְּ; מִן, עִם; אֵת 함께, 대격 불변화사로서 אֵת.

f **לְ와 בְּ의 어형 변화**(어형 변화표 20). בְּ의 원시 형태는 *bi*일 가능성이 높지만, 이 전치사는 원시 형태가 *la*인 לְ와 거의 같은 어형 변화를 가지고 있다(그러나 § *b*를 참고하라). 남성 휴지 형태 לָךְ와 בָּךְ는 여성형이 문장 안(그리고 휴지 형태)에 나타나는 형태와 유사하다. 복수에서 원시 형태 *la*가 나타난다: לָנוּ, לָכֶם, לָהֶם; 또한 아마도 이 형태들을 유추하여 בָּנוּ, בָּכֶם, בָּהֶם이 בָּם과 함께 나오는 것 같다[2]. לָהֶם 대신 자주 나타나는(약 50회) 시문의 형태 לָמוֹ는[3] לִי의 휴지 형태로서 매우 드물게 사용된다: 사 44.15; 아마도 창 9.26, 27; 아마도 신 33.2; 사 53.8도 가능성이 있다. 드문 철자법들: לְכָה[4], בְּכָה; 가끔 לוֹ가 לֹא로 잘못 기록된 경우가 발견된다(그 반대도 마찬가지이다); 마소라 학파는 민 32.42; 슥 5.11; 룻 2.14(세 경우 모두 밀엘 단어 전)에서 לָהּ לָ 대신 לָהּ (라페 הּ와 함께)를 쓴다. 참고, § 25 *a*.

g **כְּ의 어형 변화**(어형 변화표 20). 원시 형태 *ka*(§ *b*)는 모든 형태에 나타난다. 무거운 인칭 접미사와 함께[5] 단순한 *ka*가 온다: כָּהֵנָּה, כָּהֶם, כָּכֶם. 가벼운 인칭 접미사들과 함께 올 때 대명사 *mā* (§ 37 *b*)가 *ka*에 붙어 כְּמוֹ가 되며, 이 형태는 시문에서 인칭 접미사 없이 종종 사용된다[6]. כְּמוֹ 형태는 어

---

[1] בַּעַד, בְּעַד 그리고 בַּעֲד- (기본적으로 *-בַּעֲד이다) 사이에 나타나는 모음 교체는 חֲדַר-, חֶדֶר 그리고 -חֲדַר 사이의 모음 교체와 유사하다: Blau, *Heb. Phon. and Morph.*, 215.

[2] 후기 성서 히브리어에서 בָּהֶם이 בָּם보다 좀 더 일반적이다. 미쉬나 히브리어에서 전자는 후자보다 훨씬 많이 나타난다. 참고, Jenni 1992: 63, n. 112에는 לָהֶם에 대한 신빙성 있는 설명이 제시된다.

[3] 비교, עָלֵימוֹ 그 위에, § *m*, n.

[4] לְכָה 오라(첨가의 הּ를 가진 명령형 לֵךְ)와 유사하다.

[5] מַלְכֵיכֶם, מִלְכִי에서 가벼운 인칭 접미사와 무거운 인칭 접미사가 함께 나오는 이중 어간 형태와 비교하라. § 96 A *b*, 아홉 번째 각주.

[6] 희소한 시문 형태인 בְּמוֹ (9회)와 לְמוֹ (4회)는 자주 사용하는 כְּמוֹ (56회)를 유추하여 만든 것이 분명하다. 첨가된 음절을 가지고 있는 시문 형태 כְּמוֹ를 프랑스 시인들이 '함께'라는 뜻으로 사용하는 *avecque* 및 *avecques*와 비교하라. 이 מוֹ 형태들은 때때로 소위 전접어 멤(enclitic Mem)으로 인용되었다. 예, Hummel 1957: 96. 이와 같은 제안을 따르게 되면 멤의 앞에나 뒤에 오는 모음의 성격을 확인하기 어렵게 되는 문제가 발생한다. Rainey, 3.227-48에 따르면 이것은 고대 가나안어에서 전접어 -*ma* / -*mi*이다. 이와 같은 전접어가 확인되지 않은 언어들에도 동일한 요소가 나타나는 점도 또 다른 문제이다. 예, 에티오피아어에서 인칭 접미사와 함께 오는 *kamā*-와 명사 앞에 오는 *kama*를 대조

떤 혼동을 피하기 위하여 만들어진 것이 분명하다: 1인칭 단수에서 כִּי*는 접속사 כִּי와 혼동될 수 있고, 3인칭 단수에서 כֹה*는 부사 כֹה 이와 같이와 혼동될 수 있다. כָּמוֹנִי의 נ은 **kāmō-i*에 있는 두 개의 모음을 분리할 필요 때문에 나온 것으로 설명할 수 있을 것이다. 이때 נ은 동사의 접미사 נִי에서 취하였다.

h   מִן의 **어형 변화**(어형 변화표 20). 단순한 형태는 무거운 인칭 접미사들과 함께 나타난다: מִכֶּם, מֵהֶם, מֵהֵנָּה. 가벼운 인칭 접미사들과 올 때 מ이 반복된다: 예, מִמֶּנִּי, מִמְּךָ. 이 형태들은 다양하게 설명된다. 그 중 가장 설득력이 있는 설명은 단순한 형태인 *min*이 완전한 반복으로 강화되어[1], 여기서부터 *minmin > mimmin*이 되었다는 것이다. 인칭 접미사 *hu* 앞에서, *mimmin + hu*는 מִמֶּנּוּ가[2] 되었고, 따라서 1인칭에서는 מִמֶּנִּי가 되었다. 인칭 접미사 *ka* 앞에서, *mimmin + ka*는 휴지 형태 מִמֶּךָּ가 되었고, 이 형태로부터 문장 안의 형태인 מִמְּךָ가 왔다(아마도 שָׂדֶךָ, שָׂדְךָ; סוּסֶךָ, סוּסְךָ를 유추하여). 1인칭 단수는 시문에서 드문 형태로서 מִנִּי(4회)[3], 휴지부에서는 מֶנִּי (6회)가 나타난다.

i   עִם 함께의 **어형 변화**(어형 변화표 20). 인칭 접미사들 앞에서 항상 מ은 중복된다. 이 인칭 접미사들은 לְ의 변화와 똑같다. עִמְּךָ, עִמָּנוּ에 있는 ָ 모음은 아마도 לְךָ와 לָנוּ를 유추하여 생겼을 것이다(§ *e*). עִמָּכֶם과 עִמָּהֶם에서도 마찬가지이다. 이러한 마지막 형태 외에는[4] 특히 후기 책들(에스라, 느헤미야, 역대기)에 나타나는 더 일반적인 형태인 עִמָּם이 있다. עִמִּי 외에 동일한 빈도수로 나타나는 형태인 עִמָּדִי가 있는데 이 형태는 다양하게 설명된다[5].

하라. Tropper, § 89.29; *Emerton* 1996도 보라. 참조, Tropper, § 89.29; Watson 1992, 1994, 1996; *Emerton* 1996과 대립되는 *Cohen* 2004을 보라.

[1] 반복을 통해 강화하는 예들은 여러 언어들에서 드물지 않다. 불어 *dedans*에서 전치사 *de*가 두 번 나타난다. *dans*은 *de + ans (ens)* = 라틴어 *de + intus*에서 온 것이다. 고대 이태리어에서 때때로 *in nell'arca di Noè*, 노아의 방주에서가 나타난다. 중복된 형태 מֵימֵי ~의 물들과 비교하라, § 98 *e*.

[2] 동방학자들(Orientals: 이들은 동방 즉, 중동에 살고 있던 중세 초기 히브리어 학자들이다)은 우리로부터(from us)라는 형태를 다르게 발음하여 מִמֶּנּוּ로 모음 표기를 하였다. 중복된 /n/에 대한 이러한 설명은 אֵינֶנִּי, הִנֶּנִּי 그리고 עוֹדֶנִּי와 같은 형태들에 적용할 수 있다.

[3] 이것은 정확하게 아랍어 *minnī* 형태이다(*n*의 중복). מִן 대신 시문의 형태 מִנִּי도 있다. § *d*(끝).

[4] עִמָּם은 미쉬나 히브리어에 매우 드문 한편, 긴 형태인 עִמָּהֶם은 후기 성서 히브리어와 미쉬나 히브리어에 일반적으로 나오는 형태이다. 전 10.9에 עִמָּהֶם과 עִמָּם이 문체상의 변화를 위하여 함께 나타남을 보라.

[5] 참고, Joüon 1911: 395: עִם + יָדִי 내 옆에, 내 가까이, 나와 함께로 설명된다.

j אֵת 함께**의 어형 변화**(어형 변화표 20). 마켑과 함께: 13 §, אֶֽת־ b. ת
는 인칭 접미사 앞에서 항상 중복된다. אֵת의 어형 변화는 그 유사어인 עִם의
변화와 매우 비슷하다([1]); 그러나 עִמָּכֶם과 달리 슈바와 함께 오는 אִתְּכֶם이
나타난다(아마 אֶתְכֶם의 영향 때문일 수 있다 § *k*). 2인칭 여성 단수에서 ◌
대신 אִתָּֽךְ 사 54.10에서 ◌가 나타난다(아마 그 앞에 오는 ◌ 또는 연결 악
센트 때문일 것이다).

전치사 אֵת 함께의 형태들 대신에 자주 대격 불변화사 אֵת의 형태들이
나타난다(§ *k*). 이 형태들은 너무나 유사하여([2]) 오래 전부터 혼란이 있었다.
אֹתִי와 אֹתִ' 형태들은 특히 열왕기(왕상 20장-왕하 8장), 예레미야, 에스겔에
나타난다. 예, אֹתִי 나와 함께 수 14.12; אֹתָם 그들과 함께 왕하 6.16(올바른 형
태인 אִתָּֽנוּ 다음에!); מֵאֹתוֹ 그로부터(함께) 8.8; אֹתָךְ 너와 함께 왕상 22.24(올
바른 형태인 אִתָּֽנוּ 다음에!). 이와 같이 잘못 사용한 형태들은 אֵת의 가치가 약
화되고 מִן만으로도 충분한 경우에 나오는 מֵאֵת에서 유래했을 수 있다.

전치사 אֵת 함께는 에스더, 에스라, 다니엘과 역대기와 같은 후기 책들
에 극히 드물게 나타난다. 구약 성경 전체에서 900회 이상 나타나는 이 형태
는 이 책들에서 단지 13회만 나타난다. 그것은 미쉬나 히브리어에서 완전히
사라져 버렸다. 아람어는 ~와 함께라는 뜻으로는 오직 עִם 만을 사용하므로,
아람어의 영향 때문에 이런 현상이 발생했을 가능성이 높다([3]).

k **대격 불변화사 אֵת의 어형 변화**(어형 변화표 20). 마켑과 함께 나오는

---

[1] 이 두 전치사의 유사성은 삿 7.4 זֶה יֵלֵךְ אִתָּךְ .. זֶה לֹא יֵלֵךְ עִמָּךְ; 삼상 26.6 .. מִי יֵרֵד אִתִּי
אֲנִי אֵרֵד עִמָּךְ를 보라. Bendavid, 1.29와 Malessa 2003: 196f.에 다른 예들이 있다.

[2] 사마리아 히브리어와 바빌론 히브리어만이 이 두 가지를 구분한다. 사마리아 히브리어 - /at/와 /itt-
/ 함께, 그러나 /it/와 /ūt-/는 대격 불변화사이다(Ben-Ḥayyim, § 6.3.10); 바빌론 히브리어 - ʾitt/ 또
는 ʾet/와 /itt-/ 함께, 그러나 대격 불변화사는 /ʾet/와 /ʾot-/ 또는 /ʾethem/ 이다 (Yeivin, *Babylonian*,
1120-25).
전치사 대신에 대격 불변화사는 총 61회에 걸쳐 모두 후기 책들에만 나온다(열왕기서 17회; 예레미
야서 17회; 에스겔서 21회; 제2이사야서 2회): Morag 1974: 129. 그는 또한 에스겔서와 제 2 이사야
서에 사용된 이 용법은 아카드어풍이고(Akkadianisms), 예레미야서와 열왕기서에 사용된 이 용법은
아람어풍(Aramaisms)이라고 생각한다(pp. 138-41). 대격 불변화사는 동시대 아람어 문헌들에 다소
드물게 사용되지만, 외부적인 영향을 고려한다면 물론 둘 다 아람어화로 볼 수 있다.
Sperber(*Hist. Gram.*, 63-65)는 동사와 몇몇 다른 어법적 기준에 따라, 이 두 개의 전치사가 혼동을
일으킬 수 있는 수많은 예들을 분류하여 제시한다.

[3] 현대 히브리어에서 상황은 정반대이다: עִמִּי 등은 아마 אִמִּי 나의 어머니 등과 혼란이 생기는 것
을 피하기 위하여 최소한 회화에서 기피된다.

אֵת, § 13 *b*. 이 불변화사 אֵת는 대격 표시어로서(§ 125 *e*) 전치사 אֵת와 동일한 접미사들을 취한다. 처음에 이 불변화사는 대명사에 대격의 가치를 부여하기 위하여 대명사들과 함께 사용되었고(§ 61 *a*), 그 후에 명사들과 함께 사용된 것이 분명하다. 원시 히브리어 형태는 장모음 *ā*를 가진 *ʾāt이지만(¹), 짧아질 수 있다(²).

이 형태는 장모음 *ā*와 함께 אוֹת가 되며, 더욱 자주 אֹת (불완전 철자법)로 기록된다(³). 이 장모음은 가벼운 접미사들과 함께 나타난다(⁴): אֹתִי, אֹתְךָ 등.

무거운 접미사들 앞에서 *ʾāt는 *ʾat로 짧아진다. 후자는 또 다른 약화 과정을 거쳐 ʾẹ가 된다. 예, אֶתְכֶם(⁵). 바로 이 형태는 마켑과 함께, 즉 매우 밀접한 관계 속에 אֶת־로 나타난다. 이것보다 관계가 밀접하지 않게 되면, 이 불변화사에 강세가 생겨, 결과적으로 אֶת־는 אֵת가 된다(⁶). *e* (◌ֶ, ◌ֵ) 모음은 전치사 אֶת, אֵת־ 함께의 영향을 받은 것일 수 있다. 여기서 이 모음은 *e*로 거슬러 올라간다. 참고, 아카드어 *itti* 함께.

3인칭 복수에는 אֶתְהֶם보다 오히려 אֹתָם이 더 많이 나타난다(⁷). 그러나 אֶתְהֶן이 אֹתָן보다 더 자주 나타난다(§ *e*, 두 번째 각주). 대격을 나타내는 형태들은 자주 전치사 אֵת 함께의 의미로 나타난다(참고, § *j*). 이와 반대로, 이 두 불변화사를 동일시하는 아퀼라는 대격 불변화사를 σύν으로 번역한다!(⁸)

주의. 불변화사 *ʾāt의 기원과 그 의미는 논란의 대상이 되고 있다(⁹). 그것은 의미가 분명하지 않은 옛 실명사일 가능성이 있다. 우리는 이 단어의 의미를 먼저 물건, 일(thing)로 추정하고, 그 단어를 אוֹה 바라다 어근과 연결시

---

¹ 성서 아람어 יָת *yāt*(단 3.12 יָתְהוֹן 그들을†)와 타르굼 아람어에서 평행을 이루는 긴 *a*와 비교하라.

² 긴 형태의 מָה와 대명사 *ma*의 짧은 형태인 מַה와 מֶה를 비교하라. § 37b.

³ 1031회 대비 357회, AF, *Spelling*, 189-91. Barr, *Spellings*, 158-61도 보라.

⁴ 균형(equilibrium)의 법칙; 참고, § 96 A *b*, 마지막 각주.

⁵ לְכֶם에서 *a*가 *ẹ*로 약화되는 것과 비교하라, § 29 *e*.

⁶ 그러므로 이 ◌ֶ는 *a*에서 간접적으로 파생된 것으로 보인다!

⁷ 비교, 예, אֲבֹתֵיהֶם보다 אֲבוֹתָם이 더 많이 나타난다. § 94 g, 첫 각주.

⁸ 아퀼라에서 대격 불변화사로 번역되는 σύν은 ~와 함께를 의미하지 않기 때문에, 그것은 호머(Homer)의 헬라어에서 부사어 용법으로 사용된 것과 유사하다는 가정은 방어하기 어렵다.

⁹ 이 불변화사의 어원에 관해서는 Muraoka, *Emphatic*, 147, n. 116을 보라.

킬 수 있을 것이다. 셈족 언어들에서 의지, 바램을 가리키는 많은 단어들은 물건, 일을 뜻한다. 예로, 후기 성서 히브리어와 미쉬나 히브리어 חֵפֶץ, 아랍어 *šay*', 시리아어 ṣvuṱå. 원래 의미를 상실한 *āt 단어는(¹) 이리하여 문법적인 기능을 가진 단어가 되었다(²).

l   **복수 명사**에서 접미사를 취하는 **전치사의 어형 변화.** 이와 같은 전치사들 중에는 סְבִיבוֹת בֵּינוֹת 처럼 순수한 복수 형태를 갖거나, תַּחַת, תַּחְתֵּי 처럼 단지 복수로 보이거나, 또는 그것들의 י가 어근에 속하는 것들이 있다(עַל, עַד, אֶל)(³). 이 일곱 개의 전치사들 중에 בֵּין은 복수 인칭 접미사를 취할 때 외에는 복수 명사로 취급되지 않는다. 이 전치사들의 어형 변화에는 어려움이 없기 때문에 형태 변화표에는 오직 עַל, עַד(עַל과 유사하다), אֶל(이것의 모음은 변할 수 있다) 그리고 בֵּין의 변화만 나오고 있다.

m   A. ל״י 어근에서 온 전치사들: אֶל, עַד, עַל(어형 변화표 20).

עַל־ ~위에(on)(거의 항상 마켑과 함께 온다. § 13 *b*). 어근의 자음 י는 시문에서 자주 나타나는 형태인 עֲלֵי에 보존되었다. 강세 전의 열린 음절에는 עָלַי와 같은 형태가, 강세 전전의 음절에는 עֲלֵיכֶם과 같은 형태가 나타난다. 시문의 형태 עָלֵימוֹ 신 32.23 등 그들 위에(on them)는 욥 20.23; 22.2; 27.23에서 그의 위에(on him)라는 뜻으로 사용된 것으로 보인다. 비교, לוֹ 대신 사용된 לֵמוֹ, § *f*.

עַד־ ~까지(until)(거의 항상 마켑과 함께 온다. § 13 *b*)(⁴). 어근의 자음 י는 시문에서 드물게 나타나는 형태인 עֲדֵי에 보존되었다. עַד의 어형 변화는 עַל의 변화와 유사하다(⁵).

אֶל־ ~를 향하여(towards), ~에로(to)(거의 항상 마켑과 함께 온다. § 13

---

¹ אֹתִי 등을 재귀적으로 사용하는 것은(§ 146 *k*) 그 원래의 역할이 완전히 사라지지 않았음을 제시한다.

² 이집트 아랍어에서 종종 중어법으로 사용되는 *šān* 일, 사물과 비교할 수 있을 것이다. 예, *ʿalā šān kǝdā* 이것 때문에, 그것은 왜냐하면(비교, עַל־בֵּן), *ʿalā šān inno* 그것은 ~을 위하여.

³ 아랍어의 *ʾilā*와 *ʿalā*는 각각 마지막 요드(Yāʾ)와 함께 기록되지만, 이와 달리 아카드어는 *eli* ~위에와 *adi* ~까지로 나오고 있음을 주목하라.

⁴ עַד의 역할은 종종 문장 속에 내포되어 나타난다. 예, 삿 19.26 그런 후 새벽녘에 그 여자가 와서 그 문에 엎드러져...날이 밝을 때까지 쓰러져 있었다. 즉, 그녀는 날이 밝을 때까지 그곳에 쓰러진 채로 있었다. 또는 대상 5.26 그가 그들을 끌고 가서...그들을 오늘날까지 할라와...고산 강가로 데려갔다. 즉, 그들은 여전히 그곳에 있었다.

⁵ 두 개의 이례적인 형태들: עָדֶיךָ 욥 32.12(עַד 대신), עַד־הֵם 왕하 9.18

b). 어근의 자음 י는 매우 드물게(4회) 시문에 나오는 형태인 אֵלַי에 보존되었다. 강세 전의 열린 음절에 אֵלַי와 같은 형태가 강세 전전의 음절에 אֲלֵיכֶם (אֲ가 아님, § 21 *i*)과 같은 형태가 나타난다[1].

n   **B. 다른 전치사들**: תַּחַת, סָבִיב, בֵּין, אַחַר.

אַחַר ~ 후에(after), ~ 뒤에(behind). אַחַר 형태(§ 20 *c*)는 인칭 접미사와 함께 사용되지 않는다. 유사-복수 형태일 가능성이 있는 אַחֲרֵי 형태를 사용하기도 한다(반의어 לִפְנֵי ~전에, 앞에 [before]와 유사하게). 예, אַחֲרַי, אַחֲרֵיכֶם 등.

בֵּין ~사이에(between), ~가운데(amongst)(어형 변화표 20)는 구별, 간격을 뜻하는 것으로서 더 이상 존재하지 않는 형태인 בַּיִן*의 연계형이다. בֵּין 형태는 단수 접미사들과 함께 온다: בֵּינִי, בֵּינֶךָ, בֵּינֵנוּ(창 30.36; 레 26.46†). 이 형태는 수 3.4; 8.11†의 크레 대신에 בֵּינֵיכֶם로 나타나는데, 이것은 בֵּינֶיךָ 창 16.5(한 번만 나오는 형태)와 함께 거의 확실하게 잘못된 형태이다[2]. 유사-복수 형태일 가능성이 있는(עָלַי 등을 유추하여[3]) בֵּינַי와 순수한 복수 형태인 בֵּינוֹת는 복수 인칭 접미사들과 함께 나타난다[4]. לְ .. בֵּין에 관해서는 § 133 *d*를 참조하라.

סָבִיב ~주위에(around). 단수 סָבִיב는 대상 11.8에서† 여전히 실명사로 사용되고 있다. 두 개의 복수 형태인 סְבִיבִים* 렘 32.44; 33.13†과 סְבִיבוֹת (빈번함)도 마찬가지이다. 실명사적 의미로서 주변(surroundings)이든지 또는 전치사의 의미로서 ~주위에(around)든지 간에 접미사와 함께 올 때에는 두

---

[1] 2인칭과 3인칭 복수의 무거운 인칭 접미사들과 함께 올 때 אֲלֵיהֶם과 같은 불완전 철자법이 꽤 일반적으로 나온다(그러나 אֲלֵיכֶם은 아니다): 419회 중 136회. עַל에서는 훨씬 적다(15/523): AF, 171f., Barr, *Spellings*, 134-37, 179f.도 보라. 오경에서 אֲלֵהֶם 등이 더 일반적이다(92:52). 또한 15회 나오는 עֲלֵהֶם도 모두 오경에 나타난다. 이것은 גּוֹיֵהֶם 또는 יְדֵכֶם 같은 명사에서 불완전 철자법이 상대적으로 극히 드물게 나오는 점을 볼 때(47/7305) 놀랄 만한 일이다.

[2] Orlinsky 1942-43: 278-81을 보라.

[3] 비교, לי"י 어근에서 나온 명사들의 접미사에 있는 *e*. § 94 *b*와 그곳 각주를 보라.

[4] 겔 10.7 מִבֵּינוֹת לַכְּרוּבִים 그룹들 사이에서 בֵּינוֹת는 접미사 없이 절대형으로 나타난다. בֵּינוֹתֵינוּ(예, 창 26.28)는 포괄적인(inclusive) 표현으로, 우리 사이에를 뜻하는 반면에, בֵּינֵינוּ는 배타적인(exclusive) 표현으로서 우리와 그들 사이에서처럼 다른 그룹을 염두에 둔 표현이라는 일반적인 견해에 관한 비판으로서는 Barr 1978; Haneman 1975: 44f.를 보라. Haneman에 따르면 בֵּין .. בֵּין은 전기 성서 히브리어의 전형적인 형태이고, -לְ .. בֵּין는 후기 성서 히브리어의 전형적인 형태이다.

개의 복수 형태만이 나타난다. 쉽게 말하자면, 명사와 함께 나오는 ~주위에를 표현하기 위해서는 סְבִיבוֹת (20회)와 סָבִיב לְ (12회)가 선호되며, סְבִיבֵי는 결코 나타나지 않는다. 대명사와 함께 오는 ~주위에를 표현하기 위해서는 거의 항상 סְבִיבוֹת가 사용된다. סְבִיבֵי는 시 50.3; 97.2; 애 1.17†에 모두 세번 나오며, סָבִיב לָהּ는 나 3.8; 시 125.2; 아 3.7†에 세 번 나온다.

תַּחַת ~아래(under). 유사-복수 형태인 תַּחְתֵּי 형태는 항상 접미사들과 함께 온다([1]); 따라서 예로 תַּחְתֵּינוּ 형태는 그 반의어인 עָלֵינוּ를 유추하여 나온 것이다([2]). 동사가 접미사를 취하는 방식대로 전치사가 접미사를 취하는, 드물고 이례적인 형태들에 관해서는 § *e*, 첫 번째 각주를 참조하라.

o   다른 동족 언어들과 마찬가지로 히브리어는 유사-전치사들을 폭넓게 사용하고 있다. 그것은 앞에서 언급한 전치사들—특히 עַל, מִן, לְ, כְּ, בְּ—중 하나와 실명사로 이루어진다. 그 실명사는 자주 רֶגֶל, פֶּה, עֵינַיִם, פָּנִים, יָד처럼 신체의 일부를 나타내는 것으로서 연계형으로 나타난다. 그와 같은 명사들은 대부분 그 일차적인 의미로 사용되지 않고, 비유적인 의미로 사용된다. 예, 창 41.42 וַיִּתֵּן אֹתָהּ עַל־יַד יוֹסֵף 그리고 그가 그것을 요셉의 손에 두었다와 출 2.5 נַעֲרֹתֶיהָ הֹלְכֹת עַל־יַד הַיְאֹר 그 여종들이 나일 강변을 따라 거닐고 있었다를 대비하여 보라. 다른 예들, פִּי, מִפִּי, לְפִי, כְּפִי; בְּפִי, עַל־יַד, לְיַד, מִיַּד, כְּיָד, בְּיַד; לְרֶגֶל, עַל פְּנֵי, מִלִּפְנֵי, מִפְּנֵי, לִפְנֵי, בִּפְנֵי; עַל.

이 단어들의 사전적 의미에 대해서는 사전들에 나오는 설명을 보라.

§ 104. 접속사

a   단순 접속사들은 몇 개가 되지 않으며 주된 접속사들은 다음과 같다.

등위(대등 또는 **병렬**) **접속사:** וְ 그리고 (모음 표기에 관해서는 § *c*를 참조하라. 이것은 뒤에 나오는 구문론의 시제에 관한 설명에서 보게 되겠지만,

---

[1] 유일한 예외들은 3인칭 남성 복수 인칭 접미사에만 나온다. 즉, 여기에는 תַּחְתֵּיהֶם(5회)과 나란히 תַּחְתָּם이 나온다(신 2.12와 10회 더 나타남). 이와 관련하여, 짧은 어미를 일반적으로 더 선호하였음을 주목하라(אֲבוֹתָם 대비 אֲבוֹתֵיהֶם에 대해서는 § 94 *g*, 103 *e*, *k* 각주와 함께). 고어체 불완전 철자법의 예로서 네 번 나오는 크티브 תחתו에 관해서는 Orlinsky 1942-43: 269-77을 보라.

[2] 참고, 위의 בֵּינֵי와 *n*, 두 번째 각주.

종속적인 역할도 가진다. § 116); אַף 또한, גַּם 또한; אוֹ 또는.

종속 접속사: אֲשֶׁר와 שֶׁ는 넓은 의미에서 ~는 것(*that*)을 표현하는 관계사로서 정상적인 관계 대명사가 되기 이전의 단계를 나타내고 있다. §§38, 145; כִּי는 ~는 것과 여러가지의 의미를 갖는다: ~때, ~라면(*if*), 때문에, 그러나; פֶּן ~하는 경우에(*in case*), ~않도록(*lest*), אִם ~라면(*if*); לוּ ~라면(*if*)(비현실), לוּלֵא와 לוּלֵי ~가 아니라면(*if...not*), 라틴어 *nisi*, § 29 *h*.

b   이와 반면에 אֲשֶׁר 및 כִּי와 결합된 종속 접속사들이 상당히 많다. 예, יַעַן אֲשֶׁר(32회) 때문에 (יַעַן만 오기도 함, 23회); לְמַעַן אֲשֶׁר ~하기 위하여 (*in order that*)(빈번하게 나타나고 종종 לְמַעַן만 오기도 함); כַּאֲשֶׁר ~처럼 (*as*), ~와 마찬가지로(*just as*), ~때(*when*), ~때문에(*because*); אַחֲרֵי אֲשֶׁר ~후에 (*after*), אַחַר אֲשֶׁר보다 더 자주 나타난다(매우 드물게 אַחֲרֵי만 오기도 함); עַד אֲשֶׁר ~까지(*until*) 그리고 ~전에 (עַד만 오기도 함); עֵקֶב אֲשֶׁר (עֵקֶב만 오기도 함) ~의 결과로(~에 대한 보상으로), ~때문에(참고, § 129 *p-q*).

예로, 전치사 עַד나 לְמַעַן과 같은 전치사구는 접속사가 될 수 있는 것으로 보일 수 있다. 부사 טֶרֶם 아직 아닌(*not yet*)도 비록 드물기는 하지만 ~전에(*before*)라는 접속사로 사용된다; 그러나 בְּטֶרֶם ~전에는 자주 사용된다.

c   וְ의 모음 표기. 접속사 וְ의 모음 표기는 전치사 בְּ, כְּ 그리고 לְ의 모음 표기와 상당히 많이 비슷하다(§ 103 *b-c*에 וְ와 유사한 경우들이 언급되었다). 그러나 순음으로서 모음의 역할을 하는 자음 וֹ는 몇 가지 특이한 점들을 가지고 있다. 그 원시 형태는 *wa*이다. 약한 모음 표기(즉, 슈바 또는 그것의 대체 형태들)와 독특한 경우에 나오는 것으로서 강한 모음 표기가 있다(즉 וֹ). 더구나 독특한 경우인 도치 바브 미완료형 *wayyiqṭol*은 매우 강한 발음을 가져온다(사실적이든 가상적이든 중복과 함께하는 모음 *a*). 이 점은 § 47에서 논의하였다([1]).

Ⅰ. 약한 모음 표기. 일반적으로, 그리고 아래에 열거한 특별한 경우들을 제외하고 וֹ는 단순 슈바를 갖는다. 예, וְאִישׁ 창 19.31; וְלֹא (항상, 두 번의 예외: § *d*, 첫 번째 각주); 동사 형태와 함께: וְקָטַלְתִּי 그리고 내가 죽었다, וְקָטַלְתִּי 그리고 내가 죽일 것이다, וְיָקוּם 그리고 그가 일어날 것이다, וְיָקֹם 그리고 그가 일어났으면, 그가 일어나도록 하기 위하여, וְאָקוּמָה 그리고 나는 일어나고 싶다, 내

---

[1] בָּמֹה 형태의 모음 표기와 비교하라. § 37 *d*.

가 일어나도록, וְקוּם 그리고 일어나라! י(요드) 전에서 וֹ는 *i* 모음을 취하고, י는 묵음이 된다. 예로, 복수 연계형 יְמֵי와 함께 וִימֵי가 나타나고, 지시형 יְהִי와 함께 וִיהִי가 나타난다. § 79 *s*. 하텝(복합 슈바) 앞에서 하텝의 음을 가진 단모음이 나타난다. 예, וַעֲבָדִים 그리고 종들, וַחֲלִי 그리고 한 개의 반지, וְחֳלִי 그리고 질병, וֶאֱכֹל 그리고 먹어라!, וֶאֱמֹר 그리고 말하라!(대조, לֵאמֹר, § 103 *b*)(¹). 그러나 אֱלֹהִים과 함께 וֵאלֹהִים이 된다(בֵאלֹהִים 등처럼, § 103 *b*). אָדוֹן과 함께 올 때 וֹ는 בַּ, כַּ 그리고 לַ처럼 취급된다. § 103 *b*. הָיָה와 חָיָה 동사 형태들 앞에 오는 וֹ에 관해서는 § 79 *s*를 참조하라. 예, וִהְיִתֶם, הֱיִיתֶם. 슈바를 동반한 자음 앞에서(י 제외) *w*-는 *u*가 된다. 예, וּדְבַר 그리고 ~의 말씀(²). 순음의 자음들(בּ, וֹ[³], מ 그리고 פּ; 연상하기 쉬운 단어 בּוּמָף) 앞에서 *w*-는 *u*가 된다. 예, *w-mẹʾlẹḫ* > *wu mẹʾlẹḫ* > וּמֶלֶךְ. 그러나 이 규칙은 접속사를 강하게 발음해야 한다는 규칙에 의해 무시될 수 있다(아래 § *d*: 예, וָמֵת 그리고 לֶחֶם וָמַיִם).

d　　**II. 강한 모음 표기.** 즉 וָ. 원시 모음인 이 *a*는 뒤따라 오는 자음에 어떤 힘도 가하지 않으므로, 따라서 그 자음은 중복되지 않는다(정관사 *ha*, 대명사 *ma* 그리고 וַיִּקְטֹל 형태의 *a*와 다르다). 강한 모음 표기는 한 음절 또는 두 음절 밀엘 강세 전에, 그것들이 특히 강한 강세를 가질 때 사용된다. 즉 휴지 위치(주된 위치, 그리고 때때로 이차적인 휴지 위치)에서나 가끔 휴지 위치 전(pre-pause)에 나온다. 예, וָמֵת 출 21.12(조건절 끝에서; 여기서 티프하 악센트는 주된 분리 악센트이다). 그러나 만일 강세가 약하면 약한 모음 표기가 나타난다. 예, 20절 וָמֵת (조건절 가운데에서; 여기에서 티프하 악센트는 평소처럼 작은 분리 악센트이다). 두 음절의 밀엘 강세의 예: וְנָתַנּוּ 왕하 7.4(같은 절에서 귀결절 끝에 있지만 이차적인 휴지 이전 위치에서[자켑] וְנָתַנּוּ שָׁם이 나타난다)(⁴). 강한 모음 표기는 두 개의 유사한 단어가 밀접하

---

¹ 욥 4.2의 עָצַר에는 하텝을 이차적으로 억압한다. 참고, § 22 *d*.

² וַיֶּהֱרַב(*וְיֶהֱרַב* 대신) 형태에 나오는 특별한 경우에 관해서는 § 9 *c*를 참조하라. Ornan (2003: 253f.)에 따르면 이것은 단지 바브의 자음 가치가 여전히 보전된 것을 보여주는 정서법 (graphemic) 장치에 불과하다. 그러나 그는 왜 마소라 학파가 키부츠로 표기하지 않았는지에 대해서는 설명을 제대로 하지 않는다.

³ 사실 וֹ와 함께 나오는 예는 없다. 더구나 וֹ가 단어의 첫 어근 자음으로 나오는 경우는 매우 드물다(참고, § 26 *f*).

⁴ 항상 וְיֵשׁ가 나타나고, 한 번 조건절에서 만일 그것이 그렇다면으로 나온다: וְיֵשׁ 왕하 10.15, 항상 וְלֹא로 나오고, 조건절 그것이 아니므로에 וְלֹא가 나오는 경우로서는 삼하 13.26; 왕하 5.17을 들 수 있다(§ 167 *o*).

게(¹) 연결되어 하나의 그룹을 형성할 때 특히 빈번하게 나타난다.

예, יוֹם וָלַיְלָה; לֶחֶם וָמַיִם 창 1.2; 항상 לֶחֶם וָמַיִם 그리고
창 8.22; זָהָב וָכֶסֶף 출 25.3; כֹּה וָכֹה 출 2.12; אִישׁ־וָאִישׁ 에 1.8, 그러나
이차적인 휴지 위치에서: אִישׁ וְאִישׁ 시 87.5; 세 개의 연속되는 단어에서:
פַּחַד וָפַחַת וָפָח 사 24.17(휴지 전과 휴지 위치에서); 스 2.10; 네 개의 연속
되는 단어들에서: צָפֹנָה וָנֶגְבָּה וָקֵדְמָה וָיָמָּה 창 13.14(여기서는 아마 강조
를 위한 것일 수 있다). 창 8.22에는 여덟 개의 명사가 네 개의 쌍으로 그룹을
이룬다. 이때 각 쌍은 두 개의 명사로 이루어지지만, וְ로 다음 쌍과 연결되고,
각 쌍 안에서(첫 번째 것 제외) 두 개의 명사는 וָ로 연결되어 있다.

וָ를 강하게 발음하는 것은 בָּ, כָּ 그리고 לְ에서처럼(§ 103 *c*) 운율적인
성격 때문일 수 있다. 그러나 지시사 앞에서 וְ는 약한 모음 표기를 갖지만(וְזֶה,
וְזֹאת, וְאֵלֶּה), 반면 이 세 개의 전치사는 강한 모음 표기를 가지는 점을 주목
하라. 바브가 קוּם과 같은 단어와 함께 나올 때에는 וְקוּם 그리고 일어나라!가
된다(그렇지만 וָקוּם도 나타남).

§ 105. 감탄사

a 감탄사들(interjections)은 감정을 표현하는 단어들이다. 가장 단순한
감탄사들은 부르짖음이나 의성어와 같은 순수한 감정 용어들이다. 다른 것들
은 다소 정확한 개념을 표현하면서 감정의 뉘앙스를 가진다. 마지막으로, 특
별한 감정의 뉘앙스를 표현하는 데 사용하는 단어들은 어떤 것이든지 감탄사
적인 가치를 가진다. 명령형은 불어의 *tiens!*=[자! 여보세요]처럼 순수한 감탄
사가 될 수 있다. 예, רְאֵה, § *d*, הָבָה, § *e*, לְכָה, § *e*. 이와 반대로, 누군가에
게 전해지는 감탄사는 명령형처럼 볼 수 있다. 예, הַס 쉿!, 조용히!; 복수 הַסּוּ
느 8.11†, § *b*.(²)

b **기쁨의 외침**: הֶאָח 아!(9회).

---

¹ 반드시 의미상 그런 것은 아니다. 참고, Revell, *HAR* 5 (1981) 76-84. 카메쯔로 모음 표기된 וָ 접
속사에 대한 폭넓은 설명과 자세한 분류는 Sperber, *Hist. Gram.*, 582-86에서 볼 수 있을 것이다.

² 참고, Wagner 1997: 166-210.

슬픔의 외침: אֲהָהּ 아! 오호라!(13회)(¹); הָהּ 겔 30.2ⁱ; אָהּ 겔 6.11; 21.20†(²).

위협과 두려움의 외침: הוֹי 아이고 (으악)! 화가 있을지어다!(50회); אוֹי (22회); אֹיָה 시 120.5†(אִי 전 4.10; 10.16은 ¿); אַלְלַי 미 7.1; 욥 10.15†. 참고, § 162 *d*.

침묵을 요청하는 외침: הַס, הָסֶ 쉿!, 조용!; 복수 הַסּוּ 느 8.11†, § *a* 끝.

c　　**간청**의 감탄사 נָא-. 다른 단어 뒤에서만 나타나는(³) 이 단어는 거의 항상 마켑 뒤에 온다. § 13 *b*. 그것은 대부분 일반적으로 간청을 부드럽게 하는 뉘앙스를 전하기 위하여 사용되며, 영어에서 강세가 있고 발음이 긴 *Please* 아무쪼록, 부디에 거의 해당된다(⁴). 따라서 נָא는 제가 (당신께) 부탁합니다(I beg [you]), 제발, 덕분에!(For pity's sake!)(⁵)(이것은 אָנָּא에 더 가깝다)로 번역하고, 가끔 영어의 *Do come!*에서처럼 명령형 앞에 강조의 *Do*를 두는 것과 같다. 또한 נָא가 다소 느슨하게 사용되는 경우에는 굳이 번역해서는 안 된다. 이 간청의 불변화사는 의지법(명령형, 권유형, 지시형)과 함께 매우 자주 나타난다. 권유형에서는 간청의 의미가 분명한 경우 외에(화자가 원하는 동작은 다른 사람들의 의지에 달려있기 때문이다: 예, 민 20.17 נַעְבְּרָה־נָּא 괜

---

¹ אָנָּא에 אָה 요소가 나타난다. § *c*. 감탄사 אֲהָהּ는 일반적으로 호격 앞에 나타나며, 흔히 אֲדֹנָי יְהוִה 와 함께 온다.

² אָהּ는 אַחֲלַי 시 119.5(분리 악센트) ~했으면 좋겠다!(would that)와 אַחֲלֵי 왕하 5.3(연결 악센트) 아! 만약 ~이라면(Oh! if...)에 나타나는 것으로 보인다. 두 번째 요소는 접속사 לוּ 만일에서 훼손된 형태일 가능성이 있다. 그렇다면 이 단어는 감탄의 접속사일 수 있다(참고, § 163 *c*).

³ 첫 단어가 호격인 민 12.13 אֵל נָא רְפָא נָא לָהּ에서는 그렇지 않다. 타르굼 옹켈로스를 따라서 Razhavy(2000: 168f.)는 여기(두 번째 나오는 것)와 다른 곳에서 "이제"로 번역하도록 제안한다.

⁴ 그러나 Bar-Magen 1980과 Fassberg 1994: 36-73을 참고하라. 이것이 논리적인 결과를 표시한다는 Lambdin(1971: 170f.)의 견해는 왈키와 오코너(WO § 34.7)와 Fassberg (1994: 37f.)가 수용하였다. 그러나 창 16.2와 19.2에서와 같이 הִנֵּה에 첨가된 그것이 어떻게, 그리고 언제 첨가되었는지는 알 수 없고 단지 추론할 수 있을 뿐이다. אִם에 첨가된 נָא는 논리적으로 조건절의 불변화사로 해석할 필요가 없다. 가까운 곳에 원인절이 존재하는 것(Fassberg 1994: 47f.) 또한 그와 같은 분석을 반드시 지지하는 것은 아니다. Jenni(2002: 13-15)는 이 불변화사가 명령형에 부착될 때, 지시를 무시하거나, 요청을 거절할 가능성을 내포함으로써 화자가 청자를 누르려는 시도를 표시한다고 한다.

⁵ 그러나 특별하게 "공손함"(politeness)을 표현하는 뉘앙스는 없다. 따라서 엘리야는 그의 종에게 עֲלֵה־נָא라고 말하고(왕상 18.43), 왕에게는 단순히 עֲלֵה라고 말한다(41절). 하나님이 아브라함(창 13.14), 모세(출 4.6; 11.2), 이사야에게(사 7.3) 말씀할 때 נָא를 사용한다. 더 자세한 예들은 Shulman(1999: 69, 72f.)이 언급하고 있다. 이것은 대화에 참여하고 있는 당사자들의 사회적 신분이 이 형태의 사용에 있어서 결정적인 요소가 아님을 보여줄 뿐이다. 또한 참고, Dallaire 2002: 75-78.

찼다면, 우리가 지나가길 원합니다). נָא가 다소 느슨한 방식으로 사용되어, 강력한 뉘앙스 외에 다른 아무 것도 더하지 않는 경우들에 나오기도 한다: 예, 출 3.3 אָסֻרָה־נָּא 내가 앞으로 나아가고 싶다; 민 16.26; 20.10([1]). 조건절을 이끄는 אִם־נָא에는 간청의 뉘앙스가 예기된다([2]). 왜냐하면 논리적으로 그것은 간청의 내용을 포함하고 있는 귀결절에 영향을 미치기 때문이다: 예, 창 33.10 청컨대 내가 당신에게 은총을 얻었으면 나의 선물을 받아 주십시오. 자주 사용되는 הִנֵּה־נָא (청컨대) 자, 보십시오!에서 הִנֵּה는 화자가 말하려고 하는 것으로 관심을 끈다. 그리고 נָא는 듣는 이로 하여금 הִנֵּה가 알리고자 하는 것을 주목하게 하며, 그리고 (기대를 통해[3]) 뒤따라 나오는 요청에 호의적으로 주목하도록 간청한다. 이때 종종 두 번째 נָא를 포함한다. 예, 창 16.2는 대략 거의, 지금 청하건대 좀 보시오를 뜻하며, 창 19.2는 청하건대 좀 들어주십시오를 의미한다 (여기서 הִנֵּה־נָא 뒤에 곧 요청의 내용이 온다).

강력한 간청을 표현하는 אָנָּא(7회), אָנָא(6회) 아! 청컨대!는 אַהּ 아! § *b*에 있는 요소인 אַהּ*와 נָא를 합성하여 만든 것이다. 가끔 이 단어는 밀라(끝음절 강세)이지만, 다른 때에는 두 개의 악센트를 가지고 있다(아마 이 단어의 두 요소들은 여전히 뚜렷하게 구별되는 요소로 느꼈기 때문이다)([4]).

ביּ는 **간청**의 감탄사이다. 이것은 죄송합니다! 실례합니다!라는 특별한 의미를 가진다. ביּ는 단지 אֲדֹנִי(7회)와 אֲדֹנָי(5회; 하나님을 부를 때) 앞에서만 나타나고 있음을 볼 때, 이것은 공손한 어투(politeness)에 사용한 용어임을 분명히 알 수 있다. 이것은 민 12.11에서 잘못에 대한 용서를 구하기 위해 강한 뉘앙스로 사용된다. 다른 곳에서는 영어의 *Pardon me!* 실례합니다!와 같이 항상 약한 의미로 사용된다. 즉, 출 4.10, 13; 삿 6.15에서와 같이 어떤 행동에 대하여 양해를 구하기 위하여; 수 7.8; 삿 6.13; 13.8에서처럼 자신이 말하려고 하는 것에 대하여 양해를 구하려고; 창 43.20; 44.18; 삼상 1.26; 왕상 3.17, 26†에서처럼 높은 위치에 있는 사람에게 말하는 것에 대하여 양해를 구

---

[1] Rabin(1971: 28)은 이 불변화사가 원래 아랍어의 첫 번째 강세 형태인 /yaqtulanna/의 /-na/ 요소와 동일한 것이었다고 생각한다.

[2] 비교, 출 32.31과 특히 단 9.4(요청은 오직 16절에 나온다)에서는 אָנָּא가 나오고 있다.

[3] 바로 앞에 나온 각주를 보라.

[4] 우가릿어 *an*에 관해서는 Tropper, § 84.21을 보라.

하기 위하여 사용된다([1]).

d　　　　한 이야기에서 화자나 내레이터, 그리고 등장인물이 무언가 새롭고 중요하고 놀라운 것으로 인식한 것에 대하여 **주목**을 끌기 위해, 제시 부사 (presentative adverb) הִנֵּה 보라!(Behold! Look!)를 사용한다. 이것은 거의 항상 절의 처음에 오고, 자주 감탄사 נָא 청하건대에 의해 강조된다: הִנֵּה־נָא, § *b*([2]).

　　　　명령형 רְאֵה 보라!도 자주 사용된다. 예, 창 27.27; 31.50; 41.41; 출 7.1; 31.2; 33.12; 삼하 15.3; 이것은 여러 사람들에게 말할 때에도 사용된다([3])(따라서=자, 이것이다, 여기 있다!) 신 1.8, 4.5([4])

e　　　　**고무**하거나 **용기**를 북돋우기 위해 특히 명령형 לְכָה 자! 오라!를 사용한다. 예로서, 창 31.44, 그것은 복수형 נִכְרְתָה 전에 나온다; 37.13; 창 19.32 에서 여자에게 말할 때에도; 여성형 לְכִי 왕상 1.12; 복수형 לְכוּ 창 37.20; 삼상 9.9 לְכוּ וְנֵלְכָה (cf. § 177 *f*). 창세기와 출애굽기에 자! 오라!(Come on!) 의 감탄사적 의미로 사용되는 명령형 הָבָה가 다섯 번 나타난다(동사 יָהַב* 주다에서 옴. § 75 *k*). 누군가가 한 명 이상의 사람들에게 말을 하는 경우는 네 번 나타난다(창 11.3, 4, 7; 출 1.10). 창 38.16에서 הָבָה־נָּא는 청컨대 나에게 허락하라는 뜻으로 나타난다. 여기에서는 여자에게 말하고 있다. קוּם과

---

[1] 그러므로 בִּי는 אָנָּא와 완전히 다른 의미를 가지고 있다. 그것은 일반적으로 번역되는 "제발 당신께 부탁드립니다"를 의미하지 않는다. 오히려 "죄송합니다! 실례합니다!"라는 뜻이다. 이때 בִּי는 용서를 구하는 내용에 해당되는 "(그 잘못은) 제게 있습니다", "제 잘못입니다"를 생략한 것으로 볼 수 있다. 히브리어에서 "용서를 구하다"라는 개념에 해당되는 표현은 결코 발견할 수 없는 점을 주목하라. 그 대신 "내가 죄를 지었다"라고 말한다(참고, Ehrlich, *Randglossen* ad 출 9.27). 이것 때문에 성서 히브리어에는 "감사합니다!"라는 표현이 없다.

[2] 매우 빈번하게 나타나는 이 불변화사와 그 이형인 הֵן이 그 기능과 의미에 있어서 얼마나 다양하게 나타나고 있는지에 대해서는 Muraoka, *Emphatic*, 137-41; Kogut 1986, Katsumura 1987, Müller 1989, Miller 1996: 85-90, Tropper 2002, 그리고 특히 Andersen 2003과 Garr 2004를 참조하라. Zew (1996)는 הנה와 הן가 상호보충적으로 분포되어 나타남을 입증하려고 한다. 그러나 그녀 자신도 몇몇 예외들이 있으며, 그것들은 더 확대될 수 있음을 인정한다(pp. 31f.). 뿐만 아니라, 그녀는 이 불변사가 대명사에 접미되고 있는 헤아릴 수 없는 경우들을 배제시켰다.

[3] 비교, 불어 *tiens!*은 여러 사람에게 말할 때에나 혹 *vous*와 함께 공손하게 말할 때에도 사용된다.

[4] 순수한 명령형으로서 רְאֵה와 הַב를 구별하며, 그것들이 감탄사로서 사용되고 있음을 논증하려는 시도는 Diehl 2000: 104-14에서 보라.
시 130.3의 ה에 마픽이 무시된 채 나오는 것은 그것이 많은 동족어에 알려진 감탄사 הֵי일 수 있기 때문이다. 이 점에 대하여 Tropper (2002/03)는 주전 7세기 비문에 근거하여 논증하였다.

בּוֹא도 이 범주에 포함할 수 있다. 예, 창 27.19 שְׁבָה וְאָכְלָה ;קוּם־נָא 옵 1 קוּמוּ וְנָקוּמָה עָלֶיהָ 자, 우리가 일어나 그를 공격하자(¹). 두 번째 동사는 첫 번째 바브와 함께 또는 없이 연결될 수 있다: 시 66.5 לְכוּ וּרְאוּ .. ‖ 대조 16.. לְכוּ־שִׁמְעוּ.

위에서 본 바와 같이 앞에 오는 동사와 뒤 따르는 주동사 사이에 가끔 형태론적인 불일치가 일어나는 것은 전자의 의미가 탈색되고 화석화되었음을 시사해 준다.

f **소원**을 표현하기 위해 אַחֲלַי, אַחֲלֵי 아!(ah!), ~라면!(if), 라틴어 *utinam* (=*would that!* ~하였으면!)(§ *b*, 2nd n..), מִי יִתֵּן을 사용한다(참고, § 163 *d*)(²). 부정적인 소원이나 거절(라틴어 *absit*)을 표현하기 위해서는 חָלִילָה, § 93 *h*가 사용된다. 이것의 주된 의미는 부정하다, 불경스럽다!일 것이다(참고, § 165 *k*).

אָבִי(2회) לוּ처럼 아!(ah!), ~라면!(if) 욥 34.36 그리고 (비현실적으로) 만약 ~라면(if) 왕하 5.13의 뜻을 가진 방언적 형태로 보인다.

---

¹ 이와 같은 קוּם의 탈의미화는 그 명령형에만 제한되지 않는다. 예, 출 2.17 וַיָּקָם מֹשֶׁה וַיּוֹשִׁעָן에서 모세가 행동을 시작하기 전에는 앉아 있었다고 볼 수 없다. 왕하 5.5 בֹּא־לֶךְ에서도 마찬가지 과정을 보여준다(Henkin 1994: 172).

² "그렇게 되기를 빈다!"라는 특별한 소원을 표현하기 위해서는 동사적 형용사인 אָמֵן 아멘! 나는 그것이 사실이기를 바랍니다!를 사용한다. 이 단어는 구약 성경에서 항상 소원을 표현하기 위하여 사용된다. 랍비 문헌(참고, Dalman 1905: 243)과 요한 계시록(3.14 제외)에서도 마찬가지이다. 그러나 복음서에서는 그렇지 않다.

제3부

구문론(^{1})

제1장 시제와 법

§ 111(^{2}). 일반적 관찰

a   **예비적 관찰**. 시제와 법의 문제는 히브리어 구문론에서 가장 중요하고 까다롭지만 고대 문법학자들은 무시해 왔다. 대부분의 고대 학자들과 여러 주석가들 및 번역자들은 이 주제에 대하여 거의 아는 것이 없었으므로, 번역을 할 때 형태들에 대한 정확한 지식보다 거의 직감을 따랐다고 할 수 있다. 히브리어 시제 형태는 특히 시문에서 아무렇게나 되는 대로 사용되었다는 대담한 제안들을 하기도 하였다(^{3}). 마소라 본문 중 특히 시가서 부분에서 수많은 형태들은 해석하기 어려우며 어떤 경우에는 만족스럽게 설명하는 것 자체가 불

---

^{1} 구문론을 설명하기 위하여 우리는 실제적인 필요에 따라 논리적으로 순서를 구성하였다. 먼저 제1장에서는 가장 중요하고 어려운 문제인 동사의 **시제**와 **법**을 다루었다. 제2장은 격에 관한 모든 것을 다루며, **동사의 격**인 대격으로 시작한다. 대격, 속격, 동격은 상호 비교를 위하여 한 장에 묶어 두었다. **전치사**(제3장)는 한편으로 동사의 목적어와 연관되며(대격), 또한 명사의 목적어와 연관된다 (속격). **명사**(제4장), **대명사**(제5장)를 이어 제6장에서는 **일치**와 연관된 모든 것을 다루었다. 끝으로 **절**(제7장)에 대해 길게 설명한 후 제8장에서 히브리어 문장의 중심을 이루는 **접속사** 바브를 다루면서 마무리하였다.

^{2} 구문론은 § 111과부터 시작되며 이 번호는 독자들이 색인을 사용할 때 쉽게 기억할 수 있을 것이다. 우리는 이 책에서 영어 'syntax'를 언어학에서 일반적으로 사용하는 '통사론' 대신에 '구문론'으로 번역하였다. 왜냐하면 이 책의 구문론은 품사뿐 아니라 시제와 시상, 격, 그리고 절(clauses)에 대하여 상당한 분량을 할애하고 있기 때문이다(역자 주).

^{3} 성서 히브리어의 전형적인 시제 체계는 본래 잘 확립된 문학적 표현 형식이었음을 염두에 두어야 할 것이다. 구어체뿐 아니라 일상적인 산문 형식은 이와 상당히 달랐을 것으로 보인다. 예로, 아라드 비문 16번(주전 600년경) 3-4행을 보라. פ‏ס[כ]ה את ושלחתי מביתכ כצאתי 내가 너의 집을 떠났을 때, 내가 돈을 보냈다. 히브리어 동사 체계가 일반 셈어(-함어) 그룹에서 어떤 위치를 갖고 있는지에 대해서는 1972년까지의 연구를 유익하게 개괄한 플라이쉬(Fleisch 1975)를 보라. 구체적으로 히브리어 시제 체계에 관한 최초의 유익한 연구로 맥폴(McFall 1982)과 메팅거(Mettinger 1973)를 보라. 왈키-오코너(Waltke–O'Connor 1990: 457)도 유익한 연구를 하였으며, 그들은 맥폴의 연구가 1954년까지만 다루었으므로, 고대 가나안어를 비롯한 몇몇 중요한 연구들을 무시하였음을 잘 지적하고 있다. 1995년까지의 연구에 대한 비평적 개괄은 엔도(Endo 1996: 2-26)를 보라.

가능한 경우들이 있다. 그렇지만 좋은 내러티브 산문에서는 시제 형태의 의미
가 명백한 것들이 상당히 많다. 우리는 이러한 명백한 예증들을 통해 다소 어
려운 경우들을 설명하는 원칙들을 추론할 것이다. 또한 우리는 이같은 난제들
을 해결하는 과정에서 다음과 같은 점들을 명심해야 한다. 시제의 용법은 절대
적으로 엄격한 규칙에 종속되지 않는다. 일반적인 언어 현상에서처럼 히브리
어에서도 저자는 어느 정도의 문법적인 자유를 누린다. 시문에서 특정한 형태
를 선택하는 것은 반드시 문법적인 고려 때문만은 아니며, 어떤 경우에는 운율
을 고려하여 선택하기도 한다(¹). 원래 매우 정확한 의미를 지닌 형태도 너무
빈번하게 사용되거나 매우 일반적으로 사용될 경우 습관적인 용법이 될 수 있
다. 그러므로 다른 어떤 부분보다 이런 부분의 마소라 본문에는 미묘한 변화가
있었을 가능성을 배제해서는 안 된다. 왜냐하면 매우 미세한 표기의 변화조차
도 그 형태의 성격을 완전히 바꿀 수 있기 때문이다.

b   **용어.** 인도-유럽어의 수많은 용어들 가운데 그 어떤 용어로도 히브리어
가 사용하는 두 개의 **정시제**(finite tense)에 내포된 복잡성을 정확하고 충분하
게 설명할 수 없을 것이다. 즉, 히브리어 정시제에는 접미사 시제와 그리고 접
두사와 접미사를 함께 갖는 시제가 있다. 우리는 형태론에서와 마찬가지로 여
기서도 더 적절한 용어를 찾을 수 없기 때문에, 일반적이면서 서로 대비되는 완
료와 미완료(역자 주: 원문은 미래이나 용어 통일을 위하여 미완료로 번역하였
다)라는 용어를 사용할 것이다. 이 두 용어는 최소한 간략하면서도 대부분 실
재를 반영하는 장점을 갖고 있기 때문이다. 그렇지만 구문론에서 시제 형태와
그것이 표현하는 시간 개념 사이에 있는 모호성을 최소화할 필요가 있다. 그러
므로 우리는 자주 카탈(קָטַל) 패러다임에서 취한 고유 명사로써 시제 형태를
완료는 카탈(*qatal*)로, 미완료는 익톨(*yiqtol*)로, 접속사 바브(*Waw*)와 함께 나
오는 형태에서도 도치 미완료 대신에 바익톨(*wayyiqtol*)로, 도치 완료 대신에
베카탈티(*w-qatalti*)로 지칭할 것이다(²).

---

¹ 그렇다 해도 성서의 시문은 최악의 시적인 파격을 드러내는 경우로서 그 시제가 완전히 혼돈 속
에 빠졌다고 주장하는 입장은 받아들일 수 없다. 그 어떤 시편에서도 우리가 완료형(*qatals*)을 미완
료형(*yiqtols*)으로 바꾸거나 그 반대로 만들 경우에 그 의미가 동일하게 되지 않는 것은 명백하다.

² 접속사 바브와 함께 나오는 카탈형(*w-qatal*), '그리고 그가 죽었다'와 도치 바브 카탈형(*w-qatal*),
"그리고 그가 죽일 것이다" 사이에 있는 중요한 차이를 드러내기 위하여 *w-qatal* 대신에 *w-qatalti*
를 사용하는 것이 더 좋아 보인다.

또한 간접 의지법에 있어서, *w-'eqtla*(권유형), *uqtol*(명령형), *w-yiqtol*
(지시형)이나 좀 더 명료한 *w-yaqom*을 사용할 것이다. 편의상 능동 분사는
qotel, 수동 분사는 *qatul*, 부정사 절대형은 *qatol*, 부정사 연계형은 *qtol*로 표
기할 수 있다.

c   **시제 형태들의 의미**. 히브리어에서 시제의 형태들은 동작의 시제
(tense)와 서법(modality)을 동시에 표현한다. 많은 언어에서처럼 그것들은 주
로 과거([1]), 미래, 현재의 **시제**를 표현한다. 그러나 그것들은 자주 동작의 서법
(modality)이나 **시상**(aspects)([2])을 동시에 표현하기 때문에, 다른 언어들보다
는 시제를 좀 불완전하게 표현한다. 이 시상들은 두 가지로 구성된다: (1) 그
동작이 특유하고 단독적인지 또는 반복적인지에 따라 결정되는 동작의 통일
성과 복수성, (2) 그 동작이 한 순간에 이루어지는지 또는 얼마 간의 상당한 시
간을 두고 이루어지는지에 따라 결정되는 동작의 즉각상과 지속상([3]). 의심할
여지없이 이 두 시상은 서로 닮았으며, 일반적으로 동일한 형태로 표현된다([4]).

d   어떤 동사들은 그 자체 안에 즉각적인 **시상**(instantaneous aspect)과 지
속적인 **시상**(durative aspect)을 지니고 있다. 발견하다 מָצָא는 즉각적이며, 찾
다 בִּקֵּשׁ는 지속적이다. 말하다는 동사에서 דִּבֶּר는 지속적이며, אָמַר는 즉각적
이다. 따라서 삼하 19.30에서 네가 말하다 דִּבַּרְתָּ와 내가 말하다(내가 명령하다)
אָמַרְתִּי는 동일한 시제(현재)를 표현한다. 또한 몇몇 동사들은 그 의미의 뉘
앙스와 상황에 따라 하나 또는 그 이상의 시상을 가질 수 있다. 그러므로 동사
בּוֹא 들어가다, 오다, 도착하다는 상황에 따라 즉각상(순간상)이나 지속상을 갖게
된다. 이 동사는 즉각상으로 창 27.30 בָּא (집에 들어가다), 삼상 9.5 בָּאוּ (동네
에 들어가다), 삼하 2.24 בָּאָה (해가 지다); 지속상으로 삼상 9.14 בָּאִים (성에 들

---

[1] 히브리어 카탈(*qatal*) 형에 일치하는 *qatala* 형은 아랍 문법학자들이 *mādı* = 과거로 부르고 있다
는 점은 주목할 만하다. 사실 그들에게 이 동사 형태는 시제를 표현하는 것이다.

[2] 이 용어는 슬로바니아어 문법에서 빌려온 것으로, 짧아서 사용이 편리하고 그 언어에서는 시상
이 매우 중요한 역할을 한다. Brugmann 1904: 493ff., Rosén 1956, and Kurylowicz 1973을 참조
하라.

[3] 이 시상은 헬라어에서 상당히 중요하며, 부정과거(aorist)는 즉각적 행동을, 현재는 지속적 행동
을 표현한다.

[4] 참조, 불어에서 *encore*는 동작의 반복과 지속성에 사용된다. 반복적인 동작은 일련의 점선으로
(... ...), 지속적인 동작은 연속선(— — —)으로 표기된다.

어가다) 등의 예로 나타난다(¹). 이와 같이 반의어인 יָצָא 나가다, 떠나다도 역시 두 개의 시상을 다 가질 수 있다.

e 반복적이거나 지속적인 동작은 **전반적**(global)으로 표현될 수 있으며, 또는 마치 유일하거나 즉각적인 것처럼 취급된다.

이리하여 욥 1.5에서 יַעֲשֶׂה "그는 항상 그렇게 하곤 하였다(*he used to do*)"는 반복적 동작이 되며(§ 113 *e*), עָשָׂה는 그는 행하였다(*he did*)(요약과 전반적 관점)가 된다. 조공을 바치는 행동과 관련하여 왕하 3.4에서 וְהֵשִׁיב "그리고 그는 바치곤 하였다는 반복적 관점을, 왕하 17.3 וַיָּשֶׁב 그리고 그는 바쳤다는 전반적 관점을 제시한다. 또 다른 반복적 동작이 전반적으로 제시된 경우로 삼상 18.13 וַיֵּצֵא וַיָּבֹא(²), 왕하 16.4, 17.11을 들 수 있다. 지속적인 동작이 마치 즉각적인 것처럼 나타난 경우는(³), 수 10.9 עָלָה "그는 밤새도록 올라갔다"와 왕상 14.21 מָלַךְ "그는 17년을 다스렸다" 등을 예로 들 수 있다(§ 112 *d* 끝 부분 참조).

f 히브리어 시제를 다른 종류의 시상으로 설명하려는 시도들 중에서 특히 **완결된 동작**(*completed action*)과 **미결된 동작**(*incomplete action*)의 관점이 제시되어 왔다. 그러나 이러한 구별은 인도-유럽어에서는 매우 중요하지만, 히브리어 시제를 설명하는 데는 적절하지 않다(⁴).

---

¹ 참조, 욘 3:4 וַיָּחֶל יוֹנָה לָבוֹא 그리고 요나가 큰 성 니느웨 안으로 들어가기 시작했다.

² 삼상 18:16 יוֹצֵא וָבָא (두 개의 분사형)와 대구를 이룬다.

³ 동일한 현상이 헬라어 부정과거(aorist)에 나타난다. ἐποίησεν ὁ δεῖνα 조각가는 자기 작품에 새길 수 있다.

⁴ 이 구별은 에발트가 처음 만들었다(Ewald 1827: § 134-36). 우리는 시제를 설명하는 데 이 관점을 채용하지 않을 것이다(왜냐하면 이 모델은 미심쩍을 뿐 아니라 위에서 말한 것처럼 히브리어에 참된 시제적 가치와 두 가지 시상이 있다고 보는 사람에게는 쓸모가 없기 때문이다.). 그렇다고 우리는 그 언어의 초기 단계에 이런 현상이 있었음을 부인하는 것은 아니다. 오히려 우리는 qatal 형이 가지고 있는 과거의 의미는 아마 완료 시상(perfective aspect)에서 왔다고 생각한다(§ 42 *a* 참조). 성서 히브리어에 시상 이론을 적용시킨 대표적 견해로 룬트그렌(Rundgren 1961)을 보라. 에스쿨트 (Eskhult 1990)는 룬트그렌의 이론을 담화 분석(discourse analysis) 차원에 접목시켰다. 그렇지만 룬트그렌의 시상 이론은 동작양태(*Aktionsart*)로 부르는 것이 더 낫다(Rundgren 1973: 특히 56-58; Kustár 1972를 보라). 깁슨(Gibson 1994: § 55)의 입장은 본질적으로 룬트그렌과 동일하며, 정적인 것(static) 대비 동적인 것(cursive), 또는 정적인 상태(state) 대비 동작 과정(fientive)으로 제시된다. 보다 최근에 트로퍼(Tropper 1998)는 이진법적(binary) 시상 대립으로서 완성성(perfective)과 미완료성(imperfective)으로 논증하고 있다. 어떤 언어에서는 시제와 시상을 형태소를 통하여 표현하며, 고전 헬라어에는 이 두 특성이 어느 정도 서로 밀착되어 있다. 이리하여 동사 '떠나다' / leipō /*to leave*의 어근 /leip-/와 현재 시상을 나타내는 것은 현재, 미완료, 미래 시제에 제한된다; 단순 과거 시

g   시상 이외에도 어떤 시제 형태는 어느 정도의 법(moods)을 나타낼 수 있으며, 이것은 많은 언어에서 준-조동사(semi-auxiliaries)인 할 수 있다, 해야 한다, 할 것이다(*can, must, will*) 등으로 표현된다(참조, § 113 *l-n*)(¹).

h   **동작**(active) 동사와 **상태**(stative) 동사의 구별(참조, § 41 *a, b*)은 시제의 선택에 있어서 매우 중요하다. 그러나 타동성과 자동성의 대조는 시제 문제와는 무관하다. 동작 동사는 자동사가 될 수 있다. 예로, קוּם 일어나다, נָגַע 만지다, 접촉하다는 주로 자동사로서 전치사(בְּ, אֶל, עַל)를 받으며, 타동사로서는 거의 사용되지 않는다. 상태 동사는 타동사가 될 수 있으며, 예로, לָבַשׁ, לְבֵשׁ 옷을 입다, 걸치다, מָלֵא 가득해지다, 채우다를 들 수 있다. שָׁמַע, שָׁמֵעַ 듣다는 자동사와 타동사로 둘 다 사용된다.

가끔 동작 동사는 그 의미가 상태적인 의미에 가까울 때, 상태 동사로 취급된다. 따라서 עָמַדְתִּי לִפְנֵי는 나는 안다는 뜻으로 사용된다(§ 112 *a*). 나는 ~을/를 섬긴다를 참조하라(§ 112 *a*). 어떤 동사들은 동작적인 의미와 상태적인 의미를 동시에 가진다. 예로, מָלַךְ 다스리다, 왕이 되다(왕이 되기 시작하다)(왕하 15:1), 왕이 되다(왕하 9.13[공동, 표준 참조]; 삼상 12.14; 시 93.1). (바빌

상을 나타내는 어근 /lip-/는 단순 과거와 과거 시제에 한정되며, /loip-/는 완료적 시상으로 완료와 과거 완료 시제를 나타낸다. 이 헬라어의 예는 시상(aspect)이 다른 시간의 영역 속에서 다양하게 발전되었음을 보여준다. 따라서 앤더슨(Andersen 2000: 34-40)이 w-qataltí 형은 소위 미래-미완료적 기능(future-imperfective force)을 갖는다고 주장한 것은 히브리어에서 미래형은 시상 표시가 없으며 w-qataltí는 완료적 미래(perfective future)나 비과거(non-past) 사건을 동일하게 표시할 수 있다는 사실을 간과한 것으로 지적할 수 있다. 또한 Zaborski 2002를 보라. "시상(aspect)"에 대한 표준적이며 현대적인 설명은 콤리(Comrie 1976: 4)와 비닉(Binnick 1991: 209-13)을 보라. 골판(Goldfajn 1998: 54-59)은 S. R. Driver(1892)가 전형적으로 제시한 시상론의 약점과 내재적인 모순을 다루었다. 오직 시간 범주만을 작동하는 "사유"(noetic) 체계로서 시상론을 쓸모 없게 만들어버리는 작업으로 Denz 1999를 보라.

¹ 현대 언어학에서는 두 개의 주된 법(mood)의 유형으로 인식판단적 법(epistemic)과 의무론적 법(deontic)으로 구별하며, 각각 다시 전자를 선포적(declarative), 단정적(assertive), 가정적(assumptive), 의구적(dubitative)인 것과 후자를 의무적(obligative), 허용적(permissive), 역량적(abilitative)인 것으로 세분화한다. 지안토(Gianto 1998)는 법의 범주를 미래 외의 동사들까지 확장하고 있다. 더 세부적인 점들은 팔머(Palmer 1986. 18f.)와 리용(Lyons 1977. 2.793-809, 823-41)을 보라.

유스텐(Joosten 1997: 예, 58, 76f.)은 전문 용어로 '법'을 너무 크게 확대하였기 때문에 '미래'도 법에 포함시켰으며, 이에 대한 비판으로 호프티저(Hoftijzer 2001, esp. pp. 25-33)를 보라. 또한 "미래는 정의상 모르는 것이다"(Hendel 1996: 169)라는 말도 부분적으로만 정당하다. 가르(Garr 1998: § 4.6)는 아카드어의 가정법이 히브리어의 미완료가 본질적으로 가정적이라는 자신의 입장을 지지한다고 주장하지만, 아카드어에서 가정법은 확실성이나 객관적인 사실성이 없는 것과 아무 상관이 없는 구문론적인 환경에서 나타난다.

론의 발음에는 완료형으로 *mālọh*(¹)가 있기 때문에, 원래 두 가지의 상태적인 형태가 있었을 가능성이 있다). 이와 같이 동사가 상태 동사로 취급된다고 해서 논리적으로나 형태론적으로 상태 동사라고 보는 것은 적절하지 않다. 그것은 순수하게 상태적인 의미로 여겨져야 하며, 동작적이거나 준-동작적인 의미로 생각해서는 안 된다(참조, § 41 *b*). 따라서 동사 כָּבֵד는 무겁다가 되면 상태 동사가 되지만, 무거워지다가 되면 동작 동사로 취급된다(§ 113 *a*). הָיָה 동사는 이런 점에서 주목할 만하다. 성경에는 나타나지 않지만, 이 동사의 초기 의미는 아마 라틴어의 *cadere*인 떨어지다(to fall)였을 것이다. 따라서 히브리어에서는 일어나다(to happen)가 되며, 라틴어에서는 *accidere, evenire, fieri*(²)가 된다. 그리고 동작이 일어나고 있다는 점에서 이 동사는 동작 동사로 취급된다. 그 약화된 의미인 ~이다(to be)는 확실한 상태형이 되어서 상태 동사로 취급된다.

i   하야(הָיָה) 동사는 중요하므로 시제와 연관된 다양한 용법들을 도표로 정리해 보면 다음과 같다.

A) 동작 동사로서

הָיָה 일어났다 *it happened, it came to pass* (매우 빈번함).

וַיְהִי 그리고 일어났다, 그리고 지났다 *and it happened, and it came to pass* (매우 빈번함). 가끔 그리고 일어나곤 하였다로 잘못 사용됨 (왕상 14.28, 비인칭).

יִהְיֶה 1) 일어날 것이다 *it will happen, it will come to pass* (매우 빈번함).

2) 일어나곤 하였다 *it used to happen, it used to come to pass* (민 9.16).

3) 계속 일어나고 있다 *it keeps happening* (빈번상의 현재, 예, 전 1.9, 희소함).

וְהָיָה 1) 그리고 일어날 것이다 *and it will happen, and it will come to pass* (매우 빈번함).

---

¹ 칼레(Kahle 1913: 184.1) 참조.

² *tomber > devenir*로 넘어가는 의미론적 과정은 룻 3:18 אֵיךְ יִפֹּל דָּבָר 일이 어떻게 될지에 있는 나팔(נָפַל) 동사의 숙어적 용법을 보라. 바스-메인(*Bas-Maine*) 방언 "il tombera bon"이 "il deviendra bon"라는 뜻으로 사용됨을 참조하라(Nyrop 1890-1930: IV 17). 리차드슨(Richardson)은 이미 초오스(Chaucer)가 즐겨 사용하던 문장으로, "크리스마스가 작년에는 금요일이었다 Christmas fell on Friday last year"라는 문장에서 '떨어지다'(*to fall*)가 '이었다'로 사용된 용법을 나에게 상기시켜 주었다.

2) 그리고 일어나곤 하였다 *and it used to happen, and it used to come to pass*, 예, 출 33.8(비인칭); 창 2.10.

3) 그리고 계속 일어난다 *and it keeps happening*(매우 희소함, 예, 대하 13.9; 사 29.15).

B) 상태 동사로서

הָיָה 그러하였다 *it was, it has been*(매우 빈번함). 그것은 ~이다 *it is*(희소함, 예, 창 42.31).

וַיְהִי 그리고 그러하였다 *and it was, and it came to pass*(빈번함, 창 2.25; 17.1; 39.6; 민 15.32).

그리고 그러하였다 *and it has been* (매우 빈번함).

그것은 ~이다(?) *and it is*(?)(예, 없음?)([1]).

יִהְיֶה 그것은 ~일 것이다 *it will be*(매우 빈번함).

요약

הָיָה 동작형. 일어났다 *it happened, it came to pass*.

상태형. 그러하였다, 그러하다 *it was, it has been, it is*.

וַיְהִי 동작형. 그리고 일어났다 *and it happened, and it came to pass*.

상태형. 그리고 그러하였다 *and it was, and it has been*.

יִהְיֶה 동작형. 일어날 것이다 *it will happen, it will come to pass*.

일어나곤 하였다 *it used to happen, it used to come to pass*.

계속 일어난다 *it keeps happening*.

상태형. 그러할 것이다 *it will be*.

וְהָיָה 동작형. 그리고 일어날 것이다 *and it will happen, and it will come to pass*.

그리고 일어나곤 하였다 *and it used to happen, and it used to come to pass*.

그리고 계속 일어나고 있다 *and it keeps happening*.

상태형. 그리고 ~이 될 것이다 *and it will be*.

---

[1] 이 의미는 가능하다. 참조, וְתִשְׂנָא 그리고 당신은 미워한다(*and you hate*) 시 45.8(§ 118 *p*).

§ 112. 카탈형(완료)

a   접미사 동사 형태는 아마 상태 동사에서 나온 것으로 판단되므로 우리는 이것을 먼저 다루고자 한다.

A) **상태 동사들**. 이 동사들은 일차적으로 **현재** 의미를 가지며 그 예로 כָּבֵד 그것은 무겁다, אָהַבְתִּי 나는 사랑한다, שָׂנֵאתָ 너는 미워한다를 들 수 있다. 사실 상태 동사의 카탈형(כָּבֵד와 קָטֹן형)은 원래 아카드어에서 상태형이나 항구형(permansive)으로 사용되던 '활용된 형용사' (conjugated adjective)이다. 형용사와 대명사로 구성된 명사구가 그 자체로(*per se*) 자연스럽게 현재형이 되는 것처럼, 형용사와 접미사가 붙은 대명사로 구성된 동사 형태도 동일한 가치를 갖는다. 이리하여 יָדוֹ כָּבְדָה 그의 손은 무겁다와 같은 동사절은 그 자체로 현재형이며, יָדוֹ כְּבֵדָה 무거운 그의 손이라는 명사구도 마찬가지이다[1]. 예로, אָהַבְתִּי 나는 사랑한다 창 27.4(그리고 15회); אָהַבְתָּ 너는 사랑한다 창 22.2; אָהֵב, אָהַב 그는 사랑한다 창 27.9; 44.20; 신 15.16; 23.6 등; שָׂנֵאתִי 나는 미워한다 렘 44.4 등; שְׂנֵאתַנִי 너는 나를 미워한다 삿 14.16; חָפַצְתִּי 나는 원한다 시 40.9; 사 1.11; גָּדַלְתָּ 당신은 위대하다 시 104.1; קָטֹנְתִּי 나는 작다 창 32.11; גָּבְהוּ 그들은 높다 사 55.9; טֹבוּ 그들은 아름답다 민 24.5; זָקַנְתִּי 나는 늙었다 창 18.13; שָׂבַעְתִּי 나는 배부르다 사 1.11; 출 14.13 רְאִיתֶם 너희는 본다(왕상 20.13; 렘 7.11; 시 35.22; 74.9; 애 3.59); 룻 2.8 שָׁמַעַתְּ 너는 듣는다(참조, 렘 4.31; 욥 3.18); 렘 48.11 שַׁאֲנַן 그는 편히 있다(참조, 욥 3.18).

상태적이거나 준-상태적 의미를 지니는 동작 동사는 상태 동사처럼 취급된다[2]. 그것들은 주로 정신 상태를 표현하는 동사들이다. 예로, 바라다에서 קִוִּיתִי 나는 바란다, 나는 기다린다 시 130.5; הוֹחַלְתִּי 나는 바란다(같은 곳); חִכְּתָה 그는 기다린다 33.20; בָּטַחְתִּי[3] 나는 신뢰한다 52.10; 56.5, 12 등; קַצְתִּי 나는 미워한다 창 27.46; מָאַסְתִּי 나는 멸시한다, 나는 경멸하며 거부한다 암 5.21; בָּחַרְתִּי 나는 선택한다, 선호한다 시 84.11; רִחַם 그는 자비롭다 103.13(참조, 슥 10.6); 욥 3.26(나에게 안정이 없고, 평화가 없고, 안식이 없다는 세 완료형은 유사한 의미를

---

[1] 참조, 시 3.2 רַבּוּ 그들이 많다 다음에 רַבִּים (그들이) 많은이 뒤따른다. 또는 רַבִּים이 주어이다.

[2] 이것은 칼형뿐 아니라 모든 파생형에도 적용되며, 본질적으로 능동형인 피엘과 히필형까지도 적용된다.

[3] 동사 בָּטַח는 원래 상태형에서 나온 것 같다. 바빌론어 발음에서는 *bāṭoḥ*이다. Kahle 1913: 184,2.

갖고 있다). 특히 알다라는 뜻을 가진 יָדַע 동사는 매우 빈번하게 상태 동사처럼 취급되고 있음을 보라. 일반적인 산문에서 יָדַ֫עְתִּי 나는 안다, יָדַ֫עְתָּ 너는 안다(가끔 (אַתָּה) יָדַ֫עְתָּ)(¹), יָדַע 그는 안다(그러나 יֵדַע가 더 자주 사용된다. 그리고 가끔 이 발음은 적합하지 않다), 아주 희소한 형태로 יֵדַע가 있다. 이와 같이 זָכַר 동사도 상태 동사처럼 취급되며 예로, זָכַ֫רְנוּ 우리는 기억한다(²) 민 11.5 를 들 수 있다.

~편에 서다, 어떤 위치에 서다라는 עָמַד 동사도 실제로 그 의미가 상태적일 때 상태 동사로 취급된다. 그 예로 חַי־יהוה אֲשֶׁר עָמַ֫דְתִּי לְפָנָיו 내가 섬기는 야웨께서 살아계시거니와라는 형식을 들 수 있다. 왕상 17.1; 18.15; 왕하 3.14; 5.16†. 완료형 יָשַׁב 앉다, 앉아 있는은 현재 상태의 의미를 지닌다. 겔 28.2; 애 1.1; 시 47.9. 니팔형으로 겔 26.19 לֹא־נוֹשָׁ֫בוּ 그들은 (더 이상) 거주하지 않는다(³)가 있다.

위에 언급된 대부분의 예들은 사람이 주어(personal subject)라는 점을 주목해야 한다.

관찰. 반면에 상태 동사 יָכֹל(§ 75 *i*)은 동작 동사처럼 취급된다(⁴). 이것은 아마 의미론적 진화 때문인 것 같다(할 수 있는[*being able*]에서 할 수 있다[*can*]로의 전환은 동작으로 인식되었다). 이리하여 그가 할 수 있다는 וַיֻּכַל로 표현된다(예, 창 44.22).

b   상태 동사의 카탈형은 담화(discourse)에서 지시점(the point of reference)을 동시에 표기하며(⁵), 과거 상황에 적용될 수 있고, 영어에서는 관용적으로 과거형으로 번역할 수 있다. 예, כָּבֵד 그는 무겁다(불어, *il était lourd*). 그리고 이것은 카탈 능동형이 가질 수 있는 모든 의미를 가지게 되어, 그는 무거워졌다, 그는 무거웠다(불어, *il fut lourd*) 등이 된다. 따라서 אָהֵב는 그가

---

¹ 라기스 편지(Lachish letter)에는 לא ידעתה 너는 알지 못하느냐?가 나온다(3.8).

² 흥미롭게도 יָדַע와 זָכַר는 결과적 완료(resultative perfects)와 일치한다. οἶδα, *novi*, μέμνημαι, *memini*; 그러나 히브리어에서 현재 의미의 기원은 다르다; 참조, Brockelmann, *GvG*, II. 149.

³ 동사 נָפַל 떨어지다는 상태적인 의미로 분사형뿐 아니라(삿 3..25; 7.25 등), 가끔 정시제까지도 떨어지게 되다: 누워 있다는 뜻으로 사용된다(*to be* [불어. *se trouver*] *fallen, to be lying,* Lat. *jacēre*): 민 14.32 יִפְּלוּ [Vulg. *jacebunt*]; 삼상 19.24 וַיִּפֹּל 그리고 그는 누워 있었다; 겔 29.5; 특히 חָלָל과 함께 치명적으로 상처를 입은 자; 희생자. 렘 51.47; 겔 6.7; 28.23 נִנְפָּל로 읽으라); 참조 § *e*, 창 4.6.

⁴ 하나의 경우로서 창 48.10: 상태형 완료 כָּבְדוּ 뒤에 나오는 וַיּוּכַל을 들 수 있다.

⁵ 이 중요한 개념에 대해서는 Reichenbach (1947: 287-90)를 보라.

사랑한다(창 27.9)는 의미 외에도 그가 사랑하였다(불어, *il aimait*)라는 뜻을 가져 14절에서 "그의 어머니는 그의 아버지가 좋아하였던(אָהֵב) 음식을 만들었다"; אֲהֵבוֹ 그가 그를 사랑하였다(불어, *il l'aima*) 삼하 12.24; "그들은 그의 고통이 심함을 알았다(גָּדַל)" 욥 2.13; 창 26.13 "그들은 그가 심히 크게 되었음을 보았다(גָּדַל)"; 38.14 "그는 그가 자란 것을 보았다(גָּדַל)." 참조, 창 42.1 "야곱은 이집트에 양식이 있음(כִּי יֶשׁ)을 보았다"; 다른 유사한 예들도 있다.

c **B) 동작 동사들**. 동작 동사들의 카탈형은 대부분 과거로 사용되며, 몇몇 특별한 경우는 현재형으로, 가끔은 미래형으로 사용되기도 한다.

과거에서 카탈은 유일하고 단 한 번 이루어진 또는 즉각적인 행동에 사용되며, 현재의 순간이나 과거의 순간으로부터 조금 전(최근 과거)이나 상당히 먼 시간(먼 과거)에 일어난 행동에 사용된다[1].

최근 과거: מֶה עָשִׂיתָ 너는 무엇을 하였느냐? 창 4.10; לֹא צָחַקְתִּי 나는 웃지 않았다 창 18.15. 이것은 아주 일반적인 용법이다.

먼 과거: בָּרָא 그가 창조하였다 창 1.1; קָרָא 그가 불렀다(5절). 과거 사건을 서술할 때 매우 빈번하게 나타난다(역사적 완료).

과거에 있었던 순간 이전의 과거(=**과거 완료, 대과거**): גָּנַבְתַּם "야곱은 라헬이 그것들을 훔쳤음을 몰랐다" 창 31.32; לְקָחָה 그녀는 그것들을 취하였다(34절); 1.31 "하나님은 그가 이미 만드신(עָשָׂה) 모든 것을 보았다"; 히브리어는 이처럼 과거 순간보다 앞선 행동을 표현하는 방식이 다소 불완전하지만, 이런 현상이 매우 빈번하게 일어나고 있다(참조, § 118 *d*).

d **시상**(aspect)의 관점에서 보면, 동작이란 단 하나의 동작이나 순간적인 동작으로서 유일하다[2]. 동작의 유일성은 수많은 유럽어에서 강조될 수 있으며 또한 강조되어야 한다. 이리하여 לֹא־נִהְיְתָה כָּזֹאת 삿 19.30 은 "이런 일은 (단 한 번도) 일어나지 않았으며, 결코 일어난 적이 없다" (Vulg. *nunquam*); מִי שָׁמַע כָּזֹאת 사 66.8 "누가 들은 적이 있느냐?"(Vulg. *unquam*); לֹא נָשׂוֹג אָחוֹר 삼하 1.22 "요나단의 활은 결코 되돌아오지 않았다"(E. Dhorme)[3]. 이런 점에

---

[1] 상태 동사의 카탈형이 동작 동사로 확장되기 시작했을 때 후자의 카탈형은 최근에나 먼 과거에 있었던 사건에서 일어난 상태를 표시하였을 것이며, 그 흔적이 w-x-qatal 형식의 상황절에 있는 카탈 용법에 남아 있다(§ 118 d). 그렇지만 성서 히브리어에 사용된 동작 동사의 모든 과거형 카탈이 본질적으로 상태형이라는 주장은 과장된 것이다. 창 1.1에서 בָּרָא는 단지 과거 사건을 표시할 뿐이다.

[2] 그렇지 않다면 익톨형(yiqtol)이 요청된다(§ 113 e).

[3] *nunquam fecit*와 *non faciebat* (non solebat facere)의 두 문장 사이에 있는 차이점은 어떤 문맥

서 카탈은 항구적인 진리를 표현하며 소위 격언적인 용법을 갖고 있다고 설명할 수 있다. לֹא עָזַבְתָּ 시 9.11 "오 야웨여, 당신은 당신을 찾는 자들을 결코 버리지 않았습니다!" 이것은 당신은 버리지 않는다(*you do not abandon*)와 어느 정도 일치한다.

반면 일련의 행동들이나 한 범주의 모든 행동들은 전반적인 방식으로 생각할 수 있다(참조, § 111 *e*)(¹). 따라서 카탈형의 어떤 경우는, 특히 경험적 진리를 표현할 때 사용할 수 있다. שָׁמְרוּ 렘 8.7 그들은 지킨다(יָדְעוּ 그것은 안다 뒤에서); מָצְאָה 시 84.4 그것은 찾는다; כָּלָה 욥 7.9 (구름이) 사라진다(참조, § 113 *c*).

그러나 문법학자들이 인용하는 몇몇 예들은 저자가 어떤 전형적인 경우를 염두에 둔 것으로 보아야 더욱 잘 설명된다. 예로, אָמַר 잠 26.13 "게으른 자는 사자가 길에 있다!고 말한다(*has said*)."; 또는 어떤 특정적이거나 대표적인 경우의 예로서 사 40.7, 8을 들 수 있다(²).

e 때때로 과거의 상황이 어떤 식으로든지 현재까지 **계속되고 있다고 가정될 때**: עָזְבוּ "그들은 야웨를 버렸다"(그리고 계속 버리고 있다) 사 1.4; נָפְלוּ "왜 너의 얼굴을 떨어뜨리고 있느냐(*has fallen*)?"(문자적으로 Lat. *concidit facies tua*에서와 같이, Vulg. 참조, *a*, 여섯 번째 각주) 창 4.6; פֵּרַשְׂתִּי "나는 나의 손을 너에게 펼쳐 왔다"(그리고 계속 펼치고 있다). 따라서 직역하자면, "나는 계속 내 손을 펼치고 있다"이다. 시 143.6; 123.1(³). 어떤 경우 의문형에서의 행동은 미래의 어떤 순간까지 계속되는 것으로 가정된다: עַד־מָתַי מֵאַנְתָּ "언제까지 너는 거절하겠느냐?(그리고 너는 계속 거절할 것이냐?)"; 이리하여 "너는

에서 별로 중요하지 않으며 이 둘은 거의 상호 교통적으로 취급될 수 있다. 따라서 그것은 돌아서지 않았다[않곤 했다] (*did not [use to] turn back*)로, 특히 익톨이 뒤따르는 행에서 사용되었으면 לֹא תָשׁוּב 그것은 돌아오지 않았다로 번역할 수 있다. 카탈과 익톨을 동일하게 번갈아 쓰는 경우가 겔 18.6-9; 시 1.1-2; 창 31.39; 욥 22.9에 나타난다(Driver - Gray [*ICC*] ad loc., 완료는 변화를 위하여 사용되었다). 카탈은 동작을 과거에 두는 이점이 있다.

¹ 참조, 욥 4.3 יִסַּרְתָּ רַבִּים 너는 많은 사람을 가르쳤다 (많은 동작을 내포한다). 빈번상 익톨 앞에 전반적 완료(global perfect)가 온다. נָתְנוּ 그들은 (지속적으로) 너에게 주었다. 겔 27.12ff. (두로의 무역에 대한 묘사).

² 로글란드(Rogland 2003: 15-48)는 고전 히브리어에 격언적 완료(gnomic perfect) 개념은 없다는 점을 상당히 설득력 있게 논증한다.

³ 어떤 경우에 익톨은 모호하며, 미래를 가리킬 수 있다. 마지막 두 예에서 카탈은 현재로 번역될 수 있다.

거절할 것이냐?"라는 의미가 된다. 출 10.3; מֵאַנְתָּ 출 16.28도 동일하다(¹).

f   **현재**. 순간적인 행동에 사용되는 카탈은 말하는 순간에 수행되므로, 과거에 속한 것으로 가정할 수 있다(²). 이로써 행위자는 마치 그의 발언을 실행하는 것 같다. 따라서 이런 형태의 완료 용법을 가끔 '수행적'(performative)이라고 부른다(³): 다음에 나오는 § *g*를 보라. 따라서 수행적 완료형이 부정적인(negative) 절에 사용되어서는 안 된다는 것은 당연하다. 이 형태는 특히 발언 동사들(*verba dicendi*)과 그 유사어들에서 일반적으로 나타나고 있다: אָמַרְתִּי 내가 말한다, 내가 명령한다 삼하 19.30; הִגַּדְתִּי 내가 선포한다 신 26.3; יָעַצְתִּי 내가 조언한다 삼하 17.11; הַעִדֹתִי 내가 엄숙하게 선포한다 신 8.19; נִשְׁבַּעְתִּי 내가 맹세한다 창 22.16 등(그리고 이에 상응하는 실제적인 동의어들 הֲרִמֹתִי יָדִי 내가 내 손을 든다[맹세할 때] 창 14.22); הִשְׁבַּעְתִּי 내가 부탁한다 아 2.7 등; 다른 동사들은 קָנִיתִי 내가 가진다, 얻는다 (여기서 지금[*hic et nunc*], 내 말로써) 룻 4.9 (비교, 4절 אֶגְאָל이고 גָּאַלְתִּי가 아니다. 이렇게 되면 확고하고 단정적인 대답이 된다); הִשְׁתַּחֲוֵיתִי 내가 엎드린다 삼하 16.4; רַצְתִּי 내가 달린다 왕하 5.20(⁴); שָׁלַחְתִּי לְךָ 내가 너에게 보낸다 왕상 15.19(⁵).

위에 인용된 거의 대부분의 문장들은 1인칭이지만(⁶), 2인칭과 3인칭으로도 자연스럽게 나타난다. 삼하 24.23에서 아라우나는 3인칭으로 말한다: נָתַן (참조, נָתַתִּי 병행구절로 대상 21.23). 2인칭으로: 창 4.14 גֵּרַשְׁתָּ "당신이

---

¹ 대조, 출 10.7 עַד־מָתַי יְהוָה.

² 헨델을 참조하라(Hendel 1996: 156). 반 푀르센(Van Peursen 2004: 75)은 히브리어 동사 체계의 역사적 발전을 예증하기 위하여 흥미로운 병행구를 언급하고 있다. 시 75.2 הוֹדִינוּ לְךָ ‖ 대상 29.13 מוֹדִים אֲנַחְנוּ לָךְ. 첫 구는 LXX에서 ἐξομολογησόμεθά σοι이다. 이 분석을 따라 제롬은 그의 역본에서 *confitebimur tib*를 유지하며, 이것은 *Juxta Hebr.*에도 동일하게 나타난다.

³ 이 용어의 정의에 대해서는 Zatelli (2003)를 보라.

⁴ 카탈 용법을 볼 때 게하시는 즉각적으로 달리기 시작했다는 것을 말해준다. 여기서 동작은 비록 지속상(durative)이지만, 시작된 것처럼 보인다. 어떤 저자들은 이것을 확신의 완료(*perfectum confidentiae*)(?)로 본다. 대조, אֲרוּץ 삼하 18.23.

⁵ 파르디(Pardee 1983)가 '서신상'(epistolary)으로 불렀다. 예로, הִנֵּה שָׁלַחְתִּי לְהָעִיד בָּכֶם הַיּוֹם 보라. 내가 너를 오늘 경고하기 위하여 이 편지를 지금 보낸다(Arad 24.18). 차라리 동사 שָׁלַח가 '편지나 사절을 보내다'는 뜻으로 사용될 때, '서신상'으로 말하는 것이 나아 보인다.참조, בֵּרַכְתִּךָ לַיהוָה "내가 너를 위하여 주님께 축복한다(축복을 빈다)"(Arad 16.2f.). 헨델(Hendel 1996: 162f.)과 로글랜드(Rogland 2000)를 보라.

⁶ 크리스펜즈(Krispenz 1998)는 '보고 형식'으로 자주 사용되는 כֹּה אָמַר יְהוָה (또는 다른 이름과 함께)가 이 범주에 속하지 않는다고 올바르게 말하고 있다.

(나를) 오늘 쫓아낸다"; 아마 קָנִיתָה 룻 4.5 크레. 앞의 3절에 מָכְרָה 그녀가 팔려
고 한다가 나온다([1]).

g   **미래**. 앞 단락 용법의 확장으로, 카탈은 가끔 미래(일반적으로 가까운
미래)에 속하는 행동에 사용된다. 그러나 이것은 말하는 바로 그 순간에 행해
지는 상황을 반영한다([2]). 이리하여 נָתַתִּי 내가 준다는 즉각적인 경우(창 23.11),
또는 거의 즉각적인 경우뿐 아니라(13절, Vulg.: *dabo*), 상당한 시간 후에도 사
용된다(창 15.18): 내가 너의 후손에게 줄 것이다(Vulg.: *dabo*). 다른 예는 렘 40.4
"내가 오늘 너의 사슬을 풀어줄 것이라(פִּתַּחְתִּיךָ)"; 삿 1.2 "유다가 올라갈 것이
다: 보라 내가 그 땅을 그에게 줄 것이다(נָתַתִּי)"; 룻 2.9 "הֲלוֹא צִוִּיתִי 내가 명하지
않았느냐?(또는 보아스가 아직 명령하지 않았다면, 보라 내가 명한다); 삼상 2.16
"그렇지 않으면, 내가 강제로 빼앗을 것이다(לָקַחְתִּי)"; 대하 12.5: "너희가 나를
버렸으므로, 이제 나도 시삭의 손에 너희를 버릴 것이다(עָזַבְתִּי)"(하나님의 위협
은 아직까지 수행되지 않았다); 망하다는 동사와 함께: אָבַדְנוּ 우리는 망하고 있
다! 민 17.27(한 12절); נִדְמֵיתִי 나는 망하게 되었다 사 6.5; נִגְזַרְתִּי 나는 이제 끊
어졌다=나는 죽었다 애 3.54(참조, 출 12.33 כֻּלָּנוּ מֵתִים 우리는 모두 죽을 것이다).
여기에서도 인용된 모든 예들은 1인칭이다.

h   가끔 예언에서 미래 사건은 이미 일어난 것으로 여겨지며, 따라서 카탈
을 사용한다([3]). 이 **예언적 완료**(prophetic perfect)는 특별한 문법적 완료가 아
니라 수사적인 장치이다. 예로, 사 9.1 "어둠 속에 걷던 백성이 큰 빛을 볼 것이
다 רָאוּ"; 9.5 "한 아이가 우리를 위하여 태어날 것이다 יֻלַּד; 한 아들이 주어질 것
이다 נִתַּן"; 10.28([4]).

i   **과거** (속의) **미래**(Past future). 카탈형은 다른 행동보다 앞서는 한 행동
을 미래 영역으로 표시할 때 사용된다. 이 용법에서 카탈 자체는 동작의 선행

---

[1] 주옹(Joüon 1924 ad loc)을 보라.

[2] 동일한 용법이 우가릿어에도 나온다. 펜톤(Fenton 1973: 36f)을 보라.

[3] 이븐 에즈라(Ibn Ezra)는 이 개념을 욜 2.18 וַיַּקְנֵא에 있는 바익톨(wayyiqtol)의 경우들까지 확장
시키고 있다. 그의 주석에서 이 부분을 보라. 전체적인 문제에 대한 좀 더 균형 있는 토론은 Rogland
(2003: 53-114)를 보라. 와그너(Wagner 1997: 93-138)를 참조하라.

[4] 바빌론의 멸망에 대한 예언인 이사야 13장 이후에는 바빌론의 왕이 스올에 떨어지는 상황이 과거
형으로 비유(מָשָׁל) 형식에 나온다(14.4-21). 두로에 대한 예언은 미래형으로 나오다가(겔 26-28.10),
두로 왕에 대해서는 과거형으로 *qīnah* 형식이 나온다(28.12-19). 즉, 두로는 멸망한 것으로 여겨진다.

성(anteriority)을 표현할 뿐이며, 미래의 영역은 문맥에 의하여 시사되고 대부분 선행 동사에 의해 표현된다([1]).

이것은 상대적 과거(relative preterite)의 경우가 된다. 예로서, 신 8.10 "너희에게 아름다운 땅을 주실(נָתַן, *will have given you*-이미 주셨다) 너희 하나님 야웨를 찬송할 것이다"([2]); 암 9.15; 렘 8.3 "내가 그들을 쫓아보낼(הִדַּחְתִּים, *will have driven*-이미 쫓아내었다) 모든 곳에서…그들은 차라리 죽기를 원할 것이다"가 있다[29.14, 18; 32.37; 46.28†([3])도 마찬가지다]; 창 43. 14 וַאֲנִי כַּאֲשֶׁר שָׁכֹלְתִּי שָׁכָלְתִּי "내가 내 자식들을 잃어야만 한다면(*I shall have been bereaved*), 나는 그들을 잃을 것이다!"([4])"; 왕상 8.47; 겔 29.13; 시 127.1. 조건절에서는 예들이 훨씬 많다. 예, 창 43.9; 왕하 7.4; עַד와 함께(주로 복합어 עַד אִם, עַד אֲשֶׁר에서): 1) 미래에서 첫 번째 동사와 함께: 단 11.36 "분노가 끝날 때까지 그가 형통할 것이다(עַד־כָּלָה)"; 겔 39.15 עַד קָבְרוּ; 창 24.33 "내가 내 이야기를 말할 때까지(*until I* [*shall*] *have told my tale* (עַד אִם־דִּבַּרְתִּי) 나는 먹지 않겠다"; 또한 עַד אִם과 함께 하는 경우는 19절; 사 30.17; 룻 2.21; עַד אֲשֶׁר אִם과 함께 하는 경우는 창 28.15; 민 32.17; 사 6.11(첫 번째 동사가 전제되어 있다); 2) 현재에서 첫 번째 동사와 함께: 왕하 7.3 "우리가 죽을 때까지(עַד־מָתְנוּ) 왜 여기서 기다려야 하는가?"([5]).

j   위에 제시된 카탈형의 다양한 용법들은 가장 일반적인 경우들을 설명한 것으로서 충분하다고 본다. 그러나 설명하기 어려운 경우들도 있으며, 그것들은 다음과 같다.

놀람을 표현하는 질문(surprised question)을 나타내는 카탈. 이런 경우는 많지 않으며, 이것은 미래 완료(future perfect)로 설명할 수 있다. 창 18.12 הֲיְתָה־לִּי 내게 있을 수 있을까?(*shall I have* [*had*]) (내게 있을 가능성이 있겠는가?); 삿 9.9, 11, 13 내가 버릴 것이라고(*I have left*)(말할 수 있을까)?(古文); 민

---

[1] 반면에 만약 미래의 영역을 표현하고 싶을 때는 익톨형이 사용되어야만 하는데, 이렇게 되면 동작의 선행성은 표시되지 않는다. 이 갈등에서 선택은 저자의 몫이다(참조, § 113 b).

[2] אֶתֵּן 출 25.16, 21 비교.

[3] 그러나 24.9에는 익톨형 אֲהַיִּים†이 나온다.

[4] 두 번째 카탈은 아마 음성학적 유희를 위해 선택한 것 같으며(참조, Reckendorf 1909: 172), 미래를 현재로 표현하고 있다.

[5] עַד와 함께 하는 익톨은 삼상 1.22; 사 22.14 등 참조; עַד אֲשֶׁר 창 27.44; 출 23.30; 레 22.4; 민 11.20; 20.17; 호 5.15.

17.28(한 13절) 우리는 모두 멸망할 것이다라고 말할 수 있을까)?; 창 21.7 מִי מִלֵּל (*i*) 누가 말하였겠는가? (어떤 사람이 말했다고 말할 수 있겠는가?; 이곳은 아람어 어근 מלל이 나오는 유일한 산문형 본문이다); 민 23.10 מִי מָנָה (누가 능히) 세었다고 말할 수 있겠느냐?(시문); 삼상 26.9 מִי שָׁלַח(*i*) 누군가 그의 손을 뻗었다고 할 수 있겠느냐?(그러나 아마도 יִשְׁלַח로 읽어야 할 것 같다).

k 　　　시문(시편, 욥기)과 세련된 산문에서 카탈형은 가끔 **기원법**(optative) 의 뉘앙스를 가진다([1]): 삼상 24.15 "야웨께서 재판장이 되셔서서(וְהָיָה ..) 나와 당신 사이에 판결하여 주시고(וְשָׁפַט) 나의 사정을 보시고 (וְיֵרֶא) 판결해 주시 길(וְיָרֵב) 바랍니다...”; 대상 17.27 הוֹאַלְתָּ "그러므로 기꺼이 복을 내려 주십시 오"(다윗 기도의 끝 부분; 삼하 7.29의 명령형 הוֹאֵל과 대구를 이룬다)([2]); 시 57.7 נָפְלוּ "그들이 빠지게 해주십시오"; 욥 22.18 רָחֲקָה (Vulg. *procul sit a me*) "그것이 나에게서 멀리 있었으면 좋겠다"([3]).

l 　　　몇몇 **시문**에서 하나님의 위대하심을 노래할 때, 특히 카탈의 시제 용 법은 매우 특이하다. 예, 암 5.8 הַחְשִׁיךְ 어둡게 하다(현재형 속에 빈번상을 나 타내는 의미가 있지만, 분사를 가리키는 qotel 형들 가운데 나오고 있다!); 시 135.7 עָשָׂה(같은 현상); 렘 10.12-13 נָטָה, עָשָׂה. 여기의 카탈들은 만족스럽게 설명이 되지 않는다.

m 　　　조건절에 나오는 카탈의 용법은(빈번상의 אִם קָטַל) § 167 *g*를 참조하 라; 기원형 절들에 나오는 카탈은 § 163 *c*를 참조하라.

　　　완료형 הָיָה의 의미는 § 111 *i*에 있는 도표를 보라.

---

[1] 명사절은 기원법의 의미를 가질 수 있으므로(§ 163 *b*), 상태적 완료(형용사 변화)도 기원법의 뉘 앙스를 가질 수 있다. 그렇다면 유추적으로 능동 완료도 가능해진다. 또한 드라이버 (Driver 1969: 49-64)를 보라. 완료형의 기원 용법은 아랍어에서 매우 일반적이다(Wright, *Arabic Grammar*, II, pp. 2f). 헨델(Hendel, 1996: 171)의 주장과 달리 완료적 기원의 카탈(perfective optative qatal)과 미완료 적 서법의 익톨(imperfective modal yiqtol) 사이에 상호 보충적인 시상적 대립은 없다: 위에서 인용한 대로 삼상 24.15 וְהָיָה와 욥 22.18 רָחֲקָה를 보라. 후자는 "그것이 스스로 거리 두기를 바란다"(*may it distance itself*)는 뜻이 되기에 거의 어렵다.

[2] 참조, Kropat, 16; König, *Syntax*, § 173.

[3] 창 40.14의 זְכַרְתַּנִי는 어렵지만, 비슷한 방식으로 설명할 수 있을 것이다. 그러나 본문의 상태가 좋아 보이지 않는다.

§113. 익톨형(미래[미완료])

a   **A) 상태 동사들**(stative verbs). 이 동사들은 카탈형에서 현재와 과거를 표현하기 때문에(§ 112 *a, b*), 익톨형 자체는 미래만 가리킨다. 그러나 그 의미가 동작에 관한 것이 되면, 익톨은 동작 동사(verbs of action)와 같은 용법으로 사용된다(¹). 따라서 יִכְבַּד와 같은 형태는 일반적으로 정상적인 상황에서 '그는 무거워질 것이다'라는 뜻을 가진다. 그렇지만 시 32.4의 תִּכְבַּד는 동작 동사처럼 취급된다. "당신의 손이 주야로 나를 짓눌렀습니다"; תִּלְבַּשְׁנָה 삼하 13.18 "공주들은 이런 식으로 옷을 입었다(옷을 입곤 하였다)"(이 두 형태는 현재형에서, 그것은 무겁다, 그들은 옷을 입다를 의미할 수 있다); יֶאֱהַב 그는 사랑한다 잠 3.12; 15.9,12; 16.13(여기에서 사랑하다는 반복적이고 지속적인 동작으로 여겨진다). 마찬가지로 הָיָה 동사(§ 111 *i*)는 동작 동사처럼 취급될 수 있다. יִהְיֶה 민 9.16 "그것은 늘 이런 식으로 일어났다"(그러하였다); 전 1.9 "이미 일어났던 것(what has happened)은 다시 일어난다(*what happens*)."

    일반적으로 말하면, 상태 동사는 동작 동사가 되는 경향이 있다. 따라서 상태적(stative) 카탈형을 가진 몇몇 동사들은 동작적(active) 익톨이 된다(§ 41 *b*).

b   **B) 동작 동사들**. 익톨(yiqtol)은 시간성에서 미래의 영역, 시간성(time value)과 시상성(aspect value)에서 현재의 영역에 사용되고, 시상성에서 과거의 영역에 사용된다.

    미래. 익톨은 동작의 시상이 어떠하든지 주로 미래 시간을 표현하는 데 사용된다. 따라서 יָבֹא는 그 동작이 유일하든 반복적이든, 순간적이든 지속적이든 간에 그는 올 것이다, 그는 들어갈 것이다를 뜻한다. 그 예로 왕상 12.27에서 אִם יַעֲלֶה '만약 그가 올라갈 것이라면'은 반복적 행동을 표현하고 있다. 익톨은 또한 과거의 순간에서 미래를 나타내는 행동에도 사용된다(²). 이것은 상대적 미래(relative future)의 경우이다. 예로서, 창 43.7, "그가 뭐라고 말할지(יֹאמַר) 우리가 어떻게 알았겠느냐?(Vulg. *dicturus esset*)"; 왕하 3.27 "그는 그를 대신하여 다스리려고 하던(יִמְלֹךְ) 그의 장자를 취하였다"(Vulg. regaturus

---

¹ 바익톨형(wayyiqtol form)도 이와 같다. § 118 *b*.
² 유스텐(Joosten)은 '전망상'(prospective)으로 부른다(1999a: 17-19).

erat); 13.14 "엘리사가 죽을 병에 들었다(*he was to die*)(יָמוּת)"가 있다. 이런 경우들은 단지 종속절에서만 나타난다.

　　과거 속의 미래(past future)의 경우에서, 오직 동작의 선행성 (anteriority)을 표현하는 카탈 외에(§ 112 *i*) 단지 미래를 표현하는 익톨을 사용할 수 있다: 신 7.12 עֵקֶב תִּשְׁמְעוּן 네가 장차 순종할(*you will have obeyed*) 경우에 대한 상급으로서; 삿 6.26 "네가 찍어버릴(*you will have cut down*) 아세라 나무로서"; 욥 40.14 "너에게 승리를 줄(which *will have given you victory*) 너의 오른손"(¹). 또한 § 112 *i*에 열거된 예들을 보라.

c　　**현재**. 동작(action) 동사나 과정(fientive) 동사들의 익톨형은 시간성과 시상성과 함께 사용된다. 즉, 반복적 동작이나 지속적 동작으로서 가치를 갖는다(²). 그렇지만 그것은 실제적인 현재를 표시하는 선언절, 즉 말하는 순간에 일어나는 동작에는 거의 나타나지 않는다(³). 이것은 마치 상태 동사의 카탈(§ 112 *a*)이 항구적인 상태나 재산, 정신적 기질이나 경향 등을 가리키는 것과 같다.

　　1) 반복적 동작: 신 1.44 "그들은 벌떼들이 하는 것 같이 너희를 쫓았다 (כַּאֲשֶׁר תַּעֲשֶׂינָה הַדְּבֹרִים)"; 창 32.33(한 32절) "이스라엘 사람들은 환도뼈 힘줄을 먹지 않는다(לֹא יֹאכְלוּ)"; 삿 11.40 "그들은 해마다 간다(תֵּלַכְנָה)"; 삼상 2.8 יָרִים 그는 들어올린다(빈번상의 현재를 가리키는 qotel 형태 다음에서). 익톨은 경험의 진리나 일반적인 진리를 가리키는 일상적인 형태이다(⁴): 출 23.8 "뇌물은 밝은 눈을 가린다(יְעַוֵּר)"; 잠 15.20 "지혜로운 아들은 그의 아버지를 기쁘게 한다(יְשַׂמַּח)"; 사 32.6(⁵).

───────────

¹ 이런 예들은 미래의 행동을 정의상 '미완상'(incomplete)으로 여기는 시상 이론이 매우 단순하다는 것을 보여준다. 즉, 그것들은 장차 일어나려고 하기 때문에 미완성이지만, 미래의 어떤 순간에 이미 일어난 것으로 인식될 수 있다.

² 분사형 코텔(qotel § 121 *h*)은 거의 동일한 가치를 갖고 있으며, 그것은 현재와 지속적 뉘앙스를 보다 명료하게 표현한다. 그렇지만 용법들을 살펴볼 때 두 형태가 상호교통적으로 사용될 수는 없다. 특히 익톨형이 분사형이나 명사절과 평행으로 사용될 때를 주의해 보라: 미 6.2 2 שֹׁמֵר יהוה אֶת־כָּל־אֹהֲבָיו וְאֵת; 시 145.20 רִיב לַיהוה עִם־עַמּוֹ וְעִם־יִשְׂרָאֵל יִתְוַכָּח; 잠 10.1 בֵּן חָכָם יְשַׂמַּח־אָב 또한 시 33.16; 82.1를 보라. 참조, Hendel 1996: 154-56.

³ 유스텐은 소수의 예들만 언급한다(2002: 55).

⁴ 코텔은 이런 용법으로 드물게 나타나며 카탈도 마찬가지이다(§ 112 *d*).

⁵ 성서 히브리어에는 라틴어 *solere* '~하는 습관이 있다'에 해당하는 동사가 없다. 익톨은 이런 개념

d   **2) 지속적 동작**: 창 37.15f. מַה־תְּבַקֵּשׁ .. אֶת אַחַי אָנֹכִי מְבַקֵּשׁ "너는 무엇을 찾고 있느냐?...나는 나의 형제들을 찾고 있다"([1]); 24.31 "당신은 왜 밖에 머물고 있느냐(תַעֲמֹד)?"; 42.1 "왜 너희들은 서로 쳐다보고 있느냐(תִּתְרָאוּ)?"; 삼상 1.8 "그대는 왜 울고 있느냐?(תִבְכִּי)"; 11.5 "무엇이 백성들을 아프게 하여 그들이 울고 있느냐?(יִבְכּוּ)"; 삼하 16.9 "왜 이 죽은 개가 내 주 왕을 모욕하고 있겠습니까? (יְקַלֵּל)"; 또한 출 5.4, 15을 보라. 이것들은 '실제적 현재' (actual presents)로 부를 수 있을 것이다. 사실상 끝난 한 동작이 질문하는 순간까지 계속되고 있는 것으로 여겨진다: 창 32.30(한 29절) "너는 어찌하여 나의 이름을 묻느냐?(תִשְׁאַל)"([2]); 44.7 ; 왕하 20.14 מֵאַיִן יָבֹאוּ .. בָּאוּ מִבָּבֶל .. 이러한 익톨은 특히 의문문에 일반적으로 나온다. 그러나 반드시 다 그런 것은 아니다. 달리 말하자면, 의문문에 나오는 익톨은 그것이 시상으로 표시되었든 그렇지 않든 간에 미래의 사건을 가리킬 수 있다: 예, 삼상 23.11 "사울이 내려올 것인가?(יֵרֵד)"([3]). 그러나 의문문이 아닌 경우에는 지속적인 동작을 가리키지 않을 것이다: 시 121.1 אֶשָּׂא 내가 든다(비교, 123.1 נָשָׂאתִי 내가 들었다[그리고 내가 (내 눈을) 계속 들고 있었다]. § 112 *e*); 142.2 אֶזְעַק 내가 부르짖는다.

e   **과거**. 과거의 영역에서 익톨은 단지 반복적, 습관적 또는 지속적 동작의 시상만을 표현한다([4]). 이 형태의 시간적 가치는 문맥에서만 도출될 수 있다. 따라서 익톨은 이미 과거를 표현한 문맥 안에서만 사용된다([5]). 이러한 익

을 표현하는 데 충분하다. 불가타는 *solere*를 첨가하여 빈번상의 개념을 가끔 강조한다: 출 33.11; 민 11.12; 신 1.31; 28.29. 또한 *nunquam*을 통하여 단일성(unicity)을 표현하는 반대 과정도 있다. § 112 *d*.

[1] 찾다(*look for*)는 동사는 그 성질상 지속성(즉, 지속상)을 가진다. § 111 *d*.

[2] 동일한 상황에서 분사형 שֹׁאֵלֶת 왕상 2.22와 완료형 דִּבַּרְתָּ 삼상 9.21을 비교하라.

[3] Driver, *Tenses*, § 39(γ)와 Cohen 1984: 306f을 비교하라. 엔도(Endo1996: 51)의 주장과 달리, 익톨이 의문문에 매우 높은 빈도로 나타나는 현상은 서법(modality)과는 거의 상관이 없다. 왜냐하면 카탈도 질문에 사용될 수 있기 때문이다. 아마 이 경우들에서 익톨은 질문의 어조를 부드럽게 하는 역할을 하는 것 같다: 예로서, "왜 이 죽은 개가 내 주 왕을 모욕하는지, 나는 모르겠습니다?" Driver, loc. cit.; Gibson 1994: 76, Rem. 3에도 동일한 입장이 나온다.

[4] 유스턴(Joosten 1999a: 21-23; 2002: 61f.)의 설명과 달리, 이 단락에서 인용된 그 어떤 예들도 '비사실적'(non-real)으로 분석될 수 없다. 그 예들은 쉽게 추가할 수 있을 것이다(Driver, *Tenses*, § 30, [2] [*a*]를 보라.). 또한 '반복상'과 '비사실적' 사이에 어떤 내재적인 연관성은 없다. 순간적 행동 (punctiliar action)은 그저 '비사실성'일 수 있다.

[5] 따라서 이야기가 시작될 때, 과거의 지속적 행동은 הָיָה와 분사형으로 표현될 수 있다. § 121 *f*.

톨은 절을 시작할 때(clause-initial) 나온다(¹).

    1) 반복적 동작: 욥 1.5 "욥은 항상 이렇게 하곤 하였다 יַעֲשֶׂה"; 창 29.2 וְהִשְׁקוּ 그들은 물을 먹이고 있었다; 31.39 "나는 들짐승에게 찢긴 짐승을 당신에게 가져온 적이 없다(카탈); 나는 (항상) 잃은 것을 물어냈다 אֲחַטֶּנָּה"; 출 33.7(매단계마다) "모세는 장막을 취하곤 하였다(거두었다) 40.36 יִקַּח"; "구름이 일어날 때마다, 그들은 떠나갔다 יִסָּעוּ"; 삼상 1.5 יִתֵּן ∥ 4절 וְנָתַן; 1.7 יַעֲשֶׂה שָׁנָה בְשָׁנָה(²); 삼하 15.32 "다윗이 (그 또는 어떤 사람이) 하나님을 경배하곤 하던(יִשְׁתַּחֲוֶה) 언덕 꼭대기에 도착하였을 때…"

f   **2) 지속적 동작**: 창 2.6 "시냇물이 땅에서 (지속적으로) 차오르고 있었다 יַעֲלֶה"; 37.7 "당신네들의 볏단이 나의 볏단을 둘러 싸고 있었다 תְּסֻבֶּינָה"; 출 13.22 "구름 기둥이 날마다 그곳을 떠나지 않았다 יָמִישׁ"; 민 9.16, 17; 삼하 12.3; 사 1.21; 6.4; 렘 36.18(∥ qotel).

g   이런 익톨은 가끔 카탈이 적합하거나 더 좋을 수 있는 경우에도 느슨하게 사용된다: 삿 2.1 אַעֲלֶה 내가 너희를 올라오게 하였다(이것은 특히 절대적인 시작에서 이례적인 용법이다); 민 23.7 יַנְחֵנִי 나를 데려왔다(동일한 용법); 왕상 21.6 אֲדַבֵּר 나는 말하고 있었다(예외적 용법)(³).

ga   과거형 익톨의 용법은 형식뿐만 아니라 논리적으로도 종속절에 자주 나타난다. 이것은 동시성 또는 동시대성 개념을 수반하는 상황절의 특성을 취하려고 한다(⁴): 예로, 삼하 17. 17 "그들은 성 안으로 들어가지 못하였다 (לֹא יוּכְלוּ)"; 창 48.17 "요셉은 그의 아버지가 그의 오른손을 ~에 두는 것 (יָשִׁית)을 보았다."; 48.10 "이스라엘의 눈이 나이가 많아 어두워 볼 수 없었

---

¹ 젠트리(Gentry 1998: 15-17)의 입장과 다르다. 예로서, 출 13.22 לֹא יָמִישׁ עַמּוּד הֶעָנָן 구름은 떠나려고 하지 않았다, 떠나지 않곤 하였다(would not move away). 또한 신 32.16, 17; 삿 2.18; 사 23.7.

² 과거 완료의 문맥에서: 삼상 14.47 "사울은 왕위를 취하였으며 그리고 싸웠다. 그리고 그가 어디로 향해 갔었든지(יִפְנֶה *he had turned*) 그는 이겼었다"(*he had saved*)(יוֹשִׁיעַ로 읽으라: Ehrlich ad loc.).

³ 이 예들과 이와 유사한 다른 예들은 만족스럽게 설명하기 어렵다. 몇몇 경우에는 의도적인 문체적 세련화 작업이 있었다고 가정할 수도 있다. 히브리어 익톨은 모든 경우에서 영어의 과거 지속성(past continuative)에 일치하지 않는다. 따라서 익톨은 동작이 즉각적이라면 동시적인 상황에는 사용되지 않는다. 예, "그는 내가 도착하였을 때 입구를 건너고 있었다(*was crossing*)." 과거에서 동시성을 표현하는데, 만약 동작이 즉각적이면 카탈을 사용하며, 동작이 지속적이면 분사를 사용한다(§ 166 *c-i*).

⁴ 더 상세한 점은 Berg., II, § 7 b, c를 보라. 이것을 위한 정상적 결합체(normal syntagm)는 분사와 함께 나오는 상황절이다: 그 예로 Joosten(2002: 58-60)을 보라.

다(לֹא יוּכַל)"; 출 19.19 "모세가 아뢰자 하나님께서 그에게 크게 대답하셨다"(מֹשֶׁה יְדַבֵּר וְהָאֱלֹהִים יַעֲנֶנּוּ בְקוֹל); 삼상 13.19 "그때에 대장장이가 없었다(וְחָרָשׁ לֹא יִמָּצֵא)"; 삼하 15.37 "후새가 성 안으로 들어갈 때 압살롬도 예루살렘에 들어가고 있었다"(וְאַבְשָׁלוֹם יָבֹא יְרוּשָׁלַ͏ִם וַיָּבֹא חוּשַׁי .. הָעִיר); 시 77.17 등이 있다.

h   끝으로 익톨(yiqtol)은 반복적이거나 지속적인 시상 없이 나타나면서, 기대된 형태인 카탈의 가치를 갖는다. 예, 찾다는 동사는 그 자체로 즉각상의 의미를 전달한다(§ 111 d): 신 32.10 יִמְצָאֵהוּ 그가 그를 찾았다(시문); 시 116.3 אֶמְצָא. 또 다른 예로, 욥 15.7 תִּוָּלֵד 너는 태어났었느냐?(∥ 카탈); 3.3 אִוָּלֶד 나는 태어났다(렘 20.14의 카탈과 대조됨 יֻלַּדְתִּי); 욥 3.11;

    시 8.6(한 5) וַתְּחַסְּרֵהוּ מְּעַט מֵאֱלֹהִים וְכָבוֹד וְהָדָר תְּעַטְּרֵהוּ 주께서는 그를 하나님보다 조금 못하게 하셨고 영광과 존귀함으로 관을 씌워주셨습니다; 사 41.5 רָאוּ אִיִּים וְיִירָאוּ קְצוֹת הָאָרֶץ יֶחֱרָדוּ 섬들이 보고 두려워 하였으며 땅의 끝이 무서워 떨었다; 출 15.5 תְּהֹמֹת יְכַסְיֻמוּ יָרְדוּ בִמְצוֹלֹת כְּמוֹ־אָבֶן 큰물이 그들을 덮었고 그들은 돌처럼 깊음 속으로 내려갔다; 15.12 נָטִיתָ יְמִינְךָ תִּבְלָעֵמוֹ אָרֶץ 주께서 주의 오른손을 뻗으셨으니, 땅이 그들을 삼켰다; 15.14 שָׁמְעוּ עַמִּים יִרְגָּזוּן 백성들은 들었고 그들은 두려워 떨었다; 삿 5.26 יָדָהּ לַיָּתֵד תִּשְׁלַחְנָה .. וְהָלְמָה סִיסְרָא מָחֲקָה רֹאשׁוֹ וּמָחֲצָה וְחָלְפָה רַקָּתוֹ 그녀는 손으로 말뚝을 잡았다... 시스라를 쳐서 머리를 깨부수었다. 그녀는 그의 관자놀이를 쪼개어 뚫어버렸다; 여기서 접속사와 함께 나오는 완료형은 바익톨의 가치를 갖고 있으며, 또한 강세형임을 주목하라. 어떤 경우에는 바익톨이 과거형 익톨과 평행을 이루며 나타난다. 시 18.14 וַיַּרְעֵם בַּשָּׁמַיִם יְהוָה וְעֶלְיוֹן יִתֵּן קֹלוֹ 주님께서 하늘에서 우렛소리를 내셨고 지존자께서 소리를 발하셨다; 시 18.40 וַתְּאַזְּרֵנִי חַיִל לַמִּלְחָמָה תַּכְרִיעַ קָמַי תַּחְתָּי 주께서 나를 싸우도록 힘으로 띠를 띠어주셨고 나를 치려는 자들이 내게 굴복하게 하셨다. 여기에 제시된 예들은 대부분 세련된 문체나 시문에 속한다(참조, § *o*). 이 과거형 익톨들은 습관상이나 반복상을 띠지 않고 순간상(punctiliar)을 강조하고 있다는 점이 중요하다([1]).

---

[1] 브로켈만은 이 경우에서 익톨이 사건을 생생하게 시각화하는 효과가 있다고 하는데, 그의 설명은 공시적으로 볼 때 가능하지만 통시적으로 볼 때 그렇지 않다: Brockelmann, *Syntax*, § 42 *e*를 보라. 그러나 이 모든 예들은 꼭 이와 같이 분석할 필요는 없으며, 이 비판은 제빗(Zevit 1988)에게도 적용할 수 있다. 익톨은 우가릿어에서도 단순 과거 시제로 상당히 자주 나오고 있다: Fenton 1973,

i   **부사** אָז와 함께 나오는 익톨의 이 용법은 산문에서 빈번하게 나오며[1], 대하 21.10에 나올 정도로 후대에 나타나고, 카탈보다 약간 더 빈번하게 나온다. 예, 왕상 3.16 אָז תָּבֹאנָה 그때에 그들이 왔다[2]. 동일한 동사가 익톨과 카탈에도 나온다. בָּנָה 세우다: 카탈, 왕상 9.24; 익톨, 수 8.30; 왕상 11.7; עָלָה 올라가다: 카탈, 수 10.33; 익톨, 왕하 12.18; 16.5; הִכָּה 치다: 카탈, 삼하 21.18; 익톨, 왕하 15.16. 후자의 경우는 아마 익톨의 과거적 용법이 אָז에 의하여 제한되지 않음을 가리키는 것 같다. 또 טֶרֶם으로 제한되지 않는다: 이것은 §*j*에서 다룰 것이다.

       אָז와 함께 사용되는 분명한 과거형의 경우는 단 한 번밖에 없음을 주목하라: 왕상 8.1 אָז יַקְהֵל (∥ 대하 5.2 אָז יַקְהִיל, 원 자료에 과도하게 영향 받은 모음 표기?). 그렇지 않았다면 장형 미완료형이 나왔을 것이다: 예로, 출 15.1 אָז יָשִׁיר; 신 4.41 אָז יַבְדִּיל; 수 8.30 אָז יִבְנֶה. 이것은 비록 접속사 용법이 반드시 과거형을 취하는 것은 아니지만, טֶרֶם에도 역시 적용된다(§*j*를 보라). 예, 창 2.5 כֹל שִׂיחַ הַשָּׂדֶה טֶרֶם יִהְיֶה 그때에 밭에는 풀이 아직 없었다(ESV, 'bush'; NIV, 'shrub' 참조); 삼상 3.3 וְנֵר אֱלֹהִים טֶרֶם יִכְבֶּה 하나님의 등불은 아직 꺼지지 않았다[3].

j   **접속사** טֶרֶם ~전에(*before*)와 함께 익톨이 나올 때는 항상 과거 행동을 가리킨다: 수 3.1 טֶרֶם יַעֲבֹרוּ 그들이 건너기 전에; 출 12.34; 시 119.67; בְּטֶרֶם과 함께 나타날 때에도 마찬가지이다: 창 27.33 בְּטֶרֶם תָּבוֹא 네가 오기 전에; 37.18

Gordon, *UT*, § 13.32, and Tropper, § 76.411을 보라. 헬드(Held 1962)는 시에서 과거형 익톨이 카탈과 평행을 이루고 있음을 지적하며 예로 시 38.12 עָמָדוּ .. יַעֲמֹדוּ를 제시한다.

[1] 시문에서도 마찬가지이다: 시 126.2 אָז יִמָּלֵא .. אָז יֹאמְרוּ.

[2] 익톨은 불어에서 동시성을 가리키는 미완료의 뜻으로 사용되지 않으므로 익톨이 אָז와 함께 나오는 것은 אָז가 없는 익톨보다 설명이 더 어렵다. 이 결합체(syntagm)는 대부분 내레이션에서 새로운 장면을 소개할 때 사용된다. 익톨은 시작상(ingressive)이나 기동상(inchoative)의 의미를 가진다: 출 15.1 "바로 그때에 모세가 노래하기 시작하였다." 욥 38.1 יָדַעְתָּ כִּי אָז תִּוָּלֵד 네가 그때에 태어난 것을 너는 알 것이다와 같은 경우는 이런 용법이 느슨하게 확대된 경우일 것이다.
우리는 헨델(1996: 159f.)이 어떻게 여기의 익톨을 상대적 미래(relative future)로 분석하였는지 알 수 없다. 왜냐하면 אָז는 이와 유사한 문맥에서 카탈과 함께 나타나고 있기 때문이다. 만약 이 익톨이 선행하는 독립적인(과거형) 동사에 대하여 상대적 미래를 가리킨다면, 이것은 바익톨과 동일한 것일 수 있다(וַיִּבֶן과 같이). 그러나 이 אָז 뒤에 짧은 미완료형(וַיִּבֶן과 같이)이 규칙적으로 나오지 않는다. 시제의 체계를 개체적으로 고립시켜 검토하지 않고 불변사와 더 큰 단위와 연결하여 검토해야 할 필요성은 Hughes 1970, Niccacci 1986[또한 1990], 그리고 Longacre 1989를 보라.

[3] Muraoka 1995b: 114; Muraoka - Rogland 1998: n. 9를 보라.

등; 그러나 카탈의 경우는 두 번 나온다(시 90.2; 잠 8.25). טֶרֶם이 **부사**로 아직까지(*not yet*)라는 뜻으로 사용될 때(§ 160 n)는 거의 항상 익톨이 사용된다: 창 24.45 טֶרֶם אֲכַלֶּה לְדַבֵּר 내가 말을 끝내기 전에(과거 완료 2.5; 19.4 등); 그러나 카탈이 나오는 경우가 두 번 있다: 창 24.15 טֶרֶם כִּלָּה לְדַבֵּר 그가 말을 끝내기 전에(만약 이것이 정확한 독법이라면); 삼상 3.7 טֶרֶם יָדַע 그는 아직 알지 못했다(טֶרֶם가 יִגָּלֶה 뒤따르므로 이 모음 표기는 의심스럽다). 창 45.28의 אֶרְאֶנּוּ בְּטֶרֶם אָמוּת 내가 죽기 전에 그를 볼 것이다와 같은 예를 볼 때, טֶרֶם 절에서 미래형의 과거적 힘이 여기서는 실제로 나타나지 않는다(¹).

k   접속사 עַד와 함께 나오는 익톨은 아주 가끔 과거 행동을 가리킬 때 사용된다: 욘 4.5 עַד אֲשֶׁר יִרְאֶה "그리고 그는 앉아서 어떻게 되는지 보려고 하였다(*and he sat till he should see*)"(실질적으로 목적의 뉘앙스로, '~하기 위하여'라는 뜻을 가진다. 달리 말하면, "그는 앉아서 결국 보았다"는 뜻을 가리키는 것이 아니다); 전 2.3(이 절에서도 역시 목적의 뉘앙스로 사용된 것 같다); 수 10.13(시문으로서 역시 목적의 뉘앙스로 사용된 것 같다).

l   익톨이 할 수 있다(*can/may*), 해야 한다, 원한다와 같은 서법의 뉘앙스를 가지는 경우(§ 111 g). 히브리어는 가능성(²)(יָכֹל), 당위성(לִ הָיָה ל, יֵשׁ) 또는 소원(חָפֵץ) 등의 개념을 표현하는 데 몇몇 현대 유럽어보다 훨씬 불완전하다. 익톨은 다소 불완전하지만 가끔 이와 같은 뉘앙스를 표현하는 데 사용된다. 이런 경우에 익톨의 시제는 주로 미래나 현재를 가리키지만, 가끔 과거로 나타나기도 한다.

허용의 서법으로서 **가능성**(can/may)(³): 창 42.37 "만일 ~한다면, 당신은 나의 두 아들을 죽여도 좋다(תָּמִית)"; 왕하 5.12 "내가 거기에서 씻으면 안 되는가

---

¹ 참조, 일본어에서는 *anata ga korareru mae ni sensei wa kaerare masita*와 같은 문장에서 비과거적(non-preterite) 형태가 나타나며, 이것은 "네가 도착하기 전에, 선생님이 떠났다"(*before you arrive, the teacher left*)로 윤색하여 번역할 수 있다. 이와 같이 아래의 § k에서 언급된 경우에서 제롬은 대부분 가정법을 사용하고 있다. 달리 말하면, 익톨이 이와 같은 경우에 나타나는 것은 아마도 상대적 미래(relative future)를 표시하는 것으로 판단된다(Hendel 1996: 159f도 동일한 입장이다). 의미음이 소실된 미래형(apocopated future)은 이런 경우에 사용되지 않는다. (בְּ)טֶרֶם의 부사어(adverbial) 용법은 부차적으로 보인다.

² 특히 허용적 의미에서(독일어, *dürfen*). 이 의미를 가진 יָכֹל은 약 10개 정도이다(모두 부정적으로 나옴).

³ 비교, 눅 2.29 νῦν ἀπολύεις τὸν δοῦλόν σου, δέσποτα; 막 14.58 καταλύσω (마 26.61 δύναμαι καταλῦσαι). 참조, Margain 1969-70: 52, 57, 60.

(הֲלֹא אֶרְחַ֖ץ)?"; 9.37 אֲשֶׁר לֹא־יֵאָמְרוּ "그들이 말하지 못할 것이다"; 대하 19.2 "당신이 야웨의 원수를 사랑하다니요(תֶּאֱהָב)?"(당신은 사랑하는가?는 אָהַ֫בְתָּ가 된다. 창 22.2 참조); 창 2.16 "동산의 모든 과일을 너는 마음껏 먹을 수 있다 אָכֹל תֹּאכֵל"(이 뉘앙스는 부정사 절대형으로 강화된다 § 123 *h*); 신17.15 너는 자유롭게 세울 수 있다 שׂוֹם תָּשִׂים (대조, לֹא תוּכַל); 창 43.7(여기서는 과거 영역으로 나온다[1]: 우리가 어떻게 알 수 있었겠는가?); 민 35.17 "만약 그가 물맷돌로 그를 쳤다면(²), 물맷돌로 그 사람은 죽을 수도 있다 יָמוּת בָּהּ *(a man may die)*"; 35.28 그는 (그때에) 돌아갈 수 있다 יָשׁוּב; 신 1.12 내가 어떻게 감당할 수 있겠는가? אֵיכָ֥ה אֶשָּׂ֖א(9절과 일치함 לֹא אוּכַל שְׂאֵת); 15.3 "외국인에게는 독촉할 수 있다 תִּגֹּשׂ"(2절에서는 이스라엘 백성에게 빚 독촉을 금하고 있다); 왕상 12.26 "어쩌면 나라가 다윗의 집으로 돌아갈지 모른다 תָּשׁוּב"; 룻 2.15 그녀는 이삭을 주울 수 있다 תְּלַקֵּט.

m　　당위의 서법(must)(³): 당위성 개념은 실제로 모든 지시와 금지를 나타내는 익톨에서 대부분 나타나고 있다: 레 19.32 "너는 백발이 성성한 어른 앞에서 일어서야 한다(=마땅히 일어서야만 한다)"; 창 15.13 등 יָדֹעַ תֵּדַע 확실히 알아라 (직역, 너는 반드시 알아야 한다)(부정사 절대형 다음에는 명령형이 사용되지 않는다 § 123 *d*); 출 21.28 סָקוֹל יִסָּקֵל הַשּׁוֹר 그 소는 반드시 돌로 쳐죽임을 받아야 한다; 신12.2(참조, § 123 *h*); 출 20.13 너는 살인하지 마라, לֹא תִרְצָח 등. 이 금지 형식은 십계명에만 아니라(⁴) 모든 보편법이나 정언법에 일반적으로 나

---

¹ 유스턴(Joosten 1999: 19-21)은 이런 종류의 예들을 더 언급하지만, 그 대부분은 이런 식으로 해석할 만한 설득력 있는 이유가 없다.

² 이 의미는 Joüon in 1913: 166 참조.

³ 비교, 행 22.10 τί ποιήσω; (16.30 τί με δεῖ ποιεῖν).

⁴ 신 23.22 תֶּאֱחַר לְשַׁלְּמוֹ를 전 5.3 תְּאַחֵר לְשַׁלְּמוֹ와 비교하라; 신 19.14 לֹא תַסִּיג גְּבוּל רֵעֲךָ를 잠 22.28 אַל־תַּסֵּג. גְּבוּל עוֹלָם과 비교하라. 킴론(Qimron)은 두 개의 부정형 사이에 있는 차이점은 두 대화자의 사회적 지위 차이를 반영한다고 논증한다: 왕상 3.26 "산 아이의 어머니가 왕에게 말하였다... '오 내 주여, 저 여자에게 주셔도 좋으니 아무쪼록 그를 죽이지 마십시오'"(אַל־תְּמִיתֻ֑הוּ); 그러나 27절 "그러자 왕이 대답하였다... '아이를 첫 번째 여자에게 주고, 그를 결코 죽이지 마라'"(לֹא תְמִיתֻֽהוּ): Qimron 1983: 473-82, 특히 476. 그러나 벤다빗(Bendavid 1.28)은 이것은 킴론이 고려하지 못한 문체적 변화라고 생각한다. 이와 약간 다른 분석은 Schulman 2000: 175를 보라. 왕상 13.22 ‖ 9, 17에 나타나는 변화를 주목하라(§ 114 i). 헨델(Hendel 1996: 170)은 אַל+ 지시형이 꼭 완료성(perfective)이나 한 시점(punctiliar)일 필요가 없다고 한다. 예로서 전 7.16 אַל־תְּהִי צַדִּיק הַרְבֵּה 너무 의로운 사람이 되지 마라. 성서 히브리어 이후의 시대에는 율법의 금지사항을 לֹא תַעֲשֶׂה라고 하며, עֲשֵׂה라는 적극적 계명과 대조된다).

타나며(^{1}), 긍정적인 명령에 나오는 부정사 절대형과 어울린다(출 20.8 זָכוֹר §
123 *u-v*를 보라); 이 형식은 לֹא이 지시형과 함께 나올 때보다 더 엄숙해 보인
다(§ 114 *i*). 이것은 구체적인 금령에도 사용된다. 예, 신 1.42 לֹא תַעֲלוּ 너희
는 올라가서는 안 된다; 그러나 이 경우에서 לֹא이 더 일반적이다: 예, 병행구절인
민 14.42 올라가지 마라 אַל תַּעֲלוּ.

또 다른 예들. 출 4.15 "너희가 마땅히 행할 바를 내가 너희에게 가르쳐 줄
것이다"; 민 35.28 "그는 대제사장이 죽을 때까지 머물러야만 한다"; 창 20.9 "너
희가 해서는 안 될 일을 하였다"; 왕상 22.6, 15 "내가 길르앗의 라못으로 올라가
야만 하는가?"; 겔 34.2 "목자들이 양떼를 마땅히 먹여야 하지 않는가?; 시 139.21
내가 미워해야 하지 않는가? אֶשְׂנָא (대조, 내가 그들을 미워한다 שְׂנֵאתִים 22절);
룻 3.1 내가 찾아야만 하지 않는가?; 3.4 "네가 해야할 바를 그가 말해줄 것이다"; 전
5.5[한 6절] 왜 하나님이 화나게 하려느냐?; 느 8.14 "야웨께서 이스라엘로 초막에
거하도록 분부하셨다"; 과거 영역에서: 창 34.31 "우리 여동생을 창녀처럼 다루도
록 버려두란 말입니까?"; 삼하 3.33 "아브넬은 무지한 자처럼 죽어야만 했는가?";
신1.18 "나는 너희들이 해야할 일을 그때에 모두 지시하였다."

익톨이 기도, 간청, 명령 등과 함께 나타날 때는 상당히 빈번하게 명령
형과 같은 뜻으로 사용되며, 특히 명령형 다음에 나타날 때에는 더욱 그러하
다(^{2}): 시 17.8 תַּסְתִּירֵנִי 주께서 나를 보호하실 것이다 = 나를 보호하여 주십시오
(명령형 שָׁמְרֵנִי 다음에서 나를 지켜주십시오); 43.1; 54.3; 59.2; 64.2; 140.2; 민
32.24; 겔 24.17; 잠 7.1; 22.17; 욥 6.23; 40.10. 시편 51:9-10에서 익톨은 실
제적으로 3-4절처럼 명령형과 동일한 가치를 갖는다. 명령형 앞에 나오는 경
우: 시 71.2; 욥 17.10. 이와 같은 익톨은 독자적으로 나올 수도 있다: 사 18.3;
욥 18.2*í*(모두 시문임; 창 43.12 비교, § 119 *i* n.).

n   의지(volition)의 뉘앙스, **원하다**(^{3}): 창 24.58 "너는 이 사람과 함께 가겠
느냐?(הֲתֵלְכִי)", "나는 가겠습니다(אֵלֵךְ)"; 신 18.6 "만약 그가 가고 싶다고 하면"; 삿
4.8 "나와 함께 만약 당신이 가고 싶다면, 나는 가겠습니다"; 삼상 21.10 "네가 가지

---

^{1} 참조, Bright 1973: 187.

^{2} 아라드 비문 18.4, 6에 תֵן .. תֵן 형식이 나타난다. w-qaltí가 명령형을 계속 이어가는 경우는 §
119 *l*을 비교하라.

^{3} 참조, 요 10.32 32 διὰ ποῖον αὐτῶν ἔργον ἐμὲ λιθάζετε (그 중에 어떤 일로 나를 돌로 치려 하느
냐); περὶ καλοῦ ἔργου οὐ λιθάζομέν σε (선한 일 때문에 당신을 돌로 치려는 것은 아니다).

고 싶으면 가져라"; 26.6 "누가 나와 함께 내려 가려느냐?"; 30.15 "네가 너를 인도하
겠느냐?"; 룻 1.11 "너는 왜 나와 함께 가려고 하느냐?"; 3.13 "만일 그가 너를 맡겠다
고 한다면"(두 번째 부분에서는 명백하게 나타난다: וְאִם־לֹא יַחְפֹּץ 그리고 그가
원하지 않는다면); 4.4 당신이 되사려고 한다면.

o   **결론**. 위에 제시된 다양한 용례를 살펴볼 때 익톨은 시간을 표현하는
데 있어서 카탈보다 정확성이 떨어짐을 알 수 있다. 익톨은 카탈이 나와야 할
곳에 상당히 자주 나온다. 익톨이 마치 비시간적으로(*atemporal*) 사용된 듯
한 경우에는 그 문맥이 익톨의 시제를 결정할 수 있을 것이다. 따라서 카탈[1]
과 익톨이 번갈아 나오는 경우(시문에서 빈번함), 카탈은 뒤따르는 익톨이 표
현하는 행동을 과거에 둔다: 예, 사 26.5 "그는 높은 성에 사는 사람들을 낮추
셨고(הֵשַׁח), 견고한 성을 엎으셨다(יַשְׁפִּילֶנָּה)"; 욥 4.15; 19.10, 12; 32.11; 33.8;
38.17, 22(참조, § *h*)[2].

p   **부록**. 카탈과 익톨 형태에서 동작 동사와 상태 동사 **비교**

	동작 동사	상태 동사
קָטַל	그가 죽였다 등	כָּבֵד 그는 무거웠었다
		그는 무거웠다
	그가 죽인다(즉각상)	그는 무겁다
	그가 죽일 것이다(희소함)	
יִקְטֹל	그가 죽일 것이다	יִכְבַּד 그는 무거워질 것이다
	그가 죽인다, 죽이고 있다	[그는 무거워진다]
	(빈번상, 지속상)	
	그는 죽이곤 했다, 죽이고 있었다 [그는 무거워지고 있었다]	
	(빈번상, 지속상)	

---

[1] 또는 바익톨(wayyiqtol)은 카탈과 같은 값이며 카탈 시제를 계속 이어간다.

[2] 익톨이 끼어든 단어로 바브와 분리된 경우도 이와 유사하다. 예, 신 33.9 שָׁמְרוּ אִמְרָתֶךָ
וּבְרִיתְךָ יִנְצֹרוּ 그들은 주의 계명과 주의 언약을 지켰다. 동사에서 분리된 이와 같은 바브는 구문 분
석을 위해서 무시할 수 있다(against König, § 368 *h*). 참조, 신 32.14; 33.28; 삿 5.17; 사 2.6; 40.19.

§114. 직접 의지법(권유형, 지시형, 명령형)

a　　의지법은 명령형과 미래 직설법 익톨을 변형한 두 가지 형태와 함께 모두 세 가지가 있다(¹). 의지법은 접속사 바브 없이도 사용될 수 있으며, 그리고(*and*)를 뜻하는 단순 연결사와 함께 사용할 수 있다. 이리하여 창 1.28 פְּרוּ וּרְבוּ וּמִלְאוּ אֶת־הָאָרֶץ וְכִבְשֻׁהָ וּרְדוּ בִּדְגַת הַיָּם 생육하고 번성하라, 그리고 땅에 충만하고 정복하라, 그리고 바다의 고기를 다스리라에서 다섯 개의 명령형은 직접 명령형이다. 간접 의지법에서 그 형태는 논리적으로 종속하는 (즉, 목적이나 결과를 가리키는) 가치를 가진 바브와 함께 사용된다. 예, '그리고(결과적으로)'(Latin: *ut*). 간접 또는 종속 의지법은 동사와 함께 나오는 바브 용법에 대한 일반적 설명 다음에(§ 115) 따로 다룰 것이다(§ 116).

b　　**A) 권유형**은 1인칭 의지법이다(²). 예로서, אֶקְטְלָה 나는 죽이고 싶다; וְאֶקְטְלָה 그리고 나는 죽이고 싶다; נִקְטְלָה 우리는 죽이고 싶다, 또한 좀 더 자주 나오는 형태로, 우리가 죽이자; וְנִקְטְלָה 그리고 우리가 죽이고 싶다, 또한 더욱 흔히 나오는 형태로, 그리고 우리가 죽이자 등이 있다. 어미에 붙는 הָ는 미래 형태에 의지적 뉘앙스를 첨가한다; 이것은 화자의 의지 천명이거나 다른 사람의 의지에 호소하는 것이다. 의지적 뉘앙스는 가끔 너무 약하기 때문에 반드시 번역할 필요가 없다(³). 의지적 뉘앙스는 가끔 기원적으로 사용된다: 내가 죽었으면! 화자가 다른 사람의 의지에 종속하여 자신의 뜻을 표현할 때: (당신이 허락하

---

¹ Moran 1960 and Blau 1971: 133-58. 그렇지만 아랍어 *yaqtula*는 모란이 제안한 초기 가나안어 *yaqtula*와 동일한 기능을 가진 것이 아니며 플라이쉬(Fleisch 1968)가 강조한 것처럼 고전 아랍어 안에서 이루어진 혁신일 수 있다. 플라이쉬에 대한 비평은 Blau 1971: 144-46을 보라.

² 엄격하게 말하면 (구문적) 권유법(*cohortative mood*)과 권유형(*cohortative form*) 사이에는 구별이 있어야 한다. 가끔 형태는 권유형이 아닌데 구문론적으로 권유법을 분명히 시사하는 경우들이 있다. ל/א 동사에서 *נִמְצָאָה*, *אֶמְצָאָה* 형태는 항상 기피된다. 따라서 우리는 항상 אֶמְצָא חֵן 나를 너그러이 보아주십시오!라는 형식을 보게 된다. 창 34.11 등; נִמְצָא חֵן 창 47.25 등; 창 24.57 נִקְרָא 우리가 부릅시다!; 삼상 12.17 אֶקְרָא (아마 권유형); 욥 32.21 אַל־נָא אֶשָּׂא; 렘 17.14 וְאֵרָפֵא (וְאִוָּשֵׁעָה가 뒤따른다); 시 139.9 אֶשָּׂא (אֶשְׁכְּנָה가 뒤따른다); 욥 23.4 אֶמְלָא. נִמְצָא가 권유형으로 사용된 경우까지도 있다. 아 7.12; וְנֵצֵא 삼상 20.11; 왕상 20.31(נָשִׂימָה 뒤에); 그러나 대하 1.10에는 וְאֵצְאָה가 וְאָבוֹאָה 앞에 있다(참조, 느 2.13 וָאֵצְאָה). 그러나 בוֹא 동사는 권유형을 갖고 있다: נָבוֹאָה, אָבוֹאָה. 다른 예들: 왕상 20.23 נִלָּחֵם 우리가 싸우자!(대조, 25절 וְנִלָּחֲמָה; 왕하 4.10 וְנָשִׂים; 삼하 13.25(§ f); 대상 21.13 אַל־אֶפֹּל (♭ 병행 본문인 삼하 24.14 אַל־אֶפְּלָה와 대조하라). 지시형에 대해서는 유사한 관찰을 할 수 있을 것이다. § g, 첫 번째 각주.

³ 70인역과 불가타는 '원하다'는 뜻을 가진 동사로 결코 번역하지 않는다.

면) 내가 죽이고 싶다는 내가 죽이고 싶은데 내가 죽이게 해달라, 나로 하여금 죽이도록 허락해 달라는 뉘앙스를 갖고 있다.

간청형 불변사 נָא(§ 105 *c*)는 권유형 다음에 자주 나오는데, 기도나 요청의 뜻을 첨가하며 가끔 열정적으로 요청하는 뉘앙스를 갖는다. 권유형은 오직 복수형에만 적절하게(properly) 적용되며 단 하나의 뜻을 갖는다(우리가 죽이자! 공동 행동을 제안하거나 요청한다.).

c   단수와 복수의 예와 נָא와 함께 나오거나 נָא 없이 나오는 경우들은 달리 제시될 것이다(¹).

אֶקְטְלָה 형태: 창 45.28 אֵלְכָה 내가 가고 싶다, 내가 갈 것이다; 렘 5.5; 호 2.7, 9; 미 1.8(²); 창 32.21 אֲכַפְּרָה 내가 진정시킬 것이다; 출 32.30 내가 혹시 속죄할 수 있을지(기원적 뉘앙스); 시 31.8 내가 기뻐하였으면; 신 12.20 אֹכְלָה 내가 고기를 좀 먹었으면 좋겠다(즉, 만약 허락이 된다면); 17.14 내가 세우고 싶다; אֶעְבְּרָה 는 항상(5회) 나로 지나가게 해달라는 뜻이다: 민 20.19; 21.22; 신 2.27, 28; 삿 12.5; 시 17.15 אֶשְׂבְּעָה 내가 만족하였으면!; 39.5 내가 알았으면!; 61.5 내가 거하였으면!(머물렀으면) אַל과 함께: 렘 17.18 אַל־אֵבוֹשָׁה 내가 수치를 당하지 않기를!(또한 시 25.2; 31.2,18; 71.1); 69.15 내가 가라앉지 않기를! 결심의 용법: 창 21.16 אַל־אֶרְאֶה 내가 보고 싶지 않다. 삼하 24.14(대상 21.13)에는 소원 대신 결심이 나온다: "내가 사람의 손보다는 하나님의 손에 맡겨지기를 원한다"(³).

d   אֶקְטְלָה־נָּא 형태: אֵלְכָה־נָּא 나로 가게 하라(항상: 출 4.18; 삼하 15.7; 렘 40.15; 룻 2.2); אֶעְבְּרָה־נָּא 나로 지나가게 하라(항상: 신 3.25; 삿 11.17; 삼하 16.9); 창 50.5 אֶעֱלֶה־נָּא 나로 올라가게 하라; 왕상 19.20 나로 입 맞추게 하라; 결심의 용법: 창 18.21 אֵרְדָה־נָּא 나는 내려가리라; 출 3.3 אָסֻרָה־נָּא 나는 앞으로

---

¹ נֵלְכָה, אֵלְכָה의 모든 예들이 인용되었다. 병렬 וֹ와 함께 나오는 인용 형태의 실례는 예로서 피하였다; 그것들은 동일한 뉘앙스를 갖는다. 예, נֵסְעָה וְנֵלְכָה 창 33.12 우리 떠나가자 그리고 우리 가자.

² 사 38.10은 어색하다(대조, 창 46.30 אָמוּתָה 내가 기쁘게 죽으리라). 여기에서 '마땅히 ~하다, ~해야만 한다'(*must, have to*)는 의미가 허용된다. 이와 같이 설명하기 어려운 몇 개의 예들도 있다. 예, 렘 4.21; 6.10; 시 57.5. 어떤 경우에는 아마 강조를 위하여 사용된 형태도 있다. 예, 렘 4.19; 시 73.17. 구약 성서 후기 책들의 저자들은 권유형을 두드러진 고대의 특징으로 이해한 것 같다. 그러나 이것은 그 당시 그들의 언어에서 핵심적인 부분으로 사용되지 않았기 때문에 가끔 오용되었다; 참조, Kutscher, *Isaiah*, pp. 39f., 326f.

³ 나는 죽이고 싶지 않다를 뜻할 수 있는 אקטלה לֹא와 같은 형태는 발견되지 않는다. 확고한 의지는 다른 많은 언어처럼 단순 미래로 표현된다. 예, 삼상 28.23 לֹא אֹכַל 나는 먹지 않을 것이다; 렘 2.20 לֹא אֶעֱבוֹד 나는 섬기지 않을 것이다; 6.16 לֹא נֵלֵךְ 우리는 가지 않을 것이다.

나아가리라; 아 3.2 나는 일어나리라; 좀 느슨하게 사용된 경우: 사 5.1 나는 노래하고 싶다, 5.5 나는 알리고 싶다. **אַל**과 함께: 욥 32.21 **אַל־נָא אֶשָּׂא** 나는 편들지 않을 것이다!(참조, § *b*, 첫 번째 각주).

e   **נִקְטְלָה** 형태: **נֵלְכָה** 우리는 가고자 한다 출 5.8, 18(참조, 3절; 우리로 가게 하라가 아니다); 슥 8.23 우리는 가고자 한다 또는 우리는 갈 것이다(참조, 21절); 창 43.4 **נֵרְדָה** 우리는 내려가고자 한다 또는 우리는 내려갈 것이다(조건절의 귀결절에서); 시 65.5 우리로 만족하게 하소서! 그러나 권유형(영어에서 1인칭 복수 명령형)이 가장 일반적인 의미이다: **נֵלְכָה** 우리가 가자! 창 37.17; 신 13.3, 7, 14; 삼상 9.6, 10; 슥 8.21 (23절과 대조); 창 1.26 **נַעֲשֶׂה** 우리가 사람을 만들자(스스로 결심하는 복수형)([1]); 11.7 **הָבָה נֵרְדָה** 오라! 우리가 내려가자! (하나님); 11.3 **הָבָה נִלְבְּנָה** 오라! 우리가 벽돌을 만들자; 시 2.3 우리가 깨뜨리자! **אַל**과 함께: 렘 18.18b **אַל־נַקְשִׁיבָה** 우리가 주목하지 않도록!

f   **נִקְטְלָה־נָּא** 형태: **נֵלְכָה־נָּא** 우리로 가게 하라(항상: 출 3.18; 5.3; 왕하 6.2); **נַעְבְּרָה־נָּא** 우리로 지나가게 하라(항상: 민 20.17; 삿 11.19); 왕하 4.10 **נַעֲשֶׂה־נָּא** 당신이 원한다면 우리가 만듭시다. **אַל**과 함께: 삼하 13.25 **אַל־נָא נֵלֵךְ כֻּלָּנוּ** 우리가 다 갈 것이 아니다(가령 ~라 하더라도라는 의미보다는); 욘 1.14 **אַל־נָא נֹאבְדָה** 우리가 망하지 않도록(= 우리가 망하지 않도록 하라).

g   **B) 지시형**(jussive)은 3인칭 의지법이다([2]): **יָקֹם** 그가 일어나게 하라; **וְיָקֹם** 그리고 그가 일어나게 하라: 이것은 화자의 소원이나 의지를 가리키므로, **יָקֹם**은 "그가 일어날 것이다"가 아니다. 이것은 2인칭 명령형과 함께 보충적으로 나타난다: 예, 창 47.6 **הוֹשֵׁב אֶת־אָבִיךָ וְאֶת־אַחֶיךָ יֵשְׁבוּ בְּאֶרֶץ גֹּשֶׁן** 너의 아버지와 형

---

[1] 위엄의 1인칭 복수형 우리들은 히브리어에 존재하지 않는다. 명사에서 위엄의 복수(*plural of majesty*)는 § 136 *d* 참조.

[2] 권유형의 경우처럼(§ *b* 첫 번째 각주), (구문적) 지시법(*jussive mood*)과 지시형(*jussive form*)은 구별되어야 한다. 많은 경우에 지시형은 나타나지 않는다(§ 46 *a*). 제사장의 축복(민 6.24-26)에는 여섯 개의 지시형 가운데 오직 두 개만 명백하게 지시형을 취한다. 더구나 지시형은 사용될만한 경우에도 상당히 빈번하게 무시된다. 예, 삼상 25.25 **אַל־נָא יָשִׂים**(¿). ל"ה 동사에서 어미음 소실 형태 대신에 완전한 형식이 가끔 사용된다. 예, 욥 3.9b **אַל־יֵרְאֶה** (대조, **יֵקֵן** 9*a*); 특히 휴지부에서, 예, 왕하 6.17 **וַיִּרְאֶה**; 휴지 앞에서, 예, 창 1.9 **וְתֵרָאֶה הַיַּבָּשָׁה**; 사 47.3; 시 109.7. 이와 같이 도치 바브에서 완전한 형태가 자주 사용된다. 예, **וַיֵּרָאֶה** (§ 79 *m*). 히브리어의 불완전한 형태론에도 불구하고 동사의 위치가 절 초두에 오는가 아닌가를 다루는 구문론을 주요 결정 요소로 가정하기보다(Gentry 1998: 예, 35) 형태론적 특징들로 시작하는 것이 더 좋아 보인다. 그렇지 않으면 형태소적 구별이 완전히 붕궤되었고 결국 쓸모 없게 되었다는 것을 확증하지 않는 한 어린 아이를 목욕물과 함께 내던지는 꼴이 될 것이다.

제들이 머물게 하라...그들로 고센 땅에 머물게 하라...더구나 이것은 (명령형 대신에) 부정 명령형 אַל과 함께 주로 사용된다(¹). 예, אַל־תָּקֻם 일어나지 마라 (라틴어, *ne surgas*). 이 경우들 외에 2인칭 지시형의 경우는 드물다: 시 104.20 תָּשֶׁת(§ 167 *a*); 시 71.21 תֶּרֶב(아주 분명하지는 않다); 삼상 10.8 תּוֹחֵל; 겔 3.3 תַּאֲכֵל.

1인칭에서 지시형은 아주 희소하며 의심스럽다: 사 42.6 וְאֶחְזֵק; 41.28 וְאֶרְא. 그러나 אֹסֵף 겔 5.16; לֹא אֹסֵף 신 18.16; 호 9.15는 직설법이다(§ 75 *f*).

h 지시형은 의지의 모든 뉘앙스를 표현하기도 한다: 윗 사람이 아래 사람에게-명령, 권고, 충고, 초대, 허용; 아래 사람이 윗 사람에게-소원, 기도, 허락의 요청 등. 지시형에는 가끔 간청형 불변사 נָא가 뒤따라온다. 특히 허락을 구할 때에 그러하다. 예, 창 1.3 יְהִי אוֹר 빛이 있으라!; 신 20.5 יֵלֵךְ וְיָשֹׁב 그를 돌아가게 하라; 창 41.33 יֵרֶא "바로께서 보시고..."; 삼하 19.38 יַעֲבֹר 그를 데려가게 하라(허락 요청) 그리고 39절 그를 건너가게 하였다(허락되었다); 민 6.24 이하. 야웨께서 너를 축복하시고 지키시길 원하며 등(제사장의 축복). 어떤 경우에는 נָא가 나온다: 출 34.9 יֵלֶךְ־נָא 내 주님께서 함께 가 주시기 바랍니다(יֵלְכָה־נָא보다 정중한 형식); 창 33.14 내 주께서 앞서 가십시오; 삼하 13.24 왕께서 함께 가 주시기 바랍니다; 삿 15.2 그를 받아주길 바란다네; 왕하 2.16 יֵלְכוּ־נָא 그들로 가게 하여 주십시오; 3인칭에서 스스로 말할 때: 창 44.33 יֵשֶׁב־נָא עַבְדְּךָ 주의 종으로 머물게 하여 주십시오(²); 창 47.4.

i 부정형 אַל과 함께 나올 때 지시형은 동일하게 부정적 뉘앙스를 표현한다: 부정적 명령(금지), 부정적 소원, 부정적 기도. 예, 왕상 13.22 אַל־תֹּאכַל 먹지 마라(9, 17절 לֹא תֹאכַל 너는 먹어서는 안 된다; 참조, § 113 *m*); 출 34.3 אִישׁ אַל־יֵרָא 아무도 나타나지 못하게 하라; 왕하 10.19 אִישׁ אַל יִפָּקֵד 아무도 빠지지 마라; 기도에서: 왕상 2.20 אַל־תָּשֵׁב אֶת־פָּנָי 나를 거절하지 마십시오; 신 9.26 אַל־תַּשְׁחֵת 파괴하지 마십시오; 가끔 נָא와 함께: 창 18.30 אַל־נָא יִחַר לַאדֹנָי 내 주께서 화내지 않기를 바랍니다.

j 지시형은 약간 느슨하게 사용되기도 한다. 예, 삼상18.17 אַל־תְּהִי יָדִי בּוֹ

---

¹ 명령형 대신 사용된 이 2인칭 지시형의 용법과 2인칭 지시형 וְתָקֻם 대신에 사용된 간접적 명령형 וְקַמְתֶּם *ut surgas*(§ 116 *f*)와 대조해 보라.

² 이것은 실제적으로 אֵשְׁבָה־נָא (직역하면, 제발 청하건대 나는 머물고 싶다 § *d*)와 같은 것이다.

내 손으로 그를 쳐서는 안 된다(여기에서 행동은 화자에게 의존된다); 룻 3.17 너는 빈손으로 돌아가서는 안 된다(같은 현상); 수 7.3 אַל־יַעַל כָּל־הָעָם 모든 백성이 올라갈 필요가 없다(충고 제공).

k 때때로 시문에서 אַל은 לֹא가 나와야 할 상황에서 훨씬 느슨하게 사용된다. 본문이 정확하다고 가정할 때, אַל은 문체적인 세련미를 위해서나 힘차게 말할 때 사용된다: 시 41.3 당신은 그를 넘기지 않고; 50.3 그는 조용히 있지 않을 것이다; 잠 3.25 אַל־תִּירָא 너는 두려워할 필요가 없을 것이다(LXX A οὐ μὴ φοβηθήσῃ); 욥 5.22(상동); 아 7.3 부족하지 않을 것이다; 렘 46.6 אַל־יָנוּס 그는 도망치지 못할 것이다(יָנוּס? 또는 부주의하게 쓴 지시형 § *g*, n.). 뒤 § *p*에 나오는 명령형과 비교해 보라.

l 지시형으로 모음 표기가 되었지만 설명이 어렵거나 불가능한 어떤 형태들(¹): 신 28.21 יַדְבֵּק (문맥으로는 직설법을 요청한다 יַדְבֵּק 그가 [염병이] 들게 할 것이다); 28.36; 왕상 8.1; 시 11.6; 잠 15.25; 욥 10.16; 15.33; 18.9; 27.22; 33.11; 전 12.7; 단 8.12. 이 경우들에서 지시형으로 발음이 된 것은 서기관의 오기(*scriptio defectiva*)로 추정할 수 있다. לֹא와 함께 나오는 경우도 마찬가지이다: 왕상 2.6 לֹא תוֹרֵד (תוֹרִד로 읽으라); 창 24.8; 삼상 14.36; 삼하 17.12; 겔 48.14.

다른 경우에 지시형 형태는 자음으로 시사된다: 신 28.8 יְצַו (의미는 직설법이 되어야 한다. יְצַוֶּה 그가 명령하실 것이다); 욥 10.17 תֶּרֶב; 18.12 יְהִי; 33.21 יְכֶל; לֹא와 함께 욥 23.11 וְלֹא אָט.

병렬 ו와 함께 나오는 경우: 사 50.2 וְתָמֹת; 습 2.13 וְיֵט; 욥 34.37 וְיֶרֶב; 애 3.50 וְיֵרֶא.

הָיָה를 יְהִי로 쓰는 몇 예들은 § 119 *z*을 참조하라.

m **C) 명령형**은 긍정적인 의미로 사용되는 2인칭 의지법이다(²): קוּם 일어나라, וְקוּם 그리고 일어나라. 지시형처럼 명령형은 모든 뉘앙스의 의지를 표현하는 데 사용된다(³). 2인칭 남성 단수에서 הָ 어미음 첨가는 정상적 형태와

---

¹ GKC, § 109 *k*에 따르면, 이 지시형은 리듬을 고려하여(?) 생긴 것이다. יוֹסֵף 형태가 직설법으로 나오는 것은 § 75 *f* 참조.

² 부정형에서는 지시형 אַל־תָּקֹם이 사용된다. § *g*.

³ "명령형"이란 용어를 곡해해서는 안 된다; 하나님께 말할 때에도 이런 형식이 나온다: 시 13.4 הַבִּיטָה עֲנֵנִי יהוה אֱלֹהָי הָאִירָה עֵינַי 야웨 나의 하나님, 나를 굽어 살피시고 응답하여 주십시오,

별로 다른 뉘앙스를 갖고 있지 않다(참조, § 48 *d*). 불변사 נָא는 명령형에 가끔 첨가된다: 이것은 일반적으로 간청의 어조를 가지며 때때로 힘차게 말하는 느낌을 준다(민 16.26; 20.10); 참조, § 105 *c*([1]). 명령형은 즉각적 행동에 주로 사용된다([2]). 예, 룻 2.14 가까이 오라(지금 여기로); 다소 시간적으로 먼 행동에도 희소하게 사용되는 경우도 있다(이것은 대부분 미래를 뜻한다). 예, 단 1.13 עֲשֵׂה 너는 (그때) 할 것이다. 몇 가지 추가적 예들: 창 12.1 לֶךְ־לְךָ 가라; 왕상 2.22 וְשַׁאֲלִי 구하라(§ 177 *m*); 왕하 5.22 תְּנָה־נָּא 주십시오.

n   허락의 명령형 용법을 주목하라: 삼하 18.23 "제가 한 번 꼭 달려가게 해주십시오-달려라 (רוּץ)." 요청된 허락의 지시형 다음에서: 왕하 2.17 보내라. 요청된 허락의 권유형 다음에서(내가 하고자 한다, 나로 하게 하라): 창 50.6 올라가라; 출 4.18 가라(לֵךְ); 삼하 15.9 לֵךְ; 왕하 6.2 가라(복수); 룻 2.2 가라(단수).

o   명령형은 명령을 받은 사람이 그 명령을 받아 수행할 수 없을 때에도 사용된다: 창 42.16 "너희 중 한 명을 보내어 너희 동생을 데려오라, 그동안 너희들은 감금되어 있으라 הֵאָסְרוּ"(비교, 19절에는 지시형 וְיֵאָסֵר가 나온다)([3]); 신 32.50 "너는 네가 올라간 산에서 죽어야 한다 וּמֻת 그리고 네 조상에게 돌아가야만 한다 וְהֵאָסֵף"(49절 명령형 후)([4]). 이 경우들은 명령형이 지시형과 권유형과 함께 본질적으로 화자의 의지, 소원, 욕망을 표현한다는 점을 생각할 때 이해할 수 있을 것이다. 따라서 위에 인용된 הֵאָסְרוּ는 "나는 너희를 감금하고 싶어한다"를 뜻한다.

p   시문에서 명령형은 가끔 강세적 뉘앙스를 가진 미래를 뜻한다; 왕하 19.29(=사 17.30) "올해에는 들에서 저절로 자라난 곡식을 먹을 것이다…그러

내 눈을 밝혀 주십시오! 단축 명령(short imperative)도 마찬가지이다: 시 10.15 שְׁבֹר 깨뜨리십시오. 17.6 שְׁמַע 들어주십시오.

[1] 따라서 2인칭 남성 단수에는 네 개의 형태가 있다. 예, לֵךְ, לֵכָה / לְךָ / לֶךְ־נָא, לְכָה־נָּא.

[2] 슐만(Shulman)이 강조한 긴급성이나 감정적 특징은 명령형 자체보다 문맥에 의존하고 있다(2001: 276f.). 슐만의 주장과 달리, 긴급성은 비록 신학적 관점에서는 합리적으로 보일지 몰라도 실제로 문법적 형태에서 추론될 수는 없다. 예, 창 1.28 פְּרוּ וּרְבוּ. 창조주께서 감정적으로 개입되었을 수 없을 것이다. 이와 마찬가지로 이 특징이 w-qataltí와 의지적인 yiqtol에서 가끔 나타나지 않는다(2001: 278-84)는 점도 문맥의 기능으로 설명될 수 있다.

[3] 또는 허용적 니팔: "너희 자신이 감금되도록 감수하라"(§ 51 *c*).

[4] 비교, 동일한 뉘앙스가 동일한 상황에서 지시형으로 나타나는 경우: 민 20.24 יֵאָסֵף 그는 거두어져야 한다(*he must be gathered*)..; 권유형으로 나타나는 경우: 사 38.10 אֵלֵכָה(참조, § *c*, 두 번째 각주).

나 제삼년에는 너희가 씨를 뿌릴 것이다 זְרַעְוּ"; 시 110.2 너는 다스릴 것이다 רְדֵה. 지시형이 אַל과 함께 나오는 경우는 §k를 참조하라.

§115. 정동사형과 함께 나오는 바브

a   정동사형(카탈, 익톨, 지시형, 권유형, 명령형) 앞에 나오는 바브는 다양한 의미를 가지므로 결과적으로 바브와 하나의 동사 형태로 구성된 그룹은 다양한 가치를 가지게 된다. 바브는 "그리고"(*et*)라는 기본적 의미를 유지하면서도, 어떤 언어에서 무시되거나 다른 용어를 첨가해야만 표현할 수 있는 "동시적 뉘앙스"(*concomitannt nuances*)를 가지고 있다. 이리하여 라틴어에서는 *et*라는 단어(그리고)를 *comēdit et bibit* "그는 먹었고 그리고 마셨다"(두 동작이 동시적이다)와 *comēdit et ivit cubitum* "그는 먹었고 그리고 자러 갔다"(두 번째 동작은 첫 번째 동작을 뒤따른다)에서 완전히 동일한 방식으로 사용하지만, 히브리어는 이 두 개의 그리고(*et*)를 구별하며, 두 번째 것은 "그리고 나서"(*et postea*)라는 뜻을 가진다. *divide et impera* "나누고 다스리라!"는 문장에서, *et*는 *ita ut* (*sic*) *imperes* "이리하여 네가 다스리도록" = *et sic imperabis* "너는 이렇게 다스릴 것이다"(결과), "그리고 (결과적으로) 너는 다스릴 것이다" 또는 *ut imperes*(목적) "네가 다스리도록" 등과 논리적으로는 동일하지만, 히브리어에서는 바브의 서법적 뉘앙스를 구별한다(결과나 목적)([1]).

    그러므로 논리적으로 우리는 병렬(juxtaposition)의 *et*와 그리고 계승(succession), 결과(consecution) 또는 목적(purpose)을 뜻하는 *et*로 구별할 수 있다. 우리는 첫 *et*를 "단순 *et*", 두 번째를 "강세의(energic) *et*"로 부를 것이다.

b   아랍어는 이와 같은 구별을 보다 정밀하게 표현하기 때문에 히브리어에서 일어나는 과정을 이해하기 쉽도록 도와준다. 아랍어에서는 *et*에 대한 두 가지 형태로서 *wa*와 *fa*가 있다([2]). *wa*는 단순 *et*를, *fa*는 강세 *et*를

---

[1] 라틴어 qui '안'의 이중적 가치를 비교하라: *Venit vir qui* (=*et is*) *nuntiavit* "그 사람이 왔고, 그는 메시지를 전하였다." 그리고 *Venit vir qui* (=*ut is*) *nuntiaret* "메시지를 전하려는 자, 그 사람이 왔다."

[2] 에발트(1831-33: I, § 478; 2, § 726f.)에 따르면 원래는 단순 형태가 있었다; 그러나 두 형태를 인

뜻한다. 계승의 *et*를 표현하기 위해서는 직설법과 함께 나오는 *fa*(드물게 *wa*)가 일반적으로 사용되며, 목적-결과의 *et*를 위해서는 가정법과 함께 나오는 *fa*를 사용한다. 이리하여 뚜렷한 형태로 다양한 논리적 구별을 만들고 있다.

c　　　히브리어는 아랍어보다 훨씬 정밀성이 떨어진다. 히브리어는 et를 표현하는데 오직 단 하나의 어휘소인 바브(ו)만 가지고 있다. (일반적으로) 바브의 다양한 용법을 구별함에 있어서 두 가지의 방법이 있는 데, 그것은 바브를 변화시키거나 또는 동사 형태를 변화시키는 것이다. 그러나이 두 가지 방법은 부분적으로만 적용된다. 즉, 단순 *et*는 항상 약한 ו로 표현된다(즉, 중복이 필요 없다)(¹); 그러나 강세 ו가 항상 강한 ו로 표현되는 것은 아니다(즉, 중복을 필요로 한다). 더구나 강한 ו는 오직 계승 형태인 *wayyiqtol* "그리고 그가 죽였다"에서만 나온다. 마찬가지로 동일한 형태에서 음성학적 규칙이 허용될 때 발음과 강세에 따라 달라질 수 있다. *w-qatal*에서 *et* 값의 차이는 때때로 강세의 위치에 의하여 표현된다. 예, *w-qatálti*(²) "그리고 내가 죽였다"(순수 병렬의 *et*)는 *w-qataltí* "그리고 나서 내가 죽일 것이다"(계승[=연속] 형태)와 대립된다. 권유형, 지시형, 그리고 명령형과 같은 다른 모든 경우에서 병렬의 *et*와 목적-결과의 *et* 사이에 형태의 구별이 없다. ו가 단순 병렬인지 목적-결과적인지 구별할 수 있는 유일한 방법은 문맥, 구문, 아랍어와 비교해 보는 것이다(³). 예로서, 창 11.3 נִלְבְּנָה לְבֵנִים וְנִשְׂרְפָה לִשְׂרֵפָה 우리가 벽돌을 만들고 그리고 단단히 굽자에서 문맥이 병렬 바브임을 가리킨다.

　　　강세의 *et*는 다음과 같다.

　　　1) 의지법에서: ו는 목적-결과의 의미를 가지며 라틴어 *ut* (이리하여,

정하는 브로켈만이 옳다(*GvG*, I, p. 502).

¹ 참조, § 104 *c-d.*

² *w-qatálti* 형(도치 바브가 아닌 것)과 평행을 이루는 *w-yiqtol* 형은 오직 특정한 경우에서만 고전적 용법에 의해 허용된다. 참조, § 166 *a*, 세 번째 각주.

³ 명사나 불변사 앞에 있는 ו도 이와 동일하다. 이리하여 삿 6.13 וְלָמָּה "그렇다면 왜?"(= Arb. *falima*), 왕상 1.13 וּמַדּוּעַ "그런데 어찌하여?"의 ו는 강세(energic)이다; 목적-결과의 뉘앙스를 갖는 경우: 욥 38.34 וּתְשַׁכֶּךָ "너는 구름에 호령하여 물을 동이로 쏟아 너를 뒤덮게 할 수 있느냐?"(여기의 ו는 35절에 있는 וְיִלְכוּ의 바브와 동일한 가치가 있다); 21.3(42.4) וְאָנֹכִי (비교, 13.13; 신 32.1; 시 50.7). 그렇지만 아랍어와의 비교는 부분적이 될 수밖에 없는데 그 예로, *fa*는 지시형 앞에 접두될 수 없다.

그리고 결과적으로)와 같다. 여기서 아랍어는 가정법과 함께 나오는 *fa*를 사용한다. § 116 *a* 참조.

2) 직설법의 카탈과 익톨, 즉 *w-qaltí*와 *wayyiqtol*에서: 이 경우에 ו는 주로 계승(그리고 나서)을 뜻한다: 여기서 아랍어는 직설법과 함께 나오는 *fa*를 사용한다. 참조, § 117.

d 일련의 *wayyiqtol*이 나오는 경우에, 이런 동사의 연속성은 반드시 그 동작이 선적인 연속(linear sequence)으로 일어났다는 것을 뜻하지는 않는다(¹). 마찬가지로 단순 접속 바브도 다양한 의지법들(지시형, 권유형, 명령형)이나 *qaltí*와 함께 나올 수 있다(²). 예로서, 왕상 13.18 וַיֹּאכַל לֶחֶם וַיֵּשְׁתְּ מָיִם;18.41 הֵאָסְפוּ מִסָּבִיב; 겔 39.17 וַאֲכַלְתֶּם בָּשָׂר וּשְׁתִיתֶם דָּם עֲלֵה אֱכֹל וּשְׁתֵה; 모여라... 그리고 나서 너희들은 고기를 먹고 피를 마셔라. 핵심적인 경우들을 간략하게 요약한 것은 § 120을 보라.

§ 116. 간접 의지법(권유형, 지시형, 명령형)

a 단순하게 병렬하는 바브(ו)와 함께 나오는 의지법은 직접 의지법이다(§ 114). 목적이나 결과 개념을 표현하는 바브와 함께 나올 때, 그것들은 간접적으로나 논리적으로 종속 의지법들이 된다. 그 예로 וְאֶקְטְלָה *ut occidam* "내가 죽이도록[may or might]"을 들 수 있다. 세 가지 간접 의지법은 동일한 방식으로 다루어지기 때문에, 이것들은 같은 한 단락에서 함께 다루어질 것이다. 간접 의지법은 목적이나 결과를 표현할 수 있음을 주목하라: 그러나 정확한 뉘앙스는 오직 문맥에서만 확인할 수 있다(³).

A) 간접 권유형(*w-ˀeqtla*: *ut occidam*). 이것은 주로 (직접) 의지법

---

¹ 이리하여 창 25.34 וַיֹּאכַל וַיֵּשְׁתְּ וַיָּקָם וַיֵּלַךְ에서 에서는 먼저 먹었고, 그리고 그가 먹은 후에야 마셨다는 뜻으로 이해할 수 없다. 이와 같이 잠 23.7 אֱכֹל וּשְׁתֵה 먹고 마셔라. 또한 창 19.2; 27.13을 보라. 또한 Dallaire 2002: 81f.

² 이것은 벤-다비드와 반대 입장이다(Ben-David 1997: 268)(§ 5.3).

³ 오를린스키(Orlinsky 1940-41, 1941-42)는 명령형 다음에 직설법이 나오는 경우가 결코 없음을 확증하려 하였으나, II B 단락에 나오는 70개의 경우는 설득력이 없으며, 다른 많은 경우에서도 그는 본문 수정이나 희소한 다른 독법을 무리하게 채택하고 있다. 그는 연결소(syntagm)의 최종적 영향력에 대하여 토론한 뵈쳐를 인용하고 있지만(Böttcher p. 377, n. 7), 그 기능보다 단지 그 형태론에만

다음에 사용된다.

b　　1) 명령형 다음에서([1]): 창 27.4 הָבִיאָה לִּי וְאֹכֵ֫לָה 그것을 나에게 가져와 나로 먹게 하라(결과보다 목적)([2]); 창 12.1f. "너의 고향을 떠나라... 그리고 나는 너의 이름을 떨치게 할 것이다 וַאֲגַדְּלָה שְׁמֶ֑ךָ"(목적보다는 결과); 23.4

몰두하고 있다. 또 Kelly 1920를 보라. 존슨의 연구(Johnson 1979)는 일면으로는 접두사 변화의 색다른 형태적 범주들 사이에 있는 구별을 하지 못하고, 또 다른 면에 있어서는 단순 바브와 강세 바브 사이에 있는 구별을 구체화하지 못하는 문제점을 남겼다.

[1] 참조, Diehl 2004: 127-37.

[2] 아랍어에서는 파쿨라(*fa'kula*)를 사용해야만 한다(*fa* + 가정법; 사아디아[Saadia]는 목적의 *likay*로 본다). 이 유사성은 히브리어 *'eqtla* 형태가 고대의 의지형이라는 주장을 지지한다. 모란은 이 점을 확정하였다(Moran 1960). 따라서 히브리어 권유형은 아랍 강세 형태와 연결될 수 없다(pace Dallaire 2004: 150). 레이니(Rainey 2.262f.)와 트로퍼가 제시한 또다른 대안적 견해를 보라(Tropper 1997-98: 136f.). 원래의 단형 최종음 /a/의 보존에 대한 설명은 블라우(Blau 1977: 29f.)를 보고, 이와 유사한 기능을 가진 고대 아카드 형태에 대해서도 블라우의 다른 글을 보라(Blau 1971: 141f.). 아랍어에서 가정법은 원래 이 형태가 가진 의지적 기능에서 나온 것이다(Fleisch 1968를 보라). 젠트리(Gentry 1998: 29)는 우리의 권유형 어미(그리고 장형 명령형[§48 *d*])가 아카드어 접근형(ventive, 특정 장소나 수신인 또는 회자되고 있는 사람을 향하여 접근하는 움직임을 표시하는 동사의 형태-역자주)의 형태소에서 나왔다고 주장하지만 설득력이 약하다. 왜냐하면 아카드어의 원래 형태소는 /-am/이며, 여기에서 /-m/은 전접적 요소가 아니기 때문이다(von Soden 1995를 보라: § 42 *e, g*; Kienast 2001: 271). 게다가 아카드어 형태소는 1인칭 여격 접미사이며, 이것은 히브리어와는 무관한 것이다. '목적'(purpose)과 '결과'(consectuion [result]) 사이의 구별을 항상 예리하게 할 수 없다. 이는 어떤 것은 의도된 효과나 결과를 다루고 있으며, 문제가 된 연결소는 "노아가 너무 많이 마셔서 그의 길을 찾을 수가 없었다"와 같은 뜻을 표현하기 위해 사용되지 않기 때문이다. 더구나 위에 언급된 창 27.4은 "그것을 내게 가져와서, 나로 하여금 먹게 하라."를 의미하지 않는다고 확증할 수가 없다. 이렇게 번역하면 두 번째 동사 형태는 원래의 순수한 의지적 힘을 가지게 되며, 접속사 바브는 단지 병렬시키는 기능을 갖게 된다.

최소한(아래 § *c*에서 인용될) 사 41.26 מִי־הִגִּיד מֵרֹאשׁ וְנֵדָ֫עָה 누가 처음부터 선언하여 우리가 알게 되었는가?와 같은 형태는 극도로 희소하다고 말할 수 있을 것이다(또한 § *e*에 인용된 애 1.19을 보라). 목적이나 결과를 순수하게 표현할 때에는 부정사 연계형이 לְ 또는 לְמַ֫עַן과 함께 또는 없이 일반적으로 사용된다(Diehl 2004: 342-60을 보라.). 문제시된 연결소가 목적-결과적이 아니며 바브가 병렬인 경우의 예들은 다음과 같다. 수 4.16 צַוֵּה אֶת־הַכֹּהֲנִים .. וְיַעֲלוּ מִן־הַיַּרְדֵּן (이어서 .. וַיְצַו 가 나온다. וִיהוֹשֻׁעַ לֵאמֹר עֲלוּ 가 나온다);

왕하 18.23 הִתְעָ֫רֶב־נָא אֶת־אֲדֹנִי .. וְאֶתְּנָה לְךָ אַלְפַּ֫יִם סוּסִים 너는 앗수르 왕과 내기하라...그리하면 내가 네게 말 이천 마리를 주리라;

단 1.12 נַס־נָא אֶת־עֲבָדֶ֫יךָ יָמִים עֲשָׂרָה וְיִתְּנוּ־לָ֫נוּ מִן־הַזֵּרֹעִים וְנֹאכֵלָה 당신의 종들을 열흘 동안 시험하여 우리에게 채소를 주어 먹게 하십시오. 이 세 경우는 모두 첫 명령형에 뒤따라 나오는 절이 처음에 제시된 제안의 내용을 구체화한다(또한 출 8.4; 삼상 9.27; 민 5.2; Diehl 2004: 158 참조). 왕하 6.28 תְּנִי אֶת־בְּנֵךְ הַיּוֹם וְאֶת־בְּנִי נֹאכַל מָחָר에서 w-yiqtol은 w-x-yiqtol과 대구(평행)를 이룬다. 왕상 22.6 .. עֲלֵה וְיִתֵּן אֲדֹנָי와 같은 경우에 바브를 최종적인 것으로 읽는 것은 하나님께서 힘을 쓰도록 강요하는 것과 같다. 15절 .. עֲלֵה וְהַצְלַח וְנָתַן יהוה 는 보다 제 삼자적인 관점의 예언이다. Muraoka 1997a를 보라. 아래 § 177 *j*를 보라. 딜(Diehl 2004: 187-92)은 "*implizite* Hypotaxe (Final/Konsekutiv)"라고 말한다 [무라오까의 강조].

"나에게 매장지를 주시고 그래서 내가 죽은 나의 아내를 묻게 해주십시오 וְאֶקְבְּרָה";
24.56; 27.9, 25; 29.21; 30.25, 26; 42.34; 49.1; 신 32.1; 신 32.1; 말 3.7 שׁוּבוּ
אֵלַי וְאָשׁוּבָה אֲלֵיכֶם 나에게 돌아오라 그러면(결과) 내가 너희에게로 돌아갈 것
이다(참조, 슥 1.3은 몇몇 필사본들과 함께 וְאָשׁוּבָה로 읽어야 한다); 렘 33.3.

2) 지시형 다음에서: 삼상 27.5 יִתְּנוּ־לִי מָקוֹם וְאֵשְׁבָה שָׁם 그들로 하
여금 나에게 한 동네를 주어서 내가 그곳에서 살게 해주십시오; 창 18.30 "내 주님
노하지 마십시오 그러면 내가 말하겠습니다 וַאֲדַבֵּרָה"(결과); 사 5.19
이로써 우리로 하여금 알게 할 것이다(평행, לְמַעַן נִרְאֶה 이로써 우리로 하여금 보
게 할 것이다).

3) 첫 번째 권유형 다음에서(그러나 여기에서는 ו가 병렬인지 종속
인지 항상 분명하지 않다): 출 3.3 אָסֻרָה־נָּא וְאֶרְאֶה 내가 앞으로 나아가 보
리라(병렬; 4절 סָר לִרְאוֹת 그가 보려고 앞으로 나아갔다에서 목적 의미가 확
증된다); 왕상 19.20 "청하건대 내 아버지와 어머니께 작별 인사를 한 후에
내가 당신을 따르겠습니다"(Vulg. Osculer, oro, patrem meum et matrem
meam *et sic sequar te*; 결과[효도를 마쳐야만 스승을 따를 수 있다]). 다소
의심스러운 예들: 창 24.57; 삼하 16.9; 렘 40.15.

c 간접적인 권유형도 주로 의문문과 기원문에서 직설법 다음에 사용
된다.

1) 의문문에서(§ 161 *m*): 왕상 22.7 "우리가 물어볼 만한 선지자가 없
느냐? (וְנִדְרְשָׁה)"; 사 40.25(결과); 그러나 사 41.26, 암 8.5, 애 2.13은 목
적을 나타낸다.

2) 기원문에서: 삿 9.29 "이 백성을 거느리게 해주시면 내가 아비멜렉을
제거할 것입니다(וְאָסִירָה)!"; 렘 9.1. 이러한 경우 외에 간접적 권유형은 드물
다: 이것은 긍정절에서 나타난다: 느 5.3 "우리는 곡식을 얻고자 우리의 밭을
잡혔다(וְנִקְחָה)"; 부정절에서: 사 53.2 "그는 우리의 눈길을 끌 만한 고운 모양
이 없었으며, 우리가 사랑할 만한 아름다운 모습이 없었다"(명사절에서; 악센
트 아트나흐는 잘못 찍혀 있다); 의심스러운 문맥: 렘 20.10*b* "혹시 그가 걸
려들면, 우리가 그를 이길 수 있을 것이다(וְנוּכְלָה לוֹ)."

3) 조건절에 나오는 권유형은 § 167 *a* 참조.

d **B) 간접 지시형**(*w-yaqom*: *ut surgat*). 이것은 주로 (직접) 의지법 다
음에 사용된다.

1) 명령형 다음에서: 삼상 25.8 שְׁאַל אֶת־נְעָרֶיךָ וְיַגִּידוּ לָךְ "당신의 일꾼들에게 물으십시오 그러면 그들이 당신에게 말해줄 것입니다"(결과); 왕상 21.2 "너의 포도원을 나에게 주어 나의 나물 밭이 되게 하라(וִיהִי)"; 왕하 6.17 "그의 눈을 열어 그로 보게 하십시오"; 왕하 25.24 "바빌론 왕을 섬기라. 그리하면 너희가 평안할 것이다(וְיִטַב לָכֶם)"; 출 9.13(목적); 삼상 7.3 (결과); 잠 20.22(결과). 명령형의 뜻으로 사용된 부정사 절대형 다음에서도 마찬가지이다(§ 123 *u*): 왕하 5.10 "요단 강에 가서 일곱 번 씻으라 그리하면 너의 살이 회복될 것이다(וְיָשֹׁב)"(결과).

2) 권유형 다음에서: 확실한 예는 없는 것 같다. 창 19.20에서 지시형은 직접적일 수 있다.

3) 첫 지시형 다음에서(그러나 여기에서 병렬 וְ는 종속 וְ와 거의 구별하기 어렵다).

e   지시형이 직설법 다음에 나오는 경우는 드물지만, 권유형이 직설법 다음에 나오는 경우는 자연스럽게 발견된다(§ *c*). 의문절에서(§ 161 *m*): 욘 1.11 "바다가 잠잠해지기 위하여(וְיִשְׁתֹּק) 우리는 네게 어찌해야만 하는가?" 직접 지시 명령형(injunctive) 미래 다음에: 창 42.20 "너희 막내 동생을 내게로 데려와 너희 말이 진실함을 밝히라(וְיֵאָמְנוּ)"; 예언의 미래 다음에: 레 26.43 "땅이 버려져 안식을 누리게 될 것이다(וְתִרֶץ)"; 완료형 다음에: 애 1.19 "그들은 소생하려고 음식을 구하였다(וְיָשִׁיבוּ אֶת־נַפְשָׁם)"; 레 9.6 "이것은 야웨께서 그의 영광이 너희에게 나타나도록(וְיֵרָא) 너희에게 명령한 것이다"[1]. (왕상 13.33에 있는 וִיהִי는 정확하게 모음 표기를 한다면, "그가 [제사장이] 되도록"이 될 수 있다). 명사절 다음에: 민 23.19 לֹא אִישׁ אֵל וִיכַזֵּב 하나님은 사람이 아니므로 거짓말하실 리 없다.

조건절에 나오는 지시형은 § 167 *a*를 참조하라.

f   **C) 간접 명령형**(*uqtol*: *ut occidas* "네가 죽이도록"). 2인칭에서 간접 의지법은(아랍어처럼) 예기된 바와 같이 지시형이 아니라 명령형이다[2].

---

[1] 또 이와 달리, "이것은 Y가 너에게 명령한 것이다. 이것을 행하여 ~하도록 하라"로 표현할 수 있다 (참조, Ibn Ezra ad loc).

[2] 간접 지시형 대신 간접 명령형을 사용하는 것과 명령형 대신에 אַל과 함께 2인칭 지시형을 사용하는 것을 대조하라(§ 114 *g*). 2인칭에서 목적-결과의 지시형에 대한 예는 없어 보이며, 명령형이 일반적이다. 이것은 드라이버(Driver, *Tenses*, § 65)와 데이빗슨(Davidson, *Syntax*, § 65 *d*)이 주목하지 못

간접 명령형은 주로(직접) 의지법 다음에 사용된다:

　　1) 권유형 다음에: 왕상 1.12 אִיעָצֵךְ נָא עֵצָה וּמַלְּטִי "당신이 당신의 생명과 당신의 아들 솔로몬의 생명을 구할 수 있도록 나는 충고하고 싶다" (ὅπως σώσῃς)(1); 욥 38.3 나는 너에게 묻고자 하며 너는 나에게 대답하여라(목적이나 결과)(40.7).

　　2) 지시형 다음에: 시 128.5 "야웨께서 시온에서 네게 복을 주시어, 너로 예루살렘의 아름다움을 보게 하기를 빈다 וּרְאֵה"; 렘 35.15 (지시형 다음에 명령형과 나란히 나온다).

　　3) 주로 첫 번째 명령형 다음에(그러나 וְ가 단순 병렬인지 종속인지는 문맥만 제시한다)(2). *divide et impera* (나누라 그리고 다스리라)라는 말을 다른 형태인 *divide ut imperes* (다스리기 위하여 나누라)와 비교하라. 대부분의 경우에 의미는 결과적으로 나온다: 창 42.18 זֹאת עֲשׂוּ וִחְיוּ 이것을 행하라 (그리하면) 너는 살 것이다(3); 왕하 5.13 רְחַץ וּטְהָר 씻으라 그리하면 너는 깨끗해질 것이다; 18.31 "나에게 항복하면 너희는 각각 자기 포도를 먹을 것이다(וְאִכְלוּ)."; 사 45.22 나에게 돌아오라 그리하면 너희는 구원을 받을 것이다; 렘 6.16 그 길을 걸으면 너희는 찾을 것이다; 암 5.4.6; 욥 21.5; 시 37.27 악에서 떠나고 선을 행하라. 그리하면 너희는 영원히 거하리니(병렬 바브와 함께하는 명령형 다음에); 잠 3.3-4; 7.2 "내 명령을 지키면 너는 살 것이다(וֶחְיֵה)"; 욥 2.9; 에 5.14 "나아가소서 *et sic ibis* laetus (וּבֹא)"(Vulg.); 가끔 첫 번째 명령형에서 멀리 떨어져 나오기도 한다: 렘 25.5. 목적의 의미로 왕상 13.7 "피로를 풀기 위해(וּסְעָדָה) 나와 함께 집으로 가게 하라." 명령형의 뜻으로 사용된 부정사 절대형 다음에서도 마찬가지이다(§ 123 *u*): 왕하 5.10 הָלוֹךְ .. וְטָהַר "가서 몸을 일곱 번 씻으라...그리하면 너는 깨끗해질 것이다"(비교, § *d*); 잠 13.20[크티브]: הָלוֹךְ .. וַחֲכָם "지혜자와 함께 걸으라 그리하면

한 점이다. 델리취(Franz Delitzsch)는 신약 성경을 히브리어로 번역하면서 명령형 대신에 2인칭 미래를 사용하고 있다(예, 요 16.24; 행 16.31).

1 소위 카이게 개정판(Kaige recension)으로 불려지는 후자는 형태적으로 히브리어 구문에 더 가깝다: καὶ ἐξελοῦ..

2 다른 의심스러운 예들이다: 출 14.16 וּבְקָעֵהוּ는 병렬(그리고 그것을 갈라지게 하라)보다는 결과적이다(그리고 너는 그것을 갈라지게 할 것이다).

3 대조, 민 4.19(참조, § 119 *m*).

너는 지혜로워질 것이다."

g   직설법 다음에서는 희소하게 나온다. 의문절에서(§ 161 *m*): 삼하 21.3 "내가 어떻게 하여야 하며 어떻게 속죄하여야 너희가 야웨의 기업에 복을 빌어주겠는가? וּבָרְכוּ?"(비교, § *e*, 욘 1.11).

h   **일반적 법칙.** 위에 제시된 개요를 볼 때 목적-결과를 가리키는 세 개의 간접 의지법은 동일한 방식으로 사용되고 있음이 분명해졌다. 따라서 다음과 같은 규칙이 만들어질 수 있다: 목적이나 결과를 표현하기 위하여 1인칭에서는 권유형, 2인칭에서는 명령형, 3인칭에서는 지시형이 사용된다. 여러 인칭의 예들: 삼상 28.22 "주의 여종의 소리를 들어주십시오 그리고 나서(결과) 제가 음식을 조금 드리게 하시고(권유형), 왕은 드시고(명령) 기운을 차리십시오(지시형)"; 창 12.1f. "네 고향을 떠나라... 그리고 내가 너를 큰 민족을 이루게 하고(권유형)... 그리고 너는 복의 근원이 되어라(명령)"; 왕하 5.10(지시형, § *d* 그리고 명령, § *f*); 욥 6.9-10(지시형, 권유형). 비교, § 169 *i*.

i   간접 의지법은 가끔 바브 없이 사용되거나 어떤 특별한 이유 때문에 바브가 동사형과 분리되어 나온다.

     ו와 분리된 권유형: 창 22.5에서 간접 권유형 וְנֵלְכָה 그리고 우리가 가리라. 대신에 וַאֲנִי וְהַנַּעַר נֵלְכָה 그리고 내가 아이와 함께 가리라가 나온다; 창 33.14 וַאֲנִי אֶתְנָהֲלָה 그리고 나로 말하자면, 내가 나아가겠습니다; ו 없이: 왕상 21.2b אֶתְּנָה; 시 55.7 אָעוּפָה "나에게 비둘기처럼 날개가 있다면! 나는 날아가 버릴 텐데"; 사 27.4; 시 119.17; 욥 9.32, 35; 23.4.

     ו와 분리된 지시형: 시 102.19 וְ .. יְהַלֶּל־יָהּ 그가 주님을 찬양하도록; ו 없이: 출 7.9b יְהִי 그것이 되리라; 욥 9.33 יָשֵׁת 그가 두도록; 40.32([한] 41.8) אַל־תּוֹסַף 너는 두 번 다시 하지 않을 것이다; 잠 3.8 תְּהִי 이것이 되리라.

     ו 없는 명령형: 잠 20.13 שְׂבַע 너는 만족할 것이다.

j   부정문에서 אַל과 함께 나오는 의지형은 목적-결과를 표현하는 데 거의 사용되지 않는다; 일반적으로 לֹא와 직설법을 사용한다[1]. 예, 1인칭: 창 42.2 "곡식을 조금 사서 우리가 살게 하라(지시형) 그리고 우리가 죽지 않도

---

[1] 마 7.1 Μὴ κρίνετε, ἵνα μὴ κριθῆτε (비판을 받지 않으려면 비판하지 마라)와 눅 6.37 μὴ κρίνετε, καὶ οὐ μὴ κριθῆτε (비판하지 마라. 그리하면 너희가 비판을 받지 아니할 것이다)는 동일한 방식으로 번역할 수 있다: אַל־תִּשְׁפְּטוּ וְלֹא תִשָּׁפֵטוּ.

록 해야 한다"; 2인칭에서: 레 10.9 "포도주를 마시지 마라... 그래야 너희는 죽지 않을 것이다(וְלֹא תָמֻ֫תוּ)"; 3인칭에서: 왕상 18.44 "마차를 갖추고 내려가서, 빗길에 막히지 않도록 하십시오(וְלֹא יַעֲצָרְכָ֫ה)"; 14.2 ; 사 8.10(결과).

לֹא과 의지법이 함께 나오는 예는 드물다(어떤 것은 의심스럽다): 민 11.15; 삼상 12.19; 시 69.15; 대하 35.21.

위에 제시된 예들을 볼 때 וְלֹא *ut non* "우리가 ~하지 않도록"은 직설법 다음에 나와야 한다는 결론을 내릴 수 있다. 신 17.17 "그의 마음이 곁길로 가지 않도록 그는 아내를 많이 두지 말 것이다 וְלֹא יָסוּר"; 창 14.23; 레 10.6; 렘 10.4.

이와 같이 אַל 대신에 לֹא를 사용하는 것은 레 10.9처럼 אַל이 주절에 사용되는 문장에서 나왔을 가능성이 있다; 그렇다면 וְלֹא는 단순 병렬이 아님을 가리키는 데 아주 유용하였을 것이다. 여기에서 וְלֹא를 *ut non* (그리고 아니다)의 뜻으로 사용하는 것이 확대되어 나왔을 수 있다(대조, 레 16.2 וְאַל, §177 *j*, 두 번째 각주).

§117. 시제의 도치

a 단순하게 연결하는 바브나 병렬 바브 다음에 나오는 카탈형과 익톨형은 바브 없이 나오는 것과 동일한 시간(time)과 시상(aspect)을 갖는다. 예로, וְקָטַל 그리고 그가 죽였다 등; וְיִקְטֹל 그리고 그가 죽일 것이다 등이다. 이와 반면에 주로 계승(succession)을 표현하는 강세 바브와 함께 나올 때, 이 형태들은 가능한 한 강세와 모음 표기가 수정되면서 전혀 다른 가치를 가지게 된다. 즉, 그 가치는 너무나 달라져서 바익톨 wayyiqtol은 거의 카탈과 같아지고, 베카탈(w-qatal)은 익톨과 같아진다. 이 형태를 변환된 형태(converted form)로 부르는 것은 경험적인 관찰에 근거한 것이다(그리고 바브와 함께 나올 때는 변환의 바브[Waw conversive]라고 한다). 그러나 우리는 도치된 형태(inverted form)로 부르고자 한다(그리고 바브와 함께 나올 때, 도치 바브[Waw inversive]라고 부른다). 이 용어는 w-qataltí의 경우처럼 의미의 도치와 강세의 도치(이동)를 둘 다 포함하여 설명할 수 있는 장점이 있다. 도치 바브형은 그 일차적이고 주된 용법에서 시간의 계승을

표현하므로, 보다 종합적이고 더 확실하게(*a potiori*), 계승의 바브(Waw of succession)로 불려질 수 있으며, 서법의 바브(modal Waw) 또는 간접 의지법의 목적-결과의 바브(final-consecutive Waw)와 대조를 이룬다([1]).

b   히브리어의 한 특징을 이루는(물론 절대적으로 유일한 것은 아니지만[2]) 바익톨형(wayyiqtol) 그리고 그가 죽였다 등과 베카탈티형(w-qataltí) 그리고 내가 죽일 것이다의 기원은 모호하다. 우리는 바익톨형(*wayyiqtol* [*wayyáqom*])에 있는 익톨형(*yiqtol* [*yáqom*]) 요소가 독자적으로 있는 익톨형(*yiqtol* [*yaqūm*])과 동일한 것인지 잘 모르며, 베카탈티형(*w-qatalti*)도 마찬가지이다. 어떤 문법학자들은 이와 같은 의구심이 없이 바익톨의 모든 의미를 단순한 익톨의 관점으로 설명하려고 하지만, 이것은 거의 불가능하다. 어쨌든 바익톨의 가치는 익톨과 대립되며, 강세의 위치도 다르기 때문에 바익톨은 익톨과 동일하지 않다고 가정할 수 있다.

c   이제 이것을 고대 가나안어와 함께 재구성해보면 다음과 같이 제시할 수 있다([3]). 가끔 접두사 활용(prefix conjugation)으로 일컬어진 접두사

---

[1] 소위 "바브 연속법"(*Waw consecutive*)이란 용어는 아래의 세 가지 이유 때문에 적절하지 않다. 1) 연속(*consecution*)이란 용어는 시간적 연속성보다 논리적 연속성(결과)을 묘사하는 데 더 적절한데, 이것은 가끔 시간적 연속성을 도치시키기도 한다. 2) 비록 도치 바브(Waw inversive)가 (논리적) 연속성을 표현하지만, 이것은 엄밀하게 그 일차적인 기능이 아니다. 3) 직접 명령형 다음에 2인칭에서 서법 동사(modal verb)와 함께 하는 연속성에서는 도치의 바브가 아니라 서법의 바브(modal Waw)가 실제적으로 사용된다; 이리하여 창 42.18에서 וִחְיוּ는 "그리고 너희는 살 것이다"(וִחְיִיתֶם)가 아니라 "이것을 행하라 그리고 (그 결과로서) 너희는 살 것이다"로 번역해야 한다(§ 116 *f*).
여기서 핵심 단어인 "계승"(succession)은 지나치게 협소하게 이해되어서는 안 된다. 이 계승의 바브(Waw of succession)와 연결되는 일련의 동사들은 엄격하게 이어져 나오는 동작을 반드시 시사하지는 않는다. 예, 민 23.7 וַיִּשָּׂא מְשָׁלוֹ וַיֹּאמַר 그리고 그가 그의 신탁을 전하였다, 말하기를; 겔 36.26 וְנָתַתִּי לָכֶם לֵב חָדָשׁ וְרוּחַ חֲדָשָׁה אֶתֵּן .. וַהֲסִרֹתִי אֶת-לֵב הָאֶבֶן .. וְנָתַתִּי לָכֶם לֵב בָּשָׂר 그리고 내가 너희에게 새 마음을 주고 내가 너희에게 새 영을 줄 것이다... 그리고 나는 굳은 마음을 제거하고... 그리고 부드러운 마음을 줄 것이다(또한 § 118 *k*를 보라).

[2] 이 현상은 페니키아어(Krahmalkov 1986 and Lemaire 1979-84: 141 보라)뿐 아니라 모압어에서도 입증되고 있다. 그러나 페니키아어와 우가릿어에 나타나는 증거들도 한정되어 있다(FRA, § 266, and Gordon, *UT*, § 9.5 보라). 결합체(syntagm) 전체에 대한 경우, 즉 어미음이 소실된 *yiqtol*의 과거형과 순간상(punctiliar)에 대한 논증은 최근에 고대 아람어에서 제기되고 있지만 좀 미약해 보인다(Muraoka 1998). 몇 개의 신빙성 있는 근거들은 ESA에서 확인되고 있다(Gruntfest 1999).

[3] 현재 문제되고 있는 상황(*status quaestionis*)에 대한 정리는 Rainey 1986에 잘 되어 있고, 그의 글에 대한 반응은 *Hebrew Studies* 29(1988) 7-42에 실린 일련의 논평과 토론을 보라(또한 Rainey 2. 221-64를 보라). 이런 최근 연구에도 불구하고, 이 문법책 원판(불어)에 제시된 주옹의 입장은 그 핵심적인 개요에 있어서 수정할 필요가 없어 보인다. 주옹은 베카탈티(w-qataltí)에서 밀라(mil'ra) 악센트와 함께 나오는 카탈티(qataltí)형의 기원은 /yaqūmu/와 /ya'qum/의 유추에서 설명할 수 있다는 탁

(preformatives)와 접미사(sufformatives)가 함께 나오는 시제 형태가 홀로 존재하였을 때(Bauer와 다른 학자들이 아마 바르게 가정한 것처럼), 이 형태는 최종 모음과 강세의 위치로 구별되는 최소한 네 개의 독자적인 형태를 갖고 있었을 것이다([1]).

	원시-히브리어	성서 히브리어 등가어
1. 직설법 그리고 현재-미래, 그리고 습관/반복적 과거	yaqū'mu	יָקוּם
2. 지시형 그리고 과거([2])	ya'qum	וַיָּקָם과 יָקֹם
3. 의지법	yaqū'ma	נָקוּמָה, אָקוּמָה
4. 강세형	yaqūm'an('na)	יְבוֹנֶנָה([3])

그렇다면 도치 바브에 결속되어 어미음이 소실된 밀엘 형태는 고대

월한 제안을 한 적 있다. 이 주장은 이후에 블레이크(Blake 1944: 284f.)와 하톰(Hartom 1951)이 검토했지만, 둘 다 주옹은 언급하지 않았다. 히브리어와 고대 가나안어의 차이점 가운데 중요한 점은 두 개의 강세 형태인 -un(n)a 와 -an(n)a를 가지고 있다는 점이다. 비록 후자는 단 한 번만 발견되므로 빈약하게 입증된다고 말할 수 있지만, (Rainey 2.234-44, 263-64를 보라) 아랍어에서는 단지 -an(na)만 나타나고 있기 때문에 블라우(Blau 1978a: 127)가 말하는 것처럼 히브리어 -enn-과 성서 아람어 -inn-은 -unn-에서 나와 달라진 것(dissimilation)으로 가정할 필요는 없다.

[1] 이 가정적인 강세 패턴은 성서 히브리어의 ע″ו 동사 형태와 두 개의 다른 변화 형태에서 깔끔한 설명을 제공하지만, 이와 비교할 수 있는 강세 패턴이 규칙 동사에도 존재했는지는 아직까지 해결되지 않았다. Goetze 1938와 Meyer 1958의 주장과 달리, 서북 셈어에서 iparras는 가능하지 않다 (Gordon, UT, § 9.2, 그리고 Fenton 1970 보라). 여기에서 그리고(italic)는 강조 의미가 있다.

[2] 지시형이 어떻게 과거 시제 형태로 사용될 수 있었는지에 대해서는, 이런 현상이 고전 아랍어에서 여전히 나타나고 있는 점을 기억해야 한다: lā taqum "일어나지 마라!"와 a lam taqum "너는 일어나지 않았다"를 비교하라(Muraoka 1975: 66-68을 보라). 헤츠론(Hetzron 1969a)은 과거형 ya'qtul과 지시형 yaqtul 사이에 있는 원-셈어와 원-히브리어의 대립은 삼상 22.15 אַל־יָשֵׂם과 창 2.8 וַיָּשֶׂם의 대립에서 그 증거를 찾을 수 있다고 논증하였다. 그러나 이와 반대 현상도 수없이 많이 나타난다. 그 예로, 출 10.28 אַל־תֹּסֶף과 8.25 אַל־יוֹסֵף의 대립을 제시할 수 있다. 이 /yaqum/은 일반적으로 아카드어의 /iprus/ 그가 나누었다와 동일한 것으로 규정된다. 그러나 아카드어의 유추를 지나치게 확대하면 안 된다. 왜냐하면 아카드어(그리고 어느 정도 고전 이디오피아어에서)와 나머지 셈어 사이에는 거의 메울 수 없는 간극이 있기 때문이다. 전자는 접미사 변화 외에도 (비록 순수하게 동사적인 것은 아니지만) 두 개의 접두사 "시제"(iprus 그리고 iparras)를 갖고 있지만, 후자는 오직 하나의 접두사 시제와 주로 동사적인 접미사 시제만 갖고 있다. 이 외에도 아카드어는 또 다른 접두사 시제로서 삽입된 t(iptaras)가 들어간 과거 완료형을 갖고 있으며, 이것은 다른 동족 언어에는 전무하다. 따라서 형태론적 차원에서 볼 때, 상호 유추는 지극히 제한된다.

[3] 어근 כונ 멸시하다를 선택한 것은 קום이 칼형에서 자동사이므로 목적 접미사를 취할 수 없기 때문이다. יְכוֹנֶנָה 그가 그녀를 일으킬 것이다(히필)는 우리의 논점을 잘 예증한다.

지시형-과거형의 혼적이라고 말할 수 있다; 밀엘 강세는 (접속사와 결합되어 일어나는) 이차적인 단축이나 약화된 결과가 아니라, 오히려 아주 초기에 도치 바브와 결합될 때부터 단단히 자리잡고 있었다고 생각할 수 있다; 바브의 파타흐도 고대의 것이다. 그렇지만 시문에서는 이 고대의 과거형이 도치 바브와 결합되지 않은 곳에서도 살아남아 있다. 예로서 과거의 습관이나 반복적 행동이나 사건이 아니라, 한 시점(punctiliar)에 일어나는 과거형 익톨, 즉 과거에 단 한번 일어난 행동을 가리키는 익톨형이 많이 나타난다. 예, 신 32.10 יִמְצָאֵ֫הוּ 그가 그를 찾았다; § 113 *h*에서 더 많은 예를 보라. 위의 첫 번째 예인 yaqū'mu에서, 어미 모음 /-u/는 독자 형태인 יָק֫וּם에 살아남아 있으며, 지속적(지속상), 반복적(반복상) 또는 습관적(습관상) 과거에도 사용되고 있다(§ 113 *f*). 이것을 유추해 볼 때 *qatálti* "내가 죽였다"와 같은 형태는 *qataltí* "내가 죽일 것이다"(강세의 도치에 의해)로 변하게 되었으며([1]), w-qataltí에 보존되었을 것이다([2]).

d 　　　바익톨형(wayyiqtol)과 베카탈티형(w-qataltí)의 바브는 계승의 개념을 별로 나타내지 않는다; 따라서 항상 그리고 나서(*and then*)로 번역하는 것은 과장된 것이다. 일반적으로 그리고(*and*)로 번역하는 것으로 충분하지만, 계승의 개념을 강조하는 단어를 첨가하는 것이 도움이 되거나 때로는 필요하기도 하다. 불가타역이 가끔 *et postea* "그리고 그 후에"로 번역하는 것이 옳다: 신 22.13 "어떤 사람이든지 아내를 맞이하고... 그리고 그 후에

---

[1] 참조, Joüon 1911: 403. 이 유추와 후대의 발전은 Hetzron 1969a: 9을 보라: "이것은.. *wə-qātal*이 미완료와 지시형을 둘 다 나타낼 수 있다는 사실로 입증된다."

[2] 성서 히브리어에 관한 한 킴론(Qimron 1977; 1998)의 이론은 설득력이 없다. 그는 *yaqtulu, yaqtul, and yaqtula*의 세 형태가 아주 깔끔하고 순수하게 형태적으로, 보충적으로 분포되어 나타난다고 본다. 즉, 첫 번째 형태는 절을 시작할 때 나타나지 않으며 나머지 둘은 나타난다(접속사 바브를 절-시작의 구성 요소로 계산하지 않음)고 한다. 그러나 자주 사용되는 동사 קוּם (Qal 1인칭 단수/복수, 2인칭 단수, 3인칭 남성/여성 단수)을 분석해 보면 133개의 절을 시작하는 경우는 킴론을 지지하며, 11개의 경우는 반대한다. נָתַן (Qal 1인칭)의 경우에서는 30개가 지지하고 22개가 반대한다. 이외에도 קוּם과 אַל יָק֫ם 사이에 있는 형태적 대립은 기능적 대립만으로 설명할 수 있다. 킴론이 절과 문장을 구분하고 있는지도 분명하지 않다. 또한 Florentin 2000-1과 Qimron 2000-1 보라. 어떤 이들은 카탈이 귀결절에서 접속사 바브로 시작되고 있음을 아마르나 가나안어와 우가릿어에서 찾아냈다: 스미스(Smith 1991: 6-15)가 제시한 개요와 토론을 보라. 성서 히브리어에 이와 유사한 용례들이 있지만(§ 176 *d*), 이것으로 성서 히브리어 도치 바브 완료를 모두 설명할 수 없으며, 조건절 문장의 조건(!)에서도 베카탈티형(w-qataltí)은 드물게 나타난다는 점도 고려해야 한다(예, 창 28.20f., 32.9, 18). 형태적, 구문적 귀결절과(조건절의) 의미론적 귀결절을 일치시키는 것은 논리적으로 너무 큰 비약이다.

(*et postea*) 그를 미워하여 וַיִּשְׂנָאֶהָ"; 레 4.14(참조, 23절); 왕상 14.28 "그
들이 그것(놋 방패들)을 들고 갔다가…그리고 그 후에(*et postea*) 도로 갔다
두었다." 레 16.4에서 וְלָבֵשָׁם은 그리고 (오직) 그리고 나서 그가 그것을 입어야
한다를 뜻한다.

e   도치 바브(Waw inversive)는 어느 정도 다양한 **이차적 의미**를 갖
고 있으며 그 중 논리적 결과가 가장 일반적이다. 이 의미는 그 다음에(*after
that*)를 뜻하는 계승의 의미에서 자연스럽게 발전한 것이다. 이와 같은 의미
론적(발전) 과정은 수많은 언어에서 빈번하게 일어나는 현상이다(¹).

§ 118. 바익톨형(도치된 미래 [미완료])

a   바익톨형(wayyiqtol [wayyáqom])은 강세 바브(·ן)의 강한 모음 표
기, 의무적인 중복[§ 47 *a*], 그리고 파타흐)(²)와 가능한 한 밀엘(mil'el) 강
세와 함께 나오는 익톨형(yiqtol [yáqom])으로 구성된다. 이것을 독자적으
로 존재하는 익톨형(yiqtol) 그가 죽일 것이다 등과 강세의 위치 및 의미를 비
교해 볼 때, 우리는 도치된 익톨(inverted yiqtol)이라고 부를 수 있을 것이
다. 그렇지만 이것은 카탈형과 거의 같은 값을 가지며, 여기에다가 주로 계
승 개념을 추가하고 있다: 그것은 카탈의 대용이라고 할 수 있다.

b   **상태** 동사들은 별로 까다롭지 않다; 이리하여 상태적인 의미로 사
용되는 וַיְהִי는 הָיָה와 동일하며 *et erat*("and it was" 그리고 그것은 ~이었
다), *et fuit*("and it has been" 그리고 그것은 ~하였다)를 뜻한다. 동작적인
의미로 사용될 때는 동작의 הָיָה와 동일하며, 일반적으로 *et evēnit*("and it
happened" 그리고 그것이 일어났다), *et factum est*("and it came to pass"
그리고 그것이 일어났다)를 뜻한다; 가끔 *eveniebat*("it would happen" 그
것은 일어났을 것이다)와 *fiebat*("it would come to pass" 그것은 이루어졌
을 것이다)로 잘못 사용되기도 한다: 왕상 14.28; 왕하 4.8*b*; 대하 24.11;

---

¹ 비교, 불어 *puis* (*then*), *puisque* (*since*); *par la suite* (*thereafter*), *par suite* (*by*).

² 바브의 특별한 발음은 오리겐 헥사플라 제2행(Secunda)과 사마리아 오경 히브리어에는 알려지지
않았다: Brønno, *Studien*, 236f., and Ben-Ḥayyim, § 2.9.4. 그러나 위의 § 47 *a*를 보라.

민 10.35(§ *n*); 참조, § 111 *i*; 왕상 7.14 וַיְמַלֵּא 그리고 그는 두루 갖추었다. 또한 창 25.28 וַיֶּאֱהַב יִצְחָק אֶת־עֵשָׂו 그리고 이삭은 에서를 사랑하였다라는 문장에 וְרִבְקָה אֹהֶבֶת אֶת־יַעֲקֹב 리브가는 야곱을 사랑하였다가 뒤따르고 있음을 보라(LXX: ἠγάπησεν .. ἠγάπα); 삿 16.4 וַיְהִי אַחֲרֵי־כֵן וַיֶּאֱהַב אִשָּׁה בְּנַחַל שֹׂרֵק 이후에 그가 소렉 골짜기에 사는 한 여자를 사랑하게 되었다; 삼상 3.15 וַיִּשְׁכַּב שְׁמוּאֵל עַד־הַבֹּקֶר 그리고 사무엘은 아침이 될 때까지 누워 있었다(¹). 따라서 강세 바브와 함께 나오는 상태 동사는 반드시 과거에 지배적이었던 상태가 계속되고 있음을 표시하는 것이 아니라, 새로운 상태가 출현하는 것을 가리킨다. 이것은 이 같은 동사들의 베카탈티형(w-qaltí)에도 적용된다(²): 삿 6.37 וְיָדַעְתִּי 그러면 내가 알 것입니다(LXX: γνώσομαι).

c   A) 바익톨형(wayyiqtol)은 동작 동사의 카탈형처럼, **단독적이고 즉각적인 동작이 과거 영역**에 일어났을 때 주로 사용된다: 바브는 주로 **계승**(succession) 개념을 덧붙이고 있다(³). 이 형태는 내러티브에서 아주 일반적으로 나온다; 삼하 12.20의 단 한 절에는 10개의 바익톨이 나오고 있다(⁴). 일반적으로 내러티브는 카탈(역사적 완료)로 시작하고 바익톨로 이어지며, 필요하다면 또 다른 바익톨들이 뒤따르며, 어떤 특별한 이유 없이 이 연속은 깨지지 않는다(§ *d-g*). 그러나 바익톨형은 그 과거 시제의 기능과 너무나 밀접하게 연결되어 있기 때문에 내러티브의 시작 부분에서나, 또는 최소한 상대적인 시작 부분에서 사용된다(⁵). 예들: 창 14.5ff. "제십사 년 째에 그돌라오멜은 왔고(בָּא), 르바족(Rephaim)을 쳤고(וַיַּכּוּ)..,(7절) 그리고 돌

---

¹ עַד הַבֹּקֶר는 반드시 וַיִּשְׁכַּב의 지속상(durativity)을 표시하는 것은 아니다. 불가타 *Dormivit* [*dormiebat!*가 아님] 페쉬타 *usque mane*와 창 47.26 וַיָּשֶׂם אֹתָהּ יוֹסֵף לְחֹק עַד־הַיּוֹם הַזֶּה 그리고 요셉이 그것을 규례로 만들었으며 그것은 오늘날까지 유효하다에 나오는 바와 같은 표준적인 עַד 구를 참조하라.

² 이것은 바익톨 형태의 목적성(telicity)을 주장하는 Goldfajn(1998: 71)과 다른 입장이다.

³ 참조, Luzzatto 1853: § 1271: "La forma colla וְ è la forma più usitata pel passato storico, la quale sembra essenzialmente destinata ad esprimere la successione degli avvenimenti, p. 특히 창 1. 3."

⁴ 이리하여 이 형태는 수많은 텍스트 언어학(text-linguistic) 연구에서 가장 탁월한 히브리어 내러티브 동사로 각광을 받고 있다(Dawson 1994: 126).

⁵ 또한 책의 서두에도 나오며 여호수아, 사사기, 사무엘상, 사무엘하, 룻, 에스더, 느헤미야는 וַיְהִי로 시작한다. 레위기, 민수기, 왕하, 에스겔, 역대하도 바익톨로 시작한다. 수 1.1에 대한 Radaq의 토론을 보라. 이 관성(inertia, 또는 시스템 제어[Systemzwang])는 바익톨이 예외적으로 빈번하게 사용되는 것에 대한 설명이 될 수 있다(아래 § *n* 참조).

아갔다(וַיֵּשֶׁב) 등.”; 창 4.1ff.; 삿 18.24. 상태 동사 카탈 다음에서: 창 3.1 “뱀은 간교하였다(הָיָה)...; 그가 말했다(וַיֹּאמֶר)”(즉, 엄밀하게 말하면, 계승 없이 느슨하게 사용된다).

d   바익톨 구문의 특성을 이루는 이러한 계승 개념은 성서 저자들이 계승을 표현하고 싶어하지 않을 때 의도적으로 이 형태(wayyiqtol)를 피하고 베-..카탈(w- .. qatal)로 대체하는 데서 특히 명백해진다.

    1) 이리하여 두 번째 동작이 첫 번째 동작보다 **먼저 나올 때**: 왕상 22.23 “야웨께서 거짓말하는 영을 당신의 모든 선지자들의 입에 넣으셨고(נָתַן) 그리고(=왜냐하면) 야웨께서는 당신에게 재앙을 내리기로 결정하셨다”(יהוה를 반복한 것은 וְ가 דִּבֶּר에서 분리되어야 하는 것이 문법적으로 필요했기 때문이다. 참조, § 166 *a*).

    특히 카탈이나 바익톨 다음에 나오는 베-..카탈(w- .. qatal)은 내러티브에서 일반적이며, 몇몇 유럽 언어에 있는 **과거 완료**와 일치한다(참조, § 112 *c*): 창 31.33*b*-34 “그는 레아의 장막에서 나와(וַיֵּצֵא), 라헬의 장막에 들어갔다(וַיָּבֹא). (34절) 이때 라헬은 드라빔을 (이미) 취하여(לָקְחָה) 낙타 안장 속에 두었다(וַתְּשִׂמֵם)...”(낙타 안장 속에 둔 마지막 행동은 바로 앞에 있는 드라빔을 취한 행동보다 후에 일어나기 때문에, 저자는 바익톨 형으로 되돌아간다)([1]); 삼상 28.3 “사무엘이 죽었으므로(וּשְׁמוּאֵל מֵת) 온 이스라엘이 그의 죽음을 슬퍼하였고(וַיִּסְפְּדוּ-לוֹ) 그를 그의 고향 라마에 묻었었다(וַיִּקְבְּרֻהוּ). 한편 사울은 무당과 박수를 나라에서 몰아내었었다(וְשָׁאוּל הֵסִיר)”; 삼하 18.18; 왕상 22.31; 왕하 4.31; 25.5. 히브리어는 이와 같이 바익톨을 이런 식으로 회피하는 것 외에는 과거 완료 값을 표현할 길이 없었다([2]); 참조, § 166 *j*.

---

[1] 과거 완료 의미로 나오는 카탈 다음에는 주로 바익톨형이 나오며, 이것은 카탈과의 관계에서 행동의 후대성을 표현한다. 예, 창 26.18 “그들은 아브라함 때 팠던(חָפְרוּ) 우물을 팠다. 그것은 블레셋 사람들이 메워버렸던 것들이다(וַיְסַתְּמוּם).”

[2] 만약 바익톨이 과거 완료의 값을 갖는다면 문법적으로 매우 비정상적이 될 것이다. 참조, König, § 142; Driver, *Tenses*, § 76 관찰에 어려움을 주는 주된 예들이 토론되고 있다. 예로, 수 2.4 וַתִּקַּח הָאִשָּׁה אֶת שְׁנֵי הָאֲנָשִׁים에 대하여 킴히(Kimchi)는 라합이 왕의 사자가 도착하기 전에 행동한 것으로 해석한다. 그러나 왕의 메시지는 라합이 이스라엘 정탐꾼들을 숨길 수 있는 시간을 갖도록 간접적으로 전달되었을 수 있다. 참조, 삿 3.19f. 또한 삼상 1.20에 대한 킴히의 해석과 제빗 (Zevit 1998: 15-21)을 보라.

da 위에 언급된 형식적인 조건에 맞는 카탈이라고 해서 한 행동이 과거에 있었던 다른 행동보다 모두 선행하는 것은 아니다. 일반적으로 최종 결정은 대부분 문맥에 따라 고려된다. 예, 창 1.5 וַיִּקְרָא אֱלֹהִים לָאוֹר יוֹם וְלַחֹשֶׁךְ קָרָא לָיְלָה 준-교차대구법으로 짜여진 구문에서 대조는 조절의 기능을 하고 있을 뿐이다. §*f*를 보라. 이와 같이 창 4.2 וַיְהִי הֶבֶל רֹעֵה צֹאן וְקַיִן הָיָה עֹבֵד אֲדָמָה; 4.3 f. וַיָּבֵא קַיִן מִפְּרִי הָאֲדָמָה .. וְהֶבֶל הֵבִיא גַם הוּא מִבְּכֹרוֹת צֹאנוֹ. 또한 창 7.11; 27.30; 31.47. 이 연결소는 내러티브에서 새로운 전환을 표시하며 새로운 인물을 등장시킨다: 창 2.25-3.1 וַיִּהְיוּ שְׁנֵיהֶם עֲרוּמִּים .. וְהַנָּחָשׁ הָיָה עָרוּם מִכֹּל חַיַּת הַשָּׂדֶה 내러티브에서 배경 정보를 제공할 때 이 연결소를 사용하게 된다: 창 37.3 וְיִשְׂרָאֵל אָהַב אֶת־יוֹסֵף מִכָּל־בָּנָיו.

e 2) 또한 바익톨은 사실상 비록 행동이 후속적이라도 그렇게 표현되지 않는다면 나오지 않는다: 왕상 2.8 "그는 내가 마하나임을 떠날 때 나를 악한 말로 모욕하였다; 그러나 그는 나를 맞으려고 요단에 내려왔다 (וְהוּא יָרַד)"(다윗은 두 번째 행동을 후속적으로 묘사하지 않고 첫 번째 행동과 대립된 것으로 표현한다). 두 주체의 대비: 출 9.23; 10.13; 삼하 10.14; 왕상 19.4; 왕하 5.25; 9.11.

f 3) 바익톨은 만약 두 번째 행동이 **동시적**이거나 그렇게 묘사된다면 나오지 않는다: 창 1.5 "하나님이 빛을 '낮'이라 부르시고(וַיִּקְרָא), 어둠을 '밤'이라 부르셨다(וְלַחֹשֶׁךְ קָרָא)." 이 현상은 특히 이렇게 대비하는 경우에 일반적으로 나온다. 어순 도치나 교차 대구(chiasmus)는 히브리어에서 매우 일반적이며, 바로 위에서 인용한 예처럼 베-..카탈(w- .. qatal)을 자연스럽게 사용한다. 다른 예들: 창 11.3b; 삿 6.40*b*; 7.3b; 삼상 15.34 "사무엘은 라마로 갔고 사울은 올라갔다...(וְשָׁאוּל עָלָה)"(두 사람이 헤어질 때 항상 이렇다); 왕상 13.5 제단이 또한 갈라졌다; 왕상 22.41(וַיִּמְלֹךְ은 여호사밧이 아하시야가 죽은 후에도 다스렸음을 시사할 수 있다); 룻 1.14; 대상 14.17; 대하 20.18(참조, § 166 *c*).

g 4) 반복의 경우에, 행동은 후속적으로 묘사될 수 없으므로 바익톨이 사용되지 않는다: 삼하 3.23 "이리하여 요압과 함께 한 모든 군대가...돌아왔다(וְיוֹאָב .. בָּאוּ)"(22절 반복); 왕상 20.19 그들이 나갔다(17절 반복); 겔 3.14(12절 반복).

 요약하자면, 동작이 계승되지 않거나 또는 그렇게 묘사되지 않을 때에는 바익톨 다음에 또 다른 바익톨을 사용하지 않는다. 이처럼 바익톨은 최우선적으로 계승을 표현하는 형태이다. 베카탈티(w-qataltí)를 피하는 것은 §119 *d*를 비교하라.

h　　　바익톨은 시간적인 계승을 중심적으로 표현하는 것 외에도 가끔(논리적) **결과**(consecution)를 표현한다: 창 12.19 "너는 왜 그를 너의 누이라고 하여, 결과적으로(וָאֶקַּח) 내가 그를 나의 아내로 삼게 하였느냐?" 또한 의문절에서: 창 31.27 이리하여(=결과적으로) 내가 너를 (기쁘게 떠나) 보내지 않았겠는가?([1]). 비의문절의 경우: 렘 20.17; 아마 창 39.2; 욥 2.3.

i　　　바익톨은 **결론**이나 **요약**으로도 사용된다: 창 23.20 "이리하여 그 밭은 아브라함의 소유로 확정되었다(וַיָּקָם)"; 2.1; 수 10.40; 삼상 17.50; 30.3; 31.6; 삼하 24.8; 룻 1.22. 이런 예에서 계승은 찾아볼 수 없다.

ia　　　이와 동일하게 일반적이지만, 약간 다른 형태의 **요약** 기능을 가진 바익톨이 있다. 이것은 연대적으로 바로 앞에 제시된 동작을 뒤따르는 과거의 동작을 뜻하지만, 뒤따라 나오는 동사로 더 자세히 설명되는 동작이다: 예, 민 23.2 .. וַיַּעַשׂ בָּלָק כַּאֲשֶׁר דִּבֶּר בִּלְעָם וַיַּעַל בָּלָק וּבִלְעָם פָּר 발락은 발람이 말한 대로 하였고, 발락과 발람은 수송아지를 드렸다…; 이것을 관용적인 영어로 번역한다면, "…offering a bull…"이 되고, 독일어로는 "…indem Balak und Balam einen jungen Stier opferten"이 된다. 수 4.8 등 여러 곳도 마찬가지이다. 이러한 관용어는 앞 단락에서 설명된 것과 뒤따라 나오면서 설명되는 것을 교차시켜 주는 역할을 한다.

j　　　바브가 **설명적** 기능을 할 때에는 계승이 더욱 약화된다. 예로서, 이름을 설명할 때: 출 2.10: "그가 그의 이름을 모세라 하고, 말하기를(וַתֹּאמֶר): 내가 그를 물에서 건져내었기 때문이다"; 삼상 7.12([2]).(동일한 상황이 창 16.13 כִּי אָמְרָה, 출 2.22, 또는 לֵאמֹר [*dicendo* ="이르기를"] 삼상 4.21에 나온다).

또 다른 경우에서는 단순한 발전(즉, *nempe*)을 설명할 때 사용된다. 예로서, 일반적 의미를 지닌 עָשָׂה 동사의 발전: 왕상 18.13 "누군가 내 주께 내가 한 일을 말해주지 않았습니까.. ..선지자 백 명을 내가 어떻게 감추었는지

---

[1] 비과거(non-past) 시제의 절에서: 사 51.12; 시 144.3; 욥 11.3; 그러나 모음 표기가 의심스럽다.

[2] 아마 여기에서 동사 קָרָא는 발언 동사(verbum dicendi)가 아닐 수 있다: 그녀는 그의 이름을 "모세"로 선택하였다.

(וָאֹהֲבָה)?"; 창 31.26; 삼상 8.8; 왕상 2.5. 상당히 빈번하게 וַיֹּאמֶר는 לֵאמֹר 와 마찬가지로 상황의 진전을 소개한다: 삿 11.30 "그가 서원하였다, 즉 …"; 왕상 21.4: "나봇이 한 말에 대하여, 즉 …"[1].

또한 베카탈티(*w-qatalti*)와 함께: 대상 4.10 אִם בָּרֵךְ תְּבָרֲכֵנִי וְהִרְבִּיתָ אֶת־גְּבוּלִי 주께서 참으로 내게 복을 주셔서 내 지경을 넓혀주신다면…

k 바익톨은 이야기 속에 너무나 빈번하게 나타나기 때문에 이 형태 는 그 사용과 오용이 갈수록 확대되었다. 이것은 뚜렷한 이유 없이 연속성 (sequence)이 깨어지지 않는 곳에 나오는 만큼, 계승이 없는 곳에도 자주 나 온다. 그래서 먹고(eating) 마시는(drinking) 동작은 동시적으로 여겨지지만 (참조, 렘 22.15 אָכַל וְשָׁתָה 단순 병렬), 왕상 19.6에는 וַיֹּאכַל וַיֵּשְׁתְּ וַיִּשְׁכָּב 그가 먹었고, 그리고 그가 마셨고, 그리고 그가 (다시) 누웠다로 나온다(וְהוּא שָׁתָה 가 아니다). 룻 2.3 וַיִּקֶר, 그것은 공교롭게도 그렇게 되었다에는 계승 개념이 없으 며, 동시적 상황을 보여준다; 이와 같이 וַיֹּאמֶר도 마찬가지이다. 삼상 25.5; 왕 하 1.2. וַיֹּאמֶר는 삿 16.23, 삼상 18.11에서 논리적으로 선행되는 상황에 사 용된다(이 모든 경우에 לֵאמֹר가 사용될 수도 있다). 이런 관점만이 수 4.11의 וַיְהִי כַּאֲשֶׁר־תַּם כָּל־הָעָם לַעֲבוֹר וַיַּעֲבֹר אֲרוֹן־יְהוָה וְהַכֹּהֲנִים לִפְנֵי הָעָם׃[2]에 이어 12절의 וַיַּעַבְרוּ בְּנֵי־רְאוּבֵן..에 있는 두 가지의 명백한 모순을 해결할 수 있을 것이다.

l 히브리어에서 **비-정시제**(부정사 § 124 *q*; 또는 분사 § 121 *j*)는 관습 적으로 강세 바브와 함께 나오는 정시제와 이어지기 때문에 이 경우 바익톨 은 계승 개념을 갖지 않는다. 예로, 창 39.18 כַּהֲרִימִי קוֹלִי וָאֶקְרָא 내가 소 리를 높이고 불렀을 때; 왕상 8.7 "그룹들이 날개를 펼치고(פֹּרְשִׂים)… 궤와 채 를 덮고 있었다(וַיָּסֹכּוּ)"(불어 "미완료"[imparfait]의 의미 § *n*); § 119 *g* 참조.

m 히브리어는 관습적으로 강세 바브를 **귀결**(절)에서 사용하므로, 이 경우 바익톨은 계승의 개념을 갖지 않는다(§ 176 *b*).

n 불어 "미완료"(imparfait)의 용법, 즉 과거에 빈번했던 동작을 가리 키는 뜻인 바익톨은 히브리어에서 좀 희소하다. 이런 용법은 비정상적이며

---

[1] 하타브(Hatav 2000: 17-26)는 וַיֹּאמֶר로 시작되는 직접 화법과 לֵאמֹר로 시작되는 것을 구별하지 만, 창 9.8 וַיֹּאמֶר אֱלֹהִים .. לֵאמֹר와 같은 경우는 설명하지 않는다(p. 24).

[2] 그렇지 않다면 Rashi의 말대로, לִפְנֵי הָעָם은 "백성들을 충분히 고려하고"라는 뜻이 될 것이다.

부적절하다: 정상적인 형태는 베카탈티(*w-qataltí*)이다(강세 바브와 함께; 우리가 베-익톨(*w-yiqtol*)에서 보는 단순 병렬 바브와 함께, § 113 *e*): 호 2.15[한 13절] תַּקְטִיר לָהֶם וַתַּעַד 그가 그들을 위하여 향을 피우며, 그리고 자신을 단장하고(과거 빈번상의 익톨 다음에서); 창 37.7 "당신들의 단들은 내 단을 둘러싸서(תְּסֻבֶּינָה) 절하였습니다(וַתִּשְׁתַּחֲוֶיןָ)"(같은 현상); 삼상 14.52 "사울은 힘센 사람을 보면(וְרָאָה), 그에게 불러 모았다(וַיַּאַסְפֵהוּ)"(빈번상의 베카탈티(w-qataltí) 다음에서; 우리는 두 번째 베카탈티(w-qataltí) וַיַּאַסְפוּ를 기대하였다); 삼하 15.2 וַיִּקְרָא 그는 부르곤 하였다(같은 현상; 그러나 여기에서 저자는 특정한 경우로 관심을 돌린다. 그러면서 6절에서는 두 개의 바익톨을 사용하여 이전 기사를 전반적으로 요약하며 되돌아간다[1]); 렘 6.17(만약 본문이 정확하다면; 그러나 LXX를 따라 ו 없이 הֲקִימֹתִי로 읽으라); 삿 12.5 וַיֹּאמְרוּ (아마 저자는 특정한 경우로 관심을 돌린 것 같다); 렘 18.4 "그릇이 잘 만들어지지 않으면, 그(토기장이)는 다시 빚을 것이다(וְשָׁב וַיַּעֲשֵׂהוּ)." 삼상 2.15-16에서 וְאָמַר가 두 번 나타나는 중간에 나오는 וַיֹּאמֶר는 이상하다[2]. 이런 부적절한 용도는 주로 וַיְהִי와 함께 나온다, § *b*(참조, § 111 *i*): 민 10.35(대조, וְהָיָה 출 33.8); 삼하 15.2(대조, וְהָיָה 5절). 이 모든 경우에서 빈번상의 뉘앙스는 형식 속에 표현되지 않으며 문맥에서 추론된다: 느 8.3 וַיִּקְרָא-בוֹ .. מִן-הָאוֹר עַד מַחֲצִית הַיּוֹם 그가 새벽부터 정오까지...그것을 읽었다; 8.18 וַיִּקְרָא .. יוֹם בְּיוֹם ...날마다; 삼상 11.11 וַיַּכּוּ .. עַד חֹם הַיּוֹם ... 그들은 날이 더워질 때까지 쳤다.

o   비록 바익톨은 카탈처럼 주로 과거 영역에 사용되지만(§ *c-n*), 때로는 현재나 미래에도 사용된다. 그러나 항상 그 앞에 현재나 미래 동작을 가리키는 동사 형태가 있어야 한다[3].

          B) 현재. 카탈처럼 즉각적 행동의 현재 의미(§ 112 *f*): 민 31.50 וַנַּקְרֵב 이리하여(결과적으로), 우리는 드립니다(바브 없이 쓴다면 הִקְרַבְנוּ). 이와 같은 문맥에서는 바브가 나타날 가능성이 거의 없기 때문에, 이런 경우는 매우 드물

---

[1] Renaud Kuty와 개인적 토론을 나누고 내린 결론이다(2005. 11. 05).

[2] 그러나 삼상 17.35에서 w-qaltatí 형태들 중앙에 וָאָקֻם이 나타나고 있음을 비교하라(참조, Driver ad loc.); 이것은 아마 다양성을 위한 것 같다(주어의 변화가 있음).

[3] 예외, 시 119.90은 과거 다음에 나온다: כּוֹנַנְתָּ אֶרֶץ וַתַּעֲמֹד 주께서 땅을 세우셨고 그것은 항상 그대로 있다.

다. 현재를 가리키는 바익톨이 바브 없이 사용되는 경우에는 카탈이 아닌 익
톨(병렬 바브와 함께, 베-익톨[w-yiqtol])이 사용될 때 가끔 발견된다(¹). 이것
은 특정 상황에서 일어난다.

p   현재 의미를 가진 상태 동사 카탈 다음에(§ 112 *a*): 사 3.16 "시온의 딸
들은 교만하여 גָּבְהוּ 목을 쭉 빼고 걷는다 וַתֵּלַכְנָה"(그들이 걷는다 תֵּלַכְנָה가 뒤
따른다; 두 형태는 동일하게 빈번상을 뜻하는 현재의 가치를 갖고 있다); 시
16.9(만약 여기에서 שָׂמַח가 현재 의미라면: 이 가능성이 높다);

           시 45.8 אָהַבְתָּ צֶּדֶק וַתִּשְׂנָא רֶשַׁע 당신은 정의를 사랑하고 불의를 미워한
다(카탈처럼 현재 의미를 지닌 상태 동사의 바익톨). 행동의 카탈 다음에: 시
41.13 תָּמַכְתָּ בִּי וַתַּצִּיבֵנִי "주께서는 나를 붙들어주시고 주 앞에 영원히 세워주십
니다"(카탈형은 § 112 *e* 참조); 욥 11.11 יָדַע וַיֵּרָא .. 그는 아시고 ... 그는 보신다
(카탈형은 § 112 *a* 참조).

q   현재 의미를 가진 익톨 다음에(§ 113 *c*). 이런 용법은 희소하며 바브
의 모음 표기가 가끔 의심스럽다: 시 42.6 וּמַה-תֶּהֱמִי(12절 תֶּהֱמִי 참조); 합
1.9-10(미래보다는 현재); 욥 7.18; 14.10; 34.24(²); 삼상 2.29 וַתְּכַבֵּד (과
거보다는 현재). 비교, 베카탈티(w-qataltí) § 119 *q*.

r   현재의 의미를 가진 분사형 다음에서(참조, § 121 *j*): 삼하 19.2
הִנֵּה הַמֶּלֶךְ בֹּכֶה וַיִּתְאַבֵּל "보라, 왕이 압살롬을 위하여 울고 슬퍼한
다"(וּמִתְאַבֵּל(³) 또는 וַיִּתְאַבֵּל로 동일한 뜻을 표현할 수 있다); 삼상 2.6(시
문) וַיָּעַל 그가 다시 일으키신다(비교, 평행절에서는 분사형 מְחַיֶּה가 나옴);
사 51.15; 암 5.8(카탈은 § 112 *l* 참조); 9.5-6; 나 1.4; 시 18.33; 34.8;
잠 20.26; 욥 12.22-24; 사 29.15(분사형 뒤와 현재 의미를 갖는 베카탈티
[w-qataltí] 다음에서 § 119 *r*). 이와 같이 명사절 다음에서도: 잠 30.25; 시
50.16. 비교, 베카탈티(w-qataltí) § 119 *r*.

s   C) **미래** 영역에서 바익톨(카탈처럼, § 112 *g-h*)은 희소하다. 예언적 완료
다음에서: (§ 112 *h*): 사 9.5; 욜 2.23. 이와 같이 바익톨은 비록 미래 사건을 가리키

---

¹ 따라서 우리는 가끔 바브가 정확하게 읽혀지고 있는지 의심하게 된다. 참조, Groß 1976.

² 비교, 욥 5.18 וְיֶחְבָּשׁ (그는 아프게 하시고) 그리고 싸매신다(계승되고 있으므로 יִ를 더욱 기대
하게 된다).

³ 그러나 분사 다음에서는 바브 도치 용법을 요청한다; וְהִתְאַבֵּל은 그리고 그가 슬퍼한다를 뜻할
수 있다. § 119 *r*.

지만, 다른 미래 사건이 뒤따르는 사건을 표시하기 위해 사용될 수 있다: 겔 33.2-4 내 אָבִיא עָלֶיהָ חֶרֶב .. וְשָׁמַע הַשֹּׁמֵעַ .. וְלֹא נִזְהָר וַתָּבוֹא חֶרֶב וַתִּקָּחֵהוּ 가 그곳에 칼을 가져오리라...그리고 어떤 사람이 듣고...그리고 경고를 듣지 않았으면, 칼이 그에게 임하여 그를 취할 것이다. 이 문장은 바로 다음에 דָּמוֹ בְרֹאשׁוֹ יִהְיֶה 그가 그의 죽음에 대하여 책임을 질 것이다라는 귀결절이 뒤따라 나온다.

t **결론**. 우리는 바익톨이 일반적으로 카탈과 일치함을 볼 수 있다: 둘 다 주로 과거 값을 가지며 유일하고 즉각적인 행동을 설명해 준다(¹). 반면에 바익톨은 익톨과 근본적으로 다르다: 1) 익톨은 그 자체로는 과거 시제 값을 갖지 않는다; 2) 익톨의 주된 시간 값인 미래는 바익톨에 거의 없다; 3) 익톨의 빈번상은 바익톨에 상대적으로 희소하며 적절하지 않다.

u 히브리 저자가 사용하는 바익톨형과 강세 바브는 너무나 방대하기 때문에, 이 형태의 원래 영향은 점차 상실되었으며 거의 느낄 수 없게 되었다. 이런 오용 때문에 이 형태는 점점 쇠퇴하게 되었으며, 특히 아람어의 영향으로 더 심화되어 발전하였다; § 119 *za*를 보라. 바익톨과 강세 바브를 가진 병행 형태인 베카탈티(w-qataltí)는 미쉬나 히브리어에는 나오지 않는다(²).

바익톨을 비정상적으로 생략하는 경우는 § 119 *z*을 보라.

v וְיִקְטְלָה는 가끔 주로 후기 책에서 וָאֶקְטֹל과 같은 용도로 사용된다: 창 41.11 וַנַּחַלְמָה 그리고 우리가 꿈을 꾸었다; 스 7.28 וָאֶקְבְּצָה 그리고 내가 모았다; 더 자세한 예들은 Berg., II, p. 23, 위의 § 47 *d*를 보라.

§ 119. 베카탈티형(도치된 완료)

a 도치된 형태인 베카탈티(w-qataltí)에 대한 설명은 도치된 형태의 바익톨에 대한 설명과 유사하다.

이 형태는 강세 바브(약한 모음 표기 וְ 등과 함께 § 43 *a*, 3rd n.)와

---

¹ 예, "그리고 그가 죽였다, 그리고 그는 죽였다"(*and he has killed, and he killed*)는 이런 식으로 표현된다: 계승 개념 없이: *qatal* 다음에서: וְקָטַל; 바익톨 다음에서: קָטַל .. וְ; 계승 개념으로: 카탈이나 바익톨 다음에서: וַיִּקְטֹל.

² 이처럼 아랍어 회화체 방언에서도 강세 형태인 그리고(*fa*)는 일반적으로 사라지게 되었다.

카탈, 가능할 때마다 밀라 강세(예, qatáltí)로 구성된다. 단독으로 있는 형태인 카탈(qatálti) 그가 죽였다 등과 비교할 때, 베카탈티(w-qataltí)는 강세 위치와 의미에서 도치된 카탈형으로 설명할 수 있다. 반면에 이것은 익톨형과 거의 동일한 값을 가지며, 여기에 주로 계승 개념이 추가된다.

미래를 가리키는 익톨이 상태나 과정(fientive)을 지시할 수 있는 것처럼 베카탈티형(w-qataltí)도 마찬가지이다. 상태 동사: 창 2.6 אֵד יַעֲלֶה .. וְהִשְׁקָה 안개가 올라와.. 그리고 적신다: 과정 동사; 창 12.12 יִרְאוּ אֹתָךְ .. וְאָמְרוּ .. וְהָרְגוּ אֹתִי. 그들이 당신을 보고.. 그리고 말하기를.. 그리고 나를 죽일 것이다.

b **상태** 동사는 별 어려움이 없다; וְהָיָה는 상태적인 의미로 사용될 때 יִהְיֶה와 같으며 *et erit*("그리고 ~일 것이다 and it will be")라는 뜻이 된다. 동작적인 의미로 사용될 때 וְהָיָה는 행동의 יִהְיֶה와 같으며, 1) *et eveniet* ("그리고 일어날 것이다 and it will happen"), *et fiet*("그리고 일어나게 될 것이다 and it will come to pass"); 2) *et eveniebat*("그리고 일어나곤 하였다 and it used to happen"), *et fiebat*("그리고 일어나곤 하였다 and it used to come to pass"); 3) *et evenit*("그리고 계속 일어난다 and it keeps happening"), *et fit*("그리고 계속 일어나게 된다 and it keeps coming to pass")(참조, § 111 *i*).

c **A)** 베카탈티형(w-qataltí)은 주로 다른 동작에 **뒤따라 나오는 미래의 동작**에 사용된다. 이리하여 미래 사건을 가리키는 것은 대부분 익톨로 시작되고 베카탈티형(w-qataltí form)이나 그 형태들(forms)로 이어진다: 암 9.3 אֲחַפֵּשׂ וּלְקַחְתִּים 내가 (그들을) 찾을 것이요 (곧) 그들을 끌어낼 것이다; 욜 4.18[한 3.18] וּמַעְיָן יֵצֵא וְהִשְׁקָה 그리고 한 샘이 흘러나와서 적실 것이다(대조, 창 2.6; § *u*). 베카탈티형은 미래를 표현하기에 적합하게 되어서 상대적인 또는 절대적인 시작에 사용되기도 한다: 사 11.1 וְיָצָא (한 싹이) 날 것이다(예언을 시작할 때); 서론 형식 וְהָיָה 그리고 일어나게 될 것이다(*and it shall come to pass*)는 아주 일반적이다. 예, 사 2.2; 호 2.1(절대적 시작). 더구나 그것은 현재나 과거 동사 다음에 사용될 수 있다: 삿 13.3 "보라, 너는 임신하지 못하여 아이를 낳지 못하였으나, 이제는 임신하여 아들을 낳을 것이다(וְהָרִית וְיָלַדְתְּ בֵּן)"; 왕상 18.14 "그러나 그가 나를 죽일 것이다!"

d 계승을 표현하는 것이 바람직하지 않을 때, 이 계승의 개념은 특

히 **베카탈티**(w-qataltí)가 회피되고 베-.. 익톨(w- .. yiqtol)로 대치된 곳에서 분명해진다: 창 12.12b וְהָרְגוּ אֹתִי וְאֹתָךְ יְחַיּוּ 그리고 그들은 나를 죽일 것이며, 그리고 당신은 살게 할 것이다(두 개의 대명사인 나와 당신이 대립되어 교차 대구를 이룬다); 암 9.13: "...그리고 산들에서는 포도주가 흘러내릴 것이며(וְהִטִּיפוּ) 모든 언덕들은 잠길 것이다(וְכָל .. תִּתְמוֹגַגְנָה)"(유사어); 신 8.12 וְאָכַלְתָּ וְשָׂבָעְתָּ וּבָתִּים טֹבִים תִּבְנֶה וְיָשָׁבְתָּ 너는 먹고 (나서) 배부를 것이며, 너는 아름다운 집을 짓고 (나서) 그 안에 살 것이다(두 그룹은 계승의 개념이 없이, 각각 두 개의 동작으로 이루어지며 두 번째 것은 첫 번째 것을 뒤따른다); 호 2.25 "그리고 내가 말하리라(וְאָמַרְתִּי)...그리고 그가 말하리라(וְהוּא יֹאמַר)" (대조된 두 개의 주제). 회피된 바익톨은 §118 d-g를 비교하라.

e   바익톨처럼(§118 h) 베카탈티(w-qataltí)도 가끔 (논리적인) **결과**를 표현한다: 창 20.11 "참으로 이곳에는 하나님을 두려워함이 없다. (따라서) 그들이 나를 죽일 것이다(וַהֲרָגוּנִי)"; 사 6.7 "보라, 이것이 너의 입술에 닿는다(נָגַע)(과거보다는 즉각적인 현재). 그리고 (그러므로) 너의 악은 제거될 것이다(וְסָר)"; 출 6.6 "나는 야웨이다! 그리고 (그러므로) 내가 너희를 건져낼 것이다...(וְהוֹצֵאתִי)"; 시 80.13 "어찌하여 주께서는 그 담을 허셔서, 결과적으로 지나가는 사람마다 그 열매를 따먹게 하십니까(וְאָרוּהָ)?": (현재형 베카탈티의 빈번상, § t); 삼하 3.21 "내가 가서 모든 이스라엘을 내 주 왕 앞에 모아 그들로 당신과 언약을 맺게 하고(וְיִכְרְתוּ), 그리고 (이리하여) 당신이 다스릴 것입니다(וּמָלַכְתָּ)([1])"; 왕상 2.31 וַהֲסִירֹתָ 이렇게 너는 제거할 것이다(nsiga); 삿 6.16; 신 2.6, 28; 10.19 그러므로 너희는 사랑해야 한다.

ea   § e에 설명된 용법의 확장으로서 베카탈티(w-qataltí)가 소위 바브 귀결절앞에 자주 나온다. 예, 신 19.8f. "만약 야웨 너희 하나님이 너희 경계를 넓히신다면(יַרְחִיב)... 그때에는 너희가 더해야 할 것이다(וְיָסַפְתָּ)..."; 추가적인 예들은 § 176에 있다.

f   계승 개념 없이 느슨하거나 부적절하게 사용되는 바익톨처럼 베카탈티(w-qataltí)도 이런 경우가 상당히 많다. 예, 창 12.13; 삼상 1.11 וּזְכַרְתַּנִי (실질적인 유사어이지만); 암 8.8 וְאָבַל(상동). 베카탈티(w-qataltí)가 연속

---

[1] 목적의 지시형 וְיִכְרְתוּ 다음에서, w-qataltí는 이와 대조적으로 간접 명령형 וְיִמְלֹךְ보다도 더 명확하게 결과(consecution)를 표현한다(§ 116 f).

적으로 나올 때에는 상당히 확실한 이유 없이 그 흐름이 깨지지 않는다; 예로서, 사 28.13에는 וְנוֹקְשׁוּ와 유사어이지만 וְנִלְכָּדוּ가 나온다; 암 9.14(평행 그룹을 이루는 그들이 건축하고 살 것이며, 심고 마실 것이며, 만들고 먹을 것이다에는, 첫 번째 동사들 뿐만 아니라 두 번째 동사들도 베카탈티로 나온다. § *d*에 인용된 신 8.12 대조).

g   §118 *l-m*에서 바익톨을 관찰한 내용은 자연스럽게 베카탈티(w-qataltí)에도 적용된다: 예, 부정사 다음에서 창 27.45(계승이 없다).

h   **미래 영역**에서, 베카탈티(w-qataltí)는 미래 직설법(익톨), 미래 의지법(§ *i*)(권유형[§ *j*], 지시형 [§ *k*]), 명령형(§ *l*), 분사(§ *n*), 부정사(§ *o-p*)를 계속 이어갈 수 있다[1].

익톨 뒤에 나오는 예들은 수없이 많다(참조, § *c* ff.). 직접 지시 명령형(injunctive) 미래의 경우를 보라(§ 113 *m*). 레 19.32 "너는 백발이 성성한 어른 앞에 일어설 것이며(תָּקוּם) 그리고 나이 많은 노인을 공경해야 한다 (וְהָדַרְתָּ)"; 신 2.6; 23.24 תִּשְׁמֹר וְעָשִׂיתָ 너는 지켜 행하라(= 실행하도록 유의하라). 귀결의 바브와 함께: 삿 6.37.. אִם טַל יִהְיֶה .. וְיָדַעְתִּי 이슬이 있다면..., 나는 인정하겠다 ...; 추가적 예들은 § 176 *d*를 보라.

i   **의지법**(권유형, 지시형, 명령형)**을 뒤따르는** 베카탈티형(w-qataltí). 의지법 뒤에서 동사는 바브와 함께 또는 바브 없이 단지 병렬될 수 있다. 만약 바브가 목적-결과의 개념을 가진 강세 의미를 가지면, 간접 의지법이 된다(§ 116). 끝으로, 계승 개념이 있다면 두 번째 동사는 베카탈티형을 갖게된다[2]. 이리하여 의지법 뒤에서, 베카탈티형은 그것이 원래 갖고 있는 정상적인 값을 갖는다. 예로서 '직접 지시 명령형'(injunctive)의 미래 뒤에서(§ *h*): 그리고(나서) 내가 죽일 것이다. 의지법 뒤에 나오는 w-qataltí 용법은 대개 저자가 계승을 표현하기 원하는 경우에 사용되었다. 이런 생각을 표현하기 위해서 두 번째 동사의 의지법 형태를 포기하고 직설법 형태로 되돌아갈 필요가 있었다. 그러나 여기에서도 베카탈티형은 오히려 자유롭게 또는 부적절하게 사용될 수 있다. 그래서 사람들은 심지어 저자가 변화를 주기 위해 베카탈티형으로 되돌아간다는 생각을 하게 된다. 그러나 어떤 경우에 의지법 형태나

---

[1] 여기에는 다소 느슨한 연관성(connection)이 아니라 순수한 연속성(*continuation*)이 있다.

[2] 딜(Diehl 2004: 282f.)이 시간적 기능으로 묘사한 것은 총칭적인 계승 개념 아래 포함시킬 수 있다.

베카탈티형이 사용될 수 있다고 해서 베카탈티형 자체가 목적의 의미를 가지고 있다고 주장할 수는 없다([1]). 목적을 표현하려면 일반적으로 간접 의지법을 사용해야 한다([2]).

j **권유형을 뒤따르는** 베카탈티 (w-qataltí): 룻 2.7 אֵלְקֳטָה־נָּא וְאָסַפְתִּי (참조, MT, אֵלְקֳטָה־נָּא, 역자주) 나로 이삭을 줍게 하여 주십시오, (그러면) 내가 모으겠습니다. 계승 개념은 단지 미약하게 나타나고 있다; 반면 2절에서 더욱 분명해져야 하지만 אֵלְכָה־נָּא הַשָּׂדֶה וַאֲלַקֳטָה 내가 밭으로 가게 해주셔서, 내가 이삭을 줍게 해주십시오의 문장을 접하게 된다; 미 4.6-7 אֲקַבְּצָה는 유사어 אֹסְפָה와 병렬되며, 바로 뒤에 וְשַׂמְתִּי 그리고(이윽고) 내가 두리라; 창 31.44 נִכְרְתָה בְרִית .. וְהָיָה 우리가 언약을 맺자...그리고 그것이 (그가?)...될 것이다; 삿 19.13 נִקְרְבָה .. וְלַנּוּ 우리가 도착하여...그리고 우리가 밤을 세우자(11절과 대조). (이런) 예들이 많지 않다. 단지 병렬되는 두 번째 권유형은 계승 개념이 있는 곳에서도 상당히 자주 사용된다: 창 11.3; 삼하 17.1-3(그러나 2절의 베카탈티 참조).

k **지시형**을 뒤따르는 베카탈티(w-qataltí)는 논쟁의 여지가 없는 예들이 거의 없지만([3]), 좀 더 일반적이다: 왕상 1.2 יְבַקְשׁוּ .. וְעָמְדָה 그들로 찾게 하여... 그 여자로 모시게 하고; וּתְהִי .. וְשָׁכְבָה 그 여자로 하여금 있게 하고... 그 여자는 잘 것이다(지시형과 베카탈티형이 교대로 어색하게 나타난다; 또한 왕상 22.13; 시 109.10. 여기와 다른 곳에 나오는 가상적인 의지적 의미는 오직 문맥에서만 도출될 수 있다); 삼하 13.5; 시 64.11(이 마지막 절은 기원형으로 보인다. 왜냐하면 만약에 יִשְׂמַח가 직설법이라면 두 번째 베카탈티형인 וְהִתְהַלְלוּ가 나와야 하기 때문이다; 어순을 보면 기원형으로 보는 것이 더 적절하며, 시편 32편의 마지막 절 [11절]에 나오는 명령형도 평행법의 관점에서 볼 때 이를 지지한다); 대상 22.11(대개는 목적의 의미).

l **명령형**을 뒤따르는 베카탈티(w-qataltí)는 이와 대조적으로 매우 일반

---

[1] 바브 없는 직설법처럼, 의지법을 이어가는 데 있어서 의지적(volitive) 가치는 문맥에서만 도출된다. 예, 창 43.12 תָּשִׁיבוּ 너희는 되돌려야 한다(=다시 가져 가라)(금지명령의 미래[injunctive future]가 앞서며 세 개의 명령형이 뒤따른다); 왕상 18.23; 20.8.

[2] 딜(Diehl 2004: 283-86)이 다루고 있는 예들 가운데 단 하나에서도 그 연결소가 목적을 나타낸다고 가정할만한 것이 없다. 비록 이런 번역은 어떤 언어에서 고상하게 보이지만 또한 그것은 내포된 종속(implicit hypotaxis) 기능이 없다(조건적; 같은 곳 287f.). 삼하 5.19에 있는 כִּי는 대상 14.10에 있는 병행구에서 이 연결소 안에 있는 원인적 힘을 꼭 나타내지 않는다(같은 곳, 289).

[3] 쾨니히는 이것을 다루지 않는다(참조, König, *Syntax*, § 367 q-r).

적이다(¹). 완전한 계승의 의미는 몇몇 경우에 명백하게 나타난다: 왕상 2.31 עֲשֵׂה כַאֲשֶׁר דִּבֶּר וּפְגַע־בּוֹ וּקְבַרְתּוֹ וַהֲסִירֹתָ דְּמֵי חִנָּם 그가 말한대로 그를 죽이고, 너는 그를 묻으라; 이리하여 너는 무죄한 피(의 대가를) 제거할 것이다(וּפְגַע는 계승 없이 병렬되며, וּקְבַרְתּוֹ는 계승적이고, וַהֲסִירֹתָ는 결과적이다). 만약 두 번째 행동이 현재의 순간에 속하지 않고 다소 먼 시간 후의 일이라면, 명 령형은 즉각적 행동에 적절하게 사용되기 때문에(§ 114 *m*), 계승의 뉘앙스를 지닌 미래 즉, 베카탈티로 표현되어야 하는 것이 논리적이다. 이와 같이 왕 상 2.36에서도 "너는 예루살렘에서 너를 위하여 집을 짓고(בְּנֵה־לְךָ), 그곳에서 살 아라(וְיָשַׁבְתָּ), 그리고 너는 그곳에서 나가지 마라…"; 렘 11.6 "너희는 이 언 약의 말을 듣고(שִׁמְעוּ), 그리고 (나서) 행하라(וַעֲשִׂיתֶם)"(문자적으로, 그리고 나서 너희는 그것을 준행할 것이다). 저자는 계승의 뉘앙스를 표현할 것인 지 안할 것인지에 대해서 상당히 자유로웠다; 이리하여 렘 36.2 "두루마리 를 취하고, 그것에 기록할 것이니라(וְכָתַבְתָּ)," 그러나 28절에는 וּכְתֹב 그리고 기록하라(²); 민 16.17 "너희는 각자 너희 향로를 가져와 그 안에 향을 둘 것 이니라(וּנְתַתֶּם)" 그러나 6-7절에는 וּתְנוּ 그리고 두라(*and put*)로 나온다. 계 승의 뉘앙스가 상당히 명백한 예들은 수없이 많다: 창 19.2; 민 20.26; 삼 상 23.23; 왕상 17.13; 빈번히 나오는 קַח 취하라 뒤에서 등: 창 6.21; 45.19; 출 12.32; 민 8.6; 삿 6.25; 삼상 6.7; 왕상 1.33; 렘 25.15; 겔 4.1, 2, 3, 9; 빈번히 나오는 לֵךְ 가라 다음에서: 욥 42.8 "내 종 욥에게 가라; 그리고 (일 단 도착하면) 너는 번제를 드릴 것이니라"; 출 3.16 לֵךְ וְאָסַפְתָּ 가라 그리고 (일 단 도착하면) 모으라(³). 그러나 여기와 또 다른 곳에서 계승의 의미는 상당히 자

---

¹ 랑베르(Lambert 1898)와 딜(Diehl 2004: 223-304)이 수집한 예들을 보라.

² 딜(Diehl 2004: 236f.)의 입장과 달리 렘 36.2에 וְכָתַבְתָּ는 시작하는 명령형 קַח를 구체화시킨다 고 말하기 어렵다.

³ 이동(motion) 동사 가다(*to go*)는 목표나 목적을 내포한다는 사실 때문에 어떤 사람들은 이와 같 은 표현의 예로, 삼하 7.5 לֵךְ וְאָמַרְתָּ가 말하러 가다(*go to* **tell**)는 목적 의미를 갖게 되었다고 믿는다 (참조, GKC, § 112 *r*: 네가 말하기 위하여[*that thou mayest tell*]). 그러나 목적의 뉘앙스는 가상적일 뿐이다; 이것은 동사 가다라는 의미에서 나온 것이지, *w-qataltí* 형에서 나온 것이 아니다. 말하기 위 하여 가다(*go in order to tell*)로 번역하기 위해서는 לֵךְ וֶאֱמֹר가 되어야 한다(§ 116 *f* 3). 이것은 가 서 말하다(*go and tell*)를 뜻할 수 있다(순수하게 병렬하는 바브와 함께). לֵךְ וְאָמַרְתָּ의 문자적 의미 는 가서 너는 말할 것이다(*go and you shall tell*)이며, 이것은 가서 말하라(*go and tell*)로 자유롭게 번 역할 수 있다. *w-qataltí*는 이동 동사 명령형 다음에 흔히 나오고 있다: 창 27.43-44 בְּרַח; 44.4 רְדֹף; 45.9 עֲלוּ; 출 7.26 בֹּא; 수 10.19 רִדְפוּ; 삿 7.10-11 רֵד; 겔 9.4 עֲבֹר; 룻 2.14 גֹּשִׁי.

주 약하거나 존재하지 않는다([1]): 삼상 12.24 וִּרְאוּ אֶת־יְהוָה וַעֲבַדְתֶּם אֹתוֹ 야웨를 경외하며 그를 섬겨라(그러나 수 24.14는 규칙을 좀 더 엄밀하게 따른다: וְעִבְדוּ אֹתוֹ ..); 출 19.23; 민 3.6; 빈번히 나오는 קַח 취하라 뒤에서: 출 17.5. 때때로 w-qaltí는 순수하게 설명하는 역할을 한다: 레 10.12-13 דַּבֵּר .. וְאָמַרְתָּ .. אֲכָלֻוהָ; וַאֲכַלְתֶּם; 레 1.2 וְאָמַרְתָּ "이스라엘 자손에게 말하라: 너는 그들에게 이를 것이다"(וְאָמַרְתָּ가 단순 לֵאמֹר와 대구를 이루는 일반적인 형식); 21.1 אֱמֹר .. וְאָמַרְתָּ([2]).

m   § *l*에 있는 베카탈티의 모든 예들은 명령형과 동일한 인칭, 즉 2인칭이다. 1인칭과 3인칭의 예들은 상당히 희소하다. 1인칭: 출 34.1; 민 22.8(명백한 계승); 삼상 15.30 וְהִשְׁתַּחֲוֵיתִי(|| 25 וְאֶשְׁתַּחֲוֶה); 삼하 24.2 וְיָדַעְתִּי(동일 관찰; 병행구인 대상 21.2에서 규칙을 따라 וְאֵדְעָה가 나온다). 3인칭: 출 8.12; 9.8(그러나 9.22, 10.12에는 동일한 상황이 간접 지시형으로 나온다); 민 4.19 זֹאת עֲשׂוּ לָהֶם וְחָיוּ 너희는 이와 같이 하여라 그리고 그들은 살 것이다(대조, 창 42.18, § 116 *f* 3); 왕상 22.12, 15; 겔 37.17.

n   미래 의미를 가지는 **분사**를 뒤따르는 베카탈티(w-qaltí). 일반적으로 말하면, 분사 다음에 다른 분사가 나오지 않기 때문에, 미래 의미를 가지는 분사 다음에는 베카탈티가 나온다. 이 베카탈티 역시 미래적 의미를 가지며, 자주 계승의 개념을 나타낸다. 분사로 표현된 미래는 대부분 가까운 미래를 가리킨다. 인접성의 뉘앙스는 자주 הִנֵּה로 강조된다: 창 6.17-18 보라 내가 곧 홍수를 보내고자 한다(הִנְנִי מֵבִיא)...그리고 내가 나의 언약을 너와 맺을 것이다(וַהֲקִמֹתִי)..."(계승이 없음); 7.4 "내가 비를 내릴 것이다(אָנֹכִי מַמְטִיר)...그리고 내가 쓸어버릴 것이다(וּמָחִיתִי)"(계승); 왕상 20.36 "네가 나를 떠나면(הֹלֵךְ) 사자가 너를 죽일 것이다(וְהִכְּךָ)"; 왕하 20.17(= 사 39.6) "보라 그 날이 오면 모든 것이... 옮겨질 것이다(항상 הִנֵּה יָמִים בָּאִים 다음에 베카탈티가 온다. 예, 렘 31.27, 31, 38); 사 7.14; 8.7; 암 6.14.

o   미래 의미를 가진 **부정사 연계형**을 뒤따르는 베카탈티(w-qaltí). 부정사 연계형 다음에 다른 부정사 연계형이 오지 않기 때문에, 미래 의미를 가진 부정사 연계형 다음에는 일반적으로 미래 의미를 가진 베카탈티가 따라

---

[1] 비교, 명령형 다음에 명령형 의미를 가진 익톨의 경우 § 113 *m* 참조.

[2] 또한 Dallaire 3004: 90("중언법"[hendiadys])을 보라.

나온다: 왕상 2.37 בְּיוֹם צֵאתְךָ וְעָבַרְתָּ 네가 나가고 그리고 건너는 날에는; 2.42; 창 27.45; 삿 6.18; 겔 30.25 וְנָטָה .. נְתַתִּי 내가 줄 때… 그리고 그가 뻗을 것이다(그가 뻗도록 하기 위하여가 아니다); 26.19; 30.8, 18; 32.15(וְנָשַׁמּוּ로 읽으라).

p 또한 명령형(cp. § *l*)이나 미래(비교, § *h*)의 의미를 가진 **부정사 절대형**을 뒤따르는 베카탈티(w-qataltí)가 나올 수 있다: 왕하 5.10 הָלוֹךְ וְרָחַצְתָּ "가라 그리고 요단 강에서 일곱번 씻으라"; 신 1.16 "너희는 너희 형제들의 공정하게 들어라(שָׁמֹעַ) 그리고 공평하게 판단하라(וּשְׁפַטְתֶּם)"; 레 2.6 "너는 그것을 조각으로 나누어라(פָּתוֹת) 그리고 부어라(וְיָצַקְתָּ)"; 겔 33.46-47(참조, § 123 *u-v*); 사 5.5.

q **B) 현재**보다 미래에서 베카탈티(w-qataltí)가 훨씬 더 일반적으로 나온다. 그 이유는 빈번상의 현재나 지속상의 현재는 그리고의 뜻을 가진 바브와 함께 나올 가능성이 별로 없기 때문이다(바브가 없으면, 그 형태는 익톨형으로 사용된다. § 113 *c-d*). 이 베카탈티형은 주로 현재 의미를 가진 익톨 다음에 나온다(§ 113 *c-d*): 암 5.19 "마치 사람이 사자를 피하다가(יָנוּס) 그리고 곰을 만나거나(וּפְגָעוֹ), 그리고 그의 집 안으로 들어가서(וּבָא), 그리고 벽에 그의 손을 기대었다가(וְסָמַךְ), 그리고 뱀에게 물리는 것 같다(וּנְשָׁכוֹ)"(계속 이어지는 행동); 사 29.11 "사람이 주고(יִתְּנוּ) …그리고 그는 말하기를(וְאָמַר)"; 호 7.7; 시 90.6. 비교, 바익톨형, § 118 *q*.

r 현재 의미를 가진 **분사** 다음에 가끔 베카탈티(w-qataltí)가 나온다: 출 21.12 מַכֵּה אִישׁ וָמֵת "누구든지 사람을 쳐서 그리고 (이 사람이) 죽으면…"(계속의 뉘앙스를 가진 바브); 21.16; 합 2.12 הוֹי בֹּנֶה עִיר בְּדָמִים וְכוֹנֵן קִרְיָה בְּעַוְלָה 피로 성을 건축하며, 그리고 불의로 성을 세우는 자에게 화 있으라; 이와 같이 다시 הוֹי 다음에서: 사 29.15 וְהָיָה (현재의 의미 *and it is*)(참조, § 118 *r*); 암 6.1 וּבָאוּ 그리고 그들이 온다. 비교, 바익톨형, § 118 *r*.

s 현재 의미를 가진 **부정사 절대형** 다음에 베카탈티(w-qataltí)가 나오는 경우. 렘 7.9-10 גָּנֹב "너희는 도적질하고, 사람을 죽인다 등. וּבָאתֶם 그리고 너희는 와서 그리고 내 앞에 선다"; 23.14.

t 현재 의미를 가진 동사 형태를 이어가는 베카탈티(w-qataltí)를 제외하고는 현재 의미를 갖는 베카탈티는 상당히 드물다: 시 80.13(§ *e*); 민 16.10 "주께서 너를 가까이 오게 하셨다… 그리고(그런데) 너는 제사장직을 구하고 있다!(וּבִקַּשְׁתֶּם)"

u **C) 과거 영역에서** 베카탈티(w-qataltí)는 아주 일반적이다. 이 경우

에는 익톨처럼(§ 113 *e*), 반복적 또는 지속적 동작이라는 단 하나의 시상만 표현한다(¹). 이 형태의 시제 값은 오직 문맥으로 드러난다. 그러므로 이 베카탈티는 그 이전의 상황이 과거인 문맥에서만 사용될 수 있다. 대부분 이 베카탈티는 빈번상 또는 지속상의 의미를 가진 동사 형태 다음에 나온다.

불어에서 미완료의 뜻으로 사용되는 익톨은(§ 113 *e-f*) 상당히 자주 베카탈티(w-qataltí)로 이어진다: 창 2.6 "시냇물이 (지속적으로) 솟아나서 יַעֲלֶה (지속적 동작)... 모든 지면을 적시고 있었다(וְהִשְׁקָה)"(대조, 욜 4.18; § c); 창 2.10 "그리고 그것은 갈라져서 그리고...되었다(וְהָיָה)"; 29.2-3; 출 34.34; 민 9.21; 삿 2.19; 삼상 2.19; 왕상 14.28 "친위대원들이 그것들을 들고 가서...그리고 그들은 그것들을 다시 가져오곤 하였다 וֶהֱשִׁיבוּם"(참조, § 117 *d*); 왕하 3.25; 12.15.

v   앞에서 과거 상황에 있었던 동작을 표현하는 동사 형태나 명사절 다음에 빈번상이나 지속상의 미완료 의미로 사용된 베카탈티(w-qataltí)가 몇 번 나온다(²). 이때 w-qataltí는 선행하는 동사 형태에 다소 느슨하게 연결된다.

(단독 동작을 표현하는) **카탈** 다음에: 삼상 16.14 "야웨의 신이 사울을 떠났고(סָרָה)(여기에서는 과거 완료, § 112 *c*) 그리고 악신이 그를 괴롭게 하였다(וּבִעֲתַתּוּ)".

(단독 동작을 표현하는) **바익톨** 다음에: 출 18.25-26 "그리고 그는 그들을 백성들의 지도자로 세웠고(וַיִּתֵּן)... 그들은 언제나 백성들을 재판하였고(וְשָׁפְטוּ); 그들은 어려운 문제는 모세에게 가져오고(יְבִיאוּן), 작은 일들은 스스로 결정하였다(יִשְׁפּוֹטוּ)"; 40.30b-32 "그는 세정식을 위한 물을 두었고, 그들은 거기서 스스로 씻었다(וְרָחֲצוּ). 그들이 회막에 들어갈 때마다... 그들은 씻었다(יִרְחָצוּ)"; 왕상 18.4 "그는 그들을 감추었고(וַיַּחְבִּיאֵם)... 그리고 양식과 물로 그들을 먹였다[וְכִלְכְּלָם; LXX: διέτρεφεν (미완료)]" ‖ 13절 "그리고 나는 감추었고(וָאַחְבִּא)... 그리고 그들을 먹였다

---

¹ "mit seinem [= des Pf. frequ.] zum Impf. parallelen iterativen und durativen Aspect"라고 주장하는 스피커만(Spieckermann 1982: 123)의 입장과 달리, 우리는 이 연결소가 시간의 연속(consecutio temporum)의 핵심적 부분을 형성하는 것으로 간주해야 한다.

² 이것은 고대 번역자들에게 이미 알려진 사실이다. 하나의 예로, 아래에 언급된 삼상 16.14 (סָרָה .. וּבִעֲתַתּוּ): LXX ἀπέστη .. καὶ ἔπνιγεν αὐτόν; Vulg. *recessit .. et exagitabat*를 보라. 라쉬는 삼상 1.3 וְעָלָה를 현재 시제로 보았다.

(וָאֲכַלְכְּלֵם; LXX: ἔθρεψα [부정과거])...”; 삼상 7.15-16; 삼하 15.1-2; 왕하 6.10; 12.10, 11-12([1]).

(과거의 지속적 행동을 표현하는) **분사** 다음에: 사 6.2-3 “스랍들은 모시고 섰으며(עֹמְדִים)...그리고 서로 부르고 있었다(וְקָרָא)”; 삼하 17.17 “그들은 서 있었으며(עֹמְדִים) 그리고 한 여종이 가곤 하였다(וְהָלְכָה).”

부정사 연계형 다음에서: 아마 암 1.11(그러나 문맥에 따르면 וְשִׁחֵת 는 베카탈티형으로 보인다. 여기의 바브는 원래 용도와는 달리 비도치 바브이다; 참조, § 124 *q*).

부정사 절대형 다음에서: 명백한 예는 없다; 수 6.13*a*와 삼하 13.19*b* 에서 두 번째 동사 “울부짖다”(וְזָעַק)는 완료형이지만 부정사 절대형으로 읽어야 할 것 같다(§ 123 *n*)([2]).

과거의 **명사절** 다음에서: 삼상 2.22 וְעֵלִי זָקֵן מְאֹד וְשָׁמַע “엘리는 매우 늙었다(형용사 또는 동사적 형용사) 그리고 그는 ... 반복적으로 들었다”; 창 47.22 וְאָכְלוּ 그들은 먹곤 하였다; 왕상 4.7.

끝으로 과거 상황을 제시하는 **동사절** 다음에: 왕하 3.4 “모압 왕 메사는 목자였다(הָיָה); 그는 바치곤 하였다(וְהֵשִׁיב)”; 삼상 1.3 וְעָלָה 그리고 그는 올라가곤 하였다; 욥 1.4.

w   익톨처럼(§ 113 *l-n*), 베카탈티(w-qataltí)도 할 수 있다(*can*), ~일 수 있다(*may*), 해야 한다(*must*), 할 것이다(*will*)와 같은 서법의 뉘앙스를 가질 수 있다(§ 111 *g*): 삼하 14.32 “내게 죄가 있으면, 그가 나를 죽일 수 있다 (וֶהֱמִיתָנִי, *may*, 즉 죽일 수 있는 권리를 갖고 있다. 그러나 그가 나를 죽이도록 하라!가 아니다); 삼상 10.4(예언) “그들이 당신에게 문안하고 떡 두 덩이를 줄 것이며 당신은 그것을 마땅히 받아야 한다(*must*, וְלָקַחְתָּ)”; 룻 3.9 “당신은 덮어 주어야 합니다(*must*, וּפָרַשְׂתָּ)”(룻은 보아스에게 기업무를 자의 책임이 있음을 말한다; 참조, 12절); 출 12.48 “만약 너와 함께 머물러 사는 사람이 유월절을 지키기 원하면(*wants*)(וְעָשָׂה)”(명백한 의지의 경우).

x   **결론.** 우리가 본 바와 같이, 베카탈티형(w-qataltí)은 주로 익톨과 일

---

[1] 여기에 인용된 몇몇 경우에서 익톨로 가끔 전환하는 것은 이런저런 이유로 절이 *w-qataltí*로 시작하지 않기 때문이다.

[2] 아라드 편지에는 이 연결소에 대한 결정적인 예들이 나온다: 예, תת והסבב .. נתן ‘주어라... 그리고 보내라’(2.1-5).

치한다. 익톨처럼 그것은 주로 미래를 가리키며([1]), 미래보다는 덜 빈번하지만 자주 현재를 가리킨다; 현재와 과거에서 그것은 빈번상이나 지속상을 표현한다. 반면에 베카탈티는 카탈과 근본적으로 다른 점도 있다: 1) 카탈은 동작 동사에서 주로 과거를 표현하지만, 베카탈티는 그 자체로 과거를 표현하지는 않는다; 2) 베카탈티는 주로 미래를 표현하지만, 카탈은 미래를 제대로 표현하지 못한다; 3) 카탈의 시상은 유일하고 즉각적인 동작이지만, 베카탈티의 시상은 반복적이거나 지속적인 행동이다([2]).

y **예외들.** 베카탈티형(w-qataltí)에 대한 모든 정상적인 용법들은 위에서 다루어졌다. 바익톨형처럼(§ 118 *u*), 이 형태는 매우 넓게 사용되었으며, 따라서 상당히 자주 오용되었다. 이와 반면에 제법 희소한 경우에([3]) 베카탈티 대신에 베-익톨(w-yiqtol)(w-yaqūm: 약한 바브와 미래)이 나오는 경우들이 있다: 시 2.12 פֶּן־יֶאֱנַף וְתֹאבְדוּ 그가 분노하여 너희가 망하지 않도록 하라(계승 개념이 있으므로 강세 바브가 나와야 하며, 따라서 וַאֲבַדְתֶּם 으로 읽어야 한다); 호 6.1 טָרַף וְיִרְפָּאֵנוּ 그가 우리를 찢으셨으나, 싸매어 주실 것이다; 6.2([4]).

z 강세 바브가 생략된 반대의 경우로서, w-qatálti형 그리고 내가 죽였다는 고전적 용법에서 요구되는([5]) 예상된 바익톨(wayyiqtol) 대신에 사용된다. 우리가 비록 너그럽게 자음 본문의 수정을 인정한다 할지라도,

---

[1] 예, 그리고 그가 죽일 것이다가 계승 개념 없이 표현될 때: 익톨 다음에 וְיִקְטֹל; w-qataltí 다음에 וְקָטַלְתִּי .. ִ..; 계승 개념으로서 표현될 때: 익톨이나 w-qataltí 다음에 וְקָטַלְתִּי.

[2] 이 기능적 대립은 두 형태가 기본적으로 동일하다는 가르(Garr 1998: § 7.4)의 가정과 상충한다.

[3] 출 12.3 וְיִקְחוּ에서 그리고 그들이 취할 것이다라는 뜻은 고전적일 수 없지만, 형태는 지시형이다: 그들로 취하게 하라(LXX λαβέτωσαν; Vulg. tollat)(against Driver, *Tenses*, § 125); 4절에 있는 직설법 וְלָקַח와 대조하라(LXX συλλήμψεται; Vulg. *assumet*).

[4] 첫 번째 행에서 도움 요청을 하고 두 번째 행에서 요청의 허락을 표현하는 문장에는 yiqtol .. w-yiqtol이 나온다: 시 91.15 יִקְרָאֵנִי וְאֶעֱנֵהוּ; 사 19.20; 58.9; 욥 22.27(참조, 시 91.14; 슥 10.16). 과거 시제에서 대조, 시 120.1 קָרָאתִי וַיַּעֲנֵנִי (욘 2.3); 시 119.26(그러나 시 34.5 וְעָנָנִי).

[5] 고전적 용법이 표준적인 히브리어 문체가 되기 전에, w-qatalti(거의 확실하게 밀엘 *mil'el* 악센트임)는 단순 과거 시제로 사용되었을 가능성을 고려해야 한다. 이것은 성서 히브리어 시문에서 가장 오래된 것으로 널리 인정되는 본문에서 입증된다: 삿 5.26 יָדָהּ לַיָּתֵד תִּשְׁלַחְנָה .. וְהָלְמָה סִיסְרָא מָחֲקָה רֹאשׁוֹ וּמָחֲצָה וְחָלְפָה רַקָּתוֹ 그녀는 손으로 장막 말뚝을 잡았고... 시스라를 쳐서, 그의 머리를 부수었고, 그의 관자놀이를 꿰뚫어 버렸다. 또한 고대의 것으로 보이는 독자적인 강세 형태 תִּשְׁלַחְנָה를 주목하라. 이와 같은 특성을 가진 여러 문제들에 대한 설명으로 Stipp 1991을 보라.

w-qatálti 그리고 내가 죽였다가 비정상적으로(즉, 일반적인 용법과 달리) 사용되는 경우들이 상당히 많이 남아 있다. 이들 중 몇몇 경우들은 아람어나 성서 히브리어 이후의 용법에 영향을 받아 후대의 서기관들이 만든 것들이다. 여기서 우리는 몇 개의 전형적인 예들만 제시하고자 한다. 겔 37.7과 10절에서 וְהִנַּבֵּאתִי와 וְנִבֵּאתִי, 그리고 내가 예언하였다(밀엘 엑센트 표기를 주목하라!)는 아마 원래의 독법일 가능성이 아주 높다(여기서 철자 수정이 있었다고 가정하기 어렵다; 반면에 세 번째 예로서, 2절 וְהֶעֱבִירָ֫נִי 그가 나를 지나가게 하셨다에 나오는 ה는 아마 י의 오기로 보이므로 וַיַּעֲבִירֵ֫נִי로 읽으라). 왕하 23장에는 다섯 개 정도의 비정상적인 w-qatálti 형이 나온다: *4b* וְנָשָׂא 그리고 그가 가져갔다 (우리가 비록 서기관들의 이차적인 첨가를 가정한다 해도, 이 형태는 비정상적이다). 5절 וְהִשְׁבִּית 그리고 그가 몰아내었다. 10절 וְטִמֵּא 그리고 그가 더럽혔다. 12절 וְהִשְׁלִיךְ 그리고 그가 뿌렸다. 15절 וְשָׂרַף 그리고 그가 태웠다. 다른 예들: 창 15.6 וְהֶאֱמִן; 21.25 וְהוֹכִחַ; 34.5 וְהֶחֱרִשׁ; 삿 3.23 וְנָעַל(그리고 삼하 13.18); 왕상 12.32 וְהֶעֱמִיד; 왕하 14.14 וְלָקַח. 삼상 5.7 וְאָמְרוּ 같은 경우에서 י는 쉽게 탈락할 수 있다. 사 40.6 וְאָמַר 같은 경우에서 w-qatálti형은 모음 표기가 잘못된 것이므로(¹), וָאֹמַר 그리고 내가 말했다로 읽어야 한다(LXX, Vulg.). וַיְהִי와 וְהָיָה는 형태가 너무나 유사하기 때문에 וְהָיָה가 비정상적으로 나오는 경우들이 있다: 삼상 1.12(참조, Driver and Ehrlich ad loc.); 10.9; 13.22; 17.48; 25.20; 삼하 6.16(그러나 병행구절인 대상 15.29에는 정확하게 וַיְהִי로 나온다); 왕하 3.15; 렘 37.11; 암 7.2(²). 반면에 וְהָיָה 대신에 וִיהִי가 "그리고 ~ 하거든(and it may be)"으로 표기되기도 한다 (이것은 וַיְהִי의 뜻보다는 나쁘지 않은 의미를 취하기 위해): 삼하 5.24, 룻 3.4에서(이 두 경우에 '직접 지시 명령'[injunction]이 있다); 삼상 10.5; 왕상 14.5(이 두 가지 예에는 직접 지시 명령이 없다)(³).

---

¹ 위의 3인칭 남성 단수의 예들 중 몇몇은 모음을 부정사 절대형으로 새로 찍어 읽을 수 있다(§ 123 *x*). 이것은 랑베르(Lambert 1893: 57)가 오래전에 제시했으며 근래에 와서는 휘스만(Huesman 1956)이 제시하였다.

² 반의적인 절에 나오는 몇몇 예들은 § 172 *a*를 보라.

³ 이 וַיְהִי의 네 경우는 이것들을 정당화하려는 드라이버(Driver, *Tenses*, § 121, Obs. 3)를 참조하라. 나크다님들이 부정사 절대형을 확인하는 데 실패했다는 휴즈(Hughes 1994: 68-71)의 제안(참조, § 123 *x*)은 문제가 된 경우들 중 소수만 설명해 줄 뿐이다.

za 후대의 책들에는 고전적 시제 체계가 점진적으로 붕궤되거나 와해되는 징조가 명백히 나타나며 미쉬나 히브리어로 넘어가는 변화가 시작된다(¹).

그래서 본문을 아무리 수정하려 하여도 도움이 안 된다: 느 9.7f.

בָּחַרְתָּ בְּאַבְרָם וְהוֹצֵאתוֹ ... וְשַׂמְתָּ שְׁמוֹ אַבְרָהָם .. וּמָצָאתָ אֶת־לְבָבוֹ : וְכָרוֹת עִמּוֹ הַבְּרִית .. וַתָּקֶם אֶת־דְּבָרֶיךָ 주께서는 아브라함을 택하시고 인도하여 내시며... 그의 이름을 아브라함이라 하시고, 그의 마음을 보시고... 그와 언약을 맺으시며...주께서 말씀하신 것을 이루셨습니다 ...; 대상 17.10 צִוִּיתִי .. וְהִכְנַעְתִּי .. וָאַגִּד (밀엘 강세이나 그 저본[원자료]인 삼하 7.11에는 וְהִגִּיד로 나온다) 내가 지명하였고...내가 굴복시켰고...그리고 내가 선언할 것이다...; 대상 17.17 "주께서 말씀하셨고(וַתְּדַבֵּר)...주께서 나를 보셨다(וּרְאִיתַנִי)"; 대하 12.10 "그리고 그가 만들었고(וַיַּעַשׂ)...그리고 맡겼다(וְהִפְקִיד)"[그 저본인 왕상 14.27 와 동일하다]; 겔 3.17 צֹפֶה נְתַתִּיךָ .. וְשָׁמַעְתָּ .. וְהִזְהַרְתָּ 내가 너를 파수꾼으로 세웠다...그리고 너는 듣고...그리고 경고하여라. 이러한 경향은 전도서에서는 전형적이다. 이 책에서에서는 바익톨(wayyiqtol)이 세 번 나오고 있으며, w-qataltí는 단 한 번도 나오지 않는다. 고전적 용법에서 이와 같은 형태를 요청하는 경우에, 저자는 w-qatáltí(21회, 모두 1인칭 단수!)를 사용하며 베익톨(w-yiqtol) 대신에 w-qatáltí를 사용한다(²). 전도서 기자가 도치의 베-카탈(w-qatal)에 관한 고전적 용법 지식이 부족하다는 것은 전 3.13 כָּל־הָאָדָם שֶׁיֹּאכַל וְשָׁתָה וְרָאָה טוֹב 에서 명백해진다. 여기에서 고전적 용법은 וְיִשְׁתֶּה를 요청한다. 왜냐하면 "먹고 마시다(to eat and drink)"는 중언법이거나 복합동사이므로 이 경우는 과잉의식 어법(hyper-correction)이 되었다(³); 또한 전 12.3f. "그날에는 집을 지키는 자들이 떨 것이며(יָזֻעוּ), 힘 있는 자들이 구부러질 것이며(וְהִתְעַוְּתוּ), 맷돌질하는 여인들이 일을 그치고

---

¹ 에렌스베드(Ehrensvärd 2004: 172-75)가 주장하는 바처럼 독자적인 두 개의 히브리어 형태가 공존했다는 논증은 설득력이 없어 보인다. 그가 제시한 히브리어의 혼합적 "문체"는 그가 다른 학자들과 함께 후대의 작품으로 연대 결정을 한 책들에서만 입증된다는 점을 무시할 수 없다.

² 바익톨을 사용하는 표준적 전거(locus classicus)가 있다면 그것은 전 9.14f일 것이다. 여기에서 저자는 일련의 카탈을 사용하는 것으로 만족하고 있다. Schoors 1992: 88f.를 보라 Isaksson 1987: 43, 93-105. 아이작슨이 수집한 예들 중 밀라 악센트형인 w-qataltí는 단 하나도 없으며, w-qatal이 비과거(non-preterite)의 의미로 나타나는 것들도 고전적 법칙의 예로 나타나지 않는다. 가능한 예외로 4.11 וְחַם을 들 수 있다.

³ 참조, 토빗(Tobit) 7.9 לְמֵיכַל וּלְמִשְׁתָּה(아람어)는 δειπνῆσαι로 번역된다.

(וּבָטְלוּ)...내다보는 자들은 흐려질 것이며(וְחָשְׁכוּ), 문들은 닫혀질 것이고 (וְסֻגְּרוּ)... 일어나는 자들(וְיָקוּם)은..."에서 이 문장은 약툴(yaqtul)로 시작하고, 일련의 베-카탈들(w-qatal)이 뒤따르며, 마지막에 다시 베-약툴(w-yaqtul)로 돌아가고 있다. 또한 전 12.5-7도 보라. 더구나 바익톨이 예외적으로 나오는 세 곳은 모두 1인칭 단수이며, 그 중 하나는 어미음 첨가 *a*를 갖고 있다: 1.17 וָאֶתְּנָה, 4.1,7 וָאֶרְאֶה(참조, § 47 *d*). 아가서에서 드물게 나타나는 고전적 바익톨의 예들은, 다른 본문들을 모델로 삼아 만들어진 것으로 보인다는 점이 흥미롭다. 아 6.9 רָאוּהָ בָנוֹת וַיְאַשְּׁרוּהָ מְלָכוֹת וּפִלַגְשִׁים וַיְהַלְלוּהָ 처녀들이 그녀를 보았고 그녀가 행복하다고 선언하였다; 왕후와 후궁들도 그녀를 칭찬하였다. 비교, 잠 31.28 קָמוּ בָנֶיהָ וַיְאַשְּׁרוּהָ בַּעְלָהּ וַיְהַלְלָהּ. 위의 § 118 *u*를 보라.

zb　　　　표준적인 וְהָיָה 대신에 וַיְהִי가 나오는 예들은 위의 § *za*에서 언급한 것처럼 고전적인 시제 체계가 점진적으로 무너진 증거로 보아야만 한다. 이런 현상은 היה에만 제한되지 않았다: 예, 단 11.14ff. "그때에 많은 사람들이 일어날 것이며(וְיַעַמְדוּ)... 그들이 자신을 높일 것이다(יִנַּשְּׂאוּ)... 그러나 그들은 실패할 것이다(וְנִכְשָׁלוּ). 그리고 북쪽 왕이 올 것이며(וְיָבֹא)... 토성을 쌓을 것이며(וְיִשְׁפֹּךְ), 견고한 성을 차지할 것이다(וְלָכַד)...그러나 그를 대항하려고 온 자는 자신의 뜻대로 할 것이며(וְיַעַשׂ)...그는 영화로운 땅에 설 것이다(וְיַעֲמֹד) ... 그는 결심을 굳게 할 것이다(וְיָשֶׂם)..."(¹). 접두사 변화는 점점 미래나 최소한 비과거적인 시제 형태처럼 느껴지기 시작한 것으로 보인다. 그리고 어미음이 소실된 형태(그리고 권유형; § 47 *d*를 보라)는 대부분의 후대 성서 히브리어 저자들에게 접속사 바브와 밀접하게 연결된 것으로 느껴졌음이 분명해 보인다(²).

---

¹ 이러한 일반적인 모순점은 이것을 묵시문학적 언어에서 전형적인 고유 연결소로 보려는 달레르의 시도를 지지하지 않는다(Dallaire 2002: 106-10).

² 킴론(Qimron 1986-87)을 보라.

§120. 정동사 형태들과 함께 나오는 바브 용법의 요약

그리고(*and*) 다음에 어떤 형을 취하느냐 하는 문제는 그리고(*and*)의 의미에 달려 있다. 그리고가 단순한 것인가 또는 강세적인가(energic)?(참조, §115 *a*). 그것이 계승(succession), 결과(consecution), 목적(purpose) 개념을 전달한다면 강세 바브이다. 그렇지 않으면 그것은 단순 바브이며 약한 바브로 번역되어야만 한다. 만약 그리고가 강세 바브라면 그 중심 기능은 다음과 같다: 1) 계승 개념을 표현하기 위해서는 직설법 형태가 도치 바브와 함께 사용된다(즉, 도치 바브+직설법): 바익톨(wayyiqtol), 베카탈티(w-qataltí); 2) 결과 개념을 표현하기 위해서는 일반적으로 직설법 다음에는 직설법이, 의지법 다음에는 의지법이 사용된다(서법의 바브와 함께); 3) 목적 개념을 표현하기 위해서는 의지법이 사용된다(서법의 바브와 함께).

우리는 아래의 도표에서 먹다(*to eat*)라는 첫 번째 동사 다음에 나오는 정동사 형태들의 예들을 이론적으로 제시하고자 한다([1]). 예들의 첫 번째 열에서는 두 번째 동사인 마시다(*to drink*) 동사가 동시적으로 여겨지는 동작을 표현해 준다([2]): 그러므로 바브는 순전히 병렬해 주는 역할만 할 뿐이다. 두 번째 열에서는 두 번째 동사 눕다(*to lie down*), 잠자다(*to sleep*)가 명백하게 뒤따라 일어나는 동작을 표현해 준다: 이것은 계승의 강세 바브이다. 세 번째 열에서는 살다(*to live*) 동사가 먹는(*eating*) 동작의 결과나 목적을 나타내는 동작을 표현해 준다: 이것은 서법의 바브이다.

---

[1] 지시형 לֹאכַל은 직설법과 구별되지 않음을 주의하라.
[2] 권유형 אֶשְׁתֶּה는 직설법과 구별되지 않음을 주의하라.

첫 동사 형과 함께	카탈	익톨	지시형 (yaqom)	권유형	명령형
병렬의 바브	אָכַל וְשָׁתָה 그가 먹고 마셨다. (렘 22.15)	יֹאכַל וְיִשְׁתֶּה 그는 먹고 마실 것이다; 그는 먹고 마신다; 그는 먹고 마시곤 하였다.	יֹאכַל וְיֵשְׁהְ 그가 먹고 마시기를 바란다.	אֹכְלָה וְאֶשְׁתֶּה 나는 먹고 마시고 싶다.	אֱכֹל וּשְׁתֵה 먹고 마셔라! (왕상 18.41)
계승의 바브	אָכַל וַיִּשְׁכַּב 그는 먹었고 그리고(나서) 누웠다.	יֹאכַל וְשָׁכַב 그는 먹을 것이고 그리고(나서) 누울 것이다; 그는 먹고 그리고(나서)…; 그는 먹곤하였고 그리고(나서) 눕곤 하였다.	יֹאכַל וְשָׁכַב 그는 먹고 그리고(나서) 눕기를 바란다! (직역: 그리고 [나서] 그가 누울 것이다.)	אֹכְלָה וְשָׁכַבְתִּי 나는 먹고 그리고(나서) 눕고 싶다. (직역: 그리고 [나서] 나는 누울 것이다.)	אֱכֹל וְשָׁכַבְתָּ 먹어라. 그리고(나서) 누워라!(직역: 그리고 [나서] 너는 누울 것이다.)
서법의 바브 (목적·결과)	אָכַל וַיְחִי 그는 살기 위하여 먹었다 (희소함, 목적)	יֹאכַל וִיחִי (그는 살기 위하여 먹을 것이다; 그는 살기 위하여 먹는다 … 그는 먹곤 하였다…; (다소 희소함, 목적)	יֹאכַל וִיחִי 그가 살기 위하여 먹기를 바란다; 그가 먹고 그리고(나서) 살기를 바란다!	אֹכְלָה וְאֶחְיֶה 나는 살기 위하여 먹고 싶다; 나는 먹고 그리고(나서) 살고 싶다.	אֱכֹל וֶחְיֵה 살기 위하여 먹어라; 먹어라 그리고(나서) 너는 살 것이다.

§ 121. 분사

a   원래 셈어에서처럼 히브리어에서도 분사는 비시간적(atemporal) 형태로서 현재, 미래, 과거라는 세 개의 시간적 영역과 상관 없이 사용될 수 있었다. 그렇지만 분사가 술어로 사용될 때, 히브리어에서는 시간적 형태를 지니게 되며 그것은 익톨을 대신한다([1]). 반면에 수식어로 사용될 때([2]) 즉, 준-형용적 기능을 가질 때 분사는 비시간적이 된다(§ *i*).

b   이것은 능동 분사와 수동 분사에 둘 다 적용된다(§ 50 *a*). 능동 분사와 수동 분사는 동일한 시제적 가치와 시상을 가진다. 차이점이 있다면 수동 분사들의 용례가 능동 분사들의 용례보다 더 적게 나타난다는 점뿐이다.

c   **A) 술어(predicative)로 사용된 분사**와 그 시간적 가치.

      분사는 형용사의 성질과 공유하는 것이 많다. 대부분의 경우에 분사는 상태로서의 행동을 나타내며 즉, **시상**으로 보자면 **지속상**을 표현한다([3]). 분사의 시간적 가치는 주로, 이를테면 자연스럽게 현재적이다. 분사는 그 현재적 의미가 확장되면서, 상당히 자주 가까운 미래나 일반적인 미래에 사용된다. 끝으로 분사는 익톨처럼(§ 113 *e*), 과거의 문맥에서 과거를 표현할 수 있다.

d   **현재 영역**의 분사. 예로 슥 2.6[한 2.2] אָ֫נָה אַתָּה הֹלֵךְ 어디로 가십니까? 창 37.15에 있는 מַה־תְּבַקֵּשׁ 너는 누구를 찾느냐?는 질문에(현재의 익톨, § 113 *d*), 요셉은 אֶת־אַחַי אָנֹכִי מְבַקֵּשׁ 나는 나의 형들을 찾고 있다라고 대답한다(16절). הִנֵּה와 함께 나오는 삿 9.36 הִנֵּה־עָם יוֹרֵד 보라, 사람들이 내려오고 있다. 빈번상이 나오는 경우는 거의 일반적이지 않다: 출 13.15 "바로 이것 때문에 나는 야웨께 처음 태어난 모든 수컷들을 제사드려(אֲנִי זֹבֵחַ), 나의

---

[1] 근거 없이 널리 퍼진 견해(예, Schüle 2000: 190: "...분사형은 고대 히브리어에서 시간적 기능을 갖고 있지 않았다[das Partizip, das im Althebräischen keine Tempusfunktion besitzt]")와 달리 이 관점은 아무리 강조해도 부족하다. 또한 Groß 1975: 47 and Muraoka 1999: 191f.를 보라. 겔 33.6 בַּעֲוֹנוֹ נִלְקָח (분사) ‖ 8절 בַּעֲוֹנוֹ יָמוּת (미래)를 주목하라.

[2] 여기에서 수식어(*attribute*)는 명사의 모든 한정사(*determinative*)를 가리킨다는 뜻으로 사용되며(예, 다른 명사, 형용사, 분사), 불어에서 일반적으로 사용되는 의미와 다르다. 불어에서 *attribute*는 우리가 여기서 술어(*predicate*)라고 부르는 것을 의미한다(즉, 주어에 대해 주장된 것이든 부인된 것이든 간에 말해진 것[which is *said*]을 가리킨다).

[3] 빈번상은 지속상(§ 111 *c*)과 같이 분사에서 그렇게 일반적이지 않다.

첫 아들을 내가 대속한다(אֶפְדֶּה)"(같은 값을 가진 익톨; 두 목적어의 대립 관계로 교차 대구를 이루게 됨); 전 1.4 דּוֹר הֹלֵךְ וְדוֹר בָּא 한 세대는 가고 다른 세대는 온다.

창 37.16과 삿 9.36에서 분사는 실제적인 현재를 가리키는 가장 명료한 형태로서 말하는 순간에 진행되는 동작을 나타낸다.

e **미래** 영역의 분사. 가까운 미래나 일반적인 미래를 표현하는 분사의 용법은 현재로서의 분사 용법이 확장된 것이다. 미래의 동작은 주로 곧 일어나려는 동작으로서 이미 진행 중인 상황이 표현된다. 미래의 익톨처럼(§ 113 *b*), 미래의 분사는 동작의 시상을 나타내지 않으므로 그 동작은 지속적이거나 즉각적일 수 있다: 창 19.13 כִּי־מַשְׁחִתִים אֲנַחְנוּ 우리가 곧 멸하기 위하여(즉각적 동작, 짧은 기간의 동작; כִּי는 어순을 술어-주어의 순서로 만들고 있다. § 154 *f*); 가끔 נֹתֵן과 함께 예, 왕상 20.13 내가 곧 넘길 것이다; 신 1.20(가끔 신명기에서) "야웨께서 주실 것이다 또는 곧 주실 것이다"; 창 20.3(동작을 현재로 보여주는 הִנֵּה와 함께) הִנְּךָ מֵת 너는 곧 죽을 것이다; 수동 분사와 함께 삼하 20.21b הִנֵּה רֹאשׁוֹ מֻשְׁלָךְ אֵלֶיךָ 그의 머리가 곧 너희에게 던져질 것이다. 지속적 동작: 창 7.4 "또 다른 이레가 지나면 나는 사십 일 동안 비를 내릴 것이다 (מַמְטִיר)..."; 왕상 1.14 הִנֵּה עוֹדָךְ מְדַבֶּרֶת 당신이 아직 말하고 있을 때(과거인 22절과 대조); 왕하 4.16; 수동 분사와 함께: 신 28.31 "너희 소는 너희 눈 앞에서 도축될 것이나(*will be slaughtered*)(טָבוּחַ), 그것을 먹지 말 것이다"(¹).

미래에서 지속적 시상을 강조하기 위하여, 미래 의미를 가진 הָיָה 동사가 분사에 첨가된다(§ 154 *m*): 왕상 2.45(사 2.2; 미 4.1) יִהְיֶה נָכוֹן 세워질 것이다; 수동 분사와 함께: 렘 36.30 נִבְלָתוֹ תִּהְיֶה מֻשְׁלֶכֶת 그의 시체는 버림 당할 것이다(=누워 있을 것이다); 신 28.29*b*. 이와 같이 지시형에서도 창 1.6 יְהִי מַבְדִּיל 그것이 나누어져라(=계속 나누어져 있어라). 부정사와 함께 나오는 것과 비교하라: 에 9.21, 27 לִהְיוֹת עֹשִׂים ~하기 위하여 (즉, 축하하도록) (빈번상). 명령형의 예는 없다(²).

---

¹ 그러므로 칼의 수동 분사는 항상 과거 의미를 갖는다고 말하는 것은 옳지 않다(GKC, § 116 *e*). 또한 시 111.2을 보라. דְּרוּשִׁים 찾아지는 것이다, § *i*.

² 시 30.11에서 עֹזֵר는 항상 실명사적으로 사용된다; 참조, § *f*, n. 미쉬나 히브리어에서 완곡한 (periphrastic) 명령형은 일반적인 취지의 명령에 주로 사용된다: 행함(*be doing*)은 하라(*do*)(지속적으로), 예, *Pirqe ʾAbot* 1.9 הֱוֵי מַרְבֶּה לַחְקוֹר אֶת־הָעֵדִים 증거들을 많이 검토하라. Greenfield 1969: 209f.를 보라; 출 34.2 וֶהְיֵה נָכוֹן 그리고 마찬가지로 출 19.15 הֱיוּ נְכֹנִים은 아

f   **과거** 영역의 분사. 익톨이 과거 영역에 사용될 때처럼(§ 113 *e*), 이 경우의 분사는 사실상 비시간적이다; 그 시간적 가치는 문맥에서 도출해 낼 수 있을 뿐이다: 왕상 17.6 "까마귀들이 아침 저녁으로 그에게 떡과 고기를 날라다 주었고(מְבִיאִים), 그는 시냇물을 마셨다(יִשְׁתֶּה)"(빈번상의 의미; 분사는 같은 값을 가진 익톨로 이어진다; 참조, 삼상 1.13); 왕상 1.5 "아도니야가 스스로 높였다(מִתְנַשֵּׂא)"(지속상). 과거에서 빈번상은 흔히 사용된다: 창 39.3, 6, 22; 왕상 3.2; 22.44; 에 2.11, 13, 14; 3.2(분사는 동일 값을 가진 익톨로 이어진다). 그러나 지속상이 일반적이다: 창 19.1; 25.26; 출 20.18; 삿 13.9; 대하 22.9; הִנֵּה와 함께 환상의 대상을 가리킴: 창 37.7; 41.17. 수동 분사의 예: 창 38.25 הִיא מוּצֵאת וְהִיא שָׁלְחָה 여인이 끌려나갈 때[Vulg.: educebatur] 그는 보냈다(동시성: 첫 번째 동작은 지속적이며, 두 번째 동작은 즉각적이다. § 166 *f*).

            과거 영역에서 분사는 비시간적이므로, 과거 의미를 가진 הָיָה 동사형(§ 154 *m*)을 추가하여 시간이 과거임을 명백하게 한다: 절대적 시작: 욥 1.14 הַבָּקָר הָיוּ חֹרְשׁוֹת 소들은 밭을 갈고 있는데(과정 중); 렘 26.18 "미가가 히스기야 시대에 예언하곤 하였다(הָיָה נִבָּא)"; 창 37.2; 출 3.1; 삿 1.7. 과거의 문맥에서: 삼상 2.11; 삼하 3.6; 왕상 18.3(왕하 4.1) הָיָה יָרֵא 그는 주님을 경외하는 사람이었다." 바익톨 다음에서, 만약 동작이 지속적이라면, 단순 바익톨 대신에 וַיְהִי가 분사와 함께 나온다: 창 4.17 "그리고 그녀는 에녹을 낳았고, 그는 도시를 세웠다(וַיְהִי בֹנֶה) 그리고…"; 삿 16.21 "그리고 그들은 그를 놋사슬로 묶었고, 그리고 그는 맷돌을 돌리곤 하였다(הָיָה טוֹחֵן)"; 삼상 18.9; 느 1.4 "…그리고 나는 금식하며 기도하였다(וָאֱהִי צָם וּמִתְפַּלֵּל)"(전반적 바익톨 다음에서)(¹).

마 여기에 속한 것 같지 않으며, 여기의 분사는 순수 형용사에 가깝다. 또한 Mishor 1983: 351-93; Muraoka 1999: 197-200을 보라.

결과적 시상의 예들: 삿 19.27 "거기에 그의 첩인 여자가 입구에 쓰러져 있었다" נֹפֶלֶת; LXX πεπτωκυῖα)"; 암 9.11 "무너진(הַנֹּפֶלֶת)(πεπτωκυῖαν) 다윗의 장막"; 삼상 31.8(∥ 대상 10.8) "그들은 사울과 그의 (세) 아들이 길보아 산에 쓰러져 있는 것(נֹפְלִים; πεπτωκότας)을 발견하였다."

¹ 물론 코텔(qotel) 또는 카툴(qatul)형이 הָיָה 동사와 함께 실명사적 또는 형용사적으로 사용된다면 완곡어법 형태(periphrastic form)는 나오지 않는다. 코텔: 시 10.14 הָיִיתָ עֹזֵר (참조, 30.11, § *e*, 두 번째 각주); 창 4.12, 14(참조, 민 14.33 נָעִים으로 읽음); 창 21.20; 카툴: 수 5.5; 왕하 15.5; 슥 3.3. 신명기에 자주 나오는 표현(9.7, 24; 31.27)인 מַמְרִים הֱיִיתֶם עִם־יהוה 너희가 야웨를 거역하여 왔다에서 코텔은 준-형용사적 의미를 지닌다(עִם은 오직 여기에 나오며 어순도 불규칙하다); 9.22 מַקְצִפִים הֱיִיתֶם אֶת־יהוה 너희들은 지속적으로 노엽게 하였다와 삼상 17.34 רֹעֶה הָיָה עַבְדְּךָ לְאָבִיו 주의

g 어떤 경우에 완곡 어법 구문은 불필요해 보이며, 특히 후대의 책에서 그러하다. 그러나 좀 더 자세히 보면 이 문맥은 헬라어의 기동상(inchoative) 미완료나 생생한 역사적 현재의 의미에 아주 가까운 것을 알 수 있다([1]). 예, 느 2.13 וָאֱהִי שֹׁבֵר בְּחוֹמֹת יְרוּשָׁלַם 나는 예루살렘 성벽을 조사하기 시작하였다...; 겔 43.6 "나는 누군가 성전에서 내게 말하는 것을 들었다. 그러나 사실은 내 곁에 서 있는 사람이었다(וְאִישׁ הָיָה עֹמֵד אֶצְלִי)"; 대하 24.12 "왕과 여호야다가 야웨의 성전 공사를 맡고 있는 자들에게 그것을 주었고, 그들은 석수와 목수를 고용하였다(וַיִּהְיוּ שֹׂכְרִים חֹצְבִים וְחָרָשִׁים)." 마찬가지로 왕하 17.25, 28, 29, 32, 33, 41; 느 2.15; 대하 30.10; 36.16.

h **결론**. 그러므로 술어로 사용된 분사는 거의 익톨과 일치한다. 많은 경우에 분사나 익톨은 뒤섞여 사용된다([2]). 우리가 본 것처럼, 가끔 익톨은 분사를 이어간다. 일반적으로 말하면, 분사는 익톨보다 지속상을 더 강하게 표현해준다. 아마 이런 이유 때문에, 시간절(§ 166 *c*)과 상황절(§ 159 *d*)에서 동시적이며 지속적인 동작은 익톨이 아니라 분사로 표현된다([3]). 분사나 익톨이 나올 수 있는 문맥에서 주어가 표현된 경우에는 분사가, 그렇지 않은 경우에는 익톨이 우선적으로 선호된다. 예, 창 37.15, 16(§ *d*), 왕상 17.6(§ *f*). 시간의 관점에서 볼 때, 분사는 현재나 가까운 미래를 표현하는 데 더 적절하며, 익톨은 미래를 표현하는 데 더 적절하다. 그렇지만 이런 경우의 분사는 지속적 힘이 없이 사용되며 이런 현상은 이미 고전 내러티브에서도 나타나고 있다: 예, 수 1.11 "다음 삼일 안에 너희는 이 요단 강을 건너(עֹבְרִים)... 야웨께

종이 아버지의 양을 지킬 때에는 강조나 일반적 용법이다.
이 완곡 어법의 연결소는 후기 성서 히브리어에만 한정되지 않으며 전형적인 것도 아니다. Muraoka 1999: 194-201을 보라.

[1] *Pace* König, *Syntax*, § 239 *c*.

[2] 예, 창 2.10 וְנָהָר יֹצֵא מֵעֵדֶן לְהַשְׁקוֹת אֶת הַגָּן וּמִשָּׁם יִפָּרֵד 강이 에덴에서 나와서 동산을 적시고, 거기서부터 갈라졌다; 창 16.8; 삼상 2.6-8; 왕하 6.22; 시 145.20; 146.9; Cohen 1984를 보라: 300f.,304. 코헨(Cohen, op. cit., p. 307)의 입장과 달리, 슥 2.6[한 2절] אָנָה אַתָּה הֹלֵךְ 어디로 가십니까?에서 분사는 아마 창 16.8에 있는 미래형과는 다른 것 같다. 왜냐하면 전자에서는 천사가 아직 출발하지 않았기 때문이다.

[3] 가끔 지속상은 배경에만 나오며, 분사는 실제적 현재(actual present), 즉, 말하는 순간에 일어나는 동작을 강조한다. 이것은 바로 분사가 상황절에 빈번하게 사용되는 또 다른 이유일 가능성이 높다; 예; 창 13.15 "네가 보는(אַתָּה רֹאֶה) 땅을 모두 내가 너에게 줄 것이다 (אֶתְּנֶנָּה)"; 신 26.16 "오늘날 야웨 너의 하나님이 이 규례와 법도를 행하라고 네게 명하시는(מְצַוְּךָ)." Cohen 1984: 301-3, 305f를 보라.

서 너희에게 주실(נֹתֵן) 땅으로..." 참조, 창 40.13, 19 "다음 삼일 안에 바로는 당신의 머리를 들 것이다(יִשָּׂא)."

끝으로, 이미 말한 것처럼(§ *e-f*) הָיָה 동사와 함께 나오는 분사는 제한된 경우에만 사용되었다.

i   **B) 수식어로 사용되는 분사**(¹)와 그 시간적 가치.

수식적(*attributive*) 분사는 서술적(*predicative*) 분사와 대립되며 그 자체로 시간이나 시상을 표현하지 않는다: 시간과 시상은 오직 문맥에서만 추론할 수 있다; 이리하여 הָאִישׁ הַבָּא는 문맥에 따라서, 오고 있는(*who is coming*), 오는(*come*), 올(*will come*), 온(*came*), 방금 온(*has come*) 사람을 뜻할 수 있으며, 이것도 한 번에 또는 가끔, 즉각적으로 또는 지속적으로 오는 것을 뜻할 수 있다. הַמֵּת는 일반적으로 죽어 있는 사람(*who is dead*)이나 실명사적으로 죽은 자(*a dead man*)를 뜻할 수 있지만, 죽을 자(*who will die*)를 뜻할 수도 있다(*Lat. moriturus* 슥 11.9); 출 11.5 "그의 보좌에 앉을(הַיֹּשֵׁב) 바로의 맏아들"(비교, 왕하 3.27 אֲשֶׁר יִמְלֹךְ 장차 다스릴 자였던[*who was to reign*], § 113 *b*); 암 9.11 "무너져 있을(הַנֹּפֶלֶת; LXX πεπτωκυῖαν) 다윗의 장막"(²); 창 27.33 הַצָּד־צַיִד 사냥한 고기를 가져온 자; 35.3 "나에게 응답하셨던(הָעֹנֶה) 하나님"; 43.18 "돌아왔던(הַשָּׁב) 돈"; 삼상 1.26 "나는 여기에 섰던(הַנִּצֶּבֶת) 여자이다"; 스 6.21 "돌아왔던(*who had come back*) 이스라엘 사람들(הַשָּׁבִים)"; 삼하 12.14 הַבֵּן הַיִּלּוֹד לְךָ 당신이 낳은 아이(*who has been born* = הַיִּלּוֹד), 참조, Vulg. *natus est*. 반대 상황에도 반드시 적용된다는 것은 아니지만, 지시어가 과거를 가리킬 때 정관사는 관용적으로 첨가된다. 좀 더 상세한 예들은 Berg., II, § 13 *c*를 보라.

연계형 상태에서의 분사는 생략된 한정적 용법으로 보이며, 문맥으로부터 명사 주부(head)가 공급된다. 이와 같은 분사는 과거와 순간적인 가치를 가진 시점에 나타나며, 특히 탁월한 순간적 과거형인 바익톨과 평행을

---

¹ 또는 좀 더 일반적으로 비-술어(non-predicate)라고 한다(왜냐하면 분사가 독립적인 명사로 사용되기 때문이다. 예, 슥 11.9 הַמֵּתָה 죽어야 할 자(여성); 삼상 4.20 הַנִּצָּבוֹת 곁에 선 자들; 민 15.33 הַמֹּצְאִים 발견한 자들. 단순하게 하기 위하여 우리는 수식적(*attributive*) 분사라는 용어만 사용할 것이다.

² "무너지는 장막(falling hut)"이란 뜻이 아니며, 이미 일어났거나 일어날 상황에서 발생하는 결과를 분사가 강조해주고 있음을 주목하라. 동일한 동사가 결과적인 뜻으로 사용되는 더 많은 예들은 위에서 제시되었다(§ *e*, 두 번째 각주).

이룬다(¹): 예, 시 136.5 עֹשֵׂה הַשָּׁמַיִם; 10절 מַכֵּה מִצְרַיִם 이집트를 치신 이(‖ 11절 וַיּוֹצֵא יִשְׂרָאֵל מִתּוֹכָם 그리고 이스라엘을 그들에게서 이끌어 내었다); 13절 וְהֶעֱבִיר יִשְׂרָאֵל גָּזַר יַם־סוּף 홍해를 가르신 이(‖14f.의 비정상적인 w-qatálti, בְּתוֹכוֹ 그리고 이스라엘을 그 가운데로 통과하게 하였다).

할 수 있다(*can/may*)의 뉘앙스: 왕상 12.21 עֹשֵׂה מִלְחָמָה 싸울 수 있는, 싸움에 적합한(연계형 상태의 분사는 § *m* 참조); 삿 8.10 שֹׁלֵף חֶרֶב 칼을 뺄 수 있는 자; 왕하 3.21 חֹגֵר חֲגֹרָה 갑옷을 입을 수 있는 자. 니팔에서: 레 11.47 "먹을 수 있는 동물(הַנֶּאֱכֶלֶת)과 먹을 수 없는 동물(לֹא תֵאָכֵל)", 참조, § 113 *l*.

해야만 한다(*must*)의 뉘앙스: 칼 수동 분사에서: 시 111.2 דְּרוּשִׁים 연구되어야 하는(Vulg. *exquirenda*); 니팔에서: 시 76.8 등. נוֹרָא 마땅히 경외함을 받을 이 (Lat. *metuendus*), 두려운; 89.8 נַעֲרָץ 두려운 이; 푸알에서: 시 18.4 등. מְהֻלָּל 칭송받기에 합당한(Lat. *laudandus*).

j   분사는 서술적이든지, 비서술적이든지 다른 분사로 이어지는 법이 거의 없으며, 일반적으로 정시제로 이어진다(²). 정시제 바로 앞에 바브가 있을 때, 이 바브는 거의 항상 강세 바브이다: 이리하여 계승의 개념이 없을 때에도 바익톨이나 w-qataltí가 사용된다. 예: 삼상 2.6a(시문) יְהוָה מֵמִית וּמְחַיֶּה 야웨는 죽음을 주고 그리고 생명을 준다(일련의 분사들; 7절에 계속됨). 그러나 *6b* מוֹרִיד שְׁאוֹל וַיָּעַל 그는 스올로 내려가게 하고 (그곳에서) 다시 올라오게도 한다(§ 118 *r*); 창 27.33 הַצָּד־צַיִד וַיָּבֵא 사냥을 하였고 (그것을) 가져온 자; 35.3; 시 136.10-11 מַכֵּה מִצְרַיִם .. וַיּוֹצֵא 이집트 사람들을 치고...그리고 이끌어 낸 이; 베카탈티형과 함께: 참조, § 119 *n, r, v.* 비도치적 바브와 함께: 시 136.14 וְהֶעֱבִיר 그리고 통과하게 한(비규칙적임; 바익톨과 나란히 나온다). 베-...익톨(w- .. yiqtol)과 함께: 사 5.23; 익톨과 함께: 삼상 2.8; 베-...카탈(w- .. qatal)과 함께: 잠 2.17.

부정사 절대형 הָלוֹךְ 다음에 나오는 동사적 형용사는 § 123 *s*를 참조하라.

---

¹ 이것은 분사를 지속상이나 반복상을 표현하는 것으로 보는 전통적 견해(예, WO, *Syntax*, p. 624)에 대한 반박 논거가 된다. 순수하게 서술적이거나 비서술적인 곳에서도, 분사는 순간을 표현할 수 있다: 일반적 형식인 레 23.10 הָאָרֶץ אֲשֶׁר יְהוָה אֱלֹהֶיךָ נֹתֵן לָךְ 는 하나님의 항구적 또는 반복적 은총과 상관이 없다; Muraoka 1999: 191f를 보라.

² 부정사 연계형도 마찬가지이다. § 124 *q*. 또한 Driver, *Tenses*, § 80을 보라.

k   **분사형 구문**. 분사는 동사적 명사이므로, 동사나 명사로 사용될 수 있다. 일반적으로 말하면, 그것은 그 의미가 일차적으로 동사적일 때, 동사로 사용된다. 즉, 뒤따르는 명사를 대격으로 만들게 된다(¹); 반면에 그 의미가 일차적으로 명사적이면 그것은 명사로 사용되어 뒤따르는 명사를 속격으로 만든다. 그렇지만 분사를 명사로 처리하고자 하는 경향이 상당히 강하다.

        접미사(§ 66)와 함께 나오는 분사는 일반적으로 명사로 취급된다. 즉, 그것은 의미가 동사적일 때에도 명사적 접미사를 취한다. 따라서 동사적 의미를 가진 분사에는 사 47.10에서 רֹאָ֑נִי(§ 66 *b*, רֹאֵ֫נִי 대신) 외에도 욥 7.8에 רֹאִי가 나온다; 이와 같이: כָּל־מֹצְאִי 창 4.14; מַצְדִּיקִי 사 50.8; שֹׁלְמִי 시 7.5; 55.13 מַאֲכִילֵם(반면에 עֹשֵׂנִי 욥 32.22, 나를 지으신 자의 뜻으로); מְשַׁנְאַי 렘 9.14; יֹדְעָיו לְפָנִים 욥 42.11 이전에 그를 알던 자들; שֹׂנְאַי חִנָּם 시 35.19 이유 없이 나를 미워하는 자들. 만약에 분사에 정관사가 있다면, 접미사는 오직 대격으로만 나오게 된다; 상당히 정상적인 형태로, אֱלֹהֶיךָ הַמּוֹצִיאֲךָ 신 13.11; הַמְאַזְּרֵנִי 시 18.33; הַמַּכֵּהוּ 사 9.12(그러나 הָעֹשׂוֹ 그를 만든 자[Vulg. *qui fecit eum*] 욥 40.19); הַיֹּלְדָה 그를 낳은 자 단 11.6(²). 비교, 부정사 연계형이 접미사와 함께 나오는 것에 대한 토론은 § 124 *g*, *i*를 참조하라.

        접미사나 보어의 대격적 성격은 아래의 경우들에서 대구로 나오는 등위 목적어나 보어를 통하여 추론할 수 있다: 렘 30.10 יְהוֹשִׁיעֲךָ מֵרָחוֹק וְאֶת זַרְעֲךָ מֵאֶרֶץ שִׁבְיָם; 33.2 יהוה עֹשָׂה יהוה יוֹצֵר אוֹתָהּ; הֵם פֹּנִים אֶל אֱלֹהִים אֲחֵרִים וְאֹהֲבֵי אֲשִׁישֵׁי עֲנָבִים 호 3.1 그들은 다른 신들에게로 돌아가서 건포도떡을 좋아한다; 전 7.21 לֹא־תִשְׁמַע אֶת־עַבְדְּךָ מְקַלְלֶךָ 너는 네 종이 너를 저주하는 말을 (귀담아) 듣지 마라(∥ 22절 קַלֶּלְתָ אֲחֵרִים); 시 146.6 עֹשֶׂה שָׁמַיִם וָאָרֶץ אֶת־הַיָּם(³); 146.8 f. יהוה אֹהֵב צַדִּיקִם יהוה שֹׁמֵר אֶת־גֵּרִים יָתֹם וְאַלְמָנָה יְעוֹדֵד. 야웨는 의인을 사랑하시고 야웨는 나그네를 보호

---

¹ 물론 이것은 모든 격 어미를 상실한 히브리어에는 분명하지 않다. 그렇지만 구문적 평행법을 자세히 보면 모호함을 풀 수 있다. 이 단락 끝 부분을 보라.

² 만약 렘 33.22에 있는 מְשָׁרְתַי אֹתִי가 진정한 독법이라면(21절 מְשָׁרְתָי 대신에), 전치사 앞에서 분사형이 연계형으로 빈번하게 나오는 경우와 비교할 수 있다(§ 129 *m*); 예레미야는 두 개의 불변사 אֶת를 가끔 혼동한다(§ 103 *j*). 또는 여기에서 אֵת는 그 원시적인 실명사적 의미로 사용되었을 가능성이 있을까?(참조, § 103 *k*, N.B.).

³ 비록 주어[יהוה=]가 명백하게 언급되어 있지 않지만, 쎄골이 있는 עֹשֶׂה와 뒤따르는 אֵת를 주목하라.

하시며, 고아와 과부를 돌보신다. 더구나 뒤따르는 명사적 보어가 분사에서 분리되어 있으면, 후자는 동사적 기능을 하게 된다: 잠 29.14 מֶלֶךְ שׁוֹפֵט בֶּאֱמֶת דַּלִּים 왕이 가난한 사람을 공평하게 재판한다.

l　　**실명사들**과 함께 사용되는 분사: 절대형 상태의 분사: 출 20.6 עֹשֵׂה חֶסֶד 은혜를 베푸는(그러나 *b* שֹׁמְרֵי מִצְוֹתָי, 명사적); 삼상 2.13 כָּל־אִישׁ זֹבֵחַ זֶבַח (그러나 민 35.30 כָּל־מַכֵּה־נֶפֶשׁ, 거의 명사적); 렘 22.13 הוֹי בֹּנֶה בֵיתוֹ; 합 2.12 [그러나 시 147.2 בּוֹנֵה יְרוּשָׁלַ͏ִם יהוה, 아마도 명사적([1])]; הוֹי בֹּנֶה עִיר 렘 17.26*a* וּמְבִאֵי תוֹדָה (그러나 מְבִיאִים עֹלָה, 만약 본문이 옳다면); 왕상 5.1(한 4.21) נֹשְׂאֵי מִנְחָה (그러나 삼하 8.2,6 מַגִּשִׁים מִנְחָה 공납자들, 명사적). 동사적 형용사인 יָרֵא가 공경하는, 두려워하는이라는 뜻으로 목적어와 함께 구성될 때: 창 42.18 אֶת־הָאֱלֹהִים אֲנִי יָרֵא; 왕하 4.1; 욘 1.9(그러나 ~를 경외하는 자란 명사적 의미를 가진 יְרֵא: 창 22.12 כִּי־יְרֵא אֱלֹהִים אַתָּה; 사 50.10; 시 25.12 등; יִרְאֵי: 출 18.21 יִרְאֵי אֱלֹהִים; 말 3.20; 시 15.4 등); 동사적 형용사 חָפֵץ: 시 5.5 חָפֵץ רֶשַׁע (그러나 시 35.27 חֲפֵצֵי צִדְקִי; 참조, 40.15; 70.3, 모두 명사적임).

m　　연계형 상태의 분사: § *l*에서 인용된 예들 외에도, אֹהֲבֵי에서는 항상 복수형이 사용됨을 주목하라(11회), 예, 시 5.12 אֹהֲבֵי שְׁמֶךָ; 신 13.4 אֹהֲבִים에서 단 한 번의 예외가 나온다(יֵשׁ와 함께, § 154 *k*) [단수 אֹהֵב는 연계형에서 형태가 변하지 않는다]; 이처럼 שֹׂנְאֵי에서도 늘 복수형이 사용된다(6회), 예, שֹׂנְאֵי בֶצַע 출 18.21[단수 שֹׂנֵא는 연계형에서 형태가 변하지 않는다]. 다른 예들: 출 21.12 וְהָיוּ הַכְּרֻבִים פֹּרְשֵׂי כְנָפַיִם(참조, 창 9.6 שֹׁפֵךְ דַּם הָאָדָם); 출 25.20에서 동사적 의미이지만 הָיָה가 함께 나오는 것은 비정상적이다); 레 11.4 מַפְרִסֵי הַפַּרְסָה; 민 31.30 שֹׁמְרֵי מִשְׁמֶרֶת מִשְׁכַּן יהוה; 렘 12.1 בֹּגְדֵי בֶגֶד 사기치는 자; 신 13.4 חֹלֵם הַחֲלוֹם הַהוּא 이 꿈꾸는 자(문자적: 저 꿈을 꾸는 자); 수 24.18 הָאֱמֹרִי יוֹשֵׁב הָאָרֶץ (항상 이와 같다; 대조, 예, 민 13.28 הָעָם הַיּוֹשֵׁב בָּאָרֶץ); 출 3.8 등. אֶרֶץ זָבַת חָלָב וּדְבָשׁ 젖과 꿀이 흐르는 땅 (Lat. *fluens lac et mel*); 부정사와 함께 나오는 것까지도: 시 127.2 מַשְׁכִּימֵי

---

[1] 분사의 명사적 구문과 동사적 구문 사이에 있는 구문론적 유동성과 불안전성은 이 시편에서 두드러지게 나타난다: בּוֹנֶה יְרוּשָׁלַ͏ִם(2절); מְכַנֵּס .. מוֹנֶה מִסְפָּר(4절); .. קֹרֵא .. מְחַבֵּשׁ .. הָרֹפֵא(3절); הַמְכַסֶּה .. הַמֵּכִין .. נוֹתֵן(9절) 등. הַמַּצְמִיחַ

מְאַחֲרֵי־שֶׁבֶת אֹכְלֵי לֶחֶם הָעֲצָבִים קוּם מְ 일찍 일어나는 자, 늦게 눕는 자와 고생하여 얻은 떡을 먹는 것(מַשְׁכִּימִים לָקוּם 대신에; 참조, § 124 n; 형용사와 비교, 렘 13.23b לִמֻּדֵי הָרֵעַ 악을 행하는 데 익숙한).

n **연계형 상태**의 **분사**도 **이동**(motion)의 대격 대신에 따라 나오는 속격과 함께 사용된다. 특히 בּוֹא와 יָצָא 동사와 함께([1]): 창 23.10, 18 בָּאֵי שַׁעַר (*ingredientes portam* = "성 안으로 들어가는 자들"); 애 1.4 בָּאֵי מוֹעֵד 절기를 지키려고 가는 사람; 창 9.10 יֹצְאֵי הַתֵּבָה 방주에서 나오는 것; 46.26 יֹצְאֵי יְרֵכוֹ 그의 사타구니에서 나온 자들; 대상 5.18 יֹצְאֵי צָבָא 군대에 갈 수 있는(참조, § i), 군복무에 적합한(단수 יֹצֵא צָבָא 민 1.3 등)([2]); יֹרְדֵי בוֹר 구덩이에 내려가는 자, 사 38.18 등(비교, 전치사와 함께([3]), 사 14.19 יוֹרְדֵי אֶל־אַבְנֵי־בוֹר). 이것들은 대부분 명사화 된 분사들이다: 오는 자, 들어가는 자 등.

이와 동일한 구문이 **전치사** 대신에 나오는 경우가 있다: 시 88.6 שֹׁכְבֵי קֶבֶר 무덤에 누운 자; 왕상 18.19 אֹכְלֵי שֻׁלְחַן אִיזֶבֶל 이세벨의 식탁에서 먹는 자, 이세벨의 식탁 친구[공생 관계자들]; 사 41.7 מַחֲלִיק פַּטִּישׁ 망치로 고르게 하는 자 (참조, A. Dillmann *ad loc.*); 대하 23.4 בָּאֵי הַשַּׁבָּת 안식일에 들어오는 자(당번); מִן 대신: 사 59.20 שָׁבֵי פֶשַׁע 죄에서 돌아오는 자, 회개하는 자; 욜 2.5 עֲרוּךְ מִלְחָמָה 전쟁을 위해 대오를 맞춘 자(렘 6.23의 לַמִּלְחָמָה 참조); 미 2.8; 또한 자주 나오는 하나님의 칭호로서, 예, 삼상 4.4 יֹשֵׁב הַכְּרֻבִים 그룹 위에 앉으신 이. 이처럼 명사적 접미사와 함께: 잠 2.19 כָּל־בָּאֶיהָ 그녀에게 오는 자 모두; 시 18.40 등. קָמַי 나에게 덤비며 일어나는 자들(קָמִים עָלַי는 시 3.2 참조).

o 능동 분사의 이중 구문(§ k-n)은 **수동 분사**에도 나온다. 그러나 여기에서는 직접 목적어를 갖는 경우가 드물다: 이것은 주로 옷을 입는 동사(*verba induendi*)와 옷을 벗는 동사(*verba exuendi*)에 나온다(§ 128 c). 두 구문 사이에 의미의 차이는 별로 없어 보인다. 따라서 חָגוּר (띠를) 띤(*girded*)과 함께 나오는 것으로 חֲגוּר כְּלֵי הַמִּלְחָמָה 삿 18.17; חָגוּר 다음에 대격이 나오는 경우(단지 모음 표기로 절대형이 구분된다[4]): 삿 18.11; 삼상 2.18; 삼하 6.14;

---

[1] 참조, § 125 n.

[2] 대조, הַיֹּצְאִים לַצָּבָא 민 31.27, 28; בַּצָּבָא 36절(참조, 신 24.5).

[3] 전치사 앞에서 분사의 연계형은 § 129 m 참조.

[4] לִבְהַדִּים과 아래에 언급될 לְבוּשׁ הַבַּדִּים을 비교하라.

20.8; 21.16; חֲגוּרִים כְּלֵי מִלְחָמָה 삿 18.16(대조, 단 10.5 בּ와 함께); 연계형 상태에서 단지 חֲגֹרַת־שָׂק 욜 1.8 밖에 없다. לָבוּשׁ(¹) 입은(*dressed*)과 함께 나오는 것은 הַלָּבוּשׁ הַבַּדִּים, 겔 9.3; לָבוּשׁ가 대격 다음에 나오는 경우: 삼상 17.5; לָבוּשׁ 다음에 대격이 나오는 경우(단지 모음 표기로 절대형이 구분된다): 겔 9.2 לְבֻשׁ בַּדִּים; 슥 3.3; 잠 31.21; 단 10.5; 연계형 상태에서: לְבֻשׁ הַבַּדִּים 겔 9.11(10.2, 6, 7; 단 12. 6, 7); לְבֻשֵׁי 겔 23.6, 12; 38.4. 벗다라는 의미의 동사 חָלַץ와 함께: 신 25.10 חֲלוּץ הַנַּעַל 맨발(신을 벗긴). 다른 동사들과 함께: 삼하 15.32 קָרוּעַ כֻּתָּנְתּוֹ(모음 표기로 절대형이 구분된다) 그의 옷이 찢긴(한계의 대격, § 127 b), 그러나 קְרוּעֵי בְגָדִים(²) 삼하 13.31; 왕하 18.37(사 36.22); 렘 41.5; 시 147.3 שְׁבוּרֵי לֵב 마음이 상한; 느 4.12[한 18 절] וְהַבּוֹנִים אִישׁ חַרְבּוֹ אֲסוּרִים עַל־מָתְנָיו 건축하는 자들이 각자 허리에 칼을 차고; 삿 1.7 שִׁבְעִים מְלָכִים בְּהֹנוֹת יְדֵיהֶם וְרַגְלֵיהֶם מְקֻצָּצִים 칠십 왕들이 엄지 손가락과 발가락을 잘린 채(³), 그러나 렘 41.5 מְגֻלְּחֵי זָקָן 수염이 깎인; 왕하 5.1 등, נְשׂוּא פָנִים 문자적으로는, 얼굴이 (잘) 인정되는(*acceptus faciei*) = 존경을 받는 사람 = 존경받는; 사 33.24 נְשֻׂא עָוֹן 죄가 사함 받은(참조, 시 32.1). 이 모든 경우에 수동 분사의 논리적인 주어는 실제적으로 뒤따라 나오는 명사이며, 앞서 나오는 명사는 표면적 주어일 뿐이다. 분사는 과정 자체보다 과정에서 결과적으로 나오는 상태를 가리킨다; § 129 *ia*(⁴)를 보라. 이리하여 삼하 15.32에서 קָרוּעַ כֻּתָּנְתּוֹ는 אִישׁ אֲשֶׁר קְרוּעָה כֻתָּנְתּוֹ로 다시 쓰인다(⁵). 또 다른 예로 위에 인용된 삿 1.7은 6절의 וַיְקַצְּצוּ אֶת־בְּהֹנוֹת יָדָיו וְרַגְלָיו 에 의해 명확해진다.

---

¹ לָבוּשׁ는 실제적인 수동 분사가 아니다. Barth, *Nominalbildung*, p. 47; Brockelmann, *GvG*, I 358; 또한 Blau 1953; Muraoka 1992: 45-50를 보라. 분사형 לָבֵשׁ는 단지 습 1.8에만 나온다.

² 한계(limitation)의 속격; 참조 § 129 *i*.

³ בֹּהֶן은 팔; 다리(limbs)의 쌍을 가리키는 명사로서 여성형이다; 따라서 בְּהֹנוֹת מְקֻצָּצִים의 주어가 아니며, 여기에는 관계절이 없다(*contra* Brockelmann, *GvG*, II 555f.; Rosén 2003: 588).

⁴ 뒤따르는 수동 분사들도 결과적 용법이다: 시 103.14 זָכוּר כִּי־עָפָר אֲנָחְנוּ 그는 우리가 먼지임을 기억하신다(이런 뜻으로 זָכוּר는 미쉬나 히브리어에 일반적이다); 아 3.8 אֲחֻזֵי חֶרֶב 칼을 잡고 (그것을 잡은 후에); 사 53.3 יְדוּעַ חֹלִי 병고에 익숙한; 26.3 בָּטוּחַ בָּךְ .. סָמוּךְ יֵצֶר (당신에게) 기대는 자 .. 이미 당신을 의지하고, 이와 유사하게 시 112.7f.에서도 본문은 사람이 의지하는 성향이나 태도를 가리키지 않는다.

⁵ 더 세부적인 것은 § 129 *i*를 보라.

p 　　　　속격과 함께 나오는 구문은 **원인**(cause)을 가리키는 데 사용된다[1]: 창 41.27 הַשִּׁבֳּלִים שְׁדֻפוֹת הַקָּדִים 동풍으로 마른 이삭(참조, 6절); 출 28.11; 신 32.24; 사 1.7 שְׂרֻפוֹת אֵשׁ 불에 탄; 동작의 행위 **주체**(author)를 가리키기 위하여: 창 24.31; 26.29† בָּרוּךְ לַיהוה 야웨께 복을 받은 사람, 이 구는 בְּרוּךְ יהוה 와 같은 뜻이다. 삿 17.2 등(소위 저자의 라메드, לְ *auctoris*, § 130 *b*; 또한 § 132 *f* 첫 번째 각주를 보라); 사 53.4 מֻכֵּה אֱלֹהִים 하나님에게 매를 맞은.

　　　　분사절에서 주어 생략은 § 154 *c*를 참조하라.

q 　　　　칼 수동 분사는 대부분 완결된(completed) 동작이나 상태를 가리키나, 니팔 분사는 과정 속의 동작을 강조한다. 이리하여 삿 6.28 הַמִּזְבֵּחַ הַבָּנוּי 견고하게 서 있는 제단, 즉, 무너지지 않은과 대상 22.19 לַבַּיִת הַנִּבְנֶה 건축할 집과 대조; 삼상 25.18 חָמֵשׁ צֹאן עֲשׂוּיֹת 요리한 양 다섯 마리와 겔 9.4 הַתּוֹעֵבוֹת הַנַּעֲשׂוֹת בְּתוֹכָהּ 그 안에서 저질러지고 있는 가증한 일들의 대조; 에 5.12 וַיִּהְיוּ נִקְרָאִים 그가 그것들을 읽게 하였다의 대조; 시 147.3 שְׁבוּרֵי לֵב 마음이 상한과 렘 2.13 בֹּארֹת נִשְׁבָּרִים 갈라지는 우물의 대조, (이미) 무너진 우물이 아님. 그러나 참조, 전 9.12 כַּדָּגִים שֶׁנֶּאֱחָזִים בִּמְצוֹדָה רָעָה וְכַצִּפֳּרִים הָאֲחֻזוֹת בַּפָּח; 신 28.31.

r 　　　　수식적 분사는 바로 앞에 있는 명사나 전치사의 대명사 접미사를 수식해 준다. 슥 8.9 יְדֵיכֶם הַשֹּׁמְעִים (말씀을) 듣고 있는 너희의 손..., 비록 분사는 호격구를 소개하는 것으로 볼 수도 있지만(아마 시 127. 3에서도); 시 103.2f. אַל־תִּשְׁכְּחִי כָּל־גְּמוּלָיו הַסֹּלֵחַ לְכָל־עֲוֹנֵכִי .. 너의 모든 죄악을 용서해 주시는 그의 모든 은택을 잊지 마라...; 욥 22.16f .. נָהָר יוּצַק יְסוֹדָם הָאֹמְרִים 그들의 터전은 강물에 휩쓸려 갔고, 그들은 말하기를...; 또한 시 86.2 הוֹשַׁע עַבְדְּךָ אַתָּה אֱלֹהַי הַבּוֹטֵחַ אֵלֶיךָ 주의 종을 구원하소서, 주는 내가 의지하는 하나님입니다도 가능하다.

---

[1] 원인(cause)의 속격, § 129 *i*.

§122. 동사 형태의 시제 복습

a   분사(*qotel, qatul*)를 마무리하면서(§ 121), 우리는 한 동작이 내포하는 시간과 시상을 표현하는 동사 형태를 모두 살펴보게 되었다. 시제의 관점에서 볼 때, 중심 용법은 아래의 도표로 요약할 수 있다(볼드체는 특징적인 음소를 구별해준다).

과거		현재		미래
Qat	*al*	*yiq*		**tol**
		qōt	*el*	
wayyiq	*tol*	*w-qa*		**taltí**

이 도표를 볼 때 히브리어에서(바브 없이) 현재를 표현하려면 세 가지 형태들이 가능함을 알 수 있다: 상태와 즉각적 동작을 위한 카탈, 반복적이거나 지속적인 동작을 위한 익톨, 지속적이거나 (부차적으로) 반복적인 행동을 위한 코텔.

b   각 동사 형태(qatal, yiqtol, qotel)의 가치는 복합적이고 상대적이다. 두 개의 동사 범주(동작 동사와 상태 동사) 각각에서, 또한 무엇보다도 개개의 동사에서 한 동사 형태의 값은 다른 두 개의 형태들과의 대조로 결정된다. 히브리어는 다른 언어와 마찬가지로, 동사 형태들은 "서로를 상호적으로 제한한다(¹)." 따라서 주어진 문맥에서 카탈의 값을 충분히 인식하기 위해서, 익톨이나 코텔이 무엇을 의미할 수 있는지 결정해야만 한다.

c   히브리어 시제 형태 체계는 어떤 점에서는 단순하고 또한 원시적이기도 하지만, 또 다른 점에서 보면 복잡하고 미묘하다. 만약 한편으로 히브리어가 몇몇 비셈어들이 습관적으로 표현하는 어떤 서법성의 표현을 무시한다면, 또 다른 편에서 비셈어들이 일반적으로 무시하는 뉘앙스들을 표현하고 있다.

결론적으로 히브리어 시제 형태들의 몇 가지 결점들을 지적한다면 다음과 같다.

1) 그것들은 시간과 시상을 함께 표현하지만 제한된 범위 안에서만 표현한다. 이리하여, 미래 동작을 위해 사용된 익톨에서 동작의 시상은 드러나

---

[1] 참조, Saussure 1916: 168.

지 않는다. 세 개의 시제적 영역이 각각 고유하게 표현되는 형태는 없다. 따라서 다른 언어들처럼 형태가 시간을 명확하게 표현하지 않는다. 동작을 시간의 영역 속에 자리잡게 하는 첫 형태 다음에, 뒤따르는 동사가 어떤 형태를 취할 것인가에는 상당한 자유가 있다; 가끔은 비시간적으로 사용되며 앞선 형태의 값을 취하기도 한다.

2) 계승의 뉘앙스와 의지법은 동시에 표현될 수 없다. 따라서 다음 문장을 문자적으로 번역할 수 없다: "나는 가고 싶고 그리고(나서) 이삭줍기를 하고 싶다"; 계승의 표현이든지 의지의 표현이든지 간에 하나는 희생되어야 한다: 따라서 "나는 가서 이삭을 줍고 싶다"(의지, 룻 2.2) 또는 "나는 가서 그리고나(서) 나는 이삭을 주울 것이다"(계승, 룻 2.7 참조) 중에서 하나를 선택해야 한다.

3) 두 번째 동작이 부정적이면, 계승이나 목적/결과 중 어느 것도 표현될 수 없다. 왜냐하면 부정은 일반적으로 וְלֹא로 표현되기 때문이다(가끔 어떤 목적을 위해 וְאַל을 사용한다; § 116 j 참조).

4) 바브와 함께 하는 의지법 형태들은 모호하다. 바브는 순수하게 병렬이거나(직접 의지법) 서법(간접 의지법: 목적/결과)을 표현한다.

5) 끝으로 형태소적 결함을 지적할 수 있다. 많은 경우에 형태는 모호하다. 따라서 אֶגְלֶה는 권유형이거나 직설법일 수 있으며 יִקְטֹל과 וְיֵשְׁבוּ는 지시형이나 직설법일 수 있다; 접미사를 가진 형태도 마찬가지이다. 어떤 형태의 동사는 권유형(§ 114 b, 첫 번째 각주)과 지시형(§ 114 g, 첫 번째 각주)의 형태가 없는 경우도 있다.

§ 123. 부정사 절대형

a   부정사 절대형은(¹) 동작(동작 동사)이나 상태(상태 동사)를 나타내는 동사적 명사이다. 따라서 그 용법들 일부는 명사 용법과 유사하며, 또한 어떤 것들은 동사 용법과 유사하게 나온다. 이리하여 קָפוֹא와 같은 부정사 절대형

---

¹ 더 상세한 자료로서 Solá-Solé 1961과 Muraoka, *Emphatic*, 83-92를 보고 Tur-Sinai 1938-39도 추가적으로 보라.

은 라틴어 *sanatio* "치료 행위(act of healing)"와 *sanare* "치료하다(to heal)"와 상응한다([1]). 따라서 A) 명사적 용법과 B) 동사적 용법(§ *t*)을 구별해야 한다.

b   **A) 명사적 용법.** 부정사 절대형에서 이 용법들 중 어떤 것들은 상당히 희소하게 나오지만, 부정사 연계형에서는 일반적으로 나온다. 반면에 내적 목적어(internal object, 참조, § *d*)의 대격이 되는 부정사 절대형의 일반적인 용법은 이 부정사에서 특이하다.

      다소 희소한 용법들: 1) **주어**로서: 잠 25.27 אָכֹל דְּבַשׁ הַרְבּוֹת לֹא־טוֹב 꿀을 너무 많이 (문자적으로, 많이) 먹는 것은 좋지 않다; 28.21 הַכֵּר־פָּנִים לֹא־טוֹב 사람의 얼굴을 차별하는 것은 (문자적으로, *cognoscere faciem*) 좋지 않다(참조, 24.23); 사 58.6-7 פָּתֵחַ, הַתֵּר, פָּרֹס(그러나 שַׁלֵּחַ는 약간 어색하게 부정사 연계형으로 읽혀진다; 더구나 모든 형태는 부정사 연계형으로 읽혀질 수 있었다); 삼상 15.23; 렘 10.5; 욥 25.2¿(비교, 부정사 연계형 § 124 *b*).

      2) **술어**로서: 사 32.17 הַשְׁקֵט 평안함(편안한) ‖ בֶּטַח 안전.

      3) **목적어**로서: 사 1.17 לִמְדוּ הֵיטֵב 선행을 배우라; 42.24 לֹא־אָבוּ בִדְרָכָיו הָלוֹךְ 그들은 주의 길을 따르려 하지 않았다; 신 28.56 לֹא נִסְּתָה כַף־רַגְלָהּ הַצֵּג עַל־הָאָרֶץ 그녀는 발바닥을 땅에 대어보지 않았다(목적어 부정사는 자체로 그 다음에 나오는 목적어를 갖는다); 사 7.15(부정사 연계형이 갖는 부정사 절대형 목적어); 사 7.16; 57.20 הַשְׁקֵט לֹא יוּכָל 그것은 잠잠해질 수 없다(동사 앞에서); 욥 9.18; 13.3. 비교, 부정사 연계형, § 124 *c*)([2]).

c   부정사 절대형이 실명사에 지배된다고 하는 경우는 아마 **매우 희소하며**, 의심스럽거나 부정확하다: 사 14.23; 잠 1.3; 21.16.

      부정사 절대형이 전치사에 지배되는 것도 동일하게 비정상적이다. 그렇지만 삼상 1.9 אַחֲרֵי שָׁתֹה가 있다. לְהֵרָאֹה의 경우 삿 13.21; 삼상 3.21†에는 약간 비정상적인 형태의 부정사 연계형이 나온다(비교, גְּלֹה와 גָּלוֹת의 형태 비교, § 79 *p*). עַד־כַּלֵּה의 경우에 왕하 13.17 완성까지 = 완전히, כַּלֵּה는

---

[1] 원래 이것은 *sanatio*에 더 잘 맞는다. 이것은 대격을 지배할 수 있는 실명사 *sanatio*일 수 있다. 비교, 플라우투스의 암피트리온(Plautus *Amph.*, 519)에서 대격과 함께 나오는 *curatio: Quid tibi hanc curatio est rem?*(= *Quid curas hanc rem?*); *Quid tibi hanc digito tactio est?*(*Poen.*, 5.5.29).

[2] 도치가 있을 때에는 부정사 절대형을 선호하는 것 같다: 신 28.56; 사 42.24; 57.20; 렘 9.4(§ 124 *c*).

부사가 된다; 이처럼 עַד־כַּלֵּה 대하 24,10; 31,1도 마찬가지이다[1].

d   부정사 절대형은 명사적 접미사를 가질 수 없으며, 지배 명사도 될 수 없다[2].

       부정사 절대형의 일반적인 명사적 용법과 그것만의 독특한 용법으로서 동사 앞에 있거나 뒤에 있는 내적 목적어의 **대격적** 용법을 들 수 있다(§ 125 *q*)[3]. 이 언어적 과정 때문에 히브리어는 아주 미묘하게 강조적인 뉘앙스를 표현할 수 있다. 동사 앞에서 부정사 절대형은 일반적으로 뒤따를 때보다 더 강한 뉘앙스를 가진다. 이것은 대격을 동사 앞에 두어 강조를 보강하기 때문이다. 동사 다음에 놓일 때, 부정사는 유사한 값을 가질 수 있다. 후치 부정사는 전치 부정사보다 훨씬 더 적게 나온다[4]. 부정사는 항상 명령형, 분사, 바익톨 다음에 나옴을 주의해야 한다(§ *l*); 또한 히트파엘의 부정사는 항상 동사 다음에 나온다(Böttcher, II, p. 223). 일반적으로 말하면, 후치 부정사의 뉘앙스는 뚜렷이 드러나지 않는다. 상당히 자주 부정사로 추가된 뉘앙스는 너무나 미약하기 때문에 문자적이거나 기계적인 번역을 하게 되면 의미를 과장하게 된다. 아래에 있는 예들을 문법적으로 번역할 때 원어의 뉘앙스를 좀 지나칠 정도로 정밀하게 표현한 것은 이해를 돕기 위함이다.

       부정사로 추가된 뉘앙스는 오직 문맥을 통해서만 밝혀질 수 있다. 일반적으로 부정사는 동작 자체보다 서법을 강조한다. 이리하여 단언적 절에

---

[1] 부정사 절대형이 전치사가 선행하는 부정사 연계형으로 연결되는 것은 § 124 *r* 참조.

[2] 이것은 고대 페니키아어와 우가릿어에 있었을 가능성이 있다. Blau 1985: 295를 보라.

[3] קָטוֹל יִקְטֹל 형태의 표현은 문자적으로 그는 살육을 살육하였다(*he slaughters a slaughter*=그는 살육을 하였다)를 뜻하며, 이것은 단지 그가 살육하였다보다 더 강조적이다. 많은 언어들은 히브리어와 동일한 방식으로 표현되지 않는다. 예로서, 히브리어에는 살육으로써 그는 살육한다(*by a slaughter he slaughters*), 살육함을 그는 살육한다(*slaughtering he slaughters*), 살육함으로써 그는 살육한다(*by slaughtering he slaughters*) 등이 나온다. 우리는 이런 히브리어투(Hebraism)를 정동사를 반복하여 모방할 수 있다. 예로서, 나는 보았다, 나는 보았다(*I have seen, I have seen*)가 있다. 이것은 다른 히브리어 표현으로서 예로, 사 40,1과 정확하게 일치하는 느낌을 준다.
우가릿어에 나오는 병행 구문에서는 부정사 절대형이 *u* 어미와 함께 나오며, 아랍어에서는 대격으로 나온다. 예로, *tafarraqa n-nāsu tafarruqan* "백성들은 모든 방향으로 흩어졌다"(Reckendorf 1921: § 48.3을 보라). 그러나 이 우가릿어 형태소는 아마 고대의 부사적 어미임 *-um* 또는 *-ūm*이었을 가능성이 가장 높다: Tropper를 보라. § 54.41-54.413 그리고 Kienast 2001: 157. Blau 1972: 125의 토론 참조.

[4] 이 문제에 대한 몇몇 셈어 사이의 차이점은 Muraoka, *Emphatic*, 89, 각주 19와 20을 보라. 동음이어적 부정사가 정동사와 관련하여 취하는 위치는 주로 형태적 조절(formal conditioning)의 문제라는 점을 강조한 골든버거의 주장은 옳다: Goldenberg 1971: 36-85, 특히 64ff.

서 단언은 더 강화된다; 의문문이나 조건절에서는 의심의 서법은 더 강화된다. 따라서 문맥에 따라서 동일한 구가 확실성(*certainly*)이나 그 반대로 모호성(*perhaps*)의 뉘앙스를 표현하게 된다[1]. 서로 상반된 서법인 가능성(*can/may*)과 당위성(*must*)에도 동일한 원칙이 적용된다.

     이 연결소는 생생한 대화에서 가끔 강한 감정의 뉘앙스를 나타내며, 법 조문에서는 엄숙함의 분위기를 표현한다. 후대 성서 히브리어에서 부정사 절대형은 일반적으로 쇠퇴하므로, 이 유사음 구조는 시간의 흐름에 따라 점진적으로 사라지게 되었다[2].

     I) 전치(prepositive) **부정사 절대형**의 주된 예문들

e   1) **단언**(affirmation)[3]: 창 2.17 מוֹת תָּמוּת 너는 반드시 죽을 것이다; 18.10 내가 꼭 돌아올 것이다; 18.18 아브라함은 반드시 큰 나라를 이룰 것이다; 22.17; 28.22; 삼상 9.6; 24.21; 겔 18.9; 암 5.5; 7.17; 합 2.3. אַךְ 다음에서 반드시라는 뜻과 함께 확실성이 다시 강화된다: 창 44.28 אַךְ טָרֹף טֹרָף 그는 맞아 찢겨 죽었다; 삿 20.39. 이 구문은 부정적 진술 다음에 일반적으로 나온다: 삼하 24.24 הוּא לֹא יָמוּת .. חָיֹה יִחְיֶה 18.17 ;לֹא כִי־קָנוֹ אֶקְנֶה מֵאוֹתְךָ בִּמְחִיר 창 3.4; 신 13.10, 21.23.

f   2) **의심: a) 의문문에서**, 대부분 수사적임: 창 37.8 הֲמָלֹךְ תִּמְלֹךְ עָלֵינוּ 네가 정말 우리를 다스리겠느냐?(= 네가 다스릴 것이냐? 회의의 뉘앙스); 37.10; 삼하 19.43; 상태 동사와 함께, 사 50.2 הֲקָצוֹר קָצְרָה יָדִי 내 손이 너무 짧겠느냐?; 부정과 함께, 렘13.12 הֲיָדוֹעַ לֹא נֵדַע 우리가 어찌 모르겠느냐?(부정의 위치는 § *o* 참조).

g   b) 있을 법하지 않은 **조건**이나 **가정**: 민 12.14 וְאָבִיהָ יָרֹק יָרַק בְּפָנֶיהָ 그(미리암)의 아버지가 그의 얼굴에 침을 뱉었다 해도...(참조, § 167 *b*); 왕상 20.39 אִם הִפָּקֵד יִפָּקֵד 만약 그가 잃어버린다면; 삼상 20.6 אִם פָּקֹד יִפְקְדֵנִי 만약 그가 나를 찾는다고 한다면; 20.9 אִם יָדֹעַ אֵדַע 내가 만일 안다면; 좀 더 약한 뉘앙스

---

[1] 동일 문장에서 이 두 개의 뉘앙스가 나오는 경우: 신 8.19; 출 22.22.

[2] 에스쿨트(Eskhult 2003: 163)는 역대 기자가 그의 저본에서 부정사 절대형을 삭제하는 네 가지의 경우를 제시하며, 무라오까(2000: 195f.)는 마소라 사본에 있는 부정사 절대형이 동일 본문의 쿰란 사본에서 다른 동사형이나 명사형으로 대치되는 몇 개의 경우들을 언급하고 있다. 더 상세한 토론은 Muraoka, *Emphatic*, 83-92를 보라.

[3] "단언"(asseveration)이란 용어를 몇몇 학자들은 더 선호한다.

와 함께: 출 22.22 만약 너희가 그를 괴롭힌다면.

그러나 부정사 절대형은 다른 뉘앙스와 함께 조건절에서도 가끔 나타 난다. 예, **대립**(opposition)에서 "그러나" 또는 "이와 반대로"의 뉘앙스(참조, § i): 삼상 20.7b 그러나 만약 그가 화를 낸다면(딜레마의 두 번째 문장); 20.21 만약 내가 이렇게 말한다면(딜레마의 첫 번째 문장); 12.25 그러나 만약 너희가 악을 행한다면(앞의 권면과 정반대 상황). 새로운 가정이 소개되는 경우에는 대립의 뉘앙스가 더 약하다: 출 21.5 그러나 만일 종이 말하기를; 22.3, 11, 12, 16.

다른 경우에는 대립의 뉘앙스가 없으면, 단지 약한 강조만 있다(비교, Lat. *quidem*). 예, 서원에서: 민 21.2 만약 당신이 주신다면; 삼상 1.11 만약 당신이 본다면; 약속에서: 출 15.26 שָׁמוֹעַ תִּשְׁמַע אִם 만약 네가 듣는다면 (야웨의 목소리를; 그리고 19.5; 23.22; 신 11.13; 15.5; 28.1; 렘 17.24; 슥 6.15).

조건적인 의미의 לוּ와 함께, 삼상 14.30 만약 그가 먹었다면이란 뉘앙스 (비교, 기원형 לוּ 욥 6.2: 내 슬픔을 저울에 달아볼 수만 있다면!).

h 　　3) 가능성(*can/may*)의 뉘앙스: 창 2.16 תֹּאכֵל אָכֹל 너는 원하는대로 먹을 수 있다; 신 17.15; 창 43.7(참조, § 113 *l*).

　　4) 당위성(*must*)의 뉘앙스: 출 21.28 그 소는 반드시 돌로 쳐죽여야 한다; 신 12.2; 창 15.13 등, יָדֹעַ תֵּדַע 너는 확실히 알아야 할 것이다 = 잘 알다(참조, § 113 *m*); 신 6.17 שָׁמוֹר תִּשְׁמְרוּן(¹).

i 　　5) 부정사 절대형은 자주 **대립**을 강조하는 데 사용된다(비교, 헬라어, μέν .. δέ). 어떤 대립은 부정사 절대형의 용도를 입증하기에 충분하기 때문에 또 다른 뉘앙스를 찾아볼 필요가 없다: 삼하 24.24 그렇게 해서는 안 된다. 내가 값을 주고 사겠다; 삿 15.13 우리는 너를 묶을 것이다... 그러나 너를 죽이지는 않겠다; 삼하 17.16 오늘 밤을 광야의 나루터에서 묵지 말고 (강을 건너라) תַעֲבוֹר עָבוֹר וְגַם; 수 17.13(=삿 1.28; 완전히[*entirely*]라는 뉘앙스를 따로 가정할 필요가 없다); 왕상 3.26(기도에서); 시 126.6b. 조건절에 있는 예들. § g.

　　6) 대립은 **양보**와 연관된다: 삿 4.9 내가 너와 함께 갈 것이다, 그러나...; 시 126.6a 비록 울면서 나아가도(참조, § m); 118.13, 18 야웨께서 나를 징계하셨지만, 나를 죽도록 버리지 않았다.

---

¹ 어떤 문장도 익톨로 시작하지 않음을 주의해야 한다. 부정사 절대형은 여기에서 문법적인 필요성 때문에 나온 것으로 보인다. 신 7.18도 마찬가지다.

j   7) 부정사가 행동의 **완전성**이나 강렬성을 표현하는 경우는 희소하다([1]): 잠 27.23 יָדֹ֨עַ תֵּדַ֜ע 너의 양떼의 형편을 잘 알아두라(어디서든지=잘 알다 창 15.13 등, § *h*); 아마 창 43.3 그는 우리에게 분명히 선언하였다; 삼상 20.6*b*(= 28 Vulg. *rogavit me obnixe*, "그는 나에게 간절히 구했다"); 욜 1.7 그가 말갛게 벗겨 버렸다; 욥 13.5 너희들이 완전히 입을 다물고 있었으면 좋으련만!

ja   8) **간절한 요청**([2]): 민11.15 הָרְגֵ֤נִי נָא הָרֹג (נָא와 함께도) 차라리 나를 죽이십시오; 삿 5.23 אֹ֤רוּ אָרוֹר יֹשְׁבֶ֔יהָ 그 주민들을 저주하라; 왕상 3.26 הָמֵת אַל־תְּמִיתֻ֑הוּ 아무쪼록 그를 죽이지 마십시오.

k   9) **다른 뉘앙스들**: אַ֣ךְ 다음에 방금(*just*)이란 뜻으로: 창 27.30 אַ֣ךְ יָצֹ֤א יָצָא֙ 그가 막 물러나가는데...; 삿 7.19.

약한 강조의 뉘앙스로: 삿 9.8(문단을 시작하는 곳에서, 약간 자유롭게 번역된다) "하루는 나무들이 나갔다..."([3]); 삼상 10.16; 삼하 18.2.

부정사에 첨가된 뉘앙스를 파악하기 어려울 때가 많다. 예, 창 43.7a, 20; 44.5(= 15); 사 48.8; 59.11; 애 1.2 בָּכוֹ תִבְכֶּה(알파벳 시의 이 구절은 בְּ 로 시작해야 한다!; 대조, 렘 22.10, § *l*). 이 부정사는 행동의 반복적 성격을 강조하는 것일 수 있다. 아마도 이 힘은 가끔 후치 부정사 절대형에서 나온 것 같다([4])

어떤 본문에서는 이 연결소가 연달아 나옴을 볼 수 있다. 예, 출 22.3, 11, 12, 16, 22; 삼상 20.6*a*, *b*, 7, 9, 21([5]).

l   **II) 후치**(postpositive) 부정사 절대형은 주 동사가 명령형, 분사나 바익톨일 때(§ *d*)의 규칙이며, 전치 부정사보다 훨씬 덜 일반적이다. 두 유형은 동일한 값을 갖는다.

1) **동작의 완전성** 또는 **강렬성**: 렘 22.10 בְּכוּ בָכוֹ 실컷 울어라 또는 슬피 울어라; 욥 13.17 שִׁמְעוּ שָׁמוֹעַ 잘 들어라, 자세히 들어라(21.2; 37.2; 사 6.9; 참

---

[1] 데이빗슨(Davidson, *Syntax* § 86, Rem. 1)은 이 뉘앙스의 존재를 의심하는 것 같다. 지속성(duration)의 뉘앙스는 가장 의심스럽다.

[2] 이것은 골든버거(Goldenberg 1971: 71)가 문제시된 유사음적 구조가 '주장하는' (insisting) 기능을 가진다고 이름짓는 근거가 되었다.

[3] 이것은 아마 현대 히브리어 동화에서 הָיֹה הָיְתָה נְסִיכָה יְפַת מַרְאֶה 옛날 옛적에 아름다운 공주가 있었다와 같이 표준적 시문의 모델이 되었다.

[4] Davidson, *Syntax*, § 86(*c*)도 마찬가지이다; 신 15.8에 대한 Finkelstein 1939의 입장을 보라.

[5] 더 자세한 예들은 Muraoka, *Emphatic*, 88f.에서 보라.

조, 55.2 아래 [4]와 연관하여).

    2) **대조**에서: 민 23.11(= 24.10) "당신을 여기로 오게 한 것은 내 원수를 저주하기 위함인데, 당신은 그들을 축복하였다(וְהִנֵּה בֵּרַכְתָּ בָרֵךְ)"(참조, 수 24.10); 사 6.9 "들어라(שִׁמְעוּ שָׁמוֹעַ) 그러나 깨닫지 못할 것이다"; 민 11.15 차라리 나를 죽이십시오(대조가 내포됨); 창 46.4 "내가 너희와 함께 이집트로 내려가서 (그곳에서) 내가 너를 데리고 올라 올 것이다(אַעַלְךָ גַם־עָלֹה)."

    3) 대조는 גַם을 추가해 명료하게 된 **등급**(gradation)과 연관된다: 창 31.15 "게다가 그는 우리의 돈을 가로챘다(먹었다) (וַיֹּאכַל גַם־אָכוֹל)"; 민 16.13 "게다가 너는 우리 위에 군림하려고까지 한다!"

    4) 다른 예들: 사 55.2 "만약 너희가 내 말을 들으면(שָׁמוֹעַ שִׁמְעוּ), 너희는 먹을 것이다…"(이 문장은 거의 조건적이다). 뉘앙스가 가끔 불분명한 경우로, 예, 민 11.32 아마 "그들은 그것들을 널어 놓았다"; 왕하 5.11(확실성?); 단 11.10(= 13). 지속상의 뉘앙스는 아주 의심스럽다.

m   **두 번째 부정사 절대형이 뒤따르는 후치 부정사 절대형**은 두 번째 동작의 동시성 또는 준-동시성을 표현한다: 삼상 6.12 "그들은 울면서 길을 따라갔다 (הָלְכוּ הָלֹךְ וְגָעוֹ)"(그들은 가는 것과 우는 동작을 동시에 하였다); 수 6.13*b*Q; 삿 14.9 "그는 걸어가면서 먹었다"; 왕하 2.11; 창 8.7 וַיֵּצֵא יָצוֹא וָשׁוֹב 그것이 나가자 마자 돌아왔다(즉시); 사 19.22 "야웨께서 이집트를 치시고 (곧) 그들을 고치실 것이다"; 두 번째 동작이 첫 번째 동작을 결정한다: 왕상 20.37 וַיַּכֵּהוּ הָאִישׁ הַכֵּה וּפָצֹעַ 그 사람이 그를 그렇게 쳐서 상처를 입혔다; 렘 12.17 "나는 이 나라를 뿌리째 뽑아 멸망시킬 것이다."

    사 3.16*b*(시문)에서 두 부정사가 함께 동사 앞에 나온다; 시 126.6에서 첫 부정사는 선행한다(§ *i*).

    두 개의 다른 부정사 절대형이 함께 나오는 경우에, 첫 번째 부정사 절대형 다음에서 첫 번째 동사와 동일 어근에 속하는 두 번째 부정사 절대형이 나오는 경우는 §*s*를 참조하라.

n   두 번째 부정사 절대형 대신에 정시제가 나오는 경우: 수 6.13*a*; 삼상 19.23; 삼하 13.19; 16.13; 사 31.5. 그러나 이 모든 형태들은 의심스럽다; 아마 부정사 절대형으로 읽어야 할 것이다.

    두 번째 부정사 절대형 대신 분사가 나오는 경우: 삼하 16.5 יֹצֵא יָצוֹא וּמְקַלֵּל (분사형에서 주 동사 다음에); 렘 41.6(비교, §*s* 끝)도 마찬가지이다.

o   **관찰**. 1) **부정의 위치**는 일반적으로 정동사 앞에 나온다. 예, 삿 15.13 וַהֲמֵת לֹא נְמִיתֶ֑ךָ 그러나 우리는 너를 죽이지 않을 것이다(직역, 죽이는 행동을 우리는 너에게 하지 않을 것이다); 출 8.24; 34.7; 신 21.14; 삿 1.28; 왕상 3.27; אַל과 함께: 왕상 3.26; 미 1.10. 예외: 창 3.4 לֹא מוֹת תְּמֻתוּן 너는 결코 죽지 않을 것이다!(2.17에 있는 바로 그 경고 말씀을 위한 언급은 거의 없는 것 같다); 암 9.8; 시 49.8. 그러므로 תְּמֻתוּן לֹא מוֹת 유형은 입증되지 않는다. § 160 *o* 참조.

p   2) 부정사 절대형의 형태는 일반적으로 주 동사의 변화에서 나온다. 예, 칼형, 창 2.16; 니팔(¹), 출 22.3; 피엘, 창 22.17; 푸알, 창 40.15; 히필, 창 3.16; 호팔, 겔 16.4; 히트파엘, 민 16.13. 그러나 칼의 부정사 절대형은 모든 파생된 변화에서도 발견된다. 예, 호팔형에서 일반적으로 나오는 구로 מוֹת יוּמַת 그는 반드시 죽으리라 출 19.12 등; 이 일반적인 구 이외의 예들은 다소 희소하다: 피엘, 삼하 20.18; 히필, 창 46.4; 삼상 23.22; 사 31.5(²); 히트포엘(Hitpoel), 사 24. 19; 니팔(상당히 빈번하다), 출 19.13; 21.20, 22; 22.11, 12; 삼하 23.7; 사 40.30; 렘 10.5; 34.3; 49.12(대조, 25.29); 미 2.4; 나 3.13; 슥 12.3; 욥 6.2(삼하 20.18에 대한 Driver 참조). 칼 부정사 절대형 외에도, 주 동사의 변화와 다른 변화에서 나온 부정사는 매우 희소하며 의심스러운 경우라고 말할 수 있다: 니팔과 함께 나오는 호팔 부정사: 레 19.20; 왕하 3.23(니팔로 발음됨); 히필과 함께 나오는 피엘 부정사: 삼상 2.16(그러나 יַקְטִרוּן로 읽으라); 푸알과 함께 나오는 호팔 부정사: 겔 16.4(두 형태 중 하나는 아마 틀린 것 같다).

q   3) **부정사 연계형의 형태**는 가끔 부정사 절대형 대신에 나오고 있다. 칼형: ע״ע 동사에서: קְבֹב* 대신에 קֹב 민 23.25; שָׁלוֹל* 대신에 שֹׁל 룻 2.16(아마 본문이 수정된 것 같다; 비교, 부정사 연계형 שְׁלֹל, § 82 *k*); ע״י 동사에서: רוֹב 대신에 유사음 때문에 רִיב יָרִיב 렘 50.34; בִּין תָּבִין 삼 23.1(참조, § 81 *e*): ל״ה 동사에서 우리는 가끔 הַגְלוֹת 형태를 보게 된다: 왕하 3.24 הַכּוֹת; 에 1.7 וְהַשְׁקוֹת; 대상 21.24 וְהַעֲלוֹת; 대하 7.3 וְהוֹדוֹת; 비교, 칼 הֱיוֹת 시 50.21. 어떤 경우 발음이 의심스럽다. 예, 수 7.7; 느 1.7.

---

¹ 니팔 부정사 절대형의 형태 선택은 § 51 *b* 참조.

² נָגֹן .. יָגֵן 여기에서 하나는 아마 칼형일 것이다; § 82 *b*, 첫 번째 각주를 보라.

r **선행 동사를 이어가는 다른 어근의 부정사 절대형**. 이 구문은 주 동사와 동일한 어근에서 온 후치 부정사의 경우를 확장한 것이다(§ *l*)(¹). 이리하여 부정사 절대형은 정동사 형태처럼 선행 동사를 이어가며, 선행 동사의 동작과 연관된 상황이나 부사어 성격의 어떤 다른 경향을 표현한다(²). **상황**과 연관된 예, 렘 22.19 קְבוּרַת חֲמוֹר יִקָּבֵר סָחוֹב וְהַשְׁלֵךְ מֵהָלְאָה לְשַׁעֲרֵי יְרוּשָׁלָ͏ִם 그는 나귀처럼 묻힐 것이다. 그는 예루살렘 성문 밖으로 끌려 나갈 것이다 [라틴. *sepultura(m) asini sepelietur (nempe) tractione(m) et proiectione(m) ultra portas Ierusalem*; 대격 קְבוּרַת는 § 125 *q* 참조]; 삼상 3.12 אָקִים אֶת כָּל־אֲשֶׁר דִּבַּרְתִּי הָחֵל וְכַלֵּה 나는 내가 말한... 모든 것을 처음부터 끝까지... 이룰 것이다 [= 처음부터 끝까지= 완전히; 라틴. *inceptione(m) et complectione(m)*]; 창 30.32 אֶעֱבֹר .. הָסֵר .. 내가 두루 다니며.. 가려 내겠다(removing); 민 15.35 מוֹת יוּמַת הָאִישׁ רָגוֹם אֹתוֹ בָאֲבָנִים כָּל־הָעֵדָה 그 사람은 반드시 죽여야 한다. 온 회중은 그를 돌로 쳐야 한다(직역, *morte[m] occidetur ille vir cumulando eum [cumulatione(m)] lapidibus ..*); 삼하 8.2 그는 그들을 땅에 엎드리게 하여 줄로 그들을 재었다.

부사어 의미의 예들, 사 7.11 "너는 주님께 징조를 구하라... 저승 깊은 데서나 저 위 높은 데서나"; 창 21.16 "그녀는 자신을 멀리하며 הַרְחֵק 맞은 편에 앉아"(참조, 출 33.7; 수 3.16; הַרְחֵק은 순수 부사가 되었다: 멀리, § 102 *e*); 출 30.36 너는 곱게 빻아서 הָדֵק (직역, *comminutione[m]=minutatim*, 순수 부사); 수 3.17 הָכֵן .. וַיַּעַמְדוּ 그들은 굳게 섰다[*firmatione(m)=firmiter*] (순수 부사); 2.5 רִדְפוּ מַהֵר 급히 쫓아가라(*festination[m]=festinanter*)(순수 부사); 신 13.15 וְשָׁאַלְתָּ הֵיטֵב 너는 자세히 살펴라(순수 부사); 삼상 17.16 וַיִּגַּשׁ הַפְּלִשְׁתִּי הַשְׁכֵּם וְהַעֲרֵב 그 블레셋 사람이 아침 저녁으로 나왔다(직역, 아침

---

¹ 정동사 대신에 부정사 절대형을 사용하는 경우는 동족어인 서북 셈어 숙어에 널리 퍼져 있던 관습이었다: Huesman 1956: 271-95, 410-34; Rainey 2. 382-88을 보라.
신 3.6에서 보다 정확한 정보를 더 제시하기 위하여 동일 어근에서 나온 부정사가 동사를 뒤따르고 있다: "우리가 헤스본의 왕 시혼에게 한 것과 같이 우리는 그들을 전멸시켰고, 모든 성읍을 무너뜨렸다."(직역: ~을 겨냥한 파멸의 행동으로써). 어떤 경우에 부정사는 선두 동사(lead verb)와 유사어이다: 수 6.3 "너희 모든 군인들은 성을 돌고(וְסַבֹּתֶם), 성을 일곱 번 돌아라(הַקֵּיף)"(참조, 11절); 참조, 위에 인용된 출 30.36.

² 두 종류가 신 9.21에 다 사용된다. וָאֶכֹּת אֹתוֹ טָחוֹן הֵיטֵב 내가 그것을 산산이 부수었고, 가루를 내었다.

에도 나오고, 저녁에도 나왔다; 부사로서 הַשְׁכֵּם: 일찍 잠 27.14)[1].

부정사 절대형. הָלוֹךְ[2] 가다(*to go*, 비유적으로)는 연속성을 표현한다. 삼상 6.12 וַיֵּלַכְנָה הַפָּרוֹת וְגָעוֹ (§ *m*)에서 הָלוֹךְ는 자연스럽게 그 원래의 의미를 취하며, 이 부정사 הָלוֹךְ는 시간 속에서 동작이 비유적인 의미로 사용되는 출처가 되었고 결과적으로 연속성을 표현하게 되었다[3]. 두 번째 부정사는 הָלוֹךְ 다음에 나온다. 창 8.3 וַיָּשֻׁבוּ הַמַּיִם הָלוֹךְ וָשׁוֹב 물이 점점 더 줄어들었다 [두 번째 부정사는 הָלוֹךְ로 표현된 연속성 개념을 강화시킨다][4]; 12.9 וַיִּסַּע אַבְרָם הָלוֹךְ וְנָסוֹעַ הַנֶּגְבָּה 아브람은 점점 더 남쪽으로 나아갔다; 상태 동사와 함께, 삼하 5.10 וַיֵּלֶךְ הָלוֹךְ וְגָדוֹל 그는 점점 더 세력이 강해졌다(주 동사 가다는 비유적으로 사용된다; גָדוֹל은 형용사가 아니라 부정사 절대형이다). 그러나 일반적으로 부정사 절대형보다 동사적 형용사가 상태 동사와 함께 사용된다. 예, 창 26.13 וַיֵּלֶךְ הָלוֹךְ וְגָדֵל (대조, 삼하 5.10; 이것은 혼종 구문이다: *et ivit eundo et crescens*; 내적 목적어의 대격인 동작적 명사 다음에는 상태의 대격인 동사적 형용사가 온다. § 126 *a*); 삿 4.24 וַתֵּלֶךְ הָלוֹךְ "이스라엘 백성의 손이 점점 더 눌렀다"(קָשָׁה는 동사적 형용사로서: 거칠어지다); 삼상 14.19 וַיֵּלֶךְ הָלוֹךְ וָרָב "소동이 점점 더 심해졌다"(רָב는 동사적 형용사이다; 비교, 삼하 15.12 분사와 함께 וְהָעָם הוֹלֵךְ וָרָב 백성들이 점점 더 많아졌다); 삼하 18.25 וַיֵּלֶךְ הָלוֹךְ וְקָרֵב 그가 점점 더 가까이 왔다(삼상 17.41 וַיֵּלֶךְ הָלֹךְ וְקָרֵב에서 הָלֹךְ란 발음은 의심스러우며, 아마 서기관의 오기 때문인 것 같다).

동사적 형용사는 이와 유사하게 **분사형** הֹלֵךְ **다음**에도 나온다(비유적의미로): 출 19.19; 삼하 3.1 הֹלֵךְ וְחָזֵק 그는 점점 더 강해졌다; 삼하 15.12 רָב; 삼상 2.26; 대하 17.12 גָדֵל(그러나 부정사 절대형, גָדוֹל에 9.4); 잠 4.18 אוֹר.

---

[1] 예레미야의 표현 형식인 וָאֲדַבֵּר הַשְׁכֵּם וְדַבֵּר 내가 일찍부터 쉬지 않고 말했다에서 두 번째 부정사는 주 동사와 동일 어근에서 나왔으며 동작의 반복이나 지속을 표현한다(라틴 *et locutus sum manicatione[m] et locutione[m]*). 주어는 렘 25.3 외에 항상 하나님이다. 함께 나오는 동사로서 דַּבֵּר, 7.13; 25.3; 35.14; שָׁלַח 7.25; 25.4; 26.5(?); 29.19; 35.15; 44.4; 대하 36.15; הָעֵיד 렘 11.7; לִמֵּד 32.33.

[2] 잘못된 철자인 הֹלֵךְ는 § 49 *a*, 세 번째 각주 참조.

[3] 불어에서 공간 속의 움직임은 문자적으로 *le voyageur allait chantant, la rivière va serpentant* 으로 표현된다. 17세기까지 은유적으로 말할 때는 *son mal l'allait tourmentant, le malheur me va poursuivant*이라고 했다(Darmesteter 1895: § 682).

[4] 창 8.5에서 הָיָה는 과거 완료 의미를 가질 수 있으므로 아마 분사형 חֹסְרִים으로 읽어야 할 것 같다.

동작 동사의 분사형은 이와 유사하게 분사형 הֹלֵךְ 다음에도 나온다: 욘1.11 הוֹלֵךְ וְסֹעֵר 점점 더 거칠어졌다(비교, § *n* 끝 부분).

t   **B) 동사적 용법.**

I) 부정사 절대형은 부정사 연계형처럼(§ 124 *f*) **명사의 대격**을 지배한다. 예, 잠 25.27 אָכֹל דְּבַשׁ 꿀을 먹는 것(§ *b*). 대격이 대명사일 때는 불변사 את가 나온다; 대명사 접미사는 결코 사용되지 않는다(비교, § *c* 끝). 예, יָדֹעַ אוֹתִי 렘 9.23(§ 125 *e*). 물론 부정사 절대형도 다른 동사 형태처럼 전치사를 통하여 명사를 지배할 수 있다. 예, 사 7.15 מָאוֹס בָּרָע וּבָחוֹר בַּטּוֹב 악을 버리고 선을 택하는 것.

u   II) 부정사 절대형은 **문장의 시작에서 정동사 형태와 동등한 것**으로 사용된다.

1) **명령형**과 동등한 것. 부정사 절대형은 그 자체로서 동사적 행동의 개념을 단순하게 표현한다. 그 억양과 상황들은 듣는 자가 행동에 옮겨야 함을 나타낸다(¹). 예, 삼하 24.12 הָלוֹךְ וְדִבַּרְתָּ 가서(*to go*) 너는 말하라는 병행 본문인 대상 21.10에 나오는 הָלֵךְ וְדִבַּרְתָּ와 같은 뜻이다(²); 왕하 5.10 הָלוֹךְ וְרָחַצְתָּ 가서 씻으라...(부정사 절대형 다음에 간접 지시형이 나온다[§ 116 *d*]. 그리고 나서 간접 명령형이 나와[§ 116 *f*] 명령형과 동일한 효과를 가진다); 수 1.13 זָכוֹר 기억하라(여호수아가 명령을 내린다). 부정사 절대형은 특히 하나님이나 군사 지도자가 명령하는 곳에 나온다(³); 민 4.2 인구 조사를 하

---

¹ 아랍어에서 /qatāli/(=קְטוֹל) 형은 몇몇 동사에서 명령을 표현할 때 사용된다. 예, /nazāli/ 내려와!(내려오는 행동 ["말(horse)에서"가 내포됨]; 이것은 두 명의 용사나 두 그룹이 서로 싸우려고 도전할 때 주로 사용된다); /samāʿi/ 들어라!(직역, 들음 *listening!*=שְׁמוֹעַ). 중세 라틴어에서 *non negare*는 부인하지 마라는 뜻으로 금지를 표현할 때 사용되었으며, 이 용법이 이탈리아어에 보존되어 있다 (참조, Bourciez 1910: § 248). 고대 불어에서처럼 *n'en douter = n'en doute pas*도 같은 경우이다(참조, Brunot 1905: 248, 471).
GKC(§ 113 bb)에서는 부정사 절대형이 강조적 명령형으로 사용되고 "강조적 약속"을 뜻한다고 하지만(같은 곳, § 113 ee), 이 용법은 문체적으로 한정되어 있는 것 같다. 왜냐하면 대다수의 유사음을 가진 부정사 절대형은 법조문이나 생동적인 대화에 나오기 때문이다; 즉, 부정사 절대형 자체(*per se*)가 강조적이지 않다. 어떤 강조적인 힘이 있든지 간에 그것은 동일한 동사가 두 개의 다른 문법적 형태로 반복되는 유사음적 구문에서 나온다. Muraoka, *Emphatic*, 84-86, 90 각주 23을 함께 보라. 암 5.5 הַגִּלְגָּל גָּלֹה יִגְלֶה와 같은 예를 볼 때 성경 저자들과 시인들은 유사음을 즐겨 사용하였음을 알 수 있다.
² 역대기에서 명령의 부정사 절대형은 나오지 않는다(참조, Kropat, 23). 이것은 아마 고어체로 느껴졌기 때문일 것이다. 사 38.5 הָלוֹךְ를 병행구인 왕하 20.5 שׁוּב와 비교하라.
³ 아라드 편지에서와 같이, 예로서 1.2의 נתן은 נָתֹן으로 발음해야 한다. 이것을 תן을 번갈아 사용하는 것은 같은 사람에게 말한 것이지만, 다른 서기관이 기록한 것이다(3.2).

라; 25.17 미디안 사람을 공격하라; 왕하 3.16 만들라; 19.29(네 개의 명령형이 나란히 뒤따라 나온다); 렘 32.14 계약서를 받아라; 슥 6.10. 사 14.31에는 부정사 절대형이 두 개의 명령형 다음에 나오며, 나 2.2에서는 부정사 절대형이 세 개의 명령형 앞에 나온다.

v　　　　**2) 직접 지시 명령형**(injunctive)**의 미래**와 동등한 것. 부정사 절대형은 법 조문에 상당히 일반적으로 나온다. 여기에서는 명령형보다 지시적 미래형과 동등한 용법으로 사용된다([1]): 하라 보다 너는 행할 것이다(너는 행해야만 한다 [*you must do*]). 예: 신 5.12 "너는 안식일을 지킬 것이다 שָׁמוֹר"(지켜라 대신; 일련의 직접 지시 명령형 미래의 중간에 나온다[2])(이처럼 זָכוֹר[3] 출 20.8[4]도 마찬가지이다); 신 1.16 שָׁמֹעַ 너는 들을 것이다(지시적 미래가 뒤따라 온다); 레 2.6 너는 나눌 것이다(법적 세부 사항). 민 6.23에서 부정사 절대형 אָמוֹר는 지시적 미래 תְּבָרֲכוּ를 설명한다. "너희는 이스라엘 자손을 이렇게 축복하라; 너희는 그들에게 말할 것이다"(부정사 절대형이 תְּבָרֲכוּ에 지배되지 않는다). 율법 선언 이후에: 레 6.7 "소제의 규례는 다음과 같다: 아론의 자손이 그것을 드릴 것이다(הַקְרֵב)"; 창 17.10 "이것은 너희가 지킬 나의 언약이다…: 너희 중 모든 남자는 할례를 받아야 한다(*shall be circumcised*, הִמּוֹל)"; (비교, 조건절에서, 출 12.48 "모든 남자는 할례를 받아야 한다"); 신 15.2 "모든 채권자는 빚을 감면할 것이다(*shall release*, שָׁמוֹט)."

w　　　　**3) 미래** 즉, 직설법 익톨과 동등한 것([5]): 왕하 4.43 "야웨께서 말씀하시기를: 그들은 먹고 남길 것이다(אָכוֹל וְהוֹתֵר)"; 사 5.5 הָסֵר .. פָּרֹץ 내가 걷어치울 것이고…내가 부수어 버릴 것이다(1인칭으로 계속됨, 6절, 내가 둘 것이다); 렘 7.9[이 감탄 (§ 161 *b*) 다음에 베카탈티(w-qataltí)가 나온다] הֲגָנֹב "아! 훔쳐라, 죽이라 등(= 너는 훔쳐라, 너는 죽이라 등)… 10절 그리고 나서 너희는 나아온다 …"; 겔 23.30(28절 הִנְנִי נֹתְנֵךְ 다음에). 의문문에서 렘 3.1*b*(יָשׁוּב 다음에).

---

[1] 친밀하고 친숙한 대화에서 전형적인 불변사 נָא를 사용하지 않는 것은 Dallaire(2004: 184)가 지적한 것처럼, 연결소의 직접 지시 명령형의 성격과 일치한다.

[2] 문장이 שָׁמֹר로 시작될 수 없었던 것 같다.

[3] 권면에서 명령형 זְכֹר를 대조하라. 예, 신 9.7.

[4] 이처럼 출 20.12 כַּבֵּד는 연달아 나오는 직접 지시 명령형 미래의 중간에서, 명령형이 아니라 부정사 절대형이다.

[5] 지시형이나 권유형과 동등한 부정사 절대형의 예는 없는 것 같다.

4) **현재**와 동등한 것: 사 59.4 "헛된 것을 믿고(בָּ֫טוֹחַ)"; 욥 15.35(격언의 익톨이 뒤따른다); 잠 12.7; 15.22(격언의 익톨이 뒤따른다); 25.4.

5) **과거**와 동등한 것: 학 1.9 너희는 바랐다; 렘 8.15; 대하 31.10.

x   **III. 앞선 형태와 동등한 것**으로서 부정사 절대형(¹). 부정사 절대형은 상당히 자주 선행하는 형태를 이어간다(특히 후대의 책에서). 대부분 부정사 절대형 앞에 나오는 바브(²)는 가끔 단순하게 그리고를 뜻하며, 때로는 그리고(나서)를 뜻하여 계승을 나타낸다. 이 때 부정사 절대형을 취하는 이유는 분명하게 파악하기 힘들지만, 때로는 문체적인 꾸밈이나 변화를 위해서나, 저자가 어떤 사람이나 그들과 같은 모호한 주어의 형태를 사용하고 싶기 때문이다 (참조, § 155 *i*). 부정사 절대형은 선행하는 동사와 거의 동일한 시간이나 동일한 서법적 가치를 가진다(³).

카탈 다음에: 학 1.6 .. זְרַעְתֶּם הַרְבֵּה וְהָבֵא מְעָט אָכוֹל "너희는 많이 뿌려도 적게 거두었다; 먹었지만 배부르지 못했다; 마셨지만 등…"(וְהָבֵא는 바 익톨과 등가이다); 단 9.5 .. חָטָ֫אנוּ וְעָוִ֫ינוּ הִרְשַׁ֫עְנוּ וּמָרָ֫דְנוּ וְסוֹר "우리는 범죄하였고 악을 행하였으며, 우리는 악과 반역을 일삼았고, 우리는 주의 계명을 떠났습니다 …"(아마 변화를 위해 부정사 절대형이 네 개의 등위적인 카탈 다음에

---

¹ 휘스만(Huesman)은 위에서 언급된 그의 글에서(§ *r*, 첫 번째 각주) 동족 언어에서 찾아낸 예들을 인용함으로써 여기에서 토론되고 있는 경우들을 상당히 많이 확대하려고 한다. 그러나 우리는 여기에서 부정사 절대형이 접속사 바브 바로 다음에 나오는 경우만 다루고 있다. 우리는 또한 그 용법이 후대 성서 히브리어에서 일반적인 용법임을 강조하고자 한다. 이 구문의 기원에 대한 설명으로, Tur-Sinai 1954: 323f.와 Rubinstein 1952: 362-67을 보라. 고든(Gordon, *UT*, § 9.29)은 이 특성이 우가릿어와 후대 성서 히브리어에 공통적으로 나타나는 것에 대하여 "최북단 유대인들이 회복기에 유대의 동질 종교 집단과 재결합함으로써 만들어졌다"고 가정한다. 바브 다음에 쓰든지 그렇지 않든지 간에, 정동사 대신에 부정사 절대형을 사용하는 것은 아마르나 편지에도 나타난다. 예로서 *ṣa-bat-mi ni-nu-u* (EA 362.25f., [Fr. Gianto가 제공한 예]) "만약 우리가 취한다면"에 나타나며, 페니키아어에도 나온다. FRA, § 267과 그곳에 인용된 문헌을 보라.

² 이리하여 렘 22.19 .. יִקָּבֵר סָחוֹב וְהַשְׁלֵךְ …그는 묻힐 것이다. 끌려가고 던져질 것이다.. 에서 명령형 대신에 부정사 절대형이 나온다. 아래 § *u* II 1를 보라. 그러나 렘 23.14 .. רָאִ֫יתִי שַׁעֲרוּרָה נָאוֹף וְהָלֹךְ .. וְחִזְּק֫וּ 나는 끔찍한 것을 보았다. 그들은 간음하고… 그리고 …을 강하게 한다에서 두 개의 부정사 절대형은 שַׁעֲרוּרָה와 대구를 이루는 רָאִ֫יתִי의 직접 목적어가 될 수 없다. 이 예는 과거가 앞에 나오기 때문에 § *w* 5에 언급된 것과 다르다.

³ 그러므로 렘 37.21에 있는 וְנָתֹן은 아무래도 וְנִתַּן *et dabatur* "그리고 계속 주어졌다"로 읽혀야 한다. 여기의 빈번상은 문맥이 요구하는 것이다. 부정사 절대형은 *et dederunt* "그리고 그들이 주었다"를 뜻할 수 있다. 이 히브리어 어투는 예로 라틴어 문장 "Catilina *surgere, minari, exsilire furibundus*"; "Si quando ad eam accesserat confabulatum, *fugere* e conspectu illico."와 비교하라.

나오는 것 같다); 삼상 2.28; 사 37.19(참조, 왕하 19.18); 슥 7.5; 전 4.2(¹); 7.25; 8.9; 9.11; 에 3.13; 9.6(= 12), 16; 느 9.8, 13; 대상 5.20; 대하 28.19; 토빗 10.7(²); **베카탈티**(w-qataltí) 뒤에서: 왕상 9.25(ì); 슥 12.10(ì); **익톨** 뒤에서: 레 25.14(אֹו와 함께); 민 30.3(같은 곳); 신 14.21; 렘 32.44(3회, 부정사); 36.23(ì); **바익톨** 뒤에서: 창 41.43; 출 8.11; 삿 7.19b; 느 8.8; 대상 16.36; 대하 7.3; **지시형** 뒤에서: 에 2.3; 6.9; **명령형** 뒤에서: 왕하 19.29*b*Q וְאָכוֹל(= 사 37.30*b*); 암 4.5(ì); 느 7.3; **분사** 뒤에서: 렘 7.18; 에 8.8; **─부정사 연계형** 뒤에서: 출 32.6; 삼상 22. 13; 25.26(= 33); 렘 44.17; 겔 36.3.

y   **관찰**. 부정사 절대형은 그 용법의 성격 때문에, 그것으로 표현되는 행동의 주체는 거의 드러나지 않는다. 주어가 표현될 때는 주격일 수밖에 없다: 레 6.7; 민 15.35*b*; 신 15.2; 에 3.13; 9.1. 주어가 표현되지 않을 때는 문맥으로 추론하거나 때로는 모호한 대명사로서 어떤 사람으로 표기하는 것으로 충분하다(참조, § 155 *i*). 부정사 연계형의 주어는 § 124 *g*를 참조하고, 모호한 주어인 어떤 사람은 § 124 *s*를 참조하라.

       부정사 절대형 뒤에 정시제가 나오는 것은 § 124 *q*, 네 번째 각주를 참조하라.

§ 124. 부정사 연계형

a   부정사 절대형처럼(§ 123 *a*), 부정사 연계형(§ 49 *a*)도 (동작 동사에서) 동작이나 또는 (상태 동사에서) 상태를 가리키는 동사적 명사이다. 따라서 그 용법 중 어떤 것은 명사와 유사하고 또 어떤 것은 동사와 유사하다. 그것은 수많은 현대 유럽어의 부정사 용법에 더 잘 일치한다. 우리는 부정사 절대형 용법과 마찬가지로 A) 명사적 용법(§ *b-e*)과 B) 동사적 용법(§ *f-t*)을 구분하고자 한다.

---

¹ 페니키아어에서 모든 예들에는 1인칭 분리 대명사가 뒤따라 나오고 있다. 예로서, כב אנכ 나는 세웠다는 전 4.2 וְיֹסֵף אֲנִי 그리고 내가 복되다고 하였다와 아무런 상관이 없다. 전도서의 저자는 여기에 언급된 것 외의 세 경우에서 대명사가 없는 구조를 사용하고 있기 때문이다.

² 더 자세한 사항은 Fitzmyer 2003: 25를 보라.

b   **A) 명사적 용법**.

        1) 명사절의 주어: 창 2.18 לֹא טוֹב הֱיוֹת הָאָדָם לְבַדּוֹ 사람이 혼자 사는 것이 좋지 않다; 29.19 טוֹב תִּתִּי אֹתָהּ לָךְ 내가 그를 너에게 주는 것이 좋다; 잠 25.24 טוֹב שֶׁבֶת עַל־פִּנַּת־גָּג 다락 한 구석에 사는 편이 낫다; 삼상 18.23 הַנְקַלָּה בְעֵינֵיכֶם הִתְחַתֵּן בַּמֶּלֶךְ 왕의 사위가 되는 것이 너희 눈에 쉬운 일로 보이는가?; 창 30.15; 삿 9.2; 삼상 23.20; 사 7.13; 잠 17.26; 25.7. לְ로 시작하는 부정사 연계형과 함께(§ *m*): 수 24.15 וְאִם רַע בְּעֵינֵיכֶם לַעֲבֹד אֶת־יהוה 만일 야웨를 섬기는 것이 싫으면; 삼하 18.11 עָלַי לָתֶת לְךָ 내가 마땅히 네게 주었을 것이다; 창 23.8; 31.29; 에 4.2. 단순 문장에서 לְ와 함께 그리고 לְ 없이: 삼상 15.22 הִנֵּה שְׁמֹעַ מִזֶּבַח טוֹב לְהַקְשִׁיב מֵחֵלֶב אֵילִים 보십시오. 순종이 제사보다 낫고 잘 듣는 것이 수양의 기름보다 낫습니다. 대부분의 경우에서 부정사는 남성으로 처리되고 있음을 볼 수 있다.

        동사절의 주어: 항상 לְ로 시작하는 부정사 연계형과 함께: 창 4.26 אָז הוּחַל לִקְרֹא בְּשֵׁם יהוה 그때에 사람들이 야웨의 이름을 부르기 시작하였다[1].

c   **2) 목적어**: 렘 18.20 זְכֹר עָמְדִי לְפָנֶיךָ 내가 주 앞에 섰음을 기억하소서; 왕상 3.7 לֹא אֵדַע צֵאת וָבֹא 나는 나가고 들어가는 법(= 행동하는 것)을 모릅니다[2]; 3.11 הָבִין (준-실명사적 가치); 사 1.14 נִלְאֵיתִי נְשֹׂא 내가 짊어지기에 지쳤다(비교, 전치적 부정사 절대형과 함께, 렘 9.4 הַעֲוֵה נִלְאוּ 그들은 악을 행하는 데 지쳤다); 창 21.6; 31.28; 사 37.28; הֵחֵל 시작하다와 함께, 신 2.25, 31; 수 3.7(그러나 일반적으로 לְ와 함께 § *m*); יָסַף 계속하다와 함께, 창 4.12; 37.5(일반적으로 לְ와 함께); חָדַל 그치다 사 1.16(일반적으로 לְ와 함께); יָכֹל 할 수 있다와 함께, 창 37.4(27회, BDB, s.v., 1a; 일반적으로 לְ와 함께); אָבָה 원하다와 함께, 신 2.30(9회; 30회 לְ와 함께); מֵאֵן 거절하다와 함께, 민 20.21(더욱 빈번하게 לְ와 함께).

d   **3) 속격**: 창 2.17 בְּיוֹם אֲכָלְךָ 네가 먹는 날에는[3]; 29.7; 호 2.11(Ibn Ezra ad loc.을 보라); 전 3.4; 느 12.46; 대하 24.14.

---

[1] לְ 없는 부정사 연계형은 결코 동사의 주어로 사용되지 않는다; 참조, Davidson, *Syntax*, § 90, Rem. 1.

[2] 참조, 삼상 16.16 יֹדֵעַ מְנַגֵּן, 즉, 분사(॥18절 יֹדֵעַ נַגֵּן).

[3] 이 예에서 부정사는 בְּיוֹם의 피지배 명사이며 대명사의 지배 명사이다.

전치사에 의해 지배되는 부정사는 § *k* 참조.

지배 명사(*nomen regens*)로서의 부정사는 § *g* 참조.

그러나 실명사와 달리, 이와 같은 부정사 연계형은 정관사를 취하지 않는다(¹). 그것은 지시사 הַ나 형용사와 함께 나오지 않는다.

e   부정사 연계형을 사용하여 **부정**(negation)을 할 때는 לְבִלְתִּי가 나오며, 이것을 직역하면, 결핍된, 존재하지 않는, 아무 것도 아닌이 된다(§ 93 *q*). 이 부정은 근원에 있어서 명사적이며, 그 명사적 성격 때문에 부정사 연계형을 선호하게 되었다. לְ는 문맥에 따라 다양한 값을 가지며, 때로는 아주 약한 뜻을 갖는다. 예로서, 창 3.11 צִוִּיתִיךָ לְבִלְתִּי אֲכָל־מִמֶּנּוּ 내가 네게 먹지 말라고 명하였다(참조, § 160 *l*).

부정사 연계형은 בְּלִי로 부정하는 경우는 거의 없다. 예, 신 28.55 מִבְּלִי הִשְׁאִיר־לוֹ כֹּל 그가 자신을 위하여 남긴 것이 없기 때문에.

f   **B) 동사적 용법**. 정동사 형태와 같이 부정사 연계형은 대격으로 나오는 명사나 대명사를 지배할 수 있다. 예, 신 10.15 לְאַהֲבָה אֹתָם 그들을 사랑하사(참조, § 49 *d*); 두 개의 대격을 지배할 수 있다. 예, 창 41.39; 신 26.19; 수 10.20. 동작의 목적어에 대해서는 § *i* 참조.

다른 형태를 이어가는 לְ와 함께 나오는 부정사는 § *p* 참조.

동사적 성격의 부정사 연계형은 동작의 주어가 일반적으로 주격인 경우에서 볼 수 있다(§ *g*).

g   부정사 연계형으로 표현된 동작의 **주어**는 주격이거나(이 경우 부정사는 동사적 성격을 나타낸다) 속격이다(이 경우 부정사는 명사적 성격을 나타낸다). 많은 경우에 부정사 연계형이 주격인지 속격인지 결정하는 것은 불가능하다(²). 일반적으로 동작의 주어는 주격으로 이해해야 한다. 이것은 원시 셈어의 구문 구조이며, 어떤 경우에는 모음 표기가 주격임을 나타낸다.

동작의 주어는 부정사가 실명사에서 분리되었을 때 명백하게 **주격**이다: 민 35.6 לָנֻס שָׁמָּה הָרֹצֵחַ 살인자가 그곳으로 도피할 수 있도록. 이것

---

¹ 정관사는 헬라어, 이탈리아어 등에서 부정사와 함께 나온다. 실명사화된 부정사의 예로서 대격이 따라오는 הַדַעַת를 들 수 있다. 창 2.9(17); 렘 22.16.

² 레 26.18 לְיַסְּרָה אֶתְכֶם 너를 징벌하여와 신 4.10 לְיִרְאָה אֹתִי 나를 경외함을 이란 두 가지 예에 근거하여 "여성형 어미의 형태는 마소라 학파가 이런 형태를 연계형이 아닌 것으로 확신하였음을 뒷받침해 준다"(WO, *Syntax*, p. 611, 각주 38)고 결론짓기 어렵다.

은 부정사 바로 뒤에 그 목적어가 나올 때 더욱 명백해진다. 예, 창 4.15 לְבִלְתִּי הַכּוֹת־אֹתוֹ כָּל־מֹצְאוֹ 그를 만나는 자가 누구든지 그를 죽이지 못하도록; 욜 2.17 לִמְשָׁל־בָּם גּוֹיִם 이방인들로 그들을 다스리도록; 시 56.1.

주격은 신 25.19 בְּהָנִיחַ יְהוָה (הֲנִיחַ가 아님; 참조, הַנִּיחַ 겔 24.13) 의 경우처럼 모음 표기로 표시된다. 사실 히필 부정사 הָקִים과 같은 형태는 실명사 앞에서 결코 변형되지 않는다. 마찬가지로 강한 발음인 לְ(참조, § 103 c)는 삼하 19.20 לָשׂוּם הַמֶּלֶךְ אֶל־לִבּוֹ에서 주격을 가르킨다. 또한 민 20.4 לָמוּת שָׁם אֲנַחְנוּ וּבְעִירֵנוּ 우리와 우리 가축을 여기에서 죽게 하려고 한다. 반면에 예외적 발음인 לִ는 **속격**을 전제 한다: לְצֵאת בְּנֵי יִשְׂרָאֵל מֵאֶרֶץ מִצְרַיִם 이스라엘 백성이 이집트 땅에서 나온지(출 19.1; 민 33.38, 왕상 6.1); לְשֶׁבֶת אַבְרָם בְּאֶרֶץ כְּנַעַן 아브람이 가나안 땅에 머문지(창 16.3).

속격은 대명사 접미사가 사용된 곳에서 나온다. 예, בְּמָלְכוֹ 삼상 13.1 과 빈번히; 또한 תֿ로 끝나는 부정사가 연계형으로 나타나는 경우로, 예, 신 1.27 בְּשִׂנְאַת יְהוָה אֹתָנוּ(§ 49 d)[1].

h 이 경우들 외에, 특히 부정사가 שֶׁבֶת, גְּלוֹת와 같이 끝음 תֿ와 함께 나타날 때는 그것이 지배 명사이든지 아니든지 간에 의심할 여지 없이 동일한 형태를 취한다. 따라서 창 2.18 לֹא־טוֹב הֱיוֹת הָאָדָם לְבַדּוֹ에서 부정사는 반드시 지배 명사일 필요가 없다.

하나의 동사가 두 개의 부정사 형을 가질 경우, 하나가 다른 것보다 선호되어 지배 명사로 사용된다. 이리하여 창 8.7 עַד יְבֹשֶׁת הַמַּיִם은 속격일 가능성이 높으며, 사 27.11 בִּיבֹשׁ קְצִירָהּ는 아마 주격일 것이다. תֿ로 나오는 또 다른 부정사(§ 75 i)는 아마 신 9.28 מִבְּלִי יְכֹלֶת יְהוָה לַהֲבִיאָם에서 지배 명사일 것이다(מִשִּׂנְאָתוֹ가 뒤따라 나옴); 민 14.16†.

i 부정사 연계형으로 표현된 동작의 **목적어**는 대부분 **대격**이다[2]. 목적어가 불변사 אֵת 뒤에 나올 때는 명백하게 대격이다. 예, 삼상 19.1 לְהָמִית אֶת־דָּוִד 다윗을 죽이기 위하여. 이와 비슷하게 אֵת가 없을 때에도 대격으로 여겨져야 한다. 예로서, 잠 21.15 שִׂמְחָה לַצַּדִּיק עֲשׂוֹת מִשְׁפָּט 의를 행

---

[1] 참조, Lerner 1990: 33.

[2] 확실한 속격. 미 6.8 עֲשׂוֹת מִשְׁפָּט וְאַהֲבַת חֶסֶד 정의를 행하고 사랑을 실천하는 것; 삼상 20.17 אַהֲבַת נַפְשׁוֹ אֲהֵבוֹ 그는 자신을 사랑하는 것처럼 그를 사랑하였다.

하는 것이 의인에게 기쁨이다.

대격은 창 18.25 לְהָמִית(לְהָמִית צַדִּיק가 아님; 참조, § *g*)의 경우처럼 모음 표기로 알 수 있다. 마찬가지로 강한 발음인 לְ(§ 103 *c*)는 대격임을 나타낸다: 사 3.13 לָדִין עַמִּים(לְדִין이 아님).

접미사와 함께 나올 때, 형태가 어떠하든지 간에(§ 65 *a*), 목적어는 대격으로 여겨야 한다. 결과적으로 만약 부정사 연계형의 접미사가 동작의 목적을 가리킨다면, 대격으로 가정해야 한다. 만약 동작의 주어를 가리킨다면, 속격이다(§ *g*)([1]).

j 동작의 목적어는 몇몇 동사적 실명사와 함께 대격으로 나온다. 예, 사 11.9 כְּמַהְפֵּכַת אֱלֹהִים אֶת־סְדֹם דֵּעָה אֶת־יהוה 야웨를 아는 지식(그러나 *i*); 렘 50.40 하나님이 소돔을 뒤엎었듯이; 정관사와 함께: 창 2.9 עֵץ הַדַּעַת טוֹב וָרָע 선과 악을 알게 하는 나무(여기에서 דַּעַת는 실명사화 된 부정사이다; 참조, § *d*, 두 번째 각주).

k **전치사**와 함께 나오는 부정사 연계형. 가끔 전치사의 지배를 받는 부정사 연계형이 나온다. 이것은 접속사 뒤에 나오는 정시제와 등가이다. 따라서 עַד־שׁוּב와 같은 구문(창 27.45)은 עַד אֲשֶׁר יָשׁוּב나 עַד־יָשׁוּב와 동등하다 (이 세 구문은 공통적이다); אַחֲרֵי אֲשֶׁר와 부정사가 함께 나오는 것은 보다 더 일반적이다(אֲשֶׁר 없이는 오직 2회); לִפְנֵי는 부정사 연계형과 함께 쓰이나 접속사로 쓰이지는 않는다; יַעַן과 함께 나오는 부정사, יַעַן אֲשֶׁר(그리고 אֲשֶׁר 없이)는 모두 동일한 구문이다; 이와 같이 לְמַעַן과 함께 나오는 세 개의 구문도 마찬가지이다. 접속사 כַּאֲשֶׁר와 כִּי는 부정사와 함께 나오는 כְּ와 일치하나, 부정사와 함께 나오는 בְּ는 일치하는 접속사가 없다(בַּאֲשֶׁר는 매우 희소하다); 이와 같이 부정사와 함께 나오는 לְ에 정확하게 일치하는 접속사는 없다; עַל이 부정사와 함께 나오는 경우는 상당히 일반적이다; תַּחַת와 부정사가 함께 나오는 경우는 없으나 תַּחַת אֲשֶׁר 대신에, 때문에의 경우는 발견된다; אֶל과 부정사는 함께 나오지 않는다(이것은 접속사로 사용되지 않는다); מִן과 부정사는 일반적으로 함께 나오지만 접속사로 사용되지는 않는다.

---

[1] 삼하 16.7 בְּקַלְלוֹ에서 접미사가 동작의 주어(그가 저주하는 행동)인지 동작의 목적어(그를 저주하는 행동)인지 분명하지 않으나 전자가 옳다면 בְּקַלְלָתוֹ가 되었을 것이다. 참조, 12절.

l   부정사 연계형은 **전치사** לְ와 함께 주로 사용된다(¹). לְ는 다양한 뉘앙스를 가진다: 강함, 약함, 또는 거의 없음(nil)(²); 따라서 לַעֲשׂוֹת는 ~하기 위하여, ~함에 있어서, ~함으로써, 그리고 단지 ~하다(*to do*)라는 아래의 뉘앙스를 가질 수 있다.

    לְ는 동작의 방향, 목표, **목적**을 강하게 가리키는 데 사용된다: 창 31.19 그때에 라반은 자신의 양털을 깎으러 나갔다; 42.9 너희들은 이 땅의 허점을 보려고 왔다; 신 10.13.

    목적의 개념은 **결과**(consecution) 개념과 연결된다(³): 왕상 2.27 이렇게 솔로몬은 아비아달을 야웨의 제사장직에서 내어 쫓았다. 결과적으로 야웨의 말씀이 성취되었다(⁴); 룻 2.10 내가 왜 당신의 눈에 은총을 입었으며, 결과적으로 나를 이렇게 돌보아 주십니까?(וַתַּכִּירֵנִי는 결과적 의미를 가진 바브와 함께 לְהַכִּירֵנִי와 같은 뜻을 지닌다 § 118 *h*); 삿 9.24; 삼하 14.25; 15.2; 가끔 לְהַכְעִיס(하나님을) 노엽게 하여(⁵), 예, 신 4.25; 30.12-14; 왕상 16.13; 렘 44.3.

    목적의 개념은 또한 **당위성**(must / have to) 개념과 연결되어 다양한 뉘앙스를 갖는다(⁶): 필요, 의무, 허용 등: 왕하 4.13 מֶה לַעֲשׂוֹת לָךְ הֲיֵשׁ לְדַבֶּר־לָךְ אֶל הַמֶּלֶךְ 우리가 너를 위해 무엇을 할 수 있는가? 우리가 너를 위하여 왕에게 부탁해 줄까?; 단 1.5 וּלְגַדְּלָם 그들을 키우기 위하여(⁷); 특히 부정

---

¹ 후대 성서 히브리어와 중세 히브리어에서 라메드는 당대의 아람어처럼 부정사 연계형의 핵심 부분이었다. 이 점에서 유동성(fluidity)이 있었다는 사실은 아래의 본문에 나온다. 삼상 15.22 שְׁמֹעַ מִזֶּבַח טוֹב לְהַקְשִׁיב מֵחֵלֶב אֵילִים 순종이 제사보다 낫고, 잘 듣는 것이 숫양의 기름보다 낫다에 나타난다; 삼하 10.3 בַּעֲבוּר חֲקֹר אֶת הָעִיר וּלְרַגְּלָהּ וּלְהָפְכָהּ 성을 두루 살피고, 두루 살펴 함락시키기 위하여; 전 3.5 עֵת לְהַשְׁלִיךְ אֲבָנִים וְעֵת כְּנוֹס אֲבָנִים 돌을 던져버릴 때와 돌을 모을 때, 3.4도 유사하다.

버가프(Burggaaf 1989)와 예니(Jenni 1998)는 각자 자신의 방식대로 라메드와 함께 나오는 부정사 연계형과 라메드 없이 나오는 것 사이에 기능적 구별이 있다고 주장하였으나, 말레사 (Malessa 2003: 157-64)는 이것에 대해 강하게 문제를 제기하였다. 그는 라메드-부정사가 내러티브와 후대 성서 히브리에서 훨씬 편하게 사용되었다는 문헌적이고 역사적인 요인을 지적하였다(상동 164-67). 그는 두 연결소를 입증해 주는 연관 구절에 대한 동사 목록 전체를 제시하고 있다(같은 곳 152-55).

² 영어 *to*와 독일어 *zu*를 비교하라.

³ 일반적으로 말하면, 이 두 개념은 히브리어에서 같이 표현된다: 참조, § 115 *a* ff.; 169 *i*.

⁴ 비교, ἵνα πληρωθῇ τὸ ῥηθὲν ὑπὸ κυρίου 마 1.22 등.

⁵ 이와 같이 לְמַעַן הַכְעִיס도 마찬가지이다. 예, 왕하 22.17; 참조, § 169 *g*.

⁶ 후대 성서 히브리어와 쿰란 히브리어에서 전형적임: Qimron, *HDSS*, 70-72. 더 자세한 것은 Kieviet 1999을 보라.

⁷ 더 상세한 예들은 Ehrensvärd 1999: 155에 있다.

뒤에서: 에 4.2 אֵין לָבוֹא 누구도 들어와서는 안 된다(누구도 들어올 권리가 없다). 허락의 개념은 מַה־יֶּשׁ־לִי עוֹד צְדָקָה '권리'로 나타난다: 삼하 19.29 וְלִזְעֹק עוֹד אֶל־הַמֶּלֶךְ([1]). "나에게 무슨 권리가 있어서 왕께 더 호소하겠습니까?"

특히 부정사의 논리적 주어가 전치사 לְ나 עַל로 표시되는 곳에서, 연결소의 서법적 뉘앙스는 부정사 자체가 아니라, 그 전체가 특정한 소유의 뉘앙스를 가리키는 존재적 명사절의 연결소에 의하여 제시된다. 이때 부정사구는 명사절의 주어이다: 예, 스 10.12 כְּדִבְרְךָ עָלֵינוּ לַעֲשׂוֹת 당신이 말한대로 행하는 것이 우리의 의무이다; 삼하 18.11, 느 13.13; 삼상 23.20 לָּנוּ לְהַסְגִּירוֹ בְּיַד הַמֶּלֶךְ 왕의 손에 그를 넘기는 것이 우리의 마땅히 행할 바입니다...; 미 3.1 הֲלוֹא לָכֶם לָדַעַת אֶת־הַמִּשְׁפָּט 옳은 것을 아는 것이 너희의 본분이 아니냐?; 대상 23.26 לַלְוִיִּם אֵין לָשֵׂאת אֶת־הַמִּשְׁכָּן 레위인들이 성막을 멜 필요가 없다([2]). 비교, 대하 20.17 לֹא לָכֶם לְהִלָּחֵם 너희가 싸울 것이 없다. 삼상 17.47 לַיהוה הַמִּלְחָמָה. 전쟁은 야웨께 속한 것이다. 또한 창 23.8; 31.29; 대하 25.9 를 보라.

어떤 경우에는 가능성이나 능력의 개념이 나타나며, 이와 같은 경우에는 전치사 לְ가 그 종착상(완결상, terminative force)을 잃게 되어 단지 부정사 연계형을 표시하는 것이 된다: 에 9.15; 대하 20.6; 시 40.6(이것은 לְ 없이 이어진다)([3]).

הָיָה 동사와 함께 나올 때에는 곧 ...하려 하다(*to be about to*)는 뉘앙스로 쓰인다: 창 15.12 וַיְהִי הַשֶּׁמֶשׁ לָבוֹא 해가 곧 지려고 하였다(이탈리아어 "il sole *era per* tramontare"); 수 2.5 וַיְהִי הַשַּׁעַר לִסְגּוֹר 문이 곧 닫히려 하였다†.

이 부정사들이 가리키는 동작은 לְ로써 구체적인 인물(사람)을 지목할 수 있다(personalized); 예, 삼상 23.20 לָנוּ הַסְגִּירוֹ בְּיַד הַמֶּלֶךְ 그를 넘기는 것이 우리의 의무입니다...; 대하 35.15 אֵין לָהֶם לָסוּר מֵעַל עֲבֹדָתָם 그들은 자신의 자리를 떠날 수 없었다; 22.9, 잠 22.27([4]).

---

[1] Kieviet 1999: 14.

[2] 더 상세한 예들은 Kieviet 1999: 17f를 보라.

[3] Ehrensvärd 1999: 148.

[4] 더 상세한 예들은 Ehrensvärd 1999: 154에 있다. 삼하 21.4 אֵין לָנוּ אִישׁ לְהָמִית בְּיִשְׂרָאֵל은 분명하지 않다: 이 절은 우리는 이스라엘에서 어떤 사람도 죽일 수 없다 또는 우리는 누가 죽어야만 하는지 이름을 댈 수 없다로 번역할 수 있다.

m   לְ가 **주어** 부정사(§ *b*)나 **목적어** 부정사(§ *c*)를 열어줄 때에는 거의 아무런 의미도 없다. 삼상 15.22 שְׁמֹעַ מִזֶּבַח טוֹב לְהַקְשִׁיב מֵחֵלֶב אֵילִים 순종이 제사보다 낫고, 잘 듣는 것이 숫양의 기름보다 낫다에서 불규칙적인 변화가 생기는 것을 주목하라.

    어떤 동사들은 목적어가 명사나 대명사일 때 다른 전치사를 취하지만 **목적어** 부정사 앞에서 לְ를 취한다. 이리하여 명사 앞에서 חָדַל 그치다는 מִן 을 가지며, חָפֵץ 기뻐하다, 사랑하다, 원하다는 בְּ를 가진다.

n   **부사어 개념**을 표현하는 **히필**의 목적어(§ 54 *d*)는 거의 항상(1) לְ로 시작된다: 렘 1.12 הֵיטַבְתָּ לִרְאוֹת 직역, 너는 보기를 잘하였다 =너는 잘 보았다; 왕상 14.9 וַתָּרַע לַעֲשׂוֹת 너는 잘못 행동하였다. 부사어 개념은 이렇게 표현되기도 한다(§ 102 *g*). 히필의 예: הֵיטִיב 잘 행동하다, הֵרַע 잘못 행동하다(왕상 14.9), הִגְדִּיל 위대하게 하다, הִגְבִּיהַ 높이다, הִשְׁפִּיל 낮추다(겔 21.26), הֶעֱמִיק 깊게 하다(사 30.33), הִשְׁכִּים 일찍 일어나다, הִרְבָּה 많게 하다 등(2). 부사어 개념은 피엘에 나온다. מִהַר: 창 27.20 מִהַרְתָּ לִמְצֹא 너는 신속하게 찾았다(3); 또한 확장에 의하여(4), 니팔에서도 나온다. 창 31.27 נַחְבֵּאתָ לִבְרֹחַ 너는 몰래 도망쳤다(λάθρα)(5).

---

[1] לְ 없이: 창 31.28 הִסְכַּלְתָּ עֲשׂוֹ 너는 행동을 어리석게 하였다=너는 어리석게 행동하였다; 시 33.3 הֵיטִיבוּ נַגֵּן (악기의) 연주를 잘 하다=잘 연주하다(대조, 삼상 16.17에서 לְ와 함께). 비교, 시 127.2 מַשְׁכִּימֵי קוּם § 121 *m*(끝)에 인용됨.

[2] 왕하 2.10 הִקְשִׁיתָ לִשְׁאוֹל라는 표현은 부사어의 의미로 확대될 수 없으며, 그 뜻은 너는 어려운 요구를 하였다이다(너는 어렵게 요구하였다가 아니다).

[3] 참조, 접속적(syndetic) 연결소: 창 45.13 וּמִהַרְתֶּם וְהוֹרַדְתֶּם אֶת אָבִי הֵנָּה 당신들은 서둘러 나의 아버지를 여기로 모시고 내려오십시오.

[4] 또는 여기에서 לְ를 ~과 관련하여라는 뜻으로 받아들일 수 있다: "너는 도주와 연관하여 숨겼다." 참조, BDB, 517*b*에서는 이런 식으로 바로 앞에 나오는 לְ를 설명한다.

[5] שָׁמַר의 용법은 עָשָׂה와 연결될 때 달라지며, 이때 바브와 함께 병렬적이든지(예, 신 7.12 וּשְׁמַרְתֶּם וַעֲשִׂיתֶם אֹתָם), 또는 부정사 연계형과 함께 종속적이 된다(예, 신 5.1 וּשְׁמַרְתֶּם לַעֲשֹׂתָם). 연결소는 가끔 위에서 토론한 것처럼, 마치 동사 한정어처럼 부지런히 지키다로 번역된다(§ *n*). 그러나 이런 분석을 받아들일 수 없는 것은 이 단어가 주로 거룩한 율법을 준수하는 것에 관련된 진술에 제한되어 연어(collocation) 관계를 이루며 사용되기 때문이다. 더구나 이 동사의 목적어는 가끔 두 번째 동사인 עָשָׂה 사이에 끼어들거나 다시 나타나기 때문이다. 예, 신 19.9 כִּי תִשְׁמֹר אֶת־כָּל־הַמִּצְוָה הַזֹּאת לַעֲשֹׂתָהּ 두 동사 사이의 분리는 신 23.24에서 앞선 목적어와 함께 시제가 변화를 일으키는 데서 분명해진다—מוֹצָא שְׂפָתֶיךָ תִּשְׁמֹר וְעָשִׂיתָ. 달리 말하면, 신 16.12 וְשָׁמַרְתָּ וְעָשִׂיתָ אֶת־הַחֻקִּים הָאֵלֶּה 같은 경우에, 목적어는 두 동사의 지배를 받는 것으로 이해되어야 한다. 신 24.8 מְאֹד וְלַעֲשׂוֹת와 수 22.5 שִׁמְרוּ מְאֹד לַעֲשׂוֹת에서 부사 מְאֹד 는 שמר와 결합될 때 동사 שָׁמַר가 등급(gradation)의 요소를 포함하고 있음을 시사한다. 그 뜻

o   לְ와 함께 나오는 부정사는 매우 빈번하게 **동사 뒤**에서 사용되며, 선행하는 행동을 좀 더 세부적으로 묘사하거나 설명한다; 그때는 라틴어 동명사 -do와 동가이다. 예, *faciendo* = 영어 *by doing*[1]. 따라서 לַעֲשׂוֹת는 상당히 자주 동사 שָׁמַר 뒤에 나온다: 출 31.16 ..וְשָׁמְרוּ אֶת־הַשַּׁבָּת לַעֲשׂוֹת "그들이 안식일을 대대로 준수함으로써 지켜야 한다(*by celebrating*)"(참조, 창 18.19; 신 13.19); 이와 같이 שָׁמַר 뒤의 לָלֶכֶת 왕상 2.3, 4; הָלַךְ 뒤의 לַעֲשׂוֹת 왕상 14.8; שָׁמַע 뒤의 לִשְׁמֹר 신 13.19; 15.5; 28.13, 15; 30.10[2]. (이런 과정은 수사적 어법으로 매우 빈번하게 나타나며, 특히 신명기적 역사에서 그러하다). 삼상 14.33 "보라, 백성들이 피채 먹음으로써(*by eating*, לֶאֱכֹל) 범죄하였다"; 12.17; 19.5; 렘 44.3 "다른 신에게 가서, 분향하고, 섬김으로써 나를 화나게 한 결과를 초래한(§ *l*) 악행"; 렘 44.7ff. (또 다른 부정사들이 모여 있다); 겔 30.21(לְ와 함께 다양한 의미로 나오는 다섯 개의 부정사)[3]. 부정사 לֵאמֹר, *dicendo*, 말함으로써, 말하기를은 너무나 일반적이며 널리 사용되는 구로(אָמַר 다음에 나오기도 한다. 예, 출 15.1) 직접 화법을 시작해 주며 마침표가 없는 상황에서 유용한 담화 표지로 사용된다.

p   **부정사** לְ 앞에 וְ가 나오며 **선행하는 동사**(또는 명사절)를 이어감으로써 사실상 정동사 형태의 가치를 가지는 몇몇 경우[4]. 분사 뒤에서: 렘 44.19 "우리가 하늘의 여왕에게 분향하고(מְקַטְּרִים) 전제를 드릴 때 וּלְהַסֵּךְ"; 17.10 암 8.4; 대상 6.34; 12.33; 명사절 뒤에서: 호 12.3; 대하 2.8; 익톨 뒤에서: 렘 19.12; 카탈 뒤에서: 신 12.11(부정사라기보다 카탈이다).

q   부정사 연계형은 일반적으로 **정시제로 이어진다**; 만약 וְ가 이 정시제 바로 앞에 나온다면, 그것은 거의 항상 강세적이며(energic), 따라서 형

은 '평가하고 값을 매기다'로 정의할 수 있다. 민 23.12 לֹא שָׁמַר אֹתוֹ אֶשְׁמֹר לְדַבֵּר, 왕하 10.31 וְדִרְשׁוּ שָׁמְרוּ 에 나오는 것들은 실질적인 예외 לָלֶכֶת בְּתוֹרַת־יְהוָה, 대상 28.8 כָּל־מִצְוֹת יהוה가 아니다. 이 전형적인 신명기적 어투에 대한 유용한 목록으로 Driver 1902: p. lxxxiii를 보라. 그렇지만 여기에서 신 13.19는 제외되어야 한다. 왜냐하면 לַעֲשׂוֹת 다음에 새로운 목적어가 나오기 때문이다.

[1] 여기에서 לְ는 ~에 관하여(*in respect of, as for*) 라는 뜻을 갖고 있다.

[2] Muraoka and Malessa 2002. 그리고 앞 단락(§ *n*) 마지막 각주를 보라.

[3] 창 2.3(?) שָׁבַת מִכָּל־מְלַאכְתּוֹ אֲשֶׁר בָּרָא אֱלֹהִים לַעֲשׂוֹת는 하나님이 행함으로써 창조하셨던 그의 모든 일을 마쳤다를 뜻할 수 있다(그가 창조함으로써 행하셨던 것이 아니다).

[4] 비교, 부정사 절대형 용법, § 121 *x*.

태는 바익톨, 베카탈티 (w-qataltí)가 된다(¹). 예: 바익톨과 함께(§ 118 *l*): 창 39.18 כַּהֲרִימִי קוֹלִי וָאֶקְרָא 내가 소리를 높여 부르짖었더니...(두 동작은 동시적이다); 왕상 18.18; 사 38.9(계속); w-qataltí와 함께(§ 119 *o*): 창 27.45; 삿 6.18; 삼상 12.23(대부분 번역이 잘 안 된다); 왕상 2.37, 42(암 1.11에 대하여, 참조, § 119 *v*). וְ가 동사 형태와 분리된 경우: 베-...카탈(w- .. qatal): 삼상 24.12; 렘 9.12; 암 1.9; 베-...익톨(w- .. yiqtol)(²), 예, 목적 의미를 가진 לְ 뒤에서(³): 잠 5.2 "분별력을 지키며 너의 입술이 지식을 지키도록"; 삼상 2.8; 사 13.9; 45.1(목적의 의미에도 불구하고 לֹא가 나오는 것을 주목하라); 약한 의미나 의미가 없는 לְ 뒤에서: 사 10.2(세 개의 liqtol [לְ로 시작하는 3개의 칼 부정사] 뒤에 하나의 베-...익톨[w- .. yiqtol]이 뒤따르는 경우); 14.25; 잠 8.21(⁴).

r   부정사 앞에 s전치사가 나올 때 만약 그 전치사가 반복되지 않는다면, **부정사 절대형**으로 이어진다: 삼상 22.13 בְּתִתְּךָ לוֹ לֶחֶם .. וְשָׁאוֹל לוֹ בֵּאלֹהִים 그에게 양식을 주고.... 그를 위하여 하나님께 물어서; 삼상 25.26(= 33); 렘 44.17; 겔 36.3(참조, 출 32.6*i*). 그렇지만 이런 형태는 매우 드물게 나타난다.

s   **관찰**. 부정사는 비시간적이며, 동작의 시간과 시상은 문맥으로만 파악될 수 있을 뿐이다. 또한 부정사는 비인칭이어서 주어는 오직 문맥으로만 결정된다. 부정사 연계형은 주어의 모호성에도 불구하고 가끔 정시제 대신에 사용됨을 주의하라(⁵): 룻 2.10 לְהַכִּירֵנִי 당신이 나에게 관심을 가진 결과로서(§ *l*); 출 5.21 לָתֶת־חֶרֶב בְּיָדָם לְהָרְגֵנוּ "그들이 우리를 죽이도록 너는 그들 손에 칼을 주었다"(주어의 변화); 신 24.4(주어의 변화); 삼상 2.36 내가 먹도록; 삼하 13.11 그가 먹도록; 왕상 1.20; 2.15; 8.59; 18.9; 22.8.

        상당히 빈번하게 주어는 모호한 그들 = 어떤 이들이 된다(참조, § 155 *i*):

---

¹ 이처럼 분사도 § 121 *j* 참조.
² 특히 교차 대구를 이루는 시에서.
³ 익톨을 뒤따르는 *liqtol*의 서법적 뉘앙스를 자연스럽게 취한다.
⁴ 사 58.6에서 w-.. yiqtol은 그 자체가 두 개의 부정사 절대형을 이어가는 부정사 연계형을 이어가고 있다(참조, § 123 b; 7절에서는 부정사 절대형을 이어간다). 정시제로써 이런 식으로 이어가는 부정사 절대형의 예들은 매우 드물다: 사 42.22; 렘 23.14.
⁵ 반면에 주어가 전혀 불필요하게 보이는 곳에서 그것을 가리키는 접미사가 가끔 발견된다: 창 29.19; 왕상 21.3.

삼하 1.18 וַיֹּאמֶר לְלַמֵּד 그들(= 어떤 사람)이 가르치도록; 창 33.10; 출 9.16; 레 14.57; 삿 14.6; 삼상 18.19; 사 10.14; 28.20; 시 42.4; 스 9.1 וּכְכַלּוֹת (= 대하 29.29; 31.1).

t 부정사 연계형은 태(voice)의 관점에서 중립적이며, 능동형은 그 의미에 있어서 수동적일 수 있다: 예, 창 4.13 גָּדוֹל עֲוֺנִי מִנְּשֹׂא 내 죄짐은 지기에 너무 무겁다; 6.20 שְׁנַיִם מִכֹּל יָבֹאוּ אֵלֶיךָ לְהַחֲיוֹת 그 모든 종류대로 보존되기 위하여 너에게로 올 것이다; 수 2.5 וַיְהִי הַשַּׁעַר לִסְגּוֹר 문이 곧 닫혀지려고 하였다; 렘 25.34 מָלְאוּ יְמֵיכֶם לִטְבוֹחַ 너희들이 도살될 날이 왔다; 에 7.4 נִמְכַּרְנוּ .. לְהַשְׁמִיד 우리는 멸망당하려고 팔렸다[1].

---

[1] 또한 König, *Syntax*, § 399 *a*를 보라.
비교, 성서 아람어에서 단 2.13 וּבְעוֹ דָנִיֵּאל וְחַבְרוֹהִי לְהִתְקְטָלָה 직역하면, 그들은 다니엘과 그의 친구들이 죽임을 당하도록 찾았다.

제2장. 격

이 장에서는 대격, 속격, 그리고 (이 두 격과 대비되는) 동격과 연관된 모든 문제들을 다룰 것이며, 대조를 통하여 이 세 가지 격의 용도를 좀 더 잘 설명하고자 한다. 우리는 일반적으로 통용되는 대격, 속격, 주격이라는 용어를 라틴어에서 유추하여 사용할 것이다. 비록 격어미가 히브리어에서는 거의 완전히 사라졌다고 해도(참조, §93 b ff.), 원래의 모든 형태론적인 범주들은 이제 구문론적인 범주들로 대부분 대체되었다(¹).

§125. 직접 대격

a
대격은 좀 더 엄밀하게 말하면, 동사적인 격이거나 부사적인 격이다: 그것은 직접적으로(목적어의 대격), 또는 간접적으로(동사와 관련된 한정의 대격, 부사어 대격, §126) 동사에 종속한다. 대격이 가끔 명사에 종속되는 경우들이 있지만(§127), 이런 현상은 대격이 간접적으로 동사에 종속되는 것과 유사한 부차적인 용법일 뿐이다.

직접 대격은 동사적 목적어를 가리킨다. 이것은 (1) 달성 목적어(effected object)와 (2) 피동 목적어(affected object)로 구분할 수 있다. 달성 목적어는 주어의 동작으로 어떤 결과가 발생하는 목적어이다(동작 결과 목적어-역자 주). 즉, 동사적 행동에 의하여 (일이) 일어난다. 예, חֲלֹמוֹת יַחֲלֹמוּן 욜 3.1 [한 2.28] 그들은 꿈을 꿀 것이다(*somnia somniabunt*). 피동 목적어는 주어의 동작으로 영향을 받는 대상이 되는 목적어이다(동작 대상 목적어-역자 주). 즉, 동사적 행동에 의해 (직접적으로) 영향을 받는다. 예, וַיְסַפֵּר אֹתוֹ 창

---

¹ 이 용어들을 유지하는 것은 히브리어와 아직도 격 어미를 유지하고 있는 히브리어 동족 언어들, 특히 고전 아랍어, 아카드어, 우가릿어의 구문론을 비교하는 데 큰 도움을 얻을 수 있다. 이 언어들은 유사한 현상을 풍부하게 입증하고 예증한다.

37.9 그는 (꿈을) 말하였다. 그러므로 두 종류의 직접 목적어로서, **피동 목적어**(affected object)와 **달성 목적어**(effected object) 사이에 구별을 둘 수 있다(¹) (§ *p*).

b   **I) 피동 목적어인 대격**. 어떤 동사들은 동사의 동작을 목적어에 직접적으로 전달하며(타동사), 어떤 동사들은 전치사를 통하여 목적어에 전달한다(²)(자동사, 좀 더 정확히 말하면, 전치사를 통해 타동사적인). 그러나 어떤 동사들은 타동사적인 동시에 자동사적이다. 따라서 נָגַע 만지다는 일반적으로 자동사적이다(전치사를 통해 타동사적인): 그것은 일반적으로 (접촉의) בְּ를 취하며, 가끔 אֶל을 취한다(걷어내다, 풀을 뜯다, 도달하다). 그렇지만 타동사적인 경우는 거의 없다(전치사 없이 타동사로 쓰인 경우의 예외; 명사 목적어: 사 52.11). 이처럼 עָזַר는 일반적으로 לְ와 함께 나오지만, אֵת와 함께 나오는 경우는 매우 희소하다. 예로서, 수 1.14 הוֹשִׁיעַ עֲזַרְתֶּם אוֹתָם 구원하다, 승리하다: 대상 18.6 לְדָוִיד, 그러나 13절 אֶת־דָּוִיד; 대하 16.12 לֹא דָרַשׁ אֶת־יהוה כִּי בָּרֹפְאִים 그는 야웨를 찾지 않고, 의사들을 찾았다; קִנֵּא(피엘)가 אֵת, בְּ 또는 לְ와 함께 나올 때, 의미에서 미묘한 차이가 있다(사전을 보라). 비교, 시 77.18 נָתְנוּ שְׁחָקִים קוֹל과 68.34 יִתֵּן בְּקוֹלוֹ; ㄴ 13.22 גַּם זֹאת זָכְרָה־לִּי אֱלֹהַי와 13.14 זָכְרָה לִּי אֱלֹהַי עַל זֹאת; 잠 7.13 הֵעֵזָה פָנֶיהָ 그는 너무나 뻔뻔스럽게...와 21.29 הֵעֵז אִישׁ רָשָׁע בְּפָנָיו. 타동성과 자동성에 영향을 미치는 상황은 다양하다(³).

      한 동사의 타동사적 용법은 **목적어**가 **대명사**일 때 발생한다. 이리하여 동사 נָגַע(위에 인용됨): 창 26.29 נְגַעֲנוּךָ; 룻 2.9 לְבִלְתִּי נָגְעֵךְ. ~보다 낫

---

¹ 참조, Brockelmann, *GvG*, II 291ff. 예로서, "그가 나를 쳤다"는 문장에서 대명사 '나'는 주어의 동작으로 영향을 받는 피동 목적어(affected object)가 된다. "하나님이 나를 창조하셨다"에서 동일한 대명사 '나'는 달성 목적어(effected object)로서 하나님의 행동의 산물이며 결과이다. **피동 목적어**(affected object)의 예, "John ruined the table," "He ate sandwich," 등에서 목적어는 동작의 대상으로 영향을 받는다. **달성 목적어**(effected object)의 예, "paint a painting, build a house, draw a line, make a mistake" 등에서 목적어는 주어의 동작으로 발생한 결과가 된다(역자 주).

² 이 문맥에서 직접 목적어 표시인 אֵת(관계와 동반의 אֵת가 아님)가 전치사로 여겨지지 않는다는 점을 기억해야 한다.

³ 타동성과 자동성 사이의 구별은 자동사들이 내적 수동태를 갖고 있지 않다는 점으로 나타난다(§ 55 *b*): 보라. 사 33.1 אַתָּה לֹא שָׁדוּד .. וּבוֹגֵד וְלֹא־בָגְדוּ בוֹ .. תּוּשַׁד .. יִבְגְּדוּ־בָךְ 너는 약탈을 당하지 않았다... 그러나 너는 약탈자이다. 그들은 너를 속이지 않았다... 너는 약탈을 당할 것이다... 그들이 너를 속일 것이다.

다, 이기다(*to get the better of*)는 대부분 יָכֹל לְ이지만, 단 한 번 יְכָלְתָּיו가 시 13.5에 나온다. דָּבַק 끌어안다는 동사는 일반적으로 자동사이나(특히 접촉의 בְּ와 함께; 또한 עִם, אֶל, לְ와 함께), תִּדְבָּקֵנִי 형태가 있다. 창 19.19(§ 63 *a*). 동사 נָשַׁק 입맞추다는 일반적으로 לְ를 취하나 때때로 대명사와 함께 타동적으로 사용된다: 창 33.4; 삼상 10.1; 아 1.2; 8.1. 왕상 21.10, 13에서 הֵעִיד가 접미사와 함께 나올 때는 반대로 증거하다(בְּ)는 뜻을 가진다; 욥 29.11 위하여 증거하다(לְ).

모든 동사 구문을 찾아 설명하는 것은 문법보다는 사전의 기능이지만, 예로서 צִוָּה 명령하다는 대부분 타동사이며, 예로서 창 26.11 וַיְצַו אֶת־כָּל־הָעָם (때로는 לְ, אֶל, עַל과 함께); עָנָה 대답하다는 항상 타동사임을 주목하라. 예, 창 23.10 וַיַּעַן אֶת־אַבְרָהָם (이와 같이 הֵשִׁיב דָּבָר 대답하다. 예, 삼하 3.11 לְהָשִׁיב אֶת־אַבְנֵר דָּבָר도 마찬가지다).

욥 19.7(참조, 합 1.2) אֶצְעַק חָמָס 내가 억울하다고 소리친다에서, חָמָס는 아마 원래는 외침이었을 것이다: 나는 부르짖는다: "불의로다(*injustice!*)"(참조, 왕하 11.14 קֶשֶׁר "반역이다*conspiracy!*"); 그렇다고 해도 חמם는 אצעק의 직접 목적어처럼 느껴진다.

ba 우리는 동사에 직접 붙은 모든 대명사 접미사가 대격이며 따라서 연결소를 분석하여 אֵת와 함께 נְגָעֹנוּ = נְגָעֹנוּ אֹתְךָ처럼 다시 쓸 수 있다고 가정해서는 안 된다. 일종의 속기이든지, 순수한 타동사에서 유추한 것이든 간에, 많은 히브리어 동사들은 접미 대명사를 취한다. 이때 일반적으로 이와 같은 대명사는 여격의 가치를 가지며 따라서 אֵת 이외에 전치사로 다시 쓰여질 수 있다(¹). 몇 개의 예들은 바로 앞 단락에서 이미 인용되었으며, 여기에서는

---

¹ 이리하여 신 4.31 לֹא יַרְפְּךָ는 מִמְּךָ לֹא יַרְפֶּה와 같은 뜻이며, רפה가 타동사일 때, יָדְיו는 직접 목적어로 이해된다. 즉, יד라는 직접 목적어가 내포되어 '힘을 잃다'(loose hand)라는 뜻을 갖는다. 참조, 수 10.6. 삼하 4.1(역자 주)

브로켈만(Brockelmann *GvG*, II. 322)은 히브리어에서 여격의 의미를 가진 접미사의 존재를 부정하지만, 이와 반대로 쾨니히(König § 21)는 기꺼이 받아들인다. 예, 겔 29.3 עֲשִׂיתִנִי 내가 (그것을) 나를 위하여 만들었다. 킨버거(Kinberg 1981)는 대명사 접미사의 여격적 의미를 받아들이지 않지만, 대신에 אֵת가 명사와 함께 나오는 희소한 경우까지 포함하여 모든 것들을 아랍어처럼 순수한 대격으로 설명하려고 한다. 그러나 대명사 접미사의 여격이 고대부터 존재했다는 점은 의심할 여지가 없다. 아카드어와 이제는 에블라어까지 포함하여 일련의 분리된 여격 대명사가 독립적일뿐 아니라 접미사로 존재하였다. נתן + 접미사를 נתן 동사의 간접 목적어가 현저하게 לְ에 의해 지배될 때 대격으로 여기는 것은 절대 받아들일 수 없다. 여기에서 다루어지고 있는 접미사의 여격적 의미가 시사하는 본문 비평적 함의는 Sperber, *Hist. Gram.*, p. 94(§ 91)를 보라.

더 추가할 수 있다(^{1}): **בּוֹא**, 사 28.15; 겔 32.11; 시 36.12; 44.18; 119.41; 잠 10.24; 28.22; 욥 15.21; 20.22(시문); **נָתַן**, 수 15.19 **נְתַתָּנִי** 당신이 내게 주었다 (= 삿 1.15); 사 27.4; 렘 9.1(^{2}); 겔 16.28 **תִּזְנִים** 너는 그들과 음란하게 놀았다 ‖ (상동) **בְּקָרְאִי־לָךְ ‖ קְרָאתִיךָ**; 시 141.1 **תִּזְנִי אֶל־בְּנֵי אַשּׁוּר**; 출 6.12 "이스라엘 백성들은 내 말을 듣지 않았는데(**לֹא שָׁמְעוּ אֵלַי**), 바로가 어떻게 내 말을 듣겠습니까?(**וְאֵיךְ יִשְׁמָעֵנִי פַרְעֹה**)" ‖ 6.30 **ואיך ישמע אלי**.

bb   접속사적인 동사 접미사(conjunctive verbal suffixes)를 여격의 의미로 사용하는 것은 명사적 보어에서 잘못 유추해서 만들어진 것 같다. 겔 21.25[한 21.20] **לָבוֹא חֶרֶב אֶת רַבַּת בְּנֵי עַמּוֹן** 칼이 암몬 족속의 랍바에 이르도록. 또한 삼상 9.18 **וַיִּגַּשׁ .. אֶת שְׁמוּאֵל**; 30.21 **אֶת הָעָם .. וַיִּגַּשׁ**, 또한 민 4.19; 삿 19.18(^{3}).

bc   어떤 동사들은 전치사에 따라서 미묘한 의미의 차이를 만들게 된다. 예, 민 5.14 **וַתְּקַנֵּא רָחֵל בַּאֲחֹתָהּ ‖ וְקִנֵּא אֶת־אִשְׁתּוֹ** 그가 그의 아내를 질투하여; 창 30.1 라헬이 그의 언니를 시기하여; 슥 1.14 **קִנֵּאתִי לִירוּשָׁלַם וּלְצִיּוֹן** 내가 예루살렘과 시온을 위하여 질투한다. 간접 대명사 목적어가 동사에 직접 붙여질 수 있다는 사실은 약간의 모호성을 만들게 된다: 삿 16.21 **וַיֹּאחֲזוּהוּ**는 그들이 그를 사로잡았다(=**אוֹתוֹ**)는 뜻인가 또는 그들이 그를 끌어내렸다(= **בּוֹ**)는 뜻인가?(^{4})

bd   그렇지만 의미는 별 차이가 없어도 단지 변화를 위해 만들어

---

^{1} 더 상세한 예들과 일반적인 토론은 Bogaert 1964와 Muraoka 1979를 보라. 위의 토론과 아래의 본문을 볼 때 더는 문제가 되지 않는다: 사 42.16 **אֵלֶּה הַדְּבָרִים עֲשִׂיתִם** 이것들은 내가 그들에게 한 일이다(페쉬타와 불가타도 동일하다. 바로 다음에 나오는 문장 **וְלֹא עֲזַבְתִּים** 내가 그들을 버리지 않겠다를 주목하라). 슥 75. **הֲצוֹם צַמְתֻּנִי אָנִי**도 "네가 나를 위하여 금식하였느냐?"를 뜻할 수 있다. 또한 사 65.5(이 본문에 대하여 이븐 에즈라는 렘 10. 20 **יְצָאֻנִי** 그들은 나를 떠났다를 인용한다)를 보라; 렘 31.2; 욥 31.18.

^{2} 이 구문은 **נתן**이 허락하다라는 뜻으로 인물(person)의 대격과 부정사 연계형(대격에서)을 취한다는 사실에 영향을 받았을 수 있다. 예, 민 21.23 **נָתַן אֶת־יִשְׂרָאֵל עֲבֹר**.

^{3} 이 예들은 S. Izre'el 1978: 209에 언급되어 있다.

^{4} 참조, 아 3.4. **אֲחַזְתִּיו וְלֹא אַרְפֶּנּוּ**. 말레사(Malessa 2003a)는 다른 전치사들이 문제시 된 동사들에서 몇몇 다른 일반적 요인과 같이 크게 다른 의미를 표시하는 것은 아니라고 주장한다. 특히 **דִּבֵּר**의 경우에 그 초점이 메시지의 내용에 있는지 말을 하는 방식에 있는지 분명하지 않다. 깁슨(Gibson 1994: 147)의 입장과 달리 히브리어에는 영어처럼 구로 이루어진 동사가 없다. 예로, *Among the villagers he passed for a gentleman*에서 *pass for*와 *He passed through a difficult period*에서 *pass through*는 동일한 어휘소(lexeme)인 *pass*를 갖고 있지만, 두 개의 다른 동사이다. 그러나 히브리어에서 **קִנֵּא אֶת, -קִנֵּא ב**, 그리고 **קִנֵּא ל-**는 모두 **קנא**라는 동사를 중심으로 동일한 의미론적 내용을 공유하고 있다. 또한 van der Merwe 1992를 보라.

진 것도 있다: 예, 왕하 4.12 קְרָא לַשּׁוּנַמִּית 수넴 여인을 불러라 ‖ 36절 ‖ וַיִּקְרָא אֶת־כָּל־אֶחָיו בְּנֵי הַמֶּלֶךְ; קְרָא אֶל־הַשֻּׁנַמִּית הַזֹּאת 왕상 1.9 19절 ‖ וָאֶקְרָא אֶתְכֶם וְלֹא עֲנִיתֶם; וַיִּקְרָא לְכָל־בְּנֵי הַמֶּלֶךְ 렘 7.13 27절 וָאֶקְרָא לָהֶם וְלֹא עָנוּ 35.17 וָקְרָאת אֲלֵיהֶם וְלֹא יַעֲנוּכָה ‖ [1].

be 　　　습관적 용법 때문에 직접 목적어를 가끔 생략하게 되고, 이리하여 어떤 동사들은 최소한 형식적으로 자동사의 느낌을 만들게 된다. 예, 삼상 20.16은 וַיִּכְרֹת עִם־בֵּית דָּוִד 대신에 וַיְהוֹנָתָן로 나온다. 또 한 렘 3.5에는 נָשָׂא קוֹל 원한을 품다 대신에 שָׁמַר (שָׁמַר)[2]나 עֶבְרָה שָׁמַר אַף 소리를 높이다, 또는 사 3.7 또는 2.9에서 נָשָׂא עָוֹן 용서하다 대신에 נָשָׂא; גּוֹרָל 제비를 뽑다 대신에 삼상 14.42 הֵפִיל; יָד 대신에 삼하 6.6 שָׁלַח; עֹרֶף[3] 대신 에 욥 9.4 הִקְשָׁה가 나온다.

c 　　　재귀형은 타동사가 될 수 있다. 예, נִבָּא(니팔) 예언하다는 일반적으로 목 적어가 모호할 때 타동사가 된다: שֶׁקֶר와 함께(예, 렘 23.25 등; 단 한 번 구체 적인 것을 위해 לַשֶּׁקֶר 27.15), דְּבָרִים과 함께 렘 20.1 등; 이와 같이 הִתְנַבֵּא* 예언하다: 모호한 목적어와 함께 שֶׁקֶר 렘 14.14; רַע וָטוֹב와 왕상 22.8,18; 그러 나 정확한 목적어를 가리키기 위해 נִבָּא는 לְ와 함께 나온다: לְמִלְחָמָה 렘 28.8; 28.9; לְשָׁלוֹם; 기타 예들: הִצְטַיֵּד* 수 9.12; הִתְפָּרֵק* 출 32.3; הִתְנַצֵּל 33.6; נָסַב הִתְנַחֵל 삿 19.22; (참조, § d); נִמְלָא הִתְחַתֵּן 창 34.9; הִתְגַּלַּח 민 6.19; הִתְנַכֵּל 창 37.18; הִתְאַוָּה 신 5.17; 암 5.18; 시 45.12; 민 33.54; 사 14.2; הִתְלַבֵּשׁ 시락 50.11; הִתְפַּשֵּׁט 삼상 18.4[4].

d 　　　동사의 어떤 의미론적 범주들은 대격을 요구한다:

　　　1) 풍부의 동사(verba copiae)와 결핍의 동사(inopiae), 예, מָלֵא 가득 하다[5], נִמְלָא 자신을 채우다, 가득 차다: 사 1.15 יְדֵיכֶם דָּמִים מָלֵאוּ 너희 손에

---

[1] Malessa 2003a: 205-7을 보라. 말레사 자신이 קָרָא 동사에서 가능한 의미론적 구별을 찾아보려는 시도는 Malessa 2003a: 208-16을 보라.

[2] 참조, שָׁמַר의 아람어화된 유사어인 נָטַר는 우리가 수정하지 않는 한, 결코 분노를 가리키는 명사형 과 함께 나오지 않는다. 암 1.11 וַיִּטְרֹף לָעַד אַפּוֹ.

[3] 또 다른 가능한 예는 Brockelmann, Syntax, § 127 b을 보라. 여기에서 '대신에'라고 한 것은 "언급 된 명사들은 마음 속에서 동사의 직접 목적어로 보충되어야 함을 뜻한다"(Muraoka).

[4] 수동태와 함께 나오는 대격은 § 128 참조.

[5] 어떤 문법학자들은 여기에 있는 것을 부사어 대격으로 본다. 아랍어 문법학자들에게 mali'a "가득 한"과 같은 동사의 대격은 tamyīz (내역 [specification]의 대격)이다.

는 피가 가득하다; 출 1.7 וַתִּמָּלֵא הָאָרֶץ אֹתָם 땅이 그들로 가득하다; 왕상 7.14 וַיִּמָּלֵא אֶת־הַחָכְמָה 그는 지혜로 가득 찼다; שָׂבַע (שָׂבְעוּ) 배부르다, 만족하다: 출 16.12 תִּשְׂבְּעוּ־לֶחֶם 너희는 떡을 배불리 먹을 것이다; שָׁרַץ 가득 차다: 출 7.28; שָׁכַר (술에) 취하다: 사 29.9; 49.26; רָוָה 가득 마시다: 잠 7.18; 결핍의 동사: חָסֵר 부족하다, 모자르다: 창 18.28 등; שָׁכַל 자식을 잃다: 창 27.45.

움직임(motion)을 뜻하는 몇몇 동사와 함께 나오는 대격은 아마[1] 풍부의 동사의 대격에서 유추되어 나온 것으로 설명할 수 있다: פָּרַץ 흘러 넘치다: 잠 3.10; נָטַף 뚝뚝 떨어지다: 삿 5.4, 욜 4.18; נָזַל 쏟아지다: 렘 9.17; יָרַד 흘러내리다: 렘 9.17; הָלַךְ 흘리다, 흐르다: 욜 4.18; זָב 흐르다: 레 15.33(동족 목적어, זוֹבוֹ와 함께)[2].

2) 입는 동사(*verba induendi*)와 벗는 동사(*exuendi*): לָבַשׁ (בּ) (옷을) 입다, (옷을) 걸치다: 왕상 22.30 לְבַשׁ בְּגָדֶיךָ 너의 옷을 입어라; 사 61.10; עָדָה 스스로 단장하다: 사 61.10; 욥 40.10; עָטָה 덮다, 싸다: 삼상 28.14; 사 59.17; עָטַף 덮다: 시 65.14; פָּשַׁט 벗다: 아 5.3.

e   **대격 표시 불변사 אֵת**:동사의 직접 목적어는 대명사이든 명사이든 간에, 상당히 자주 불변사 אֵת가 앞에 나온다(§ 103 *k*). 불변사 אֵת는 주로 목적어의 대격 지시어이다; 그러나 그것은 상당히 드물지만 움직임(§ *n*), 시간(§ 126 *i*), 또는 한계의 대격(§ 126 *g*)과 같은 다른 대격과 함께 나온다. 아마 אֵת는 다른 셈어처럼 원래는 대명사와 함께 사용되었는데 이후에 한정 명사까지 확대된 것 같다[3].

대명사와 함께 אֵת는 필요할 때 사용된다; 1) 목적어가 동사 앞에 올 때: 민 22.33 אֹתְכָה הָרַגְתִּי וְאוֹתָהּ הֶחֱיֵיתִי 내가 너를 죽이고 그를 살렸을 것이다; 2) 두 개의 대명사적 목적어가 있을 때[4]: 삼하 15.25 וְהִרְאַנִי אֹתוֹ 그가 나에게 그것을 보일 것이다; 3) 부정사 절대형과 함께(참조, § 123 *t*); 4)

---

[1] 몇몇 문법학자들에 따르면, 이것은 간접 대격이다.

[2] 고착된 표현인 אֶרֶץ זָבַת חָלָב וּדְבַשׁ 젖과 꿀이 흐르는 땅은 또 다른 문제를 제기한다: § 129 *ia*.

[3] אֵת가 한정 명사와 사용되고 비한정 명사와 함께 사용되지 않는 이유는 아마 그것이 원래 한정적인 것으로 여겨지는 대명사와 함께 사용되었기 때문이다. 대격 표식인 אֵת가 상당히 후대에 도입된 것은 § 137 *f*, 첫 번째 각주를 보라. 소위 불변사 אֵת가 강조 기능을 갖고 있다는 주장은 Muraoka, *Emphatic*, 146-58을 보라.

[4] 아카드어, 아랍어, 이디오피아어에서 동사는 이중 접미사를 취할 수 있다. 그 예로 § 61 *j*를 보라.

בְּ에서 부정사 연계형과 함께: 신 10.12 לְאַהֲבָה אֹתוֹ 그를 사랑하도록[1];
5) 일반적으로 모호함을 피하기 위하여 부정사 연계형과 함께: 창4.15 לְבִלְתִּי הַכּוֹת אֹתוֹ כָּל־מֹצְאוֹ (§ 124 g); 6) 일반적으로 대명사적 목적어 뒤에 명사적 목적어가 따라 나올 때: 삼상 5.11 הֵמִית אֹתִי וְאֶת־עַמִּי; 23.12 הֲיַסְגִּרֻנִי בַעֲלֵי קְעִילָה는 23.11 הֲיִסְגִּרוּ בַעֲלֵי קְעִילָה 뒤에서; 출 12.14 וּרְחַצְתֶּם אֹתוֹ .. תָּחֹגֻּהוּ[2](그러나 여러 가지 예외가 있다, 예, 삼상 5.10 לַהֲמִיתֵנִי וְאֶת־עַמִּי; 신 11.6[민 16.32 대조]; 신 15.16[3]; 참조, 삼상 5.10에 대한 Driver).

f   אֵת가 **한정 명사**와 함께 나오는 것은 매우 일반적이지만[4], 반드시 필요해서 나오는 경우는 드물다[5]. 그것은 대명사적 목적어 뒤에서 사용되어야 한다: 신 11.6 וַתִּבְלָעֵם וְאֶת־בָּתֵּיהֶם וְאֵת־אָהֳלֵיהֶם 그것이 그들을 삼켜 버렸고, 그들의 집과 장막까지도(삼켜 버렸다. 참조, Ehrlich ad loc.); 민 16.32. 동사 앞에 오는 한정 명사[6]는 반드시 אֵת를 요구하지는 않는다. 따라서 אֵת 없이: 창 8.17; 30.40; 삼상 2.9; 왕하 22.8; אֵת와 함께: 창 3.10; 9.13; 출 18.23; 왕하 23.19. אֵת는 목적어가 동사를 따라 나올 때에도 융통성 있게 사용되기도 하며 사용되지 않기도 한다: 비교, 창 20.7 הָשֵׁב אֵשֶׁת הָאִישׁ 그 사람의 아내를 돌려주라와 20.14 וַיָּשֶׁב לוֹ אֵת שָׂרָה אִשְׁתּוֹ; 13.14 שָׂא־נָא עֵינֶיךָ 그리고 13.10 וַיִּשָּׂא לוֹט אֶת־עֵינָיו[7]. 반면에 비한정 명사들은 אֵת를 취하지 않는다(참조, § h): 예, 삿 3.15 וַיָּקֶם לָהֶם מוֹשִׁיעַ אֶת־אֵהוּד 그가 그들을 위하여 구원자 에훗을 세웠다.

---

[1] 그러나 참조, 호 9.15 לֹא אוֹסֵף אַהֲבָתָם 나는 그들을 다시 사랑하지 않을 것이다.

[2] 이렇게 번갈아 나오는 현상은 '제사 문서'의 문체적 특성 때문인 것으로 보인다; Paran 1989: 69.

[3] 그러나 슥 5.4 וְכִלַּתּוּ וְאֶת־עֵצָיו וְאֶת־אֲבָנָיו 그것이 나무와 돌을 함께 사를 것이다는 아니다.

[4] 이것은 대명사의 97%와 보통 명사 73%에 해당된다: Malessa 2003a: 33.

[5] אֵת가 사용되고 사용되지 않는 조건을 만드는 몇몇 요인은 Muraoka, *Emphatic*, 152에 언급된 참고문헌을 보라. 여기에 Polzin, 28-31, Melammed 1984를 덧붙일 수 있다.
Kropat(p. 34, 각주 2)에 따르면 역대기자는 복수 목적어가 나올 때 오직 첫 명사에만 אֵת를 붙인다: 예, 대상 1.32 .. אֶת־זִמְרָן וְיָקְשָׁן וּמְדָן.

[6] 한정적인 것은 다음과 같다: 1) 고유 명사; 2) 정관사와 함께 나오는 명사; 3) 접미사와 함께 나오는 명사; 4) 한정 명사로 구성된 명사. 예, 창 1.25 אֶת־חַיַּת הָאָרֶץ 땅의 짐승들(참조, § 137 a).

[7] 더 자세한 토론은 Muraoka, *Emphatic*, 150f를 보라.

g   **지시 대명사**는 한정된 것으로 여겨진다: אֶת־זֶה 창 44.29; 레 11.4, 9, 21; אֶת־זֹאת 삼하 13.17; אֶת־אֵלֶּה 창 46.18, 25. 사람이나 백성들을 위한 의문 대명사인 מִי는 한정적인 것으로 여겨진다. 따라서 אֶת־מִי 사 6.8(그러나 결코 אֶת־מָה*는 아니다). 관계사 אֲשֶׁר는 의미에서 한정적이므로, אֶת־אֲשֶׁר 는 그 사람(*he who*) 삼상 16.3, 그것(*that which*) 창 9.24(어떻게) 된 일(*the fact that* [*how*])을 뜻한다. 수 2.10.

h   **문법적으로 비한정 명사**이지만, 그것이 어떤 논리적 한정성을 가지면 אֵת를 취할 수 있다. 이리하여 명사 כֹּל 전체, 전부는 어떤 한정성을 내포하며(§ 139 *e*), 한정 명사처럼 취급된다: 창 1.21*b*: אֵת כָּל־עוֹף כָּנָף 날개 달린 모든 생물; 1.30; 8.21([1]). 또한 다음과 같은 경우에는 어떤 한정성이 있다: 출 40.2 אֶת־מִשְׁכַּן אֹהֶל מוֹעֵד 회중이 모이는 장막(אֹהֶל מוֹעֵד는 고유 명사와 같으며, 결코 정관사를 취하지 않는다. § 137 *h*); 레 7.8 어떤 사람의 번제물; 삼하 4.11 한 의인(문맥으로 한정됨); 잠 23.6 먹기를 탐하는 사람; 삼하 23.21 וְהוּא־הִכָּה אֶת־אִישׁ מִצְרִי אִישׁ מַרְאֶה에 대해서는 병행구절인 대상 11.23 .. אֶת־אֱלֹהִים와 렘 16.13 וְהוּא־הִכָּה אֶת־הָאִישׁ הַמִּצְרִי אִישׁ מִדָּה אֲחֵרִים을 비교하라.

     그것은 אֶחָד와 함께 나올 때 전치사와 그것의 명사(또는 대명사)에 의하여 한정적이 된다: 삼상 9.3 אֶת־אַחַד מֵהַנְּעָרִים 종들 중 하나; 민 16.15 אֶת־אַחַד מֵהֶם. 숫자와 함께 나올 경우: 출 28.9 호마노 두 개(그러나 사마리아 오경 הַשֹּׁהַם); 창 21.30 어린 암양 새끼 일곱; 민 26.10 250명; 왕상 6.16 20규빗(어떤 한정성과 함께).

     때때로 אֵת는 명확성을 위하여 비한정 명사와 함께 사용되어 목적어를 분명하게 드러낸다: 레 26.5; 민 21.9; 출 21.28(대조, 29); 사 10.2; 41.7; 50.4; 64.4.

i   אֵת의 사용에는 상당히 큰 자유가 있다; 비교, 삼상 10.1 וַיִּקַּח שְׁמוּאֵל אֶת כָּל־אֲשֶׁר과 왕하 9.1 וְקַח פַּךְ הַשֶּׁמֶן הַזֶּה; 룻 3.16 (동사 뒤)와 3.5, 11 כָּל־אֲשֶׁר(동사 앞); 렘 51.6 מַלְּטוּ אִישׁ נַפְשׁוֹ와 51.45 הִנֵּה אֲשֶׁר־בָּנִיתִי אֲנִי 비교([2]); 45.4(둘 다 동사 앞) מַלְּטוּ אִישׁ אֶת־נַפְשׁוֹ

---

[1] Malessa 2003a: 51을 보라.

[2] 더 자세한 예는 Muraoka, *Emphatic*, 151과 위에 있는 § *f*와 Khan 1984: 471f., 488f를 보라.

הֲרֹס וְאֵת אֲשֶׁר־נָטַ֫עְתִּי אֲנִי נֹתֵשׁ(¹).

ia   관용어가 연결된 구문에서 목적어가 주어의 일부를 가리킬 때도 비슷하게 유동적이다. 예, 창 22.4, 13 וַיִּשָּׂא אַבְרָהָם אֶת־עֵינָיו וַיַּ֫רְא ∥ 33.1 וַיִּשָּׂא עֵשָׂו קֹלוֹ וַיֵּ֫בְךְּ 또는 창 27.38 וַיִּשָּׂא יַעֲקֹב עֵינָיו וַיַּ֫רְא ∥ 22.10 אַל־תִּשְׁלַח יָדְךָ 또는 22.12 וַיִּשָּׂא אֶת־קֹלוֹ וַיֵּ֫בְךְּ 29.11 אַבְרָהָם אֶת־יָדוֹ וַיִּקַּח.

한 동사를 뒤따르거나 한 두 개의 구성요소로 동사와 분리된 한정 명사의 직접 목적어는 목적어가 동사 직후나 직전에 올 때보다 אֵת로 표시되기 더쉽다. 이런 경우에 명사적 주어의 존재나 부재, 동사와 연관된 그 위치는 아무런 영향을 행사하지 못한다. 예, 왕상 20.5 כַּסְפְּךָ וּזְהָבְךָ וְנָשֶׁ֫יךָ וּבָנֶ֫יךָ לִי תִתֵּן 은 삼상 5.1 וּפְלִשְׁתִּים לָקְחוּ אֵת אֲרוֹן הָאֱלֹהִים과 대조된다(²).

j   **관찰. אֵת의 다른 용법들.** אֵת가 명사 앞에 오지만 실질적으로 목적어로 여겨질 수 없는 경우들이 있다(³). 이런 경우들은 설명하기 어렵다(⁴); 어떤 경우는 한계나 내역(대상 28.15)의 대격일 수 있다; 다른 경우에 אֵת는 단지 명사를 두드러지게 할 의도로 사용된다. 이것은 אֵת가 목적어를 돋보이게 하는 것과 유사하다. 본문 비평적으로 의심스러운 예들과 최소한 목적어의 대격으로 설명될 수 있는 것들을 제외한다면, 아래와 같이 그룹을 만들어 볼 수 있을 것이다:(⁵)

        1) 전치사와 함께 나오는 명사와 동격인 명사 앞에서: 출 1.14 בְּכָל־עֲבֹדָה בַּשָּׂדֶה אֵת כָּל־עֲבֹדָתָם 모든 밭일과 온갖 일...; 겔 14.22 내가 예루살렘에 내린 재앙 곧 내가 내린 모든 것.

---

¹ 목적어가 선행하는 곳에서 אֵת가 생략되는 더 자세한 예, 창 31.38; 46.32; 47.22; 50.8; 출 8.22; 민 24.8(Brockelmann, *Syntax*, § 96). 위에 언급된 마지막 예(렘 45.4)는 등위 목적절의 경우도 된다. 후자와 같은 경우에 대한 더 자세한 예들은 Malessa 2003a: 28에 있다.

² Malessa 2003a: 36-40을 보라.

³ Kropat(p. 2)와 다른 사람들의 주장과 달리 이것은 후대 성서 히브리어의 전형적인 특징이라고 말할 수 없다. BDB(s.v. 3)는 좀 더 미묘하게 "주로 저급한 또는 후대의 문체"라고 말한다. 칸(Khan 1984: 496f.)의 이론은 문제가 된 예들 중 단지 소수의 경우만 설명을 할 뿐이다. אֵת가 강조적 의미를 갖는다는 많은 학자들의 가설적인 주장은 대부분 이 예외의 경우들에서만 제시되었다. 이 이론에 대한 비평은 Muraoka, *Emphatic*, 146-58을 보라.

⁴ 이와 같은 수많은 경우에 대한 토론은 Muraoka, *Emphatic*, 152-58을 보라.

⁵ 이 용법의 대부분은 לְ에도 나온다(참조. § *l*).

2) 열거: 민 3.26, 주격으로 길게 열거한 마지막 두 개의 용어 앞에서; 수 17.11, 주격으로 열거된 네 개의 יֹשְׁבֵי 그룹이 시작할 때; 느 9.34, 주격으로 열거된 첫 단어 앞에서.

3) 일반적인 주어 앞에서: 삿 20.44(46) 모든 용사들; 겔 17.21; 35.10.

4) 고리형(*casus pendens*) 명사 앞에서(§ 156 *c*): 왕상 15.13 וְגַם אֶת־מַעֲכָה אִמּוֹ וַיְסִרֶהָ מִגְּבִירָה 그의 어머니 마아가까지도, 그는 그를 태후의 자리에서 물러나게 하였다(여기서는 아마도 뒤따르는 대격에 끌린 것 같다; 겔 20.16 וְאֶת־חֻקּוֹתַי לֹא הָלְכוּ בָהֶם 나의 율례로 말하자면, 그들은 그것들을 따르지 않았다.).

5) 대명사와 동일한 강한 의미를 갖는 אֵת: 겔 43.7 אֶת־מְקוֹם כִּסְאִי 이곳은 내 보좌가 있는 곳이다; 학 2.5 אֶת־הַדָּבָר 이것이 내 말씀이다[1]; 슥 7.7 הֲלוֹא אֶת־הַדְּבָרִים 이것이 그 말씀이 아닌가...?

6) 아마 한계의 대격도 있는 것 같다(§ 126 *g*): 삼하 11.25 אַל־יֵרַע בְּעֵינֶיךָ אֶת־הַדָּבָר הַזֶּה에서 만약 יֵרַע가 비인칭이라면(§ 152 *d*), 이 문제에 관한 한 너는 걱정하지 말아라; 느 9.32 אַל־יִמְעַט לְפָנֶיךָ אֵת כָּל־הַתְּלָאָה 이 모든 고생을 작게 여기지 말기를 바란다; 이와 유사한 것으로서 수 22.17 הַמְעַט־לָנוּ אֶת־עֲוֹן פְּעוֹר 브올의 죄가 우리에게 사소한 것이냐?[2]

7) 순수 대격과 가까이 나올 때: 느 9.19 אֶת־עַמּוּד הֶעָנָן לֹא־סָר 전에 וְלֹא עֲזַבְתָּם בַּמִּדְבָּר가 나온다; 단 9.13 אֵת כָּל־הָרָעָה מֵעֲלֵיהֶם 전에 12절 לְהָבִיא עָלֵינוּ רָעָה גְדֹלָה이 나온다.

k   직접 목적어의 **대격 표식으로** לְ[3]. 특히 후대의 언어에서 לְ는 한정적인 직접 목적어 명사의 대격을 가리키는 것으로 상당히 자주 사용된다[4]: 시

---

[1] 비교, 행 10.36 τὸν λόγον ὅν ἀπέστειλεν.

[2] 참조, Brockelmann, *GvG*, II 125, 349.

[3] 참조, Malessa 2003a: 61-66.

[4] 역대기에서는 오직 사람의 경우에서만 나온다(Kropat, 35). 한정 목적어 표시로서 לְ를 사용하는 것은 상당히 많은 경우에 있어서 아람어의 영향 때문이다. 그러나 몇몇 히브리어가 לְ를 사용하는 것도 동일한 결과에 이르며, 예로서, 몇몇 동사들은 대격이나 לְ와 이중적 구문을 만든다: 따라서 רָפָא 고치다(일반적으로 대격과 가끔 לְ와 나온다. 예, 민 12.13; 피엘에서조차 단 한 번 לְ와 함께: 왕하 2.21); קָרָא 부르다(한 절 안에서도 왕상 1.9 וַיִּקְרָא אֶת־כָּל־אֶחָיו בְּנֵי הַמֶּלֶךְ וּלְכָל־אַנְשֵׁי יְהוּדָה 그는 그의 모든 형제들과...모든 유다 사람들을 초대하였다); בֵּרֵךְ 대상 29.20 (אֶת와 함께); נָשָׂא 창 50.17; שָׁאַל 묻다; הוֹשִׁיעַ 건지다, 구하다; לְ와 함께 나오는 히필 동사로서, הֵנִיחַ לְ 안식을 주다와 הֵצִיק לְ 그것을 압박하다(*to make it narrow for*)와 같은 것이다(신 28.53, 욥 32.18 참조, 역자 주).

כִּי לֶאֱוִיל יַהֲרָג־כָּעַשׁ 5.2 욥 ;יָדַעְתָּ לְאִוַּלְתִּי 69.6 주는 나의 어리석음을 아십니다 분노가 미련한 사람을 죽인다(목적어가 동사 앞에 있다; 여기에는 문법적 한정성이 없다); שָׁלַח 스 8.16; הִמְלִיךְ 29.22; הִבְדִּיל 25.1; 대상 16.37 עָזַב와 함께 대상 דָּרַשׁ 대상 22.19; 대하 17.3, 4; 20.3; 31.21; 34.3; זָכַר 출 32.13; 신 9.27; 렘 31.34(לְ는 평행법 때문임); 대하 6.42; אָהַב 레 19.18, 34. 분사와 함께: 사 11.9 כַּמַּיִם לַיָּם מְכַסִּים 물이 바다를 덮음 같이(대조, 합 2.14); 14.2; 암 6.3(1).

l **관찰. אֵת와 유사한 לְ의 다른 용법**(참조, §*j*).

1) 문법적인 격이 무엇이든 간에, 동격의 명사 앞에 나오는 לְ: 대상 13.1 עִם־שָׂרֵי הָאֲלָפִים וְהַמֵּאוֹת וּלְכָל־נָגִיד 천부장과 백부장과 모든 지휘관들과 함께; 레 5.3; 렘 1.18 *b* (עַל 뒤에서); 속격: 창 23.10 בְּאָזְנֵי בְנֵי־חֵת לְכֹל בָּאֵי שַׁעַר עִירוֹ; 대상 7.5; 주격: 겔 44.9 לְכֹל; 스 1.5; 대상 26.26; 대하 5.12; 대격: 스 8.24; 느 8.9; אֵת 뒤에서까지도: 대하 23.1; 33.8.

2) 열거되는 마지막 명사 앞에서(가끔 단 두 개만 있을 때에도): 주격: 대상 29.6; 대격: 대상 28.1(אֵת 뒤에서); 28.18(11절에서 시작한 나열이 마지막으로 주어진다); 대하 24.12; 26.14; 속격: 스 7.28.

3) 주어 앞에서: 대상 28.21 לְכָל־נָדִיב; 대상 3.2; 대하 7.21.

m **타동성의 בְּ.** 목적어가 넓은 의미에서 수단이 될 때, 대격 대신에 בְּ와 함께 하는 구문이 나온다(2): 출 7.20 וַיָּרֶם בַּמַּטֶּה 그가 지팡이를 들었다(대조, 14.16; 사 10.15 대격과 함께) 직역, 그는 지팡이와 함께 높임을 만들었다; 수 8.18 נְטֵה בַכִּידוֹן 그는 단창을 내뻗었다(3); 대상 15.16(؟) לְהָרִים בְּקוֹל 목소리를 높이다(산문에 나오는 유일한 경우); הֵנִיעַ בְּרֹאשׁ 머리를 흔들다 욥 16.4(대격 시 22.8); הֵנִיד בְּרֹאשׁ 머리를 흔들다 렘 18.16; פָּעַר בְּפֶה 입을 열다 욥 16.10; הִפְטִיר בְּשָׂפָה 입술을 열다(?) 시 22.8; פָּרְשָׂה בְיָדֶיהָ 그녀는 그녀의

---

¹ 반복적으로 나오는 연결소 < אֵין + 분사 + 접미사와 함께 나오는 לְ >에서 전치사 라메드는 단지 직접 목적어 표시처럼 보일 뿐이다; 예, 애 1.9 אֵין מְנַחֵם לָהּ. 그러나 이것은 애 1.2 מְנַחֵם과 대비되어야 한다. 더구나 둘 다 그를 위로할(동사: to comfort) 사람이 없다라기보다 그에게 위로자 (명사: comforter)가 없다로 번역해야 한다. 또한 애 4.4 פָּרַשׂ אֵין לָהֶם 그들에게 부스러기를 줄 자들도 없다. 또한 신 22.27 וְאֵין מוֹשִׁיעַ לָהּ와 28.31 וְאֵין לְךָ מוֹשִׁיעַ를 비교하라; 동사 הוֹשִׁיעַ는 표준 성서 히브리어에서도 가끔 라메드를 취한다.

² 비교, 아랍어에서 타동성의 *bi.* 예, *ramā bissahmi* "그는 활을 던졌다, 그는 활로 던짐을 만들었다." 더 상세한 예와 토론은 Jenni 1991: 93-99를 보라.

³ 비교, 불어 "cligner (from clinare) *de* l'oeil", 또한 *cligner les yeux.*

손을 뻗었다 애 1.17; נָתַן בְּקוֹל 렘 12.8; 시 46.7; 68.34(다른 곳에서는 대격).

ma   전치사 בְּ는 대부분 אֵת로 표시되는 직접 목적어를 취하는 동사와 함께 사용되면서 다음과 같은 특성에 따라 기본적으로 동일한 활동의 타동성을 좀 약하게 표시하게 된다([1]):

참여성(involvement): 슥 6.15 וּבָנוּ בְּהֵיכַל יהוה 그들이 성전 건축에 참여할 것이다.

지속성(durativity): 신 17.19 וְקָרָא בוֹ כָּל־יְמֵי חַיָּיו; 느 9.3 בְּסֵפֶר תּוֹרַת יְהוָה; 대하 34.12 וְהָאֲנָשִׁים עֹשִׂים בֶּאֱמוּנָה בַּמְּלָאכָה([2]);

피동성(affectedness): 삼상 6.19 וַיַּךְ בָּעָם שִׁבְעִים אִישׁ와 5.9 וַתַּהֲרֹגוּ־בָם과 אֶת־אַנְשֵׁי הָעִיר מִקָּטֹן וְעַד־גָּדוֹל (전멸) 대조; 대하 28.9 창 34.25 וַיַּהַרְגוּ כָל־זָכָר 대조; 민 11.17 וְנָשְׂאוּ אִתְּךָ בְּמַשָּׂא הָעָם 그들이 너와 함께 백성의 짐을 나누어 질 것이다와 신 1.12 אֶשָּׂא לְבַדִּי טָרְחֲכֶם וּמַשַּׂאֲכֶם 나는 너희의 짐과 고통을 나홀로 질 수 있겠느냐를 대조하라.

mb   어떤 경우에 בְּ는 유사한 동사의 영향을 받은 것 같다. 신탁을 구하다는 뜻을 가진 דָּרַשׁ 동사는 בְּ와 함께 10회 사용되며 בְּ 없이 13회 사용된다. 그러나 똑같은 뜻을 가진 שָׁאַל은 항상 בְּ와 함께 나타난다([3]).

mc   전치사 בְּ가 접두된 부정사 연계형은 보거나(רָאָה) 듣는(שָׁמַע) 지각의 내용을 가리키기보다 시간적인 한정어구로 해석하는 것이 가장 좋다: 예, 창 27.5 וְרִבְקָה שֹׁמַעַת בְּדַבֵּר יִצְחָק אֶל־עֵשָׂו 이삭이 에서에게 말할 때 리브가가 듣고 있었다. 해당되는 모든 경우에서 부정사로 지시된 행동은 주동사가 가리키는 것과 동시에 이루어진 것이다. 이것은 삼상 14.27 וַיִּתֵּן לֹא שָׁמַע בְּהַשְׁבִּיעַ אָבִיו אֶת הָעָם 요나단은 그의 아버지가 백성들에게 맹세를 시킬 때 그곳에 없었으며, 요나단은 그의 아버지가 한 말을 듣지 못하였다에도 적용된다([4]).

n   장소를 향한 **움직임의 대격**과 목표를 향한 **방향의 대격**은 아마 직접 목적어의 대격과 연관이 있는 것 같다(§ *b*). 이미 § 93 *c*에서 설명한 것처럼, גַּתָּה 갓으로와 שְׁאֹלָה 스올로처럼 방향의 헤(He)와 같은 형태는 여기에 속하

---

[1] 참조, Malessa 2003a: 76-100.

[2] 참조, 왕상 7.40 וַיְכַל חִירָם לַעֲשׂוֹת אֶת כָּל־הַמְּלָאכָה. 지속적 시상은 인지 동사(verba sentiendi)에 적용할 수 있다. 예, רָאָה, נבט 히필, חזה, שָׁמַע: Malessa 2003a: 106-27을 보라.

[3] Malessa 2003a: 103f. 왕하 1.2 לִדְרֹשׁ בְּבַעַל을 22.13 לִדְרֹשׁ אֶת־יְהוָה와 비교하라.

[4] 더 상세한 토론은 Malessa 2003a: 145-49를 보라.

지 않는다(¹). 그러나 민 22.26 לִנְטוֹת יָמִין וּשְׂמֹאול 오른쪽으로나 왼쪽으로 피하다를 주목하라(יָמִינָה와 שְׂמֹאלָה는 나타나지 않는다). 동사 앞에 놓여진 대격과 함께 나올 때는 강조 용법이다: 수 6.19 אוֹצַר יהוה יָבוֹא 야웨의 금고에 넣어야 한다; 삼상 5.8; 왕상 2.26; 12.1; 사 52.4; 렘 2.10; 20.6; 32.5. 대격과 함께 나오는 בּוֹא 동사는 가다, 오다 뿐만 아니라(삿 11.16; 왕하 6.4; 삼상 4.12; 왕하 8.7; 룻 1.2) 들어가다를 뜻한다. 창 12.11; 41.57; 왕상 14.12(참조, *ingredi urbem* "성에 들어가다"). 이 구문에서 유추하여 대격은 떠나는 장소에 사용된다(참조, *egredi urbem* "성을 떠나다"): 창 44.4 יָּצְאוּ אֶת־הָעִיר; 출 9.29, 33; 신 14.22; 참조, 렘 10.20b(접미사).

o　　　직접 대격과 연관된 것으로서 **결과의 대격**으로 불려질 수 있는 대격이 있다(²): 사 5.6 וְעָלָה שָׁמִיר וָשָׁיִת (포도나무에) 찔레와 가시가 날 것이다; 34.13; 잠 24.31(비교, 라틴어 *ire in semen*, 불어 *monter en graine*); נוּב와 함께 잠 10.31 의인의 입에서 지혜가 꽃필 것이다; פָּרַח 출 9.9 종기가 솟아 오르다; 아마 פָּצַח רִנָּה 기뻐 소리지르다(사 14.7; 44.23; 49.13; 54.1; 55.12); 59.5 תִּבָּקַע 눌러 터진 (알에서) 독사가 나온다.

חֲלִילָה의 대격은 § 93 h를 참조하라.

p　　　**II) 달성 목적어(effected object)인 대격.** 피동 목적어(§ a)는 동작 이전에 존재했지만, 달성 목적어는 동작 자체에 의하여 만들어지는 것으로 이해된다. 이리하여 창 1.29 זֹרֵעַ זֶרַע (참조, 1.11, 12) 씨를 맺는에서 זֶרַע는 달성 목적어이며, זֹרֵעַ זֶרַע 씨를 뿌리다, 심다에서는 피동 목적어이다. 신 11.10; 22.9 등. 달성 목적어는 동작과 연관하여 구체적이고 외적이다. 따라서 이것은 내적(*internal*) 목적어와 구별된다(§ q). 이렇게 정의할 때, 달성 목적어는 상당히 희소하다; 이것은 בָּנָה 세우다, בָּרָא 창조하다, יָלַד 낳다, יָצַר 형성하다, כָּתַב 쓰다, עָשָׂה 만들다와 같은 동사들과 함께 쓰이지만, 동일 어근 동사(가끔 명사 파생 동사와 함께 나오는 것을 제외하면 거의 발견되지 않는다(³). 예:

---

¹ 믹(Meek 1940)은 새로운 용어로서 운동의 목표인 "종착상"(terminative)을 제시한다. 스파이저(Speiser 1954: 109)는 그것을 오직 종착상으로 보는 믹의 입장이 과장되었다고 지적하고 "처격"(locative)의 뉘앙스를 갖는다고 말한다.

² 그러나 아마 술어적 대격(*predicative* accusative)일 수 있다. 참조, § w, 첫 번째 각주; 126 d.

³ 유사음(paronomasia)은 대부분 내적 목적어와 함께 나오지만(§ q), 피동 목적어와 함께 나오는 경우는 비교적 드물다. 모든 경우에 어원적 형태(*figura etymologica, schema etymologicum*)가 있다.

창 1.11 **תַּדְשֵׁא הָאָרֶץ דֶּשֶׁא** 땅은 채소를 내어라; 9.14 **עָנָן**; 11.3 **לִבְנִים**; 37.7 **אֲלֻמִּים**; 미 2.4 **נְהִי**; 시 144.6 **בָּרָק**; 사 42.10 **שִׁיר**; 한정사와 함께: 창 30.37 **וַיְפַצֵּל פְּצָלוֹת לְבָנוֹת** 그가 흰 무늬를 내었다.

q   **III) 내적 목적어인 대격.** 내적 목적어는 동작의 추상 명사로, 동사가 표현한 동작과 동일하거나 유사하다(¹). 이 개념을 확장할 때, 이 동작과 동일하거나 그것을 결정하는 몇몇 대격들은 내적 목적어와 연관되어 있다고 말할 수 있다. 동작의 추상 명사는 주로 부정사 절대형이며 이것은 내적 목적어인 대격으로 사용될 수 있음을 이미 § 123 *d* ff.에서 보았다(²). 그러나 다른 형태들도 나타난다. 예, 민 11.4 **הִתְאַוּוּ תַּאֲוָה** 라틴어 *cupierunt cupidinem* = 그들은 탐욕에 사로잡혔다(시 106.14; 잠 21.26); 슥 1.2 **קָצַף .. קֶצֶף** 그는 매우 분노하였다; **פָּחַד** 민 16.29; **אַהֲבָה** 삼상 20.17; **קְבוּרָה** 렘 22.19; **חֵטְא** 시 14.5; 애 1.8(³). 이것은 동사와 유사한 의미를 가진 명사에서도 나온다: **יָדַע בִּינָה** 교훈을 받다(직역, 교훈을 알다 또는 배우다: 사 29.24; 잠 4.1; 욥 38.4; 대상 12.32; 대하 2.11, 12).

          내적 목적어인 대격은 타동사뿐만 아니라(예, 창 43.3), 자동사에도 나온다: 겔 18.21 **חָיֹה יִחְיֶה** 라틴어 *vitam(vivere) vivet* = 그는 반드시(생명을-원어) 살 것이다; 욘 4.6 **וַיִּשְׂמַח .. שִׂמְחָה גְדוֹלָה** 그는 무척 기뻐하였다; 4.1 **וַיֵּרַע אֶל-יוֹנָה רָעָה גְדוֹלָה** 요나는 매우 못마땅했다; 재귀 동사와 수동태 동사와 함께: 민 16.29 **פְּקֻדַּת כָּל-הָאָדָם יִפָּקֵד עֲלֵיהֶם** 그들은 보통 사람들이 죽는 것 같이 죽는다; 렘 22.19 **קְבוּרַת חֲמוֹר יִקָּבֵר** 그는 나귀처럼 묻힐 것이다(참조, § 123 *r*); 삼상 20.6; 창 17.13; 민 11.4; 출 21.12; 아마 **הֹלֵךְ רָכִיל** 레 19.16 등, 비방하다(**רָכִיל**, 동작 명사: 유통, 유포, 따라서 비방; 참조, König, *Syntax*, § 329 *k*).

r   내적 목적어인 대격은 **한정될 수 있다**(qualified). 따라서 형용사

---

¹ 따라서 모든 것을 동족 목적어로 부르기도 한다.

² 동사적 명사(그 자체이거나 확장되었든지 간에)와 함께 나오는 정동사로 구성되는 연결소와 부정사 절대형과 함께 나오는 유사음적 연결소는 사 35.2에서 보는 것처럼 구문론적으로 같은 종류이다. **פָּרֹחַ תִּפְרַח וְתָגֵל אַף גִּילַת** 참으로 활짝 필 것이며 크게 기뻐할 것이다. 두 연결소와 연관하여 *fariḥa faraḥ*ᵃⁿ *ʾazīm*ᵃⁿ "그는 크게 기뻐하였다."

³ 따라서(아랍어에서 일반적으로) 두 동작 사이에서 비교 개념을 표현하는 방식으로 사용된다. 예, 삼상 20.17 **כִּי-אַהֲבַת נַפְשׁוֹ אֲהֵבוֹ** 그는 자기 생명을 사랑하는 것 같이 그를 사랑하였다 = 그는 자기 목숨처럼 사랑하였다; 민 16.29 그들이 모든 사람처럼 심판을 받는다면(그러나 같은 본문과 삼하 3.33에서 비교의 כ와 함께 나온다; 반면에 겔 28.8 **כְּמֹותֵי**에는 כ가 없다); 렘 22.19 그는 나귀처럼 매장될 것이다 (나귀가 매장되듯이) (더 상세한 예는 § *r*을 참조하라).

를 가질 수 있다([1]): 민 11.33 וַיַּ֤ךְ יְהוָה֙ בָּעָ֔ם מַכָּ֖ה רַבָּ֥ה מְאֹֽד 야웨께서 극심한 재앙으로 백성을 치셨다([2]); 창 27.34. 그것은 속격을 가질 수 있다: 삼하 4.5 וְהוּא֙ שֹׁכֵ֣ב אֵ֣ת מִשְׁכַּ֣ב הַֽצָּהֳרָ֑יִם 그는 낮잠을 자고 있었다; 삼상 20.17 כִּֽי־אַהֲבַ֥ת נַפְשׁ֖וֹ אֲהֵבֽוֹ 그는 그를 자기 목숨처럼 사랑하였다([3]); 레 25.42 לֹ֥א יִמָּכְר֖וּ מִמְכֶּ֥רֶת עָֽבֶד 그들은 사람이 종을 팔듯 팔지 말 것이다; 사 24.22; 또한 다른 주어와 함께: 사 62.5 מְשׂ֤וֹשׂ חָתָן֙ עַל־כַּלָּ֔ה יָשִׂ֥ישׂ עָלַ֖יִךְ אֱלֹהָֽיִךְ 마치 신랑이 그의 신부를 기뻐함 같이 너의 하나님이 너를 반길 것이다.

s   ק֣וֹל 소리라는 단어가 소리를 내는 동사와 함께 사용될 때는([4]) 아마 내적 목적어와 연관된 것이다. 대응(일치)하는 동사가 없는 이 구체적인 실명사는 동작 명사의 유추로 사용된 것 같다. 이래서 קָרָא 크게 말하다, 소리지르다, 부르다(대응하는 동작 명사 없이)와 함께 나오는 것으로 קָרָ֥א ק֖וֹל גָּד֑וֹל 겔 8.18; 9.1; 11.13; 스 10.12(대조, בְּקוֹל 창 39.14 등); זָעַק 부르짖다와 함께 삼하 19.5 בֹּכִים֮ ק֣וֹל גָּדוֹל֒; וַיִּזְעַק ק֖וֹל גָּד֑וֹל בָּכָה 울다와 함께 삼하 15.23. 다른 예들: 신 5.19; 27.14; 왕상 8.55; 아마 출 24.3 וַיַּ֨עַן כָּל־הָעָ֜ם ק֤וֹל אֶחָד֙ 모든 백성이 한 목소리로 대답하였다. 사 10.30 צַהֲלִ֥י קוֹלֵ֖ךְ (*hinni voce[m] tua[m]* [=직역, "너의 소리를 질러라!"])에는 대격이 있다(그러나 קֹולִ֣י אֶקְרָ֔א는 아니다 시 3.5; 참조, §151 *c*).

t   횟수(동작의 횟수와 같은 것)의 대격도 아마 내적 목적어와 연관된 것 같다([5]): 창 33.3 וַיִּשְׁתַּ֤חוּ שֶׁ֣בַע פְּעָמִ֔ים 그는 일곱 번 절하였다(=절 일곱 번); 출 23.14; שָׁלֹ֣שׁ רְגָלִ֔ים תָּחֹ֥ג לִֽי 너는 나를 공경하기 위하여 세 번 절기를 지키라; 민 20.11.

u   IV) 피동 목적어의 **이중 대격**([6]).

---

[1] 비교. 예, 마 2.10 ἐχάρησαν χαρὰν μεγάλην σφόδρα.

[2] 즉, 백성들 사이에 큰 살육을 하였다(대하 13.17; 수 10.20; 삼상 6.10 등).

[3] 참조, § *q*, 두 번째 각주.

[4] 참조, Brockelmann, *GvG*, II 306.

[5] Brockelmann, *GvG*, II 301.

[6] 물론 여러 종류의 대격들이 있다. 예, 욘 1.16 וַיִּֽירְא֧וּ הָאֲנָשִׁ֛ים יִרְאָ֥ה גְדוֹלָ֖ה אֶת־יְהוָ֑ה 그들은 큰 두려움으로 (피동 목적어) 야웨를 두려워하였다; 렘 50.34 רִ֤יב יָרִיב֙ אֶת־רִיבָ֔ם 그가 그들의 송사를 꼭 맡을 것이다(רִיב 부정사 연계형이 부정사 절대형으로 사용되었다. § 123 *q*; רִיבָם 피동 목적어 또는 아마 달성 목적어이다); 수 6.11 וַיַּסֵּ֤ב אֲרֽוֹן־יְהוָה֙ אֶת־הָעִ֔יר הַקֵּ֖ף פַּ֣עַם אֶחָ֑ת 그가 야웨의 궤로 한 번(내적 목적어 §125 *t*) 한 바퀴(첫 번째 피동 목적어) 성(두 번째 피동 목적어)을 돌게 하

1) 주어, 목적어, 단순한(비사역적; § *b-d*) 의미를 가진 타동사로 구성된 문장에서 만약 이 동사가 사역적으로 변한다면, 주어(일반적으로 사람)는 두 번째 목적어가 된다. 이리하여 רָאִינוּ אֶת־כְּבֹדוֹ 우리가 그의 영광을 보았다와 같은 문장은 הֶרְאָנוּ אֶת־כְּבֹדוֹ 신 5.21[한 5.24] 그가 우리로 하여금 그의 영광을 볼 수 있도록 하였다= 그가 그의 영광을 보게 하였다(= 보였다)가 된다. 따라서 הִשְׁמִיעַ 듣게 하다 왕하 7.6; הֶאֱכִיל הוֹדִיעַ 알게 하다 삼상 14.12; *לִמֵּד 가르치다 신 4.5; 어떤 이로 먹게 하다= 어떤 이에게 어떤 것으로 먹이다 신 8.3; הִשְׁקָה 어떤 이로 어떤 것을 마시게 하다(שָׁתָה), 마실 것을 주다 삿 4.19. כִּלְכֵּל 어떤 사람을 무엇으로 부양하다 (먹이다)와 함께 창 47.12; 왕상 18.4, 13† 두 번째 대격은 아마 목적의 대격일 것이다(הֶאֱכִיל의 유추를 따라서)(1). 이것은 풍부와 결핍의 동사, 입다와 벗다의 동사, 그리고 이 동사들(§ *d*)과 유사한 다른 동사들이 사역적 의미가 될 때 취해진 구문이다. 예, 창 26.15 וַיְמַלְאוּם עָפָר 그들이 흙으로 메웠다; 41.42 וַיַּלְבֵּשׁ אֹתוֹ בִּגְדֵי־שֵׁשׁ 그는 그에게 세마포 옷을 입혔다; 출 25.11 וְצִפִּיתָ אֹתוֹ זָהָב 너는 금으로 그것(=법궤)을 입혀라; 창 37.23 וַיַּפְשִׁיטוּ אֶת־יוֹסֵף אֶת־כֻּתָּנְתּוֹ 그들은 요셉의 겉옷을 벗겼다; 대하 20.11 מִיְּרֻשָּׁתְךָ אֲשֶׁר הוֹרַשְׁתָּנוּ 주께서 우리에게 기업으로 주신 주의 기업에서; 삿 9.45 וַיִּזְרָעֶהָ מֶלַח 그는 소금을 뿌렸다; 창 27.37 דָּגָן וְתִירֹשׁ סְמַכְתִּיו 내가 곡식과 포도주를 그에게 공급하였다; 사 43.23 וּגְמַלְתָּנִי... זְבָחֶיךָ לֹא כִבַּדְתָּנִי 너는 너의 제사로 나를 공경하지 않았다; 삼상 24.17 הַטּוֹבָה 너는 나를 잘 대접하였다; 창 32.24 וַיַּעֲבִרֵם אֶת הַנַּחַל 그가 그들로 강을 건너게 하였다; 신 32.13 וַיֵּנִקֵהוּ דְבַשׁ 그가 그로 꿀을 빨게 하였다; 렘 23.27 תַנְחִילֶנָּה... לְהַשְׁכִּיחַ אֶת עַמִּי שְׁמִי 내 백성으로 내 이름을 잊게 하다; 신 31.7 אוֹתָם 너는 그들로 그것을 차지하게 하라; 사 28.9 אֶת־מִי יָבִין שְׁמוּעָה 그가 누구를 가르치려고 하는가? הֵשִׁיב דָּבָר 보고하다는 아래 § *x*를 보라.

였다(부정사 절대형 § 123 *r*). 참조, Kaddari 1970.

내적 목적어는 자동사뿐 아니라(§ *q, r*) 문법상의 주어가 내적 목적어에 의해 드러나지 않는 수동 동사와 함께 나타난다는 사실(§ *q*)은 삼하 4.5에 있는 목적어 표시 אֵת에도 불구하고(§ *r*), 이것은 정상적인 단순 타동사나 이중적 타동사의 경우와 다른 성격의 목적어임을 시사한다. 이와 동일하게 수 10.10 וַיַּכֵּם מַכָּה גְדוֹלָה에 있는 "이중" 대격은 신 5.24 הֶרְאָנוּ אֶת־כְּבֹדוֹ 그는 그의 영광을 우리에게 보이셨다와 다르다. 내적 목적어는 동사와 밀접하게 결합되어 나타난다. 위의 두 예에서 전자는 נִרְאָה לָנוּ... וַיֻּכּוּ מַכָּה גדולה로 변화될 수 있으나, 후자는 רָאִינוּ אֶת כבדו와 כבדו를 변화할 수 있다.

1 비교, כִּלְכֵּל이 סָעַד와 함께 나오는 삿 19.5.

ua   칼 동사는 매우 드물게 이중 목적어를 취한다:

왕상 18.34 מַלְאוּ אַרְבָּעָה כַדִּים מַיִם 너의 통을 물로 채우라; 렘 19.4 וּמָלְאוּ אֶת־הַמָּקוֹם הַזֶּה דַּם נְקִיִּם 그들은 이곳을 무죄한 사람의 피로 채웠다. 아마 16.18도; 출 29.9 וְחָגַרְתָּ אֹתָם אַבְנֵט 너는 그들에게 두건을 띠게 하라; 레 24.23 וַיִּרְגְּמוּ אֹתוֹ אָבֶן 그들은 돌로 그를 쳤다. 참조, 20.2; 겔 13.10 טָחִים אֹתוֹ תָּפֵל 그들은 그것에 회칠하였다; 사 45.11 הָאֹתִיּוֹת שְׁאָלוּנִי עַל בָּנַי ~나의 자녀들에 대하여 나에게 징조를 묻다.

v   2) (**주어**와 **술어**로 구성된) 명사절이 동사절로 변할 때 이중 목적어가 생긴다. 만들다 등과 같은 동사와 함께 나올 때, 주어는 목적어가 되며, 술어는 두 번째 목적어가 되나 반드시 אֵת를 취하지 않는다. 이리하여 הָאָדָם עָפָר 사람은 흙이다와 같은 명사절은 창 2.7 וַיִּיצֶר אֵת הָאָדָם עָפָר 그가 사람을 흙 (으로부터) 만들었다가 된다. 명사절의 술어가 아주 느슨하게 사용되는 것처럼(§ 154 e), 이중 목적어가 있는 동사절도 이와 같이 매우 느슨하게 사용된다. 그러므로 다음과 같이 사용된다. 1) 그것이 만들어진 사물이나 **물질**: 아 3.10 עַמּוּדָיו עָשָׂה כָסֶף 그는 은(으로) 기둥을 만들었다; 신 27.6 אֲבָנִים שְׁלֵמוֹת תִּבְנֶה אֶת־מִזְבַּח יְהוָה 너는 자연석(으로) 야웨의 단을 쌓아라(두 번째 목적어가 처음 나오는 것은 강조 용법이다); 삼상 28.24 וַתֹּפֵהוּ מַצּוֹת 그는 그것(으로) 무교병을 구웠다; 2) **שֵׁם** 이름과 고유 명사: 창 30.6 קָרְאָה שְׁמוֹ דָּן 그는 그의 이름을 단이라고 지었다; 3) 셈하는 것과 숫자: 출 25.37 וְעָשִׂיתָ אֶת־נֵרֹתֶיהָ שִׁבְעָה 너는 그 등잔을 일곱 (개까지) 만들라; 삼하 14.26b. מִסְפָּר 숫자도 마찬가지일 것이다: 욥 1.5([1]); 출 16.16; 삼상 6.4(מִסְפָּר가 처음 나온다. 18절에서는 명사절의 술어가 된다. 이와 같이 렘 2.28, § 154 e, 4).

w   3) 그렇지만 두 개의 대격을 가진 구문의 기초가 되는 절은 마지막에 언급된 경우처럼 반드시 명사절일 필요는 없다. 오히려 그것은 되다는 뜻을 가진 הָיָה 동사와 함께 나오는 동사절이다. 이리하여 הַכֶּסֶף הָיָה פֶּסֶל 은이 기둥이 되었다와 같은 절은 **주어**, 동사적 술어 הָיָה와 **술어**([2]) (술부의 보어, 참조, § 126 a)로 구성되며, 사역적 의미인 ~이 되게 하다 등과 같은 동사와 함께 만들다는 뜻이 되어서 עָשָׂה הַכֶּסֶף פֶּסֶל 그가 은 기둥을 만들었다가 된다. 여기에서

---

[1] 욥 1.5에 대한 Ehrlich 참조.

[2] 아랍어의 유추에 따르면, 술어는 대격 안에 있다; 참조, Driver, *Tenses*, § 161, 3, 각주.

주어는 첫 번째 목적어가 되고, 술어는 두 번째 목적어가 된다. 이리하여 **만들어진 사물**의 두 번째 대격은 흔히 나오는 אֵת를 취하지 않는데, 가끔 עָשָׂה 만들다, שִׂית/שׂוֹם 두다 등, נָתַן 두다, 주다와 함께 나타난다([1]):

삿 17.4 וַיַּעֲשֵׂהוּ פֶּסֶל 그가 그것(은, silver)을 신상(으로) 바꾸었다; 또한 עָשָׂה와 함께: 창 27.9; 민 11.8; 17.3; 호 8.4; 시 104.4. שׂוֹם과 함께: 삼상 8.1 וַיָּשֶׂם אֶת־בָּנָיו שֹׁפְטִים 그가 그의 아들들을 사사로 세웠다; 창 28.18 וַיָּשֶׂם אֹתָהּ מַצֵּבָה 그가 그것(=돌)으로 기둥을 세웠다. 또한 31.45 וַיְרִימֶהָ מַצֵּבָה 그가 그것을 기둥으로 세웠다; 또한 שׂוֹם과 함께: 창 27.37; 삼상 18.13; 22.7; 11.11 וַיָּשֶׂם אֶת־הָעָם שְׁלֹשָׁה רָאשִׁים 그가 군대를 세 부대로 나누었다(비교, 13.17, § 126 *c*). שִׂית와 함께: 왕상 11.34 נָשִׂיא אֲשִׁתֶנּוּ. *ducem ponam eum*(내가 그를 통치자로 세울 것이다); 사 5.6; 26.1 등 נָתַן과 함께: 사 3.4 וְנָתַתִּי נְעָרִים שָׂרֵיהֶם *dabo pueros principes eorum*(내가 소년들을 그들의 왕으로 삼을 것이다); 창 17.5 등. 다른 동사들과 함께: 왕상 18.32 וַיִּבְנֶה אֶת־הָאֲבָנִים מִזְבֵּחַ *aedificavit lapides(in) altare*, 즉, 그는 돌들을 제단 (모양으로) 배열하였다(대조, 신 27.6; § *v*); 출 12.39 וַיֹּאפוּ הַבָּצֵק עֻגֹת 그들은 반죽으로 무교병(이 되도록) 구웠다; 왕상 11.30 וַיִּקְרָעֶהָ שְׁנֵים עָשָׂר קְרָעִים 그가 그것(=옷)을 열 두 조각(으로) 찢었다; 시 114.8 הַהֹפְכִי הַצּוּר אֲגַם־מָיִם 그는 반석을 샘물로 바꾼다; 암 5.8; 합 3.9 נְהָרוֹת תְּבַקַּע־אָרֶץ 주는 땅을 강들(로) 쪼갰다(=강이 땅에서 나왔다); 욥 28.2.

이중 타동사 구문이 수동적으로 사용되는 경우는 § 128 *c*를 참조하라.

x   창 22.13 וַיִּקַּח אֶת־הָאַיִל וַיַּעֲלֵהוּ לְעֹלָה 그가 숫양을 취하여 그것을 번제로 드렸다와 달리 목적어는 가끔 두 번째 동사에서 생략된다: 예, 신 28.39 כְּרָמִים תִּטַּע וְעָבָדְתָּ וְיַיִן לֹא תִשְׁתֶּה וְלֹא תֶאֱגֹר 너는 포도원을 심고 가꾸어도 포도주도 못 마시고 포도도 따지 못할 것이다; 삼상 31.13 וַיִּקְחוּ אֶת־עַצְמֹתֵיהֶם וַיִּקְבְּרוּ 그들은 그들의 뼈를 가져다가 (그것들을) 묻었다; 왕상 18.33 וַיְנַתַּח אֶת־הַפָּר 그는 송아지를 잡아 (그것을) 나무 위에 두었다([2]). 그렇지

---

[1] 똑같은 동사들과 함께 לְ는 두 번째 대격 대신에 (좀 더 자주) 발견된다: 암 5.8 הָפַךְ לְ, 그리고 대격과 함께 나오는 הֶחֱשִׁיךְ; 사 54.12 대격과 함께 나오는 שׂוֹם, 그리고 לְ와 함께. 또한 בְּ와 함께 나오는 경우로서, 창 13.16 וְשַׂמְתִּי אֶת־זַרְעֲךָ כַּעֲפַר הָאָרֶץ 34.31 הַכְזוֹנָה יַעֲשֶׂה; 호 2.5 וְשַׂמְתִּיהָ כַמִּדְבָּר; 아 8.1 מִי יִתֶּנְךָ כְּאָח לִי. אֶת־אֲחֹתֵנוּ 참조, *Kaddari* 1976: 18f.

[2] Brockelmann, *Syntax*, § 137을 보라.

만 두 번째나 마지막 동사가 목적어를 가지는 경우가 있다: 삿 5.26 מָחֲצָה וְחָלְפָה רַקָּתוֹ 그녀는 그의 관자놀이를 부수고 꿰뚫었다; 사 41.20; 호 6.1(¹). §146 *i* 참조.

y 생략법은 동사의 새로운 의미를 명백하게 발전시킬 수 있다: 민 14.19 נָשָׂאתָה לָעָם הַזֶּה "주는 이 백성을 용서하셨습니다"(עֲוֹנָם 죄악이 내포된다); 렘 6.10 הִנֵּה עֲרֵלָה אָזְנָם וְלֹא יוּכְלוּ לְהַקְשִׁיב 보라 그들의 귀는 막혔고 그들은 들을 수 없다, 참조, 잠 2.2 לְהַקְשִׁיב לַחָכְמָה אָזְנֶךָ 너의 귀를 지혜에 기울이라(²); 왕상 13.7 בֹּאָה אִתִּי הַבַּיְתָה וּסְעָדָה 나와 함께 집으로 가서 쉬라, 참조, 삿 19.5 סְעָד לִבְּךָ פַּת־לֶחֶם 요기를 좀 하고 힘을 좀 내라. 이와 같이 הֵשִׁיב דָּבָר 보고하다, 대답하다도 마찬가지이다. 그러나 가끔 הֵשִׁיב만 나온다. 예, 욥 13.22; 대하 10.16(‖ 왕상 12.16 דָּבָר와 함께); 사 41.20 יָשִׂימוּ 그들이 생각할 것이다(עַל לִבָּם이 내포된다). הֵשִׁיב דָּבָר는 완전히 통합된 동사구가 되었기 때문에 두 개의 추가적인 목적어를 가지고 있는 것처럼 보인다: וַיָּשִׁבוּ אֹתָנוּ דָבָר אֶת־הַדֶּרֶךְ אֲשֶׁר נַעֲלֶה־בָּהּ 그들로 하여금 우리가 어느 길로 가야 하는지 보고하게 하자. 신 1.22; מָה אָשִׁיב שֹׁלְחִי דָּבָר 나를 보낸 자에게 내가 뭐라고 보고할까? 삼하 24.13(³). 위에 있는 §*be* 참조.

§126. 간접 대격

a 간접 대격(참조, §125*a*)은 동사에 간접적으로 종속된다(동사 부가어 대격, ad-verbial accusative [주옹과 무라오까는 ad-verbial과 adverbial을 구분하여 사용한다]). 그것은 동사적 술어를 한정시킨다. 간접 대격의 어떤 범주들에서, 구체적으로 시간과 장소에 관한 것들(§ *h, I*)에서는 구문 관계가 고유한 전치사 사용이나 어미음 첨가 모음과 함께 나오는 명사의 사용에 의하여 더욱 뚜렷해진다. 확장에 의해 그것은 명사절에도 나타나게 된다. 최종적

---

¹ 싱클레어(Sinclair 1991)는 목적어가 생략되는 다양하고 독특한 유형들을 정리하고 있다.

² 단 9.19에 대한 Rashi의 해석을 보라.

³ 출 19.8은 다르다: וַיָּשֶׁב מֹשֶׁה אֶת־דִּבְרֵי הָעָם אֶל־יהוה에서 דָּבָר는 완전한 실명사이다. 대하 10.6 לְהָשִׁיב לָעָם הַזֶּה דָבָר(‖ 왕상 12.6 אֶת)에는 전형적인 후대 성서 히브리어 용법이 나온다: § *k*를 보라.

으로 간접 대격은 명사의 수식어(attribute)가 될 수 있다(§ 127). 간접 대격의 중심을 이루는 종류들은 다음과 같다([1]):

1) **상태의 술어인 대격**. 만약 **상태**([2])나 주어(또는 목적어)의 특성을 표현하는 보충적 구가 동사절에 첨가되면, 이 보충적 구는 뭔가 새로운 것을 표현하기 때문에 주어(또는 목적어)와 나란히 둘 수 없다: 그것은 **동사적 술어에 종속된다**([3]). 이와 동시에 그것은 부사로서 대격에 놓이게 된다([4]). 대격은 고대의 격-어미가 없기 때문에 비한정성에 의하여 알아볼 수 있다. 상태의 대격은 형용사, 분사 또는 실명사가 될 수 있다. 그것은 주어나 목적어를 가리킬 수 있다([5]).

형용사: (주어를 가리키는 술어): 창 25.25 וַיֵּצֵא הָרִאשׁוֹן אַדְמוֹנִי *prior egressus est rufus*, "첫째가 나왔는데 (그는) 살결이 붉었다"(אַדְמוֹנִי는 비한정적이므로 הָרִאשׁוֹן과 동격일 수 없다; 붉다는 뭔가 새로운 것을 표현하며, 새로운 상태가 발생하였음을 확증한다); 창 37.35; 민 16.30; 삼하 19.21; 룻 1.21 אֲנִי מְלֵאָה הָלַכְתִּי *egressa sum* "나는 풍족하게 나갔다" (술어가 동사 앞에 있는 것은 강조를 위함이다); 사 20.3; הָלַךְ עַבְדִּי יְשַׁעְיָהוּ עָרוֹם וְיָחֵף 나의 종 이사야가 벗은 몸과 맨발로 다녔다(4절에서 이 두 형용사는 부사처럼 복수 실명사와 함께 단수로 나온다; 이와 같이 עָרוֹם 욥 24.7,10; הוּמָם 사 47.5; שׁוֹלָל 욥 12.17)도 마찬가지이다; רָעָה 삼상 18.10, 그러나 16.14, 23 참조.

(**목적어**를 가리키는 술어): 민 6.19 וְלָקַח אֶת־הַזְּרֹעַ בְּשֵׁלָה 그는 삶은 (삶아졌을 때) 앞다리를 취할 것이다; 수 9.12(חָם 뜨거운은 첫 자리에서 강조됨); 창 37.2 וַיָּבֵא יוֹסֵף אֶת־דִּבָּתָם רָעָה *Ioseph rumorem de eis (ut) malum*(= 그들에 대해 좋지 않게 말하다); 민 14.37; 대하 7.10.

b   **분사**: (**주어**를 가리키는 술어): 민 16.27 יָצְאוּ נִצָּבִים *exierant*

---

[1] 비교할 만한 우가릿어 용법은 Tropper, § 54.133.2 - 2e를 보라.

[2] 따라서 상태의 대격이다(상태인 대격, 즉 상태가 대격으로 사용됨). 또는 아랍 문법학자들의 용어로 *hāl*이라고 함.

[3] 따라서 술어적 대격. (즉, 술어인 대격, 즉 술어가 대격으로 사용됨)

[4] Brockelmann, *GvG*, II 350. 참조. 영어, *this book is no longer sold bound, I bought it new*; 불어 *Ce livre n'existe plus broché* or *La séance continue très houleuse*.

[5] 비교, 술어의 표지로서 본질의 베트(Beth essentiae), § 133 *c*.

stantes(="그들이 나가서 서 있었다"); 10.25; 왕상 14.15; 스 9.3; 10.9; 왕상 1.45 שְׂמֵחִים (동사적 형용사); 또한 명사절에서: 창 29.2; 대하 9.21 אֳנִיֹּות לַמֶּלֶךְ הֹלְכֹות תַּרְשִׁישׁ 왕의 배들이 다시스로 항해하였다…라는 뜻보다 왕은 다시스로 항해하는 배들을 갖고 있었다는 뜻이다; 30.22.

(**목적어**를 가리키는 술어): 민 11.10 וַיִּשְׁמַע מֹשֶׁה אֶת־הָעָם בֹּכֶה 모세는 백성들이 우는 것(우는 자)을 들었다([1]); 창 21.9; 출 5.20; 삼상 10.5; 왕상 22.17. 또한 여기에 속하는 것: 출 23.4 כִּי תִפְגַּע שׁוֹר אֹיִבְךָ אוֹ חֲמֹרוֹ תֹּעֶה 네가 네 원수의 소나 나귀가 길을 잃은 것을 보거든; 삼상 9.11 מֹצְאוּ נְעָרוֹת יֹצְאוֹת 그들은 나오는 소녀들을 만났다; 신 22.22 יִמָּצֵא אִישׁ שֹׁכֵב עִם־אִשָּׁה 어떤 남자가 유부녀와 동침하는 것을 보면…; 즉 3.1 וַיַּרְאֵנִי אֶת־יְהוֹשֻׁעַ .. עֹמֵד לִפְנֵי מַלְאַךְ יהוה 그는 여호수아가 서 있는 것을 나에게 보여주었다([2]). 목적어가 뒤따를 수 있다: 삼상 2.24 לוֹא־טוֹבָה הַשְּׁמֻעָה אֲשֶׁר אָנֹכִי שֹׁמֵעַ מַעֲבִרִים עַם־יְהוָה 내게 들리는 바 야웨의 백성들 가운데 돌아다니는 소문이 좋지 않다([3]).

c **실명사**: (**주어**를 가리키는 술어):

삼상 13.17 וַיֵּצֵא הַמַּשְׁחִית מִמַּחֲנֵה פְלִשְׁתִּים שְׁלֹשָׁה רָאשִׁים 기습 부대가 블레셋 진영에서 세 무리로(상태) 나왔다(비교, 11.11, § 125 *w*); 삿 9.34; 왕하 5.2; 창 17.12 בֶּן־שְׁמֹנַת יָמִים יִמּוֹל לָכֶם כָּל־זָכָר 그들이 난 지 팔일이 되었을 때 모든 남자 아이는 할례를 받아야 한다(술어가 처음에 나온 것은 강조를 위함임); 9.20: 38.11; 레 6.9; 렘 31.8; 왕하 7.3 אַרְבָּעָה אֲנָשִׁים הָיוּ מְצֹרָעִים פֶּתַח הַשָּׁעַר 나병 환자 네 사람이 성문 어귀에 있었다; 대하 26.21.

(**목적어**를 가리키는 술어): 창 7.1 אֹתְךָ רָאִיתִי צַדִּיק; 왕하 8.13 הִרְאַנִי יהוה אֹתְךָ מֶלֶךְ עַל־אֲרָם 야웨께서 그대가 시리아의 왕임을 나에게 보이셨다; 출 2.11 וַיַּרְא אִישׁ מִצְרִי מַכֶּה אִישׁ־עִבְרִי 그는 이집트인(비한정 목적어)이 히브리인을 때리는 것을 보았다; 왕하 3.22 וַיִּרְאוּ מוֹאָב .. אֶת־הַמַּיִם אֲדֻמִּים

---

[1] *verba sentiendi*(='인지 동사'듣다, 보다, 알다 등)는 두 번째 목적어를 가질 수 있다; 보다와 함께, 삼상 22.9 רָאִיתִי אֶת־בֶּן־יִשַׁי בָּא 나는 이새의 아들이 오는 것을 보았다 외에도 왕하 9.17 וַיַּרְא אֶת־שִׁפְעַת יֵהוּא בְּבֹאוֹ 그는 예후의 부대가 오고 있는 것을 보았다. 그러나 문체적으로 הִנֵּה가 덧붙여져 목적어가 지각되었음을 시사한다: 창 24.63 וַיַּרְא וְהִנֵּה גְמַלִּים בָּאִים 그는 보았다 (그리고 보라) 낙타가 오고 있는 것을; 33.1; 37.25(참조, § 177 *i*).

[2] 인지 동사와 분사적 목적어가 함께 나오는 성서 히브리어의 예들에 대한 상당히 방대한 목록은 Schult 1977에 있다.

[3] 이 예들에 대한 포괄적인 목록은 Malessa 2003a: 138f에 나온다.

모압인들은 물이 붉은 것을...보았다; 창 6.17 הִנְנִי מֵבִיא אֶת־הַמַּבּוּל מַיִם 내가 물로써(*in the form of*) 홍수를 곧 일으킬 것이다.

ca   전치사구는 정의상 대격이 될 수 없지만, 이것도 목적어의 술어가 될 수 있다: 출 5.19 וַיִּרְאוּ שֹׁטְרֵי בְנֵי־יִשְׂרָאֵל אֹתָם בְּרָע ...그들은 자신이 곤경에 빠진 것을 알았다.

d   이와 연관된 경우들로서 미 2.3 לֹא תֵלְכוּ רוֹמָה 너희들은 머리를 높이 들고(교만하게) 걸을 수 없을 것이다; 레 26.13 קוֹמְמִיּוּת (상동); 사 60.14 שְׁחוֹחַ (몸을 굽히고); 신 2.9; 수 9.2 פֶּה אֶחָד *ore uno* = 만장일치로(왕상 22.13); 습 3.9 שְׁכֶם אֶחָד 직역, 어깨를 나란히 하고 קוֹל אֶחָד는 출 24.3 참조, § 125 *s*). 방식 (manner)의 대격으로 사용된 몇몇 실명사들은 부사어의 가치를 가진다(§ 102 *d*): בֶּטַח 안전하게 창 34.25; מֵישָׁרִים 바르게 아 1.4.

e   이와 같이 실명사는 몇몇 색다른 경우에 술어가 된다. 예, 사 21.8(ⅰ) וַיִּקְרָא אַרְיֵה 그는 사자(같이) 부르짖었다; 시 22.14; 슥 2.8 예루살렘은 열린 성(같이) 거주하게 될 것이다; 욥 24.5.

f   술어는 두 단위가 밀접하게 연결될 때 하나의 구가 된다(¹): 창 32.31 רָאִיתִי אֱלֹהִים פָּנִים אֶל־פָּנִים 나는 하나님을 얼굴과 얼굴로 보았다; 민 12.8 פֶּה אֶל־פֶּה אֲדַבֶּר־בּוֹ 나는 입과 입으로 그에게 말하였다(술어구가 처음 나오는 것은 강조를 위함이다). 이와 같이 창 19.1 וַיִּשְׁתַּחוּ אַפַּיִם אָרְצָה 그는 얼굴을 땅에 맞대고 경배하였다도 마찬가지이다.

g   **2) 한계의 대격**(²). 표현이 적용되는 일부가 대격으로 있는 것: 왕상 15.23 חָלָה אֶת־רַגְלָיו 그는 발에(과 연관하여) 병이 있었다(אֶת가 한계의 대격에 나오는 것은 아주 희소하다. § 125 *e*)(³); 창 41.40 רַק הַכִּסֵּא אֶגְדַּל מִמֶּךָּ 내가 너보다 높은 것은 단지 보좌(와 관련된 것)뿐이다; 창 17.11 וּנְמַלְתֶּם אֵת בְּשַׂר עָרְלַתְכֶם 너희는 너희의 포피(와 관련된 것)를 베어 할례를 하라; 출 6.3; פָּנָה עֹרֶף 등을 돌리다 수 7.12; 렘 2.27; 32.33(아마 הָפַךְ עֹרֶף 수 7.8도 가능함); 렘 18.17 עֹרֶף וְלֹא־פָנִים אֶרְאֵם 내가 그들에게 등만 보이고 얼굴은 보이지 않을 것이다. 한계의 대격은 아마 아래의 경우에도 나오는 것 같다(⁴)(타동사와 함께): 창 37.21 לֹא

---

¹ 참조, Brockelmann, *GvG*, II. 355f.

² 아랍어 용어로는 *tamyīz* "내역(specification)"이다.

³ בְּ와 함께 나오는 것은 ‖ 대하 16.12.

⁴ Brockelmann, *GvG*, II. 313에 따르면 여기에 두 번째 목적어가 있다.

נַכֶּנּוּ נָפֶשׁ 우리는 그를 쳐서 죽여서는 안 된다(그의 목숨에 관하여, 목숨만은 쳐서 안 된다); 시 3.8 הִכִּיתָ אֶת־כָּל־אֹיְבַי לֶחִי 주께서는 내 원수의 뺨을 치셨습니다; 삼하 3.27; 신 22.26; 창 3.15 יְשׁוּפְךָ רֹאשׁ 그는 너의 머리를 노릴 것이다; 신 33.11; 렘 2.16.

h **3) 장소의 한정적 대격**(즉, 장소의 한정을 가리키는 대격). 한 사람이 있는 장소(움직임이 없는) 앞에는 일반적으로 전치사 בְ 안에, 또는 לְ ~에서(at)가 나온다. 그러나 가끔 선행하는 전치사가 명사 앞에 오지 않는데, 그것은 한정의 대격(한정을 가리키는 대격)으로 여겨야 한다. 이 대격은 어떤 명사를 제외하면 일반적이지 않으며 아마 움직임의 대격이 확장되면서 만들어진 것 같다(§ 125 *n*). 가끔 순음 בְ는 다른 בְ 앞(특히 בַּיִת)이나, 다른 순음 앞(특히 פֶּתַח)에서 중자 탈락(haplology)으로 빠지는 경우들이 있다(¹). 예들: 왕상 8.32 תִּשְׁמַע הַשָּׁמַיִם 주는 하늘에서 들으소서 (마찬가지로 34, 36, 39, 43, 45, 49절; 병행구절인 대하 6장에는 [27절을 제외하고] מִן־הַשָּׁמַיִם이 나온다[23, 25, 30, 33, 35, 39절]); 삼하 17.26 וַיִּחַן .. אֶרֶץ הַגִּלְעָד 그는 길르앗 땅에 진쳤다. 장소적(local) 대격은 기본 방위를 가리키는 일반 명칭에 나온다. מִזְרַח הַשֶּׁמֶשׁ 동쪽 수 1.15; מְבוֹא הַשֶּׁמֶשׁ 서쪽 1.4; 23.4(비교, 잠 8.3, לְ와 함께 나오는 두 개의 명사 뒤에 מְבוֹא פְתָחִים); קִדְמַת 동쪽 창 4.16. 이와 같이 머리 맡에, 침대 머리에 대해서는 מְרַאֲשֹׁתָיו 삼상 19.16 등; 발치에서 מַרְגְּלֹתָיו 룻 3.8 등. פֶּתַח 입구와 함께 나오는 대격은 속격이 뒤따른다. 예, 창 18.1 יֹשֵׁב פֶּתַח־הָאֹהֶל 장막 문에 앉아 있는(לְ와 함께 민 11.10); 창 19.11 אֲשֶׁר־פֶּתַח הַבַּיִת(לְ와 함께 잠 9.14; בְ 렘 43.9); 삿 18.16 נִצָּבִים פֶּתַח הַשַּׁעַר; (בְ와 함께 렘 26.10; 겔 11.1). 요약하면 ~입구에는 일반적으로 פֶּתַח가 속격과 함께 나온다(단지 בְ와는 4회, לְ와는 2회); 반면에 ~입구에서(속격 없이)는 대격으로 한 번도 나오지 않는다(בְ와 함께 2회, לְ와 함께 1회)(²). 또한 대격인 בַּיִת 집(³) 다음에 속격이 뒤따라 오는 경우는 일반적이다: 창 24.23 הֲיֵשׁ בֵּית אָבִיךְ מָקוֹם 너의 아버지의 집에 방이 있느냐?(=*Fr. chez ton père*); 38.11(그러나 민 30.4 בְּבֵית אָבִיהָ 명확성을 위하여); 삼하 9.4; 왕하 11.3(15) בֵּית יהוה 야웨의 성전에서; 사

---

¹ 우가릿어에서도 마찬가지이다: Gordon, *UT*, § 10.4(p. 95).

² 삼상 2.29에 대한 Driver(각주 2) 참조.

³ 아람어에서 이 단어는 가끔 위치의 대격으로 사용된다. 예, 창 24.23; 38.11; 삼상 17.15의 타르굼과 페쉬타.

3.6; 미 6.10; 욥 1.4(그러나 13, 18절에는 בְּ); 에 4.13. 고유 명사와 함께, בֵּית־לֶחֶם 삼상 17.15; 삼하 2.32; בֵּית־אֵל 왕하 10.29(בְּדָן 단에서가 뒤따른다); 호 12.5. 첫 번째 음 בְּ로 시작하는 고유 명사와 대조하라: בִּבְאֵר שֶׁבַע(6회), 그리고 בְּבָבֶל(8회). בֵּית 뒤에 속격이 나와도, בְּ는 상당히 일반적이다. 예, 창 39.20(감옥: 이와 같이 22절; 40.5; 42.19; 출 12.29; 삿 16.21); הָיָה 동사 뒤에서, 예, 삿 17.4,12. בֵּית 뒤에 속격이 오지 않고 대격으로도 사용되지 않은 경우(בֵּיתוֹ[?]는 대하 33.20와 LXX 및 왕하 21.18을 비교하라).

i　　　4) **시간의 한정적 대격**(시간의 한정을 가리키는 대격). 언제?, 얼마 동안?(¹)과 같은 질문에 대답하는 시간적 한정은 가끔 대격으로 나온다: 시 55.18 עֶרֶב וָבֹקֶר וְצָהֳרַיִם אָשִׂיחָה 저녁과 아침과 한낮에 내가 탄식하며 신음하리라(그러나 정관사와 함께 나오는 것은 בַּצָּהֳרַיִם, בַּבֹּקֶר, [לְעֵת ערב 4회], בָּעֶרֶב); יוֹמָם 낮에(§ 102 *b*); הַיּוֹם 이 날=오늘(그러나 בַּיּוֹם הַזֶּה 바로 이 날은 더 강조된다); לַיְלָה 저녁에(§ 93 *g*); הַלַּיְלָה הַהוּא 이 밤, 예, 삼하 19.8(그러나 창 26.24 그 밤에); עַתָּה 이제(*hoc tempore*, § 93 *g*; 그러나 בָּעֵת הַהִיא 동시에, 그때); הַשָּׁנָה 올해 렘 28.16(그러나 בַּשָּׁנָה הַהִיא 창 26.12 그 해[²]; 그렇지만 왕상 17.1 הַשָּׁנִים הָאֵלֶּה 몇 해[동안]); 창 27.45 יוֹם אֶחָד 하루(동안); 창 3.14 כָּל־יְמֵי חַיֶּיךָ 네 평생동안; 출 20.9 שֵׁשֶׁת יָמִים 엿새동안; 비교; 11절 엿새동안; אֵת와 함께(시간의 대격과 나오는 경우는 희소하다. § 125 *e*): 출 13.7 אֵת שִׁבְעַת הַיָּמִים 칠일동안(אֵת는 레 25.22; 신 9.25에 다시 나온다).

j　　　5) **측정 단위**(measure)**의 대격**. 창 31.23 וַיִּרְדֹּף אַחֲרָיו דֶּרֶךְ שִׁבְעַת יָמִים 그는 이레 (길)의 거리를 쫓아갔다; 7.20 חֲמֵשׁ עֶשְׂרֵה אַמָּה מִלְמַעְלָה גָּבְרוּ הַמַּיִם 물이 불어서 십오 규빗이 올랐다(대격이 첫 자리에 나온다); 43.34 베냐민의 몫은 다른 사람보다 다섯 배 חָמֵשׁ יָדוֹת였다; 아마 삼상 28.20 וַיִּפֹּל מְלֹא־קוֹמָתוֹ 그는 완전히(그의 온몸으로) 땅에 쓰러졌다.

k　　　6) **원인의 대격**은 아랍어에서 일반적이지만 오직 사 7.25 יִרְאַת שָׁמִיר 가시가 두려워서에만 나타난다(그러나 본문이 모호하고 יִרְאַת가 주어일 수 있다; 참조, Dillmann *ad loc.*).

---

¹ 시 119.152의 מִקֶּדֶם은 קֶדֶם 옛날부터라는 뜻으로 사용되었다.

² 이와 같이 הַפַּעַם 이번에, 그러나 בַּפַּעַם הַהִיא, בַּפַּעַם הַזֹּאת. 이것을 유추해 볼 때 삼하 21.9은 크레를 따라 בִּתְחִלַּת קָצִיר로 읽어야 할 것 같다(참조, 룻 1.22). בְּכָל־יוֹם 매일, בְּכָל־עֵת 항상에는 בְּ를 사용함을 주의하라.

l   7) **수단의 대격**이 존재하는지 의심스럽다; 이것을 입증하는 몇 가지 경우들은 달리 설명될 수 있다. 수 7.25 אֶבֶן은 내적 목적어의 대격일 수 있다 (Brockelmann, *GvG*, II. 306); 아마 잠 10.4 כַּף도 마찬가지 같다(GKC, § 117 *t*).

§ 127. 한정적 대격

a   술어를 결정하는 간접 대격에서 유추할 때(§ 126 *a*), 대격은 명사(¹) (또는 대명사)를 수식하는 데 사용됨을 알 수 있다(§ 121 *a*, 두 번째 각주). 위 의 § 126에 열거된 여러 종류의 대격들은 한정적 대격(attributive accusative) 으로 여겨질 수 있다.

        1) **상태**(state)**의 한정적 대격**(참조, § 126 *a, b*). **분사**(한정 명사 뒤 에 정관사가 없는 것은 분사가 동격이 아님을 나타낸다. § 138 *a*). קוֹל과 함 께 나오는 몇몇 예들: 창 3.8 וַיִּשְׁמְעוּ אֶת־קוֹל יהוה אלהים מִתְהַלֵּךְ בַּגָּן 그들은 야웨 하나님께서 동산에 걸어다니시는(그가 걸어다니실 때) 소리를 들었다; 신 5.23; 사 6.8; 왕상 1.41 מַדּוּעַ קוֹל־הַקִּרְיָה הוֹמָה *quare sonitus urbis(ut) strepentis?*(="성에서 들리는 이 소란함이 무슨 뜻이냐"); 14.6 כִּשְׁמֹעַ אֲחִיָּהוּ אֶת־קוֹל רַגְלֶיהָ בָּאָה בַפֶּתַח 그가 문으로 들어올 때, 아히야가 그 발 소리를 들 었다(여기에서 분사는 속격으로 가정되는 대명사 접미사의 한정어가 된다. § 94 *a*); 아 5.2. 추가적 예들: 학 1.4 בְּבָתֵּיכֶם סְפוּנִים (지금) 판벽한 집에; 왕상 11.8; 왕하 19.2; 욘 1.6; 대상 12.1; 21.16.

b   2) **한계**(limitation)**의 한정적 대격**(참조, § 126 *g*): 삼하 15.32 קָרוּעַ כֻּתָּנְתּוֹ 그의 옷이 찢긴(§ 121 *o*); 욥 15.10 כַּבִּיר מֵאָבִיךָ יָמִים 너의 아버지보다 나 이가 많은 (날들[에 관하여] 더 많은)(²); 11.9; 삼하 21.20 עֶשְׂרִים וְאַרְבַּע מִסְפָּר (발가락) 숫자(에서) 24(³); 항목이 계산된 명사와 함께: אַחַד עָשָׂר יוֹם 십일일(날 짜에서 십일) 신 1.2(참조, § 142 *e*); 삼상 26.18 מַה־בְּיָדִי רָעָה 내 손에 무슨 죄악

---

¹ 따라서 동사 부가어(*ad-verbial*) 대격은 명사 부가어(*ad-nominal*)가 된다.

² 형용사와 함께 나올 때 우리는 일반적으로 속격을 발견하게 된다; 참조, § 129 *i*.

³ 참조, 마카비 2서 8.16 ὄντας ἀριθμὸν ἑξακισχιλίους "숫자가 60,000인".

이 있습니까?(참조, § 144 *d*); 삼하 15.2 אֵי־מִזֶּה עִיר אַתָּה 어느 성에서 너는 왔느냐?; 삼상 24.19 אֵת אֲשֶׁר עָשִׂיתָ אִתִּי טוֹבָה 선에 관하여 네가 나에게 한 일; 왕하 8.12. 겔 47.4에서 מַיִם בִּרְכַּיִם은 측정의 대격으로 설명될 수 있다: 무릎 (높이에 이른) 물; 이와 같이 아마 מַיִם לַחַץ 왕상 22.27 [= 대하 18.26]; 사 30.20: 협소함 (측정에 있어서)의 물, 즉, 극도로 필요한, 불가피한(=엄격하게 생존에 필요한 물).

c   **한정**(determination)**의 한정적 대격**(참조, § 126 *h-j*): 삼상 9.9 לַנָּבִיא הַיּוֹם יִקָּרֵא לְפָנִים הָרֹאֶה 지금 선지자로 불리는 자는 이전에 선견자로 불렸다; 대상 28.18 הַכְּרוּבִים זָהָב 금으로 된 그룹; 아마 כָּעֵת חַיָּה 내년 이맘 때 창 18.10 등([1]).

d   **관찰**. 히브리어 모음 표기나 아랍어와 비교해도 대격, 속격, 동격이 구별이 안 되는 것들이 상당히 있다. 예, 삿 3.15 אִשֵּׁר יַד־יְמִינוֹ 오른팔에서(대격이나 속격) 약한(?); 창 18.6 שְׁלֹשׁ סְאִים קֶמַח 고운 가루 세 스아(대격이나 동격)([2]); שְׁנָתַיִם יָמִים 창 41.1 등. 만 이년 (날에서)과 같은 형태의 표현들은 대격이라기보다 동격이다(참조, §131*e*). 레 5.15 כֶּסֶף שְׁקָלִים 몇 세겔의 은에서는 속격, 동격, 대격이 모두 가능하다.

§128. 수동태 동사와 함께 나오는 대격격

a   간접 대격은 명백하게 수동태 동사와 함께 사용될 수 있다. 마찬가지로 내적 목적어의 대격의 경우에도 어려운 점은 없다. 예, 출 21.12 מוֹת יוּמַת 그는 반드시 사형에 처해져야 한다; 사 45.17 נוֹשַׁע תְּשׁוּעַת עוֹלָמִים 그는 영원한 구원으로 구원을 받았다; 또한 달성 목적어의 대격도 유사하다.

b   피동 목적어의 대격은 비인칭 수동형으로 나온다: 창 27.42 וַיֻּגַּד לְרִבְקָה אֶת־דִּבְרֵי עֵשָׂו 에서의 말이 리브가에게 들렸다(= 누군가가 말했다). 이 이상한 구문은 다음과 같이 설명할 수 있다: וַיֻּגַּד와 같은 비인칭 수동형에서, 능동형 הִגִּיד 선언하다에 상응하는 타동사적 가치(의미)가 어떤 식으로

---

[1] חַיָּה를 חַיִּים에서 나온 단위의 명사로 간주하고 생명의 단위= 해, 년의 뜻이 된 것으로 본다(참조, Joüon 1911a: 411).

[2] 이 예는 Brockelmann에 의해 동격(*GvG*, II 214), 대격(p. 267)으로, Driver(*Tenses*, § 194)에 의해 대격으로 제시된다.

든 지속되고 있다; 이리하여 וַיֻּגַּד 그리고 선언되었다는 누군가 선언하였다로 느껴진다[1].

이것은 라틴어에서 다양하게 설명되는[2] 혼성 구문인 *legitur Virgilium* (버질이 읽혀지다)가 중세 라틴어에서 고전 구문인 *legitur Virgilius* 외에도 누군가 버질을 읽다(*one reads Virgil*)로 발전된 것 같다. 이와 유사하게 이탈리아어에서 재귀형인 *si vede*는 누가 본다는 뜻이 되어 버렸다. 예, *la casa si vede*: "집이 그 자신을 본다=보여진다", 그러나 *si vede la casa*: "누가 집을 본다"; *lo si vede*: "누가 그것을 본다"; *si compra, si vende mobili*: "누군가 가구를 사고, 누군가 판다"[3]. 추가 예들: 삼하 21.11 그리고 왕상 18.13 (또한 וַיֻּגַּד 누군가 말했다와 함께); 민 32.5 יֻתַּן אֶת־הָאָרֶץ הַזֹּאת 이 땅을 주십시오; 왕상 2.21 (יֻתַּן); 창 4.18 וַיִּוָּלֵד לַחֲנוֹךְ אֶת־עִירָד 에녹에게 이랏이 태어났다(누군가 낳았다 = 에녹이 이랏을 낳았다)(또한 נוֹלַד와 함께 21.5; 46.20; 민 26.60); 렘 35.14 הוּקַם אֶת־דִּבְרֵי יְהוֹנָדָב 누군가 요나답의 명령을 실행하였다; 출 21.28 לֹא יֵאָכֵל אֶת־בְּשָׂרוֹ 그 고기를 먹지 마라; 13.7 מַצּוֹת יֵאָכֵל 무교병을 먹어야 한다(비한정 때문에 אֵת가 없다); 레 6.13 (민 7.10) בְּיוֹם הִמָּשַׁח אֹתוֹ 그에게 기름 붓는 날에(대명사와 함께); 민 11.22 הֲצֹאן וּבָקָר יִשָּׁחֵט לָהֶם וּמָצָא לָהֶם אִם אֶת־כָּל־דְּגֵי הַיָּם יֵאָסֵף לָהֶם וּמָצָא לָהֶם 그들을 위하여 양떼와 소떼를 잡는 것이 그들에게 충분하겠는가? 바다의 모든 고기를 모은 것이 그들에게 충분하겠는가? 바다의 모든 고기를 모은 것이 그들에게 충분하겠는가?

---

[1] Brockelmann, *GvG*, II 126ff의 또 다른 설명을 보라. Kropat(p. 3)는 이 구문의 존재를 부정한다. 그가 볼 때 אֵת는 주어를 가리킨다(참조, § 125 *j*). אֵת와 함께 나오거나 특히 אֵת가 없는 구문의 어떤 경우들에는 의심스러운 점들이 있지만, 많은 경우들에서 대격의 אֵת를 부인하기 어렵다. 예, 창 27.42. 이 외에도 대명사와 함께 나오는 אֵת가 있다: 레 6.13. אֵת와 함께 나오는 유사한 경우들에 대한 종합적인 목록은 Levi, *Inkongruenz*, 214, 각주 1에 있다. 그 예로 אֵת 없이 나오는 경우들은 같은 곳을 보라, pp. 215-19. 또한 Andersen 1971을 참조하라.

[2] Thurot 1869: 302ff., 503을 참조하라. 현재 토론되고 있는 경우들은 소수이므로, 이것들을 능동격 (ergative) 구조로 보는 Müller(1985: 404-10)와 그의 뒤를 따르는 Migsch(2000)의 견해는 당면한 것에 한하는 것일 뿐이며, 두 연결소 사이에 있는 기능적 대립의 가능성에 답을 못하고 있다. 그것은 또한 아래 § *ba*에서 다룰 경우에 대해서도 적절한 설명을 못하고 있다(역자 주: 능동격은 한 문장에서 자동사와 타동사로 둘 다 사용되는 능동격의 동사와 함께, 타동사문의 목적어와 그것에 대응하는 자동사문의 주어가 일치하는 경우의 격을 말한다. 예를 들면, The key opened the door. The door opened의 경우에 The key는 능동격이다).

[3] 신-시리아어(Neo-Syriac)에서 히브리어 구문과 유사한 구문이 발전되었다: *ʾetk ʾtev laḥtåvå hånå* "누군가 이 책을 썼다"(Brockelmann, *GvG*, II 128). 이집트 아람어에 있는 유사한 현상은 Muraoka - Porten 2003: §§ 76 bb, cb; 80 b를 보라.

(§ *a*에서 구문은 § *b*와 동일하나, 비한정 명사 앞에서 אֶת가 생략되었다).
수 7.15에서 הַנִּלְכָּד는 주격이며 יִשָּׂרֵף는 비인칭 수동태이다: 그는 화형을
당해야 한다; 그리고 이와 동일한 형태 대신에 비인칭 수동의 의미로 가정하
며 문장은 계속된다: 그와 그가 가진 모든 것을 [불태워야 한다]. 추가적 경우들:
창 17.5; 21.8; 40.20; 출 25.28; 27.7; 민 26.55(53절과 대조); 사 21.2; 렘
50.20; 시 87.3(분사와 함께).

      이 구문의 비인칭적 성격은 논리적 목적어의 성과 수에 상관없이 3
인칭 남성 단수형의 동사를 사용하는데서 명백해진다. 그러나 렘 36.22
וְאֶת־הָאָח לְפָנָיו מְבֹעָרֶת 그의 앞에는 화롯불이 타고 있었다; 삼하 21.22
אֶת־אַרְבַּעַת אֵלֶּה יֻלְּדוּ; 왕하 18.30 וְלֹא תִנָּתֵן אֶת־הָעִיר הַזֹּאת를 보라.

ba   비인칭 수동태는 간접 목적어와 함께 나올 수도 있다: 예, 겔 16.34
פֶּן יֻבְלַע לַמֶּלֶךְ 왕
이 몰사하지 않도록; 신 21.3 עֶגְלַת בָּקָר אֲשֶׁר לֹא־עֻבַּד בָּהּ 멍에를 메지 않은
암송아지; 출 29.33; 사 53.5; 애 5.5[1].

c   **이중적인 타동사의 두 번째 목적어**는 동사가 수동적으로 사용될
때 대격으로 남아 있다(참조, § 125 *u-w*). 이리하여 § 125 *u*의 경우에서,
신 5.24 הֶרְאָנוּ אֶת־כְּבֹדוֹ 그가 우리로 그의 영광을 보게 하셨다(=보이셨다)와
같은 형태는 수동태가 된다: הָרְאֵינוּ אֶת־כְּבוֹדוֹ 우리가 그의 영광을 보게 되
었다=그의 영광이 우리에게 나타났다. 예, 출 26.30 כְּמִשְׁפָּטוֹ אֲשֶׁר הָרְאֵיתָ 너에게
보여준 양식을 따라서(אֲשֶׁר는 가상적으로 대격이다=א' הֹר' אֹתוֹ); 25.40 (상동);
창 31.15 הֲלוֹא נָכְרִיּוֹת נֶחְשַׁבְנוּ לוֹ; 신 2.20 אֶרֶץ רְפָאִים תֵּחָשֵׁב אַף־הִוא. 이상
하게도 레 13.49에서 첫 (논리적) 목적어는 대격이다: וְהָרְאָה אֶת־הַכֹּהֵן
(상처를) 제사장에게 보이라(우리는 וְהָרְאָה אֹתוֹ הַכֹּהֵן을 기대하게 된다).
추가적 예들: 욥 7.3; 아마 사 1.20도. 풍부와 결핍의 동사들과 함께 입다와
벗다의 동사들이 나오는 경우: 출 1.7 וַתִּמָּלֵא הָאָרֶץ אֹתָם 땅이 그들로 가득
하다[2]; 사 6.4; 38.10; 시 80.11 כָּסּוּ הָרִים צִלָּהּ 산이 그 그림자로 덮였다; 욘
3.8 וַיִּתְכַּסּוּ שַׂקִּים은 왕하 19.1 וַיִּתְכַּס בַּשָּׂק와 대립된다(분사들과 함께 나

---

[1] Blau 1978b를 보라.

[2] 민 14.21(=시 72.19)에서 두개의 목적어가 동일한 동사 נִמְלָא와 함께 대격으로 나오는 것은 너무
나 이상하다; 그러나 여기에서 אֵת는 주어를 시사하는 것 같다.

오는 예들은 § 121 *o*를 보라). §125 *v*의 경우: 왕상 6.7(*i*) אֶבֶן שְׁלֵמָה נִבְנֶה (집이) 완전히 다듬은 돌로 지어졌다(비교, 신 27.6). § 125 *w*의 경우: 미 3.12 צִיּוֹן שָׂדֶה תֵחָרֵשׁ *(in) agrum arabitur* =시온은 밭(처럼) 갈아 엎힐 것이다(= 렘 26.18); 사 6.11; 24.12; 슥 14.4(비교, 합 3.9, § 125 *w*에 인용되었다).

d   간접 목적어와 직접 목적어가 둘 다 수동형 절에서 주어가 될 수 있 는 영어와 달리, 히브리어는 간접 목적어가 주어로 바뀌는 것을 허락하지 않 는다. 이리하여 나에게 성이 주어졌다는 נִתְּנָה לִי הָעִיר로 표현할 수 있어도, מַה־שְּׁאֵלָתֵךְ וְיִנָּתֵן לָךְ로는 안 된다(¹). 이리하여 에 5.6, 9.12 נִתַּנְתִּי הָעִיר 너의 소원이 무엇이냐? 너에게 허락할 것이다는 .. וְתִנָּתְנִי로 변화될 수 없다(²). 성 경에서 נָתַן의 니팔형은 모두 82회 나타나는데 모두 순수 수동형이며, 단 하 나의 경우도 수납자(recipient)는 문법적 주어로 표시되지 않는다. 민 26.54 אִישׁ לְפִי פְקֻדָיו יֻתַּן נַחֲלָתוֹ 누구든지 등록된 사람에 따라 그의 기업이 주어질 것이다와 같은 칼 수동형에서 우리는 אִישׁ를 동사의 문법적 주어로 보지 않 는다; 그것은 창 40.5 וַיַּחַלְמוּ חֲלוֹם שְׁנֵיהֶם אִישׁ חֲלֹמוֹ 그 두 사람은 꿈을 꾸었는데, 각자 자기 꿈을 꾸었다처럼 관용적으로 구문을 배열한 것의 일부일 뿐이다. 따라서 바로 위에서 인용한 에스더 본문처럼 성의 일치가 이루어 지지 않은 것은 여기서 비인칭 수동형 구문으로 취급되고 있음을 나타낸다 (§ *b*). 호팔 הֻגַּד, 푸알 צֻוֵּיתֶה 너희에게 명하였다와 같은 동사들에 대해서도 동일한 분석을 할 수 있을 것이다. 물론 이 동사가 의미론적으로 הִגִּיד와 유 사하지만, 후자는 다르게 분석된다. 왜냐하면 피엘형 צִוָּה가 '누구에게 명 령을 내리다'는 뜻이 되면 이중적인 타동사가 되기 때문이다. § *c*를 보라.

§ 129. 속격과 연계형

a   대격은 동사적(*verbal*, §125 *a*)이며 또한 동사 부가어(*ad-verbial*)이지 만, 속격은 명사 부가어(*ad-nominal*)이다. 사실 다른 명사의 수식어(*attribute*)

---

¹ 이 점에 있어서 고전 아랍어는 히브리어와 다르다. 아랍어에서는 *ʾuʿṭu l-madinatᵃⁿ*라고 말한다: Fischer 1987: § 374 b를 보라. 그러나 Reckendorf 1921: § 51, 5를 참조하라.

² 참조, 에 7.2 מַה שְּׁאֵלָתֵךְ .. וְתִנָּתֵן לָךְ.

가 되는 명사(§ 121 *a*, n.)는 일반적으로 속격으로 나온다(¹). 속격 관계(²)는 두 명사의 밀접한 음성학적 연합으로 표현되며, 그 중 첫 번째 것이 두 번째 것에 맞추어진다(*constructed*)고 할 수 있다(§ 92 *a*). 연계형은 속격 관계에 대한 형식적 표현이다(³). 속격 관계로 묶여진 두 명사는 하나의 탄탄한 단위(compact unit)를 이루어서 이론적으로는 **그 어느 것도 그것들을 떼어낼 수 없다**(⁴).

두 구성 요소들의 순서는 히브리어 구문에서 전형적이어서 피한정어는 한정어 앞에 나온다. 이리하여 הָאִישׁ חָכָם "지혜로운 사람", הָאִישׁ הַזֶּה "이 사람", 그리고 הָאִישׁ אֲשֶׁר רָאִיתִי אָבִיו "내가 그의 아버지를 본 사람"이 된다.

결과적으로 다윗의 아들들과 다윗의 딸들처럼 복합적인 개념은 어떤 언

---

¹ 수식적 실명사는 대격(비교적 드물게, § 127)과 동격(§ 131)으로 나올 수 있다. 끝으로 그 명사와 함께 나오는 전치사는 가끔 한정어가 된다.

² 아랍어 문법에서 속격 관계는 연계형(annexation)으로 부른다(iḍāfat). 첫 번째 명사는 연계되며(annexed), 두 번째 명사는 그것에 연계된 것이다. 히브리어 문법에서 첫 번째 명사는 니스마흐(נִסְמָךְ) 즉, '지지되다'(supported), 두 번째 명사는 수메흐(סוֹמֵךְ) 즉, '지지하는'(supporting)으로 부른다. 이 두 명사 사이의 구문론적 관계는 스미후트(סְמִיכוּת)라고 한다. 어떤 학자들은 여전히 라틴어로서 regens, '지배하는'(סֹמֵךְ)과 rectum, '지배받는'(נִסְמָךְ)이란 용어를 사용한다. '속격'이란 용어에도 불구하고 속격에서 명사 형태는 변하지 않는다. 이것은 히브리어에서 격 어미가 상실했기 때문이다.

³ 그러나 연계형을 약하게 모음 표기하는 것은 속격 관계를 넘어서, 밀접한 연결을 하는 다른 경우에도 가끔 발견된다(§ r, s).(역자 주: 연계형이라고 해서 반드시 속격은 아니며 다른 관계에도 나타난다.) 명사가 또 다른 명사 이외의 어떤 것, 예로서 전치사에 걸리게 될 때 그 관계를 속격으로 결정하는 데 어려움이 있다.

⁴ 두 번째 명사의 정관사는 물론 연계된 어미음 -ā도 분리를 일으키지 않는다(§ 93 d). 예, בֵּיתָה יוֹסֵף 창 43.17, 이런 현상은 족장 내러티브에 한정되어 나타나지만, 아라드 비문에 나오는 용법을 보면 반드시 문학적인 특성은 아니다: 아라드 17.1 בֹּא בֵיתָה אֶלְיָשִׁב 엘리아십의 집으로 가라(Aharoni 1975 ad loc.을 보라.). 속격 접미사는 분리를 일으킬 수 있지만, 비정상적인 표현이 있다: 레 26.42 אֶת־בְּרִיתִי יַעֲקוֹב 야곱과 맺은 나의 언약(두 개의 다른 예들; 렘 33.20 날과 맺은 나의 언약†). 두 번째 명사, 예로 יַעֲקוֹב은 실제적으로 속격이므로 그 뜻은 בְּרִית יַעֲקוֹב אֲשֶׁר לִי 가 된다(참조, 신 4.31). 왜 저자가 אֶת־בְּרִיתִי יַעֲקוֹב(또는 עִם יַעֲקוֹב 으로 쓰지 않았는지 이해하기 어렵다. 랑베르(Lambert § 230, n. 5)는 겔 6.11 תּוֹעֲבוֹת רָעוֹת בֵּית יִשְׂרָאֵל 이스라엘 집에 있는 악한 가증함에서 연계형 고리가 나뉘었을 가능성을 받아들인다. 아래에 나오는 § 129 u에서 더 자세히 보라. 또한 렘 9.2 וַיַּדְרְכוּ אֶת־לְשׁוֹנָם קַשְׁתָּם שֶׁקֶר 는 렘 8.8 עֵט שֶׁקֶר סֹפְרִים 와 비교해야 한다. בְּרִית יַעֲקוֹב 형태에 대한 자세한 예는 König, *Syntax*, § 277a-b에 나온다. 참조, 마 26.28 τὸ αἷμά μου τῆς διαθήκης에서 μου는 διαθήκης와 함께 할 수 없다. 반면에 앤더슨의 주장처럼(Andersen, *Verbless*, 37, 67), 창 49.3(רְאוּבֵן בְּכֹרִי אַתָּה כֹּחִי וְרֵאשִׁית אוֹנִי)에서 연계형 고리가 깨어진 것으로 보고, 르우벤, 너는 내 힘의 장자요 내 권세의 첫 열매이다로 번역할 필요가 없다.

어에서 생략되어 다윗의 아들들과 딸들로 표현할 수 있지만 히브리어에서는
בְּנֵי וּבְנוֹת דָּוִד*로 표현할 수 없다. 왜냐하면 연계형인 בְּנֵי가 그 근거지에
서 분리되기 때문이다: 그렇게 되면 외팔보(cantilever)처럼, 근거지에 기댈
수 없게 된다([1]). 그러므로 이런 표현은 בְבְנֵי דָוִד וּבְנוֹתָיו로 번역해야 한다.
이것이 일반적인 구문이다: 창 41.8 이집트의 술객들과 현인들; 삿 8.14; 왕상
8.28; 왕하 2.12. 다른 대안을 제시한다면 단순하게 בְּבְנֵי דָוִד וְהַבָּנוֹת로 표
현할 수 있지만, 이것은 별로 사용되지 않는 구문이다: 창 40.1 מַשְׁקֵה מֶלֶךְ
מִצְרַיִם וְהָאֹפֶה 이집트 왕의 술 시종장과 빵 시종장([2]). 끝으로 어떤 경우에(§
130) לְ와 함께 완곡어법을 쓰게 된다: הַבָּנִים וְהַבָּנוֹת אֲשֶׁר לְדָוִד 다윗의
(=다윗에게 속한) 자녀들. 예, 창 40:5 הַמַּשְׁקֶה וְהָאֹפֶה אֲשֶׁר לְמֶלֶךְ מִצְרַיִם.

b   그러나 지배 명사([3])는 **몇 개의 병렬된 속격**을 가리킬 수 있다. 달리 말하
면, 각 속격 앞에 지배 명사를 반드시 반복할 필요가 없다([4]). 그 반복이나 비반복
은 각 마침표의 의미, 문체, 용법에 의존된다([5]): 창 24.3 בַּיהוָה אֱלֹהֵי הַשָּׁמַיִם
וֵאלֹהֵי הָאָרֶץ (엄숙한 맹세에서), 그러나 14.19 אֵל עֶלְיוֹן קֹנֵה שָׁמַיִם וָאָרֶץ;
왕하 3.13 לֵךְ אֶל־נְבִיאֵי אָבִיךָ וְאֶל־נְבִיאֵי אִמֶּךָ (그들은 동일한 선지자
들이다); 10.13; 삼상 23.7 עִיר דְּלָתַיִם וּבְרִיחַ 문과 빗장이 있는 성; 욜 2.2
יוֹם חֹשֶׁךְ וַאֲפֵלָה יוֹם עָנָן וַעֲרָפֶל 어둡고 캄캄한 날, 구름과 짙은 안개
낀 날; 민 31.52 מֵאֵת שָׂרֵי הָאֲלָפִים וּמֵאֵת שָׂרֵי הַמֵּאוֹת, 그러나 54절
שָׂרֵי הָאֲלָפִים וְהַמֵּאוֹת와 함께; 사 1.1 בִּימֵי עֻזִּיָּהוּ יוֹתָם אָחָז יְחִזְקִיָּהוּ;
느헤미야에서 יְמֵי는 다른 시대를 언급할 때 반복되며 그 반대 경우에는 반

---

[1] (켄틸레버란 한쪽 끝은 고정되고 다른 끝은 받침이 없이 들린 들보인 외팔보를 말한다. 역자 주).
아마 몇 개의 예외가 있을 수 있다: 사 11.2 רוּחַ דַּעַת וְיִרְאַת יְהוָה 지식과 야웨를 경외하는 신; 겔
31.16; 잠 16.11; 단 1.4 סֵפֶר וּלְשׁוֹן כַּשְׂדִּים 갈대아 문헌과 언어. 이 모든 예에서 두 개의 연계된 명
사는 서로 유사하여 하나의 단위를 구성하는 것으로 볼 수 있다. O'Connor 1980: 308-11을 보라. 이
런 경우에 어떤 것들은 구 전체가 하나의 실체를 가리킬 수 있다: 겔 31.16 레바논의 뛰어나고 아름다
운 것, 즉 최고; 말 3.3 은을 제련하고 깨끗하게 하는 사람. 렘 46.9 תֹּפְשֵׂי דֹרְכֵי קֶשֶׁת 활을 잡아 당
기는 사람은 지시물(referents)의 그룹을 가리킨다.

[2] 이와 같이 접미사는 두 번째 동사 다음에서 생략될 수 있다(§ 146 *i*).

[3] 소위 "지배 명사"(נִסְמָךְ)라고 하는 것은 논리적으로 볼 때 첫 번째 명사가 구의 핵이 되기 때문이
다. 두 번째 명사는 *nomen rectum* "피지배 명사"(סוֹמֵךְ)라고 불린다.

[4] 연계 구조에 나오는 다른 종류의 생략에 대한 여러 견해와 토론으로 Rottenberg 1968, Azar 1977,
and Rottenberg 1977을 보라.

[5] 후기 시대에 반복은 쉽게 생략된다. 예, 대상 18.10 כְּלֵי זָהָב וָכֶסֶף וּנְחֹשֶׁת (병행구절인 삼하 8.10
כְּלֵי כֶסֶף וּכְלֵי זָהָב וּכְלֵי נְחֹשֶׁת와 대조하라); 대하 24.14 (대조, 왕하 12.14); 참조 Kropat, 55.

복되지 않는다(참조, 느 12.26, 47; 12.22, 46); עַצְמוֹת는 렘 8.1에서 다섯 번 반복된다([1]).

c   속격은 세 번째나 또는 그 뒤에 오는 명사까지 지배할 수 있다: 창 47.9 יְמֵי שְׁנֵי חַיֵּי אֲבֹתַי 내 조상들이 산 햇수의 날들; 41.10(네 개의 명사); 사 21.17(여섯 개의 명사). 가끔 לְ는 **속격의 사슬**을 깨뜨릴 수 있다(§ 130 *c*). 이런 사슬에서 구성 요소 간의 구문론적 관계는 모호할 수 있다: 예, 민 25.13 בְּרִית כְּהֻנַּת עוֹלָם 영원한 제사장직의 언약(*covenant of eternal priesthood*)은 LXX에서 διαθήκη ἱερατείας αἰωνία 제사장직의 영원한 언약 (*eternal covenant of priesthood*)으로 변한다.

d   **속격의 종류**. 두 개의 상호 의존적인 명사들 간의 다양한 관계는 속 격 구문으로 표현될 수 있다. 특히 아래에 있는 속격들을 주목하라([2]).

        A) 주어인 속격(subjective genitive): 1) 어떤 사물이나 성질 등을 **소유하거나**(possessing) 갖고 있는(owning) 주어인 속격: הֵיכַל יהוה 야웨의 성전; אִשְׁתּוֹ 그의 아내([3]); חָכְמַת שְׁלֹמֹה 솔로몬의 지혜; 왕상 10.9 אַהֲבַת יהוה 야웨가 가진 사랑; 레 10.3 קְרֹבַי 내게 가까이 오는 자들(= קְרֹבִים אֵלַי 겔 43.19, 또는 לִי ק' 42.13); 느 5.14 לֶחֶם הַפֶּחָה 총독의 봉급; 삼하 16.8 רָעָתֶךָ 네가 받아야 할 심판; 삿 11.19 מְקוֹמִי 내가 가야할 장소. פָּנַי 내 얼 굴과 같은 경우에는 뗄 수 없는 소유 관계가 나온다.

        2) 주어의 속격은 어떤 것의 **주체**(author)이다: דְּבַר יהוה 야웨의 말 씀; 창 24.33 דְּבָרִי 내가 말해야 하는(마땅히 해야 하는) 말; 대하 24.6 מַשְׂאַת מֹשֶׁה 모세가 정한 세금.

e   **B) 목적어인 속격**(objective genitive): 여기서 첫 번째 명사는 두 번 째 명사가 가리키는 사람에게(to), 위하여(for), 또는 거슬려(against) 행해 지는 동작을 나타낸다: 잠 20.2 אֵימַת מֶלֶךְ 왕의 두려움(왕에 대하여 가지는 두려움); 암 8.10 אֵבֶל יָחִיד 독자를 위한 애곡; 옵 10 חֲמַס אָחִיךָ 네 형제에 대한 불의; 창 24.8 שְׁבֻעָתִי 나를 위하여 한 맹세; 시 56.13 נְדָרֶיךָ 당신에게 드

---

[1] 비교, 단 8.20 מַלְכֵי מָדַי וּפָרֵס (한 제국)와 왕하 23.22 מַלְכֵי יִשְׂרָאֵל וּמַלְכֵי יְהוּדָה(두 나라). 참조, § 132 *g*, n. 2, 그리고 Kaddari 1966: 121-30.

[2] 참조, Muraoka - Porten 2003: § 61 *c*.

[3] 이와 같은 경우가 뒤에 있는(*f*, 9)에 해당되느냐 하는 문제는 우리가 성서의 사회적/문화적 인류학 을 어떻게 보느냐에 따라 부분적으로 달라질 수 있다.

린 서원; 렘 50.28 נִקְמַת הֵיכָלוֹ 그의 성전을 위한 복수(그러나 같은 절에 나오는 נִקְמַת יהוה는 주어인 속격이다); 신 4.31 בְּרִית אֲבֹתֶיךָ 네 조상과 맺은 언약(אֵת나 עִם 대신에); 사 32.2 סֵתֶר זָרֶם 비를 피하는 대피소(מִן 대신에)[1].

f   **C) 다른 속격**들은 주로 다음과 같다.

1) 추상 명사로 표현된 **성질**(quality)의 속격(이것은 형용사가 없을 때 종종 보상해 준다): 출 29.29 בִּגְדֵי הַקֹּדֶשׁ 거룩함의 옷(=거룩한 옷); 레 10.17 מְקוֹם הַקֹּדֶשׁ 거룩한 곳(=성소)[2]; 레 19.36 מֹאזְנֵי צֶדֶק 공정의 저울 (바른 저울)[3]; 출 5.9 דִּבְרֵי שָׁקֶר 속이는 말; 왕상 20.31 מַלְכֵי חֶסֶד 자비로운 왕들; 창 17.8 אֲחֻזַּת עוֹלָם 영원한 소유; 삿 11.1 גִּבּוֹר חַיִל 힘센 용사; 잠 1.10 לִוְיַת חֵן 매력적인 관.

2) **전체**(whole)의 속격: 창 8.9 כַּף־רַגְלָהּ 그 발의 바닥; 느 13.4 לִשְׁכַּת בֵּית אֱלֹהֵינוּ 우리 하나님의 집의 방.

3) **부류**(genus)의 속격: 신 23.15 עֶרְוַת דָּבָר 물건의 부적절함(=부적절한 것); 22.14 עֲלִילֹת דְּבָרִים 어떤 부적절한 행동; 창 16.12 פֶּרֶא אָדָם 사람의 들나귀(들나귀 같은 사람); 겔 36.38 צֹאן אָדָם 사람의 떼.

4) **종류**(species)의 속격: 창 23.4 אֲחֻזַּת־קֶבֶר 무덤 형태의 소유(매장할 소유지).

5) **재료**(material)의 속격[4]: 출 20.24 מִזְבַּח אֲדָמָה 토단; 수 7.21 לְשׁוֹן זָהָב 금 덩어리.

6) **단위**(measure)의 속격[5]: 레 14.12 לֹג הַשָּׁמֶן 기름 한 록.

7) 고유 명사의 속격[6]: 창 15.18 נְהַר פְּרָת 유프라테스(의) 강; 13.12

---

[1] 영어 *criminal lawyer*에서 볼 수 있는 것처럼, 명사의 확장이 또 다른 연결소, 즉 수식적 형용사로 이루어질 때, 구문의 모호성이 발생한다: 출 1.15 לַמְיַלְּדֹת הָעִבְרִיֹּת 히브리 산파에게서 산파들이 동족을 돕는 것인지, 이집트 산파들이 해산하는 히브리 여인을 돕는 것인지 어려워 보인다. 후자의 경우라면 הָעִבְרִיֹּת는 대격적 목적어와 동일한 것이 될 수 있다. Cohen 1990을 보라.

[2] 그러나 항상 מָקוֹם קָדוֹשׁ 거룩한 곳으로 나온다. 출 29.31 등. 그렇지 않았다면 קָדוֹשׁ는 무생물(지시물)을 가리키는 것과 함께 사용되지 않았을 것이다.

[3] 형용사 צַדִּיק은 물건을 가리키는 데 사용되지 않는다.

[4] 재료를 가리키는 단어는 대격(§ 127 *c*: 대상 28.18)과 동격(§ 131 *d*: 출 39.17)으로도 사용할 수 있다.

[5] 측정되는 물건을 가리키는 단어도 대격과 동격(§ 127 *d*)으로도 사용될 수 있다.

[6] 고유 명사도 동격으로 사용될 수 있다(§ 131 *h*).

אֶ֫רֶץ כְּנַ֫עַן 가나안의 땅; 렘 18.13 בְּתוּלַת יִשְׂרָאֵל 이스라엘(의) 처녀; 사 37.22 בַּת יְרוּשָׁלַ֫ם 예루살렘(의) 딸(¹). 부정 대명사 פְּלֹנִי 의 용법과 비교하라: 삼상 21.3(왕하 6.8) מְקוֹם פְּלֹנִי אַלְמֹנִי 이러이러한 곳(§ 147 *f*). 아마 시 113.2 에 있는 שֵׁם יהוה.

8) **부분**(partitive)의 속격: 대하 21.17 קְטֹן בָּנָיו 그의 막내 아들(§ 141 *e*); 창 22.2 אַחַד הֶהָרִים 산들 중 하나(²); 삿 5.29 חַכְמוֹת שָׂרוֹתֶ֫יהָ 그 시녀들 가운데 가장 지혜로운 시녀.

9) **관계**(relation)의 속격: מֶ֫לֶךְ יִשְׂרָאֵל 이스라엘의 왕; אָבִי 내 아버지.

10) **기원**(origin)의 속격: דִּבְרֵי מֹשֶׁה 모세의 말씀; מַלְאַךְ יהוה 야 웨가 보낸 사자.

11) **시간** 또는 **장소**의 속격: 암 3.15 בֵּית הַקַּ֫יִץ 여름 별장; 삼하 5.7 מְצוּדַת צִיּוֹן 시온에 있는 성.

12) **회원**(membership)의 속격: 삼상 10.5 חֶ֫בֶל נְבִיאִים 선지자들의 무리; כָּל־בָּנָיו 그의 아들들 전부, 모든 그의 아들들.

13) **동작**(action)의 속격: 창 27.41 יְמֵי אֵ֫בֶל 애곡하는 날들; 27.2 יוֹם מוֹתִי 내 죽음의 날.

14) **주제**(topic)의 속격: 왕상 14.19 סֵ֫פֶר דִּבְרֵי הַיָּמִים 역사서; 출 12.43 חֻקַּת הַפֶּ֫סַח 유월절에 관한 규례.

15) **목적**(purpose)의 속격: 민 35.11 עָרֵי מִקְלָט 도피성; 대상 28.2 בֵּית מְנוּחָה 피난처; 삿 18.11 כְּלֵי מִלְחָמָה 무기들.

g   속격은 다양한 **한정**(determinations)을 표현하는데 사용된다: 사 10.6 עַם עֶבְרָתִי 내 분노의 (대상) 백성; 렘 7.29; 왕상 20.42 אִישׁ חֶרְמִי 내 진멸(내가 진멸하기로 작정한) (대상)의 사람; 시 107.30 מְחוֹז חֶפְצָם 그들 소망의 (대상) 항구; 잠 5.19 אַיֶּ֫לֶת אֲהָבִים 사랑의 (대상) 암사슴(=*cerva carissima*, Vulg.); 삼상 20.14 חֶ֫סֶד יהוה 야웨에 의하여 감동된 사랑 또는 야웨에게 합당한 사랑; 시 51.19 זִבְחֵי אֱלֹהִים 하나님을 (기쁘게 하는) 제사; 29.2(96.8†) כְּבוֹד שְׁמוֹ 그의 이름에 합당한 영광; 왕상 2.43 שְׁבֻעַת יהוה 야웨를 두고 한 맹

---

¹ 비교, 연계형의 בת를 전제하고 있는 בְּתוּלַת בַּת־צִיּוֹן 형태(§ 129 *r*).

² 그러나 높은 숫자와 함께 나오지 않는다. שְׁנֵיהֶם은 "그들 중 둘(two of them)"이 아니라 "그들 중 그 둘(the two of them), 그들 둘(they two)"을 가리킨다. Muraoka 2001을 보라.

세; 삼하 5.11 עֵץ חָרָשֵׁי 목수들; 왕상 19.6 עֻגַת רְצָפִים 숯불에 (구운) 떡; 수 5.9 חֶרְפַּת מִצְרַיִם 이집트 (시대로부터 시작된)의 수치.

h **여격** 개념은 상당히 자주 속격으로 표현된다(대부분의 예들은 속격 안에 가정되어 있는 소유 대명사와 함께 나온다. § 94 *a*): 출 3.21 וְנָתַתִּי אֶת־חֵן הָעָם־הַזֶּה בְּעֵינֵי מִצְרַיִם 나는 이 백성이 이집트인들의 눈에 은혜를 입 도록 하겠다(¹)(그러나 대명사와 함께 창 39.21 חִנּוֹ); 출 2.9 אֶתֵּן אֶת־שְׂכָרֵךְ (LXX δώσω σοι τὸν μισθόν); 삿 4.9 לֹא תִהְיֶה תִּפְאַרְתְּךָ 영광이 너의 것 이 되지 않을 것이다; 신 28.59 וְהִפְלָא אֶת־מַכֹּתְךָ 그가 네게 큰 상처를 줄 것이 다(그가 너의 상처를 크게 할 것이다); 전 2.4 הִגְדַּלְתִּי מַעֲשָׂי 내가 내 사업을 크 게 하였다; 왕상 14.15 그들이 스스로 아세라 목상을 만들었다; 시 20.3 그가 너에게 도움을 주시기를. 또한 레 26.4; 겔 27.10; 욥 5.23; 18.10을 보라.

i 속격과 함께 나오는 **형용사**는 주로 **한계**를 표현한다(²): 창 39.6 יְפֵה תֹאַר 용모가 준수한; 41.4 הַפָּרוֹת רָעוֹת הַמַּרְאֶה 모양이 흉악한 암소(만약 רָעוֹת가 연계형이 아니라면 정관사가 있고 'מַ가 아닐 것이다); 출 34.6 אֶרֶךְ אַפַּיִם 화를 천천히 내다(μακρόθυμος, *longanimis*) = 인내심 있는; 시 119.1 תְּמִימֵי דֶרֶךְ 행동이 온전한; 사 6.5 טְמֵא שְׂפָתַיִם 입술이 불결한(= 불 결한 입술로).

그것은 가끔 **원인**을 표현한다: 레 22.4(학 2.13) טְמֵא־נֶפֶשׁ 시체 때 문에 불결한; 민 19.16 חֲלַל חֶרֶב 칼로 죽은 (חָלָל, 원래 찔린이 실명사가 되 었다: 칼의 희생자). 또한 아 2.5 חוֹלַת אַהֲבָה 사랑으로 병든.

속격과 함께 나오는 **분사**는 § 121 *m-p* 참조. 예, 한계(§ 121 *o*) קְרוּעֵי בְגָדִים 삼하 13.31; **원인** § 121 *p*.

ia § *i*에서 토론된 구조를 가진 수많은 예들에 나오는 구문은 매우 흥미 롭다. 첫 번째 명사와 뒤따르는 형용사나 분사 사이에 형식적 일치가 있지 만, 주어-술어의 관계는 실제적으로 후자와 두 번째 명사 사이에 있다(³). 출

---

¹ 참조, Joüon 1921: 228. 이 문장들에서 히브리어는 명사를 한정적인 것으로 인식한다. 그러나 우리 들에게 그것은 논리적으로 비한정적이다.

² 대격은 거의 사용되지 않는다. § 127 *b*(욥 15.10). 참조, Diem 1986: 248-53; 그렇지만 아랍어의 "부적합한 병합(annexation)"은 구문론적으로 히브리어 대응 개념과 상당히 다르다. 왜냐하면 히 브리어에서 두 번째 명사는 한정적이 될 필요가 없으며 형용사는 관사를 취할 수 없기 때문이다.

³ LXX 번역자는 합 1.13에서 טְהוֹר עֵינַיִם을 καθαρὸς ὀφθαλμός로 올바로 이해한 것과 같다. 그렇 지만 이러한 구문의 분석은 창 12.14 יְפַת־מַרְאֶה אַתְּ הִוא מְאֹד와 12.11 אִשָּׁה יְפַת־מַרְאֶה를 대조해 보면

32.9 עַם קְשֵׁה־עֹ֫רֶף 목이 곧은 백성에서 קְשֵׁה는 너의 목을 더는 곧게 하지 마라에서 보는 것처럼 עֹ֫רֶף의 한정어다: 삼상 25.3 הָאִישׁ קָשֶׁה 그 사람은 고집스러웠다와 같은 용법을 볼 때 עַם קְשֵׁה에 있는 형용사는 다른 의미를 함축하고 있다. 삼상 1.15 אִשָּׁה קְשַׁת־ר֫וּחַ도 이와 같다[1].

이 구문은 능동 분사와 함께 나타날 수 있다: 예로서, 잘 알려진 표현 אֶ֫רֶץ זָבַת חָלָב וּדְבַשׁ 젖과 꿀이 흐르는 땅에서 분사의 논리적 주어는 חָלָב וּדְבַשׁ일 수 있다[2]. § *i* 끝에서 언급된 수동 분사 외에도 시 147.3 נֹשֵׂא פָנִים שְׁבוּרֵי לֵב 상한 마음; 사 3.16 נְטוּיוֹת גָּרוֹן 늘인 목; 왕하 5.1 큰 은총을 받는; 시 32.1 נְשׂוּי־פֶּ֫שַׁע כְּסוּי חֲטָאָה 그의 죄악이 사함 받고 그의 죄가 덮힌.

가끔 첫 번째 명사는 명백하게 언급되지 않지만, 문맥에서 제공될 수 있다: 예, 시 34.19 קָרוֹב יהוה לְנִשְׁבְּרֵי־לֵב וְאֶת־דַּכְּאֵי ר֫וּחַ יוֹשִׁ֫יעַ 야웨는 마음이 상한 사람에게 가까이 계시고, 낙심한 사람들을 건져 주실 것이다.

j   אִישׁ, בַּ֫עַל, בֶּן־과 함께 나오는 **속격구**. 다른(일반적으로 구체적인) 명사와 연계된 명사들은 어떤 성질의 소유자를 표현한다[3].

אִישׁ(그리고 유사어로 מְתֵי ~의 사람들; אֵ֫שֶׁת ~의 여인들)와 함께: 삼하 16.7 אִישׁ הַדָּמִים 피(흘린)의 사람 = 살인자; 출 4.10 אִישׁ דְּבָרִים 말의 사람=유창한 사람; 왕상 2.26 אִישׁ מָ֫וֶת 죽음에 합당한 사람(삼하 19.29)(동일한 의미를 가진 בֶּן־מָ֫וֶת와 비교하라); 삼상 25.25 אִישׁ הַבְּלִיַּעַל 몹쓸 인간(בֶּן과 함께 나옴); 창 6.4 אַנְשֵׁי הַשֵּׁם 유명한 사람; 잠 31.10 אֵ֫שֶׁת חַ֫יִל (LXX: γυναῖκα ἀνδρείαν, 부지런한 여자).

בַּ֫עַל 소유주, 주인, 주와 함께: 창 37.19 בַּ֫עַל הַחֲלֹמוֹת 꿈과 함께한

가끔 불분명해진다. 또한 창 41.2를 41.4; 41.18과 대조하라.

[1] 삼상 1.15에 대한 Qimḥi의 주석과 Muraoka 1977a, idem 1996의 토론을 보라. 완전히 일치하지 않지만 이와 유사한 현상은 아카드어에도 나타난다. 참조, von Soden 1960과 또한 Tropper, § 91.314.2을 보라.

[2] 블리보임(Bliboim 2000-01: 86)의 주장과 달리 중세 히브리어에도 이 동사는 사람이 주어인 것과 함께 나오지 않는다. 흐르는 액체를 가리키는 동사로 נָזַל, שָׁטַף를 참조하라. 멘고지(Mengozzi 1997a: 207f.)는 אֶ֫רֶץ רַחֲבַת יָדַ֫יִם 넓은 땅의 고정된 구문은 이 연결소에서 핵심 명사의 지시물이 생명체라는 그의 주장과 일치하지 않는 예외로 본다. 우리는 또 다른 관용적 표현인 אֶ֫רֶץ זָבַת חָלָב וּדְבַשׁ와 현대 히브리어에서 סֵ֫פֶר רַב עֵ֫רֶךְ 아주 값진 책과 같은 수많은 예들을 추가할 수 있을 것이다.

[3] 이 표현은 가끔 형용사의 부족함을 보충하기 위해 만들어진다(참조, § *f*). 자세한 것은 사전을 보라.

사람, 꿈꾸는 자; 14.13 בַּעֲלֵי בְרִית 연합군들; 삼상 28.7 בַּעֲלַת־אוֹב 신(a spirit)을 가진(여자)=초혼자.

בֶּן־과 함께: 속격구 삼상 20.31 בֶּן־מָוֶת 죽음에 합당한(비교, אִישׁ־מָוֶת); 25.17 בֶּן־בְּלִיָּעַל 몹쓸 인간(비교, אִישׁ בְּלִיַּעַל); 왕상 1.52 בֶּן־חַיִל 덕스러운; 나이를 가리키는 경우: 창 21.5 בֶּן־מְאַת שָׁנָה 일백세; 출 12.5 בֶּן־שָׁנָה 한살된(어린 양), 그러나 בֶּן־שְׁנָתוֹ 레 12.6 일년된(어린 양)([1]).

בֶּן־은 또한 개인이 한 집단에 속했음을 가리킨다: 겔 2.1 בֶּן־אָדָם 인류의 한 개인, 한 사람, 인류에 속한 사람(homo); 시 29.1 בְּנֵי אֵלִים은 신적 존재(divine beings)에 속한 자(비교, 창 6.2 בְּנֵי הָאֱלֹהִים과 בְּנוֹת הָאָדָם). 그러나 בְּנֵי הַנְּבִיאִים은 선지자들의 제자들이며, 엄밀한 의미에서 선지자들이 아니다([2]).

k   어떤 **속격구들**은 추상 명사가 지배 명사일 때 최상급이나 고양된 의미를 가진다([3]): 창 23.6 מִבְחַר קְבָרֵינוּ 우리 묘지에서 선택된 것=우리 묘지에서 가장 좋은 것; 사 37.24 קוֹמַת אֲרָזָיו 그 백향목의 높음=그 높은 백향목(=왕하 19.23).

ka   피지배 명사가 생명체를 가리킬 때, 접미사로 변할 수 있다. 이리하여 יִרְאַת יהוה는 야웨에 의하여 보여진 두려움(주어인 속격: § d, 예, 욥 4.6)이나 야웨를 향한 두려움(목적어인 속격: § e, 예, 신 2.25) >יִרְאָתוֹ. 이와 대조적으로 피지배 명사가 무생물일 때, 이와 같은 변형은 더 제한된다. 이리하여 출 27.1 קוֹמַת מִזְבֵּחַ=קוֹמָתוֹ 제단의 높이는 가능하다. 그러나 우리는 사 32.2 סֵתֶר זֶרֶם 비를 피하는 곳을 סִתְרוֹ로 바꿀 수 없으며, 레 19.36 מֹאזְנֵי צֶדֶק 정확한 저울을 מֹאזְנָיו로 바꿀 수 없다. 이런 제한은 위의 §f(아마 [8-10, 12]제외), g, i, j, k에서 언급된 대부분의 범주에 적용된다.

kb   §ka에서 대명사 접미사와 연관된 제한이 적용되는 대부분의 경우들은 피지배 명사에 붙여질 수 있으며, 여기에서 대명사 접미사는 연계 구문 전체에 걸려서 지배 명사와 연결된다. 이리하여 레 22.2 שֵׁם קָדְשִׁי 내 거룩

---

[1] 엄밀하게 말하면, 그가 아들인 해(son of the year in which he is)가 되며, 따라서 한 살이 안된 어린 양이다(참조, Ehrlich ad loc.).

[2] 욘 4.10 בִּן־לַיְלָה "밤새도록(overnight)"은 분명히 다른 데서 나온 것이다. Rendsburg 1989: 110f 를 보라.

[3] 그러므로 이것은 §f 경우와 정반대이다.

한 이름(LXX: τὸ ὄνομα τὸ ἅγιόν μου);

사 58.13 בְּיוֹם קָדְשִׁי 내 거룩한 날(ἐν τῇ ἡμέρᾳ τῇ ἁγίᾳ), 참조, 느 8.10 קָדוֹשׁ הַיּוֹם לַאֲדֹנֵינוּ; 신 1.41 כְּלֵי מִלְחַמְתּוֹ 그의 무기(τὰ σκεύη τὰ πολεμικὰ αὐτοῦ); 시 48.2 הַר קָדְשׁוֹ 그의 거룩한 산, 참조, 겔 28.14 הַר קֹדֶשׁ אֱלֹהִים; 잠 24.31 גֶּדֶר אֲבָנָיו 그의 돌담.

l　　　**속격 구문과 연계형의 확**장. 연계형은 명사(실명사나 형용사) 앞에만 나오지만, 가끔 부사나 전치사 앞에서도 나온다[1]. 그것은 절(명사적 단위로 취급됨, § *p*) 앞에서도 나올 수 있다. 끝으로 연계형은 속격 관계 밖에서 가볍게 연결된 형태로 가끔 사용되기도 한다(§ *r*).

　　　부사와 함께(아주 희소하다): 출 27.13 פְּאַת קֵדְמָה 동쪽; 왕상 2.31 דְּמֵי חִנָּם 이유 없이 (흘린) 피(חִנָּם 고대의 실명사, § 102 *b*, 두 번째 각주); 렘 23.23 אֱלֹהֵי מִקָּרֹב .. אֱלֹהֵי רָחֹק 가까이 있는 신...멀리 있는 신; 잠 26.2 קִלְלַת חִנָּם 근거 없는 저주; 렘 31.35 אוֹר יוֹמָם 낮의 빛(יוֹמָם, § 102 *b*).

m　　　**전치사**와 함께: 전치사로 연결되고 그 명사가 뒤따르는 경우들은 아래와 같다. 1) 분사(상당한 예들이 산문에서도 나온다); 2) 실명사(예들이 적으며, 단순 산문에서는 거의 없다); 3) אַחַד מִן 결합에서 숫자 하나(비교, אַחַד עָשָׂר에서 אַחַד의 가벼운 형태, § 100 *b*).

　　　1) 분사: 분사가 전치사 앞에서 연계형으로 빈번하게 나타나는 것은 분사가 자주 명사와 연결되어 나타나는 경우로 설명할 수 있을 것이다[2] (§ 121 *k* ff.). 예들: 사 9.1b יֹשְׁבֵי בְּאֶרֶץ צַלְמָוֶת 죽음의 그늘의 땅에 거하는 자들(대조, 1a הַהֹלְכִים בַּחֹשֶׁךְ); 시 2.12 그를 의지하는 모든 사람. 또한 בְּ와 함께: 사 5.11; 시 84.7. לְ와 함께: 사 30.18 חוֹכֵי לוֹ 그를 소망하는 자

---

[1] 여기에서 전치사가 명사에서 나왔다는 가정을 상기시킬 필요가 없다(§ 103 *a*). 이것은 일반적으로 명사로 표현되는 자격(qualification)의 관계가 전치사에 확대되고 이런 확장이 부사나 절에도 나타나는 경우일 뿐이다.

[2] 이리하여 יֹשְׁבֵי בְּצִיּוֹן 대신 יֹשְׁבֵי צִיּוֹן으로 표현된 효율적인 연결소를 유추해 볼 때, יֹשְׁבֵי בָהּ .. יֹשְׁבֵי אֶרֶץ으로 말할 수도 있다: 참조, Jenni, *Beth*, 51. 사 24.5 יֹשְׁבֶיהָ는 6절에 있는 대구를 이룬다. Hummel(1957, n. 92)이 제기한 의심은 쉽게 일축할 수 있다. 여기의 § *m*, *n*, *o*에서 다룬 현상은 "깨어진 연계형"이란 용어로 최근에 다루어졌다; Freedman 1972, WO, *Syntax*, 155을 보라. 그렇지만 그것들은 보다 "전통적인" 몇몇 해석에 더 가까워 보인다; 예, 합 3.13 לְיֵשַׁע אֶת מְשִׁיחֶךָ에서 יֵשַׁע는 부정사 연계형의 변형일 수 있다(§ 49 *ca*). 남성 단수와 여성 분사형의 경우는 분석은 확실하지 않다. 물론 창 4.20 אֲבִי יֹשֵׁב אֹהֶל 장막에 거하는 자들의 원조(조상)에서 יֹשֵׁב는 연계형일 가능성이 거의 확실하다.

들; 64.3; 56.10 אֹהֲבֵי לָנוּם 잠자기를 좋아하는(부정사와 함께); 겔 38.11; 욥 24.5. אֶל־과 함께: 사 14.19(§ 121 *n*에 인용됨); 겔 21.17. עַל과 함께: 삿 5.10; 겔 38.12. מִן과 함께: 사 28.9. 대격 표시인 אֵת와 함께: 렘 33.22 מְשָׁרְתֵי אֹתִי 나를 섬기는 사람들(참조, § 121 *k*, 두 번째 각주). 또한 렘 49.16 과 같은 예들을 보라(§ 93 *n*).

n   2) **실명사**: 사 9.2 שִׂמְחַת בַּצָּיר 추수 때의 기쁨. 또한 בְּ와 함께: 수 11.2; 삼하 1.21; 사 5.11; 애 1.1. לְ와 함께: 수 8.11, 13, 15.6, 17.9, 24.30; 삿 2.9; 시 58.5; 애 2.18; 대상 6.55; 23.28. מִן과 함께: 렘 23.23; 겔 13.2; 호 7.5. אֵת־와 함께: 사 8.6.

o   3) אֶחָד와 **함께**: 창 3.22 כְּאַחַד מִמֶּנּוּ 우리 가운데 하나와 같이; 삼상 9.3 אַחַד מֵהַנְּעָרִים(아마 הַנְּעָרִים אַחַד을 유추하여); 삿 17.1 등.

     관찰. אֶחָד가 지배 명사로 여겨질 수 없는 경우들에서 가끔 발견되는 것은 아마도 이 용법에서 유추된 것 같다: 1) 연결될 때: 사 27.12 לְאַחַד אֶחָד(연결 악센트와 반복); 2) 연결 없이: 창 48.22 שְׁכֶם אַחַד(분절 악센트; 삼하 17.22; 슥 11.7).

p   **절(clause)에 연결된 명사**. 절은 동사절이든 명사절이든 어떤 경우에 실명사로 여겨질 수 있는 단위(덩어리)를 만든다(§ 157); 따라서 절은 그 지배 명사로 활동할 선행 명사와의 관계에서 속격으로 여겨질 수 있다. 실제로 이 위치에서 지배 명사로 사용되는 경우들은 다음과 같다: 1) 주로 전치사가 된 명사들; 2) 거의 전치사적인 방식으로 사용된 몇몇 명사들; 3) (상당히 희소하지만) 완전한 명사적 가치를 가진 순수 실명사들.

     속격절은 A) 일반(비관계적) 절과 B) 관계절로 나눌 수 있다.

     A) 일반절(비관계절)

     1) 전치사와 함께, 예, אַחֲרֵי, עֵקֶב, בַּעֲבוּר, יַעַן, טֶרֶם(사전들을 보라)[1]: 예, אַחֲרֵי נִמְכַּר 레 25.48 그가 자신을 판 후에(그러나 일반적으로는 אַחֲרֵי אֲשֶׁר, § *q*).

     이와 같이 부사로도 사용되는 몇몇 불변사와 함께: מֵאָז ~때로부터 (6회), 예, 수 14.10 מֵאָז דִּבֶּר 그가 말한 때부터(대조, 부정사와 함께 나오는 출 4.10); 삼하 12.22 בְּעוֹד; 창 43.3 בִּלְתִּי.

---

[1] 참조, Brockelmann, *GvG*, II 549.

2) **거의 전치사적으로 사용된 명사**와 함께. 대부분 בְּיוֹם ~하는 날(여기에서 יוֹם은 약한 의미를 갖는다) = ~때(*when*): 출 6.28 בְּיוֹם דִּבֶּר 그가 말했을 때; 삼상 25.15 כָּל־יְמֵי 항상 ~할 때(~할 때마다, ~하는 한으로 약화됨); הִתְהַלַּכְנוּ אִתָּם 우리가 그들 사이에 살던 모든 시간 동안; 레 14.46; 참조, 욥 29.2; 시 56.4 יוֹם אִירָא אֲנִי אֵלֶיךָ אֶבְטָח 내가 두려워할 때, 나는 주를 의지할 것입니다; 102.3 בְּיוֹם צַר לִי 내가 괴로울 때; 렘 6.15 בְּעֵת פְּקַדְתִּים 내가 그들을 심판할 때; 왕하 8.6 מִיּוֹם עָזְבָה אֶת הָאָרֶץ 그녀가 땅을 떠난 날부터.

3) **순수 실명사**와 함께(희소하다): 호 1.2 תְּחִלַּת דִּבֶּר־יהוה בְּהוֹשֵׁעַ *Principium loquendi Domino in Osee*(Vulg.); 직역하면: 야웨께서 말씀하신 (것의) 시작...; 사 29.1 קִרְיַת חָנָה דָוִד 다윗이 진쳤던 도성; 렘 50.46 מִקּוֹל נִתְפְּשָׂה בָבֶל 바빌론이 정복되었다는 소식. 창 1.1도 가능함: בְּרֵאשִׁית בָּרָא אֱלֹהִים אֵת הַשָּׁמַיִם וְאֵת הָאָרֶץ 하나님의 천지 창조 시작에([1]).

q **B) 관계절**

a) 접속사 생략 관계절(희소하다; 참조, § 158 *d*)

1) **전치사**와 함께: 렘 2.8 אַחֲרֵי לֹא־יוֹעִלוּ הָלָכוּ 그들은 아무 쓸모 없는 (것들을) 따랐다.

2) 거의 **전치사적으로** 사용된 명사와 함께: 출 4.13 בְּיַד תִּשְׁלָח 주께서 보내실 자의 손으로.

3) **명사**와 함께: 욥 18.21 זֶה מְקוֹם לֹא־יָדַע אֵל 이것은 하나님을 알지 못하는 자가 사는 곳이다; 창 39.4 כָּל־יֶשׁ־לוֹ 그가 가진 모든 것; 출 9.4; 시 81.6; 대하 30.19도 비슷하다.

b) 접속사와 함께 하는 관계절(אֲשֶׁר와 함께; 참조, § 158 *e*)

1) **전치사**와 함께: (매우 일반적이다), 예, אַחֲרֵי אֲשֶׁר (참조, § 104 *b*).

2) 거의 **전치사적으로** 사용된 **명사**와 함께: 레 13.46 כָּל־יְמֵי אֲשֶׁר ~하는 동안(민 9.18; 희소하다); 삼하 13.22 등. עַל־דְּבַר אֲשֶׁר(어떤 것에 의하여)=왜냐하면([2]). מְקוֹם אֲשֶׁר ~하는 곳 (~하는 그곳[*there where*]으로 의미가 약화된다)([3]):

---

[1] Rashi도 이미 이것을 지지하는 근거의 예로, 호 1.2를 언급한다.

[2] 동일한 단어인 דבר는 비한정 대명사 מַה로 시작하는 관계절에서 한 번 나오며 관계사 역할을 하고 있다: 민 23.3 דְּבַר מַה־יַּרְאֵנִי *res τοῦ quidquid ostendet mihi* = "그것이 무엇이든지 간에 그가 나에게 보여주실 것."(의미를 분명하게 하기 위해 그리스어 τοῦ를 삽입함).

[3] אֶל과 함께: 전 1.7 מְקוֹם שֶׁ. 그러나 창 19.27 אֶל־הַמָּקוֹם אֲשֶׁר; 그리고 이와 같이 עַד와 함께 나오는 것으로 창 13.3; מִן 13.14.

창 39.20 בֵּית הַסֹּהַר מְקוֹם אֲשֶׁר אֲסִירֵי הַמֶּלֶךְ אֲסוּרִים ...왕의 죄수들이 갇힌 곳; 40.3; 겔 6.13; 에 4.3; 8.17(대조, הַמָּקוֹם אֲשֶׁר 출 3.5 등). 이와 같이 전치사 בְּ와 함께: בִּמְקוֹם אֲשֶׁר 약화된 의미와 함께 ~하는 곳 (어느 곳이나) 삼하 15.21; 느 4.14; 의미의 약화 없이도: 왕상 21.19(동일한) 곳; 레 4.24, 33; 6.18; 7.2; 14.13; 민 9.17; 렘 22.12; 겔 21.35(대조, 예, 창 35.13 אֲשֶׁר (בַּמָּ) 관계사로서 זֶה와 함께(§ 145 c): 시 104.8 אֶל־מְקוֹם זֶה יָסַדְתָּ לָהֶם.

r　　　순수한 **연결 형태**인 **연계형**. 어떤 경우에 연계형의 형태는 그 명사가 지배 명사로 여겨질 수 없는 곳에서도 나타난다.

　　　유일한 일반 유형은 다음과 같다: 속격 그룹(따라서 연계형과 함께)을 **동격으로 갖고 있는** 명사는 그 자체가 연계형이다: 사 37.22 בְּתוּלַת בַּת צִיּוֹן 처녀딸 시온(참조, § f); 렘 14.17 בְּתוּלַת בַּת־עַמִּי 처녀 딸 내 백성; 삼상 28.7 אֵשֶׁת בַּעֲלַת־אוֹב 신을 가진 여자(신접자); 신 21.11 אֵשֶׁת יְפַת־תֹּאַר 아름다운 모습을 가진 여자(여기에서는 형용사와 함께, § i); 동일한 단어의 사용과 함께: 창 14.10 בֶּאֱרֹת בֶּאֱרֹת חֵמָר 구덩이, 역청 구덩이(§ 135 e; 절대형. בֶּאֱרֹת); 민 3.47. 또 § 147 d, 각주를 보라.

s　　　**두 명사가** וְ로 **연결되고** 밀접한 그룹을 이룰 때, 첫 번째 명사는 가끔 연계형의 가벼운 형태를 취한다[1]: 겔 26.10 וְגַלְגַּל וָרֶכֶב(첫 번째 연결 악센트, 두 번째 분리 악센트); 사 33.6; 겔 13.1(분리 악센트). אַחַד는 § o. 참조.

t　　　**속격**의 문체적 용법. 관계절에서 속격의 문체적 사용을 주목해야 한다; 이것은 속격을 가정하고 있는 소유 대명사에 특히 일반적이다(§ 94 a): 왕상 12.8(13) עֲצַת הַזְּקֵנִים אֲשֶׁר יְעָצֻהוּ 장로들이 그에게 준 충고; 왕하 17.22 חַטֹּאות יָרָבְעָם אֲשֶׁר עָשָׂה; 17.8, 19; 21.16, 17; 출 32.32 סִפְרְךָ אֲשֶׁר כָּתַבְתָּ 주께서 기록하신 책; 삿 11.39; 왕상 3.21; 왕하 13.14; 겔 22.4[2].

u　　　그 어떤 것도 연계 고리를 깨뜨릴 수 없다는 일반적인 원칙에도 불구하고(§ a), 몇몇 동족 언어, 특히 우가릿어를 보면, 성서 히브리어는 전접 מ을 연계형 구문에서 첫 번째 명사와 함께 사용하도록 허락하였음을 알 수 있다. 그렇지만 그 정확한 기능은 알 수 없다. 우가릿어는 Gordon, *UT*, § 11.8

---

[1] Brockelmann, *GvG*, I 108에 따르면, 이 현상은 통일성의 강세(accent of unity) 때문에 생긴 것이다.

[2] 비교, 요 17.24 τὴν δόξαν τὴν ἐμήν, ἣν δέδωκάς μοι "당신이 나에게 주신 영광."

을 보라. 험멜(Hummel)이 언급한 가능한 경우에 대한 목록에서 아래의 경
우들은 비교적 확실해 보인다: 창 14.6 בְּהַרְרָם שֵׂעִיר 세일의 산들; 민 21.14
וְאֶת־הַנְּחָלִים אַרְנוֹן 아르논의 골짜기(*wadi*); 시 18.16 אֲפִיקֵי מַיִם 바다의 물
길들(=אֲפִיקִים יָם, 참조 ‖ 삼하 22.16 אֲפִקֵי יָם); 시 110.3
מֵרֶחֶם מִשְׁחָר 새벽의 모태로부터(=מרחמם שחר)(?)[1].

v   연계형 구들은 구문론적으로 단단히 결속되면 모호하게 된다. 따라서
בֶּן הַמֶּלֶךְ הַזֶּה בֶּן מֶלֶךְ גָּדוֹל은 위대한 왕 또는 위대한 왕의 왕자가 될 수 있으며,
는 이 왕자 또는 이 왕의 아들을 뜻할 수 있다. 이와 같은 모호성은 일치의 법칙
으로 풀 수 있다. 예로서 왕상 6.24 הַשֵּׁנִית כְּנַף הַכְּרוּב 그룹의 다른 날개와 27절
אֲשֶׁר לְ נָא לְ כְּנַף הַכְּרוּב הַשֵּׁנִי 다른 그룹의 날개를 대조할 수 있다[2]. 전치사
에 의한 완곡어법(§ 130 *b-e*)도 모호성을 어느 정도 감소시킬 수 있다.

§ 130. לְ로 대치된 속격

a   속격 관계(영어의 *of*)를 표현하는 일반적인 방식은 첫 번째 명사를 두
번째 명사에 연계시키는 것이다(§ 129). 그러나 이 구문은 가끔 필요나 편리
를 위해서 기피되기도 하며, 그 대신에 לְ (*to*)가 사용된다(어떤 경우에는
אֲשֶׁר לְ, § *e*)[3]. *to*와 *of*의 의미 전환은 삼상 14.16 הַצֹּפִים לְשָׁאוּל בְּגִבְעַת
בִּנְיָמִן 베냐민 지방 기브아에 있는 사울이 세운 보초들(거의 사울의 보초들이 된
다)과 같은 경우에도 나온다. 속격과 לְ가 실제로 동일한 것은 여러 경우에 나
타난다. 예, 렘 29.11 מַחְשְׁבוֹת שָׁלוֹם וְלֹא לְרָעָה 평화의 계획이요 재앙이 아
니다; 신 28.50 לֹא־יִשָּׂא פָנִים לְזָקֵן 그는 노인을 보살피지 않는다와 레 19.15
יוֹעֵץ לַמֶּלֶךְ .. רֵעַ הַמֶּלֶךְ 을 비교하라[4]; 대상 27.33 לֹא־תִשָּׂא פְנֵי דָל

---

[1] Hummel 1957; Tropper, § 89.232를 보라.

[2] 이 예는 Steiner 1997: 165에서 가져왔다.

[3] 불어의 통상적인 화법에 나오는 *la maison de Jean*을 뜻하는 *la maison à Jean*과 비교하라. 구어 라틴어에서 속격 대신에 여격을 사용하는 것은 Brunot 1905: 91을 보라: *fuit abbas monasterio nostro* C.I.L., XII.944, 6th century); *a deo honorem*(Le Blant, N. R., 323. 스트라스부르그의 맹세에 나오는 *pro deo amur* 참조). 참조, Bourciez 1910: § 228. 또한 BDB, s.v. לְ, *b*, *c*를 보라.

[4] 겔 20.6 הָאֲרָצוֹת הִיא לְכָל־צְבִי הִיא는 צְבִי כָל־הָאֲרָצוֹת와 동일하다: הִיא에 주어진 위치는 속격을 לְ로 바꾸었기 때문에 이루어졌다.

왕의 모사.. 왕의 벗. 속격 관계는 아래의 경우에 לְ로 표현된다.

b   속격은 두 번째 명사가 한정적이지만 첫 번째 명사가 논리적으로 **비한정적**일 때 일반적으로 기피되며 לְ로 대치된다(¹). 이리하여 이새의 아들은 일반적으로 בֶּן לְיִשַׁי 삼상 16.18로 표현된다; 이와 같이 고유 명사(항상 한정적이다. § 137 *b*) 앞에서도 마찬가지이다: 창 14.18; 36.12; 민 22.4(²); 36.7. 야웨의 선지자는 항상 נָבִיא לַיהוה이다(왕상 18.22; 22.7; 왕하 3.11; 대하 18.6; 28.9†.(נְבִיא* 형은 나타나지 않는다).

다윗의 시(비한정적)는 시 3.1 등, מִזְמוֹר לְדָוִד (לְ *auctoris* =저자의 לְ[³])로 표현된다. 이와 같이 한정적인 속격 그룹과 함께 올 때: 삼하 19.21 בָּאתִי רִאשׁוֹן לְכָל־בֵּית יוֹסֵף 나는 요셉의 온 집안에서 첫 (사람)으로 왔다(비한정 술어, § 126 *a*); 창 41.12. 이와 같이 접미사와 함께 있는 명사 앞에서 (항상 한정적): 출 20.5(선행 명사들에서 유추하여, רִבֵּעִים의 비한정성을 유지하기 위해; 6절도 이와 같다.).

c   לְ는 **속격 구문**과 함께 나오는 몇몇 표현들을 변경하지 않기 위하여 사용된다: 왕상 14.19 סֵפֶר דִּבְרֵי הַיָּמִים לְמַלְכֵי יִשְׂרָאֵל 이스라엘 왕들의 역대 실록=דברי הימים은 하나의 밀집된 그룹을 형성한다(⁴); 더구나 לְ는 네 개의 속격이 연속적으로 나오는 것을 피하게 해준다.); 수 19.51; 왕하 5.9; 11.4. 장소 이름 다음에: 창23.9 לִמְעָרַת הַמַּכְפֵּלָה אֲשֶׁר לוֹ; 삿 19.14 אֵצֶל הַגִּבְעָה אֲשֶׁר לְבִנְיָמִין(⁵).

이 구문은 첫 용어가 연결 바브로 이어진 명사들로 구성될 때 특히 선호된다; 예, 창 40.5 אֵת הַמַּשְׁקֶה וְהָאֹפֶה לְמֶלֶךְ מִצְרִים 왕하 11.10 אֵת הַחֲנִית

---

¹ 왜냐하면 피지배 명사의 한정성은 일반적으로 지배 명사의 한정성을 초래한다(§ 139 *a*); 이리하여 בֶּן יִשַׁי는 일반적으로 이새의 그 아들(*the son of Jesse*)을 뜻한다.

² וּבָלָק בֶּן־צִפּוֹר מֶלֶךְ לְמוֹאָב은 발락이 그때 모압의 왕이었다를 뜻하기 때문에 예외가 아니다.

³ 까젤(Cazelles 1949)은 이와 같은 라메드가 후대에는 그렇게 해석되었다 하더라도 초기 히브리어에는 없었다고 주장한다. 그는 단지 לְדָוִד와 לַדָוִד מִזְמוֹר 만을 비교하며, 여기에서는 목적지(destination)와 단체의 소속(affiliation)을 가리키는 표제의 라메드로 보려고 한다. 예루살렘 성전의 존재를 전제하고 있는 시 122편은 그 주장의 적절한 근거가 될 수 있다. 레이니(Rainey)는 사마리아 파편(Samaria ostraca)에서 "수여자(donor)"의 라메드(Yadin)보다는 "수납자(recipient)"의 라메드가 나온다고 논증한다(Rainey 1967, idem 1970).

⁴ 성서 아람어에서 דִי를 사용하는 수많은 경우에 대해 이와 비슷한 설명을 할 수 있다: Muraoka 1966: § 2.1-2.2를 보라.

⁵ Peretz 1967: 126을 보라.

וְאֵת הַשְּׁלָטִים אֲשֶׁר לְמֶלֶךְ דָּוִד 다윗 왕에게 속했던 창들과 방패들; 이 관계는 아래와 같이 제시할 수 있다.

$$(a + b) + c,$$

여기에서 *c*는 차례대로 나오는 하나 이상의 명사로 구성된다([1]). 이것은 또한 אֲשֶׁר לְ로 조정되는 많은 경우에 적용된다(아래의 § *e*에서 토론될 것임). 세 개 또는 그 이상의 명사들이 속격 관계로 서로 뒤따라 나올 때, 첫 번째 명사는 일반적으로 전체 고리의 핵심을 이루게 된다.

$$a + (b + c + ...).$$

이리하여 창 3.2 פְּרִי עֵץ הַגָּן에서, הגן은 פְּרִי보다 עֵץ와 연계된다: פְּרִי + (עֵץ הגן).

d   이런 경우는 특히 **여격**과 함께 나올 때 분명해진다: 스 1.1 בִּשְׁנַת בִּשְׁנַת שְׁתַּיִם לְדָרְיָוֶשׁ 고레스 원년에; 학 1.1 אַחַת לְכוֹרֶשׁ; 왕상 15.28 בְּיוֹם אֶחָד לַחֹדֶשׁ; 학 1.1 שְׁלֹשׁ לְאָסָא(참조, § 142 *o*). 형용사적 서수 사용과 비교하라: 대하 29.3 בַּשָּׁנָה הָרִאשׁוֹנָה לְמָלְכוֹ 그의 통치 첫 해에; 왕상 3.18 בַּיּוֹם הַשְּׁלִישִׁי לְלִדְתִּי 내가 해산한(=후) 제 삼일에.

e   אֲשֶׁר לְ ~에게 속한(*who*[*is*] *to*)은 정확성을 높이고 강조를 더 하기 위하여 לְ 대신에 사용되기도 한다: 왕상 1.33 הַפִּרְדָּה אֲשֶׁר־לִי 나의 노새(내 자신의 노새)([2]); 또는 속격 구문과 함께 나오는 표현을 수정하지 않기 위하여(참조, § *c*): 아 1.1 שִׁיר הַשִּׁירִים אֲשֶׁר לִשְׁלֹמֹה 솔로몬의 노래 중의 노래; 레 9.8; 삿 3.20; 삼상 17.40; 21.8; 삼하 2.8. 정관사와 함께 나오는 명사 뒤에서 אֲשֶׁר לְ는 명백한 이유도 없이 자주 사용된다([3]): 창 29.9 הַצֹּאן אֲשֶׁר לְאָבִיהָ 그의 아버지의 양떼; 31.19; 47.4; 삼상 20.40 הַנַּעַר אֲשֶׁר־לוֹ 그의 시종; 대명사와 함께: 25.7; 삼하 14.31([4]); 왕상 4.2; 룻 2.21(‖ 8절, נַעֲרֹתַי).

비교, 출 29.29 בִּגְדֵי הַקֹּדֶשׁ אֲשֶׁר לְאַהֲרֹן와 39.41 בִּגְדֵי הַקֹּדֶשׁ לְאַהֲרֹן. 이 구문은 미쉬나 히브리어 -שֶׁלְ인 성서 히브리어의 전신이며 이미 주전 9

---

[1] Steiner 1997: 163.

[2] הַפִּרְדָּה אֲשֶׁר־לִי ‖ 38절 פִּרְדַּת הַמֶּלֶךְ דָּוִד.

[3] 이리하여 이 구문은 독립적으로 한정성과 소유 관계를 표현하며 마치 저자가 첫 번째 것을 먼저 생각하고, 그리고서 다음 것을 생각한 것 같다. 단순 לְ는 이 경우에 일반적이지 않다.

[4] הַחֶלְקָה אֲשֶׁר־לִי ‖ 30 절 חֶלְקַת יוֹאָב.

세기경 페니키아어에서도 입증되고 있다([1]).

f   **관찰.** אֲשֶׁר לְ는 **장소의 속격**과 가끔 동일한 אֲשֶׁר בְּ와 비교할 수 있다: 왕상 18.38 הַנָּבִיא אֲשֶׁר בַּתְּעָלָה 도랑의 물; 왕하 5.3 אֲשֶׁר בְּשֹׁמְרוֹן; 왕상 13.32 הַמִּזְבֵּחַ אֲשֶׁר בְּבֵית־אֵל 벧엘의 제단 6.12 הַנָּבִיא אֲשֶׁר בְּיִשְׂרָאֵל; 왕하 10.29. 속격은 레바논의 향나무를 표현하는 데 사용되지 않으며, 그것은 הָאֶרֶז אֲשֶׁר בַּלְּבָנוֹן로 표현된다(왕하 14.9=대하 25.18, 여기에서는 동일한 구문이 레바논의 가시나무, 레바논의 들짐승에 사용된다); 왕상 5.13†; 또는 오직 בְּ와 함께만, אֶרֶז בַּלְּבָנוֹן 겔 31.3; 시 92.13†. 바다의 섬들은 אִיֵּי הַיָּם 사 11.11; 24.15; 에 10.1† 외에도 הָאִיִּים אֲשֶׁר בַּיָּם이란 표현은 단 한 번 나온다(겔 26.18†).

fa   §*f*에서 토론된 명사를 꾸며주는 전치사구는 마찬가지로 다른 전치사들과 함께 나올 수도 있다: 창 3.3 מִפְּרִי הָעֵץ אֲשֶׁר בְּתוֹךְ־הַגָּן 동산 중앙에 있는 나무의 열매로부터; 삼하 17.11 כַּחוֹל אֲשֶׁר־עַל־הַיָּם 바다의 모래 같이; 창 24.54 הוּא וְהָאֲנָשִׁים אֲשֶׁר־עִמּוֹ 그와 함께 (있었던) 사람들; 왕하 5.4 הַנַּעֲרָה אֲשֶׁר מֵאֶרֶץ יִשְׂרָאֵל 이스라엘 땅에서 온 소녀.

이런 경우에 관계 대명사를 사용하는 것은 정상적이며, 이 전치사 구들이 부사어 구로 연결되어서 잘못 분석되는 것을 피할 수 있는 효과를 갖고 있다: 예로서 왕하 5.3 אַחֲלֵי אֲדֹנִי לִפְנֵי הַנָּבִיא אֲשֶׁר בְּשֹׁמְרוֹן은 관계사가 없을 때 나는 내 주인이 사마리아에 있는 선지자 앞에 섰으면 좋겠습니다라는 뜻인데, 나는 내 주인이 선지자 앞에 섰으면 좋겠습니다. 그리고 사마리아에서로 오해될 수 있다; אֲשֶׁר와 함께 나오는 왕하 18.17을 אֲשֶׁר 없이 나오는 평행 구절인 사 36.2과 비교하라([2]).

---

[1] Segert 1976: § 77.321. 사실 위의 아 1.1에 인용된 예는 이 책에서 다른 곳에서는 -שֶׁ와 동일한 אֲשֶׁר가 나오는 유일한 경우이기 때문에 특이하다. 이것은 작품의 표제에 나오고 있기 때문에, 이차 자료로 보인다. 따라서 우리는 여기에서 לִשְׁלֹמֹה를 번역한 어구를 다루고 있다.

[2] 그 이야기는 어느 가게에서 손님이 "진열장에 있는 저 옷을 한 번 입어보고 싶다"고 하면 점원이 바로 그 목적을 위하여 그 가게 안에 탈의실이 있음을 가리켜주어야 하는 것과 같다! 참조, § 132 *a*, 와 또한 Azar 1977a.를 보라.
제롬은 시 7.9 שָׁפְטֵנִי יְהוָה כְּצִדְקִי וּכְתֻמִּי עָלָי 야웨여, 내 의로움과 내게 있는 온전함을 따라 나를 심판하십시오와 같이 이중 번역을 하므로써 이런 문제를 인식하고 있었음을 시사한다. 히브리어 본문은 "iudica me .. secundum simplicitatem meam quae est in me"로 번역되나 그는 70인역을 " ... secundum innocentiam meam super me (κατὰ τὴν ἀδικίαν μου ἐπ᾽ἐμοί)"로 번역하였다.

g   속격과 동등한 לְ와 선행하는 명사의 한정어(§ *a*)는 행동이 누구에게 *(to whom)* 적용되는지 나타내는 **동사를 가리키는** לְ와 비교되어야 한다. 이 경우에 그 명사(또는 대명사)와 함께 나오는 לְ는 그것이 명사가 아니라 동사를 가리키기 때문에 속격과 동등하지 않다; 그렇지만 실제로 이 구문은 소유의 속격 관계를 간접적으로 표현한다([1]). 예: 창 17.12 יִמּוֹל לָכֶם כָּל־זָכָר "너에게 난 모든 남자는 할례를 받아야 한다"=너의 모든 남자들은 할례를 받아야 한다 (10절; 34.15, 22; 출 12.48); 신 23.3(4, 9절) גַּם דּוֹר עֲשִׂירִי לֹא יָבֹא לוֹ Lat. *etiam generatio decima non ingredietur ei* = "그의 십대 손까지도 들어올 수 없다"; 렘 13.13 הַמְּלָכִים הַיֹּשְׁבִים לְדָוִד עַל־כִּסְאוֹ. Lat. *reges sedentes Davidi super thronum ejus*([2])="그의 보좌에 앉은 다윗 [집의] 왕들"(22.4); 창 50.23; 신 22.14; 삼상 2.33; 9.3, 20; 11.2; 25.34; 왕상 2.4; 14.10, 13; 왕하 10.30; 사 26.14; 33.14; 렘 48.35; 암 9.1; 시 128.6; 132.12; 애 1.10.

§131. 동격

a   동격(apposition)은 한 명사가 선행하는 명사와 단순하게 병렬되어 나오는 것이다. 속격이나 서술적 대격에서 명사는 선행 명사에 종속되지만, 동격에서 명사는 첫 번째 명사와 연결된다. 따라서 이 명사는 첫 번째 명사와 동일한 격에 속하게 된다. 여기에서 두 요소 사이에는 동질성(identity)이나 동일성(equation) 관계가 나타나며, 명사절로서 'A는 B이다'로 변환할 수 있다. 여기에서 한 요소는 다른 요소와 한정성에서나 비한정성에서 일반적으로 일치한다. 히브리어에서 동격은 다른 언어보다 훨씬 더 넓게 사용된다. 이것은 실명사가 술어로 나오는 명사절을 매우 자유롭게 사용할 수 있는 히브리어의 특성 때문에 생긴 것이다(§ 154 *e*).

---

[1] 우리는 이 형태와 같은 대한 일반적인 이탈리아어 구문을 비교할 수 있다: *gli è morta la madre*에서 초점은 그에게(*to him*)에 있지만, *è morta la sua madre* 구문에서는 어머니에게 있다.

[2] 코닐(Cornill 1905)은 문자적으로 직역한다: *die Könige, welche dem D. auf seinem Throne sitzen*; Giesebrecht(1907)도 이와 같다.

따라서 우리는 הַמִּזְבֵּחַ עֵץ 제단은 나무(이다 *is*)(참조, 겔 41.22)라고 말할 수 있듯이(¹), *הַמִּזְבֵּחַ הָעֵץ* 나무로 (된 *of*) 제단으로 표현할 수 있다(참조, § *d*). 명사절에서 주어와 술어가 될 수 있는 두 개의 명사는 첫 번째 명사(N_1)와 동격의 명사(N_2)가 될 수 있다(²).

히브리어는 그 격 어미를 잃어버렸기 때문에, 동격 자리에 있거나 그렇게 보이는 명사는 원래 한정적 대격이었을 가능성이 있다(§ 127)(³). 고전 아랍어와 비교하면 어느 정도 도움을 얻을 수 있지만, 아랍어도 가끔 몇 개의 구문으로서 동격, 속격, 대격을 허용하고 있으므로 상당히 많은 예들은 의심스러워 보인다(참조, § 127 *d*; 140 c).

b   동격 관계의 주요 유형들

1) N_2가 **부류**(genus)를 뜻하는 N_1의 종류(species)를 나타내는 경우(⁴): 신 22.23 נַעֲרָה בְתוּלָה 처녀인 젊은 여자; 왕하 9.4(정관사와 함께) הַנַּעַר הַנָּבִיא 선지자 젊은이(즉, 젊은 선지자). אִישׁ 남자와 אִשָּׁה 여자는 실명사나 실명사화 된 명사가 가끔 그 뒤를 따른다: 출 2.14 אִישׁ שַׂר וְשֹׁפֵט (사람) 지도자와 법관; 레 21.9 אִישׁ כֹּהֵן 제사장; 렘 38.7 אִישׁ סָרִיס 내시; 삼하 14.5 נָשִׁים פִּלַגְשִׁים אִשָּׁה אַלְמָנָה 과부(왕상 7.14; 11.26; 17.9, 10); 삼하 15.16 첩들; 왕상 3.16 שְׁתַּיִם נָשִׁים זֹנוֹת 두 창녀; 창 13.8 אֲנָשִׁים אַחִים 형제들; 신 13.14 אַנְשֵׁי בְנֵי־בְלִיַּעַל 불량자들, 참조, 삿 19.12 אֲנָשִׁים בְּנֵי־בְלִיַּעַל.

c   2) N_2(구체적이든 추상적이든)가 어떤 것(N_1)의 **성질**(quality)을 표현하는 경우(희소하다): 삼상 2.13 הַמַּזְלֵג שְׁלֹשׁ הַשִּׁנַּיִם 세 살촉 갈고리(한정성을 주목하라); 출 30.23 בְּשָׂמִים רֹאשׁ 최상의 향품, 참조, 아 4.14 רֹאשׁ בְּשָׂמִים(⁵); 잠 22.21 אִמְרֵי אֱמֶת אֱמֶת 진리의 말씀(그러나 바로 뒤에 정상적인 구문인 אֱמֶת 가 나오는 것이 이상하다; 참조, § 129 *f*)(⁶); 렘 10.10 אֱלֹהִים אֱמֶת; 시 68.17

---

¹ 결과적으로 עָשָׂה אֶת־הַמִּזְבֵּחַ עֵץ 그는 나무(의) 제단을 만들었다도 마찬가지이다. § 125 *v*.

² 그러나 동격인 명사는 항상 서술어로 사용할 수 없다.

³ 이리하여 아랍어 방언에서 격 어미가 더 이상 표시되지 않을 때, / ʾarbaʿtaʿš kitāb/ 열 네권에서 단수 /kitāb/ 책은 원래 내역의 대격 /kitāban/이었지만 동격처럼 느껴진다.

⁴ 이와 유사한 용법이 희랍어에 나타나며 이것은 호머까지 거슬러 올라간다. 예, 일리아드 xvi 263 ἄνθρωπος ὁδίτης 나그네(*wayfarer*).

⁵ 이런 종류에 대한 더 자세한 예들은 Sperber, *Hist. Gram.*, 604에 있다.

⁶ 참조, BDB, s.v. אֱמֶת, 5. 시에서는 אֱמֶת 홀로 나오는 대담한 표현들을 볼 수 있다: 예, 시 119.142 וְתוֹרָתְךָ אֱמֶת 또한 잠 3.17 דְּרָכֶיהָ דַרְכֵי־נֹעַם וְכָל־נְתִיבוֹתֶיהָ שָׁלוֹם. 시 119.142 צִדְקָתְךָ צֶדֶק을 보고

הָרִים גִּבְנֻנִּים 봉우리 산들(? 16절의 גַּ הַר 뒤에 나오는 것이 이상함); 120.2 שְׂפַת שֶׁקֶר לְשׁוֹן רְמִיָּה 거짓의 혀(שֶׁקֶר 와 대구를 이루는 것이 이상함); 슥 1.13 דְּבָרִים טוֹבִים דְּבָרִים נִחֻמִים 위로(의) 말씀(형용사와 함께 나오는 구문 과 대구를 이루는 것이 이상함); 왕상 22.27 לֶחֶם לַחַץ וּמַיִם לַחַץ 빵과 물로 줄어든 양식(=최소한의 양식); 시 60.5 יַיִן תַּרְעֵלָה 취하게 하는 포도주; 출 24.5, 삼상 11.15 מִשְׁפְּטֵי יהוה אֱמֶת וּזְבָחִים שְׁלָמִים 화목제. 참조, 이 유형의 명사절: 시 19.10.

d   3) N₂가 N₁의 **재료**를 표현하는 경우(희소함): 왕하 16.14 הַמִּזְבֵּחַ הַנְּחֹשֶׁת 놋제단(הַמִּזְבֵּחַ 대신에 그렇게 읽어야 함; 참조, 겔 41.22, § *a*); 출 39.17 הָעֲבֹתֹת הַזָּהָב 금사슬(그러나 사마리아 오경에는 연계형 עבתת가 나온다. 이것은 속격과 함께 나오는 정상적 구문이다. § 129 *b*); 출 26.26 בְּרִיחֵי עֲצֵי שִׁטִּים 아카시아 나무로 만든 빗장, 참조, 36.31; 대상 15.19 מְצִלְתַּיִם נְחֹשֶׁת 놋 제금들.

e   4) N₂가 어떤 것(N₁)의 **분량**을 표현하는 경우(의심스럽다): 창 18.6(참조, § 127 *d*); 29.14 חֹדֶשׁ יָמִים, 41.1 שְׁנָתַיִם יָמִים 만 두 해(날들)(대격을 위해서는 단수 יוֹם이 더 적절해 보인다. § 127 *d*). 왕상 16.24 כִּכְּרַיִם כֶּסֶף 은 두 달란트; 왕하 4.2 אָסוּךְ שָׁמֶן 기름 한 병; 5.17 מַשָּׂא צֶמֶד־פְּרָדִים אֲדָמָה 노새 두 마리에 실을 흙; 대하 4.13 שְׁנַיִם טוּרִים רִמּוֹנִים 석류 두 줄.

f   5) N₂(**수사**나 그와 동등한 것)가 N₁을 한정하는 경우: בָּנִים שְׁלֹשָׁה 아들 셋=세 아들들(§ 142 *d*); 민 9.20 יָמִים מִסְפָּר 날 수가 (적은)=며칠만(비교, 신 33.6 מִסְפָּר는 명사절의 서술어이지만 일반적으로는 속격과 함께 나온다. 예, מְתֵי מִסְפָּר 창 34.30 등); 느 2.12 אֲנָשִׁים מְעַט 소수의 사람들.

g   6) N₂가 **수량화된**(quantified) 어떤 것을 나타내는 경우: שְׁלֹשָׁה בָנִים 세 아들들(§ 142 *d, e*); 대조, 대격 단수와 함께 나오는 יוֹם אַחַד עָשָׂר, § 127 *b*.

h   7) N₂가 N₁의 **이름**인 경우(희소함; 일반적으로 속격이 사용됨, § 129 *f*): 대상 5.9 הַנָּהָר פְּרָת 유프라테스 강(그러나 פְּ는 설명일 수 있다); 창 14.6; 민 34.2 הָאָרֶץ כְּנַעַן ‖ כ' א'; 스 9.1; 왕상 16.24; 에 8.15; 스 8.21 הַנָּהָר (מִנְּהַר א'그러나 8.31 אַהֲוָא).

8) N₂가 **친척** 용어(N₁)인 어떤 것의 이름인 경우: אָחִיו הֶבֶל 그의 형

המקום אשר אתה עומד עליו를 수 5.15 הַמָּקוֹם אֲשֶׁר אַתָּה עוֹמֵד עָלָיו אַדְמַת קֹדֶשׁ הוּא 출 3.5 קֹדֶשׁ הוּא와 비교하라. 참조, Sappan 1981: 57f.

제 아벨(¹).

i   **관찰**. 대격인 **불변사 אֵת**뿐만 아니라 **전치사**도 동격인 명사 앞에서 일반적으로 반복된다: 창 32.19 לְעַבְדְּךָ לְיַעֲקֹב 당신의 종 야곱에게; 삼하 7.8 עַל־עַמִּי עַל־יִשְׂרָאֵל(²); 창 4.2 אֶת־אָחִיו אֶת־הָבֶל; 23.7 לְעַם־הָאָרֶץ לִבְנֵי־חֵת(참조, § 132 *g*). 이와 같이 지배 명사도 반복된다: 창 19.4 אַנְשֵׁי הָעִיר אַנְשֵׁי סְדֹם 소돔 성의 사람들; 32.12 מִיַּד אָחִי מִיַּד עֵשָׂו 내 형 에서의 손으로부터(³).

9) N₂가 이름을 가진 N₁의 **친척** 등의 명사인 경우: 창 4.8 אֶל־הֶבֶל אָחִיו 그의 형제 아벨에게. 이 구문은 앞의 것보다 더 희소하다(⁴).

j   10) N₂가 어떤 사람(N₁)이 가진 **직분**, 직업, 호칭인 경우: 출 31.10 לְאַהֲרֹן הַכֹּהֵן 제사장 아론의; 삼상 22.5 גָּד הַנָּבִיא; 왕상 2.17 לִשְׁלֹמֹה הַמֶּלֶךְ.

k   나라나 백성의 이름 앞에 나오는 מֶלֶךְ 왕이라는 단어는 개인의 이름 다음에 나온다: 창 14.1 אַמְרָפֶל מֶלֶךְ־שִׁנְעָר; 스 1.1 כּוֹרֶשׁ מֶלֶךְ־פָּרַס, 그러나 7절 הַמֶּלֶךְ כּוֹרֶשׁ이란 구(왕상 2.19)에서 הַמֶּלֶךְ שְׁלֹמֹה가 먼저 나오는 경우도 있다(17절과 대조); 사 39.3; 대하 22.11; 에 1.12 הַמַּלְכָּה וַשְׁתִּי(대조, 11절 וְשְׁתִּי המ'); 왕상 1.43 אֲדֹנֵינוּ הַמֶּלֶךְ־דָּוִד; 이 예에서 הַמֶּלֶךְ는 그룹의 중심 단어이다(⁵).

l   11) N₂가 N₁을 가리키는 대명사와 함께 כֹּל로 나타날 때: 삼하 2.9

---

¹ 이 설명적 동격(아랍어 문법에서 '*atf ul-bayān*)에서 두 번째 단어는 첫 번째 것보다 더 정밀하고 더 한정적이다.

² 그러나 병행구절인 대상 17.7은 전치사 עַל을 반복하지 않는다; 또한 삼하 7.10, 23을 대상 17.9, 21과 대조하라(참조, Kropat, 43). 대상 11.2 אֶת־עַמִּי אֶת־יִשְׂרָאֵל .. עַל עַמִּי יִשְׂרָאֵל에는 전치사 가 두 번 반복되는 것(1행)과 한 번 생략되는 경우(2행)가 다 나온다. 그렇지만 삼하 7.11 עַל־עַמִּי 과 7.24 אֶת־עַמְּךָ יִשְׂרָאֵל을 보라. 이 불변사 בְ는 מֶלֶךְ과 함께 단 한 번 반복된다: 삼하 20.21 בְּמֶלֶךְ בְּדָוִד. 반복된 불변사의 더 상세한 예들은 Perez 1968: 131을 보라.

³ 더 자세한 예들의 목록은 Murray 1999: 35, 각주 7을 보라.

⁴ 이것은 전체를 전체로 대치하는 것(아랍 문법에서 *badal*)이다. 두 번째 단위는 첫 번째보다 덜 정밀하며, 전치사는 반복되지 않는다.

⁵ 더 자세한 예들 모음은 König, *Syntax*, § 333 *x*에서 보라. שְׁלֹמֹה הַמֶּלֶךְ은 아람어 구문에서 지배적이다: Muraoka - Porten 2003: § 70 c 와 Hurvitz, *Transition*, 45를 보라. מֶלֶךְ이란 낱말은 사무엘서와 열왕기에서 דָּוִד הַמֶּלֶךְ 형식이 거의 법칙처럼 나오기 때문에 예외적이지만, 역대기에서는 도치된 순서로 많이 나온다(20회 대 25회). 이것은 중세와 후대 아람어 방언에서 발견되는 경향이다; 참조, Peretz 1968: 131; Talshir 1990.
머레이(Murray 1999)는 두 연속물 사이에 있는 기능적 대립을 담화-수사적(discourse-rhetorical) 관점에서 풀어보려고 한다.

יִשְׂרָאֵל כֻּלֹּה 이스라엘 그 전부= 온 이스라엘; 겔 29.2 מִצְרַיִם כֻּלָּה; 가끔 에스 겔서에서도, 예, 11.15; 14.5; 20.40 등.

m   **느슨한 동격**. 동격은 가끔 문체적인 이유 때문에 느슨하게 사용되기도 한다. 따라서 수사와 함께: 왕하 14.7 הוּא הִכָּה אֶת־אֱדוֹם בְּגֵי־מֶלַח עֲשֶׂרֶת אֲלָפִים 그가 소금 계곡에서 에돔인 10,000(명)을 쳤다; 13절 그가 예루살렘 성벽 400 규빗을 헐었다; 삼하 10.6 그들은 벧르홉의 아람 사람과 소바 아람 사람 20,000 명의 보병과 마아가 왕과 그의 사람 1,000명을 고용하였다. 다음 문장에도 느슨한 동격이 나타난다: 신 3.5 עָרִים בְּצֻרֹת חוֹמָה גְבֹהָה דְּלָתַיִם וּבְרִיחַ 요새화된 성들, 높은 성벽들, 성문과 빗장들(비교, 왕상 4.13; 대하 8.5).

n   **부록: 동격** 또는 **고유 명사 다음에 나오는 속격**. 고유 명사 뒤에 속격 이 올 수 없다는 것은 규칙이다. 그렇지만 복합적인 장소의 이름에서 첫 번째 요소가 부분적으로 원래 호칭의 가치를 갖고 있을 때에는 연계형으로 제시된 다: 따라서 גִּבְעָה 언덕: גִּבְעַת שָׁאוּל 삼상 11.4 등, גִּבְעַת אֱלֹהִים 삼상 10.5; מִצְפֶּה 전망대: מִצְפֵּה מוֹאָב 삼상 22.3; רַבָּה 수도(*capital*): רַבַּת בְּנֵי עַמּוֹן 삼하 12.26. 비록 호칭의 가치가 더는 분명하지 않아도 동일한 이름을 가진 몇 개의 장소가 있을 때 속격이 사용된다: אֲרָם 아람과 함께 אֲרַם נַהֲרַיִם 창 24.10; אֲרַם צוֹבָה 삼하 10.6; אוּר כַּשְׂדִּים 갈대아의 우르 창 11.28. 몇몇 경우 에는 절대형을 나타내는 발음이 나온다: אָבֵל מַיִם 창 50.11; אָבֵל מִצְרַיִם 대 하 16.4; אָבֵל בֵּית־מַעֲכָה 왕상 15.20; יָבֵשׁ גִּלְעָד 암 6.2[1]. חֲמַת רַבָּה† 수 도 하맛에서 연계형(그리고 파타흐 *pataḥ*, § 96 D *d*)은 이상하다[2]. 사 60.14 경우는 주목할 만하다: צִיּוֹן קְדוֹשׁ יִשְׂרָאֵל 이스라엘의 거룩하신 이의 시온.

o   **하나님의 이름**인 만군의 야웨 יְהוָה צְבָאוֹת에서, 첫 번째 명사는 고 유 명사로서 두 번째 명사에 연계될 수 없다. 따라서 이것은 동격이다[3]: 야 웨 만군(*Yahweh* [*the*] *hosts*), 또는 צְבָאוֹת가 고유 명사로 느껴졌을 가능성 이 있으며[4], 야웨 쩨바오트(*Yahweh-ṣvaʾ ọt*)로 불렸을 수 있다. 이것 때문에 크레(Qre)에는 אֲדֹנָי צְבָאוֹת 주 쩨바오트 (*Adonāy ṣvaʾ ọt*)가 나온다; 엘로힘

---

[1] ־(요트)와 함께 나오는 일반적인 철자법은 *e*가 확실히 발음이 되도록 하기 위하여 고안된 것으로 보인다.

[2] 참조, Joüon 1911a: 420.

[3] 참조, Ehrlich ad 1Sm 1.11.

[4] 참조, LXX Σαβαώθ 예, 사 5.9(비교, 약 5.4 εἰς τὰ ὦτα κυρίου σαβαωθ).

이 יהוה 대신에 나오는 אלהים צבאות도 동일하게 설명할 수 있다(시 59.6; 80.15, 20; 84.9)([1]).

그럼에도 יהוה צבאות의 기원은 여전히 모호하다. 이것은 일반적으로 삼하 5.10에 있는 יהוה אלהי צבאות 야웨 만군의 하나님의 생략형으로 간주된다([2]).

p 　어떤 단어는 선행하는 대명사 접미사와 동격이 될 수 있다: 렘 21.13 הנני אליך ישֶׁבֶת הָעֵמֶק 보라 나는 골짜기에 거하는 너를 대적할 것이다([3]); 시 144.9f. אֲזַמְּרָה־לָּךְ : הַנּוֹתֵן תְּשׁוּעָה לַמְּלָכִים 나는 왕들에게 승리를 주시는 주를 찬양하겠습니다.

---

[1] 험멜(Hummel 1957: 97)이 주장한 바와 같이 יהוה צבאות와의 대구를 볼 때 אלהים의 멤을 전접어로 볼 수 없다. 또한 Murtonen 1951: 67ff., 74ff를 참조하라.

[2] 최근에 시내 반도의 쿤틸렛 아즈루드 (Kuntillet 'Ajrud)에서 발견된 주전 8/9세기의 비문에는 יהוה שמרן "사마리아의 Yhwh"(8.2)와 יהוה התמן "데만의 Yhwh"(10.2)가 나오는데, 여기에서 יהוה는 지배 명사로 사용되었을 수 있다: 에머톤(Emerton 1982)의 토론을 보라. 이 비문에는 יהוה ושרתה가 나오며, 이것은 YHWH와 그의 아세라를 뜻할 수 있다. 이것은 고유 명사가 접미 대명사를 가질 수 있음을 시사한다: Xella 1995을 보라.

[3] 참조, LXX: ἰδου ἐγὼ πρὸς σὲ τὸν κατοικοῦντα τὴν κοιλάδα, Vulg. .. ad te habitatricem vallis; ψαλῶ σοι τῷ διδόντι ..; psallam tibi qui dat .., 그렇지만 이것은 호격일 수도 있다.

제3장: 전치사

§ 132. 전치사 일반([1])

a   전치사와 그와 연결된 명사(또는 대명사)로 구성된 한 그룹은 그것이 한정어(한정어, *attribute*)가 되는 명사를 가리키거나(§ 121 *a*, 두 번째 각주; 130 *fa* N) 또는 간접 목적어가 되는 동사를 가리킬 수 있다.

명사에서 **명사적 한정어**는 앞에서 언급한 것처럼 대격(§ 127), 속격(§ 129)이나 동격(§ 131)으로 나오는 명사일 수 있다. 그것은 또한 전치사와 그 명사나 대명사로 구성될 수 있다. 예, 왕상 11.6 וַיַּעַשׂ הָרַע בְּעֵינֵי יהוה 그는 야웨의 눈에 악한 것을 행하였다(= 야웨를 불쾌하게 하고, 야웨께서 미워하는 것: בעיני는 ויעש가 아니라 실명사화된 형용사 רע와 연결된다; 비교, 창 38.10 וַיֵּרַע בְּעֵינֵי יהוה 이것은 야웨의 눈에 악하였다 =이것은 야웨를 불쾌하게 하였다); 창 3.6 לְאִישָׁהּ עִמָּהּ 그와 함께한 그의 남편에게; 9.16 하나님과 ~ 사이의 영원한 언약(대조, 15절 나와 ~ 사이에 있는 나의 언약); 대상 11.3 כִּדְבַר יהוה בְּיַד שְׁמוּאֵל (대조, 왕상 15.29 כִּדְבַר יהוה אֲשֶׁר דִּבֶּר בְּיַד־עַבְדּוֹ); 에 7.8 עִמִּי בַּבָּיִת 나와 함께 집 안에 =내가 집에 있을 때(이와 같이 왕상 3.17); 13.4 הַמִּזְבֵּחַ בְּבֵית־אֵל (대조, 32절 הַמִּזְבֵּחַ אֲשֶׁר בְּבֵית־אֵל; 참조, § 130 *f*); 겔 26.8 בְּנוֹתַיִךְ בַּשָּׂדֶה 들에 있는 너의 딸들(참조, אֲשֶׁר와 함께 나오는 6절); 레 19.18 וְאָהַבְתָּ לְרֵעֲךָ כָּמוֹךָ 네 이웃을 네 자신처럼 사랑하라([2]). לְ가 속격 대신에 그 명사와 함께 나오는 경우는 § 130 참조.

b   전치사는 그와 이어진 명사와 함께 **동사의 간접 목적어**를 표현하는 용법(참조, § 125 *b*)은 더 일반적이다. 사전은 이 다양한 용법들을 잘 열거한

---

[1] 히브리어 전치사의 구문과 사전학에 대한 이론적이며 방법론적인 토론에 대한 탁월한 글로서 Jenni 1992: 11-19를 보라. 또한 Althann 1994를 보라.

[2] 참조, 신 13.7 רֵעֲךָ אֲשֶׁר כְּנַפְשְׁךָ는 아마 LXX .. ὡς σεαυτόν과 대조되는 것 같다. Muraoka 1978; Schüle 2001을 보라. 참조, § 130 *fa*; 엡 5.25-32, 특히 28f.

다; 이 문제와 관련된 몇 개의 세부 사항은 다양한 전치사를 다루면서 § 133 에서 논의할 것이므로, 여기에서는 전치사 일반에 대한 몇 가지 문제들만 다루고자 한다.

c 　몇몇 전치사들은 동작의 주체(author)를 가리키기 위하여 **수동 동사와 함께** 사용된다. 일반적인 법칙으로 정상적인 수동 형태는 행위자(the agent)가 거론되지 않을 때만 사용할 수 있다([1]). 따라서 무죄한 피가 요압에 의하여 흘려졌다는 문장은 히브리어로 요압이 흘린 무죄한 피가 된다: דְּמֵי חִנָּם אֲשֶׁר שָׁפַךְ יוֹאָב 왕상 2.31; 창 21.3; 에 2.6. 그러나 사실, 흘려진(shed by)과 같은 구문은 수동 태가 된 재귀형(주로 니팔)([2])이나 엄밀하게 말하여 수동태 형과 함께 가끔 나오고 있다. מִן, בְּ, לְ는 다양한 뉘앙스로 사용된다.

ca 　히브리어(그리고 고전 셈어 일반)에서 형태론적으로 수동태로 표시된 동사와 함께 나오는 행위자를 표시하는 것은 수많은 인도 유럽어와 비교해 볼 때 상당히 제한되어 나온다. 한 편으로 수동적인 행위자와 다른 한편으로 원인이나 수단 사이에 있는 선은 뚜렷하지 않다. 예로서 מִפְּנֵי가 שָׁמַד 파괴하다의 니팔(수동)과 히필(능동)으로 나온다: 신 12.30 הִשָּׁמְדָם מִפָּנֶיךָ ∥ 2.21 וַיַּשְׁמִידֵם יהוה מִפְּנֵיהֶם([3]).

d 　מִן은 행동이 누구로부터 나오는가, 누가 그 원인인가를 가장 잘 표현한다; 참조, 독일어 von. 그렇지만 예들은 특히 산문에서 희소하다: 레 21.7 אִשָּׁה גְּרוּשָׁה מֵאִישָׁהּ 남편에게 버림받은 여자; 26.43 땅이 그들에게 버림받을 것이다; 전 12.11 그들은 한 목자에 의하여 주어진 것이다; 시 37.23; 욥 24.1. 창 9.11 לֹא יִכָּרֵת מִמֵּי הַמַּבּוּל 그는 홍수의 물로 끊어지지 않을 것이다; 여기에서 원인은 주된 것이 아니라 도구적인 것이다. 아마 물에서(in the waters)라는 표현에 담긴 모호성을 피하기 위하여 בְּ (이것이 정상적인 단어였을 것이다. 참조, 41.36)보다 מִן을 택한 것 같다.

e 　수동태와 함께 나올 때 그 어떤 것도 수단이 되는 원인의 이름을 언급

---

[1] 따라서 아랍어 문법에서 수동태에 대한 정의는 "그 이름이 나오지 않는 행위 주체자의 동작"으로 나온다.

[2] 어떤 경우에는 의미의 진화를 위하여 재귀형과 함께 나오기도 한다. 예, 룻 3.3 אַל תִּוָּדְעִי לָאִישׁ 그 사람이 너를 알아볼 수 있는 가능성에 대해 너 자신을 열어두지 마라. 따라서 그 사람의 눈에 띄지 마라가 된다.

[3] 참조, Sollamo 2003. 그는 행위자(agent)의 표시로서 준-전치사들(semi-prepositions)을 포함하고자 한다.

하는 것을 막을 수 없다. 전치사 בְּ ~에 의하여 (*by*)(수단으로): 창 41.36 תִּכָּרֵת בָּרָעָב 그것은 흉년으로 멸망할 것이다; 왕상 1.40; 신 21.3 לֹא עֻבַּד בָּהּ 일이 그 것(암송아지)에 의하여 이루어지지 않았다(=아직 일을 하지 않았다; 사람에게 말할 때 에도, 사 14.3). 창 9.6에서 בְּ가 사용되고 מִן이 사용되지 않은 것은 여기에서 사람이 정의 시행의 수단이 되기 때문이다(피를 흘리는 것을 금지하는 율법 의 예외 규정, 5절): 사람의 피를 흘리는 자는 사람에 의하여 그의 피를 흘리게 될 것이 다[1]. 반면에 בְּ가 라틴어 *ab*의 의미로 사용되는 경우가 있다는 주장은 의 심스럽다: נוֹשַׁע בַּיהוה 야웨에 의하여 구원받다(신 33.29; 사 45.17)[2]는 오히 려 *per* (독일어 *durch*) '통하여'에 가깝다. 본문 비평적으로 의심스러운 경우 들: 민 36.2; 호 14.4.

f   관계의 לְ(어떤 관계로)는 수동 동사와 함께 그 동작과 연관된 행위의 주 체(*author*)를 가리키기 위하여 ~에게(*to whom*)라는 뜻으로 사용된다: 예로서, 일반적인 구인 בָּרוּךְ לַיהוה 야웨에게 복받은(행동이 야웨에게 연결되는)=야 웨에 의하여 복받은[3]: 룻 2.20 그가 야웨에 의하여 복받기를(참조, 3.10; 삼상 15.13; 23.21; 삼하 2.5; 시 115.15; 창 14.19, 이 모든 것은 기원형 의미를 가 진다). בָּרוּךְ לְ를 제외하고는 예가 다소 드물다[4]: 시 111.2 דְּרוּשִׁים לְכָל־ 모든 사람에 의하여 연구되다(§ 121 *i*); 출 12.16 אֲשֶׁר יֵאָכֵל לְכָל־נֶפֶשׁ 각 사람

---

[1] Jenni, *Beth*, 178-80을 보라. 그러나 이븐 에즈라가 이 점에 대하여 이미 말했다.

[2] LXX는 이 두 곳에서 σῴζεσθαι ὑπὸ κυρίου로 나온다. 이것은 수동적인 행위자와 도구 사이의 구분이 약함을 보여준다.

[3] לְ의 뜻은 실제적으로 מִן과 상당히 가깝다(§ *d*). 비교, 상태 동사 הרה는 מִן과 함께 창 19.36(사 람이 동작의 원인임), 그리고 לְ와 함께 창 38.18,25(사람이 동작의 주체임) מִן과 함께 잉태하다는 뜻으로 사용된다. 이 לְ는 저자(*auctoris*)의 לְ와 유사하다(§ 130 *b*). 비교, 라틴어에서 행위자의 여 격: "Quae *nobis* supra dicta sunt. Labor *tibi* frustra susceptus est. Honesta *bonis viris*, non occulta quaeruntur. Id *mihi* probatur."
그렇지만 아라드와 쿤틸렛 아즈루드 비문에서 여러번 나타나는 안부 형식 ברכתך ליהוה 내가 당 신을 야웨께 축복합니다에서 הִלֵּל *x*를 *y*에게 칭찬하다와 같은 말하는 동사가 일반적인 라메드와 함께 나오고 있으며, בָּרוּךְ לְ는 בָּרֵךְ לְ를 수동형으로 전환한 것임을 확인할 수 있다. 참조, Pardee 1976: 221-23, Muraoka 1979: 92-94, Muraoka - Porten 2003: § 54 *d*, 그리고 Renz in *HAE* II.1 30f. 이런 종류의 라메드에 대한 수많은 예들은 수동 구문에서 행위자를 표시하는 데 가끔 인용되며, 여러 가지로 해석될 수 있는 가능성을 열어놓게 되었다: 창 31.15 "그들이 그에게 나타났다 ..."; 렘 8.3 "... 보다 더 좋다." 삼하 17.16과 사 53.5은 비인칭 수동의 경우들이다(WO, *Syntax*, 210f 와는 달리). 이 와 유사한 예들은 쿰란 히브리어에서 거의 찾아 볼 수 없다: Carmignac 1978: 419f를 보라.

[4] 축복하다의 반의어적 어법인 אָרוּר לַיהוה =] ארר는 철기 시대의 몇몇 비문에 나타난다: Naveh 2001.199f를 보라.

에 의하여 먹혀야만 하는 것; 같은 곳에서 יֵעָשֶׂה לָכֶם 너희들에 의하여 되어야 한다; 창 31.15 הֲלוֹא נָכְרִיּוֹת נֶחְשַׁבְנוּ לוֹ 우리가 그에 의하여 낯선 사람으로 취급되지 않았는가?; 사 40.17 נֶחְשְׁבוּ לוֹ 그에 의하여 여겨진(*reputatae sunt ei*, Vulg.); 렘 8.3(מִן 뒤에서)([1]).

g 　　　전치사와 אֵת(대격)의 **반복**. 동격의 경우에, 전치사(또는 אֵת)는 동격인 명사가 첫 명사보다 더 분명하고 더 확정적일 때 반복된다(참조, § 131 *i*); 그것은 반대의 경우에는 반복되지 않는다(참조, § 131 *j*)([2]). 열거를 할 때, 몇 개의 명사들이 하나의 전치사에 논리적으로 걸리면, 이 전치사는 상당히 자주 반복된다([3]): 출 9.3 (בְּמִקְנְךָ에서 בְּ는 전체를 구성하는 다섯 부분 각각 앞에서 반복된다); 창 40.2(עַל은 이와 같이 반복된다); 룻 4.4 נֶגֶד הַיֹּשְׁבִים וְנֶגֶד זִקְנֵי עַמִּי; 창 12.1; 삼하 6.5; 호1.7; 2.21; 그러나 전치사 반복 없이 나오는 경우: 2.20; 3.2; 미 1.1; 욜 2.19; 왕하 13.23([4]).

　　　시에서 두 개의 대구를 이루는 단위에서 전치사는 가끔 두 번째 단위의 명사 앞에 나온다; 본문 비평적으로 확실한 예들은 소수이다: 사 15.8 עַד; 48.9 לְמַעַן.

　　　전치사가 부정사를 지배하는 경우는 § 124 *k* 참조; אֲשֶׁר와 함께 나오는 것(같은 곳).

---

[1] 성서 히브리어에서 호격의 라메드를 찾으려는 시도를 부정적으로 평가하는 것으로서 Miller 1979를 보라. 하나의 가능성 있는 경우로 시 119.126을 들 수 있다; Pope 1988을 보라. 그렇지만 호격 불변사 라메드는 우가릿어에서 확실히 입증된다: Tropper, § 54.221 c.

[2] 인칭 명사(person noun)가 없으며 지시어로서 두 요소를 거의 구별할 수 없는 창 22.12, 16 אֶת־בִּנְךָ אֶת־יְחִידְךָ에는 동일한 지시물(이삭)이 있기 때문에 동격은 아니다. 22.2 אֶת־בִּנְךָ אֶת־יְחִידְךָ אֲשֶׁר־אָהַבְתָּ אֶת־יִצְחָק에서 세 번 반복되는 אֵת는 이삭을 마지막에 언급하고 있기 때문에 라쉬는 충격을 받고, 초기 미드라쉬 이야기들에 하나님과 족장 사이에 있는 가상적인 대화를 삽입하였다. 참조, Murray 1999: 43-45.

[3] 따라서 두 용어로 구성된 경우는 약 90%이며, 반복되지 않는 비율은 후대 성서 히브리어에서 높아진다: Park 2003: 54f. 또한 idem, 88-90을 참조하라. 이것은 대격 표시 אֵת와 함께 나오는 연결소에도 어느 정도 적용되며, 다른 전치사들도 마찬가지이다: idem, 158f를 보라.

[4] בְכֶסֶף은 앞에 בְ가 나오는 특정한 경우에, בְ는 거의 항상 뒤따르는 명사 앞에서 반복된다; 유일한 예외는 시 105.37 בְּכֶסֶף וְזָהָב 뿐이다. 몇몇 경우에 반복은 개인성, 비반복이나 결합성을 강조한다: 왕하 13.23 אֶת־אַבְרָהָם יִצְחָק וְיַעֲקֹב; 시 136.9 אֶת־הַיָּרֵחַ וְכוֹכָבִים (정관사조차도 반복되지 않았다). 참조, Bendavid, 2.455-57. 비반복성에 대한 더 많은 예들은 Park 2003: 24-28, 45-48에 있다.

§ 133. 전치사 각론

a   대부분의 전치사들은 원래 시간적이든 공간적이든 장소적(*local*) 의미를 갖고 있다가 논리적인 관계를 표현하는 데 사용되곤 하였다. 우리는(알파벳 순서를 따라) 핵심적인 장소적 전치사들인 אֶל, בְּ, מִן과 עַל을 주로 문법적 관점에서 살피고자 한다; 그 후에 아주 독특한 성격을 가진 전치사 כְּ를 다룰 것이다(¹).

b   אֶל은 엄밀하게 말하면 향하여(*towards*)란 뜻이다. 그것은 목적지를 배제하든 포함하든(=בְּ) 향하여 가는 움직임과 향하는 방향을 표현한다. 그 방향이 적대적이면 대항하여(*against* =עַל)라는 의미가 된다. 가끔 그것은 추가하여, 외에도(=עַל)를 뜻하며; 은유적으로 때문에, 관하여, 대하여(=עַל)를 뜻하고; 아주 가끔 ~에 따르면(*according to*=עַל)을 뜻한다; 때로는 움직임의 개념은 완전히 사라지며 그 뜻은 단지 가까이, ~에서(*at*)(=עַל, Lat. *ad*)를 뜻하게 된다. אֶל이 상당히 자주 עַל과 일치한다는 것은 명백하다. 이 두 전치사는 형태가 서로 유사하기 때문에 혼용되어 사용된 것 같다. אֶל은 עַל 대신에 자주 쓰여진다(²); 이 혼란은 의심할 여지 없이 아람어를 쓰며(아람어에서는 עַל이 전치사 אֶל의 모든 의미를 가지고 있으며, אֶל은 중세와 후대 아람어에서 극도로 희소하게 나온다)(³) עַ을 매우 약하게 발음하는 서기관에 의하여 발생하였을 것이다. 반면에 אֶל은 לְ가 가능한 곳에서 상당히 자주 사용된다(⁴); 일반적으로 말하면, אֶל은 לְ보다 방향을 더 잘 표현하며, 더 구체적이고 덜 모호하다. 게다가 אֶל은 후기 성서 히브리어에서 급격하게 사용되지 않게 되었다(⁵).

---

¹ 세부적인 것은 BDB를 보라. 여기서 전치사는 드라이버(Driver)가 다루었다.

² 한 절에서조차도 그렇다. 예, 삼상 25.17 כִּֽי־כָלְתָ֧ה הָרָעָ֛ה אֶל־אֲדֹנֵ֖ינוּ וְעַ֥ל כָּל־בֵּיתֽוֹ 우리 주인과 그의 온 집안을 해하려고 하였다. 또한 렘 36.23, 50.35. 더 자세한 것은 삿 6.37-40, BDB, 41a, 그리고 Sperber 1943: 239-41[= *Hist. Gram.*, 58-62], 그리고 idem, *Hist. Gram.*, 631-33을 보라.

³ 그 서기관들은 "올바른 용법"('과잉 정정')의 법칙을 지나칠 정도로 심하게 따랐다.

⁴ 두 전치사의 유사성을 잘 드러내는 예는 삼하 12.4 לָאֹרֵחַ הַבָּא לוֹ .. לָאִישׁ הַבָּא אֵלָיו에 잘 나타나고 있다. 더 자세한 예들은 Bendavid, 1.29f에 나온다.
אָמַר אֶל־와 אָמַר לְ을 사회언어학적으로 구별하려는 예니(Jenni 1999)의 시도에 대하여 말레사(Malessa 2003: 169-82)는 심각하게 비판하고 있다. 말레사에 따르면(같은 곳; 182-88), 구문이 더 좋은 설명을 제공해 준다: אֶל은 다른 요소가 개입하는 동사를 뒤따를 때 선호된다. 또한 대명사 접미사를 가진 לְ는 대명사 접미사와 함께 나오는 אֶל보다 훨씬 더 빈번하게 동사를 뒤따라 나온다: § 155 *t*를 보라.

⁵ Malessa 2003: 188-91을 보라.

לֹא은 부정사 앞에 사용되지 않으며, 관계 접속사 אֲשֶׁר 앞에도 나오지 않는다. § 124 *k*.

נִרְאָה אֶל ~에게 자신을 보이다, 나타나다에서 אֶל의 용법을 주목하라([1]), 예, 왕상 3.5(그러나 병행절인 대하 1.7에서는 לְ가 나온다); נִגְלָה אֶל ~에게 자신을 계시하다, 창 35.7; גָּלָה אֶל ~에게 계시하다, 암 3.7. אֶל과 함께 나오는 함축적(*pregnant*) 구는 상당히 자주 나온다. 예, 창 43.33 וַיִּתְמְהוּ אִישׁ אֶל־רֵעֵהוּ 그들은 서로를 (바라보며) 놀랐다 =그들은 서로 바라보며 놀랐다; 42.28; 19.27; 사 41.1.

c   בְּ는 엄밀하게 말하면 안을 뜻한다(따라서 אֶל과 대조된다)([2]). 일차적으로 그것은 자신이 안에 있는 것을 발견하거나, 한 장소 안으로 들어갈 때 사용된다. 그러나 그것은 다른 수많은 의미를 갖고 있다: 대하여, 반대하여, 함께, 의하여, 위하여. 이런 뜻이 어떻게 나오게 되었는가에 대한 설명은 다양하다. 우리는 단지 주요 용법만 집중할 것이다. בְּ는 가끔 접촉을 위한 단순한 인접성을 뜻하는 데 사용된다; 적대적인 뉘앙스는 (자주) 대항하여(=עַל)를 뜻한다. 그것은 가끔 어떤 것에 참여하는 것을 표현한다(독어 *an*): 출 12.43 אָכַל בְּ "무엇에서 먹다(to eat *at* something)"(대조, אָכַל מִן ~을 또는 ~에서 먹다, *to eat of or from* 34.15)([3]). 시간적인 뜻으로 בְּ는 לְ보다 훨씬 빈번하게 나온다. בְּ는 동반(함께), 수단이나 도구(*with, by*) 개념을 표현한다; 가격의 בְּ[pretii]가 나올 때에는 동등의 개념(어떤 것의 대가로); 수단적인 원인 개념(참조, § 132 *e*). 타동성의 בְּ는 § 125 *m-mb* 참조. 부정사와 함께 나올 때 בְּ는 시간적 개념 (§ 166 *l*)과 인과적 개념을 갖는다(§ 170 *j*). 신뢰하다, 통치하다, 기뻐하다의 개념을 표현하는 동사들은 בְּ를 취한다. 특히 보다와 같은 지각 동사와 함께 בְּ가 나오면, 강렬성이나 기쁨, 지속성 개념을 표현한다([4]).

문법적으로 볼 때 본질의 베트(Beth essentiae)([5])는 특히 중요하다. 그

---

[1] "나타난다는 것"은 한 물체가 보는 사람을 향하여(*towards*) 밖으로 나오는 것(참조, 단 5.5 נָפְקָה) 을 가정하고 있다; 참조, 출 3.2 ... 떨기 가운데로부터(מִן) 불꽃으로 그를 향하여 나타났다.

[2] 욘 4.10 בִּן־לַיְלָה 밤새도록처럼 מִן이 변했을 가능성으로 Rendsburg 1989: 110f를 보라.

[3] 이것은 전치사 בְּ의 소위 이중 의미인 "안에"와 "~로부터"를 지지하는 것으로 인용될 수 있다; Gordon, *UT*, § 10.1, 5 and KB3, s.v., 14를 보라. 그러나 Barr 1968: 175-77을 참조하라; Pardee 1975: 329-78, 8: 215-322, 특히. 312f., 320f.

[4] 더 상세한 토론은 Malessa 2003: 106-27을 보라.

[5] 비교적 불분명한 이 고대의 표현은 아마 בְּ로 소개되는 명사가 언급되고 있는 것의 본질(넓은 의미

것은 술부(predicate)와 특히 술어(predicative)를 가리키는 데 사용된다: 1) 술부를 가리키는 בְּ: 출 18.4 אֱלֹהֵי אָבִי בְּעֶזְרִי 내 아버지의 하나님은 나의 도움이다(בְּ는 실제적으로 아무런 의미도 추가하지 못한다); 시 146.5; 55.19; 강렬성의 복수와 함께(§ 136 *f*): 삿 11.35; 시 54.6; 118.7; 2) 술어를 가리키는 בְּ (בְּ는 상태의 술어가 가지고 있는 의미에 실제적으로 아무런 의미도 더하지 못한다. § 126 *a*): **A)** 희소하게 형용사와 함께: 사 40.10 בְּחָזָק יָבוֹא 그는 강한 자(처럼) 올 것이다; 신 26.14(비교, in § 126 *a* 룻 1.21 등); **B)** 일반적으로 실명사로서(비교 § 126 *c*): 출 6.3 וָאֵרָא בְּאֵל שַׁדָּי *apparui ut El Shadday* "나는 전능하신 하나님으로서(¹) 나를 나타내었다"; 민 13.23 בִּשְׁנַיִם (그들은) 그들 둘 사이에 메고 왔다(이탈리아어 *in due*); 신 28.62 וְנִשְׁאַרְתֶּם בִּמְתֵי מְעָט 너희는 몇 사람 [상태로] 밖에 남지 못할 것이다(이탈리아어. *in pochi*)(비교, בְּ 없이, 4.27 וְנִשְׁאַרְתֶּם מְתֵי מִסְפָּר, 서술적 대격); 민 26.53; 34.2; 신10.22; 겔 46.16; 47.14; 시 35.2; 3) בְּ가 목적어를 가리키는 술어를 시사하는 경우(비교 § 126 *a* 끝): 민 18.26 אֲשֶׁר נָתַתִּי בְנַחֲלַתְכֶם 내가 너희의 기업으로 준 것; 18.10 너희는 가장 거룩한 것으로 그것들을 먹어야 한다(Ehrlich ad loc.); 36.2; 수 13.6, 7; 23.4; 겔 45.1; 47.22; 시 78.55; 느 5.15 양식으로(Ehrlich).

כְּ 다음에 בְּ를 생략하는 것은 § *h* 참조.

בְּבֵית 대신 불어 *chez*(라틴어 *casa*)의 뜻으로 단지 בֵית만 나오는 경우. 예, 룻 1.9.

d   לְ는 ~에로(*to*)를 의미한다. 그것은 가끔 방향을 표현한다(그러나 אֶל 보다는 정확성이 약하다); 가끔 방향성이나 움직임이 없는 경우도 있다. 대격 표시로서 לְ(§ 125 *k*)는 방향의 의미와 연관된다. לְ는 상당히 다양한 뉘앙스로 관계 개념을 표현한다(~과 연관하여). 이리하여 그것은 소유를 표현하며(비교, לְ *auctoris*, 저자의 לְ, § 130 *b*), 속격을 대치한다(§ 130 *a*); 그것은 동작의 주체를 가리킨다(§ 132 *f*). 그것은 인과성, 최종성, 그리고 잣대(~을 따라서)에 사용된다. 시간적인 의미에서 לְ는 בְּ보다 훨씬 적게 사용된다. לְ는 너무나 다

에서)에 속한다는 뜻을 갖고 있는 것 같다. 또는 그것은 등위절(equational clause)에서 주어와 술어 사이에 고리를 만드는 전치사의 역할을 하였을 수 있다. 또한 정체성의 베트(*beth of identity*)나 여분의 베트(*pleonastic Beth*)라는 용어도 있다.

¹ 또 다른 가능성 있는 예들은 Joüon 1923b: 318-20에서 검토되고 있다. כְּ 같은(비교의 כְּ[§ *g*])와 대조하라. כְּ는 *essentiae* בְּ와 같은 뜻으로 결코 사용되지 않는다.

양한 의미로 사용되기 때문에, 가끔 그 뜻이 다소 모호하다. 그래서 가끔 다른 전치사를 뒤따라 나오면서, 실제로 그 의미를 취하게 된다. 예로서 בֵּין לְ (=בֵּין .. וּבֵין)의 결합에서 보는 것과 같다([1]); 이리하여 לְ는 לְמַעַן을 뒤따른다. 사 55.5; עַל לִפְנֵי 스 7.28; 렘 1.18; 17.1.

문법적 관점에서 볼 때 득실의 여격(dativus commodi and incommodi)의 לְ를 주목해야 한다. 이것은 누구를 위하여, 어떤 것의 이익(또는 불이익)을 뜻한다: 민 11.16 אֶסְפָה־לִּי 나를 위하여 칠십 명을 모으라; 22.6 אָרָה־לִּי 나를 위하여 이 백성을 저주하라; 23.1 나를 위하여 일곱 제단을 쌓으라. 불익의 여격, 예, 렘 4.19 הֹמֶה־לִּי לִבִּי 내 가슴이 떨린다(대조, 아 5.4 עַל, § f).

득실의 여격(dativus commodi)의 לְ는 동사의 주어와 **동일한 사람**을 가리키는 대명사 접미사와 함께 아주 독특하게 사용된다([2]). 이리하여 우리는 이 לְ가 주로 자동사와 함께(특히 움직임을 나타내는 동사와 그 반대 동사와 함께), 간접적인 **재귀적 뉘앙스**로 사용되는 경우를 보게 된다. 이것은 거의 어떤 재귀 동사의 뉘앙스와 동일하다(예, 니팔[§ 51 cl])([3]). 특히 명령형에서 이런 경우는 일반적이며 전치사는 접어(clitic)처럼 규칙적으로 동사 직후에 나온다([4]).

---

[1] "~사이"를 가리키는 두 구 사이에 있는 구별은 § 103 n, 세 번째 각주를 보라.

[2] 몇몇 학자들은 감성의 여격(dativus ethicus)에 대하여 말한다. 그러나 라틴어와 희랍어의 dativus ethicus는 히브리어에서 לְךָ־לְךָ (너 자신을 위하여)로 표현되는 형태에 적용되지 않는다. 순수한 감성의 여격은 삿 1.1 מִי יַעֲלֶה־לָּנוּ אֶל־הַכְּנַעֲנִי .. לְהִלָּחֶם בּוֹ에서 입증된다(역자 주: 감성의 여격은 감정을 강조하기 위해 덧붙이는 여격이다. 예로, knock me at the door 노크 좀 하시오에서, me는 감성의 여격이다).

[3] 이 간접적인 재귀적 뉘앙스를(예, vade tibi, 스스로 가라), 우리는 후기 라틴어, 이탈리아어, 불어 등에서 대명사와 함께 나오는 자동사의 직접 재귀적 뉘앙스와 비교할 수 있다. 이리하여 vadent se unusquisque(Peregr. Silviae 25.7)와 이와 유사한 이탈리아어 andarsi, 고대 불어 s'aller도 마찬가지이다. 대명사를 추가하는 것은 주어가 동작을 취하는 부분을 강조한다(참조, Bourciez 1910: § 118 c). 현대 이탈리아어에서는 ne와 함께 나오는 경우 외에는 찾아보기 매우 어렵다: andarsene, partirsene, starsene, rimanersene, viversene; 그러나 고대 언어에서 그 예로 starsi, fuggirsi, uscirsi, 불어로 s'en aller, s'enfuir가 나온다.
이 형태를 가진 대부분의 예들을 설명하기 위해서 우리는 "구심적 라메드(centripetal Lamed)"라는 대안적 개념을 제시하고자 한다. 이것은 접미사가 가리키는 주어나 동작의 주체(actor)에 관심의 초점을 두고 그것을 나머지 요소들과 분리시키는 것이다: Muraoka 1978. Glinert(1989: 224): "자율적인 주어는 그 '자신의 행위자(agent)'이다." 그리고 Schlesinger(1928: 128) "daß die Handlung nur auf das Subjekt selbst, nicht auf etwas außerhalb desselben Liegendes zielt." 또한 Jenni(1992-2000)를 참조하라: 48-53; Halevy 2004. Ullendorff 1985: 396; idem 1992와 다르다.

[4] Naudé 1997: 145을 보라. 우가릿어에는 대명사적 형태소는 동사에 접미되어 나온다. 예, KTU 1.3 III: 18 ḥšk 'ṣk 'bṣk "Eile du! Dränge du! Haste du!"(Tropper, 430의 번역).

움직임을 나타내는 동사와 함께: 창 12.1 לֶךְ־לְךָ (22.2); 27.43 בְּרַח־לְךָ 도망쳐라(불어 *enfuis-toi*)(암 7.12); 민 22.34 אָשׁוּבָה לִי 나는 돌아가고 싶다(불어 *je veux m'en retourner*); 삼하 2.21 נְטֵה לְךָ 돌아서라(*turn aside*); 창 22.5 שְׁבוּ לָכֶם 앉으라(또는 머물러라); 21.16 וַתֵּשֶׁב לָהּ 그녀는 앉았다; 욥 15.28. 다른 동사들과 함께: 시 66.7 יָרוּמוּ לָמוֹ (יִתְרוֹמְמוּ와 동일해 보인다); 왕하 4.3 שַׁאֲלִי לָךְ 너를 위하여 구하라 = 빌려라(비교, נִשְׁאַל 스스로 구하다). 재귀 의미를 가진 니팔과 함께, 뉘앙스를 강화시키는 대명사와 함께 나오는 לְ; 이리하여 일반적인 הִשָּׁמֶר לְךָ는 라틴어 *cave tibi*와 일치한다: 창 24.6 등. 수동 의미를 가진 니팔과 함께: 겔 37.11 נִגְזַרְנוּ לָנוּ 우리는 망했다(여기에는 불이익의 여격).

부정사 연계형 앞의 לְ는 § 124 *l* 참조.

전치사 לְ가 소위 "~로부터(from)"라는 뜻을 갖고 있다는 점은 Gordon, *UT*, § 10.11와 § *c* 두 번째 각주를 참조하라.

e מִן ~로부터(*from*)(라틴어 *de, ex, ab*)는 일차적으로 분리와 거리감을 표현한다. 그것은 특히 출처의 개념을 표현한다: 뭔가로부터 만들어진 물건, 원인(§ 132 *d*), 재료나 기원. 여기에서 부분의 속격 의미가 상당히 크게 발전하였다: 단위의 명사, 특히 אֶחָד 앞에 나오는 מִן의 용법을 주목하라; 예, 레 4.2 מֵאַחַת מֵהֵנָּה 이것들 중 (어느) 하나라도[1]; 삼상 14.45 מִשַּׂעֲרַת רֹאשׁוֹ 그의 머리털 (단) 하나라도. 가끔 설명의 מִן이 나온다(아랍어 문법의 *min al bayān*), 구성하는(*totum pro toto*): מִכֹּל (4회) 창 6.2; 7.22; 9.10; 레 11.32; מֵאֲשֶׁר (1회) 렘 40.7. 시간적 관점에서 מִן은 출발점(*terminus a quo* = 이후로), 즉, 즉시 한계가 따라오는 시간(= 끝에, 후에)을 가리킨다; 그러나 가끔은 불필요한 때도 있다. 예, מֵאָז 옛날 (옛적에).

분리와 거리의 개념에서 비교에 사용되는 מִן의 개념과 일치하는 구별이 나타난다[2]; § 141 *g* 참조.

부정사 앞에서(§ 124 *k*) מִן은 인과적 의미(왜냐하면)를 가진다; 결과적 의미(이리하여 *so... that, so as to*). 이 의미와 함께 함축적으로 사용된다: 부정사와 함께: 삼상 15.26 וַיִּמְאָסְךָ מִהְיוֹת מֶלֶךְ 그가 당신을 버려 (결과적으로) 왕이 되지 못하게 하였다; 보다 더 심하게 생략되어, 부정사 없이도: 23절

---

[1] 참조, Brockelmann, *GvG*, II 84.

[2] 참조, Brockelmann, 같은 곳 403.

וַיִּמְאַ֥ס מִמֶּ֖לֶךְ

f   **עַל** 위에(*on*)(동작과 함께 또는 없이). 이 기본적 의미는 아주 다양하게 적용된다. 이리하여 **עַל**은 원인(§ 170 *h*), 또한 하나가 다른 것보다 많은 것, 하나를 다른 것에 첨가하는 것, 인접성(가까이)을 가리키는 데 사용된다. 경멸적 의미가 상당히 잘 발달되었다: 이리하여 **עַל**은 가끔 거슬러(*against*)를 뜻한다(그러나 **בְּ**가 더 일반적이다, § *c*). 어떤 사람 위에 있는 어떤 것은 무거워 그에게 짐이 되다(사 1.14), 그에게 의무가 부과되다(삼하 18.11[¹]). 문법적으로 볼 때 불익의 여격으로서 희생자를 가리키는 **עַל**(비교, 이익의 여격과 불익의 여격]의 **לְ**, § *d*): 창 48. **מֵ֫תָה עָלַי רָחֵל** *mihi* (*dolenti*) *mortua est Rachel*(= 나는 라헬을 잃었다); 민 11.13 **יִבְכּוּ עָלַי** 그들은 울며 나를 괴롭힌다; 창 33.13; 출 23.29; 신 7.22; 삿 14.16, 17, 19.2, 20.5; 삼상 21.16; 렘 12.11; 겔 32.8; 욘 2.8; 미 3.6, 7.13; 학 1.10; 애 3.20; 욥18.6(²). 이리하여 **עַל**은 고통스러운 감정을 표현하는 동사와 함께 자주 나온다: 시 142.4 **בְּהִתְעַטֵּף עָלַי רוּחִי** 내 심령이 지칠 때; 아 5.4 **מֵעַי הָמוּ עָלָי** 내 마음이 설레어(³)(대조, **לְ** 렘 4.19, § *d*); 렘 8.18 **עָלַי לִבִּי דַוָּי** (*patienti*) *cor meum est aegrotum*(= 내 마음이 병들어)(⁴). 후대 히브리어에서 **עַל**은 경멸적 뉘앙스 없이 단순 여격의 의미로 나온다: 에 1.19 **אִם־עַל־הַמֶּ֫לֶךְ טוֹב** 만약 왕을 기쁘게 한다면; 3.9 등(아람어도 마찬가지이다: 스 5.17; 7.18). BDB, s.v. **עַל**, 1d (p. 753b)를 보라. 복합 전치사 **מֵעַל**은 고통스러운 장면에서 벗어나는 것을 표시하는 데 사용된다: 예, 욘 1.11 **יִשְׁתֹּק הַיָּם מֵעָלֵינוּ** 바다가 우리를 위하여 잔잔해질 것이다.

      עַל과 **אֶל**의 빈번한 혼동은 § *b* 참조.

---

¹ 여기처럼 **עַל** + 사람과 부정사가 책임이나 의무를 가리키는 반면(.. **עָלַי לָתֶת לְךָ עֲשָׂרָה כֶסֶף** ... 나는 네게 은 열 개를 주어야 한다), 대부분은 전형적인 후대 성서 히브리어의 연결소인 전치사 **לְ**가 임무나 책임을 가리킨다: 스 4.3 **לֹא לָכֶם וְלָנוּ לִבְנוֹת בַּ֫יִת לֵאלֹהֵ֫ינוּ** 그것은 우리 임무가 아니다...; 또한 미 3.1; 대하 13.5; 20.17; 26.18; 시 50.16을 보라. 참조, Kieviet 1999: 17f.

² 모압어와 페니키아어에 나오는 비슷한 용법은 Muraoka 2005: 31f.*을 보라. 또한 무덤을 열어 죽은 자의 영혼을 어지럽히지 않도록 금하는 비문에 나오는 전치사는 페니키아어(Tabnit 3f., 5f.: 5th c.)와 아람어(Kidron Valley Dipinto 4: 주후 1세기)를 보라.

³ **עָלָיו** 대신에 **עָלַי**가 나오는 것은 Joüon 1909a *ad loc.* 참조 비교, 단 6.19 **שְׁנָתֵהּ נַדַּת עֲלֽוֹהִי** 잠이 그에게서 떠났다처럼 성서 아람어 **עַל**과 영어 'on'의 유사한 용법 참조. "He walked out *on* his wife" / "The caller hung up *on* me.".

⁴ 삼상 17.32의 **עָלָיו**는 거의 분명히 골리앗이 아니라 **אָדָם**(또는 수정된 대로 **אֲדֹנִי**)을 가리킬 것이다; 참조, Driver *ad loc.*

g   전치사 כְּ 같은(*like, as*)은 아주 독특하다. 위에 제시된 전치사들과 달리, 그것은 장소적 전치사가 아니며, 어떤 동사와도 결합되지 않는다. כְּ는 지시사에서 나온 것 같지만([1]), 실명사적 성격으로서 유사성을 취하였다. 그것은 사실상 다른 전치사들보다 더 명백하게 실명사화 된 성격을 지닌 전치사이다. כְּ는 그 일차적 의미가 가치로서, 유사성을 나타내며, 부사어로 ~과 같은, 닮은, 비슷함을 뜻하는 라틴어 *instar*와 비교될 수 있다([2]). כְּ는 완전하게(동일성), 또는 불완전하게(유사성) 유사한 관계를 표현한다; 이리하여 그것은 똑같은, 또는 다소 닮은을 뜻한다. 그러나 많은 경우에 정확한 뉘앙스 없이 사용된다. 동일성의 뉘앙스로서 완전한 유사성의 כְּ *veritatis*: 느 7.2 כִּי הוּא כְאִישׁ אֱמֶת 그는 참으로 충성된 사람이었다(정확하게 닮은); 욥 11 גַּם־אַתָּה כְּאַחַד מֵהֶם; 반면에 불완전한 유사성의 뉘앙스: 룻 1.4 כְּעֶשֶׂר שָׁנִים 십 년 쯤에; 2.17 כְּאֵיפָה 한 에바 쯤. 부정사 앞에서(§ 124 *k*) כְּ는 ~행동처럼을 의미한다(=~할 때..., 마치): 삿 14.6 כְּשַׁסַּע הַגְּדִי 새끼를 찢음 같이; 또는 시간적 의미로서(§ 166 *m*), ~하자마자, ~할 때([3]): 창 39.18 כַּהֲרִימִי קוֹלִי 내가 내 소리를 지를 때.

h   כְּ 다음에는 나올 것으로 기대되는 **전치사가 가끔 생략된다**([4]): 이리하여 בְּ가 생략된 경우, 사 28.21 כְּהַר־פְּרָצִים 브라심 산(에서와) 같이; 시 95.8 כִּמְרִיבָה 므리바에서와 같이; 욥 29.2; אֵת 함께가 생략된 경우; 창 34.31 הַכְזוֹנָה יַעֲשֶׂה אֶת־אֲחוֹתֵנוּ 그가 우리 누이를 창녀와 같이 대해도 괜찮겠습니까?(아마 시 83.10도); לְ가 생략된 경우, 신 3.20 수 1.15 כָּכֶם לַאֲחֵיכֶם 너희 형제들에게와 너희에게도. 그러나 전치사 בְּ와 עַל은 כְּבָרִאשֹׁנָה 이전과 같이에 나온다(삿 20.32; 왕상 13.6; 사 1.26; 렘 33.7.11; בְּ 없이, 신 9.18; 단 11.29†); אֶל אֱלֹהֵי יְרוּשָׁלַם כְּבַתְּחִלָּה 처음처럼 사 1.26†(|| כְּבָרִאשֹׁנָה); 대하 32.19 כְּעַל אֱלֹהֵי עַמֵּי הָאָרֶץ.

        כְּ가 실명사와 함께 함축적으로 사용되는 경우; 예, 시 18.34 מְשַׁוֶּה רַגְלַי כָּאַיָּלוֹת 나의 발을 암사슴의 (발)과 같이 만드신; 사 63.2; 렘 50.9; 애 5.21.

---

[1] 비교, כֹּה 이리하여, 여기에, כָּכָה 이리하여. 참조, Brockelmann, *GvG*, I 323, 496, II 360, 389.

[2] 비교, 영어 *like*는 실명사, 형용사, 부사이다.

[3] 방식(manner)에서 시간으로 의미가 전환되는 것은 이탈리아어의 *come*, 불어의 *comme*(from *quomodo*에서 옴), 독일어의 *wie*, 영어의 *as*, 라틴어의 *ut*, 그리스어의 ὡς를 참조하라.

[4] 더 자세한 예는 BDB, s.v. כְּ, p. 455a를 보라. 우가릿어는: *KTU* 1.4 IV 50f. *in. bt. lb>l. km. ilm* "신들(을 위한) 집과 같이 바알을 위한 집이 없다."

ha   כְּ와 함께 나오는 한정어 구는 가끔 그것의 명사 첫 머리(head) 앞쪽에 나온다: 창 41.38 כָּזֶה אִישׁ 이와 같은 사람; 사 56.12 כָּזֶה יוֹם; 왕상 8.23 אֵין כָּמוֹךָ אֱלֹהִים בַּשָּׁמַיִם 주와 같은 신이 하늘에 없다. §147 *f* 참조.

i   **암묵적 전치사**(preposition understood). 동사 구문에 속한 전치사는 명료성이 침해되지 않으면 암묵적인 의미가 있을 수 있다: 삿 7.9 רֵד בּ 내려가 치라 = 공격하라는 10*a*에서 רֶדֶת가 공격하다라는 동일 의미로 나온다(대조, 10*b* רֵד אֶל 내려가다, 단순 방문); 삼상 15.22 שְׁמֹעַ בּ 순종하다 뒤에 שָׁמֹעַ가 나온다. 이와 같이, 동사적 실명사는 동사와 전치사가 함께 나오는 구와 일치하는 의미로 나온다. 예, 심판의 뜻으로 פְּקֻדָּה (민 16.29; 렘 10.15 등)는 פָּקַד עַל 심판하다(사 24.21 등), 어떤 사람에게 손해를 끼치도록 하다는 뜻이다.

      אֲשֶׁר 뒤에서 소급적 대명사와 함께 나오는 전치사의 생략은 §158 *i*를 참조하라.

j   **복합 전치사들**. 복합 전치사들은 주로 מִן과 אֶל을 첫 요소로 가진다.

      מִן과 함께: מֵאַחֲרֵי 뒤에서부터(3회, מֵאַחַר); מֵעִם와 מֵאֵת 가까이부터, 붙어 *de chez*; ~편에서, ~의 이름으로; מִבֵּין 사이로부터; מִלִּפְנֵי 이전부터; מֵעַל 위로부터, 곁으로부터; מִתַּחַת 아래로부터; 그러나 결코 안(*in*)과 구별된 אֶל־בּ 안으로(*into*)는 없다.

      אֶל과 함께: אֶל־אַחֲרֵי 뒤에서(움직임과 함께); אֶל־בֵּין 사이에(움직임과 함께); אֶל־תַּחַת 아래에(움직임과 함께).

      לְמִן에서 전치사 앞에서 불필요한 לְ가 나오며(자주; =מִן) 이후에(주로 장소나 시간적 의미): 렘 42.8 לְמִקָּטֹן (1절에는 לְ 없음); לְבַעֲבוּר ~할 목적으로: 출 20.20(בַּעֲבוּר의 동의어로 두 배 많이 나옴).

      때때로 여분의 לְ는 전치사 다음에 나오는 경우가 있다: עַד ל(주로 역대기, 에스라); מֵעַל ל; מִתַּחַת ל(2회), תַּחַת ל.

k   לִפְנֵי와 같은 유사-전치사는 §103 *o*를 보라.

제4장: 명사

§134. 명사의 성격

a 명사(noun)의 성은 여러가지 문제를 야기시킨다. 성서의 본문에 나오는 명사들은 그것의 성을 반 정도만 결정해 준다[1]. 몇몇 명사들의 성은 여러가지 이유로 달라지므로[2], 그것을 표시하는 것이 사전학자들의 임무가 된다.

우리가 §89 *a*에서 본 것처럼, 성은 가끔 성 어미의 유무로 표시된다. 여기에서 우리는 단어들의 성과 그 의미와의 연관성을 다루고자 한다.

b **생물**에서 남성과 여성을 가리키는 명사는 자연스럽게 상응하는 성을 가진다(신체적 또는 자연적 성).

어떤 존재에서 여성 명사는 여성 어미를 추가하여 남성 명사와 구분된다: אָח 형제, אָחוֹת 자매; חָם 시아버지, *חָמוֹת 시어머니; בֵּן 아들, בַּת 딸; עֶלֶם (2회) 젊은이, עַלְמָה 젊은 여인; מֶלֶךְ 왕, מַלְכָּה 여왕; עֵגֶל 송아지, עֶגְלָה 어린 암소; פַּר 수소, פָּרָה 암소; כֶּבֶשׂ 어린양, כִּבְשָׂה 암양; גְּדִי 염소 새끼, גְּדִיָּה 어린 암염소.

몇몇 다른 존재들에서 남성과 여성은 독자적인 명사로 표시된다: אִישׁ 남자, אִשָּׁה 여자; אָב 아버지, אֵם 어머니; אַיִל 숫양, רָחֵל 암양; תַּיִשׁ 숫염소, עֵז 암염소; חֲמוֹר 당나귀 수컷, אָתוֹן 당나귀 암컷.

c 그러나 가끔 남성이든 여성이든 어떤 개체적인 종들(species)을 가리키는 성과 상관없이, 단 하나의 명사만 있는 경우가 있다(*nomina epicoena*:

---

[1] 참조, Albrecht 1895, 1896. Albrecht에 대한 Blau 1972a: 66f.의 비판 참조.

[2] 따라서 비유적 의미는 성의 변화를 만들기도 한다. עַיִן (여성) 눈(*eye*)은 슥 3.9; 4.10†에서 새겨진 눈(*engraved eyes*)을 가리키며 남성으로 취급된다(그러나 아마 본문 변경이 있었을 것 같다; 참조, Lambert 1920: 206); שֵׁן (여성) 이(*tooth*)는 험한 바위를 가리킬 때 남성이다. 삼상 14.4, 5. 이와 반대로, 여성형이 비유적으로 사용된 경우는 § *q*를 보라.

공성)([1]). 곰은 단 하나의 명사 דֹּב만 있는데, 항상 남성으로 취급되며(여성을 말할 때조차([2]): 호 13.8 דֹּב שַׁכּוּל 새끼 빼앗긴 암곰), 예외로 왕하 2.24; 사 11.7. כֶּלֶב 개와 זְאֵב 늑대, 이리는 오직 남성뿐이다; 오직 여성인 경우는 אַרְנֶבֶת 토끼, יוֹנָה 비둘기, חֲסִידָה 황새(avis pia), דְּבוֹרָה 벌, נְמָלָה 개미, § 90 b를 참조하라.

d   몇몇 경우에 남성 명사는 여성을 가리킬 때 여성으로 취급된다. 예, גָּמָל 낙타는 창 32.16 גְּמַלִּים מֵינִיקוֹת 젖이 나오는 낙타(milch camels, "젖을 빨리는 낙타"-공동)에서 여성형이다; 집합 명사 בָּקָר 암소들은 창 33.13에서 여성형이다(젖 빨리는 암소들 milch cows); 욥 1.14. 참조, 왕상 11.5에서 אֱלֹהִים 신은 여신으로 사용된다([3]).

반면에 집합 명사 צֹאן 작은 가축(양과 소 종류들)은 여성이지만, 때때로 남성으로 취급된다(미쉬나 히브리어에서는 남성이다).

e   **생명체를 제외하고**, 성은 은유적이다: 어떤 명사는 남성의 존재를 유추하여 남성이 되며, 어떤 것들은 여성의 존재를 유추하여 여성이 된다. 그렇지만 우리는 가끔 성을 결정하는 요인을 잘 모를 때가 있다([4]).

여성 어미를 가진 **추상** 명사는 여성으로 취급되며, 나머지는 남성으로 취급된다: 예, שְׁאֵלָה 요청; אָלָה 맹세; 남성: חַיִל 힘; כָּבוֹד 영광.

여성 어미를 가진 **구상** 명사는 거의 대부분(참조, § 89 b) 여성형으로 취급된다. 나머지는 남성이거나 여성이다. 여성 어미 없는 구상 명사의 성에 대한 몇 가지 유용한 관찰은 다음과 같다.

f   **물길**의 명사들은 일반적으로 **남성형**이다: נָהָר 강; יְאֹר 수로; נַחַל 개천, 와디(wadi); הַיַּרְדֵּן הַזֶּה 이 요단 강 창 32.11 등; **물**과 연관된 다른 명사들:

---

[1] נַעֲרָה 소녀는 § 16 f 3을 보라.

[2] 또한 연어(連語, collocation)가 나오는 다른 두 곳(잠 17.12; 삼하 17.8)은 수식적 형용사가 남성형을 취한다.

[3] 히브리어에는 여신을 가리키는 고유한 단어가 없다는 사실은 주목할 만하다.

[4] 스파이저(Speiser 1936: 39)에 따르면, 실명사에서 성의 구별은 형태소적으로 말할 때, 주로 약간의 특별한 의미 수정과 함께 파생 어간을 만들기 위한 장치이다. 그렇지만 동사 변화에서 성의 구별(여기에서 실명사의 성 구분은 형태소적으로와 구문론적으로 밀접하게 연결된다)은 전체 체계에서 결코 주변에 있거나 부차적인 것이 아닌 핵심 부분이다. 예로, 명령형과 인칭 대명사에서 성의 구별에 대하여 많은 사람들은 그것을 모든 언어 체계의 가장 근원적인 부분으로 생각한다. 참조, Féghali and Cuny 1924; Ibrahim 1973. 이 질문에 대한 최근의 토론으로 Michel 1977을 보라.

מַ֫יִם 물; יָם 바다; 또한 비를 가리키는 명사들: זֶרֶם ;גֶּ֫שֶׁם ;מָטָר. 그러나 여성인 경우: בְּאֵר 우물 עַ֫יִן 샘 (그리고 눈[eye], § *j*).

g   반면에 구상 명사의 몇 범주들은 **여성형**이다:

      1) **나라** 이름(아마 אֶ֫רֶץ [여성] 나라, 땅, 육지를 유추하여)과 **도시** 이름 (아마 עִיר [여성형] 도시를 유추하여): בָּבֶל 바벨(바빌론과 바빌로니아), צִידוֹן 시돈(도시와 나라). 백성과 나라를 둘 다 가리키는 몇몇 이름들에서 첫 번째 나오는 것은 남성형이며, 두 번째는 여성형이다. 예, יְהוּדָה 남성형 사 3.8; 여성형 7.6; אֱדוֹם 남성형 민 20.20; 여성형 렘 49.17. 그렇지만 백성의 이름들은 가끔 여성형으로 취급된다(§ 150 *e*). 예, יִשְׂרָאֵל 삼상 17.21; 삼하 24.9; מִצְרַ֫יִם 출 12.33; מוֹאָב 삼하 8.2; אֲרָם 삼하 8.5, 6; 사 7.2; עֵילָם 21.2; מָדַי 같은 곳; קֵדָר 42.11; שְׁבָא 욥 1.15. 더구나 나라와 도시의 인구는 의인화되어 여성형으로 표현된다. 예, 사 54.1; 따라서 בַּת가 빈번하게 사용된다.

      예, בַּת בָּבֶל ;בְּנוֹת;בְּתוּלַת בַּת צִיּוֹן ;בַּת צִיּוֹן(§ 129 *f*) 등(§ 129 *r*); 인근 동네들.

      관찰. בַּ֫יִת(남성형)과 함께 나오는 도시 이름들은 남성형이다. 예, בֵּית־אֵל 미 5.1; בֵּית־לֶ֫חֶם 암 5.5.

h   2) **땅과 그 지역들**: אֶ֫רֶץ 땅, 육지, 나라(참조, § *g*), עִיר 도시(참조, § *g*); תֵּבֵל (시문) 구, 땅의 반구(*disc*); שְׁאוֹל 스올, *inferi*(죽은 자의 처소); כִּכָּר (지역적) 평야(*circle*, 왕상 7.46); צָפוֹן 북쪽; תֵּימָן 남쪽.

i   3) **도구**의 명사와 다른 물체들: חֶ֫רֶב 칼; יָתֵד 말뚝; כּוֹס 컵; כַּד 물병; נַ֫עַל 신발(양성, § 91 *c*); עֶ֫רֶשׂ 침대.

j   4) **몸의 지체**를 가리키는 명사나 쌍으로 나오는 것들([1]): עַ֫יִן 눈(또한 샘을 뜻할 때, § *f*); אֹ֫זֶן 귀; שֵׁן 이; לְחִי 턱; כָּתֵף 어깨; זְרֹעַ 팔(일반적으로); יָד 손(그리고 아마 유추하여 יָמִין 오른손); כַּף 손바닥; אֶצְבַּע 손가락; צֵלָע 갈비뼈; יָרֵךְ 엉덩이, 넓적다리; בֶּ֫רֶךְ 무릎; שׁוֹק 다리, 넓적다리; רֶ֫גֶל 발; קֶ֫רֶן 뿔; כָּנָף 날개. 예외, שַׁד 가슴(남성형) 호 9.14; מָתְנַ֫יִם 허리, 옆구리(남성형).

k   **다른 여성 명사들**: אֶ֫בֶן 돌; בֶּ֫טֶן 배; נֶ֫פֶשׁ 영혼(의미의 일치를 따라 가끔 남성으로 취급됨: 남자에게, 창 46.25, 27; 민 31.28); נֹ֫גַהּ (시문)(빛의) 번쩍임.

l   **주로 여성적인 명사**: אוֹת 표적, 거의 항상 여성형(여성형의 ת); אֵשׁ

---

[1] 이런 명사들은 쌍수를 갖고 있다. § 91 *b*.

불(¹); דֶּרֶךְ 길(단수에서 주로 여성형, 복수에서는 항상 남성형); לָשׁוֹן 혀; עֵת 시간, 거의 항상 여성형(아마 여성형의 ת); 예, בָּעֵת הַהִיא 그때; רוּחַ 바람 (또한 바람의 명사들: צָפוֹן 사 43.6; תֵּימָן 아 4.16, 같은 곳; 참조, §h); שֶׁמֶשׁ 태양.

m   **성이 변하는** 명사. 이 명사들은 상당히 많은데 몇 가지를 꼽는다면: אוֹר 빛; אֹרַח (시문) 길; גַּיְא 골짜기; כֶּרֶם 포도원; חָצֵר 뜰, 정원, 궁정; שַׁעַר 문; מָקוֹם 장소는 거의 여성형으로 나오지 않는다: 창 18.24; 욥 20.9(참조, 삿 19.13; 삼하 17.12).

n   **몇 개의 여성 추상 명사들**은 형용사나 분사에 여성 어미를 추가하여 만들어진다: רָעָה 악함; טוֹבָה 선함; יִשְׁרָה 정의(미 3.9); נְכֹחָה 바른 일(암 3.10); עַל־נְקַלָּה 가벼움으로=가볍게(렘 6.14). 특히 복수에서: טֹבוֹת 좋은 것들(왕하 25.28); קָשׁוֹת 거친 것들(창 42.7); גְּדֹלוֹת 위대한 것들(시 131.1); נִפְלָאוֹת 참으로 위대한 것들(상동); נְכֹחוֹת 바른 것들(사 26.10). 그러나 창 2.9 טוֹב וָרָע 선과 악 참조.

o   이와 같이 몇몇 **여성 집합 명사들**은 형용사나 분사에 여성 어미를 추가하여 만들어진다: דַּלָּה 가난한 백성(왕하 24.14); אֹרְחָה 대상(caravan, 엄밀히 말하면 그 길을 만드는 것); גוֹלָה 포로된 백성, 그러나 יוֹשֶׁבֶת 여자 거민(사 12.6 등), אֹיֶבֶת 여자 원수(미 7.8 등)는 집합 명사라기보다 의인화이다. בַּת צִיּוֹן과 같은 것은 아마 여기에 속하는 것 같지 않다. §129 *f*, 7을 보라.

p   아주 가끔 **단위의 명사**는 여성형 어미 없는 집합 명사에 여성형 어미를 추가해 만들 수 있다: אֳנִי (남성과 여성) 함대; אֳנִיָּה 배; שֵׂעָר 머리털(집합), שַׂעֲרָה 머리카락. 반면에 דָּגָה 물고기는 주로 집합적이며, דָּג는 주로 단위의 명사이다. טוֹבָה와 רָעָה는 구체적인 사랑, 악함이나 재앙의 행동 하나 하나를 가리킨다. 또한 아래의 쌍을 주목하라: צַיִד, צֵידָה; נֵץ, נִצָּה; שִׁיר, שִׁירָה, יַעַר, יַעֲרָה; יַעַר, יַעֲרָה.

q   가끔 **여성 이중어**는 은유적인 뜻으로 사용되었다: מֵצַח (남성형) 이마, מִצְחָה 정강이받이(greave, 분명히 다리의 이마로 이해되었다); יָרֵךְ (f., §j) 엉덩이, 허벅지, יַרְכָתַיִם 옆구리, 측면; יוֹנֵק 젖먹이, יוֹנֶקֶת 젖먹이(sucker), 새싹 (shoot).(비교, §91 *d*: 은유적 의미를 위하여 쌍수 대신 여성 복수가 나옴).

r   추상 명사(§ *e*)의 **이중어**(남성형과 여성형)는 수없이 많다: נָקָם(17

---

¹ 시 104.4 אֵשׁ לֹהֵט에서 남성; Blau 1972a: 65f를 보라.

회)과 נְקָמָה (27회) 복수; עֶזְרָה와 עֵזֶר 도움; סַעַר와 סְעָרָה 폭풍우; מָעוֹן과 מְעוֹנָה 거처; מַעֲלָה 오름과 מַעֲלָה 계단; 사 13.1 מַשְׁעֵן וּמַשְׁעֵנָה 도움과 도움= 온갖 종류의 도움. חֹק와 חֻקָּה의 차이점은 BDB s.v. חֻקָּה 끝 부분을 보라[1].

§ 135. 집합적 단수, 종의 단수 등으로 표현된 복수성

a 복수의 개념은 복수형뿐 아니라(§ 136) 쌍수 어미(§ 91)로도 표현되지만, 집합적 단수[2](§ *b*)와 종의 단수 명사로도 표현된다(§ *c*); 끝으로 복수성 개념과 유사한 몇몇 개념은 단수 명사의 반복으로 표현된다(§ *d*).

b **집합 명사**는 엄밀하게 말하면 개체들이 그룹을 형성하는 복수성을 가리킨다[3]. 예, בָּקָר *armentum*(큰 가축의 떼), 소 과의 개체들의 집합[4]; צֹאן (f.) *pecus*(조그만 가축 떼), 양 과와 염소 과의 개체들의 집합[5]; עוֹף 조류, 새들; רֶמֶשׂ 타닥타닥 소리 내는 떼; שֶׁרֶץ 꿈틀거리거나 뛰어다니는 떼; טַף 꼬마(가끔 여인들을 포함하거나 암시한다, 신 1.39; 참조, BDB, 1124a); רֶכֶב 가끔 집

---

[1] Ben-Asher(1978)는 이 예들 중 몇 개가 문체의 차이 때문에 발생한 것으로 본다. Lambert도 이미 지적한 바가 있다. § 172.

[2] 아랍어에서 복수성 개념은 매우 빈번하게 집합 명사로 표현된다(깨어진 또는 내적 복수형), 예, /ʕabīd/ 종들은 집합적으로 *servitium* 종들의 구성원; 반면에 엄밀한 복수형(외적 복수형) / ʕabdūna/ (단수. ʕabd)는 개별적으로 여겨지는 여러 명의 종들을 가리킨다.

[3] 집합 명사는 그것을 가리키는 형용사, 대명사나 동사가 복수형일 때 알 수 있다.

[4] 그들의 일반적인 용법 때문에, 우리는 여기서 소 과와 양 과, 염소 과에 대한 명사들을 조금 상세하게 제시하고자 한다.
소 과(科): בָּקָר, 집합 명사와 종의 명사(복수형 בְּקָרִים은 후기에 단 한 번 나온다. 느 10.37; 대하 4.3'); שׁוֹר, 소 과의 개체를 가리키는 단위의 명사로서 성과 나이에 상관없이 특히 남성을 가리키기도 한다. 즉, 소(황소의 의미 [아람어, 아랍어]는 히브리어 번역에서 분명치 않다). 남성을 가리키는 명사들: שׁוֹר 소 외에도 우리는 אֶלֶף*(희소함), אַלּוּף(1회); עֵגֶל 송아지; פַּר 수소(*juvencus*) אַבִּיר (시문) 황소. 여성 명사들: עֶגְלָה 젊은 암소(*vitula, juvenca*); פָּרָה (*juvenca, vacca*).

[5] **양 과(科)와 염소 과(科)**는 두 종을 포함하는 속명(generic) 명사이다: צֹאן, 집합 명사와 속명 (genus) 명사; שֶׂה, 단위 명사로서 성과 나이를 불문하고 양 과와 염소 과의 개체를 가리킨다(עַתּוּד 는 가끔 두 과의 남성을 가리키는 데 사용된다). **I. 양 과**: 종을 가리키는 명사는 없다. כֶּבֶשׂ (드물게 כֶּשֶׂב), 단위 명사, 참조, 출 12.5; 민 18.17. 남성 명사: כֶּבֶשׂ 양 (일반적); כַּר 양 (희소함); טָלֶה 작은 새끼 양; אַיִל 숫양. 여성 명사: כִּבְשָׂה 암양 새끼; רָחֵל 암양. **II. 염소 과**: 종류(species)를 가리키는 명사는 없다. עֵז, 단위 명사, 참조, 출 12.5; 민 18.17. 남성 명사: גְּדִי 염소 새끼; שָׂעִיר 숫염소(엄밀히 말하면 털난 것); תַּיִשׁ 숫염소(희소함); עַתּוּד 숫염소(두 과의 남성을 위하여 사용되기도 함). 여성 명사: עֵז 암염소, שְׂעִירַת עִזִּים(2회); גְּדִיָּה 암염소 새끼.

합적으로 마차; פְּרִי 과일. 이 모든 집합 명사들은 צֹאן (f.)을 제외하고 모두 남
성형이다(또한 § 134 *p*을 보라).

여성형 어미와 함께 나오는 집합 명사: בְּהֵמָה 짐승들, 가축(큰 짐승들,
주로 집짐승; 복수형은 드물고 시문에서 나옴); רִמָּה 벌레; דִּמְעָה 눈물(복수형
은 아주 드물고 시문에서 나옴[1]); צִיצִית 술 장식(*fringes*), 다발(*tufts*); נְבֵלָה
시체(또한 § 134 *o, p*를 보라). 여성형 어미 없이 나오는 것: נֶפֶשׁ 사람들[2].

c   거의 대부분의 단수 명사는 **종의 명사**나 범주의 명사로 사용될 수 있
다. 이것은 속명(generic)의 용법이다. 그리고 그것은 복수와 동일해진다[3].
이리하여 אָדָם 인간(*homo*)[4] 그리고 אִישׁ 사람(*vir*)은 종의 명사로 사
용된다: 사 2.9(복수형 אֲנָשִׁים 11, 17절과 대조); אִשָּׁה는 삿 21.16에서
נִשְׁמְדָה מִבִּנְיָמִין אִשָּׁה 여자 [범주로서]가 베냐민 지파에서 멸망당하였다 =(모든)
여자들(참조, 삼상 21.6); גֵּר 나그네는 거의 대부분 단수이다. 예, 신 29.10(복
수형 뒤에서); 창 32.6의 명사 וַיְהִי לִי שׁוֹר וַחֲמוֹר צֹאן וְעֶבֶד וְשִׁפְחָה 나는 소와 나
귀, 작은 가축(집합 § *b*), 남종과 여종이 있다. אִישׁ יִשְׂרָאֵל(삼상 11.8)와 אִישׁ יְהוּדָה
(수 9.6) 구는 복수형; אַנְשֵׁי י'보다 더 빈번하게 나오며 속명 그룹의 개념을
더 잘 표현해 준다. 족속명(*nomina gentilicia*)도 이와 같이 사용된다. 예,
וְלָרֻאוּבֵנִי וְלַגָּדִי וְלַחֲצִי שֵׁבֶט הַיְבוּסִי 여부스족 הָאֱמֹרִי 아모리족; 창 10.16
הַמְנַשֶּׁה 르우벤 족속과 갓 족속과 므낫세의 반 지파에게 수 1.12. 출 34.12f.에서
숫자의 유동성을 주목하라: 너희들은 그 땅의 주민들(יוֹשֵׁב הָאָרֶץ)과 언약을 맺
지 않도록 스스로 주의하라...너희는 그들의 제단들(מִזְבְּחֹתָם)을 헐고, 그들의 신상들
(מַצֵּבֹתָם)을 부수고, 그들의 목상들(אֲשֵׁרָיו)을 찍어버려라; 겔 11.6 너희들은 이 성에
서 너희들이 살육한 자들(חַלְלֵיכֶם)을 증가시켰고, 거리를 시체(חָלָל)로 가득 채웠다.
종이나 범주의 명사는 자주 כֹּל 모두와 함께 나온다: 신 29.9 כֹּל אִישׁ יִשְׂרָאֵל
이스라엘의 모든 사람들(네 개의 복수형 다음에); 출 1.22 כֹּל־הַבֵּן 모든 아들들
(§ 139 *g*), 분사형도 마찬가지이다: 삼하 2.23 כֹּל־הַבָּא 온 모든 자(§ 139 *i*).

---

[1] 욘 4.11 בְּהֵמָה רַבָּה는 분명히 "큰 짐승"을 뜻하지는 않는다.

[2] 이 단어의 이 용법에 대한 완전한 목록은 BDB, s.v., 4, c,(3)을 보라.

[3] 이 단수 용법은 몇몇 언어에도 나오지만, 히브리어에서처럼 동일한 확장은 일어나지 않는다. *homo est mortalis*와 같은 문장은 *homines sunt mortales*와 동일하다.

[4] אָדָם도 집합 명사이다. 예, 창 6.1 사람 = 사람들, 인류.

d   복수형과 유사한 어떤 개념은 단수 명사의 **반복**으로 표현된다: 각각, 모두의 개념: יֹום יֹום 매일([1]) 신 39.10; שָׁנָה שָׁנָה 해마다 신 14.22; אִישׁ אִישׁ 각 사람, 모두 출 36.4; בַּבֹּקֶר בַּבֹּקֶר 매일 아침 출 16.21; וְ와 함께: וְאִישׁ אִישׁ 모두에 1.8; דֹּור וָדֹור 대대로 신 32.7; יֹום וָיֹום 매일 에 3.4; לְשַׁעַר וָשַׁעַר 대하 35.15. 후대 성서 히브리어, 쿰란 히브리어, 미쉬나 히브리어에서는 כֹּל과 바브를 추가한다: 시 145.13 בְּכָל דֹּור וָדֹור; 에 2.11 בְּכָל יֹום וָיֹום; בְּכָל עִיר וָעִיר 대하 11.12; 완전한 목록은 BDB, s.v. כֹּל, 1, b 끝([2])을 보라.

        다양성, 다양한 종류를 표현할 때: אֶבֶן וָאֶבֶן 다른 저울추들 신 25.13(잠 20.10 참조); לֵב וָלֵב 두 마음 = *cor duplex* 시 12.3; 대상 12.33.

e   단수나 복수 명사의 반복은 어떤 뉘앙스를 표현하기 위한 문체의 과정이다. 단수: 신 2.27 בַּדֶּרֶךְ בַּדֶּרֶךְ אֵלֵךְ 나는 길만 따라 바로 걸을 것이다; 왕하 25.15 אֲשֶׁר זָהָב זָהָב 그곳에 있는 것은 모두 금이었다(참조, Thenius ad loc.). 복수: 출 8.10(한 14절) חֳמָרִים חֳמָרִים 매우 많은 더미들; 창 14.10 매우 많은 역청 구덩이(참조, § 129 *r*); 욜 4.14 셀 수 없이 많은 무리들.

§ 136. 복수형

a   복수형은 개체적 존재의 복수성을 가리키는데 주로 사용된다. 그것은 또한 넓은 의미에서 어떤 것이 실제적 통일성을 가지면서도 어떤 방식으로 복수성을 표현할 때 사용되기도 한다. 이리하여 합성물에서는 구성 요소를, 확장된 물체에서는 다양한 구성 부분을, 특별히 완전한 존재에서는 그 존재의 다양성이나 강렬성, 또는 추상적인 것에서는 그 표현의 복합성을 고려하게 된다. 그러므로 우리는 히브리어에서 구성, 확장, 탁월성이나 장엄성, 강렬성, 추상성의 복수형으로 구분하게 된다.

        이 복수들 중 많은 것들은 오직 복수에만 사용되는 명사들이다(pluralia

---

[1] כָּל־הַיָּמִים은 모든 날들을 의미하지 않고 항상(יָמִים은 시간을 주로 가리킨다)을 뜻한다. 이와 같이 לְיָמִים도 하루마다가 아니라 해마다를 가리킨다 삿 17.10(יָמִים은 일반적으로 해의 시간 단위임).

[2] Hurvitz 1972: 70-73, Polzin, 47-51과 Qimron, *HDSS*, 81f.를 보라. 게비르츠는 접속사가 있는 구문과 없는 구문(דֹּור דֹּור 대비 דֹּור וָדֹור) 사이의 대립은 문체적 변화를 위한 것이므로 역사적인 진화로 해석해서는 안 된다고 주장한다: Gevirtz 1986: 26-8.

tantum § 90 *f*). 더구나 그것들 중 상당수는 단지 시문에서만 나온다.

b   **구성**의 복수: חִטִּים 알곡과 줄기로 구성된 밀, 예, 항상 קְצִיר חִטִּים 밀 추수, 창 30.14(חִטָּה는 종으로서의 밀을 가리킨다: 출 9.32; 신 8.8); שְׂעֹרָה와 שְׂעֹרִים 보리; פִּשְׁתָּה와 פִּשְׁתִּים 아마(*flax*); כֻּסְּמִים와 כֻּסֶּמֶת 사료에 대해서는 같은 구분을 할 수 있다(¹). כֶּסֶף에서 כְּסָפִים 창 42.25 은 조각들[돈]; עֵץ에서 עֵצִים 나무 조각들; בְּדִיל에서 בְּדִילִים 납의 찌끼 사 1.25; בַּד 세마포, בַּדִּים 세마포 옷 단 10.5. 시문에서 לֵילוֹת는 가끔 밤의 일부, 밤 시간을 가리킨다. 사 21.8(참조, LXX); 아 3.1, 8; 시 16.7; 92.3; 134.1. 복수형 דָּמִים은 뿌려진 상태의 피를 가리키며(피의 얼룩, 피바다) 따라서 살인으로 흘려진 피를 말한다, 창 4.10, 따라서 살인, 겔 22.2.

비교, 짝으로 구성된 것(dual of composition): נְחֻשְׁתַּיִם 동(copper), 놋, 놋쇠(*bronze*) 두 조각 = 쇠사슬(죄수의; 비교, 불어 *les fers*, 영어 *irons*); עַרְבַּיִם. § 91 *g*를 보라.

מַיִם 물은 구성의 복수(²)나 확장의 복수로 설명할 수 있다.

c   **확장**의 복수: שָׁמַיִם 공중, 하늘; מְרַאֲשׁוֹת 침대 머리(머리를 두는 부분); מַרְגְּלוֹת 발등상; אֲחוֹרִים 뒷 부분 출 26.12 등; פָּנִים 얼굴(겔 1.6에서 형태는 정상적인 복수형으로 사용된다. 얼굴들); צַוָּארִים 목, 유사어 גַּרְגְּרוֹת (항상 접미사와 함께); 시 88.7 "주께서는 나를 구덩이의 바닥(תַּחְתִּיּוֹת), 어두운 곳(מַחֲשַׁכִּים), 깊은 곳(מְצֹלוֹת)에 두셨다."

d   **탁월성** 또는 **위엄**의 복수(³): אֱלֹהִים 하나님(또한 일반적인 복수형: 신들); 그것은 일반적으로 단수와 연결된다(§ 148 *a*, 150 *f*); 비교, קְדֹשִׁים 거룩한 자(잠 9.10; 30.3) 그리고 아람어 עֶלְיוֹנִין 지존자(단 7.18, 22, 25).

---

¹ 이것은 단수에서 여성 어미와 복수에서 남성 어미를 갖는 일련의 명사들 중 일부이며, 대부분 농산물이나 꽃들의 다양한 종류를 가리킨다: לְבֵנָה 벽돌; בֵּיצָה*(미쉬나 히브리어[MH]에 나오는 단수) 달걀; דְּבוֹרָה 벌; נְמָלָה (MH에서 복수. נְמָלִים) 개미; עֲדָשָׁה*(MH에 나옴) 콩; עֲרָבָה*(MH) 백양 *poplar*; פַּגָּה*(MH에도) 이른 무화과; שׁוֹשַׁנָּה 백합; שִׁטָּה 아카시아 나무; שִׁקְמָה*(MH) 뽕나무; תְּאֵנָה 무화과는 아랍어 집합 명사 *tīn*과 같이 암몬어에서 אתן으로 나오며(Heshbon ostracon 2), בערם 멍에에 맨 짐승과 חבלם 밧줄과 평행을 이룬다.

² 여러 언어에서 물을 가리키는 명사들은 복수형을 가지는 경향이 있다: 신선하고 흐르는 물이 도착하는 것은 독자적인 부분으로 구성된 느낌을 준다; 참조, Meyer-Lübke 1890-1906: 3, § 26.

³ Euting 1896-1914: VII(참조, 127)은 현대 아랍어 방언에서 위엄의 복수형에 대한 흥미로운 예를 언급한다. 하옐(Ḥayel)의 세이크(shayḫ…)는 *aš-šuyūḫ* (깨어진 복수형: *the sheiks*)로 불린다. 이 예를 볼 때, 위엄의 복수가 추상의 복수에서 나왔다고 가정할 필요가 없다. 위엄의 우리는 히브리어에는 존재하지 않는다. § 114 *e*, n. 삿 11.35에 대한 버니(Burney 1930)의 글을 보라.

אֲדֹנִים 주인(*lord*)과 주님(*Lord*)(또한 일반적 복수: 주들[*lords*]). 위엄의 복수는 모든 형태에 존재하지만, 1인칭 단수 אֲדֹנָי에는 세 가지 특징이 나온다(¹): 1) 그것은 신성하다 (하나님에게만 사용된다); 2) 그것은 (강조적) 카메츠를 갖고 있다; 3) 접미사는 실제적으로 아무런 값도 갖고 있지 않다(²): 주님(*Lord*). 위엄의 복수는 상당히 폭넓게 단수 개념을 배제해 버렸다. 그것은 접미사 없이 אָדוֹן(신성하든 세속적이든)과 אֲדֹנִי 나의 주 형태로만 발견된다. 따라서 다음과 같은 것들이 있다: אָדוֹן (신성하든 세속적이든; 하나님에 대해 말할 때는 항상, אֲדוֹן כל הארץ, 6회); אֲדֹנִי(신성하든 세속적이든); 1인칭 단수형에서 אֲדֹנִי(세속적 예, אֲ׳ הַמֶּלֶךְ); אֲדֹנָי יְהוִה(신성한 예, אֲדֹנָי יְהוָה)(³); 다른 인칭에서는, 예, אֲדֹנֵינוּ 우리 주, 우리 주님(그리고 우리의 주인들)(⁴).

בַּעַל 주인, 주라는 뜻(남편이라는 뜻이 아닌)에는 위엄의 복수가 있지만, 접미사와 함께 나와야만 한다(사실 בְּעָלָיו 그의 주인과 בְּעָלֶיהָ 그녀의 주인만 나옴). תְּרָפִים 드라빔(가정 우상, 가족 신들)은 삼상 19.13, 16에서 단수로 취급되며 아마 탁월성(*excellence*)의 복수형일 것이다.

חָכְמוֹת 지혜(§ 96 A *b*)는 일종의 위엄(*majesty*)의 복수형으로 보인다.

e   하나님 또는 주인을 가리키는 아래의 경우에는 아마도 선행하는 명사를 유추하여(⁵), 위엄의 복수가 나오는 것 같다. 하나님에 대하여 말하는 것: עֹשָׂי 나의 창조자 욥 35.10; עֹשַׂיִךְ 사 54.5; עֹשָׂיו 시 149.2. 주인에 대하여 말하는 것: שֹׁלְחָיו 그를 보낸 사람 잠 10.26; 25.13(|| אֲדֹנָיו); מְרִימָיו 그것을 드는 자 사 10.15.

f   강렬성의 복수(⁶)(앞 항목과 유사한): תַנִּינִים (큰) 용(*dragon*) 시 74.13; 아마 בְּהֵמוֹת 베헤못(*Behemoth*)(큰 짐승) 욥 40.15에서 이 단어는 동사와 남성 단수 소유 대명사와 함께 나온다. 그러나 가끔 강렬성의 복수로 여겨지는 추

---

¹ 참조, Eissfeldt 1970ff.: 1, cols. 62-78, 그 중에서도 특히 /āy/는 이 경우에 특별한 확언형으로 "만유의 주(*Lord of all*)"라는 뜻이 된다. 그렇지만 אֲדֹנִי (세속적/ 인간적)와 אֲדֹנָי (신적) 사이에 대립이 있다는 주장은 신학적으로 동기 부여가 된 인위적인 해석이라고 할 수 있다; 참조, צֶלֶם 대비 צֶלֶם, טַעַם 대비 טַעַם, 그리고 성서 아람어에 나오는 독특한 לֶהֱוֵא.

² 비교, 불어 *monseigneur* (*mon seigneur*에서 유래됨), *madame; un monsieur*.

³ אֲדֹנַי 나의 주 (*my lords*) 창 19.2(단 한 번).

⁴ 삼상 16.16 אֲדֹנֵנוּ 우리의 주 (*our lord*), 요드 없이 나오며 거의 부정확해 보인다.

⁵ ל״ה 어근에서는 명백한 복수형이 있는 것 같다(§ 96 C *e*). 예, 사 42.5 נֹטֵיהֶם; 22.11 עֹשֶׂיהָ.

⁶ 참조, Ember 1905.

상적인 복수 명사들(§ g)은 이 뉘앙스를 가진 것 같지 않다. 예, בַּטֻּחוֹת 안전; אוֹנִים 힘(사 40.29은 강렬성 개념을 배제한다). 본질의 베트(*Beth essentiae* 또는 술어의 *Beth*, § 133 *c*)와 함께 나오는 것으로 시 118.7 יהוה לִי בְּעֹזְרָי 야웨는 나의 (큰) 원조자이다; 54.6; 삿 11.35.

g　　　**추상**의 복수. 추상 명사는 상당히 자주 복수형으로 표현된다. 이것은 엄밀하게 말하면, 성질이나 상태를 다양하고 구체적으로 표현하기 위해서이다; 이리하여 בַּטֻּחוֹת 안전은 원래 확실한 상황들, 확실한 것들(*secura*)을 뜻했는데, 안전으로 개념이 변했다.

성질: אֱמוּנוֹת 온전함 잠 28.20†(단수가 빈번함) 그리고 אֱמוּנִים(7회; 단수 אֵמוּן 1회); בִּינוֹת 명철 사 27.11†(단수가 빈번함); תְּבוּנוֹת 명철(6회; 단수가 빈번함); דֵּעוֹת 지식 삼상 2.3; 욥 36.4†(단수, דֵּעָה 4회); בַּטֻּחוֹת 안전 욥 12.6† 그리고 מִבְטַחִים 사 32.18; 렘 2.37(단수가 빈번함); יְשׁוּעוֹת 구원 사 26.18; 시 18.51; 28.8; 42.6; 44.5 등(단수가 빈번함); הַוּוֹת 악함(불행과 악독); חֲמוּדוֹת 탁월함 단 9.23; אִישׁ חֵמוֹת 잠 22.24(= 15.18 אִישׁ חֵמָה 심술궂은 사람); חֲרָפוֹת 수치 단 12.2; תַּהְפֻּכוֹת 패역(단수 없음)(¹); מֵישָׁרִים 올바름; אוֹנִים 힘 사 40.26,29; רַחֲמִים 동정심; בְּמִסְתָּרִים 렘 13.17; 시 17.12; 애 3.10 그리고 בַּמִּסְתָּרִים 시 10.8; 64.5 은밀히(בַּסֵּתֶר와 같이 합 3.14; 시 10.9); מַמְרֹרִים 쓰라림 욥 9.18; מַמְתַקִּים 달콤함 아 5.16; מַחֲמַדִּים 매력, 아름다움 아 5.16; שַׁעֲשֻׁעִים 즐거움, 기쁨(단수는 없다); תַּעֲנוּגִים 즐거움, 기쁨. 예들은 대부분 시문임. § 90 *f*를 참조하라.

h　　　상태(²): בְּחוּרִים(³) 성년(상태나 시간) 민 11.28(*i*)†; בְּחוּרוֹת 전 11.9; 12.1†; בְּתוּלִים 처녀성(상태): 레 21.13 등(그러나 시간: 삿 11.37); זְקֻנִים 노년(상태 또는 시간; 대조, זֹקֶן 노년의 질: 노년); כְּלוּלוֹת 약혼(시간: 렘 2.2†); מְגוּרִים 나그네 생활; נְעוּרִים 젊음(시간) [비교, נֹעַר (시적) 시간: 시 88.16; 잠 29.21; 욥 36.14; 아마 젊음의 질 33.25†]; 1회 נְעוּרֹת 렘 32.30; סַנְוֵרִים 일종의 시각 장애(거짓 환상) 창19.11; 왕하 6.18†; עֲלוּמִים 젊음(시간: 시 89.46;

---

¹ קִנְאָה 대신에 복수형 קְנָאוֹת는 법적이고 의식적인 상황에서 질투의 뜻으로 사용된다. ק' מִנְחַת 질투의 예물 민 5.15, 18, 25; ק' תּוֹרַת 질투의 법. 29절†.

² 상태는 본질적으로 지속적이므로, 이 복수형은 시간의 확장 개념으로 설명할 수 있을 것이다(§ *c*).

³ 만약에 일차적 의미가 젊은 사람이었다면(Brockelmann, *GvG*, II 60; BL, p. 472), בְּחוּרִים, בַּחוּרוֹת*가 나왔을 것이다.

욥 33.25; 상태 사 54.4[= 금욕]; 젊음의 질 = 청춘의 힘, 욥 20.11); שְׁכֻלִים 자식이 없음 사 49.20. 아마 הַחַיִּים 생명이란 단어도 여기에 포함해야 할 것 같다.

i 행동들([1]): זְנוּנִים 간음, 매춘; כִּפֻּרִים 속죄(미쉬나 히브리어에서도 כִּפּוּר); מִלֻּאִים 봉헌; נִחֻמִים 그리고 תַּנְחוּמִים 위로; שִׁלֻּחִים 돌려보냄, 해산(MH שִׁלּוּחַ); שִׁלֻּמִים 보응 사 34.8 שִׁלּוּם 호 9.7; 미 7.3†); שִׁמֻּרִים 불침번 출 12.42†; תַּחֲנוּנִים 간청.

j **일반화**의 복수. 이와 같이 다양한 종류의 복수 외에도, 일반화와 비한정성의 뉘앙스를 전달해 주는 몇몇 복수형이 시문에서 주로 나타나고 있다([2]). 대부분 이것들은 구상 명사들이다. 이리하여 다음과 같은 단어에 복수형이 나온다. 잠, 꿈, 환상: שֵׁנוֹת 잠, 수면 잠 6.10(= 24.33†); תְּנוּמוֹת 잠, 수면 잠 6.10=(24.33); 욥 33.15†; חֲלֹמוֹת 꿈 창 37.8; 단 2.1†; מַרְאוֹת 환상 창 46.2; 겔 1.1 등. 다른 예들: 슥 9.9 בֶּן־אֲתֹנוֹת 암나귀 새끼(비교, 아 2.9 어린 사슴); 삼상 17.43 מַקְלוֹת 막대기(들); 삿 11.36; 삼하 4.8† נְקָמוֹת 보복; 창 21.7 בָנִים 아들; 출 21.22 יְלָדֶיהָ 그녀의 아이; 시 133.3 הַרְרֵי צִיּוֹן 시온의 산(cp. 암 3.9; 아 4.8); 렘 23.24 בַּמִּסְתָּרִים 감추어진 곳(또한 비밀리에, § *g*).

k 최종적으로 어떤 복수는 다양하게 설명되며 특히 시문에서 그러하다. 예 חֶרְמוֹנִים 헤르몬 시 42.7†(다른 모든 곳에서는 חֶרְמוֹן); 아마 강렬성의 복수(§ *f*)나 확장의 복수(§ *c*)로, 헤르몬 산맥(*the Great Hermon*)을 뜻하는 것 같다.

l 같은 특징을 가진 몇몇 개체들이 나오는 경우에 단수 개념이 있음에도 복수를 사용하는 경향이 있을 뿐만 아니라, 복수형 대신에 단수형을 사용하는 반대 경향도 있다. 특히, 신체(손, 머리, 마음, 입)나 소리 등: 삿 7.19 "그들의 손에 있는 항아리 בְּיָדָם"; 7.25 "오렙과 스엡의 머리"; 렘 32.40 "나는 그들의 마음 속에 나를 두려워하는 마음을 둘 것이다."(복수형, 마음들[*hearts*]은 희소하다: 8회); 시 17.10 דִּבְּרוּ פִימוֹ 그들의 입(들)이 말했다; 룻 1.9 "그들은 그들의 소리를 높였다 קוֹלָן"; 룻 1.2 "그의 두 아들들의 이름으로"; 왕하 23.14 מְקוֹמָם 그

---

[1] 몇몇 경우에 복수형은 전체적인 행동을 만드는 무수한 동작들로 설명할 수 있을 것이다. 다른 경우에는 복수형을 설명하기 어렵다. 따라서 שִׁלֻּחִים 돌려보냄, 해산(그러나 이탈리아어 복수형 *dare le sue dimissioni* "사표를 제출하다", *prendere le difese di* "일어나다, 옹호하다"와 같은 것을 비교하라).

[2] 따라서 아가서에 여러 번 나타난다(Joüon 1909a: 79): 1.91.9 רְכָבֵי; 1.17 בָּתֵּינוּ; 2.9 אַיָּלִים, פְּתָחֵינוּ; 2.14 חֲגְוֵי; 2.17 הָרֵי; 3.6 תִּימֲרוֹת 5.5 כַּפּוֹת; 6.2 גַּנִּים; 7.14 פְּתָחֵינוּ חֲלֹנוֹת.

들의 소재지들; 25.28 **כִּסֵּא** "왕들의 보좌들"; 스 1.9 **מִסְפָּרָם** 그들의 숫자(오직 복수뿐, 대상 12.23).

m   **속격 그룹**의 복수. 속격 그룹의 복수형을 만드는 세 가지 방법이 있다. 일반적으로 첫 번째 명사만 복수이지만, 두 번째 명사만 복수가 되는 몇몇 희소한 경우가 있으며, 둘 다 복수인 경우도 자주 있다.

          1) **첫 번째 명사**만 복수인 경우. 이것은 일반적이고 논리적인 구문이다: 대상 7.2 **גִּבּוֹרֵי חַיִל** 용감한 군사들; 삼상 22.7 **בְּנֵי יְמִינִי** (단수 베냐민 사람들); 접미사와 함께: 신 1.41 **כְּלֵי מִלְחַמְתּוֹ** 그의 전쟁 무기=그의 무기들(§ 140 *b*).

n   2) **두 번째 명사**만 복수인 경우. 이 희소한 구문은 속격 그룹이 하나의 명사와 동일하게 밀접한 그룹을 형성함을 가정한다. 그것은 오직 **בַּיִת**와 함께 나오며, 가장 일반적으로 **בֵּית אָב** 가족(문자적으로 아버지의 집[식구]), 복수 **בֵּית אָבוֹת** 출 6.14 등. 다른 예들: 왕하 17.29, 32 **בֵּית הַבָּמוֹת** 산당의 건물들 (그러나 23.19 **בָּתֵּי**); 왕상 12.31(대조, 13.32); 아마 미 2.9; 삼상 31.9(¿); 겔 46.24.

o   3) **두 명사**가 복수인 경우. 이 일반적인 구문은 문법적인 견인력으로 설명할 수 있다(¹): 첫 번째 명사의 복수는 두 번째 명사에 기계적으로 전달된다: **גִּבּוֹרֵי חֲיָלִים** 용감한 군사들(대상 7.5 등; 대조, 7.2, §*m*). 복수형 **חֲיָלִים**은 다른 곳에서 용맹스러움이란 뜻으로 결코 사용되지 않으며 추상의 복수로 설명될 수 없다(§*g*); 아마 **שָׂרֵי הַחֲיָלִים** 군대의 지휘관들(왕상 15.20 등, 이곳에서 아마 하나의 군대가 의도된 것 같다; 대조, 삼하 24.4 **שָׂרֵי הַחַיִל**); 민13.32 **אַנְשֵׁי מִדּוֹת** 키가 큰 사람들(대조, 사 45.14 **אַנְשֵׁי מִדָּה**); 신 9.9 **לוּחוֹת הָאֲבָנִים** 돌판들(대조, 출 24.12 **לוּחוֹת הָאֶבֶן**); 스 3.3 **עַמֵּי הָאֲרָצוֹת** 땅의 백성들(땅들의가 아님); 대상 29.30 **כָּל־מַמְלְכוֹת הָאֲרָצוֹת** πάσας βασιλείας τῆς γῆς; 대상 29.4 **קִירוֹת הַבָּתִּים** 성전의 벽들; 신 9.2*a* **בְּנֵי עֲנָקִים** (대조, 2*b* **בְּנֵי עֲנָק**); 시 63.6 **שִׂפְתֵי רְנָנוֹת** 기쁨의 입술들; 창 42.35*b* **צְרֹרוֹת כַּסְפֵּיהֶם** 그들의 전대들(대조, 35*a* **צְרוֹר־כַּסְפּוֹ**). 비록 이 구문은 후대 성서 히브리어에 제한되지 않았지만, 역대기자는 이 같은 구문을 좋아했다(²). 예, **אַנְשֵׁי שֵׁמוֹת** 유명한 사람들 대

---

¹ 불어 *de guerre lasse* (*las* 대신)는 이런 식으로 설명할 수 있다. 비교, *la Nouvelle-Zélande*의 주민들을 *les Néo-Zélandais*로 표현하는 것.

² Kropat, 8ff.

상 5.24; 12.30 (대조, אַנְשֵׁי שֵׁם 민 16.2; 참조, 창 6.4). 그것은 또한 쿰란 히브리어[1]와 미쉬나 히브리어에 일반적이다. 예, בָּתֵּי כְּנֵסִיּוֹת 회당, 만나는 곳.

§ 137. 한정과 비한정: 정관사[2]

a 명사는 그 자체로나 또는 한정적인 요소로 한정된다.

  보통 명사(common nouns 또는 *appellatives*)는 그 자체로 비한정적이다; 그것들은 한정적인 요소로 한정된다. 관사: הַבֵּן 그 아들; 접미사: בְּנִי 내 아들; 한정적인 피지배 명사: בַּת הַמֶּלֶךְ 왕의 딸; בַּת בְּנִי 내 아들의 딸; בַּת דָּוִד 다윗의 딸.

b **고유 명사**는 유일한 존재를 가리키므로 그 자체가 한정적이다. 그것들은 한정 요소를 취하지 않으므로 한정적 속격이 그 뒤를 이을 수 없다(비한정적인 속격도 마찬가지이다. § 131 *n-o*). 이처럼 고유 명사들은 보통 명사의 가치가 여전히 존재하는 것으로 인식되는 몇 경우를 제외하고는 정관사를 취하지 않는다; 이리하여 항상 הַיַּרְדֵּן 요단 강(아마도 그 강 또는 물 긷는 곳), 창 32.11 הַיַּרְדֵּן הַזֶּה 이 요단 강; 일반적으로 הַלְּבָנוֹן 레바논 산(아마도 흰 [산]); הַגִּבְעָה (그 언덕); הָרָמָה (높은 곳); הָעַי (무너진 작은 언덕?); הַבָּשָׁן (어근?).

  사람을 가리키는 고유 명사는 그것이 형용사나 분사로 구성되었어도 정관사를 취하지 않는다[3].

c 족속명(*nomina gentilicia*)은 정관사를 취한다. 예, הָעִבְרִי 히브리인, הָעִבְרִים 히브리인들. 예외: פְּלִשְׁתִּים 블레셋인들은 주로 정관사 없이 나온다(8회 הַפְּ׳, 18회 בַּפְּ׳, 등); 항상 כַּפְתֹּרִים 갑돌인(3회).

d 고유 명사로 사용되는 몇몇 보통 명사들은 정관사를 취하지 않는다: עֶלְיוֹן 지존자; שַׁדַּי 전능자; 단수 אֱלוֹהַּ 하나님(시문). 전치사와 함께 나오는 정

---

[1] Qimron, *HDSS*, 74f.

[2] 바아(Barr 1989a)는 일반적으로 가정되고 있는 성서 히브리어의 정관사의 용법과 한정의 논리적 범주 사이에 있는 주술 관계(nexus)에 대하여 매우 비판적이다. 바아의 입장에 대한 비판은 Müller 1991을 보라.

[3] 그러나 하나의 예로 "므낫세의 반 지파" חֲצִי שֵׁבֶט הַמְנַשֶּׁה 수 1.12에서 정관사 הַ는 "반(half)"에 속한다: 또한 חֲצִי הַמְנַשֶּׁה 대상 27.21을 보라.

관사는 결코 위엄의 복수와 함께 나오지 않는다(§ 136 *d*) (בֵּאלֹהִים ,לֵאלֹהִים, מֵאֱלֹהִים)([1]); 그러나 אֱלֹהִים 외에도([2]) הָאֱלֹהִים이 가끔 나온다. 바알은 항상 הַבַּעַל (주님, Lord)로 나온다.

e **관찰**. 인칭과 지시 **대명사**들은 항상 한정된 존재를 나타내기 때문에 그 자체로서 한정적이다. 따라서 대격의 불변사 אֵת가 이 대명사들과 함께 나온다: אֵת־זֹאת 삼하 13.17; אֹתָהּ 18절. 대명사 접미사와 함께 나오는 명사는 한정적이다: בְּנִי 내 아들(참조, § 140 *a*).

3인칭 대명사 הוּא 등과 지시 대명사 זֶה 등은 비록 스스로 한정적이지만, 명사의 한정어로 사용될 때 형용사적 기능을 하기 때문에 정관사를 취한다: בַּיּוֹם הַהוּא 바로 그날에, 그날에; בַּיּוֹם הַזֶּה 이날, 오늘(§ 138 *g*). 그러나 모압어에서 הבמת זאת 이 산당이 나온다(메샤의 비문 제3행).

f **보통 명사**. 정관사 용법에 관한 한, 이 명사들은 몇몇 인도-유럽어와 분명히 다르게 취급된다. 일반적으로 말하면, 히브리어에서 정관사 용법은 상당히 느슨하다([3]). 더구나 모음 표기로만 인식될 수 있는 경우에는 신빙성도 없다: 일반적으로 나크다님은 정관사에 모음을 붙이는 경향이 있다([4]).

---

[1] 정관사의 부재는 모음 표기된 본문에서만 분명해진다(비교, 나크다님이 정관사의 모음을 더하려는 경향은 § *f*). 여기에서 בֵּאלֹהִים, לֵ'אֱ은 신들 사이에 시 86.8† 또는 신들에게 출 22.19†에서 생길 수 있는 혼란 때문에 기피되었다.

[2] 이 무관사 형태는 초기 책에 더 자주 나온다: Lerner 1985를 보라.

[3] **시문**에서 정관사 용법은 매우 자유롭다. 시에서는 하나의 음절이라도 줄이기 위하여 제거해 버리는 것이 일반적 경향이다. 이 현상은 운율적인 고려, 고안된 세련미, 간결성을 갖고자 하는 경향 때문에 생긴 것이다.
대부분의 동족 언어처럼 정관사는 상당히 후대에 발전한 것으로 보인다. 따라서 히브리어 고대 성경의 시문에 그것이 자주 생략된다: 특히 셈어에서 가장 오래된 아카드어에는 관사가 완전히 나타나지 않음을 주목하라. 그래서 드보라의 노래에서(삿 5장), 산문에서 나올 것으로 기대되는 것이 가끔 생략된다: עַם(2절), מְלָכִים .. רֹזְנִים(3절, 호격), אֶרֶץ(4절), שָׁמַיִם(4, 20절), עָבִים(4절), הָרִים(5절) 등. 반면에 시 전체에서는 정관사가 오직 다섯 번만 나타나며, 후접 전치사와 함께 접두된 다섯 개가 더 나올 뿐이다; עָם(9절). 또한 창 16.12 יָדוֹ בַכֹּל וְיַד כֹּל בּוֹ; 수 10.12 שֶׁמֶשׁ .. וְיָרֵחַ, 그러나 산문에서 즉시 뒤따른다(13절) .. הַיָּמִים הַשָּׁמַיְמָה וַיִּרַח; 미 1.2을 보라. אֶרֶץ의 시어 유사어인 תֵּבֵל(36회)은 단 한 번도 정관사를 취하지 않는 것을 주목하라. 다른 시어 명사로 תְּהוֹם(36회)은 정관사를 두 번 취하지만, 후접 전치사와 함께 나온다: 사 63.13, 시 106.9 בַּתְּהֹמוֹת. 티베리아 학파의 모음 표기에 구현된 비교적 후대 층은 사마리아 오경에 나타난 전통적 현상과 비교하여 확정된다: Schorch 2003을 보라.
참조, § *h* 이하. 통계는 Andersen - Forbes 1983 and Freedman 1985을 보라. 가아(Garr 1985: 89)에 따르면, 정관사는 주전 천년대 초에 처음 나타났다.

[4] 예: 삼하 23.21 בַּשֵּׁבֶט "한 막대기로" חֲנִית "한 자루의 창" 뒤에서; 전 11.3 בַּדָּרוֹם, בַּצָּפוֹן 그러

주어진 문장에서 보통 명사에 의하여 지시되는 것은 완전 한정, 비한정, 또는 불완전 한정이라고 할 수 있다(^{1}).

I. 완전 한정.

1) 한정은 주로 사물이 지목되어 **지시** 대명사가 사용될 수 있는 경우에 완전하다. 정관사 הַ는 원래 지시사였는데, 시간을 가리키는 어떤 몇몇 구에서는 여전히 약한 지시적 가치를 지닌다: הַיּוֹם 이날 = 오늘 창 4.14; הַלַּ֫יְלָה 이밤 = 오늘 밤 19.5; הַשָּׁנָה 올해 왕하 19.29; הַפַּ֫עַם 이때 출 9.27(^{2}).

2) 한정은 명사가 대명사 접미사(§ *c*)로 한정될 수 있는 곳에서 완전하다. 이 경우에 히브리어 정관사는 몇몇 유럽 언어의 **소유** 대명사와 가끔 일치한다: 창 24.65 (그녀는) 그녀의 너울을 (취하였다) הַצָּעִיף; 47.31 그의 침대 (왕상 1.47); 삿 3.20 그의 보좌(삼상 1.9); 삿 4.15 그의 전차(왕상 22.35; 왕하 10.15, etc.); 삼상 18.10 그의 창(20.33); 삼상 11.5 그의 소들; § 143 *e*를 비교하라.

3) 어떤 것은 **이미 언급되었을 때** 완전히 한정된다. 소위 전방 조응적(anaphoric) 용법: 정관사는 그때 약한 지시사와 동일하다. 예, 저 사람 (우리가 그에 대해 말한 사람)(^{3}): 룻 1.2 הָאִישׁ (대조, 1절 אִישׁ 한 사람)= הָאִישׁ הַהוּא 욥 1.1*b* (대조, 1*a*); 삼상 1.3 (대조, 1절); 왕상 3.24 "칼을 가져오라; 그리고 그 칼을 가져왔다"; 슥 3.5 (형용사와 함께); 창 18.8 (속격과 함께; 대조, 7절).

g   4) 사람(또는 사물)이 호명되면(**호격**), 그것은 항상 한정적이므로 항상 정관사를 가진다. 사실 정관사는 가끔 생략되며, 특히 시와 고양된 산문에서 그러하다. 아래와 같은 관찰을 할 수 있다.

a) 한정 명사와 동격일 경우 정관사가 필요하다: 삼상 24.9 אֲדֹנִי הַמֶּלֶךְ 내 주 왕이여!; 슥 3.8 יְהוֹשֻׁעַ הַכֹּהֵן הַגָּדוֹל 오 대제사장 여호수아여!

나 1.6 אֶל־צָפוֹן, אֶל־דָּרוֹם. 또한 לְאִישׁ 외에 לָאִישׁ에 대하여 § 147 *d*를 보라; § 138 *b*. 의심스러운 모음 표기에 대한 더 상세한 예는 Lambert, § 217을 보라.

^{1} 한정과 비한정의 다양한 정도를 비교해 보라: '그 손', '그 손으로부터', '한 손', '손에서 손으로'; '그 색으로', '그녀가 좋아한 한 색으로', '색으로(in colour)'; '그 샘'; '그가 한(= 어떤) 샘에 도착하였다'; '한(= 어떤) 샘으로 와 주십시오.'

^{2} 그러나 전치사와 나올 때에는 정관사가 충분하지 않으며, 지시사가 필요하다: בַּיּוֹם הַזֶּה 이 날에 = 오늘에 수 7.25; בַּפַּ֫עַם הַזֹּאת 이번에는 출 8.28(§ 126 *i*).

^{3} 이 경우에 한정성은 몇몇 인도-유럽어에서 가끔 소유격으로 표현된다: '우리의 사람'(우리가 말하고 있는 그 사람).

b) 함께 있는 사람을 가리킬 때에는 정관사가 주로 나온다: 삼상 17.55 הַמֶּלֶךְ 오 왕이여!; 58 הַנַּעַר 오 젊은이여!; 왕하 9.5 הַשָּׂר 오 장군이여!; 삿 6.12 הַחַיִל גִּבּוֹר 오 용사여!; 그러나 בֶּן־אָדָם 오 인자여! 겔 2.1 등.

c) 함께 있지 않거나 다소 가공의 인물을 가리킬 때에는 정관사가 가끔 빠진다: 전 10.7 אֶרֶץ 오 땅이여!; 11.9 בָּחוּר 오 젊은이여!; 잠 6.6 עָצֵל 오 게으른 자여!; 사 23.16 זוֹנָה 오 창녀여!; 잠 1.22 פְּתָיִם 오 미련한 자여!; 항상 בָּנִים 오 아들들아! 시 34.12; 잠 4.1 등. 그 밖에도 가끔 상당한 자유가 있다: 대조, 욜 1.2 הַזְּקֵנִים; 1.3 הַכֹּהֲנִים과 1.5 שִׁכּוֹרִים; 1.13 מִזְבֵּחַ מְשָׁרְתֵי; 오 하늘이여는 הַשָּׁמַיִם 신 32.1; שָׁמַיִם 사 1.2.

h 5) **독자적인 사물**은 바로 이 사실 때문에 한정적이며 일반적으로 정관사를 취하고 단수로 나온다. 이리하여 단순 산문에서는 항상 הַשֶּׁמֶשׁ 태양(¹); הַיָּרֵחַ 달; הַשָּׁמַיִם 하늘, 창공(²); 이와 같이 הָאָרֶץ 땅도 마찬가지이다. 땅을 향하여라는 방향을 지시하는 구로서 땅에 대고 절하다, 땅을 향하여 예배하다를 제외하고(§ 125 *n*), 왕상 1.31 אָרְצָה; 1.23 אַרְצָה.

이 같은 예로 הָעֵדוּת אֹהֶל 증거의 회막 민 9.15 등; הָעֵדוּת מִשְׁכַּן 증거의 거처 출 38.21 등; 그러나 מוֹעֵד אֹהֶל 회중의 장막(참조, § 125 *h*) 출 27.21 등이 있다.

i 6) **부류(classes)나 종류(species)**는 독자적이므로 바로 이 사실 때문에 한정적이고 소위 총칭적 용법으로 불려진다: 그것들은 가끔 정관사를 가진다(³). 따라서 정하고 부정한 동물들은 레 11.4ff.; 신 14.7ff.에서 정관사를 가진다(그러나 4-5절에는 없다!). 형용사나 분사: הַצַּדִּיק 의인; הָרָשָׁע 악인; 수 8.19 הָאֹרֵב (집합 명사) 매복한 자들. 참조, 민 11.12 הָאֹמֵן יִשָּׂא כַּאֲשֶׁר אֶת־הַיֹּנֵק 양육하는 아버지가 젖먹이를 품듯이.

부류나 종류를 가리키는 단어와 함께 나오는 정관사는 특히 **비교**에서 빈번하다(⁴): 삼상 26.20 "꿩을 사냥하듯이 הַקֹּרֵא"; 사 29.8 הָרָעֵב 배고픈 사

---

¹ 수 10.12 שֶׁמֶשׁ, 호격에도 불구하고 고대의 문장에서, 격조 높은 산문에서(대조 13절). 동일하게 יָרֵחַ에서도 관찰할 수 있다(상동). 수 10.13 וַיַּעֲמֹד הַשֶּׁמֶשׁ에서는 마소라 악센트에도 불구하고, 정관사가 구 전체 앞에 붙은 것처럼 보인다; 12절에서 שֶׁמֶשׁ .. יָרֵחַ. 또한 시 136.9 וכוכבים הַיָּרֵחַ와 전 12.2 והכוכבים והאור הַשֶּׁמֶשׁ을 대조하라.

² 창 14.19(22) וָאָרֶץ שָׁמַיִם קֹנֵה 하늘과 땅의 창조주, 엄숙한 어조에서.

³ § 135 *c*를 보라. *nomina gentilicia*는 § 135 *d* 참조.

⁴ 바아(Barr 1989a: 325-27)는 정관사 용법(또는 마소라 학파의 정관사 표시)은 비교하는 것과는

람; 창 19.28 כְּקִיטֹר הַכִּבְשָׁן 옹기점의 연기 같이; 삿 14.6 כְּשַׁסַּע הַגְּדִי 염소 새끼를 찢음 같이. 전치사 כ는 정관사와 함께 나오므로 발음이 분명해질 수 있다; 정관사가 가끔 사용된다(¹): 사 34.4 כַּסֵּפֶר; 10.14 כֵּן; 38.13 כָּאֲרִי; 항상 כַּכָּתוּב 기록된 것처럼(16회= כַּאֲשֶׁר כָּתוּב 2회); 그러나 정관사가 가끔 생략된다: 민 23.24 כְּגִבּוֹר כָּאֲרִי (24.9); 항상 כְּאַרְיֵה; 민 23.24 כְּלָבִיא; 욥 16.14 등. 명사 다음에 수식어나 관계절이 나오면 정관사는 생략된다: 사 38.14 כְּסוּס עָגוּר (대조, 13절 כָּאֲרִי); 삼하 17.8(호 13.8) כְּדֹב שַׁכּוּל; 사 29.5 כְּמֹץ עֹבֵר; 렘 23.9 כְּגֶבֶר עֲבָרוֹ יָיִן. 또한 참조, 사 62.1 כַּנֹּגַהּ .. כְּלַפִּיד יִבְעָר 빛 같이.. 타는 횃불 같이, 53.7 וּכְרָחֵל .. נֶאֱלָמָה .. כַּשֶּׂה 어린 양 같이 ... 잠잠한 양 같이 ..., 렘 23.29 וּכְפַטִּישׁ יְפֹצֵץ סָלַע .. כָאֵשׁ 불 같이 ... 반석을 쳐부수는 망치 같이; 시 102.12 .. כָּעֵשֶׂב .. כְּצֵל נָטוּי 기울어지는 그림자 같이 ... 풀 같이.

복수 명사가 부류나 종류의 개체들을 모두 포함한다고 생각될 때 정관사를 취한다: 창 1.16 הַכּוֹכָבִים 별들; 10.32 הַגּוֹיִם 열국들. 그러나 이상하게 정관사는 옛 사람들(the ancients)에게는 결코 사용되지 않는다: רִאשֹׁנִים 레 26.45; 신 19.14; 사 61.4; 시 79.8. לַבְּקָרִים은 총체성의 정관사와 함께 매일 아침을 뜻한다(사 33.2; 시 73.14; 101.8; 애 3.23†). 그러나 לִבְקָרִים 욥 7.18 i† 어느 아침에(개역, 아침마다); לִרְגָעִים 어떤 순간에(개역, 순간마다)(욥 7.18 i; 사 27.3; 겔 26.16; 32.10†)와 대조하라.

ia   이것은 재료를 가리키는 명사에도 적용된다: 창 2.11 אֲשֶׁר־שָׁם הַזָּהָב 금이 있는 곳; 13.2 וְאַבְרָם כָּבֵד מְאֹד בַּמִּקְנֶה בַּכֶּסֶף וּבַזָּהָב 아브라함은 가축, 은, 금이 많은 큰 부자였다.

j   7) **추상** 명사는 한정적으로 취해질 수 있고 따라서 정관사를 가질 수 있다. 이리하여 왕권, 왕의 위엄에는 주로 정관사가 나온다. הַמְּלוּכָה 삼

상관없으며, 다른 단음절 전치사 뒤에 한 단어가 뒤따라 올 때만 적용될 수 있다는 견해를 갖고 있다. 여기서 우리는 כ의 유사어인 כְּמוֹ 뒤에서 분절(articulate) 실명사가 나오는 경우는 50회 가운데 단 한 번임을 주목해야 한다: 동틀 무렵에 창 19.15 כְּמוֹ הַשַּׁחַר와 아 6.10 כְּמוֹ שַׁחַר를 대조하라; 첫 경우에 불변사는 비교하는 것이 아니지만, 후자에서는 그렇다. 또한 ‖ כְּלְבָנָה וְכַחַמָּה 달과 해처럼(!). 이 점에 대해 더 깊은 연구가 필요하다. 마소라의 모음 표기는 이 전치사들에 대한 고대의 모음을 반영하고 있을까?(참조, § 103 b)

¹ 스퍼버(Sperber Hist. Gram., 626)는 כ가 소위 제멋대로 발음된다고 주장하면서 대부분의 예들을 수집하였으나 이 용법으로 쉽게 설명될 수 있다. 아 8.6 כְּמָוֶת .. כִּשְׁאוֹל에서 שְׁאוֹל은 결코 정관사를 취하지 않기 때문에 관계가 없다.

상 18.8 등. 또한 욥 28.12 הַחָכְמָה; 왕상 7.14 וַיִּמָּלֵא אֶת־הַחָכְמָה וְאֶת־הַתְּבוּנָה וְאֶת־הַדַּעַת(¹)를 주목하라.

k   **II. 비한정**. 위에 열거된 경우들을 제외하고는 일반적으로 비한정적이며 따라서 정관사가 사용되지 않는다. 예, עִיר 한 (어떤) 도시 삼하 17.13; אִישׁ 한 사람 룻 1.1; 욥 1.1a; אֲנָשִׁים 사람들 창 12.20; 37.28; לַיְלָה וְיוֹמָם 밤과 낮(밤낮으로) 신 28.66 등; **관용구**에서도 정관사가 사용되지 않는다. פֶּה אֶל־פֶּה 입에서 입으로 민 12.8; פֶּה לָפֶה 끝에서 끝까지 왕하 10.21; לְשָׁלוֹם 평안한(*in peace*); בְּשָׁלוֹם 평안히(그러나 בְשָׁלוֹם 평화와 함께 시 29.11; 평화로운 [가운데] 욥 15.21†); בְּרֵאשִׁית 태초에 창 1.1 등(²); מֵרֵאשִׁית 태초로부터; מֵרֹאשׁ (상동) 사 40.21 등; מִקֶּדֶם 고대로부터 시 74.12 등.

l   명사적 **술어**(실명사, 형용사, 분사)는 그 성격상 주로 비한정적이다. 이리하여 "다윗은 왕, 위대하고, 다스리는(David is king, great, governing)"과 같은 문장이 빈번하게 사용된다. 그러나 우리는 가끔 "다윗은 그 왕, (가장) 위대한 자, 통치자(David is *the* king, *the* great[est], *the* governing [one])"와 같은 문장도 만나게 된다. 이 경우에 주요 절의 구성 요소들이 한정적이기 때문에, 히브리어에서는 영어에서와 같이 술어도 한정적이므로 정관사가 필요하게 된다. 분사와 함께 나오는 예는 많이 있지만, 실명사와 함께 나오는 경우는 아주 드물다. 형용사와 함께 나오면, 의미는 거의 항상 비교급이나 최상급이 된다. 대부분의 경우에 뉘앙스는 영어에서 소위 '분열문'(cleft sentence)으로 불려지는 그사람(것)은⋯⋯하는 사람(것)(*it is the one ..who/which...*)과 일치한다: 아래 § 154 *i*를 보라.

        1) **분사**와 함께: 창 2.11 הוּא הַסֹּבֵב "그것은 하윌라 온 땅을 둘러가는 것이다"; 45.12 כִּי־פִי הַמְדַבֵּר 너에게 말하는 것은 내 입이다(= 참으로 나이며 다른 사람이 아니다); 신 3.21(4.3; 11.7) 본 것은 너희 눈이다 = 너희 눈으로 증거하였다…; 8.18; 9.3; 20.4; 수 23.3(10); 24.17; 삼상 4.16 전쟁에서 돌아온 자는 나다; 삼하 5.2(크레= 대상 11.2); 사 45.3; 66.9; 슥 7.6.

        2) **형용사**와 함께: 출 9.27 יהוה הַצַּדִּיק 의로우신 (이)는 야웨이다; 삼

---

¹ 바아(Barr 1989a: 318)가 지적한 것처럼, הָרָעָה 왕상 21.29(21절의 הָרָעָה와 대조)은 분명히 정관사가 전방 조응적으로 사용된 경우이다.

² 이 구에 대한 다른 해석의 가능성은 § 129 *p*, 두 번째 각주를 보라.

상 17.14 דָּוִד הוּא הַקָּטָן 막내는 다윗이다; 왕상 18.25 אַתֶּם הָרַבִּים (가장) 많은 자들은 너희들이다(비교급과 최상급은 § 141 *g, i* 참조).

3) **실명사**와 함께: 창 42.6 וְיוֹסֵף הוּא הַשַּׁלִּיט 그때에 요셉은 총리였다; 삼상 17.8 אָנֹכִי הַפְּלִשְׁתִּי 나는 블레셋인이다; 왕상 18.21 אִם יְהוָה הָאֱלֹהִים 만약 야웨가(참된) 하나님이면.

m　　　**III. 불완전한 한정**. 저자나 언급된 사람에 의해 한정된 것으로 인식되지 않은 것은 가끔 그 자체에 의하여 특별히 한정되는 경우가 있다; 그러므로 그 명사는 정관사를 가지거나 가질 수 있다. 이 정관사 용법은 히브리어의 특징이며 상당히 빈번하게 나온다. 그것은 영어로 *a*(한)나 가끔 *a certain*(어떤)으로 번역할 수 있다(§ *r*)([1]). 히브리어 용법을 더 잘 보여주기 위하여 예들을 아래의 범주로 묶을 수 있을 것이다:

1) **사물**로서 특정한 목적을 위하여 취해지거나 사용되었기 때문에 구체적으로 한정된 사물:

취해진 사물: 신 15.17 "너는 송곳을 취하라" אֶת־הַמַּרְצֵעַ (비교, 출 21.6); 삿 4.21 אֶת־יְתַד הָאֹהֶל 장막의 말뚝 그리고 אֶת־הַמַּקֶּבֶת 망치; 9.48 אֶת־הַקַּרְדֻּמּוֹת 도끼들; 19.29 אֶת־הַמַּאֲכֶלֶת 칼.

사용된 사물: 출 16.32 "한 오멜을 가득히 채워라" הָעֹמֶר (비교, 삿 6.38 הַסֵּפֶל 대접); 출 21.6 송곳으로; 21.20 지팡이와 함께(비교, 민 22.27); 민 21.9 עַל־הַנֵּס 장대 위에(비교, 수 8.29 עַל־הָעֵץ 나무 위에; 대조, 창 40.19); 수 2.15 줄과 함께; 삿 8.25 הַשִּׂמְלָה 겉옷; 20.16; 삼상 21.10; 삼하 23.21; 왕하 10.7. 구체적으로 בַּסֵּפֶר 책 안에 출 17.14; 민 5.23; 삼상 10.25; 렘 32.10; 욥 19.23; הַחֲמוֹר 나귀 출 4.20; 삼상 25.42; 삼하 17.23; 19.27; 왕상 13.13을 주목하라.

n　　　2) 이야기를 하는 과정에서 어떤 사람에게 특별한 한정을 하는 상황에 언급된 사람: 창 14.13 "도망쳐 나온 사람이 도착하였다" הַפָּלִיט (또한 겔 24.26; 33.21); 민 11.27 הַנַּעַר 한 소년; 삼하 15.13 הַמַּגִּיד 한 전령; 17.17 הַשִּׁפְחָה 한 여종. 또한 창 18.7; 42.23; 왕하 13.21([2])을 보라.

---

[1] 창 29.2 וַיַּרְא וְהִנֵּה בְאֵר בַּשָּׂדֶה와 이와 유사한 문장을 번역하는 데 있어서 정관사 용법은 영어와 독일어는 비관용적이지만, 전치사구는 미첼(Michel 2004: 133f.)의 입장과 달리, 논리적 주어(그의 주어[Mubtada])로 분석하는 것이 가장 좋아 보인다.

[2] 예언적 선언의 시작에서, 사 7.14 הָעַלְמָה 한 처녀 또는 그 처녀(어쨌든 선지자에게는 확정된 사람).

3) **한 장소의 사물**(가끔 어떤이란 뉘앙스와 함께): 창 16.7 עַל־עֵין הַמַּ֫יִם (어떤) 샘 가까이(출 2.15 עַל־הַבְּאֵר [어떤] 우물 가까이); 창 28.11 그는 (어떤) 곳에 왔다; 왕상 19.9 הַמְּעָרָה 한 동굴(비교, 창 19.30).

4) וַיְהִי הַיּוֹם 그리고 (어떤) 날이 왔고 그리고 ...라는 표현에서 יוֹם이라는 단어는 주어로서, 그것에 뒤따라오는 것으로 한정된다(1): 삼상 1.4; 14.1; 왕하 4.8, 11, 18; 욥 1.6, 13; 2.1†.

o   5) **다른 예들**: 출 3.2a הַסְּנֶה 한 덤불; 민 21.6 הַנְּחָשִׁים 뱀들; 삼상 17.34 הָאֲרִי 한 사자; 왕상 20.36 הָאַרְיֵה 한 사자(대조, 13.24).

형용사와 함께: 삼하 18.9 הָאֵלָה הַגְּדוֹלָה 큰 상수리 나무; 18.17 (아마) 큰 구덩이; 18.29 큰 소란.

배분적 의미와 함께: 민 7.3 עֲגָלָה עַל־שְׁנֵי הַנְּשִׂאִים 두 족장들에게 마차 한 대 씩; 23.2 אַיִל בַּמִּזְבֵּחַ 각 제단에 숫양 한 마리씩; 31.4 אֶ֫לֶף לַמַּטֶּה אֶ֫לֶף לַמַּטֶּה 한 지파에 천 명씩, 다른 지파에 예외 없이, 즉, 지파마다 천 명씩.

단위: 출 26.2 בָּאַמָּה; 겔 45.11 הָאֵיפָה וְהַבַּת; 45.12 הַשֶּׁ֫קֶל.

p   **정관사의 생략**. 정관사가 나올 법한데 빠진 경우가 몇 번 있다.

1) **의문문에서**(2): 신 28.67 בַּבֹּ֫קֶר תֹּאמַר מִי יִתֵּן עֶ֫רֶב 아침에 너는 말하기를: 왜 저녁이 아닌가?(그리고 저녁에는 말하기를: 왜 아침이 아닌가?); 출 18.14 מִן־בֹּ֫קֶר עַד־עָ֫רֶב 아침부터 저녁까지?(대조, 정관사가 나오는 13절!); 창 25.32 לָמָּה־זֶּה לִי בְּכֹרָה 장자의 권리가 나에게 무슨 (소용이) 있는가?; 27.46 לָמָּה לִי חַיִּים 목숨이 내게 무슨 (소용이) 있는가?; 삼하 19.36 קוֹל שָׁרִים וְשָׁרוֹת 노래하는 남자와 여자의 소리?(3).

q   2) **네 방위**(cardinal)를 가리키는 단어로 사용된 단어들은 그 원래의 의미로 사용될 때는 정관사를 가지지만, 방향을 가리킬 때는 일반적으로 정관사를 갖지 않는다(4). 이리하여, יָם 바다를 뜻할 때에는 정관사를 주로 갖지만, 서쪽을 의미할 때는 정관사를 갖지 않는다. 예, 수 16.8 יָ֫מָּה 서쪽 방향, הַיָּ֫מָּה 바다로; 이와 같이 수 15.19 הַנֶּ֫גֶב 마른 땅과 2절 נֶ֫גֶב 남쪽을 대조하라. 이와 같

---

1 참조, 삼상 1.4에 대한 Driver의 설명.

2 문법학자들이 주의하지 못한 것처럼 보이는 이 사실은 설명하기 어렵다. 그것은 단순화 하고자 하는 경향일 수 있다.

3 룻 3.18c(간접 의문에서) אֵיךְ יִפֹּל דָּבָר 일이 어떻게 될지?

4 참조, Joüon 1911: 396.

이 צָפוֹן 북쪽; קֶדֶם 동쪽; יָמִין 오른쪽; שְׂמֹאל 왼쪽.

r   3) **칭호**를 가리키는 명사는 정관사를 생략하는 경향이 있다. 이리하여 일반적으로 שַׂר הַצָּבָא 군 사령관 삼상 17.55 등. 그 외에 가끔 שַׂר צָבָא 삼하 2.8; 19.14; 왕상 16.16가 나온다. שַׂר הַטַּבָּחִים 창 37.36 시위대장과 대조적으로 41.12에는 רַב טַבָּחִים이 나온다. 왕하 25.8 등; 렘 39.9 등.

s   4) **장소 이름**에서는 정관사가 가끔 생략된다: שְׂדֵה כֹבֵס 세탁자의 밭, 사 7.3; 36.2= 왕하 18.17†; שְׂדֵה צֹפִים 감시자의 벌판 민 23.14†; בַּיִת와 함께, 예로, בֵּית גָּדֵר, בֵּית לֶחֶם; עַיִן과 함께; 예로, עֵין שֶׁמֶשׁ, עֵין גֶּדִי(그러나 정관사는 שַׁעַר 문과 함께 나온다). 아마 이집트를 가리키는 수사적 호칭은 여기에 속한 것 같다. בֵּית עֲבָדִים 종살이하던 곳, 감옥, 즉, *the Ergastulum* 신 7.8 등, 가끔 מִמִּצְרַיִם의 수식어, 예, 출 13.3 מִמִּצְרַיִם מִבֵּית עֲבָדִים.

t   5) 앞에서 인용된 명사: § *c* פְּלִשְׁתִּים 블레셋 사람들; § *h* אֹהֶל מוֹעֵד 회중의 장막; § *i* רִאשֹׁנִים 조상들[1].

세 개의 다른 명사들도 주목하라: תֵּבֵל 세상(땅의 평평한 곳); תְּהוֹם 심연; שְׁאוֹל 스올, 음부.

ta   등위적으로 여러 용어들이 나올 때 정관사는 첫 번째 단어에만 나올 수 있다: 시 136.9 הַשֶּׁמֶשׁ וְיָרֵחַ; 수 10.13 אֶת הַיָּרֵחַ וְכוֹכָבִים.

u   **부록.** אֶחָד는 불어에서 부정 관사 *un*처럼 가끔 비한정을 나타내곤 했으며[2], 특히 사사기, 사무엘서, 열왕기에서는 주로 אִישׁ와 אִשָּׁה가 함께 나온다: 삼상 1.1 וַיְהִי אִישׁ אֶחָד (대조, 욥 1.1 אִישׁ הָיָה); 또한 אִישׁ와 함께: 삿 13.2; 삼하 18.10; 단 10.5; אִשָּׁה와 함께 삿 9.53; 왕하 4.1. 추가 예들: 삼상 7.9,12; 왕상 13.11 (20.13); 19.4; 22.9(왕하 8.6); 왕하 12.10; 겔 8.8; 37.16; 단 8.3.

v   가끔 אֶחָד는 복수 명사와 연결되어 비한정을 나타내는 데 사용된다: 창 22.2 עַל אַחַד הֶהָרִים "내가 너에게 보여줄 한 산에서"(또는 "그곳에 있는 산들 중 하나에서", 142 *ma*); 21.15 덤불 아래에. 이 표현 형식은 특히 비교 구

---

[1] 각 단어에 정관사가 나타나는 것에 대한 세부사항은 사전이 유용하다.

[2] 이 용법은 אֶחָד가 하나라는 수를 가리키는 의미로서 자주 생략되기 때문에 더욱 두드러진다. 예로서, 룻 2.17 אֵיפָה 한 에바; 출 37.24 כִּכָּר 한 달란트; 왕상 19.4 דֶּרֶךְ יוֹם 하루 길(대조, 같은 절. רֹתֶם אֶחָת 한 로뎀나무); 느 13.20 פַּעַם וּשְׁתַּיִם 한두 번; 대상 16.3 (אֶחָד가 세 번 나옴; 병행구절인 삼하 6.19 생략됨).

문에서 자주 나타난다: 삼하 2.18 כְּאַחַד הַצְּבָיִם 사슴 같이; 13.13 너는 이스라엘에서 악명 높은 사람이 될 것이다.

몇몇 경우에는 몇몇 또는 어떤이란 뉘앙스를 가진다: 삼상 2.36 어떤 제사장 직분; 삼하 17.12 어느 곳에서나; 그러나 15.2 이스라엘의 어떤 지파.

§ 138. 동격에서의 한정

a 　　　　동격에서 한정어(attribute)[1](형용사, 분사)는 한정된다는 의미에서 그 명사와 일치한다: 그것은 만약에 명사가 어떤 식으로든 수식적이면, 대부분의 경우 정관사를 취한다. 만약 하나 이상의 한정적 형용사가 하나의 명사와 연결되면, 각각의 형용사는 명사가 한정적일 때 정관사를 취해야 한다. 한정(*determination*): 욘 1.2 נִינְוֵה הָעִיר הַגְּדוֹלָה 그 큰 성 니느웨; 창 13.5 לְלוֹט הַהֹלֵךְ אֶת־אַבְרָם 아브람과 같이 가는 롯에게; 삼상 12.22 שְׁמוֹ הַגָּדוֹל 그의 크신 이름; 신 11.7 מַעֲשֵׂה יהוה הַגָּדֹל 야웨의 그 위대한 일; 하나 이상 결합된 한정어와 함께: 신 10.17. הָאֵל הַגָּדֹל הַגִּבֹּר וְהַנּוֹרָא 위대하고, 힘차고, 무서운 하나님. 비한정(*indetermination*): 사 36.13 בְּקוֹל גָּדוֹל 큰 소리로; 왕하 4.9 אִישׁ אֱלֹהִים קָדוֹשׁ 하나님의 거룩한 사람[2].

　　　　실제적이거나 명백한 예외는 두 개의 범주로 나눌 수 있다: I) 정관사와 함께 나오는 한정어가 정관사 없이 나오는 명사와 동격인 경우; II) 정관사 없이 나오는 한정어가 한정 명사와 동격인 경우[3].

b 　　　　I) **정관사와 함께 나오는 한정어**가 정관사 없이 나오는 명사와 동격인 경우.

　　　　1) יוֹם הַשְּׁבִיעִי 제 칠일에 출 12.15, 즉 יוֹם이라는 단어와 서수가 함께 나오는 유형에서는 명백하다; 창 2.3; יוֹם הַשִּׁשִּׁי 제 육일에 창 1.31도 마찬가지이다. 그러나 여기에서는 속격으로 보는 것이 더 신빙성 있어 보인다(직

---

[1] 참조, § 121 *a*, note.

[2] 그러므로 한정 명사 뒤에 정관사가 나오지 않는 것은 동격이 없다는 것을 시사한다; 예로서, 학 1.4(§ 127 *a*). 대상 21.16 מְכֻסִּים과 겔 9.3 הַלָּבֻשׁ를 대조하라. 반면에 신 20.8 הָאִישׁ הַיָּרֵא וְרַךְ הַלֵּבָב 두려워 겁내는 사람에서 רַךְ은 연계형이다.

[3] 참조, Lambert 1895; Driver, *Tenses*, § 209.

역: 제 일곱 번째의 날). 스 7.8 שְׁנַת הַשְּׁבִיעִית לַמֶּלֶךְ 왕(이 다스린지) 제 칠년(직역: 일곱의 해)도 속격이다([1]). [서수와 함께 나오는 이 구문은 기수와 함께 나오는 구문을 유추하였기 때문이다: בִּשְׁנַת שְׁתַּיִם 두 번째 해에; בִּשְׁנַת אַחַת 첫 번째 해에, § 142 *o*l. 전치사와 함께 정관사의 모음이 항상 나타난다. 예, בַּיּוֹם הַשְּׁבִיעִי 창 2.2; 그렇지만 나크다님은 정관사 모음을 추가하는 경향이 있었기 때문에(§ 137 *f*) 원래는 בְּיוֹם의 형태였을 것이다. 형용사 רִאשׁוֹן 첫째는 동일한 방식으로 처리된다: 출 12.15*b* מִיּוֹם הָרִאשׁוֹן (그러나 15*a*); 참조, 슥 14.10 שַׁעַר הָרִאשׁוֹן 첫 문, 여기에서 구문은 의심스럽다(이처럼 겔 9.2 שַׁעַר הָעֶלְיוֹן도 마찬가지이다). 또한 기수와 함께 나올 때도: 예, 창 21.29 שֶׁבַע כְּבָשֹׂת הָאֵלֶּה; 41.26 שֶׁבַע פָּרֹת הַטֹּבֹת 그러나 27절 שֶׁבַע הַפָּרוֹת הָרַקּוֹת וְהָרָעוֹת.

c   2) 미쉬나 히브리어에 나오는 유형인 כְּנֶסֶת הַגְּדוֹלָה 큰 회당([2])은 성경에는 희소하다: 형용사와 함께 나오며 가끔 장소를 묘사하는 표현에서: 삼상 6.18 עַד אָבֵל הַגְּדוֹלָה (LXX ἕως λίθου τοῦ μεγάλου[3]); 19.22 עַד בּוֹר הַגָּדוֹל; 왕상 1.9 עַל גִּבְעוֹת הַגְּבֹהוֹת 높은 언덕에서; 렘 17.2 עִם אֶבֶן הַתְּחִלָּה 38.14(?) אֶל מָבוֹא הַשְּׁלִישִׁי 셋째 문으로; 왕상 7.8 חָצֵר הָאַחֶרֶת 다른 뜰 (참조, 12절; 겔 40.28); 전 11.5 בְּבֶטֶן הַמְּלֵאָה 태가 가득하게([4]); -- 목적어, 전치사의 보어 등에 의하여 더 확장되는 분사와 함께([5]); 삼상 25.10 עֲבָדִים הַמִּתְפָּרְצִים אִישׁ מִפְּנֵי אֲדֹנָיו 각자 자기 주인에게서 도망친 종들; 아 4.5 כִּשְׁנֵי עֳפָרִים תְּאוֹמֵי צְבִיָּה הָרֹעִים בַּשּׁוֹשַׁנִּים 백합꽃 사이에서 풀을 뜯는 두 어린 사슴 같고, 쌍둥이 노루 같은; 사 65.2; 잠 26.18; 겔 21.19 חֶרֶב חָלָל

---

[1] 또한 사마리아 단편에 자주 나오는 연대 기재 공식으로 בשת העשרת '제 십년에'를 보라. 예, 1.1. 마찬가지로 아랍어 문법학자들은 *yauma ʾs-sābiʿi* "제 칠일에"를 속격으로 발음하였다(그렇지만 이 모음 표기에 대하여 Wright, *Arabic Grammar*, II. p. 233과 Brockelmann, GvG, II 209이 문제를 제기한다). Borg(2000)는 우리가 여기서 유사(pseudo-) 연계형 형태로 나온 복합 명사를 취급하고 있다고 생각한다.

[2] Segal 1927: § 376(idem 1936: § 86)을 보라. 유사한 현상이 포에니어(Punic)에도 나타난다: ימ הארבעי (FRA, § 301). 또한 Borg 2000을 참조하라.

[3] Joüon 1928: 428f을 보라.

[4] Ibn Ezra도 특히 이 절을 다루면서, 후접 전치사에 정관사를 추가하려는 경향을 거부하는 삼하 12.4 לְאִישׁ הֶעָשִׁיר 부자에게를 언급한다(§ 137 *f* n.).

[5] (가장 일반적인) 이 경우에 정관사의 가치는 관계사의 가치에 더 가깝다. 관계사로서의 정관사는 § 145 *d* 참조. 더 자세한 예는 König, *Syntax*, § 411 d를 보라.

הַגָּדוֹל הַחֲרֶדֶת לָהֶם 그들을 포위한 큰 학살의 칼. 여러 경우에 모음 표기는 아마 정확하지 않은 것 같다. 예, 삿 21.19; 삼상 12.23; 삼하 12.4; 다른 경우에서, 자음 본문이 의심스럽다. 예, 삼상 16.23.

d   3) 어떤 한정 개념을 전달하는 כל 모든 다음에 나오는 동격은 정관사를 가질 수 있다: 창 1.21 כָּל־נֶפֶשׁ הַחַיָּה 모든 생물; 1.28; 9.10 등.

e   II) **정관사 없이 나오는 한정어**가 한정 명사와 동격인 경우.

    1) 대명사나 한정 명사(표현되었든 내포되었든 간에)의 **분사적** 한정어가 나오는 특수한 경우에, 정관사는 가끔 시문에서 생략된다: 사 44.24b .. עֹשֶׂה כֹל(그러나 26b ff. הָאֹמֵר); 시 104.2, 4(그러나 3절에서는 정관사와 함께!); 135.7; 렘 10.12(10절의 계속). 정관사와 대조하라: 대명사 뒤에서: 사 46.6; 암 2.7; 3.10; 4.1; 5.7; 6.3ff.,13; -명사 뒤에서: 사 40.22(분명히 절대적인 시작에서); 시 33.15.

f   2) 이와 같은 특수한 경우 외에는, 정관사의 생략이 상당히 드물다: 시 143.10 רוּחֲךָ טוֹבָה; 창 43.14 אֲחִיכֶם אַחֵר (아마 발음을 부드럽게 하기 위하여?); 수사(§ 142 l) 그리고 특히 אֶחָד와 함께(§ 142 l).

    가끔 특수한 이유 때문에 정관사를 생략한다. 예, 사 65.2 הַדֶּרֶךְ לֹא־טוֹב(לֹא 때문에); 습 2.1 הַגּוֹי לֹא נִכְסָף 오, 수치를 모르는 나라들아; 사 11.9 물이 바다를 덮음 같이 כַּמַּיִם לַיָּם מְכַסִּים(ם으로 분리되므로).

g   3) 지시사 זֶה (그 자체가 한정적이다, § 137 e)는 접미사로 한정된 명사 다음에서 정관사를 취하지 않는다: 수 2.20 דְּבָרֵנוּ זֶה 우리의 이 일; 이와 같이 삿 6.14; 왕하 1.2(= 8.8, 9); זֹאת 창 24.8; אֵלֶּה 출 10.1; 왕상 22.23; 렘 31.21. 그러나 참조, 왕상 3.9 עַמְּךָ הַכָּבֵד הַזֶּה, 여기서는 형용사가 변형을 일으키게 된 것으로 보인다[1].

h   4) בַּלַּיְלָה הוּא가 4회 나온다: 창 19.33; 30.16; 32.23(22절과 대조!); 삼상 19.10, 아마 회복해야 할 정상적인 הַהוּא 대신에 (ה는 중자 탈락으로 생략되었을 수 있다)[2].

i   5) 여러 개의 등위 어구가 나올 때에는 첫 번째 단어에만 정관사가 붙

---

[1] 두 개의 다른 예외들(수 2.17; 대하 1.10)을 설명하려는 시도는 Driver 1929: 377f를 보라.

[2] 깁슨(Gibson §6, Rem. 2)은 모압어 비문에 있는 הבמת זאת 이 고지를 언급한다(메샤 제3행)고 한다.

을 수 있다: 단 11.6 הַיְּלָדָהּ וּמְחַזְּקֶיהָ 그녀를 낳은 자와 그녀를 도와 주던 자들(여기에서 접미사가 붙은 명사에 정관사 용법이 나오는 것은 어쨌든 비정상적이다; § 140 *c*); 수 10.13 הַשֶּׁמֶשׁ וְיָרֵחַ 해와 달.

§ 139. 속격 그룹에서의 한정

a   속격 그룹은 피지배 명사의 한정, 비한정 여부에 따라 동일하게 한정되거나 한정되지 않는다. 피지배 명사는 그 자체로서(고유 명사) 한정될 수 있으며, 접미사나 뒤따르는 한정 명사로서도 한정된다(참조, § 137 *a*). 속격에서의 한정은 다음과 같다.

       1) בֵּית יהוה 야웨의 집 = 성전; 2) בֵּית הַמֶּלֶךְ 왕의 집= 왕궁; 3) בֵּית מַלְכִּי 내 왕의 집(또는 내 왕궁, § 140 *b*); 4) בֵּית בֶּן־הַמֶּלֶךְ 왕의 아들의 집. 창 22.3 הִנֵּה הָאֵשׁ 번제를 위한 나무 > 6절 עֲצֵי עֹלָה > 7절 עֲצֵי הָעֹלָה 여기에 불과 나무가 있는데, 번제를 위한 어린 양은 어디에 있습니까?를 주목하라. וְהָעֵצִים וְאַיֵּה הַשֶּׂה לְעֹלָה

       관찰. 1) 속격 그룹에서 두 명사는 다소 밀접하게 논리적으로 묶일 수 있다. 이리하여 בֵּית מֶלֶךְ은 *the house of a king* 또는 *a king's house*(= 왕궁)이 될 수 있다. 이 모호성은 히브리 구문의 상당히 심각한 단점이다(참조, § 140 *b*)([1]).

       2) 모든 한정 요소들이 피지배 명사 뒤에 와야 하므로, 중의성의 범위는 더 커진다. 이리하여 בֵּית מֶלֶךְ גָּדוֹל은 위대한 왕의 집(*the house of a great king*) 또는 큰 왕궁(*a great royal house*)(= 큰 궁전); שַׁעַר הַבַּיִת הַגָּדוֹל 큰 집의 문 또는 집의 대문이 된다. 학 2.9 כְּבוֹד הַבַּיִת הַזֶּה הָאַחֲרוֹן은 이 두 번째 집

---

[1] 심지어 피지배 명사로서 고유 명사를 사용하는 것이 בְּנִי가 "나의 한 아들(a son of mine)"을 의미하는 것처럼(§ 140 *a*), 반드시 구 전체를 한정한다는 것을 뜻하지 않는다: 따라서 מַלְאַךְ יהוה는 내레이터에게 삿 6.11에서 처음 언급된 후에는 "주의 천사(the angel of the Lord)"가 되지만, 기드온에게는 그와 대화를 나누는 사람의 정체를 나중에 발견하였기 때문에 "주의 한 천사(an angel of the Lord)"로 이해되었다(22절 וַיַּרְא גִּדְעוֹן כִּי מַלְאַךְ יהוה הוּא).
성서 히브리어 구문의 이 문제점 가운데 많은 부분들은 아람어 דִי־ל와 유사한 שֶׁלְ을 미쉬나 히브리어가 분석 구조로 도입함으로써 제거되었다. 이것은 고전적인 종합적 구문으로 어색하게 설명할 수 밖에 없었던 것을 새로운 구문과 논리적인 관계로 폭넓게 다루도록 길을 열어주었다.

의 영광보다 이 집의 두 번째 영광이 된다(הַזֶּה의 위치 때문에, § 143 *h*); 출 11.5 בְּכוֹר פַּרְעֹה הַיֹּשֵׁב עַל־כִּסְאוֹ는 보좌에 앉은 바로의 첫 아들(즉, 바로가 앉아 있다)보다 바로의 보좌에 앉았어야 할(즉, 그를 계승했어야 할) 그의 첫 아들로 읽어야 한다; 왕하 3.3 חַטֹּאות יָרָבְעָם אֲשֶׁר חֶחֱטִיא אֶת־יִשְׂרָאֵל 그가 이스라엘로 범죄하게 한 여로보암의 죄(죄짓게 한 여로보암이 아니다; 비교, 왕상 15.26, 30; 참조, § 158 *i*).

그렇지만 실제적으로 이 연결소에 사용된 형용사는 거의 대부분 아래의 예에서 보는 것처럼 첫 번째 명사를 한정한다. 명사는 지시 대명사에 의하여 더 자세히 한정되지만, 후자는 두 번째 명사나 전체 연계구에 연결될 수 있다: 예, 신 28.61 סֵפֶר הַתּוֹרָה הַזֹּאת (이 율법의 책)와 29.20[한 29.21], 30.10 ספר התורה הזה (율법의 이 책)을 대조하라. הָזֶה는 결코 정관사를 취하지 않으므로, 모음 표기가 잘못되었다고 가정해서는 안 된다.

b **예외들.** I) 아주 드물지만 피지배 명사에 정관사가 있어도 속격 그룹의 의미가 비한정적인 경우가 있다: 삼하 23.11 חֶלְקַת הַשָּׂדֶה 한 밭(*a field*)(직역하면, 시골, 벌판의 일부; הַשָּׂדֶה는 집합적으로 밭을 뜻한다); 렘 13.4 בִּנְקִיק הַסֶּלַע 바위 틈에; 시문에서는 여러 번(특히 아가서에서), 재료의 명사와 함께([1]): 아 1.11 עִם נְקֻדּוֹת הַכָּסֶף 은(*silver*) 구슬과 함께; 7.5 כְּמִגְדַּל הַשֵּׁן 상아탑과 같이; 4.3.

c II) 가끔 속격 그룹의 의미는 피지배 명사가 고유 명사이어도 비한정인 경우가 있다. 상당히 빈번하게 정상적 구문인 בֶּן לְיִשַׁי 이새의 아들(*a son of Jesse*, § 130 *b*; 또는 אֲשֶׁר לְ, § 130 *e*) 대신에, בֶּן יִשַׁי가 나온다(정상적으로는 *the son of Jesse*이란 뜻이다). 예, 삼상 4.12 אִישׁ־בִּנְיָמִן 한 베냐민 지파의 사람; 신 22.19 בְּתוּלַת יִשְׂרָאֵל 한 이스라엘의 처녀; 출 10.9 חַג־יְהוָה 아마도 한 야웨의 절기; 창 22.11 מַלְאַךְ יְהוָה 아마도 한 야웨의 천사(LXX, ἄγγελος κυρίου); 삼하 14.20 하나님의 천사의 지혜 같이 신 7.25 등. תּוֹעֲבַת יְהוָה 야웨에게 가증함; הָאֱלֹהִים과 함께, 이것은 고유 명사와 동일함: 삿 13.6 אִישׁ הָאֱלֹהִים 한 하나님의 사람, 그러나 삼상 2.27 אִישׁ אֱלֹהִים도 마찬가지이다.

전체로서 속격 그룹의 비한정적 성격은 삼상 16.16 רוּחַ אֱלֹהִים רָעָה 그리고 왕하 4.9 אִישׁ אֱלֹהִים קָדוֹשׁ, 같은 구절에서 잘 드러난다. 여기서는

---

[1] 정상적인 구문과 대조하라. 민 21.9a נְחַשׁ נְחֹשֶׁת 한 놋뱀(9b אֶת־הַ נָּחָשׁ 그 놋뱀).

형용사에 정관사가 붙지 않았다.

d　　　　**관찰**. 속격 그룹으로 나오는 합성 종족명(*nomina gentilicia*)은 다른 속격 그룹처럼 비한정적으로 취급된다: 예, בֶּן־יְמִינִי 베냐민 지파, 한정적 형태: בֶּן־הַיְמִינִי; 이와 같이 בֵּית הַלַּחְמִי 베들레헴 사람; בֵּית הַשִּׁמְשִׁי 벳세메스 사람; אֲבִי הָעֶזְרִי 아비에셀 사람도 마찬가지이다.

e　　　　כֹּל과 함께 나오는 속격 그룹은 별개로 생각해야 한다. כֹּל은 엄격하게 말하면, 총체성을 의미하는 추상적 실명사이므로 모두와 각각을 뜻한다(¹).
　　　　1) 한정적 단수와 함께: כֹּל־הָאָרֶץ 땅의 전부=온 땅 창 1.26; כֹּל־הָעִיר 모든 성 창 18.28; כֹּל־יִשְׂרָאֵל 온 이스라엘. 시문에서 정관사를 생략할 수 있다: 사 1.5 כֹּל־רֹאשׁ 머리 전체(참조, 앞의 각주).

f　　　　2) 한정적 복수와 함께: כֹּל־הַגּוֹיִם 모든 나라들 사 2.2; כֹּל־הַיָּמִים 모든 날들(= 항상) 창 43.9 -시문에서 정관사는 빠질 수 있다: 사 28.8 כֹּל־שֻׁלְחָנוֹת 모든 식탁들.

g　　　　3) 한정적 복수 대신에, 실제적인 의미 변화 없이, 종류(species)나 범주의 한정적 단수 명사를 사용할 수 있다(참조, § 135 *c*): כֹּל־הַבֵּן 모든 아들들 출 1.22; כֹּל־הַיּוֹם 모든 날들(=항상, 언제나) 창 6.5; 신 28.32; 시 72.15 그리고 자주(²); דָּבָר מִכֹּל־הַדָּבָר אֲשֶׁר דִּבֶּר 그가 말한 모든 말들 가운데 한 마디말. 삼상 3.17. 한 사물이 전체로 여겨질 수 있으면 모호할 수 있다: 렘 4.29 כֹּל־הָעִיר 모든 도시들이나 모든 도시; כֹּל־הַיּוֹם은 하루 종일을 뜻할 수 있으나 이 의미는 매우 희소하다(앞의 각주 참조).

h　　　　4) 비한정적 명사와 함께: כֹּל־בַּיִת 모든 집 사 24.10; בְּכָל־יוֹם 날마다.
　　　　다른 의미들: אַל־יָבֹא בְכָל־עֵת 레 16.2 그는 아무 때나 들어와서는 안 된다; 창 4.15 כֹּל־הֹרֵג קַיִן 가인을 죽이는 자는 누구든지; 2.9 כֹּל־עֵץ 어떤 나무이

---

¹ כֹּל은 어떤 문맥에서는 부사어 개념으로 전체적으로, 완전히, 정확하게를 뜻한다: 삼하 7.17 כְּכֹל הַדְּבָרִים הָאֵלֶּה וּכְכֹל הַחִזָּיוֹן הַזֶּה 정확하게 이 말씀을 따라 그리고 정확하게 이 환상을 따라; 신 5.33(왕하 21.21; 렘 7.23) בְּכֹל־הַדֶּרֶךְ 정확하게 길을 따라; 신 1.30 כְּכֹל אֲשֶׁר עָשָׂה 그가 행한 바 그대로; 18.16; 왕상 8.56; 렘 42. 20; 아마. 사 1.5 כֹּל־רֹאשׁ 머리는 완전히 병들었다(문자적으로, 머리 전체, § *e*, 1).

² 사실 כֹּל־הַיּוֹם은 변화없이 사용되지만, 항상 이 의미를 가진다(참조, BDB, s.v. יוֹם **7, f**). 하루 종일이라는 의미는 오직 כֹּל־הַיּוֹם הַהוּא 민 11.32; 삿 9.45†; כֹּל־הַיּוֹם וְכֹל־הַלַּיְלָה 삼상 28.20; 사 62.6†에만 나온다. 세 번째 의미로 매일이란 의미는 게세니우스가 받아들이지만 근거가 없다. Gesenius 1829-58: 584 g.

든지; 신 5.23 **מִי כָל־בָּשָׂר** 그 사람이 누구이든지?

i　　　**관찰**. **כֹל**과 함께 나오는 분사는 좀처럼 복수형이 아니다(삿 8.10 **הַנּוֹתָרִים**, 숫자 뒤에서; 연계형에서: 왕하 11.7; 나 3.19; 시 129.5). 분사는 정관사와 함께 또는 없이 나올 수 있다: **כֹל עוֹבֵר עָלֶיהָ** 렘 18.16 등. 그곳을 지나는 자는 누구든지; **כֹל־הַבָּא** 온 사람은 모두 삼하 2.23(§ 135 *c*); **כֹל־הַנֹּגֵעַ בָּהָר** 산에 접촉하는 자는 누구나 출 19.12.

§ 140. 접미사와 함께 나오는 명사에서의 한정

a　　　대명사 접미사는 속격으로 여겨지므로(§ 94 *a*) 접미사와 함께 나오는 명사는 한정 명사와 연계된 명사와 동일하다. 그러므로 **בְּנִי**는 정상적으로 "내게 속한 아들(*the son of me*)" = 나의 아들(*my son*)을 뜻한다. 그렇지만 그 의미는 가끔 비한정적이 된다(가끔 한정적으로 지배되는 명사와 함께 나오는 속격과 같이, § 139 *b-c*)([1]); 반면 내게 속한 한 아들(*a son of mine*)에서 단순한 **בְּנִי**는 가끔 완곡어법이 더욱 선호된다: **בֵּן (אֲשֶׁר) לִי, בֵּן מִבָּנַי**, 예, 왕하 4.6 **בָּנֶה** 그녀의 (두) 아들 중 하나; 삼상 15.28 **לְרֵעֲךָ הַטּוֹב מִמֶּךָּ** 당신보다 더 나은 당신의 이웃 중 하나(참조, 에 1.19); 왕상 11.11 **לַעֲבָדֶיךָ** 당신의 종들 중 하나; 출 2.21 **צִפֹּרָה בִתּוֹ**는 르우엘의 일곱 딸 중 한 명이며 이야기에서 처음 언급된다; 삼상 1.4 **לִפְנִנָּה אִשְׁתּוֹ** 그의 아내 브닌나에게. 이처럼 **בֵּית בְּנִי**는 일반적으로 "나의 그 아들의 집" = 내 아들의 집이지만, 내게 속한 한 아들의 그 집 또는 내 아들의 한 집, 또는 내 아들 중 하나의 한 집을 가끔 뜻할 수 있다. 예, 창 22.3 **אֶת־שְׁנֵי נְעָרָיו** 그의 종들 중 두 명; 레 14.34 **בְּבֵית אֶרֶץ אֲחֻזַּתְכֶם** 너희 기업의 땅의 한 집에.

b　　　§ 139 *a* 관찰 1에서 제시된 속격 그룹의 중의성은 명사가 접미사와 함께 나올 때 더욱 심해진다([2]). 속격 그룹을 구성하는 두 개의 명사 사이의 논리적 결합이 매우 가까울 때, 접미사는 논리적으로 그 전체에 영향을 주지

---

[1]　앤더슨은 한정성(definiteness)의 등급을 결정하는 잣대를 따라서 명사구의 범주를 다양하게 배열하였다: *Verbless*, p. 109, Table 1, p. 32f.의 토론을 보라.

[2]　창 44.2 **גְּבִיעִי גְּבִיעַ הַכֶּסֶף** 내 은의 잔, 즉 나의 은잔: 창 37.23; 왕하 25.30(렘 52.34)처럼 모호하지는 않지만 어색한 구문들은 별로 많지 않다. 스 10.14 **שָׂרֵינוּ לְכֹל הַקָּהָל** 모든 회중을 위한 우리 지도자들처럼 **לְ**가 다른 대안으로 사용될 수 있다.

만, 실제로는 두 번째 명사에는 영향을 미치지 않는다. 이리하여 הַר קֹדֶשׁ 는 거룩함-의-산 = 거룩한 산이 되며, 그래서 시 2.6 הַר־קָדְשִׁי 나의 거룩함-의-산 = 내 거룩한 산이다(나의 거룩함의 산이 아니다; 참조, § 129 *f*, 1); 사 2.20 אֱלִילֵי כַסְפּוֹ 그의 은 우상들(참조, § 129 *f*, 5); 신 1.41 כְּלֵי מִלְחַמְתּוֹ 그의 전쟁의 무기들 = 그의 무기들; 삿 3.15 יַד־יְמִינוֹ 그의 오른손(יָמִין은 항상 실명사이다, 오른편); 왕상 21.11 הַדָּר מִשְׁכָּבֶךָ 그의 성읍 사람들; 왕하 6.12 אַנְשֵׁי עִירוֹ 당신의 침대; 왕하 25.29 בִּגְדֵי כִלְאוֹ 그의 수의; 사 56.7 בֵּית תְּפִלָּתִי 기도하는 나의 집에서; 64.10 בֵּית קָדְשֵׁנוּ וְתִפְאַרְתֵּנוּ 우리의 거룩하고 아름다운 집; 겔 11.15 אַנְשֵׁי גְאֻלָּתֶךָ 너의 친척 포로들; 시 60.10 מוֹאָב סִיר רַחְצִי 모압은 나의 목욕통이다(¹); 132.11 פְּרִי בִטְנֶךָ 너의 친족(직역, *your fruit-of-womb*, 독일어 *Leibesfrucht; the fruit of your womb*은 아니다. 후자는 남자를 가리킬 수 없게 된다); 이와 같이, 욥 19.17 בְּנֵי בִטְנִי(²).

c　　　접미사와 함께 나오는 명사는 속격 그룹과 같이 대부분 정관사를 가질 수 없다. 우리 마소라 본문에 나타나고 있는 예들은 부정확하거나 의심스럽다; 예, 수 7.21 הָאֹהֱלִי (아마 הָאֹהֶל와 אָהֳלִי의 두 독법을 뒤섞은 것 같다); 8.33 הַחֶצְיוֹ (이 형태는 접미사가 불규칙적인 חֶצְיוֹ처럼 일반 용법이 요구하는 הַחֲצִי로 대치되어야 한다; 왕상 3.25; 16.21); 단 11.6 הַיֹּלְדָהּ '그녀의 어머니'(참조, § 138 *i*); 사 24.2 כַּגְּבִרְתָּהּ (כְּ'와 함께 나오는 다른 11개의 형태처럼, 유운(assonance)을 위하여 정관사를 모음 표기하였다); 잠 16.4 לַמַּעֲנֵהוּ (부정확한 모음 표기).

　　　반면에 본문의 훼손 때문에 쉽게 설명해 버리기 어려운 경우들; 왕하 25.11 הַמֶּלֶךְ בְּבֶל 바빌론의 왕; 사 36.8, 16 הַמֶּלֶךְ אַשּׁוּר 앗시리아의 왕; 겔 45.16 הַלִּשְׁכוֹת הַקֹּדֶשׁ; 46.19 כֹּל הָעָם הָאָרֶץ 세상의 모든 백성; 대상 9.26 הָאוֹצָרוֹת בֵּית הָאֱלֹהִים. 비록 정상적이지는 않지만, 정관사가 뒤따르는 명사구, 즉 고유 명사나 정관사를 가진 다른 명사 등에 의하여 한정되는 명사 앞에 붙는 경우가 상당히 많음을 인정해야 한다(³).

---

¹ "Moab olla spei *meae*"가 아님[Vulg.: "모압, 내 희망 단지(pot)"에서 רחץ는 아람어의 의미를 따라 번역된다].

² 여자에 대해 말할 때, 창 30.2†; 남자에 대해 말할 때, 신 7.13; 28.4, 11, 18, 53; 미 6.7; 시 127.3†.

³ 이런 예들의 집대성과 그들의 분류에 대한 토론으로, König, *Syntax*, § 303; Lemaire 1979-84: 134-39를 보라. 참조, § 131 *d*.

§141. 형용사: 비교급과 최상급

a 히브리어에서 형용사는 상대적으로 희소하다. 적절한 형용사가 있는 곳에서조차 형용사적 개념은 달리 표현되는 것을 우리는 보게 된다. 질을 표현하는 속격(§ 129 *f*,1)은 자주 나타난다. 예, זֶרַע הַמְּלוּכָה 왕하 25.25 등. 왕족(왕가의 족속); כִּסֵּא הַמְּלוּכָה와 כִּסֵּא הַמַּמְלָכָה זֶרַע הַמַּמְלָכָה 왕하 11.1; 왕의 보좌([1]); 가끔 구상 명사, 예, 왕하 11.5 בֵּית הַמֶּלֶךְ 왕의 집 = 왕궁(여기에서 여왕 아달랴를 가리키기 때문에 왕에게 속한[*of the king*]은 불가능하다). 있다(*to be*) 동사의 형용사적 개념은 קָטֹנְתִּי 나는 부족하다 창 32.11과 같은 상태 동사에서 나온다: 시 136.1 כִּי לְעוֹלָם חַסְדּוֹ 왜냐하면 그의 인자하심은 영원하기 때문이다; 욥 1.15 אֲנִי לְבַדִּי 나홀로; 신 21.14 לְנַפְשָׁהּ 원하는 대로; 사 27.21 הַתַּנִּין אֲשֶׁר בַּיָּם 바다의 괴물(참조, § 130 *f*). 술어로 사용된 실명사는 가끔 형용사와 동일하다: 왕상 2.13 הֲשָׁלוֹם בֹּאֶךָ (14절 참조) 너의 방문은 평화를 위함이냐?([2])

b 형용사의 **위치**는 명사 다음에 나오는 것이 일반적이며 명사와 동격이다: 창 21.8 מִשְׁתֶּה גָדוֹל 큰 잔치; 속격 그룹 뒤에서: 왕하4.9 אִישׁ אֱלֹהִים קָדוֹשׁ 하나님의 거룩한 사람. 참조, 왕상 8.23 אֵין כָּמֹוךָ אֱלֹהִים בַּשָּׁמַיִם .. מִמַּעַל 하늘 위에 당신 같은 신이 없다. 그리고 창 41.38 הֲנִמְצָא כָזֶה אִישׁ .. אֲשֶׁר 이와 같은 사람을 찾을 수 있는가?도 가능하다. 이와 유사한 구문은 현대의 구어체 히브리어에 나온다; כָזֶה סֵפֶר 이와 같은 책.

유일하게 확실한 예외는 가끔 명사 앞에 나오는 형용사 רַב 많은(위대한이란 뜻은 아니다)이다([3]). 그것은 가끔 복수로 나온다: 렘 16.16*b* רַבִּים צַיָּדִים 많은 사냥꾼들(대조, 16*a* דַּיָּגִים רַבִּים 많은 어부들); 잠 7.26; 31.29([4]); 느 9.28; 대상 28.5; 시 89.51([5])—단수에서. 사 21.7; 대하 28.13. 또한 시

---

[1] מלך의 어근에서 나온 형용사는 없다.

[2] 평화로운(*peaceful*)이란 형용사는 없다. 참조, 시 36(37).37 לְאִישׁ שָׁלוֹם은 ἀνθρώπῳ εἰρηνικῷ 로 나온다.

[3] 욥 15.7의 불가타의 라틴어 구문 *Numquid primus homo tu natus es*는 모호하다. 그렇지만 Driver 1921: 95를 보라.

[4] 알파벳 구조를 따라 쓰여진 이 장의 문학적 형식이 여기에서 모종의 역할을 했을 수 있다.

[5] 이것은 실명사로 명사 앞에 나오는 מְעַט 조금, כֹּל 모두의 영향 때문일 수 있다. 또한 아람어의 영향이거나 수사(numerals)의 영향일 수도 있다(Lambert, § 259). 시리아어 *saggi* "많은"은 주 명사(head noun) 앞에 나올 수 있다.

시 32.10 הַמַּכְאוֹבִים לָרָשָׁע에서 "악인의 슬픔은 많다"는 הַמַּכְאוֹבִים רַבִּים מַכְאוֹבִים לָרָשָׁע 또는 מַכְאוֹבֵי רָשָׁע로 표현되어야 한다.

ba   수 7.21 אַדֶּרֶת שִׁנְעָר אַחַת טוֹבָה(시날에서 만든 아름다운 외투 한 벌)과 왕상 13.11 נָבִיא אֶחָד זָקֵן에서 예증된 형식은 시리아어 구문과 비교할 수 있는 것으로 삼상 6.7 עֲגָלָה חֲדָשָׁה אֶחָת의 형식보다 더 일반적이다[1].

c   **관찰**. 일반적으로 형용사는 **고유 명사**를 직접 꾸밀 수 없다. 따라서 큰 도성 니느웨(*Nineveh the great*)는 נִינְוֵה הָעִיר הַגְּדוֹלָה 욘 1.2이 된다.

d   형용사는 **비한정적 실명사**에 아주 드물게 연계된다: 삼상 17.40 חֲמִשָּׁה חַלֻּקֵי אֲבָנִים 직역하면, 다섯 개 돌의 매끄러움 = 다섯 개의 아주 매끄러운 돌(**고양하는** 뉘앙스와 함께)[2]; 민 17.3[한 16.38] רִקֻּעֵי פַחִים 아주 얇은 판(망치로 두드려 편); 사 35.9(?) פְּרִיץ חַיּוֹת 아주 사나운 짐승; 겔 7.24 רָעֵי גוֹיִם 아주 악한 나라들; 사 29.19 אֶבְיוֹנֵי אָדָם 가장 가난한 사람들.

e   반면에 형용사는 일반적으로 **한정된 실명사에 연계된다**: 이것은 최상 급을 표현하는 방식이다: 대하 21.17 קָטֹן בָּנָיו 그의 아들들 가운데 (가장) 어린 자(참조, §*j*).

f   형용사는 **명사의 속격**과 마찬가지로 아주 드물다: 사 22.24 כֹּל כְּלֵי הַקָּטֹן 모든 (가장?) 작은 그릇들; 사 28.4(?) צִיצַת נֹבֵל 마른 꽃(남성에서 형용 사인 것에 여성이 연계된 것은 약간 이상하다; 대조, 1절). 시 78.49 מַלְאֲכֵי רָעִים 재앙의 사자들에서, רָעִים은 아마 실명사 רַע의 복수형일 것이다(문법적 인 견인력에 의하여, § 136 *o*).

יוֹם הַשְּׁבִיעִי 유형의 구문과 비교하라. § 138 *b*.

g   **비교급**. 히브리어는 비교급 표현에서 극도로 단순하다. 히브리어는 비 교급이나 고양형(영어 *better, lesser*와 같은 것)뿐만 아니라, 일반적으로 더 많 은(*more*)[3]과 더 적은(*less*)[4]을 뜻하는 비교급 부사도 없다. 문장이 비교할 용어를 하나만 표현하였을 때 우리는 형용사적 [또는 동사적[5]] 형태만으로

---

[1] König, *Syntax*, § 334 e를 보라. 더 세부적인 사항은 아래 § 142 *ba*를 보라.

[2] אֶבֶן은 오직 여기에서만 남성으로 다루어진다(참조, § 134 *k*).

[3] 미쉬나 히브리어 יוֹתֵר는 전도서에 나온다. 예, 12.12.

[4] 미쉬나 히브리어에서 פָּחוֹת, 현대 히브리어에서 פָּחוֹת.

[5] 예, 출 17.11 גָּבַר (가장) 강한 자; 사28.22 יֶחְזְקוּ.

만족해야 하며 더 기대해서는 안 된다: 민 26.54 לָרַב תַּרְבֶּה נַחֲלָתוֹ 수가 (더 많은) 자에게는 (더) 큰 몫을 주어야 한다; 54aᵇ; 35.8; טוֹב와 함께: 삿 9.2 어느 것이 너에게 더 좋으냐?; 삼하 14.32 내가 그곳에 여전히 있었으면 나에게 더 좋았겠다; 18.3; 룻 2.22; גָּדוֹל과 함께: 왕상 18.27 더 크게 소리질러라(§ 102 g).

"A는 B보다 빠르다"와 같이 한 문장 안에 비교의 두 대상이 나올 때, 두 번째 대상 앞에 מִן이 나온다. 이 전치사는 그 자체로 차이성의 개념을 표현하지만[1], 실질적 용법에 따르면, 비교에서 추가적 차이점을 제시해 준다[2]: 삼상 9.2 גָּבֹהַּ מִכָּל־הָעָם 모든 백성들보다 더 크다(다른 것보다 큰, ~과 다르게; 부정사와 함께): 창 29.19 טוֹב תִּתִּי אֹתָהּ לָךְ מִתִּתִּי אֹתָהּ לְאִישׁ אַחֵר 내가 그를 다른 남자에게 주는 것보다 너에게 주는 것이 더 좋다; 출 14.12[3].

h **관찰.** מִן과 함께 나오는 동일한 구문이 형용사적 개념을 표현하는 상태 동사와 함께 사용된다: 삼상 10.23 וַיִּגְבַּהּ מִכָּל־הָעָם 그는 모든 백성들보다 더 컸다(비교, 9.2 גָּבֹהַּ, § g); 창 43.34 וַתֵּרֶב מִן 그것은 더 컸다.

동일한 구문이 동작을 표현하는 많은 동사들(상태나 동작)과 함께 나타난다. 그러나 그곳에는 실제적으로 형용사적 개념이 있다. 예, אָהַב 사랑하다 창 29.30; חָפֵץ 사랑하다 호 6.6; כָּבֵד 존경하다 삼상 2.29.

동작 동사 בָּחַר 선택하다도 מִן과 함께 연결된다[4]: 욥 7.15(신 14.2에서 מִן은 ~보다도 또는 ~가운데에서[from among]를 뜻할 수 있다).

형용사적 개념이 없을 때, 상태 동사 רָבָה 큰, 많은과 함께 우회적으로 표현해야 한다. 예, 삼하 18.8 וַיֶּרֶב הַיַּעַר לֶאֱכֹל מֵאֲשֶׁר אָכְלָה הַחֶרֶב 숲이 죽인 자들이 칼이 죽인 자보다 더 많았다(부사어 히필 많게 하다. § 54 d; *multum fecit comedendo = comedit multum* "그것은 많이 먹었다")[5]; 출 36.5 백성들은 일에 필요한 것보다 더 많이 가져왔다[6].

---

[1] 참조, 5.9에 대한 Joüon 1909a.

[2] מִן에 있는 차이(difference)의 개념은 분리(separation)와 거리(distance) 개념에서 왔다. § 133 e. 마찬가지로 차이의 개념은 불어에서 *autrement*처럼 '더 많이'(more)라는 개념으로 이어진다: "C'est bien *autrement* difficile"(이것은 훨씬 더 어렵다) = "bien plus"; "je n'en suis pas *autrement* étonné"(나는 고작 놀랐을 뿐이다) = "pas plus qu'il ne faut," 구어적으로 "pas plus que ça."

[3] 참조, 막 9.43 καλόν ἐστίν σε κυλλὸν εἰσελθεῖν εἰς τὴν ζωήν, ἢ ..

[4] 그 동사의 실제 의미는 ~보다(rather)라는 의미를 내포한다.

[5] 여기에서 우리는 수 10.11에서처럼 רַבִּים으로 표현할 수 있다.

[6] ~보다 적은(less)은 대체적으로 예를 들어, הַמְעִיט לֶאֱכֹל로 표현할 수 있으나 이런 경우는 성경에 없다. 참조, 왕하 4.3 הַמְעִיטִי에는 לִשְׁאֹל(요청하다)의 뜻이 내포되어 있다.

i   **생략된 비교**: ~에게 너무 많은(*too much for*). הוּא כָבֵד מִמֶּנִּי 그것은 나보다 더 무겁다와 같은 문장은 그것은 나에게 너무 벅차다를 뜻할 수 있다. 비교된 두 가지 사항을 다 가져오기보다, 하나와 또 다른 하나가 할 수 있는 것을 비교할 수 있다. 예, 그것은 내가 [지고 갈 수 있는 것보다 더 무겁다. 이리하여 모호하게 된다. 예, 창 26.16 עָצַמְתָּ מִמֶּנּוּ מְאֹד 너는 우리들보다 훨씬 더 강하다(더 강하다보다); 룻 1.13 מַר־לִי מְאֹד מִכֶּם 나는 너희 때문에 마음이 몹시 많이 아프다; 출 18.18 כִּי־כָבֵד מִמְּךָ הַדָּבָר 그것은 너에게 너무 힘들다(참조, 민 11.14; 시 38.5); 형용사적 개념을 표현하는 히필 뒤에서: 시 139.12 חֹשֶׁךְ לֹא־יַחְשִׁיךְ מִמֶּךָ 어둠은 주께 (너무) 어둡지 않다. 이와 같이 주어가 수행할 수 없는 행동을 표현하는 부정사도 마찬가지이다: 창 36.7 כִּי־הָיָה רְכוּשָׁם רָב 그들의 소유는 함께 살기에 너무 많았다; 4.13. מִשֶּׁבֶת יַחְדָּו 조금과 함께 나오는 것으로, 사 7.13 מְעַט מִכֶּם 너희에게 너무 작은; 그러나 רַב לָכֶם מִן 너희에게 너무 많은(부정사와 함께 왕상 12.28, 또는 실명사와 함께 겔 44.6)은 논리적으로 형성된 것 같지 않다(이와 같이 נָקֵל .. מֵעֲשׂוֹת 행하기에 ... 너무나 사소한 일, 겔 8.17).

j   **최상급**. 상대적인 최상급을 만들기 위하여 정관사, 한정 명사나 접미사로 한정된 형용사를 사용한다: 삼상 30.19 מִן־הַקָּטֹן וְעַד־הַגָּדוֹל 가장 작은 자로부터 가장 큰 자까지; 왕상 18.25 אַתֶּם הָרַבִּים 너희들이 (가장) 많은 자들이(§ 137 *l*, 2); 대하 21.17 קָטֹן בָּנָיו 그의 아들들 가운데 (가장) 어린 자; 욘 3.5 מִגְּדוֹלָם וְעַד־קְטַנָּם 그들 중 (가장) 높은 자로부터 (가장) 낮은 자까지. 아래의 경우에서도 최상급 뉘앙스가 있다(형용사의 정관사와 함께): 아 1.8 הַיָּפָה בַּנָּשִׁים 오, 여인들 가운데 가장 아름다운 자여[1]; 왕하 10.3; 신 28.54 הָאִישׁ הָרַךְ בְּךָ 너희들 가운데 (가장) 연약한 남자[2]; 삼상 8.14 זֵיתֵיכֶם הַטּוֹבִים 너의 가장 좋은 올리브 나무들; 삼하 7.9 הַגְּדֹלִים אֲשֶׁר בָּאָרֶץ; 왕하 3.19 가장 기름진 모든 밭[3].

---

[1] 눅 1.42 εὐλογημένη σὺ ἐν γυναιξίν "benedicta tu inter mulieres"에 있는 히브리어 어투를 비교하라. בְּתוֹךְ 겔 29.12 "황무지 가운데 황무지", "모든 것 가운데 황무한"; 30.7도 마찬가지이다. 이것은 הַגָּדוֹל שֶׁבַּדַּיָּנִין 사사들 중에서 가장 위대한 자처럼 미쉬나 히브리어 구문에 아주 가깝다; Segal 1927: § 138 *c*, n., § 392; idem 1936: § 361을 보라.

[2] 문자적으로 네 안에(in you). 단수 대명사 너(you)는 여기에서 집합적으로 사용된다. 참조, 학 2.3 (§ 144 *a* 인용)에서 מִי는 집합적 개념으로 사용된다.

[3] 창 9.24에서 노아의 세 아들 중 두 번째로 보이는 함이 בְּנוֹ הַקָּטָן으로 불린다. Vulg. *minor*와 LXX νεώτερος에도 불구하고, 세 명이 있을 때 정관사는 비교의 가치를 거의 가질 수 없다. 라쉬(Rashi)는 그 형용사를 혐오스러운으로 이해하였다.

k   **절대 최상급**이나 **고양형**(elative)은 형용사와 뒤따르는 מְאֹד로 이루어
진다. 창 1.31 טוֹב מְאֹד 매우 좋다[1].

형용사의 반복도 동일한 목적으로 사용된다: 삼상 2.3 גְּבֹהָה גְבֹהָה 아
주 교만하게; 창 25.30 הָאָדֹם הָאָדֹם הַזֶּה 바로 그 붉은 것; 잠 20.14 רַע רָע; 전
7.24 עָמֹק עָמֹק 아주 깊은.

רַב־חֶסֶד 사랑이 큰 출 34.6 같은 구는 매우 사랑하는과 동일하다. 또한
§ *d*를 보라.

l   두 개의 실명사 그룹에서 첫 번째 것이 복수의 동일한 실명사와 결합할
때 최상급 개념을 포함한다: 출 26.33 קֹדֶשׁ הַקֳּדָשִׁים 지성소(가장 거룩한 것); 아
1.1 שִׁיר הַשִּׁירִים 노래들 중의 노래, (최고의) 노래; 창 9.25; 민 3.32; 신 10.17;
왕상 8.27; 렘 3.19; 겔 16.7; 26.7.

m   이와 같이 유사어나 밀접하게 연관된 의미를 가진 두 개의 실명사가
속격 그룹을 이룰 때, 가끔 최상급 뉘앙스를 표현할 수 있다: 욘 2.9[한 2.8]
הַבְלֵי־שָׁוְא 무가치한 것의 헛됨(헛된 우상); 시 43.4 שִׂמְחַת גִּילִי 내 즐거움의 기
쁨(= 나의 넘치는 기쁨); 사 2.10 הֲדַר גְּאֹנוֹ 그의 위엄의 영광.

형용사와 명사의 일치는 § 148을 보라.

n   אֵל과 אֱלֹהִים 같은 명사는 속격의 경우에 더욱 강화시키는 역할을 한
다: 시 36.7; הַרְרֵי אֵל 매우 높은 산들; 80.11 אַרְזֵי אֵל 매우 큰 백향목 나무; 삼
상 14.15 חֶרְדַּת אֱלֹהִים 매우 큰 두려움; 26.12 תַּרְדֵּמַת יְהוָה 매우 깊은 잠; 아
8.6 שַׁלְהֶבֶת יָה 공포스러운 불길[2].

§ 142. 수사

a   기수의 준(semi)-실명사적이고 준(semi)-형용사적인 성격은 § 100 *a*
참조.

---

[1] מְאֹד를 사용하는 다양한 표현으로, עַד מְ׳, עַד לִמְ׳, מִן מְ׳, 그리고 בְּמֹ׳는 BDB, s.v., 547b
를 보라.

[2] Thomas 1953 and Saydon 1954을 보라. 사실 이와 같은 생각은 이미 중세 유대 주석가들 사이
에도 널리 알려져 있었다; 삼상 26.12에 대한 라닥(Radaq)의 해석을 보라. 또한 우가릿어에서는
Gordon, *UT*, § 13.22; Tropper, § 91.314.1을 보라.

b　　　　**수사 1**. 이 수사는 가장 확실하게 형용사적인 성격을 띠고 있다. 그것은 그 명사와 일치하며 정확하게 형용사처럼 그 다음에 나온다: אִישׁ אֶחָד 한 사람(§ 137 *u*); 창 11.1 שָׂפָה אֶחָת וּדְבָרִים אֲחָדִים 같은 언어(입술)와 같은 말; 27.44 יָמִים אֲחָדִים 잠시 동안([1]). 속격의 실명사 앞이나 전치사 앞에 놓일 때, 그것은 실명사이다: 22.2 אַחַד הֶהָרִים(§ 137 *v*); אֶחָד מִן 또는(특히 관계에서, § 129 *o*) אַחַד מִן([2]). 시간적 표현 בְּיוֹם אֶחָד 학 1.1에서, א′는 아마 실명사 같다: "하나의 날(the day of one)"= 첫 날(참조, § *o*; 138 *b*).

ba　　　　명사가 형용사와 수사로 동시에 한정될 때 정상적인 패턴은 יֶלֶד אֶחָד טוֹב가 된다: 수 7.21 אַדֶּרֶת שִׁנְעָר אַחַת טוֹבָה 시날의 아름다운 외투 한 벌; 왕상 2.20 שְׁאֵלָה אַחַת קְטַנָּה 하나의 조그만 부탁; 왕상 13.11, 겔 17.7; 대하 18.12. 또 다른 순서로서, 삼상 6.7 עֲגָלָה חֲדָשָׁה אֶחָת 하나의 새 수레가 나온다. 이 두 패턴은 한 절에 나타나기도 한다: 민 6.14 כֶּבֶשׂ בֶּן־שְׁנָתוֹ תָּמִים אֶחָד .. וְכִבְשָׂה אַחַת בַּת־שְׁנָתָהּ תְּמִימָה אַיִל אֶחָד תָּמִים 일 년 된 흠 없는 숫양 한 마리 ... 일 년 된 흠 없는 암양 한 마리 ... 흠 없는 숫양 한 마리.

c　　　　**수사 2**. 이 수사는 אֶחָד보다 덜 형용사적이지만, 나머지 수사들보다 더 형용사적이다. 그것은 성에서 그 실명사와 일치한다. 그것은 대부분 명사 앞에 나오며, 대부분 연계형이고, 절대형 상태는 적게 나온다; 그렇지만 그것은 가끔 명사를 뒤따라 나온다: 창 1.16 אֶת־שְׁנֵי הַמְּאֹרֹת הַגְּדֹלִים 두 개의 큰 광명; 왕상 3.16 שְׁתַּיִם נָשִׁים 두 여인; 삼하 1.1 יָמִים שְׁנָיִם 이틀([수에서] 날 둘); 학 1.1 בִּשְׁנַת שְׁתַּיִם 두 번째(의) 해([3]). 둘은 가끔 영어 몇몇(a couple of, 독어 *ein paar*) = 조금의 뜻을 가진다: 왕상 17.12 שְׁנָיִם עֵצִים 몇 개의 나뭇가지; 아마도 삼하 13.6; 왕상 20.27.

d　　　　**수사 3-10**. 이 수사들의 성격과 그 용법이 비대칭적으로 결합되는 법칙에 대해서는 § 100 *d*를 참조하라. 그것은 절대형이든 연계형이든 간에 명사 앞에 주로 나오며 가끔은 뒤에 나온다([4]). 따라서 세 개의 유형이 있다:

---

[1] יָמִים은 일반적으로 시간을 가리킨다.

[2] 히브리어 אַחַד는 접미사를 가지지 않음을 주목하라. 그러나 접미사를 가진 שְׁנֵי(שְׁתֵּי)는 일반적이다. אַרְבַּעַת와 שְׁלֹשֶׁת도 접미사와 함께 나온다. 아래 § *ma*를 보라.

[3] 출 16.22 שְׁנֵי הָעֹמֶר가 두 오멜을 가리키는 것으로 기록된 것은 부정확한 것 같다.

[4] 다른 모든 수사들도 이와 같이 명사 뒤에 나올 수 있다: 이 구문이 주로 열거할 때 나오는 것은 자연스럽다: 창 32.15; 민 7.17; 28.19. 그렇지만 후대 성서 히브리어에 이 순서가 더 일반적이다:

שְׁלֹשָׁה בָנִים 세 아들들, שְׁלֹשֶׁת בָּנִים 엄밀하게 말하면, 아들 삼인조; בָּנִים שְׁלֹשָׁה 아들 셋(숫자에서). 연계형은 명사가 정관사를 가질 때 주로 사용된다: 출 34.28 עֲשֶׂרֶת הַדְּבָרִים 열 개의 계명; 왕상 11.35 עֲשֶׂרֶת הַשְּׁבָטִים 열 지파(그러나 31절 עֲשָׂרָה); 이처럼 계산된 것들이 그룹을 이룰 때: 삼하 24.13 שְׁלֹשׁ יָמִים 세 날들의 [그룹](사흘 동안, 비교, a *triduum*), 그러나 ‖ .. שֶׁבַע שָׁנִים שְׁלֹשָׁה חֳדָשִׁים; 따라서, 100과 1,000의 배수에는 항상 연계형 상태가 나온다[1]: שְׁלֹשׁ מֵאוֹת 300; שְׁלֹשֶׁת אֲלָפִים 3,000. 수사 뒤에 나오는 명사는 거의 항상[2] 복수형이며, 특히 후대의 책에서 그러하다.

e **수사 11-19.** 이 수사들의 형성과 용법에 대해서는 § 100 *e-h*를 참조하라. 뒤따르는 명사는 대부분 복수, 동격이다(§ 131 *g*). 예, שְׁמֹנֶה עֶשְׂרֵה בְּרָכוֹת 열 여덟가지 축복들(탈무드). 그렇지만 몇몇 특정한 보통 명사들에서는[3] 가끔 단수로 나온다(아마도 한계의 대격, §127 *b*): שֵׁבֶט, אֶלֶף, שָׁנָה, יוֹם, נֶפֶשׁ, אִישׁ, 또한 가끔 חֹדֶשׁ, אַמָּה 규빗, שֶׁקֶל 세겔, עִיר 성: 삿 3.14 שְׁמֹנֶה עֶשְׂרֵה שָׁנָה; 신 1.2 אַחַד עָשָׂר יוֹם.

f **십 대의 수사 20-90.** 복수 명사들과 나오는 예들: 출 36.23 עֶשְׂרִים קְרָשִׁים 20장의 널빤지; 그러나 자주 나타나는 명사들과는 단수로 나온다(참조, § *e*), 창 31.41 עֶשְׂרִים שָׁנָה.

g **백 대와 천 대의 수사.** 예, 왕상 18.4 מֵאָה נְבִיאִים 100 명의 선지자들; 삼상 25.2 אֶלֶף עִזִּים 1,000마리 염소들; 그러나 자주 나타나는 명사들과는 단수로 나온다(§ *e*). 창 17.17 מֵאָה שָׁנָה; 삿 15.16 אֶלֶף אִישׁ.

단수 명사와 함께하는 연계형 מְאַת가 또한 몇몇 본문에 나온다: 창 11.10 מְאַת שָׁנָה(가끔); 에 1.4 מְאַת יוֹם; 민 2.9 등. מְאַת אֶלֶף[4]. 단 하나

Herner 1893: 54; Polzin 58. 비교, 이탈리아어에서: *Il Re ha elargito lire cento mila; il prezzo del biglietto è di lire una; i soci pagano lire cinque annue.* Herner 1893에 대한 설득력 있는 비판으로 Kropat, 50-53을 보라. 또한 참조, Qimron, *HDSS*, 85f.

[1] אֲלָפִים의 예외: 삼하 18.3; 왕하 24.14K.

[2] 예외: 왕하 22.1(그러나 שְׁמֹנֶה עֶשְׂרֵה로 읽으라); 겔 45.1¿; 왕하 8.17K[크티브]; 25.17. 이 예외들 가운데 어떤 것들은 고대적 특성을 증거해 주는 것으로 제시되었다: Blau 1972a: 57f를 보라.

[3] 이와 같이 뒤따르는 수사들도 일반적으로 마찬가지이다. 단수는 아마 원시적 용법이었다. 그것은 아주 자주 계산되는 물건들의 명사들과 함께 나온다. 복수로 나오는 몇몇 명사들은 가끔 단수로 나온다. 예, מֶלֶךְ 왕상 20.1, 16.

[4] 그렇지만 מֵאָה와 אֶלֶף의 쌍수 연계형은 결코 사용되지 않으며, 그들의 쌍수 형태가 가산 명사와 함께 사용될 때, 그것은 항상 절대형을 취한다: 왕하 18.23 אַלְפַּיִם סוּסִים. 알파벳으로 기록된 우

의 예외: 출 38.27 מְאַת אֲדָנִים 밑받침 100개.

h　　　　**중간 수사 21-99**. 예, 왕하 2.24 אַרְבָּעִים וּשְׁנֵי יְלָדִים 42명의 아이들; 빈번하게 나타나는 명사들과는 단수로 나온다(§ *e*). 창 17.24 תִּשְׁעִים וָתֵשַׁע שָׁנָה.

i　　　　**백 대의 수사 300-900**. 예, 삿 15.4 שְׁלֹשׁ מֵאוֹת שׁוּעָלִים 300마리 여우; 빈번하게 나타나는 명사들과는 단수로 나온다(§ *e*). 창 5.22 שְׁלֹשׁ מֵאוֹת שָׁנָה (백 대의 수사 앞에 나오는 수사 3-10은 항상 연계형이다. § *d*).

j　　　　**천 대의 수사 3,000-9,000**. 예, 욥 42.12 שֵׁשֶׁת אֲלָפִים גְּמַלִּים 6,000마리 낙타; 1.3 שִׁבְעַת אַלְפֵי־צֹאן וּשְׁלֹשֶׁת אַלְפֵי גְמַלִּים; 빈번하게 나타나는 명사들과는 단수로 나온다(§ *e*). 수 7.3 שְׁלֹשֶׁת אֲלָפִים אִישׁ (천 대의 수사 앞에 나오는 수사 3-10은 항상 연계형이다. § *d*).

k　　　　**관찰**. 복합 수사 21 등, 101 등에서, 명사는 수사의 각 요소 뒤에서 반복된다: 창 23.1 מֵאָה שָׁנָה וְעֶשְׂרִים שָׁנָה וְשֶׁבַע שָׁנִים 127세.

l　　　　**한정**. 수사는 그 자체로 어느 정도 한정적으로 여겨진다; 따라서 정관사는 수사(서수의 의미를 가진 것까지도 § *o*)뿐 아니라 명사와 함께 나올 때도 아주 희소하게 사용된다.

　　　　수사는 만약 정관사가 논리적으로 한정적이면 그것을 취한다: 창 18.29*b* הָאַרְבָּעִים 40명; 14.9 הַחֲמִשָּׁה 다섯 명(열거됨 2절); 삼하 23.18, 19. 뒤따르는 명사와 함께(그 자체는 정관사를 취하지 않는다): 민 16.35 הַחֲמִשִּׁים וּמָאתַיִם אִישׁ 250명; 수 4.4 שְׁנֵים הֶעָשָׂר אִישׁ 열두 사람(비교, 왕상 19.19 그리고 대조, 대상 25.19; 27.15 הַשְּׁנֵים עָשָׂר). 또한 신 19.9 עַל הַשָּׁלֹשׁ הָאֵלֶּה 이 셋 외에와 창 9.19 שְׁלֹשָׁה אֵלֶּה 이 셋을 대조하라; 민 3. הַשְּׁלֹשָׁה וְהַשִּׁבְעִים וְהַמָּאתָיִם 에서는 정관사가 반복된다.

　　　　일반적으로 정관사를 취하는 것은 명사이다: 삿 7.7 שְׁלֹשׁ מֵאוֹת הָאִישׁ 삼백 명(단수 명사 § *i*); 삼상 30.21 מָאתַיִם הָאֲנָשִׁים 이백 명; 창 18.28 חֲמִשִּׁים הַצַּדִּיקִים 의인 오십 명.

　　　　하나의 단독적인 표현에서 정관사는 수사와 명사와 함께 동시에 사용되지 않는다. 수사가 뒤따를 때도 마찬가지이다: 단 9.26 הַשָּׁבֻעִים שִׁשִּׁים וּשְׁנַיִם 육십 두 이레, 그리고 왕하 25.16 הָעַמּוּדִים שְׁנַיִם 두 기둥에서까지도.

가릿어에서도 마찬가지이다; Gordon, *UT*, § 4.31을 보라. 그러나 Huehnergard, *Ugr. Voc.*, 144를 참조하라. 이것은 /ʾalpē/ "이천"과 /ʾalfē/ "수천" 사이에 있는 음소적 구별에 관한 해리스(Harris)의 가설에 의문을 던졌다(§ 5 *o, q*를 보라). 참조, Muraoka 1995a: 20f.

m 한정적 의미로 하나(*one*)(불어 *l'un*)는 הָאֶחָד 민 11.26로 나온다(대조, הַשֵּׁנִי 두 번째(*the second*)= 다른 것(*the other*)(창 2.11; 4.19; 10.25; 신 21.15; 삼하 4.2); 그러나 삼상 1.2 אַחַת¿.

다른 수사들과 마찬가지로 정관사와 함께 나오는 명사 뒤에서, 그 자체가 어느 정도 한정적인 אֶחָד[1]는 정관사 없이 나올 수 있다. 정관사와 함께: 렘 52.21 הָעַמּוּד הָאֶחָד [두] 기둥들 가운데 하나; 왕상 18.25 הָאֶחָד, 그러나 정관사 없이, 렘 52.20[대하 4.15](크레) הַיָּם אֶחָד 특별한 바다(*the unique sea*). 정관사 없이, 민 28.4 הַכֶּבֶשׂ אֶחָד 어린 양 [둘] 가운데 한 마리(대조, הַכֶּבֶשׂ הַשֵּׁנִי)(그러나 정관사와 함께 레 14.12); 삼상 13.18 הָרֹאשׁ אֶחָד; 렘 24.2; 겔 10.9. 접미사로 한정된 명사 뒤에서: 창 42.19 אֲחִיכֶם אֶחָד (정관사와 함께 나오는 33절).

ma 기수 2에서 10까지는 대명사 접미사를 취할 수 있다. 구조는 동격이다: 민 12.4 צְאוּ שְׁלָשְׁתְּכֶם 너희 셋은 나오라(= 모세, 아론, 미리암); 단 1.17 הַיְלָדִים הָאֵלֶּה אַרְבַּעְתָּם 이 네 젊은이(= 다니엘과 그의 세 친구); 삼하 21.9 שְׁבַעְתָּם 그들 일곱(= 6절에 언급된 사울의 일곱 아들). 이처럼 שְׁנֵיהֶם은 두 명 이상으로 구성된 그룹에서의 둘이 아니라 그들 둘을 뜻한다. 민 25.8 וַיִּדְקֹר אֶת־שְׁנֵיהֶם אֵת אִישׁ יִשְׂרָאֵל וְאֵת הָאִשָּׁה אֶל־קֳבָתָהּ 이스라엘 남자와 그 여자 둘을 찔렀다...그들을 함께 꿰뚫었다[2].

부분 개념을 표현할 때: a) 연계구를 통하여, 예, 창 22.2 אַחַד הֶהָרִים 산들 중 하나(또는 한 산) 삼상 17.13 שְׁלֹשֶׁת בְּנֵי־יִשַׁי הַגְּדֹלִים 이새의 큰 아들 중 셋 b) 전치사구를 통하여, 예, 민 31.47 אֶחָד מִן הַחֲמִשִּׁים 오십 명 중 한 명[3].

n 측량 명사들 중 어떤 것은 자주 생략된다[4]. 따라서 שֶׁקֶל 세겔: 창 20.16 אֶלֶף כֶּסֶף 은 천(세겔); 24.22 עֲשָׂרָה זָהָב 금 십(세겔); אֵיפָה 에바: 룻 3.15 שֵׁשׁ שְׂעֹרִים 보리 여섯(에바). כִּכָּר 빵 덩어리: 삼상 21.4 חֲמִשָּׁה־לֶחֶם 다섯 개의 빵(덩어리)(왕상 14.3); 참조, 삼상 10.4¿(3절과 대조) 그리고 아라드 단편 (2.4) לחם 300. אַמָּה 규빗은 출 27.11¿; 27.15¿에서 생략되었다. 일반적 구문의 유형인 출 26.2 שְׁמֹנֶה וְעֶשְׂרִים בָּאַמָּה는 규빗에 따르면 28(잰 치수로)= 28

---

[1] 삼상 9.3 אֶת־אַחַד מֵהַנְּעָרִים에 있는 את를 주목하라.

[2] Muraoka 1992: 50f를 보라.

[3] Muraoka 2001을 보라.

[4] 유사한 상황이 우가릿어에도 나온다: Tropper, § 69.24.

규빗(비교, 신 3.11).

o　　　　**서수**를 표현할 때, 단지 첫 10개의 수만 구체적인(형용사적, § 101 *a*) 형태가 나온다. 그렇지만 해와 날들(달은 아니다)을 계산하는 할 때 이 형태들보다 기수를 일반적으로 선호한다. 열 번째 이상을 가리키는 서수에 대해서는 기수가 사용된다: 왕상 19.19 שְׁנֵים הֶעָשָׂר 열두 번째(겨리의 소: צֶמֶד); 대상 25.19 לִשְׁלֹשָׁה הַשְׁנֵים עָשָׂר(18절 עַשְׁתֵּי עָשָׂר 정관사 없이 열한 번째; 20절 עָשָׂר 정관사 없이 열세 번째 등).

해, 달, 날의 표시: 학 1.1 בִּשְׁנַת שְׁתַּיִם לְדָרְיָוֶשׁ הַמֶּלֶךְ בַּחֹדֶשׁ הַשִּׁשִּׁי בְּיוֹם אֶחָד לַחֹדֶשׁ 직역. 다리오 왕의 두 번째 [의] 해, 여섯째 달, 하나 [의] 날(לְ는 § 130 *d* 참조).

해: שָׁנָה는 수사 뒤에, שְׁנַת는 수사 앞에 나오며, 이 두 구문이 혼합되는 때도 있다:

שָׁנָה와 함께: 창 14.5 בְּאַרְבַּע עֶשְׂרֵה שָׁנָה 제십사년(째)에; 왕상 6.1 בִּשְׁמוֹנִים שָׁנָה וְאַרְבַּע מֵאוֹת שָׁנָה 제 480년에.

שְׁנַת와 함께: 왕상 16.10 בִּשְׁנַת עֶשְׂרִים וְשֶׁבַע 제 27년에; 정관사와 함께: 신 15.9 בִּשְׁנַת הַשֶּׁבַע 제 일곱 번째 해에; 민 33.38 הָאַרְבָּעִים 40년에; 단 9.1 בִּשְׁנַת אַחַת 원년에(하나의 해에).

שְׁנַת와 שָׁנָה와 함께: 창 7.11 בִּשְׁנַת שֵׁשׁ־מֵאוֹת שָׁנָה 육백 년째의 해에= 제 600년에; 레 25.10 שְׁנַת הַחֲמִשִּׁים שָׁנָה 오십 년째.

날: יוֹם은 수사 앞에, 수사 뒤에(물론 שְׁנַת처럼 연계형으로), 또는 두 구문이 합쳐서 나온다: 출 12.18a בְּאַרְבָּעָה עָשָׂר יוֹם 열네 번째 날; 18b(정관사와 함께) עַד יוֹם הָאֶחָד וְעֶשְׂרִים בְּיוֹם אֶחָד 스물 한 번째 날까지; 스 10.16 첫 번째 날(제 일일); 민 7.72 בְּיוֹם עַשְׁתֵּי עָשָׂר יוֹם 열한 번째 날에= 열한 번째 날.

יוֹם הַשְּׁבִיעִי, שְׁנַת הַשְּׁבִיעִית 구문은 § 138 *b*를 참조하라.

관찰. 열 번째 날은 기수 외에도(민 7.66 בְּיוֹם הָעֲשִׂירִי) עָשׂוֹר 십일 주기(우리 말의 초순, 중순, 하순처럼-역자 주)라는 특별한 단어가 있다: 출 12.3 בֶּעָשֹׂר לַחֹדֶשׁ. 주간의 날은 오직 창 1.5, 8, 13, 19, 23, 31; 2.2에서 열거된다; 그러나 또한 בְּיוֹם הַשִּׁשִּׁי 출 16.5, 22, 29를 주목하라.

기수를 서수로 사용하는 것은 시간적 표현에만 제한되지 않는다: 욥 42.14 .. שֵׁם הָאַחַת יְמִימָה וְשֵׁם הַשֵּׁנִית .. וְשֵׁם הַשְּׁלִישִׁית(역자 주: הָאַחַת는 기수이며, הַשֵּׁנִית와 הַשְּׁלִישִׁית는 서수이다) 또한 욥 2.11, 출 39.10, 겔

10.14를 보라.

p **배분적** 개념은 단순 לְ로 표현될 수 있다(¹): 신 1.23 אִישׁ אֶחָד לַשָּׁבֶט 지파에서 한 명씩; 왕상 10.22 אַחַת לְשָׁלֹשׁ שָׁנִים 매 삼 년에 한 번씩(§ 102 *f*); 수사의 반복으로: 창 7.2 שִׁבְעָה שִׁבְעָה (각 종류에서) 일곱씩; 7.9 שְׁנַיִם שְׁנַיִם 두 (쌍씩); 민 13.2 אִישׁ אֶחָד אִישׁ אֶחָד לְמַטֵּה אֲבֹתָיו 각 부계 지파에서 한 사람씩; 삼하 21.20 וָשֵׁשׁ שֵׁשׁ 여섯씩에서는 바브가 삽입된다. 가끔 구 전체가 반복된다: 민 31.4 אֶלֶף לַמַּטֶּה אֶלֶף לַמַּטֶּה 각 지파 당 천 명씩.

q **배수적** 개념에서 유일하게 입증된 구체적 형태는 אַרְבַּעְתַּיִם 네 배와 שִׁבְעָתַיִם 일곱 배이다(§ 100 *o*). 기수가 주로 사용된다(일반적으로 남성형이며, 여성형 명사 פַּעַם 횟수는 내포됨, 참조, § 102 *f*): 레 26.21, 24 שֶׁבַע 일곱 배, 일곱 번. 그러나 וְשִׁבְעָה שִׁבְעִים 70의 7배(שִׁבְעָתַיִם 뒤에서); 출 22.3, 6, 8 שְׁנַיִם 두 배. 또한 מִשְׁנֶה도 두 배를 가리킨다: 창 43.12, 15; 출 16.5, 22 פְּעָמִים과 함께: 겔 41.6 שָׁלֹשׁ וּשְׁלֹשִׁים פְּעָמִים 30의 3배; 삼하 24.3 מֵאָה פ'; 신 1.11 אֶלֶף פ'. 또한 주목: 느 6.5 פַּעַם חֲמִישִׁית 다섯 번째; 수 6.16 הַשְּׁבִיעִית 일곱 번째에; 아마도 창 22.15 שֵׁנִית와 삼상 3.8 בַּשְּׁלִישִׁית에서 פַּעַם이 생략됨을 주목하라.

횟수와 연관하여 פַּעַם 발, 걸음 외에도 유사한 단어인 רֶגֶל 발이 있다. 출 23.14 שָׁלֹשׁ רְגָלִים(²) 민 22.28, 32, 33에 나온다; 다른 단어인 יָד 손(따라서 부분을 가리킴)이 창 43.34 חָמֵשׁ יָדוֹת 다섯 배(엄격히 말하면 다섯 부분)로 나온다; 단 1.20 עֶשֶׂר יָדוֹת 열 배; 또한 약간 모호하지만 다른 단어로서 מֹנֶה* 가 창 31.7, 41 עֲשֶׂרֶת מֹנִים 열 번이 나온다.

r 두 개의 연속적인 기수가 대부분 끼어드는 바브 없이 인접하여 나오면서, 어림 수의 양을 가리키며 או 또는이란 의미와 같은 뜻으로 사용된다. 왕하 9.32 שְׁנַיִם שְׁלֹשָׁה סָרִיסִים 두세 명의 내시; 사 17.6 שְׁנַיִם שְׁלֹשָׁה גַּרְגְּרִים .. 두세 개의 열매들; 암 4.8 שְׁתַּיִם שָׁלֹשׁ עָרִים; 계산되는 것 사이에 바브가 삽입되는 경우-렘 36.23 שָׁלֹשׁ דְּלָתוֹת וְאַרְבָּעָה 서너 칸(אַרְבַּע가 아니다!). 또한 참조, 느 13.20 פַּעַם וּשְׁתַּיִם 한두 번; 욥 33.29 פַּעֲמַיִם שָׁלֹשׁ 두세 번도 마찬가지이다.

---

¹ 이 배분의 לְ는 관계의 לְ가 변형된 것이다(참조, BDB, sub לְ, 5 **a**, b).

² 참조, Ugr. p'n, '발(foot)'을 가리키는 일반적인 단어와 *pam* '회, 번'(빈번성), 후자는 그 히브리어 대응어처럼 사용된다: *tltm pamt* '삼십 번.'

제5장: 대명사

§143. 지시 대명사

a   **I.** 엄밀하게 말하면, 히브리어에서 지시사는 זֶה 이것(하나 one), 저것(하나 one, §36)이며, 정관사와 함께 나오는 הַזֶּה 이것(*this*), 저것(*that*)이 있다(§ 137 *e*). 준(quasi, 유사)-지시사인 הַהוּא는 아래 §*j*를 보라.

    원래 זֶה는 지시 부사였으며(여기 *here*; 저기 *there*)(¹), 그것은 여전히 그런 뜻으로 사용되고 있다(전접적으로나 그 외에): 창 27. אַתָּה זֶה 직역하면, 너는 여기에(독일어 *du da*); 삼하 2.20; 왕상 19.5 הִנֵּה־זֶה 보라 여기에; 사 21.9; 또한 시간적인 뜻으로: 창 31.41 זֶה־לִּי עֶשְׂרִים שָׁנָה בְּבֵיתֶ֫ךָ 나는 이제 당신의 집에서 이십 년을 지냈다(직역: 이제 *hic* =지금 *nunc*); 수 14.10 …그 이후 이제 45년이 되었다; 민 14.22 זֶה עֶ֫שֶׂר פְּעָמִים 이제(=이미) 열번이나(그들은 나를 시험하였다); 창 27.36; 민 22.28; 24.10; 삼하 14.2 זֶה יָמִים רַבִּים *nunc multo tempore* = 이제까지 오랫동안; 수 22.3.

    이 부사어 용법과 연관된 것으로 중립적인 의미를 가진 זֶה의 (희소한) 용법이 있다: 이/저(것, 사실): 신 14.12 זֶה אֲשֶׁר לֹא־תֹאכְלוּ מֵהֶם 이런 것은 그들 중에서 너희가 먹을 수 없다(비교, 창 49.28 וְזֹאת אֲשֶׁר־דִּבֶּר לָהֶם אֲבִיהֶם); 창 6.15 이것은 네가 할 것이다(즉, 그 치수); 출 29.38(참조, § 152 *a*). 비교, 출 3.12 זֶה־לְּךָ הָאוֹת 이것은 너를 위한 징표이다. 렘 44.29 זֹאת לָכֶם הָאוֹת.

b   **대명사(pronoun)**로서 זֶה는 명사처럼 모든 경우에 나타날 수 있다: 사 29.11 קְרָא נָא־זֶה 이것을 읽으라; 삼하 13.17 אֶת־זֹאת; 창 2.23 לְזֹאת 이것에 대하여; 29.27 שְׁבֻעַ זֹאת 이 한 주; 왕상 21.2. 이와 대조적으로 הוּא, הִיא 등은 단지 주어나 술어로만 사용할 수 있다.

---

¹ 그 예로 영어에서 *this man here, that man there; here is, there is; now then; here and there* 등이 있다.

הֶזַּה가 사용될 때마다, 그것이 지시하는 것은 실제적이든 또는 정신적이든간에 무언가를 가리킬 수 있다. הֵהֵמָּה도 마찬가지이다. זֶה는 이미 언급된 어떤 것을 가리키는 것으로서(창 2.4; 9.17, 19) 전방 조응적 용법이나 이제 곧 언급될 어떤 것(5.1)을 가리키는 것으로서 후방 조응적 용법을 갖는다; וְאֵלֶּה는 민 13.4 וְאֵלֶּה שְׁמוֹתָם에서 목록을 열어준다(후방조응). 그리고 그것은 민 13.16 אֵלֶּה שְׁמוֹת הָאֲנָשִׁים에서 목록을 닫아준다(전방조응).

c   히브리어에는 가까운 대상(이것)과 멀리 있는 대상(저것)을 가리키는 지시사 사이에 구분이 없다: 왕상 3.23 "זֹאת 이 사람은 ~라고 말하고, זֹאת 저 사람은 ~라고 말한다"; 욥 1.16 "זֶה 한 사람이 여전히 말하고 있을 때, זֶה 다른 사람이 도착하였다."

d   זֶה는 그 자체로서 **경멸**의 뉘앙스를 갖고 있지 않지만, 더 완전한 표현을 생략하여 이 뉘앙스를 가끔 가질 수 있다: 삼상 10.27; 왕상 22.27(경멸의 뉘앙스 없이 나오는 20.39 הָאִישׁ הַזֶּה 대조; 창 24.58); זֹאת 삼하 13.17(대조, הָאִשָּׁה הַזֹּאת 삼상 2.20; 왕상 3.18; 왕하 6.28).

e   가끔 지시사는 어떤 언어에서 다소 **소유격**의 용법(=우리의)과 일치하는 듯한 뉘앙스로 사용된다[1]: 왕하 4.12 קְרָא לַשּׁוּנַמִּית הַזֹּאת 우리의 수넴 여인을 불러오라(25, 36절); 왕하 3.10 이 세 왕들 = 우리(의) 세 왕들(비교, 삼상 29.4 우리 사람들의 머리로에서 הָהֵם은 הָאֵלֶּה의 대용으로 어색하다. §k); 아마 출 32.1 זֶה מֹשֶׁה 우리의 모세[2](§ i). 비교, § 137 ƒ 2.

f   הַזֶּה는 가끔 **강조적** 뉘앙스를 더하기 위해서만 사용되는 것처럼 보인다: 삼상 12.16 .. הַדָּבָר הַגָּדוֹל הַזֶּה אֲשֶׁר "야웨께서 너희의 목전에서 행하실 이 위대한 일"; 신 10.21 "너희의 눈으로 본 이 크고 놀라운 일"[3].

g   זֶה는 가끔 현저한 의미 변화를 만들지 않지만 **의문사**에 첨가되는 경우가 있다(비교, 불어. *qui? qui ça?*): 욥 38.2 מִי זֶה 누구이기에(*whoever*)?(*quis hīc?* 또는 *quis hic?*). 무엇이든지(*whatever*)?는 일반적으로 מַה־זֹּאת를 사용한다(중성 개념을 위하여 여성을 사용함, § 152 *a*, 그리고 참조, 아랍어 *mādā*):

---

[1] 가끔 지시사나 소유격에 의하여 한정된다: "이 책은 이(= 우리) 날들에 관한 심리학적인 연구에 가장 좋은 것이다."

[2] 비교, 단 6.4, 6, 29 דָּנִיֵּאל דְּנָה, 이 구는 우리의 다니엘을 뜻하는 것 같다.

[3] 참조, 마 18.32 πᾶσαν τὴν ὀφειλὴν ἐκείνην 이 모든 (엄청난) 빚.

창 3.13 מַה־זֹּאת עָשִׂ֑יתָ 너는 도대체 무엇을(*whatever*) 하였느냐?; 12.18; 26.10; 29.25; 출 14.5, 11; 삿 2.2; 욘 1.10; 드물게 מַה־זֶּה 삼상 10.11 (주어로서): 도대체 무슨 일이 일어났는가? מַה־זֶּה는 도대체 어떻게 된 일인가?의 의미로도 사용된다: 창 27.20; 삿 18.24; 또한 도대체 왜?의 의미로서 왕상 21.5; 왕하 1.5. 의문 부사 אֵי 어디에?: אֵי־זֶה 도대체 어디에?(비교, 불어 *où ça?*): 욥 38.19b חֹשֶׁךְ אֵי־זֶה מְקֹמ֑וֹ 어둠으로 말하자면, 그 자리는 어디인가(즉, 어둠이 머무는 곳으로 가는 길은 어디인가?-역자 주: 비교, 욥 38.19a)?; 사 66.1 אֵי־זֶה תִבְנוּ־לִי 너희가 나를 위하여 집을 어디에 짓겠다는 것인가?; 욥 38.19a הַדֶּרֶךְ יִשְׁכָּן־אֹ֑ור אֵי־זֶה 빛이 머무는 곳으로 가는 길은 어디인가?(참조, § 158 *b, c*); אֵי־ מִזֶּה 어디로부터? 창 16.8; 욥 2.2; 전치사와 연관된 명사 사이에 삽입된 인상적인 경우, 삼하 15.2 אֵי־מִזֶּה עִיר אַ֖תָּה 너는 어느 성에서 왔느냐?; 욘 1.8 אֵי־מִזֶּה עַם אָ֑תָּה 너는 어느 나라 백성이냐?, 참조, 렘 5.7 אֵי לָזֹאת 무슨 근거로?; 아주 가끔 אֵי זֶה = 어느 것?: 전 2.3; 11.6(간접 의문)[1]; לָמָה זֶּה 왜 창 18.13.

위에 주어진 몇 개의 번역에서 본 것처럼 지시 대명사의 원래 기능은 문장 구조 밖에 있는 선행구를 표시하여 분열 문장을 만드는 데 있었다. 공시적 관점으로 볼 때 우리는 여기에서 비접속사 관계절을 다루고 있으므로, לָמָה[2]와 같이 부사어의 의문사로 시작하는 예들은 해석하는 것이 불가능하다.

h   **명사의 한정어**(attribute)로서 זה는 일반적으로 정관사와 함께 사용된다: הַזֶּה § 137 *e* (예외, § 138 *g*). 형용사가 있을 때 지시사는 대부분 뒤 따라 나온다: 출 3.3 הַמַּרְאֶה הַגָּדֹל הַזֶּה 이 큰 광경; 삼상 12.16(§ *f*에 인용됨). 유일한 예외들로서 렘 13.10 הָעָם הַזֶּה הָרָע; 대하 1.10 עַמְּךָ הַזֶּה הַגָּדֹול; 에 9.29 אִגֶּרֶת הַפֻּרִים הַזֹּאת הַשֵּׁנִית 부림 절에 대한 이 두 번째 편지[3]가 있다.

הַזֶּה와 הַהוּא의 차이는 § *j-k* 참조.

i   아주 드문 몇몇 경우에서 זֶה는 명사 앞에서 형용사적으로 사용되는

---

[1] 미쉬나 히브리어와 현대 히브리어에서 אֵיזֶה 남성과 אֵיזוֹ 여성은 ~것(*which*), 어떤 종류(*what sort of*)를 가리키는 일반적인 용어이다.

[2] 참조, Muraoka, *Emphatic*, 134-37 and Goldenberg 1977. 위에서 인용된 창 3.13 מַה זֹּאת עָשִׂית 와 삼하 12.21 מֶה־הַדָּבָר הַזֶּה אֲשֶׁר עָשִׂיתָ를 대조하라. 새롭게 보강된 (최소한 기원에서라도) 의문문 형태로서, 불어에서 *Qu'est-ce qu'il y a?*를 비교하라; le Bidois 1971: I, § 647; von Wartburg & Zumthor 1973: § 32을 보라.

[3] 마지막 두 경우는 Steiner(1997: 165)에서 언급되었다. 이것은 고전 시리아어에서 일반적인 구조이다: Muraoka 1972를 보라.

것 같다(¹): 출 32.1 זֶה מֹשֶׁה 이 (사람) 모세(§ *e*: 우리의 모세); 삼상 21.12 הֲלוֹא־זֶה דָוִד מֶלֶךְ הָאָרֶץ 이 사람은 그 땅의 왕 다윗이 아닌가?(마소라 악센트를 따라서); 아 7.8 זֹאת קוֹמָתֵךְ *haec statura tua* = 이 너의 몸매(²); 사 23.13; 시 34.7; 104.25; 118.20; 아마도 49.14; 삿 5.5(‖ 시 68.9) זֶה סִינַי(³); 왕상 14.14; 왕하 6.33; 스 3.12, 그리고 아마도 창 2.23.

j   **II.** 엄밀한 의미에서의 지시사인 זֶה, הַהוּא 외에도, **준-지시사**(quasi-demonstrative) 또는 약한 지시사 הַהוּא가 있다(⁴). הַהוּא는 엄밀하게 말해서 동일함을 뜻하며, 특히 이미 언급된 동일한 것/사람을 뜻하므로 ~하는 것(*that*)(의문문에서)을 의미한다. הַהוּא는 정체(*identity*)의 형용사로 불릴 수 있다. 똑같은이란 강한 뜻은 삼상 4.12 "그는 달려서 …바로 그날에 בַּיּוֹם הַהוּא 실로에 도착했다"에서 분명히 볼 수 있다; 신 21.23 "너는 그를 바로 그날에 묻어라"; 창 26.32 "바로 그날에 이삭의 종들이 도착했다…" 일반적으로 약한 의미와 함께: 그날(에)(이미 언급된 이렇고 저런 행동이 일어났을 때)(⁵): 창 15.18; 가끔 선지서에서: 사 5.30; 7.18, 20, 21, 23.(대조, בַּיּוֹם הַזֶּה 레 8.34 등. 이날, 오늘; בְּ 없이는 희소함: 삼상 17.10; 24.11 הַיּוֹם הַזֶּה 오늘)(⁶); בָּעֵת הַהִיא 바로 그 시간에 에 8.9(대조, בָּעֵת הַזֹּאת 이런 때에 4.14).

k   הַהוּא와 הַזֶּה 사이의 **차이점**은 렘 25.13 הָאָרֶץ הַהִיא 그 땅(방금 말한 바빌론)과 9절 הָאָרֶץ הַזֹּאת 이 땅(그가 있는 유다)에서 분명해진다. 물론

---

¹ 그러나 수 9.12 זֶה לַחְמֵנוּ 이것은 우리의 떡(이다)(참조, 13절).

² 이것은 미쉬나 히브리어에 아주 일반적인 구조이다. הַזֶּה에 대한 유사한 현상을 비교하라: § 144 *d*. 아랍어에서 지시사는 정관사에 의하여 한정된 명사 앞에 나오며, 접미사에 의하여 한정된 명사와 고유 명사 뒤에 나온다.

³ 삿 5.5은 "시내 (산)의 그 이(the one of Sinai), 시내 (산)의 하나님(He of Sinai)"을 뜻할 수 있다. 이것은 아모리어에서 *zu h…a-at-ni(m)* "사위 중 하나"와 유사하다; Moran 1961: 61 and Huffmon 1965: 121f를 보라. 그렇지만 마소라 악센트에도 불구하고, הַזֶּה를 아랍어(그리고 우가릿어) *dū*와 같은 것으로 볼 수는 없을까? 시 68.9의 악센트도 이런 해석을 반대하지는 않는다. 두 번째 본문은 Fishbane 1985: 54f.를 보라.

⁴ 3인칭 인칭 대명사 הוּא 등은 원래 지시사였는데, 마치(라틴어 지시사 *ille*에서 나온) 불어 *il, lui*처럼 그 힘을 실제적으로 상실하게 되었다. 그 자체로서 הַהוּא는 3인칭 접미사보다 지시사에 더 가깝다. 만약 הַהוּא 그룹이 어떤 지시적 힘을 갖고 있다면, 그것은 약한 지시적 영향을 가진 정관사 때문이다(§ 137 f 1). (הַהוּא가 הַהוּא로 잘못 쓰인 것은 § 138 *h* 참조). 이와 같이 엄밀한 지시 부사 פֹּה 여기, עַתָּה 이제, כֹּה 이렇게와 대조되는 것으로서, 부사 שָׁם 거기에, אָז 그때, כֵּן 이리하여, 동일하게가 있으며, 이것들은 넓은 의미에서 지시사이다(참조, § 102 *h*).

⁵ 그날은 어떤 날에라는 뜻이다: 삼상 3.2.

⁶ 그러나 오늘이 강조되지 않을 때에는 הַיּוֹם이다. § 137 *f*, 1.

הַהִיא는 지시어가 이미 언급된 것을 가리킬 때나 지시적 개념이 지배적일 때에도 사용될 수 있다: 삼상 10.9 כָּל־הָאֹתוֹת הָאֵלֶּה 이 모든 표적들(2-6절에 열거됨) 뒤에 בַּיּוֹם הַהוּא 그날이 나온다. הַהוּא의 또 다른 주목할 만한 예들: 창 7.11 הַזֶּה בַּיּוֹם 그날에; 7.13 등. בְּעֶצֶם הַיּוֹם הַזֶּה 바로 그날에(같은 날에가 아님); 왕하 4.4; 느 9.1; 그러나 수 10.27 바로 이날까지; 겔 24.2 바로 이 날에 (참조, § 147 *a*).

반면에 הַהִיא는 가끔 설명하기 어려울 때가 있다: 신 1.19; 29.2; 삼상 29.4(§ *e*); 왕하 3.17.

§ 144. 의문 대명사

a   **사람**에게는 מִי 누구?(§ 37 *a*)가 사용된다. 예, 창 24.23 בַּת־מִי אַתְּ 너는 누구의 딸이냐?(속격으로서). 대격으로 그것은 항상 אֵת와 함께 접두된다: 사 6.8 אֶת־מִי אֶשְׁלַח 누구를 내가 보낼까?(§ 125 *g*). 집합적 개념으로 מִי: 학 2.3 מִי בָכֶם הַנִּשְׁאָר 너희들 가운데 누가 생존자들이냐...?; מִי는 그룹을 가리킬 수 있다: 삿 21.8(אֵחָד에도 불구하고; 참조, 9절); מִי가 반복됨: 출 10.8([1]).

b   מִי가 **사물**에 사용되는 경우는 희소하다: 삿 13.17 מִי שְׁמֶךָ 당신의 이름은 무엇입니까?([2]); 사람을 잠재적으로 가리키는 מִי: 신 4.7 מִי־גוֹי; 삿 9.28 מִי־שְׁכֶם; 삼하 7.18 מִי בֵיתִי. 추가 예들: 창 33.8; 미 1.5; 아 3.6.

c   사물은 מַה를 사용한다(§ 37 *b*). 대격으로서 그것은 결코 אֵת를 취하지 않는다(§ 125 *g*). 그것이 속격으로 나오는 경우가 매우 드문 것은 자연스럽다: 렘 8.9 무슨 지혜가 있느냐? (무슨 종류의 지혜?); 민 23.3(§ 129 *q*, 첫 번째 각주). 그것은 지시어가 사람을 가리킬 때, 그 사람이 어떤 사람인지 물을 때 사용된다: 삼상 29.3 מָה הָעִבְרִים הָאֵלֶּה 저 히브리인들은 무엇하는 자들인가?; 아 5.9.

d   삼상 26.18 מַה־בְּיָדִי רָעָה 내 손에 무슨 잘못된 것이 있습니까?와 같은

---

[1] 전접어 הוּא와 함께: מִי הוּא 그 누가? 사 50.9; 욥 4.7; 렘 30.21(그 누가 감히?)의 구문은 시 24.10 מִי זֶה מֶלֶךְ הַכָּבוֹד와 다르다. 후자의 본문에서 מֶלֶךְ הַכָּבוֹד는 זֶה와 동격이다; זֶה는 הוּא와 함께: 렘 30.21; 시 24.10; 참조, מִי, זֶה, § 143 *g*.

[2] 두 구문 מַה אַתָּה와 מִי שְׁמֶךָ의 합성으로 만들어졌다(창 32.28; 출 3.13); 셈족 사람들에게 이름은 그 사람과 어느 정도 동일하다는 개념이 있었으므로 이 합성이 가능했을 것이다. 아람어 מַן 스 5.4도 이와 같다. 참조, Joüon 1920: 365, n.

구문에서 מה는 그 대명사적 특성을 유지하며, 명사는 מה로부터 분리되고, (한계의) 대격으로 나온다(§ 127 *b*, 불어에서. *qu'y a-t-il de mal dans ma main?*): 삼상 20.10; 삼하 19.29; 24.13; 왕상 12.16; 렘 2.5; 전 1.12; 에 6.3.

창 37.26 מַה־בֶּצַע 무슨 유익이 있는가?와 같은 구문에서; 사 40.18 מַה דְּמוּת 무엇을 닮았는가?; 시 89.49 מִי גֶבֶר 어떤 종류의 사람인가?([1]), מַה 또는 מִי는 형용사적으로 사용된 것으로 보인다([2]). 더 상세한 예들은 BDB, s.v. **1 a**(*a*)에 있다.

e   형용사나 동사와 함께 나올 때 מַה는 부사어의 의미로 어쩌면!, 어떻게?, 왜?의 뜻을 가진다: 시 8.2 מַה־אַדִּיר 얼마나 영광스러운가!; 36.8 מַה־יָּקָר 얼마나 귀한가!; 민 24.5 מַה־טֹּבוּ אֹהָלֶיךָ 당신의 장막은 얼마나 아름다운가!(감탄적); 창 44.16 מַה־נִּצְטַדָּק 우리가 우리를 어떻게 정당화할 것인가?; 출 14.15 מַה־תִּצְעַק אֵלָי 너는 왜 내게 부르짖느냐?([3]) 전접적 זה는 § 143 *g*를 참조하라.

f   מַה는 가끔 **부정 대명사**의 역할을 한다. 대부분의 경우 그것은 동사 다음에 나온다: 삼상 19.3 וְרָאִיתִי מָה וְהִגַּדְתִּי לָךְ 내가 무엇을 본다면, 당신에게 말해 주겠다; 삼하 18.22 וִיהִי מָה 무슨 일이 생겨도!= 어떻게 되든지!(참조, 욥 13.13); 민 23.3(§ 129 *q* 첫 번째 각주); 삼하 18.29 לֹא יָדַעְתִּי מָה 나는 아무 것도 아는 것이 없다(참조, 잠 9.13)([4]).

fa   מִי와 מַה는 가끔 일반화 시키는 관계절 "누구든지...", "무엇이든지..." 를 열어주며, 주절은 자주 지시형으로 시작한다: 예, 삿 7.3 מִי־יָרֵא וְחָרֵד יָשֹׁב 누구든지 무섭거나 두려우면 돌아가라; 잠 9.4, 16 מִי־פֶּתִי יָסֻר הֵנָּה 미련한 자는 누구나 여기로 돌아오라; 삿 9.48 מָה רְאִיתֶם עָשִׂיתִי מַהֲרוּ עֲשׂוּ כָמוֹנִי 너희들은 내가 하는 것을 보고, 즉시 나와 같이 하라([5]); 삼하 21.4 מָה־אַתֶּם אֹמְרִים אֶעֱשֶׂה לָכֶם; 바브로 시작하는 주절(귀결절?): 호 14.10(한 9절) מִי חָכָם וְיָבֵן אֵלֶּה; 대하 36.23 מִי בָכֶם .. יְהוָה אֱלֹהָיו עִמּוֹ וְיָעַל; 삼상 20.4 מַה־תֹּאמַר נַפְשְׁךָ

---

[1] 그러나 LXX τίς ἐστιν ἄνθρωπος ... 그리고 Vulg. *quis est vir* ...

[2] 비교, זה도 유사한 현상을 갖고 있다. § 143 *i*. Gibson(§ 8 Rem. 2)의 설명과 달리, 이 연결소는 렘 2.5 מַה מָצְאוּ בִי עָוֶל .. 그들이 나에게서 무슨 잘못을 찾아내었느냐?에 나오는 것과 다르다. מה בצע는 완전한(complete) 절이며 מִי גבר יחיה는 누가 사람처럼 살 것인가?를 뜻할 수 없다.

[3] מה의 부사어 기능에 대하여, מה와 איכה의 대구를 1QH 9.5-7에서 보라.

[4] מִי와 함께 나오는 유일한 예는 삼하 18.12에 있으나 여기에서는 לי로 읽어야 한다.

[5] 참조, LXX A Τί εἴδετε .. ‖ B ὃ εἴδετε ..

וָאֶעֱשֶׂה־לָּךְ. 다음의 두 경우에서는 הָאִישׁ의 삽입 때문에 약간 다른 연결소가 나온다: 렘 9.11 מִי־הָאִישׁ הֶחָכָם וְיָבֵן אֶת־זֹאת וַאֲשֶׁר דִּבֶּר פִּי־יהוה מִי־הָאִישׁ הַיָּרֵא וְרַךְ הַלֵּבָב אֵלָיו וְיַגִּדָהּ (|| 선행하는 관계절이 아님); 신 20.8 יֵלֵךְ וְיָשֹׁב לְבֵיתוֹ 두렵고 마음에 겁내는 자는 누구냐? 그는 집으로 가라([1]). 이와 같은 의문사로 시작하는 절이 주절 뒤에서 발견된다면 이 분석의 정확성이 입증될 것이다. 경계선상에 있는 경우: 출 32.33 מִי אֲשֶׁר חָטָא־לִי אֶמְחֶנּוּ מִסִּפְרִי (동일 지시적[coreferential] 재생 대명사와 함께).

g   **관계사**와 결합된 것으로, 출 32.33 מִי אֲשֶׁר 누구든지; 삼하 20.11†(비교, 아람어 מַן דִּי 단 5.21); 전 1.9 מַה־שֶּׁ' 그것(*that which*); 3.15(비교, 아람어 מָא דִי 스 6.8).

h   수사적 מַה는 어떤 경우에 **부정**(*negation*)과 동일하다([2]): 왕상 12.16 מַה־לָּנוּ חֵלֶק בְּדָוִד 우리는 다윗과 무엇을 함께 나눌 수 있느냐? = 우리는 나눌 몫이 없다(אֵין לָנוּ חֵלֶק בְּבֶן־יִשַׁי가 뒤따른다[3])(참조, 삼하 20.1 וְלֹא־נַחֲלָה בְּבֶן־יִשַׁי); 아 8.4(5.8 대조).

§ 145. 관계 대명사

a   I. 그 기원이 무엇이었든 간에 אֲשֶׁר(§ 38; 158 *f*, 각주)는 구문론적 관점에서 볼 때 일차적으로 **관계 접속사** 저(*that*)이다. 이 값은 완전한 관계절, 즉 재귀적(또는 소급적[retrospective]) 대명사를 가지는 절에서 나타난다([4]): 렘 28.9 הַנָּבִיא אֲשֶׁר שְׁלָחוֹ יהוה 직역하자면: "야웨께서 보내신 저(*that*) 선지자"= 야웨께서 보내신 그(*whom*) 선지자; 명사절에서: 창 7.2 הַבְּהֵמָה אֲשֶׁר לֹא טְהֹרָה הִוא 직역하자면, "깨끗하지 않은 저(*that*) 짐승"=정결하지 않은 그(*which*) 짐승.

---

[1] 더 자세한 것은 아래의 참고 문헌을 보라. BDB, s.v. מִי, *g*, מַה 1e와 Brockelmann, *GvG*, II 580, 그리고 *Syntax*, § 154; Peretz 1967: 144f.; Blau 1999는 렘 7.17 הַאֵינְךָ רֹאֶה מַה הֵמָּה עֹשִׂים을 모호한 경우로 언급한다. 그러나 LXX τί, Vulg. *quid*, 그러나 Pesh. *meddem d*- 참조하라.

[2] 아랍어에서 *mā*는 일반적으로 부정에 사용된다. 의문사와 부정어 사이의 결합(nexus)에 대한 일반적인 토론은 Faber 1991을 보라. 또한 비교 מָאַן 언제?, אַיֵּה 어디에?, אֵיךְ 어떻게?와 같이 의문 형태소 -אַ와 함께 나오는 אַיִן.

[3] 여기에서 특별한 부정의 뉘앙스는 아래 § 160 *oa*를 보라.

[4] 접속사가 있는 실명사적 절에서 כִּי와 동일한 אֲשֶׁר는 § 157 *a* ff.을 보라.

점차 관계 접속사는 관계 대명사로 인식되었다: "야웨께서 보내신 그 (whom) 선지자", "정결하지 않은 그(which) 짐승"([1]). 더구나 이 대명사는 선행하는 명사, 즉 선행사 없이 독립적으로 사용되었다: 창 15.4 אֲשֶׁר יֵצֵא מִמֵּעֶ֫יךָ 너의 몸(bowls)에서 나올 자; 민 22.6 אֲשֶׁר תְּבָרֵךְ 네가 축복할 자(§ 158 l); זֶה도 이와 같다. 예, 욥 19.19.

b   II. 비록 שֶׁ는 원래 אֲשֶׁר와 달랐지만, אֲשֶׁר의 단축 형태로 느껴지게 된 것 같다. 구문론적 관점에서 볼 때 두 단어는 상당히 넓게 중첩된다.

c   III. 시문에서 후대에 지시 대명사(부사와 대명사, § 143 *a*)가 된 고대의([2]) 관계 대명사 זוּ는 상당히 자주 눈에 띈다(성이나 수의 구별 없이): 욥 19.19 וְזֶה־אָהַ֫בְתִּי נֶהְפְּכוּ־בִי 내가 사랑한 자들이 내게 등을 돌렸다; 15.17; 시 74.2; 78.54; 104.8, 26; (§ 129 q); 잠 23.22. 더 일반적으로 사용되는 형태는 זוּ이다(§ 36 *b*; 시 132.12 זוֹ). 이것은 지시사로 그렇게 많이 사용되지 않는다: 시 17.9 רְשָׁעִים זוּ שַׁדּ֫וּנִי 나를 괴롭힌 악인; 9.16; 10.2; 31.5; 32.8; 68.29; 143.8; 출 15.13; 사 42.24; 43.21. 이 모든 זוּ 관계절은 한정된 선행사를 갖고 있다. 물론 그것은 형태적으로 한정된 선행사로 표시되어 있지는 않다([3]).

d   IV. 역대기와 에스라에서 **정관사**는 가끔 관계사로 사용된다: 대상 26.28 כֹּל הַהִקְדִּישׁ שְׁמוּאֵל 사무엘이 구별하여 바친 모든 것. 사실로 여덟 개의 예들은 3인칭 완료형으로 나온다: 대상 29.8 הַנִּמְצָא; 17 הַנִּמְצָא; 전치사와 함께 대하 1.4 בַּהֵכִין; 29.36 עַל הַהֵכִין; 스 8.25 הַהֵרִימוּ; 10.14 הַהֹשִׁיב; 17 הַהֹשִׁ֫יבוּ([4]).

---

[1] אֲשֶׁר를 대명사로 보려는 경향은 재생 대명사가 생략되는 경향을 띤 후기 시대에 증가한 것이 분명하다.

[2] 이 용법은 우가릿어에서 잘 입증된다.

[3] 동일한 형태가 아랍어 타이(Tayyiʾ) 방언에 입증된다: Rabin 1951: 203-5.

[4] 우리는 아마 הַבָּא 대상 12.23, הַבִּיא 대하 15.11 앞에 ה를 추가해야 할 것이다(참조, Jouön 1913: 132, n. 3). 반면에 수 10.24; 삼상 9.24는 정확하지 않다. 이 현상은 그 형태가 분사와 유사한 경우, 예로 הַבָּא 그리고 הַנִּמְצָא에서와 같이 완료형 3인칭 단수에서 유래된 것 같다. 그리고 그것은 3인칭 복수(3인칭 여성 단수는 아래 § e를 보라)로 확대되었다. 진화는 계속되었지만, 우리의 본문에는 그것이 나타나지 않는다. 아니면, 그 현상은 비한정적 명사가 정관사와 함께 나오는 분사구로 수식되는 상당히 일반적인 구조에서 나왔을 수 있다(§ 138 c): 예, 삿 16.27 וְעַל־הַגָּג כִּשְׁלֹ֫שֶׁת אֲלָפִים אִישׁ וְאִשָּׁה הָרֹאִים בִּשְׂחוֹק שִׁמְשׁוֹן 옥상에는 삼천 명의 남녀가 삼손이 재주 부리는 것을 보고 있었다. 어쨌든 이것들은 동사적 명사로 추정되는 고대 카탈의 흔적일 수는 없다: Andersen 2000: 53의 견해와 다르다.

e　　　고대의 본문에서 정관사가 관계사로 존재하였다는 가설은 거의 신빙성이 없다([1]). 완료형으로 모음 표기되거나 단지 악센트가 붙은 어떤 형태들은 거의 대부분 저자들이 분사로 인식한 것 같다. 완료로 모음 표기된 형태들: 왕상 11.9(단 8.1) הַנִּרְאָה; 사 56.3 הַנִּלְוָה (분사의 הֶ 으로 읽으라). 완료의 밀엘 악센트와 함께 나오는 형태들: 룻 1.22(2.6; 4.3) הַשָּׁבָה 돌아온 자 대신에 הַשָּׁבָה 돌아온 그녀. 밀엘 악센트는 거의 대부분 동작이 과거인 경우에 나타나기 때문에, 나크다님은 과거를 더 잘 표현하기 위하여 완료를 선호했을 수 있다: 예, 욥 2.11 הַבָּאָה 과거의 의미로 왔던 사람(*who has come*)과 룻 4.11 הַבָּאָה 가까운 미래의 의미로 곧 들어올 사람을 대조하라. 다른 예들: 창 18.21; 46.27; 사 51.10; 겔 26.17(아마도 칼 수동 분사; 참조, § 56 *c*).

f　　　정관사가 관계 대명사 기능을 한다는 점은 정관사가 인칭 접미사를 가지는 분사와 함께 사용될 때 분명해진다. 이 구문은 실명사와 함께 사용되지 않는다: 예, 신 20.1 יהוה אלהיך עמך הַמַּעַלְךָ מארץ מצרים 애굽 땅에서 너를 인도하여 내신 네 하나님이 너와 함께 계신다; 삼하 1.24 שָׁאוּל .. הַמַּלְבִּישְׁכֶם שָׁנִי 너희들에게 주홍색 옷을 입혀준...사울; 시 18.33 הָאֵל הַמְאַזְּרֵנִי חָיִל 나를 힘으로 띠 띠워준 하나님; 81.11; 신 13.6, 11.

g　　　관계 대명사에 대한 세부 사항은 관계절을 다루는 단락에서 제시될 것이다. § 158 *e* ff.

§ 146. 인칭 대명사

a　　　**정동사에 추가된 독립 대명사**(indepenent pronoun). 정동사는 그 자체로 사람을 가리키므로, 동사가 그것의 주어를 가리키는 대명사와 함께 나올 때마다 어떤 뉘앙스를 추가적으로 가진다고 말할 수 있다. 일반적으로 대명사가 추가되면 그것이 가리키는 그 사람(들)은 특별히 부각된다. 마치 사진의 클로즈업과 비교할 수 있다. 한 사람이나 사람들은 화자나 저자에 의하여 부각되거나 다른 사람이나 사람들과 연관하여 부각되기도 한다. 우리는 아래

---

[1] 이것은 이 -הַ가 아카드어 *ša*와 동일하다고 주장하는 랑베르(Lambert § 295, n. 3)의 제안을 약화시킨다.

의 사항을 유의할 필요가 있다([1]).

1) 대명사는 반의적 대조를 드러내기 위하여 추가된다; 한 쌍을 이루는 구성원 중 한 사람은 다른 사람을 배제하면서 부각된다. 일반적으로 진술은 두 부분으로 구성되며, 하나는 긍정적인 형태로 다른 것은 부정적인 형태로 주어진다. 예, 렘 17.18 יֵבֹ֣שׁוּ רֹדְפַי֮ וְאַל־אֵבֹ֣שָׁה אָ֒נִי֒ יֵחַ֣תּוּ הֵ֔מָּה וְאַל־אֵחַ֖תָּה אָ֑נִי 나를 박해하는 자들은 수치를 당하게 하시고, 나는 당하지 않게 하십시오; 그들은 놀라게 하시고, 나는 놀라지 않게 하십시오; 삿 8.23 לֹא־אֶמְשֹׁ֤ל אֲנִי֙ בָּכֶ֔ם .. יְהוָ֖ה יִמְשֹׁ֥ל בָּכֶֽם 나는 너희를 다스리지 않을 것이다...그러나 야웨께서 너희를 다스릴 것이다. 어떤 경우에 대조는 단지 내포되며, 단지 두 개의 대조적 단위 가운데 하나만 명백하게 언급된다: 예, 신 5.27 (Muraoka text 5.23) קְרַ֣ב אַתָּ֗ה .. וְאַ֣תְּ תְּדַבֵּ֣ר 당신이 가까이 나아가고...그리고 당신이 말하십시오. 즉, 그들은 하나님과 백성 사이의 직접적인 의사 소통 대신에 중보자를 원한다; 삿 14.3 הִ֥יא יָשְׁרָ֖ה בְעֵינָֽי, 즉, 내가 원하는 여자는 그 여자뿐이다; 사 45.12 אָנֹכִ֣י עָשִׂ֣יתִי אֶ֔רֶץ 땅을 만든 자는 바로 나이다; 삼하 24.17 죄를 범한 자는 바로 나이다; 겔 34.15 내 양을 먹일 사람은 바로 나이다; 삿 7.4 הוּא יֵלֵ֣ךְ (다른 사람이 아니라) 그가 가야 한다; 출 5.7 הֵ֖ם יֵלְכֽוּ 그들 자신이 갈 것이다.

2) 대명사는 약한 형태의 대조로 분리된 절이나 반의적 병렬의 경우에도 사용된다: 예, 창 3.15 ה֚וּא יְשׁוּפְךָ֣ רֹ֔אשׁ וְאַתָּ֖ה תְּשׁוּפֶ֥נּוּ עָקֵֽב 그가 너의 머리를 겨누고, 너는 그의 머리를 겨눌 것이다; 시 109.28 יְקַֽלְלוּ־הֵ֘מָּה֮ וְאַתָּ֪ה תְבָ֫רֵ֥ךְ 그들은 저주해도 당신은 복을 주실 것이다.

3) 대명사는 어떤 강조 뉘앙스를 만들기 위하여 문장에 가끔 추가된다. 이리하여 어떤 사람에게 어떤 사실을 상기시키고자 할 때, 우리는 가끔 אַתָּ֣ה יָדַ֔עְתָּ 당신은 그것을 (아주 잘) 안다(수 14.6 등); אַתֶּ֣ם יְדַעְתֶּ֔ם(창 44.27 등)으로 말한다([2]); 이처럼 초대나 질문에 대한 대답이나 약속과 같은 특별한 경우에: 창 21.24 אָנֹכִ֖י אִשָּׁבֵֽעַ 내가 기꺼이 맹세하겠다; 38.17 내가 너에게 염소 새 끼 한 마리를 보내겠다(약속); 47.30 나는 당신이 말씀하신 대로 행하겠다(엄숙한 약

---

[1] Muraoka, *Emphatic*, 47-59에 있는 토론을 보라.

[2] 실제적인 회화 상황에서 이와 같은 발언은 듣는 사람을 향하여 손가락질 같은 몸짓과 함께 했을 수 있다. 이리하여 꾸중할 때, 예로서, 삿 10.13 וְאַתֶּם֙ עֲזַבְתֶּ֣ם אוֹתִ֔י 너희가 나를 버렸다; 입다는 화를 내며 말한다: 삿 11.7 "너희들(אַתֶּם)이 나를 미워하고 나를 내 아버지의 집에서 내어쫓지 않았느냐?"; 이세벨은 그의 겁쟁이 남편을 조롱하면서, "도대체 당신(אַתָּה)이 지금 이스라엘을 다스리고 있는거요?...내가(אֲנִי) 나봇의 포도원을 당신에게 주겠소"(왕상 21.7).

속); 삿 6.18; 삼하 3.13; 21.6; 왕상 2.18; 5.22; 왕하 6.3.

4) 1인칭 대명사는 자랑하는 문체에 잘 맞아 떨어진다: 예, 대하 6.2 "나(솔로몬)는 주를 위하여 웅장한 집을 지었습니다"; 대상 29.17 "정직한 마음으로 나(다윗)는 이 모든 것을 자원하여 드렸습니다"; 삼하 12.7 "나는 너를 이스라엘 왕으로 기름부어 세우고, 나는 너를 사울의 손에서 건져내었다"; 왕상 1.5 "나는 왕이 될 것이다"(반역자 왕이 되려는 아도니아의 입으로 한 말). 이것은 메사의 자랑하는 선언을 상기시킨다: "내가 수리를 하였다… 내가 그 성문을 수리하였다… 내가 왕궁을 수리하였다…"(21행 이하). 여기에서 **אנכ** 는 밀접한 계승으로 열 두 번이나 반복된다[1]. 시 2.6 "내가 나의 왕을 나의 거룩한 산 시온에 세웠다"에서 대명사는 세상 왕들의 헛된 반역의 배경 가운데 신적-왕적 권위를 나타낸다. 삼상 17.10에서 **אני**는 골리앗의 도전적이고 모욕적인 말투를 들려준다.

5) 앞의 제 3항에서 설명한 용법과 유사한 것으로서 자의식이나 자기 주장을 표현하는 **אני** 또는 **אנכי** 용법이 있다. 창 16.5 "내가 내 여종을 당신 품에 주었다"에서 우리는 사라가 받은 마음의 상처와 하갈에 대한 경쟁심을 느낄 수 있다; 스 7.28 **אני הִתְחַזַּ֫קְתִּי** 내가 애썼다(시온의 회복 **שִׁיבַת צִיּוֹן**이 라는 원대한 프로젝트에서 에스라 자신이 주도적인 활약을 한 것에 대한 인식이 표현되었다). 삼상 23.22 **עָרוֹם יַעְרִם הוּא** 그는 상당히 교활한 인물이다에 나오는 대명사(**הוא**)는 비록 1인칭은 아니지만 사울의 신경 과민 심리와 다윗에 대한 두려움을 생생하게 드러내고 있다.

6) 대명사는 문법적 필요성 때문에 추가되기도 한다(아래 c 2; § 166 *a*)[2].

b   **관찰** 1) 어떤 학자들에 의하면 전도서에서 대명사는 자주 동사 뒤에 여분의 말로 중복되어 추가된다: 1.16 **דִּבַּ֫רְתִּי אֲנִי** 내가 말했다; 2.1, 11-15, 18,

---

[1] 앤더슨(Andersen 1966: 98)은 이것을 "기념비의 비문들에서…자랑하는 문체"의 전형적인 특징이라고 잘 지적한다.

[2] 이것은 운율적 필요성 때문에 첨가될 수도 있다. 예, 겔 28.18 예기된 형식인 **וַתֹּאכְלֵ֫ךְ** 대신에 **הִיא אֲכָלַ֫תְךָ** 그것이 너를 삼켰다가 나온다(참조, 레 9.24; 10.2; 민 11.1; 16.35 등). 이것은 이 절의 제 2행에서 두 개의 강세를 갖기 위해서이다(*qinah*); 참조, Kraetzschmar(1900) ad loc.; Cheminant 1912: 82. 또한 겔 27.8 **הֵ֫מָּה**를 보라. 운율론자들은 구문과 형태소의 변칙들이 그들의 이론을 형성하는 데 큰 도움을 줄 수 있다는 것을 자주 잊어버리는 것 같다. 어느 시문에서든지 운율의 억제 장치는 저자가 산문 용법에서 벗어나게 하며, 이런 변형은 운율에 대한 값진 정보를 제공할 수 있다.

20, 24 등; 또한 아 5.5, 6. 그렇지만 전도서에 나오는 이 모든 경우에서 대명사는 사유하는 철학자의 자아를 가리키는 것으로 해석된다[1].

　　2) 명사절에서 전접적인(enclitic) 3인칭 대명사는 § 154 i를 보라.

　　3) 대명사는 의미에서 별 차이 없이 동사를 앞서거나 뒤따를 수 있다. 대부분 그것은 앞에 나온다.

　　4) 이 유형의 대명사에 대한 대부분의 예들은 대화와 생생한 이야기 가운데 나온다. 그러나 이 용법이 세련된 언어가 아니라 대중적인 언어의 전형이라고 말할 수는 없다[2].

c　　　　　**동격에 추가된 독립적 대명사**[3].

　　정동사에 추가된 대명사의 경우처럼(§ *a-b*), 여기서도 추가된 대명사는 "과잉적인" 요소이다. 따라서 위에서 만들어진 일반적 관찰(§ *a*)을 여기에 동일하게 적용할 수 있다(§ *c-d*).

　　1) 명사와 동격: 에 9.1 יִשְׁלְטוּ הַיְּהוּדִים הֵמָּה "유대인들은 그들의 원수들의 지배자가 되었다." 다른 강조적 뉘앙스와 함께: 사 7.14 לָכֵן יִתֵּן אֲדֹנָי הוּא לָכֶם אוֹת 그런즉 주께서 친히 (또는 여기에서, 스스로) 너희에게 징조를 주실 것이다!; 창 4.26 לְשֵׁת גַּם־הוּא 셋에게도(Fr. *à Seth lui aussi*). 다른 구문의 환경에서도 상당히 자주 독립적 대명사를 추가할 수 있다. 예로, גַּם 또는 אַף가 앞서 나올 때이다. 종합적 구조(synthetic structure)를 이루는 창 27:34 בָּרֲכֵנִי גַם־אָנִי와 같은 경우는(아래의 § *d*) "또한"(also)이라는 개념을 포현하는 유일한 방법이다. בָּרֵךְ גַּם אֹתִי로 시작하지 않는다[4].

　　2) 넓은 의미의 동격(일종의 재생 대명사)[5]: 두 번째 주어가 명사적 주어에 추가되어, 첫 번째 명사적 주어를 두 번째 것과 분리시킬 때, 재생 대명사가 필요하게 된다: 창 13.1 וַיַּעַל אברם ממצרים הוּא וְאִשְׁתּוֹ 아브람이 이집트에서 올라올 때, 그와 그의 아내는...: 룻 1.1. 동격 뒤에 대명사가 없을 때, 예

---

[1] Muraoka, *Emphatic*, 48f.를 보라. 여기에는 아가서의 두 예가 다루어진다. 1QH 4.30 ואני ידעתי에서 시인의 אני를 보라.

[2] F. Delitzsch는 "Volkssprache" 개념으로 아 5.5, 6에 있는 אני의 해석에 적용한다: Delitzsch 1875 ad loc을 보라.

[3] Muraoka, *Emphatic*, 61-66, 그리고 Kogut 1981에서 예들에 대한 토론을 보라.

[4] Muraoka, *Emphatic*, 63f.에 있는 토론을 보라.

[5] 참조, Moreshet 1967 and Muraoka, *Emphatic*, 62f. 분할 등위(split coordination) 현상은 Michel 1997에서 면밀히 다루었다.

로서, 출 18.5 וַיָּבֹא יִתְרוֹ חֹתֵן מֹשֶׁה וּבָנָיו 모세의 장인 이드로는 그(=모세)의 아들들과 함께 왔다.

3) 두 번째 주어가 사실상 동사 형태에 포함된 대명사적 주어에 추가될 때, 재생 대명사가 필요하게 된다: 창 6.18 וּבָאתָ אֶל־הַתֵּבָה אַתָּה וּבָנֶיךָ 너는 방주 안으로 들어가라, 너는 너의 아들들과..; 7.1; 삿 11.38; 왕상 1.21(삼상 29.10에서는 אַתָּה를 복구하라); 룻 1.3, 6.

4) 다른 인칭의 주어가 대명사 주어에 추가될 때, 재생 대명사가 필요하게 된다: 창 17.9 וְאַתָּה אֶת־בְּרִיתִי תִשְׁמֹר אַתָּה וְזַרְעֲךָ 너로 말하자면, 너는 내 언약을 지켜라, 너와 너의 후손 대대로.

d 　5) 동사의 접미사와 동격일 때: 창 27.34 בָּרֲכֵנִי גַם־אָנִי 나 또한 축복해 주십시오(불어 *bénis-moi, moi aussi*); 참조, 슥 7.5¿. 마찬가지로 부사 הִנֵּה 와 함께(§ 102 *k*): 겔 6.3 הִנְנִי אֲנִי מֵבִיא 보라, 나 곧 내가 데려올 것이다; 34.11, 20†(마지막 두 경우에는 바브 귀결절과 함께).

6) 명사의 접미사와 동격일 때: 삼하 19.1 מִי־יִתֵּן מוּתִי אֲנִי תַחְתֶּיךָ 내가 차라리 너 대신 죽었으면!(직역: 누가 나에게 죽음을 줄 것인가, 너 대신에 나를?); 왕상 21.19 יָלֹקּוּ הַכְּלָבִים אֶת־דָּמְךָ גַם־אָתָּה 개들이 너의 피를 또한 핥을 것이다(불어 *les chiens lècheront ton sang à toi aussi*); 민 14.32; 삼상 20.42; 삼하 17.5; 렘 27.7; 미 7.3; 시 9.7, 38.11; 잠 23.15[1].

7) 마찬가지로 전치사와 함께: 삼상 25.24 בִּי אֲנִי הֶעָוֹן 잘못은 내게 있다; 19.23 עָלָיו גַּם־הוּא 그에게도 또한; 신 5.3; 학 1.4; 대하 35.21; 왕상 1.26 לִי אֲנִי־עַבְדֶּךָ 당신의 종 나에게; 단 8.1 אֵלַי אֲנִי דָנִיֵּאל[2].

e 　**동격에 명사를 가지는 대명사.** 앞에 나온 것과 반대의 순서로 나오는 이 구문은 그렇게 드물지 않으며, 특히 후기 성서 히브리어에 나온다[3]. 대명사를 이런 식으로 사용하는 것은 예변적(proleptic)[4] 또는 예상적(anticipatory)이라고 하며, 뒤따르는 명사는 일종의 법칙처럼 한정된다.

---

[1] 시 71.16 בְצִדְקָתְךָ לְבַדֶּךָ τῆς δικαιοσύνης σου μόνου는 예외일 수 있다.

[2] 마지막 두 예는 Muraoka, *Emphatic*, p. 62에 있는 토론을 보라.

[3] König, *Syntax*를 보라. 예로서 § 284. 또한 Kogut 1982: 15-26, 97-112을 참조하라; Polzin, 38-40; Khan 1984: 481f.; Rendsburg 1990: 125-32.

[4] 헬라어 πρόληψις "미리 취하는"에서 나왔다. 이와 유사한 구문 구조가 시리아어에서 크게 발전한 것에 대한 토론으로 Muraoka 1987: 67f를 보라.

1) **독립 대명사**: 출 7.11 גַם הֵם חַרְטֻמֵּי מִצְרַיִם 그들 이집트의 술객들도; 대상 9.26; 26.26; 27.6; 대하 28.22; 32.12,30; 33.23; 스 7.6; 느 10.38(마지막 두 경우는 Kropat, 49에 추가되어 있다). 출 7.11을 제외한 모든 예들은 후기의 역사 내러티브에서 나오며, 항상 사람의 이름이 뒤따라 나오는 것에 주목하라[1].

2) **동사의 접미사**[2]: 출 35.5 יָבִיאֶהָ אֵת תְּרוּמַת יהוה 그가 야웨의 예물을 바칠 것이다; 2.6; 레 13.57; 왕상 21.13; 왕하 16.15(크티브); 렘 9.14; 겔 3.21ὶ(놀랍게도, 비한정 명사와 함께); 시 83.12ὶ; 잠 5.22; 대상 5.26.

3) **명사의 접미사**[3]: 겔 10.3 בְּבֹאוֹ הָאִישׁ 사람이 들어갈 때; 42.14; 대상 7.9; 25.1*b*. 명사 접미사 다음에 속격의 לְ가 나오는 경우를 비교하라: 민 1.21 .. פְּקֻדֵיהֶם לְמַטֵּה 지파에 계수함을 입은 사람은; 스 9.1; 대하 31.16.

관찰. 1) 대명사는 고리형에 걸릴 수 있다(참조, § 156), 예, 사 45.12 אֲנִי יָדַי נָטוּ שָׁמַיִם 나로 말하자면, 내 손을 하늘에 펴고(참조, 시 44.3); 겔 33.17 הֵמָּה דַּרְכָּם 그들의 길은 바로 앞에 나온 דֶּרֶךְ אֲדֹנָי 주의 길과 대조된다.

2) 접미사와 함께 나오는 전치사 뒤에서, 그 전치사는 명사 앞에 반복된다(참조, § 132 *g*)[4]: 수 1.2 לָהֶם לִבְנֵי יִשְׂרָאֵל; 레 6.8; 민 32.33; 삿 21.7; 렘 41.3, 51.56; 단 11.11; 대상 4.42; 대하 26.14; 두 개의 다르지만 유사한 전치사들과 함께; 겔 34.2 אֲלֵיהֶם לָרֹעִים.

f   명사의 접미사로 붙은 대명사는 속격으로 여겨지므로, 그것은 속격의 모든 의미를 가질 수 있으며(§ 129 *d* ff. 예문들 참조), 특히 여격의 의미를 가진다(§ 129 *h*). 이처럼 그것은 לְ(§ 130 *a* ff.)와 특히 אֲשֶׁר לְ로 대치될 수 있다(§ 130 *e*). 접미사와 속격의 לְ는 아주 희소하게 함께 나온다: 시 27.2 אֹיְבַי לִי 내 원수들; 144.2; 삼하 22.2, 또는 אֲשֶׁר לְ(아람어에서와 같이): 아 1.6(8.12) כַּרְמִי שֶׁלִּי 내 자신의 포도원(불어 *ma vigne à moi*); 아 3.7 מִטָּתוֹ שֶׁל שְׁלֹמֹה 솔로몬의 가마[5].

---

[1] Muraoka, *Emphatic*, 65f.에 있는 토론을 보라. 칸(Khan, *Syntax*, 77, n. 15)의 주장과 달리, 이 구문은 גַם 때문에 만들어진 것은 아니다. 저자는 창 4.4 הֵבִיא גַם־הוּא처럼 הֵם을 제거하거나 גַם הֵם을 מִצְרַיִם 뒤에 둘 수도 있었다.

[2] 미쉬나 히브리어와 아람어에서 매우 일반적인 구문임.

[3] 미쉬나 히브리어와 아람어에서 매우 일반적인 구문임.

[4] 미쉬나 히브리어와 아람어에서 일반적인 구문임.

[5] 동일한 구조가 후기 포에니어에 나온다: קלא שלא 그의 소리(KAI 147.4). 실제로 미쉬나 히브리어 철자법에서는 שֶׁל을 뒤따르는 명사와 분리하지 않는다.

g   명사의 접미사의 **문체적 용법**. 일반적으로 말하자면, 소유 대명사는 불어같은 다른 언어들보다 히브리어에서 더 널리 사용된다. 특히 관계절에서 그 용법을 주목하라. 예, 출 32.32(§ 129 *t*). 그것은 의미가 허락될 때 지체의 명사들과 함께 일반적으로 사용된다: 창 22.10 וַיִּשְׁלַח אֶת־יָדוֹ 그는 그의 손을 뻗었다; 삿 4.15; 삼하 2.18; 9.13 פִּסֵּחַ שְׁתֵּי רַגְלָיו 두 다리를 절었다(3절 נְכֵה רַגְלַיִם과 대조; 4.4); 왕상 15.23; 왕하 9.24.

    반면에 다른 언어에서 일반적으로 사용되는 소유 대명사가 히브리어에서는 어떤 경우에 사용되지 않는다(참조, § 137 *f* 2).

    소유 대명사는 어떤 표현에서 접미사와 함께 나오는 לְ로 대치된다. 예, וַתְּהִי לוֹ לְאִשָּׁה 그리고 그녀는 그의 아내가 되었다. 창 24.67 등; שָׁאַל לוֹ לְשָׁלוֹם 어떤 사람에게 건강에 대하여 묻다 = 그의 건강에 대하여 묻다. 따라서 어떤 사람에게 문안하다([1]). 또한 § 130 *g*에 있는 표현을 보라.

h   **대명사 주어의 생략**. 주어는 가끔 주어를 충분히 보여주는 지시 부사 הִנֵּה 뒤에서 생략된다([2]): 창 42.28 הִנֵּה בְאַמְתַּחְתִּי 여기에 그것이 내 자루 속에 있다(대조, 27절 הִנֵּה־הוּא בְּפִי אַמְתַּחְתּוֹ); 분사 앞에서(참조, § 154 *c*): 창 24.30; 37.15; 출 7.15; 8.16; ─대답에서: 창 18.9.

    그것은 가끔 대답을 형식적으로나 가상적으로 담고 있는 명사절에서 생략된다: 창 37.32f. "이것이 당신의 아들의 옷인지 아닌지 보십시오. 33절, 그는 그것을 알아보고 말했다: כְּתֹנֶת בְּנִי 그것은 내 아들의 옷이다!"; 삼상 26.17; 참조, § 161 *l*.

i   **대명사 목적어의 생략**. 대명사 목적어는 가끔 생략된다. 참조, § 125 *x*.

    1) 두 동사가 논리적으로 동일한 목적어를 가지고 있을 때 명사는 첫 번째 동사 다음에 나오며, 두 번째 동사는 접미사를 받는다([3]): 창 22.13 וַיִּקַּח אֶת־הָאַיִל וַיַּעֲלֵהוּ לְעֹלָה 그리고 그는 양을 취하여 그것을 제물로 바쳤다. 그러나 접미사는 가끔 완전히 생략된다([4]): 창 2.19 "그리고 야웨 하나님이 흙으로 들의 모든 짐승들을 만들고...그리고 그는 (그들을) 그 사람에게 데려다 주었

---

[1] 첫 לְ는 대격의 לְ가 아니다(König, *Syntax*, § 327 *k*와 달리; 삼상 10.4에 대한 Driver). 그가 그녀에게 그의 건강에 대하여 물었다라는 말은 שָׁאֲלָה לוֹ לְשָׁלוֹם이 된다.

[2] 참조, König 1900: 178.

[3] 이것은 בְּנֵי דָוִד וּבְנוֹתָיו 구문과 평행을 이룬다. § 129 *a*.

[4] בְּנֵי דָוִד וְהַבָּנוֹת 구문에서 소유 대명사의 부재와 비교하라. § 129 *a*.

다(אָדָם אֶל־וַיָּבֵא)"; 18.7 וַיִּתֵּן.

2) 다른 경우에서도 접미사는 명확성에 영향을 주지 않는다면 상당히 자주 생략된다: 창 12.19 "여기에 네 아내가 있다; (그를) 데리고 가라 (וָלֵךְ קַח)"(참조, 24.51); 24.41 יִתְּנוּ.

3) 모호한 의미를 지닌 중립 목적어 그것 또는 저것은 생략된다: 창 9.22 וַיַּגֵּד 그리고 그는 (그것을) 알렸다. 참조, § 152 b.

4) 관계절에서 회고적인 목적어 대명사는 가끔 생략된다: 신 13.7 אלהים אֲשֶׁר לֹא יְדַעְתָּ 너희들이 알지 못한 신들(참조, § 158 c, h).

명사적 접미사가 붙은 대명사의 생략은 § g 참조.

j **관찰**. 1) 거룩한 이름 אֲדֹנָי 주님에서, 1인칭 소유격 접미사는 약화되며 아무런 값이 없어지기까지 한다; 비교, 불어에서 *monseigneur, monsieur, madame*(참조, § 136 d). 이처럼 וַאדֹנָי도 존칭이다. 이리하여 왕상 1.2 וַיֹּאמְרוּ עבדיו יְבַקְשׁוּ לַאדֹנִי המלך נַעֲרָה בְתוּלָה ("그의 신하들이 말하기를 '우리가 우리 주 왕을 위하여 어린 처녀 한 명을 찾아보겠습니다'")에서 신하들은 서로 같은 조언을 잇따라 내어 놓은 것으로 볼 필요는 없다.

2) יַחְדָּו 함께(그것과 연합되어, § 102 d)에는 모호한 접미사가 있다: 왕상 3.18 אֲנַחְנוּ יחדו 우리 함께. כַּלּוֹ, כֻּלָּה는 가끔 그 전체 = 각자라는 모호한 의미를 가진 접미사와 함께 나온다: 사 1.23; 9.16; 15.3; 렘 6.13; 8.6,10; 15.10; 20.7; 합 1.9; 시 53.4; 아마 완전히라는 의미와 함께 렘 2.21; 욥 21.23. כֻּלָּם 그들 모두는 왕상 22.28(미 1.2)에서 כֻּלְּכֶם 대신 나온다. שִׁמְעוּ עַמִּים כֻּלָּם 너희 모두는 들어라(직역하자면, 오 백성들아, 그들 모두)(대조, 예, 사 14.29 פְּלֶשֶׁת כֻּלֵּךְ); 삼상 6.4ἰ; 욥 7.10ἰ.

k **재귀 대명사**. 대명사 접미사는 또 재귀적 의미로 사용된다: 그 자신의 (of his own) 등. 이처럼 전치사와 함께, 예, לוֹ 그 자신에게: 삿 3.16 וַיַּעַשׂ לוֹ אֵהוּד חֶרֶב 에훗은 스스로 칼을 만들었다; 창 8.9b לוֹ; 33.17 אֵלָיו; 삼상 1.24 עִמָּהּ; 왕하 5.11 אֵלָי; 사 3.9 לָהֶם. 재귀적 대명사의 대격에 동사적 접미사는 결코 사용되지 않으나(¹), 아주 희소하게 대격의 불변사 אֵת가 나온다: 출

---

¹ 아브로닌(Abronin 1927-28: 207f.)은 겔 29.3 אֲנִי עֲשִׂיתִנִי (Vulg. *ego feci memet ipsum*)를 인용하여 이 점을 논박하려고 한다; 시락 7.7(μὴ καταβάλῃς σεαυτόν) אל תרשיעך .. אל תפילך; 7.16(μὴ προσλογίζου σεαυτὸν ..) תחשיבך אל에 재귀적 기능이 있다는 점은 의심의 여지가 없다. 참조, 또한 대하 35.14 הלוים הכינו להם ולַכֹּהֲנִים 레위인들은 자신과 제사장들을 위하여 준비하였다; 레 16.17 וְכִפֶּר בַּעֲדוֹ וּבְעַד בֵּיתוֹ וּבְעַד כָּל־קְהַל ישראל 그는 자신과 그의 가족과 이

5.19 וַיִּרְאוּ אֹתָם בְּרָע 그리고 그들은 자신이 어려운 상황에 처한 것을 보았다; 대조에서: 렘 7.19; 겔 34.2, 8, 10. 그러나 재귀법을 표현할 때는 재귀적 동사 형태를 사용하는 것이 정상적이다: 니팔, § 51 *c*; 히트파엘, § 53 *i*.

비록 נֶפֶשׁ가 재귀 대명사의 **대용어**로 사용되었다고 일반적으로 말하지만, 그 용법을 결합 관계(syntagmatic)로 분석해 볼 때 그것은 상당히 다양한 사전적 의미를 보유하고 있다는 것을 알 수 있다([1]). 시 121.7 יְהוָה יִשְׁמָר מִכָּל־רָע יִשְׁמֹר אֶת־נַפְשֶׁךָ에 있는 대구법도 이런 분석에 방해가 되지 않는다.

§147. 대명사의 대용어

a   재귀적 인칭 대명사의 대용어에 대해서는 § 146 *k*를 참조하라.

עֶצֶם 뼈, 지체, 몸은 영어 대명사 *self*(불어 *même*; 독어 *selbst*)의 의미로 사용되며, 명사 뒤에서 보다 더 확실하게 지시물, 즉 말로 가리키고 있는 사물을 표시한다([2]). 이 예들은 모두 사물의 명사들로 나온다: 출 24.10 כְּעֶצֶם הַשָּׁמַיִם 하늘 자체와 같이; 욥 21.23 בְּעֶצֶם תֻּמּוֹ 그의 유복함(?) 자체에도; 특히 יוֹם과 함께(§ 143 *k*): 창 7.13 בְּעֶצֶם הַיּוֹם הַזֶּה 바로 그날에.

단순 인칭 대명사는 자신(self)과 동일한 뜻으로 강조적으로 사용된다. 출 5.7 הֵם יֵלְכוּ 그들 자신이 가야 한다(§ 146 *a* 1); 사 7.14 אֲדֹנָי הוּא 주님 자신(또는 여기서 스스로, § 146 *c* 1). 동일한(신분의 형용사) [불어 *le même*]은 대부분 הַהוּא로 표현된다(§ 143 *j*). אֶחָד 하나는 가끔 동일한(same)을 의미한다: 레 22.28 בְּיוֹם אֶחָד 어느 (동일한) 날에, 같은 날에; 창 41.11 בְּלַיְלָה אֶחָד 한 (동일한) 밤에, 같은 밤에; 11.1 שָׂפָה אֶחָת וּדְבָרִים אֲחָדִים 동일한 혀(입술)와 동일한 단어 또는 발음; 삼하 12.1 בְּעִיר אֶחָת 같은 성 안에; 왕상 3.17 בְּבַיִת אֶחָד 같은

스라엘 온 회중을 위하여 속죄해야 할 것이다 …

[1] Bratsiotis 1966; Sarfatti 1992: 343; Muraoka 2005a: 60-65.

[2] עֶצֶם은 미쉬나 히브리어에서 재귀 대명사를 일반적으로 표현한다. 따라서 성서 히브리어와 달리, 명사는 인칭적인 지시물과 함께 인칭 접미사를 취한다. 예, Baba Qama 3.9 מַעֲשֶׂה עַצְמוֹ 그 자신의 행동; Yebamot 25b אֵין אָדָם מֵשִׂים עַצְמוֹ רָשָׁע 그가 그 자신을 죄 있다고 할 수 없다(Segal 1958: 207을 보라; Pérez Fernández 1997: 45f.).

집 안에; 말 2.10 אָב אֶחָד לְכֻלָּנוּ 우리는 모두 같은 아버지를 갖고 있다.

b אִישׁ 사람, 한 사람은 어떤 사람이라는 약한 의미로 사용된다(¹); 창 13.16; 아 8.7; 한 사람(참조, § 155 g); 부정어와 함께 나올 때, 그 의미는 아무도가 된다. 출 34.3; 출 12.22 לֹא תֵצְאוּ אִישׁ מִפֶּתַח־בֵּיתוֹ 너희들 중 아무도 ~해서는 안 된다(동사 2인칭 복수 형태와 אִישׁ 사이의 명백한 불일치가 이루어지는 현상은 아래 § c에 묘사될 상호성의 표현과 유사하다). 복수에는 אֲנָשִׁים 몇몇이 나온다(²). 렘 26.17. 이처럼 דָּבָר 한 일(*a thing*)은 어떤 일/것(something)이라는 약화된 의미로 사용된다. 창 18.14; 부정으로는 아무 것도 아닌 것(nothing)이라는 뜻이 된다 19.8; 이와 같이 22.12 מְאוּמָה도 마찬가지이다.

c 상호성을 표현하기 위하여(영어 *each other, one another*), אִישׁ는 אָח 형제 또는 רֵעַ 친구와 함께 사용된다: 창 13.11 וַיִּפָּרְדוּ אִישׁ מֵעַל אָחִיו 그들은 서로 나누어졌다; 삿 6.29 וַיֹּאמְרוּ אִישׁ אֶל־רֵעֵהוּ. 이와 대칭을 이루는 여성에서 אִשָּׁה 여인(*woman*)은 אָחוֹת 자매 또는 רְעוּת* (여자) 친구와 함께 사용된다: 출 26.3(옷감에 대해 말할 때 יְרִיעוֹת 여성); 사 34.15(솔개들 דַּיּוֹת 여성).

슥 7.10 רָעַת אִישׁ אָחִיו אַל־תַּחְשְׁבוּ 서로에게 악을 꾀하지 말라는 8.17 אִישׁ אֶת־רָעַת רֵעֵהוּ אַל־תַּחְשְׁבוּ בִּלְבַבְכֶם과 대조적으로 이 상호성의 연결소를 매우 독특하게 확장하였다.

또한 겔 37.17 קָרֵב אֹתָם אֶחָד אֶל־אֶחָד 그들을 서로 가까이 모으라(두 개의 실체를 가리킴); 7절 וַתִּקְרְבוּ עֲצָמוֹת עֶצֶם אֶל־עַצְמוֹ 뼈들이 서로 이어졌다(³)를 주의하라.

d 반면에 אִישׁ는 배분적 의미인 각자(each other), 모두(everyone)의 뜻으로 사용된다: 창 47.20 מָכְרוּ אִישׁ שָׂדֵהוּ 각자가 자기 밭을 팔았다; 암 4.3 תֵּצֶאנָה אִשָּׁה נֶגְדָּהּ 너희는 각자 그 앞에서 똑바로 나갈 것이다. אִישׁ אִישׁ(§ 135 *d*)도 마찬가지이다. 출 36.4; 이 단락과 이전 단락에서 토론된 복수 동사의 모

---

¹ 어떤 이(*someone*)는 가끔, אָדָם 사람(*man*) (레 1.2); נֶפֶשׁ 영혼(*soul*), 어떤 사람(*person*) (레 4.2)으로 표현된다. 어떤 이에 대한 다른 표현 방식은 § 155 *d-f*를 보라. 가끔 אִישׁ의 이런 용법과 아래 § *d*에 묘사된 용법의 차이를 구별하기 어렵다; 출 12.3은 *Mechilta d'Rabbi Ismael* (eds Horovitz - Rabin), p. 11, lines 2-3을 보라.

² 명사의 복수는 그 자체로 어떤 것(some) 또는 몇몇(several)의 뉘앙스를 가진다: 창 24.55 יָמִים 어느 날.

³ 비교. 실로암 터널 비문, 4행: (ג)רזן על גרזן רעו לקרת אש החצבם הכו 석수가 쳤다. 서로를 마주 보며, 곡괭이가 서로를 향하여.

든 용법을 주목하라. אִישׁ אֶל־רֵעֵהוּ와 같은 구는 부사어인 수식어구이고, 여기에서 אִישׁ는 문법적 주어가 없으며(¹), 대부분 복수형 정동사가 선행한다(²). 그것(אִישׁ)은 또한 לְ(אִישׁ)에 정관사와 함께 사용된다(아마 나크다님에 의하면, § 137 f). 왕상 8.39(= 대하 6.30)(대조, 렘 17.10 לָאִישׁ 동일한 문맥에서!); 삼상 26.23; 잠 24.29; 그러나 לְאִישׁ 삼하 6.19; 슥 10.1; 대상 16.3.

관찰. 1) 명사의 접미사가 3인칭으로 나오는 것에 주목하라. 삼상 25.13 חִגְרוּ אִישׁ אֶת־חַרְבּוֹ 각자 너희(그의) 칼을 차라!(§ 151 *d*).

2) 가끔 배분적으로 사용되는 אִישׁ는 고리형으로 나오며(§ 156), 결합된 명사는 접미사를 가진다(³): 창 42.35 וְהִנֵּה־אִישׁ צְרוֹר־כַּסְפּוֹ בְּשַׂקּוֹ 보라, 각자의 자루마다 돈이 그의 자루 속에 있었다.

아래의 경우에서 이 배분적 אִישׁ는 그와 결합되어 접미된 명사와 함께, 그것의 정동사 앞에 나온다: 민 36.7 אִישׁ בְּנַחֲלַת מַטֵּה אֲבֹתָיו יִדְבְּקוּ בְּנֵי יִשְׂרָאֵל 이스라엘 자손이 그들 각자의 선조 지파의 기업을 보전해야 할 것이다; 창 41.12; 출 12.4; 28.21; 민 5.10; 26.54; 왕하 23.35; 창 9.5(*i*).

3) 이 배분적 연결소의 복수 지시어는 대격이 될 수 있다: 렘 13.14 וְנִפַּצְתִּים אִישׁ אֶל־אָחִיו 그리고 내가 그들을 서로 부딪혀 부서지게 할 것이다; 25.26.

e   כֹּל 뒤에 정관사 없는 명사가 나오는 것(§ 139 *h*)은 각자의 뜻으로 사용된다; 참조, כֻּלֹּה 각자의 의미로 사용된다. § 146 *j*.

f   이와 같이는 주로 זֶה와 함께 כְּ 같은으로 나온다: 창 44.7b עֲשׂוֹת כַּדָּבָר הַזֶּה 이와 같은 일을 하도록; 7a כַּדְּבָרִים הָאֵלֶּה 이런 말들 또는 이런 일들; 반대의 순서로: 창 41.38 אִישׁ כָּזֶה 이와 같은 사람; 렘 5.9 גּוֹי אֲשֶׁר כָּזֶה 이와 같은 나라; 삿 18.4 כָּזֹה וְכָזֶה עָשָׂה לִי 그는 이러저러한 일을 나에게 하였다; 삼하 17.15 כָּזֹאת וְכָזֹאת 이렇고 저런 일. 가끔 이와 같은이란 개념은 단지 가상적일 뿐이다(כְּ의 생략으로): 사 7.17 יָמִים אֲשֶׁר לֹא־בָאוּ 아직까지 오지 않은(그와 같은) 날들(회고적 כָּהֵם의 생략); 출 10.6; 34.10(참조, §

---

¹ 단수의 사용은 예외적이다: 창 44.13 וַיַּעֲמֹס אִישׁ עַל־חֲמֹרוֹ 그들은 각자 자기 나귀에 짐을 실었다. 그러나 וַיָּשֻׁבוּ הָעִירָה 그리고 성으로 돌아왔다로 이어진다. יֻתַּן 민 26.54은 아마 비인칭 수동태일 것이다(§ 128 b, 152 *fa*). 사 3.6에 "누군가"를 뜻하는 순수한 단수 주어 אִישׁ가 나온다.

² 드문 예외로 사 9.18과 미 7.2가 있지만, 주어는 바로 앞 절에 언급했다.

³ אִישׁ에 주어진 위치는 아마 주어로서 אִישׁ의 구문에서 유추된 것 같다: 창 47.20(위에).

174 *f*). 또한 § 158 *f*: "나와 같은 사람"을 보라. 참조, § 141 *b*.

표현되지 않은 명사 대신에 이와 같은(such)은 פְּלֹנִי אַלְמֹנִי로 번역된다: 룻 4.1; 삼상 21.3 מְקוֹם פְּלֹנִי אַלְמֹנִי 이와 같은 곳(연계형을 주의하라, § 129 *f*). 상관 관계를 가리키는 이와 같은에 대한 예는, 레 7.7 כַּחַטָּאת כָּאָשָׁם 속건 제물처럼, 속죄 제물처럼 = 속죄 제물은 속건 제물과 같다.

g   영어 대명사 *one* (불어 *on*; 독어 *man*)과 동일한 것은 § 155 *b* 참조.

제6장: 일치

§148. 형용사 (그리고 분사)의 일치

a   형용사는 수식어로 사용되든지(§ 121 *a* n.), 술어로 사용되든지 간에 일반적으로 그것이 꾸미는 명사의 성과 수에 일치한다.

    수식적 형용사(attributive adjective). **성**(gender)에 관한 한, 소수의 예외가 있을 뿐이다([1]). 이것들은 특히 비교절에서 나온다: 시 119.72 טֽוֹב־לִ֥י תֽוֹרַת־פִּ֑יךָ מֵ֝אַלְפֵ֗י זָהָ֥ב וָכָֽסֶף 주의 입의 법이 내게는 천만 금은보다 더 귀합니다([2]); 전 7.8 ט֣וֹב אַחֲרִ֥ית דָּבָ֖ר מֵֽרֵאשִׁית֑וֹ 일을 시작할 때보다 끝날 때가 더 좋다. 또한 전 10.1; 잠 15.17; 17.1을 보라.

    남성 명사와 여성 명사를 함께 수식할 수 있는 형용사는 '더 강한 성'(genus potius)인 남성을 취한다([3]): 느 9.13 חֻקִּ֥ים וּמִצְוֹ֖ת טוֹבִ֑ים 선한 규례와 계명; 렘 34.9; 슥 8.5(분사); 창 18.11(동사적 형용사).

    수에 관한 한, 양성에서 쌍수 명사의 형용사는 복수를 취한다: 사 35.3 יָדַ֣יִם רָפ֑וֹת 느슨한(맥 빠진) 손들; 시 18.28(분사).

    집합 명사를 가리키는 **분사**는 상당히 자주 복수로 나온다(constructio ad sensum): 사 9.1 עַ֚ם סֹבֵ֣ב הַהֹֽלְכִ֔ים ~에 걷는 백성; 참조, 65.2 הָעָ֤ם הַהֹֽלְכִים֙ בַּדֶּ֣רֶךְ לֹא־ט֔וֹב 선하지 않은 길을 걷는 반역적 백성; 삼상 13.15 הָעָ֖ם הַנִּמְצְאִ֥ים 함께 있는 백성, 그러나 16절 הָעָ֥ם הַנִּמְצָ֖א; 삼상 2.14 כָּל־יִשְׂרָאֵל֙ הַבָּאִ֣ים 찾아온 모든 이스라엘 백성; 단 11.32; 수 5.5 כָּל־הָעָ֣ם הַיֹּ֣צְאִ֔ים, 4절에 כָּל־הָעָם הַיֹּצֵ֨א가 먼저 나온다. 이 현상은 형용사에서는 약간 드물다: 겔 3.5... עַ֥ם עִמְקֵ֖י

---

[1] 왕상 19.11; 삼상 15.9; 렘 20.9에는 여성형 첫 형용사 뒤에 두 번째 남성 형용사가 나온다. 그러나 본문이 아마 심각하게 훼손된 것 같다.

[2] Levi 1987: 97f을 보라. 원어는 '수천 개의 금은 조각'을 뜻하지만, 우리는 한글 성경을 따라 '천만 금은'으로 번역하였다(역자 주).

[3] 이와 같은 전문 용어의 용법에서 사회-인류학적 결론을 내리지 않도록 해야 한다.

단수형의 형용사와 복수형의 분사가 함께 나오는 예로 민 14.35 כָּל־הָעֵדָה הָרָעָה הַזֹּאת הַנּוֹעָדִים을 보라.

탁월함이나 **위엄**의 복수형(§ 136 *d*)에서 명사를 수식하는 형용사는 복수형보다 단수형으로 더 자주 나타난다. 단수: 사 19.4 אֲדֹנִים קָשֶׁה 잔인한 군주; 왕하 19.4, 16 אֱלֹהִים חַי 살아계신 하나님;—복수: אֱלֹהִים חַיִּים 신 5.22; 삼상 17.26; 렘 23.36(¹); 출 20.3 אֱלֹהִים אֲחֵרִים 다른 신(다른 신들보다); 32.4 אֵלֶּה אֱלֹהֶיךָ 이것은 너희 신이다; 그러나 수 24.19에서는 הוּא와 일치한다.

b **술어적 형용사**(predicative adjective)가 일치하지 않는 경우는 아주 드물다: 출 17.12 וִידֵי מֹשֶׁה כְּבֵדִים 그리고 모세의 팔은 피곤하였다(יָד 여성). 형용사 רָחֹק 먼, 오래된은 변화할 수 없으며 시 22.2; 119.155에서 부사(멀리)처럼 취급된다(²).

명사와 함께 나오는 예로서, 출 5.5 רַבִּים עַם הָאָרֶץ가 있다.

c **분사**는 어느 정도 형용사처럼 취급된다. 예, 대하 6.40 יִהְיוּ־נָא עֵינֶיךָ פְּתֻחוֹת 주께서 눈을 뜨시기를 빈다(비록 동사는 남성형이지만, 분사는 여성형이다. § 150 *c*)(³). 성과 연관된 비정상 형태: 렘 44.19 אֲנַחְנוּ מְקַטְּרִים(여인들이 자신에 대하여 말하며, 여성형이 불필요하게 여겨진다; 참조, Brockelmann, *GvG*, I 298, n. 1; II 98); 잠 26.23(왜 쌍수의 여성 명사가 남성 복수 분사와 함께 쓰였는지?).

d 성이 다른 두 개의 명사와 함께 나오는 형용사(또는 분사)는 남성 복수를 취한다: 창 18.11 אַבְרָהָם וְשָׂרָה זְקֵנִים; 신 28.32; 왕상 1.21.

단수 נָקִי는 삼하 14.9, 참조, 출 21.4(§ 150 *p*). 더 가까운 명사에 끌리는 경우로서 창 4.10 קוֹל דְּמֵי אָחִיךָ צֹעֲקִים을 들 수 있다. 비록 여기에서 קוֹל은 감탄사로서 "잘 들어라(Hark)!"를 뜻할 수 있지만(§ 162 *e*).

---

¹ 이 세 가지 예들 모두에서 그 지시어는 이스라엘의 하나님을 가리킨다.

² 아랍어에도 유사한 경우가 있다. 예, *baʿid*는 רָחוֹק의 유사어이다; 참조, Brockelmann, *GvG*, II 95. יָשָׁר와 함께 시 119.137 에서 우리는 아마 단수 מִשְׁפָּטְךָ로 읽어야만 하는 것 같다.

³ וֹא로 두 실명사를 나란히 두면서, 분사는 단수(출 23.4 תֹעֶה) 또는 복수(신 22.1 נִדָּחִים; 4절; 비교, 17.5 동사의 접미사와 복수형 동사)로 나온다.

§ 149. 인칭 대명사의 일치

a   인칭 대명사는 그것이 가리키는 명사의 수와 거의 항상 일치하며 성은 일반적으로 일치한다.

     수. 사물의 여성 복수 명사를 가리키는 접미사는 아주 드문 경우에 여성 단수로 나온다. 가장 확실한 예: 왕하 3.3 הַחַטָּאוֹת מִמֶּנָּה 죄들을 가리킴; 또한 13.2, 11; 17.22; 비교, 동일한 여성 복수가 여성 단수 동사와 함께 나오는 사 59.12, § 155 *g*).

     대명사는 연계형 명사 대신에 바로 그 앞에 연달아 나오는 연계구의 중심 부분과 일치할 수 있다([1]): 예, 대하 9.29 הֲלֹא־הֵם .. שְׁלֹמֹה דִּבְרֵי וּשְׁאָר כְּתוּבִים .. 솔로몬의 행적의 나머지는... 그것들이... 기록되어 있지 않느냐?; 왕상 14.19; 대하 20.34.

     집합을 가리키는 대명사(참조, § 148 *b*)는 복수형일 수 있다: 창 15.13 לָהֶם(후손 זֶרַע를 가리킴); 민 16.3; 습 2.7; 참조, 겔 18.26; 33.18,19; 욥 22.21;-독립 대명사: 민 14.27; 출 3.7.

b   **성**. 다른 성을 가진 두 개의 명사를 가리키는 대명사는 더 강한 성(*genus potius*, 참조, § 148 *a*)인 남성을 취한다: 창 1.27 אֹתָם 그들(남자와 여자); 32.1 אֹתָהֶם 그들(그의 아들들과 그의 딸들).

     접미된 대명사는 상당히 자주, 특히 2인칭 복수와 (주로) 3인칭 복수에서 여성 대신에 남성을 취한다. 여성을 남성으로 대치하는 현상은 후기의 책, 특히 역대기에서 빈번하게 나온다. 이것은 음성학적 현상이 아니라 형태론적-구문론적 현상이다. 왜냐하면, 미쉬나 히브리어에서 단어의 마지막 *m*이 *n*으로 변하는 것이 일반적 경향이기 때문이다([2]).

     예로, 명사 접미사들(명사와 전치사)이 있다: 창 31.9 אֲבִיכֶם 그러나 5, 6절 אֲבִיכֶן; 룻 1.9*a* לָכֶם, 그러나 9*b* לָהֶן; 1.8 עִמָּכֶם; 출 2.17 צֹאנָם, 그러나 16절 אֲבִיהֶן; 한 절에서도(민 27.7), אֲבִיהֶם .. לָהֶם; 짐승에 대해 말할 때에도 창 32.16 בְּנֵיהֶם; 삼상 6.7 עֲלֵיהֶם; 또는 물건에 대해서

---

[1] 영어, *part of his children are staying with us* (그의 자녀들 중 일부가 우리와 함께 지내고 있다)와 같다.

[2] 참조, Qimron, *HDSS*, 63에 있는 각주 79.

도 창 41.23 אַחֲרֵיהֶם(¹). 단수의 예들: 출 11.6 אֲשֶׁר כָּמֹהוּ צְעָקָה גְדֹלָה ..
הִיא יְחִידָה .. אֵין לוֹ מִמֶּנּוּ לֹא נִהְיָתָה 삿 11.34 한 번도 없었던... 큰 부르짖음;
그녀는 외동딸이었다... 그에게는 그녀 외에 다른 아이가 없었다(²).

동사의 접미사들: 2인칭 여성 복수의 접미사는 모든 동사 형태에 없
다; 3인칭 여성 복수 접미사도 대부분 없다(참조, 패러다임 3): 삿 16.3 וַיִּסָּעֵם
(דְּלָתוֹת 문들을 가리킨다); 잠 6.21 קָשְׁרֵם; 삼상 6.10 וַיַּאַסְרוּם.

c   **독립 대명사**에서 여성형을 남성형으로 대치하는 경우는 매우 드물다(³).
가장 확실한 예는 3인칭 복수에 나타난다: הֵמָּה 슥 5.10; 아 6.8; 룻 1.22; 느
3.34. 변칙들: 레 25.33 הִיא는 술어의 견인 현상으로 복수 대신 단수가 나온
것이다(참조, § 150 m); 렘 10.3 הוּא (동일한 이유); 수 13.14i הוּא 아마 피
지배 명사 יְהוָה의 영향 때문 같다(그는 레위인들의 기업이다. 33절 등)(⁴).

d   부록. **지시사**는 항상 그것이 가리키는 명사와 일치한다. 집합체에 단
수가 사용된다. 예, 항상 הָעָם הַזֶּה (삼상 2.23 אֵלֶּה는 정확하지 않다).

§ 150. 동사의 일치

a   **I. 2인칭 복수**에서 여성형은 가끔 남성형으로 대치된다: 룻 1.8 עֲשִׂיתֶם
욜 2.22 אַל־תִּירָאוּ; 암 4.1 שִׁמְעוּ.

사실 2인칭 복수의 여성형은 드물다(즉, קְטֹלְנָה תִּקְטֹלְנָה, קְטַלְתֶּן[⁵]);
접미사와 함께 그것들은 남성형으로 대치된다(§ 62 a, 63 a, 64 a).

---

¹ 더 상세한 예들은 Rendsburg 1990: 44-48에 언급된다. 그렇지만 Rendsburg의 주장과 달리 이런
변화가 회화체 히브리어를 가리킨다는 증거가 없다. Rendsburg의 일반적 방법론은 Versluis 2003:
23f를 보라.

² 더 상세한 예는 GK § 135o and Rendsburg 1990: 71f를 보라.

³ 좀 더 상세한 예들은 Levi 1987: 162f.를 보라. 2인칭에서 유일하게 그럴듯한 예외: 겔 13.20
אַתֵּן צֹדְדוֹת מְצֹדְדוֹת ... אֶתְהֶם אַתֵּן 는 뒤따른다. 겔 34.31에는 אַתֵּנָה צֹאנִי צֹאן מַרְעִיתִי אָדָם אַתֶּם
이 나온다.

⁴ 오경에서 크레 הוּא는 § 39 c를 보라.

⁵ 3인칭 복수로 תִּקְטֹלְנָה 형태는 가끔 무시된다(§ c). 즉, 그것은 나올 법한 곳에서 사용되지 않는
다. 2인칭과 3인칭 여성 복수 형태가 그 남성 대응어로 대치되는 경우에 대한 목록은 Lambert, § 705
를 보라. 미쉬나 히브리어에서 이 범주의 독자적 형태는 사라지고, 그에 대응하는 남성 형태로 대
치된다.

b **II. 3인칭**에서 동사의 일치는 상당히 많은 변칙들을 보여준다. 상당히 일반적인 규칙으로서 동사는 그것이 가리키는 명사 (또는) 대명사의 성과 수에 일치한다. 그렇지만 다음과 같은 몇 가지 경향이 있다. 1) 주로 동사가 선행할 때 여성형을 무시한다: 여성형 단수(§ *k*)나 특히 여성형 복수에서(§ *c, l*); 2) 주로 동사가 선행할 때 복수형보다 단수형을 선호한다(¹); 3) 동사가 주격 명사 앞에 나올 때, 남성 단수를 기본값(default)으로 사용하거나 일치와 상관 없는 동사 형태를 사용한다; 4) 여성 단수는 집합체로 인식되는 어떤 명사와 함께 가끔 사용된다(종족 이름 같은 것 § *e*; 사물이나 동물의 복수 이름들 § *g*)(²).

c **A) 단독 주어(a single subject)**와의 일치.

완료에는 **3인칭 여성 복수** 형태가 없다(§ 42 *f*). 이 사실은 미완료에서 3인칭 여성형 복수를 무시하도록 영향을 끼쳤을 수 있다(תִּקְטֹלְנָה[³]). 이 형태는 특히 동사가 선행하는 경우에 가끔 3인칭 남성형 복수로 대치된다(⁴): 삿 21.21 יֵצְאוּ בְנוֹת־שִׁילוֹ 실로의 딸들이 나올 것이다; 왕상 11.3*b*; 레 26.33 עָרֵיכֶם יִהְיוּ חָרְבָּה 너의 성들은 무더기가 될 것이다; 여성 쌍수와 함께: 대하 6.40 יִהְיוּ־נָא עֵינֶיךָ פְּתֻחוֹת (참조, § *d*); 집합 명사와 함께: 창 30.39 וַיֵּחַמוּ הַצֹּאן 양들이 교미하였다(참조, § *e*. 여성형 단수의 생략은 § *k* 참조).

d **쌍수**와 함께 나오는 동사는 주로 복수형이다. 만약 명사가 여성형이면 복수형은 여성형이나 남성형이 될 수 있다(§ *c*). 여성형 쌍수 יָדַיִם은 항상(5회): תֶּחֱזַקְנָה יָדַיִם (삿 7.11; 삼하 2.7; 겔 22.14; 슥 8.9,13); 항상(2회) יִרְפּוּ יָדַיִם תֵּרָפֶינָה (사 13.7; 겔 7.17)로 나온다; 그러나 항상 יָדַיִם이다(4회: 삼하 4.1; 습 3.16; 느 6.9; 대하 15.7). עֵינַיִם과 함께: 미 7.10 עֵינַי תִּרְאֶינָה. 쌍수는(복수형처럼 § *g*) 집합적으로 여겨질 수 있으며, 동사는 여성형 단수로 나온다(희소하다): 미 4.11 וְתַחַז עֵינֵינוּ; 삼상 4.15 עֵינָיו קָמָה (참조, § *h*).

e **집합 명사**와 함께 동사는 단수형 또는 복수형으로 나올 수 있다(후자는 후대의 책에서 빈번하며, 역대기에서 주목할 만하게, 쿰란 히브리어에서

---

¹ 어순의 영향에 대한 세부 사항은 Young 1999: 52f; 상동, 2001: 70f를 보라.

² 특이한 변동(vacillation)이 나오는 겔 1.5-26, 34.2-31, 37.1-11을 보라.

³ 2인칭으로서 תִּקְטֹלְנָה 형태는 드물다(§ *a*). § 150 *a*, n을 보라.

⁴ 미쉬나 히브리어에서 체계적으로 나오며, 쿰란 히브리어에서는 가끔 나타난다(Qimron, *HDSS*, 45).

아주 일반적으로[1] 나온다); 삼하 23.11 וְהָעָם נָס; ‖ 대상 11.13 וְהָעָם נָסוּ (대조, 삼하 6.19 그리고 ‖ 대상 16.43). 그러나 인접한 두 절에서조차 교대로 나올 수 있다: 삿 9.36f.: הִנֵּה עַם יוֹרֵד .. הִנֵּה־עָם יֹרְדִים. 첫 번째 동사는 특히 그것이 명사 앞에 나오면 단수형으로 사용될 수 있으며, 두 번째 동사는 명사 다음에 나올 때 복수형으로 나온다: 왕상 18.39 וַיַּרְא כָּל־הָעָם וַיִּפְּלוּ; 삼상 23.13 וַיָּקָם דָּוִד וַאֲנָשָׁיו .. וַיֵּצְאוּ מִקְּעִילָה .. וַיִּתְהַלְּכוּ .. וּלְשָׁאוּל הֻגַּד כִּי נִמְלַט דָּוִד מִקְּעִילָה(²). 다른 예들: 여성 집합 명사와 함께: 삼상 17.46 וְיֵדְעוּ כָּל־הָאָרֶץ; 겔 31.6 יָלְדוּ כֹּל חַיַּת הַשָּׂדֶה; 창 41.57 וְכָל־הָאָרֶץ בָּאוּ 명사와 함께 가끔 집합적으로 다루어진다: 창 34.24 וַיִּמֹּלוּ כָּל־זָכָר; 삿 9.55 וַיִּרְאוּ אִישׁ־יִשְׂרָאֵל. 이와 같이 백성들의 이름과 함께 나올 때 동사는 남성 단수 또는 남성 복수일 수 있다: 남성 단수: 출 17.11 וְגָבַר יִשְׂרָאֵל; 사 19.16; 암 1.11; 대상 18.5; 19.15, 16, 18, 19; 남성 복수: 삼하 10.17 וַיַּעַרְכוּ אֲרָם; 왕상 20.20; 대상 18.2, 5, 6, 13. 게다가 백성은 집합체로 여겨질 수 있으므로, 특히 그것이 먼저 나오면, 동사는 여성 단수로 사용될 수 있다(³). (참조, § g): 삼하 8.2 וַתְּהִי מוֹאָב; 5, 6 절; 10.11; 24.9; 렘 13.19; 대상 19.12; 욥 1.15(복수가 뒤따라 나옴); 참조, § 134 g.

f   **탁월** 또는 **위엄**의 복수와 함께 나오는(§ 136 *d*) 동사는 일반적으로 단수이다(후대의 언어에서는 항상 그렇다): 대상 17.21 הָלַךְ הָאֱלֹהִים(그러나 ‖ 삼하 7.23 הָלְכוּ־אֱלֹהִים); 왕상 12.28 אֱלֹהֶיךָ אֲשֶׁר הֶעֱלוּךָ 너희를 올라오게 한 우리 하나님(너희의 하나님들 대신); 출 21.4 אֲדֹנָיו יִתֶּן; 29절 בְּעָלָיו יוּמַת; 잠 9.1 חָכְמוֹת בָּנְתָה(⁴).

g   **사물**이나 **동물**의 복수 명사(특히 여성형)는 집합 명사와 동등한 것으로 여길 수 있다; 이때 동사는 여성형 단수를 취한다(⁵). 그 예들은 그렇게 많

---

¹ Qimron, *HDSS*, 83f.

² 이것들과 다른 많은 유사한 예들은 르벨이 주장한 것처럼(Revell 1993: 73-75), 마치 단수가 중심 주체인 첫 번째 주어에 초점을 맞추는 것처럼, 단수와 복수 동사 형태 사이에 소위 기능적 대립이 있었다는 것을 반박하는 증거이다.

³ 히브리어에 상당히 드물게 나타나는 이 구문은 아랍어에서 흔히 나타난다. 예, *qālat il Yaḥūdu* "유대인들이 말했다", Koran 2.107(참조, Brockelmann, *GvG*, II 174). 삼하 8.2, 5, 6에서 여성과 함께 나오는 구문은 대상 18.2, 5, 6에서 복수로 대치되었다.

⁴ 잠 1.20 חָכְמוֹת .. תָּרֹנָּה는 § 61 *f*를 보라.

⁵ 3인칭 복수로 *taqtulūna*가 주전 14세기 서부 셈어 방언에 나타나는 것으로 확증되었지만, 성서 히

지 않으며, 특히 단순 산문에 많이 나온다: 욜 1.20 בְּהֲמוֹת שָׂדֶה תַּעֲרֹג 야생 짐승들이 부르짖는다; 사 59.12 חַטֹּאותֵ֫ינוּ עֲנָֽתָה בָּ֫נוּ 우리의 죄들이 우리를 고발한다([1]). 명사 뒤에 나오는 다른 예들: 창 21.30; 49.22(시문); 렘 48.41; 49.24(두 유사어: 여성 단수와 남성 복수); 잠 15.22; 20.18; 욥 12.7; 20.11 ¿(복수로 나오는 첫 동사 뒤에서!); 41.10. 명사 앞에서: 삼하 24.13; 사 34.13; 렘 4.14; 12.4; 시 18.35; 37.31; 44.19; 103.5; 욥 14.19; 27.20.

h   **관찰**. 1) 완료의 3인칭 여성 단수 형태와 3인칭 복수 형태가 קָ֫מָה와 קָ֫מוּ의 경우처럼 최종 자음만 다를 때, 복수 형태를 요구하는 크레(Qre)가 대부분 나온다. 예, 삼상 4.15 עֵינָיו קָ֫מָה, 크레(오리겐 헥사플라 자음 본문) קָ֫מוּ; 신 21.7; 렘 2.15; 51.29; 시 73.2, 그러나 창 49.22; 렘 48.41에는 그렇지 않다(참조, § 42 *f*).

i   2) 복수 명사 다음에 속격 단수가 뒤따르는 경우, 단수형 동사는 전적으로 또는 부분적으로 속격의 단수에 의해 만들어졌을 것이다: 삼하 10.9 הָיְתָה (아마 מִלְחָמָה의 영향을 받았을 것임); 겔 26.11 תֵּרַד(아마 속격 עַזּ의 영향을 받았을 것이다(참조, § *n*).

ia   3) 명백하게 불완전한 철자(§ 94 *j*)는 일치 문제와 연관되어 있을 수 있다: 렘 38.22 הָטְבְּעוּ בַבֹּץ רַגְלֶךָ 너의 발이 진창에 빠진다; 비교, 수 5.15 שַׁל־נַעַלְךָ מֵעַל רַגְלֶךָ와 출 3.5 שַׁל־נְעָלֶיךָ מֵעַל רַגְלֶיךָ. AF, *Spelling*, 146을 보라.

j   3인칭 남성 단수의 동사 형태는 주어 명사 앞에서 상당히 자주 사용된다. 특히 그것이 한두 단어로 분리되어 있을 때([2]). 이 구문은 사람을 가리킬 때에는 상당히 희소하며, 주로 시문이나 고양된 산문에서 나온다. 단순 산문에서 그것은 주로 הָיָה 동사와 나온다(특히 וַיְהִי형)([3]). 단순 산문에

브리어에서의 존재는 모란(Moran)의 주장과 달리 없었던 것 같다. 위에서 언급된 예 20개 중에서, 7개는 완료이며, 나머지 13개의 미완료에서 오직 2개(시 103.5 그리고 욥 14.19; 후자에는 성경에서 단 한 번 나오는 단어가 주어로 나온다)만 남성 복수 주어를 갖고 있다. Moran 1961: 62f.를 보라 참조, Izre'el 1987.

[1] 여기에서 עֲנָֽתָה는 아마 *nu*가 종결음으로 세 번 나오지 않도록 회피한 것 같다.

[2] 동사는 불어 *il est arrivé de mauvaises nouvelles; il manque deux francs*에서와 같이 일종의 비인칭적 성질을 갖고 있다; 이탈리아어 *manca due lire; mi è venuto voglia*. 심리적으로, 우리는 먼저 동사의 개념을 그 자체로 생각하고, 그리고 나서 주어를 생각한다.

[3] הָיָה의 독자적인 작용은 Levi 1987: 203-13을 보라.

서의 예([1]): 겔 14.1 וַיָּבוֹא אֵלַי אֲנָשִׁים (변형. וַיָּבֹאוּ); 삼상 4.10 וַיִּפֹּל (대조, 삿 20.44 וַיִּפְּלוּ מִיִּשְׂרָאֵל שְׁלֹשִׁים אֶלֶף רַגְלִי 유사한 문맥에서); 삼하 24.15 וַיָּמָת מִן־הָעָם .. שִׁבְעִים אֶלֶף אִישׁ (대조, 출 8.9 וַיָּמֻתוּ הַצְפַרְדְּעִים). וַיְהִי־לוֹ נָשִׁים 동사와 함께: 삼상 1.2([2]); וַיְהִי לִפְנִנָּה יְלָדִים; 왕상 11.3 שָׂרוֹת שְׁבַע מֵאוֹת; 창 39.5b. 단순한 산문 밖에서: 사 47.11 וּבָא עָלַיִךְ רָעָה; 렘 51.48 יָבוֹא־לָהּ הַשֹּׁדְדִים; 사 2.17; 9.18; 14.11; 28.18; 렘 13.18; 시 124.5. 사 33.9 אָבַל אֻמְלְלָה אָרֶץ에서 두 번째 동사는 일치한다(¿ 대조, 24.4); 참조, 14.9 ¿

k　　　　단수에서조차, **여성**은 가끔 무시된다(복수는 § c 참조). 단순한 산문에서 יִהְיֶה לְ는 여성 명사 뒤에 나온다([3]): 출 12.49 תּוֹרָה אַחַת יִהְיֶה לְ(= 민 15.29; 참조, 9.14); 신 18.2 נַחֲלָה לֹא־יִהְיֶה־לּוֹ; 출 28.32; 대하 6.29(∥ 왕상 8.38 תִּהְיֶה); 대하 17.13. 다른 예들: 창 15.17¿ עֲלָטָה הָיָה; 잠 2.10(תָּבוֹא 뒤에!); 욥 8.7(아마 וְהָיָה에서 유추하여); 36.18; 렘 50.46 ¿

l　　　　여성형뿐 아니라, 복수형도 הָיָה לְ와 함께 나올 때 무시된다(참조, § k): 창 47.24 בְּנֵי־בַיִת יִהְיֶה לָכֶם의 אַרְבַּע הַיָּדֹת יִהְיֶה לִי; 출 28.7; 30.4(전 2.7 복수). 또한 사 16.8; 합 3.17 참조.

m　　　　어떤 **변칙**들은 **술어**의 영향으로 설명할 수 있다: 창 28.22 .. הָאֶבֶן הַזֹּאת יִהְיֶה בֵּית אֱלֹהִים(그러나 היה는 어형이 변하지 않는다. § k n.); 31.8 נְקֻדִּים יִהְיֶה שְׂכָרֶךָ(상동); 레 25.32 תִּהְיֶה (참조, 33절 הִיא, § 149 c); 겔 35.15 תִּהְיֶה.

n　　　　**B) 복합 주어**(a compound subject)**와의 일치**([4]).

　　　　1) **속격 그룹**(지배 명사와 피지배 명사=속격)으로 구성된 주어. 이 경우에 동사는 일반적으로 지배 명사와 일치한다: 왕상 17.16 כַּד הַקֶּמַח לֹא כָלָתָה

---

[1] 단순 산문에서 동사의 형태는 명사가 직후에 따라올 때 일반적으로 변화한다. 예, וַיִּפְּלוּ 수 17.5; 삿 9.40; 삼상 17.52; 31.1; 대상 10.1; 대하 13.17†.

[2] הָיָה לְ는 소속하다=가지다의 뜻으로서 일반적으로 변형이 이루어지지 않는다. 아마 וַיְהִי는 여기에서 강조된 명사절 לִפְנִנָּה יְלָדִים의 단순 시제 표시일 수 있다.

[3] 설명되지 않은 현상; 아마 명사 앞에서 어형이 변형되지 않는 היה לְ가 빈번하게 나오는 현상을 유추해서(§ j, n.). 어쨌든 § j, k, l을 살펴볼 때, היה לְ는 어형 변화를 하지 않는다. 만데안어(Mandaean: 아람어 일종)에서 동사 הוא 이다(to be)는 변형되지 않은 채 상당히 자주 나오고 있다; 참조, Nöldeke 1875: § 281.

[4] 참조, Levi 1987: 43-53.

밀가루 통은 비지 않았다. 동사는 피지배 명사와 거의 일치하지 않는다: (상동) וְצַפַּחַת הַשֶּׁמֶן לֹא חָסֵר 그리고 기름 병도 마르지 않았다(그러나 *i*; 참조, 14절 תֶּחְסָר). 피지배 명사가 성에 있어서 일치하는 다른 예들: 출 26.12; 레 13.9; 수 24.33; 왕하 4.39; 사 27.2; 잠 29.25; 수의 일치는([1]) § *i* 참조.

o   **관찰**. 지배 명사가 כֹּל일 때, 동사는 거의 항상 피지배 명사와 일치한다: 출 15.20 כָל הַנָּשִׁים וַתֵּצֶאןָ כָל־הַנָּשִׁים 모든 여자들이 나갔다; 시 150.6 כֹּל הַנְּשָׁמָה תְּהַלֵּל יָהּ 숨쉬는 모든 것은 야웨를 찬양하라!(접미사와 함께 나올 때에도: 예, 수 8.24 וַיִּפְּלוּ כֻלָּם). 예외는 매우 드물다: 출 12.16 כָל־מְלָאכָה לֹא־יֵעָשֶׂה 어떤 일도 해서는 안 된다; 잠 16.2(여기서 זַךְ는 형용사라기보다 오히려 동사이다: 참조, 욥 15.15).

p   2) **바브와 함께**(또는 바브없이) **병렬된** 두 개(또는 여러 개)의 명사로 구성된 주어.

후치하는(postpositive) **동사**는 주로 복수이다: 출 17.10 מֹשֶׁה אַהֲרֹן וְחוּר עָלוּ; 창 31.14. 동사는 가끔 하나의 뜻을([2]) 이루는 두 개의 명사가 합쳐져 하나의 개념으로 여겨질 때 단수로 나온다: 신 8.13 כֶּסֶף וְזָהָב יִרְבֶּה־לָּךְ; 호 4.11; 9.2; 10.8; 잠 27.9. 사 9.4 הָיְתָה는 마지막 주어와 일치한다. 출 21.4 에서 바브는 어느 정도 아랍어의 동반의 바브(= ~와 함께)와 같은 성질을 갖는다: 아내는 그의 자녀들과 함께 ~될 것이다 תִּהְיֶה(비교, 삼하 14.9, § 148 *d*); 참조, § 151 *a*([3]).

q   **전치하는**(prepositive) **동사**는 첫 번째 명사와 일치할 수 있으며 또는 복수로 변화될 수 있다([4]). 첫 번째 명사와 일치: 민 12.1 וַתְּדַבֵּר מִרְיָם וְאַהֲרֹן 미리암과 아론은 말했다(וַיֹּאמְרוּ가 두 번 계속된다); 창 33.7 וַתִּגַּשׁ גַּם לֵאָה וִילָדֶיהָ וַיִּשְׁתַּחֲווּ 레아와 그 자녀들은 가까이 나아와 절하였다; 31.14 וַתַּעַן רָחֵל וְלֵאָה וַתֹּאמַרְנָה 라헬과 레아가 대답하고 말했다; 24.61 וַתָּקָם רִבְקָה וְנַעֲרֹתֶיהָ וַתִּרְכַּבְנָה; 9.23 .. וַיִּשִּׂימוּ וַיִּקַּח שֵׁם וָיֶפֶת; 11.29;

---

[1] 삼상 2.4(시, 어색함)에서 형용사와 함께 나오는 것을 비교하라.

[2] 참조, Levi 1987: 58-96.

[3] 바브가 가진 다양한 비-접속("and") 기능을 분류하려는 시도는 Müller 1994를 보라.

[4] 모레셋(Moreshet 1967: 253)에 따르면, 단수와 여러 개의 주어 앞에 오는 복수 동사와의 빈도수는 약 6대 1이다. 모레셋(논문 인용, 251-60)은 처음 언급된 사람을 중심 인물로 보는 것이 항상 정확하지 않음을 드러내었다. 물론 첫 주어가 중심을 이룬다는 것은 중요한 요소이기도 하다.

삼하 12.2; 암 8.13 תִּתְעַלַּפְנָה הַבְּתוּלוֹת .. וְהַבַּחוּרִים 그날에 아름다운 처녀들과 젊은 남자들이 기력을 잃을 것이다. 복수로 나오는 동사: 창 40.1 חָטְאוּ מַשְׁקֵה מֶלֶךְ־מִצְרַיִם וְהָאֹפֶה 이집트 왕의 술 시종장과 떡 시종장이 죄를 지었다; 삼상 31.7.

r   **일치에 대한 비교 관찰**. 위의 §§148-150의 토론으로 다음과 같이 일반적인 관찰을 할 수 있을 것이다.

1) 형용사의 일치는 거의 완전하다; 따라서 형용사의 성으로부터 우리는 실명사의 성을 추론할 수 있다. 반면에 동사와 접미된 대명사의 일치는 매우 일관성이 없다. 예, 대하 6.40 יִהְיוּ־נָא עֵינֶיךָ פְתֻחוֹת(§ *c*); 창 32.16 גְּמַלִּים מֵינִיקוֹת וּבְנֵיהֶם(§ 149 *b*).

2) 여성을 남성으로 대치하는 것은 동사와 접미된 대명사에서 빈번하다.

3) 동사의 부분적인 일치와 부분적인 일치의 결여는 동사가 명사 앞에 나올 때 훨씬 더 빈번하며 특히 후자가 그러하다.

§ 151. 부록 1: 인칭의 일치

a   인칭의 일치에서 좀 더 깊이 고려해야 하는 몇 가지 또 다른 점들이 있다.

명사를 대명사에 연결하는 바브는 어느 정도 아랍어의 동반의 바브(=~와 함께 참조, § 150 *p*)의 성질을 가진다: 에 4.16 אֲנִי וְנַעֲרֹתַי אָצוּם 나는 나의 여종들과 함께 금식할 것이다; 느 5.14 אֲנִי וְאַחַי .. לֹא אָכַלְתִּי 나도 나의 형제들도...나는 먹지 않았다.

b   공경하는 말에서 당신의 종이 나로 사용될 때, 대명사뿐 아니라 동사까지도 1인칭 단수가 사용될 수 있다: 왕상 18.12 עַבְדְּךָ יָרֵא אֶת־יהוה מִנְּעֻרָי 주의 종이 야웨를 그의(나의) 어린 시절부터 경외하였다; 삼하 9.8 כָּמוֹנִי; 창 42.13; 삼하 19.36 אִם־יִטְעַם עַבְדְּךָ אֶת־אֲשֶׁר אֹכַל 주의 종이 내가 먹는(그가 먹는) 것에서 맛을 알 수 있겠습니까?

c   아래의 경우에 겸용법(syllepsis)이 사용될 수 있지만, 이것은 단지 시문에만 나오고 있음을 주목하여야 한다. 개인의 일부를 이루는 것을 표현하는 어떤 명사(נֶפֶשׁ 목숨, פֶּה 입, 그리고 특히 קוֹל 목소리) 다음에 1인칭이나 2

인칭 접미사가 나올 때 동사는 그 접미사의 인칭에 일치한다. 이런 구문은 나와 동일한 נֶפֶשׁ에서 나온 후 다른 명사들까지 퍼져 나갔을 것이다: 사 26.9 נַפְשִׁי אִוִּיתִךָ בַלַּיְלָה אַף־רוּחִי בְקִרְבִּי אֲשַׁחֲרֶךָּ 내 영혼이 밤에 주를 사모하며, 내 마음이 아침에 간절히 주를 기다립니다(직역, *anima mea* [=*ego*] *desidero te*); 시 57.5 נַפְשִׁי בְּתוֹךְ לְבָאִם אֶשְׁכְּבָה 내가 (나의 영혼이) 사자들 사이에서 잠을 자야 합니다. קוֹל과 함께: 시 3.5 קוֹלִי אֶל־יהוה אֶקְרָא 내 목소리로 야웨께 부르짖습니다[1]; 시 27.7 야웨여, 부르짖는 나의 소리를 들으소서; 142.2 내가 소리를 질러 야웨를 부르며, 내 목소리로 야웨께 구합니다. פִּי와 함께: 시 66.17 אֵלָיו פִּי קָרָאתִי 그에게 내 목소리로 부르짖었다. 이와 반대로, 2인칭으로 받는 동사에서 2인칭 접미사가 붙는 명사로 변하는 경우가 있다: 시 44.3 אַתָּה יָדְךָ גּוֹיִם הוֹרַשְׁתָּ 당신의 팔이 열국을 내어 쫓았다(직역, 당신 [즉] 당신의 팔, 당신이 내어 쫓았다); 시 60.7 הוֹשִׁיעָה יְמִינְךָ 당신의 오른손으로 도와주십시오!(직역, 도와주십시오. [즉] 당신의 오른손!).

d   חָגְרוּ אִישׁ אֶת־חַרְבּוֹ 삼상 25.13 형태는 § 147 *d*를 보라. 이 경우에 אִישׁ는 주어가 없지만, 사 6.3 וְקָרָא זֶה אֶל־זֶה 그리고 그들은 서로 불렀다에 있는 זֶה와 달리 부사적 보어의 일부를 형성한다[2].

        שִׁמְעוּ עַמִּים כֻּלָּם 왕상 22.28 형태는 § 146 *j*를 보라.
관계절에 있는 인칭의 겸용법은 § 158 *n*을 보라.

§ 152. 부록 2: 중성의 표현

a   일반적으로 중성 개념은 남성보다 오히려 여성으로 표현된다. 참조, § 134 *e, n*.

        1) **지시 대명사**. 가장 일반적으로 사용되는 것은 זֹאת이다: 창 42.18 זֹאת עֲשׂוּ 이것을 하라; 42.15 בְּזֹאת 이것에 의하여; 사 5.25b בְּכָל־זֹאת 이 모든 것에도 불구하고(9.11, 20; 10.4; 호 7.10); מַה־זֶּה 어느 것이든?(§ 143 *g*; מַה־זֶּה는 희소하

---

[1] 여기에서 קוֹלִי는 동사 앞에서 주어가 된다. 마치 נַפְשִׁי 사 26.9; 시 57.5; 66.17 פִּי처럼(반면에 사 10.30 הַקְשִׁיבִי קוֹלֵךְ에 있는 קוֹלֵךְ는 § 125 *s*를 보라). 일반적으로 수용되는 강조 뉘앙스는 별로 분명하지 않다.

[2] וְקֹרְאִים זֶה אֶל זֶה에 대한 1QIsaᵃ에 있는 구문의 발전은 Muraoka 1995: 71을 보라. 각주 54.

다). 이 모든 경우에서, 이것은 구체적인 대상을 가리키지 않는다. 구체적인 대상에 대하여 말할 때에는 זֶה אֲשֶׁר 이것은 ~이다를 사용한다(§ 143 a). 두 개의 성들은 관용적 표현에 나타난다: 왕상 14.5 כָּזֹה וְכָזֶה 이러이러하게, 이 외에도 수 7.20 כָּזֹאת וְכָזֹאת가 있다.

b   2) **인칭 대명사**. 이와 유사하게 여성형은 의미가 모호할 때 사용된다: 암 7.6 גַם־הִיא לֹא תִֽהְיֶה 이것도 이루어지지 않을 것이다(עַל־זֹאת 뒤에서); 삿 14.4 מֵיְהוָה הִיא 이것은 야웨로부터 온 것이다; 민 14.41; 출 10.11 אֹתָהּ 이것은 네가 요구한 것이다; 창 24.14 בָהּ 이것으로 내가 알 것이다; 15.6 וַיַּחְשְׁבֶהָ 그리고 그가 그것을 ~으로 여겼다; 욥 38.18 כֻּלָּהּ 모든 것; 창 42.36 כֻּלָּנָה 저 모든 일들, 그러나 남성형으로 나오는 경우도 있다. כֵּן הוּא אֲשֶׁר: 42.14 이것은 내가 말한 것이다(비교, 41.28); 44.10; 출 16.23 이것은 야웨께서 말씀하신 것이다.

c   3) **동사**. 여성형은 대명사와 같은 방식으로 나온다. 예, 암 7.6(§ b): 사 7.7 לֹא תָקוּם וְלֹא תִֽהְיֶה 이것은 일어나지 않을 것이며 이루어지지도 않을 것이다; 14.24 כַּאֲשֶׁר דִּמִּיתִי כֵּן הָיָתָה וְכַאֲשֶׁר יָעַצְתִּי הִיא תָקוּם; 욥 4.5. 이와 같이 주절에 표현된 전체적 개념을 가리키는 אֲשֶׁר 뒤에서: 렘 7.31: "...그들의 아들들과 딸들을 불로 태웠다...그것은 내가 생각해 본 적도 없다(אֲשֶׁר לֹא עָלְתָה עַל־לִבִּי)" (19.5; 32. 35); 비교, 민 14.41.

d   그러나 비인칭적 구문[1]을 취하는 동사에서는 남성형이 훨씬 더 일반적이다. 이것은 특히 감정을 표현하는 동사들에 잘 나타난다. 따라서 항상 וַיְהִי 그리고 ~하였다(*and it came to pass*); וְהָיָה 그리고 ~할 것이다(*and it shall come to pass*)가 나온다. 이와 같이 חָרָה לוֹ 그는 화를 낸다(이것이 그에게 불타고 있다; 그것이 그를 불태운다) 창 4.6; חַם לִי 그는 뜨겁다(*he is hot*)(그것은 그에게 뜨겁다[*it is hot to him*]) 왕상 1.1; 학 1.6; נַח לוֹ 그에게 쉼이 있다(*quietum est ei*). 사 23.12; 욥 3.13; 느 9.28; רָוַח לוֹ 그가 숨을 돌렸다(그것이 그에게 넓었다). 삼상 16.23; 욥 32.20; 반의어: צַר לוֹ 그는 괴로워하였다(그것은 그에게 좁았다). 창 32.8; 삿 2.15; 삼하 13.2; 욥 20.22†(그러나 여성형 וַתֵּצֶר לוֹ 삿 10.9; 삼상 30.6†); מַר לִי 나는 괴롭다(그것은 나에게 쓰리라). 룻 1.13; 애 1.4†; טוֹב לוֹ 그는 행복하다(그것이 그에게 좋다). 민 11.18; רַע לוֹ 악한 것이 그에게 임하였다, 그는 불행으로 압도되었다(그것은 그에게 나빴다). 시 106.32†; רַע בְּעֵינָיו 불쾌하게 하다, 어떤 사람에게 괘씸하였다(그의 눈에 나쁘

---

[1] 일반적인 비인칭적 표현은 Rabin 1971: 36-42을 보라.

다). 창 21.12(11절 대조); 대상 21.7; 또한 삼하 11.25(§ 125 *j* 6).

da   이와 같이 주어로 사용된 부정사 연계형은 대부분 남성으로 취급된다: § 124 *b*에 있는 예를 보라.

e   기상학적 현상은 남성형으로 나온다: 삼상 29.10 וְאוֹר 밝아지면; 삼하 2.32 וַיֵּאֹר 날이 밝았다(비교, 창 44.3 הַבֹּקֶר אוֹר 아침이 밝을 때에); 여성형: 시 50.3 נִשְׂעֲרָה מְאֹד 매우 무서운 바람이 불었다(여성형으로 나오는 다른 예들은 의심스럽다: 암 4.7; 미 3.6; 욥 11.17).

f   이 경우들 외에도 남성형으로 나오는 경우: 창 17.17 יִוָּלֵד לְ 비인칭적 의미로 ~에게 태어날 것이다 = 아이를 낳을 것이다(유일한 예); 민 11.22 וּמָצָא 그리고 이것이 충분할 것이다; 신 24.21 יִהְיֶה 이것은 (나그네를 위한) 것이 될 것이다.

fa   특히 비인칭 수동태의 용법을 주목할 만하다: 레 4.20 그리고 여러 곳에서 (et passim) נִסְלַח לְ (누군가) 용서받았다; 사 14.3 הָעֲבֹדָה הַקָּשָׁה אֲשֶׁר עֻבַּד בָּךְ 네가 당한 심한 고역(일치가 없음), 또한 사 14.11 תַּחְתֶּיךָ יֻצַּע רִמָּה 너의 아래에는 구더기의 침대가 깔려 있다; 53.5 נִרְפָּא־לָנוּ 치료가 우리를 위하여 이루어졌다; 삼하 17.16 עֻגְלַת בָּקָר אֲשֶׁר לֹא־יֻעֲבַד בּוֹ וְלֹא־עֻבַּד בָּהּ 왕이 삼켜질 것이다(참변을 당할 것이다); 신 21.3 נַחַל אֵיתָן אֲשֶׁר לֹא־יֵעָבֵד בּוֹ וְלֹא יִזָּרֵעַ 일을 하지 않은 암송아지; 21.4 ... 갈지도 심지도 않은 항구적인 와디(골짜기)([1]). 창 17.17에서 아랍어 *yuladu*는 비인칭 수동태이다. 대하 18.14에서 능동태를 수동태로 대치하여(וְיִנָּתְנוּ בְּיֶדְכֶם) 그들이 너의 손에 넘겨질 것이다 ‖ 왕상 22.15 (וְנָתַן יְהוָה בְּיַד הַמֶּלֶךְ), 역대기자는 선지자 미가야가 의도적으로 모호한 답을 하는 것으로 만든다. 자동사에서조차 비인칭 수동태를 사용할 수 있다(고전 아랍어에서는 일반적이다): 사 16.10 וּבַכְּרָמִים לֹא־יְרֻנָּן וְלֹא יְרֹעָע 그리고 포도원에는 노래도, 흥겨운 소리도 없을 것이다([2]).

g   **기수.** 여성형 명사와 함께 사용된 형태가 일반적으로 나온다: 대상 21.10 אַחַת מֵהֵנָּה 이것들 중 하나(‖ 삼하 24.12 מֵהֶם); 사 47.9 וַתָּבֹאנָה שְׁתֵּי־אֵלֶּה(참조, 51.19); 잠 30.15 שָׁלוֹשׁ הֵנָּה(참조, 30.21) 그러나 שְׁלֹשָׁה הֵמָּה 30.18(아마

---

[1] Muraoka 1987: 42 and § 132 *e, f.* 독일어와 화란어에서 이와 유사한 용법을 참조하라: 예,'In dem Café wurde bis in die Nacht getanzt'(= 카페에서 춤을 추고 있었으며, 그것은 밤새도록 계속되었다); 'Es wird sonntags nicht gearbeitet'(= 일요일에는 일하지 않는다); 'Er wordt gezongen'(= 노래가 계속된다); 'Er wordt aan de deur geklopt'(=누군가 문을 두드린다).

[2] Rabin, *Syntax*, 43.

דֶּרֶךְ 때문에 복수형에서 항상 남성, 단수에서는 가끔 남성으로 나오는 것 같다.
§ 134 *l*); 30.29(남성 셋을 가리킨다); 6.16 שֵׁשׁ־הֵנָּה.

h　　　　핵심 명사 없이 중립적으로 여성형 형용사를 사용하는 것은 비교적 일반
적이다: 예, 창 50.20 "당신들은 나를 해하려고 하였다(רָעָה)"; 시 12.4 "위대한
일을 말하는 혀(גְּדֹלוֹת)."

제7장: 절

A. 절 일반(Clauses in General)

§ 153. 일반적 관찰(¹)

절은 일반적으로 주어와 술어로 구성된다.

술어가 명사인지, 동사인지에 따라 절은 명사절이나 동사절이 된다(²). 그렇지만 이런 구분을 지나치게 적용하여 두 형태의 절이 공유하고 있는 중요한 요소들을 모호하게 해서는 안 된다(³).

---

¹ 문법소 분석(tagmemic approach)과 담화 분석(discourse analysis)에 대한 관심을 가지고 연구한 Andersen 1974 참조.

² '비동사 절'(non-verbal clause)이라고 말하는 것이 더 정확해 보인다(참조, Andersen의 '무동사절 verbless clause'). 여기에서 '명사'는 보다 넓은 뜻에서, 형용사, 분사, 전치사구 등을 포함한다. 그렇지만 우리는 대조를 더욱 분명히 하고, 분사를 술어로 더 쉽게 적응시킬 수 있는 전통적인 분류법을 따르고자 한다: 또한 아래 § 154를 보라. 반면에 우리는 토착적 아랍 문법학자들과 같은 입장을 가진 학자들과 거리를 두어야 한다. 그들은 무동사적 요소로 시작하는 모든 절이 비록 절의 뒷부분에서 정동사를 포함해도 명사적으로 분류하며, 동사로 시작하는 절만을 동사절로 분류한다. 예로서 최근에 니카치가 이 입장을 지지했다(Niccacci 1986: § 6); 이 입장에 대한 더 상세한 비판은 Muraoka 1989: 188f를 보라. 창 3.13 הַנָּחָשׁ הִשִּׁיאַנִי 뱀이 나를 속였다 같은 문장이 복문인가 또는 중문인가 하는 문제는 다른 구문론적 차원을 가진 것으로 이와 분리된 문제이다. 왜냐하면 전통적인 명사절은 중문일 수 있기 때문이다. 창 3.13과 유사한 절을 중문으로 보는 것은 사 9.1 הָעָם הַהֹלְכִים בַּחֹשֶׁךְ רָאוּ אוֹר גָּדוֹל יֹשְׁבֵי בְּאֶרֶץ צַלְמָוֶת אוֹר נָגַהּ עֲלֵיהֶם 어둠 속에 걸던 백성들이 큰 빛을 보았고, 흑암의 땅에 살던 사람들이 그들에게 비치는 빛을 보았다와 같은 절을 볼 때 가능해 보인다. יֹשְׁבֵי .. צַלְמָוֶת가 고리형으로 둘째 행 머리 부분에 있는 것을 볼 때, 대구를 이루는 הָעָם הַהֹלְכִים בַּחֹשֶׁךְ도 고리형임을 알 수 있다. 비문에 나온 히브리어를 분석한 Schüle(2000: 160)는 복합 명사절("zusammengesetzter Nominalsatz") 개념을 거부한다.

³ 사실, 어떤 학자들은 이 두 유형의 절에서 정상적 어순은 주어-술어가 된다고 주장한다: "L'ordre des mots dans la proposition verbale(comme dans la proposition nominale, § 154 f) est normalement: Sujet–Verbe"(이 문법책의 원저자 Joüon의 원래 불어판 § 155 k). 참조, Muraoka, *Emphatic*, 4f. 이 시점에서 그 성격상 두 개의 중심 구성 요소 가운데 어느 것 하나를 부각시키거나 강조하지 않는 상황절은, 그 절이 명사적이든 동사적이든 일반적으로 주어-술어의 어순을 갖고 있다. 그렇지만 이 관찰

절은 단순하거나 복합적(여러 개의 단순절로 구성됨)일 수 있다.

단순절은 주어와 술어가 수식어(§ 121 *a*, n.)나 보어를 갖고 있는지 없는지에 따라 현대 문법학자들에 의하여 원형절(*bare*, 原形節) 또는 확장절(*covered*, 擴張節)이라고 한다.

복합절은 등위절(*coordinate*)(¹)이나 종속절(*subordinate*)일 수 있다. 등위와 종속은 접속사절(*syndetic*)과 비접속사절(*asyndetic*), 즉, 등위어/병렬어나 또는 종속어의 유무로 구분된다.

문법적 기능의 관점에서 볼 때, 종속절은 실명사, 관계사와 동등한 실명사절이거나 또는 접속사로 시작하는 접속사절이다.

시간의 영역(*time-sphere*) 관점에서 볼 때, 명사절은 중립적이다; 전반적으로 그것은 보편적 진리, 구체적인 상태나 조건, 또는 주 동사와 동시대적인 동작 동사의 분사에서 지속적 동작을 가리킨다(²).

절의 구조와 연관된 중요한 쟁점 가운데 하나는 절의 핵심 구성 요소들의 순서(sequence)에 관한 것이다. 절을 시작하는 요소가 화자나 저자에게 가장 중요한 요소라는 일반적 관점(³)은 지나치게 단순화된 논리에서 나왔다. 구문은 가끔 의미론적 사항들을 제재하거나 지배하곤 한다(⁴).

가장 어려운 문제는 우리가 어떻게 한 절에서 주어(S)와 술어(P)를 찾아낼 수 있겠는가? 하는 데 있다. 특히 명사절의 경우에 이 문제는 더욱 심각하다(⁵). 만약에 우리가 한 절의 주어를 새로운 정보(술어)가 제공해 주는 이

은 아래에 인용될 제스퍼슨의 견해와 반드시 상충되는 것은 아니다(Jespersen, 아래의 세 번째 각주).

¹ 전문적인 뜻에서 '동등한 구문적인 신분'으로 사용된다. 아래에서 우리는 '병렬(병치)하는 (juxtaposing)' 또는 '병렬된(juxtaposed)'이란 용어를 사용할 것이다.

² Schwally 1914을 보라. 명사절의 의미론적 기능에 대한 대안적 설명은 Richter 1980: 86-89을 보라.

³ 그 예로 König, *Syntax*, § 339b, *d, g-i, m, p*를 보라. 최근에는 Revell(1989: 2; 1993: 70)이 이 이론을 주장하였다. 이 문제에 대한 우리의 입장은 Jespersen(1924: 147)이 간결하게 잘 표현하였다: "... 실제 언어에서 어순은 심리적 요인에 따라 결정되는 것이 아니라 가끔 순전히 관습적이며 해당 언어 속에 있는 독특한 관용적 규칙에 의해 결정되며, 화자의 의지와는 상관이 없다." 모든 절의 시작 요소가 절의 술어가 된다는 것도 입증할 수 없는 극단적 주장의 한 예이다. 문자 그대로 셀 수 없이 많은 예를 들 수 있겠지만, 하나의 예로 창 27.22 הַקֹּל קוֹל יַעֲקֹב וְהַיָּדַיִם יְדֵי עֵשָׂו(목소리는 야곱의 목소리인데 손은 에서의 손이다)와 같은 문장을 그런 기준으로 어떻게 분석하겠는가?

⁴ 여기에 앤더슨 연구의 핵심 기여가 있다(Andersen 1970). 그는 상황절, 선포적인 언사와 질문적 언사 사이의 구별, 절 구조에 미치는 가장자리의 영향 등 수많은 구문적 변수들을 충분히 고려한다. 어순과 연관된 몇몇 일반적 쟁점은 Andersen, op. cit. 17-27과 Muraoka, *Emphatic*, 1-6을 보라.

⁵ 예로서, 왕상 3.22 בְּנִי הַחַי וּבְנֵךְ הַמֵּת와 같은 절을 어떻게 분석할 수 있는가? Andersen에게 이

미 알려진 어떤 실체로 정의한다면, 창 2.10 .. וְנָהָר יֹצֵא מֵעֵדֶן과 같은 절은 일반적으로 수용되는 견해와 달리, 전체를 술어로 여기게 될 것이다. 이때 그 주어의 존재는 잠재되어 있다는 개념을 받아들일 수 있을 것이다; 이것을 관용적인 영어 표현으로 가장 잘 번역한다면: "And there was a river issuing forth from Eden..."(에덴에서 솟아나는 강이 있었다)이 될 것이다[1]. 절 구조와 어순에 관한 연구는 다른 많은 언어학적 연구처럼, 사용영역(register)이나 장르에 따라 발생하는 여러 차이점들을 적절하게 고려해야 한다. 예로서, 고대 히브리어의 구어는 어느 정도 기록된 고대의 본문으로부터 회복할 수 있겠지만, 아마 기록된 히브리어와 상당히 달랐을 것이며, 법 조문은 평이한 산문과 달랐을 것이다. 우리가 일반적으로 산문과 시문으로 구분하는 것에 이와 같은 구별들을 덧붙여야 할 것이다[2]. 우리는 억양이라는 중요한 문제에 대해서도 전혀 아는 것이 없다. 고전 히브리어는 살아있는 수많은 언어처럼 다양한 억양의 패턴을 가지고 있었을 것이며, 그것들 중에 어떤 것들은 문법적/구문적 기능뿐 아니라 정서적 기능도 갖고 있었을 것이다. 끝으로 절은 개념의 뉘앙스나 표현된 감정의 관점에서 볼 때 예로, 시간, 조건, 목적, 결과, 인과, 부정, 의문, 감탄, 기원 등과 같은 수많은 구체적인 범주로 분류될 수 있을 것이다.

것은 의심할 여지 없이 S–P 순서로 된 정체 확인절이다. S와 P가 둘 다 한정된다(그의 법칙 1: 1970: 39). 우리가 볼 때 싸우고 있는 두 여인의 마음 속에는 누가 산 아이의 어머니이고 누가 죽은 아이의 어머니인가? 하는 질문이 있었을 것 같다. 그렇다면 순서는 자연스럽게 P–S가 된다. 참조, Segond 의 불어 번역(1910): "c'est mon fils qui est vivant, et c'est ton fils qui est mort"; 페쉬타 bēr(g)(h) u ḥayyāʾ wavrēḥ(g)(h)u miṭāʾ. 이 어려움을 보면서 Hoftijzer는 Andersen(1970)의 입장을 검토하는 가운데(1973) 순수한 형식적 범주로서 한정적인 것과 비한정적인 절 구성 요소를 나누고, 주어와 술어와 같은 의미론적-논리적 구분을 대치하자고 주장하였다. 일반적이고 이론적인 토론은 Jespersen 1924: 145-56; Matthews 1981: 96-113을 보라.

[1] 이것은 미첼(Michel 2004: 33f.)의 "Nominale Einleitung"이며, 좀 더 멋있게는 "einleitender Nominalsatz"(?)라고 부르는 것이다. 미첼에 따르면(같은 곳, 119), הֵן 또는 הִנֵּה로 시작하고 뒤에 비한정 명사가 뒤따라 나오는 절은 이 범주에 속한다. 그 예로, 암 8.1 הִנֵּה כְּלוּב קָיִץ 보라 여름 과일 한 광주리이다가 있다. 그렇지만 이런 절은 출 33.21 הִנֵּה מָקוֹם אִתִּי 보라 내 옆에 한 곳이 있다 라는 절과 본질적으로 다르지 않으며, 한 행(one-member)의 명사절로 분석하는 것이 가장 좋아 보인다; 이것은 모든 절을 술어(Chabar)로 만들며, 창 1.31 וְהִנֵּה טוֹב מְאֹד; 18.9 הִנֵּה בָאֹהֶל에서처럼 중심 부분이 형용사나 위치를 가리키는 구로 구성된 곳에 확실히 적용된다.

[2] Muraoka, *Emphatic*, 5를 보라; Macdonald 1975. 텍스트 언어학적 연구는 내러티브와 담론 사이의 구분을 중요시한다. 이 방법론을 히브리어에 적용한 연구는 Schneider 1982를 보라; Talstra 1978 과 1982; Niccacci 1986을 보라.

§ 154. 명사절

a   명사절(nominal clause)의(¹) 범주는 그 술어가 명사이거나 명사와 동등한 모든 절을 포함한다. 여기에서 명사와 동등한 것이란 분사, 명사나 대명사와 함께 나오는 전치사 등을 말한다. 부정적으로 말하면, 그 술어가 동사가 아닌 모든 절은 명사절이다(*to be*의 뜻을 가진 הָיָה를 제외하고, § *m*). 히브리어에서 명사절은 다른 셈어에서처럼 방대하게 사용된다.

b   명사절의 **주어**는 일반적으로 명사나 대명사이며, 대명사는 가끔 내포될 뿐이다(§ *c*). 나아가 다음과 같은 것들이 주어가 될 수 있다.

     1) 명사(또는 대명사)와 함께 나오는 전치사: 대상 9.28 מֵהֶם עַל־כְּלֵי הָעֲבֹדָה 제사 기구들을 (책임진) 그들 중 일부(직역: *de eis super vasa ministerii*); 창 44.18 כָמוֹךָ כְּפַרְעֹה *instar tui instar Pharaonis* = 당신은 바로와 똑같다(참조, § 174 *i*).

     2) 부정사 연계형: 창 2.18 לֹא־טוֹב הֱיוֹת הָאָדָם לְבַדּוֹ 사람이 홀로 사는 것이 좋지 않다; 삼상 18.23 הַנְקַלָּה בְעֵינֵיכֶם הִתְחַתֵּן בַּמֶּלֶךְ 당신의 눈에는 왕의 사위가 되는 것이 사소해 보이는가?(נְקַלָּ(ה) 니팔 여성 분사). 가끔 부정사 앞에는 서론적인 후접의 לְ가 나온다(참조, § 124 *b*).

     3) 부정사 절대형은 희소하다: 잠 25.27 참조, § 123 *b*.

c   **관찰. 주어 대명사**는 가끔 분사절에서 **생략된다**. 특히 הִנֵּה 뒤에서(§ 146 *h*)(²): 창 24.30 וְהִנֵּה עֹמֵד 그리고 그가 서 있었다; 37.15; 38.24; 41.1; 출 7.15; 8.16; 삼상 15.12; 사 29.8; -הִנֵּה 없이: 창 32.7 וְגַם הֹלֵךְ 그리고 확실히

---

¹ 명사절의 구조 문제는 지난 삼십여 년의 세월동안 성서 히브리어의 문법에서 가장 뜨거운 논쟁거리였다. 학자들의 핵심 출판물을 연대적 순서에 따라 열거하면 다음과 같다: Muraoka 1969: 1-15, 147-51; Andersen 1970; Andersen 1970을 방대하게 논평한 Hoftijzer(1973); Bendavid, 2.692-769, 785-855; Contini 1982; Muraoka, *Emphatic* (1985: 1-28), 이것은 Muraoka 1969에서 광범위하게 개정됨 [두 작품은 동사절도 함께 다룬다]; Cohen(1984, 실제로는 1987년에 출판됨); Gibson 1994: 52-59; Miller(ed.) 1999; Michel 2004(그가 'Nominale Mitteilung'이라고 부르는 것만 다룸). Linton은 그의 학위 논문(Ph.D. 1983)에서, 히브리어 명사절에 대하여 Albrecht, Andersen, Hoftijzer, and Muraoka로 대표되는 네 개의 주된 관점을 비평적으로 논하고 있다; 보다 간략한 개요는 Bandstra 1982: 63-72가 제시하였다. Bandstra의 토론(pp. 62-96)은 명사절과 동사절을 함께 포괄하고 있다. 또한 현대 히브리어에 대한 중요한 작업(참고문헌: Muraoka, *Emphatic*, 1, Glinert 1989: 413-26을 보라); 미쉬나 히브리어는 Muraoka 1990: 219-52, Azar 1995: 71-107; 다른 셈어는 Muraoka 1999a: 187을 보라.

² 그 구문에서 명사절을 열어주는 וְהֵן은 הִנֵּה와 별로 달라 보이지 않는다(Michel 2004: 117).

그가 오고 있다; 신 33.3; 삼상 20.1; 사 33.5; 40.19; 시 22.29; 33.5; 55.20; 욥 12.17, 19ff.; 25.2; 26.7. 이 모든 예들에서 3인칭 단수 명사의 대명사 הוּא가 내포되어 있다. 다른 대명사들을 갖는 예는 별로 나오지 않는다: 예, הֵמָּה 사 5.20; 겔 8.12; 암 6.4; 느 9.3; -אָנֹכִי 합 1.5; 슥 9.12.

분사절 이외의 절에서도 생략된다: הִנֵּה 뒤에서: 창 42.28; 삼상 10.11(참조 § 146 *h*); הִנֵּה 없이: 시 16.8 כִּי מִימִינִי 왜냐하면 (그는) 내 오른쪽에 (있다); 욥 9.32. 주어 없이 나오는 분사는 단수이든 복수이든 어떤 이(*one*)란 개념을 나타낸다. 참조, § 155 *f*.

d **술어**. 명사절의 술어는 일반적으로 명사, 즉 실명사, 형용사나 분사이다: 창 45.3 אֲנִי יוֹסֵף 나는 요셉이다; 삼하 14.20 אֲדֹנִי חָכָם 내 주는 지혜롭다; 창 2.10 נָהָר יֹצֵא 강이 흘러 나왔다. 술어가 될 수 있는 것은 다음과 같다:

1) 대명사: 삿 9.28 מִי־אֲבִימֶלֶךְ 아비멜렉이 누구냐?

2) 명사 또는 대명사와 함께 나오는 전치사: 왕상 2.14 דָּבָר לִי אֵלֶיךָ 내가 당신에게 할 말이 있다.

3) 부사: 창 9.23 וּפְנֵיהֶם אֲחֹרַנִּית 그들의 얼굴을 뒤로 돌린 채로.

4) לְ가 앞에 나오는 부정사 연계형, 대부분 הָיָה와 함께: 창 15.12 וַיְהִי הַשֶּׁמֶשׁ לָבוֹא 그리고 해가 곧 지려고 했다(§ 124 *l*); הָיָה가 없는 경우는 희소하다: 렘 51.49; 에 7.8; 대하 11.22; 12.12.

e **관찰**. I. 명사적(실명사적) 술어는 히브리어에서 상당히 넓은 뜻으로 사용된다[1]. 술어가 될 수 있는 것들:

1) 만들어진 것의 **재료**를 가리키는 명사: 겔 41.22 הַמִּזְבֵּחַ עֵץ 나무(로 만든) 제단(참조, § 131 *a, d*); 시 115.4 עֲצַבֵּיהֶם כֶּסֶף וְזָהָב 그들의 우상은 은과 금이다.

2) 담는 대상의 술어로서 **담긴** 물건: 렘 24.2 הַדּוּד אֶחָד תְּאֵנִים טֹבוֹת 한 광주리에는 좋은 무화과가 (가득했다).

3) 측정되는 것의 술어로서 **측정하는 것**: 사 6.3 מְלֹא כָל־הָאָרֶץ כְּבוֹדוֹ 직역: 그의 영광은 온 땅에 가득하다[2].

4) 계수되는 것의 술어로서 명사 מִסְפָּר: 렘 2.28 כִּי מִסְפַּר עָרֶיךָ הָיוּ

---

[1] 따라서 동격(§ 131 *a* ff.)과 이중 목적어를 가진 동사절의 광범위한 용법은 § 125 *v* 참조.

[2] מְלֹא는 *qi(u)tāl* 형에서 추론하였다; 참조, § 88 E *d, e*.

אֱלֹהֶיךָ 왜냐하면 너의 신들은 너희 성들의 수와 (같기 때문이다); 삼상 6.18.

5) 추상적인 **성질**이나 구체적인 개체를 표현하는 실명사: 시 19.10 וַיְהִי כָל־הָאָרֶץ שָׂפָה אֶחָת מִשְׁפְּטֵי יהוה אֱמֶת 야웨의 판단은 참되다; 창 11.1 온 땅은 동일한 언어(입술)를 썼다; 스 10.13 עֵת גְּשָׁמִים וְהָעֵת 그 계절은 비 오는 계절이다. 아래 유형의 구를 참조하라: 잠 22.21 אִמְרֵי אֱמֶת 진실한 말씀들(§131 c); 시 110.3 עַמְּךָ נְדָבֹת וְכָל־נְתִיבֹתֶיהָ שָׁלוֹם 당신의 백성들이 자원한다; 잠 3.17 그의 모든 길은 평안하다; 시 109.4 וַאֲנִי תְפִלָּה 나는 기도하는 사람이다; 렘 10.10 יהוה אֱלֹהִים אֱמֶת; 아 1.15 עֵינַיִךְ יוֹנִים; 겔 2.7 מְרִי הֵמָּה 그들은 반역하는 백성이다 ‖ 6절 בֵּית מְרִי הֵמָּה; 욥 28.28 יִרְאַת אֲדֹנָי הִיא חָכְמָה וְסוּר מֵרָע 주를 경외함이 지혜요 악을 멀리하는 것이 총명이다. בִּינָה

6) 묘사된 사물의 술어로서 **설명**: 창 41.26 שֶׁבַע הַשִּׁבֳּלִים הַטֹּבֹת שֶׁבַע שָׁנִים הֵנָּה 일곱 좋은 곡식은 일곱 해이다.

II. 명사절은 기원적 의미를 가진다; 참조, §163 b. 예, 창 9.26 בָּרוּךְ יהוה 주님은 찬양을 받으소서는 병렬된 וִיהִי כְנַעַן עֶבֶד לָמוֹ 그리고 가나안은 그에게 종이 되어라와 평행을 이루며 다음 절에서 긍정적인 함의를 가진 두 개의 지시형과도 평행을 이룬다. 기원하는 힘은 술어가 수동 분사이며 주어 앞에 나올 때 특히 두드러진다(§155 l을 보라). 그 반대 순서도 나온다: 창 27.29 אֹרְרֶיךָ אָרוּר וּמְבָרֲכֶיךָ בָּרוּךְ[1].

ea   우리는 보다 근본적인 차원에서 주어와 술어 사이에 있는 두 개의 논리적-의미론적 관계를 인식할 수 있다[2]. 한편 명사절은 서술적일 수 있다: 술어는 주어가 나타내는 실체(entity)를 묘사하고, 주어가 어떤 상태, 조건 또는 위치에 있는지 가리키며 그것이 어떤 계층이나 범주에 놓여 있는지 제시한다[3]. 또한, 명사절은 정체를 드러낼 수 있다(identificatory): 이때 술어는

---

[1] 참조, Andersen, *Verbless*, 38, 49f. 창 9.25에서 אָרוּר כְּנַעַן은 עֶבֶד עֲבָדִים יְהְיֶה לְאֶחָיו와 평행을 이루며 뒤따라온다(וַיְהִי가 아니다).

[2] 비록 최소한 표면 구조에서 정동사 형태는 주어와 술어를 그 자체 안에 또는 그 해당 부분 안에 갖고 있지만, 이것은 동사절에서도 상당 부분 일치한다; 이와 대조적으로, 명사절에서 그 둘은 분리되고, 독립적인 형식적 표현을 가진다. 결과적으로 두 구성 요소의 연속성은 다양할 수 있다. 즉, S–P 또는 P–S.

[3] 많은 학자들(예, Andersen)은 '서술적(descriptive)'이란 용어보다 '분류별(classificatory)' 또는 '등급별(classifying)'을 더 좋아한다. '분류' 개념은 בְצִיּוֹן מִשְׁכָּנוֹ 시온에 있는 그의 주민과 같은 실존적(existential) 또는 지역적(locative) 문장을 포함하기 위해 어느 정도 확대될 필요가 분명히 있다.

그 절이 표현하는 내용(proposition)에만 적용되는 실체를 드러내며 가리켜
준다. 달리 말하면, אֲנִי와 יוֹסֵף으로 구성된 등위적 명사절은 영어에서 "I am
Joseph"을 뜻한다. 잠시 억양이나 운율을 무시하고, 만약 그것이 "너는 누구
냐?" 또는 "너의 이름이 무엇이냐?"라는 질문에 대한 답이라면 그것은 서술
적(descriptive)이 될 것이다. 반면에 만약 그것이 "너희들 가운데 누가 요셉
이냐?"라는 질문에 대한 대답이라면 정체를 드러내는 것(identificatory)이 될
것이다([1]).

f　　　　순전히 통계적으로 말하면, 명사절 안에서 **어순은** 자주 S(주어)-P(술
어)이며, 이것은 거의 세 개 중 두 개를 차지한다([2]). 성서 히브리어 내러티브
에서 전체 명사절의 약 삼분의 일을 차지하는 "소수"의 경우를 단지 예외로 처
리할 수는 없다. 이와 같은 변화가 일어나는 이유를 설명해야 한다([3]).

---

[1] 우리가 '정체(identification)'라는 용어를 쓸 때 일반적인 용법과 상당히 다르다는 점을 알아야 한
다: '나'와 '요셉'은 둘 다 언어 상황에서 독특하고 한정적이기 때문에, '나는 요셉이다'라는 말은 일
반적으로 정체를 드러내는 것으로 볼 수 있다. 이와 대조적으로 이 문장은 "나는 요셉이라는 이름을
가진 사람이다"는 뜻으로 해석될 수 있으므로, 이 절은 "나는 정직한 상인이다"라는 말처럼 서술적
으로 해석될 수 있다.
따라서 우리는 나이가 많은 족장이 그의 아들의 "정체"를 밝히려고 하는 창 27.22 הַקֹּל קוֹל יַעֲקֹב
וְהַיָּדַיִם יְדֵי עֵשָׂו 목소리는 야곱의 것인데, 손은 에서의 것이다와 같은 경우에서도 서술적인 절이라
고 한다. 이와 같이 창 37.32 הַכֶּר־נָא הַכְּתֹנֶת בִּנְךָ הִוא אִם־לֹא 이것이 당신 아들의 옷인지 아닌
지 알아 보시겠습니까?; 26.17 וַיַּכֵּר שָׁאוּל אֶת־קוֹל הֲקוֹלְךָ זֶה 이것이 너의 목소리냐?; 삼상 24.17
דָּוִד וַיֹּאמֶר הֲקוֹלְךָ זֶה .. וַיֹּאמֶר דָּוִד קֹלִי 그리고 사울이 다윗의 목소리를 알아보고 말하기를, "이
것이 너의 목소리냐?" 그리고 다윗이 말하기를, "그렇습니다, 그것은 내 목소리입니다"에서도 마찬가
지이다. 마지막 두 경우에 대하여, 린턴(Linton 1983: 172f.)은 만약 이것들이 서술절이 되려면, הֲזֶה
קוֹלְךָ가 되어야 한다고 주장한다. 이것은 사실 정체를 드러내는 것으로, 이것이 너의 소리지?; 43.29
הֲזֶה אֲחִיכֶם 이 사람이 너의 동생이냐?가 된다. 그렇지만 여기에서 문제되는 것은 목소리의 성격과
특징에 관한 것이다: 이것은 우리에게 익숙한 다윗의 목소리인가? 참조, 창 48.18 זֶה הַבְּכֹר 이는 장
자요, 다른 자가 아니다. 연계구나 소유 대명사로 접미된 명사가 가진 한정성을 해석하는 어려움은
Andersen, *Verbless*, 46f, Muraoka, *Emphatic*, 7f., 13, 19f.에 있는 토론도 보라. Hoftijzer(1973)는
히브리어 명사절에 대한 그의 해석에서 대조성 개념을 핵심적인 것으로 발전시켰다; 그가 이 문제에
대하여 새롭게 다듬은 최근 연구는 Hoftijzer 1989: 34 각주 30에 잘 나타난다. 앤더슨의 '정체성의
절'(clause of identification)이든 미첼(Michel)의 '명사적 주장'(Nominale Behauptung; 주장의 명
사 문장[behauptender Nominalsatz]이 더 나을까?)이든 간에 הַבְּכֹר זֶה와 זֶה הַבְּכֹר 사이의 구별을
할 수 없다. 왜냐하면 두 개의 핵심 구성 요소들이 의미론적으로나 문맥적으로 한정된 실체라는 그
들의 기준 때문이다. 그 구분은 주석과 실제적인 중요성을 따라야 할 것이다.

[2] 이 통계들은 구약 성서에서 발췌된 본문의 연구에 근거하고 있다: Andersen, *Verbless*, 31과
Muraoka, *Emphatic*, 6f를 보라. Michel(2004: 87)은 כִּי로 시작하는 552개 경우 가운데 440개를
언급한다.

[3] 삼부로 구성된(tripartite) 명사절은 다른 곳에서 취급되므로(§ *i, j*), 바로 뒤따르는 단락은 두부로
구성된(bipartite) 명사절과 관계가 있다.

통계적으로 지배적인 패턴의 예들은 다음과 같다: 창 33.13 כִּי .. הַיְלָדִים רַכִּים יְמֵי שְׁנֵי מְגוּרַי שְׁלֹשִׁים וּמְאַת שָׁנָה 내 나 그네 세월이 일백삼십 년이다; 46.32 הָאֲנָשִׁים רֹעֵי צֹאן 그 사람들은 목자들이다; 삿 18.10 שָׁם אַחַת חַנָּה 그들 중 한 명의 이름은 한나였다; 12.17 רָעַתְכֶם רַבָּה 너희의 죄악이 크다; 삿 6.12 יְהוָה עִמְּךָ 주께서 너와 함께 계신다([1]).

이와 같이 כֹּל로 시작되는 명사구는 첫 칸(slot)을 차지하는 경향이 있다: 사 40.6 אָכֵן חָצִיר הָעָם כָּל־הַבָּשָׂר חָצִיר 모든 육체는 풀이다, 참조, 7절 참으로 이 백성은 풀이다; 시 96.5 כָּל אֱלֹהֵי הָעַמִּים אֱלִילִים 모든 백성의 신들은 우상들이다([2]).

fa   1) 인칭 대명사는 어떤 두드러진 것이 없을 때 두 번째 칸을 차지하기 쉽다([3]): 삿 18.7 וּרְחֹקִים הֵמָּה מִצִּדֹנִים 그들은 시돈 사람들로부터 멀리 있었다; 18.28 כִּי רְחוֹקָה־הִיא מִצִּידוֹן 그것은 시돈에서 멀리 있었기 때문이다; 삼상 17.33 כִּי־נַעַר אַתָּה וְהוּא אִישׁ מִלְחָמָה מִנְּעֻרָיו 너는 단지 소년이지만, 그는 어려서부터 용사였다에서 두 번째 절에 있는 הוּא는 대조를 위해 앞으로 가져온 것이다([4]); 겔 28.2 וַתֹּאמֶר אֵל אָנִי .. וְאַתָּה אָדָם וְלֹא־אֵל도 유사하다. 또한 창 27.11 עֵשָׂו אָחִי אִישׁ שָׂעִר וְאָנֹכִי אִישׁ חָלָק 내 형 에서는 털(이 많은) 사람이나, 나는 매끈한 피부를 가진 사람이다; 삿 11.27 וְאָנֹכִי לֹא־חָטָאתִי לָךְ וְאַתָּה עֹשֶׂה אִתִּי רָעָה 나는 너에게 잘못한 것이 없으나 너는 나에게 못되게 군다(대립)를 보라. אֲנִי יוֹסֵף 창 45.3, 4에서 요셉은 혼란에 빠져 믿지 못하는 형제들에게 자기 자신을 충분히 의식하며 극적으로 드러내고 있다. 선행하는 대명사를 두드러지게 하는 것은 정체를 밝혀주는 것에 가깝다. 삿 6.10 אֲנִי יְהוָה אֱלֹהֵיכֶם (분리

---

[1] 기드온은 그의 반응에서 יֵשׁ를 삽입하여 그의 의심을 드러내고 있다: 삿 6.13 וְיֵשׁ יְהוָה עִמָּנוּ. 그렇지만 Andersen(*Verbless*, 38)에 따르면, 술어가 전치사 구일 때 S–P 순서가 지배적이다. 그가 인용하고 있는 대부분의 경우에서, 제시된 절을 기원형(precative)으로 볼 것인지 아닌지는 주관적일 수 있다.

[2] Gibson 1994: 53.

[3] 더 자세한 예는 Muraoka, *Emphatic*, 15. Bendavid(2.821f.)은 이 일반적 원칙이 미쉬나 히브리어에 동일하게 적용될 수 있음을 강조한다. 2인칭 대명사는 일반적으로 첫 칸을 차지하므로 이 규칙에 예외가 된다는 벤다윗의 견해에 대한 비판은 Muraoka 1990: § 1.6와 1.10을 보라.

[4] 렘 36.5f. אֲנִי עָצוּר לֹא אוּכַל לָבוֹא 나는 갇혔으며 들어갈 수 없다...그러므로 네가 들어가야만 한다에서는 이미 첫 절에서 대조가 이미 제시되고 있다. 두 절은 신 4.22 כִּי אָנֹכִי מֵת בָּאָרֶץ הַזֹּאת אֵינֶנִּי עֹבֵר אֶת־הַיַּרְדֵּן וְאַתֶּם עֹבְרִים처럼 인칭 대명사로 시작할 수 있다.

악센트 파쉬타가 대명사 אֲנִי 위에 있다) 다음에 곧바로 "너는 아모리인들의 신들을 섬기지 말라"가 나온다. 동일한 결론을 일련의 레위기적 계명들을 결론짓는 후렴구에 적용할 수 있을 것이다: 레 18.6; 19.12 그리고 여기 저기에; 또한 삿 13.11 "그 여인에게 말한 사람이 당신이었습니까(הַאַתָּה הָאִישׁ)?"; 왕상 3.27 הִיא אִמּוֹ 그녀가 그의 어머니이다에 있는 솔로몬의 유명한 판결. 상황절은 달리 검토해야 한다: 창 37.2 וְהוּא נַעַר; 삼상 1.10 וְהִיא מָרַת נֶפֶשׁ 그리고 그녀는 마음이 쓰라렸다(¹).

위에서 언급된 결과와 부분적으로 연관된 것으로서 대명사적 주어 앞에 나오는 술어는 자주 어느 정도 부각되기도 한다: 예, 창 42.9 מְרַגְּלִים אַתֶּם 너희들은 정탐꾼들이다(그의 형제들을 대질 심문하는 요셉); 42.19 אִם־כֵּנִים אַתֶּם 너희의 주장처럼 너희들이 참으로 정직하다면(²). 이것은 특히 종속절 כִּי 왜냐하면과 אִם 만약에로 시작할 때 분명해진다(³): 왕하 20.1 כִּי מֵת אַתָּה 왜냐하면 너는 곧 죽게 될 것이기 때문이다(비교, 창 50.24 אָנֹכִי מֵת, 여기에서 선행하는 대명사는 요셉이 그의 임종을 맞은 침대에서 가진 자의식을 시사하는 것일 수 있다); 실명사와 함께: 창 3.19 כִּי עָפָר אַתָּה 왜냐하면 너는 흙이기 때문이다; 형용사와 함께: 3.10 כִּי־עֵירֹם אָנֹכִי 왜냐하면 내가 벌거벗었기 때문이다; 삿 7.2 רַב הָעָם אֲשֶׁר אִתָּךְ 너와 함께한 겁쟁이가 너무 많다와 강조점이 עוֹד 아직까지로 넘어간 7.4 עוֹד הָעָם רָב 을 대조하라.

또한 분사와 실명사 주어와 함께: 창 3.5 כִּי יֹדֵעַ אלהים כִּי .. 왜냐하면 하나님은 ~을 아신다; אִם과 함께: 27.46 אִם לֹקֵחַ יַעֲקֹב אִשָּׁה 만약 야곱이 아내를 취한다면; 실명사와 함께: 욥 6.12 אִם־כֹּחַ אֲבָנִים כֹּחִי 내 힘이 돌의 힘인가? 한 쌍의 문장으로서 위에서 대비를 이룬 삿 7.2와 7.4에서 무표적인 명사절의 순서는 S-P인 것으로 이해될 수 있다(⁴). 그러나 위에서 인용된 삼상

---

¹ Muraoka, *Emphatic*, 11-14에 있는 토론을 보라. Steiner(1997: 165)는 창 25.30 כִּי עָיֵף אָנֹכִי 왜냐하면 내가 배고파 죽을 것 같기 때문이다와 29절 עָיֵף וְהוּא를 잘 비교하고 있다.

² 더 자세한 예들은 Muraoka, *Emphatic*, 15f.를 보라. 리버만(Lieberman 1962: 6)은 랍비들이 순서가 달라질 때 주석이 달라질 수 있음을 인식하고 있었다는 점을 언급한다: 성경에서 악인을 언급할 때, 그의 이름을 앞에 두고 "X가 그의 이름이다"라고 말한다. 그렇지만 אִיּוֹב שְׁמוֹ와 도처에 널려 있는 יהוה שְׁמוֹ 같은 경우를 볼 때, 도덕적 판단보다 두드러진 모습이나 초점을 부각하는 것으로 이해하는 것이 더 나아 보인다.

³ 또한 Michel 2004: 100f., 108을 보라. Michel(ib. 220-23)은 반대의 순서가 이미 알려진 것의 요약을 표시한다고 보지만, 왜 요약적 기능이 כִּי-절에 한정되어야 하는지 설명이 없다.

⁴ Michel(2004: 224f.)은 עוֹד 다음에 S–P의 순서로 된 명사절이 나오는 수많은 예들을 수집하였다.

17.33과 다른 수많은 경우들을 살펴볼 때, 우리는 강조형의 P-S 대명사 패턴과 비강조형 P-S 대명사 패턴 사이에 어떤 운율이 작용하였을 가능성을 열어둘 필요가 있다.

그러나 관계사 אֲשֶׁר 또는 -שֶׁ와 함께 나올 때에는 대부분 S-P의 순서로 나온다(¹): 시 144.15 הָעָם שֶׁיהוה אֱלֹהָיו 야웨를 그들의 하나님으로 삼은 백성; 항상 대명사 뒤에 분사가 오는 경우: 창 13.15 הָאָרֶץ אֲשֶׁר אַתָּה רֹאֶה; 또한 대부분 대명사 접미사가 붙은 전치사와 함께 오는 경우: 창 1.11(12) אֲשֶׁר זַרְעוֹ בוֹ (대조, 1.29; 7.15); 참조, 시 84.6; 146.5.

fb 2) 이와 유사하게 지시 대명사 זֶה(זֹאת 그리고 (אֵלֶּה)는 첫 칸에 나올 때 두드러진다: 창 28.17 וְזֶה שַׁעַר הַשָּׁמָיִם 이곳은 하늘의 문이 분명하다(그것에 대하여 내가 들은 바가 있다); 48.18 לֹא־כֵן כִּי־זֶה הַבְּכֹר 그렇지 않다. 이 (아이가) 맏아들이다; 민 13.27 וְזֶה פִּרְיָהּ 이것들이 (당신들이 우리를 보내어 알아보라고 한 땅의) 열매이다; 그러나 대명사가 두 번째 구성 요소인 경우: 창 32.3 מַחֲנֵה אֱלֹהִים זֶה 이것은 하나님의 진지(陣地)이다와 12.12 אִשְׁתּוֹ זֹאת 이는 그의 아내이다; "이는 그의 아내이고, 저 사람은 아니다"를 표현하려면 대명사를 첫 자리에 두고 זֹאת אִשְׁתּוֹ라고 해야 한다(²). 그렇지만 목록의 결론에서 빈번하게 발견되는 바와 같이 절의 선두에 나오는 지시사는 강조적이지 않다: 예, 창 36.17 אֵלֶּה בְּנֵי רְעוּאֵל(³).

fc 3) 명사화 되지 않은 분사(⁴)는 (문장의) 다른 구성 요소가 인칭 대명사가 아닐 때 두 번째 칸에 나오며(⁵), 이리하여 이 패턴은 특별한 두드러짐이나

이로써 주어진 담화에서 참여자의 주된 관심은 그 상황이 아직이라는 의미가 이끄는 절에 의해 묘사되었다는 사실에 있음을 드러낸다: 예, 창 43.7 הַעוֹד אֲבִיכֶם חַי.

¹ 또한 Michel 2004: 109도 마찬가지이다.

² 위에 § *ea*, 세 번째 각주와 Muraoka, *Emphatic*, 10f를 보라.

³ Shimasaki 2002: 138-41, 169-72를 보라.

⁴ 분사는 주로 정관사를 추가하여 명사화 된다: 예, 창 2.13 הוּא הַסּוֹבֵב אֵת כָּל־אֶרֶץ כּוּשׁ 이것은 구스의 온 땅을 돌아가는 것이었다.

⁵ Muraoka, *Emphatic*, 20-23; Andersen, *Verbless*, 34, 47f.; Muraoka 1990: §§ 1.1 - 1.3을 보라. 여기에서 우리는 이 경향이 미쉬나 히브리어에서도 동일하게 관찰되고 있음을 볼 수 있다. 이것은 그 중에서도 특히 어디에서나 나타나는 형식인 אָמַר ר' פל' אוֹמֵר 랍비 누구 누구가 말한다(says) 와 ר' פל'; 랍비 누구 누구가 말했다(said)의 대조에서 확실하게 증거되고 있다. 유스턴(Joosten 1989)은 주어–분사와 분사–주어의 두 순서 사이에 시상의 차이가 있음을 논증하면서, 전자는 동시대성(contemporaneity, 실제적[actual] 현재)을, 후자는 동시성(simultaneity) (사실적[factual] 현재)을 시사한다고 하였다. 이 연구는 명확한 주어(definite subject)를 가진 절에 제한되며

강조 효과에 관한한 무표이거나 중립적으로 여겨질 수 있다. 이러한 관찰은 거의 변함 없이 명사/대명사-분사의 순서로 나오는 상당수의 상황절에도 유효하다. 그렇지만 만약 첫 칸을 차지하는 구성 요소를 눈에 띄게 하거나 강조하려면, 그것은 추측하건대 해당 절 안에서 그것이 갖고 있는 위치가 아니라, 화자의 억양과 몸짓과 일반적인 문맥과 같은 요소에서 이루어질 것이다(¹). 분사가 두 번째 칸에 나오는 예: 창 4.10 .. קוֹל דְּמֵי אָחִיךָ צֹעֲקִים אֵלַי 들으라! 너의 동생의 피가 내게 부르짖고 있다 ...; 17.19 אֲבָל שָׂרָה אִשְׁתְּךָ יֹלֶדֶת לְךָ בֵּן 너의 아내 사라가 너에게 아들을 낳아줄 것이다; 33.13 אֲדֹנִי יֹדֵעַ 내 주는 ~을 알고 있다; 민 11.27 אֶלְדָּד וּמֵידָד מִתְנַבְּאִים בַּמַּחֲנֶה 엘닷과 메닷은 진 안에서 예언하고 있다.

분사가 첫 번째 칸에서 나오는 패턴은 종속절에서 더 일반적으로 나타난다: 예, 창 29.31 וַיַּרְא יְהוָה כִּי־שְׂנוּאָה לֵאָה 주께서 레아가 사랑을 받지 못함을 보셨다; 42.23 וְהֵם לֹא יָדְעוּ כִּי שֹׁמֵעַ יוֹסֵף 그들은 요셉이 듣고 있음을 알지 못하였다. 그러나 또한 독립절에도 나타난다: 출 26.5 מַקְבִּילֹת הַלֻּלָאֹת 고리들이 서로 마주 보고 있었다; 삼상 19.2 מְבַקֵּשׁ שָׁאוּל אָבִי אִשָּׁה אֶל־אֲחֹתָהּ לַהֲמִיתֶךָ 내 아버지 사울이 너를 죽이려고 한다.

fd   4) 분사와 인칭 대명사로 구성된 절에서, 무표적인 패턴은 분사-대명사이다: 창 31.5 .. רֹאֶה אָנֹכִי אֶת־פְּנֵי אֲבִיכֶן 나는 너희 아버지의 얼굴을 보았다 ...; 민 10.29 .. נֹסְעִים אֲנַחְנוּ אֶל־הַמָּקוֹם 우리는 그곳으로 떠나고 있다...; 삿 11.9 אִם מְשִׁיבִים אַתֶּם אוֹתִי 만약 당신들이 나를 데리고 돌아가서; 20.32 נִגָּפִים הֵם לְפָנֵינוּ 그들은 우리 앞에서 도망친다. 이와 대조적으로 인칭 대명사가 첫 칸에 나오면, 그것이 가리키는 사람을 부각시킨다는 것을 알 수 있다: 출 33.12 אַתָּה אֹמֵר אֵלַי (모세는 주님께 항의하고 있다); .. כִּי הוּא יוֹצֵא וָבָא 삼상 18.16 (대명사는 다윗이 백성의 영웅임을 강조한다); 가나안 땅에 들어가는 약속을 선언하는 수많은 단락에서(예, 신 2.18; 9.1), 첫 번째 2인칭 대명사는 하나님께서 이스라엘 백성들에게 개인적으로 호소함을 가리킨다고 해석할 수 있다(²). 어떤 경우에 "너"라는 행위자는 선행하는

구성 요소 중 하나로 나오는 인칭 대명사의 용법과 같은 다양한 상황은 다루지 않고 있다. "실제적 현재" 개념은 Muraoka 1987: § 68을 보라.

¹ Andersen과 Hoftijzer에 대한 토론과 비평은 Muraoka, *Emphatic*, 24-26을 보라.

² 동일한 형태를 가진 다른 예들을 설명하려는 시도는 Muraoka, *Emphatic*, 27f를 보라.

수사 의문에서 암시된 것처럼 그의 행동의 어리석음에 직면한다. 예, 삿 14.3 כִּי אַתָּה הוֹלֵךְ לָקַחַת אִשָּׁה מִפְּלִשְׁתִּים הָעֲרֵלִים 네가 할례받지 않은 블레셋 사람들 중에서 아내를 취하려고 나가느냐[1].

fe   5) 인칭 대명사와 분사나 다른 요소 외에 세 번째 요소가 첫 번째 칸에 나와 그 자체를 두드러지게 할 때 대명사는 일반적으로 두 번째 칸을 차지하게 되며 따라서 구나 단어(x)-대명사-분사의 패턴을 만들게 된다[2]: 예, 창 18.17 הַמְכַסֶּה אֲנִי מֵאַבְרָהָם אֲשֶׁר אֲנִי עֹשֶׂה 내가 하려고 하는 일을 내가 아브라함에게 숨기겠느냐?; 삼하 3.13 אַךְ דָּבָר אֶחָד אָנֹכִי שֹׁאֵל מֵאִתָּךְ 그러나 나는 너에게 단 하나의 조건을 요구하겠와 렘 38.14 שֹׁאֵל אֲנִי אֹתְךָ דָּבָר 내가 너에게 물어볼 것이 있다를 대조하라; 단 9.18 לֹא עַל־צִדְקֹתֵינוּ אֲנַחְנוּ מַפִּילִים תַּחֲנוּנֵינוּ לְפָנֶיךָ 우리가 주께 간청하는 것은 우리의 의로운 행동 때문이 아니다와 렘 38.26 מַפִּיל־אֲנִי תְחִנָּתִי לִפְנֵי הַמֶּלֶךְ 내가 왕 앞에 간청하였다를 대조하라; 삼상 2.23 ..אֲשֶׁר אָנֹכִי שֹׁמֵעַ 와 삼하 20.17 שֹׁמֵעַ אָנֹכִי를 대조하라; 삼상 14.8 הִנֵּה אֲנַחְנוּ עֹבְרִים אֶל־הָאֲנָשִׁים과 삿 19.18 עֹבְרִים אֲנַחְנוּ을 대조하라; 스 9.7 מִימֵי אֲבֹתֵינוּ אֲנַחְנוּ בְּאַשְׁמָה גְדֹלָה עַד הַיּוֹם הַזֶּה 우리 조상들의 때로부터 이날까지 우리의 죄가 컸다와 느 9.37 וּבְצָרָה גְדוֹלָה אֲנַחְנוּ 그리고 우리가 심하게 고생하고 있다를 대조하라; 삿 9.15 אִם בֶּאֱמֶת אַתֶּם מֹשְׁחִים אֹתִי 만약 참으로 너희가 나에게 기름을 부으려고 한다면을 11.9 אִם־מְשִׁיבִים אַתֶּם אוֹתִי 만약 너희들이 나를 돌아오게 한다면과 대조하라. 두 번째 칸에 있는 대명사에 대한 이 수많은 예들을 보면 앞서 나오는 אֲשֶׁר 또는 הִנֵּה 형식은 명사절의 핵심 부분을 이루지만 אִם은 그렇지 않다는 것을 알 수 있다[3].

     이 법칙은 주어가 전치사에 결부된 대명사가 되는 경우까지 확대될 수

---

[1] 더 자세한 예는 Michel 2004: 90f.에 있다.

[2] 우리는 이 법칙을 벤다빗(Bendavid)의 도움으로 만들게 되었다: 더 상세한 예들은 Bendavid, 2.817-21에 있다. 여기에서 가장 중요한 원칙은 대명사 대(vis-à-vis) 분사나 같은 값을 가진 술어의 위치가 아니라, 대명사를 상대적으로 두드러지지 않은 칸으로 밀어내는 데 있다. 물론 이 법칙에 예외도 있다: 예, 창 15.14 וְגַם אֶת־הַגּוֹי אֲשֶׁר יַעֲבֹדוּ דָּן אָנֹכִי 그들이 섬길 나라를 내가 심판할 것이다. Michel(2004: 90)이 수집한 주어(Mubtada)-술어(Chaba)의 순서에서 술어의 일부가 첫 칸에 나오는 것의 대부분의 예들은 대명사적 주어이며, 앞에 나온 술어 요소가 두드러진다.

[3] אֲשֶׁר로 시작되는 더 상세한 예는 Michel 2004: 109, 111f.을 보라.

있지만, 독자적인 인칭 대명사에는 확대되지 않는다([1]): 예, 창 34.14 אִישׁ אֲשֶׁר אֲשֶׁר בְּיָדֵיהֶם 할례 받지 않은 사람; 레 21.18; 신 14.19; 시 26.10 אֲשֶׁר לוֹ עָרְלָה זִמָּה 악한 계획이 있는 사람들 (בְּיָדֵיהֶם은 לָהֶם과 유사적 대구를 이룬다); 렘 23.28 הַנָּבִיא אֲשֶׁר אִתּוֹ חֲלוֹם יְסַפֵּר חֲלוֹם וַאֲשֶׁר דְּבָרִי אִתּוֹ יְדַבֵּר דְּבָרִי 꿈꾸는 선지자는 꿈을 말하고 내 말을 받은 자는 내 말을 전하라에서 제 2행에서 대조를 만들기 위해서 순서가 바뀌었다. 이것들은 כִּי로 시작하는 절과는 다르다: 예, 삼상 20.21 כִּי שָׁלוֹם לְךָ 왜냐하면 너는 안전하기 때문이다; 시 56.10 יָדַעְתִּי כִּי אֱלֹהִים לִי 나는 하나님이 내 편인 것을 안다([2]).

ff   6) 술어가 그 명사나 대명사와 같이 나오는 전치사로 구성될 때, 전치사구를 특히 부각시켜야 할 경우 그 술어는 자주 주어 앞에 나온다: 시 31.16 בְּיָדְךָ עִתֹּתָי 내 운명이 주의 손에 있다; 학 2.8 לִי הַכֶּסֶף 그 돈은 나의 것이다; 시 24.1; 창 3.16 וְאֶל־אִישֵׁךְ תְּשׁוּקָתֵךְ וְהוּא יִמְשָׁל־בָּךְ 너는 너의 남편을 사모할 것이며, 그는 너의 주인이 될 것이다; 40.8 הֲלוֹא לֵאלֹהִים פִּתְרֹנִים 해결책은 참으로 하나님에게 있지 않은가?; 대하 20.6 וּבְיָדְךָ כֹּחַ וּגְבוּרָה 힘과 권능은 주의 손에 있다(이것 앞에 הֲלֹא אַתָּה־הוּא אֱלֹהִים בַּשָּׁמַיִם וְאַתָּה מוֹשֵׁל בְּכֹל이 나오며 הֲלֹא אַתָּה אֱלֹהֵינוּ הוֹרַשְׁתָּ מַמְלְכוֹת הַגּוֹיִם가 뒤따라 나온다). 그렇지만 상황절의 시작부분에 나오는 전치사구는 중립적이다([3]): 삼상 1.2 וְלוֹ וְהִנֵּה־לוֹ שְׁתֵּי נָשִׁים 그리고 그에게 두 아내가 있었다; 이와 유사하게 삼상 25.36 מִשְׁתֶּה בְּבֵיתוֹ 그리고 보라 그는 잔치를 베풀고 있었다. 더욱이 비한정 명사(Nid)로 표현된 사람이나 사물의 존재를 가리키는 단순 명사절에서, 정상적이고 무표적인 순서는 비한정 명사-전치사(Nid-Prep)가 된다: 예, 창 25.23 שְׁנֵי גוֹיִם בְּבִטְנֵךְ 두 나라가 너의 태 안에 있다; 43.28 שָׁלוֹם לְעַבְדְּךָ 주의 종은 평안합니다; 삿 19.20 שָׁלוֹם לָךְ 그대는 안심하라!([4]). 위에 언급된 조건들을 고려할 때, 전치사구를 가진 명사절의 정상적인 순서, 즉 두 개의 주된 구성 요소 가운데 어느 것을 부각시킬 필요가 없는 면에서 중립적인 순서는 명사-전치사라고 말

---

[1] 몇 개의 예외는 Michel 2004: 116에 언급된다.

[2] 페쉬타에 있는 놀라운 번역을 주목하라: /ʾeddaʿ dalāhā diṭ li/ 또는 이와 같은 것 대신에 /.. dalāhā ʾiṭāw li/ 하나님은 나를 위해 거기 계신다.

[3] 상황적인 동사절을 유추해 볼 때(§ 155 *nc*), 전치사구는 절의 내적 또는 심리적 주어로 분석될 수 있다.

[4] Cohen 1984: 38-40의 견해와 다르다.

할 수 있다(1).

fg   전치사구나 첫 번째 칸에 있는 술어를 수식하는 형용사 외의 다른 구는 술어로부터 분리되고 주어 다음에 놓일 수 있다. 특히 후자가 인칭 대명사인 경우 그러하다: 예, 창 3.6 הַתַּאֲוָה הוּא לָעֵינַיִם 그것은 눈에 보기에 좋았다; 시 39.13 גֵּר אָנֹכִי עִמָּךְ 나는 주와 함께 하는 나그네이다; 삼하 19.33 אִישׁ גָּדוֹל הוּא מְאֹד(2). 시 81.5 חֹק לְיִשְׂרָאֵל הוּא 그것은 이스라엘을 위한 율례이다와 같은 경우는 예외이다.

연음으로 나오는 대명사적 성분의 이 접어적 성격(clitic-status)은 동사절에서도 관찰된다: § 155 *t*(3)를 보라.

부사 מְאֹד는 다른 많은 언어에 나오는 그 대응어와 달리 그 주부(head)로부터 분리될 수 있다: 룻 1.13 מַר לִי מְאֹד מִכֶּם 내 처지는 너희들보다 훨씬 더 괴롭다; 신 30.14 קָרוֹב אֵלֶיךָ הַדָּבָר מְאֹד 그 말씀이 네게 매우 가깝다.

g   7) **의문절**에서 술어를 강조할 때는 대부분 P(술어)-S(주어)의 순서가 된다: 왕상 2.13 הֲשָׁלוֹם בֹּאֶךָ 너는 좋은 일로 왔느냐?; 왕하 5.12. 생략은 일반적이며, 술어는 유일하게 핵심적인 정보가 된다: 삿 13.11 הַאַתָּה הָאִישׁ אֲשֶׁר־דִּבַּרְתָּ אֶל־הָאִשָּׁה וַיֹּאמֶר אָנִי 당신이 그 여자에게 말한 사람입니까?" 그리고 그가 말하기를, "나다"(*I am*); 삼상 16.4f. .. שָׁלוֹם בּוֹאֶךָ וַיֹּאמֶר שָׁלוֹם "너는 좋은 일로 왔느냐?" 그가 말하기를 "그렇다"(*Yes*)…(4)

대답할 때는 일반적으로 질문의 어순을 그대로 유지한다: 창 29.4 מֵאַיִן אַתֶּם וַיֹּאמְרוּ מֵחָרָן אֲנָחְנוּ 너는 어디서 왔느냐?; 그들은 대답하기를, 우리는 하란에서 왔다; 24.23f. בַּת־מִי אַתְּ .. בַּת בְּתוּאֵל אָנֹכִי 너는 누구의 딸이냐?…나는 브두엘의 딸이다. 각자가 서로 자신이 장자라고 주장하는 쌍둥이 형제의 두 대답은 상당히 인상적이다: 야곱은 이삭이 מִי אַתָּה라고 묻는 말에 창 27.19 אָנֹכִי עֵשָׂו בְּכֹרֶךָ라고 대답하며, 에서는 27.32 אֲנִי בִּנְךָ בְכֹרְךָ עֵשָׂו라고 대

---

1 Muraoka, *Emphatic*, 14f.와 idem 1991을 보라.

2 더 상세한 예는 Michel 2004: 61f., 74-6을 보라. 삼분적 명사절에서도 유사한 불연속성이 나온다: 예, 창 34.21; 수 6.19.

3 시리아어에서는 이와 같은 모든 대명사는 단축된다: 예, /zaddiq nā/ 대비 /'enā zaddiq/ 나는 의롭다. 화란어에서 *Vandaag komt ie niet* 오늘 그는 오지 않을 것이다를 *Hij komt niet* 그는 오지 않을 것이다와 비교하라.

4 더 상세한 예는 Muraoka, *Emphatic*, 20 참조.

답한다. 여기질문은 비록 형식에 있어서 서술적인 명사절이지만, 실제적으로 정체를 묻는 것이다. 이것으로 쌍둥이 형제는 아버지의 축복을 얻기 위해 서로 경쟁하고 있다[1].

h   8) 확장된(*covered*, § 153) 명사절에서 자연적이고 정상적인 어순은 주어(S)-술어(P)이며, 목적어와 부사어 수식어들이 뒤따라 나온다: 창 9.9 וַאֲנִי הִנְנִי מֵקִים אֶת־בְּרִיתִי אִתְּכֶם 이제 나로 말하자면, 내가 너와 내 언약을 세우고자 한다. 그러나 강조하기 위하여 목적어나 부사어 수식어들의 앞에 둔다.

주어-부사어 수식어(구)-술어: 창 26.29b; 12.6b.

부사어 수식어(구) (또는 목적어)-주어-술어: 창 4.7; 37.16(대답).

술어-주어- 부사어 수식어(구) 등: 창 43.32b.

부사어 수식어(구) 등-술어-주어: 창 41.2.

다양한 단어들이 상대적인 중요성을 가지지만 주어, 술어 또는 보어의 길이는 어순에 어느 정도 영향을 미쳐 더 긴 요소가 뒤따라 오기 쉽다[2]. 예, 느 9.17 וְאַתָּה אֱלוֹהַּ סְלִיחוֹת חַנּוּן וְרַחוּם אֶרֶךְ־אַפַּיִם וְרַב־חֶסֶד 그러나 주는 용서하시는 하나님, 자비롭고 오래 참으시며 인자하심이 많습니다: 여기에서 대명사 주어는 예외적으로 문두에 나온다(§ *fa* 위에).

i   삼분적(tripartite) 명사절. 표준형 명사절(§ *a-h*)은 주어와 술어의 두항(member)으로 구성된다. 히브리어에는 다른 셈어와 마찬가지로, 제3의 요소가 추가되는 삼항절(three member clause)이 나온다. 제 3의 요소는 I) 3인칭 대명사(§ *i-j*); II) 인접 대상을 직시하는(直示, deixis) 지시 대명사, זֶה (§ *ja*); III) 존재 부사 יֵשׁ 그리고 אַיִן (§ *k-l*); IV) 동사 הָיָה이다(§ *m-q*)[3].

    I. 명사절의 세 번째 구성 요소로서 히브리어 3인칭 대명사는 그 아람

---

[1] 이에 대한 토론은 Muraoka, *Emphatic*, 18-20을 보라.

[2] 아래의 경우에서는 의문문으로 말하기 때문에 술어가 선행함을 주목하라: 창 43.27 הֲשָׁלוֹם אֲבִיכֶם הַזָּקֵן אֲשֶׁר אֲמַרְתֶּם 그대들이 말한 너희의 연로한 아버지는 안녕하신가?; 삿 8.2 הֲלוֹא טוֹב עֹלְלוֹת אֶפְרַיִם מִבְצִיר אֲבִיעֶזֶר 에브라임의 주운 포도가 아비에셀의 포도 수확 전부보다 낫지 않느냐?; 18.19 הֲטוֹב הֱיוֹתְךָ כֹהֵן לְבֵית אִישׁ אֶחָד 너는 한 사람 집의 제사장 됨을 더 좋아하느냐? 그러나 삿 10.1 וַיָּקָם אַחֲרֵי אֲבִימֶלֶךְ לְהוֹשִׁיעַ אֶת־יִשְׂרָאֵל תּוֹלָע בֶּן־פּוּאָה בֶּן־דּוֹדוֹ אִישׁ יִשָּׂשכָר 그리고 아비멜렉 이후에 이스라엘을 구원하기 위하여 잇사갈 사람 도도의 손자 돌라가 일어났다... 에서 원문은 마지막에 긴 주어가 오는 동사 문장임을 주의하라.

[3] 킬윙(Kilwing 1978: 57)의 주장과 달리, 구체적으로 I과 II의 형태에서 세 번째 구성요소를 사용한 것은 인위적이지 않다.

어의 대응어와 유사하게 사용될 수 있다. 대부분의 경우에 이 대명사는 바로 그 앞에 나오는 절의 구성 요소를 부각시키며, 가끔 내가 보고 싶은 사람은 바로 이 사람이다(It is this man that I want to see)와 같이 '틈새 문장'(cleft sentence) 형식으로 나온다([1]).

대명사는 두 개의 다른 위치를 가질 수 있다:

1) 주어-술어-대명사([2]). 주어는 아마도 고리형에 나오며, 따라서 그 대명사는 뒤따라오는 복문의 주어가 될 수 있다(참조, § 156 e)([3]): 창 34.21 הָאֲנָשִׁים הָאֵלֶּה שְׁלֵמִים הֵם אִתָּנוּ 이 백성들은 우리에게 우호적이다; 신 4.24 כָּל אֲשֶׁר־אַתָּה יהוה אלהיך אֵשׁ אֹכְלָה הוּא 야웨는 삼키는 불이다; 창 31.43 רֹאֶה לִי־הוּא 네가 보는 모든 것이 나의 것이다; 31.16; 45.20; 48.5a; 출 3.5; 32.16; 민 13.32; 신 4.24; 수 6.19; 말 1.7; 시 39.5 וּמִדַּת יָמַי מֶה־הִיא 내 수명이 얼마입니까?([4]).

이 패턴은 주어가 꿈에서 상징으로 나타나고 술어가 그것의 지시 대상이 되는 꿈의 해석에서 적절한 공식이 된다: 예, 창 40.12 שְׁלֹשֶׁת הַשָּׂרִגִים

---

[1] 달리 말하면, 이렇게 사용된 대명사는 인도-유럽어 문법에서 사용되는 단순한 '계사'(copula) 개념과는 다르다. Driver, *Tenses*, Appendix V, pp. 267ff.도 Brockelmann, *GvG*, II 105, and idem, *Syntax*, § 30 과 달리 이렇게 본다. 또한 Goldenberg 1983: § 8(pp. 111f.)을 보라; Muraoka, *Emphatic*, 67-82를 보라; 상동 1987: § 103; 상동 1999a: 198-201; and Kaddari 1988. 이와 유사한 뜻으로 나오는 대명사는 아무도 계사로 분류하지 않는 동사절에서도 사용될 수 있다: 예, 신 31.8 יהוה אלהיך הוּא עֹבֵר לְפָנֶיךָ הוּא יַשְׁמִיד; 31.3 יהוה הוּא הַהֹלֵךְ לְפָנֶיךָ הוּא יִהְיֶה עִמָּךְ; 시 100.3 יהוה הוּא אלהים הוּא־עָשָׂנוּ ולא אֲנַחְנוּ; אֶת־הַגּוֹיִם הָאֵלֶּה; 시 9.3도 이와 같다. 그렇지 만 '연결사'라는 용어는 היה에 알맞게 적용될 수 있다.

블라우(Blau 2000-01)가 서로 다른 삼분적 형태가 역사적으로 어떻게 진화하였는지 재구성한 시도 는 설득력이 없다. 왜냐하면 그 형태들의 분포는 그것들을 증거하고 있는 성경 책들의 연대 추정과 일 치하지 않기 때문이다. 성서 히브리어에 나오는 삼분적 명사절에 대한 고전적 목록은 Sappan 1981: 94-106에 있다. 또한 Muraoka 1999a: 188-98을 보라. 세 번째의 대명사적 요소를 하위의 주어 신분 (위치)에 두는 Zewi(2000)는 삼분적 명사절 개념을 거부한다.

[2] 참조, Muraoka, *Emphatic*, 75f.

[3] 이것은 골든버거의 '하위 주어'(lesser subject) 개념과 일치한다(Goldenberg 1983: 111f.). 이 개 념은 제스퍼슨에게서 가져온 것이지만 제스퍼슨 자신은 약간 다른 개념으로 사용한다(Jespersen 1937: § 8.9). 왜냐하면 그의 하위 주어는 절에서 첫 칸을 차지하기 때문이다. 여기에서 우리가 '어순 변형'(extraposition) 또는 고리형을 다루고 있다는 점은 창 34.23의 지지를 받는다: מִקְנֵהֶם וְקִנְיָנָם וְכָל־בְּהֶמְתָּם הֲלוֹא לָנוּ הֵם 참으로 그들의 가축과 그들의 소유들로 말하면, 그들의 모든 짐승들 도 우리 것이 되지 않겠는가?에서 הֲלוֹא의 위치를 주목하라.

[4] 창 48.5b (שְׁנֵי בָנֶיךָ .. אֶפְרַיִם וּמְנַשֶּׁה .. לִי־הֵם .. יִהְיוּ־לִי) 에브라임과 므낫세는 나의 것이다..(너 의 두 아들 ... 그들은 나의 것이다) 와 48.6a מוֹלַדְתְּךָ אֲשֶׁר־הוֹלַדְתָּ אַחֲרֵיהֶם לְךָ יִהְיוּ 그들 후에 낳은 자들은 너의 것이 될 것이다를 대조하라.

שְׁלֹשֶׁת יָמִים הֵם 세 가지는 세 날을 상징한다; 또한 40.18; 41.26, 27; 단 4.19에 있는 성서 아람어 참조([1]).

이 패턴은 술어가 비한정적일 때 일반적으로 나온다. 한정적 술어가 나오는 드문 경우 가운데 하나는 렘 31.9 אֶפְרַיִם בְּכֹרִי הוּא 에브라임은 내 장자이다([2]).

j 2) 술어-대명사-주어([3]): 창 42.6 וְיוֹסֵף הוּא הַשַּׁלִּיט עַל־הָאָרֶץ 그때에 나라의 총리는 요셉이었다; 왕상 18.39 יְהוָה הוּא הָאֱלֹהִים 그는 (참되신) 하나님 야웨이다(대조, 21절 אִם יְהוָה הָאֱלֹהִים 약한 강조로, § *f*); 삼하 7.28 אַתָּה הוּא הָאֱלֹהִים 주는 (참되신) 하나님이다; 왕상 8.60에 있는 동일한 고백에는 אֵין עוֹד 다른 이가 없다가 바로 뒤따른다; 신 4.39; 10.9; 왕하 19.15; 시 44.5; 100.3; 아 6.9 אַחַת הִיא יוֹנָתִי 그는 하나뿐인 나의 비둘기(육십 명의 왕비와 칠십 명의 후궁들과 대조됨); 삼상 4.8 .. אֵלֶּה הֵם הָאֱלֹהִים הַמַּכִּים 이들은 ~를 친 신들이다; 사 9.14; 애 1.18. 가끔 술어의 반복과 함께([4]): 사 43.11 אָנֹכִי אָנֹכִי יְהוָה ("나 외에는 구원자가 없다"가 뒤따른다); 43.25 הוּא מֹחֶה פְשָׁעֶיךָ 그는 나, 곧 너의 죄를 씻어 버릴 자는 나이다(הוּא로 더 강화된다); 51.12.

첫 번째 칸은 의문사가 차지할 수 있다: 창 21.29 מָה הֵנָּה שֶׁבַע כְּבָשֹׂת הָאֵלֶּה 이 일곱 암양 새끼는 무엇이냐? 여기에서 여성 복수 대명사 הֵנָּה는 뒤따르는 구를 명백하게 주어로 표시한다. 또한 창 27.33; 시 24.10; 슥 1.9, 4.4f.를 보라.

족보의 명단을 시작하는 전방 조응적 지시사는 삼분적 명사절에 나타난다: 창 25.16 אֵלֶּה הֵם בְּנֵי יִשְׁמָעֵאל, 이것은 지시사로 유사하게 시작되는 이분적 명사절 뒤에 나오지만, 25.13 אלה שמות בני ישמעאל에서는 후방 조응적이다. 또한 민 3.20, 21, 27, 33; 대상 8.6을 보라. 다른 곳에서는 동일한 지시 대명사가 거의 주어처럼 기능을 한다: 전 1.17 גַּם־זֶה הוּא רַעְיוֹן רוּחַ 이것도 바람을 잡으려는 것이다. 이와 같이 해설에서도 마찬가지이다: 창 36.8

---

[1] 참조, Bendavid, 2.761-65, 특히 764f.

[2] 이것 외에 다섯 개의 예들이 Muraoka 1999a: 196에 있다.

[3] 참조, Muraoka, *Emphatic*, 72-77.

[4] 이런 반복이 시리아어에는 상당히 일반적이다.

עָשׂוּ הוּא אֱדֹם.

술어를 강조하는 이 유형의 문장에서, 대명사에는 규칙적으로 분리 악센트가 찍힌다.

두 패턴에서 대명사는 바로 그 앞에 나오는 요소를 어느 정도 부각시키는 역할을 한다. 첫 번째 패턴인 주어-술어-대명사에서 이와 같은 대명사는 많은 곳에서 마켑을 사용하는 것으로 알 수 있듯이, 다소 약하고 힘이 앞으로 실린다(전접적). 반면에 두 번째 패턴(술어-대명사-주어)에서 대명사는 분리 악센트가 첫 구성 요소에 자주 나타나는 것으로 볼 수 있듯이, 대명사가 그 독립성을 더 많이 유지하고 있다.

왕상 18.21은 18.39에서와 달리(두 본문은 위에서 인용됨) 대명사가 없다. 이것은 대명사가 단지 '계사'(copula)로서 불필요하다는 것을 반드시 의미하는 것은 아니다([1]): 그것은 특별한 억양이나 그와 같은 수단으로 표현될 수도 있는 명백한 구문론적/어휘론적 표현을 제공한다. 또한 출 9.27 יְהוָה הַצַּדִּיק וַאֲנִי וְעַמִּי הָרְשָׁעִים 야웨께서는 의로우시고, 나와 내 백성은 잘못하였다; 왕상 3.22 בְּנִי הַחַי וּבְנֵךְ הַמֵּת 살아 있는 자는 내 아들이고 죽은 자는 너의 것이다를 보라. 대명사는 아래의 경우에서조차 결코 불필요한 중복이 아니다: 창 2.14 וְחָם הוּא הַנָּהָר הָרְבִיעִי הוּא פְרָת 네 번째 강은 유프라테스이다([2]); 9.18 אֲבִי כְנָעַן 그리고 함은 가나안의 조상이었다([3]). 잠 28.26 בּוֹטֵחַ לִבּוֹ הוּא כְסִיל 자신의 판단을 믿는 자는 어리석은 자이지만, 지혜롭게 הוֹלֵךְ בְּחָכְמָה הוּא יִמָּלֵט 사는 사람은 (재앙을) 피한다. 전 1.17 גַּם־זֶה הוּא רַעְיוֹן רוּחַ 이것도 역시 바람을 잡는 것이다에서 대명사는 분명히 중어법으로 사용되었다.

관찰. 여기에서 토론된 방식으로 사용된 대명사의 용법을 유추해 볼 때, 이사야에 나오는 אֲנִי הוּא를 내가 바로 그다(*I am the one*)는 뜻으로 해석해

---

[1] 또한 Groß 1987: 132-44, esp. 143을 보라. 신 9.3 יְהוָה אֱלֹהֶיךָ הוּא הָעֹבֵר לְפָנֶיךָ אֵשׁ אֹכְלָה הוּא יַשְׁמִידֵם וְהוּא יַכְנִיעֵם לְפָנֶיךָ 이것은 첫 הוּא가 계사일 수 없음을 분명히 보여준다. 왜냐하면 동일한 실제적 가치를 가진 것이, 대명사가 그 정의대로 계사일 수 없는 두 번째와 세 번째에 나오는 것에서도 확인되고 있기 때문이다. 또한 잠 28.26(아래의 단락에서 인용될 것임)과 신 31.3, 8을 보라.

[2] 참조, Rashi 같은 곳: "이스라엘 땅과 연관하여 모든 것 중에 가장 중요하게 언급된 것" 또한 Bendavid, 2.729를 보라. Blau(2000-01: 24)는 대명사가 여기에서 동격구가 아니라 절을 가리키고 있다고 생각한다. 각각 명사절로 구성된 다른 세 강을 언급한 후에 나오므로, 독자들이 잘못 해석하지 않도록 도와준다.

[3] 참조, Ehrlich and Rashi ad loc.

야 한다. 즉, 문제시된 그 실체를 말한다: 41.4; 43.10, 13; 46.4; 48.12. 달리 말하자면, 이것들은 제 3요소인 주어가 내포된 것이다. 또한 참조, 시 102.28 **אתה הוא** (이 점에 대해 Ibn Ezra는 특히: "주는 참되신 분, 다른 분이 없다" 로 해석한다).

ja **II. 지시 대명사 זֶה**[1]는 둘째 칸에 자주 나타난다[2]. 그것은 **הוא**와 달리 절을 이루는 다른 두 개의 구성 요소의 성과 수와는 상관 없이 격 변화가 없다. 첫 번째 구성 요소는 대명사이든 부사이든 간에 가끔 의문사로 나온다: 예, 삼상 9.18 **אֵי־זֶה בֵית הָרֹאֶה** 선견자의 집이 어디냐?; **בֶּן־מִי־זֶה הַנַּעַר** 저 아이는 누구의 아들이냐?; 10.11 **מַה־זֶּה הָיָה לְבֶן־קִישׁ** 기스의 아들에게 무슨 일이 일어났느냐?; 창 18.13 **לָמָּה זֶּה צָחֲקָה שָׂרָה** 왜 사라가 웃느냐?[3]. 마지막 두 가지 예는 **הוא** 등과 똑같이 이 강조적이고 전접적인 지시사(§ i 두 번째 각주, j 세 번째 각주)가 명사절뿐 아니라 동사절에서도 같은 기능을 하고 있음을 보여준다.

지시사는 인칭 대명사, 특히 **אַתָּה**를 뒤따라 나올 수 있다: 예, 창 27.21 **הַאַתָּה זֶה בְּנִי עֵשָׂו** 네가 나의 아들 에서인지. 또한 창 27.24; 삼하 2.20; 왕상 18.7,17.† 이 모든 경우에서 화자는 다른 당사자의 신원을 정확하게 밝히기 위하여 스스로 확인하려고 애쓴다. 창 27.21, 24의 경우 이분적 명사절을 사용해서 나이 많은 족장은 그의 쌍둥이 아들 가운데 하나가 스스로 장자라고 선언하는 것을 들었다. 그러나 첫 번째 칸에서 대명사가 나온다: 19절 **אנכי עשׂו בכרך**.

k **III. 존재의 부사 יֵשׁ와 אַֽיִן**(§ 102 *j*)[4]. 존재의 부사 יֵשׁ 있다(there is)는 무엇보다도 장소 안의 존재, 즉, 현존을 표현하며-가끔 정관사나 그에 상응하는 것과 함께 나온다-그리고 그 용법이 확장되어 존재 같은 것을 표현한

---

[1] Muraoka 1999a: 209-10.

[2] 동일한 대명사가 셋째 칸에 나오는 시 24.10 **מִי הוּא זֶה מֶלֶךְ הַכָּבוֹד**는 구문론적으로 독특하다: **זֶה**는 주어이며, **מֶלֶךְ הַכָּבוֹד**가 동격으로 뒤따라 나온다: 도대체 그, 즉 영광의 왕이 누구냐? 렘 30.21도 이와 같다. 특히 에 7.5 **מִי הוּא זֶה וְאֵי זֶה הוּא**를 주목하라. 또 다른 예: 창 3.13 **מַה־זֹּאת עָשִׂית**, 따라서 여성 대명사이다.

[3] 이것은 불어의 방언 중 하나를 상기시켜 주며 마지막 예를 다음과 같이 번역할 수 있을 것이다: *Pourquoi est-ce que Sara a ri* (왜 사라가 웃었느냐?)

[4] Muraoka, *Emphatic*, 77-82, 99-111에 있는 토론을 보라. **אַיִן**은 명사절에서 구체적인 비-존재 개념이나 부재 개념 없이 단순 부정어로 사용된다(예, **אֵינֶנִּי שֹׁמֵעַ** 나는 듣지 못한다). § 160 *g*를 보라.

다(¹). 이와 같이 אֵין § 160 *g* (원래 어디에?)는 일차적으로 한 장소에서 비존재, 즉 부재를 표현하며, 그 용법이 확대되어 비존재(=부재) 같은 것을 표현한다. 그러므로 이 부사들은 단순한 계사들이 아니며, 연결의 개념에 존재의 개념, 특히 장소적 개념을 덧붙인다: 창 18.24 אוּלַי יֵשׁ חֲמִשִּׁים צַדִּיקִם בְּתוֹךְ הָעִיר 만약 성 안에 의인 오십 명이 있다면; 삼상 9.11 הֲיֵשׁ בָּזֶה הָרֹאֶה 선견자가 성읍 안에 있는가?; 창 37.29 אֵין־יוֹסֵף בַּבּוֹר 요셉은 구덩이 안에 없었다(요셉은 구덩이 안에 없었고, 다른 곳에 있었다라면 יוֹסֵף לֹא בַבּוֹר가 되었을 것이다); 겔 27.36 וְאֵינֵךְ עַד־עוֹלָם 너는 영원하지 못할 것이다.

יֵשׁ와 אֵין 사이에는 상당한 차이가 있다; 단순한 존재보다 장소를 가리키는 것으로서, 한정 명사가 전자(יֵשׁ)와 함께 사용되는 경우는 매우 드물다(단지 6회). 반면에 한정 명사는 후자(אֵין)와 함께 빈번하게 나타난다(²). 일반적으로 이 두 개의 불변사는 구문에서 뚜렷한 차이를 보여준다(³).

l　　조건절이나 의문절에서 יֵשׁ 뒤에 대명사 접미사가 주어로 나오며 분사가 뒤따라 나오는 경우에 이 יֵשׁ는 단지 미심쩍은 사실을 확인하거나 확증하기 위하여 불필요하게 첨가된다: 예, 창 43.4 אִם־יֶשְׁךָ מְשַׁלֵּחַ 만약 당신이 보내면(אִם מְשַׁלֵּחַ אַתָּה 대신에); 신 13.4 לָדַעַת הֲיִשְׁכֶם אֹהֲבִים אֶת יהוה 너희가 야웨를 사랑하는지 않는지 알기 위하여; 창 24.42, 49; 삿 6.36†(⁴).

m　　**IV. 동사** הָיָה는 명사절의 시간적 영역을 구체화하는 것이 필요할 때 연결사로서 있다(*to be*)라는 약한 의미로 사용된다(⁵): 따라서 그것은 단순 계사가 아니라, 영어의 동사 *to be*와 같이 시간적인 뜻을 가진 계사이다: 창 1.2 וְהָאָרֶץ הָיְתָה תֹהוּ וָבֹהוּ 그때에 땅은 혼돈하고 공허했다: 3.1; 6.19 זָכָר וּנְקֵבָה יִהְיוּ 그들은 수컷과 암컷이 될 것이다; 왕상 10.6 (הָיָה는 병행 본문인 대하 9.5에 생략되어 있다).

הָיָה와 **분사**로 구성된 그룹에서, 분사는 지속상을, הָיָה는 시간적이

---

¹ 불어 *il y a* (*there is*)와 이탈리아어 *c'è* (= *hic est*)도 마찬가지이다. *il y a*가 순수한 조동사 *être* (*il y a bon* = *c'est bon*)의 뜻으로 진화한 것은 오늘날 단지 아프리카 불어에만 나온다.

² Muraoka, *Emphatic*, 100-111을 보라.

³ Muraoka, *Emphatic*, 110, (5).

⁴ Muraoka, *Emphatic*, 77-82를 보라. 여기에는 동족 언어에 있는 유사 현상이 토론되고 있다. § 154 *f* 세 번째 각주에 있는 삿 6.13에 대한 토론을 보라.

⁵ 참조, Bartelmus 1982.

거나 서법적(modal) 영역을 표현한다(참조, § 121 *e, f*). 예, 욥 1.14 הַבָּקָר הָיוּ חֹרְשׁוֹת 소는 밭을 갈고 있었다; 삼하 5.2 (הָיִיתָה는 병행구인 대상 11.2에 생략되었다).

n 이와 같이 의지법을 표현할 필요가 있을 때 지시형 וִיהִי가 사용된다: 창 1.6(§ 121 *e*). 그러나 상당히 자주 יְהִי가 생략된다(참조, § 163 *b*).

na היה는 의미론적 특징을 추가하기 때문에(§ *m*) 그것을 포함하고 있는 절은 היה가 הוּא나 זֶה로 대치된 형식과 유사한 것으로 꼭 볼 필요가 없다. 이리하여 זָכָר וּנְקֵבָה הֵמָּה는 시제의 특성이 약한 זָכָר וּנְקֵבָה יִהְיוּ (위 § *m*에서 인용됨)와 동일하게 된다. 그러나 동일한 공식을 וְהָאָרֶץ הוּא תֹהוּ וָבֹהוּ와 이와 유사해 보이는 וְהָאָרֶץ הָיְתָה תֹהוּ וָבֹהוּ에 적용할 수 없다. 앞에 나온 구문에 시제 개념을 추가하려면 וְהָאָרֶץ הוּא הָיְתָה תֹהוּ וָבֹהוּ라고 말해야 한다. 반면에 אַתָּה מַחְסֶה לִי는 시 61.4 הָיִיתָ מַחְסֶה לִי 주는 나를 위한 피난처였습니다를 변형시킨 것으로서 시제 개념이 없이 두 번째 표현보다 뭔가를 더 구현한다.

o 명사절이 **오직 단 하나의 항**(member) 만으로 이루어진 예는 시 115.7 יְדֵיהֶם *manus(sunt)eis* =그들은 손이 있다(여격 의미의 속격, § 129 *h*)는 뜻으로서 *manus eorum* 외에는 찾아볼 수 없다[1]. 또한 창 2.10에 대해서는 위에 제시된 우리의 관찰을 보라(§ 153).

p 일반적인 주어 또는 '하위의 주어'로서 인칭 대명사는 술어를 밀접하게 뒤따르는 경향이 있으며, 이것 때문에 술어는 대명사를 따라 오는 요소(주로 전치사구)로부터 더 떨어지게 된다: 예로, 창 34.21 הָאֲנָשִׁים הָאֵלֶּה שְׁלֵמִים הֵם אִתָּנוּ; 레 11.4, 5 שֶׁקֶץ הֵם לָכֶם; 11.10 טָמֵא הוּא לָכֶם. (참조, § 154 *j*).

q 위에 언급된 불연속성(§ *p*)은 주어가 실명사이고 이분적인 명사절인 경우에도 적용된다. 이리하여 창 3.6 כִּי טוֹב הָעֵץ לְמַאֲכָל וְכִי תַאֲוָה הוּא לָעֵינַיִם וְנֶחְמָד הָעֵץ לְהַשְׂכִּיל 그 나무는 먹음직하고 보암직하였고, 또한 그 나무는 지혜롭게 할 만큼 탐스러웠다; 신 7.17 רַבִּים הַגּוֹיִם הָאֵלֶּה מִמֶּנִּי יָפֶה הוּא מְאֹד 이 열국들은 나보다 그 수가 더 많다; 수 9.22 רְחוֹקִים אֲנַחְנוּ מִכֶּם 우리는 당신들에게서 아주 멀리 있다; 삼상 29.9 טוֹב אַתָּה בְּעֵינַי כְּמַלְאַךְ מְאֹד

---

[1] 시인은 아마 바로 앞의 두 절(5-6절)에 לְ와 함께 나오는 네 개의 정상적인 구문이 나오므로 문체를 변화하면서도 이 구문을 예측하고 알기 쉽게 하기 위하여 이런 표현을 사용하고 있는 것 같다(5-6절).

אֱלֹהִים 내가 보기에 당신은 하나님의 천사처럼 선하다([1]).

§ 155. 동사절

a   동사절의 **주어**는 일반적으로 명사나 대명사이다. 또한 전치사 מִן으로 구성된 구와 그 명사(또는 대명사)가 주어로 나온다: 출 16.27 יָצְאוּ מִן־הָעָם 백성들의 (몇이) 나갔다(참조, § 154 *b*)([2]); 아주 드문 경우에 부정사 연계형이 לְ 다음에 나온다. 창 4.26(§ 124 *b*).

b   **모호한 인칭 주어**(영어 *one*, 불어 *on*, 독어 *man*)는 가끔 동사 형태 속에 내포된 3인칭 남성 복수의 대명사로 표현된다([3]): 창 29.2 וַיַּשְׁקוּ 그들이 물을 주었다; 26.18; 41.14; 49.31; 삼하 19.9; 왕상 1.2; 사 38.16; 호 12.9; 욥 18.18; 34.20; 에 2.2; 민 2.7([4]). 그렇지만 3인칭 남성 단수의 동사 형태는 일반적으로 생각하는 것보다 훨씬 더 많이 비인칭적으로 사용된다([5]).

c   **관찰**. 아람어에서는 인칭 주어를 모호하게 할 의도가 전혀 없는 경우에도 3인칭 복수를 사용할 수 있다: 예, 단 5.20 הֶעְדִּיו *transtulerunt*(= "그들은 제거하였다")는 수동태 הָנְחַת *depositus est*(= "그것은 빼앗겼다")를 뒤따르면서, *translatum est*(= "그는 제거되었다")의 뜻으로 나온다. 성서 히브리어에서 이런 종류의 예는 상당히 드물며([6]) 그 정확성이 의심스럽다; 전혀 신빙성이 없는 것은 잠 2.22 יִסְּחוּ (수동태 뒤에서); 9.11 יוֹסִיפוּ. 이런 발음은 몇몇 경우에 아람어의 영향으로 생긴 것 같다. 예, 욥 4.19; 7.3.s

d   상당히 자주 분사와 함께 또는 없이, 3인칭 남성 단수가 모호한 주어로서 어떤 이(*one*)나 또한 가끔 어떤 이들(*someone*, 부정적으로: *nobody*)을 표

---

[1] 참조, Steiner 1997: 165.

[2] 비교, 요 16.17 17 Εἶπαν οὖν ἐκ τῶν μαθητῶν; 행 21.16 συνῆλθον δὲ καὶ τῶν μαθητῶν.

[3] 룻 1.19 וַתֹּאמַרְנָה에 있는 여성형은 본문이 단지 여자들만을 다루고 있기 때문에 생긴 현상이다. 비교, יִלְדוּ 민 26.59(§ *e*, n.).

[4] 누가 만들었다는 개념은 그것이 만들어졌다와 가끔 동일한 개념이다; 이리하여 וַיִּקְבְּרוּ אֹתוֹ 왕상 15.8 외에도 24절 וַיִּקָּבֵר 그는 묻혔다가 나온다(이 형식에서 일반적임; 참조, 2.10; 11.43; 14.31 등).

[5] 이 진술을 뒷받침한 Rabin 1962, 1963-66: 34f.를 보라.

[6] 이것은 아람어 영향으로 미쉬나 히브리어에 일반적으로 나타난다.

현한다. 어떤 경우에(동사와 같은 어근을 가진) 분사는 상당히 정확하게 주어를 나타낸다: 렘 9.23 בְּזֹאת יִתְהַלֵּל הַמִּתְהַלֵּל 자랑하는 자는 이것으로 자랑하라; 사 28.24 밭 가는 자가 갈기만 하겠느냐? 그러나 일반적으로 분사는 모호한 주어인 누군가(*someone*)를 표현한다: 겔 33.4 וְשָׁמַע הַשֹּׁמֵעַ 누군가 들으면; 삼하 17.9 누군가 들으면; 신 22.8 כִּי יִפֹּל הַנֹּפֵל 누군가 떨어지면; 17.6 누군가 죽을 것이다; 사 28.4 누군가 보고; 16.10 아무도 밟지 않을 것이다. 비한정 분사와 함께: 민 6.9 כִּי יָמוּת מֵת 만일 누군가 죽으면; 암 9.1 לֹא יָנוּס נָס 아무도 피하지 못할 것이다.

e   **분사의 생략**: 창 11.9 .. עַל־כֵּן קָרָא שְׁמָהּ 이것 때문에 사람들이 그를 ~ 라고 부른다(16.14; 19.22; 출 15.23); וַיִּקְרָא (창 35.8,10; 삼하 2.16; 사 9.5); 창 48.1 וַיֹּאמֶר 누군가(또는 어떤 이들이) 말했다; 왕상 22.38 누군가 씻었다; 사 8.4 그들이 가져갈 것이다; 46.7 어떤 이들이 부르짖는다(누군가 부르짖는다 대신에); 암 6.12*i*; 욥 27.23*i*[1]. 이미 § *b*, 세 번째 각주에 언급된 Rabin 1962 참조.

f   복수 또는 단수의 분사 앞에서는 인칭 주어가 훨씬 더 모호하게 표현된다(참조, § 154 *c*). 복수: 출 5.16: אֹמְרִים 누가 말하기를(참조, 겔 36.13 *i*); 사 32.12 누군가 가슴을 칠 것이다; 느 6.10 그들이 올 것이다. 단수: 사 21.11 אֵלַי קֹרֵא 누군가 나에게 외친다; 30.24 누군가 키질했다; 33.4 누군가 스스로 뛰어오른다.

g   모호한 주어 어떤 이(*one*)는 아주 드물게 אִישׁ로 표현된다(이것은 누군가 [*someone*]를 가리킬 때 더 일반적으로 사용된다. § 147 *b*): 아 8.11 그들은 그 열매로부터 은 일천 세겔을 바치게 하였다.

h   **관찰**. 1) 모호한 대명사인 누군가(*someone*), 누구든지(*anyone*) 등의 개념을 속격의 의미로 표현하기 위하여 분사가 § *d*에서처럼 사용된다: 예, 겔 18.32 מוֹת הַמֵּת 누군가의 죽음(비교, 신 17.6, § *d*) בֹּאֲךָ (עַד־)의 표현에는 2인칭 남성 단수 대명사가 나온다: 예로, 삿 6.4 네가 올 때까지 = 그들이 (가사에) 오기까지; 창 10.19, 30; 13.10.

i   2) 문법적인 주어 없이 부정사로 표현되는 동작의 논리적인 주어는 모호한 주어로서 어떤 이가 될 수 있다. 부정사 절대형: 왕하 4.43 그들이 먹고 좀 남길 것이다(§ 123 *w*); 8.6 הָשֵׁיב 그것들을 돌려주도록 하라(아마도); 대하 31.10

---

[1] 3인칭 여성 단수에서, 여성이 주어다: 민 26.59 יָלְדָה (왕상 1.6) 태어나다(*one has given birth to children*). 비교, וַתֹּאמַרְנָה 룻 1.19(§ *b*, 첫 번째 각주).

그들은 먹었다. 가끔 논리적 주어는 뒤따르는 정동사 형태로 나타난다: 학 1.9 פָּנֹה 그들이 기다렸다(= 네가 기다렸다; 비교, וַהֲבֵאתֶם). 부정사 연계형: § 124 *s* 에 있는 예를 보라.

3) 창 27.42 וַיֻּגַּד 말해졌다(*it was told*)와 같은 비인칭 수동태는 그들이 말했다와 동일하다(§ 128 *b*).

4) 모호한 비인칭 주어에 대해서는 § 152 *c-e*를 참조하라.

j   동사절의 **술어**는 정동사 형태이며 그것은 목적어처럼 정동사와 연결된 요소들을 가진다. 동사의 술어에 속한 모든 것들은 구문론의 제1장의 시제와 서법에서 충분히 다루었다.

k   동사절에서 통계적으로 지배적이고 무표적인 **어순**은 동사(Verb)- 주어(Subject)이다[1]. 그러나 명사절의 경우에서와 같이, 예외가 없는 것은 아니다. 여기에서도 이 예외들을 설명하거나 묘사해 보고자 한다. 첫째로, 정상적인 어순의 몇 가지 예들: V–S[2]: 창 42.28 הוּשַׁב כַּסְפִּי 내 돈이 돌아왔다; V–S–A–O: 삿 7.14 נָתַן הָאֱלֹהִים בְּיָדְךָ אֶת־מִדְיָן וְאֶת־כָּל־הַמַּחֲנֶה; V–S–A: 창 42.38 לֹא־יֵרֵד בְּנִי עִמָּכֶם 내 아들은 너희들과 함께 내려가지 않을 것이다; A–V–S: 삼상 2.34 בְּיוֹם אֶחָד יָמוּתוּ שְׁנֵיהֶם 그들 둘이 한 날에 죽을 것이다; V–A–S–A: 삿 21.6 נִגְדַּע הַיּוֹם שֵׁבֶט אֶחָד מִיִּשְׂרָאֵל 한 지파가 이스라엘에서 끊어졌다. 이것들은 선행하는 불변사 없이 나오는 모든 예들이다[3].

l   **의문**절에서는 대부분 동사(V) - 주어(S) 순서이다(참조, § 154 *g*, 아래의 § *pb*): 창 18.13 לָמָּה זֶּה צָחֲקָה שָׂרָה; 44.7 ; 출 32.12.

기원형 문장의 지시형은 대부분 주어 앞에 나온다[4]: 창 1.3 יְהִי אוֹר; 6, 9, 11, 14, 20, 24 절; 27.41; 출 5.21; 민 6.24, 25(제사장의 축도); 20.24;

---

[1] 참조, Muraoka, *Emphatic*, 28-41. 기본적으로 우가릿어에도 동일하다: Tropper, § 93.45를 보라.

[2] S=주어; V=동사; O=목적어; A=부사(Adverb) 또는 부사어 구(adverbial phrase).

[3] 성서 히브리어 시문에서 확인된 것으로서 동사 앞에 두 구성 요소를 가진 총 698개의 동사절에 대한 분석과 토론으로, Groß 2001을 보라. 그로스가 내린 중요한 결론 중 하나에 따르면 목적어는 그것이 초점화될 때 첫 칸에 오며, 반면에 첫 칸의 주어는 반드시 초점화되지 않는다: p. 142. 또한 시간적 부가어(adjunct)와 함께 나오는 동사 절과 동사 앞에 하나 더 나오는 구성 요소에 대한 분석은 Groß 2001a를 보라.

[4] Rashi는 삼상 1.17 יִתֵּן יְהוָה אֱלֹהֵי יִשְׂרָאֵל שֶׁלָתֵךְ를 다루면서, 엘리가 한나에게 그녀의 기도가 이미 응답받았음을 재확신시키고 있다고 말함으로써 이 문제를 알고 있었음을 시사해준다. 후대 중세 주석가들은 제사장이 예언을 하는지 그녀의 소원이 이루어지길 빌어주는지에 대해 논쟁했다.

시 128.5. 가끔 주어가 시작할 때 나온다: 시 67.2(몇몇 지시형들 앞에서),
아라드 비문 18.2f. **יהוה ישאל לשלמך** 야웨께서 네게 평안을 주시길!(또는
재확신?)

m   **불변사**와 함께 나오는 동사절. 그 어순은 만약 주어가 강조되지 않는
다면 주로 동사(V)- 주어(S)이다.

    כִּי와 함께: 창 29.32 **כִּי־רָאָה יהוה בְּעָנְיִי**; 5.24; 28.6 ; 왕상 19.10.
그러나 주어를 강조할 때: 민 16.28 **בְּזֹאת תֵּדְעוּן כִּי יהוה שְׁלָחַנִי** 이것으로 너
희는 야웨께서 나를 보내었음을 알 것이다; 사 1.2(그리고 자주) **כִּי יהוה דִּבֵּר**: 왜
냐하면 야웨께서 말씀하시기 때문이다.

    אִם과 함께: 창 13.16 **אִם יוּכַל אִישׁ לִמְנוֹת**; 32.9; 44.23.

    פֶּן과 함께: 창 19.19 **פֶּן תִּדְבָּקַנִי הָרָעָה**.

    לֹא와 함께: 창 6.3 **לֹא יָדוֹן רוּחִי בָאָדָם**; 42.38; 44.22; 49.10 ; 왕하
5.25. 그러나 주어를 어느 정도 강조할 때: 왕상 1.11 **וַאֲדֹנֵנוּ דָוִד לֹא יָדָע**;
2.32. 만약 부정이 주어와 연관되면, 대부분 어순은 S–V이다: 민 16.29 **לֹא**
יהוה שְׁלָחַנִי 나를 보내신 이는 야웨가 아니다(28절 참조).

    הִנֵּה와 함께: 창 16.2 **הִנֵּה־נָא עֲצָרַנִי מִלֶּדֶת**; 19.19; 22.20. 그러나
주어를 어느 정도 강조할 때: 왕상 1.18 **הִנֵּה אֲדֹנִיָּה מָלָךְ**; 출 32.34.

    כֹּה와 함께: 학 1.2a **כֹּה אָמַר יהוה** (2b와 대조) 그리고 자주.

    כַּאֲשֶׁר와 함께: 출 9.35 **כַּאֲשֶׁר דִּבֶּר יהוה** 그리고 자주.

    אֲשֶׁר와 함께: 창 1.21 **אֲשֶׁר שָׁרְצוּ הַמַּיִם**: 2.3, 19; 3.1.

n   **관찰**. 동사절이 **ו**와 함께 나올 때 그 어순은 동사 형태의 용법에 따
라 결정된다. 대부분의 경우에서 바브는 동사 형태와 분리될 수 없다. 예,
וַיִּקְטֹל; 그러므로 주어는 동사 다음에 나와야 한다. 그러나 어떤 경우에 바브
는, 예로서, 연속성(sequence)이 없음을 알리기 위해 동사 형태에서 분리되
어야만 한다. 이때 주어는 동사 앞에 나올 수 밖에 없게 된다: 창 31.34 **וְרָחֵל**
לָקְחָה 그때 라헬이 드라빔을 취했다(참조, § 118 *d*)[1].

na   정동사와 함께 나오는 독립 인칭 대명사의 용법은 이미 위에서 다루었

---

[1] 모든 동사 앞에 나오는 모든 주어가 깔끔하게 설명되지는 않는다: 예, 사 13.18 **וּקְשָׁתוֹת נְעָרִים**
תְּרַטַּשְׁנָה 활이 청년을 쏘아죽이며 다음에 O-V와 A-V-S 절이 뒤따른다. 말레사(M. Malessa, 2000
년 4월 4일의 개인적 서신)는 더 많은 예들을 찾았고, 특히 이사야에서 17.5, 30.24, 32.6 같은 것들
을 제시하였다.

다. § 146 *a, b*(3). 동사와 연관된 대명사의 위치는 의미의 차이를 만들지 않지만, 통계적으로 볼 때 선행하는 대명사가 뒤따르는 대명사보다 훨씬 많다: 창 42.8 וַיַּכֵּ֤ר יוֹסֵף֙ אֶת־אֶחָ֔יו וְהֵ֖ם לֹ֥א הִכִּרֻֽהוּ 요셉은 그의 형제들을 알아 보았지만, 그들은 그를 알아보지 못했다; 삿 14.13 וּנְתַתֶּ֥ם לִ֖י שְׁלֹשִׁ֥ים סְדִינִ֑ים 그러면 너희는 내게 베옷 삼십 벌을 주어야 한다[1].

nb　　　주어는 강조나 대조를 위해 동사 앞에 올 수 있다[2]: 예, 창 48.19 "그의 (맏)형이 크게 될 것이다. 그러나 그의 동생이 그를 능가할 것이다(אָחִ֣יו הַקָּטֹן֙ יִגְדַּ֣ל מִמֶּ֔נּוּ)"; 50.20 אֱלֹהִ֖ים חֲשָׁבָ֣הּ לְטֹבָ֑ה 하나님은 그것을 선하게 바꾸셨다(20*a* אַתֶּ֞ם חֲשַׁבְתֶּ֤ם עָלַי֙ רָעָ֔ה 당신들은 나를 해하려고 하였다와 대조); 삿 7.2 "이스라엘이 내가 받을 영광을 스스로 취하고 말하기를 '우리의 손으로 우리를 구원하였다'(יָדִ֖י הוֹשִׁ֥יעָה לִּֽי) 할까 함이라"; 8.23 יִמְשֹׁ֤ל בָּכֶם֙ יְהוָ֔ה[3]. 이와 같이 비슷한 행동을 수행하는 두 개의 주어가 병렬되어 나올 때: 창 45.14 וַיִּפֹּ֛ל עַל־צַוְּארֵ֥י בִנְיָמִֽן־אָחִ֖יו וַיֵּ֑בְךְּ וּבִנְיָמִ֕ן בָּכָ֖ה עַל־צַוָּארָֽיו.

nc　　　상황절도 술어 앞에 나오는 주어를 가진다[4]. 예: 창 37.3 וְיִשְׂרָאֵ֗ל אָהַ֤ב אֶת־יוֹסֵף֙ מִכָּל־בָּנָ֔יו 이스라엘은 그의 다른 아들들보다 요셉을 더 사랑하였다; 삼상 3.2 וְעֵינָיו֙ הֵחֵ֣לּוּ כֵה֔וֹת 그때 그의 눈이 어두워지기 시작하였다.

nd　　　진술을 시작할 때, 주로 주어(S)-동사(V) 어순이 나온다[5]: 욥 1.1 אִ֛ישׁ הָיָ֥ה 어떤 사람이 있었다; 1.14 הַבָּקָר֙ הָי֣וּ חֹֽרְשׁ֔וֹת 16 אֵ֣שׁ אֱלֹהִ֗ים נָֽפְלָה֙; 17 כַּשְׂדִּ֞ים שָׂ֣מוּ 삼하 12.1 שְׁנֵ֣י אֲנָשִׁ֗ים הָיוּ֙ בְּעִ֣יר אֶחָ֔ת; 시 93.1(97.1) יְהוָ֣ה מָלָךְ֮ 야웨는 왕이다 [그러나 왕하 9.13 מָלַ֥ךְ יֵהֽוּא 예후가 왕이 되었다[6]]; 왕상 8.12 יְהוָ֣ה אָמַ֔ר(그러나 예언의 끝에서는 항상 אָמַ֣ר יְהוָ֔ה 학 1.8; 2.7, 9); 학 1.2 הָעָ֤ם הַזֶּה֙ אָֽמְר֔וּ; 창 36.2 עֵשָׂ֞ו לָקַ֣ח אֶת־נָשָׁ֖יו מִבְּנ֣וֹת כְּנָ֑עַן 민 27.3 אָבִ֘ינוּ֮ מֵ֣ת בַּמִּדְבָּר֒; 겔 29.18; 잠 18.16(잠언에서 아주 빈번히). 시문에서는

---

[1] 더 상세한 예들과 토론을 Muraoka, *Emphatic*, 31f.에서 보라. 대명사는 직접 화법에서 주로 첫 번째 절에서 동사 앞에 나온다는 점은 중요하다: Groß 1996: 153.

[2] 시마사끼(Shimasaki 2002: 154)의 주장과 달리, 대조는 문맥에서 나오지 않고, 어순 변화로 표시되었다. 그래서 삼상 1.21f. וַיַּ֥עַל הָאִ֖ישׁ אֶלְקָנָ֑ה .. וְחַנָּ֖ה לֹ֣א עָלָ֑תָה에 두 절은 동일한 동사를 갖고 있지만, 그 주어들이 두 개의 다른 칸을 차지하고 있다는 점이 유일한 차이이다.

[3] Muraoka, *Emphatic*, 33을 보라.

[4] § 159. 그리고 Andersen, *Sentence*, 29f., 85f를 보라.

[5] 또한 Groß 1993을 보라.

[6] 감탄에서 동사에 대한 강조는 아마 그 행동이 아주 최근에 이루어졌기 때문일 것이다.

동사(V)-주어(S) 어순이 좀 더 빈번하지만, 주로 어떤 점을 특별히 고려하여 그렇게 된다: 예, 사 19.13; 시 34.22. 단순 산문에서도 동일한 어순이 나온다: 예로, 소식을 전할 때[1]: 삼하 3.23 **בָּא אִישׁ**; 왕하 8.7 **בָּא־אֲבִנֵר בֶּן־נֵר**; 이와 같이 **בָּא**와 함께: 창 27.35; 39.17; 그리고 또한 **בָּאָה**와 함께: 렘 47.5; 겔 7.7; **בָּאוּ**; 삿 5.19 (시); 호 9.7[2]도 마찬가지이다.

ne   종교적인 감정을 표현하는 몇몇 경우에, 하나님이나 그의 대리자를 가끔 첫 번째 칸에 둔다: 창 28.3 **וְאֵל שַׁדַּי יְבָרֵךְ אֹתְךָ** 전능하신 하나님이 네게 복을 주시기를; 48.16 **הַמַּלְאָךְ הַגֹּאֵל אֹתִי .. יְבָרֵךְ אֶת־הַנְּעָרִים** 나를 구속하신 천사께서 그 아이들에게 복 주시기를; 신현의 장면에서: 창 31.29 **וֵאלֹהֵי אֲבִיכֶם אֶמֶשׁ אָמַר אֵלַי** 네 아버지의 하나님이 전날 밤 나에게 말씀하셨다. 이런 현상은 위에서 인용된 예들 중 몇 개가 기원형의 절들로 나타나기 때문에(위의 § *l*) 더욱 특이하다. 정상적인 기원형에는 정반대의 어순이 나온다. 예로서, 출 5.21 **יֵרֶא יהוה עֲלֵיכֶם** 야웨께서 당신들을 감찰하시길 빈다![3]의 경우이다.

nf   부정(비한정, indefinite)을 의미하는 것으로 "어떤 이(someone)", "누구나(everyone)", 또는 부정절에서 "아무도(nobody)"를 뜻하는 **אִישׁ**(또는 **אִשָּׁה**)는 상당히 자주 절의 첫 번째 칸에 나온다: 삿 21.1 **אִישׁ מִמֶּנּוּ לֹא־יִתֵּן בִּתּוֹ לְבִנְיָמִן** 우리들 가운데 그 어느 누구도 그의 딸을 베냐민 지파에 시집보내지 않을 것이다; 레 18.23 **וְאִשָּׁה לֹא־תַעֲמֹד לִפְנֵי בְהֵמָה** 어떤 여자도 짐승 앞에 서지 말 것이다; 또한 동사 앞에 나오는 목적어(참조, § *oc*): 삿 17.6, 21.25 **אִישׁ הַיָּשָׁר בְּעֵינָיו יַעֲשֶׂה** 누구든지 자기 생각에 옳은 대로 행했다[4].

ng   견인(attraction, 또는 교차 대구; 아래의 §§ *oa, pa*를 보라)[5]: 예, 삿

---

[1] 이 순서는 아마 보고된 사건이 최근에 일어난 것이라는 사실 때문에 만들어진 것 같다. **בא**는 절을 시작할 때 상당히 자주 나타남을 볼 수 있다: 불어에도 유사한 경우가 있다: 'Supposons un homme dont toute la fortune consiste en pierreries, qu'il croit fines. Vient un connaisseur qui lui affirme qu'elles sont fausses. Quel désappointement!'(= 우리 함께 어떤 사람의 모든 행복이 그가 진짜로 믿고 있는 보석에 있다고 생각해 보자. 어떤 감정가가 와서 그것들이 가짜라고 그에게 선언하였다. 얼마나 실망하였을까!).

[2] 동사 **בא**와 그와 유사한 것들의 두드러진 독특성은 Muraoka, *Emphatic*, 36에 있는 토론을 보라.

[3] Muraoka, *Emphatic*, 35; Groß 1993을 보라: 180f. 예외가 없는 것은 아니지만, 그 규칙은 예외를 인정하지 않는 것은 아니다.

[4] Muraoka, *Emphatic*, 34f를 보라.

[5] Muraoka, *Emphatic*, 36f를 보라. 참조, Andersen, *Sentence*, 119-40; Khan, *Syntax*, 88-93.

6.28 וְהִנֵּה נֻתַּץ מִזְבַּח הַבַּ֫עַל וְהָאֲשֵׁרָה .. כֹּרָ֫תָה 그리고 보라; 바알의 제단이 헐리고 아세라가 찍혔다; 삼상 14.15 וַתְּהִי חֲרָדָה בַמַּחֲנֶה .. וּבְכָל־הָעָם הַמַּצָּב וְהַמַּשְׁחִית חָרְדוּ גַם־הֵ֫מָּה 진영 안에 있는 자들과 온 백성들이 두려움에 떨었고; 초소와 기습 부대원도 떨었다.

nh   질문을 모방하여, 대답에서도 핵심 부분이 먼저 나온다(참조, § 154 *g*; 155 *ob*): 삿 1.1f. מִי יַעֲלֶה־לָּ֫נוּ .. יְהוּדָה יַעֲלֶה 누가 우리를 위하여 올라갈 것인가? 유다가 올라갈 것이다; 6.29 עָשָׂה ... גִּדְעוֹן בֶּן־יוֹאָשׁ .. מִי עָשָׂה הַדָּבָר הַזֶּה.

o   확장된(*covered*) 동사절에서(§ 153) 목적어와 다양한 동사 수식어구들은 주로 동사 다음에 나온다. 정상적인 순서는 원칙적으로, V–S–O–A이다: 예, 창 8.9 וְלֹא־מָצְאָה הַיּוֹנָה מָנ֫וֹחַ לְכַף־רַגְלָהּ 그리고 비둘기는 그 발을 내릴 곳을 찾지 못하였다; 삿 3.28 כִּי־נָתַן יְהוָה אֶת־אֹיְבֵיכֶם אֶת־מוֹאָב בְּיֶדְכֶם. 실제적으로 다양한 요인들과 특히 강조나 구성 요소들의 상대적 길이와 같은 것 때문에 이 순서를 벗어난다[1].

피동(*affected*) 목적어는 강조하기 위하여 시작할 때 올 수 있다[2]; 이 경우 순서는 대부분 O–V–S이다[3]: 출 21.32 אִם־עֶ֫בֶד יִגַּח הַשּׁוֹר 만일 소가 종을 받으면; 삼상 15.1 אֹתִי שָׁלַח יְהוָה 야웨께서 나를 보내셨다; 신 18.15; O–S–V 순서는 거의 나타나지 않는다: 왕하 5.13[4].

달성(*effected*) 목적어와 내적(*internal*) 목적어는 이와 마찬가지로 강조의 경우를 제외하고는 동사 다음에 나온다. 예로 § 125 *p-t*를 보라; 부정사 절대형, § 123 *e-o*.

(1) שָׁמַ֫עְתִּי שְׁמוּעָה 또는 שְׁמוּעָה שָׁמַ֫עְתִּי에 있는 동사와 그것의 내적 또는 동족 목적어 간의 결속력은 (2) שָׁמֹ֫עַ שָׁמַ֫עְתִּי 또는 שָׁמַ֫עְתִּי שָׁמֹ֫עַ에 있는 정동사와 부정사 절대형 사이의 결속력보다 훨씬 약한 것으로 보인다. 이것은 (1)에서 두 구성 요소들이 가끔 여러 요소들로 분리되지만, (2)에서는

---

[1] Muraoka, *Emphatic*, 38-41을 보라.

[2] 이리하여 סָרָה 렘 28.16; 29.32; 그러나 신 13.6은 아니다. 항상 זֹאת עֲשׂוּ 이것을 행하라가 나온다 (행해야 할 것을 선언하기 전에): 창 42.18; 43.11; 45.17, 19; 민 4.19; 16.6†(단수에서는 예가 없다).

[3] 의심할 여지 없이 주어나 술어 외의 요소로 시작하는 절은 V–S 순서를 갖는 것이 일반적인 경향이다.

[4] M. Malessa는 일곱 개의 추가적인 경우들을 제시하여 주었다(2000.4.4 개인적 편지): 사 49.25; 53.4,11(הוּא가 주어일 때); 66.2; 렘 34.5; 욥 40.20.

그와 같은 분리가 극히 드물게 일어나며, 부정어(לֹא 또는 אַל)가 있을 때를 제외하고는 부정사 절대형이 후치일 때만 일어난다는 사실로 알 수 있다. 몇 가지 예를 들면 다음과 같다.

(1) 창 37.5 וַיַּחֲלֹם יוֹסֵף חֲלוֹם 한 번은 요셉이 꿈을 꾸었다; 민 11.33 וַיַּךְ יהוה בָּעָם מַכָּה רַבָּה 야웨께서 백성들 사이에 큰 재앙을 내렸다; 사 66.10 שִׂישׂוּ 그녀와 함께 기뻐하라; 슥 1.2 קָצַף יהוה עַל־אֲבוֹתֵיכֶם קָצֶף 야웨께서 너희 조상들에게 크게 분노하셨다.

(2) 민 16.13 תִשְׂתָּרֵר עָלֵינוּ גַם־הִשְׂתָּרֵר 네가 참으로 우리 위에 군림하려 하느냐?; 왕상 20.37 וַיַּכֵּהוּ הָאִישׁ הַכֵּה וּפָצֹעַ 그 사람이 그를 쳐서 상처를 입혔다[1]. 나머지 예들은 창 3.4 לֹא מוֹת תְּמֻתוּן과 같이 גַם (창 46.4), נָא (민 11.15), 또는 부정어 לֹא처럼 짧은 불변사의 경우이다[2].

oa 절이 목적어로 끝나는 곳에서 부사의 경우처럼(§ *pa*), 뒤따르는 절의 목적어는 견인 작용으로 직후에 뒤따라오며, 이리하여 절에서 첫 번째 칸을 차지하게 된다. 결과적으로 발생한 교차 대구가 의도적인지 아닌지를 결정하기 어렵다[3]. 예: 레 19.4 אַל־תִּפְנוּ אֶל־הָאֱלִילִים וֵאלֹהֵי מַסֵּכָה לֹא תַעֲשׂוּ לָכֶם 너희는 우상에게로 향하지 말고 너희를 위하여 신상을 부어 만들지 말라; 삿 6.25 וְהָרַסְתָּ אֶת־מִזְבַּח הַבַּעַל .. וְאֶת־הָאֲשֵׁרָה .. תִּכְרֹת 그리고 바알의 제단을 부수고... 아세라를 찍어 버려라... 또한 대하 29.7, 18, 19; 34.4; 또한 대상 22.14; 대하 28.8을 보라(참조, Kropat, 59).

몇 경우는 대조 때문에 생기는 것 같다: 삿 1.25 וַיַּכּוּ אֶת־הָעִיר לְפִי־חָרֶב וְאֶת־הָאִישׁ וְאֶת־כָּל־מִשְׁפַּחְתּוֹ שִׁלֵּחוּ 그들은 칼날로 성을 쳤으나 그 사람과 그의 온 식구는 놓아 주었다.

ob 질문에 대한 대답에서 핵심 부분은 처음에 나온다: 창 37.16 אֶת־אַחַי אָנֹכִי מְבַקֵּשׁ 내 형제들을 나는 찾고 있다. 37.15 מַה־תְּבַקֵּשׁ에 대한 대답으로[4].

---

[1] 두 개의 부정사 절대형은 뗄 수 없는 단위로 느껴지므로, 그것들을 둘째 칸에 두는 것은 문체적으로 어색해 보일 수 있다. 렘 12.17도 마찬가지이다.

[2] 일반적으로 부정어(negator)는 정동사 직전에 나온다: § 123 *o*.

[3] Muraoka, *Emphatic*, 39f.를 보라. 그리고 Khan, *Syntax*, 88-93. '교차 대구'(chiasmus) 개념은 히브리어 문법과 문학적 연구에서 자주 사용된다. 그렇지만 고대 히브리 저자들과 시인들이 의식적으로 이와 같은 기법을 히브리 시의 기교(*ars poetica hebraica*)로 사용하였는지 더 연구해야 한다.

[4] 참조, § *pb* 와 § 154 *g*.

oc 　　　　법적 본문, 특히 레위기에서 목적어는 가끔 동사 앞에 오지만, 강조, 대조나 또는 부각하기 위함 때문은 아니다([1]): 레 19.8 וְאֹכְלָיו עֲוֺנוֹ יִשָּׂא 그것을 먹는 자들은 벌을 면치 못할 것이다; 19.28 וְשֶׂרֶט לָנֶפֶשׁ לֹא תִתְּנוּ בִּבְשַׂרְכֶם 죽은 자 때문에 너의 살을 베지 말 것이다; 출 21.31 אוֹ־בֵן יִגָּח אוֹ־בַת יִגָּח 만약 그것이 한 사람의 아들이나 딸을 쳐받으면.

od 　　　　목적어가 접속 바브로 시작하는 절에서 그것이 첫 번째 칸에 놓인 것은 시제 용법의 기능 때문일 수 있다. 문맥적 또는 의미론적으로 볼 때 여기서 *wayyiqtol*의 결합체(syntagm, 역자주: 구조화된 언어구조)는 적절하지 않음을(참조, § *n*) 알 수 있다: 예, 창 46.32 אַנְשֵׁי מִקְנֶה הָיוּ וְצֹאנָם וּבְקָרָם וְכָל־אֲשֶׁר לָהֶם הֵבִיאוּ 그들은 목자들이어서 그들의 양과 소와 그들이 가진 모든 것을 가져왔다; 삿 12.9 וַיְהִי־לוֹ שְׁלֹשִׁים בָּנִים וּשְׁלֹשִׁים בָּנוֹת שִׁלַּח הַחוּצָה 그에게는 아들이 삼십 명이 있었고 딸 삼십 명은 시집을 보냈다(또는 견인 현상?-§ *oa*); 창 39.8; 삿 7.25.

p 　　　　다양한 부사어 수식어들은 강조될 때 처음에 나온다. 예, 창 19.2 הֲלֹא בְרָחֵל עָבַדְתִּי בִּרְחוֹב נָלִין 거리에서 우리는 하룻밤을 머물려고 한다; 29.25 הֲלֹא בְרָחֵל עָבַדְתִּי עִמָּךְ 분명히 라헬 때문에 나는 당신의 집에서 수고하지 않았습니까?([2]).

　　　　이와 반면에 일반적인 수많은 부사들이나 부사어 표현들이 특히 전방조응적으로 바로 앞에 나온 것과 연결이 될 때, 특별한 강조가 없어도 첫 칸에 나올 수 있다: כֹּה 이와 같이 창 45.9; כֵּן 이와 같이 삿 7.17; לָכֵן 그러므로 삿 10.13; עַל כֵּן 그러므로 신 24.18; כַּדָּבָר הַזֶּה 창 32.20; אַחַר 그 후에 삿 19.5; בָּעֵת הַהִיא 그 후에 창 32.21; עַתָּה 이제 창 31.42; אָז 그때 삿 8.3; אַחֲרֵי־כֵן 그 당시에 14.4; שָׁם 삼상 4.4([3]).

　　　　이와 유사한 이유로 부사는 가끔 동사가 어떤 다른 이유로 첫 번째 칸에 나와야 할 때 중간 칸에 나온다: 삿 12.11 וַיִּשְׁפֹּט אַחֲרָיו אֶת־יִשְׂרָאֵל אֵלוֹן 그리고 그 다음에 엘론이 이스라엘을 다스렸다([4]).

---

[1] 바빌론의 법적 문체나 아람어 구문의 영향을 받았을 가능성이 있다: Muraoka, *Emphatic*, 40f를 보라.

[2] 더 상세한 예들: Muraoka, *Emphatic*, 43.

[3] 더 상세한 예들: Muraoka, *Emphatic*, 43.

[4] 더 상세한 예들: Muraoka, *Emphatic*, 42.

pa   견인(교차 대구)(¹): 예, 창 41.17f. הִנְנִי עֹמֵד עַל־שְׂפַת הַיְאֹר׃ וְהִנֵּה מִן־הַיְאֹר עֹלֹת שֶׁבַע פָּרוֹת .. 보라 내가 나일 강 뚝에 서 있는데, 그리고 보라 나일 강에서 일곱 암소가 올라왔다; 레 25.41 וְשָׁב אֶל־מִשְׁפַּחְתּוֹ וְאֶל־אֲחֻזַּת אֲבֹתָיו יָשׁוּב 그리고 그는 그의 가족에게로 돌아가고 그의 조상의 소유로 돌아갈 것이다; 창 40.13, 19; 삼상 6.12f. 이와 같이 유사한 동작을 수행하는 두 주어가 병렬되어 있을 때에도: 창 1.5 וַיִּקְרָא אלהים לָאוֹר יוֹם וְלַחֹשֶׁךְ קָרָא לָיְלָה.

pb   의문 부사가 절의 시작에 있어야 한다는 것은 쉽게 이해할 수 있다(²): 예, 창 39.9 וְאֵיךְ אֶעֱשֶׂה הָרָעָה הַגְּדֹלָה הַזֹּאת 내가 어떻게 이렇게 심각한 죄를 지을 수 있겠는가?

q   동작의 간접 목적어는 먼저 나온다: 예, 창 15.3 הֵן לִי לֹא נָתַתָּה זָרַע; 13.15; 26.3.

r   동작의 목표를 가리키는 לְ와 함께 오는 부정사는 규칙적으로 처음에 나온다: 창 42.9 לִרְאוֹת אֶת־עֶרְוַת הָאָרֶץ בָּאתֶם 땅의 약한 부분을 정탐하려고 너희들이 왔다; 47.4; 민 22.20; 수 2.3; 삿 15.10,12; 삼상 16.2, 5; 17.25; 삼하 3.25.

s   대격(그리고 방향 또는 목적지의 헤[He])는 절의 처음에 상당히 자주 나온다: 왕상 2.26 עֲנָתֹת לֵךְ 아나돗으로 가라; 수 2.16 הָהָרָה לֵּכוּ 산을 향하여 가라; 출 1.22; 삿 20.4; 삼상 5.8; 사 23.12; 52.4; 렘 2.10. 이 예들에서는 강조가 어디에 있는지 거의 인식할 수 없다; 그렇지만 왕상 12.1*b*; 렘 20.6; 32.5 에서는 인식할 수 있다.

t   접미사가 붙은 전치사가 동사 직후에나, 심지어 주어 앞 자리에까지 나오려는 경향이 뚜렷하다(소위 대명사 규칙)(³): 예, 삿 1.3 וַיֵּלֶךְ אִתּוֹ שִׁמְעוֹן 그리고 시므온(지파)이 그와 함께 갔다; 3.16 וַיַּעַשׂ לוֹ אֵהוּד חֶרֶב 에훗이 스스로 칼을 만들었다. 가끔 변형이 일어나지만 그 패턴이 너무나 잘 짜여져서, 그것으로부터 벗어나는 것은 강조를 나타내는 것이 될 수 있다: 예로, 창 25.31 מִכְרָה

---

¹ § oa; Muraoka, *Emphatic*, 44을 보라. 그리고 참조, Khan, *Syntax*, 91f.

² 그렇지만 상당수의 예외들이 있다: Brockelmann, *GvG* II 194ff를 보라. 이것은 의문 대명사에도 마찬가지로 적용된다: 예, 욥 38.29 כְּפֹר שָׁמַיִם מִי יְלָדוֹ 하늘의 서리는 누가 낳았느냐?; 사 49.21 וְאֵלֶּה מִי גִדֵּל 누가 이들을 낳았느냐?; 시 11.3 צַדִּיק מַה־פָּעָל. 일본어에서 의문사는 부사어이든 아니든 간에 일반적으로나 관용적으로 첫 번째 칸에 나오지 않는다.

³ 또한 § 154. Groß 1996: 261-64을 보라.

כְּיוֹם אֶת־בְּכֹרָתְךָ לִי 너의 장자권을 오늘 나에게 팔라[1].

분사에도 동일한 규칙이 적용된다: 삿 15.11 מֹשְׁלִים בָּנוּ פְלִשְׁתִּים 블레셋 사람들이 우리를 다스리고 있다; 20.34 נֹגַעַת עֲלֵיהֶם הָרָעָה 재앙이 그들에게 미쳤다. 예외도 있다: 신 13.4 מְנַסֶּה יְהוָה אֱלֹהֵיכֶם אֶתְכֶם 주 너의 하나님이 너를 시험하신다.

§ 156. 부록: 명사절 또는 동사절 앞의 고리형

a 명사 또는 대명사는 가끔 절의 문두에 나와서 뒤따라 오는 것과 분리되어 있다가, 소급적 대명사에 의하여 다시 재생되는(*resumed*) 경우가 있다. 이리하여 그 명사는 걸려 있으며(*suspended*), 그래서 고리형(*casus pendens*)이라고 부른다. 이 구문은 가끔 명사의 중요성 때문에 만들어진다. 즉, 그것은 화자의 마음 속에 가장 먼저 떠오른 절이며 가끔 표현을 명료하게 하거나 부드럽게 하기 위하여 만들어지기도 한다[2].

고리형에서 명사는 (논리적) 속격, 목적어(대격), 전치사의 보어나 주어가 될 수 있다.

aa 많은 경우에 시적 평행법은 고리형 용법으로 나타난다. 예, 사 1.7 אַרְצְכֶם שְׁמָמָה עָרֵיכֶם שְׂרֻפוֹת אֵשׁ אַדְמַתְכֶם לְנֶגְדְּכֶם זָרִים אֹכְלִים אֹתָהּ 너희의 땅은 황폐해지고, 너희의 성은 불타고, 이방인들은 너희의 눈 앞에서 너희의 땅을 삼키고 있다; 시 18.41 אֹיְבַי נָתַתָּה לִּי עֹרֶף וּמְשַׂנְאַי אַצְמִיתֵם 주께서는 나의 원수들이 내 앞에서 등을 돌리게 하시고, 나는 나를 미워하는 자들을 끊어버렸습니

---

[1] 참조, LXX: ἀπόδου μοι σήμερον τὰ πρωτοτόκιά σου ἐμοί. 또한 Muraoka, *Emphatic*, 44f를 보라.

[2] 목적절에서 주어를 예측하고 있음을 비교하라(§ 157 *d*). 참조, Muraoka, *Emphatic*, 93-111; Khan 1984: 486f. 그로스(Groß 1987)는 매우 다양한 고리형 구문을 치밀하게 분석하였다. 또한 Khan, *Syntax*, 67-74, 78-97을 보라. 오늘날 일반 언어학에서는 이 쟁점들을 '제목'(topic)과 '해설'(comment) 또는 유사한 개념으로 다루고 있다: Lyons 1977: 500-11을 보라: '제목'(topic)은 전통적인 히브리어 문법에서 고리형으로 부르는 것과 일치하며, '해설'(comment)은 뒤따르는 것과 일치한다.

이 현상은 가끔 고전 철학에서 파격구문(anakolouthon)으로 부르는 것에 비교된다. 이것은 구문적인 변형이며 아주 부정적으로 이해되었다. 그러나 고전 셈어에서 이것은 정상적인 구문적 현상이다: Muraoka, *Emphatic*, 94f를 보라.

다; 74.17; 145.6(¹).

b　　　　**속격**: 나 1.3 יְהוָה בְּסוּפָה וּבִשְׂעָרָה דַּרְכּוֹ 야웨로 말하자면, 태풍과 폭풍 속에 그의 길이 있다; 창 34.8 שְׁכֶם בְּנִי חָשְׁקָה נַפְשׁוֹ בְּבִתְּכֶם 내 아들 세겜의 마음이 당신의 딸에게 붙들렸다. 이와 같이 대명사와 함께: 사 59.21 וַאֲנִי זֹאת בְּרִיתִי אוֹתָם 그리고 나로 말하자면, 여기에 그들과 맺은 내 언약이 있다(אֹתָם = אִתָּם, § 103 *j*); 창 40.16; 수 23.9; 사 45.12; 렘 30.6; 겔 33.17; 욥 21.4; 대상 28.2.

c　　　　**목적어**: 창 28.13 הָאָרֶץ אֲשֶׁר אַתָּה שֹׁכֵב עָלֶיהָ לְךָ אֶתְּנֶנָּה וּלְזַרְעֶךָ 네가 자고 있는 땅으로 말하자면, 내가 그것을 너와 너의 후손에게 줄 것이다; 시 125.5 וְהַמַּטִּים עֲקַלְקַלּוֹתָם יוֹלִיכֵם יְהוָה .. 자신의 굽은 길로 빗나간 자들로 말하자면, 야웨께서는 그들을 제거하실 것이다… 그렇지만 첫 칸에 있는 이 명사들이 무표의 직접 목적어인지 절대적으로 확신할 수는 없다. 왜냐하면 한정어로 여겨질 수 있는 직접 목적어 앞에서 אֵת가 생략되는 경우가 흔하기 때문이다(§ 125 *f*)(²). 대명사는 אֵת의 경우처럼 단순하게 재생될 수 있다: 창 13.15 אֶת־כָּל־הָאָרֶץ אֲשֶׁר־אַתָּה רֹאֶה לְךָ אֶתְּנֶנָּה 네가 보는 모든 땅으로 말하자면, 내가 그것을 너에게 주리라; 21.13; 35.12; 47.21; 삼상 25.29; 왕상 15.13(참조, § 125 *j* 4)(³).

　　　　첫 번째 명사나 대명사를 되돌려 언급하는 대명사와 함께 나오는 동사는 대부분 절의 끝 쪽에 나타난다. 그리고 그런 전방 조응적 대명사는 일반적으로 동사와 합성되는데, אַתָּה אֶתֵּן와 같은 어구는 창 13.15(위에서 인용됨)와 같은 절에서는 기대할 수 없다. 그러나 그것은 예외적으로 47.21 וְאֶת־הָעָם הֶעֱבִיר אֹתוֹ לֶעָרִים에 나타난다.

d　　　　**전치사의 보어**: 삼상 9.20 וְלָאֲתֹנוֹת הָאֹבְדוֹת לְךָ .. אַל־תָּשֶׂם אֶת־לִבְּךָ לָהֶם 네가 잃은 암나귀에 대하여 염려하지 말라; 삼하 6.23. 전치사는 고리형의 명사 앞에서 생략될 수 있다. 대명사와 함께: 삼상 12.23 גַּם אָנֹכִי חָלִילָה לִּי 나로 말하자면… 그런 일이 결코 나에게는 없을 것이다!; 대하 28.10(⁴).

e　　　　**주어**. 창 34.21에 있는 유형의 명사절에 대해서는 § 154 *i* 1을 참조하라. 동사절에서: 창 3.12 הָאִשָּׁה אֲשֶׁר נָתַתָּה עִמָּדִי הִוא נָתְנָה־לִּי מִן־הָעֵץ

---

¹ 더 상세한 예들과 토론은 Muraoka, *Emphatic*, 96f를 보라.

² Muraoka, *Emphatic*, 95f를 보라.

³ 참조, Khan 1984: 481f., 486f., and idem, *Syntax*, 78.

⁴ 더 상세한 예들과 토론은 Muraoka, *Emphatic*, 97f를 보라.

주께서 내 곁에 두신 여자, (그녀가) 나에게 주었다…; 24.7. 이와 같이 삿 19.30; 삼하 2.23에는 분사와 함께 나오는 כֹל이 고리형이다(귀결절의 바브가 뒤따른다)[1].

f   **관찰**. 1) 재생 대명사 대신에 새로운 명사를 사용하는 것이 가능하다: 출 12.15 כָל־אֹכֵל חָמֵץ וְנִכְרְתָה הַנֶּפֶשׁ הַהִוא מִיִּשְׂרָאֵל 유교병을 먹는 자는 누구든지 간에, 그 사람은 이스라엘에서 끊어질 것이다; 민 35.30.

g   2) **분사**는 가끔 고리형에 사용된다: 속격: 창 9.6 שֹׁפֵךְ דַּם הָאָדָם בָּאָדָם דָּמוֹ יִשָּׁפֵךְ 사람의 피를 흘린 사람으로 말하자면, 그 사람은 그의 피를 흘릴 것이다 (여기와 모든 유사한 경우들에서 분사는 대명사와 연결된다; 예, 출 21.12 מַכֵּה, § 121 *m*); 잠 17.13.

h   **목적어**: 민 35.30 כָל־מַכֵּה־נֶפֶשׁ .. יִרְצַח אֶת־הָרֹצֵחַ 누구든지 사람을 치는 자로 말하자면…그 살인자는 처형되어야 한다(참조, § *f*); 삼하 14.10.

i   **전치사의 보어**: 삼하 4.10.

j   **주어**: 출 12.15(§ *f*). 출 21.12에서 고리형은 단지 가상적이다; 민 35.30처럼 분리된 재생 대명사나 새로운 명사 대신에 대명사는 동사형에 포함되어 나온다: מַכֵּה אִישׁ וָמֵת מוֹת יוּמָת 누구든지 사람을 쳐서 죽으면, 그는 처형될 것이다.

k   3) 분사 대신에 가끔 **관계절**이 나온다: 수 15.16 אֲשֶׁר־יַכֶּה אֶת־קִרְיַת־סֵפֶר וּלְכָדָהּ וְנָתַתִּי לוֹ אֶת־עַכְסָה בִתִּי לְאִשָּׁה 기럇세벨을 쳐서 그것을 취하는 자로 말하자면, 나는 그에게 내 딸 악사를 아내로 줄 것이다; 창 15.4.

l   4) 고리형에서 명사나 그와 동등한 것은 분리되어 독자적인 단위처럼 된다. 그것을 다음 절에 연결하기 위하여 귀결절의 바브와 유사한 바브가 가끔 추가되며, 그것은 확장되어 귀결절의 바브로 불린다(참조, § 176 *a*): 왕상 15.13 וְגַם אֶת־מַעֲכָה אִמּוֹ וַיְסִרֶהָ מִגְּבִירָה 그리고 그는 그의 어머니 마아가까지도 태후의 자리에서 물러나게 하였다; 출 12.15(§ *f*); 수 15.16(§ *k*).

m   고리형은 몇몇 불변사와 함께 어느 정도 일반적으로 나오며 특히 שֶׁ, הִנֵּה(매우 희소하다), אַיִן과 함께 나온다. 예, 출 14.17 וַאֲנִי הִנְנִי מְחַזֵּק

---

[1] 어떤 학자들은 명사구가 동사 앞에 나오는 문장들로서 창 3.13 הַנָּחָשׁ הִשִּׁיאַנִי와 같은 것을 이 범주, 즉 명사절에 포함시킨다. Niccacci 1986: § 6. 참조, Levin 1985. 중세 토착 아랍어 문법에 근거하고 있는 이 입장에 대한 설득력 있는 반박은 Groß 1999를 보라. 이 입장에 따르면 정동사 외에 다른 어떤 것으로든지 시작하는 절은 명사적이 되며, 소위 복합 명사절이 된다.

אֶת־לֵב מִצְרַיִם 그리고 보라 내가 이집트인의 마음을 완악하게 하고자 한다는 앞에 나오는 **וְאַתָּה הָרֵם אֶת־מַטְּךָ** 그리고 너는 너의 지팡이를 들라와 대조된다; 신 29.14(한 15절) **אֵת אֲשֶׁר אֵינֶנּוּ פֹּה עִמָּנוּ** 여기에서 우리와 함께 있지 않는 자; 삼하 3.22 **וְאַבְנֵר אֵינֶנּוּ עִם־דָּוִד** 그리고 아브넬은 다윗과 함께 하지 않았다; 시 104.35 **וּרְשָׁעִים עוֹד אֵינָם** 그리고 악인은 더 이상 거기에 있지 않다(비한정 명사 와 함께 예외적으로)([1]).

B. 특수절

§ 157. 실명사절

a 명사절이나 동사절은 실명사로 여겨지고 다루어질 수 있는 단위를 형성할 수 있다. 이리하여 "나는 네가 도착하였음을 알고 있다"는 "나는 너의 도착을 안다"와 동일하다; 네가 도착하였음(*that you arrived*)이란 절은 실명사구 너의 도착(*your arrival*)과 동일한 실명사절이다. 그리고 그 구가 목적어인 것처럼, 네가 도착하였음도 목적절로 분석될 수 있다. 실명사처럼, 실명사절은 문장의 주어나 술어 역할을 할 수 있으며, 전치사나 속격의 보어로서, 동격으로 나올 수 있다. 그러나 주로 목적어로서 일반적으로 사용된다(§ *b*).

I. 주어절. 접속사 없이(매우 희소하다): 삼하 14.32 **טוֹב לִי עוֹד אֲנִי שָׁם** 내가 여전히 거기에 있는 것이 더 좋았겠다; 주어로서 관계절: 사 41.24 **תּוֹעֵבָה יִבְחַר בָּכֶם** 너희를 택한 자는 가증하다(§ 158 *d*).

접속사와 함께 (**כִּי** 또는 **אֲשֶׁר**와 함께)([2]): 창 37.26 **מַה־בֶּצַע כִּי נַהֲרֹג אֶת־אָחִינוּ** 우리가 우리의 동생을 죽이는 것이 무슨 이익이 있느냐?; 전 5.4 **טוֹב אֲשֶׁר לֹא־תִדֹּר** 너는 서원하지 않는 것이 더 낫다; 느 2.10; 주어로서 관계절: 수 10.11 **רַבִּים אֲשֶׁר מֵתוּ** 죽은 자들이 많았다(§ 158 *l*)([3]).

---

[1] הִנֵּה와 אֵין/יֵשׁ의 구문에 대한 더 자세한 분석은 Muraoka, *Emphatic*, 137-40과 99-111을 각각 보라.

[2] אֲשֶׁר는 특히 후대 성서 히브리어에 일반적으로 나온다.

[3] 이와 같이 כִּי는 단순 אַף, גַּם, הֲ 뒤에서 주어절을 열어준다: 창 3.1 אַף כִּי אָמַר (그것)도 그가 말했던 것인가? = 그가 말했던 것이 참으로 정말이냐?; 룻 2.21 גַּם כִּי אָמַר 그가 말했던 (것이) 더

II. **술어절**. 이 유형은 예들은 아랍어에도 있으므로 물론 히브리어에서도 가능하다. 그러나 어떤 예가 있는 것 같지 않다. 술어로서 관계절: 사 63.19 הָיִינוּ לֹא־מָשַׁלְתָּ בָּם 우리는 주께서 다스리지 않은 자가 되었다(§ 158 *d*).

III. **동격절**. 이 유형도 나타나지 않는다.

IV. **전치사의 보어로서의 절**은 속격과 연관하여 § 129 *p-q*에서 다루었다.

V. **속격절**은 § 129 *p-q*를 보라.

b　　　VI. **목적어절**. 접속사 없이: 욥 32.22 לֹא יָדַעְתִּי אֲכַנֶּה 나는 아첨할 줄 모른다; 레 9.6 זֶה הַדָּבָר אֲשֶׁר־צִוָּה יהוה תַּעֲשׂוּ 이것은 야웨께서 너희가 행하도록 명령한 것이다; 사 42.21; 암 5.12; 시 9.21; 욥 19.25; 발언 동사와 함께: 창 12.13 אִמְרִי־נָא אֲחֹתִי אָתְּ 그러므로 네가 나의 여동생(이라고) 말하라; 렘 46.5 מַדּוּעַ רָאִיתִי הֵמָּה חַתִּים נְסֹגִים אָחוֹר וְגִבּוֹרֵיהֶם יֻכַּתּוּ וּמָנוֹס נָסוּ 왜 나는 그들이 놀라고 도망치고, 그들의 용사들이 격파되어 도망친 것을 보았는가? 이 구문은 직접 화법의 발언 동사 없이는 목적어로 거의 사용되지 않는다: 창 12.12 וְאָמְרוּ אִשְׁתּוֹ זֹאת 그리고 그들이 말하기를 "이는 그의 아내이다."

c　　　접속사절(כִּי 또는 אֲשֶׁר와 함께, 참조, § *a*, n.): 창 3.6 וַתֵּרֶא הָאִשָּׁה כִּי טוֹב הָעֵץ 그 여자는 그 나무가 좋은 것을 보았다[1]; 29.12; 출 4.31; 목적어로서 직접 화법의 발언 동사와 함께[2]: 삿 6.16 וַיֹּאמֶר אֵלָיו יהוה כִּי אֶהְיֶה עִמָּךְ 그리고 야웨께서 그에게 말씀하시기를 "내가 너와 함께 할 것이다"[3]; 창 3.11; 21.30; 26.22; 29.32, 33; 37.35; 출 4.25; 왕상 11.22; 왕하 8.13. כִּי로 시작하는 목적절은 대부분 주 동사를 뒤따른다[4].

אֲשֶׁר와 함께[5]: 삼상 18.15 וַיַּרְא שָׁאוּל אֲשֶׁר־הוּא מַשְׂכִּיל 사울은 그

(있다) = 더구나, 그가 말했다: 욥 6.22 הֲכִי־אָמַרְתִּי 내가 말했던 것이 (사실이냐)?(§ 161 *j*). 창 3.1은 Muraoka, *Emphatic*, 142f를 보라.

[1] 빈번하게 나오는 구문인 וַיַּרְא וְהִנֵּה는 § 177 *i* 참조. 여기에서 소위 시제의 연속(*consecutio temporum, sequence of tenses*)이 히브리어에 없다는 점을 주목하라; 종속절의 시제는 그 시간의 범위에 있어서 주동사(וַתֵּרֶא) 범위와 동시(기)적이다.

[2] 직접 화법을 시작하는 כִּי (*recitativum*)는 Esh 1957-58을 보라; Zorell 1933은 그 존재를 부인하지만, 우리 생각에는 설득력이 없다. 밀러(Miller 1996: 116)도 회의적이다.

[3] 직접적이거나 간접적인 연설 외에도 אָמַר와 함께, כִּי의 유무와 상관없이, לְ가 앞에 나오는 부정사가 있다: 대하 6.20 (אָמַרְתָּ יהיה שְׁמִי שָׁם 대조 ‖ 왕상 8.29 אָמַרְתָּ לִשּׂוּם שְׁמִי שָׁם).

[4] Groß 1991: 100.

[5] 후대 성서 히브리어에서 상당히 빈번하게: BDB, s.v. **8 a** b를 보라.

가 형통한 것을 보았다; 출 11.7; 신 1.31; 왕상 22.16; 사 38.7; 렘 28.9; 겔 20.26; 느 8.14,15; 에 3.4; 4.11; 6.2; 전 6.10; 7.29; 9.1; 단 1.8; 목적어로서 직접 화법의 발언 동사와 함께(¹): 삼상 15.20 וַיֹּאמֶר שָׁאוּל .. אֲשֶׁר שָׁמַעְתִּי בְּקוֹל יהוה. 사울이 말하기를, 나는 실로 주님의 목소리를 청종하였다. אֲשֶׁר 앞에서 אֵת 를 대격과 함께 쓸 수 있다: 수 2.10 שָׁמַעְנוּ אֵת אֲשֶׁר־הוֹבִישׁ יהוה אֶת־מֵי אֵת אֲשֶׁר יַם־סוּף 우리는 야웨께서 홍해의 물을 말리신 (사실을) 들었다. 이와 같은 목적절은 주동사 앞에 나올 수 있다: 예, 창 41.25 אֵת אֲשֶׁר הָאֱלֹהִים עֹשֶׂה הִגִּיד לְפַרְעֹה 하나님께서 하시려는 것을 그는 바로에게 말했다(²).

ca　　순수한 간접 화법은 상당히 드물다(³): 창 29.12 וַיַּגֵּד יַעֲקֹב לְרָחֵל כִּי אֲחִי אָבִיהָ הוּא 야곱은 라헬에게 그가 그녀 아버지의 조카임을 말했다; 에 3.4 כִּי הִגִּיד לָהֶם אֲשֶׁר־הוּא יְהוּדִי 이는 그가 그들에게 그가 유대인이라고 말했기 때문이다(⁴).

cb　　직접 화법으로 표현된 것은 접속사의 유무와 상관 없이 가끔 화자나 내레이터의 말로 나온다. 이리하여 창 12.13 אִמְרִי־נָא אֲחֹתִי אָתְּ 당신이 내 누이라고 말하라; 41.15 וַאֲנִי שָׁמַעְתִּי עָלֶיךָ לֵאמֹר תִּשְׁמַע חֲלוֹם לִפְתֹּר אֹתוֹ 내가 듣기로 너는 꿈을 들으면 잘 풀 수 있다고 하더라(⁵).

cc　　고대든 현대든 많은 인도-유럽어와 달리, 직접 화법은 그가 말했다, 내가 믿는다와 같은 삽입 표시로 방해받는 일이 거의 없다. 그러므로 출 5.16 לְבֵנִים אֹמְרִים לָנוּ עֲשׂוּ 벽돌을, 그들이 계속하여 우리에게 말하기를, 만들라와 같은 문장은 매우 특이하다.

d　　**관찰**. 1) '지각 동사들'(*verba sentiendi*)(⁶), 특히 רָאָה 보다, יָדַע 알다는 직접 목적어를 취하여 어떤 이가 어떤 것에 대하여 인식하거나 아는 것에 대한 실체를 표시하며, 그 인식이나 지식의 내용은 뒤따르는 절에 나온다(⁷); 창

---

¹ 삼상 15.20에 대한 Driver의 해석을 보라.

² Groß 1991: 100.

³ 참조, Miller 1996: 93- 141.

⁴ 참조, 사 8.4 בְּטֶרֶם יֵדַע הַנַּעַר קְרֹא אָבִי וְאִמִּי 그 아이가 내 아빠, 그리고 내 엄마라고 부를 줄 알기 전에. 이것에 대하여 1QIsᵃ는 אביו ואמו로 읽는다.

⁵ C. Rabin, *Syntax*, 109-12를 보라.

⁶ 다른 동사들과는 희소하게 나온다. 예, 느 2.18에서 הִגִּיד 알리다와 함께.

⁷ 이 현상은 히브리어에만 있는 것이 아니다: Homer, Od. 3.193 Ἀτρείδην .. ἀκούετε .. ὥς τ᾽ἦλθ᾽.. *you hear .. that A. came ...*을 보라. 비교, 유사한 고리형 현상(§ 156). 따라서 창 34.8의 말을 (§ 156

1.4 וַיַּרְא אֱלֹהִים אֶת־הָאוֹר כִּי־טוֹב 하나님은 빛이 좋은 것을 보셨다; 다시 רָאָה 와 함께: 창 6.2 וַיִּרְאוּ בְנֵי־הָאֱלֹהִים אֶת־בְּנוֹת הָאָדָם כִּי טֹבֹת הֵנָּה 하나 님의 아들들은 사람의 딸들이 아름다움을 보았다; 12.14; 13.10; 49.15; 출 2.2; 전 2.24; 8.17; יָדַע 와 함께: 출 32.22 אַתָּה יָדַעְתָּ אֶת־הָעָם כִּי בְרָע הוּא 당신 은 이 백성이 악함을 아십니다; 삼하 17.8; 왕상 5.17; הִכִּיר 인식하다와 함께: 왕 상 20.41(¹).

e   2) כִּי와 אֲשֶׁר는 목적어절에서 그 기능이 확장되어 부차적인 절을 주절 에 이어주는 데 사용되며, 대격을 지배하는 동사가 없을 때에도 이런 일이 일 어난다; 이리하여 실명사 다음에서: 출 3.12 זֶה־לְּךָ הָאוֹת כִּי אָנֹכִי שְׁלַחְתִּיךָ 이것은 내가 너를 보냈음을 (보여주는) 표적이다; 창 21.30*b*; 사 38.7(אֲשֶׁר와 함께).

f   3) 관계절이 목적어로 사용되기도 한다: 창 44.1 וַיְצַו אֶת־אֲשֶׁר עַל־בֵּיתוֹ 그리고 그는 그를 그의 집안을 책임진 자로 세웠다(§ 158 *l*).

g   4) 동사의 목적어로서 동사의 활동은 그것이 절을 이루지 않을 때, 주 로 부정사로 표현되며, 상당히 자주 부정사 연계형으로 나온다(לְ의 유무와 상관 없이, § 124 *c*). 그러나 가끔 부정사 절대형으로도 나온다(§ 123 *b*). 아주 드물게 부정사 대신에 **분사**가 나온다(그리스어와 아람어, 시리아어와 미쉬나 히브리어처럼): 사 33.1 כַּהֲתִמְךָ שׁוֹדֵד 네가 학대하기를 그칠 때; 렘 22.30; 삼 상 3.2*i*.

      5) 목적어절과 동등한 바브와 함께 나오는 절에 대해서는 § 177 *h* 참조.

§ 158. 관계절

*a**   관계절은 실명사의 수식어와 대부분 동등하다; 그것은 가장 일반적으 로 동격인 형용사나 분사와 일치한다(²). 그러나 일반적인 절, 즉 비관계절처

---

b) 이 문체로 새롭게 만든다면 יְדַעְתֶּם שֶׁכֶם בְּנֵי כִּי חֶשְׁקָה נַפְשׁוֹ בְּבִתְּכֶם이 될 것이다. 신 31.29 나 는 내가 죽은 후에 ...안다에는 예기된 상황적 보어가 있다; 전 7.22.

¹ 제비(Zewi 1996: 6-12)의 주장과 달리 이 절은 목적어와 함께 나오는 명사절을 주어로, 그리고 כִּי 절을 술부로 변형시킬 때 똑같은 뜻을 갖지 않는다. 왕상 20. וַיֵּדַע אֹתוֹ מֶלֶךְ יִשְׂרָאֵל כִּי מֵהַנְּבִאִים הוּא는 וַיֵּכַּר מֶלֶךְ יִשְׂרָאֵל כִּי מֵהַנְּבִיאִים הוּא הוּא로 바꿀 수 없다.

² 관계절의 동격적 성격은 사 51.2에서 분명히 나타난다: הַבִּיטוּ אֶל אַבְרָהָם אֲבִיכֶם וְאֶל שָׂרָה תְּחוֹלֶלְכֶם 너희 조상 아브라함과 너희를 낳아준 사라를 보라(비접속사 관계절).

럼(§ 157) 그것은 실명사화될 수 있다: 참조, § 157 *a, f* 그리고 아래의 § *d, l.* 관계절은 접속사와 함께 나오거나(אֲשֶׁר, שֶׁ‎와 함께) 접속사 없이 나올 수 있다. 접속사 없는 절은 이 둘 중에서 더 오래된 것 같다; 그것은 특히 시문과 고양된 산문에 나온다(¹).

　　　선행사가 있는 관계절은 제한적인 것(limiting)과 비제한적인 것(non-limiting)의 두 종류가 있다. 제한적 절은 선행사가 가리키는 하나 이상의 실체가 지니고 있는 계층의 구성을 구분한다. 예, 창 1.7 הַמַּ֫יִם אֲשֶׁר מִתַּ֫חַת לָרָקִ֫יעַ 궁창 아래의 물은 그 위에 있는 것과 구별된다. 이와 대조적으로 비제한절은 단지 선행사가 가리키는 실체를 그와 다른 특성을 가진 실체와 대조하지 않고, 선행사에 대해 덧붙여 설명할 뿐이다. 예, 창 4.11 אָרוּר אַתָּה מִן הָאֲדָמָה אֲשֶׁר פָּצְתָה אֶת פִּ֫יהָ 그 입을 벌린 그 땅에서 너는 저주를 받을 것이다. 관습적인 영어 구두법에서 비제한절은 먼저 반점(comma)으로 표시되거나, 절이 문장을 끝내지 않으면 어느 쪽 끝에서든지 반점으로 구분된다. 연설(speech)에서 이런 절은 약간의 적절한 휴지로 표시된다. 이 두 유형 사이의 관계는 '흰 옷'(제한적)과 '흰 눈'(비제한적) 사이에 있는 형용사 '흰'의 관계와 유사하다. 비제한 관계절은 몇 유럽어들에 공통적으로 나오는 관계절의 유형과 혼동해서는 안 된다. 이것은 아래 § *p*에서 다룰 것이다.

　　　히브리어 관계 대명사와 주요 인도-유럽어에 나오는 그 대응어 사이에는 근본적인 차이가 있다. 히브리어 관계 대명사는 불변하며(²), 그 주된 기능은 대부분 절의 형태에서 그것을 뒤따르는 것이 수식어로서, 앞에 나오는 선행사를 한정해 주는 것임을 표시한다. 선행사와 한정절 사이에 있는 논리적-구문적 관계는 가끔 그 안에 있는 대명사적 요소로 표시된다(§ *c, g-k* 아래에); 이런 특징은 인도-유럽어의 관계절에서는 거의 나타나지 않는다(³). 따라

---

¹ 렘 13.20 אַיֵּה הָעֵ֫דֶר נִתַּן לָךְ와 같은 절은 본래는 그 양떼가 어디 있느냐? 그것은 너에게 주어졌다를 뜻한다; 두 번째 항이 첫 번째 항에 종속하는 것은 마음 속으로 이루어져, 너에게 주어진 것을 뜻하게 된다. 이런 관점은 사 61.11 כְּאֶ֫רֶץ תּוֹצִיא와 같은 경우에도 적용될 수 있다. 이것은 싹을 내는 땅처럼이 아니라 땅이 싹을 내듯이라는 뜻이다(따라서 여기에서 כְּ는 כַּאֲשֶׁר라는 뜻의 접속사로 사용되었다; 참조, § 174 *d*). 그러나 시 42.2 כְּאַיָּל은 그대로 보존될 수 있다.

² 그렇지만 몇몇 셈어에서 관계 대명사는 성, 수, 그리고/또는 격에 따라 변화된다. 이것은 예로, 우가릿어, 아랍어, 에디오피아어에서도 동일하다.

³ 현저하게 지시사적인 זֶה와 זוֹ는 아직도 여전히 시문에서 관계 대명사로 사용되고 있다(§ 145 *c*); 비교, 우가릿어. *dū*(< *dū*), 그리고 아랍어 *ʾallaḏī* 등. 이것은 정관사 *ʾal* 과 지시사적 요소 *ḏī*의 합성어이다.

서 히브리어 관계절은 선행사가 관계절의 주어나 주 동사의 직접 목적어와 동일한 경우을 제외하고, 대부분 완전하며 분명하다. 이와 대조적으로 인도-유럽어 관계절에서 관계 대명사는 관계절의 필수적이고 핵심적인 부분을 이루며, 형태론적으로 다양한 어형 변화를 자주 드러내고 있다. 그것들 중 어떤 것을 선택할 것인가 하는 문제는 선행사의 문법적 범주(들)에 따라 결정되며, 다른 편으로는 관계절 안에서 관계 대명사의 구문적 지위에 따라 결정된다.

a   **I. 비접속사절**(asyndetic clause). 동사절: 한정 명사 다음에서: 렘 13.20 אַיֵּה הָעֵדֶר נִתַּן לָךְ 네게 준 양떼는 어디에 있느냐?; 시 34.9 אַשְׁרֵי הַגֶּבֶר יֶחֱסֶה־בּוֹ 그를 의지하는 사람은 복이 있다; כֹּל 다음에(스스로 한정됨); 시 71.18; 접미사 뒤에서: 시 16.4(¹). 더욱 빈번하게 비한정 명사 다음에서(²): 창 49.27 בִּנְיָמִין זְאֵב יִטְרָף 베냐민은 물어뜯는 이리이다(휴지에서 *o* 대신에 *ǫ*, § 32 *c*); 사 51.12 אֱנוֹשׁ יָמוּת 죽을 사람; 55.13; 신 32.17 אֱלֹהִים לֹא יְדָעוּם 그들이 알지 못한 신들; 사 56.2; 시 78.6; 잠 30.17; 애 1.10; 또한 삼상 6.9 מִקְרֶה הוּא הָיָה לָנוּ 우연히 그 일이 우리에게 일어났다와 같은 유형에서; 욥 31.12(³); 렘 15.14 בְּאֶרֶץ אֲשֶׁר לֹא יָדַעְתָּ(|| 17.4 בְּאֶרֶץ לֹא יָדַעְתָּ); 단독 절에서 한정적이며, 비한정적인 선행사: 욥 3.3 יֹאבַד יוֹם אִוָּלֶד בּוֹ וְהַלַּיְלָה אָמַר הֹרָה גָבֶר 내가 태어난 날과 보라 남자 아이를 잉태하였다고 말하던 그 밤이 사라졌으면!

b   명사절: 일반적으로 비한정 명사 다음에서: 욥 3.15 שָׂרִים זָהָב לָהֶם 금을 가진 왕들; 사 51.7 עַם תּוֹרָתִי בְלִבָּם 그 마음에 내 율법이 있는 백성. 이리하여 목적어의 **무게**를 가리키는 절에서, 일반적인 유형(⁴): 창 24.22 נֶזֶם זָהָב בֶּקַע מִשְׁקָלוֹ 그 무게가 한 베카(beqaʿ)인 금 고리(어순이 P–S임을 주목하라); 민 7.13ff.; 수 7.21. 사람의 이름을 가리키는 절에서 가끔(⁵) 나오는 유형: 삼

---

¹ 많은 학자들에 따르면 시 49.14도 포함된다. 참조, § 143 *i*.

² 고전 아랍어에도 규칙이 동일하다.

³ 삼상 6.9과 욥 31.12에서도 대명사는 바깥 쪽에 자리잡을 수 있다(extraposing).

⁴ (이 경우에) 상황절이 바브와 함께 나오는 경우는 단 한 번뿐이다: 삼하 12.30 וַיִּקַּח אֶת־עֲטֶרֶת מַלְכָּם .. וּמִשְׁקָלָהּ כִּכַּר זָהָב 그리고 그는 그들 왕의 면류관을 취하였고—그것의 무게는 금 한 달란트(kikkar)였다(한정 명사 뒤에서; 그러나 שֵׁם과 함께 나오는 것처럼 비한정 명사 뒤에서도 동일한 구문이 나온다[뒤따르는 각주를 보라]).

⁵ 그러나 바브와 함께 나오는 상황절은 훨씬 빈번하다(§ 159 *d*): 삼하 20.1 אִישׁ בְּלִיַּעַל וּשְׁמוֹ שֶׁבַע 한 몹쓸 사람이 있었는데, 그의 이름은 세바였다(21절과 대조); 어순 변화를 주목하라. וּשְׁמוֹ는 실제의 이름으로부터 멀리 있을 수 있다: 예, 삼하 4.4.(한정 복수 명사 뒤에서)אֲשֶׁר와 함께 나오는 관계절이 단 한 번 발견된다: 출 1.15 לַמְיַלְּדֹת הָעִבְרִיֹּת אֲשֶׁר שֵׁם הָאַחַת שִׁפְרָה וְשֵׁם הַשֵּׁנִית פּוּעָה.

하 20.21 **אִישׁ מֵהַר אֶפְרַיִם שֶׁבַע שְׁמוֹ נָשָׂא יָדוֹ בַּמֶּלֶךְ** 에브라임 산지 사람으로, 그의 이름이 세바라 하는 자가 그의 손을 들어 왕을 대적하였다; 삼상 17.4; 왕상 13.2; 사 54.5; 슥 6.12; 욥 1.1. 사 66.1 **אֵי־זֶה מָקוֹם מְנוּחָתִי** 나의 쉴 곳이 어디 있느냐?에서 **מָקוֹם** (연계형)을 의도하지 않았다면 아주 독특한 경우가 된다.

c   **관찰**. 1) 비접속사 관계절에 있는 소급 대명사는 상당히 자주 생략된다: 삼하 22.44(=시 18.44) **עַם לֹא־יָדַעְתִּי** 내가 알지 못하는 백성; 출 15.17; 사 42.16; 한정 명사 다음에서: 삿 8.1 **מָה־הַדָּבָר הַזֶּה עָשִׂיתָ לָּנוּ** 당신이 우리에게 어떻게 이렇게 할 수 있는가?; 시 33.12*b*. 시문에서, 소급 대명사와 함께 나오는 전치사는 가끔 생략될 수 있다: 사 51.1 **הַבִּיטוּ אֶל־צוּר חֻצַּבְתֶּם וְאֶל־מַקֶּבֶת בּוֹר נֻקַּרְתֶּם** 너희를 (그곳으로부터) 떠낸 그 반석과 너희를 파낸 채석장을 보라; 시 90.15 **כִּימוֹת עִנִּיתָנוּ שְׁנוֹת רָאִינוּ רָעָה** .. 주께서 우리를 괴롭게 한 날 수대로, 우리가 재앙을 목격한 햇수(대로). 이같은 생략으로 일어난 모호성은 시 33.12 **הָעָם בָּחַר לְנַחֲלָה לוֹ** 그가 그의 기업으로 선택한 나라를 보라: 이것은 **הָעָם אֲשֶׁר בָּחַר בּוֹ** 그가 선택한 백성 또는 **הָעָם אֲשֶׁר בָּחַר אֹתוֹ** .. 그를 선택한 백성에서 나왔을 수 있다. 아래 § *db*에서 더 상세히 보라.

d   2) 비접속사 관계절은 실명사화 될 수 있다: 잠 8.32 **אַשְׁרֵי דְּרָכַי יִשְׁמֹרוּ** 내 길을 따르는 자들은 복되다; 렘 2.11 **עַמִּי הֵמִיר כְּבוֹדוֹ בְּלוֹא יוֹעִיל** 내 백성은 그의 영광을 쓸모 없는 것으로 바꾸었다; 사 54.1 **רָנִּי עֲקָרָה לֹא יָלָדָה** **צַהֲלִי לֹא־חָלָה** .. 노래하라 아이를 낳아보지 못한 불임의 여인아 ...기뻐 외쳐라, 산고를 한 번도 겪어보지 못한 (여인아); 41.24(§ 157 *a*에서 인용된다); 63.19(§ 157 *a*에서 인용된다), 65.1에서 두 번; 렘 2.8(§ 129 *q*에서 인용된다); 욥 18.21(§ 129 *q*에서 인용된다); 느 8.10; 대상 15.12, 17.13; 대하 16.9; 창 39.4; **כֹּל**과 함께 나오는 추가적인 예들은 Lambert, § 291에 언급되어 있다.

da   위에 제시된 예들은 선행사와 그 비접속사적 관계절 사이에 나오는 매우 다양한 구문적 관계들을 예증해 준다.

db   비접속사 관계절에서 대다수는 선행사와의 경계가 그렇게 뚜렷하지 않다. 물론 마소라의 강세 부호는 가끔 도움을 주지만, 비접속사 관계절의 시작을 알리는 형식적인 장치는 없다[1]. 이리하여 렘 23.9 **וּכְגֶבֶר עֲבָרוֹ יָיִן** 술에 취

---

[1] 비접속사 관계절이 선행사를 가리키는 접미사와 함께 보통 전치사로 시작되는 "현대 히브리어 산문과는 다르게". 예, /higgáʿnu laʿir bah noládti v-gadálti/ 우리는 우리가 태어나고 자라난 그 도시에 도착하였다.

한 사람처럼과 같은 경우는 아래의 경우와 비교할 때 소수에 속한다. 렘 2.6 אֶרֶץ לֹא־עָבַר בָּהּ אִישׁ로 אֶרֶץ לֹא־עָבַר בָּהּ אִישׁ 사람이 다니지 않는 땅. 이것은 욥 3.3 יֹום אִוָּלֶד בֹּו 내가 태어난 날; 15.3 מִלִּים לֹא יֹועִיל בָּם 아무에게도 도움이 되지 않는 말. 대상 18.8 נְחֹשֶׁת רַבָּה מְאֹד בָּהּ עָשָׂה שְׁלֹמֹה .. אֶת־יָם הַנְּחֹשֶׁת와 같은 경우는 드물다. 비접속사적 관계절은 주로 동사를 문두에 둔다는 점을 기억할 필요가 있다.

dc   선행사가 연계형인 경우의 비접속사적 관계절은 § 129 p를 보라.

e   **II. 접속사절**(syndetic clause)(אֲשֶׁר와 함께, § 145). 비접속사절과 마찬가지로, 이것도 동사절이나 명사절이 될 수 있다. 명사절에는 특히 전치사가 그 자체의 명사와 함께 나오고, 가끔 형용사와 함께 나오며, 아주 드물게 분사와 함께 나온다: 그 명사와 함께 나오는 전치사: 왕상 16.22 הָעָם אֲשֶׁר אַחֲרֵי עָמְרִי 오므리를 따르는 백성(= 오므리의 추종자들); 형용사[1]: 창 7.2 הַבְּהֵמָה אֲשֶׁר לֹא טְהֹרָה הִוא 정결한 짐승(비교, 민 9.13); 분사: 신 1.4 (3.2) 아모리인의 왕 시혼, אֲשֶׁר יֹושֵׁב בְּחֶשְׁבֹּון 헤스본에 살고 있는 [일반적인 הַיֹּושֵׁב 대신[2]]; 전 9.12 כַּדָּגִים שֶׁנֶּאֱחָזִים בִּמְצֹודָה רָעָה וְכַצִּפֳּרִים הָאֲחֻזֹות בַּפָּח 재앙의 그물에 걸린 물고기 같이, 그물에 걸린 새와 같이; 왕상 5.13; 시 133.2, 3 אֲשֶׁר יֹרֵד; 전 4.1 שֶׁנַּעֲשִׂים(대조, 1.14 שֶׁנַּעֲשׂוּ; 1.9 שֶׁנַּעֲשָׂה; 1.13 등; 아람어와 대조. 단 5.5 יְדָא דִי כָתְבָא 글 쓰고 있는 손; 더욱 자주 독립 대명사와 함께: 렘 27.9 선지자들 등. אֲשֶׁר־הֵם אֹמְרִים 말하는 자; 민 14.8; 삼상 10.19; 동사적 형용사: 학 1.9.

ea   관계절의 형성(§ 130 *fa*)은 선택적이다. 창 45.13 וְהִגַּדְתֶּם לְאָבִי אֶת־כָּל־כְּבֹודִי בְמִצְרַיִם을 출 3.7 רָאִיתִי אֶת־עֳנִי עַמִּי אֲשֶׁר בְּמִצְרַיִם과 대조해 볼 때 이것은 분명해진다[3].

f   אֲשֶׁר와 함께 나오는 관계절은 한정 명사나 비한정 명사 다음에 사용된다[4]. **한정** 명사 다음에: 민 16.7 הָאִישׁ אֲשֶׁר־יִבְחַר יְהוָה 야웨께서 선택

---

[1] 그러나 독자적인 형용사와 함께 나오지는 않는다. 예, הָאִישׁ אֲשֶׁר חָכָם.

[2] 그러나 אֲשֶׁר הַיֹּושֵׁב 유형은 명백하게 불가능한 구문이다. 왕상 12.8; 21.11의 본문은 잘못 손을 댄 것이다.

[3] 더 상세한 예는 Azar 1977a: 48f.에 있다.

4 강조의 뉘앙스가 없는데도 אֲשֶׁר의 용법을 보면 אֲשֶׁר가 비한정적임을 알 수 있다(이것은 아랍어 관계사 ʾalladī와 다르다. 아랍어 관계사는 한정되어서 한정된 명사 뒤가 아니면 사용되지 않는다). 따라서 그것은 고대의 지시사가 아닐 것이다; 참조, § 145 *a*. 실제적으로, 단순 산문에 אֲשֶׁר가 나온다; אֲשֶׁר는 고양된 산문이나 시문을 제외하고는 나타나지 않는 곳이 거의 없다. § *a*.

하실 사람; **비한정** 명사 다음에: 출 1.8 וַיָּקֶם מֶלֶךְ חָדָשׁ עַל־מִצְרַיִם אֲשֶׁר לֹא־יָדַע אֶת־יוֹסֵף מַעֲשִׂים אֲשֶׁר 요셉을 알지 못하던 새 왕이 등장하였다; 창 20.9 לֹא־יֵעָשׂוּ 해서는 안 될 행동; 창 44.15 אִישׁ אֲשֶׁר כָּמֹנִי 나와 같은 사람 [이 설명하는 אֲשֶׁר는 아래에 제시된 유사한 경우에서 상당히 일반적이다: 삼하 9.8; 렘 5.9,29 (9.8)]; 신 13.7 אֱלֹהִים אֲחֵרִים אֲשֶׁר לֹא יָדַעְתָּ (참조, 룻 2.11); 신 28.49; 삼상 3.11; 사 66.13.

g　　　명사절에서 **소급적인 주어 대명사**는 형용사나 분사와 함께 일반적으로 사용된다: 창 9.3 כָּל־רֶמֶשׂ אֲשֶׁר הוּא־חַי 살아 움직이는 모든 생물; 민 9.13; 35.31; 룻 4.15; § e에서 분사와 함께 나오는 예들.

　　　그러나 전치사와 함께 그 자체의 명사가 뒤따라올 때, 대명사는 주로 생략된다: 왕상 16.22, § e; 부정이 있을 때 예외가 생긴다: 창 17.12 אֲשֶׁר לֹא מִזַּרְעֲךָ הוּא; 신 17.15; 20.15; 시 16.3 לִקְדוֹשִׁים אֲשֶׁר־בָּאָרֶץ הֵמָּה의 본문은 까다롭지만 예외일 수 있다. 동사절에서 대명사는 왕하 22.13 외에서는 나타나지 않는다. 그 병행구인 대하 34.21을 볼 때 삭제해도 좋을 것 같다.

h　　　**소급적 목적어 대명사**(대격에서)는 자주 나온다[1]: 창 45.4 אֲנִי יוֹסֵף אֲחִיכֶם אֲשֶׁר־מְכַרְתֶּם אֹתִי 나는 당신들의 형제 요셉이다 당신들이 팔아버린 자이다(사람을 가리키는 겸용법[syllepsis]은 § n 참조); 왕하 16.35 אֹתָם (병행구인 대하 28.3에서는 생략된다). 그러나 생략은 극히 일반적이다: 민 16.7, § f; 신 13.7, § f.

　　　소급적 속격 대명사는 생략될 수 없다: 신 28.49 גּוֹי אֲשֶׁר לֹא־תִשְׁמַע לְשֹׁנוֹ 너희들이 알아들을 수 없는 말을 하는 백성.

ha　　　선행사가 내적 목적어인 경우에는(§ 125 q), 소급적 대명사는 완전히 제거된다[2]: 창 37.6 הַחֲלוֹם הַזֶּה אֲשֶׁר חָלָמְתִּי 내가 꾼 이 꿈; 37.10; 시 137.8 אֶת־גְּמוּלֵךְ שֶׁגָּמַלְתְּ לָנוּ 네가 우리에게 행한 너의 행동; 전 1.3 כָּל־עֲמָלוֹ שֶׁיַּעֲמֹל תַּחַת הַשָּׁמֶשׁ 그가 해 아래에서 수고하는 모든 그의 수고; 2.11 כָּל מַעֲשַׂי שֶׁעָשׂוּ יָדַי 내 손으로 한 모든 나의 일.

i　　　**소급적 대명사와 함께 나오는 전치사**, 특히 אֹתִי, אֹתוֹ 등은 좀 더 명

---

[1] 아주 드물게 대명사 대신에 명사가 정교함이나 실용성을 위하여 반복되는 경우가 있다: 창 50.13 막벨라 굴에, 아브라함이 구매한 밭(참조, 49.30); 렘 31.32; 창 13.16.

[2] Peretz 1967: 89을 보라.

료하게 하기 위하여 그것이 가끔 필요한 경우에도 상당히 자주 생략된다. 이리하여 관계절의 전치사가 선행하는 전치사에 의하여 요청되는 경우: 왕상 2.26 내 아버지가 고생한 이 모든 (일에) 너도 고생하였다; 렘 1.7*a*; 희귀한 경우에 생략되기도 한다. 예, 신 7.19 힘차고 편 팔, הֹוצִֽאֲךָ אֲשֶׁר (그것으로) 그가 너희를 인도하여 낸; 28.20 너희 행동의 악함, (그것으로) 너희가 나를 버린; 삼상 2.32; 왕상 8.59; 사 31.6; דָּבָר 뒤에서: 왕상 11.27 이것은 그가 반역한 (것에 관한) 일이다; 수 5.4 이것은 여호수아가 할례를 베푼(것에 관한) 이유이다. 또한 왕하 3.3을 보라(§ 139 *a* 2).

우리는 특히 아래의 경우들을 유의해야 한다:

1) 발언 동사들과 함께, ~에 관한을 뜻하는 전치사(עַל ,ל ,ב)는 완전히 생략된다: 민 10.29 לָכֶם אֹתוֹ אֶתֵּן יהוה אָמַר אֲשֶׁר הַמָּקוֹם 야웨께서 (그것에 관하여) "내가 그것을 네게 주리라"고 말씀하신 곳: אמר와 함께 나오는 예들은 많다. 민 14.40; 신 28.68; 삼상 9.17, 23; 24.5; 왕상 8.29; 렘 32.43. דָּבָר와 함께 나오는 예들도 이와 같이 설명될 수 있다: 창 19.21; 23.16; 룻 4.1. 또 다른 동사들도 이와 유사하게 취급된다. 예, נִשְׁבַּע 맹세하다: 출 33.1 그가 아브라함에게 (그것에 관하여) 맹세하신 땅; חֵרֵף 모욕하다, 욕하다: 삿 8.15 너희가 나를 모욕하게 된 세바와 살문나; צִוָּה 명령하다: 창 3.17 내가 너에게 (그것에 대하여) 명령을 내린 나무[1].

j   2) **장소**와 관련된 명사와 함께, 소급적 대명사와 함께 나오는 전치사(그 안에, 그것을 향하여 등)는 가끔 부사 שָׁם 또는 שָׁמָּה 거기에, 또는 מִשָּׁם 그곳으로부터와 대치된다. 이리하여 창 21.23 בָּהּ־גַּרְתָּה אֲשֶׁר הָאָרֶץ 당신이 머문 땅 외에도, 2.11 הַזָּהָב שָׁם־אֲשֶׁר הַחֲוִילָה אֶרֶץ 금이 있는 하윌라 땅이 나온다[2]. 그러나 소급적 단어(대명사와 함께 나오는 전치사, 또는 부사 שָׁם)는 가끔 생략된다: 창 35.13(14) אִתּוֹ דִּבֶּר־אֲשֶׁר בַּמָּקוֹם 그(하나님)가 그와 말씀을 나누신 곳(그러나 15절에는 שָׁם과 함께 나온다); 민 20.13; 사 64.10 (그것에 또는 그곳에); 렘 32.3(상동); 민 13.27 (그것을 향하여 또는 그곳에 שָׁמָּה). 또한 비접속사 관계절은 위의 § *c*를 보라.

---

[1] 아마 메시지를 보내다는 뜻을 가진 שָׁלַח도 가능하다: 왕상 5.23 당신이 메시지를 (그것에 대하여) 보낸 장소, 말하기를; 20.9; 21.11; 수 1.16; 삼하 11.22; 렘 42.5, 21; 43.1(참조, Joüon 1921: 226ff.).

[2] 대조, 왕상 12.25 בָּהּ וַיֵּשֶׁב와 25*b* מִשָּׁם וַיֵּצֵא.

k   3) **시간**과 관련된 명사와 함께 소급적 단어는 사용되지 않는다: 삼하 19.25 עַד־הַיּוֹם אֲשֶׁר־בָּא 그가 돌아올 (때의) 날까지; 창 45.6; 신 1.46; 9.7; 삼상 20.31; 왕상 11.42.

l   **אֲשֶׁר와 함께 나오는 실명사절**. 명사적이든 동사적이든 간에 관계절은 אֲשֶׁר와 함께 가끔 실명사화된다; 그것은 주어절일 수 있다: 수 10.11(§ 157 *a*에 인용됨); 목적어절: 창 44.1(§ 157 *f*에 인용됨); 속격절(§ 129 *q*); 전치사의 보어절: 창 43.16 לַאֲשֶׁר עַל־בֵּיתוֹ 그의 집을 책임진 사람에게(44.4); 47.6 עַל־אֲשֶׁר־לִי 나에게 속한 것에 대하여 = 내 재산을 책임지도록. -שֶׁ와 함께: 시 137.8f. .. אַשְׁרֵי שֶׁיְשַׁלֶּם־לָךְ .. אַשְׁרֵי שֶׁיֹּאחֵז 네게 갚아주는 자는 복이 있다... ~을 붙드는 자는 복이 있다. 이 모든 경우에 אֲשֶׁר는 마치 라틴어 *qui, quem, quod* 등과 같이; 영어 *the one who, that which* 등과 같이 관계 대명사를 절대적으로 사용하게 하는 효과를 갖고 있다; 참조, § 145 *a*.

m   가끔 선행적으로 대격의 אֵת나 전치사가 אֲשֶׁר 앞에 나온다. 그것은 논리적으로 관계절을 따르며 내포된 선행사를 가리키는 대명사 접미사 앞에 붙는다(¹): 민 22.6 אֵת אֲשֶׁר־תְּבָרֵךְ מְבֹרָךְ 네가 축복하는 자는 복을 받는다(= וַאֲשֶׁר תָּאֹר אֲשֶׁר תברך אֹתוֹ; 이와 같이 그것을 뒤따라[sequel] 나오는 것, יוּאָר 네가 저주하는 자는 저주를 받을 것이다, אֵת가 없지만; 출 22.8); 창 31.32 עִם אֲשֶׁר תִּמְצָא אֶת־אֱלֹהֶיךָ 당신이 당신의 신을 찾아낸 그 사람(אֵת의 예외; 참조, 44.9); 시 119.49 זְכֹר־דָּבָר לְעַבְדֶּךָ עַל אֲשֶׁר יִחַלְתָּנִי; 사 47.12 בַּאֲשֶׁר יָגַעַתְּ מִנְּעוּרָיִךְ .. וּבְרֹב כְּשָׁפַיִךְ 너는 너의 젊은 시절부터 애써 배운 너의 수많은 주술로... 맞서 보아라; 65.12 וּבַאֲשֶׁר לֹא־חָפַצְתִּי בְּחַרְתֶּם 너는 내가 기뻐하지 않는 것을 선택하였다(²). 장소를 뜻하는(³) 전치사는 אֲשֶׁר 앞에 와야 한다: 창 21.17 בַּאֲשֶׁר הוּא שָׁם 그가 있었던 곳; 룻 1.16 אֶל־אֲשֶׁר תֵּלְכִי 네가 머물 곳; (같은 곳) בַּאֲשֶׁר תֵּלְכִי 당신이 어디로 가든지; 왕상 18.12 עַל־אֲשֶׁר לֹא־אֵדַע 내가 알지 못하는 곳; 출 5.11 מֵאֲשֶׁר תִּמְצָאוּ 네가 찾을 수 있는 곳.

---

¹ 선행사를 관계절에 동화시켜 בְּ 대신 אֶל이 나온다: 창 20.13 אֶל־כָּל־הַמָּקוֹם אֲשֶׁר נָבוֹא שָׁמָּה 우리가 가게될 곳마다(שָׁמָּה = אֵלָיו).

² 마지막 두 경우는 Goshen-Gottstein 1949: 44에서 언급된다. 또한 아마 전 3.11; 사 43.3f.; 47.13; 겔 23.40도 가능하다; Goshen-Gottstein, 논문 45f.에서 인용됨. 또한 BDB, s.v. אֲשֶׁר, 2를 보라.

³ 이 경우 외에도, 참조, 사 47.12 בַּאֲשֶׁר יָגַעַתְּ 너를 피곤하게 한 그것으로(בָּהֶם .. אֲשֶׁר에 대한 예외).

n **관찰**. 1) **인칭의 겸용법**(한 낱말에 두가지 뜻을 곁들이는 수사법-역자 주). 히브리어는 일반적으로 그 선행사처럼 관계절에서도 동일한 인칭을 사용한다: 창 15.7 אֲנִי יְהוָה אֲשֶׁר הוֹצֵאתִיךָ 나는 너를 인도하여 낸 야웨이다; 출 20.2 (신 5.6); 삿 13.11 הַאַתָּה הָאִישׁ אֲשֶׁר־דִּבַּרְתָּ 당신이 말씀하셨던 그 사람입니까?; 왕상 13.14; 창 45.4 אֲנִי יוֹסֵף אֲחִיכֶם אֲשֶׁר־מְכַרְתֶּם אֹתִי 나는 당신들이 (나를) 판 당신들의 형제 요셉이다; 민 22.30; 사 49.23; 호격 뒤에서: 사 41.8 내 종 이스라엘아, 내가 (너를) 선택한 야곱아 יַעֲקֹב אֲשֶׁר בְּחַרְתִּיךָ 그러나 예, 54.1 רָנִּי עֲקָרָה לֹא יָלָדָה 해산해 보지 못한 불임의 여인아 기뻐하라; 겔 26.17; 29.3(¹).

o 2) **관계절의 말놀이**. 주절과 관계절에서 동일한 단어를 사용하는 것은 비한정성의 뉘앙스를 표현한다(*idem per idem*으로 부르는 수사적 표현)(²): 왕하 8.1 גּוּרִי בַּאֲשֶׁר תָּגוּרִי 네가 머물 곳에서 머물라(= 네가 원하는 곳은 어디든 염려 없이); 삼상 23.13 וַיִּתְהַלְּכוּ בַּאֲשֶׁר יִתְהַלָּכוּ 그들은 어디나 떠돌아 다녔다; 삼하 15.20 나는 어디로 갈지 모르고 간다; 출 33.19 나는 내가 원하는 자에게 은혜를 베푼다; 출 4.13 당신이 원하는 자를 보내십시오.

p 3) 비록 אֲשֶׁר의 용법에는 융통성이 있지만(³), 히브리어는 몇몇의 유럽어에서 거칠게 이루어지는 것처럼 אֲשֶׁר로 두 개의 주절을 연결시키지 않는다(⁴). 영어 단어 *who*는 *and he*와 동일한 것으로서, 바브(독립 대명사가 뒤따르든 않든 간에)와 동사형으로 번역되야만 한다. 따라서 *She ate from it and gave from it to her husband, who ate from it*(그녀는 그것을 취하여 먹고 그것을 그의 남편에게 주고, 그것을 먹은 그의 남편에게 주었다)와 같은 문장은 וַתֹּאכַל וַתִּתֵּן לְאִישָׁהּ וַיֹּאכַל로 번역되야만 한다(참조, 창 3.6). 무게와 이름을 위한 이중 구

---

¹ 2인칭에서 3인칭으로 갑작스러운 변화는 여기 외에도 예로서, 겔 26.3-4; 28.22; 32.12에 나타난다 ("수정하라"고 권하지 말아야 할 본문들).

² 몇몇 언어에도 유사한 현상이 있다. *J'ai composé un livre qui vaut ce qu'il vaut. Je suis bien loin de savoir tout; mais cependant je sais ce que je sais (= quelque chose)* (= I have written a book which is worth what it is worth. I am far from claiming to know everything, but I do know what I know, i.e. something); *We shall see what we shall see*(= *nous verrons ce que nous verrons*); *A chi la tocca, la tocca*(= if the cap fits, wear it). (역자 주: 원어의 어감을 최대한 살리기 위해 영어 번역을 그대로 두었다).

³ 창 49.30 אֲשֶׁר가 세 번 이어지며 나온다. *qui .. qui .. quem.*

⁴ 예: *Un Lorrain ne comprend pas un Picard qui ne comprend pas un Berrichon* (= a native of Lorraine does not understand a native of Picardy who does not understand a native of Berry, 로렌 출신은 베리 출신을 알지 못하는 피카디 출신을 알 수 없다. A. Meillet).

문은 § *b*와 § 159 *d*를 비교하라.

q   אֲשֶׁר는 주절에 의하여 표현된 중심 개념에 연결될 수 있다: 렘 7.31 "… 그들의 자녀들을 불에 태우기 위하여, אֲשֶׁר לֹא צִוִּ֫יתִי 내가 명령하지 않은 …"; 참조, § 152 *c*.

r   고리형에서 אֲשֶׁר와 함께 나오는 관계절은 § 156 *k*를 보라.

s   אֲשֶׁר 다음의 어순은 일반적으로 명사절에서 S–P이며(§ 154 *f*), 동사절에서는 V–S이다(§ 155 *m*).

t   אֲשֶׁר 바로 앞에 그것의 선행사가 나오지 않을 수 있다: 예, 샷 21.19 הִנֵּה חַג־יְהֹוָה בְּשִׁלוֹ מִיָּמִים יָמִ֫ימָה אֲשֶׁר מִצְּפ֫וֹנָה לְבֵית־אֵל 보라, 벧엘 북쪽에 있는 실로에 매년 야웨의 절기가 있다; 사 29.22 כֹּה־אָמַר יְהֹוָה אֶל־בֵּית יַעֲקֹב אֲשֶׁר פָּדָה אֶת־אַבְרָהָם 아브라함을 구속하신 야웨께서 야곱의 집에 이같이 말씀하셨다; 왕하 12.3 וַיַּעַשׂ יְהוֹאָשׁ הַיָּשָׁר בְּעֵינֵי יְהֹוָה כָּל־יָמָיו אֲשֶׁר הוֹרָ֫הוּ יְהוֹיָדָע הַכֹּהֵן 요아스는 제사장 여호야다가 그에게 가르쳐준 대로 주님의 목전에서 올바르게 살았다([1]).

u   가끔 어떤 관계절은 상당히 길어서 그 선행하는 것과 뒤따르는 것 사이에 있는 구문론적 관계를 모호하게 한다: 예로, 창 21.3 וַיִּקְרָא אַבְרָהָם אֶת־שֵׁם בְּנוֹ הַנּוֹלַד־לוֹ אֲשֶׁר־יָלְדָה־לּוֹ שָׂרָה יִצְחָק 아브라함은 그에게 태어난 그의 아들, 사라가 그에게 낳아준 자의 이름을 이삭이라고 불렀다; 대상 17.21 לְגָרֵשׁ מִפְּנֵי עַמְּךָ אֲשֶׁר פָּדִ֫יתָ מִמִּצְרַ֫יִם גּוֹיִם 주께서 이집트에서 구속하신 주의 백성 앞에서 열국들을 쫓아 내기 위하여.

§159. 상황절

a   상황절은 넓은 뜻으로나 좁은 뜻으로 이해할 수 있다([2]). 여기에서 우

---

[1] 이것들과 또 다른 관계절들은 Goshen-Gottstein(1949: 38-41)이 추후 고찰로 다룬다.

[2] 쾨니히(König)는 드라이버나 다른 문법학자들이 상황절로 여기는 수많은 절들을 상황절로 해석하지 않는다. 가끔 주어진 절(특히 분사절)이 순수하게 상황절인지 아닌지 분간하는 것은 쉽지 않다. 그것은 어느 정도 독립적인 삽입구의 일종이 되거나 완전히 독립적인 구가 될 수 있다. 상황절 일반에 대해서는 Driver, *Tenses*, 195-211; Andersen 1974: 77-91을 보라. 미첼의 연구 (Michel 2004: 139-48)는 접속사 바브로 시작되는 명사절에 한정되어 있기 때문에, 상황절의 특징을

리는 주로 일반적인 유형의 상황절들을 제시하는 것으로 만족할 것이다. 왜
냐하면 어떤 범주들, 특히 시간의 상황절은 별도로 다루어야 하기 때문이다.
대부분의 상황절은 그 주절을 뒤따르며(그러나 아래 § *f*를 보라), 주어가 첫
칸을 차지한다.

상황절은 서술의 대격과 유사한 역할을 한다(§ 126 *a*). דָּוִד יָצָא בֹכֶה
다윗은 울며 나갔다의 패턴(비교, 민 16.27; 렘 17.25; 대상 15.28; 대하 5.6)은
비접속사절(바브 없이)로 표현될 수 있으며 דָּוִד יָצָא עוֹדֶנּוּ בֹכֶה 다윗은 여
전히 울며 나갔다(직역: 그는 여전히 울고 [있었다]). 또는 접속사절(바브와 함께)
과 함께 דָּוִד יָצָא וְהוּא בֹכֶה 다윗은 나갔고 그리고 그는 울고 있었다로 표현할
수도 있다.

단지 형식적인 측면에서 보면 상황절은 종속적이라고 할 수 없다. 그
것은 대부분 접속사 바브로 시작하므로 병렬적이라고 할 수 있기 때문이다.
그렇지만 기능적으로 볼 때 그것은 주절과 동반하는 행동이나 상황을 가리키
므로 주절에 종속된다고 말할 수 있다.

b   **I. 비접속사절**: 명사절: 창 12.8 וַיֵּט אָהֳלֹה בֵּית־אֵל מִיָּם וְהָעַי מִקֶּדֶם
그는 그의 장막을 쳤다. (그가 있는 곳에서 볼 때) 서쪽은 벧엘이요 동쪽은 아이였다;
32.12 פֶּן־יָבוֹא וְהִכַּנִי אֵם עַל־בָּנִים 그가 와서 나를 치고, 자식들과 함께 어미도
칠까 두렵다(¹); 삼하 18.14 וַיִּתְקָעֵם בְּלֵב אַבְשָׁלוֹם עוֹדֶנּוּ חַי 그는 그것들을 압
살롬의 심장에 던졌다. 그가 여전히 살아 있는 (동안에); 출 22.9 [한10] וּמֵת .. אֵין
רֹאֶה 만약 그것이 죽으면...아무 증인도 없이; 22.13 אוֹ־מֵת בְּעָלָיו אֵין עִמּוֹ 또는
그 주인이 없을 때 죽으면; 대하 30.16 וַיַּעַמְדוּ .. הַכֹּהֲנִים זֹרְקִים אֶת־הַדָּם 그
들은 서 있었다 ...(그때) 제사장들은 피를 뿌리고 있었다.

c   동사절: 창 44.12 וַיְחַפֵּשׂ בַּגָּדוֹל הֵחֵל וּבַקָּטֹן כִּלָּה 그는 (그들을) 수
색하였다. 장자로부터 시작하여 막내에 이르기까지(²); 사 5.11 הוֹי מַשְׁכִּימֵי בַבֹּקֶר
שֵׁכָר יִרְדֹּפוּ 아침에 일찍 일어나 독주를 찾는 자들은 얼마나 비참한가!; 부정과 함
께: 레 1.17 וְשִׁסַּע אֹתוֹ בִכְנָפָיו לֹא יַבְדִּיל 그는 그 (몸을 둘로) 나누지 않고 그
날개를 찢을 것이다.

나타내는 것으로(p. 147, 1) 입증될 수 없다. 또한 그것들이 항상 주절을 뒤따르지 않고 있음도 주목
하라: 특히 그 자신이 언급하고 있는 창 13.2, 24.16을 보라(pp. 145f.).

¹ 이 절들을 유추하여, פָּנִים אֶל־פָּנִים과 같은 형태의 술어가 생긴 것 같다; 참조, § 126 *f*.

² 그러나 König, *Genesis*에 따르면 이것은 삽입된 표현이다; 참조, König, *Syntax*, § 370 m.

d 　　II. **접속사절**(바브와 함께): 명사절(매우 빈번하다): 분사와 함께: 창 18.1 וַיֵּרָא אֵלָיו יהוה בְּאֵלֹנֵי מַמְרֵא וְהוּא יֹשֵׁב פֶּתַח־הָאֹהֶל 야웨께서는 그가 그의 장막 입구에 앉아 있을 때 마므레의 상수리 나무(?)에서 나타나셨다(분사와 함께 나오는 이런 시간절의 유형은 § 166 *h* 참조.); 15.2 מַה־תִּתֶּן־לִי וְאָנֹכִי הוֹלֵךְ עֲרִירִי 나는 자식이 없는데 주께서는 나에게 무엇을 주실 수 있습니까?; אֵין과 함께 (빈번하다): 레 26.6 וּשְׁכַבְתֶּם וְאֵין מַחֲרִיד 너희는 다른 누구에게서도 두려움을 당하지 않고 잠잘 것이다; 창 44.34 אֵיךְ אֶעֱלֶה אֶל־אָבִי וְהַנַּעַר אֵינֶנּוּ אִתִּי 저 아이가 나와 함께 하지 않는데 내가 어떻게 나의 아버지에게 올라갈 수 있겠습니까?(τοῦ παιδίου μὴ ὄντος μεθ᾽ ἡμῶν); 24.45 וְהִנֵּה רִבְקָה יֹצֵאת וְכַדָּהּ עַל־שִׁכְמָהּ 그리고 이때 리브가가 그의 어깨에 물동이를 메고 나왔다(비교, 렘 2.37). 실명사 다음에(비접속사 관계절 대신에, 단순 산문에서는 드물다): 사 6.6 וַיָּעָף אֵלַי אֶחָד מִן־הַשְּׂרָפִים וּבְיָדוֹ רִצְפָּה 그리고 스랍들 중 하나가 나에게 날아왔으며, 그는 이글거리는 돌을 그의 손에 갖고 있었다; 삿 3.16 וַיַּעַשׂ לוֹ אֵהוּד חֶרֶב וְלָהּ שְׁנֵי פֵיוֹת 에훗은 양날이 선 칼을 스스로 만들었다[비접속사 관계절이 뒤따른다. גֹּמֶד אָרְכָּהּ 한 자(*gomed*)가 되는 길이]; וּשְׁמוֹ 그의 이름은 ~이었다와 함께, 예, 삼하 20.1(§ 158 *b*, n.). 위에서 인용되었듯이 각각 접속사 바브 다음에 한정된 지시물인 בְּיָדוֹ와 그리고 לָהּ와 함께 나오는 전치사구는 절의 심리적인 주어로 분석될 수 있다. 전방 조응적 힘을 가진 장소의 부사와 함께 나오는 절도 이와 마찬가지이다: 예, 삼상 24.4 וְשָׁם מְעָרָה 그리고 그곳에 동굴이 있었다.

e 　　동사절: 창 18.13 הַאַף אֻמְנָם אֵלֵד וַאֲנִי זָקַנְתִּי 나처럼 늙은 자가 참으로 아이를 낳을 수 있겠는가?; 24.56 אַל־תְּאַחֲרוּ אֹתִי וַיהוה הִצְלִיחַ דַּרְכִּי 야웨께서 나의 여행을 형통하게 하셨으니 나를 붙잡지 마십시오.

f 　　**관찰**. 반면에 바브와 함께 나오는 명사절이나 동사절은 일종의 삽입 어구를 만들고 주절 앞에 나온다: 예, 창 13.2 וְאַבְרָם כָּבֵד מְאֹד 이제 아브람은 아주 큰 부자가 되었다…; 24.16 그 처녀는 매우 아름다웠다…; 욘 3.3 니느웨는 거대한 도시였다; 창 48.10 וְעֵינֵי יִשְׂרָאֵל כָּבְדוּ מִזֹּקֶן 이스라엘의 눈은 나이가 많아 어두웠다; 수 4.10 "제사장들이 요단 중앙에 섰을 때(עֹמְדִים)…백성들은 서둘러 건넜다(וַיְמַהֲרוּ וַיַּעֲבֹרוּ)." 이와 동일한 유형의 절은 독립적으로도 사용된다: 왕상 1.1(이야기의 시작에) 이제 다윗 왕은 나이가 많아 늙었다; 창 37.3 그때 이스라엘은 그의 다른 아들들보다 요셉을 더 사랑하였다; 출 19.18 그때 시내 산은 온통 연기가 가득하였다.

§ 160. 부정절

a   일반적인 부정어들(negatives)은 다음과 같다: I. לֹא, 동사절에서(가끔 명사절에서도, 고립된 명사와 함께); II. אַל, 부정적 명령, 즉 금지에서; III. אֵין, אַיִן, 명사절에서; IV. לְבִלְתִּי, 부정사 연계형의 부정에서. 희소하고 시적인 본문에 나오는 부정어는 다음과 같다: V. בַּל; VI. בְּלִי; VII. בִּלְתִּי; 특별한 뉘앙스를 가진 부정어들은 VIII. טֶרֶם; IX. אֶפֶס이다.

b   I. לֹא (οὐ, οὐκ)는 특히 **동사절**에서 사용된다: 완료와 미완료 직설법의 정동사 앞에서: 왕하 17.26a לֹא יָדְעוּ 그들은 알지 못한다(대조, 명사절에서 *26b* אֵינָם יֹדְעִים 그들은 알지 못한다).

그러나 לֹא는 **명사절**에서도 가끔 사용되며, 특히 강조나 부정이 문법적 술어 외의 단어와 연결될 때 그러하다. 이리하여 강조의 요소가 나타나는 경우: 창 7.2 וּמִן־הַבְּהֵמָה אֲשֶׁר לֹא טְהֹרָה הִוא 정결하지 않은 짐승으로부터(부정한 짐승에서 두 쌍을 취하는 것은 정결한 짐승에서 일곱 쌍을 취하는 것과 대조된다. 8절에서 대조하는 뉘앙스가 없이 단순한 목록으로 나오는 וּמִן הַבְּהֵמָה אֲשֶׁר אֵינֶנָּה טְהֹרָה와 비교하라); 왕상 22.33 "전차의 지휘관들이 그가 이스라엘의 왕이 아님을 깨닫고" לֹא מֶלֶךְ יִשְׂרָאֵל הוּא. 이것은 앞 32절 אַךְ מֶלֶךְ יִשְׂרָאֵל הוּא 그는 참으로 이스라엘의 왕이다라는 그들의 가정과 대조된다; 창 20.12b ‖ 12a; 삼상 29.6a ‖ b; 사 31.3 מִצְרַיִם אָדָם וְלֹא־אֵל 그리고 וְסוּסֵיהֶם בָּשָׂר וְלֹא רוּחַ 이집트는 사람이요 신이 아니며, 그들의 말은 육체요 신이 아니다; 37.19; 암 7.14([1]). 겔 36.32 לֹא לְמַעַנְכֶם אֲנִי־עֹשֶׂה 내가 일하는 것은 너희 때문이 아니다에서 부정어는 술어 대신 단어에 걸린다. 부정하는 구는 가끔 전치사 절이며, 대부분 대조되는 절을 시작하는 부분에 나온다([2]). 독립 대명사(הוּא 등)가 표현되어야만 하는 경우에는 אֵין (אֵינֶנּוּ 등)은 사용될 수 없고, לֹא가 사용되어야 한다: 민 35.23 וְהוּא לֹא־אוֹיֵב לוֹ וְלֹא מְבַקֵּשׁ רָעָתוֹ 그가 그의 원수가 아니었고 그에게 해를 끼치고 싶지 않았을 때(וְהוּא는 절의 상황적 성격에 영향을 받는다[3]); 신 4.42(19.4); 삽입절에서: 삼하 21.2 וְהַגִּבְעֹנִים

---

[1] 이것을 단지 미쉬나 히브리어의 변형으로 보는 Bendavid, 2.782의 견해와 달리.

[2] 더 상세한 예들은 Rechenmacher 2003: 72에 있다.

[3] 분사와 함께 나오는 לֹא는 여기에서 드라이버의 주장처럼, "아주 어색한 것"이 아니다(Driver, *Tenses*, § 162, n.).

בָּנִים לֹא מִבְּנֵי יִשְׂרָאֵל הֵמָּה 기브온 사람들은 이스라엘 자손이 아니었다; 렘 4.22 סְכָלִים הֵמָּה וְלֹא נְבוֹנִים הֵמָּה 그들은 어리석은 자식들이며 지혜롭지 못하다(두 번째 המה는 대칭을 위하여 요구된다).

ba   형식적으로 말하자면, 명사절의 두 핵심 요소가 한정되는 곳에서 부정어는 주로 לֹא이지만([1]), 그 반대의 상황에서도 꼭 그런 것은 아니다. 특히 사 55.8 כִּי לֹא מַחְשְׁבוֹתַי מַחְשְׁבוֹתֵיכֶם וְלֹא דַרְכֵיכֶם דְּרָכָי 왜냐하면 나의 생각은 너희 생각과 다르고 너희의 길은 나의 길이 아니기 때문이다(a-b ‖ b-a의 교차 대구)를 보라; 호 1.9 לֹא־עַמִּי אַתֶּם ‖ 2.1 אַתֶּם לֹא עַמִּי(도치된 순서로).

c   일반적으로 말하면, **명사적 술어**(실명사, 형용사, 분사 또는 전치사구) **앞에 있는** לֹא는 이 술어가 절의 시작에 있든지 그렇지 않든지 간에 אֵין보다 후자(명사적 술어)를 더 강하게 부정한다:

절의 시작에서: 민 23.19 לֹא אִישׁ אֵל וִיכַזֵּב 하나님은 사람이 아니므로 그는 거짓말 할 수 없다; 또한 실명사와 함께: 출 4.10; 삼상 15.29; 암 7.14; 형용사와 함께: 왕상 19.4 כִּי לֹא־טוֹב אָנֹכִי מֵאֲבֹתַי 왜냐하면 나는 내 조상들보다 훌륭하지 않기 때문이다; 분사와 함께: 욥 12.3 לֹא־נֹפֵל אָנֹכִי מִכֶּם 나는 결코 너희들보다 못하지 않다; 절이 시작하지 않는 곳에서: 분사: 삼하 3.34; 겔 4.14; 실명사: 렘 2.11 וְהֵמָּה לֹא אֱלֹהִים 비록 그들은 신들이 아니지만.

가끔 לֹא는 특별한 이유 때문에 사용된다. 예, 시 38.15(아마 אֵין과의 반복을 피하기 위하여; 또한 74.9; 욥 28.14); 신 28.61 אֲשֶׁר לֹא כָתוּב 기록되지 않은 것(לֹא는 여기서 אֵין보다 더 단순하다. 즉, 이것은 이 책에 기록된 것으로 발견되지 않은 것을 의미한다). 참조, 겔 36.31 דַּרְכֵיכֶם הָרָעִים וּמַעַלְלֵיכֶם אֲשֶׁר לֹא־טוֹבִים.

d   **고립된 명사**의 부정어로서 לֹא: 수식하는 분사: 렘 2.2 בְּאֶרֶץ לֹא זְרוּעָה 씨를 심을 수 없는 땅에서; 18.15; 형용사: 신 32.6 עַם נָבָל וְלֹא חָכָם 어리석고 지혜롭지 못한 백성; 실명사: 신 32.21 בְּלֹא־אֵל .. בְּלֹא־עָם 신이 아닌 자로(=거짓 신으로, § *k*)...백성이 아닌 자로.

e   לֹא의 **위치**는 동사 바로 앞에 있다. 그러나 이 정상적 순서는 특히 강조를 위하여 포기될 수 있다. 이리하여 우리는 לֹא–술어–동사의 순서를 보게 된다: 민 16.29 לֹא יְהוָה שְׁלָחָנִי 나를 보내신 이는 야웨가 아니다; 사 38.18;

---

[1] Rechenmacher 2003: 69f.

한정 앞에서 **לֹא**: 시 49.18 **כִּי לֹא בְמוֹתוֹ יִקַּח הַכֹּל** 그가 죽을 때 그는 아무 것도 가져가지 못할 것이다.

f   II. **אַל** (μή; Lat. *ne*)은 금지의 부정어이다([1]). 그것은 직접적인 의지법 형태와 함께 사용된다: 지시형, 권유형(그러나 명령형은 아니다): 출 34.3 **אִישׁ אַל־יֵרָא** 아무도 나타나서는 안 된다!; 왕상 13.22 **אַל־תֹּאכַל** 먹지 마라(do not eat 대조, 9, 17 **לֹא תֹאכַל** 너는 먹어서는 안 된다[you shall not eat]; 참조, § 114 *i*); 삼하 24.14 **אַל אֶפֹּלָה** 내가 넘어지지 않기를 바란다! 참조, § 114 *c, i*.

      관찰. 1) 시문에서는([2]) **לֹא** 대신에 **אַל**이 나오는 경우가 몇 번 있다. 이것은 좀더 강조적인 뉘앙스를 표현하거나 문체를 다듬기 위함이다. 더 자세한 예는 § 114 *k*를 보고 Driver, *Tenses*, § 50(a), 관찰을 참조하라.

      2) 목적이나 결과를 표현하기 위하여 의지법과 함께 **אַל**을 사용하는 대신에 직설법과 함께 **לֹא**를 사용하는 것은 § 116 *j*를 참조하라.

      3) **אַל**의 **위치**는 동사 직전에 있다(**לֹא**처럼, § *e*). 강조를 위한 예외: 시 6.2 **אַל־בְּאַפְּךָ תוֹכִיחֵנִי** 주의 분노로 나를 견책하지 마십시오; 참조, 38.2; 사 64.8; 렘 15.15.

g   III. **אַיִן**, **אֵין** 거기에 없다(*there is not*), 그것은 없다(*it is not*)는 존재를 부정하는 부사이다(참조, § 154 *k*)([3]). **אַיִן**의 원래 의미는 어디에?이며, 두 가지 다른 방식으로 사용된다: 1) 주어진 장소에서 어떤 것이나 어떤 사람의 현존을 부정한다: 그것(또는 그)은 거기에 없다(**יֵשׁ** 그것은 거기에 있다의 반대, § 154 *k*): 예, 창 37.29 **וְהִנֵּה אֵין־יוֹסֵף בַּבּוֹר**; 또는 어떤 것의 존재를 강하게 부정한다: 예, 출 2.12 **וַיַּרְא כִּי אֵין אִישׁ**; 2) 명사절로 표현된 진술의 진실성을 부정한다: 예, **אֵינֶנִּי שֹׁמֵעַ** 나는 듣지 않는다 사 1.15 또는 **לְבָּךְ אֵין אִתִּי** 너의 마음은 나와 함께 하지 않는다 삿 16.15; 비교, 신 4.12 **קוֹל דְּבָרִים אַתֶּם שֹׁמְעִים וּתְמוּנָה אֵינְכֶם רֹאִים** 너희들은 말씀의 소리를 들었으나, 어떤 형체도 보지 않았다—**אֵין**은 명사절에서 정상적인 부정어이다(**לֹא**는 몇몇 특별한 이유를 제외하고는 명사절에서 거의 사용되지 않는다. § *b*).

---

[1] **מִן**이 가끔 **אַל**의 뜻으로 사용되는 것은 § 168 *g*, n. 참조, **אַל**의 용법에 대한 더 상세한 서술은 Qimron 1983을 보라.

[2] 단지 산문에서만 가끔 나타날 뿐이다: 예, 수 1.7 **אַל תָּסוּר**; 창 19.17; 삼하 13.12.

[3] 이 성서 히브리어 부정 부사의 구문에 대한 설명은 Muraoka, *Emphatic*, 102-11을 보라.

h 온전한(단축되지 않은) 형태 אַיִן 외에도 단축된 가벼운 형태 אֵין이 있다([1]). **온전한 형태** אַיִן이 나타나는 경우: 1) אַיִן이 독자적으로 사용될 때: 민 13.20 הֲיֵשׁ בָּהּ עֵץ אִם־אַיִן 그 안 (즉, 땅)에 나무가 있든지 없든지 간에; 출 17.7; 2) אַיִן이 중간 정도의 힘을 가진 분리 악센트에 의하여 뒤따르는 단어에서 분리될 때, 그리고 그 존재가 부정된 목적어를 가리키는 명사가 비한정일 때: 창 2.5 וְאָדָם אַיִן לַעֲבֹד אֶת־הָאֲדָמָה 거기에는 땅을 개간할 사람이 없었다.

단축된 형태 אֵין은 연결 형태이다. 이것은 1) אֵין이 절의 시작에 있을 때: 창 31.50 אֵין אִישׁ עִמָּנוּ (연결 악센트)에 나타난다; 2) אֵין이 비록 시작할 때는 나오지 않지만, 연결 악센트나 약한 분리 악센트가 나오는 단어와 결합될 때: 창 19.31 וְאִישׁ אֵין בָּאָרֶץ (연결 악센트 메후파흐); 47.13 וְלֶחֶם אֵין בְּכֹל־הָאָרֶץ (분리 악센트 파쉬타).

관찰. אֵין 앞에 나오며 비한정적인 뜻으로([2]) 처음에 나오는 부정의 단어는 일반적으로 어느 정도 강조를 한다: 왕하 4.14 אֲבָל בֵּן אֵין לָהּ 그러나 그녀는 아들이 없다(문자적으로: 한 아들, 그녀는 아무도 없다; 대조, 창 11.30 אֵין לָהּ וָלָד).

i **예들**: 형용사와 함께: 창 7.8 וּמִן־הַבְּהֵמָה אֲשֶׁר אֵינֶנָּה טְהֹרָה 그리고 정결하지 않은 짐승들로부터(대조, 2절 לֹא와 함께, § *b*). (형용사와 함께 나오는 예는 드물다).

(술어) 능동 분사와 함께: 창 39.23 אֵין שַׂר בֵּית־הַסֹּהַר רֹאֶה 감옥의 간수는 간섭하지 않았다; 왕하 17.26b אֵינָם יֹדְעִים 그들은 알지 못했다(대조, 26*a* לֹא יָדְעוּ, § *b*).

(술어) 수동 분사와 함께: 출 3.2 וְהַסְּנֶה אֵינֶנּוּ אֻכָּל 그리고 그 덤불은 불타버리지 않았다(אֻכָּל, § 58 *b*); 5.16 תֶּבֶן אֵין נִתָּן לַעֲבָדֶיךָ 짚은 당신의 종들에게 주어지지 않았다.

관찰. 1) אֵין 뒤에 비한정 명사와 분사나 형용사적 형태가 나올 때는 뜻이 모호한 구문이 된다([3]). 이리하여 אֵין מֶלֶךְ שֹׁמֵעַ는 듣는 왕이 없다(한정적 분사) 또는 왕은 듣지 않는다(서술적 분사)를 뜻할 수 있다: 왕상 6.18 אֵין

---

[1] 비교, שְׁנַיִם, שְׁנֵים, § 100 *c*.

[2] Muraoka, *Emphatic*, 102-4를 보라.

[3] 참조, Muraoka, *Emphatic*, 106f.

אֶבֶן נִרְאָה는 오히려 눈에 보이는 돌은 없었다를 뜻한다; 비교, 삼상 3.1; 전 8.8 אֵין אָדָם שַׁלִּיט בָּרוּחַ.

2) 접미사가 붙지 않은 אֵין이 한정 주어와 함께 나오는 특이한 경우가 가끔 나온다(¹): 레 13.31 וְהִנֵּה אֵין־מַרְאֵהוּ עָמֹק מִן־הָעוֹר 눈에 보이는 것이 피부보다 더 깊지 않으면; 왕상 21.15 אֵין נָבוֹת חַי 나봇은 살아 있지 않다; 비록 주어가 절을 이끌고 있는 곳에서도: 예, 레 13.32 וּמַרְאֶה הַבֶּתֶק אֵין עָמֹק מִן־הָעוֹר בְּעֵלָיו אֵין עִמּוֹ (참조, 34절 וּמַרְאֵהוּ אֵינֶנּוּ עָמֹק מִן־הָעוֹר). 그리고 출 22.13 אֵין־אֲנַחְנוּ פֹשְׁטִים בְּגִדֵינוּ (상황절, 삿 13.9; 16.15에서도). 참조, 느 4.17 겔 8.12 אֵין יְהוָה רֹאֶה אֹתָנוּ.

3) 접미사와 함께 나오는 אֵין은 § 102 k 참조.

j **절대적으로 사용된 부정어의 선택**은 이미 주어진 규칙에 따라 이루어진다. **대답**에서: 학 2.12에서 לֹא는 내포된 동사와 함께 직설법에 나온다; 룻 1.13에서 אַל은 내포된 지시형과 함께 나온다(²); 삿 4.20에서, אַיִן은 거기에 없다는 뜻으로 나온다.

אִם 뒤에서: 분리된 의문문에서(³), 대부분 לֹא가 나온다: 창 24.21 הַהִצְלִיחַ יְהוָה דַּרְכּוֹ אִם־לֹא; 명사절 뒤에서: 27.21 הַאַתָּה זֶה בְּנִי עֵשָׂו אִם־לֹא; 그리고 그는 ~이다라는 뜻의 יֵשׁ 뒤에서조차: 24.49 אִם־יֶשְׁכֶם עֹשִׂים ... וְאִם־לֹא; 그러나 거기에 있다의 뜻으로 쓰이는 יֵשׁ 뒤에 אַיִן이 나오기도 한다: 출 17.7 הֲיֵשׁ יְהוָה בְּקִרְבֵּנוּ אִם־אָיִן; 민 13.20. 분리 의문문 외에도, לֹא 또는 אַיִן은 각각 내포된 정동사 형태나 분사와 함께 사용된다: 삼상 2.16(תִּתֵּן이 내포됨) (= הָבָה־לִּי בָנִים וְאִם־אַיִן אֵינֶךְ נֹתֵן); 창 30.1 עַתָּה תִתֵּן וְאִם־לֹא 또한 וְאִם־אַיִן 정동사 뒤에서도: 출 32.32; 삿 9.15; 왕하 2.10.

לְ와 함께 나오는 **부정사 연계형 앞에서** אֵין과 לֹא는 매우 유사한 뉘앙스로 나오며, 이것은 후대 성서 히브리어에서 전형적이다(⁴): 에 4.2 אֵין לָבוֹא 들어가는 것이 허락되지 않았다(누구도 권리, 허락을 얻지 않았다); 전 3.14 אֵין לֹא לְהָתְיַחֵשׂ 더할 수 없다; 대상 15.2 לֹא לָשֵׂאת 지고 갈 수 없다; 5.1

---

¹ 전치사구에 대한 상세한 목록은 Rechenmacher 2003: 71f.에 나온다.

² Qimron 1983: 472-75을 보라.

³ 참조, Driver 삼하 17.6에 대하여.

⁴ Hurvitz 1990: 145-47. 그러나 삿 1.19 לֹא לְהוֹרִישׁ אֶת יֹשְׁבֵי הָעֵמֶק 골짜기의 주민들을 몰아내는 것은 가능하지 않았다를 보라.

등록할 수 없었다.

לֹכּ과 함께 나오는 לֹא와 אֵין은 § *k*를 참조하라.

k   **반대와 갈등** 개념은 몇몇 다른 언어보다 약하게 구별된다. 이리하여 שָׂנֵא 미워하다는 예로, 영어의 사랑하지 않는다(not to love)는 뜻으로 사용된다: 예, 창 29.31; 이와 반대로 말하면, 명령하지 않다는 금지하다는 뜻으로 사용된다([1]): 예, 신 17.3. 부정어 לֹא와 לֹכּ을 합성한 구는 그 뜻이 모호하며 단 하나도(not every) 또는 아무 것도(none)라는 뜻이 된다. 이리하여 창 3.1에서 문맥은 너는 어떤 나무(any tree)의 열매에서보다는 모든 나무(every tree)의 열매를 먹지 마라는 뜻을 요청한다; 레 16.2 그는 (그가 원하는) 아무 때나 성소에 들어와서는 안 된다 (항상의 의미는 아니다). 그러나 일반적으로는 아무 것도(none)의 뜻이다: 시 49.18 그가 죽을 때 그는 어떤 것도 그와 함께 가져가지 못할 것이다(§ *e*); 창 9.11 아무 육체; 출 10.15 푸른 것은 하나도 없다; 12.16 כָּל־מְלָאכָה לֹא־יֵעָשֶׂה 아무 일도 해서는 안 된다. אֵין과 함께 나올 때도 마찬가지이다: 삼하 12.3 וְלָרָשׁ 가난한 사람은 아무 것도 없었다; 전 1.9; 단 1.4; 합 2.19 וְכָל־רוּחַ אֵין־כָּל בְּקִרְבּוֹ 그 안에 생기가 없다([2]).

이와 유사하게 홀로 나오는 명사에 영향을 주는 לֹא (§ *d*)는 두 개의 다른 뉘앙스를 만들 수 있다: 사 31.8 לֹא־אִישׁ 인간이 아닌 어떤 자, 또는: 신 32.21 לֹא־אֵל .. לֹא עָם 신이 아닌(= 거짓 신) ... 백성(나라)이 아닌.

l   **IV.** לְבִלְתִּי는 **부정사 연계형**을 부정할 때 주로 쓰인다. § 124 *e*(형태는 § 93 *q* 참조). 아주 가끔 לְבִלְתִּי는 익톨 앞에서 접속사로 사용된다(*ad non* [*quod*] = *ut non* = *ne*): 출 20.20 לְבִלְתִּי תֶחֱטָאוּ 너희들이 범죄하지 않도록; 삼하 14.14†(렘 23.14과 27.18의 완료형은 정확하지 않다)([3]).

m   매우 일반적인 이런 부정어들 외에도 상대적으로 희소하고 거의 배타적으로 시문에만 나오는 세 개의 부정어들이 있다: בַּל; בְּלִי; בִּלְתִּי; 이 세 개

---

[1] 사실상 성서 히브리어에는 금하다와 동등한 뜻을 가진 동사가 없다; 그 예로 창 3.11 צִוִּיתִי לְבִלְתִּי 내가 하지 못하도록 명하였다(= 내가 금하였다). 우리는 צִוָּה가 금지하다는 뜻으로 사용되는 경우를 보기도 한다: 신 4.23(그리고 2.37?). לֹא נָתַן (창 20.6)도 금지하다는 뜻보다 허락하지 않다는 뜻이다.

[2] לְבִלְתִּי와 함께 나오는 경우(§ *l*): 창 4.15 그 어느 누구도 그를 찾아서 죽이지 못하도록 하기 위함이다(14절과 대조).

[3] 부정사 연계형 앞에서는 מִבְּלְתִּי도 나온다: 민 14.16(그러나 신 9.28 מִבְּלִי); עַד־בִּלְתִּי 민 21.35.

는 모두 어근이 בלה, "소모되다, 고갈되다"에서 나왔다(참조, § 93 q). 이들에 대한 보다 세부적인 용법은 사전을 보라.

V. בַּל (69회)은 시문에서 לֹא의 유사어로 사용되며[1], 어떤 본문에서는 상당히 자주 반복된다: 예로, 사 26.10-18에서 일곱 번 반복된다. 그것은 특히 니팔 미래 יִמּוֹט와 함께 사용된다(מוט에서 나옴): 시 10.6 בַּל־אֶמּוֹט 나는 흔들리지 않을 것이다; 또한 형용사 앞에서: 잠 24.23; 그리고 전치사 앞에서: 23.7; 시 16.2¿[2].

VI. בְּלִי는 창 31.20¿을 제외하고는 산문에서 발견되지 않는다. 그것은 לֹא의 상당히 희소한 유사어이며 아래의 용례 앞에 나온다: 완료, 사 14.6; 미완료, 욥 41.18; 분사, 호 7.8; 시 19.4; 형용사, 삼하 1.21.

VII. לְבִלְתִּי (없이)는 사 14.6을 제외하고는 בְּלִי와 같은 것으로 나오는 경우가 없는 것 같다: 실명사 앞에서; 삼상 20.26¿, 형용사 앞에서(그러나 이 평이한 산문의 본문에서는 의심스럽다)[3].

n   일반적으로 아니다(*no, not*)를 뜻하는 이 모든 부정어 외에도 특별한 의미를 가진 טֶרֶם과 אֶפֶס 두 개를 더 첨가할 수 있다.

VIII. טֶרֶם 아직(*not yet*): 거의 대부분 과거의 의미를 가진 익톨과 함께 나타난다(§ 113 j); 현재의 의미: 출 9.30; 10.7.

IX. אֶפֶס 더 이상 없다[4]는 산문에서 아주 드물게 나타난다(삼하 9.3 עוֹד와 함께: 더 없는가...?). 이것은 비존재의 개념을 전달하는 אַיִן과 같은 부정어이지만, 좀 더(*still more*)라는 뉘앙스를 일반적으로 첨가한다(따라서 = אֵין עוֹד): 사 5.8 עַד אֶפֶס מָקוֹם 더 이상 빈틈이 없도록. אֲנִי וְאַפְסִי עוֹד의 문장에서 습 2.15; 사 47.8, 10†, *i*는 접미사이며 어미음 첨가 *i*가 아니다. 직역하면, "Me, *and my exclusivity still* [*is*]"가 되며, 즉 "나, 그리고 나만 오로지(= 나 홀로), 나는 존재한다!"는 뜻이 된다[5].

---

[1] 이 부정의 불변사는 가끔 미쉬나 히브리어에서 할라카적 토론에 사용되며, 논의되고 있는 성서 본문의 לֹא를 대신한다.

[2] 우가릿어 *bl*은 Tropper, § 87.3을 보라.

[3] 우가릿어 *bl*은 Tropper, § 87.4을 보라.

[4] 동사와 함께 나오는 더 이상 ~이 아니다 개념의 반의어(?) 아직 ~이 아니다에서, טֶרֶם과 일치하는 단순 불변사는 없다; 이 개념에 사용되는 형식은 לֹא עוֹד이다.

[5] 참고, Joüon 1911a: 408.

o   **관찰**. 없이(*without*)를 뜻하는 부정어 בְּלִי, אֵין, לֹא. 이런 부정어들 뒤에 명사가 따라 나올 때 일종의 비접속사적으로 단축된 관계절이 형성될 수 있으며, 그것은 선행하는 명사의 수식어가 된다. 일반적인 구문인 욥 38.26*b* מִדְבָּר לֹא־אָדָם בּוֹ 사람이 없는 광야에서와 같은 일반적인 구문 외에도, 26*a* אֶרֶץ לֹא־אִישׁ 사람이 없는 땅이 나온다; 아래의 § *oa*를 참조하라. 부정어는 없이(*without*)와 거의 같은 뜻이다. 예들은 거의 대부분 시문에 있으며, לֹא와 함께 나온다: 삼하 23.4 구름 없는 아침; 욥 12.24; 26.2*b*; 대상 2.30, 32; אֵין과 함께: 사 9.6; 호 7.11; 시 88.5; בְּלִי와 함께 욥 24.10.

이 부정적 구들은 ἀν-αρίθμητος 셀 수 없는과 같은 부정의 형용사로 대치된다: 예, 욜 1.6 (형용사 다음에) גּוֹי .. עָצוּם וְאֵין מִסְפָּר ἔθνος ἰσχυρὸν καὶ ἀναρίθμητον; 사 59.10 (형용사와 평행); 전치사와 함께: 사 40.29; 욥 26.2*a*, 3.

oa   לֹא는 대부분 단수에서 명사와 함께 나오며 단언적 부정을 나타낸다: 민 23.23 לֹא־נַחַשׁ בְּיַעֲקֹב וְלֹא־קֶסֶם בְּיִשְׂרָאֵל 야곱에는 단 하나의 점술이 없고 이스라엘에는 단 하나의 복술도 없다; 욥 29.12 וְלֹא־עֹזֵר לוֹ (참조, 시 72.12 וְאֵין־עֹזֵר לוֹ); 욥 18.17, 19; 21.9; 33.9; 사 53.2; 렘 10.14; 49.31; 51.17; 암 5.20 וְלֹא נֹגַהּ לוֹ 그것은 한가닥 빛도 없다(참조, 3.4 וְטֶרֶף אֵין לוֹ 사냥한 것이 없는데); 왕상 12.16; 22.17[1]. 동사절의 예, 사 53.9 לֹא חָמָס עָשָׂה 그는 어떤 폭행도 저지르지 않았다. 또한 아마 לֹא+부정사 절대형+정동사로 연결된 인상적인 구문도 마찬가지이다(§ 123 *o*를 보라).

의지적 뉘앙스가 추가된 אַל은 삼하 1.21에 나타난다 אַל־טַל וְאַל־מָטָר 이슬 한 방울도 비 한 방울도 내리지 마라; 또한 사 62.6; 시 83.2†을 보라.

p   **일반적 관찰**. 1) 부정어는 가끔 중어법(pleonastic)이 된다. 이리하여 결핍(결여, privative)을 나타내거나 부정적(negative) 의미를 지닌 מִן 뒤에서(§ 133 *e* 끝): 사 5.9 מֵאֵין יוֹשֵׁב 이리하여 거기에는 거민이 없을 것이다; 이와 같이 렘 2.15 הֲמִבְּלִי אֵין מִבְּלִי יֹשֵׁב. 그것은 ...이 없기 때문인가?와 같은 어법에는 이중 부정이 있다. 출 14.11; 왕하 1.3, 6, 16. 습 2.2 בְּטֶרֶם לֹא־יָבוֹא에

---

[1] 이 용법은 고전 아랍어에서 *lā nāfiyatu l-jins*로 알려진 것과 일치한다. 이 구문은 1876년 예루살렘의 베이루트 예수회에서 출판된 아랍어 성경에서 여기에 나열된 많은 구절에 나오고 있다.

서 특별한 **לֹא**는 중어법이 된다. 마치 불어에서 *ne*와 같이: *avant qu'il(ne) vienne* "그가 오기 전에", 그리고 이와 유사하게 일어에서도 중어법적인 부정적 형태소 nai가 있다: 彼が来ないうちに *kare ga konai*(="*not come*") *uti ni* "그가 오기 전에."

q   2) 동사의 부정어는 그 영향이 병렬된 두 번째 동사에까지 미친다: 출 28.43 **וְלֹא יִשְׂאוּ עָוֹן וָמֵתוּ** 그들이 죄짐을 지고 죽지 않도록 (레 22.9, 15-16); 사 23.4; 28.27; 38.18; 47.14; 시 9.19; 35.19; 38.2; 44.19; 75.6. 조건절의 경우는 § 167 *t*를 참조하라.

<h2 style="text-align:center">§ 161. 의문문</h2>

a   질문은 그 자체로 진정하거나 단지 수사적일 수 있다(¹). 만약 수사적이라면, 대답할 필요가 없는 경우이다. 그것은 부분적으로나 전적으로 감탄을 표현한다(²).

질문은 진정할 때에도 많은 언어에서와 같이 억양을 높여 표현할 수 있다(³): 왕상 1.24 **אַתָּה אָמַרְתָּ** 당신이 명령하셨습니까?; 왕하 9.11 **אַתֶּם יְדַעְתֶּם** 너희들은 아는가?(의문의 의미가 널리 인식되지 않는 곳에서). 가끔 질문은 어순을 통하여 더 예리하게 표현된다: 삼상 16.4 **שָׁלוֹם בּוֹאֶךָ** 당신의 방문은 우호적입니까?(그러나 왕상 2.13의 **הֲ**는 같은 어순으로 나온다); 창 27.24 (21절에 있는 **הֲ**와 함께); 삼하 18.29 (32절에 있는 **הֲ**와 함께). 의문사 **הֲ**는 대립을 나타내는 **וְ** 뒤에서 일반적으로 생략된다: 욥 2.10 **וְאֶת־הָרַע לֹא נְקַבֵּל** 우리가 재앙도 받지 않겠는가? 이런 유형의 문장은 대명사가 예기치 않은 질문, 즉 수

---

¹ 의문문을 광범위하게 사용하는 것은 히브리어의 특이한 문체적 특징이다; 예, 출 32.12 (Vulg.: *Ne quaeso dicant Aegyptii*); 삼하13.26. 이것은 의문문으로 번역할 수 없고, 오히려 그가 너와 함께 가야할 이유가 없다는 뜻이다(참조, 창 44.7에 대한 Ehrlich의 해석). **לָמָה**의 의미 진화는 § *h*; 참조, 수사 의문 **מַה**는 § 144 *h* 참조.

² 어떤 유대인 문법학자들이 의문사 **הֲ**를 **ה״א התמיהה** 놀람의 헤(He of surprise)로 이름 붙였다(§ 102 *l*, n.). 또한 Muraoka, *Emphatic*, 118f를 보라.

³ 창 39.9 .. **אֵינֶנּוּ גָדוֹל .. מִמֶּנִּי וְלֹא חָשַׂךְ**은 이와 같은 경우일 수 있다: 참으로 그가 나보다 더 위에 있지 않는가 ...? 그래도 그는 ...금하지 않았다.

사 의문과 함께 나올 때 특히 빈번하다(¹): 삿 14.16 "나는 그것을 나의 아버지나 나의 어머니에게 말하지 않았다. וְלָךְ אַגִּיד 그런데 내가 그것을 너에게 알려 주겠는가?"; 11.23; 삼하 11.11; 사 37.11; 렘 25.29; 45.5; 49.12; 겔 20.31; 욘 4.11.

b   질문에 자주 나오는 부사 הֲ는 가끔 **감탄의 뉘앙스**를 지닌다. 그것은 상대적으로 적게 나오기 때문에 모르고 쉽게 지나친다(²): 창 3.11 네가 정말 먹었다! 민 20.10 (아마) 이 반석에서 물을 낼 것이다!; 31.15 어찌하여 너희들은 여자들을 모두 살려주었느냐!; 삼상 2.27 분명히 내가 나 자신을 네 조상의 집에 계시하였다!; 왕상 18.17 여기에 네가 있구나, 이스라엘의 파괴자여!; 21.19 네가 죽이고 재산을 취하였다!; 22.3 너희는 ~을 잘 안다!; 렘 7.9 왜 도둑질하고, 죽이고 ...!; 암 5.25 참으로 너희는 광야에서 희생제물과 소제물을 나에게 바쳤구나!; 욘 4.4 너는 참으로 화났구나!; 학 2.19 참으로 씨앗이 여전히 창고에 있구나; 룻 1.19 이게 정말 나오미인가! הֲרָאִיתָ가 나오는 모든 예에서 감탄의 뜻이 나타난다는 사실에 주목해야 한다: 왕상 20.13; 21.29; 렘 3.6; 겔 8.12, 15, 17; 47.6; 또한 הֲרְאִיתֶם (다게쉬, § 102 *m* 끝) 삼상 10.24; 17.25; 왕하 6.32(³).

c   이와 같이 הֲלֹא (Lat. *nonne?*)는 가끔 어떤 감탄의 뉘앙스로 사용된다(⁴): 삿 4.6 이것은 야웨께서 명하신 것이다!; 삼상 20.37 그러나 화살이 네 앞에 있다!; 23.19 보라! 다윗이 우리 가운데 숨어 있다!; 상당히 자주 어떤 것이 놓여 있는 곳을 강조하기 위하여 사용된다: 신 11.30 이(산들)는 요단 강 저쪽에 있음을 (알아라); 수 10.13 대략 이것은 잘 알려진 것처럼 의인의 책에 기록되었다는 뜻이다(빈번한 형식: 왕상 11.41; 14.29, 이것은 다른 형식과 동일하다: הִנֵּה כְתוּבָה 삼하 1.18; הִנָּם כְּתוּבִים 왕상 14.19; 왕하 15.11; 대하 27.7; 32.32 [참조, § 164 *d*]).

---

¹ 참조, Steiner 1997: 167.

² 연설(speech)에서, 동일한 단어가 질문과 감탄에 함께 나타나는 때가 상당히 자주 있다: 예, *What man?* 그리고 *What a man!*; *How many are already dead* (얼마나 많은 사람이 이미 죽었는가?) 그리고 *How many are already dead!*(얼마나 많은 사람이 이미 죽었는가!) 히브리어에서 의문 대명사 מַה 무엇인가?와 의문 부사 אֵיךְ 어찌하여?는 감탄적 불변사로도 사용된다(§ 162 *a*).

³ 제롬은 가끔 이것을 질문으로 번역하지 않았다: *Certe vides* 겔 8.12; *certe vidisti* 8.15,17; 47.6. 비교, 눅 7.44 βλέπεις ταύτην τὴν γυναῖκα; 너는 이 여자를 보느냐!

⁴ 사마리아 히브리어에서 /ālū/ 형태의 발음은 두 번째 요소가 항상 /lā/로 발음되는 부정어와 동일한 것으로 느껴지지 않았음을 가리킨다. 벤-하임(Ben-Ḥayyim § 6.3.12)은 이 형식이 아람어 감탄사 אֲלוּ (또는 אֲרוּ)와 유사한 것으로 본다. 또한 아카드어 *allû* (CAD, A, I. 328), 그리고 우가릿어 *hl*과 비교하라.

d　　　　직접 의문문에서 희소하기는 하지만 אִם이 나온다(이것은 간접 의문문의 형식에서 나온 것이다)(¹): 왕상 1.27 이것이 행해진 것은 왕의 명령으로 된 것인가?; 사 29.16; 반복된다: 암 3.6(의문사 הֲ가 여러번 나온 후에); 욥 6.12; 또한 אִם־לֹא: 렘 48.27; 시 131.2(*i*); 욥 17.2 (아마도); 30.25 (아마도).

e　　　　**분리된** (직접) 의문문에서 הֲ가 첫 항에 나오면, 두 번째 항에서는 주로 אִם이 나온다(이것은 간접 의문문의 형식에서 나온 것이다): 예, 수 5.13 הֲלָ֫נוּ אַתָּה אִם־לְצָרֵ֫ינוּ 당신은 우리 편입니까 또는 우리 적의 편입니까?; 왕상 22.15; 상당히 드문 경우에 וְאִם 욜 1.2; 욥 21.4; 드물게 אוֹ 삿 18.19; 전 2.19 그리고 (מִ 앞에서, 아마도 אִם을 피하기 위하여) 왕하 6.27; 욥 16.3; 38.28, 31; אוֹ הֲ 말 1.8(²).

　　　　관찰. 분리된 의문문은 가끔 유사 평행법에 사용된 단순한 문체적 특징일 수 있다: 예, 창 37.8; 특히 시문에서: 사 10.15; 렘 5.29; 욥 4.17; 6.5f.; 8.3; 10.4f.; 11.2,7; 22.3.

f　　　　**간접 의문문**에서 우리는 직접 의문문의 הֲ나 אִם 만약에를 사용한다; אִם은 특히 내포된 어떤 동사가 있을 때 사용된다: 스 2.59 그들은 자신이 이스라엘에 속했음을 (사람들이 볼 수 있도록) 그들의 족보를 입증할 수 없었다; 출 22.7*b* 그가 다른 사람의 물건에 손을 대었는지 (이와 같은 방식으로 사람들이 알 수 있도록) (여기에서 אִם־לֹא는 맹세를 가리키는 것이 아니다; 이와 같이 22.10에서도; 욥 1.11 그가 당신을 저주하지 않는지 [우리가 볼 것이다]).

　　　　הֲרָאֵ֫ה 보다 다음에 הֲ (아 6.11) 또는 אִם이 나온다(7.13 유사한 문맥에서).

　　　　הֲ의 예: יָדַע 알다: 신 8.2; נִסָּה 시험하다: 출 16.4(³) 동사 뒤에서.

　　　　אִם의 예: דָּרַשׁ 구하다 왕하 1.2; בִּקֵּשׁ 찾다 렘 5.1; בָּחַן 시험하다 말 3.10 동사 뒤에서.

　　　　분리된 절에서 הֲ는 첫 번째 항에 나오며, 두번째 항에는 אִם이 나온다: 민 13.18*bb*; 또는 13.18*ba*; אוֹ 전 2.19.

g　　　　**관찰**. 대부분의 의문사 단어들은 간접 의문문에도 사용된다: 예, מֶה

---

¹ 비교, 라틴어: *An venit?*; 독어: *ob mit Recht?*; 불어: *est-ce avec raison?*

² 두 번째 부정적 항에는 אִם־לֹא 또는 אִם אַ֫יִן이 나온다. § 160 *j*.

³ 이상하게도 הִגִּיד 알리다 뒤에서 창 43.6.

무엇 민 13.18a; מִי 누구 창 43.22; מָתַי 언제 출 8.5; אֵי־זֶה 어디에 삼상 9.18; 렘 6.16; 참조, 시 121.1(내포된 동사와 함께) מֵאַיִן 그것이 어디에서 오는지 [보기 위하여]; 수 2.4.

h   **구체적 질문**. לָמָה 왜? 이것은 아주 느슨하게 사용되며(예, 출 32.12; 삼하 13.26; 참조, § *a*, n.), 부정어 ~하지 않도록의 경계에 있는 경우(¹): 삼상 19.17 나로 떠나게 하라: 내가 왜 너를 죽여야 하느냐? = 내가 너를 죽이지 않도록; 삼하 2.22. 후대 히브리어에서, 연결하는 관계사와 함께 명백하게 이런 뜻으로 사용되었다: 아 1.7 שַׁלָּמָה μήποτε; 단 1.10 אֲשֶׁר לָמָה μήποτε (= 아람어 דִּי־לְמָה 스 7.23; 시리아어 *dalmå*).

i   מַה־לְּךָ 너와 무슨 상관이냐? 등은 다양한 구문들의 구성 요소가 될 수 있다: כִּי와 함께: 삼상 11.5 מַה־לָּעָם כִּי יִבְכּוּ 백성들이 무슨 일로 우느냐?; 드물게 לְ를 가진 부정사와 함께: 시 50.16 מַה־לְּךָ לְסַפֵּר חֻקָּי 너는 왜 나의 율례에 대하여 장황하게 말하느냐?; 드물게 분사와 함께: 욘 1.6 מַה־לְּךָ נִרְדָּם 너는 왜 자고 있느냐?(상태를 가리키는 수식적 대격; 참조, § 127 *a*); 비교, 겔 18.2.

j   불어 *est-ce que?*에 일치하는 הֲכִי에서(직역하면 *num [est] quod?*), כִּי는 주어절을 시작한다(참조, § 157 *a*, n.): 욥 6.22 הֲכִי אָמַרְתִּי 내가 말했느냐?; 삼하 9.1 הֲכִי יֶשׁ־עוֹד 더 이상 없느냐?; 창 29.15 나의 형제로서 너는 나를 위해 보수 없이 일하겠느냐?(이 질문은 엄격하게 말하자면, 마지막 항['너의 보수']와 이어질 뿐이다; 참조, § *k*); 27.36 참으로 그는 [정말] 야곱이라고 부를 것이다. 그리고(= 왜냐하면) 그는 이미 나를 두 번이나 속였다 (감탄사 הֲ와 함께, § *b*); 부정과 함께: 삼하 13.28 הֲלוֹא כִּי אָנֹכִי צִוִּיתִי אֶתְכֶם 내가 네게 명령하지 않았느냐?; 삼상 10.1 ¿.

k   **일반적 관찰**. 1) 가끔 의문사가 두 개의 등위적인 항들의 그룹이 시작하는 곳에 나올 때, 논리적으로 첫 번째 항은 종속적이 되고 의문사는 오직 두 번째 항과 연결된다: 민 11.22 만약 그들을 위하여 양떼와 소떼를 잡는다 하더라도 그들에게 충분하겠습니까?(§ 128 *b*); הֲ와 함께 렘 8.4; הֲכִי와 함께. 29.15(§ *j*); מַדּוּעַ와 함께: 사 50.2 내가 왔을 때 왜 아무도 없었는가?; 5.4; לָמָה와 함께: 사 58.3(²). 비교, § 167 *t*; 168 *h*; 170 *m*에서 다루어진 유사한 현상들.

---

¹ 아랍어에서 /mā/ 무엇인가?는 부정어 ~아니다로 번역할 수 있다. 비교, 원래 어디에?를 뜻하는 אַיִן 이 부정적인 뜻으로 전환하였으며 ~은 없다(*there is not*)를 의미하게 되었다(§ 154 *k*).

² 비교, 마 18.21 ποσάκις ἁμαρτήσει εἰς ἐμὲ ὁ ἀδελφός μου καὶ ἀφήσω αὐτῷ;

2) 의문사에 첨가된 지시 대명사는 § 143 *g* 참조.

3) 의문사는 첫 항이 아닌 곳에서도 나올 수 있다: 예, 출 16.7 וְנַ֫חְנוּ מָ֫ה 우리가 누구냐?; 사 49.21 וְאֵ֫לֶּה מִי גִדֵּל .. אֵ֫לֶּה אֵיפֹה הֵם 누가 그들을 키웠느냐?... 그리고 그들이 어디 있느냐?; 창 23.15; 민 16.11; 삼하 13.13; 시 6.6.

4) 수사 의문은 논점을 강하게 만드는 장치이다: 예, 겔 18.25 וַאֲמַרְתֶּם לֹא יִתָּכֵן דֶּ֫רֶךְ יהוה .. הֲדַרְכִּי לֹא יִתָּכֵן הֲלֹא דַרְכֵיכֶם לֹא יִתָּכֵ֫נוּ 너는 말하기를, "주님의 길은 공평하지 않다 ..." 나의 길이 공평하지 않으냐?... 여기에서는 어순 변화가 논점을 강화한다.

l   **부록**. I. 특히, 질문에 대한 **대답**과 연관하여: 1) 긍정적인 대답은 질문과 연관된 단어를 단지 반복한다: 창 29.6 הֲשָׁלוֹם לוֹ וַיֹּאמְרוּ שָׁלוֹם 그는 잘 있는가? 그들이 말하기를: "잘 있습니다"[1]; 삼상 23.11, 12; 렘 37.17; 인칭 변화와 함께: 창 29.5 הַיְדַעְתֶּם ... יָדָ֫עְנוּ 너는 아느냐? 예, 우리는 압니다; 24.58; 27.24; 삿 13.11; 왕상 13.14. 대답에서 주어 대명사의 생략은 § 146 *h* 참조.

2) 대명사는 초대나 그와 유사한 정황에 대한 대답에서 가끔 추가된다; 참조, § 146 *a* 2.

3) 대답에서 어순은 § 154 *g* 참조.

4) 부정적인 대답에서는 단순한 부정 부사로 충분하다: 학 2.12, 13 לֹא; 룻 1.13 אַל; 삿 4.20 אָ֫יִן (참조, § 160 *j*).

5) 질문에서 익틀 뒤에 대답으로 나오는 분사의 용법에 대하여: 예, 창 37.15, 16, 참조, §§ 113 *d*, *n*. 그리고 121 *d*[2].

m   II. 의문문에서 **바브와 함께 오는 귀결절의 시제**에 관하여. 여기의 시제 용법에 예외적인 것은 없지만, 우리는 시제를 다룬 장에서 설명한 몇 개의 실제적인 예들을 들고자 한다.

목적을 가리키기 위해서는 간접 의지형이 사용된다: (i) 1인칭 권유형, 왕상 22.7 우리가 물어볼 선지자가 여기에 없는가?(וְנִדְרְשָׁה, § 116 *c*); (ii) 2인칭 명령형, 삼하 21.3 너희가 야웨의 기업을 축복하도록(וּבָרְכוּ) 내가 너희를 위하여 무

---

[1] 라틴어처럼 성서 히브리어도 긍정 그렇다를 가르키는 표준어가 없었으므로 의문문에서 중요한 단어를 반복할 필요가 생기게 되었다. 후기 탈무드 히브리어 시대에 כֵּן 그렇다가 만들어진 것은 이탈리아어 *sì* 그리고 스페인어 *sí* 참조. 수 2.4 .. וַתֹּ֫אמֶר כֵּן בָּ֫אוּ אֵלַי 에서는 앞에 질문이 나오지 않는다.

[2] 참조, Joüon 1921: 224.

엇을 하며 어떻게 보상할까?(§ 116 *g*); (iii) 3인칭 지시형, 욘 1.11 바다가 잠잠해지도록 우리가 너에게 어떻게 해야 하는가?(וְיִשְׁתֹּק)(참조, § 116 *e*)([1]).

결과를 표현하기 위하여 히브리어는 도치 시제를 사용한다: (i) 미래와 현재의 영역에서 베-카탈티(*w-qatalti*), 시 80.13 왜 주께서는 그 울타리를 허무셔서, 그 결과로 지나가는 모든 사람이 열매를 따먹게 하셨습니까?(וְאָרוּהָ)(§ 119 *e*); 창 29.15(§ 161 *j*); 왕하 5.12; (ii) 과거의 영역에서 바익톨(*wayyiqtol*)([2]), 창 12.19 왜 너는 그가 너의 여동생이라고 말하여, 결과적으로 내가 그를 내 아내로 취하게 하였느냐?(וָאֶקַּח)(§ 118 *h*). 렘 9.11 지혜가 있어 그것을 깨달을 수 있는 사람이 누구인가?(וְיָבֵן)에는 간접적인 의지형이 나온다.

§ 162. 감탄절

a   질문과 감탄의 구별은 가끔 명확하지 않다. 많은 의문사들은 감탄사들로 사용할 수 있다(참조, § 161 *b*, n.). 이리하여 의문사 מַה: 특히 동사와 함께([3]): 민 24.5 מַה־טֹּבוּ אֹהָלֶיךָ 너의 장막이 어찌 그리 아름다운가!; 사 52.7 מַה־נָּאווּ 그들이 얼마나 아름다운가!; 시 3.2 מָה־רַבּוּ 그들이 얼마나 많은가!; ─형용사와 함께: 시 8.2 מָה־אַדִּיר 얼마나 위엄찬가!; 36.8 מַה־יָּקָר 얼마나 귀한가!; 실명사와 함께: 슥 9.17 מַה־טּוּבוֹ 얼마나 선한가!; 말 1.13.

b   이와 같이 אֵיךְ 어떻게?도 감탄의 불변사로 사용된다: 시 73.19; 삼하 1.25, 27; אֵיכָה 애 1.1; 사 1.21.

       감탄의 뜻을 가진 ה는 § 161 *b* 참조.

c   실명사는 외침의 불변사로 사용될 수 있다: 왕하 4.19 רֹאשִׁי רֹאשִׁי 아이구 내 머리야, 내 머리야!; 사 29.16 הַפְכְּכֶם 아, 너의 패역함이여!

d   가장 빈번하게 나오는 외침으로는 הוֹי: 왕상 13.30 הוֹי אָחִי 아, 내 형제여!; אוֹי: 겔 24.6 אוֹי עִיר הַדָּמִים 피비린내 나는 성에 화있을진저!; לְ와 함께:

---

[1] 욥 3.11 וְאֶגְוָע 나는 왜 모태에서 죽어 나오지 않았는가? 그러나 내가 왜 죽지 않는가?가 더 자연스러워 보인다.

[2] 현재의 영역은 시 144.3; 참조, § 118 *h*, n.

[3] 선택이 가능하다면 동사가 형용사보다 더 낫다.

사 6.5 אוֹי־לִי 나에게 화로다! 참조, § 105 *b*.

e קוֹל 목소리, 소리 뒤에 속격이 나올 때 상당히 자주 감탄의 불변사로 사용된다: …소리다! 이것은 문맥에 따라 내가 듣는다! 들어라!로 번역되어야 한다: 왕상 18.41 כִּי־קוֹל הֲמוֹן הַגָּשֶׁם 왜냐하면 내가 비 소리를 듣기 때문이다; 아 2.8 קוֹל דּוֹדִי הִנֵּה־זֶה בָּא 내가 내 사랑의 목소리를 듣는다! 그가 오고 있다!; 5.2 קוֹל דּוֹדִי דוֹפֵק 내 사랑이 문을 두드리는 소리를 듣는다(상태의 대격, § 127 *a*); 사 66.6 קוֹל שָׁאוֹן מֵעִיר קוֹל מֵהֵיכָל קוֹל יְהוָה מְשַׁלֵּם גְּמוּל לְאֹיְבָיו 내가 성에서 나는 소리를 듣는다, 야웨의 성전에서 나는 소리이다! 나는 주의 원수들에게 그들이 받아야 할 것으로 갚아 주시는(대격) 야웨의 소리를 듣는다!; 40.3 קוֹל קוֹרֵא 누가 외치는 소리를 듣는다!; 13.4; 40.6; 52.8; 렘 8.19; 10.22; 25.36; 50.28; 51.54; 미 6.9([1]).

§ 163. 기원절

a 기원(소원)의 표현은 가끔 감탄이나 질문의 표현과 유사하다.

기원을 표현하는 가장 일반적이고 단순한 방법은 **의지법**을 사용하는 것이다.

1인칭: 권유형, 특히 נָא와 함께: 신 3.25 אֶעְבְּרָה־נָּא 제발 나를 건너가게 해주십시오! = 내가 건너가고 싶습니다 또는 내가 건너갈 수 있도록 허락해 주십시오 (§ 114 *d*); 가끔 권유형 형식이 선택되지 않을 때도 있다: אֶמְצָא חֵן 내가 은혜를 입게 해 주십시오!(창 34.11; 참조, § 114 *b*, n.).

2인칭: 지시형, 거의 항상 אַל과 함께: 신 9.26 אַל־תַּשְׁחֵת 멸하지 마십시오! (§ 114 *g*). 명령형도 기원적 의미로 사용된다. 특히 נָא와 함께: 왕하 5.22 תְּנָה־נָּא 제발 주십시오(§ 114 *m*).

3인칭: 지시형, 특히 נָא와 함께: 창 26.28 תְּהִי נָא אָלָה 제발, 맹세하여.

관찰: 1) 기원하는 동사절의 어순은 § 155 *l* 참조.

2) 시문에서 기원의 의미를 가진 완료는 § 112 *k* 참조.

---

[1] 그러나 시 29.3 물 위에 있는 야웨의 소리! 이 קוֹל의 용법은 창 4.10 קוֹל דְּמֵי אָחִיךָ צֹעֲקִים אֵלַי에서 일치되지 않는 어려움을 해결할 수 있다.

b   명사절은 기원의 의미를 가질 수 있다. 이리하여 문안 형식에서: שָׁלוֹם לְךָ 너는 안심하라! 삿 6.23 등; יְהוָה עִמָּכֶם 야웨께서 너희들과 함께 하시기를! 룻 2.4†(대조, 삿 6.12 야웨께서 너와 함께 하신다†); 축복과 저주에서: 창 9.26 בָּרוּךְ יְהוָה 야웨께서 찬양받으시길!; 3.14 אָרוּר אַתָּה 너는 저주를 받기를!

c   가끔 조건의 불변사 אִם과 לוּ 만약에가 사용된다(직설법과 함께): אִם 익톨과 함께: 시 81.9 אִם־תִּשְׁמַע־לִי 만약 네가 내 말을 듣는다면! = 나는 네가 내 말을 듣기를 원한다!; 95.7; 139.19.

        익톨과 함께 나오는 לוּ(אִם처럼, 그리고 의미상 뚜렷한 차이 없이) 창 17.18 לוּ יִשְׁמָעֵאל יִחְיֶה לְפָנֶיךָ (최소한) 이스마엘이라도 주의 목전에 살았으면 합니다!; 욥 6.2(창 30.34 לוּ는 의심스럽다; יְהִי는 לוּ 또는 אִם과 함께 나오는 지시형의 유일한 예이다)(¹).

        카탈과 함께 나오는 לוּ, 소원이 과거와 연결될 때: 민 14.2 לוּ־מַתְנוּ בְּאֶרֶץ מִצְרַיִם 아! 우리가 이집트에서 죽었더라면!(우리가 정말 죽어버렸다면!); 20.3; 수 7.7; 사 48.18; 63.19(²).

        끝으로 אַחֲלֵי (§ 105 *b*, n.)가 익톨과 함께 나온다: 시 119.5 아! 내 길이 탄탄하였으면!; 단 한 번 אַחֲלֵי 왕하 5.3 명사절 앞에서(그러나 동사는 삭제되었을 수 있다). אָבִי의 용법을 주목하라: 욥 34.36 אָבִי יִבָּחֵן אִיּוֹב 나는 욥이 시험을 받았으면 좋겠다!

d   기원은 가끔 **감탄 의문**으로 표현된다: 삼하 15.4 מִי־יְשִׂמֵנִי שֹׁפֵט בָּאָרֶץ 누가 나를 이 땅에서 재판관으로 임명해 줄 것인가? = 나는 재판관으로 임명되길 얼마나 원하는지!; 23.15 מִי יַשְׁקֵנִי 아! 그들이 나에게 마실 것을 주었으면...!; 민 11.4 מִי יַאֲכִלֵנוּ בָּשָׂר 누가 우리에게 먹을 고기를 줄 것인가? 또는 우리는 얼마나 원하는지...!

        מִי יִתֵּן 누가 줄 것인가?의 감탄적 용법은 히브리어에서 주목할 만한 독특성을 갖고 있다(³). 몇몇 경우에 주다 등의 뜻은 온전히 유지되지만, 어떤 경우에는 약화되거나 거의 상실되어, 결과적으로 מִי יִתֵּן은 하나님께서 허락하시

---

¹ 창 30.34에 대한 토론으로 Muraoka, *Emphatic*, 116을 보라.

² 창 23.13에서 명령형과 함께 나오는 לוּ는 부사어로 보인다(간청하건데!); 아마 5절과 11절에서 לוּ로 읽어야 할 것이다(여기서는 명령형으로부터 분리되어 있다). 그러나 서기관을 혼동시킨 고대 형식으로 사용된 이 기원의 לוּ는 לוּ 만약(가정)과 동일한가?

³ 참조, Muraoka 2000b 와 Seidl 2001.

길!(Lat. *utinam!*)이란 뜻의 기원적 형식이 된다. 그것은 일반적인 의미로 주다 등의 뜻을 유지한 경우: 삿 9.29 מִי יִתֵּן אֶת־הָעָם הַזֶּה בְּיָדִי 아! 그들이 이 백성을 나에게 맡겨 주었다면!([1]); 약화된 의미로서: 시 55.7 아! 나에게 날개가 주어졌다면 = 오, 나에게 날개가 있다면; 원래 의미가 상실된 경우: 신 28.67 מִי יִתֵּן עֶרֶב 저녁이 되었으면!; 두 개의 대격과 함께: 민 11.29 מִי יִתֵּן כָּל־עַם יהוה נְבִיאִים 하나님께서 야웨의 모든 백성이 선지자가 되도록 허락하시길 바란다!([2]); 렘 8.23; 동사의 접미사와 함께: 욥 29.2 מִי־יִתְּנֵנִי כְיַרְחֵי קֶדֶם 내가 옛 세월로 되돌아 갔으면! 동사의 개념은 분사로 표현된다: 예, 욥 31.35 מִי יִתֶּן־לִי שֹׁמֵעַ לִי 오, 누군가 내 말을 들어주는 사람이 있었으면!; 또는 부정사 연계형으로: 삼하 19.1 מִי־יִתֵּן מוּתִי אֲנִי תַחְתֶּיךָ 아, 내가 너 대신에 죽었다면 좋았을 것을!(참조, § 146 *d*); 출 16.3; 또는 완료에서 정동사로: 욥 23.3 מִי־יִתֵּן יָדַעְתִּי 오, 내가 알았다면!; 익톨에서: 욥 6.8 מִי יִתֵּן תָּבוֹא שֶׁאֱלָתִי 오, 내 소원이 이루어졌다면!

מִי־יִתֵּן 다음에 바브절이 따라 올 수 있다: 신 5.29 וְהָיָה לְבָבָם זֶה לָהֶם 아, 그들에게 이런 태도가 있었다면!; 욥 19.23(목적절과 동일함, § 177 *h*).

연결소 <바브+완료>의 용례에 대하여, 삼상 24.15 וְהָיָה יהוה לְדַיָּן וְשָׁפַט בֵּינִי וּבֵינֶךָ וְיֵרֶא וְיָרֶב אֶת רִיבִי וְיִשְׁפְּטֵנִי מִיָּדֶךָ 그러므로 야웨께서 재판관이 되시어 나와 당신 사이를 판결해 주시고, 나의 사정을 살펴 변호하시며 나를 당신의 손에서 건져주시길 원합니다!와 비교하라.

§ 164. 단언절([3])

a 우리는 여기에서 단언(asseveration)의 특징적인 측면으로서, 맹세에서 엄숙하게 확언하는 것만 다룰 것이다. § 165 참조.

부사 אֲבָל([4]), אָמְנָם(질문에서 אָמְנָם으로 발음이 됨)과 אָמְנָה 참

---

[1] 귀결절의 וְיָסִירָה는 § 116 *c* 참조.

[2] 아마 명사절 같다: 나는 주님의 모든 백성이 선지자가 되었으면 좋겠다!

[3] 우리는 확언적(*affirmative*, 부정적과 대조됨)이라는 용어 대신에 단언적(*asseverative*)이라는 용어를 사용한다. 왜냐하면 우리가 말하는 긍정은 여기에서 부정적 형태로 제시될 수 있기 때문이다. 예, 참으로 그는 주무시지 않는다(시 121.4).

[4] 예, 창 17.19 אֲבָל שָׂרָה אִשְׁתְּךָ יֹלֶדֶת לְךָ בֵּן 참으로 너의 아내 사라는 너에게 아들을 낳아줄 것이다; Muraoka, *Emphatic*, 128f.에 있는 토론을 보라.

으로(¹), אַךְ(²) 확실하게, 의심할 여지 없이(왕상 22.32), אָכֵן(창 28.16 אָכֵן יֵשׁ רַק אֵין יִרְאַת אלהים במקום הַזֶּה (יהוה בַּמָּקוֹם הַזֶּה)(³) 외에도, 지시 부사 הֵן(הִנֵּה) 여기에 ...있다(⁴)는 **주장을 강화하기** 위하여 사용된다: 시 121.4 הִנֵּה לֹא־יָנוּם 참으로 그는 주무시지 않는다; 창 12.11 הִנֵּה־נָא יָדַעְתִּי 참으로 나는 안다; 16.2; 47.23 (הֵן); 겔 16.44; 아 1.16 הִנְּךָ יָפֶה 참으로 당신은 멋있다; 4.1.

b　　　이와 같이 כִּי는 주장을 가볍게 강화하기 위하여 가끔 사용된다: 그것은 확실히, 정말보다 의미가 약하며, 번역에서 대부분 생략되어야 한다(⁵). 이 단언의 כִּי는 특히 엄숙한 맹세(§ 165 *b, e*)와 조건절의 귀결 부분에 나타난다 (§ 167 *s*). 이 경우들 외에, 그것은 여기 저기에서 크고 작은 확신, 특히 이 불변화사가 술어 직전에 나올 때 확인된다: 예, 창 18.20 זַעֲקַת סְדֹם וַעֲמֹרָה כִּי רָבָּה 소돔과 고모라의 울부짖음이 (참으로) 크다(⁶); 어떤 주석가들이 수용하는 단언의 כִּי는 다음과 같다: 사 32.13; 시 49.16; 77.12; 118.10; 애 3.22.

c　　　כִּי־אִם은 참으로, 확실하게와 같은 뜻으로, 특히 맹세에서 사용된다: 왕하 5.20; 렘 51.14(참조, § 165 *e, c*); § 173 *c*를 보라.

d　　　הֲלֹא는 감탄의 불변사로 사용되며 가끔 특별한 단언의 뜻을 가정한다: 예, הֲלֹא הִיא כְתוּבָה 이것은 잘 알려진 바와 같이 ~에 기록되었다. 수 10.13(참조, § 161 *c*).

---

¹ Muraoka, *Emphatic*, 133f를 보라.

² Muraoka, *Emphatic*, 128f를 보라.

³ 발언이나 생각하는 동사(나는 [단지] 생각하였다)에 대한 Van der Merwe's(1991: 302)의 가정은 임의적이다.

⁴ 아랍어에서 이와 상응하는 단어 ʾinna "보라, 참으로"가 약한 뜻으로 유사하게 사용되는 것을 비교하라. 일반적으로 이 단어는 어느 정도 כִּי와 일치한다. § *b*. הִנֵּה는 Humbert 1934, Labuschagne 1973; Lambdin 1971a: 168-71을 보라; 그러나 이 불변사는 존재적이나 위치적인 절과는 무관하기 때문에, 실제성의 개념을 더해 주는 존재의 술어(a predicator of existence)가 될 수 없다; Muraoka, *Emphatic*, 137-40; Kogut 1986; Müller 1989.

⁵ כִּי의 단언적 영향은 지시사로서 그 일차적인 힘에서 나왔거나(참조, Brockelmann, *GvG*, II. 111), 관계 접속사로서의 용법에서 나왔다(참조, BDB, s.v.1 כִּי, **d, e**).

⁶ 여기에서 כִּי는 다음과 같이 설명할 수 있다: (*there is this*), 즉, 그것이 놀랍다; 주어는 강조를 위한 고리형이다. Muraoka, *Emphatic*, 158-64에서 이 불변사가 소위 강조의 영향을 갖고 있다는 광범위한 토론 외에도, כִּי의 강조적 기능을 완전히 거부한 Bandstra 1982, 특히 제2장을 보라. 또한 Claassen 1983을 보라: 29-46, 특히 30-35을 보라. 여기에는 소위 강조적 *kî*에 대한 최근 연구가 보기 쉽게 정리되어 있다; 또한 Aejmelaeus 1986을 보라.

e   부정사 절대형은 단언을 표현하기 위하여 자주 사용된다; § 123 참조.

f   단언의 힘을 가진 אִם과 אִם לֹא는 § 165 *j* 참조. 그리고 Muraoka, *Emphatic*, 128.

g   많은 학자들은 다양한 불변사들이 어느 정도 모호하게 '강조하는' 개념으로서 단언의 의미를 갖고 있다고 주장한다: אֲבָל, אַךְ, אַל, אִם, אַף, אֵת(= 대격 표시), וְ, כְּ, כִּי, לְ, רַק(¹). 대부분의 경우에 그들은 이런 저런 불변사들이 '강조하는' 힘을 갖고 있는 경우들을 입증하기 위하여 본문들을 가져온다. 그렇지만 그들의 논증은 반박을 피하기 어렵다. 왜냐하면 그들이 말하는 '강조'가 무엇을 뜻하는지, 또한 왜 해당 문맥에서 강조하는 발언이 요청되는지 분명하지 않기 때문이다. '강조' 개념은 자주 온갖 종류의 본문 비평 또는 주석의 어려움에 대하여 마치 피상적인 만병통치약처럼 무책임하게 적용되고 있다.

§165. 저주와 맹세의 절

a   **I. 저주의 맹세**(שְׁבוּעַת אָלָה *maledictory oath*)는 그 조건절이 기원하는 형식을 갖는다: כֹּה יַעֲשֶׂה (לִי) אֱלֹהִים וְכֹה יוֹסִיף 하나님께서 이것을 (나에게) 행하시고 이것을 더하시길 빈다!(²) 귀결절에는 다음과 같은 것이 나온다: (1) (부정적 진술을 위한 אִם: 왕하 6.31 אִם יַעֲמֹד 만약 그의 머리가 그에게 남아 있으면(= 분명히 그것은 남아 있지 않을 것이다); 삼상 3.17; 25.22; 왕상 20.10†; (2) 긍정적 진술을 위한 אִם לֹא: 삼하 19.14 תִּהְיֶה .. אִם־לֹא 만약 네가 …되지 않으려면(= 너는 분명히 될 것이다)†. 정상적인 구문인 אִם לֹא 외에, 긍정적인 진

---

¹ 이 문제에 대한 종합적인 토론은 Muraoka, *Emphatic*, 제7장[= pp. 113-64]에 있다. 그곳에 있는 문헌들 외에 더 추가하자면, van der Merwe 1990; Jongeling 1997; Testen 1998: 114-17, 212 보라. 우가릿어는 Tropper의 조심스러운 평가를 보라. § 85.

² 사무엘서와 열왕기에는 모두 12번의 예가 나온다(룻 1.17을 제외하고): 삼상 3.17; 14.44; 20.13; 25.22; 삼하 3.9, 35; 19.14; 왕상 2.23; 왕하 6.31; 복수 동사와 함께: 왕상 19.2(이세벨); 20.10 (벤하닷). 동사 형태는 기원형의 의미에도 불구하고 직설법이다. 이 형식에서 כֹּה는 의심할 여지 없이 서기관이 삽입한 것이다: 저주를 선언하는 사람은 그가 자신에게 임하기를 요청하는 악한 일, 즉 마치 욥 31.8ff., 22와 같이 질병이나 재산의 상실이나 죽음과 같은 것을 명시해야 한다. 이 형식을 말하는 자가 불길하게 그의 손으로 그의 목을 치는 것 같은 어떤 몸짓을 함께 했다고 생각해 보는 것도 불가능하지는 않다. 따라서 민 23.5; 왕상 2.30에 있는 כֹּה와 왕상 14.5에 있는 כָּכָה וְכָזֶה는 서기관의 것이다.

술로서 (3) **כִּי**: 삼상 14.44 **כִּי מוֹת תָּמוּת** 너는 정녕 죽을 것이다; 왕상 2.23. 이 단언의 **כִּי**는 맹세절에서 나온 것이다. § *b, e*.

b   **II. 서약** 또는 **맹세(שְׁבוּעָה)** 앞에는 선택적으로 감탄 형식이 온다.

     A) **감탄 형식이 없이**, 동사 **נִשְׁבַּע** 맹세하다가 사용된다[1]; 긍정적인 진술에 사용되는 일반적 구문은 **נִשְׁבַּע כִּי** ~에 대해 맹세하다이다[2]: 암 4.2; **נִשְׁבַּעְתָּ כִּי** 사 45.23; 렘 22.5; 49.13; 왕상 1.17. 유사한 맥락에서 **כִּי**는 긍정적 가치를 가정하고 있으므로, **נִשְׁבַּע**는 **כִּי**와 함께 나올 때 참으로라는 개념은 사라질 수 있다: 예, **לֵאמֹר** 뒤에서, 왕상 1.13, 30. 이 **כִּי**는 **נִשְׁבַּע**가 없이 맹세를 표현하는 문장에 나오며(§ *e*), 저주 기원을 표현하는 문장에도 나온다(§ *a*).

c   긍정적 진술에 대하여 비록 드물기는 하지만 저주 기원의 용도에서 나온 **אִם לֹא**가 발견된다(§ *a*): 사 14.24. 렘 51.41에는 **כִּי אִם**이 나온다. 참조, § 164 *c*.

d   부정적 진술에는 (기대된) **כִּי לֹא**가 나오지 않고, **אִם**이 나온다[3]. 이것은 저주 기원 용법에서 나온 것이 분명하다(§ *a*): 삼상 3.14 **נִשְׁבַּעְתִּי אִם**; 삼하 19.8; 렘 44.26; 시 89.36; 95.11†; **הִשָּׁבְעָה אִם** 창 21.23; 삼상 24.22; 30.15†.

e   **B) 감탄 형식과 함께**: **חַי־אָנִי** 나는 살아 있다! = 내 목숨을 걸고![4]; **חַי יהוה** 야웨는 살아 계신다![5]; **חֵי פַרְעֹה**[6] 바로의 생명(을 걸고)!; **חֵי־נַפְשְׁךָ** 당신의 목숨을 걸고!

     긍정적 진술을 위하여 히브리어는 **כִּי** 확실히를 사용한다. 이것은 분명히 **נִשְׁבַּע כִּי**에서 나왔다(§ *b*): 삼상 26.16 **חַי יהוה כִּי בְנֵי מָוֶת אַתֶּם** 야웨께서 살아계시거니와! (확실히) 너는 죽어 마땅하다; 삼하 12.5; 왕상 18.15. 왕하 5.20;

---

[1] 맹세하다와 같은 뜻으로 손을 들다는 표현이 있다: **הֵרִים יָדוֹ** 창 14.22 등, **נָשָׂא יָדוֹ** 출 6.8 등.

[2] 그 예로 **הִגִּיד כִּי** ~을 선언하다를 들 수 있다. 창 3.11; 12.18.

[3] 막 8.12 ἀμὴν λέγω ὑμῖν, εἰ δοθήσεται τῇ γενεᾷ ταύτῃ σημεῖον에 있는 히브리어적 표현 참조.

[4] Greenberg(1957)의 입장과 달리, 왜 **חַי אָנִי**나 이와 같은 몇몇 형태가 **חֵי אֲנִי** 대신에 삼하 11.11 **חֶיךָ** 와 유사한 형태로 쓰여지지 않았는지 이유를 이해하기 어려우며, 그린버거 자신도 이것이 어법에 어긋난 것임을 인정하지 않을 수 없었다.

[5] 참조, Muraoka 2005: 40*f.

[6] **חַיִּים**의 연계형. 그리고 이것은 사람들의 목숨을 걸고 선언하는 맹세에 사용된다; 참조, König, vol. 2, p. 42.

렘 51.14에는 כִּי אִם이 나온다; § 164 c 참조.

감탄 형식이 없는 경우처럼 우리는 의심할 여지 없이 אִם לֹא를 사용할 수 있다(§ c).

f   부정적 진술에는 אִם이 사용된다(참조, § d): 삼하 11.11; 왕상 18.10.

g   위의 연구를 볼 때 저주와 맹세 형식 속에 **상호 변형**이 있음을 알 수 있다:

1) **긍정적 진술**에는 일반적으로:

저주: Me puniat Deus *si non* fecero hanc rem   אִם לֹא

(= 내가 그것을 하지 않으면, 하나님께서 나를 심판하십시오!)

맹세: *Juro quod*(*certo*) faciam hanc rem   כִּי

(= 내가 그것을 [확실히] 행하기로 맹세합니다)

따라서 변형에 의하여:

저주: Me puniat Deus, *certo* faciam hanc rem   כִּי

(=하나님께서 나를 심판하십시오; 내가 그것을 확실히 하겠습니다)

맹세: Juro *si non* fecero hanc rem   אִם לֹא

(= 내가 맹세컨대, 내가 만약 그것을 하지 않는다면)

2) 부정적 진술에는 일반적으로:

저주: Me puniat Deus *si* fecero hanc rem   אִם

(= 내가 만약 그것을 한다면 하나님께서 나를 심판하십시오)

따라서 변형에 의하여:

맹세: Juro *si* fecero hanc rem   אִם

(= 내가 맹세컨대, 만약 내가 그것을 한다면)

h   만약 우리가 이런 변형의 경우들을 인정한다면, 맹세에서 אִם 또는 אִם לֹא에는 저주가 표현되지 않았다고 설명하는 것은 무의미해진다(하나님의 입에서조차! 예, 신 1.35).

i   **관찰**: 1) אִם과 특히 כִּי는 가끔 **반복된다**: אִם: 창 14.23; כִּי: 창 22.16f.; 삼상 14.39; 왕상 1.30.

j   2) 맹세에서 אִם 결코 그렇지 않다와 אִם לֹא 확실히는 선언을 강화하기 위하여 사용될 수 있다: 사 22.14 אִם יְכֻפַּר 그것은 결코 용서받지 못할 것이다; 왕상 20.23 אִם־לֹא נֶחֱזַק מֵהֶם 확실히 우리가 그들을 이길 것이다; 사 5.9.

긍정(확언, affirmation)의 כִּי는 § 164 b 참조.

k   **부록.** חֲלִילָה לִּי 형식 *absit a me* (Vulg.); 결코 그렇지 않다!, 그럴 수 없다!는 아마 나에게 모독이다!는 뜻이며, 이것은 거부와 혐오스러운 개념을 설명한다(¹). 일반적으로 מִן과 함께 나온다: 창 44.17 חֲלִילָה לִּי מֵעֲשׂוֹת זֹאת 그와 같은 행동은 나에게 있을 수 없다! 하나님께서 나를 ~으로부터 보호하시길 빈다! אִם 과 함께 나오는 구문은 세 번 나타난다. 그것은 저주 기원 형식에서 나온 것이 분명하다(§ *a*): 삼상 24.7; 삼하 20.20; 욥 27.5(참조, § 93 *h*; § 105 *f*).

§ 166. 시간절

a   예비적 진술. 우리는 여기에서 시간절(temporal), 조건절(conditional), 목적절(final), 결과절(consecutive)을 모두 함께 다루려고 한다. 왜냐하면 그것들은 시제와 법의 관점에서 볼 때 가장 중요하기 때문이다. 시간절(§ 166)과 조건절(§ 167)은 밀접하게 연결되어 있으며, 어떤 경우에는 주어진 절이 시간적인지 또는 조건적인지 구별하기가 어렵다. 이와 같이 목적절(§ 168)과 결과절(§ 169)도 우리가 시제 장에서 본 것처럼 밀접하게 연관된다.

      두 절 사이의 시간 관계는 A) 단순 바브로 가볍고 세련되게, 병렬적으로(²); 또는 B) 다른 불변사를 통해 보다 정밀하게 종속적으로 표현될 수 있다. 우리는 계승(succession), 후행성(posteriority), 동시성(simultaneity), 선행성(anteriority)의 관계가 이 두 가지 구문을 통하여 어떻게 표현되는지 살펴 보려고 한다.

      A) 단순 바브로 표현된 시간 관계(³).

      일반적 원칙. 만약에 한 동작이 후행성을 나타낸다면, 계승의 바브

---

¹ *nefas!*(그럴 수 없다) 개념은 *absit!*(그런 일이 없기를) 개념으로 수정되었다. 참조, Joüon 1922: 59.

² 이와 같은 절이 시간적인 것으로 분석될 수 있는지 검토하는 것은 정당하다. 그것들을 다른 언어로 번역할 때 시간적인 것으로 다루는 것은 가능하다. 다른 절들의 형태에서 조건적, 목적적, 결과적, 사역적, 반의적 등으로 논리적인 분류를 하는 것에 대하여 동일한 질문을 던질 수 있다. 그러나 병렬적인 것을 종속적인 것보다 더 원시적이고 덜 세련된 인간 언어의 단계로 보는 것은 언어 과학에서 수용할 수 없는 가설이다. 참조, Havers 1931: 45f.; Paul 1960: § 101-2.

³ 너무 현학적으로 들릴지 모르겠지만, 한 편으로 주어진 구조가 선행성, 동시성 등의 어떤 시간 관계를 문법적으로 표현해 주는 것인가에 대한 문제와, 또 다른 편으로 어떤 시간 관계가 일반적 문맥에서 추론될 수 있는 것인가 하는 문제는 서로 다른 독자적인 문제이다.

(wayyiqtol과 w-qataltí)가 사용된다. 이와 대조적으로 만약 동작이 후행적으로 표현되지 않는다면, 이런 형태들은 회피된다(참조, § 118 *d-g*; 119 *d*). 그 대신, 문맥에 시사된 시간에 따라 w-..qatálti 또는 w-..yiqtol이 사용된다(그러나 w-qataltí와 w-yiqtol은 아니다)([1]). 이 바브는 완충적 단어에 의하여 동사 형태에서 분리되어야 한다. 가끔 이 단어는 문맥에서 자연스럽게 나오기도 한다. 그렇지 않을 경우, 독립적 대명사를 의지한다. 이때 독립적 대명사는 문법적으로 필요하지만 그 어떤 강조의 힘도 갖지 못한다.

b   **I. 계승.** 과거의 영역에서는 바익톨형이 사용된다(§ 118 *c*): 창 24.19 וַתְּכַל לְהַשְׁקֹתוֹ וַתֹּאמֶר 그리고 그녀는 그에게 마실 물을 준 후에, 그리고 (그리고 나서[*then*] = 그녀가 그 일을 마친 후에) ...그녀는 말했다([2]).

미래의 영역에서 w-qataltí 형이 사용된다(§ 119 *c*): 창 44.4 וְהִשַּׂגְתָּם וְאָמַרְתָּ 그리고 너는 그들을 따라잡고 그리고(나서) 너는 말할 것이다 = 네가 그들을 따라잡았을 때 너는 말할 것이다; 왕상 20.36 הִנְּךָ הוֹלֵךְ מֵאִתִּי וְהִכְּךָ הָאַרְיֵה 보라 네가 나를 떠날 때에 그리고(나서) 사자가 너를 칠 것이다; 룻 2.9 וְצָמִת וְהָלַכְתְּ 그리고 네가 목마를 때, 너는 갈 것이다(조건절로서 그리고 만일 네가 목마르면... 으로 번역하기보다, § 167 *b*).

c   **II. 동시성.** 두 동작들 중 하나는 순간적이거나 지속적일 수 있으므로, 동시성을 표현하는 데 있어서 네 개의 조합이 가능하다. 지속적 동작에서는 분사([3])가 사용되나, 즉각적 동작을 위해서는 카탈(과거 영역에서)이나 익톨(미래 영역에서, § *I*)이 사용된다.

과거 영역에서:

---

[1] 사실 고전적인 관용어에서 w-qataltí 형 그리고 나는 죽였다와 w-yiqtol 형 그리고 그는 죽일 것이다는 일반적으로 회피된다(순수한 병렬과는 달리, 예로서 렘 22.15 אָכַל וְשָׁתָה 그는 먹었고 마셨다). 그 이유는 명백히 다음과 같다: w-qatal은 항상 도치된 형태로 사용된다(즉, w-qataltí 그리고 나는 죽일 것이다); 많은 경우에 강세가 이동될 수 없기 때문에, 만약 w-qatal이 도치되지 않는 형태로 사용된다면(즉, w-qataltí 그리고 나는 죽였다) 상당한 혼란이 생길 것이다. w-yiqtol 형태로 말하자면, 사실 wayyiqtol과 혼동될 위험이 없다. 그럼에도 w-qatal(w-qataltí) 형은 의심할 여지 없이 유추 현상 때문에 회피된다.

[2] 그 개념은 이러한 형태의 문장을 통하여 상당히 빈번하게 표현된다(10개의 예). 두 개의 또 다른 형태가 있다: 1) וַיְהִי כְּכַלּוֹת .. וַיֹּאמֶר (וַיְהִי) 왕상 8.54[13개의 예], 참조, § 166 *m*; 2) וַיְהִי כַּאֲשֶׁר כִּלָּה (וַיְהִי) 삿 3.18(5개의 예); 참조, § 166 *n*.

[3] 분사는 그 주어가 명사든 대명사든 표현됨을 전제한다. 왕상 17.6 וּמִן הַנַּחַל יִשְׁתֶּה 그리고 그는 시냇물을 마셨다와 같은 익톨과 함께 나오는 문장은 동시성을 표시하기 위해 만들어진 것이 아니다. 그것을 위해서라면 차라리 וְהוּא שֹׁתֶה를 사용하였을 것이다(참조, § *e*).

1) 두 개의 순간적 동작

qatal .. w- .. qatal 유형: 삼상 9.17 וּשְׁמוּאֵל רָאָה אֶת־שָׁאוּל וַיהוָה עָנָהוּ 사무엘이 사울을 본 순간 야웨께서 그에게 말씀하셨다; 창 19.23 הַשֶּׁמֶשׁ יָצָא עַל־הָאָרֶץ וְלוֹט בָּא צֹעֲרָה 해가 땅에 솟는 순간, 롯은 소알에 들어갔다; 삼상 9.5 הֵמָּה בָּאוּ בְּאֶרֶץ צוּף וְשָׁאוּל אָמַר 그들이 숩 지방에 들어갔을 때, 사울이 말했다 (마지막 세 개의 예에서 יָצָא 떠나다와 בָּא 들어가다는 순간적임을 알 수 있다; 참조, § 111 *d*). 더 자세한 것은 창 27.30을 보라(참조, § 123 *k*).

d   이 일반적인 유형 외에도 어떤 특별한 경우에 wayyiqtol[1]... w- .. qatal 유형이 나온다: 창 15.12 וַיְהִי הַשֶּׁמֶשׁ לָבוֹא וְתַרְדֵּמָה נָפְלָה עַל־אַבְרָם 해가 지려고 할 때, 아브람이 깊은 잠에 빠졌다; 수 2.5 וַיְהִי הַשַּׁעַר לִסְגּוֹר וְהָאֲנָשִׁים יָצָאוּ 그들이 문을 닫으려고 할 때, 그 사람들이 떠났다.

e   **2) 두 개의 지속적 동작**: qōtel.. w-..qōtel 유형: 삼상 9.14 הֵמָּה בָּאִים בְּתוֹךְ הָעִיר וְהִנֵּה שְׁמוּאֵל יֹצֵא לִקְרָאתָם 그들이 동네로 들어갈 때, 보라 사무엘이 그들을 만나기 위하여 나오고 있었다 (두 동사의 시상은 지속상이다; 참조, § 111 *d*); 왕하 4.5 הֵם מַגִּשִׁים אֵלֶיהָ וְהִיא מוֹצָקֶת 그들이 그녀에게(그릇들을) 가져왔을 때, 그녀는 (기름을) 부었다.

f   **3) 첫 번째 동작은 지속성이지만, 두 번째는 순간적인 경우.** qōtel.. w-..qatal 유형은 대부분 바익톨이 뒤따르며, 여기에서 코텔(qōtel)은 배경 정보를 제공해 준다: 삼상 9.11 הֵמָּה עֹלִים בְּמַעֲלֵה הָעִיר וְהֵמָּה מָצְאוּ נְעָרוֹת 그들이 성읍으로 가는 비탈길을 오르고 있을 때, 그들은 소녀들을 만났다(두 번째 הֵמָּה는 완충 단어 역할을 한다. § *a*); 왕하 13.21 וַיְהִי הֵם קֹבְרִים אִישׁ וְהִנֵּה רָאוּ אֶת־הַגְּדוּד 그들이 한 사람을 매장하고 있을 때, 보라 그들은 도적떼를 보았다(הִנֵּה는 완충 단어 역할을 한다.); 삼상 7.10 וַיְהִי שְׁמוּאֵל מַעֲלֶה הָעוֹלָה וּפְלִשְׁתִּים נִגְּשׁוּ 사무엘이 번제를 드리고 있을 때, 블레셋 사람들이 다가왔다[2]; 욥 1.16, 17 עוֹד זֶה מְדַבֵּר וְזֶה בָּא 한 사람이 여전히 말하고 있을 때 다른 사람이 도착하였다[3]; 왕상 1.22; 왕하 2.23; 6.5, 26; 19.37. 수동태 분사와 함께: 창 38.25 הִיא מוּצֵאת

---

[1] 바익톨은 첫 동작이 선행하는 동작보다 뒤에 나옴을 나타낸다.

[2] 다가가는(*approaching*) 동작은 그 갑작스러움 때문에 순간적인 것으로 묘사된다. 이것은 그들이 다가갔었다(*they had approached*)는 뜻이 아니다(*contra* König, *Syntax*, § 117); פְלִשְׁתִּים의 위치는 강조 때문이 아니라(*contra* Driver ad loc.) 문법적인 필요성 때문이다.

[3] 도착하는(*arriving*) 동작은 순간적이다. 여기에서 בָּא는 완료형이다; 이와 같이 בָּאָה 창 29.9. 18절에는 동일한 절이 עֹד와 함께 나온다.

וְהִיא שֻׁלְּחָה אֶל־חָמִיהָ 그 여인이 끌려나갈 때, 그는 그의 시아버지에게 보냈다(두 번째 וְהִיא는 완충 단어이다. § a).

g **관찰**. 첫 번째 항은 동작 대신에 상태를 표현하며, 이 경우에는 명사절이 나온다: 삿 18.3 הֵמָּה עִם־בֵּית מִיכָה וְהֵמָּה הִכִּירוּ אֶת־קוֹל הַנַּעַר הַלֵּוִי 그들이 미가의 집 가까이 있을 때, 그들은 젊은 레위인의 음성을 알아 들었다(두 번째 הֵמָּה는 완충 단어이다. § a); 창 7.6 וְנֹחַ בֶּן־שֵׁשׁ מֵאוֹת שָׁנָה וְהַמַּבּוּל הָיָה 홍수가 났을 때, 노아는 육백세였다.

아주 드물게 완료형 대신에 명사절이 사용된다: 왕하 2.11. 두 개의 명사절이 나올 때 분사 대신에 첫 번째 명사절이, 완료형 대신에 두 번째 명사절이 나오는 경우도 있다: 왕상 18.7.

h **4) 첫 번째 동작은 순간적이지만 두 번째 동작은 지속적인 경우**. 르우벤은 시므온이 조사하는 동안 찾았다(*R. found while S. searched*)와 같은 생각을 표현하면서, 동시성 개념을 강조하려면 앞의 § *f*에 있는 유형을 사용해야 한다: 즉, 시므온이 조사하고 있는 동안 르우벤은 찾았다(*While S. searched, R. found*)가 된다. 그러나 만약 두 번째 행동이 순수한 상황으로 인식되면, wayyiqtol(qatal) .. w-.. qōtel 유형이 사용된다: 창 18.1 וַיֵּרָא אֵלָיו יהוה בְּאֵלֹנֵי מַמְרֵא וְהוּא יֹשֵׁב פֶּתַח־הָאֹהֶל 야웨께서 마므레의 상수리나무(?) 곁에서 그(아브라함)에게 나타나셨다. 그는 그의 장막 문에 앉아 있었다(§ 159 *d*); 19.1; 삿 13.9; 왕상 19.19: 카탈과 함께: 에 7.8(고전적이 아님).

i **미래의 영역**에 대한 예들이 희소한 것은 자연스럽다: 왕상 18.12 וְהָיָה אֲנִי אֵלֵךְ מֵאִתָּךְ וְרוּחַ יהוה יִשָּׂאֲךָ 내가 당신을 떠난 순간, 야웨의 신이 당신을 데리고 가실 것이다(두 개의 순간적 동작); 1.14 הִנֵּה עוֹדָךְ מְדַבֶּרֶת שָׁם עִם הַמֶּלֶךְ וַאֲנִי אָבוֹא 당신이 왕과 말하고 있을 때, 내가 들어가겠다(첫 번째는 지속적이며 두 번째는 순간적이다). 후대 성서 히브리어에서는 עַד가 사용된다: 예, 느 7.3 "백성들이 거기에 서 있는 동안, 그들로 문을 닫게 하라"([1]).

j **III. 선행성**. 앞에서 언급된 행동보다 더 앞선 행동을 표현하려고 할 때, 히브리어는 내러티브의 순서를 따라서 바익톨을 회피하는 것으로 만족한다(참조, § 118 *d*). w-..qatal은 문맥 덕분에, 어떤 언어에서 과거 완료의 힘

---

[1] Hurvitz 1975: 467-69를 보라.

을 갖는다: 민 17.15(한 16.50) וַיָּ֤שָׁב אַהֲרֹן֙ וְהַמַּגֵּפָ֖ה נֶעֱצָֽרָה 그리고 아론은 돌아왔다...그리고 재앙은 그쳤었다(*had ceased*)(= 재앙이 그친 후에 또는 재앙이 그쳤기 때문에; 대조, 민 25.8 וַתֵּעָצַר֙ הַמַּגֵּפָ֔ה 그리고 [나서] 재앙은 그쳤다); 렘 36.20 וַיָּבֹ֤אוּ אֶל־הַמֶּ֙לֶךְ֙ חָצֵ֔רָה וְאֶת־הַמְּגִלָּ֖ה הִפְקִ֑דוּ .. וַיַּגִּ֣ידוּ 그리고 그들은 두루마리를 맡겨둔 후, 뜰에 들어가 왕에게로 갔다... 그리고 그들은 전하였다(그리고 그들은 맡겨두었다와 같은 번역은 문맥에 의해 배제된다); 왕상 3.20.

카탈 뒤에서: 출 10.13 הַבֹּ֣קֶר הָיָ֔ה וְר֤וּחַ הַקָּדִים֙ נָשָׂ֖א אֶת־הָאַרְבֶּ֑ה 아침이 되었을 때, 동풍은 메뚜기 떼를 몰고 왔다(문맥만 두 번째 동작이 첫 번째보다 앞서며 동시적이 아님을 시사해 준다; 참조, § *c*).

k

B) **바브 외의 불변사**로 표현된 시간 관계.

선행성과 **후행성**은 그 용법에 있어서 전혀 어려움을 제기하지 않는 단어들로 표현된다. 그러므로 우리는 여기에서 **전**(before)과 **후**(after)에 대한 용어를 제시하는 것으로 만족하고자 한다.

전(before)	**후**(after)
앞에, 전에(전치사)	뒤에, 이후에(전치사)
לִפְנֵי 명사/부정사와 함께	אַחֲרֵי 명사/부정사와 함께
עַד 부정사와 함께	אַחַר (덜 일반적임)
앞에, 전에(접속사)	뒤에, 이후에(접속사)
עַד־אֲשֶׁר	אַחֲרֵי אֲשֶׁר
בְּטֶ֫רֶם § 113 *j*	אַחַר אֲשֶׁר (덜 일반적임)
이전부터(부사)	나중에(부사), 그리고나서
בָּרִאשֹׁנָה	אַחֲרֵי כֵן
(לְפָנִים = 과거에)	אַחַר כֵּן (덜 일반적임)
	אַחַר (희소함)
	이 일들 후에
	אַחַר הַדְּבָרִים הָאֵ֫לֶּה

l   **동시성**. 동시성은 엄격한 의미이든 아니든 간에, 특히 두 개의 전치사 בְּ와 כְּ가 부정사와 함께 나옴으로써 표현된다; 그것은 또한 접속사 כַּאֲשֶׁר로 표현되며, § *n*, 좀 덜 빈번하게 כִּי (§ *o*), 그리고 אִם (§ *p*)으로 표현된다.

ב는 엄밀히 말하면, 다른 기간 안(within)의 행동을 포함하며; כ는 엄격하게 말하면, 시간 속에서 두 행동의 일치성을 가리킨다: 즉, 하나의 시간이 다른 시간과 같다(like). 우리가 볼 때 두 전치사는 거의 유사하지만(¹), 그 기본 의미로서 구분할 수 있다.

ב는 영어 "그가 오자(*on his coming*)" 또는 "그가 왔을 때(*when he came*)"처럼 특별한 뉘앙스가 없이 단순히 시간을 가리키는 데 사용된다. 이것은 행동이 지속성일 때 더욱 그러하다: '그가 오고 있을 때.' 이리하여 우리는 항상 בְּהְיוֹת를 보게 된다: 수 5.13 וַיְהִי בִּהְיוֹת יְהוֹשֻׁעַ בִּירִיחוֹ וַיִּשָּׂא עֵינָיו 여호수아가 여리고에 아주 가까이 왔을 때, 그는 그의 눈을 들었다(²); 창 4.8; 34.25; 등. 이와 같이 출애굽을 묘사할 때 항상 나온다: בְּהוֹצִיא בְּצֵאת 출 13.8; 신 23.5; 24.9; 25.17; 수 2.10; 출 3.12; 16.32; 레 23.43 등. 그러나 순간적인 동작을 위해서도 상당히 빈번하게 ב가 나온다; 삼하 1.2 בְּבֹא 도착하자(*on arrival*), 그가 도착하였을 때(*when he arrived*); 4.4 בְּבֹא (소식)이 왔을 때; 항상 בְּמָלְכוֹ 그가 왕이 되었을 때: 삼상 13.1; 삼하 2.10 등; 그러나 한 번 כִּמְלֹכוֹ 왕상 15.29 그가 왕이 되자마자; 또한 아마도 동일한 문맥인 16.11에도 나온다.

m   이와 대조적으로 כ는 내포된 비교, 즉 두 행동의 시간 사이에 있는 상호 관계를 전제한다. 따라서 한 행동에 다른 것이 즉각적으로 뒤따라 오는 두 행동의 완전한 융합이 이루어진다: 영어. 그 순간 또는 (강조적으로) 하자마자, 그리고, 확장해서, 직후에, 후에(³). 삼상 9.13에서 상호관계는 특히 귀결절에서 כֵּן으로 표시된다(§ 174 *b*): כְּבֹאֲכֶם הָעִיר כֵּן תִּמְצְאוּן אֹתוֹ 문자적으로 네가 성으로 들어갈 때, 바로 (그때) 너는 그것을 발견할 것이다 = 네가 들어가는 순간. 완전한 융합 개념은 כ가 순간적인 동작이나 그와 같은 것 외에는 거의 사용되지 않는다는 사실로 설명할 수 있다: 바로 그 순간(*the moment when*); 따라서 마무리하는 동작에는 일반적으로 כְּכַלּוֹת가 나온다: 신 31.24 וַיְהִי כְּכַלּוֹת מֹשֶׁה לִכְתֹּב .. וַיְצַו 그리고 모세가 쓰기를 마쳤을 다음에(때) ... 그는 명령하였다;

---

¹ 이리하여 마소라 사본 안에는 수많은 혼동의 경우들이 나타나고 있다(많은 것들이 크레를 통하여 수정된다). 이 문제는 ב와 כ의 모양이 유사하기 때문에 더욱 심하게 된다. 참조, Jöuon 1911: 389; 이 연구의 결과는 여기에서 부분적으로 수정되었다. 이 둘 사이의 대립은 כ가 약간 더 오래된 것이라고 믿는 Schult (1974)의 주장처럼 그렇게 강하지 않다.

² 여기와 다음에 나오는 § *m-p* 단락에서 일반적으로 귀결의 바브가 나옴을 알 수 있다; 참조, § 176 *f*. 가끔은 강조적 뉘앙스를 더해주는 귀결절의 אָז가 나온다: 삼하 5.24*a*; 욥 28.27; 33.16.

³ 비교, 라틴어 *cum* (= *when, after*).

왕상 8.54 등. כְּ는 한 동작이 마친 그날의 바로 그 순간을 가리킬 때 사용된다: 신 16.6 כְּבוֹא הַשֶּׁמֶשׁ 해질 때; 창 18.1 כְּחֹם הַיּוֹם 한창 더운 순간에; 왕하 3.20 כַּעֲלוֹת הַמִּנְחָה 제물을 바친 순간에(왕상 18.36에서도). 상호관계의 개념은 또한 행동이 반복될 때 כְּ를 사용하는 것을 설명해 준다: 출 33.8 וְהָיָה כְּצֵאת מֹשֶׁה .. יָקוּמוּ 모세가 떠날 때마다... 그들은 일어났다; 33.9; 렘 36.23[1].

n   כַּאֲשֶׁר는 라틴어 cum (= ~때, 후)의 뜻으로 보통 사용된다. 이리하여 כְּכַלּוֹת와 동일한 뜻으로: 창 24.22 וַיְהִי כַּאֲשֶׁר כִּלּוּ לִשְׁתּוֹת וַיִּקַּח 그들이 마시기를 마쳤을 때, 그는 취하였다; 삿 3.18 등; 8.33 וַיְהִי כַּאֲשֶׁר מֵת גִּדְעוֹן וַיָּשׁוּבוּ 기드온이 죽은 후, 그들은 돌이켰다; 시 51.2 כַּאֲשֶׁר־בָּא 그가 들어간 후에(בְּבוֹא 그가 왔을 때 뒤에). 삿 11.7 עַתָּה כַּאֲשֶׁר צַר לָכֶם 이제 너희들이 어려움을 당하자와 신 4.29-30. כִּי תִדְרְשֶׁנּוּ בְכָל־לְבָבְךָ וּבְכָל־נַפְשֶׁךָ בַּצַּר לְךָ 네가 어려울 때 만일 네 마음을 다하고 네 성품을 다하여 주를 찾으면을 비교하라.

o   כִּי가 라틴어 cum (= ~때, 후)의 시간적 의미로 나타나는 것은 כַּאֲשֶׁר 보다 덜 빈번하다: 삼하 19.26 וַיְהִי כִּי־בָא .. וַיֹּאמֶר 그가 도착하였을 때, 그는 말했다; 삿 1.28 וַיְהִי כִּי־חָזַק .. וַיָּשֶׂם 이스라엘이 강해진 후에... 그들은... 부과하였다[2].

p   כִּי가 가끔 만약에(*if*)라는 조건적인 뜻으로 사용되듯이(§ 167 *i*), אִם 만약에는 가끔 시간적인 뜻으로 사용된다: 신 19.8 וְאִם־יַרְחִיב 그가 넓혀주실 때 (대조, 9절 כִּי־תִשְׁמֹר 그러나 만약 네가 지키면); 삿 21.21 אִם יֵצְאוּ (실로의 딸들이) 나갈(때); 카탈과 함께(빈번성의 뜻에도 불구하고[참조, § 167 *g*]: 창 38.9 וְהָיָה אִם בָּא 그가 들어갔을 때 [그가 들어갈 때마다])(참조, 삿 6.3); 시 94.18.

q   후대 성서 히브리어는 וַיְהִי 또는 וְהָיָה와 같은 서론적 형식을 자주 생략하는 특징이 있다[3]: 왕하 12.11 .. וַיְהִי כִּרְאוֹתָם כִּי־רַב הַכֶּסֶף ‖ 대하 24.11 .. וַכִרְאוֹתָם כִּי־רַב הכסף, 이것은 .. וַיְהִי בְּעֵת יָבִיא 그가 가져올 때로

---

[1] 참조, Giesebrecht(1907)의 같은 곳.

[2] 삿 2.18 כִּי־הֵקִים 그가 세울 때는 וְהוֹשִׁיעָם 그가 그들을 구원하곤 하였다로 표현된 빈번성의 뜻에도 불구하고 카탈과 함께 나온다. 동일한 현상이 אִם과 함께 나온다. § *p* 그리고 § 167 *g*.

[3] 이미 실로암 비문에도 나온다: .. ובים הנקבה הכו החצבם .. וילכו המים 그리고 터널이 뚫리던 날, 석수가 쳤다 ...그리고 물이 흘렀다...(6-7행): 또한 Mesad Hashavyahu 비문을 보라: .. כאשר כל עבדך .. ויבא הושעיהו .. ויקח .. כאשר כלת .. לקח 당신의 종이 재었을 때(측량했을 때), 호샤야후가 함께 와서... 그리고 취했다... 내가 재었을 때... 그가 취했다(6-9행은 wayyiqtol 형들 ‖ qatal 형). 그렇지만 이것은 쉴러(Schüle 1997)가 주장한 것처럼 וַיְהִי 형식이 포로 귀한 후 시대의 창작임을 뒷받침 해주지 않는다. 나아가 Schüle 2000: 82-86을 보라.

계속된다(¹).

§ 167. 조건절

a 조건절은(²) 시간절과 밀접하게 연결된다(§ 166)(³). 시간적인 관계처럼, 조건적인 관계는 단순 바브에 의하여 가볍고 명확하게 표현되거나, 불변사 אִם 그리고 לוּ 만약 등으로 좀 더 정확하게 표현될 수 있다. 게다가 조건적인 관계는 두 구성 요소를 이루는 절이 단순 병렬로 나타날 수 있다(⁴).

1) 두 절의 단순 **병렬**은 문법적 조정 없이도 있을 수 있다: 느 1.8 אִתֶּם תִּמְעָ֫לוּ אֲנִי אָפִ֫יץ אֶתְכֶם בָּעַמִּים 너희가 범죄할 것이며, 나는 너희를 여러 나라들에 흩어버릴 것이다= (너희가 범죄하면, 내가 너희를 흩어버릴 것이다); 시 139.18. 이런 단순한 형태는 상당히 드물다(⁵). 잠 18.22 מָצָא אִשָּׁה מָ֫צָא ט֫וֹב 만약 사람이 아내를 찾으면, 그는 행복을 찾았다.

2) 두 절의 단순 **병렬**은 관계를 두드러지게 하는 문법적인 조정을 만드는 것으로 즉, **의지법**을 수반한다: 시 104.20 תָּ֫שֶׁת־חֹ֫שֶׁךְ וִ֫יהִי לָ֫יְלָה בּוֹ תִרְמֹשׂ כָּל־חַיְתוֹ־יָ֫עַר 흑암을 지어 밤이 되게 하시니, 숲속의 모든 짐승들이 기어 나옵니다(⁶)(비교, 형태가 실제로 지시형 형태인 28절과 지시형 תֶּאֱסֹף로 읽어야 하는 29절); 슥 9.5 תֵּ֫רֶא אַשְׁקְלוֹן וְתִירָא 아스글론이 보고, (그는) 두려워할 것이다(여기에서 뉘앙스는 시간적인 것에 더 가깝다; 이와 같이 미 7.10 내 원수가

---

¹ 또한 Qimron, *HDSS*, 72f., 와 Driver 1913: 505f를 보라.

² 참조, Segal 1932.

³ 내가 그를 만날 때, 내가 그에게 인사한다와 만약 내가 그를 만나면을 비교하라.

⁴ 당신이 그에게 제안을 했지만, 그는 항상 깎으려고 한다와 무노동, 무임금(*No work, no pay*)을 비교하라.
히브리어에서 의도된 것과 다른 언어를 쓰는 사람이 그 의도에 대하여 해석한 것을 구별해야 한다. 이런 한계를 알 때, 우리는 몇 개의 다른 논리적 관계, 즉 목적(§ 168), 결과(§ 169), 원인이나 이유(§ 170), 양보(§ 171), 반의(§ 172) 등에 적용할 수 있을 것이다. 우리가 던지는 질문은 기껏해야 원래의 언어에 암시된 것을 단지 어느 정도까지 말로 표현하는 것이 적절한가에 있다. 물론 순수한 서술 언어학(descriptive linguistics)은 주어진 구문이 어떻게 번역될 수 있는지에는 관심이 없다.

⁵ 미쉬나 히브리어에는 일반적이다. 시락 6.7 קְנִית אוֹהֵב בְּנִסָּיוֹן קְנֵהוּ 만약 네가 친구를 얻으려면, 시험을 거친 후에 얻으라를 또한 비교하라.

⁶ 귀결절은 조건절의 동사처럼, 사실상 지시형인 תרמשׂ로만 시작한다; ויהי는 תשׁת와 결합된다. 일반적으로 수용된 구두점은 명백한 진술을 만들어준다: 만약 주께서 어둠을 만드시면, 밤이 옵니다.

그것을 보고, 수치를 당할 것이다도 마찬가지이다); 시 146.4 그 호흡이 끊어지면 그는 흙으로 돌아가고, 그날에 그의 계획이 무산될 것이다(¹). 이런 형태의 절은 상당히 드물며 시적이다. 1인칭에서는 자연스럽게 권유형으로 나온다: 시 40.6; 139.8-9; 욥 19.18.

b   3) 두 절 사이의 관계는 **바브**로 표현될 수 있다. 이 경우에는 바브로 시작하는 조건절이 일반적이며, 이 두 개의 바브는 두 항의 상호 관계를 더 분명히 한다(²): 창 44.22 לֹא־יוּכַל הַנַּעַר לַעֲזֹב אֶת־אָבִיו וְעָזַב אֶת־אָבִיו וָמֵת 그 아이는 그의 아버지를 떠날 수 없다. "만약 그가 그의 아버지를 떠나면, 그의 아버지가 죽을 것이다."(직역: "그리고 그가 그의 아버지를 떠날 것이며, 그리고 그는 죽을 것이다."; 첫 번째 바브는 두 절의 상호 관계를 드러내도록 의도된 것으로만 설명될 수 있다); 신 25.8*b*-9 "만약 그가 굽히지 않고 말하기를, '나는 그녀와 결혼하고 싶지 않다'고 하면, 그의 형제의 아내는... 나아갈 것이다"; 렘 18.4 "만약 그가 만드는 그릇이 잘 안 만들어졌으면, 그는 다시 시작하였을 것이다..."; 삼상 19.3(§ 144 *f*). 첫 번째 바브의 역할은 동사 외의 다른 단어 앞에 접두될 때 더욱 분명해진다: 삿 6.13 וְיֵשׁ יהוה עִמָּנוּ וְלָמָּה מְצָאַתְנוּ כָּל־זֹאת 만일 야웨가 우리와 함께 하시면, 왜 이 모든 일이 우리에게 일어났습니까?; 민 12.14 וְאָבִיהָ יָרֹק יָרַק בְּפָנֶיהָ הֲלֹא תִכָּלֵם שִׁבְעַת יָמִים 만약 그의 아버지가 그의 얼굴에 침을 뱉었어도(³), 그가 칠일 동안 부끄러워 하지 않았겠느냐?(여기에서 두 번째 항의 바브는 ה 앞에서 생략된다; 이와 같이 레 10.19*b*: 만약 내가 속죄 제물을 오늘 먹었다면, 야웨께서 그것을 좋게 보아주었겠는가?도 마찬가지이다); 비교, 룻 2.9(§ 166 *b*).

c   4) 조건을 표현하는 가장 일반적인 방식은 조건적 불변사를 조건절에 사용하는 것이다. 실제적인 가정은 가장 빈번하게 אִם 만약에(⁴)(가끔 כִּי ~하는 경우, 만약), 그리고 비실제적인 가정에는 לוּ (참조, § *f* 그리고 *k*)를 사용한다; 귀결절은 자주 귀결절의 바브로 시작한다(§ 176 *d*). 자세한 사항은 아래

---

¹ 이것은 올바른 구두점이다; יָשֻׁב는 지시형을 나타낼 수 있다(참조, § 80 *k*); 귀결절에서 시제는 완료이다.

² 비교, 상호 관계를 드러내기 위해서 이중 바브를 사용하는 경우: 출 21.16 "사람을 납치하면, 그가 그를 팔았든지 그가 여전히 데리고 있든지..."; 그리고 명사 앞에서: 민 9.14b "외국인이든지 본토인이든지" § 175 *b*; § 177 *p*를 참조하라.

³ 다소 있음직하지 않은 가정의 경우에 사용하는 부정사 절대형은 § 123 *g*를 참조하라.

⁴ van Leeuwen 1973을 보라.

를 보라. § 176 *f-o*.

d　　　　이런 다양한 유형의 조건절은 가끔 서로 뒤섞인다. 이리하여 1), 3), 4) 유형은 느 1.8f.에 나온다: 8절에는 § *a*에 인용된 유형 1)이 나온다; 9절에는 유형 3) וְשַׁבְתֶּם 만약 너희가 돌아오면과 유형 4) אִם יִהְיֶה 만약 그렇다면이 나온다. 시 139.8-10에는 유형 4) אִם אֶסַּק 만약 내가 올라간다면과 유형 2) 1인칭 의지형 (권유형) וְאֶצְעָה 내가 만약 누워도가 나온다; 이와 같이 אֶשָּׂא도 ה가 없는 권유형이다(§ 114 *b*, n.).

e　　　　하부 조건이 조건 속에 삽입될 수 있다: 민 21.9 וְהִבִּיט 만약 그가 본다면은 조건 אִם נָשַׁךְ 만약 그가 물린다면 (그때) 속에 있는 하부 조건으로 나온다; 레 15.24(아마 וְתִהְיֶה로 읽으라); 4.2f. כִּי נֶפֶשׁ 만약 어떤 사람이는 하부 조건 אִם에 대한 조건이다. 창 44.29 וְקָרָהוּ 만약 그것이 그에게 미치면은 두 번째 조건이거나 하부 조건이다.

f　　　　조건(또는 가정)은 실제적이거나(불어 *si je tue*) 비실제적일 수 있다(불어 *si je tuais*, 라틴 *si occiderem*, 이탈리아어 *se uccidessi*, 영어 if I killed, if I were to kill). 첫 번째 경우에는 אִם이 사용된다(좀 덜 빈번하게는 כִּי). 두 번째 경우에는 לוּ(¹)(부정적으로는 לוּלֵי *if ... not*)가 주로 나오지만, 가끔은 אִם만으로도 충분하다; 이리하여 카탈과 함께: 욥 9.30 만약 내가 스스로 씻고; 시 73.15(그러나 *¿*); 익톨과 함께: 민 22.18 만약 그가 나에게 준다고 해도(대조, 삼하 18.12 동일한 뜻을 위한 코텔[qoμtel]과 함께 나오는 לוּ); 왕상 13.8.

g　　　　**시제**의 관점에서 볼 때, 특별히 주의할 사항은 없다. 시제(qatal, yiqtol, qoμtel)는 조건절이든 귀결절이든 간에 일반적인 규칙을 따라 사용된다. 그렇지만 여러가지로 다양하게 합성될 수 있다.

　　　　이것은 조건적인 문장에서는 다른 어떤 경우들보다 더 자주(참조, § 166 *o*, n., *p*) 발견되며, 조건절에서 빈번성에도 불구하고(²) 익톨 대신에 카탈이 사용된다: 시 78.34 אִם הֲרָגָם וּדְרָשׁוּהוּ 만약 그가 그들을 죽인다면(죽일 때), 그들이 그를 찾을 것이다; 41.7. 빈번상에 대한 표현은 첫 번째 자리에 놓인 וְהָיָה

---

¹ לוּ는 Huehnergard 1983 참조.

² 첫 번째 동사에 있는 빈번성의 개념은 귀결절에 있는 w-qaltí의 빈번성의 힘에서 나온다. 카탈은 동작을 명백하게 과거에 두는 장점이 있지만, 빈번성의 시상을 상실하는 약점이 있다. 따라서 헨델 (Hendel 1996: 171f.)처럼 소위 비사실성(irrealis)(카탈)과 사실성(realis)(익톨)의 대립으로 만드는 것은 너무 단순하다.

그리고 그것이 일어났다로 만들어진다: 민 21.9 וְהָיָה אִם־נָשַׁךְ 만약 뱀이 문다면 (시간절에서 אִם과 함께 나오는 유사한 예들은 § 166 p를 보라; 예, 창 38.9).

h   조건절에서 אִם이 나올 때, 동작 동사는 다음과 같은 형태가 나온다.

과거: אִם קָטַל 만약 그가 죽였다면[1](거의 빈번상이 없다: 만약 그가 죽이 곤 했다면, § g): 창 18.3.

אִם יִקְטֹל 만약 그가 죽이곤 했다면(빈번상이나 지속상): 출 40.37.

미래: אִם יִקְטֹל 만약 그가 죽인다면(직역, 만약 그가 죽일 것이라면): 창 28.20.

현재: אִם יִקְטֹל 만약 그가 죽인다면(빈번상 또는 지속상): 창 4.7.

אִם קָטַל 만약 그가 죽인다면(현재나 가까운 미래): 창 27.46.

i   אִם과 함께 나오는 형태보다 덜 빈번하지만, כִּי와 함께 나오는 동일한 형태는 거의 같은 뜻으로 사용된다: 그러나 가끔 시간의 뉘앙스로서 ~하는 경우에(in case)와 다소 비슷한 뉘앙스를 가진다: 카탈과 함께 민 5.20; 익톨과 함께 출 21.22; 코텔과 함께 삼하 19.8. אִם처럼(§ f), כִּי도 비실제적 가정에 사용될 수 있다: 렘 49.16 비록 네가 독수리처럼 솟구쳐 올라도(대구를 이루는 옵 4절의 אִם처럼); 51.53. 상당히 자주 כִּי는 주어 뒤에 나오며, 특히 제사 문헌 (P)에 있는 율법에서(BDB, s.v. כִּי, 2 , b): 레 1.2 אָדָם כִּי־יַקְרִיב 만약 누구든지 제물을 바치면으로 나온다.

j   관계사 אֲשֶׁר는 아주 드물게 כִּי의 뜻으로 사용된다:

신 11.27 אֲשֶׁר תִּשְׁמְעוּ 만약 네가 듣는다면(‖ 28절 אִם־לֹא תִשְׁמְעוּ); 레 4.22 등.

k   비실제적인 것으로 여겨지는 조건(또는 가정)(영어에서 현재의 영역으로 내가 죽인다면 [if I killed]; 과거의 영역으로 내가 죽였다면 [if I had killed]) 은 대부분 לוּ 만약에[2]로, 부정적으로는 לוּלֵי[3] 만약 ~하지 않다면으로 표현된 다. 이것은 אִם과 함께 나오는 절(§ h)과 동일한 유형을 가질 수도 있다. 특히 카탈과 함께 자주 나오는 예들: 삿 8.19 לוּ הַחֲיִתֶם אוֹתָם לֹא הָרַגְתִּי אֶתְכֶם

---

[1] אִם קָטַל은 과거 속의 미래를 가리킬 때도 상당히 자주 사용된다: *si occiderit*, 예, 창 43.9; 왕하 7.4 (참조, § 112 i). 그러나 אִם יִקְטֹל *si occidet*가 더 자주 사용된다.

[2] Brockelmann, *GvG*, II. 642에 따르면, 조건적 의미는 기원적 의미 *utinam*에서 나온다고 한다. 불 가타는 *utinam*을 *si*보다 선호한다: 참조, 민 22.29; 신 32.29; 욥 16.4; 에 7.4 (אִלּוּ).

[3] 좀 덜 빈번하게 לוּלֵא (לוּלֵא*는 § 29 h).

만약 너희가 그들을 살려주었다면, 나는 너희를 죽이려고 하지 않을 것이다([1]); 창 43.10 לוּלֵא הִתְמַהְמָהְנוּ כִּי־עַתָּה שַׁבְנוּ זֶה פַעֲמָיִם 만약 우리가 머뭇거리지 않았다면, 우리는 지금쯤 두 번은 갔다 왔을 것이다([2]); 상태형 카탈과 함께: 삿 13.23 לוּ חָפֵץ יהוה לַהֲמִיתֵנוּ לֹא־לָקַח מִיָּדֵנוּ עֹלָה וּמִנְחָה 만약 야웨께서 우리를 죽이길 원하셨으면, 그는 우리의 번제와 소제를 받지 않았을 것이다; 익톨과 함께(희소함): 신 32.27 לוּלֵי אָגוּר 만약 내가 두려워하지 않았다면; (לוּ와 함께 나오는 확실한 예는 없다; 창 50.15에서 לוּ יִשְׂטְמֵנוּ 만약 그가 우리에게 앙갚음을 한다면 어찌할까! 귀결절 없이, לוּ를 사용하는 것은 이상하고 특이하다); 분사나 몇 개의 다른 명사절과 함께 (희소하다): 삼하 18.12 לוּ אָנֹכִי שֹׁקֵל .. לֹא־אֶשְׁלַח 내가 비록 ...을 받는다 해도... 나는 (내 손을) 대지 않을 것이다; 왕하 3.14 (분사와 함께하는 לוּלֵי); 민 22.29 לוּ יֶשׁ־חֶרֶב בְּיָדִי עַתָּה הֲרַגְתִּיךְ 만약 내 손에 칼이 있었다면, 내가 이미 너를 죽였을 것이다.

l   **관찰**: 1) 특히 주목을 끌기 위해 사용되는 불변사(참조, § 105 *d*) הֵן 보라는 아람어에서 그리고 틀림없이 아람어의 영향으로 가끔 만약이라는 뜻으로 사용된다: 대하 7.13 הֵן אֶעֱצֹר 내가 만약 닫는다면(אִם으로 이어짐)([3]); 레 25.20; 학 2.12; 특히 욥기에서: 9.11, 12; 12.14, 15; 23.8.

반면에 הִנֵּה는 정확히 만약의 뜻으로 결코 사용되지 않는다([4]).

m   2) הֲ 그것이 사실이냐? 렘 13.23에서는 실제적으로 만약에와 동일하다: 조건적인 조건절(conditional protasis)은 의문문으로 제시된다([5]).

---

[1] הֲרַגְתִּי: 동작이 끝난 것으로 여겨진다.

[2] 귀결절에 나오는 כִּי 단언형, § *s*.

[3] Stec 1987에 따르면 유일하게 확실한 경우이다.

[4] 삼상 9.7 וְהִנֵּה נֵלֵךְ וּמַה־נָּבִיא לָאִישׁ 만약 우리가 가면, 우리가 이 사람에게 무엇을 가지고 가겠느냐?에서, 실질적인 조건적 의미는 הנה가 아니라 이중적 바브에서 나온다(§ *b*). הנה는 אנחנו처럼 완충 단어의 역할을 한다(§ 166 *a*). 삼하 18.11 너는 그를 보았는데 왜...?에서도 동일한 설명을 할 수 있다. 레 13.5 וְרָאָה .. וְהִנֵּה 그가 검사할 것이고...그리고 보라에서 הנה가 나온 것은 보고 있는(seeing) 개념을 도입하기 위함이다(참조, § 177 *i*). 여기에 내포된 조건적 개념은 그 문맥에서 나온 것이며 (만약) 그가 본다면...과 동일한 뜻을 가진 והנה에서 나온 것이 아니다. 질문 다음에 누군가를 보고 있다는 개념을 다루는 유사한 본문에서 모두 동일한 설명을 할 수 있다: 6, 7, 8, 9절; 신 13.15; 17.4; 19.18; 삼상 20.12. 보고 있다와 발견하고 있다의 동사 다음에 문체적으로 הנה를 사용하는 것은 BDB, s.v., c 참조. 예, 창 1.31. 그렇지만 코구트(Kogut 1986: 149)와 함께 이 불변사가 대부분 보다 동사와 함께 사용된다고 말하는 것은 과장이다: Andersen 2003, n. 16.

[5] 비교, 호 14.10; 시 107.43; 욥 3.12f., 약 5.13 Κακοπαθεῖ τις ἐν ὑμῖν; προσευχέσθω 같은 구문. 참조, 불어에서 *Lui faites-vous une concession, il marchande toujours.*

n   3) אֲבָל는 § 105 *f* 참조.

o   생략절. 생략은 귀결절뿐 아니라 조건절에도 나온다.

     조건절의 생략: וְאִם לֹא *et si non* (*facitis*; § 160 *j*): 삼상 2.16; 6.9; וְאִם אַיִן 출 32.32b. 절의 유형에 따라(삿 6.13 [§ *b*]) וַיֵּשׁ 만약 그렇다면이 생략될 수 있다: 왕하 10.15; 그리고 유사하게 וְלֹא 만약 그렇지 않다면(그렇지 않으므로) 삼하 13.26([1]); 왕하 5.17; (וְאַיִן은 예가 없지만, 의심할 여지 없이 우연히 나온 것이다). וְ는 § 104 *d*, 첫 번째각주 참조.

p   אִם은 그 힘을 첫 번째 귀결절을 넘어 두 번째 조건절까지 확대할 수 있다: 잠 9.12 "만약 네가 지혜롭다면, 그것이 네게 유익할 것이다; 그리고(만약) 네가 거만하다면, 너만이 모든 결과를 지고 갈 것이다"; 욥 10.15; 16.6; 이와 같이 כִּי 사 43.2도 마찬가지이다.

q   이와 같이 אִם 또는 כִּי는 אוֹ 또는으로 시작하는 두 번째 가정까지 그 힘을 확대할 수 있다: 출 21.31 "또는(= 만약) 그것이 소년이나 소녀를 받았다면"; 21.36; 레 4.23, 28; 5.21, 22; 25.49; 민 5.14; 겔 14.17, 19.

r   **귀결절의 생략**. 귀결절이 내포된 몇몇 경우들은 소수이다: 창 38.17b: "만약 당신이 나에게 담보를 주시면"("내가 동의하겠다"가 내포됨); 민 5.20. 분리절에서 첫 부분의 귀결절은 억제된다. 출 32.32 "이제 주께서 그들의 죄를 용서하신다면"("좋겠습니다"가 내포됨); "만약 그렇지 않다면, 내 이름을 당신의 책에서 지워주십시오"(1)(대조, 룻 3.13).

s   **단언**의 כִּי는 조건절의 귀결절에 다소 빈번하게 나온다(참조, § 164 *a*): 사 7.9; 특히 כִּי עַתָּה(일반적으로 לוּ와 לוּלֵי 뒤에서) 민 22.29; 삼상 14.30; 창 31.42; 43.10; (אִם 뒤에서) 욥 8.6; כִּי אָז 욥 11.15; 아마 삼하 2.27; 19.7 (그렇지만 여기에서 כִּי는 선행하는 כִּי를 재개하는 것일 수 있다).

t   동사의 **부정**이 나란히 나오는 동사까지 그 힘을 확대하는 곳에서(§ 160 *q*), 긍정적인 조건절과 부정적인 귀결절은 조건절과 동일한 의미를 가질 수 있다: 신 22.1 "너는 네 형제의 소나 양이 길을 잃고 헤매는 것을 보거든 못 본 체 하지 말 것이다..." = "만약 네가 본다면... 너는 그것을 못 본 체 해서는 안 된다"; 22.4; 비교, 출 33.20. 비교, § 168 *h*; 161 *k*; 170 *m*.

u   조건절은 명령형의 조건절과 함께 나오는 연속절과 논리적으로 연결

---

[1] Wellhausen (1871)은 바브를 두 번 번역하였다: *und wenn nicht*.

된다(¹). 따라서 창 42.18 וְזֹאת עֲשׂוּ וִחְיוּ와 같은 문장은(§ 111 *f* 3) 이것을 하라, 그리고 (만약 그것을 행하면) 너희는 살 것이다.

v 　　　조건절의 구성 요소의 순서는 거의 조건(*Condition*)-결과(*Conditioned*) 로 나오며, 이것은 가장 중요한 요소와 마음 속에 처음 떠오른 요소가 먼저 진술된다는 일반 원칙에 일치한다. 가끔, 어떤 특정한 이유 때문에, 결과가 중요한 요소가 되기도 한다: 창 18.28*b* "나는 멸하지 않겠다. 만일 내가 그곳에서 45명을 찾으면."(이미 28*a*에서 표현된 유사한 의미를 가진 조건이, 지금은 두 번째 중요성을 가지며 내포되었을 수 있다; 30절도 마찬가지이다; 26절과 대조하라); 42.37 "내 두 아들들을 당신은 죽일 수 있다. 만약 내가 그를 데려오지 않으면"(르우벤의 두 아들과 야곱의 아들들이 대조된다. 36절).

§ 168. 목적절(²)

a 　　　**서론적 고찰**. 목적절(final clause)과 결과절(consecutive clause)은 서로 밀접하게 연결되어 있다. 히브리어는 그 둘 사이에 엄격한 구별을 하지 않으므로, 상당히 자주 특정한 절의 정확한 뉘앙스를 파악하기 어렵다(³). 표현의 방식에서 주된 차이는 § 169 *i*를 참조하라. 시간적(§ 166 *a*)이며 조건적인 관계처럼(§ 167 *a*), 목적과 결과의 관계는 순수한 바브(mere Waw)에 의하여 부드럽고 세련되게 표현될 수 있거나, 또는 다른 불변사들을 통하여 좀 더 정확하게 표현할 수 있다(⁴).

---

¹ 씩씩한 사람처럼 그것을 붙들면, 그것은 우유처럼 부드러울 것이다(*Grasp it like a man of mettle, it remains as soft as silk*), 또는 그에게 양보하면 그것이 그에게 소용이 없을 것이다(*Give way to him; it will do him no good*)와 같은 유형의 문장 안에 있는 조건적 개념을 비교하라. 참조, 요 2.19 λύσατε τὸν ναὸν τοῦτον, καὶ ἐν τρισὶν ἡμέραις ἐγερῶ αὐτόν.

² Fassberg 1994: 76-142를 보라.

³ 이리하여 부정사와 함께 나오는 τοῦ, 부정사와 함께 나오는 εἰς τό, 결과적인 힘을 가진 ἵνα가 나온다. 가끔 결과는 목적으로 주어진다: 예, 마 10.34, 35. 불어에서 주로 목적의 pour는 결과를 위해 사용된다: *Il tomba pour ne plus se relever*(= 그는 넘어져 결코 다시 일어날 수 없다); *Il partit pour ne plus revenir*(= 그는 떠나서 결코 돌아올 수 없다), *Parler pour ne rien dire*(= 말을 위해 말하라); *Quel mal t'ai-je fait pour que tu m'en veuilles?*(= 내가 무슨 잘못을 하여 너는 나에게 악감정을 갖는가?).

4 두 구문이 하나의 동일한 문장에서 나온다: 사 5.19 לְמַעַן נִרְאֶה 우리가 볼 수 있도록, וְנֵדְעָה 우리가 알도록; 암 5.4 וִחְיוּ와 14절 תִּחְיוּ가 לְמַעַן가 동일한 결과적인 힘을 가지고 있다는 점을 비교하라.

b 목적성(finality)이나 목적(purpose)은 **간접 의지법과 함께 나오는 바브**를 통하여 부드럽고 세련되게 표현될 수 있으며(§ 116), 특히 직접 의지법 다음에서 그러하다. 그러나 또한 가끔은 직설법이나 명사절 다음에, 특히 의문문에서(§ 161 *m*) 나온다. 목적의 개념이 부정적이면, וְלֹא와 직설법을 쓸 수 있다(§ 116 *j*). 위의 § 116 *j*에 인용된 수많은 예들을 보라.

c 목적은 특히 어느 정도 약한 뜻으로 부정사 연계형과 함께 나오는 לְ로 표현될 수 있다: 왕상 18.42; 룻 2.8. 다른 예들은 § 124 *l*에서 볼 수 있다. 만약 목적의 개념이 부정적이면, 히브리어는 לְבִלְתִּי를 사용한다(§ 124 *e*): 창 4.15; 38.9; 왕하 23.10; 렘 23.14.

d 목적을 표현하는 더 중요한 접속사들은 아래와 같다:[1]
לְמַעַן אֲשֶׁר 직역, ~을 위하여(*for the idea that*)(목적의 서법은 לְ로 표현된다): 렘 42.6 לְמַעַן אֲשֶׁר יִיטַב־לָנוּ 우리가 행복해질 수 있도록(대조, 신 10.13 לְטוֹב לָךְ 네가 행복해질 수 있도록, 부정사와 함께). אֲשֶׁר는 상당히 자주 생략되며, לְמַעַן은 직설법과 함께 구성된다: 창 12.13 לְמַעַן יִיטַב־לִי 내가 (당신의) 덕을 볼 수 있도록; 27.25; 렘 32.14. 그러나 לְמַעַן은 부정사와 함께 나오는 전치사로 사용될 수 있다[2]: 창 37.22 לְמַעַן הַצִּיל אֹתוֹ 그를 구출하기 위하여. 부정과 함께 나오는 경우로서(희소함) 민 17.5 לְמַעַן אֲשֶׁר לֹא(+ 4회); לְמַעַן לֹא 겔 14.11(+ 7회)[3]처럼 모두 후대 성서 히브리어이다(לְבִלְתִּי, § *c*, 또는 פֶּן은 더 일반적이다, § *g*).

e 보다 덜 빈번하게 나오는 것은 בַּעֲבוּר이다. 직역하면, 그것과 연관하여: אֲשֶׁר와 함께(1회) 창 27.10; אֲשֶׁר 없이(9회), 예, 창 21.30. 부정사와 함께 나오는 전치사로 בַּעֲבוּר가 있다(4회): 예, 출 9.16; לְבַעֲבוּר(4회), 예, 출 20.20.

f 보다 희소하게 관계 불변사 אֲשֶׁר는 목적의 뉘앙스로 사용된다: 신 4.40 אֲשֶׁר יִיטַב לָךְ 네가 잘되기 위하여(|| לְמַעַן תַּאֲרִיךְ יָמִים 그리고 비교, § *d*); 4.10(목적의 의미를 지닌 의지형과 함께하는 바브 뒤에서); 6.3; 32.46; 수 3.7. 부정과 함께: אֲשֶׁר לֹא 창 11.7; 출 20.26.

---

[1] 이 접속사들은 다른 모든 것들처럼(바브를 제외하고), 결코 의지법을 요구하지 않는다.

[2] 단 한 번 중어법적 라메드와 함께: 겔 21.20(한 20절) לְמַעַן לְמוּג לֵב 간담이 녹도록.

[3] Hurvitz 1972: 147f를 보라.

g   화자나 화자들의 부정적 소원을 표시하기 위하여 פֶּן이 사용된다. 이 것은 "나(또는 우리)는 다음에 있을 일이 실재가 되기를, 또는 실재가 되었기를 원하지 않는다"는 뜻이다(¹). 이 단어는 아마 פְּנֵי의 단축 용어로서, 원래는 라 틴어로 *respectu*, 연관하여, 관계하여(물리쳐야 할 어떤 무서운 것)을 뜻했으며(²), 이리하여 부정적인 뉘앙스로 발전되었다: 창 3.3 לֹא תִגְּעוּ בּוֹ פֶּן־תְּמֻתוּן 너 희가 죽지 않도록 그것을 만지지 마라(직역, 너희가 죽을 수 있다는 사실과 관련하여); 민 20.18; 삿 9.54 "백성들이 말하지 못하도록 또는 백성들이 말할까 두려워"; 삼상 4.9(³).

h   פֶּן이 두 번째로 병렬되는 동사까지 그 영향을 미치는 곳에서, 첫 번째 절은 논리적으로 종속적(시간적 또는 조건적)일 수 있다: 삼상 9.5 פֶּן־יֶחְדַּל אָבִי מִן־הָאֲתֹנוֹת וְדָאַג לָנוּ 내 아버지가 암나귀 걱정 대신에 우리에 대하여 걱정할 까 염려된다; 신 8.12-14 "너희가 배불리 먹고…등, 혹시 너희 마음이 교만해질 지…"; 4.19 "혹시, 너희 눈을 하늘로 들어 해 등을 보고…너희가 시험을 받을 까 걱정된다…"; 25.3; 시 28.1 "혹시 주께서 침묵하시면, 내가 ~~처럼 될까 봐" 비교, § 167 *t*; 161 *k*; 170 *m*.

i   וְלֹא + 미완료의 결합체가 목적을 뜻할 수 있는가 하는 문제는 여전히 논쟁의 여지가 있다: 예, 출 30.21 "그리고 그들은 손발을 씻어야 한다 וְלֹא יָמֻתוּ 죽지 않으려면(공동) (LXX: ἵνα μὴ ἀποθάνωσιν)." 의지형 주동사 뒤에 서도 이 개념은 확신하기 어렵다: 레 10.9 יַיִן וְשֵׁכָר אַל־תֵּשְׁתְּ .. וְלֹא תָמֻתוּ (… καὶ οὐ μὴ ἀποθάνητε 너는 결코 죽지 않을 것이다: 확신)(⁴).

---

¹ 참조, Azar 1981. 우려(apprehension)의 개념은 왕하 2.16 같은 곳에서 분명해진다: יֵלְכוּ נָא וִיבַקְשׁוּ אֶת אֲדֹנֶיךָ פֶּן נְשָׂאוֹ רוּחַ יהוה וַיַּשְׁלִכֵהוּ .. 염려컨대 주의 영이 그를 들었다가 던졌을 수 있으니 …그들로 가서 당신의 주를 찾게 하십시오; 신 29.17에서 이 불변사는 독립절을 열어준다.

² 참조, Joüon 1921a: 341.

³ פֶּן이 바로 문두에 나오는 회소한 경우에 그것은 부정적인 기원적 의미를 가진다(라틴어의 부정 어 *ne*). 그것은 נִשְׁמַר פֶּן 어떤 것으로부터 자신을 지키다에서 나왔으며, 자연스럽게 뭔가 두려움을 일으키는 것이다. 이리하여 출 34.15 הִשָּׁמֶר לְךָ פֶּן־תִּכְרֹת בְּרִית *ne ineas pactum* (Vulg.)은 12절 פֶּן־תִּכְרֹת בְּרִית 언약을 맺지 않도록 너 자신을 조심하라에 있는 더 완전한 형태가 생략된 표현임이 분명하다; 참조, 욥 32.13; 사 36.18; 렘 51.46; 창 44.34(참조, Joüon 1921a: 342, n.). 참조, Fassberg 1990: 273-94에 결론이 제시된다: 그중에서도 특히 וְלֹא יִקְטֹל은 도치 바브와 함께 וְקָטַל 뒤에 나오는 것이 매우 일반적이지만, פֶּן יִקְטֹל은 명령형 다음에 일반적으로 나온다고 한다.

⁴ 참조, Fassberg 1994: 103-07.

§ 169. 결과절

a   § 168 *a*에서 말한 것처럼, 결과절(consecutive clause)은 목적절과 밀접하게 연결된다. 이 둘 사이에 있는 표현 수단의 주된 차이점은 아래의 § *i*를 참조하라.

b   결과는 목적처럼(§ 168 *b*), 간접 의지법으로 부드럽고 세련되게 표현될 수 있으며(§ 116), 특히 직접 의지법 다음에서 그러하다. 그러나 가끔 직설법이나 명사절 다음에서도 가능하다: 그 예로 의문문에서, 렘 9.11(§ 161 *m*); 또는 부정 다음에서, 민 23.19 לֹא אִישׁ אֵל וִיכַזֵּב 하나님은 사람이 아니므로 거짓말할 수 없다. 만약 결과의 개념이 부정적이면 וְלֹא가 직설법과 함께 사용된다 (§ 116 *j*); 사 8.10; 이미 § 116 *j*에 인용된 수많은 경우들을 보라.

c   그러나 직접 의지법이 앞에 나오는 경우들을 제외하고, 결과는 대부분 도치 바브로 표현된다. 이리하여 시간 영역에 따라 바익톨(§ 118 *h*)이나 w-qataltí(§ 119 *e*)를 사용한다. 의문문의 특별한 경우는 § 161 *m* 참조.

d   목적처럼(§ 168 *c*) 결과도 부정사 연계형과 함께 나오는 לְ로 표현될 수 있다(§ 124 *l*). 만약 결과적 개념이 부정이면, לְבִלְתִּי(§ 124 *c*)가 사용된다: 렘 16.12.

결과를 표현하는 가장 주목할 만한 접속사들은 다음과 같다.

e   כִּי ~때문에(*that, for that*)는 질문 다음에 일반적으로 나온다(¹): 시 8.5 מָה־אֱנוֹשׁ כִּי־תִזְכְּרֶנּוּ 사람이 무엇이기에 주께서는 그를 기억해야 합니까?(비교, 욥 7.17; 15.14; 21.15; 대조, 시 144.3); 창 20.9, 10; 31.36; 출 3.11; 민 16.11; 부정 다음에: 창 40.15(아마).

f   אֲשֶׁר ~하도록, ~의 결과로서(질문 외에도)(²)는 כִּי와 다른 뉘앙스로 사용된다: 창 13.16 그 결과로서; 22.14 (아마); 부정과 함께: אֲשֶׁר לֹא 왕하 9.37; 말 3.19.

g   לְמַעַן은 특히 목적을 가리키는 데 사용되나(§ 168 *d*), 가끔 결과적인

---

¹ 더 상세한 예들의 목록은 BDB, s.v. 1, כִּי, f(p. 472b)를 보라. כִּי절은 놀라운 사실을 확실하게 하며, 선행하는 질문은 왜 그것이 그래야 하는지 또는 그런 식이 되어야 하는지 묻는다. 이와 같이 라기스 편지 2.2 מִי עַבְדְּךָ כֶּלֶב כִּי זָכַר אֲדֹנִי אֶת (עַ)בְדֹּה "주의 종이 누구입니까? 개(같은), 그의 종을 내 주가 기억해야 합니까?"

² 출 5.2의 אֲשֶׁר는 관계사이다(LXX): 야웨가 누구이기에 내가 순종해야 하느냐?

의미로 사용되기도 한다([1]). 이리하여 목적보다는 결과(effect)와 관련있는 의도된 행동에 대하여 말할 때: 렘 27.10, 15; 욜 4.6; 욥 9; 미 6.16; 특히 그 목적보다 하나님께 범죄한 것에 대한 심판의 결과에 대하여 말할 때: 이리하여 לְמַעַן הַכְעִיס 격노하게 하여와 같은 표현, 왕하 22.17 등 (= לְהַכְעִיס 신 4.25 등, § 124 l); 레 20.3(לְמַעַן 뒤에 결과적 의미를 가진 לְ가 나온다); 암 2.7.

다른 예들: 렘 36.3; 호 8.4; 암 5.14 (§ 168 a, 두 번째 각주); 시 30.13; 51.6; 130.4.

h   부정적 결과는 부정사와 함께 나오는 מִן으로 표현된다: 창 27.1 וַתִּכְהֶיןָ עֵינָיו מֵרְאֹת 그리고 그의 시력은 희미해져서 결과적으로 그는 볼 수 없었다; 출 14.5; 레 26.13; 신 28.55; 삼상 15.26(참조, § 133 e).

i   **부록**. § 168과 § 169를 통하여 목적과 결과 개념이 가끔 동일한 방식으로 표현될 수 있음을 보았다. 둘 다 לְ와 부정사, לְבִלְתִּי, אֲשֶׁר와 함께 나오며 לְמַעַן조차 가능하다. 그러나 בַּעֲבוּר는 본질적으로 목적의 불변사이며, כִּי는 본질적으로 결과의 불변사이다.

간접 의지법과 함께 나오는 바브는 목적뿐 아니라 결과를 표시하는 데 사용된다. 그러나 도치 바브는 결과적인 뜻으로만 사용된다.

더 자세한 예는 § 116 h에 있다.

§ 170. 인과절과 설명절

a   인과성(causality)이나 논리적인 선행성은 결과와 반대되는 것을 표현하지만, 상당히 자주 동일한 연결소로 표현된다. 여기에서는 일반적 인과성(영어 because, 라틴어 cum), 설명의 인과성(for), 그리고 소위 알려진 원인의 인관성(since)으로 구별할 수 있다.

b   인과성의 관계는 조건의 관계처럼(§ 167 a), 두 항으로 구성된 절을 단순하게 병렬하여 어느 정도 생략해 표시할 수 있다: 창 17.14 "이 사람은 그의 백성에게서 끊어질 것이다: 그는 나의 언약을 파기하였다"(אֶת־בְּרִיתִי הֵפַר).

---

[1] 일반적으로 논쟁이 되고 있는 이 점은 לְ 요소가 목적뿐 아니라 결과를 표현하는 데도 사용된다는 점을 기억할 때 쉽게 설명될 수 있다. 성서 히브리어 불변사 לְמַעַן은 Brongers 1973을 보라.

c   시간, 조건, 목적, 결과의 관계처럼, 인과적 관계도 단순 바브로써 부드럽고 세련되게 표현할 수 있다: 창 22.12 וְלֹא חָשַׂכְתָּ 네가 아끼지 아니하였으므로(아마); 24.62(상황); 출 23.9 "너는 나그네 심정을 알므로" (כִּי 왜냐하면이 뒤따른다); 왕상 22.23; 학 2.9,14; 시 60.13.

설명의 뉘앙스를 가진 바익톨은 § 118 j 참조.

d   그러나 인과성의 다양한 뉘앙스는 대부분 불변사로 제시된다.

가장 일반적인 접속사는 כִּי이며, 그것이 가진 수많은 의미 중 하나는 ~때문에(for)이다: 창 3.14 "네가 이것을 행하였으므로"; 3.17; 8.9.

da   어떤 경우에 כִּי 뒤에 오는 것은 사건이나 상황의 논리적 인과가 아니라, 선행하는 주장에 대한 증거나 논증이 되기도 한다: 왕상 1.24f. "내 주 왕이여, 주께서는 아도니야가 주를 이어 주의 보좌에 앉아야 한다고 말씀하셨습니까. 왜냐하면(כִּי) 그는 오늘 내려가서, 소들과 ~을 잡았습니다." 또한 삼상 26.15(¹)을 참조하라.

e   관계 접속사 אֲשֶׁר는 약한 인과적 의미를 가질 수 있다: 창 30.18; 31.49; 34.13, 27; 삼상 15.15; 26.23; 왕상 3.19. 관계의 의미에서 인과의 의미로 변화하는 것은 창 42.21 אֲשֶׁר רָאִינוּ ~을 본 (우리)= 우리가 보았기 때문에; 삼상 26.16; 삼하 2.5, 6을 보라.

f   보다 더 강하거나 보다 더 정확한 인과적 뉘앙스에 יַעַן이 사용된다(²), 직역하면 (그 사실을) 이유로, 라틴어 *ea ratione (quod)*, 따라서 (그 사실) 때문에가 된다: אֲשֶׁר와 함께 나오는 경우는 상당히 빈번하며(32회), אֲשֶׁר 없이 나오는 경우는 덜 빈번하고(23회), כִּי와 함께 나오는 경우는 매우 희소하다(7회). 그러나 יַעַן은 부정사와 함께 나오는 전치사로 사용될 수 있다. 예들: 창 22.16 יַעַן אֲשֶׁר עָשִׂיתָ אֶת־הַדָּבָר הַזֶּה 네가 이 일을 하였으므로; 민 20.12 יַעַן לֹא־הֶאֱמַנְתֶּם בִּי 너희가 나를 믿지 못하였으므로; 11.20 יַעַן כִּי־מְאַסְתֶּם אֶת־יְהוָה 너희가 야웨를 거부하였으므로; 부정사와 함께, 예로, 왕상 21.20 יַעַן הִתְמַכֶּרְךָ 네 스스로 팔았으므로. 사실 거의 모든 예들은 본문에서 고양된 문체로 나온다(하나님 또는 예언적 말씀; 예외: 삼상 30.22)(³).

---

¹ Claassen 1983: 35-44을 보라.

² יַעַן은 아마 명사형 יַעֲנֶה*에서 나온 단축형일 것이다. 마치 מַעַן이 מַעֲנֶה에서 나온 것과 같다. יַעַן은 Mulder 1973을 보라.

³ 반복을 통하여 יַעַן וּבְיַעַן (어떤) 등급으로 그리고 어떤 분량으로 = 단순하게 왜냐하면: 레 26.43; 겔

g   어떤 사실에 대한 보상이라는 특별한 뉘앙스나 어떤 사실에 대한 심판으로서 경멸적인 의미를 표현하기 위해서는 עֵקֶב, עֵקֶב אֲשֶׁר, 그리고 이와 거의 유사한 것을 표현하기 위해서 תַּחַת אֲשֶׁר가 사용된다: ~에 대한 보상으로서: עֵקֶב אֲשֶׁר 창 22.18(대조, 16절 יַעַן אֲשֶׁר); 26.5; עֵקֶב 민 14.24; תַּחַת 신 7.12; אֲשֶׁר 민 25.13; 사 53.12; ~에 대한 심판으로서: עֵקֶב כִּי אֲשֶׁר 삼하 12.6; 12.10; עֵקֶב 신 8.20; תַּחַת אֲשֶׁר 왕하 22.17(= 대하 34.25); 렘 29.19; 50.7; 대하 21.12.

h   인과성에 대한 가장 일반적인 전치사는 עַל이다: 창 20.3 "너는 이 여자 때문에 죽을 것이다"; 부정사 앞에서: 출 17.7 עַל נַסֹּתָם 그들이 시험하였기 때문에; 암 1.3, 6, 9, 11, 13; 렘 2.35; 9.12; 16.18; עַל־כֵּן 직역하면, 이와 같으므로= ~때문에([1]); עַל־מָה 무엇 때문에? 무슨 이유로? 왜?(비교, 일반적인 לָמָה 어찌하여?). עַל은 아래의 중복 접속사의 구성 요소이다: עַל־כִּי ~때문에 말 2.14 (עַל־מָה에 대한 대답으로); 신 31.17; 삿 3.12; עַל אֲשֶׁר 삼하 3.30; עַל־דְּבַר אֲשֶׁר ~사실 때문에 신 22.24; 23.5; 삼하 13.22.

i   원인을 가리키는 전치사 מִן은 자주 ~으로부터(from which) 나오는 결과를 만들어준다: 출 15.23 "그들은 그 쓴맛 때문에 물을 마실 수 없었다"; 가끔 מֵרֹב 너무나 많기 때문에 창 16.10. 이와 같이 부정어와 함께: מֵאֵין 사 50.2 "물이 없으므로" = "물이 부족하므로"; מִבְּלִי 부족함 때문에(실명사나 부정사와 함께). 부정사와 함께(사실 여성 동사의 실명사와 함께; 희소함): 삼하 3.11 מִיִּרְאָתוֹ אֹתוֹ 그가 그를 두려워하였으므로; 민 7.8; 9.28*b*; 사 48.4; 이와 같이 부정과 함께: 민 14.16 מִבִּלְתִּי יְכֹלֶת 그가 할 수 없었으므로; 겔 16.28. מִפְּנֵי는 가끔 인과적 의의를 가정하고 있다: 창 27.46.

      מִן과 함께 중복 접속사 מֵאֲשֶׁר ~때문에가 나온다: 사 43.4†; מִפְּנֵי אֲשֶׁר ~때문에(특별한 뉘앙스 없이) 출 19.18; 렘 44.23†.

j   이와 대조적으로 בְ는 엄격하게 인과적인 뉘앙스를 거의 갖고 있지 않

13.10; 36.3 וֹ 없이. 이 *ya'an* 절은 대부분 긍정적이든 부정적이든 간에 하나님의 응답이나 보응의 근거가 되는 사람의 행동을 묘사하는 데 사용된다: 참조, Gowan 1971.

[1] 소위 알려진 인과성의 개념(영어 *since, seeing that,* 불어 *puisque,* 라틴어 *quandoquidem, siquidem*)은 כִּי־עַל־כֵּן으로 표현된다. 이것은 직역하면 왜냐하면 그것에 의하여(*for by that*)가 되며, 인과성 개념이 이중적으로 표현된 어법이다: 창 18.5; 33.10; 38.26; 민 10.31; 14.43; 삼하 18.20Q. 지시사 כֵּן은 여기에서 후방 조응적이다. 확신하기는 어렵지만, 여기에서 "Abtönungspartikel"(뉘앙스의 불변사)을 찾아내며, *nun einmal*로 번역하는 시도는 Jenni 2001, idem 2001a: 218-224를 보라.

다. 그렇지만 도구적 의미의 함께는 가끔 인과적 뉘앙스를 갖게 한다[1]. 실명
사와 함께 나올 때 בַּ가 때문에를 뜻하는 경우는 거의 찾아볼 수 없다[2]; 인과
적 의미의 때문에를 뜻하는 부정사와 함께 나오는 경우가 아주 희소하다: 창
19.16; 출 16.7; 대하 28.6. בַּאֲשֶׁר가 아람어 בְדִי처럼 때문에라는 뜻으로 나오
는 경우도 아주 희소하다: 창 39.9, 23; 전 7.2; 8.4.

k   כַּאֲשֶׁר는 극도로 드물게 인과적인 때문에라는 뜻으로 사용된다: 민
27.14; 삿 6.27; 삼상 28.18; 왕하 17.26; 미 3.4(그러나 LXX בַּאֲשֶׁר)[3].

l   전치사적 어법의 בַּעֲבוּר (참조, § 168 *e*)는 일반적으로 인과적인 의
미로 사용된다: 때문에: 창 3.17 "너 때문에 땅은 저주를 받을 것이다." 거의 유
사한 어법인 בִּגְלַל은 좀 덜 빈번하게 사용된다: 창 30.27 "야웨께서 너 때문
에 나에게 복주셨다."

m   인과적 불변사는 첫 번째 절이 논리적으로 종속되는 두 개의 병렬된
절을 지배할 수 있다: 삼상 26.23 "야웨께서 당신을 나에게 넘기셨으나 나는
~을 원하지 않았다"; 사 12.1. 비교, §§ 161 *k*; 167 *t*; 168 *h*.

n   **구성 항들의 순서**는 두 요소 각각의 상대적인 중요성에 따라 결정된
다. 가끔 강한 뉘앙스를 표현하는 יַעַן이 나올 때, 일반적으로 원인(*cause*)과 결
과(*caused*)의 순서가 된다: 창 22.16; 그러나 יַעַן이 두 번째 자리에 나오는 경
우도 있다: 민 11.20; 레 26.43. 이와 반대로 כִּי는 자주 두 번째 자리에 온다:
창 8.9; 그러나 가끔 첫 번째 자리에 나올 때도 있다: 3.14, 17[4].

o   원인이 첫 번째 자리에 나올 때, 귀결절은 매우 자주 귀결절의 바브로
시작한다(§ 176 *e*). 가끔 귀결절은 לָכֵן 그러므로 라틴어 *ideo*로 시작한다[5]: 민
20.12; 왕상 14.10; 사 29.13f.; 겔 36.3f. 등; 아주 드물게 עַל־כֵּן 그러므로 라
틴어로 *propterea* (לָכֵן보다 강하다)로 시작한다: 삼상 28.18 (כַּאֲשֶׁר 뒤에
서, § *k*).

---

[1] 불어에서 *par ce que*와 거기서 나온 *parce que*를 비교하라.

[2] BDB, בַּ III, 5에 나오는 예는, *by*나 *for*의 의미로 제시된다.

[3] 또한 Joüon 1925: 6을 보라.

[4] 산문에서 인과절은 접속사 바로 뒤에 동사가 따라 나올 때 대부분 앞서 나온다: Groß 1996: 210-14.

[5] 참조, BDB, s.v. כִּי, 3, d.

§171. 양보절

a　　　　양보(concession)는 영어에서 비록(*although*)과 불구하고(*even though*)의 두 가지 주된 형태로 나온다. 비록이라는 뉘앙스는 인과성 개념과 연관되며(§170) 같은 방식으로 표현될 수 있다. 불구하고는 조건적인 개념의 단순 서법과 연관되며 같은 방식으로 표현될 수 있다. 사실 비록은 인과성으로서 כִּי(§170 *d*), עַל(§170 *h*)로 표현되며, 비록의 개념을 보다 더 형식적으로 표현하는 גַּם כִּי로도 나올 수 있다. 그럼에도 불구하고는 단순 조건으로 אִם(§167 *f*)과 כִּי(§167 *l*)를 사용한다; 그렇지만 현대 히브리어처럼 גַּם אִם*이라는 예는 나오지 않는다.

b　　　　כִּי 불구하고(*even though*) 또는 비록(*though*): 사 54.10; 렘 14.12; 49.16; 50.11; 51.53; 겔 11.16; 슥 8.6; 시 37.24; 잠 6.35([1]).

c　　　　גַּם כִּי 비록(*though*): 사 1.15; 호 8.10; 9.16; 시 23.4.

d　　　　אִם 불구하고(*even though*): 민 22.18; 사 1.18; 암 9.2-4.

e　　　　עַל 그럼에도 불구하고, 비록: 부정사와 함께: 욥 10.7 עַל־דַּעְתְּךָ 당신이 앎에도 불구하고([2]); 절과 연결된 עַל(동사절 또는 명사절; 참조, §129 *p*): 사 53.9 עַל לֹא־חָמָס עָשָׂה 비록 그는 불의한 행동을 저지르지 않았지만; 욥 16.17 עַל לֹא־חָמָס בְּכַפַּי 비록 내 손에 불의함이 없지만.

f　　　　인과적인 대조의 뉘앙스는 바브로 이어지는 문장의 두 항을 단순하게 병렬하여 약하게 표현할 수 있다([3]): 창 18.27 "보십시오. 내가 내 주께 다시 말씀드립니다. 비록 나는 티끌과 재이지만"(וְאָנֹכִי עָפָר וָאֵפֶר); 48.14 וְהוּא הַצָּעִיר 그는 막내이지만; 삼상 12.12 וַיהוה אֱלֹהֵיכֶם מַלְכְּכֶם 야웨 너희 하나님이 너희 왕이지만; 동사절과 함께: 창 18.18 וְאַבְרָהָם הָיוֹ יִהְיֶה 아브라함은 분명히 ~하게 될 것이지만, 비교, 반대의 관계: 창 32.31 "내가 하나님의 얼굴을 대면했지만(여전히) 내 목숨이 살아 있다" וַתִּנָּצֵל נַפְשִׁי. 참조, §172 *a*.

g　　　　양보를 강조하기 위한 부정사 절대형은 §123 *i* 6 참조.

---

[1] 에멜래우스(Aejmelaeus 1986: 205-7)는 양보적 의미는 כִּי 절이 주절을 뒤따를 때 있을 수 없다는 점을 올바로 강조한다.

[2] 그러나 다른 학자들은 당신이 알기 때문에로 제시한다(참조, Ehrlich ad loc.).

[3] 그는 비참하다. 그리고 그는 부자이다!와 그는 부자이지만 비참하다!를 비교하라.

§ 172. 반의절

a 영어에서 그러나(*but*)로 표현되는 대립(opposition)의 뉘앙스는 단지 바브로 표현될 수 있다(참조, § 171 *f*): 창 2.20b וְלְאָדָם 그러나 아담에게; 3.3 וּמִפְּרִי 그러나 그 열매로부터; 아 1.5 "나는 검지만 아름답다"; 5.2 "나는 잠이 오지만, 내 마음은 깨어 있다"; 도치 바브와 함께--레 25.43 וְיָרֵאתָ (§ 43 *b*) 그러나 너는 두려워할 것이다; 부정절 뒤에서--창 17.5 "너는 더 이상 아브람으로 불려질 것이 아니요, 아브라함이 너의 이름이 될 것이다" w-..qatal (וְהָיָה)과 함께; 부정 뒤에서--창 42.10 "아닙니다. 내 주여, 그러나 주의 종들은 왔습니다" (וַעֲבָדֶיךָ בָּאוּ); 비정상적인 형태와 함께[1] w-qatálti (정상적인 w- .. qatálti 대신에)-- 왕상 3.11; 부정절 뒤에서--"너는 ~을 구하지 않았다... 그러나 ~을 구했다" (וְשָׁאַלְתָּ); 왕하 8.10 וְהִרְאַנִי 그러나 야웨께서 나를 보게 하셨다; 겔 20.22 וַהֲשִׁבֹתִי 그러나 내가 돌아오게 했다.

b 가끔 그러나의 더 강한 뉘앙스인 וְאוּלָם과 וְאוּלָם이 나온다: 욥 1.11 "그러나 당신의 손을 뻗어서"(= 2.5); 창 48.19; 출 9.16.

c 부정 뒤에서, 그러나의 개념이 가끔 כִּי로 표현되며[2], 또한 가끔 כִּי אִם으로 나온다[3]. 후자는 약간 덜 강한 뉘앙스를 갖고 있는 것 같다[4]. כִּי와 함께 나오는 예: 삼하 20.21 לֹא־כֵן הַדָּבָר כִּי 그 일은 그렇지 않다. 그러나...[5]; 창 18.15; 19.2; 수 5.14; 암 7.14. כִּי אִם과 함께: 창 32.29 לֹא יַעֲקֹב יֵאָמֵר

---

[1] 참조, § 119 *z*. 여기서 w-qatálti는 반의적 개념 때문에 생긴 것일까?(참조, Davidson, *Syntax*, § 58 *b*). 그렇다면 그것은 유사어의 대칭적인 경우일 것이다.

[2] 반의적 뜻은 아마 인과적인데서 나온 것 같으며, 왜냐하면(*for*)과 그러나(*but*)가 실제로 동일한 경우에서 발전된 것이 분명해 보인다: 창 17.15 "너의 아내 사래에 대하여, 너는 더 이상 그를 사래라 부르지 말 것이다. 왜냐하면(= 그러나) 사라가 그의 이름이 될 것이기 때문이다." 이런 식으로 라틴어 *enim*은 그러나의 뜻을 갖게 되었다. 왕상 21.15에서, 왜냐하면의 뜻을 가진 첫 כִּי 뒤에서, 이 설명은 아주 자연스러워 보인다.

[3] 부사어의 의미는 아마 예외적인(exceptive) 의미에서 나온 것 같다(§ 173 *b*). 예, 출 12.9 "물로 반쯤 익히거나 삶은 것은 먹지 마라. 만약 그것이 불로 구운 것이 아니면(= 그러나)"과 같은 경우. 비교, 신약 성서에서 그러나의 뜻으로 사용된 εἰ μή 만약 그것이 아니면: 마 12.4; 눅 4.26. 이탈리아어에서 *se non che*은 그러나의 뜻을 가진다(문두에서).

[4] Kropat, 31에 따르면, 역대기자는 그러나의 뜻으로 כִּי אִם을 피하며 그것을 예외적 의미로만 사용한다.

[5] 확장에 의하여 כִּי는 가끔 문맥에 따라 반의적 뉘앙스를 가진다. 이 예에서 만약 우리가 앞에 나오는 세 단어를 삭제해도 כִּי는 문맥에 의해 반의적 뉘앙스를 여전히 지니게 된다(참조, 20절).

עוֹד שִׁמְךָ כִּי אִם־יִשְׂרָאֵל 너는 더 이상 야곱으로 불려지지 않고, 오히려 이스라엘로(17.5과 15절을 대조하라); 15.4; 신 7.5; 삼상 2.15; 8.19; 시 1.2.

d   대조를 강조하기 위하여 사용된 부정사 절대형은 § 123 *i*를 참조하라.

§ 173. 예외절

a   긍정적 진술 다음에 예외(exception)가 나오는 경우는 특히 אֶפֶס כִּי 제외하고, ~외에(*except that*)이다: אֶפֶס כִּי לֹא הַשְׁמֵיד אַשְׁמִיד 암 9.8 내가 완전히 멸망시키지는 않고; 민 13.28; 신 15.4; 삿 4.9. בִּלְתִּי אִם 은 만약 ~이 아니라면의 뜻으로 사용되기도 한다(라틴어, *nisi*). 암 3.4; בִּלְתִּי는 명사절과 함께 결합된다(참조, § 129 *p*): 창 43.3 בִּלְתִּי אֲחִיכֶם אִתְּכֶם 너의 형제들이 너희와 함께 있지 않는 한.

b   부정적 진술 다음에는 כִּי אִם이 나온다([1])(참조, § 172 *c*): 창 32.27 לֹא אֲשַׁלֵּחֲךָ כִּי אִם־בֵּרַכְתָּנִי 당신이 나를 축복하지 않으면 나는 당신이 가도록 허락하지 않겠다; 레 22.6; 사 55.10 (BDB, p. 475a: 그러나); 65.6; 암 3.7; 룻 3.18.

c   만약(*if*) ~아니라면(*not*) (라틴어 *nisi, quin*)의 예외적인 뜻에서 절대적 필요 개념인 반드시(*necessarily*)가 나왔으며, 이것은 확실히(*assuredly*)와 동일하다; 참조, 맹세 다음에: 왕하 5.20; 렘 51.14(§ 164 *c*); 맹세와 상관 없이: 왕상 20.6; 미 6.8.

§ 174. 비교절

a   비교절(comparative clause)을 열어주는 일반적인 불변사는 동일한 방식으로(*in the same way as*)를 뜻하는 כַּאֲשֶׁר이다. 이것은 질적인 의미뿐 아

---

[1] 이것은 그러나 만약에에서 만약에라는 의미에서 만약에 그렇지 않다면(if ..not, 라틴어 *nisi*)의 의미로 전환하게 되었다: 창 32.27 "나는 당신이 가도록 하지 않을 것이다. 그러나 만약에 당신이 나를 축복한다면(나는 당신이 가도록 할 것이다)" > "만약 당신이 나를 축복하지 않으면 당신을 보내지 않을 것이다."

니라 양적인 의미로도 사용된다: 예, 출 1.12 כַּאֲשֶׁר יְעַנּוּ אֹתוֹ כֵּן יִרְבֶּה 그
들이 그들을 괴롭히는 것에 따라, 이와 같이 그들은 번성하였다(= ~할수록 ~더욱 더 ~
하다); 참조, 창 34.12.

b　　　귀결절에서는 자주 כֵּן이 나온다: 위에서 인용된 것처럼, 출 1.12; 창
41.13; 삿 1.7. 귀결절의 바브와 함께 나오는 경우는 두 번이다: 출 16.34;
민 1.19.

c　　　실명사(또는 부정사, § 133 *g*) 앞에 전치사 כ가 나온다: 호 4.7 כְּרֻבָּם
כֵּן חָטְאוּ לִי 그들은 번성할수록 (또는 그들의 증가 비율에 따라), 그와 같이 그들
은 내게 범죄했다; 또한 귀결절에서 כֵּן과 함께: 시 48.11; 123.2; 잠 26.1, 8,
18, 19.

d　　　가끔 전치사 כ는 접속사의 뜻으로 사용된다(참조, § 158 *a*, n.)([1]); 사
11.9 "물이 바다를 덮음 같이(כַּמַּיִם) 세상은 주님을 아는 지식으로 가득할 것
이다"; 61.11 כָאָרֶץ תּוֹצִיא 땅이 생산하듯이; 욥 16 וְהָיוּ כְלֹא הָיוּ 마치 그들
이 없었던 것 같이 될 것이다([2]); 시 42.2 כְּאַיָּל תַּעֲרֹג 사슴이 사모하듯이([3]).

e　　　드물고 의심스러운 경우로서 כַּאֲשֶׁר 없이 כֵּן이 나오는 경우: 사 55.9,
כִּי־גָבְהוּ שָׁמַיִם מֵאָרֶץ כֵּן .. 그러나 하늘이 땅보다 높음 (같이), 그와 같이...; 렘
3.20; 호 11.2([4]).

f　　　사 7.17과 같은 경우에 비교는 가상적(virtual)이다. 여기에서는 אֲשֶׁר
뒤에 대명사와 함께 상관 관계를 갖는 כ가 나오지 않는다(§ 147 *f*).

g　　　한정이 뒤따라 오는 내적 목적어의 대격은 비교를 표현할 수 있다: 예,
삼상 20.17(참조, § 125 *q*, 세 번째 각주).

h　　　끝으로 단순 바브를 통해 미약하지만 비교를 표현할 수 있다([5]): 잠
26.14 "문짝이 돌쩌귀를 따라 돈다. 그리고(= 이와 같이) 게으른 자는 그의 침

---

[1] 그러나 כ가 엄격한 의미의 접속사가 되었는지는 의심스럽다; 그것은 동사 형태 앞에서는 나오지 않
는다. 참조, BDB, s.v., 1, **c**, 끝.

[2] כ는 여기에서 כַּאֲשֶׁר와 마찬가지로 마치(*as if*)와 같은 뜻이다: 삼하 16.23; 슥 10.6; 욥 10.19.

[3] 이것은 비접속사적 관계절의 경우가 될 수 있다: 마치 ~을 사모하는 사슴처럼이라는 해석은 전치사에
붙은 명사가 한정되거나 그렇게 발음될 때 가능하지 않다; § 137 *i*를 보라. כַּיּוֹם הַזֶּה 창 50.20의 어법에
서 동사 있다(*to be*)가 내포되어 있다: (이것이) 오늘날에도 (여전히); 오늘 같이가 아니다.

[4] 사 62.5에는 כַּאֲשֶׁר도 כֵּן도 없다.

[5] 비교의 바브(*Waw adaequationis*) רָ֚ין הִשְׁתַּוָּאָה.

상에서 뒹군다.”; 17.3; 25.3; 26.3, 9; 27.21; 욥 12.11; 14.11ff.; 34.3. 바브 없이도 두 진술을 단지 병렬시켜 비교를 만들 수 있다: 렘 17.11; 욥 24.19.

i   כְּ .. כְּ가 함께 나올 때(또는 וּכְ .. כְּ 수 14.11; 삼상 30.24; 겔 18.4; 단 11.29), 이것은 첫 번째 것은 두 번째 것과 같다(like)거나(수 14.11; 삿 8.18; 삼상 30.24; 사 24.2), 두 번째 것도 첫 번째 것과 같다(like)는 뜻이라기보다, 오히려 첫 번째 것은 두 번째 것과 같으며(like) 그리고 두 번째 것은 첫 번째 것과 같다(like)는 뜻이다(따라서 구성 요소들의 순서는 중요하지 않으며 וֹ 를 사용할 가능성이 있다). 달리 말하자면, 두 용어는 어느 정도 동일한 것으로 선언된다. 따라서 수 14.11 כְּכֹחִי אָז וּכְכֹחִי עָתָּה는 그때 나의 힘이 지금 나의 힘과 같다는 뜻이 아니며(이것은 문맥에 일치하지 않는다), 지금 나의 힘이 그때 나의 힘과 같다는 뜻도 아니다. 오히려 그때 나의 힘과 지금 나의 힘이 똑같다는 뜻이다. 예, 창 18.25 “의인과 죄인의 운명이 동일할 것이다”; 레 7.7 “속건제와 속죄죄는 비교할 만하며, 한 법이 둘 다 지배한다”; 24.16 “거류민이든 본토인이든 동일하다”; 창 44.18 כָּמוֹךָ כְּפַרְעֹה 당신과 바로는 둘이 하나이다(참조, §154 *b*); 사 24.2 “백성과 제사장, 종과 주인에게 동일한 운명이 기다리고 있다”; 학 2.3 “그것과 보잘 것 없는 것, 그들은 너희 눈에 똑같은 것이 아니냐?”; 전 9.2 “의인과 죄인이 동일한 운명이다”([1]).

§175. 분리절

a   영어의 또는(or)으로 표현되는 분리절(disjunctive clause)의([2]) 개념은 대부분 אוֹ로 나온다: 예, 삼하 2.21 נְטֵה לְךָ עַל־יְמִינְךָ אוֹ עַל־שְׂמֹאלֶךָ 너는 왼쪽이나 오른쪽으로 돌려라. 그러나 이 정확한 단어 대신에, 바브만으로도 가끔 충분할 때가 있다: 예, 19절 לֹא־נָטָה לָלֶכֶת עַל־הַיָּמִין וְעַל־הַשְּׂמֹאל 그는 오른쪽으로나 왼쪽으로 돌리지 않았다에서 또는이란 개념은 그렇게 정확한 뉘앙스를 갖지 않는다; 출 21.17 מְקַלֵּל אָבִיו וְאִמּוֹ 그의 아버지나 어머니를 저주하는 자. וֹ는 부정이나 부정과 같은 것 뒤에서 ~도 아닌(*nor*)과 일치한다:

---

[1] 그렇다면 כַּנִּשְׁבָּע 위증자와 서약을 존중하는 자가 동일한 운명을 당한다로 읽으라.
[2] Andersen 1974: 141-49를 보라.

창 45.6 **אֵין חָרִישׁ וְקָצִיר** 밭갈이도 못하고 추수도 못할 것이다; 왕상 17.1 **אִם**
יִהְיֶה טַל וּמָטָר 이슬도 비도 없을 것이다.

b   이와 유사하게 **וֹ .. וֹ**도 ~이든 ~이 아니든(*whether...or*)을 뜻할 수 있다:
출 21.16 **גֹּנֵב אִישׁ וּמְכָרוֹ וְנִמְצָא בְיָדוֹ** 사람을 유괴한 자가 그를 팔았든지 또는
그가 여전히 데리고 있든지; 신 24.7.

c   그러나 분리적인(disjunction) ~이나 ~이나(*whether ... or*)는 동사절이
든 명사절이든 간에 대부분 **אִם .. אִם** (또는 **וְאִם .. אִם**)이 나온다(일반적으
로 생략된다): 겔 2.5 **אִם יִשְׁמְעוּ וְאִם יֶחְדָּלוּ** 그들이 듣든지 말든지 간에; 삼
하 15.21 **אִם לְמָוֶת אִם לְחַיִּים** 죽든지 살든지 간에.

d   아주 드물게 **אוֹ .. אוֹ**가 나온다: 레 5.1 **אוֹ רָאָה אוֹ יָדָע** 그가 보았든
지, 그가 알았든지([1]).

e   분리절의 의문문은 § 161 *e-f* 참조.

---

[1] 이것은 이런 종류의 유일한 예로 보인다. 출 21.31에서 앞서 나오는 **אִם**은 **אוֹ**를 뒤따르는 동사에 영
향을 미친다(§ 167 *q*).

제8장: 접속사 바브

시제에 관한 장에서 바브에 대한 것은 모두 말하였으며(§§ 115-120), 전치사에 관한 장에서는(§§ 159, 166-75) 이 조그만 단어가 언뜻 보기에 너무나 단순한 히브리어 구문에서 얼마나 이례적으로 중요한지 보여 주었다. 이제 바브의 용법들(또는 사용하지 않는 경우들)을 살피는 일이 남았다. 우리는 우선 귀결절의 바브부터 다룰 것이다.

§ 176. 귀결절의 바브

a   귀결절의 바브(waw of apodosis)는 그 이름이 시사하는 것처럼 귀결절의 첫 번째 부분에서 그 조건절(protasis)과 연결시키는 역할을 한다: 창 32.18f. כִּי יִפְגָּשְׁךָ עֵשָׂו .. : וְאָמַרְתָּ 에서가 너를 만날 때(when, 만약[if]보다, LXX, Vulg.) ...(그때) 너는 말할 것이다. 넓은 의미에서 우리는 이 바브가 조건절로 기능하는 진술의 두 번째 부분 전(before)이 아니라, 그 다음에(after) 매우 자주 나오는 것을 볼 수 있다. 이때 바브는 두 번째 부분을 첫 번째 주요 부분과 연결시키며 뒤따라오는 문장이 귀결절임을 보여준다: 창 27.34 כִּשְׁמֹעַ עֵשָׂו .. וַיִּצְעַק 에서가 들었을 때...(그때) 그는 부르짖었다; 3.5 בְּיוֹם אֲכָלְכֶם מִמֶּנּוּ וְנִפְקְחוּ עֵינֵיכֶם 너희가 그것을 먹는 날에 (그때) 너희 눈이 열릴 것이다. 끝으로, 여전히 넓은 뜻에서 이것을 유추하여 고리형(§ 156 *l*) 뒤에 나오는 바브를 귀결절의 바브로 설명할 수 있을 것이다: 왕상 15.13 "그리고 그의 어머니 마아가조차도, 그는 그녀에게서 태후의 영예를 빼앗아 버렸다."

b   귀결절의 바브라는 용어는 순전히 형식적인 표현이다. 이 강세 바브(또한 그것과 일치하는 아랍어 *fa*도)([1])의 성격을 표현하기 위하여, 우리는 그것

---

[1] 참조, Reckendorf 1895-98: 678. 아랍어와의 유사성에 대한 인식은 Saadia, Ibn Ezra, 그리고 다른 랍비들만큼 오래된 것이다.

을 재생의 바브(^{1}) 또는 연결 바브로 부를 수 있다. 귀결절의 바브는 항상 생각의 흐름이 어느 정도 저지되었다는 것을 뜻한다. 그리고라는 기본적인 뜻을 가진 바브는 이미 저지되거나 느려진 생각의 흐름을 생생하게 포착하고, 두 개로 나누어진 진술의 부분들을 연결한다(link).

귀결절의 그리고는 그 성격상 강세적이다. 따라서 만약 귀결절(또는 준-귀결절)이 직설법의 정동사로 시작된다면, 일반적으로 wayyiqtol과 w-qaltí 형식이 사용된다(참조, § 115 *b-c*). 그러므로 이 형태들이 귀결절에서 동사로 사용될 때, 우리는 그것이 가진 일반적인 가치(계승이나 결과)를 부여해서는 안 된다: 그것들은 재생의 강세 바브라는 용어로 설명되어야만 한다(^{2}).

c   귀결절의 바브 용법은 어떤 엄격한 규칙에 제한되지 않는다. 일반적으로 이런 바브는 생각의 흐름을 늦추거나 깨뜨린 후에 곧 말하려고 하는 것을 이미 말한 것과 연결할 필요가 있을 때 사용된다. 이 늦춤은 특히 조건절(§ 167), 인과절(§ 170), 시간절(§ 166), 고리형 뒤에서(§ 156) 일어난다. 세부 사항들은 귀결절의 바브 용법과 어느 정도 관련되며, 특히 귀결절을 시작하는 단어의 문법적 범주(동사, 명사, 불변사)와 조건절의 길이와 관련이 있다.

d   귀결절의 바브는 특히 אם이나 כי로 시작하는 **조건절**(§ 167)에서 빈번하게 나타난다: 신 6.20f. "만약 자녀들이 너에게 물으면 .. וְאָמַרְתָּ 그러면 너는 말할 것이다 ..." 또한 אם 뒤에서: 창 24.8, 41; 32.9; 민 30.15; 삿 4.20; 삼상 1.11; 20.6; 왕상 3.14(이 모든 경우에 w-qaltí). 이런 예들은 판례법(casuistic) 조문에 수없이 많이 나타난다: 예, 출 21.3*b* וְיָצְאָה; 6절 וְהִגִּישׁוֹ (그러나 명사 앞에는 귀결절의 바브가 나오지 않는다. 출 21.3*a*, 4; 부정어 앞에서도 마찬가지이다. 7절). 대상 28.9*b*(짧은 조건절)에는 귀결절의 바브가 없다: אם תִּדְרְשֶׁנּוּ יִמָּצֵא לָךְ 만약 네가 그를 찾으면, 그는 너를 만나줄 것이다. 또

---

^{1} 이 재생(*resumption*) 현상은 바브가 어떤 문체적인 이유로, 동일한 형태이든 아니든 동일한 동사를 재생하는 동사 앞에 나오는 것과 전적으로 다르다. 예, 출 1.15f. וַיֹּאמֶר .. וַיֹּאמֶר; 4.9; 12.41 ; 레 13.3; 17.5 וְהֵבִיא .. יָבִיא; 신 4.42 וְנָס .. לָנוּס; 렘 34.18-20; 슥 8.23(참조, Driver, *Tenses*, § 118 *n*., 그리고 삼상 25.26 설명). 또한 마카비 1서 1.1(참조, Joüon 1922a: 205)을 보라; 토비드 6.14(Cod. Sinaiticus, ed. Hanhart, καὶ ἀπέθανον .. καὶ ἀπέθνῃσκον; 참조, Joüon 1923: 172).

^{2} 영어에 그 대응어가 없는 이 바브를 번역하기 위해 우리는 그 뉘앙스가 히브리어보다 훨씬 더 강한 그렇다면(*then*)(불어 *alors, eh bien*) 같은 단어를 사용하였다. 독일어 *so*는 그 의미가 귀결절의 바브에 훨씬 더 가깝다.

한 샷 4.8 אָם־תֵּלְכִי עִמִּי וְהָלָכְתִּי וְאִם־לֹא תֵלְכִי עִמִּי לֹא אֵלֵךְ; 왕하 7.4
를 보라.

e   이와 같이 귀결절의 바브는 **인과**절에 빈번하게 나온다([1]): 삼상 15.23b
יַעַן מָאַסְתָּ דְּבַר יהוה וַיִּמְאָסְךָ מִמֶּלֶךְ 네가 야웨의 말씀을 거절하였으므로... 그
가 네 왕권을 거부하였다; 사 3.16f.

f   귀결절의 바브는 **시간**절에서는 매우 일반적으로 나온다(§ 166 *l-p*). 조
건절(또는 준-조건절)이 וַיְהִי 또는 וְהָיָה로 시작하는 수많은 경우에, 귀결절
은 바익톨이나 w-qataltí로 나온다: 창 21.22 וַיְהִי בָּעֵת הַהִוא וַיֹּאמֶר 바로 그
때, 그가 말하였다. 그러나 가끔 귀결절의 바브가 사라진다: 출 16.22 וַיְהִי
בַּיּוֹם הַשִּׁשִּׁי לָקְטוּ 여섯째 날에 그들은 거두었다; 16.27; 레 9.1(레위기에서 유일
한 예); וְהָיָה 뒤에서 레 14.9. 이것은 후대의 책에서 특히 일반적으로 나온다:
예, 느 1.4 .. וַיְהִי כְּשָׁמְעִי אֶת־הַדְּבָרִים הָאֵלֶּה יָשַׁבְתִּי וָאֶבְכֶּה; 4.10; 대하
12.2, 11; 20.1; 21.19; 24.4, 23; 에 1.1; 5.2.

g   이 경우 외의 용법은 다양하다. 시간 표시 뒤에서는 비록 그것들이 아
주 짧아도 귀결절의 바브가 나온다: 특별한 예, 출 16.6 עֶרֶב וִידַעְתֶּם 저녁에
(저녁이 될 때), 너희는 알게 될 것이다...; 왕상 13.31 בְּמוֹתִי וּקְבַרְתֶּם אֹתִי 내가
죽으면 당신은 나를 묻어라.

h   בַּיּוֹם 뒤에는 대부분 이 바브가 나오지 않는다([2]): בַּיּוֹם הַזֶּה 창 7.11;
출 19.1; בַּיּוֹם הַהוּא 창 15.18; 레 22.30; 수 4.14; 삼상 3.12; 왕상 8.64; בַּיּוֹם
뒤에는 서수가 따라 나온다: 출 22.29; 민 6.9; 왕상 8.66; 왕하 20.5.

i   관계절에서 귀결절의 바브는 상당히 빈번하다; 그것들은 고리형의 범
주 아래 온다(§ *j*): 수 15.16 אֲשֶׁר־יַכֶּה קִרְיַת־סֵפֶר וּלְכָדָהּ וְנָתַתִּי לוֹ 기럇 세
벨을 치고 그것을 차지하는 자에게, 나는 그에게 ...을 줄 것이다(§ 156 *k*); 출 21.13.
조건절의 길이가 중요하다; 이리하여 조건절이 짧은 창 44.10에는 바브가 나
오지 않지만, 조건절이 긴 9절에는 나온다.

j   고리형의 경우에(§ 156 *l*) 조건절의 길이는 중요한 요인이 된다. 따라
서 동일한 대격(목적어)일 경우에, 왕하 16.14에서는 바브가 나오며, 창 47.21

---

[1] 인과절에도 귀결절의 לָכֵן이 나온다(§ 170 *o*). 비교절에 나오는 귀결의 כֵּן을 비교하라(§ 174 *b*).

[2] 물론 서론적인 וְהָיָה와 וַיְהִי를 제외하고(§ *f*). 창 22.4에서 בַּיּוֹם הַשְּׁלִישִׁי וַיִּשָּׂא 전에 아마 서론적
인 וַיְהִי를 회복해야 할 것 같다.

과 삼상 25.29*b*에서는 나오지 않는다.

k 우리는 직설법에서 동사 형태들이 귀결절의 바브를 상당히 자주 취하여 바익톨과 w-qaltí로 나오는 것을 보았다. 귀결절의 바브는 명령형 앞에 나오지 않는다: 신 12.30 הִשָּׁ֫מֶר לְךָ֫ (아주 긴 시간적 조건절 뒤에서); 창 50.4; 삼상 21.10 중간 길이의 조건적인 조건절 뒤에서. 그러나 그것은 지시형 앞에 나온다: 출 12.3, 그리고 권유형 앞에서: 창 13.9.

l 명사 앞에서 귀결절의 바브는 상당히 드물다. 대하 7.1 וּכְכַלּ֣וֹת שְׁלֹמֹה֩ לְהִתְפַּלֵּ֨ל וְהָאֵ֜שׁ יָרְדָ֗ה; 13.15; 26.19와 같은 구문은 고전적이 아니다[1].

m 명사인 부정사 절대형은 귀결절의 바브를 취하지 않는다: 출 21.12, 20, 22.

n 불변사 앞에서 귀결절의 바브는 일반적으로 나오지 않는다: 출 21.7 לֹא תֵצֵא (대조, 3*b* וְיָצְאָה); 왕상 1.52*a* לֹא יִפֹּל (대조, *b* וָמֵת).

o 귀결절의 바브는 주된 휴지에서 특히 필요한 것으로 보인다: 왕하 7.4*bb* אִם־יְחַיֻּ֣נוּ נִחְיֶ֔ה וְאִם־יְמִיתֻ֖נוּ וָמָֽתְנוּ 만약 그들이 우리를 살려주면, 우리는 살 것이요, 만약 우리를 죽인다면, (어차피 그렇다면) 우리는 죽을 것이다(주된 휴지에 있는 마지막 동사에는 비록 조건절이 약간 짧아도 바브가 있다; 이와 대조적으로, 첫 귀결절의 동사에는 그것이 없다); 출 9.20f. (길이가 동일한 두 개의 조건절 뒤에서, 바브는 오직 두 번째 것 뒤에 나온다: וַיָּ֫עֹזב); 렘 6.19 וְתוֹרָתִ֖י וַיִּמְאֲסוּ־בָֽהּ (바브가 아주 짧은 고리형 뒤에 나오는 것은 주된 휴지 때문이다)[2].

§177. 접속사 구문과 비접속사 구문[3]

a 일반적으로 히브리어는 접속사 구문(syndesis, 바브와 함께)을 매우 선호하는 경향이 있다: 예, 창 22.3 וַיַּשְׁכֵּ֨ם אברהם בַּבֹּ֗קֶר וַֽיַּחֲבֹשׁ֙ אֶת־חֲמֹרוֹ

[1] 참조, Kropat, 70.

[2] 창 43.14 וַאֲנִ֕י כַּאֲשֶׁ֥ר שָׁכֹ֖לְתִּי שָׁכָֽלְתִּי 에서 동일한 형태를 유운(assonance) 때문에 선호하게 되었다; 에 4.16도 마찬가지이다.

[3] Kuhr 1929를 보라.

וַיִּקַּח אֶת־שְׁנֵי נְעָרָיו אִתּוֹ וְאֵת יִצְחָק בְּנוֹ וַיְבַקַּע עֲצֵי עֹלָה וַיָּקָם וַיֵּלֶךְ אֶל־הַמָּקוֹם. 이리하여 아브라함은 아침 일찍 일어나, 그리고 그의 나귀에 안장을 얹고, 그리고 그와 함께 그의 두 젊은 종과, 그리고 그의 아들 이삭을 데리고, 그리고 그는 번제에 쓸 나무를 쪼개고, 그리고 일어나 그리고 그곳으로 갔다. 이리하여 비접속사 구문(asyndesis)들이 훨씬 더 두드러지게 되었다: 예, 수 2.18: "보라 우리가 곧 이 땅에 들어오려고 한다: 이 붉은 줄을 너는 창문에 매어 두어라…"; 삿 5.27 בֵּין רַגְלֶיהָ כָּרַע נָפַל שָׁכָב 그녀의 발 앞에(다리 사이에) 그는 꾸부러졌고, 엎드러졌고, 쓰러졌다; 신 32.15 שָׁמַנְתָּ עָבִיתָ כָּשִׂיתָ 너는 살쪘고, 비대해졌고, 배불러졌다[1]. 상당히 자주 접속사 없이 설명절이 추가된다: 삼하 12.13 "야웨께서 당신의 죄를 제거하셨다: 당신은 죽지 않을 것이다"; 왕상 13.28 לֹא אָכַל 사자가 먹지 않았다(LXX의 καί는 제거하는 것이 더 좋다); 18.6 "그들은 두루 다니려고 땅을 나누었다; 아합은 한쪽으로 갔다…"; 왕하 3.3 "그는 여로보암의 죄에 집착했다: 그는 그것들을 떠나지 못했다(= 그것들로부터 자신을 떼어내지 못한 채)."

b   어떤 동사들은 특별히 주의해야 하며, 특히 다시(§ 102 g)라는 부사어 개념을 표현하는 두 개의 동사를 주의해야 한다: שׁוּב 돌아가다 그리고 יָסַף, הוֹסִיף 더하다[2]. 이 두 동사는 동일한 형태를 사용하는 일반적 경향이 있으며, 결과적으로 바브를 사용하기도 하고 사용하지 않기도 한다[3]. 첫 번째 형태가 바브와 함께 나오는 것 뒤에서: 창 26.18 וַיָּשָׁב יִצְחָק וַיַּחְפֹּר 이삭은 다시 팠다[4]; 사 6.13 וְשָׁבָה וְהָיְתָה; 말 1.4 וְנָשׁוּב וְנִבְנֶה. 대조적으로 바브 없이: 창 30.31 אָשׁוּבָה אֶרְעֶה; 미 7.19 יָשׁוּב יְרַחֲמֵנוּ; 삼상 3.5 שׁוּב שְׁכָב; 시 71.20 תָּשׁוּב תְּחַיֵּינִי .. תָּשׁוּב תַּעֲלֵנִי. 그러나 호 2.11 אָשׁוּב וְלָקַחְתִּי; 단 9.25 תָּשׁוּב וְנִבְנְתָה 형태도 나온다.

---

[1] 격언적인 *veni, vidi, vici*의 형태로 군사적인 작전을 묘사할 때 이와 유사한 스타카토 형식이 나오는 경우는 출 15장, 마카비 2서 13.19(이것은 21b 비교)를 보라. 또한 Muraoka - Porten 2003: 258f. 참조.

[2] 이 두 동사는 반복을 표현하곤 한다(라틴어 *iterum*, 독어 *wieder*). 더구나 각각은 특별한 뉘앙스를 가진다: שׁוּב는 앞에 언급된 것과 반대 동작을 표현한다(독어 *zurück*, 예: *zurücknehmen* "take *back*"; יָסַף는 지속(독어 *fort*) 또는 확대를 표현한다. 정동사 형식을 가진 구문 외에도(바브가 있든 없든), שׁוּב와 특히 יוֹסִיף는 부정사와 함께 사용될 수 있다(לְ가 있든 없든 간에).

[3] 접속사 없는 결합체는 이집트의 아람어에 상당히 일반적이다: Muraoka - Porten 2003: § 73 *a*를 보라.

[4] וַיָּשָׁב יִצְחָק חָפַר라고 말하는 것은 불가능하지 않다(참조, § 118 k).

c   이와 같이 (יָסַף) וַיֹּסֶף אברהם ויקח에서도: 창 25.1 아브라함이 다시 취하였다; 38.5 등. 이와 대조적으로: 호 1.6 לֹא אוֹסִיף עוֹד אֲרַחֵם 등 (주어의 변화와 함께 사 47.1*b*[1], 5*b*)[2].

d   준-조동사(semi-auxiliaries)로 사용된 이 두 동사 외에 여러 용법들이 있다[3]. הוֹאִיל 시작하다, 낮추다와 함께 명령형에서 바브가 세 번 나타난다: 삿 19.6; 삼하 7.29; 왕하 6.3; 두 번은 바브 없이 나온다: 왕하 5.23; 욥 6.28; 완료형에서 바브가 한 번, 수 7.7에 한 번; 두 번은 바브 없이: 신 1.5; 호 5.11 에 나온다.

e   **명령형**에서 두 번째 동사가 곧바로 따라 나올 때 가끔 접속사 없는 구문이 나온다; 달리 말하면, לֵךְ אֱמֹר 가라, 말하라(= 말하러 가라) 유형은 לֵךְ וְאָמַר보다 훨씬 많이 나온다[4]: 룻 4.1*a* סוּרָה שְׁבָה-פֹּה 여기로 오라, 여기에 앉으라(대조, *b*: וַיָּסַר וַיֵּשֶׁב); 왕상 19.7 קוּם אֱכֹל 일어나라, 먹어라(대조, 8절 וַיָּקָם וַיֹּאכַל; 18.41 עֲלֵה אֱכֹל 올라가라, 먹어라 그리고 44절 עֲלֵה אֱמֹר (두 행동 사이에 상당한 간격이 있지만); 출 17.9 צֵא הִלָּחֵם 가라, 싸우라; 19.21 רֵד הָעֵד בָּעָם 내려가라, 엄히 명하라; 겔 20.39 אִישׁ גִּלּוּלָיו לְכוּ עֲבֹדוּ 각자 자기 우상을 가서 섬겨라. 이 구문은 첫 번째 동사가 신체 동작을 가리킬 때 특히 일반적으로 나온다[5].

f   명령형 לֵךְ (לְכִי, לְכָה 등)의 의미는 감탄사 이제(*now*), 자(*come on!*)의 의미로 자주 약화된다(특히, 두 번째의 비접속사적 명령형 앞에서). 출 19.24 לֶךְ-רֵד 자, 내려가라; 다른 형태 앞에서: 왕상 1.12 לְכִי אִיעָצֵךְ 자! 내가 당신에게 충고하고자 한다[6]; 삼상 9.10 לְכָה נֵלֵכָה 자, 우리가 가자![7] 참조, § 105 *e*.

---

[1] יִקְרָאוּ-לָךְ 그들이 너를 불려질 것이다는 수동태와 정확하게 동일한 것으로 느껴질 수 있을 것이다: 너는 부름을 받을 것이다. 이리하여 לֹא תוֹסִיפִי와 함께 결합하여 전체적으로 너는 더 이상 불려지지 않을 것이다를 뜻하게 된다(참조, § 155 *c*).

[2] 만약 יוֹסִיף가 여기에서 타동사적으로 사용된다면, 두 번째 동사는 목적절이 될 것이다. הוֹאִיל과 같은 다른 동사들에도 동일하게 적용될 수 있다. § *d*; § *h* 참조.

[3] 시작 표시로서 סָבַב를 추가하려는 Eskhult(1998)의 시도를 보라.

[4] 세 번째 구문 לֵךְ וְאָמַרְתָּ 가라 그리고 너는 말할 것이다는 § 119 *l*(예, 출 19. 24) 참조.

[5] 이와 같이 시리아어에서도 유사하다; Muraoka 2003: § 98 *g*를 보라.

[6] 창 19.32 לְכָה נַשְׁקֶה (לְכִי 대신에)는 감탄의 뜻으로 설명할 수 있다.

[7] 참조, 영어식 문법에 맞춘다면 I'm going to go (내가 가려고 한다)의 go와 같다.

g   첫 번째 동사가 **부사어 개념**을 표현할 때에는 접속사 없이 나온다: 호 9.9 הֶעְמִיקוּ שִׁחֵתוּ 한없이 부패해졌다(Vulg. = "그들은 부패 속에 깊이 가라 앉았다"); 습 3.7 הִשְׁכִּימוּ הִשְׁחִיתוּ 날이 밝자마자 그들은 악하게 행동하였다(참조, 분사와 함께, 호 6.4 = 13.3); 수 3.16 תַּמּוּ נִכְרָתוּ (물이) 완전히 사라졌다; 삼상 2.3 אַל־תְּדַבְּרוּ תַּרְבּוּ גְּבֹהָה גְבֹהָה 너무 교만하게 더는 말하지 마라. 대조, 렘 4.5(두 번째 동사가 부사어 개념을 표현한다) מִלְאוּ קִרְאוּ 크게 외쳐라.

h   가끔 바브로 시작하는 절은 목적절과 동일한 의미를 갖는다(§ 157 *b*): 창 47.6 אִם־יָדַעְתָּ וְיֶשׁ־בָּם אַנְשֵׁי־חַיִל 만약 네가 그들 중에 유능한 사람들이 있는 것을 안다면; 룻 1.9 יִתֵּן יְהוָה לָכֶם וּמְצֶאןָ 야웨께서 너희가 찾을 수 있도록 도우시 길 빈다; 신 5.26[한 5.29](§ 163 *d*); 31.12(참조, 13절); 사 1.19; 에 8.6.

i   보다 동사 다음에 וְהִנֵּה로 시작하는 절은 아래와 같이 설명되어야 한다. כִּי와 함께 나오는 구문에서처럼 목적어인 명사가 예측될 수 있다(참조, § 157 *d*). 그러므로 두 개의 구문이 가능하다: 1) 예측 없이, 2) 예측과 함께. 1) 예측 없이 나오는 유형: 창 8.13 וַיַּרְא וְהִנֵּה חָרְבוּ פְּנֵי הָאֲדָמָה 그는 보았고 그리고 보라(= 그는 보았다) 땅의 표면이 말라 있었다(이것은 창 3.6 וַתֵּרֶא כִּי טוֹב הָעֵץ 그녀는 그 나무가 아름다움을 보았다와 유사하다). 2) 예측과 함께 나오는 유형: 창 1.31 וַיַּרְא אֱלֹהִים אֶת־כָּל־אֲשֶׁר עָשָׂה וְהִנֵּה טוֹב מְאֹד 하나님께서는 그가 만드신 모든 것이 매우 좋은 것을 보았다(이것은 창 1.4 וַיַּרְא אֱלֹהִים אֶת־הָאוֹר כִּי־טוֹב 하나님은 빛이 좋은 것을 보았다와 유사하다).

j   그가 행하도록 명령하였고 그리고 그들이 하였다(예, 창 50.2)와 같은 완전한 형태의 구문 외에 **명령의 동사**와 함께 나올 때, 그가 명령하였고 그리고 그들이 행했다와 같은 형태도 있다. 후자는 그가 행하도록 명령했다와 거의 같은 뜻으로 사용된다(¹): 창 42.25 וַיְצַו יוֹסֵף וַיְמַלְאוּ אֶת־כְּלֵיהֶם בָּר וּלְהָשִׁיב .. 요셉은 명령하여 그들의 자루에 곡물을 채우고 그리고 ...을 도로 넣게 명령하였다; 암 9.3 אֲצַוֶּה אֶת־הַנָּחָשׁ וּנְשָׁכָם 내가 뱀을 명하여 그들을 물게 할 것이다; 창 18.19 יְצַוֶּה אֶת־בָּנָיו וְשָׁמְרוּ 그가 그의 자식들에게 지키도록 명령할 것이다. 미래의 영역에서, 직설법과 함께 나오는 이 구문 외에도 지시형과 함께 나오는 구문이 있다(²), 특

---

¹ 이 형태는 특히 아랍어와 아람어에 일반적이다. 또한 Blau 1996을 보라; 그리고 위에, § 116 *b*, 2nd note.

² 여기의 지시형은 직접적으로 보인다(*and that he..*), 왜냐하면 부정문에서 וְאַל이 나오기 때문이다. 레 16.2 דַּבֵּר אֶל־אַהֲרֹן וְאַל־יָבֹא 아론에게 명하여 들어오지 못하게 하라(비교, § 116 *j*).

히 명령형 뒤에서: 레 24.2 צַו אֶת־בְּנֵי יִשְׂרָאֵל וְיִקְחוּ אֵלֶיךָ 이스라엘 자손들에게 명령하여 네게 가져오게 하라; 민 5.2; 수 4.16; 왕상 5.20(따라서 민 35.2의 וְנָתְנוּ는 의심스럽다).

k   동일한 구문이 다른 동사들과 함께 나온다: 예, 출 8.4 הַעְתִּירוּ אֶל־יהוה וְיָסֵר הַצְפַרְדְּעִים 개구리를 제거하도록 야웨께 구하라; 삼하 16.11 הַנִּחוּ לוֹ וִיקַלֵּל 그로 하여금 저주하게 하라.

l   어떤 경우에 바브는 지시형을 더욱 명료하게 표시한 것 외에 다른 목적은 없는 것처럼 보인다(¹): 창 27.28 וְיִתֶּן (절의 시작에서) 그가 주시기를!; 34.21(아마); 민 9.2; 삼상 2.10 그가 주시기를!(²); 25.24; 30.22b; 삼하 24.3; 왕상 18.23; 왕하 7.13; 시 5.12; 72.5* (וְיַאֲרִיךְ으로 읽으라), 8, 11, 15; 89.6; 102.16(³).

m   상당히 자주 많은 언어에서 그리고와 같은 바브는 논리적인 연결 고리보다는 오히려 감정의 뉘앙스를 표현한다: 왕상 2.22 וְשַׁאֲלִי 그에게 (차라리) 왕국을 달라고 구하지!; 또한 명령형 앞에서도: 겔 18.32 וְהָשִׁיבוּ 그럼 회개하라!; 시 2.10 וְעַתָּה 이제 (왕들아, 깨달아라), 그리고 자주; 민 20.3 וְלוּ (기원형) …했더라면 좋았겠다!(수 7.7). 이 감정의 바브는 의문문에서 특히 빈번하게 나온다: 출 2.20 וְאַיּוֹ 그리고 그가 어디 있느냐?; 삼상 10.12 וּמִי אֲבִיהֶם 그리고 누가 그들의 아버지냐?(⁴); 왕하 4.14 וּמֶה; 대하 25.9 וּמַה; 창 29.25 וְלָמָּה; 삿 6.13; 왕상 2.22 등; 민 12.8 וּמַדּוּעַ; 왕상 1.13 등.

n   시문에서 바브는 가끔 단언의 뉘앙스로 강조로 사용된다: 사 51.15 וְאָנֹכִי 그리고 내가 (나 야웨 너희 하나님이다) (마치 내가 ~~인 것은 참되다는 뜻과 같다); 렘 29.23b; 호 12.6; 암 9.5; 시 89.38b.

o   명사의 **접속과 비접속**. 일련의 명사가 바브와 함께 차례로 뒤따라 나오는 바브의 용법은 상당히 다양하다. 일반적으로 바브는 각각의 명사 앞에 나온다(첫 번째 것을 제외하고, §p 참조.): 창 12.16 "작은 짐승떼 그리고 큰 짐승떼 그리고 나귀 그리고 남종들 그리고 여종들"; 20.14; 24.35 등. 가끔 마지막

---

¹ וְיִקְטֹל 형태가 그리고 그가 죽일 것이다는 뜻으로 나오는 것은 고전적일 수 없다.

² 참조, Joüon 1911b: 466ff.에 몇 개의 예들이 추가되어 있다.

³ 거시 구문구조적 관점에서 분석된 직접 화법을 시작하는 바브 (또한 아래 하부 단락에서 언급된 경우에도 적용될 수 있는)에 대해서는 Miller 1999a를 보라.

⁴ 비교, 눅 10.29 καὶ τίς ἐστίν μου πλησίον;

명사만 바브를 가지는 경우가 있다: 왕상 9.20 "아모리 사람, 헷 사람, 브리스 사람, 히위 사람 그리고 여부스 사람"[1]; 대상 5.27 "게르솜, 고핫, 그리고 므라리"(대조, 출 6.16 "게르솜, 그리고 고핫, 그리고 므라리")[2].

p   아주 가끔 바브는 두 명사 중 첫 번째 것 앞에 나온다: 시 76.7 "그리고 병거들 그리고 말들"; 렘 32.20 "그리고 이스라엘을 위하여 그리고 사람을 위하여"; 대하 26.10; 27.5; 느 12.45 (참조, § 167 *b*, n.; § 175 *b*); 일련의 명사들 가운데 첫 번째 것 앞에 나오는 경우: 대상 16.4; 느 12.28f[3].

q   강조형 ~과(*both*) ~도(*and*)는 .. גַם .. גַם으로 나온다: 창 24.25 "짚과 여물도"; 32.20에서 גַם은 세 번 반복된다; 43.8 (상동); 서로 다른 요소들 앞에서: 창 24.44 "그리고 당신은 물을 마십시오, 그리고 당신의 낙타들을 위하여 내가 물을 길어오겠습니다." 또한 .. וְגַם .. גַם의 형식도 있다(마지막 예처럼): 삼상 2.26 등.

r   조건절에서 중복되는 바브는 § 167 *b* 참조; 분리절에서 § 175 *b* 참조.

s   동사가 아닌 단어 부류의 접속사 생략(asyndesis)의 예, 창 37.27 אָחִינוּ בְשָׂרֵנוּ הוּא 그는 우리의 형제이며 그리고 우리의 혈육이다; 창 41.23 דַּקּוֹת שְׁדֻפוֹת קָדִים 동풍으로 시들고, 야위고, 마른 것들이었다와 41.6 וּשְׁדוּפֹת קָדִים 비교.

t   등위로 나오는 용어들의 묶음은 개입되는 요소로 나뉘어질 수 있다: 예, 창 2.9 עֵץ הַחַיִּים בְּתוֹךְ הַגָּן וְעֵץ הַדַּעַת טוֹב וָרָע 여기에서 두 나무는 동산의 중앙에 있었음이 분명하다; 수 10.28 וַיַּכֶּהָ לְפִי־חֶרֶב וְאֶת־מַלְכָּהּ; 창 22.3 וַיִּקַּח אֶת־שְׁנֵי נְעָרָיו אִתּוֹ וְאֵת יִצְחָק בְּנוֹ[4].

---

[1] 그러나 역대기자는 모든 이름들 사이에 바브를 추가하고 있다: 대하 8.7(참조, Kropat 62). 네 명이 시리즈로 나오는 경우, 역대기자는 두 번째와 네 번째에 바브를 둔다: 대상 14.4 "샴무아 그리고 소밥, 나단 그리고 솔로몬"(대조. 삼하 5.14 "샴무아 그리고 소밥 그리고 나단 그리고 솔로몬"). 또한 대조, 대상 1.8과 창 10.6; 대상 5.3과 창 46.9; 대상 7.1과 창 46.13. 이집트 아람어의 결합에 대한 상당히 광범위한 분석은 Muraoka - Porten 2003: § 81을 보라.

[2] 어느 정도 제한된 범위에 대한 연구에 따르면, 바브는 약 60% 정도의 경우에 매번 반복되며, 대격 표시와 다른 전치사들과는 달리 후대 성서 히브리어는 초기 성서 히브리어보다 접속사를 더 자주 반복하는 경향이 있다: Park 2003: 178f를 보라. 출 1.2-4 רְאוּבֵן שִׁמְעוֹן לֵוִי וִיהוּדָה: יִשָּׂשכָר זְבוּלֻן וּבִנְיָמִן: דָּן וְנַפְתָּלִי גָּד וְאָשֵׁר에 있는 접속사의 놀라운 분포에 담긴 논리는 Cassuto 1965a, 같은 곳을 보라.

[3] 참조, Kropat, 63.

[4] 분리된 등위(split coordination)의 문제는 Michel (1997)이 이미 다루었다.

패러다임
(어형 변화표)

패러다임
(어형 변화표)

분리대명사(§§ 39)			동사의 접미사		
단수	1공	אָֽנִי אֲנִי אָנֹכִי אֹנכִי	־נִי; 완료 ־ַנִי; 미완료 ־ַֽנִי	נָ과 함께 ־ַֽנִּי(드물다); ־ֵֽנִי 1회	
	2남	אַתָּה אַתָּ֫ה (אַתָּ 5회)	־ךָ; ־ְךָ (־ֶ֫ךָ)	־ֶֽכָּ(־ֶֽךָ)	
	2여	אַתְּ אַתִּי	־ךְ; ־ֵךְ (־ֶ־)		
	3남	הוּא	־הוּ, ־ֹ; 완료 ־וֹ, ־ָהוּ; 미완료 ־ֵֽהוּ ־ַֽנּוּ (־ֶ֫נּוּ)		
	3여	הִיא	־ָהּ; ־ֶ֫הָ 미완료 ־ֶ֫הָ ־ֶ֫נָּה		
복수	1공	אֲנַ֫חְנוּ אֲנָ֫חְנוּ נַ֫חְנוּ(5회), נַ֫חְנוּ(1회)	־נוּ; 완료 ־ַ֫נוּ; 미완료 ־ַ֫נוּ (־ֶ֫נּוּ ?)		
	2남	אַתֶּם	־ֶכֶם; ־ְכֶם		
	2여	אַתֵּ֫נָה 3회 אַתֵּן 1회	(־ֶכֶן; ־ְכֶן)		
	3남	הֵ֫מָּה הֵם	־ֶהֶם(־ָם), ־ָם; 완료 ־ָ־ם (־ָ־ם); 미완료 ־ֵם (־ֵ־ם), 시문 ־ֵ֫מוֹ; ־ָ֫מוֹ		
	3여	הֵ֫נָּה	־ֶהֶן(־ָן); 완료 ־ָ־ן(־ָ־ן); 미완료 (־ֵ־ן)		

접미사를 가진 동사, 패러다임 3(접미사를 가진 ל״ה 동사, 패러다임 12).
명사와 불변사의 대명사 접미사, 패러다임 20.

명사의 접미사(§§ 94)		
	1) 단수명사	2) 복수명사
1공	יִ-	יַ- ‑ָי
2남	ךָ, ךָ-, ךְ-	‑ֶיךָ
2여	ךְ, ךֵ- (‑ָךְ)	‑ַיִךְ ‑ָיִךְ
3남	הוּ-, וֹ; ו- ‑ֵהוּ	‑ָיו (‑ֵיהוּ)
3여	הָ הָ- הָּ-	‑ֶיהָ
1공	‑נוּ- ‑ֵנוּ (‑ָנוּ)	‑ֵינוּ
2남	כֶם כֶם-	‑ֵיכֶם
2여	כֶן כֶן-	‑ֵיכֶן
3남	הֶם ם- 시문 ‑ָמוֹ	‑ֵיהֶם [ם- §§ 94 g] 시문 ‑ֵימוֹ
3여	הֶן הֵן ן-	‑ֵיהֶן

			칼(§§ 42-50)			니팔(§ 51)	피엘 § 52
완료형§42	단	3남	קָטַל	כָּבֵד	קָטֹן	נִקְטַל	קִטֵּל(ט)
		3여	קָטְלָה	כָּבְדָה	קָטְנָה	נִקְטְלָה	קִטְּלָה
		2남	קָטַלְתָּ	כָּבַדְתָּ	קָטֹנְתָּ	נִקְטַלְתָּ	קִטַּלְתָּ
		2여	קָטַלְתְּ	(1)기타	קָטֹנְתְּ	נִקְטַלְתְּ	קִטַּלְתְּ
		1공	קָטַלְתִּי		קָטֹנְתִּי	נִקְטַלְתִּי	קִטַּלְתִּי
	복	3공	קָטְלוּ		קָטְנוּ	נִקְטְלוּ	קִטְּלוּ
		2남	קְטַלְתֶּם		קְטָנְתֶּם	נִקְטַלְתֶּם	קִטַּלְתֶּם
		2여	ן——		ן——	ן	ן
		1공	קָטַלְנוּ		קָטֹנּוּ	נִקְטַלְנוּ	קִטַּלְנוּ
미완료형§44	단	3남	יִקְטֹל	יִכְבַּד	יִקְטַן	יִקָּטֵל	יְקַטֵּל
		3여	תִּקְטֹל	תִּכְבַּד	기타	תִּקָּטֵל	תְּקַטֵּל
		2남	תִּקְטֹל	תִּכְבַּד		תִּקָּטֵל	תְּקַטֵּל
		2여	תִּקְטְלִי	תִּכְבְּדִי		תִּקָּטְלִי	תְּקַטְּלִי
		1공	אֶקְטֹל	אֶכְבַּד		אֶקָּטֵל(א)(2)	אֲקַטֵּל
	복	3남	יִקְטְלוּ	יִכְבְּדוּ		יִקָּטְלוּ	יְקַטְּלוּ
		3여	תִּקְטֹלְנָה	תִּכְבַּדְנָה		תִּקָּטַלְנָה	תְּקַטֵּלְנָה
		2남	תִּקְטְלוּ	תִּכְבְּדוּ		תִּקָּטְלוּ	תְּקַטְּלוּ
		2여	תִּקְטֹלְנָה	תִּכְבַּדְנָה		תִּקָּטַלְנָה	תְּקַטֵּלְנָה
		1공	נִקְטֹל	נִכְבַּד		נִקָּטֵל	נְקַטֵּל
지시형(§46)							
명령형§48	단	남	קְטֹל	כְּבַד	קְטַן	הִקָּטֵל	קַטֵּל
		여	קִטְלִי (מִלְכִי)	כִּבְדִי	기타	הִקָּטְלִי	קַטְּלִי
	복	남	קִטְלוּ	כִּבְדוּ		הִקָּטְלוּ	קַטְּלוּ
		여	קְטֹלְנָה	כְּבַדְנָה		הִקָּטַלְנָה	קַטֵּלְנָה
부정사연계형§49			(לְ)קְטֹל	(לְ)כְבַד	(לְ)קְטַן	(לְ)הִקָּטֵל	(לְ)קַטֵּל
부정사절대형§49			קָטוֹל	כָּבוֹד		הִקָּטֵל, נִקְטֹל	קַטֵּל, קַטֹּל
능동분사형§50			קֹטֵל	כָּבֵד(3)	קָטֹן(3)	נִקְטָל	מְקַטֵּל
수동분사형§50			קָטוּל				

(1) 기타는 기타 등등. (2) 권유형. אֶקְטְלָה (3) 동사적 형용사

패러다임 2. 규칙동사 קָטַל 죽이다 (§§ 40 - 58)

			푸알 § 55, 56	히필 § 54	호팔 § 55, 57	히트파엘 § 53
완료형§42	단	3남	קֻטַּל	הִקְטִיל	הָקְטַל (ה<)	הִתְקַטֵּל (ש)
		3여	קֻטְּלָה	הִקְטִילָה	הָקְטְלָה	הִתְקַטְּלָה
		2남	קֻטַּלְתָּ	הִקְטַלְתָּ	הָקְטַלְתָּ	הִתְקַטַּלְתָּ
		2여	קֻטַּלְתְּ	הִקְטַלְתְּ	הָקְטַלְתְּ	הִתְקַטַּלְתְּ
		1공	קֻטַּלְתִּי	הִקְטַלְתִּי	הָקְטַלְתִּי	הִתְקַטַּלְתִּי
	복	3공	קֻטְּלוּ	הִקְטִילוּ	הָקְטְלוּ	הִתְקַטְּלוּ
		2남	קֻטַּלְתֶּם	הִקְטַלְתֶּם	הָקְטַלְתֶּם	הִתְקַטַּלְתֶּם
		2여	—	—	—	—
		1공	קֻטַּלְנוּ	הִקְטַלְנוּ	הָקְטַלְנוּ	הִתְקַטַּלְנוּ
미완료형§44	단	3남	יְקֻטַּל	יַקְטִיל	יָקְטַל (יָ<)	יִתְקַטֵּל (ש)
		3여	תְּקֻטַּל	תַּקְטִיל	תָּקְטַל	תִּתְקַטֵּל
		2남	תְּקֻטַּל	תַּקְטִיל	תָּקְטַל	תִּתְקַטֵּל
		2여	תְּקֻטְּלִי	תַּקְטִילִי	תָּקְטְלִי	תִּתְקַטְּלִי
		1공	אֲקֻטַּל	אַקְטִיל	אָקְטַל	אֶתְקַטֵּל
	복	3남	יְקֻטְּלוּ	יַקְטִילוּ	יָקְטְלוּ	יִתְקַטְּלוּ
		3여	תְּקֻטַּלְנָה	תַּקְטֵלְנָה	תָּקְטַלְנָה	תִּתְקַטֵּלְנָה (ש)
		2남	תְּקֻטְּלוּ	תַּקְטִילוּ	תָּקְטְלוּ	תִּתְקַטְּלוּ
		2여	תְּקֻטַּלְנָה	תַּקְטֵלְנָה	תָּקְטַלְנָה	תִּתְקַטֵּלְנָה (ש)
		1공	נְקֻטַּל	נַקְטִיל	נָקְטַל	נִתְקַטֵּל
지시형(§46)				יַקְטֵל		
명령형§48	단	남		הַקְטֵל		הִתְקַטֵּל (ש)
		여		הַקְטִילִי		הִתְקַטְּלִי
	복	남		הַקְטִילוּ		הִתְקַטְּלוּ
		여		הַקְטֵלְנָה		הִתְקַטֵּלְנָה
부정사연계형§49				(ל) הַקְטִיל	(ל) הָקְטַל	(לְ) הִתְקַטֵּל
부정사절대형§49			(1회) קֻטֹּל	הַקְטֵל (-הַ)	הָקְטֵל	
능동분사형§50				מַקְטִיל		מִתְקַטֵּל
수동분사형§50			מְקֻטָּל		מָקְטָל (מָ<)	

접미사			단1공	단2남	단2여	단3남
완료형 §62	단	3남	קְטָלַ֫נִי, שְׁכֵחָ֫נִי	קְטָלְךָ (-)	קְטָלֵךְ	קְטָלוֹ
						קְטָלָ֫הוּ (1회)
		3여	קְטָלַ֫תְנִי	קְטָלַ֫תְךָ	קְטָלַ֫תֶךְ	קְטָלַ֫תְהוּ
						קְטָלָ֫תְהוּ
		2남	קְטַלְתַּ֫נִי (-)			קְטַלְתּוֹ
						קְטַלְתָּ֫הוּ (1회)
		2여	קְטַלְתִּ֫ינִי			קְטַלְתִּ֫יהוּ (2회)
		1공		קְטַלְתִּ֫יךָ	קְטַלְתִּיךְ	קְטַלְתִּיו
						קְטַלְתִּ֫יהוּ
	복	3공	קְטָל֫וּנִי	קְטָל֫וּךָ	קְטָלוּךְ	קְטָל֫וּהוּ
		2남	קְטַלְתּ֫וּנִי			קְטַלְתּ֫וּהוּ
		1공		קְטַלְנ֫וּךָ	קְטַלְנוּךְ	קְטַלְנ֫וּהוּ
피엘 완료형 칼 미완료형 §63 בְ과 함께	단	3남	קִטְּלַ֫נִי (-)	קִטֶּלְךָ	קִטְּלֵךְ	קִטְּלוֹ
		3남	יִקְטְלֵ֫נִי	יִקְטָלְךָ	יִקְטְלֵךְ	יִקְטְלֵ֫הוּ
			יִלְבָּשֵׁ֫נִי	יִלְבָּשְׁךָ	יִלְבָּשֵׁךְ	יִלְבָּשֵׁ֫הוּ
		3남	יִקְטְלֵ֫נִי	יִקְטָלְךָ		יִקְטְלֶ֫נּוּ
	복	3남	יִקְטְל֫וּנִי	יִקְטְל֫וּךָ	יִקְטְלוּךְ	יִקְטְל֫וּהוּ
칼 명령형 §64		2남	קָטְלֵ֫נִי			קָטְלֵ֫הוּ
			שְׁלָחֵ֫נִי			
칼 부정사형 §65			קָטְלֵ֫נִי	קָטְלְךָ	קָטְלֵךְ	קָטְלוֹ
			קָטְלִי	קָטְלֶךָ		
분사형 참조 §66						

접미사			단3여	복1공	복2남	복3남	복3여
완료형§62	단	3남	קְטָלָהּ	קְטָלָנוּ		קְטָלֵם　קְטָלָם	קְטָלָן
		3여	קְטָלַתָּה	קְטָלַתְנוּ		קְטָלָתַם	
		2남	קְטַלְתָּהּ	קְטַלְתָּנוּ		קְטַלְתָּם	
		2여	קְטַלְתִּיהָ	קְטַלְתִּינוּ		קְטַלְתִּים	
		1공	קְטַלְתִּיהָ			קְטַלְתִּים	
	복	3공	קְטָלוּהָ	קְטָלוּנוּ		קְטָלוּם	
		2남		קְטַלְתּוּנוּ			
		1공	קְטַלְנוּהָ		קְטַלְנוּכֶם	קְטַלְנוּם	
피엘 완료형 칼 미완료형§63 **בְ**과 함께	단	3남	קִטְּלָהּ	קִטְּלָנוּ		קִטְּלֵם	קִטְּלָם
		3남	יִקְטְלָהּ	יִקְטְלֵנוּ	יִקְטָלְכֶם	יִקְטְלֵם	יִקְטְלֵם
			יִלְבָּשֶׁהָ	יִלְבָּשֵׁנוּ	(יִלְבָּשְׁכֶם)		
		3남	יִקְטְלֶנָּה	(יִקְטְלֶנּוּ)			
		3남	יִקְטְלוּהָ	יִקְטְלוּנוּ	יִקְטְלוּכֶם	יִקְטְלוּם	
칼 명령형§64		2남	קָטְלָהּ　קָטְלֵהוּ	קָטְלֵנוּ		קָטְלֵם	
칼 부정사형§65			קָטְלָהּ	קָטְלֵנוּ	קָטְלְכֶם　קָטְלְכֶם	קָטְלֵם　קָטְלָם	קָטְלָן
분사형 참조§66							

			칼		니팔	히필	호팔
완료형	단	3남	עָמַד	חָזַק	נֶעֱמַד	הֶעֱמִיד	הָעֳמַד
		3여	עָמְדָה		נֶעֶמְדָה*	הֶעֱמִידָה*	הָעָמְדָה*
		2남	עָמַדְתָּ		נֶעֱמַדְתָּ	הֶעֱמַדְתָּ	הָעֳמַדְתָּ
		2여	עָמַדְתְּ		נֶעֱמַדְתְּ	הֶעֱמַדְתְּ	הָעֳמַדְתְּ
		1공	עָמַ֫דְתִּי		נֶעֱמַ֫דְתִּי	הֶעֱמַ֫דְתִּי	הָעֳמַ֫דְתִּי
	복	3공	עָמְדוּ		נֶעֶמְדוּ*	הֶעֱמִידוּ	הָעָמְדוּ*
		2남	עֲמַדְתֶּם		נֶעֱמַדְתֶּם	הֶעֱמַדְתֶּם	הָעֳמַדְתֶּם
		2여	———		——ן	——ן	——ן
		1공	עָמַ֫דְנוּ		נֶעֱמַ֫דְנוּ	הֶעֱמַ֫דְנוּ	הָעֳמַ֫דְנוּ
미완료형	단	3남	יַעֲמֹד	יֶחֱזַק	יֵעָמֵד	יַעֲמִיד	יָעֳמַד
		3여	תַּעֲמֹד	תֶּחֱזַק	תֵּעָמֵד	תַּעֲמִיד	תָּעֳמַד
		2남	תַּעֲמֹד	תֶּחֱזַק	תֵּעָמֵד	תַּעֲמִיד	תָּעֳמַד
		2여	תַּעַמְדִי	תֶּחֶזְקִי*	תֵּעָמְדִי	תַּעֲמִ֫ידִי	תָּעָמְדִי*
		1공	אֶעֱמֹד	אֶחֱזַק	אֵעָמֵד	אַעֲמִיד	אָעֳמַד
	복	3남	יַעַמְדוּ*	יֶחֶזְקוּ*	יֵעָמְדוּ	יַעֲמִ֫ידוּ	יָעָמְדוּ*
		3여	תַּעֲמֹ֫דְנָה	תֶּחֱזַ֫קְנָה	תֵּעָמַ֫דְנָה	תַּעֲמֵ֫דְנָה	תָּעֳמַ֫דְנָה
		2남	תַּעַמְדוּ*	תֶּחֶזְקוּ*	תֵּעָמְדוּ	תַּעֲמִ֫ידוּ	תָּעָמְדוּ*
		2여	תַּעֲמֹ֫דְנָה	תֶּחֱזַ֫קְנָה	תֵּעָמַ֫דְנָה (1회)	תַּעֲמֵ֫דְנָה	תָּעֳמַ֫דְנָה
		1공	נַעֲמֹד	נֶחֱזַק	נֵעָמֵד	נַעֲמִיד	נָעֳמַד
지시형						יַעֲמֵד	
명령형	단	남	עֲמֹד	חֲזַק	הֵעָמֵד	הַעֲמֵד	
		여	עִמְדִי	חִזְקִי	הֵעָמְדִי	הַעֲמִ֫ידִי	
	복	남	עִמְדוּ	חִזְקוּ	הֵעָמְדוּ	הַעֲמִ֫ידוּ	
		여	עֲמֹ֫דְנָה	חֲזַ֫קְנָה	הֵעָמַ֫דְנָה	הַעֲמֵ֫דְנָה	
부정사연계형			(ל)עֲמֹד			(ל)הֶעֱמֵד (ל)הַעֲמִיד	
부정사절대형			עָמוֹד		הֵעָמוֹד, נַעֲמוֹד	הַעֲמֵד	הָעֳמֵד
능동분사형			עֹמֵד	חָזֵק(2)	נֶעֱמָד	מַעֲמִיד	
수동분사형			עָמוּד				מָעֳמָד

(1) 우리는 보조 하텝을 가진 두 개의 동사들을 택하였다. 별표가 나오는 곳에서 하텝은 완전 모음을 나타낸다 (참조, § 22c.).

(2) 동사적 형용사.

			칼	니팔	피엘	푸알	히트파엘
완료형	단	3남	שָׁחַט	נִשְׁחַט	בֵּרַךְ(-)	בֹּרַךְ	הִתְבָּרֵךְ
		3여	שָׁחֲטָה	נִשְׁחֲטָה	בֵּרֲכָה	(בֹּרֲכָה)	הִתְבָּרֲכָה
		2남	שָׁחַטְתָּ	נִשְׁחַטְתָּ	בֵּרַכְתָּ	בֹּרַכְתָּ	הִתְבָּרַכְתָּ
		2여	שָׁחַטְתְּ	נִשְׁחַטְתְּ	בֵּרַכְתְּ	בֹּרַכְתְּ	הִתְבָּרַכְתְּ
		1공	שָׁחַטְתִּי	נִשְׁחַטְתִּי	בֵּרַכְתִּי	בֹּרַכְתִּי	הִתְבָּרַכְתִּי
	복	3공	שָׁחֲטוּ	נִשְׁחֲטוּ	בֵּרֲכוּ	בֹּרֲכוּ	הִתְבָּרֲכוּ
		2남	שְׁחַטְתֶּם	נִשְׁחַטְתֶּם	בֵּרַכְתֶּם	בֹּרַכְתֶּם	הִתְבָּרַכְתֶּם
		2여	־־־ן	־־־ן	־־־ן	־־־ן	־־־ן
		1공	שָׁחַטְנוּ	נִשְׁחַטְנוּ	בֵּרַכְנוּ	בֹּרַכְנוּ	הִתְבָּרַכְנוּ
미완료형	단	3남	יִשְׁחַט(-)	יִשָּׁחֵט	יְבָרֵךְ	יְבֹרַךְ	יִתְבָּרֵךְ
		3여	תִּשְׁחַט	תִּשָּׁחֵט	תְּבָרֵךְ	תְּבֹרַךְ	תִּתְבָּרֵךְ
		2남	תִּשְׁחַט	תִּשָּׁחֵט	תְּבָרֵךְ	תְּבֹרַךְ	תִּתְבָּרֵךְ
		2여	תִּשְׁחֲטִי	תִּשָּׁחֲטִי	תְּבָרֲכִי	(תְּבֹרֲכִי)	(תִּתְבָּרֲכִי)
		1공	אֶשְׁחַט	אֶשָּׁחֵט	אֲבָרֵךְ	אֲבֹרַךְ	אֶתְבָּרֵךְ
	복	3남	יִשְׁחֲטוּ	יִשָּׁחֲטוּ	יְבָרֲכוּ	יְבֹרֲכוּ	יִתְבָּרֲכוּ
		3여	תִּשְׁחַטְנָה	תִּשָּׁחַטְנָה	תְּבָרֵכְנָה	תְּבֹרַכְנָה	תִּתְבָּרֵכְנָה
		2남	תִּשְׁחֲטוּ	תִּשָּׁחֲטוּ	תְּבָרֲכוּ	תְּבֹרֲכוּ	תִּתְבָּרֲכוּ
		2여	תִּשְׁחַטְנָה	תִּשָּׁחַטְנָה	תְּבָרֵכְנָה	תְּבֹרַכְנָה	תִּתְבָּרֵכְנָה
		1공	נִשְׁחַט	נִשָּׁחֵט	נְבָרֵךְ	נְבֹרַךְ	נִתְבָּרֵךְ
미완료형+접미사			יִשְׁחָטֵנִי		(¹)וַיְבָרֶךְ		
명령형	단	남	שְׁחַט	הִשָּׁחֵט	בָּרֵךְ		הִתְבָּרֵךְ
		여	שַׁחֲטִי	הִשָּׁחֲטִי	בָּרֲכִי		
	복	남	שַׁחֲטוּ	הִשָּׁחֲטוּ	בָּרֲכוּ		
		여	שְׁחַטְנָה	הִשָּׁחַטְנָה	בָּרֵכְנָה		
부정사연계형			(לִ)שְׁחֹט	(לְ)הִשָּׁחֵט	(לְ)בָרֵךְ		(לְ)הִתְבָּרֵךְ
부정사절대형			שָׁחוֹט	נִשְׁחוֹט	(בָּרֹךְ)		
능동분사형			שֹׁחֵט	נִשְׁחָט	מְבָרֵךְ		מִתְבָּרֵךְ
수동분사형			שָׁחוּט			מְבֹרָךְ	

(¹) 도치바브(וַ)와 함께

			칼	니팔	피엘	푸알
완료형	단	3남(¹)	שָׁלַח(לְ)	נִשְׁלַח	שִׁלַּח (-ֱ-)	שֻׁלַּח
		3여	שָׁלְחָה	נִשְׁלְחָה	שִׁלְּחָה	שֻׁלְּחָה
		2남	שָׁלַחְתָּ	נִשְׁלַחְתָּ	שִׁלַּחְתָּ	שֻׁלַּחְתָּ
		2여	שָׁלַחַתְּ(§ 여)	נִשְׁלַחַתְּ	שִׁלַּחַתְּ	שֻׁלַּחַתְּ
		1공	שָׁלַחְתִּי	נִשְׁלַחְתִּי	שִׁלַּחְתִּי	שֻׁלַּחְתִּי
	복	3공	שָׁלְחוּ	נִשְׁלְחוּ	שִׁלְּחוּ (לְ)	שֻׁלְּחוּ
		2남	שְׁלַחְתֶּם	נִשְׁלַחְתֶּם	שִׁלַּחְתֶּם	שֻׁלַּחְתֶּם
		2여	---ן	---ן	---ן	---ן
		1공	שָׁלַחְנוּ	נִשְׁלַחְנוּ	שִׁלַּחְנוּ	שֻׁלַּחְנוּ
미완료형	단	3남	יִשְׁלַח(לְ)	יִשָּׁלַח (-ֱ-)	יְשַׁלַּח (-ֱ-)	יְשֻׁלַּח
		3여	תִּשְׁלַח	תִּשָּׁלַח	תְּשַׁלַּח	תְּשֻׁלַּח
		2남	תִּשְׁלַח	תִּשָּׁלַח	תְּשַׁלַּח	תְּשֻׁלַּח
		2여	תִּשְׁלְחִי(לְ)	תִּשָּׁלְחִי	תְּשַׁלְּחִי	תְּשֻׁלְּחִי
		1공	אֶשְׁלַח	אֶשָּׁלַח	אֲשַׁלַּח	אֲשֻׁלַּח
	복	3남	יִשְׁלְחוּ	יִשָּׁלְחוּ	יְשַׁלְּחוּ	יְשֻׁלְּחוּ
		3여	תִּשְׁלַחְנָה	תִּשָּׁלַחְנָה	תְּשַׁלַּחְנָה	תְּשֻׁלַּחְנָה
		2남	תִּשְׁלְחוּ(לְ)	תִּשָּׁלְחוּ	תְּשַׁלְּחוּ	תְּשֻׁלְּחוּ
		2여	תִּשְׁלַחְנָה	תִּשָּׁלַחְנָה	תְּשַׁלַּחְנָה	תְּשֻׁלַּחְנָה
		1공	נִשְׁלַח	נִשָּׁלַח	נְשַׁלַּח	נְשֻׁלַּח
지시형						
명령형	단	남	שְׁלַח(לְ)	הִשָּׁלַח (-ֱ-)	שַׁלַּח (-ֱ-)	
		여	שִׁלְחִי	הִשָּׁלְחִי	שַׁלְּחִי	
	복	남	שִׁלְחוּ (שְׁלַחוּ)	הִשָּׁלְחוּ	שַׁלְּחוּ	
		여	שְׁלַחְנָה	הִשָּׁלַחְנָה	שַׁלַּחְנָה	
부정사연계형			שְׁלֹחַ (לְ)	הִשָּׁלַח (לְ)	שַׁלַּח (לְ)	
부정사절대형			שָׁלוֹחַ	נִשְׁלוֹחַ, הִשָּׁבֵעַ	שַׁלֵּחַ	
능동분사형			שֹׁלֵחַ(שֹׁלַח연계형)	נִשְׁלָח	מְשַׁלֵּחַ (- 연계형)	מְשֻׁלָּח
수동분사형			שָׁלוּחַ			

(¹) 상태 동사 (שָׁמֵעַ) שָׁמַע

패러다임 6. 제3후음 동사 שָׁלַח 보내다 (§ 70)

			히필	호팔	히트파엘
완료형	단	3남	הִשְׁלִיחַ	הָשְׁלַח	הִשְׁתַּלַּח
		3여	הִשְׁלִיחָה	הָשְׁלְחָה	הִשְׁתַּלְּחָה
		2남	הִשְׁלַחְתָּ	הָשְׁלַחְתָּ	הִשְׁתַּלַּחְתָּ
		2여	הִשְׁלַחַתְּ	הָשְׁלַחַתְּ	הִשְׁתַּלַּחַתְּ
		1공	הִשְׁלַחְתִּי	הָשְׁלַחְתִּי	הִשְׁתַּלַּחְתִּי
	복	3공	הִשְׁלִיחוּ	הָשְׁלְחוּ	הִשְׁתַּלְּחוּ
		2남	הִשְׁלַחְתֶּם	הָשְׁלַחְתֶּם	הִשְׁתַּלַּחְתֶּם
		2여	---ן	---ן	---ן
		1공	הִשְׁלַחְנוּ	הָשְׁלַחְנוּ	הִשְׁתַּלַּחְנוּ
미완료형	단	3남	יַשְׁלִיחַ	יָשְׁלַח	יִשְׁתַּלַּח
		3여	תַּשְׁלִיחַ	תָּשְׁלַח	תִּשְׁתַּלַּח
		2남	תַּשְׁלִיחַ	תָּשְׁלַח	תִּשְׁתַּלַּח
		2여	תַּשְׁלִיחִי	תָּשְׁלְחִי	תִּשְׁתַּלְּחִי
		1공	אַשְׁלִיחַ	אָשְׁלַח	אֶשְׁתַּלַּח
	복	3남	יַשְׁלִיחוּ	יָשְׁלְחוּ	יִשְׁתַּלְּחוּ
		3여	תַּשְׁלַחְנָה	תָּשְׁלַחְנָה	תִּשְׁתַּלַּחְנָה
		2남	תַּשְׁלִיחוּ	תָּשְׁלְחוּ	תִּשְׁתַּלְּחוּ
		2여	תַּשְׁלַחְנָה	תָּשְׁלַחְנָה	תִּשְׁתַּלַּחְנָה
		1공	נַשְׁלִיחַ	נָשְׁלַח	נִשְׁתַּלַּח
지시형			יַשְׁלַח		
명령형	단	남	הַשְׁלַח		הִשְׁתַּלַּח
		여	הַשְׁלִיחִי		הִשְׁתַּלְּחִי
	복	남	הַשְׁלִיחוּ		הִשְׁתַּלְּחוּ
		여	הַשְׁלַחְנָה		הִשְׁתַּלַּחְנָה
부정사연계형			(לְ)הַשְׁלִיחַ		(לְ)הִשְׁתַּלַּח
부정사절대형			הַשְׁלֵחַ	הָשְׁלֵחַ	
능동분사형			מַשְׁלִיחַ		מִשְׁתַּלֵּחַ
수동분사형				מָשְׁלָח	

패러다임 7. פ״ן 동사 נָגַשׁ* 접근하다, 다가가다 (§ 72)

			칼		니팔	히필	호팔
완료형(1)	단	남(4)	[נָגַשׁ*]	נָפַל	נִגַּשׁ	הִגִּישׁ	הֻגַּשׁ
미완료형(2)			יִגַּשׁ	יִפֹּל(3)	יִנָּגֵשׁ	יַגִּישׁ	יֻגַּשׁ
명령형			יַגַּשׁ	נְפֹל	הִנָּגֵשׁ	הַגֵּשׁ	
부정사연계형(5)			(לְ)גֶשֶׁת	(לִ)נְפֹּל	(לְ)הִנָּגֵשׁ	(לְ)הַגִּישׁ	(לְ)הֻגַּשׁ
부정사절대형			נָגוֹשׁ		נִגּוֹשׁ	הַגֵּשׁ	הֻגֵּשׁ
분사형			נֹגֵשׁ (수동형)נָגוּשׁ		נִגָּשׁ	מַגִּישׁ	מֻגָּשׁ

(1) נָגַשׁ* 접근하다 실제로 이 동사가 쓰이는 형태들은 불완전하다: 완료형 נִגַּשׁ, 미완료형 יִגַּשׁ, §72 g.

(2) 미완료형 יִגַּשׁ: 단수 יִגַּשׁ, תִּגַּשׁ; תִּגַּשׁ, תִּגְּשִׁי; אֶגַּשׁ 복수 יִגְּשׁוּ, תִּגַּשְׁנָה(תִּגַּשְׁנָה); נִגַּשׁ

(3) 미완료형 יִפֹּל: 단수 יִפֹּל, תִּפֹּל; תִּפֹּל, תִּפְּלִי; אֶפֹּל 복수 יִפְּלוּ, תִּפֹּלְנָה(תִּפֹּלְנָה); נִפֹּל

(4) 명령형 단수 גַּשׁ, גְּשִׁי; 복수 גְּשׁוּ⊙, גַּשְׁנָה

(5) 부정사형 접미사와 함께 גִּשְׁתּוֹ 등.

			칼			니팔	히필	호팔
완료형	단	3남	יָשַׁב	*יָרֵשׁ	יָרֵא	נוֹשַׁב	הוֹשִׁיב	הוּשַׁב
미완료형	단	3남	יֵשֵׁב	יִירַשׁ	יִירָא	יִוָּשֵׁב	יוֹשִׁיב	יוּשַׁב
		3여	תֵּשֵׁב	תִּירַשׁ		기타	(³)기타	기타
		2남	תֵּשֵׁב	תִּירַשׁ				
		2여	תֵּשְׁבִי	תִּירְשִׁי				
		1공	אֵשֵׁב	אִירַשׁ		(²)אִוָּשֵׁב		
	복	3남	יֵשְׁבוּ	יִירְשׁוּ		기타		
		3여	(תֵּשַׁבְנָה)	(תִּירַשְׁנָה)				
		2남	תֵּשְׁבוּ	תִּירְשׁוּ				
		2여	(תֵּשַׁבְנָה)	תִּירַשְׁנָה				
		1공	נֵשֵׁב	נִירַשׁ				
도치ו미완료형			וַיֵּשֶׁב (וַיּוֹשֶׁב)	וַיִּירַשׁ				וַיּוֹשֶׁב
명령형	단	남	שֵׁב, דַע	שֵׁב		הִוָּשֵׁב	הוֹשֵׁב	
		여	שְׁבִי				הוֹשִׁיבִי	
	복	남	שְׁבוּ				הוֹשִׁיבוּ	
		여	שֵׁבְנָה				(הוֹשֵׁבְנָה)	
부정사연계형(¹)			(לְ)שֶׁבֶת	(לְ)רֶשֶׁת		(לְ)הִוָּשֵׁב	(לְ)הוֹשִׁיב (לְ)הַגֵּשׁ	
부정사절대형			יָשׁוֹב				הוֹשֵׁב	
능동분사형			יֹשֵׁב			נוֹשָׁב	מוֹשִׁיב	
수동분사형			יָשׁוּב					מוּשָׁב

(¹) 접미사 שִׁבְתּוֹ

(²) א(א가 아님)

(³) 기타 등등 (etc.)

패러다임 9. **פ״י** 동사들 (원시형 **י**와 함께): **יָטַב*** 좋다 (§ 76)(¹)

			칼	히필
완료형	단	3남	יָטַב* ,יָבֵשׁ	הֵיטִיב
미완료형	단	3남	יִיטַב ,יִיבַשׁ	יֵיטִיב
		3여	תִּיטַב	תֵּיטִיב
		2남	תִּיטַב	תֵּיטִיב
		2여	תִּיטְבִי	תֵּיטִיבִי
		1공	אִיטַב	기타 등등
	복	3남	יִיטְבוּ	
		3여	תִּיטַבְנָה	
		2남	תִּיטְבוּ	
		2여	(תִּיטַבְנָה)	
		1공	נִיטַב	
도치 וּ 미완료형			וַיִּיטַב	וַיֵּיטֶב
명령형	단	남		הֵיטֵב
		여		הֵיטִיבִי
	복	남		הֵיטִיבוּ
		여		(הֵיטֵבְנָה)
부정사연계형				(לְ)הֵיטִיב
부정사절대형				הֵיטֵב
능동분사형				מֵיטִיב ,מֵינֶקֶת

(¹) 완료형은 나타나지 않으며 **טוֹב**로 대체된다(연계형 **טוֹב**). § 76 *d*

			칼		니팔	피엘
완료형	단	3남	מָצָא	מָלֵא	נִמְצָא	מִצֵּא
		3여	מָצְאָה	מָלְאָה	נִמְצְאָה	(מִצְּאָה)
		2남	מָצָֽאתָ	מָלֵֽאתָ	נִמְצֵֽאתָ(²)	מִצֵּֽאתָ
		2여	מָצָאת	מָלֵאת	נִמְצֵאת	(מִצֵּאת)
		1공	מָצָֽאתִי	מָלֵֽאתִי	נִמְצֵֽאתִי	מִצֵּֽאתִי
	복	3남	מָצְאוּ	מָלְאוּ	נִמְצְאוּ	מִצְּאוּ
		2남	מְצָאתֶם	מְלֵאתֶם	נִמְצֵאתֶם	מִצֵּאתֶם
		2여	(ן---)	(ן---)	(ן---)	(ן---)
		1공	מָצָֽאנוּ	מָלֵֽאנוּ	נִמְצֵֽאנוּ	מִצֵּֽאנוּ
미완료형	단	3남	יִמְצָא	יִמְלָא	יִמָּצֵא	יְמַצֵּא
		3여	תִּמְצָא		תִּמָּצֵא	תְּמַצֵּא
		2남	תִּמְצָא		תִּמָּצֵא	תְּמַצֵּא
		2여	תִּמְצְאִי		תִּמָּצְאִי	תְּמַצְּאִי
		1공	אֶמְצָא		אֶמָּצֵא	אֲמַצֵּא
	복	3남	יִמְצְאוּ		יִמָּצְאוּ	יְמַצְּאוּ
		3여	(¹)תִּמְצֶֽאנָה		תִּמָּצֶֽאנָה	תְּמַצֶּֽאנָה
		2남	תִּמְצְאוּ		תִּמָּצְאוּ	תְּמַצְּאוּ
		2여	תִּמְצֶֽאנָה		תִּמָּצֶֽאנָה	תְּמַצֶּֽאנָה
		1공	נִמְצָא		נִמָּצֵא	נְמַצֵּא
지시형						
접미사를 가진 미완료형			יִמְצָֽאֲךָ, יִמְצָאֵֽנִי			יְמַצְּאֵֽנִי
명령형	단	남	מְצָא		הִמָּצֵא	מַצֵּא
		여	מִצְאִי			
	복	남	מִצְאוּ			מַצְּאוּ
		여	מְצֶֽאנָה			
부정사연계형			(לִ)מְצֹא		(לְ)הִמָּצֵא	(לְ)מַצֵּא
부정사절대형			מָצוֹא		נִמְצֹא	מַצֵּא
능동분사형			מֹצֵא	(²)מָלֵא	(⁴)נִמְצָא	מְמַצֵּא
수동분사형			מָצוּא			

(¹) 비교, תִּגְלֶֽינָה ; (²) 연계형, מְלֵא ; (³) 비교, נִגְלֵית ; (⁴) 복수, § 78 h.

			푸알	히필	호팔	히트파엘
완료형	단	3남	(מֻצָּא)	הִמְצִיא	(הֻמְצָא)	(-)הִתְמַצֵּא
		3여	מֻצְּאָה	הִמְצִיאָה	הֻמְצְאָה	(-)הִתְמַצְּאָה
		2남	מֻצֵּאתָ	הִמְצֵאתָ	(הֻמְצֵּאתָ)	הִתְמַצֵּאתָ
		2여	מֻצֵּאת	הִמְצֵאת	הֻמְצֵאת	הִתְמַצֵּאת
		1공	מֻצֵּאתִי	הִמְצֵאתִי	הֻמְצֵּאתִי	הִתְמַצֵּאתִי
	복	3남	מֻצְּאוּ	הִמְצִיאוּ	הֻמְצְאוּ	הִתְמַצְּאוּ
		2남	מֻצֵּאתֶם	הִמְצֵאתֶם	הֻמְצֵאתֶם	(הִתְמַצֵּאתֶם)
		2여	---ֶן	---ֶן	---ֶן	---ֶן
		1공	(מֻצֵּאנוּ)	(הִמְצֵאנוּ)	(הֻמְצֵּאנוּ)	(הִתְמַצֵּאנוּ)
미완료형	단	3남	יְמֻצָּא	יַמְצִיא	(יֻמְצָא)	(-)יִתְמַצֵּא
		3여	(תְּמֻצָּא)	תַּמְצִיא		תִּתְמַצֵּא
		2남	תְּמֻצָּא	תַּמְצִיא		תִּתְמַצֵּא
		2여	תְּמֻצְּאִי	תַּמְצִיאִי		(תִּתְמַצְּאִי)
		1공	אֲמֻצָּא	אַמְצִיא		(אֶתְמַצֵּא)
	복	3남	יְמֻצְּאוּ	יַמְצִיאוּ		יִתְמַצְּאוּ
		3여	תְּמֻצֶּאנָה	תַּמְצֶּאנָה		(תִּתְמַצֶּאנָה)
		2남	תְּמֻצְּאוּ	תַּמְצִיאוּ		תִּתְמַצְּאוּ
		2여	תְּמֻצֶּאנָה	תַּמְצֶּאנָה		(תִּתְמַצֶּאנָה)
		1공	(נְמֻצָּא)	נַמְצִיא		נִתְמַצֵּא
지시형				יַמְצֵא		
접미사를 가진 미완료형				יַמְצִיאֵנִי		
명령형	단	남		הַמְצֵא		(הִתְמַצֵּא)
		여		הַמְצִיאִי		
	복	남		הַמְצִיאוּ		
		여				
부정사연계형				(לְ)הַמְצִיא		(לְ)הִתְמַצֵּא
부정사절대형				הַמְצֵא		
능동분사형				מַמְצִיא		מִתְמַצֵּא
수동분사형			מְמֻצָּא		מֻמְצָא	

			칼	니팔	피엘	푸알
완료형	단	3남	גָּלָה	נִגְלָה(3)	גִּלָּה	גֻּלָּה
		3여	גָּלְתָה(-ָ◌)	נִגְלְתָה(1회-ָ)	גִּלְּתָה	גֻּלְּתָה
		2남	גָּלִיתָ	נִגְלֵיתָ	גִּלִּיתָ	גֻּלֵּיתָ
		2여	גָּלִית	נִגְלֵית	גִּלִּית	(גֻּלֵּית)
		1공	גָּלִיתִי	נִגְלֵיתִי	גִּלִּיתִי(-ֵ)	גֻּלֵּיתִי
	복	3남	גָּלוּ	נִגְלוּ	גִּלּוּ	גֻּלּוּ
		2남	גְּלִיתֶם	(נִגְלֵיתֶם)	גִּלִּיתֶם	(גֻּלֵּיתֶם)
		2여	---ן	(---ן)	(---ן)	---ן
		1공	גָּלִינוּ	נִגְלֵינוּ	גִּלִּינוּ	(גֻּלֵּינוּ)
미완료형	단	3남	יִגְלֶה(1)	יִגָּלֶה	יְגַלֶּה	יְגֻלֶּה
		3여	תִּגְלֶה	תִּגָּלֶה	תְּגַלֶּה	תְּגֻלֶּה
		2남	תִּגְלֶה	תִּגָּלֶה	תְּגַלֶּה	תְּגֻלֶּה
		2여	תִּגְלִי	(תִּגָּלִי)	תְּגַלִּי	(תְּגֻלִּי)
		1공	אֶגְלֶה	אֶגָּלֶה(א)	אֲגַלֶּה	(אֲגֻלֶּה)
	복	3남	יִגְלוּ	יִגָּלוּ	יְגַלּוּ	יְגֻלּוּ
		3여	תִּגְלֶינָה	תִּגָּלֶינָה	תְּגַלֶּינָה	(תְּגֻלֶּינָה)
		2남	תִּגְלוּ	תִּגָּלוּ	תְּגַלּוּ	תְּגֻלּוּ
		2여	תִּגְלֶינָה	תִּגָּלֶינָה	תְּגַלֶּינָה	תְּגֻלֶּינָה
		1공	נִגְלֶה	(נִגָּלֶה)	נְגַלֶּה	(נְגֻלֶּה)
어미 상실 미완료형(2)			יִגֶל	יִגָּל(3회)	יְגַל	
명령형	단	남	גְּלֵה	הִגָּלֵה	גַּלֵּה(גַּל)	
		여	גְּלִי	הִגָּלִי	גַּלִּי	
	복	남	גְּלוּ	הִגָּלוּ	גַּלּוּ	
		여	גְּלֶינָה			
부정사연계형			(לִ)גְלוֹת(גְּלוֹת)	(לְ)הִגָּלוֹת	(לְ)גַלּוֹת	(לְ)גֻלּוֹת
부정사절대형			גָּלֹה	נִגְלֹה, הִגָּלֵה	גַּלֵּה, גַּלֹּה	
능동분사형			גֹּלֶה	נִגְלֶה	מְגַלֶּה	
수동분사형			גָּלוּי			מְגֻלֶּה

(¹) נַעֲשֶׂה, יֶחֱסֶה; (²) וַיַּעַשׂ, וַיֵּשֶׁב; וַתֵּשְׁתְּ, וַתֵּפֶן; וַיֵּרֶא, יֵרָא; וַיַּרְא, וַיִּחַר; וַתַּהַר; (³) נַעֲשָׂה, נֶחְלָה

			히필	호팔	히트파엘
완료형	단	3남	הִגְלָה(הֶ׳)	הָגְלָה	הִתְגַּלָּה
		3여	הִגְלְתָה (◌)	הָגְלְתָה	(הִתְגַּלְּתָה)
		2남	הִגְלִיתָ (◌)	הָגְלִיתָ	הִתְגַּלִּיתָ
		2여	הִגְלִית (◌)	(הָגְלִית)	(הִתְגַּלִּית)
		1공	הִגְלִיתִי (◌)	הָגְלִיתִי	הִתְגַּלִּיתִי
	복	3남	הִגְלוּ	הָגְלוּ	הִתְגַּלּוּ
		2남	הִגְלִיתֶם	הָגְלִיתֶם	הִתְגַּלִּיתֶם
		2여	(ן———)	ן———	(ן———)
		1공	הִגְלִינוּ	(הָגְלִינוּ)	הִתְגַּלִּינוּ
미완료형	단	3남	יַגְלֶה	(יָגְלֶה)	יִתְגַּלֶּה
		3여	תַּגְלֶה		(תִּתְגַּלֶּה)
		2남	תַּגְלֶה		תִּתְגַּלֶּה
		2여	תַּגְלִי		תִּתְגַּלִּי
		1공	אַגְלֶה		אֶתְגַּלֶּה
	복	3남	יַגְלוּ		יִתְגַּלּוּ
		3여	תַּגְלֶינָה		(תִּתְגַּלֶּינָה)
		2남	תַּגְלוּ		תִּתְגַּלּוּ
		2여	תַּגְלֶינָה		(תִּתְגַּלֶּינָה)
		1공	נַגְלֶה		נִתְגַּלֶּה
어미 상실 미완료형			יַגְל (4)		יִתְגַּל
명령형	단	남	הַגְלֵה(הֶרֶף)		(הִתְגַּלֵּה, הִתְגַּל)
		여	הַגְלִי		הִתְגַּלִּי
	복	남	הַגְלוּ		הִתְגַּלּוּ
		여			
부정사연계형			(לְ)הַגְלוֹת		(לְ)הִתְגַּלּוֹת
부정사절대형			הַגְלֵה (5)	הָגְלֵה	
능동분사형			מַגְלֶה		מִתְגַּלֶּה
수동분사형				מָגְלֶה	

(4) וַיֵּרֶא, וַיַּשְׁקְ; (5) 그러나 הַרְבָּה

패러다임 12. 접미사를 가진 ל״ה 동사: גָּלָה 동사 (§ 79 *k*)

			단 1공	단 2남	단 2여
완료형	단	3남	גָּלַנִי (◌ָֽ-)	גִּלְּךָ(גָּלְךָ > גִּלְּךָ)	(גָּלֵךְ)
		3여	גָּלַתְנִי(◌ָֽ-)		
		2남	גְּלִיתַנִי (◌ָֽ-)		
		2여	גְּלִיתִינִי		
		1공		גְּלִיתִיךָ	
	복	3공	גָּלוּנִי	גָּלוּךָ	גָּלוּךְ
		1공		גְּלִינוּךָ	
미완료형	단	3남	יִגְלֵנִי	יִגְלְךָ (◌ֶ-ה, ◌ֶ-ה)	(יִגְלֶךָ)
	복	3남	יִגְלוּנִי	יִגְלוּךָ	
명령형	단	2남	גְּלֵנִי		
		여	גְּלִינִי		
	복	2남	גְּלוּנִי		
분사형			גֹּלֵנִי	(창 48.4) מְפָרְךָ	

패러다임 12. 접미사를 가진 ל״ה 동사: גָּלָה 동사 (§ 79 k)

접미사			단 3남	단 3여	복 1공	복 3남
완료형	단	3남	גָּלָהוּ	גָּלָהּ	גָּלָנוּ	גָּלָם
		3여	גָּלַתּוּ	גָּלָתָה		גָּלָתַם
		2남	גְּלִיתוֹ	גְּלִיתָהּ	גְּלִיתָנוּ	גְּלִיתָם
		2여				
		1공	(וֹ-) גְּלִיתִיהוּ	גְּלִיתִיהָ		גְּלִיתִים
	복	3공	גָּלוֹהוּ	גָּלוּהָ		גָּלוּם
		1공	גְּלִינוּהוּ			
미완료형	단	3남	(־נּוּ) יִגְלֶהוּ	יִגְלֶהָ(־נָּה)	יִגְלֵנוּ	יִגְלֵם
	복	3남	יִגְלוּהוּ	יִגְלוּהָ	יִגְלוּנוּ	(יִגְלוּם)
명령형	단	2남			גְּלֵנוּ	גְּלֵם
		여				
	복	2남	גְּלוּהוּ			גְּלוּם
분사형				(호 2.16) מְפַתֶּיהָ 그녀를 유혹하여		

			칼		니팔	히필
완료형	단	3남	קָם, בָּא	מֵת, בֹּשׁ, טוֹב	נָקוֹם	הֵקִים, (§ p) הֵנִיחַ
		3여	קָ֫מָה	מֵ֫תָה	נָקֹ֫ומָה	הֵקִ֫ימָה
		2남	קַ֫מְתָּ(-)	מַ֫תָּה	נְקוּמֹ֫ותָ	הֲקִימֹ֫ותָ (הֲ)
		2여	קַמְתְּ	(מַתְּ)	נְקוּמֹות	הֲקִימֹות
		1공	קַ֫מְתִּי	מַ֫תִּי	נְקוּמֹ֫ותִי	הֲקִימֹ֫ותִי
	복	3남	קָ֫מוּ	מֵ֫תוּ	נָקֹ֫ומוּ	הֵקִ֫ימוּ
		2남	קַמְתֶּם	(מַתֶּם)	נְקֻמֹותֶם	הֲקִימֹותֶם(קֶ)
		2여	---ן	(---ן)	---ן	---ן
		1공	קַ֫מְנוּ	מַ֫תְנוּ	נְקוּמֹ֫ונוּ	הֲקִימֹ֫ונוּ
미완료형	단	3남	(1) יָקוּם	יֵבוֹשׁ	יִקֹּום	יָקִים (יָנִיחַ)
		3여	תָּקוּם	תֵּבוֹשׁ	תִּקֹּום	תָּקִים
		2남	תָּקוּם	תֵּבוֹשׁ	תִּקֹּום	תָּקִים
		2여	תָּקוּ֫מִי	תֵּבֹ֫ושִׁי	(תִּקֹּ֫ומִי)	תָּקִ֫ימִי
		1공	אָקוּם	אֵבוֹשׁ	אֶקֹּום	אָקִים
	복	3남	יָקוּ֫מוּ	יֵבֹ֫ושׁוּ	יִקֹּ֫ומוּ	יָקִ֫ימוּ
		3여	(2) תְּקוּמֶ֫ינָה			תְּקֹומֶ֫ינָה (תָּקֵמְנָה)
		2남	תָּקוּ֫מוּ	תֵּבֹ֫ושׁוּ	תִּקֹּ֫ומוּ	תָּקִ֫ימוּ
		2여	תְּקוּמֶ֫ינָה			
		1공	נָקוּם	תֵּבֹ֫ושׁוּ	נִקֹּום	נָקִים
지시형			יָקֹם			יָקֵם
도치 ן 미완료형			וַיָּ֫קָם (וַיָּ֫קָם)			(4) וַיָּ֫קֶם(וַיָּקֵם)
명령형	단	남	קוּם, בֹּא	בּוֹשׁ	הִקּוֹם	הָקֵם (הָנַח)
		여	קוּ֫מִי			הָקִ֫ימִי
	복	남	קוּמוּ		הִקֹּומוּ	הָקִ֫ימוּ
		여	קֹ֫מְנָה			(הָקֵמְנָה)
부정사연계형			(לְ)קוּם, (לָ)בֹא	(לְ)טוֹב	(לְ) הִקּוֹם	(לְ)הָקִים(הָנִיחַ)
부정사절대형			קוֹם, בֹּוא		נָקוֹם	הָקֵם
능동분사형			(3) קָם	מֵת, בוֹשׁ	נָקוֹם	מֵקִים (מֵנִיחַ)
수동분사형			קוּם, מוּל			

(1) יָבֹוא, יָמוּת; (2) 종종, תָּקֹמְנָה (§ b), 항상 תָּבֹאנָה; (3) קָמָה, קָמִים, קָמֵי. (4) 쩨레 (şeré)와 함께.

			호팔	포엘	포알	칼	니팔
완료형	단	3남	הוּקַם	קוֹמֵם	קוֹמַם	דָּן	נָדוֹן
		3여		קוֹמֲמָה	(קוֹמֲמָה)	(קָם처럼)	(נָקוֹם처럼)
		2남		קוֹמַמְתָּ	קוֹמַמְתָּ		
		2여		(קוֹמַמְתְּ)	(קוֹמַמְתְּ)		
		1공		קוֹמַמְתִּי	קוֹמֲמוּ		
	복	3남	הוּקְמוּ	קוֹמֲמוּ	קוֹמֲמוּ		
		2남		(קוֹמַמְתֶּם)	(קוֹמַמְתֶּם)		
		2여		---ן	---ן		
		1공		(קוֹמַמְנוּ)	(קוֹמַמְנוּ)		
미완료형	단	3남	יוּקַם	יְקוֹמֵם	יְקוֹמַם	יָדִין	יִדּוֹן
		3여	תּוּקַם	תְּקוֹמֵם	(תְּקוֹמַם)	(יָקִים처럼)	(יִקּוֹם처럼)
		2남		תְּקוֹמֵם	תְּקוֹמַם		
		2여		(תְּקוֹמֲמִי)	תְּקוֹמֲמִי		
		1공		אֲקוֹמֵם	(אֲקוֹמַם)		
	복	3남	יוּקְמוּ	יְקוֹמֲמוּ	יְקוֹמֲמוּ		
		3여		תְּקוֹמֵמְנָה	תְּקוֹמֵמְנָה		
		2남		תְּקוֹמֲמוּ	(תְּקוֹמֲמוּ)		
		2여		תְּקוֹמֵמְנָה	תְּקוֹמֵמְנָה		
		1공	נוּקַם	נְקוֹמֵם	(נְקוֹמַם)		
지시형							
도치 ו 미완료형							
명령형	단	남		קוֹמֵם		דִּין	
		여		(קוֹמֲמִי)		דִּינִי	
	복	남		קוֹמֲמוּ		דִּינוּ	
		여		(קוֹמֵמְנָה)			
부정사연계형			(לְ)הוּקַם	(לְ)קוֹמֵם		(לְ)דִין (¹)	
부정사절대형						דוֹן	
능동분사형				מְקוֹמֵם		דָּן לָן	נָדוֹן
수동분사형			מוּקָם		מְקוֹמָם	שִׂים (שׂוּם)	

(¹) 그러나 (לְ)שׂוּם, (לְ)לוֹן, 한 번 (לְ)שׂישׂ

			칼	니팔
완료형	단	3남	סָבַב ;קַל ,תַּם	נָסַב ,נָמֵס
		3여	סָבְבָה ;קַלָּה	נָסַבָּה
		2남	סַבּוֹתָ	נְסַבּוֹתָ
		2여	סַבּוֹת	נְסַבּוֹת
		1공	סַבּוֹתִי	נְסַבּוֹתִי
	복	3남	סָבְבוּ ,קַלּוּ	נָסַבּוּ
		2남	סַבּוֹתֶם	נְסַבּוֹתֶם
		2여	־־־ן	־־־ן
		1공	סַבּוֹנוּ	נְסַבּוֹנוּ
미완료형	단	3남	יָסֹב ,יֵסֹב ;יֵקַל ,יֵדַל	יִסַּב (? יֵסֹב) ,יִמַּס
		3여	תָּסֹב	תִּסַּב
		2남	תָּסֹב	תִּסַּב
		2여	תָּסֹבִּי	תִּסַּבִּי
		1공	אָסֹב	אֶסַּב
	복	3남	יָסֹבּוּ	יִסַּבּוּ
		3여	תְּסֻבֶּינָה	(תִּסַּבֶּינָה)
		2남	תָּסֹבּוּ	תִּסַּבּוּ
		2여	תְּסֻבֶּינָה	(תִּסַּבֶּינָה)
		1공	נָסֹב	נִסַּב
도치 ן 미완료형			וַיָּסָב (וַיִּסֹב) ;וַיֵּקַל ,וַיֵּצֶר	
접미사 미완료형			יְסֻבֵּנִי	
명령형	단	남	סֹב	(הִסַּב)
		여	סֹבִּי	(הִסַּבִּי)
	복	남	סֹבּוּ	(הִסַּבּוּ) הִסַּבְּרוּ
		여	(סֻבֶּינָה)	(הִסַּבֶּינָה)
부정사연계형			(לָ)סֹב ;(לִ)סְבֹּב ,(לָ)תֹם	(לְ)הִסַּב ,(לְ)הִמֵּס
부정사절대형			סָבוֹב	הִסּוֹב
능동분사형			סֹבֵב ,תָּם	נָסָב ,נָמֵס
수동분사형			סָבוּב	

패러다임 15. **ע"ע** 동사 סָבַב 둘러싸다 (§ 82)

			히필	호팔	포엘	포알
완료형	단	3남	הֵסֵב, הֵקַל	הוּסַב	סוֹבֵב	סוֹבַב
		3여	הֵסֵ֫בָּה	הוּסַ֫בָּה	סוֹבְבָה	
		2남	הֲסִבֹּ֫תָ		סוֹבַ֫בְתָּ	
		2여	הֲסִבֹּת		סוֹבַבְתְּ	
		1공	הֲסִבֹּ֫תִי		סוֹבַ֫בְתִּי	
	복	3남	הֵסֵ֫בּוּ(ס)	הוּסַ֫בּוּ	סוֹבְבוּ	
		2남	הֲסִבֹּתֶם		סוֹבַבְתֶּם	
		2여	---ן		---ן	
		1공	הֲסִבֹּ֫נוּ		סוֹבַ֫בְנוּ	
미완료형	단	3남	יָסֵב (> יַסֵב)	יוּסַב (יֻסַּב)	יְסוֹבֵב	(יְסוֹבַב)
		3여	תָּסֵב		תְּסוֹבֵב	
		2남	תָּסֵב		תְּסוֹבֵב	
		2여	(תָּסֵ֫בִּי)		(תְּסוֹבֵבִי)	
		1공	אָסֵב		(אֲסוֹבֵב)	
	복	3남	יָסֵ֫בּוּ	יוּסַ֫בּוּ	יְסוֹבְבוּ	
		3여	תְּסֻבֶּ֫ינָה		(תְּסוֹבֵ֫בְנָה)	
		2남	תָּסֵ֫בּוּ		תְּסוֹבְבוּ	
		2여	תְּסֻבֶּ֫ינָה		(תְּסוֹבֵ֫בְנָה)	
		1공	נָסֵב		(נְסוֹבֵב)	
도치 ו 미완료형			וַיָּ֫סֶב (> וַיַּ֫סֵב)			
접미사 미완료형					יְסֻבֵּ֫נִי	
명령형	단	남	הָסֵב		סוֹבֵב	
		여	הָסֵ֫בִּי		(סוֹבְבִי)	
	복	남	הָסֵ֫בּוּ		סוֹבְבוּ	
		여	(הֲסִבֶּ֫ינָה)		(סוֹבֵ֫בְנָה)	
부정사연계형			(לְ)הָסֵב		(לְ)סוֹבֵב	
부정사절대형			הָסֵב		סוֹבֵב	
능동분사형			מֵסֵב, מֵרַע (מְרֵעִים)		מְסוֹבֵב	
수동분사형				מוּסַב		מְסוֹבָב

접미사	칼	니팔	히필	호팔
완료형	קָטַל, כָּבֵד, קָטֹן	נִקְטַל	הִקְטִיל	הָקְטַל (הָ >)
פ"נ	נָגַשׁ*	נִגַּשׁ	הִגִּישׁ	הֻגַּשׁ
ע"ע	סָבַב, קַל	נָסַב, נָמֵס	הֵסֵב, הֵקַל	הוּסַב
פ"ו	יָשַׁב, יָרֵשׁ*	נוֹשַׁב	הוֹשִׁיב	הוּשַׁב
פ"יי	יָטַב*, יָבֵשׁ		הֵיטִיב	
ע"ו	קָם, מֵת, בֹּשׁ	נָקוֹם	הֵקִים	הוּקַם
ע"י	דָּן	נָדוֹן		
ל"ה	גָּלָה	נִגְלָה	הִגְלָה (הֶ)	הָגְלָה
미완료형	יִקְטֹל; יִכְבַּד; יִקְטַן	יִקָּטֵל	יַקְטִיל	יָקְטַל (יָ >)
פ"נ	יִגַּשׁ	יִנָּגֵשׁ*	יַגִּישׁ	יֻגַּשׁ
ע"ע	יָסֹב, יֵסַב, יֵקַל, יֵדַל	יִסַּב(?) יִסֹב	יָסֵב > יָסֶב	יוּסַב, יֵסַב
פ"ו	יֵשֵׁב, יִירַשׁ	יִוָּשֵׁב	יוֹשִׁיב	יוּשַׁב
פ"יי	יִיטַב		יֵיטִיב	
ע"ו	יָקוּם, יֵבוֹשׁ	יִקּוֹם	יָקִים	יוּקַם
ע"י	יָדִין	יִדּוֹן		
ל"ה	יִגְלֶה(יִגֶל*ap.)	יִגָּלֶה(יִגָּל ap.)	יַגְלֶה(יֶגֶל ap.)	(יָגְלֶה)
명령형	קְטֹל, כְּבַד, קְטַן	הִקָּטֵל	הַקְטֵל	
פ"נ	גַּשׁ	הִנָּגֵשׁ	הַגֵּשׁ	
ע"ע	סֹב	(הִסַּב)	הָסֵב	
פ"ו	שֵׁב, דַּע	הִוָּשֵׁב	הוֹשֵׁב	
פ"יי			הֵיטֵב	
ע"ו	קוּם, בּוֹשׁ	הִקּוֹם	הָקֵם	
ע"י	דִּין			
ל"ה	גְּלֵה	הִגָּלֵה	הַגְלֵה(הֶרֶף*)	

* ap.(apocope). 끝자음 탈락

	칼	니팔	히필	호팔
부정사 연계형	(לְ)קְטֹל ,(לְ)כְּבַד ,(לְ)קְטֹן	(לְ)הִקָּטֵל	(לְ)הַקְטִיל	[לְ]הָקְטַל(לְ)
פ"ן	(לְ)גֶּשֶׁת	(לְ)הִנָּגֵשׁ	(לְ)הַגִּישׁ	(לְ)הֻגַּשׁ
ע"ע	(לְ)תֹּם ,(לְ)סֹב	(לְ)הִסֵּב	(לְ)הָסֵב	
פ"ו	(לְ)רֶשֶׁת ,(לְ)שֶׁבֶת	(לְ)הִוָּשֵׁב	(לְ)הוֹשִׁיב	(לְ)הוּשַׁב
פ"יי			(לְ)הֵיטִיב	
ע"ו	(לְ)טוֹב ,(לְ)קוּם	(לְ)הִקּוֹם	(לְ)הָקִים	(לְ)הוּקַם
ע"יי	(לְ)דִין			
ל"ה	(לְ)גְלוֹת	(לְ)הִקּוֹם	(לְ)הַגְלוֹת	
부정사 절대형	קָטֹל ,נִקְטֹל	הַקְטֵל ,נִקְטֹל	הַקְטֵל	הָקְטֵל
פ"ן	נָגוֹשׁ	נִגּוֹשׁ	הַגֵּשׁ	הֻגֵּשׁ
ע"ע	סָבוֹב	הִסּוֹב	הָסֵב	
פ"ו	יָשׁוֹב		הוֹשֵׁב	
פ"יי			הֵיטֵב	
ע"ו	קוֹם	נָקוֹם	הָקֵם	
ע"יי	דוֹן			
ל"ה	גָּלֹה ,גָּלֹה	הַגְלֵה ,נִגְלֹה	הַגְלֵה	הָגְלֵה
분사	קָטֹל ,כָּבֵד ;(1)קֹטֵל	נִקְטָל	מְקַטֵּל (מְ >) מַקְטִיל	מָקְטָל
פ"ן	נֹגֵשׁ	נִגָּשׁ	מַגִּישׁ	מֻגָּשׁ
ע"ע	תָּם ,סֹבֵב	נָסֹב ,נָסָב	מֵסֵב	מוּסָב
פ"ו	ישֵׁב	נוֹשָׁב	מוֹשִׁיב	מוּשָׁב
פ"יי			מֵיטִיב	
ע"ו	מֵת ,בּוֹשׁ ;(2)קָם	נָקוֹם	מֵקִים	מוּקָם
ע"יי	(3)דָּן	נָדוֹן		
ל"ה	(4)גֹּלֶה	נִגְלֶה	מַגְלֶה	מָגְלֶה

칼 수동 분사: (1) קָטוּל; (2) קוּם; (3) שִׂים (שׂוּם); (4) גָּלוּי

		1. *qatl*	2. *qitl*	3. *qutl*	4. *qutl*	5. *qutl*
		§Ac 왕	§Ae 책	§g 거룩함	§Ai 소년	§Ai 일
단	절대형	(1)מֶ֫לֶךְ	סֵ֫פֶר	קֹ֫דֶשׁ	נַ֫עַר(ן)	פֹּ֫עַל
	연계형	מֶ֫לֶךְ	סֵ֫פֶר	קֹ֫דֶשׁ	נַ֫עַר	פֹּ֫עַל
	경접미사	(2)מַלְכִּי	(5)סִפְרִי	(6)קָדְשִׁי	נַעֲרִי	פָּעֳלִי
	중접미사	מַלְכְּכֶם	סִפְרְכֶם	קָדְשְׁכֶם	נַעֲרְכֶם	פָּעָלְכֶם
복	절대형	מְלָכִים	סְפָרִים	קָדָשִׁים(ק)	נְעָרִים	פְּעָלִים
	연계형	(3)מַלְכֵי	סִפְרֵי	קָדְשֵׁי	נַעֲרֵי	פָּעֳלֵי
	경접미사	מְלָכַי	סְפָרַי	קָדָשַׁי(ק)	נְעָרַי	פְּעָלַי
	중접미사	מַלְכֵיכֶם	סִפְרֵיכֶם	קָדְשֵׁיכֶם	נַעֲרֵיכֶם	פָּעֳלֵיכֶם
쌍수	절대형	(4)רַגְלַ֫יִם		מָתְנַ֫יִם	נַעֲלַ֫יִם	
	연계형	רַגְלֵי		מָתְנֵי	נַעֲלֵי	
	접미사	רַגְלֵי		מָתְנֵי	נַעֲלֵי	

(1) כֶּ֫רֶם; (2) נֶגְדִּי, בִּגְדִי; (3) נִסְכֵּי; (4) בִּרְכַּ֫יִם; (5) חֶלְקִי; (6) גָּדְלוֹ.

		12. *qatal*	13. *qatil*	14. *qata(i)l*(7)	15. *qātal*	16. *qātil*
		§Bb 말씀	§Bd 늙은	§Bf 들판	§Cb 영원	§Cc 원수
단	절대형	דָּבָר	(2)זָקֵן ,כָּתֵף	שָׂדֶה	עוֹלָם	אוֹיֵב
	연계형	דְּבַר	קַן ,כֶּ֫תֶף	שְׂדֵה	עוֹלַם	אוֹיֵב(י)
	경접미사	דְּבָרִי	זְקֵנִי	שָׂדִי	עוֹלָמִי	אוֹיְבִי
		דְּבָרְךָ		שָׂדְךָ	עוֹלָמְךָ	אוֹיֶבְךָ(י)
	중접미사	דְּבַרְכֶם		(שָׂדְכֶם)	עוֹלָמְכֶם	אוֹיֶבְכֶם(י)
복	절대형	דְּבָרִים	זְקֵנִים	(4)פָּנִים	עוֹלָמִים	אוֹיְבִים
	연계형	דִּבְרֵי	זִקְנֵי	פְּנֵי	עוֹלְמֵי	אוֹיְבֵי
	경접미사	דְּבָרַי	זְקֵנַי	פָּנַי	עוֹלָמַי	אוֹיְבַי
	중접미사	דִּבְרֵיכֶם	זִקְנֵיכֶם	פְּנֵיכֶם	עוֹלְמֵיכֶם	אוֹיְבֵיכֶם
쌍수	절대형	(1)כְּנָפַ֫יִם	(3)יְרֵכַ֫יִם		(5)מֶלְקָחַ֫יִם	(6)מֹאזְנַ֫יִם
	연계형	כַּנְפֵי				
	경접미사	כַּנְפֵי	יַרְכֵי			
	중접미사	כַּנְפֵיכֶם				

(1) כָּנָף 날개; (2) כָּתֵף 어깨; (3) יָרֵךְ 넓적다리; (4) 얼굴; (5) 집게; (6) 비늘 (7) ל"ה.

		6. qatl(7)	7. qat(8)	8. qat(9)	9. qitl(10)	10. qutl(11)	11. qatl(12)
		§ Al 죽음	§ Am 올리브	§ An 백성	§ Ao 염소	§ Ap 법령	§ Aq 열매
단	절대형	מָ֫וֶת(1)	זַ֫יִת(2)	עַם (עָם)	עֵז(3)	חֹק	פְּרִי (פֶּרִי)
	연계형	מוֹת	זֵית	עַם	עֵז	חָק-, חֹק	פְּרִי
	경접미사	מוֹתִי	זֵיתִי	עַמִּי	עִזִּי	חֻקִּי	פִּרְיִי
	중접미사	מוֹתְכֶם	זֵיתְכֶם	עַמְּכֶם	עִזְּכֶם	(חֻקְּכֶם)(4)	פֶּרְיְכֶם
복	절대형	שׁוֹטִים	זֵיתִים	עַמִּים	עִזִּים	חֻקִּים	גְּדָיִים(5)
	연계형	שׁוֹטֵי	זֵיתֵי	עַמֵּי	עִזֵּי	חֻקֵּי	גְּדָיֵי
	경접미사	שׁוֹטֵי	זֵיתֵי	עַמֵּי	עִזֵּי	חֻקֵּי	
	중접미사	שׁוֹטֵיכֶם	זֵיתֵיכֶם	עַמֵּיכֶם	עִזֵּיכֶם	חֻקֵּיכֶם	
쌍수	절대형			כַּפַּ֫יִם(6)	שְׁנַ֫יִם		
	연계형			כַּפֵּי	שְׁנֵי		
	접미사			כַּפֵּי	שְׁנֵי		

(1) שׁוֹט 채찍; (2) חֵיק 가슴; (3) אֵם 어머니, 복수. שֵׁן 이; אִמּוֹת; (4) חֻקְּכֶם; (5) גְּדִי 염소 새끼; (6) כַּף 손바닥. (7) ל"ע (8) ע"ו (9) ע"ע (10) ע"ע (11) ע"ע (12) ל"ה

		17. qāti(a)l(2)	18. qatīl	19. qatīl(3)	20. qi(u)tāl
		§ Ce 선견자	§ Db 관리,감독	§ Dc 가난한 자	§ Dd 문서
단	절대형	חֹזֶה	פָּקִיד	עָנִי	כְּתָב
	연계형	חֹזֶה	פְּקִיד	עָנִי	כְּתָב
	경접미사	חֹזִי	פְּקִידִי		כְּתָבִי
		חֹזְךָ	פְּקִידְךָ		כְּתָבְךָ
	중접미사	חֹזְכֶם	פְּקִידְכֶם		כְּתָבְכֶם
복	절대형	חֹזִים	פְּקִידִים	עֲנִיִּים	מְצָדוֹת(1)
	연계형	חֹזֵי	פְּקִידֵי	עֲנִיֵּי	מְצָדוֹת
	경접미사	חֹזֵי	פְּקִידֵי		
	중접미사	חֹזֵיכֶם	פְּקִידֵיכֶם	עֲנִיֵּיכֶם	

(1) מְצָד 요새. (2) ל"ה (3) ל"ה

		21. *qatl*	22. *qitl*	23. *qutl*	24. 마지막 쎄골형
		§ A *b* 여왕	§ B *b* 정의	§ E *b* 해	§ F *b* 사격
단	절대형	(¹)מַלְכָּה	צְדָקָה	שָׁנָה	יוֹנֶקֶת
	연계형	מַלְכַּת	צִדְקַת	שְׁנַת	יוֹנֶקֶת
	경접미사	מַלְכָּתִי	צִדְקָתִי	שְׁנָתִי	יוֹנַקְתִּי
	중접미사	מַלְכַּתְכֶם	צִדְקַתְכֶם	שְׁנַתְכֶם	יוֹנַקְתְּכֶם
복	절대형	מְלָכוֹת	צְדָקוֹת	(²)שָׁנוֹת	יוֹנְקוֹת
	연계형	מַלְכוֹת	צִדְקוֹת	שְׁנוֹת	יוֹנְקוֹת
	접미사	מַלְכוֹתַי	צִדְקוֹתַי	שְׁנוֹתַי	יוֹנְקוֹתַי
쌍수	절대형			(³)שְׂפָתַיִם	
	연계형			שִׂפְתֵי	
	경접미사			שְׂפָתַי	
	중접미사			שִׂפְתֵיכֶם	

(¹) כִּבְשָׂה 양; (²) 시문, § 90 *b*; 일반적 복수 שָׁנִים; (³) 입술.

단/복				1 (§ 98b) 아버지	2 (§ 98b) 형제	4 (§ 98c) 아들	5 (§ 98d) 딸	7 (§ 98d) 자매
단	절대형			אָב	אָח	בֵּן	בַּת	אָחוֹת
	연계형			אֲבִי	אֲחִי	בֶּן־(6)	בַּת	אֲחוֹת
	접미사	단수	1공	אָבִי	אָחִי	בְּנִי	בִּתִּי	אֲחֹתִי
			2남	אָבִיךָ	אָחִיךָ	בִּנְךָ(7)	בִּתְּךָ(8)	אֲחוֹתְךָ
			2여	אָבִיךְ	אָחִיךְ	בְּנֵךְ		אֲחוֹתֵךְ
			3남	אָבִיו(2)	אָחִיו(4)	בְּנוֹ	בִּתּוֹ	אֲחֹתוֹ
			3여	אָבִיהָ	אָחִיהָ	בְּנָהּ	בִּתָּהּ	אֲחֹתָהּ
		복수	1공	אָבִינוּ	אָחִינוּ	בְּנֵנוּ		אֲחֹתֵנוּ
			2남	אֲבִיכֶם	אֲחִיכֶם		בִּתְּכֶם	
			3남	אֲבִיהֶם	אֲחִיהֶם			אֲחֹתָם
복	절대형			אָבוֹת	אַחִים	בָּנִים	בָּנוֹת	אֲחָיוֹת*
	연계형			אֲבוֹת	אֲחֵי	בְּנֵי	בְּנוֹת	אַחְיוֹת*
	접미사	단수	1공	אֲבֹתַי	אַחַי(5)	בָּנַי	בְּנֹתַי	אַחְיוֹתַי
			2남	אֲבֹתֶיךָ	אַחֶיךָ	בָּנֶיךָ	בְּנֹתֶיךָ	אֲחוֹתֶיךָ
			2여		אַחַיִךְ	בָּנַיִךְ	בְּנֹתַיִךְ	אֲחוֹתַיִךְ(9)
			3남	אֲבֹתָיו	אֶחָיו	בָּנָיו	בְּנֹתָיו	אֲחוֹתָיו
			3여		אַחֶיהָ	בָּנֶיהָ	בְּנֹתֶיהָ	
		복수	1공	אֲבֹתֵינוּ	אַחֵינוּ	בָּנֵינוּ	בְּנֹתֵינוּ	
			2남	אֲבֹתֵיכֶם	אֲחֵיכֶם	בְּנֵיכֶם	בְּנֹתֵיכֶם	אֲחוֹתֵיכֶם
			3남	אֲבֹתָם(3)	אֲחֵיהֶם	בְּנֵיהֶם	בְּנֹתֵיהֶם	אֲחוֹתֵיהֶם

(¹) 우리는 여성 복수 접미사를 가진 형태들을 생략했다.

(²) אֲבִיהוּ (³)가 אֲבֹתֵיהֶם보다 훨씬 빈번하게 나타난다. § 94 g.

(⁴) אֲחִיהוּ; (⁵) אֶחָי; (⁶) בֵּן.

(⁷) בִּנְךָ; (⁸) בִּתֵּךְ; (⁹) 그러나 또한 אֲחִיוֹתֵךְ (§ 97 Gd)

				10 (§ 98e) 입	11 (§ 98e) 물	12 (§ 98e) 하늘	13 (§ 98e) 배(그릇)	14 (§ 98f) 머리
단	절대형			פֶּה	[*מַי]	[*שָׁמַי]	כְּלִי(כֶּלִי)	רֹאשׁ
	연계형			פִּי			כְּלִי	רֹאשׁ
	접미사	단수	1공	פִּי				רֹאשִׁי
			2남	פִּיךָ			כֶּלְיְךָ	רֹאשְׁךָ
			2여					רֹאשֵׁךְ
			3남	פִּיו(פִּיהוּ)				רֹאשׁוֹ
			3여	פִּיהָ				רֹאשָׁהּ
		복수	1공	פִּינוּ				רֹאשֵׁנוּ
			2남	פִּיכֶם				רָאשְׁכֶם
			3남	פִּיהֶם(פִּיוֹת)				רֹאשָׁם
복	절대형				מַיִם	שָׁמַיִם	כֵּלִים	רָאשִׁים
	연계형				מֵי(מֵימֵי)	שְׁמֵי	כְּלֵי	
	접미사	단수	1공		מֵימַי		כֵּלַי	
			2남		מֵימֶיךָ	שָׁמֶיךָ	כֵּלֶיךָ	
			2여					
			3남		מֵימָיו	שָׁמָיו	כֵּלָיו	רָאשָׁיו
			3여		מֵימֶיהָ		כֵּלֶיהָ	רָאשֶׁיהָ
		복수	1공		מֵימֵינוּ		כֵּלֵינוּ	רָאשֵׁינוּ
			2남			שְׁמֵיכֶם	כְּלֵיכֶם	רָאשֵׁיכֶם
			3남		מֵימֵיהֶם		כְּלֵיהֶם	רָאשֵׁיהֶם

				15 (§ 98*f*)	16 (§ 98*f*)	17 (§ 98*f*)	18 (§ 98*b*)	19 (§ 98*b*)
				낮(날)	마을	집	남자	여자
단	절대형			יוֹם	עִיר	בַּיִת	אִישׁ	אִשָּׁה
	연계형			יוֹם	עִיר	בֵּית	אִישׁ	אֵשֶׁת
	접미사	단수	1공		עִירִי	בֵּיתִי	אִישִׁי	אִשְׁתִּי
			2남		עִירְךָ	בֵּיתְךָ		אִשְׁתְּךָ
			2여			בֵּיתֵךְ	אִישֵׁךְ	
			3남	יוֹמוֹ	עִירוֹ	בֵּיתוֹ	אִישׁוֹ	אִשְׁתּוֹ
			3여		עִירָהּ	בֵּיתָהּ	אִישָׁהּ	
		복수	1공					
			2남			בֵּיתְכֶם		
			3남	יוֹמָם	עִירָם	בֵּיתָם		
복	절대형			יָמִים	עָרִים	בָּתִּים	אֲנָשִׁים	נָשִׁים
	연계형			יְמֵי	עָרֵי	בָּתֵּי	אַנְשֵׁי	נְשֵׁי
	접미사	단수	1공	יָמַי	עָרַי		אֲנָשַׁי	נָשַׁי
			2남	יָמֶיךָ	עָרֶיךָ	בָּתֶּיךָ	אֲנָשֶׁיךָ	
			2여	יָמַיִךְ	עָרַיִךְ	בָּתַּיִךְ		נָשַׁיִךְ
			3남	יָמָיו	עָרָיו		אֲנָשָׁיו	נָשָׁיו
			3여	יָמֶיהָ	עָרֶיהָ		אֲנָשֶׁיהָ	
		복수	1공	יָמֵינוּ	עָרֵינוּ	בָּתֵּינוּ	אֲנָשֵׁינוּ	נָשֵׁינוּ
			2남	יְמֵיכֶם	עָרֵיכֶם	בָּתֵּיכֶם		נְשֵׁיכֶם
			3남	יְמֵיהֶם	עָרֵיהֶם	בָּתֵּיהֶם	אֲנָשֵׁיהֶם	נְשֵׁיהֶם

단수			1공	2남	2여	3남	3여
단남		סוּס	סוּסִי / סוּסֵ(־)	סוּסְךָ / סוּסֶךָ	סוּסֵךְ	סוּסוֹ	סוּסָהּ
단여		סוּסָה	סוּסָתִי / סוּסָתְךָ(־)	סוּסָתֶךָ	סוּסָתֵךְ	סוּסָתוֹ	סוּסָתָהּ
복남		סוּסִים	סוּסַי(־) / סוּסֶ(י)ךָ	סוּסֶ(י)ךָ(־)	סוּסַיִךְ	סוּסָיו	סוּסֶיהָ
복여		סוּסוֹת	סוּסוֹתַי(־) / סוּסוֹתֶיךָ	סוּסוֹתַ(י)ךָ(־)	סוּסֹתַיִךְ	סוּסוֹתָיו	סוּסוֹתֶיהָ
단남		שָׂדֶה	שָׂדִי / שָׂדְךָ(־)	שָׂדְךָ	שָׂדֵךְ	שָׂדֵהוּ(וֹ)	שָׂדֵהָ(־ה)
	בְּ	§ 103 f	בִּי / בְּךָ (בָּךְ)	בָּךְ	בָּךְ	בּוֹ	בָּהּ
	לְ	§ 103 f	לִי / לְךָ (לָךְ)	לָךְ	לָךְ	לוֹ [10]	לָהּ
	כְּ	§ 103 g	כָּמֹנִי	כָּמֹךָ		כָּמֹהוּ	כָּמֹהָ
	מִן	§ 103 h	מִמֶּנִּי [4]	מִמְּךָ [8]	מִמֵּךְ	מִמֶּנּוּ	מִמֶּנָּה
	עִם	§ 103 i	עִמִּי [5]	עִמְּךָ(־)	עִמָּךְ	עִמּוֹ	עִמָּהּ
	אֵת [1]	§ 103 j	אִתִּי	אִתְּךָ(־)	אִתָּךְ	אִתּוֹ	אִתָּהּ
	אֵת [2]	§ 103 k	אֹתִי	אֹתְךָ(־)	אֹתָךְ	אֹתוֹ	אֹתָהּ
	אֵין	§ 102 k	אֵינֶנִּי	אֵינְךָ	אֵינֵךְ	אֵינֶנּוּ	אֵינֶנָּה
	עוֹד	§ 102 k	עוֹדֶנִּי [6]	עוֹדְךָ	עוֹדֵךְ [1회]	עוֹדֶנּוּ	עוֹדֶנָּה [12]
	הִנֵּה	§ 102 k	הִנְנִי [7]	הִנְּךָ [9]	הִנָּךְ	הִנּוֹ	
	בֵּין [3]	§ 103 n	בֵּינִי	בֵּינְךָ(־)	בֵּינֵךְ	בֵּינוֹ [11]	
복수 명사의 접미사	עַל	§ 103 m	עָלַי(־)	עָלֶיךָ(־)	עָלַיִךְ	עָלָיו	עָלֶיהָ
	עַד	§ 103 m	עָדַי	עָדֶיךָ	עָדַיִךְ	עָדָיו	עָדֶיהָ
	אֶל	§ 103 m	אֵלַי(־)	אֵלֶיךָ(־)	אֵלַיִךְ	אֵלָיו	אֵלֶיהָ

[1] ~과 함께; [2] 대격의 표시; [3] 단수 명사처럼 단수 접미사를 가진 **בֵּין**과 복수 명사처럼 복수 접미사를 가진 **בֵּין**; [4] 시문 (מֶ) **מִנִּי**; [5] **עָמָדִי**; [6] 4회 **עוֹדִי**; [7] **הִנְנִי**; 2회 **הִנֶּנִּי**; [8] **מִמְּךָ**; [9] **הִנָּךְ** 1회; [10] 시문 **לָמוֹ** 2회; [11] **בֵּינָיו**; [12] **עוֹדָה**.

단수	1공	2남	2여	3남	3여
단남	סוּסֵׁנוּ	סוּסְכֶם	סוּסְכֶן	סוּסָם	סוּסָן
단여	סוּסָתֵׁנוּ	סוּסַתְכֶם	סוּסַתְכֶן	סוּסָתָם	סוּסָתָן
복남	סוּסֵׁינוּ	סוּסֵיכֶם	סוּסֵיכֶן	סוּסֵיהֶם	סוּסֵיהֶן
복여	סוּסֹתֵׁינוּ	סוּסֹתֵיכֶם	סוּסֹתֵיכֶן	סוּסֹתֵיהֶם	סוּסֹתֵיהֶן
단남	שָׁדֵׁנוּ	(שַׁדְכֶם)	(שַׁדְכֶן)	שָׁדָם	שָׁדָן
	בָּׁנוּ	בָּכֶם		בָּהֶם, בָּם(5)	בָּהֶן(12)
	לָׁנוּ	לָכֶם	(לָכֶן)(4)	לָהֶם(6)	לָהֶן(13)
	כָּמֹׁונוּ	כָּכֶם(3)		כָּהֶם(7)	כָּהֵׁנָה(14)
	מִמֶּׁנוּ	מִכֶם	מִכֶן	מֵהֶם(8)	מֵהֵׁנָה(15)
	עִמָּׁנוּ	עִמָּכֶם		עִמָּם(9)	
	אִתָּׁנוּ	אִתְּכֶם		אִתָּם	
	אֹתָׁנוּ	אֶתְכֶם		אֹתָם(10)	אֶתְהֶן(16)
	אֵינֶׁנּוּ	אֵינְכֶם		אֵינָם	
				עוֹדָם	
	הִנְנוּ(1)	הִנְּכֶם		הִנָּם	
	בֵּינֵׁינוּ(2)	בֵּינֵיכֶם		בֵּינֵיהֶם(11)	
복수 명사의 접미사	עָלֵׁינוּ	עֲלֵיכֶם	עֲלֵיכֶן	עֲלֵיהֶם	עֲלֵיהֶן
		עֲדֵיכֶם			
	אֵלַׁי	אֲלֵיכֶם		אֲלֵיהֶם	אֲלֵיהֶן

(1) הִנֶּׁנּוּ; הִנְנוּ; (2) בֵּינוֹתֵׁינוּ; (3) 시문 כְּמוֹכֶם; (4) 1회 לָכֶׁנָה; (5) 3회 בָּהֵׁמָּה;
(6) 시문 לָמוֹ; 1회 לָהֵׁמָּה; (7) 쩨레(séré); 1회 כָּהֵם, 1회 כָּהֵׁמָּה, 1회 כְּמוֹהֶם; (8) 2 회 מֵהֵׁמָּה; (9) עִמָּהֶם보다 훨씬 자주; (10) אֶתְהֶם보다 훨씬 자주; (11) בֵּינוֹתָם;
(12) 3회 בָּהֵן, 3회 בָּהֵׁנָה; (13) 4회 לָהֵׁנָה, 2회 לָהֵן; (14) 1회 כָּהֵן; (15) 2회 מֵהֵן;
(16) אֵתָן보다 훨씬 자주.

색인

히브리어 단어 색인
주제 색인
성구 색인
저자 색인

주의: 참고 자료들은 단락 안의 보충 설명(§)에 나온다. 따라서 112c는 § 112의 c를 보라는 뜻이다.

< > 안에 대문자 <N>이 나오는 경우는 <각주>와 연관이 있다. 따라서 <118C, N>은 § 118c와 그리고 거기에 있는 각주를 나타낸다.

히브리어 단어 색인

חָרְבָּה	88H*a*	יְכֹלֶת	124*k*	יָשֵׁן	96B*d*
חֲרַכִּים	96B*b*N	יֶלֶד	58*a*	סֹ◌ת	97G*a*
חֲשֵׁכָה	97B*d*	*יִילֵל	76*d*	יָתֵד	96B*d*
*חָת	82*b*	יָם	13*c*; 96A*n*		
		יָמִי	103*b,d*; 104*c*	כְ	103*b,c,g*; 133*g,* *h*; 166*l*sq; 174*c*
טָהוֹר	88D*c*; 96D*b*N	יָמִים	135*d*N	כְּ...כְ	174*i*
טוֹב	41*f*; 80*k,q*	יָמִין	98*f*16; 140*b*	כֶ	8*f*8; 61*c,d*
טְמֵאָה	97A*a*	יְמִנִי	88M*g*; 98*f*16	כָּ	61*f*N
טֶרֶם	104*b*; 113*j*; 160*n*	יִנָּדַע	82*a*N	כַּאֲרִי	35*e*; 103*b*
		*יָנַק	76*d*	כַּאֲשֶׁר	166*n*; 170*k*; 174*a*
י	처음 나오는 26*e*	יָסַד	75*l*	כָּבֵד	41*b,f*; 96B*d*; 112*a*; 113*a*
ִֹ◌	첨가된 93*l*	יָסַף	75*f*; 102*g*; 177*b*	כֶבֶס (וְכִבֶּס)	52*c*
יָבוֹשׁ	80*b*N	יַעֲלָה	99*g*	כִּבְשָׂה	97A*a*
יְבֵמֶת	97B*c*	יַעֲמֹד	22*a*	כֹּה	102*h*
יָבֵשׁ	76*d*	יַעַמְדוּ	14*c*3; 22*c*	כְּהַיּוֹם	35*e*
יְבֹשֶׁת	124*k*	יַעַן	170*f*	כָּזָב	96B*b*
יָגֹר	41*f*; 75*i*; 85*a*	יַעֲנָה	99*g*	כִּי	154*fa*; 155*m*; 157*a,c,e*; 164*b*; 165*a*sq.; 166*o*; 167*f,s*; 169*e*; 170*d*; 171*a*; 172*c* 직접 화법 시작(가로되) 157*c*, N
יָד	96E*a*	יָצָא	75*g*; 78*j*		
יָדוֹעַ	50*e*	יצב	77*b*		
יֶדְכֶם	29*e*	יצג	77*b*		
יָדַע	75*g*; 111*h*; 112*a*; 157*d*	יצע	77*b*	כִּי־אִם	164*c*; 172*c*; 173*b*
*יָהַב	75*k*	יצק	75*k*; 77*b*	כַּיּוֹם	35*e*
יְהוּדִית	102*c*	יָצַר	77*b*	כָּכָה	102*h*
יְהֹוָה	16*f*1	יצת	77*b*	כִּכַּר	90*e*
יְהֹוָה צְבָאוֹת	131*o*	יקד	75*i*	כֹּל	125*h*; 138*d*; 139*e*; 150*o*; 160
יִהְיֶה	14*c*4	יָקוּם	88E*h*	כָּלָה	7*b*; 94*h*; 146*j*
יוּכַל	75*i*	יָקַח	58*a*; 72*j*	כָּלוֹ	(כָּלָה를 보라)
יוֹם	98*f*; 129*p,q*	יִקְטֹל	7*c*	כְּלִי	98*e*
יוֹם הַשְּׁבִיעִי	138*b*	*יִיקַץ	76*d*	כִּלְיָה	91*c*
יוֹמָם	102*b*	יָקַר	96D*d*	כֻּלָּנוּ	94*h*
יוֹסֵף	75*f*	יְרֵא	75*h*; 96B*d*	כֶם	8*f*7; 61*c,d*
יוֹרֶה	75*e*	יְרָאָה	49*d*	כֵּן	102*h*; 174*b*sq
יוֹתֵר	141*g*N	יָרַד	125*d*	כָּנָף	96B*b*
יַחַד	102*d*	יָרָה	75*f*	כִּסֵּא	8*f*9; 18*m*
יַחְדָּו	102*d*; 146*j*	יְרוּשָׁלַם	16*f*4		
יטב	41*f*; 76*d*	ירכה	97B*d*		
יִירְאוּ	14*c*1; 24*c*	יָרֵשׁ	42*d*		
יָכֹל	41*f*; 75*i*; 112*a*; 113*l*N; 125*b*	יִשָּׂשכָר	16*f*5		
		יֵשׁ	102*k*; 154*k*		
		יָשַׁב	112*a*		
		יֵשֵׁב	75*c*		
		יֵשׁוּעַ	29*h*		

כֶּסֶף	132gN; 136b	לֵילוֹת	136b	מוֹרַג	96Cb
כִּפֵּף	52c	לֵךְ	177f	מוֹרָה	79dN; 89b
כַּרְמֶל	88Mm	לְכָה	103f; 105e; 177f	מוּשׁ	82o
כָּרַת	56a	לָמָּה	37d; 161h	מָוֶת	96Al
כֶּשֶׁב	17b	לָמָה	33; 37d	מוּת	41b; 80e,q
כָּתַב	96Dd	לָמָּה זֶּה	18j	מִזְבֵּחַ	96Cc
כְּתֹנֶת	97Fd	לֵמוֹ	103f	מָחוּץ	103d
כָּתֵף	96Bd	לְמַעַן	104b; 168d; 169g	מַחֲמַדִּים	96Cb
		לָ֯נָ֯ה (○)	29d	מַחְסוֹר	7c
ל	103b,c,f; 133d; 부정사 연계형 과 함께 124l; 대격 표시125k; 속격 대체130; 수동 동사와 함께 132f; 허사(虛辭) 133j	לִן	82o	מָחֳרָת	89n
		לִנְפֹּל	8f6; 49f	מַטְעַמִּים	96Cb
		לָצוֹן	81f; 88Mb	מִי	37a; 144
		לָקַח	72j	מִי יִתֵּן	163d
		לֶקַח	58a; 72j	מַיִם	90f; 91f; 98e; 99e; 136b
		לָקַחַת	70f; 72j		
לֹא	7b; 102j; 103f; 113m; 116j; 160b	לִקְרַאת	17e; 49d	מֵישָׁרִים	102d
		לָרֹב	102d	מִכֹּל	133e
		לָשֵׂאת	103c	מִכְמַנִּים	96Cb
לֵאמֹר	24e; 73g; 103b; 118j,k; 119l			מָלֵא	78j; 111h; 125d
				מִלֵּא	154eN
לְבָב	88Dd	מֵאָדָם	56a	מְלֵאָה	97Bd
לְבַד	102d	מֵאָה	30g; 100k	מְלָאכָה	24f
לְבוּשׁ	121oN	מָאוּם	24f	מִלִּין	90c
לְבוּשׁ	30d	מְאוּמָה	93h	מָלַךְ	111h
לְבִלְתִּי	124e; 160l	מֵאָז	129p	מֶלֶךְ	96Ab,c; 131k
לָבֵן	96Bb	מֹאזְנַיִם	24d; 88Lh; 91c	מַלְכָּה	97Aa,b
לָבֵשׁ	125d	מָאֵן	52c	מַלְכוּת	97Gb
לֵדָה	75m	מֵאתַיִם	24f	מַלְכֵי	8d,f1; 96Ab
לֶדֶת	75m	מִבְטָח	20c; 96Cb	מַלְכִּי־צֶדֶק	93m
לֹה	25a; 103f	מָגֵן	30e; 88Lh; 96Cc	מֵמֶר	88Le
לְהָבָה	88Ha; 97Fa	מַדּוּעַ	102a,i	מִן	103d,h; 133e; 170i; 수동 동사 와 함께 132d
לוּ	163c; 167f	מִדְעָם	102aN		
לוּא	102j (לֹא를 보라)	מַה	37; 144	מְנוּחָה	29b
לוּחַ	91b	מַהְפֵּכָה	30g; 97Cb	מְנוּסָה	29b
לוּלֵא	29h; 167f	מַהֵר	102e; 123r	מֶנִּי	93q; 103d,h
לוּן	81a,b; 82o	מִהַר	102g	מִנִּי־	103d
לְחִי	91b; 96Aq	מְהֵרָה	102d	מִנִּי	103h
לֶחֶם	96Ai	-מוֹ	61i	מְנָת	97Gc
לַחְפֹּר	68e; 103b	מוֹט	80k	מִסְפֵּד	96Cc
לַיְלָה	93g	מוּם	17e	*מֵעָה	88Dd
		מוֹסֵר	24d; 88Lh		(מֵעַיִם을 보라)

주제 색인

성구 색인

창세기

26	22	33; 157*c*
	24	126*i*
	28	103*n*N; 163*a*
	29	121*p*; 125*b*; 154*h*
	32	143*j*
27	1	169*h*
	2	129*g*
	4	112*a*; 116*b*
	5	125*mc*
	6	9*d*4
	7	61*f*
	9	48*d*; 112*a,b*; 116*b*; 125*w*
	10	9*c*; 168*e*
	11	154*fa*
	13	115*d*N
	14	112*b*
	18	102*k*
	19	48*d*; 63*a*; 105*e*; 154*g, ja*
	20	124*n*; 143*g*
	21	82*o*; 143*a*; 154*ja*; 160*j*; 161*a*
	22	153N; 154*ea*N
	24	154*ja*; 161*a, l*
	25	116*b*; 168*d*
	27	105*d*
	28	177*l*
	29	154*e*
	30	111*d*; 118*da*; 123*k* 166*c*
	31	6; 80*k*
	32	154*g*
	33	113*j*; 121*i, j*; 154*j*
	34	125*r*; 146*c, d*;176*a*
	35	155*nd*
	36	143*a*; 161*j*
	37	125*u, w*
	38	102*m*; 125*ia*
	41	129*g*
	42	128*b*
	43	119*l*N; 133*d*
	44	112*i*N; 119*l*N; 142*b*
	45	119*g, o*; 124*k, q*; 125*d*; 126*i*

	46	112*a*; 137*p*; 154*fa*; 167*h*; 170*i*
28	2	93*c*
	3	155*ne*
	6	155*m*
	11	137*n*
	13	156*c*
	15	112*i*
	16	164*a*
	17	154*fb*
	18	125*w*
	20	167*h*
	20f.	117*c*N
	22	123*e*; 150*m*
29	1	137*m*N
	2	113*e*; 119*u* 126*b*; 155*b*
	3	119*u*
	4	154*g*
	5	161*l*
	6	161*l*
	7	124*d*
	9	130*e*; 166*f*N
	11	125*ia*
	12	157*c, ca*
	14	131*e*
	15	161*j, k, m*
	19	124*b, t*N; 78*h*N; 141*g*
	21	33; 75*k*; 116*b*
	25	143*g*; 155*p*; 177*m*
	27	143*b*
	31	154*fc*; 160*k*
	32	63*a*; 155*m*; 157*c*
	33	157*c*
30	1	125*bc*; 160*j*
	2	140*b*N
	6	62*c*; 125*v*
	13	39*l*N
	14	136*b*
	15	124*b*
	16	138*h*
	18	170*e*
	25	116*b*
	26	116*b*
	27	170*l*
	31	177*h*

	32	123*r*
	34	163*c*,N
	36	103*n*
	37	125*p*
	38	44*d*
	39	150*c*
31	5	154*fd*
	7	142*q*
	8	150*m*
	9	149*b*
	14	150*p, q*
	15	123*l*; 128*c*; 132*f*,N
	16	154*i*
	19	82*k*, 130*e*
	20	160*m*
	23	126*j*
	26	118*j*
	27	118*h*; 124*n*
	28	124*c, n* N
	29	124*b, l*; 155*ne*
	32	37*c*; 112*c*; 158*m*
	33	118*d*
	34	118*d*, 112*c*; 155*n*
	36	37*c*; 169*e*
	38	125*i*N
	39	24*fa*; 93*o*; 112*d*N; 113*e*
	41	143*a*
	42	155*p*; 167*s*
	43	154*i*
	44	105*e*; 119*j*
	45	125*w*
	47	118*da*
	49	170*e*
	50	105*d*; 160*h*
32	1	149*a*
	3	154*fb*
	5	73*g*
	6	134*c*; 135*c*
	7	154*c*
	8	152*d*
	9	89*b*N; 117*c*N; 155*m*; 176*d*
	11	112*a*; 134*f*; 141*a*
	12	131*i*; 159*b*
	15	142*d*N
	16	134*d*; 149*b*; 150*r*

창세기

32	18	117*c*N; 176*a*
	19	131*i*; 176*a*
	20	65*c*; 155*p*; 177*q*
	21	114*c*; 155*p*
	23	138*h*
	24	125*u*
	27	173*b*
	29	172*c*
	30	113*d*
	31	93*s*; 126*f*; 171*f*
	32	93*s*
	33	113*c*
33	1	125*ia*; 126*b*N
	3	125*t*
	4	125*b*
	7	150*q*
	8	144*b*
	10	105*c*; 124*s*;170*h*N
	12	114*c*N
	13	133*f*; 134*d*; 154*f, fc*
	14	114*h*; 116*i*
	17	146*k*
34	5	119*z*
	7	49*f*
	8	156*b*; 157*d*N
	9	125*c*
	11	114*b*N; 163*a*
	12	174*a*
	13	170*e*
	14	154*fe*; 130*g*
	16	42*e*
	21	154*fg*N, *i, p*; 156*e* 117*l*
	22	130*g*
	23	154*i*N
	24	150*e*
	25	125*ma*; 126*d*;166*l*
	27	170*e*
	30	131*f*
	31	113*m*; 125*w*N; 133*h*
35	3	121*i, j*
	7	133*b*
	8	155*e*
	10	155*e*
	12	156*c*
	13	158*j*
	15	158*j*
	21	94*h*
	22	49*f*
	29	47*b*
36	2	155*nd*
	4	93*s*
	7	141*i*
	8	154*j*
	12	130*b*
	17	154*fb*
37	2	121*f*; 126*a*; 154*fa*
	3	118*da*; 155*nc*; 159*f*
	5	124*c*; 155*o*
	6	158*ha*
	7	90*e*; 113*f*; 118*n*; 121*f*; 125*p*
	8	123*f*; 136*j*; 161*e*
	9	125*a*
	10	123*f*; 158*ha*
	13	105*e*
	15	121*d*; 146*h*; 154*c*; 155*ob*
	15f.	113*d*
	16	121*d*; 154*h*; 155*ob*
	17	91*h*; 103*a*; 114*e*
	18	113*j*; 125*c*
	19	129*j*
	20	105*e*
	21	126*g*
	22	168*d*
	23	125*u*; 140*b*N
	24	124*c*
	25	96A*s*; 126*b*N
	26	144*d*; 157*a*
	27	177*s*
	29	154*k*; 160*g*
	32	102*m*; 154*ea*N
	33	63*a*; 146*h*
	35	126*a*; 157*c*
38	5	177*c*
	9	72*i*; 167*g*; 168*c*
	10	132*a*
	11	126*c, h*
	13	82*k*
	14	61*b*; 112*b*
	16	105*e*
	17	70*d*; 146*a*; 167*r*
	18	132*f*N
	21	91*h*
	24	154*c*
	25	121*f*; 132*f*N; 166*f*
	26	170*h*N
	29	166*p*
39	2	118*h*
	3	121*f*
	4	129*q*,3; 158*d*
	5	150*j*
	6	111*i*; 121*f*
	9	155*pb*; 161*a*N; 170*j*
	10	135*d*
	14	69*d*
	17	155*nd*
	18	118*l*; 124*q*; 133*g*
	20	126*h*; 129*q*
	21	129*h*
	22	121*f*
	23	160*i*; 170*j*
40	1	129*a*; 150*q*
	2	132*g*
	3	129*q*
	5	126*h*; 128*d*;129*a*;130*c*
	8	154*ff*
	13	121*h*; 155*pa*
	14	112*k*N
	15	33; 56*b*; 123*p*; 169*e*
	16	156*b*
	19	121*h*; 137*m*; 155*pa*
	20	128*b*
41	1	127*d*; 131*e*; 154*c*
	2	129*ia*N; 154*h*
	4	129*i, ia*N
	6	121*p*; 177*s*
	8	129*a*
	10	129*c*
	11	47*e*; 147*a*
	12	130*b*; 147*d*
	13	174*b*
	14	155*b*
	15	157*cb*
	17	121*f*
	17f.	155*pa*

출애굽기

9	4	129*q*,3
	8	119*m*
	9	125*o*
	13	116*d*
	16	124*s*; 168*e*; 172*b*
	20	176*o*
	21	176*o*
	22	119*m*
	23	9*c*5; 75*g*; 118*e*
	27	137*f, l*; 154*j*
	29	125*n*
	30	160*n*
	32	136*b*
	33	125*n*
	35	155*m*
10	1	138*g*
	3	112*e*
	4	52*c*; 70*e*
	6	147*f*
	7	112*e*N; 160*n*
	8	144*a*
	9	139*c*
	11	152*b*
	12	119*m*
	13	118*e*; 166*j*
	15	160*k*
	28	117*c*N
11	2	105*c*N
	5	121*i*; 139*a*
	7	157*c*
12	3	119*y*N; 142*o*; 176*k*
	4	119*y*N; 147*d*
	5	129*j*; 135*b*N
	9	172*c*N
	14	82*g*; 125*e*
	15	39*c*N; 138*b*; 156*f, j, l*
	16	132*f*; 150*o*; 160*k*
	18	142*o*
	22	147*b*
	24	13*d*
	29	126*h*
	32	119*l*
	33	112*g*; 134*g*
	34	113*j*
	39	125*w*
	41	176*b*N
	42	136*i*
	43	129*g*; 133*c*
	48	119*w*; 123*v*; 130*g*
	49	150*k*
13	3	137*s*
	7	126*i*; 128*b*
	8	166*l*
	12	96A*c*
	15	121*d*
	18	82*i*
	22	113*e*N, *f*
14	3	80*l*
	5	143*g*; 169*h*
	11	143*g*; 160*p*
	12	141*g*
	13	112*a*
	15	144*e*
	16	116*f*N
	17	156*m*
15	1	113*i*; 124*o*
	2	61*h*; 89*n*
	5	61*i*; 113*h*
	12	113*h*
	14	113*h*
	16	82*h*N; 93*j*; 96A*k*
	17	158*c*
	20	150*o*
	23	155*e*; 170*i*
	26	123*g*
16	3	163*d*
	4	161*f*
	5	142*o, q*
	6	176*g*
	7	37*e*; 162*k*; 170*j*
	12	125*d*
	16	125*v*
	21	135*d*
	22	142*c*N, *q*; 176*f*
	23	152*b*
	27	155*a*; 176*f*
	28	112*e*
	32	137*m*
	34	174*b*
17	5	119*l*
	7	160*h, j*; 170*h*
	9	177*e*
	10	150*p*
	11	119*v*;141*g*N;150*e*
	12	148*b*
	14	137*m*
18	4	133*c*
	5	146*c*
	11	33
	14	137*p*
	18	141*i*
	21	121*l, m*
	25	119*v*
	26	44*c*; 119*v*
19	1	124*g*; 176*h*
	4	54*c*N
	5	123*g*
	8	125*y*N
	12	123*p*; 139*i*
	13	58*a*; 123*p*
	15	121*e*N
	18	96B*b*; 159*f*; 170*i*
	19	113*ga*; 123*s*
	21	177*e*
	23	119*l*
	24	177*e*N, *f*
20	2	158*n*
	3	148*a*
	5	63*b*; 121*l*; 130*b*
	8	113*m*; 123*v*
	9	126*i*
	11	126*i*
	12	123*v*N
	13	113*m*
	18	121*f*
	20	133*j*; 160*l*; 168*e*
	24	129*f*
	25	80*i*
	26	168*f*
21	3	176*d, n*
	4	150*f, p*; 176*d*
	5	123*g*
	6	137*m*; 176*d*
	7	176*d, n*
	8	65*b*
	12	104*d*;119*r*;121*m*;125*q*; 128*a*; 156*g, j*; 176*m*
	13	176*i*

민수기

15	33	121*i*N
	35	123*r*, *y*
16	3	149*a*
	6	119*l*; 155*o*N
	7	119*l*; 158*f*, *h*
	10	119*t*
	11	162*k*; 169*e*
	13	123*l*, *p*; 155*o*
	15	125*h*
	17	119*l*
	26	105*c*; 114*m*
	27	126*b*; 159*a*
	28	155*m*
	29	125*q*(2회),N; 133*i*; 155*m*; 160*e*
	30	126*a*
	32	125*f*
17	3	125*w*; 141*d*
	5	168*d*
	15	166*j*
	27	112*g*
	28	82*j*; 112*j*
18	10	133*c*
	17	135*b*N
	26	133*c*
19	16	129*i*
20	3	49*c*N; 70*d*; 163*c*; 177*m*
	4	124*g*
	5	62*a*N
	8	43*b*
	10	105*c*; 114*m*; 161*b*
	11	124*t*
	12	170*f*, *o*
	13	158*j*
	17	105*c*; 112*i*N; 114*f*
	18	168*g*
	19	114*c*
	20	134*g*
	21	72*i*; 124*c*
	24	114*o*N
	26	119*l*
21	2	123*g*
	4	82*k*
	5	62*a*N

	6	137*o*
	9	125*h*; 137*m*; 167*e*, *g*
	14	129*u*
	17	68*a*N
	22	114*c*
	23	125*ba*N
	27	53*e*N
	35	54*c*,N; 160*l*N
22	4	130*b*
	6	18*i*; 48*d*; 82*l*;133*d*; 145*a*; 158*m*
	8	119*m*
	11	82*l*
	13	65*a*
	17	82*l*
	18	167*f*; 171*d*
	19	75*f*
	20	155*r*
	26	125*n*
	27	137*m*
	28	142*q*; 143*a*
	29	167*k*, N, *s*
	30	158*n*
	33	125*e*
	34	133*d*
23	1	133*d*
	2	118*ia*; 137*o*
	3	129*q*N; 144*f*
	5	165*a*N
	7	82*l*; 113*g*; 117*a*N
	8	61*i*
	10	112*j*
	11	123*l*
	12	124*o*N
	13	82*l*; 102*k*
	14	137*s*
	18	9*c* 4; 93*r*
	19	35*d*; 116*e*; 160*c*; 169*b*
	23	160*oa*
	24	53*c*; 78*c*; 137*i*
	25	123*q*
	27	48*d*
24	3	93*r*
	5	112*a*; 144*e*; 162*a*
	8	125*i*N
	9	137*i*

	10	143*a*
	15	93*r*
	20	88F*b*N
25	4	168*a*N
	8	142*ma*; 166*j*
	13	129*c*; 170*g*
	17	123*u*
26	10	125*h*
	31	14*c*
	53	133*c*
	54	128*d*; 141*g*; 147*d*
	55	128*b*
	59	155*b*N, *e*N
	60	128*b*
	62	53*g*
27	3	155*nd*
	7	149*b*
	14	170*k*
28	4	142*m*
	19	142*d*N
	26	14*c*N
30	3	82*i*; 123*x*
	4	126*h*
	15	176*d*
31	4	137*o*; 142*p*
	15	161*b*
	28	80*m*; 134*k*
	30	121*m*
	36	101*b*
	43	101*b*
	47	142*ma*
	50	118*o*
	52	129*b*
	54	129*b*
32	5	128*b*
	8	70*d*
	14	75*f*N
	17	112*i*
	24	113*m*
	30	73*f*
	33	146*e*
	42	25*a*; 103*f*
33	3	93*f*
	23	93*f*
	38	14*c*N; 124*g*; 142*o*
	54	125*c*
34	2	131*h*; 133*c*

신명기

10	13	168*d*
	15	124*f*
	16	129*ia*
	17	138*a*; 141*l*
	19	119*e*
	21	143*f*
	22	133*c*
11	6	125*e*
	7	137*l*; 138*a*
	10	43*b*; 119*v*; 125*p*
	13	123*g*
	19	65*b*
	27	167*j*
	30	161*c*
12	2	113*m*; 123*h*
	3	94*g*
	14	61*f*N; 66*b*
	20	114*c*
	28	61*f*N; 66*b*
	30	132*ca*N; 176*k*
13	1	75*f*
	3	63*b*; 114*e*
	4	102*k*; 121*m*; 154*l*; 155*t*
	5	44*e*
	6	145*f*; 155*o*N
	7	114*e*; 132*a*N; 146*i*; 158*f, h*
	9	80*k*
	10	123*e*
	11	121*k*; 145*f*
	14	114*e*; 131*b*
	15	123*r*; 167*l*N
	19	124*o*, N
14	2	141*h*
	4	137*i*
	7	137*i*
	9	154*fe*
	12	143*a*
	17	93*k*
	21	123*x*
	22	125*n*; 135*d*
15	2	123*v, y*
	3	113*l*
	4	173*a*

	5	123*g*
	8	123*k*N
	9	142*o*
	16	112*a*; 125*e*
	17	137*m*
16	6	166*m*
	12	124*o*N
17	3	160*k*
	4	167*l*N
	5	148*c*N
	6	155*d*
	14	41*b*; 114*c*
	15	113*l*; 123*h*; 158*g*
	17	116*j*
	19	125*ma*
18	2	150*k*
	6	113*n*
	15	155*o*
	16	75*f*; 114*g*; 139*e*N
19	4	160*b*
	8	166*p*
	8f.	119*ea*
	9	142*l*
	13	80*k*
	14	113*m*; 137*i*
	16	15*e*
	18	167*l*N
	21	80*k*
20	1	145*f*
	2	65*c*
	4	137*l*
	5	114*h*
	8	138*a*N; 144*fa*
	15	158*g*
21	3	128*ba*; 132*e*; 152*fa*
	4	152*fa*
	7	42*f*; 150*h*
	8	59*f*
	11	122*r*
	14	18*j*; 123*o* 141*a*
	15	142*m*
	17	101*b*
	23	123*e*; 143*j*
22	1	98*e*; 148*c*N; 167*t*
	4	148*c*N; 167*t*
	8	155*d*
	9	125*p*

	13	117*d*
	14	129*f*; 130*g*
	19	139*c*
	22	126*b*
	23	131*b*
	24	170*h*
	26	126*g*
	27	125*k*N
23	3	130*g*
	5	61*f*N; 65*d*; 166*l*; 170*h*
	6	112*a*
	15	96C*e*; 129*f*
	20	32*c*
	22	113*m*
	24	119*h*
24	4	53*h*; 124*s*
	7	175*b*
	10	24*e*
	13	61*f*N
	18	155*p*
	21	152*f*
	24	124*o*N
25	2	54*d*
	3	168*h*
	7	65*a*
	8	167*b*
	9	167*b*
	10	121*o*
	12	80*k*
	13	135*d*
	19	124*g*
26	3	112*f*
	14	133*c*
	16	121*h*N
	19	124*f*
27	2	80*m*
	6	43*b*; 125*v, w*; 128*c*
	14	125*s*
	19	13*d*
28	1	123*g*
	4	140*b*N
	8	114*l*
	11	140*b*N
	18	140*b*N
	20	158*i*
	21	114*l*

신명기

28	29	113*c*N; 121*e*
	31	51*c*N; 121*e*; 121*q*; 125*k*N
	32	51*c*N; 139*g*;148*d*
	36	114*l*
	39	125*x*
	48	54*c*
	49	158*f, h*
	50	130*a*
	53	140*b*N
	54	141*j*
	55	124*e*; 169*h*
	56	123*b*N
	59	78*g*; 94*g*; 129*h*
	61	139*a*; 160*c*
	62	133*c*
	67	137*p*; 163*d*
	68	158*i*
29	2	143*k*
	9	135*c*
	10	135*c*
	14	102*k*; 156*m*
	17	168*g*N
	20	139*a*
	23	37*c*
30	1	80*m*
	10	139*a*
	12	61*j*
	13	61*j*
	14	154*fg*
	19	80*m*
31	3	154*i*N
	7	61*j*; 125*u*
	8	154*i*N, *j*N
	12	177*h*
	13	177*h*
	16	96B*c*
	17	170*h*
	24	166*m*
	27	121*f*N; 129*ia*
	29	157*d*N
32	1	115*c*N; 116*b*; 137*g*
	6	160*d*
	7	98*f*; 135*d*

	8	54*c*
	10	61*h*; 113*h*
	13	97E*b*; 125*u*
	14	113*o*N
	15	177*a*
	16	113*e*N
	17	113*e*N; 158*a*
	20	79*o*
	21	160*d, k*
	23	103*m*
	24	121*p*
	27	167*k*
	28	96C*c*
	29	167*k*N
	32	18*k*
	36	42*f*
	46	168*f*
	50	47*b*; 114*o*
33	2	103*f*
	3	154*c*
	6	131*f*
	9	113*o*N
	11	126*g*
	16	93*n*
	17	9*c*N, *d*N
	28	113*o*N
	29	132*e*

여호수아

1	1	118*c*N
	2	146*e*
	4	126*h*
	7	160*f*N
	8	94*j*
	11	121*h*
	12	135*c*; 137*b*N
	13	123*u*
	14	125*b*
	15	39*a*N; 126*h*; 133*h*
	16	158*i*N
2	3	155*r*
	4	118*d*N; 161*g, l*N
	5	123*r*; 124*l, t*; 166*d*
	10	125*g*; 157*c*; 166*l*
	13	98*d*
	15	137*m*

	16	80*k*; 155*s*
	17	62*f*
	18	177*a*
	20	62*f*; 138*g*
	24	6*ca*N
3	1	113*j*
	4	103*n*
	7	124*c*; 168*f*
	13	80*k*; 91*d*N
	16	123*r*; 177*g*
	17	80*n*; 123*r*
4	3	62*a*N; 80*n*
	8	118*ia*
	10	159*f*
	11f	118*k*
	14	176*h*
	16	116*b*N; 177*j*
5	3	97A*c*
	4	148*a*; 158*i*
	5	121*f*N; 131*c*N; 148*a*
	9	129*g*
	13	161*e, l*
	14	172*c*
	15	131*c*N; 150*ia*
6	3	123*r*N
	11	123*r*N; 125*u*N
	13	119*v*; 123*m, n*
	16	102*f*; 142*q*
	19	125*n*; 154*fg*N, *i*
7	3	114*j*
	7	68*f*; 163*c*; 177*d, m*
	8	105*c*; 126*g*
	9	79*n*; 82*h*
	12	126*g*
	15	128*b*
	20	93*h*; 152*a*
	21	129*f*; 140*c*; 141*ba*;158*b*
	25	126*l*; 137*f*N
8	11	103*n*; 129*n*
	13	129*n*
	18	125*m*
	19	137*i*
	20	96B*b*
	22	54*c*N
	29	137*m*
	30	113*i*(bis)
	33	140*c*

여호수아

9	2	126*d*
	5	90*e*
	6	135c
	12	125*c*; 126*a*
	22	154*q*; 143*i*N
	24	49*b*; 57*b*; 79*n*
10	6	125*ba*N
	9	111*e*
	10	125*u*N
	11	141*h*N; 157*a*; 158*l*
	12	137*h*N
	13	113*k*; 137*f*N, *h*N, *ta*; 138*i*; 161*c*; 164*d*
	19	119*l*N
	20	124*f*
	24	145*d*N
	27	143*k*
	28	177*t*
	33	54*c*N; 113*i*
	39	63*d*
	40	118*i*
11	2	9*c*5, 129*n*
	8	54*c*N; 63*d*
	14	54*c*
	20	54*c*
13	6	133*c*
	7	133*c*
	14	149*c*
14	6	146*a*
	7	80*n*
	10	129*p*; 143*a*
	11	174*i*
	12	103*j*
15	6	129*n*
	10	93*f*
	16	156*k*, *l*; 176*i*
	19	125*ba*
	21	93*f*
	34	91*h*
	36	91*b*
16	8	137*q*
17	5	150*j*N
	9	129*n*
	11	125*j*
	13	123*i*

19	13	93*c*
	50	79*m*
	51	130*c*
21	42	6*ca*N
22	3	143*a*
	5	124*o*N
	9	73*f*
	17	125*j*
23	3	137*l*
	4	126*h*; 133*c*
	9	156*b*
	15	54*c*
24	10	123*l*
	12	47*a*; 69*d*
	14	119*l*
	15	124*b*
	17	137*l*
	18	121*m*
	19	148*a*
	30	129*n*
	33	150*n*

사사기

1	1	118*c*N; 133*d*,N
	1f	155*nh*
	2	112*g*
	3	155*t*
	6	52*d*
	7	121*f*, *o*; 174*b*
	14	19*e*
	15	125*ba*
	19	160*j*N
	25	70*g*; 155*oa*
	28	123*i*, *o*; 166*o*
2	1	113*g*
	2	143*g*
	9	129*n*
	15	152*d*
	18	113*e*N; 166*o*N
	19	119*u*
3	12	170*h*
	15	125*f*; 127*d*; 140*b*
	16	98*e*; 146*k*; 155*t*; 159*d*
	18	166*b*N, *n*
	20	130*e*; 137*f*

	23	119*z*
	25	112*a*N
	28	155*o*
4	6	161*c*
	7	6*d*N
	8	113*n*; 176*d*
	9	123*i*; 129*h*; 173*a*
	15	137*f*; 146*g*
	18	33
	19	125*u*
	20	160*j*; 161*l*; 176*d*
	21	80*k*; 137*m*
	24	123*s*
5	1	81*e*
	2	137*f*N
	3	137*f*N
	4	69*b*; 125*d*; 137*f*N
	5	137*f*N; 143*i*
	7	18*g*N; 38, N
	9	129*f*,8; 137*f*N; 155*nd*
	10	90*c*; 129*m*
	12	9*c* 4
	14	103*d*
	15	96A*p*
	17	113*o*N
	19	155*k*
	20	137*f*N
	23	123*ja*
	26	61*f*; 113*h*; 125*x*
	27	177*a*
	29	88M*k*
	30	96A*i*
6	3	166*p*
	4	155*h*
	10	154*fa*
	11	139*a*N
	12	137*g*; 154*f*; 163*b*
	13	105*c*; 115*c*N; 154*f*N, *l*N; 167*b*, *o*; 177*m*
	14	138*g*
	15	105*c*
	16	119*e*; 157*c*
	17	38,N
	18	80*k*; 119*o*; 124*q*; 146*a*
	22	139*a*N

사사기

6	23	163*b*
	25	119*l*; 155*oa*
	26	43*b*; 113*b*
	27	170*k*
	28	68*f*; 121*q*; 155*ng*
	29	147*c*; 155*nh*
	36	154*l*
	37	118*b*; 119*h*
	37-40	133*b*N
	38	137*m*
	40	118*f*
7	2	154*fa*; 155*nb*
	3	118*f*; 144*fa*
	4	103*j*N; 146*a*; 154*fa*
	6	52*d*; 92*g*
	9	133*i*
	10	119*l*N; 133*i*
	11	119*l*N; 150*d*
	12	112*a*N
	14	155*k*
	17	155*p*
	19	123*k, x*; 136*l*
	25	136*l*; 155*od*
8	1	44*e*; 158*c*
	2	154hN
	3	155*p*
	10	100*e*; 121*i*; 139*i*
	14	129*a*
	15	158*i*
	18	174*i*
	19	167*k*
	23	146*a*; 155*nb*
	25	137*m*
	33	166*n*
9	2	124*b*; 141*g*
	8	123*k*
	9	112*j*
	10	48*c*
	15	154*fe*; 160*j*
	24	124*l*
	28	144*b*; 154*d*
	29	116*c*; 163*d*
	34	126*c*
	36	121*d*

	36*f*	150*e*
	41	103*b*
	45	125*u*; 139*g*N
	48	137*m*; 144*fa*
	51	99*c*
	53	137*u*
	54	168*g*
	55	150*e*
10	1	154*h*N
	9	152*d*
	13	146*a*N; 155*p*
11	1	129*f*
	5	19*c*
	7	146*a*N; 166*n*
	9	154*fd, fe*
	17	114*d*
	19	114*f*; 129*d*
	23	161*a*
	25	80*q*; 81*e*
	27	154*fa*
	30	118*j*
	35	133*c*; 136*d*N, *f*
	36	136*j*
	37	136*h*
	38	146*c*
	39	129*t*
	40	113*c*
12	4	155*p*
	5	114*c*; 118*n*
	6	3*c*N
	9	155*od*
	11	155*p*
13	2	137*u*
	3	119*c*
	5	89*j*
	6	139*c*
	7	89*j*
	8	58*b*; 105*c*
	9	121*f*; 160*i*; 166*h*
	11	154*fa, g*; 158*n*; 161*l*
	17	144*b*
	21	123*c*
	23	167*k*
	25	69*b*
14	2	93*f*
	3	146*a*; 154*fd*
	4	152*b*; 155*p*

	5	93*f*
	6	124*s*; 133*g*; 137*i*
	9	123*m*
	13	155*na*
	16	112*a*; 133*f*; 161*a*
	17	133*f*;
15	2	114*h*
	8	61*a*
	10	155*r*
	11	155*t*
	13	123*i, o*
	14	91c
16	3	149*b*
	4	118*b*
	15	160*g, i*
	16	9c2
	19	54*d*N
	21	121*f*; 125*bc*; 126*h*
	23	118*k*
	26	82*o*
	27	146*d*N
17	2	121*p*
	4	125*w*; 126*h*
	6	155*nf*
	10	135*d*N
	11	129*o*
	12	126*h*
18	3	166*g*
	4	147*f*
	7	154*fa*
	10	154*f*
	11	121*o*; 129*f*
	16	121*o*; 126*h*
	17	121*o*
	19	154*h*N; 161*e*
	22	53*e*
	24	118 *c*; 143*g*
	28	154*fa*
19	2	133*f*;
	5	48*a*N; 125*u*N, *y*; 155*p*
	6	177*d*
	8	48*a*N; 69*b*
	11	119*j*
	12	131*b*
	13	18*c*; 119*j*; 134*m*
	14	130*c*
	18	125*bb*; 154*fe*

사무엘상

9	23	158*i*
	24	145*d*N
	26	61*f*
	27	116*b*N; 166*f*N
10	1	125*b, i*; 161*j*
	3	100*d*N
	4	119*w*; 142*n*
	5	31*d*; 119*z*; 126*b*; 129*f*
	8	114*g*
	9	119*z*; 143*k*
	11	143*g*; 154*c*; *ja*
	12	177*m*
	16	123*k*
	19	158*e*
	23	141*h*
	24	23*a*; 102*m*; 161*b*
	25	137*m*
	27	143*d*
11	2	130*g*
	5	113*d*; 137*f*; 161*i*
	8	135*c*
	11	125*w*; 126*c*
	15	131*c*
12	3	68*a*N
	12	171*f*
	13	41*b*; 42*d*
	14	111*h*
	16	143*f, h*
	17	7*c*; 114*b*N; 124*o*; 154*f*
	18	7*c*
	19	116*j*
	22	138*a*
	23	124*q*; 138*c*; 156*d*
	24	119*l*
	25	123*g*
13	1	91*ea*N; 124**g**; 166*l*
	15	148*a*
	16	148*a*
	17	125*w*; 126*c*
	18	142*m*
	19	113*ga*
	21	98*e*N
	22	119*z*

14	1	137*n*
	3	102*j*N
	4	134*a*N
	8	79*h*; 154*fe*
	12	125*u*
	15	141*n*; 155*ng*
	16	130*a*
	18	48*d*; 94*i*
	19	82*b*; 123*s*
	22	54*c*
	27	80*q*; 125*mc*
	28	80*k*
	30	123*g*; 167*s*
	31	80*k*
	33	78*g*; 124*o*
	34	98*e*
	36	82*j*; 114*l*
	39	102*k*; 165*i*
	42	125*be*
	44	165*a*,N
	45	133*e*
	47	133*e*N
	52	118*n*
15	1	155*o*
	6	61*d*N
	9	148*a*N
	12	154*c*
	13	132*f*
	15	170*e*
	20	157*c*
	22	124*b, l*N, *m*; 133*i*
	23	123*b*; 133*e*; 176*e*
	25	119*m*
	26	133*e*; 169*h*
	28	140*a*
	29	160*c*
	30	119*m*
	34	118*f*
16	2	155*r*
	3	125*g*
	4	161*a*
	4f	154*g*
	7	96A*k*
	8	103*c*N
	9	103*c*N
	11	61*f*N; 64*a*
	14	119*v*, N; 126*a*

	16	124*c*; 136*d*N; 139*c*
	17	124*n*N
	18	130*b*
	23	138*c*; 126*a*; 152*d*
17	4	158*b*
	5	121*o*
	8	137*l*
	10	143*j*; 146*a* 4
	12	118*j*
	13	142*ma*
	14	137*l*
	15	126*h*
	16	102*e*; 123*r*
	17	102*g*
	21	134*g*
	25	23*a*; 63*c*; 102*m*;155*r*; 161*b*
	26	148*a*
	28	35*d*
	32	133*f*N
	33	154*fa*
	34	121*f*N; 137*o*
	35	118*n*N
	40	130*e*; 141*d*
	41	123*s*
	43	136*j*
	46	150*e*
	47	54*b*; 124*l*
	48	119*z*
	50	118*i*
	55	137*g*
	58	137*g*
18	4	125*c*
	9	121*f*
	10	53*i*; 126*a*; 137*f*
	11	118*k*
	13	111*e*; 125*w*
	15	157*c*
	16	111*e*N; 154*fd*
	17	114*j*
	19	124*s*
	23	124*b*; 154*b*
	29	73*f*
19	1	124*i*
	2	154*fc*
	3	144*f*; 167*b*
	5	124*o*

사무엘하

1	25	162*b*
	26	78*g*
2	5	132*f*; 170*e*
	6	170*e*
	7	150*d*
	8	130*e*; 137*r*
	10	166*l*
	16	119*v*; 155*e*
	18	137*v*; 146*g*
	19	175*a*
	20	143*a*; 154*ja*
	21	69*b*; 133*d*; 175*a*
	22	161*h*
	23	134*c*; 135*c*; 139*i*; 156*e*
	24	111*d*
	26	42*f*
	27	167*s*
	32	126*h*; 152*e*
3	1	123*s*
	6	121*f*
	9	165*a*N
	11	125*b*; 170*i*
	13	146*a*; 154*fe*
	21	119*e*
	22	156*m*
	23	118*g*; 155*nd*
	25	155*r*
	27	126*g*
	30	170*h*
	33	113*m*
	34	49*f*; 160*c*
	35	165*a*N
4	1	150*d*
	2	142*m*
	4	158*b*N; 166*l*
	5	125*r*, *u*N
	8	136*j*
	10	156*i*
	11	125*h*
5	2	137*l*; 154*m*
	7	129*g*
	10	123*s*
	11	129*g*
	14	177*o*N

	19	119*i*N
	24	119*z*; 166*l*N
6	5	132*g*
	6	125*be*
	11	177*k*
	14	121*o*
	16	119*z*
	19	137*u*N; 147*d*; 150*e*
	23	156*d*
7	5	119*l*N
	8	131*i*
	9	141*j*
	10	62*g*; 131*i*N
	11	131*i*N
	17	139*e*N
	18	144*b*
	23	131*i*N; 150*f*
	24	131*i*N
	28	154*j*
	29	112*k*; 177*d*
8	2	121*l*; 123*r*; 134*g*; 150*e*,N
	5	134*g*
	10	129*b*N
	13	100*n*
9	1	161*j*
	3	160*n*
	4	126*h*
	8	151*b*; 158*f*
	13	91*ea*N; 146*g*
10	3	124*l*N
	6	131*m*, *n*
	9	150*i*
	11	150*e*
	14	118*e*
	17	150*e*
11	11	49*c*N; 161*a*; 165*f*
	22	158*i*N
	25	125*j*; 152*d*
12	1	80*k*; 147*a*; 155*nd*
	2	150*q*
	3	113*f*; 160*k*
	4	80*k*; 133*b*N; 138*c*
	5	165*e*
	6	100*o*; 170*g*
	7	146*a*
	10	118*c*; 170*g*

	13	177*a*
	14	52*c*; 121*i*
	21	143*g*N
	22	79*s*; 129*p*
	24	112*b*
	30	158*b*N
13	2	152*d*
	5	53*i*; 119*k*
	6	53*i*; 142*c*
	11	124*s*
	12	79*n*; 137*v*
	13	161*k*
	17	69*b*; 137*e*;
	17	143*b*
	18	113*a*; 119*z*
	19	119*v*; 123*n*
	22	129*q*; 170*h*
	24	114*h*
	25	114*b*N, *f*
	26	104*d*N; 161*a*N, *h*; 167*o*
	28	161*j*
	30	54*d*N
	31	121*o*
	32	81*b*
14	2	143*a*
	5	131*b*
	7	58*c*
	9	148*d*; 150*p*
	10	156*h*
	14	160*l*
	20	139*c*; 154*d*
	25	124*l*
	26	125*v*
	30	130*e*N
	31	130*e*
	32	119*w*; 141*g*; 157*a*
15	1	119*v*
	2	118*n*; 119*v*; 124*l*; 127*b*; 143*g*
	3	105*d*
	4	163*d*
	5	118*n*
	7	114*d*
	9	114*n*
	12	82*b*; 123*s*

사무엘하

15 13 137*n*
16 131*b*
20 158*o*
21 129*q*; 175*c*
23 125*s*
25 61*j*; 125*e*
32 113*e*; 121*o*; 127*b*
37 96C*e*; 113*ga*
16 4 112*f*
5 123*n*
7 124*i*N; 129*j*
8 129*d*
9 113*d*; 114*d*; 116*b*
13 123*n*
16 96C*e*
23 174*d*N
17 1 119*j*
2 119*j*
3 119*j*
5 146*d*
8 137*i*; 157*d*
9 155*d*
11 112*f*; 130*fa*
12 114*l*; 134*m*; 137*v*
15 147*f*
16 123*i*; 132*f*N; 152*fa*
17 113*ga*; 119*v*; 137*n*
22 129*o*
23 137*m*
25 88M*g*
26 126*h*
28 96A*n*
18 2 123*k*
3 141*g*; 142*d*N
8 102*g*; 141*h*
9 137*o*
10 137*u*
11 124*b, l*; 133*f*;
167*l*N
12 144*f*N; 167*f, k*
14 159*b*
17 137*o*
18 118*d*
20 170*h*N
22 144*f*

23 112*f*N; 114*n*
25 123*s*
29 137*o*; 144*f*; 161*a*
32 161*a*
19 1 146*d*; 163*d*
2 118*r*
4 53*i*
5 125*s*
7 49*d*; 167*s*
8 126*i*; 165*d*; 167*i*
9 155*b*
11 33; 37*d*
14 137*r*; 165*a*,N
18 100*e*
19 54*b*
20 124*g*
21 126*a*; 130*b*
25 52*c*; 158*k*
26 166*o*
27 137*m*
29 124*l*; 129*j*; 144*d*
30 111*d*; 112*f*
33 154*fg*
36 137*p*; 151*b*
38 114*h*
39 114*h*
43 123*f*
20 1 144*h*; 158*b*N; 159*d*
8 121*o*
11 144*g*
17 154*fe*
18 52*d*; 123*p*
20 165*k*
21 121*e*; 131*i*N; 158*b*;
172*c*
21 2 160*b*
3 116*g*; 161*m*
4 144*fa*; 160*j*N
9 126*i*N; 142*ma*
10 80*k*
11 128*b*
15 80*k*
16 121*o*
18 113*i*
20 127*b*
22 128*b*
22 1 54*c*N

2 146*f*
6 82*a*N
16 129*u*
37 103*e*N
40 103*e*N
41 66*a*
44 158*c*
46 94*g*
48 103*e*N
23 1 103*a*
4 90*e*; 160*o*
6 94*h*
7 123*p*
10 118*n*
11 139*b*; 150*e*
15 163*d*
21 125*h*; 137*f*N, *m*
24 2 119*m*
3 103*c*; 177*l*
8 118*i*
9 139*g*; 150*e*
12 123*u*; 152*g*
13 125*y*; 142*d*; 144*d*;
150*g*
14 94*d*N; 114*b*N,*c*;
160*f*
15 150*j*
17 146*a*
23 112*f*
24 123*e, i*

열왕기상

1 1 152*d*; 159*f*
2 119*k*; 146*j*; 155*b*
5 121*f*; 146*a*
6 155*e*N; 177*q*N
9 125*bd*N; 138*c*
11 155*m*
12 105*e*; 116*f*; 177*f*
13 115*c*N; 165*b*; 177*m*
14 121*e*; 166*i*
17 165*b*
18 155*m*
19 125*bd*N
20 124*s*
21 146*c*; 148*d*

열왕기하

7		176*d, o*
	6	125*u*
	8	41*a*N
	9	78*h*N
	13	177*l*
8	1	158*o*
	6	54*c*; 94*h*; 129*p*; 137*u*; 155*i*
	7	155*nd*
	8	103*j*
	10	172*a*
	12	127*b*
	13	61*j*; 126*c*; 157*c*
	17	142*d*N
9	1	125*i*
	3	42*f*
	4	131*b*
	5	137*g*
	7	42*f*
	11	118*e*; 161*a*
	13	111*h*; 155*k*
	17	126*b*N
	18	103*m*N
	24	91*c*; 146*g*
	32	142*r*
	35	91*d*N
	37	113*l*; 169*f*
10	3	141*j*
	7	96A*l*; 137*m*
	11	54*c*N
	13	129*b*
	15	104*d*N; 137*f*; 167*o*
	19	114*i*
	21	103*c*
	29	126*h*; 130*f*
	30	130*g*
	31	124*o*N
11	1	141*a*
	3	126*h*
	4	79*i*; 100*k*N; 130*c*
	5	141*a*
	7	139*i*
	9	100kN
	10	100*k*N; 130*c*
	12	78*i*

	15	100*k*N
12	3	158*t*
	10	119*v*; 137*u*
	11	119*v*; 166*q*
	12	119*v*
	14	129*b*N
	15	119*u*
	18	113*i*
13	2	149*a*
	6	78*f*
	11	79*m*; 149*a*
	14	113*b*
	17	75*f*N; 79*p*N; 123*c*
	19	79*p*N
	21	137*n*; 166*f*
	23	132*g*N
14	7	131*m*
	9	130*f*
	13	131*m*
	14	119*z*
15	1	111*h*
	5	121*f*N
	11	161*c*
	16	113*i*
	29	93*k*
16	3	158*h*
	4	111*e*
	5	113*i*
	14	131*d*; 176*j*
	15	146*e*
	18	93*k*
	23	94*i*
17	3	111*e*
	8	129*t*
	11	111*e*
	15	103*c*N
	22	129*t*; 149*a*
	25	121*g*
	26	160*b, i*; 170*k*
	28	121*g*
	29	121*g*; 136*n*
	32	121*g*; 136*n*
	33	121*g*
	41	121*g*
18	17	130*fa*; 137*s*
	23	116*b*N; 142*g*N
	26f.	2*e*N

	29	78*i*
	30	128*b*
	31	116*f*
	37	121*o*
19	1	128*c*
	2	127*a*
	4	148*a*
	15	154*j*
	16	148*a*
	18	123*x*
	23	129*k*
	25	24*e*
	29	114*p*; 123*u, x*; 137*f*
	37	166*f*
20	1	154*fa*
	5	123*u*N; 176*h*
	14	113*d*
	17	119*n*
21	11	78*i*
	16	103*c*
	21	139*e*N
22	1	142*d*N
	13	125*mb*; 158*g*
	17	124*l*N; 169*g*; 170*g*
23	4	119*z*
	5	119*z*
	8	93*e*
	10	119*z*; 168*c*
	12	119*z*
	14	136*l*
	15	119*z*
	18	47*a*N; 80*k*N
	19	136*n*
	22	129*b*N
	35	147*d*
24	14	79*q*; 93*q*; 134*o*; 142*d*N
25	5	118*d*
	8	137*r*
	11	140*c*
	15	135*e*
	17	142*d*N
	21	61*a*
	24	116*d*
	25	141*a*
	28	134*n*; 136*l*
	30	140*b*N

호세아

1	2	129p, N
	6	177c
	7	132g
	9	160ba
2	1	119c; 160ba
	5	125wN
	7	114c
	9	114c
	11	124d; 177b
	15	118n
	16	66c; 79k
	21	132g
	25	119d
3	1	121k
4	7	174c
	11	150p
	13	52c
	14	52c
	18	59d
5	11	177d
	15	63e; 112iN
6	1	119y; 125x
	2	119y
	4	177g
7	4	93k
	5	129n
	6	96Ce
	7	119q
	8	160m
	11	160o
	16	103a
8	4	5mN; 82n; 125w; 169g
	7	93iN
	10	171c
9	2	150p
	7	155nd
	8	88EaN
	9	177g
	14	134j
	15	114g; 125eN
	16	171c
10	8	97Eb; 150p
	10	77aN
	11	93n

	14	7b; 80k
11	1	61eN
	2	174e
	3	59e
	4	90e
	7	103a
12	3	124p
	5	126h
	6	177n
	9	155b
	12	96Al
13	3	177g
	8	134c; 137i
	15	79l
14	4	132e
	5	61eN
	10	144fa; 167mN

요엘

1	2	137g; 161e
	5	137g
	6	160o
	7	123j
	8	121o
	13	137g
	20	150g
2	2	75f; 129b
	5	121n
	17	124g
	18	112hN
	19	132gs
	22	150a
	23	118s
	24	96Ag
3	1	125a
4	10	169g
	14	135e
	18	119c, u; 125dbis

아모스

1	3	170h
	9	124q
	11	61i; 119v;125bdN; 150e
	13	65a; 70d

2	6	65b; 91c
	7	138e; 169g
3	4	160oa; 173a
	6	161d
	7	133b; 173b
	9	136j
	10	134n; 138c
	11	82m
	15	129f
4	1	138e; 150a
	2	165b
	3	147d
	5	123x
	7	152e
	8	142r
	11	49e
	13	97Eb
5	4	116f; 168aN
	5	123e, uN; 134g
	6	116f
	7	138e
	8	112l; 118r;125w,N
	12	157b
	14	168aN; 169g
	15	82k
	18	125c
	19	119q
	20	160oa
	21	112a
	24	82m
	25	161b
	26	88Ca*
6	1	119r
	2	96Dd; 131n
	3	44e; 125k; 138e
	4	154c
	6	41a
	12	155e
	13	138e
	14	119n
7	2	119z
	6	152c
	12	133d
	14	160c; 172c
	17	123e
8	1	153N
	4	54b; 124p

시편

14	5	125q
15	4	121l
16	2	160m
	3	158g
	4	158a
	6	89n
	7	136b
	8	154c
	9	118p
17	6	114mN
	8	113m
	9	145c
	10	94h; 136l
	12	136g
	15	114c
18	1	54cN
	4	121i
	6	82aN; 129u
	14	113h
	28	148a
	33	66a; 118r; 121k; 145f
	34	133h
	35	150g
	40	121n
	41	39aN; 156aa
	44	158c
	46	94g
	51	136g
19	4	160m
	10	97Be; 131c; 154e
	14	82h
20	3	129h
22	2	102c; 148b
	8	125m
	11	57a
	14	126e
	29	154c
23	4	171c
24	1	154f, ff
	10	144aN; 154jaN
25	2	114c
	9	114l
	12	121l
	19	96Cb

26	10	154fe
27	2	146f
	3	89bN
	7	151c
28	1	27d; 31c; 168h
	8	61iN; 136g
29	1	129j
	2	129g
	3	162eN
	9	68bN
	11	137k
30	2	61dN
	8	52cN
	10	18hN; 61fN
	11	121e, fN
	12	96An
	13	169g
31	2	114c
	4	6dN
	8	114c
	16	154f, ff
	18	114c
	23	6dN
	24	6e3
32	1	121o; 129ia
	4	113a
	8	75c
	10	141b
33	3	124nN
	5	154c
	10	82n
	12	158c
	15	138e
	16	113cN
	20	112a
34	5	119yN
	7	143i
	8	118r
	9	158a
	19	129ia
	22	155nd
35	2	133c
	10	13cN
	14	96Bd
	16	61iN
	19	121k; 160q
	20	96BbN

	22	112a
	25	70b
	27	121l
36	3	52cN
	7	141n
	8	144e
	12	125ba
37	14	49f
	15	94gN
	23	132d
	27	116f; 171b
	31	150g
	37	141aN
38	2	160f, q
	5	141i
	11	59d; 146d
	12	113h
	15	160c
	17	80k
39	5	114c; 154i
	13	154fg
40	6	124l; 167a
	9	112a
	15	121l
41	3	114k
	7	167g
	13	118p
42	2	158*N; 174d
	4	124s
	6	118q; 136g
	7	136k
	12	118q
43	1	113m
	4	141m
44	3	146e; 151c
	5	136g; 154j
	18	125ba
	19	155g; 160q
	27	89n; 93j
45	3	59d
	8	118p, 111iN
	12	125c
46	3	80k
	5	96Ak
	7	125m
	10	52cN

시편

47	5	13*b*N
	9	112*a*
48	2	129*kb*
	11	174*c*
	14	94*h*
49	4	58*a*N
	8	123*o*
	12	61*i*N
	14	61*i*N; 143*i*; 158*a*N
	16	164*b*
	18	160*e, k*
50	3	103*n*; 114*k*; 152*e*
	7	115*c*N
	10	93*r*
	16	118*r*; 161*i*
	21	123*q*
	22	50*b*
	23	61*h*
51	2	166*n*
	3	113*m*
	4	113*m*
	6	169*g*
	9	113*m*
	10	113*m*
	19	129*g*
52	10	112*a*
53	4	146*j*
54	3	113*m*
	6	133*c*; 136*f*
55	7	116*i*; 163*d*
	10	52*c*
	13	121*k*
	18	126*i*
	19	133*c*
	20	154*c*
56	1	124*g*
	4	129*p*,2
	5	112*a*
	10	154*fe*
	12	112*a*
	13	129*e*
57	5	114*c*N; 151*c*
	7	112*k*
58	5	129*n*
	7	94*h*

	9	75*g*
59	2	113*m*
	5	53*e*N
	6	131*o*
	10	45*a*
60	2	13*b*N
	4	78*g*
	5	131*c*
	7	151*c*
	10	140*b*
	13	89*n*; 170*c*
61	3	51*b*
	4	154*na*
	5	114*c*
62	4	97B*e*
63	6	136*o*
64	2	113*m*
	4	82*a*N
	5	136*g*
	11	119*k*
65	5	114*e*
	10	63*c*
	14	125*d*
66	5	105*e*
	7	133*d*
	16	105*e*
	17	151*c*
67	2	155*l*
68	9	143*i*
	17	131*c*
	18	100*o*
	19	18*j*
	34	125*b, m*
69	4	82*i*
	6	125*k*
	15	114*c*; 116*j*
	19	48*d*
70	3	121*l*
71	1	114*c*
	2	113*m*
	16	146*d*N
	18	158*a*
	20	177*b*
	21	79*i*N; 114*g*
	23	17*g*
72	5	177*l*
	8	177*l*

	11	177*l*
	12	160*oa*
	13	80*k*N
	15	139*g*; 177*l*
	19	128*c*N
	20	56*a*
73	2	150*h*
	9	75*g*
	14	137*i*
	15	167*f*
	17	114*c*N
	19	162*b*
74	2	145*c*
	6	93*g*N
	9	112*a*; 160*c*
	13	136*f*
	17	156*aa*
75	2	112*f*N
	6	160*q*
76	4	96A*d*
	7	177*p*
	8	121*i*
	10	103*c*
77	4	79*o*
	12	164*b*
	17	113*ga*
	18	90*e*; 96A*o*; 125*b*
78	6	158*a*
	16	78*i*
	34	167*g*
	49	141*f*
	54	145*c*
	55	133*c*
79	2	93*r*
	8	137*i*
	12	100*o*
80	11	128*c*; 141*n*
	13	119*e, t*; 161*m*
	14	60
	15	131*o*
	20	131*o*
81	5	154*fg*
	6	129*q*,3
	9	163*c*
	11	145*f*
82	1	113*c*N
83	2	160*oa*

시편

83	4	41*a*N
	10	133*h*
	12	146*e*
84	4	112*d*
	6	154*f, fa*
	7	129*m*
	9	131*o*
	11	112*a*
85	4	80*m*
86	2	121*r*
	8	137*d*N
87	3	128*b*
	5	104*d*
	7	13*c*N
88	5	160*o*
	6	121*n*
	7	136*c*
	16	136*h*
89	6	177*l*
	28	88C*a**
	34	82*n*
	36	165*d*
	38	177*n*
	39	39*a*N
	40	52*c*N
	43	80*m*
	44	80*m*
	46	136*h*
	49	144I*d*
	51	141*b*
90	2	113*j*
	6	119*q*
	8	33
	10	47*e*
	15	98*f*; 158*c*
91	14	119*y*N
	15	119*y*N
92	3	136*b*
	13	130*f*
	16	93*j*
93	1	111*h*; 155*nd*
94	1	54*c*
	9	96C*c*
	18	166*p*
	20	63*b*
95	7	163*c*
	8	133*h*
	11	165*d*
96	5	154*f*
	8	129*g*
97	1	155*nd*
	2	103*n*
100	3	154*i*N, *j*
101	5	59*a*; 93*n*
	8	137*i*
102	3	129*p*
	4	82I
	5	7*b*
	7f	121*o*N
	12	137*i*
	16	177*l*
	19	116*i*
	28	154*j*
103	1	9*c*3
	2	3 121*r*
	3	94*h, i*
	4	61*i*; 94*i*
	5	94*i*; 150*g*
	13	112*a*
	14	50*e*; 121*o*N
104	1	112*a*
	2	138*e*
	4	125*w*; 138*e*
	8	129*q*; 145*c*
	11	93*r*
	20	93*r*; 114*g*; 167*a*
	25	143*i*
	26	145*c*
	28	44*e*; 167*a*
	29	73*f*; 167*a*
	35	156*m*
105	37	132*g*N
	43	78*i*
106	9	137*f*N
	14	125*q*
	15	97B*d*
	32	152*d*
107	30	129*g*
	43	167*m*N
109	4	154*e*
	7	114*g*N
	10	119*k*
	28	146*a*
110	2	114*p*
	3	129*u*; 154*e*
	4	93*m*
111	2	121*e*N, *i*; 132*f*
113	2	129*f*
	5	93*n*
	6	93*n*
	7	93*n*
	8	93*p*
114	8	93*n, r*; 125*w*
115	4	154*e*
	7	82*o*; 154*o*
	15	132*f*
116	1	93*p*
	3	113*h*
	6	54*b*
	7	94*i*
	12	94*i*
	14	93*c*
	15	93*i*
	18	93*c*
	19	94*h*
118	7	133*c*; 136*f*
	8	68*e*
	9	68*e*
	10	164*b*
	11	82*a*N
	13	49*f*; 123*i*
	14	89*n*
	18	62*c*; 123*i*
	20	143*i*
	26	61*a*N
119		48*d*
	1	129*i*
	5	105*b*N; 163*c*
	17	116*i*
	22	82*l*
	26	119*y*N
	28	80*h*
	37	94*j*
	41	125*ba*
	49	158*m*
	61	80*h*
	67	113*j*
	90	118*o*N
	101	78*g*

아가

1	11	139*b*
	16	164*a*
	17	136*j*N
2	5	129*i*
	7	112*f*
	8	162*e*
	9	136*j*,N
	14	136*j*N
	15	69*b*
	17	136*j*N
3	1	136*b*
	2	114*d*
	4	96A*c*; 125bcN
	6	136*j*N; 144*b*
	7	103*n*; 146*f*
	8	50*e*; 121*o*N; 136*b*
	10	125*v*
	11	78*b*
4	1	96B*c*; 164*a*
	3	139*b*
	5	138*c*
	7	94*h*
	8	136*j*
	14	131*c*
	16	134*l*
5	2	23*a*; 38; 127*a*; 162*e*; 172*a*
	3	125*d*
	4	133*d, f*
	5	136*j*N; 146*b*
	6	146*b*
	8	144*h*
	9	62*f*; 144*c*
	16	8*c*N; 136*g*
6	2	136*j*N
	5	96B*c*
	8	149*c*
	9	119*za*; 154*j*
	10	137*i*N
	11	161*f*
7	3	114*k*
	5	139*b*
	7	37*c*
	8	143*i*
	12	114*b*N

	13	161*f*
	14	136*j*N
8	1	125*b, w*N
	4	144*h*
	6	96A*d*; 137*i*N; 141*n*
	7	147*b*
	11	97C*a*; 155*g*
	12	97C*a*; 146*f*

룻기

1	1	118*c*N; 146*c*
	2	136*l*; 137*f*
	3	146*c*
	4	78*b*; 133*g*
	6	146*c*
	8	149*b*; 150*a*
	9	133*c*; 136*l*; 149*b*; 177*h*
	11	113*n*
	12	15*e*
	13	141*i*; 152*d*; 154*fg*; 160*j*; 161*l*
	14	78*f*; 118*f*
	16	158*m*
	17	165*a*N
	19	94*h*; 155*b*N; 161*b*
	20	89*k*
	21	126*a*; 133*c*
	22	118*i*; 145*e*; 149*c*
2	1	89*b*
	2	114*d, n*; 119*j*; 122*c*
	3	118*k*
	4	163*b*
	6	145*e*
	7	119*j*; 122*c*
	8	44*c, f*; 112*a*; 130*e*; 168*c*
	9	44*e*; 78*g*; 112*g*; 66*b*; 167*b*
	10	124*l, s*
	11	158*f*
	12	68*e*
	14	15*k*; 25*a*; 103*f*; 114*m*; 119*l*N
	15	113*l*
	16	123*q*

	17	133*g*; 137*u*N
	20	132*f*
	21	44*f*; 112*i*; 130*e*; 157*a*N
	22	141*g*
3	1	113*m*
	2	89*b*; 94*h*; 102*k*
	3	16*e*; 42*f*; 132*c*N
	4	42*f*; 44*f*; 65*b*; 113*m*; 119*z*
	5	125*i*
	8	126*h*
	9	15*k*; 119*w*
	10	132*f*
	11	125*i*
	12	16*e*
	13	113*n*; 167*r*
	15	69*b*; 142*n*
	16	125*i*
	17	114*j*
	18	44*f*; 137*p*N; 173*b*
4	1	147*f*; 158*i*; 177*e*
	3	112*f*, 145*e*
	4	112*f*; 113*n*; 132*g*
	5	112*f*
	7	80*h*
	9	112*f*
	11	145*e*
	15	31*c*; 158*g*

예레미야 애가

1	1	93*m*; 112*a*; 129*n*; 162*b*
	2	123*k*; 125*k*N
	4	96C*c*; 121*n*; 152*d*
	8	125*q*
	9	125*k*N
	10	130*g*; 158*a*
	16	79*p*; 96C*c*
	17	103*n*; 125*m*
	18	154*j*
	19	116*e*
	20	59*d*
2	10	7*c*
	11	51*b*; 59*d*
	13	116*c*

예레미야 애가

2	18	129*n*
3	7	97F*d*
	10	136*g*
	12	89*k*
	20	133*f*
	22	164*b*
	23	137*i*
	42	39*a*N
	50	114*l*
	54	112*g*
	59	112*a*
4	4	125*k*N
	21	93*o*
5	5	128*ba*
	11	7*c*
	21	133*h*

전도서

1	3	158*ha*
	4	121*d*
	7	129*q*N; 154*j*
	9	111*i*; 113*a*; 144*g*;
		160*k*
	16	146*b*
	17	88M*k*; 119*za*; 154*j*
2	1	61*f*; 146*b*
	3	113*k*; 143*g*
	4	129*h*
	7	150*l*
	11	158*ha*
	12	37*c*
	16	102*n*
	19	102*n*; 161*e, f*
	22	38N
	24	157*d*
	26	78*g*
3	4	124*d*, *l*N
	5	124*l*N
	6	52*d*N
	8	49*d*
	11	158*m*N
	14	160*j*
	15	144*g*
	18	38N; 82*l*

4	1	119*za*; 158*e*
	2	123*x*, N
	7	119*za*
	10	105*b*
	11	119*za*N
5	3	113*m*
	4	157*a*
	5	113*m*;
	11	75*h*
6	10	157*c*
7	2	170*j*
	16	53*e*N; 113*m*N
	18	103*c*N
	21f.	121*k*
	22	157*d*N
	23	45*a*
	24	142*k*
	25	123*x*
	29	157*c*
8	4	170*j*
	8	160*i*
	9	123*x*
	17	157*d*
9	1	82*l*; 157*c*
	2	174*i*
	11	88L*f*; 123*x*
	12	121*q*; 158*e*
	14f.	119*za*N
10	9	103*i*N
	13	88M*k*
	16	105*b*
	17	137*g*
11	2	144*d*
	3	137*f*N
	5	138*c*
	6	143*g*
	9	136*h*; 137*g*
12	1	136*h*
	2	137*h*N
	3f.	119*za*
	4	49*c*N
	5-7	119*za*
	6	82*m*
	7	114*l*
	11	132*d*

에스더

1	1	118*c*N; 176*f*
	4	142*g*
	7	123*q*
	8	104*d*; 135*d*
	12	131*k*
	19	133*f*; 140*a*
2	2	155*b*
	3	123*x*
	6	16*f*N; 132*c*
	11	121*f*
	13	103*c*N; 121*f*
	14	9*d*; 121*f*
	18	88L*b*
3	2	121*f*
	4	135*d*; 157*c,ca*
	8	102*k*
	9	133*f*
	13	123*x, y*
4	2	124*b, l*; 160*j*
	3	129*q*
	11	157*c*
	13	126*h*
	14	88L*b*
	16	151*a*; 176*o*N
5	2	176*f*
	6	128*d*
	12	121*q*
	14	116*f*
6	1	121*q*
	2	157*c*
	3	144*d*
	9	123*x*
	13	82*n*
7	2	128*d*N
	4	124*t*; 167*k*N
	5	78*j*; 154*ja*N
	8	132*a*; 154*d*; 166*h*
8	6	177*h*
	8	123*x*
	9	143*j*
	15	131*h*
	17	129*q*
9	1	123*y*; 146*c*
	4	123*s*
	5	88M*b*

에스더

9	6	123x
	12	128d
	16	123x
	19	49e
	21	80h
	29	143h

다니엘

1	4	129aN; 160k
	5	124l
	8	157c
	10	80h; 161h
	12	116bN
	13	114m
	15	96Ce
	17	142ma
	20	142q
2	1	136j
	13	124tN
	40	82h
3	12	103kN
	23	98f
4	3	18bN
	14	61fN
	19	154i
	24	90c
5	5	158e
	11	42fN
	12	42fN
	14	42fN
	20	80n; 155c
	21	144g
6	4	143eN
	5	42fN
	6	143eN
	19	133fN
	23	42fN
	29	143eN
7	18	136d
8	1	145e; 146d
	3	137u
	8	80bN
	11	57a
	12	114l

	20	129bN
	22	44d; 97Gb
9	1	142o
	2	81d
	4	105cN
	5	123x
	12	125j7
	13	125j7
	18	154fe
	23	136g
	25	177b
10	1	81d
	5	121o; 136b; 137u
11	6	121k; 138i
	10	94hN; 123l
	11	146e
	14	17 119zb
	23	53f; 88Mj
	29	133h; 174i
	32	148a
	36	112i
12	2	103dN; 136g
	6	121o
	11	124p
	13	90c

에스라

1	1	130d; 131k
	5	125l
	7	131k
	9	136l
2	12	100m
	59	161f
	69	100n
3	3	136o
	12	143i
5	4	144bN
	8	29e
	17	133f
6	8	144g
	21	121i
7	6	146e
	8	138b
	18	133f
	23	161h
	28	125l; 133d; 146a

8	16	125k
	18	20aN
	21	130h
	23	47d
	24	125
	25	145d
	26	9c
	31	47e; 130h
9	1	124s; 131h; 146e
	3	126b
	7	154fe
	14	79pN
	15	94j; 124l
10	1	96Aq
	9	126b
	12	124l; 125s
	13	154e
	14	140bN; 145d
	16	142o
	17	145d

느헤미야

1	1	118cN
	4	121f, g; 176f
	8	167a, d
	9	167d
2	7	155b
	10	157a
	12	131f
	13	78hN; 114bN; 121g
	15	121g
	18	157dN
	20	80n
3	34	149c
4	10	176f
	12	121o
	14	129q
	17	160i
5	3	116c
	11	35e
	14	129d; 151a
	15	133c
6	1	51cN; 93s
	6	93s
	9	150d
	10	155f

참고문헌

Aartun, K. 1971. "Über die Prallelformen des selbständigen Personalpronomens der 1. Person Singular im Semitischen," *UF* 3.1–7.

———. 1975. "Zur morphologisch-grammatischen Interpretation der sogenannten neutrischen Verben im Semitischen," *UF* 7.1–11.

———. 1975a. "Über die Grundstruktur der Nominalbildungen vom Typus qaṭṭāl/qaṭṭōl im Althebräischen," *JNWSL* 4. 1–8.

Abronin, A.[אברונין א. 1927–28]. "Notes," *Lěš* 1.206–10.

Aejmelaeus, A. 1986. "Function and interpretation of כי in Biblical Hebrew," *JBL* 105.193–209.

Aharoni, Y. 1975. כתובות ערד [*Arad Inscriptions*]. Jerusalem.

Aḥituv, Sh. 1992. אסופת כתובות עבריות מימי בית־ראשון וראשית ימי בית־שני [*Handbook of Ancient Hebrew Inscriptions from the Period of the First Commonwealth and the Beginning of the Second Commowealth*]. Jerusalem.

Albrecht, K. 1895; 1896. "Das Geschlecht der hebräischen Hauptwörter," *ZAW* 15.313–25, 16.41–121.

Allen, W.S. [3]1987. *Vox Graeca. A Guide to the Pronunciation of Classical Greek*. Cambridge.

Allony, N. [אלוני .נ. 1943–44; 1944–45]. "Shewa mobile and quiescent in the Middle Ages," *Lěš* 12.61–74; 13.28–45.

Alonso Schökel, L. 1994. Prepared for publication by V. Morla and V. Collado, *Diccionario bíblico hebreo-español*. Madrid.

Althann, R. 1994. "Approaches to prepositions in Northwest Semitic studies," *JNWSL* 20.179–91.

Andersen, F.I.: 1966. "Moabite syntax," *Or* 35.81–120.

———. 1970. *The Hebrew Verbless Clause in the Pentateuch*. Nashville/New York.

———. 1971. "Passive and ergative in Hebrew," in H. Goedicke (ed.), *Near Eastern Studies in Honor of W.F. Albright* (Baltimore/London), 1–15.

———. 1974. *The Sentence in Biblical Hebrew*. The Hague/Paris.

———. 1995. Rev. of Clines 1993 in *Australian Biblical Review* 43:50–71, 74f.

———. 1999. "Orthography in ancient Hebrew inscriptions," *ANES* 36.5–35.

———. 2003. "Lo and Behold! Taxonomy and translation of Biblical Hebrew הִנֵּה," in Fschr Muraoka: 25–56.

Andersen, F.I. and A.D. Forbes. 1976. *A Linguistic Concordance of Ruth and Jonah: Hebrew Vocabulary and Idiom. The Computer Bible*, vol. ix. Wooster.

———. 1983. " 'Prose particle' counts of the Hebrew Bible," in C.L. Meyers and M. O'Connor (eds), *The Word of the Lord shall Go Forth. Essays in Honor of D.N. Freedman in Celebration of his Sixtieth Birthday* (Winona Lake), 165–83.

———. 1986. *Spelling in the Hebrew Bible*. Rome.

Andersen, T.D. 2000. "The evolution of the Hebrew verbal system," *ZAH* 13.1–66.

Aristar, A.M.R. 1979. "The IIwy verbs and the vowel system of Proto-West Semitic," *Afroasiatic Linguistics* 6/6.

Aro, J. 1964. *Die Vokalisierung des Grundstammes im semitischen Verbum*. Helsinki.

Aronoff, M. 1985. "Orthography and linguistic theory: the syntactic basis of Masoretic Hebrew punctuation," *Language* 61.28–72.

Aufrecht, W.E. 1987. "The Ammonite language of the Iron Age," *BASOR* 266.85–95.

———. 1989. *A Corpus of Ammonite Inscriptions*. Lewiston/Queenston/Lampeter.

Azar, M. (אזר מ) 1977. "On the 'implicit status constructus' in the Bible," *Lěš* 41.180–90.

———. 1977a "The prepositional phrase as attribute in Biblical Hebrew," *Proceedings of the*

Sixth World Congress of Jewish Studies (Jerusalem, 1977), 1.43–54. [Heb.]

———. 1981. "*Pen* in the Old Testament," *Hebrew Computational Linguistics* 18.19–30; v–vi (abstract).

———. 1995. תחביר לשון המשנה [The Syntax of Mishnaic Hebrew]. Jerusalem.

Baasten, M.F.J. 2003. "A note on the notion of 'Semitic,' " in Fschr. Muraoka 57–72.

Bacher, W. 1881. *Abraham Ibn Esra als Grammatiker*. Budapest.

———. 1892. *Die hebräische Sprachwissenschaft vom 10. bis zum 16. Jahrhundert*. Trier.

———. 1985. "Die Anfänge der hebräischen Grammatik," *ZDMG* 49.1–62, 335–92 [also as a monograph: Leipzig, 1895].

Bachra, B.N. 2001. *The Phonological Structure of the Verbal Roots in Arabic and Hebrew* [SSLL 34]. Leiden.

Baer, S. 1867–69. "Die Metheg-Setzung," *Archiv für wissenschaftliche Erforschung des Alten Testaments*, 1.55–67, 194–207.

———. 1880. *De primarum vocabulorum literarum dagessatione in his Liber Proverbiorum*. Leipzig.

Bandstra, B.L. 1982. "The syntax of particle 'ky' in Biblical Hebrew and Ugaritic," Diss. Yale.

Bar-Asher, M. [מ. בר־אשר]. Ed. 1972. קובץ מאמרים בלשון חז״ל. Jerusalem.

———. 1977. "Rare forms in Tannaitic Hebrew," *Lěš* 41.83–102.

———. 1999. *L'hébreu mishnique: études linguistique*. Leuven.

Bar-Magen, M. [1980 [מ. בר־מגן]. "The word נָא in Biblical Hebrew" [Heb.], *Beth Mikra* 25.163–71.

Barr, J. 1971. "Hebrew linguistic literature," *EJ*, vol. 16, cols. 1352–1401. [See also under Tené].

———. 1978. "Some notes on *ben* 'between' in Classical Hebrew," *JSS* 23.1–22.

———. 1985. " 'Why?' in Biblical Hebrew," *JThSt* 36.1–33.

———. 1989. *The Variable Spellings of the Hebrew Bible*. Oxford.

———. 1989a. " 'Determination' and the definite article in Biblical Hebrew," *JSS* 34.307–35.

———. 1994. Fschr Barr S.E. Balentine and J. Barton (eds), *Language, Theology, and the Bible. Essays in Honour of James Barr*. Oxford.

Bartelmus, R. 1982. *HYH. Bedeutung and Funktion eines hebräischen "Allerweltwortes."* St. Ottilien.

Barth, J. 1889. "Vergleichende Studien," *ZDMG* 43.177–91.

———. 1894. "Zur vergleichenden semitischen Grammatik," *ZDMG* 48.4–6.

———. 21894a. *Die Nominalbildung in den semitischen Sprachen*. Leipzig.

———. 1897. "Die Pôlēl-Conjugation and die Pôlāl Participien," *Semitic Studies in Memory of A. Kohut* (Berlin), 83–93.

———. 1906. "Formangleichung bei begrifflichen Korrespondenzen," in C. Bezold (ed.), Fschr. Th. Nöldeke, 787–96.

Bauer, H. 1910. *Die Tempora im Semitischen*. Leipzig.

———. 1924. *Zur Frage der Sprachmischung im Hebräischen: Eine Erwiderung*. Halle.

———. 1930. "Die hebräischen Eigennamen als sprachliche Erkenntnisquelle," *ZAW* 48.73–80.

Bauer, H. and P. Leander. 1922. *Historische Grammatik der hebräischen Sprache des alten Testamentes*. Halle.

———. 1927. *Grammatik des Biblisch-Aramäischen*. Halle.

Beentjes, P.C. 1997. *The Book of Ben Sira in Hebrew. A Text Edition of all Extant Hebrew Manuscripts and a Synopsis of all Parallel Hebrew Ben Sira Texts*. Leiden.

Beeston, A.F.L. 1984. *Sabaic Grammar*. Manchester.

Ben-Asher, M. 1978. "The gender of nouns in Biblical Hebrew," *Semitics* 6.1–14.

Bendavid, A. [בנדויד .א]. ²1967–71. *Biblical Hebrew and Mishnaic Hebrew*. 2 vols. [לשון מקרא ולשון חכמים]. Tel Aviv.

Ben-David, I. [ישראל בן־דוד]. 1983. "פֶּעֶל/פֵּעֵל patterns," *Lěš* 47.232–47.

———. 1990. "Some notes concerning the structure of the verb in Biblical Hebrew," *Lěš* 55.17–24.

———. 1992. "The alternation *šěwā/ṣērē* in the present participle," *Lěš* 57.103–7.

———. 1995. *Contextual and Pausal Forms in Biblical Hebrew: Syntax and Accentuation* [צורות הקשר וצורות ההפסק בעברית שבמקרא : תחביר וטעמי המקרא]. Jerusalem.

———. 1997. "Simple imperfect, Waw-consecutive, and other apocopate verb forms in the Bible," *Lěš* 60.191–276.

Ben-Ḥayyim, Z. [ז. בן־חיים]. 1941. "The shewa medium and gemination in Hebrew," *Lěš* 11.83–93.

———. 1953. "Saadia Gaon's teaching on vowels," *Lěš* 18.89–96.

———. 1953a. "The form of the suffixal pronouns ךָ־, ךְ־, תָ־ in the traditions of the Hebrew language," in ספר שמחה אסף (Jerusalem), 66–99.

———. 1954. *Studies in the Tradition of the Hebrew Language*. Barcelona /Madrid.

———. 1954a. "The Samaritan vowel-system and its graphic representation," *Archiv Orientální* 22.515–30.

———. 1957. "Traditions in the Hebrew language, with special reference to the Dead Sea Scrolls," *Scripta Hierosolymitana* 4 (Jerusalem), 200–14.

———. 1957–77. *The Literary and Oral Tradition of Hebrew and Aramaic amongst the Samaritans*, 5 vols. [עברית וארמית נוסח שומרון]. Jerusalem.

———. 1977. "Biblical Hebrew 'tenses' and the Samaritan tradition" [Heb.] in Sh. Warses et al. (eds), ספר דב סדן (Tel Aviv), 66–86.

———. 1989. "VIII. Samaritan Languages. 1. Samaritan Hebrew - An Evaluation," in A.D. Crown (ed.), *The Samaritans* (Tübingen), 517–30.

———. 2000. With assistance from Abraham Tal, *A Grammar of Samaritan Hebrew Based on the Recitation of the Law in Comparison with the Tiberian and Other Jewish Traditions*. Jerusalem.

Ben-Yehudah, E. [א. בן־יהודה]. 1908–58. *Thesaurus totius hebraitatis et veteris et recentioris* [מלון הלשון העברית הישנה והחדשה]. Jerusalem/New York.

Berggrun, N. [נ. ברגגרין]. 1972. "Forms of Mishnaic Hebrew in the Passover Haggadah" [Heb.], in M. Bar-Asher (ed.) קובץ מאמרים בלשון חז״ל (Jerusalem), 252–56.

Bergsträsser, G. 1909. "Das hebräische Päfix שֶׁ," *ZAW* 29.40–56.

———. 1918–29. *Hebräische Grammatik*, I–II. Leipzig.

———. 1923. "Mitteilungen zur hebräischen Grammatik," *OLZ* 26.253–60, 477–81.

———. 1928. *Einführung in die semitischen Sprachen*. München.

———. 1983. Tr. P.T. Daniels, *Introduction to the Semitic Languages. Text Specimens and Grammatical Sketches*. Winona Lake.

Bezold, C. (ed.). 1906. *Orientalische Studien Theodor Nöldeke zum 70. Geburtstag gewidmet* etc., 2 vols. Giessen.

Le Bidois, G. & R. 1967. *Syntaxe du français moderne*. Paris.

Binnick, R.I. 1991. *Time and the Verb: A Guide to Tense and Aspect*. Oxford.

Birkeland, H. 1940. "Akzent und Vokalismus im Althebräischen," *Skrifter utgitt av det Norske Videnskaps-Akademi i Oslo*, II, Hist.-Fils. Klasse, no. 3. Oslo.

Birnbaum, S. 1971–72. *The Hebrew Scripts*, 2 vols. Leiden.

Blake, F.R. 1926. "The Hebrew ḥatephs," in C. Adler and A. Ember (eds), *Oriental Studies* [Fschr. P. Haupt] (Baltimore/Leipzig), 329–43.

——. 1944. "The Hebrew *waw conversive*," *JBL* 63.271–95.

Blass, F., A. Debrunner and F. Rehkopf. 141976. *Grammatik des neutestamentlichen Griechisch*. Göttingen.

Blau, J. [1953 .בלאו .י]. "The passive participle with active force," *Lěš* 18.67–81.

——. 1957. "Über die t-Form des Hifʿil im Bibelhebräisch," *VT* 7.385–88.

——. 1968. "ʿiśrajhv̇ > עֶשְׂרֵה," *Lěš* 32. 267f.

——. 1970. *On Pseudo-corrections in some Semitic Languages*. Jerusalem.

——. 1971. "Marginalia semitica I," *IOS* 1.1–35.

——. 1971a. "Studies in Hebrew verb formaiton," *HUCA* 42.133–58.

——. 1972. *Hebrew Phonology and Morphology*. [תורת ההגה והצורות]. Tel Aviv.

——. 1972a. "Marginalia semitica II," *IOS* 2. 57–82.

——. 1975. "On problems concerning the stress in Ancient Hebrew" [Heb.], Fschr. B. Kurzweil (Tel Aviv), 62–73.

——. 1976, 21993. *A Grammar of Biblical Hebrew* [PLO 12] Wiesbaden.

——. 1977. " "Weak" phonetic change and the Hebrew *śin*," *HAR* 1.67–119.

——. 1977a. "Marginalia semitica III," *IOS* 7.14–32.

——. 1978. "Hebrew stress shifts, pretonic lengthening, and segolization: Possible cases of Aramaic interference in Hebrew syllable structure," *IOS* 8.91–106.

——. 1978a. "Pronominal third person singular suffixes with and without N in Biblical Hebrew," *Eretz-Israel* 14.125–31.[Heb.]

——. 1978b. "On the impersonal passive in the Bible. A comparative study against the background of the impersonal passive in Classical Arabic" [Heb.], Avishur, Y. and J. Blau (eds), *Studies in Bible and the Ancient Near East* [Fschr. S.E. Loewenstamm] [Heb.] (Jerusalem), 85–94

——. 1979."Some remarks on the prehistory of stress in Biblical Hebrew," *IOS* 9.49–54.

——. 1979a. "Non-phonetic conditioning of sound change in Biblical Hebrew," *HAR* 3.7–15.

——. 1979–80. "Some philological notes on the inscription of Mešaʿ," *Maarav* 2.143–57.

——. 1982. "Some Ugaritic, Hebrew and Arabic parallels," *JNWSL* 10.5–10.

——. 1982a. "Asyndetic prepositional clauses opening with a substantive in BH," *Teuda* 2.

——. 1983. "Towards a clarification of Arabic words related to the Biblical Hebrew vocabulary," in M. Bar-Asher et al. (eds), *Hebrew Language Studies* [מחקרי לשון] [Fschr. Z. Ben-Ḥayyim] (Jerusalem), 67–82.

——. 1985. "A new textbook for the study of Ugaritic," *Lěš* 48–49.291–96.

——. 1986. "Remarks on the chronology of Philippi's law" [Heb.], *Proceedings of the Ninth World Congress of Jewish Studies*, Division D, vol. 1 (Jerusalem), pp. 1–4.

——. 1987. Rev. of Richter 1978–80 in *Kiryat Sepher* 61.919–24.

——. 1992. "On the problem of biliteral roots in Semitic languages," *Lěš* 56.249–56. [Rev. article of Voigt 1988]

——. 1995. "The monophthongization of diphthongs as reflected in the use of vowel letters in the Pentateuch," in Z. Zevit et al. (eds), חיים ליונה: *Solving Riddles and Untying Knots* [Fschr. J.C. Greenfield] (Winona Lake), 7–11.

——. 1996. "The use of syndetic coordinated clauses in Hebrew and Arabic after verbs denoting order, endeavour, will, etc. A case of plurilinear development," in *Studi dedicati dagli amici a Sergio Noja Noseda nel suo 65° compleanno, 7 luglio 1996* (Fondazione Ferni Noja Noseda: Studi Arabo Islamici), 91–109.

——. 1997. "Issues in Biblical phonetics and morphology," *Lěš* 60.181–89.

——. 1999. "Between indirect questions and relative clauses in Modern Hebrew," *Lěš* 62.87–92.

——. 2000–01. "Independent third-person anaphoric (and cataphoric) pronouns in nominal clauses: a proposed historical model," *Lěš* 63.19–29.

——. 2001. "Issues in the phonology and morphology of Biblical Hebrew. Old and new solutions," *Proceedings of the Israeli Academy of Sciences*, 9, 1:1–12.

——. 2003. "On the preservation of ancient forms and sound shifts in frequent words resisting analogy in Hebrew and Arabic," in P. Marassini (ed.), *Semitic and Assyriological Studies* [Fschr P. Fronzaroli] (Wiesbaden), 70–74.

Fschr. Blau, ed. by M. Bar-Ashet et al. חקרי עֵבֶר וַעֲרָב מוגשים ליהושע בלאו [*Hebrew and Arabic Studies in Honour of Joshua Blau*]. Jerusalem, 1993.

Blau, J. and S.E. Loewenstamm. 1970. "Zur Frage der scriptio plena im Ugaritischen and Verwandtes," *UF* 2. 19–33.

Bliboim, R. 2000–01. "Adjective annexation and its equivalents," *Lěš* 63.81–105.

Bloch, A. 1963. "Zur Nachweisbarkeit einer hebräischen Entsprechung der akkadischen Verbalform iparras," *ZDMG* 113:41–50

Böhl, F.M.Th. 1909. *Die Sprache der Amarnabriefe*. Leipzig.

Böttcher, F. 1866–68. *Ausführliches Lehrbuch der hebräischen Sprache*. 2 vols. ed. F. Mühlau. Leipzig.

Bogaert, M. 1964. "Les suffixes verbaux non-accusatifs dans le sémitique nord-occidental et particulièrement en hébreu," *Bib* 45.220–47.

Bomhard, A.M. 1988. "The reconstruction of the Proto-Semitic consonant system," in Y.L. Arbeitman (ed.), *Fucus* etc. [Fschr A. Ehrman] (Amsterdam), 113–40.

Borg, A. 2000. "Some observations on the יום הששי syndrome in the Hebrew of the Dead Sea Scrolls," in T. Muraoka and J.F. Elwolde, *Diggers at the Well: Proceedings of a Third International Symposium on the Hebrew of the Dead Sea Scrolls and Ben Sira* (Leiden), 26–39.

Botterweck, G.J. 1952. *Der Triliterismus im Semitischen*. Bonn.

Bourciez, E. 1910. *Éléments de linguistique romane*. Paris.

Boyle, A.M.L. 1969. "Infix *-t* Forms in Biblical Hebrew," diss. Ph.D. Boston.

Van den Branden, A. 1969. *Grammaire phénicienne*. Beyrouth.

Bratsiotis, N.P. 1966. "נפֶשׁ-ψυχή. Ein Beitrag zur Erforschung der Sprache and der Theologie der Septuaginta," *VTS* 15.58–89.

Bravmann, M. 1938. "Über *i* als Hilfsvokal im Wortinnern. Eine Untersuchung zum Verhältnis von Akzent und Vokal im Semitischen," *Le Monde Oriental* 32.1–102, 134f.

Briggs, Ch.A. and E.G. 1906–07. *A Critical and Exegetical Commentary on the Book of Psalms*; Edinburgh.

Bright, J. 1973. "Apodictic prohibitions: some observations," *JBL* 92.185–204.

Brockelmann, C. 1899. "Beiträge zur hebräischen and zur aramäischen Grammatik," *ZA* 14.343–49.

——. 1908–13. *Grundriss der vergleichenden Grammatik der semitischen Sprachen*. 2 vols. Berlin. [Repr. Hildesheim, 1961].

——. ²1928. *Lexicon syriacum*. Halle.

———. 1956. *Hebräische Syntax*. Neukirchen-Vluyn.

Brønno, E. 1943. *Studien über hebräische Morphologie and Vokalismus auf Grundlage der mercatischen Fragmente der zweiten Kolumne der Hexapla des Origenes*. Leipzig.

———. 1968. "Samaritan Hebrew and Origen's Secunda," *JSS* 13.192–201.

Brongers, H.A. 1973. "Die Partikel לְמַעַן in der biblisch-hebräischen Sprache," *OudSt* 18.84–96.

Brown, F., S.R. Driver and Ch.A. Briggs. 1907. *A Hebrew and English Lexicon of the Old Testament* etc. Oxford.

Brugmann, K. 1904. *Kurze vergleichende Grammatik der indogermanischen Sprachen*. Strassburg.

Brunner, L. 1979. *Die gemeinsamen Wurzeln des semitischen and indogermanischen Wortschatzes*. Bern/München.

Brunot, F. 1905. *Histoire de la langue française*. Paris.

Burggraaf, M. 1989. Een onderzoek naar functie en gebruik van de infinitivus constructus voorafgegaan door de prepositie l in het Klassieke Hebreeuws. Diss. Leiden.

Cagni, L. (ed.). 1981. *La lingua di Ebla. Atti del Convegno internazionale*. Napoli.

Camilli, A. ³1965. *Pronuncia e grafia dell'Italiano*. Firenze.

Cantineau, J. 1931. "De la place de l'accent de mot en hébreu et en araméen biblique," *Bulletin de l'Institut Oriental Français, Damas*, I.81–98.

———. 1949. "La voyelle de secours *i* dans les langues sémitiques," *Semitica* 2.51–67.

———. 1950. "La langue des Ras-Shamra," *Semitica* 3.21–34.

———. 1950a. "Essai d'une phonologie de l'hébreu biblique," *BSL* 46.82–122.

———. 1950b. "La notion de 'schème' et son altération dans diverses langues sémitiques," *Semitica* 3.73–83

———. 1951–52. "Le consonantisme du sémitique," *Semitica* 4.79–94.

Carmignac, J. 1978. "Le complément d'agent après un verb passif dans l'hébreu et l'araméen de Qumrân," *Revue de Qumran* 9.409–27.

Cassuto, U. [מ״ד קאסוטו] 1965. *The Goddess Anath. Canaanite Epics of the Patriarchal Age* etc. [Heb.]. Jerusalem.

———. ⁴1965a. פירוש על ספר שמות. Jerusalem.

Cazelles, H. 1949. "La question du «Lamed auctoris»," *RB* 56.93–101.

Chabot, J.-B. 1910. *Les langues et les littératures araméennes*. Paris.

Cheminant, P. 1912. *Les prophéties d'Ezéchiel contre Tyr*. Paris.

Chomsky, W. 1952. *D. Ḳimḥi's Hebrew Grammar (Mikhlol)*. New York.

———. 1964. *Hebrew: the Eternal Language*. Philadelphia.

Claassen, W.T. 1972. "The declarative-estimative Hiphʿil," *JNWSL* 2.5–16.

———. 1983. "Speaker-orientated functions of *kî* in Biblical Hebrew," *JNWSL* 11.29–46.

Clines, D.J.A. 1993–. *The Dictionary of Classical Hebrew*. Sheffield.

Cohen, A. [א. כהן] 1929–30. "The plural endings in Biblical Hebrew," *Lěš* 2.282–86.

Cohen, Ch. [ח. כהן] 2004. "The enclitic-mem in Biblical Hebrew: its existence and initial discovery," in Ch. Cohen et al. (eds), *Sefer Moshe: The Moshe Weinfeld Jubilee Volume* etc. (Winona Lake), 231–60.

———. 2004a. "The saga of a unique verb in Biblical Hebrew and Ugaritic: השתחוה 'to bow down' - Usage and etymology," in L. Ehrlich et al. (eds), *Textures and Meaning: Thirty Years of Jewish Studies at the University of Massachussets Amhert* [electronically published], pp.

323–42.

Cohen, D. 1964. "Remarques sur la dérivation nominale par affixes dans quelques langues sémitiques," *Semitica* 14.73–93 = in his *Études de linguistique sémitique et arabe* (The Hague/Paris, 1970), pp. 31–48.

———. 1970–. *Dictionnaire des racines sémitiques ou attestées dans les langues sémitiques* (Paris/Leuven).

———. 1970. *Études de linguistique sémitique et arabe*. The Hague/Paris.

———. 1973–79. "Qu'est-ce qu'une langue sémitique?," *GLECS* 23.431–61.

———. 1984. *La Phrase nominale et l'évolution du système verbal en sémitique. Études de syntaxe historique*. Paris.

———. 1988. *Les Langues chamito-sémitiques*. Paris.

Cohen, J. [כהן .י] 1990. "To the Hebrew midwives," *Lěš* 55.295–97.

Cohen, M. 1939. *Nouvelles études d'éthiopien méridional*. Paris.

Comrie, B. 1976. *Aspect: An Introduction to the Study of Verbal Aspect and Related Problems*. Cambridge.

Cook, J.A. 2001. "The Hebrew verb: A grammaticalization approach," *ZAH* 14.117–43.

Cooke, G.A. 1903. *A Textbook of North-Semitic Inscriptions*. Oxford.

Cornill, C.H. 1905. *Das Buch Jeremia*. Leipzig.

Contini, R. 1982. *Tipologia della frase nominale nel semitico nordoccidentale del I millennio A.C.* Pisa.

Cross, F.M. 1980. "Newly found inscriptions in Old Canaanite and Early Phonician scripts," *BASOR* 238.1–20.

———. 2003. "Some problems in Old Hebrew orthography with special attention to the third person masculine singular suffix on plural nouns [-âw]," I. Ephᶜal et al. (eds), *Eretz-Israel* 27 (Jerusalem), pp. 18–24.

Cross, F.M. and D.N. Freedman. 1952. *Early Hebrew Orthography. A Study of the Epigraphic Evidence*. New Haven.

———. 1975. *Studies in Ancient Yahwistic Poetry*. Missoula.

Cuny, A. 1910. "Les mots du fond préhellénique en grec, latin et sémitique occidental," *Revue des Études anciennes* 12.154–64.

Dallaire, H. 2002. "The syntax of volitives in Northwest Semitic prose," diss. Ph.D., Cincinnati, OH.

Dalman, G.: ²1905. *Aramäisch-Neuhebräisches Wörterbuch zu Targum, Talmud und Midrasch* etc. Leipzig.

———. ⁷1905 *Grammatik des jüdisch-palästinischen Aramäisch* etc. Leipzig.

Darmesteter, A. 1895. *Traité de la formation des mots composés dans la langue française. Paris.*

Davidson, A.B. ³1912. *Hebrew Syntax*; Edinburgh.

Davies, G.I. 1991, 2004. *Ancient Hebrew Inscriptions. Corpus and Concordance*. Cambridge.

Davies, P.R. 2003. "Biblical Hebrew and the history of Ancient Judah: Typology, chronology and common sense," in I. Young (ed.), pp. 151–63.

Davila, J.R. 1990. "Qoheleth and northern Hebrew," *Maarav* 5–6.69–87.

Dawson, D.A. 1994. *Textlinguistics and Biblical Hebrew*. Sheffield.

DeCaen, V. 2003. "Moveable *Nun* and instrusive *Nun*: the nature and distribution of verbal Nunation in Joel and Job," *JNWSL* 29.121–32.

Degen, R. 1969. *Altaramäische Grammatik der Inschriften des 10.-8. Jh. v. Chr.* Wiesbaden.

Del Olmo Lete, G. 1999. "The Semitic personal pronouns: A preliminary etymological approach," in Y. Avishur and R. Deutsch (eds), *Michael: Historical, Epigraphical and Biblical Studies* [Fschr M. Heltzer] (Tel Aviv-Jaffa), 99–120.

—— and J. Sanmartín. 2004. Tr. W.G.E. Watson, *A Dictionary of the Ugaritic Language in the Alphabetic Tradition,* 2 vols. Leiden.

Delitzsch, F. 1875. *Hoheslied und Koheleth.* Leipzig.

Deller, K., M. Dahood, and R. Köbert. 1965. "Comparative Semitics: some remarks on a recent publicaiton," *Or* 34.35–44.

Denz, A. 1999. "Tempus *und* Aspekt? Vorstellung eines noetischen Modells," in N. Nebes (ed.), *Tempus und Aspekt in den semitischen Sprachen* [*Jenaer Kolloquium zur semitischen Sprachwissenschaft*] (Wiesbaden), pp. 37–41.

Derenbourg, J. 1869. "Notes épigraphiques. IX Sur quelques noms propres en hébreu et en phénicien," *JA*, 6th series, 13.489–518.

——. 1870. "Quelques observations sur l'accentuation," *JA*, 6th series, 16.519–28.

Dhorme, É.P. 1910. *Les livres de Samuel.* Paris.

——. 1913. "La langue de Canaan," *RB* 22.369–93.

Diehl, J.F. 2000. "„Steh auf, setz dich und iß!" Imperative zwischen Begriffswort und Interjektion," *KUSATU* 1.101–32.

——. 2004. *Die Fortführung des Imperativs im Biblischen Hebräisch* [AOAT 286]. Münster.

Diakonoff, I.M. 151974. "Hamito-Semitic languages," *Encyclopaedia Britannica,* vol. 8, pp. 589–98.

——. 1988. *Afrasian Languages.* Moscow.

Diem, W. 1974. "Das Problem von שׂ im Althebräischen und die kanaanäische Lautverschiebung," *ZDMG* 124.221–52.

——. 1977. "Die Verba und Nomina tertiae infirmae im Semitischen," *ZDMG* 127.15–60.

——. 1986. "Alienable und inalienable Possession im Semitischen," *ZDMG* 136.227–91.

Dillmann, A. ⁵1890. *Der Prophet Jesaja.* Hirzel.

Dion, P.-E. 1974. *La Langue de Ya'udi.* Waterloo.

Disse, A. 1998. *Informationsstruktur im Biblischen Hebräisch. Sprachwissenschaftliche Grundlagen und exegetische Konsequenzen einer Korpusuntersuchung zu den Büchern Deuteronomium, Richter und 2 Könige.* St. Ottilien.

Dobbs-Allsopp, F.W. 2000. "Biblical Hebrew statives and situation aspect," *JSS* 4.521–53.

Dolgopolsky, A. 1998. *Nostartic Macrofamily and Linguistic Palaeontology.* Cambridge.

Dombrowski, B.W.W. 1988. " 'Eblaitic' = The earliest known dialect of Akkadian," *ZDMG* 138.211–36

Donner, H. and W. Röllig. ²⁻⁵1968–2002. *Kanaanische und aramäische Inschriften,* 3 vols. Wiesbaden.

Dotan, A. [דותן א] 1954. "The names of the shewa in the early stage of the Hebrew grammar," *Lěš* 19.13–30.

——. 1967. *The Diqduqé haṭṭěʿamim of Aḥăron Moše ben Ašěr* etc. [ספר דקדוקי הטעמים לר' אהרן בן אשר]. Jerusalem.

——. 1971. "Masorah," *EJ*, vol. 16, cols. 1401–82.

——. 1973. תורה נביאים וכתובים. Tel Aviv.

——. 1974. "The beginnings of Masoretic vowel notation," in H.M. Orlinsky (ed.), *Masoretic Studies I* (Missoula), pp. 21–34.

———. 1981. "The relative chronology of Hebrew vocalization and accentuation," *PAAJR* 48.87–99.

———. 1983. "שקיעי הטעמת מלעיל עתיקה במסורת הטברנית," in M. Bar-Asher et al. (eds.), *Hebrew Language Studies* [מחקרי לשון] [Fshcr. Z. Ben-Ḥayyim] (Jerusalem, 1983), 143–60.

———. 1985. "פתחי חטפין: עיון בדרכים הקדומים של הניקוד," B.Z. Lurie (ed.), ספר אברהם אבן־שושן, 157–65. Jerusalem.

———. 1987. "The relative chronology of the accentuation system," M. Bar-Asher (ed.), *Language Studies*, pp. 355–65. [Heb.]

———. 1993. "The infinitive of the *Puʿal* conjugation," in Fshcr. J. Blau, 225–32. [Heb.]

———. 1997. *The Dawn of Hebrew Linguistics. The Book of Elegance of the Language of the Hebrews by Saadia Gaon. Introduction and Critical Edition*. 2 vols.[Heb.]. Jerusalem.

———. 2001. *Biblia Hebraica Leningradensia*. Peabody, MS.

Drewes, A.J. 1962. Inscriptions de l'Éthiopie antique. Leiden.

———. 1991–, With E. Bernand and R. Schneider: *Recueil des inscriptions de l'Éthiopie des périodes pré-axoumite et axoumite*. Paris.

Driver, G.R. 1925. "The origin of 'ḥiriq compaginis' in Hebrew," *JThSt* 26.76f.

———. 1929. "Some Hebrew verbs, nouns and pronouns," JThSt 30.371–78.

———. 1936. *Problems of the Hebrew Verbal System*. Edinburgh.

———. 1969. "Some uses of *Hqtl* in the Semitic languages," *Proceedings*, pp. 49–64.

———. ³1976. *Semitic Writing: From Pictograph to Alphabet*. London.

Driver, S.R ³1892. *A Treatise on the Use of the Tenses in Hebrew and some other Syntactical Questions*. Oxford.

———. ³1902. *A Critical and Exegetical Commentary on Deuteronomy* [ICC]. Edinburgh.

———. ²1912. *Notes on the Hebrew Text and the Topography of the Books of Samuel*; Oxford

———. ⁹1913. *An Introduction to the Literature of the Old Testament*; Edinburgh.

———. and G.B. Gray. 1921. *A Critical and Exegetical Commentary on Job* [ICC]. Edinburgh.

Drower, E.S. and R. Macuch. 1963. *A Mandaic Dictionary*. Oxford.

Dyk, J. and E. Talstra. 1999. "Paradigmatic and syntagmatic features in identifying subject and predicate in nominal clauses," in Miller (ed.), pp. 133–85.

Ehrensvärd, M. 1999. "Negating the infinitive in Biblical Hebrew," *ZAH* 12.146–64.

———. 2004. "Linguistic dating of biblical texts," in I. Young (ed.), pp. 164–88.

Ehrlich, A.B. 1908. *Randglossen zur hebräischen Bibel. Textkritisches, sprachliches und sachliches*. 7 vols. Leipzig.

Eichhorn, J.G. 1781. *Repertorium für biblische und morgenländische Literatur*, VIII. Leipzig.

Einspahr, B. 1976. *Index to Brown, Driver & Briggs' Hebrew Lexicon*. Chicago.

Eissfeldt, O. 1970ff. "אָדוֹן," in G.J. Botterweck and H. Ringgren (eds), *Theologisches Wörterbuch zum Alten Testament* (Stuttgart/Berlin/Köln/Mainz), 1, cols. 62–78.

Eitan, I. 1920–21. "La répétition de la racine en hébreu," *JPOS* 1.171–86.

Eksell, K. 1989–90. "Remarks on poetical functions of the genitive in some Northwestern Semitic poetry," *Or. Suec* 38–39: 21–30.

Eldar, I. [1980 [אלדר .א. " "Fathers and sons" in the Hebrew verb conjugation," *Lěš* 44.157–60.

———. 1983–85. "The twofold pronunciation of Tiberian Resh," *Lěš* 48–49.22–34.

Elizur, J. [אליצר .י] 1987. "The *qittul* pattern in Mishnaic Hebrew"[Heb.], in M. Bar-Asher (ed.), IIII-II מחקרים בלשון (Jerusalem), pp. 67–93.

Elliger, K. and W. Rudolph (eds). 1967–77. *Biblia Hebraica Stuttgartensia*. Stuttgart.

Elwolde, J.F. 1997. "Developments in Hebrew vocabulary between Bible and Mishnah," T. Muraoka and J.F. Elwolde (eds), *The Hebrew of the Dead Sea Scrolls and Ben Sira. Proceedings of a Symposium Held at Leiden University 11–14 December 1995*. Leiden.

Ember, A. 1905. "The pluralis intensivus in Hebrew," *AJSLL* 21.195–231.

Emerton, J.A. 1977. "The etymology of *histaḥ ᵃwāh*," *OudSt* 20.41–55.

———. 1982. "New light on Israelite religion: the implications of the inscriptions from Kuntillet ʿAjrud," *ZAW* 94.2–20.

———. 1996. "Are there examples of enclitic *mem* in the Hebrew Bible?," in M. Fox et al. (eds), *Texts and Traditions* [Fschr M. Haran] (Winona Lake), 321–38.

———. 2000. "Was there an epicene pronoun hū' in Early Hebrew?," *JSS* 45.267–76.

Encyclopaedia Judaica. 16 vols., ed. C. Roth and G. Wigoder (Jerusalem, 1971–72).

Endo, Y. 1996. *The Verbal System of Classical Hebrew in the Joseph Story: An Approach from Discourse Analysis* [SSN 32]. Assen.

Ephal, I.: see under J. Naveh.

Epstein, J.N. [אפשטיין. י.נ.]. 1960 *A Grammar of Babylonian Aramaic* [דקדוק ארמית בבלית]. Jerusalem.

Esh, Sh.[אש. ש]. 1957–58 . "On the words introducing direct speech in Hebrew," *Lěš* 22.48–53.

Eskhult, M. 1990. *Studies in Verbal Aspect and Narrative Technique in Biblical Hebrew Prose*. Uppsala.

———. 1998. "The verb *sbb* as a marker of inception in Biblical Hebrew," *Or. Suec.* 47.21–26.

———. 2000. "Hebrew infinitival paronomasia," *Or. Suec.* 49.27–32

———. 2003. "Markers of text type in Biblical Hebrew from a diachronic perspective," in Fschr Muraoka, 153–64.

Euting, J. 1896–1914. *Tagbuch einer Reise in Inner-Arabien*. Leiden.

Even-Shoshan, A. [אבן־שושן. א]. 1976. המילון החדש. Jerusalem.

———. ⁴1981. *A New Concordance of the Bible* [קונקורדנציה חדשה לתורה, נביאים וכתובים]. Jerusalem.

Ewald, H. 1831–33. *Grammatica critica linguae arabicae* etc. Leipzig.

———. 1827, ⁸1870. *Ausführliches Lehrbuch der hebräischen Sprache*. Göttingen.

Faber, A. 1988. "Indefinite pronouns in Early Semitic," in Y.L. Arbeitman (ed.), *Fucus* etc. [Fschr A. Ehrman] (Amsterdam), 221–38.

———. 1991. "The diachronic relationship between negative and interrogative markers in Semitic," in A.S. Kaye (ed.), *Semitic Studies* [Fschr W. Leslau] (Wiesbaden), 411–29.

———. 1997. "Genetic subgrouping of Semitic languages," in R. Hetzron (ed.), *The Semitic Languages* (London), 3–15.

Fassberg, S.E. [פסברג. ס]. 1990. "Negative final clauses in Biblical Hebrew: וְלֹא יִקְטֹל and פֶּן יִקְטֹל" [Heb.] in Fschr Rabin (eds M.H. Goshen-Gottstein, Sh. Morag, and S. Kogut) (Jerusalem), 273–94.

———. 1994. *Studies in Biblical Syntax* [סוגיות בתחביר המקרא]. Jerusalem.

———. 1999. "The lengthened imperative קָטְלָה in Biblical Hebrew," *HS* 40.7–13.

———. 2001. "The movement from *Qal* to *Piᶜel* in Hebrew and the disappearance of the *Qal* internal passive," *HS* 42.243–55.

———. 2002. "Why doesn't melex appear as ma:lex in pause in Tiberian Hebrew," *Lěš* 64.207–19.

———. 2003. "The preference for lengthened forms in Qumran Hebrew," *Meghillot: Studies in the Dead Sea Scrolls* 1.227–40.

Féghali, M. and A. Cluny: 1924. *Du genre grammatical en sémitique*. Paris.

Fenton, T.L. 1970. "The absence of a verbal formation *yaqattal from Ugaritic and North-West Semitic," *JSS* 15.31–41.

———. 1973. "The Hebrew 'tenses' in the light of Ugaritic," *Proceedings of the Fifth World Congress of Jewish Studies* (Jerusalem), 31–39.

Finkelstein, J.J. 1962. "Mesopotamia," *JNES* 21.73–92.

Finkelstein, L. 1939. *Siphre ad Deuteronomium*. Berlin.

Fischer, W. ²1987. *Grammatik des klassischen Arabisch* [PLO 11]. Wiesbaden.

Fishbane, M. 1985. *Biblical Interpretation in Ancient Israel*. Oxford.

Fitzmyer, J.A. 2003. *Tobit* [Commentaries on Early Jewish Literature]. Berlin / New York.

Fleisch, H. 1944. *Les verbes à allongement vocalique interne en sémitique*. Paris.

———. 1968. "*yaqtula* cananéen et subjonctif arabe," in *Studia orientalia in memoriam Caroli Brockelmann* (Halle), 65–76.

———. 1975. "Le verbe du sémitique commun. Les discussions à son sujet," *Semitica* 25.5–18.

Florentin, M. [פלורנטין .מ] 2000–01. "The distribution of short and long Imperfect forms in Biblical Hebrew," *Lěš* 63.9–18.

Follingstad, C.M. 1995. "*Hinnēh* and focus function with application to Tyap," *JOTT* 7(4).1–25.

———. 2001. "Deictic viewpoint in Biblical Hebrew text: a syntagmatic and paradigmatic analysis of the particle כי (kî)," diss. Free University. Dallas.

Folmer, M.L. 1995. *The Aramaic Language in the Achaemenid Period. A Study in Linguistic Variation* [OLA 68]. Leuven.

Fontinoy, Ch. 1969. *Le Duel dans les langues sémitiques*. Paris.

———. 1971. "Les noms de lieux en -*ayim* dans la Bible," *UF* 3.33–40.

Fox, J. 1998. "Isolated nouns in the Semitic languages," *ZAH* 11.1–31.

———. 2003. *Semitic Noun Patterns* [HSS 59]. Winona Lake.

Freedman, D.N. 1972. "The broken construct chain," *Bib* 53.534–36.

———. 1985. "Prose particles in the poetry of the Primary History," in A. Kort and S. Morschauser (eds), *Biblical and Related Studies* [Fschr. S. Iwry] (Winona Lake), 49–62.

Friedrich, J. and W. Röllig. ³1999. *Phönizisch-punische Grammatik, neu bearbeitet von Maria Giulia Amadasi Guzzo unter Mitarbeit von Werner R. Mayer*. Rome.

P. Fronzaroli (ed.). 1984. *Studies on the Language of Ebla*. Firenze.

Furuli, R. 1997. "The problem of induction and the Hebrew verb," in E. Wardini (ed.), *Built on Solid Rock: Studies in Honour of Professor Ebbe Egede Knudsen on the Occasion of his 65th Birthday April 11th 1997* (Oslo), 82–90.

Gall, A.F. von. 1918. Der *hebräische Pentateuch der Samaritaner*. Giessen.

Garbell, I. [גרבל .א]. 1954. "Quelques observations sur les phonèmes de l'hébreu biblique et traditionelle," *BSL* 50.231–43.

———. 1957. "On the phonological status of shewa and hataphs," *Proceedings of the Second World Congress of Jewish Studies*, Section: Hebrew Language [Heb.], p. 12.

———. 1959. "The phonemic status of the shewa, ḥatef vowels and the fricative Begadkefath in the Massoretic Hebrew," *Lěš* 23.152–55.

Garbini, G. ²1984. *Le lingue semitiche. Studi di storia linguistica*. Napoli.

Garr, W.R. 1985. *Dialect Geography of Syria-Palestine, 1000–586 B.C.E.* Philadelphia.

——. 1987. "Pretonic vowels in Hebrew," *VT* 37.129–53.

——. 1989. "The *seghol* and segholation in Hebrew," *JNES* 48.109–16.

——. 1998. Introduction to S.R. Driver 1892, repr. Grand Rapids, MI / Livonia, MI.

——. 2004. "הן," *RB* 111.321–44.

Gaß, E. 2002. "*w*-compaginis als ursprünglich proleptisches Personalpronomen mit abhängiger Appositionsverbindung," *BN* 113:51–60.

Gelb, I.J. 1952. *A History of Writing*. Chicago.

——. 1969. *Sequential Reconstruction of Proto-Akkadian*. Chicago.

——. 1977. "Thoughts about Ibla: a preliminary evaluation, March 1977," *Syro-Mesopotamian Studies* 1/1.3–30.

Gentry, P.J. 1998. "The system of the finite verb in Classical Biblical Hebrew," *HS* 39.7–39.

Gesenius, W.: 1829–58. *Thesaurus philologicus criticus linguae hebraicae et chaldaeae Veteris Testamenti*. Leipzig.

——. [16]1915. *Wilhelm Gesenius' hebräisches und aramäisches Handwörterbuch*. Leipzig.

——. 1910. *Gesenius' Hebrew Grammar as Edited and Enlarged by the Late E. Kautzsch*. Second English ed. revised by A.E. Cowley. Oxford.

Gevirtz, S. 1986. "Of syntax and style in the 'Late Biblical Hebrew' – 'Old Canaanite' connection," *JANESCU* 18.25–29.

Gianto, A. 1998. "Mood and modality in Classical Hebrew," *IOS* 18.183–98.

Gibson, J.C.L. 1971. *Textbook of Syrian Semitic Inscriptions,* vol. 1: *Hebrew and Moabite Inscriptions*. Oxford.

——. 1975. *Textbook of Syrian Semitic Inscriptions,* vol. 2: *Aramaic Inscriptions including Inscriptions in the Dialect of Zenjirli*. Oxford.

——. 1994. *Davidson's Introductory Hebrew Grammar ~Syntax*. 4th ed. Edinburgh. Giesebrecht, F. [2]1907. *Das Buch Jeremia*. Göttingen.

Ginsberg, H.L. [גינזברג .א. ח] 1935. "מבער למסורת [From behind the Massorah]," *Tarbiz* 5.208–23.

——. 1939. "Two religious borrowings in Ugaritic literature," *Or* 8.317–27.

——. 1970. "The North-West Semitic Languages," in B. Mazar (ed.), *The World History of the Jewish People*, first series, vol. 2 (Tel Aviv), 102–24.

Ginsburg, C.D. 1880–1905. *The Massorah Compiled from Manuscripts, Alphabetically and Lexically Arranged*, 4 vols. London.

Gismondi, H. 1890. *Linguae syriacae grammatica et chrestomathiola cum glossario*. Beirut.

——. [2]1912. *Linguae hebraicae grammatica et chrestomathia cum glossario*. Rome.

Glinert, L. 1989. *The Grammar of Modern Hebrew*. Cambridge.

Goerwitz, R.J. 1990. "Tiberian Hebrew segol - a reappraisal," *ZAH* 3.3–10.

Goetze, A.: 1938. "The tenses of Ugaritic," *JAOS* 58.266–309.

——. 1941. "Is Ugaritic a Canaanite dialect?," *Language* 17.127–38.

——. 1942. "The so-called intensive of the Semitic languages," *JAOS* 62.1–8.

Gogel, S.L. 1998. *A Grammar of Epigraphic Hebrew*. Atlanta, GA.

Goldenberg, G. 1971. "Tautological infinitive," *IOS* 1.36–85.

——. 1977. "Imperfectly-transformed cleft sentences," *Proceedings of the Sixth World Congress of Jewish Studies* (Jerusalem), 1.127–33.

——. 1983. "On Syriac sentence structure," in M. Sokoloff (ed.), *Arameans, Aramaic and the Aramaic Literary Tradition* (Ramat-Gan), 97–140.

———. 1994. "Principles of Semitic word structure," in G. Goldenberg and Sh. Raz (eds), *Semitic and Cushitic Studies* (Wiesbaden), 29–64.

Goldfajn, T. 1998. *Word Order and Time in Biblical Hebrew Narrative.* Oxford.

Gordis, R. 1937. *The Biblical Text in the Making: A Study of the Kethib-Qere.* Philadelphia.

Gordon, C.H. 1938. "The accentual shift in the perfect with waw consecutive," *JBL* 57.319–25.

———. 1965. *Ugaritic Textbook*; Rome.

———. 1997. "Amorite and Eblaite," in R. Hetzron (ed.), *The Semitic Languages* (London), 100–13.

Gordon, C.W. 1991. "Qǝtûl nouns in Classical Hebrew," *AN* 19.83–6.

———. 1998. "לְעֵי collectives of the Qǝtûl formation," in M. Lubetski et al (eds), *Boundaries of the Ancient Near Eastern World* [Fschr C.H. Gordon] (Sheffield), 64–68.

Goshen-Gottstein, M.H. [מ. גרשן גוטשטיין]. 1949. "On the pronunciation of the Hebrew Resh," *Lěš* 16.209–11.

———. 1949a. "Afterthought and the syntax of relative clause in Biblical Hebrew," *JBL* 68.35–47.

———. 1969. "The system of verbal stems in the classical Semitic languages," *Proceedings* pp. 70–91.

———. 1985. "Problems of Semitic verbal stems: a review," *BO* 42.279–83.

Gowan, D.E. 1971. "The use of *yaʿan* in Biblical Hebrew," *VT* 21.168–85.

Greenberg, J.H. 1950. "The patterning of root morphemes in Semitic," *Word* 6.162–81.

Greenberg, M. 1957. "The Hebrew oath particle *ḥay/ḥē*," *JBL* 76.34–39.

Greenfield, J.C. 1969. "Amurrite, Ugaritic and Canaanite," *Proceedings*, pp. 92–101.

———. 1969a. "The periphrastic imperativ in Aramaic and Hebrew," *IEJ* 19.199–210.

———. 1974. "Standard Literary Aramaic," in A. Caquot and D. Cohen (eds.), *Actes du premier congrès international de linguistique chamito-sémitique. Paris 16–19 juillet 1969* (The Hague/Paris), 280–289.

———. 1984. Hebrew and Aramaic in the Persian Period, in W.D. Davies and L. Finkelstein (eds), *The Cambridge History of Ancient Judaism* (Cambridge), 115–29.

Greenstein, E.L. 1988. "On the prefixed preterite in Biblical Hebrew," *HS* 29:7–17.

Grimme, H. 1896. *Grundzüge der hebräischen Akzent- und Vokallehre.* Freiburg.

Groß, W. 1975. "Das nicht substantivierte Partizip als Prädikat im Relativsatz hebräischer Prosa," *JNWSL* 4.23–47.

———. 1976. *Verbform und Funktion. Wayyiqtol für Gegenwart? Ein Beitrag zur Syntax poetischer althebräischer Texte.* St. Ottilien.

———. 1987. *Die Pendenskonstruktion im biblischen Hebräisch.* St. Ottilien.

———. 1991. "Satzfolge, Satzteilfolge und Satzart als Kriterien der Subkategorisierung hebräischer Konjunktionalsätze, am Beispiel der כִּי-Sätze untersucht," in W. Groß, H. Irsigler & Th. Seidl (eds), *Text, Methode und Grammatik* [Fschr W. Richter], St. Ottilien, 97–117.

———. 1993. "Die Position des Subjekts im hebräischen Verbalsatz, untersucht an den asyndetischen ersten Redesätzen in Gen, Ex 1–19, Jos–2Kön," *ZAH* 6.170–87.

———. 1996. *Die Satzteilfolge im Verbalsatz alttestamentlicher Prosa.* Tübingen.

———. 1997. "Ein verdrängter bibelhebräischer Satztyp: Sätze mit zwei oder mehr unterschiedlichen Konstituenten vor dem Verbum finitum," *JNWSL* 23.15–42.

———. 1999. "Is there really a compound nominal clause in Biblical Hebrew?," in Miller (ed.), 19–50. [A German version in Groß 2001:31–60]

———. 2001. *Doppelt besetztes Vorfeld: Syntaktische, pragmatische und übersetzungstechnische Studien zum althebräischen Verbalsatz* [BZAW 305]. Berlin / New York.

———. 2001a. "Die Stellung der Zeitangabe in Sätzen mit zwei oder mehr nominalen / pronominalen Satzteilen vor dem Vermum finitum in alttestamentlicher Poesie," in R. Bartelmus and N. Nebes (eds), *Sachverhalt und Zeitbezug. Semitische und alttestamentliche Studien Adolf Denz zum 65. Geburtstag* (Wiesbaden), 35–50.

Gruntfest, Y. 1999. "The consecutive imperfect in Semitic epigraphy," in Y. Avishur and R. Deutsch (eds), *Michael: Historical, Epigraphical and Biblical Studies* [Fschr M. Heltzer] (Tel Aviv-Jaffa), 171–85.

Gulkowitsch, L. 1931. *Die Bildung von Abstraktbegriffen in der hebräischen Sprachgeschichte.* Leipzig.

Gumpertz, Y.F.[גומפרץ. י.פ]. 1953. *Studies in Historical Phonetics of the Hebrew Language* [מבטאי שפתנו : מחקרים פוניטיים־היסטוריים]. Jerusalem.

Gzella, H. 2003. *Cosmic Battle and Political Conflict. Studies in Verbal Syntax and Contextual Interpretation of Daniel 8.* Rome.

Hadas-Lebel, M. 1981. *Histoire de la langue hébraïque des origines à l'époque de la Mishna.* Paris/Louvain.

Halevy, R. 2004. "The function of the construction 'Verb + *l*- + personal reflexive pronoun' in Contemporary Hebrew," *Lěš* 66. 113–43.

———. 2007. "The subject co-referential *l*-pronoun in Hebrew," in T. Bar and E. Cohen (eds), *Studies in Semitic and General Linguistic Studies in Honor of Gideon Goldenberg* (Münster), 299-321

Haneman, G. [גדעון הנמן]. 1974. "Uniformization and differentiation in the history of two Hebrew verbs," M.Z. Kaddari (ed.) [צ. קדרי.מ] ערכי המילון החדש לספרות חז״ל 2 (Ramat-Gan), 24–30.

———. 1975. "On the preposition *ben* in the Mishnah and the Bible," *Lěš* 40.33–53.

———. 1980. *A Morphology of Mishnaic Hebrew according to the Tradition of the Parma Manuscript (De-Rossi 138)* [(138 ד־רוסי) תורת הצורות של לשון המשנה על פי כתב־יד פרמה]. Tel Aviv.

Harris, Z.S. 1939. *Development of the Canaanite Dialects. An Investigation in Linguistic History.* New Haven.

———. 1946. *A Grammar of the Phoenician Language.* New Haven.

Hartom, A.Sh. [הרטום. ש. א]. 1951. "On the question of the stress of the perfect with the Waw consecutive in Hebrew," *Lěš* 17.88f.

Harviainen, T. 1977. *On the Vocalism of the Closed Unstressed Syllables in Hebrew: A Study Based on the Evidence Provided by the Transcriptions of St. Jerome and Palestinian Punctuations.* Helsinki.

Har-Zahav, S. [הר־זהב. צ]. 1930. "The binyanim of the Hebrew verb," *Lěš* 2.155–75.

Hatav, G. 1997. *The Semantics of Aspect and Modality: Evidence from English and Biblical Hebrew.* Amsterdam.

———. 2000. "(Free) direct discourse in Biblical Hebrew," *HS* 41.7–30.

Havers, W. 1931. *Handbuch der erklärenden Syntax.* Heidelberg.

Heckl, R. 2001. "Die starke Bildung des Imperfekts bei einigen Formen der Verba primae Nun—Ein Problem des Verbalsystems?," *ZAH* 14.20–33.

Heimerdinger, J.-M. 1999. *Topic, Focus and Foreground in Ancient Hebrew Narratives.*

Sheffield.

Held, M. 1962. "The *yqtl-qtl* (*qtl-yqtl*) sequence of identical verbs in Biblical Hebrew and in Ugaritic," in M. Ben-Horin et al. (eds), *Studies and Essays in Honor of Abraham Neuman* (Leiden), 281–90.

Hendel, R.S. 1996. "In the margins of the Hebrew verbal system: Situation, tense, aspect, mood," *ZAH* 9.152–81.

Henkin, R. 1994. " 'Come we'll go!' and 'Let's see!'—Imperatives in indirect commands," in G. Goldenberg and Sh. Raz (eds), *Semitic and Cushitic Studies* (Wiesbaden), 168–95.

Herner, S. 1893. *Syntax der Zahlwörter im Alten Testament*. Lund.

Hetzron, R. 1969. "Third person singular pronoun suffixes in Proto-Semitic," *Or. Suec.* 18.101–27.

———. 1969a. "The evidence for perfect **yáqtul* and jussive **yaqtúl* in Proto-Semitic," *JSS* 14.1–21.

———. 1974. "La division des langues sémitiques," in A. Caquot and D. Cohen (eds), *Actes du premier congrès international de linguistique sémitique et chamito-sémitique, Paris 16–19 juillet 1969* (The Hague / Paris), 181–94.

———. 1976. "Two principles of genetic classificaiton," *Lingua* 38:89–108.

———. 1977. "Innovations in the Semitic numeral system," *JSS* 22.167–201.

———. (ed.) 1997. *The Semitic Languages*. London.

Hoberman, R.D. 1989. "Initial consonant clusters in Hebrew and Aramaic," *JNES* 48.25–29.

Hoch, J.E. 1994. *Semitic words in Egyptian Texts of the New Kingdom and Third Intermediate Period*. Princeton.

Höfner, M. 1943. *Altsüdarabische Grammatik*. Leipzig.

Hoftijzer, J. 1973. "The nominal clause reconsidered," *VT* 23.446–510.

———. 1981. *A Search for Method. A Study in the Syntactic Use of the H-Locale in Classical Hebrew* [SSLL 12]. Leiden.

———. 1985. *The Function and Use of the Imperfect Forms with Nun paragogicum in Classical Hebrew* [SSN 21]. Assen / Maastricht.

———. 1989. "Philological-grammatical notes on I Kings xi 14," *OudSt* 25.29–37.

———. 1992. "Überlegungen zum System der Stammesmodifikationen im klassischen Hebräisch," *ZAH* 5.117–34.

———. 2001. "Zukunftsaussagen und Modalität," *KUSATU* 2.5–45.

Hoftijzer, J.-Jongeling, K. 1995. *Dictionary of the Northwest-Semitic Inscriptions* [Handbuch der Orientalistik 21], 2 vols. Leiden.

Holmstedt, R.D. 2000. "The phonology of Classical Hebrew: A linguistic study of long vowels and syllable structure," *ZAH* 13.145–56.

Horovitz, H.S. and I.A. Rabin. 1931. *Mechilta d'Rabbi Ismael*. Berlin.

Huart, C. 1902. *Littérature arabe*. Paris.

Huehnergard, J. 1983. "Asseverative **la* and hypothetical **lu/law* in Semitic," *JAOS* 103.569–93.

———. 1987. *Ugaritic Vocabulary in Syllabic Transcription* [HSS 32]. Atlanta.

———. 1987a. "The feminine plural jussive in Old Aramaic," *ZDMG* 137.266–77.

———. 1992. "Historical phonology and the Hebrew Piel," in W.R. Bodine, *Linguistics and Biblical Hebrew* (Winona Lake), 209–29.

Huesman, J. 1956. "The infinitive absolute and the waw perfect problem," *Bib* 37.410–34.

Huffmon, H.B. 1965. *Amorite Personal Names in the Mari Texts: A Structural and Lexical*

Study. Baltimore.

Hughes, J.A. 1970. "Another look at the Hebrew tenses," *JNES* 29.12–24.

——. 1994. "Post-biblical features of Biblical Hebrew vocalization," in Fschr Barr, 67–80.

Humbert, P. 1934. "La formule hébraïque en hineni suivi d'un participe," *RÉJ* 97.58–64.

Hummel, H.D. 1957. "Enclitic *mem* in Early Northwest Semitic, especially Hebrew," *JBL* 76.85–107.

Hurvitz, A. [הורביץ .א]. 1968. "The chronological significance of 'Aramaisms' in Biblical Hebrew," *IEJ* 18.234–40.

——. 1969. "Ακκαρων = Amqar(r)una = עֶקְרוֹן," *Lěš* 33.18–24.

——. 1972. *The Transition Period in Biblical Hebrew* [בין לשון ללשון : לתולדות לשון המקרא בימי בית שני] Jerusalem.

——. 1975. "The date of the prose-tale of Job linguistically reconsidered," *BM* 20.457–72.

——. 1982. *A Linguistic Study of the Relationship between the Priestly Source and the Book of Ezekiel*. Paris.

——. 1985. "Originals and imitations in Biblical poetry: A comparative examination of 1Sam 2:1–10 and Ps 113:5–9," A. Kort and S. Morschauser (eds), *Biblical and Related Studies* [Fschr S. Iwry] (Winona Lake), 115–21.

——. 1990. Review of D.C. Fredericks, *Qoheleth's Language: Re-evaluating its Nature and Date* (Lewiston), *HS* 31.144–54.

——. 1996. "Hebrew and Aramaic in the biblical period—the question of 'Aramaism' in the research on Biblical Hebrew" [Heb.], in M. Bar-Asher (ed.), *Studies in Hebrew and Jewish Languages Presented to Shelomo Morag* (Jerusalem), 79–94. = Young (ed.) 2003: 24–37.

——. 1997. "The historical quest for 'Ancient Hebrew' and the linguistic evidence of the Hebrew Bible: some methodological observations," *VT* 47.301–15.

——. 2000. "Once again: The linguistic profile of the priestly material in the Pentateuch and its historical age: A response to J. Blenkinsopp," *ZAW* 112.180–91.

——. 2000a. "Can biblical texts be dated linguistically?," A. Lemaire and M. Sæbø, *Congress Volume Oslo* [VTS 80] (Leiden), 143–60.

Hurwitz, S.T.H. 1913. *Root-determinatives in Semitic Speech: A Contribution to Semitic Philology*. New York.

Hyvernat, H. 1902–05. "Petite introduction à l'étude de la Massore," *RB* 11.551–63, 12.529–49, 13.521–46, 14.203–34.

Ibn Ezra: ed. C. del Valle Rodríguez. 1977. ספר צחות. Salamanca.

Ibn Janaḥ, eds. M. Wilensky and D. Tené. 1964. ספר הרקמה לר' יונה אבן גינאח, 2 vols. Jerusalem.

Ibrahim, M.H. 1973. *Grammatical Gender. Its Origin and Development*. The Hague / Paris.

Idelsohn, A.Z. 1913. "Die gegenwärtige Aussprache des Hebräischen bei Juden and Samaritanern," *Monatsschrift für Geschichte and Wissenschaft des Judentums*, 57.527–45, 697–721.

Ikeda, J. 2003. "Three notes on Israelian Hebrew syntax," *Orient* 38.51–65.

Isaksson, B. 1987. *Studies in the Language of Qoheleth with Special Emphasis on the Verbal System*. Uppsala.

——. 1992–93. "The personal morphological space and a notion of distance in Semitic grammar," *Or.Suec.* 41–42. 96–105.

——. 1998. " "Aberrant" usages of introductory wəhāyā in the light of text linguistics," K.-D.

Schunck and M. Augustin (eds), "*Lasset uns Brücken bauen ...*", 9–25.

Isbell, C.D. 1978. "Initial 'Alef-Yod interchange and selected biblical passages," *JNES* 37.227–36.

Israel, F. 2003. "Il pronome relativo nell'area Cananaica," in J. Lentin and A. Lonnet (eds), *Mélanges David Cohen* (Paris), 331–46.

———. 2003a. "La classificazione dell'Ugaritico: Problema prima storico e poi linguistico," in P. Marassini (ed.), *Semitic and Assyriological Studies* [Fschr P. Fronzaroli] (Wiesbaden), 243–68.

Izre'el, S. [שׁ .יזרעאל] 1978. "The Gezer letters of the El-Amarna archive: Linguistic analysis," *IOS* 8.13–90.

———. 1978a. "אל = את in Biblical Hebrew," *Shnaton* 3 (1978) 204–12. [Heb.]

———. 1987. "Early Northwest Semitic 3rd pl. m. prefix: the evidence of the Amarna letters," *UF* 19.79–90.

Jackson, K.P. 1983. *The Ammonite Language of the Iron Age.* Chico.

Jean, Ch.-F. and J. Hoftijzer. 1965. *Dictionnaire des inscriptions sémitiques de l'ouest.* Leiden.

Jenni, E. 1968. *Das hebräische Piʿel: Syntaktisch-semasiologische Untersuchung einer Verbalform im Alten Testament.* Zürich.

———. 1973. "Zur Funktion der reflexiv-passiven Stammformen im Biblisch-Hebräischen," *Proceedings of the Fifth World Congress of Jewish Studies* (Jerusalem), 61–70.

———. 1991. "Verba gesticulationis im Hebräischen," Fschr Richter, 191–203.

———. 1992–2000. *Die hebräischen Präpositionen.* Stuttgart/Berlin/Köln. [Bd. I Beth, 1992; Bd. II Kaph, 1994; Bd. III Lamed, 2000].

———. 1998. "Vollverb and Hilfsverb mit Infinitiv-Ergänzung im Hebräischen," *ZAH* 11.50–67.

———. 1999. "Einleitung formeller and familiärer Rede im Alten Testament durch ʾmr ʾl- und ʾmr l-," J.A. Loader and H.V. Kieweler (eds), *Vielseitigkeit des Alten Testaments* [Fschr G. Sauer] (Frankfurt a.M.), 17–33.

———. 1999a. "Epistemische Modalitäten im Proverbienbuch," in A. Lange et al. (eds), *Mythos im Alten Testament und seiner Umwelt* [Fschr. H.-P. Müller: BZAW 278] (Berlin/New York), 107–17.

———. 2000. "Aktionsarten and Stammformen im Althebräischen: Das Piʿel in verbesserter Sicht," *ZAH* 13.67–90.

———. 2001. "Eine hebräische Abtönungspartikel: ʿal-ken," B. Huwyler et al. (eds), *Prophetie und Psalman* [Fschr K. Seybold] (Münster), 201–15.

———. 2001a. "Semantische Gesichtspunkte des Hebräischen und deutscher Übersetzungen am Beispiel von Num 10,29–31," W. Groß (ed.), *Bibelübersetzung heute: Geschichtliche Entwicklungen und aktuelle Herausforderungen. Stuttgarter Symposion 2000,* 209–33. Stuttgart.

———. 2002. "Höfliche Bitte im Alten Testament," A. Lemaire (ed.), *Congress Volume: Basel, 2001* [VTS 92] (Leiden), 3–16.

———. 2002–03. "Untersuchungen zum hebräischen Kohortativ," *ZAH* 15/16.19–67.

Jepsen, A. 1951–52. "Zur Aussprache der tiberiensischen Punktation," *Wissenschaftliche Zeitschrift der Universität Greifswald,* Gesellschafts- und sprachwissenschaftliche Reihe, Nr. 1, pp. 1–5.

Jespersen, O. 1912. *Elementarbuch der Phonetik.* Leipzig/Berlin.

———. 21913. *Lehrbuch der Phonetik.* Leipzig/Berlin.

———. 1924. *The Philosophy of Grammar*. London.

———. 1937. *The Analytic Syntax*. London.

Johnson, B. 1979. *Hebräisches Perfekt und Imperfekt mit vorangehenden wᵉ*. Lund.

Jongeling, K. 1997. "The Hebrew particle אַךְ," *Dutch Studies Published by NELL* 3.75–108.

Joosten, J. 1989. "The predicative participle in Biblical Hebrew," *ZAH* 2.128–59.

———. 1997. "The indicative system of the Biblical Hebrew verb and its literary exploitation" and "Workshop: Meaning and use of the tenses in 1 Samuel 1," in E. van Wolde (ed.), *Narrative Syntax and the Hebrew Bible: Papers of the Tilburg Conference 1996* (Leiden), 51–83.

———. 1998. "The functions of the Semitic D stem: Biblical Hebrew materials for a comparative-historical approach," *Or* 67.202–30.

———. 1999. "The lengthened imperative with accusative suffix in Biblical Hebrew," *ZAW* 111.423–26.

———. 1999a. "The long form of the prefix conjugation referring to the past in Biblical Hebrew," *HS* 40.15–26.

———. 2002. "Do the finite verbal forms in Biblical Hebrew express aspect?," *JANES* 29.49–70.

Joüon, P. 1909. "Notes de lexicographie hébraïque," *MUSJ* 3.323–36.

———. 1909a. *Le Cantique des Cantiques*. Rome.

———. 1911. "Études de philologie sémitique," *MUSJ* 5.355–404.

———. 1911a. "Notes de lexicographie hébraïque (suite)," *MUSJ* 5.405–46.

———. 1911b. "Notes de critique textuelle (Anncien Testament) (suite)," *MUSJ* 5.447–88.

———. 1913. "Études de philologie sémitique (suite)," *MUSJ* 6.121–46.

———. 1913a. "Notes de léxicographie hébraïque," *MUSJ* 6.160–83.

———. 1920. "Études de morphologie hébraïque," Bib 1.353–71.

———. 1920a. Rev. of Bergsträsser 1918, *Bib* 1.111–17.

———. 1921. "Notes de syntaxe hébraïque," *Bib* 2.223–29.

———. 1921a. "Études de sémantique hébraîque," *Bib* 2.336–42.

———. 1922. "Locutions hébraïques," *Bib* 3.53–74.

———. 1922a. "Quelques hébraïsmes de syntaxe dans le 1er livre de Maccabées," *Bib* 3.204–06.

———. 1922b. "Exemples de Waw omis dans le texte massorétique," *Bib* 3.206–09.

———. 1922c. "Les temps dans Prov. 31, 10–31," *Bib* 3.349–52.

———. 1922d. "Verbe עָשַׁק «etenir» (le bien d'autrui), secondairement «opprimer»" *Bib* 3.445–47.

———. 1922e. "Verbe הוֹנָה «pressurer» 'exploiter quelqu'un'," *Bib* 3.448f.

———. 1923. "Quelques hébraïsmes du Codex Sinaiticus de Tobie," *Bib* 4.168–74.

———. 1923a. *Grammaire de l'hébreu biblique*. Rome.

———. 1923b. "Une série de *Beth essentiae* méconnus," *Bib* 4.318–20.

———. 1924. *Ruth. Commentaire philologique et exégétique*. Rome.

———. 1925. "Notes de lexicographie hébraïque," *MUSJ* 10.1–47.

———. 1928. "Notes philologiques sur le texte hébreu de 1 Rois," *Bib* 9.428–33.

Kaddari, M.Z. [מ. צ. קדרי]. 1966. "Dvandra-type 'composite' substantives in Biblical Hebrew," *Lěš* 30.113–35.

———. 1970. "Problems in Biblical Hebrew syntax (on the so-called 'double object'," *Lěš* 34.245–56.

———. 1976. *Studies in Biblical Hebrew Syntax* [פרשיות בתחביר לשון המקרא]. Ramat-Gan.

참고문헌 947

irapy———. 1988. "On the function of the pronominal 'copula' in Mishnaic Hebrew" [Heb.], in A. Dotan (ed.), *Teʿuda 6: Studies in Hebrew and Arabic in Memory of Dov Eron* [מחקרים בעברית ובערבית. ספר זיכרון לדוב עידון] (Tel Aviv), 15–30.

Kahle, P.(E.) 1901. "Zur Geschichte der hebräischen Accente," *ZDMG* 55.167–94.

———. 1913. *Masoreten des Ostens*. Leipzig.

———. ²1959. *The Cairo Geniza*. Oxford.

Katsumura, H. 1987. "Zur Funktion von *hinnēh* und *wᵉhinnēh* in der biblischen Erzählung," *AJBI* 13.3–21.

Kaufman, S.A. 1988. "The classification of the North West Semitic dialects of the biblical period and some implications thereof," in M. Bar-Asher (ed.), *Proceedings of the Ninth World Congress of Jewish Studies, Jerusalem, August 4–12, 1985*, 41–57. Jerusalem.

Kautzsch, E. 1884. *Grammatik des Biblisch-Aramäischen*. Leipzig.

———. ²⁷1902. *Hebräische Grammatik*. Leipzig.

———. 1906. "Die sogenannten aramaisierenden Formen der Verba ע״ע im Hebräischen," in C. Bezold (ed.), *Orientalische Studien Th. Nöldeke … gewidmet* (Giessen), vol. 2, pp. 771–80.

Kelley, P.H., D.S. Mynatt and T.G. Crawford. 1998. *The Masorah of Biblia Hebraica Stuttgartensia. Introduction and Annotated Glossary*. Grand Rapids, MI.

Kelly, F.T. 1920. "The imperfect with simple waw in Hebrew," *JBL* 39.1–23.

Khan, G. (A.) 1984. "Object markers and agreement pronouns in Semitic languages," *BSOAS* 47.468–500.

———. 1987. "Vowel length and syllable structure in the Tiberian tradition of Biblical Hebrew," *JSS* 32.23–82.

———. 1988. *Studies in Semitic Syntax*. Oxford.

———. 1989. "The pronunciation of מה־ before *dageš* in the medieval Tiberian Hebrew reading tradition," *JSS* 34.433–41.

———. 1996. "The Tiberian pronunciation tradition of Biblical Hebrew," *ZAH* 9.1–23.

———. 1996a. "Remarks on vowels represented by *šewa* and *ḥaṭep* signs in the Tiberian vocalization system," *JSS* 41.65–74.

———. 1997. "Tiberian Hebrew phonology," in A.S. Kaye (ed.), *Phonologies of Asia and Africa* (Winona Lake), vol. 1, pp. 85–102.

Kienast, B. 2001. *Historische semitische Sprachwissenschaft. Mit Beiträgen von E. Graefe (Altaegyptisch) und G.B. Gragg (Kuschitisch)*. Harrassowitz.

Kieviet, P.J.A. 1997. "The infinitive construct in Late Biblical Hebrew. An investigation in the synoptic parts of Chronicles," *Dutch Studies Published by NELL* 3.45–73.

———. 1999. "The infinitive construct combined with the particles אֵין, יֵשׁ, לֹא in the Hebrew Bible: syntax and semantics," *Dutch Studies Published by NELL* 4.5–62.

Kilwing, N. 1978. "היה als Kopula im Nominalsatz," *BN* 7.36–61.

Kimḥi, D. [ד. קמחי], ed. I. Rittenberg. 1862. ספר מכלול. Lyck.

Kinberg, N. 1981. "Notes on the shift from accusative constructions to prepositional phrases in Hebrew and Arabic," *BSOAS* 44.8–14.

Kittel, R. and P. Kahle. ³1937. *Biblia Hebraica*. Stuttgart.

Knudtzon, J.A. 1907–15. *Die El-Amarna Tafeln*. Leipzig.

Koehler, L. 1947–52. "Jod als hebräisches Nominalpräfix," *WO* 1.404f.

Koehler, L. and W. Baumgartner. 1958. *Lexicon in veteris testamenti libros*. Leiden.

Koehler, L., W. Baumgartner and others. ³1967–96. *Hebräisches und aramäisches Lexikon zum Alten Testament*. Leiden.

König, E. 1881–97. *Historisch-kritisches Lehrgebäude der hebräischen Sprache,* 3 vols. Leipzig.

——. 1919. *Die Genesis eingeleitet, übersetzt und erklärt.* Gütersloh.

——. 1900. *Stilistik, Rhetorik, Poetik in Bezug auf die biblische Litteratur.* Leipzig.

——. ²1910. *Hebräisches und aramäisches Wörterbuch.* Leipzig.

Kogut, S. [ק. קוגוט ש] 1982. "The extra pronominal element in the Bible," *Lěš* 46.9–26, 97–123.

——. 1986. "On the meaning and syntactical status of הִנֵּה in Biblical Hebrew," *ScrHier* 31.133–54. [= in M. Bar-Asher (ed.), *Language Studies* II-III (Jerusalem, 1987), 245–58].

——. 1994. *Correlations between Biblical Accentuation and Traditional Jewish Exegesis: Linguistic and Contextual Studies* [המקרא בין טעמים לפרשנות : בחינה לשונית ועניינית של זיקות ומחלוקות בין פרשנות הטעמים לפרשנות המסורתית]. Jerusalem.

Koskinen, K., 1964. "Kompatibilität in den dreikonsonantigen hebräischen Wurzeln," *ZDMG* 114.16–58.

Kottsieper, I. 2000. "*yaqattal* - Phantom oder Problem? Erwägungen zu einem hebraistischen Problem und zur Geschichte der semitischen Sprachen," *KUSATU* 1.27–100.

Kotze, R.J.: 1989. "The circumstantial sentence—A catch-them-all term? A study in sentence relationships in 1 Samuel 1–12," *JNWSL* 15.109–26.

Kouwenberg, N.J.C. 1997. *Gemination in the Akkadian Verb* [SSN 32]. Van Gorcum: Assen.

Kraetzschmar, R. 1900. *Das Buch Ezechiel.* Göttingen.

Krahmalkov, C.R. 1986. "The *qatal* with future tense reference in Phoenician," *JSS* 31.5–10.

Krauss, S. 1913. Rev. of K. Albrecht, *Neuhebräische Grammatik, ZDMG* 67.732–38.

Kreuzer, S. 1985. "Zur Bedeutung und Etymologie von *hištaḥawah/yštḥwy,*" *VT* 35.39–60.

——. 1999/2000. Rev. of the present grammar (1993 ed.) in *AfO* 46/47.439–42.

Krispenz, J. 1998. "Grammatik und Theologie in der Botenformel," *ZAH* 11.133–39.

Kropat, A. 1909. *Die Syntax des Autors der Chronik verglichen mit der seiner Quellen.* Giessen.

Külling, S.R. 1964. *Zur Datierung der «Genesis-P-Stücke», namentlich des Kapitels Genesis XVII.* Kampen.

Kuhr, E. 1929. *Die Ausdrucksmittel der konjunctionslosen Hypotaxe in der ältesten hebräischen Prosa. Ein Beitrag zur historischen Syntax des Hebräischen.* Leipzig.

Kurylowicz, J. 1972. *Studies in Semitic Grammar and Metrics.* Wroclaw / Warszawa / Kraków.

——. 1973. "Verbal aspect in Semitic," *Or* 42.114–20.

Kustár, P. 1972. *Aspekt im Hebräischen.* Basel.

Kutscher, E.Y. [י. קושר] 1966. "Yemenite Hebrew and ancient pronunciation," *JSS* 11.217–25.

——. 1969. "Articulation of the vowels *u, i* in Galilean Aramaic and Mishnaic Hebrew transcriptions of Biblical Hebrew," in E.Z. Melammed (ed.), *Benjamin de Vriez Memorial Volume* (Jerusalem), 218–51.

——. 1974. *The Language and Linguistic Background of the Isaiah Scroll* (1Q1sᵃ). Leiden. Tr. from the Heb. ed. (Jerusalem, 1959).

——. 1982. *A History of the Hebrew Language.* Jerusalem/Leiden.

——. 1971. "Hebrew Language, Mishnaic," *EJ*, vol. 16, cols. 1590–1607.

Labuschagne, C.J. 1973. "The particles הֵן and הִנֵּה," *OudSt* 18.1–14.

Lagarde, P. de. 1889. *Übersicht über die im Aramäischen, Arabischen und Hebräischen übliche Bildung der Nomina.* Göttingen.

Lambdin, T.O. 1971. "The junctural origin of the West Semitic definite article," in H. Goedicke (ed.), *Near Eastern Studies in Honor of W. F. Albright* (Baltimore / London), 315–33.

———. 1971a. *Introduction to Biblical Hebrew* (New York).

———. 1985. "Philippi's law reconsidered," A. Kort and S. Morschauser (eds), *Biblical and Related Studies* [Fschr. S. Iwry] (Winona Lake), 135–45.

Lambert, M. 1890. "L'accent tonique en hébreu," *RNEJ* 20.73–77.

———. 1891. *Une Série de qeré ketib.* Paris.

———. 1892. "Remarques sur le pluriel des noms en hébreu," *RÉJ* 24.99–111.

———. 1893. "Le *vav* conversif," *RÉJ* 26.47–62.

———. 1893a. "Le futur *qal* des verbes à première radicale *vav, noun en alef,*" *RÉJ* 27.136–41.

———. 1895. "Le mot יוֹם suivi des nombres ordinaux," *RÉJ* 31.279–81.

———. 1896. Rev. of W. Gesenius's *Hebräische Grammatik* (²⁶1896), *RÉJ* 33.151–59.

———. 1897. "De la formation des racines trilitères fortes," in G.A. Kohut (ed.), *Semitic Studies in Memory of Alexander Kohut* (Berlin), 354–62.

———. 1898. "Sur la syntaxe de l'impératif en hébreu," *RÉJ* 35.106–9.

———. 1898a. "Notes grammaticales et lexicographiques," *RÉJ* 37.142f.

———. 1900. "L'emploi du *nifal* en hébreu," *RÉJ* 41.196–214.

———. 1901. "Les anomalies du pluriel des noms en hébreu," *RÉJ* 43.206–14.

———. 1903. "De l'emploi des suffixes pronominaux avec noun et sans noun au futur et à l'impératif," *RÉJ* 46.178–83.

———. 1918. "L'origine de l'alphabet," *JA*, 11ème série, 11.563–65.

———. 1920. "Notes lexicographiques et exégétiques," *RÉJ* 71.200–06.

———. 1931–38. *Traité de la grammaire hébraïque.* Paris. Repr. with corrections and some additional materials prepared by G.E. Weil (Hildesheim, 1972).

Landberg, C. von. 1883. *Proverbes et dictions de la province de Syrie. Section de Saydâ.* Leiden.

Landsberger, B. 1926. "Prinzipienfragen der semitischen, speziell der hebräischen Grammatik," *OLZ* 29.967–76

Laufer, A. [א. לאופר] 1987. "Descriptions of the emphatic sounds in Hebrew and in Arabic," M. Bar-Asher (ed.), *Language Studies* [מחקרים בלשון] II–III (Jerusalem), 423–38.

Layton, S.C. 1990. *Archaic Features of Canaanite Personal Names in the Hebrew Bible* [HSS 47]. Atlanta.

Leemhuis, F. 1973. "Sibawaih's treatment of the D stem," *JSS* 18.238–56.

Leeuwen, C. van. 1973. "Die Partikel אָם," *OudSt* 18.15–48.

Lemaire, A. 1977. *Inscriptions hébraïques. Tome 1: Les ostraca.* Paris.

———. 1979–84. "Trois notes de grammaire phénicienne," *GLECS* 24–28.133–45.

Lerner, Y. [י. לרנר] 1985. "אלהים and האלהים in the Pentateuch and the books of Joshua, Judges, I and II Samuel, I and II Kings," *Lěš* 48–49.195–98.

———. 1990. "Pronominal suffixes in the Pentateuch," *Lěš* 55.25–35.

Levi, J. 1987. *Die Inkongruenz im biblischen Hebräisch.* Wiesbaden.

Levin, A. 1985. "The distinction between nominal and verbal sentences according to the Arab grammarians," *Zeitschrift für arabische Linguistik* 15.118–27.

Levin, S. 1971. *The Indo-European and Semitic Languages.* Albany.

———. 1995. *Semitic and Indo-European: The Principal Etymologies, with Observations on Afro-Asiatic.* Amsterdam / Philadelphia.

Levine, B.A. 1985. "The pronoun שׁ in Biblical Hebrew in the light of ancient epigraphy,"

Eretz Israel 18.147–52 [Heb.].

Levy, K. 1936. *Zur masoretischen Grammatik: Texte und Untersuchungen.* Stuttgart.

Lidzbarski, M. 1898. *Handbuch der nordsemitischen Epigraphik nebst ausgewählten Inschriften.* Weimar.

Lieberman, S. 1962. *Hellenism in Jewish Palestine.* New York.

Lieberman, S.J. 1986. "The Afro-Asiatic background of the Semitic N-stem: Towards the origins of the stem-afformatives of the Semitic and Afro-Asiatic verb," *BO* 43.577–628.

Linton, J.A. 1983. "Four views of the verbless clause in Biblical Hebrew," diss. Wisconsin.

Lipiński, E. 1986. Rev. of Jackson 1983. *BO* 43.448–50.

———. 1997. *Semitic Languages: Outline of a Comparative Grammar* [OLA80]. Leuven.

Lipschütz, L. (ed.). 1965. *Kitāb al-khilāf: Mishael Ben Uzziel's Treatise on the Differences between Ben Asher and Ben Naftali.* Jerusalem.

Lisowsky, G. 1940. "Die Transkription der hebraeischen Eigennamen des Pentateuch in der Septuaginta," diss. Basel.

———. 1958. *Konkordanz zum hebräischen Alten Testament* etc. Stuttgart.

Loewenstamm, S.E., J. Blau and M.Z. Kaddari. 1957–. *Thesaurus of the Language of the Bible* [אוצר לשון המקרא]. Jerusalem.

Loewenstamm, S.E. (ש.א. ליונשטם). 1954. "The development of the term 'first' in the Semitic languages," *Tarbiz* 24.249–51.

Longacre, R.E.: 1989. *Joseph: A Story of Divine Providence. A Text-Theoretical and Textlinguistic Analysis of Genesis 37 and 39–48.* Winona Lake.

Loretz, O. 1960. "Die hebräische Nominalform *qattāl*," *Bib* 41.411–16.

Luzzatto, S.D. 1836. *Prolegomeni ad una grammatica ragionata della lingua ebraica.* Padova.

———. 1853. *Grammatica della lingua ebraica.* Padova.

Lyons, J. 1977. *Semantics* 2. Cambridge.

McCarthy, D.J. 1980. "The use of wehinnēh in Biblical Hebrew," *Bib* 61.330–42.

McFall, L. 1982. *The Enigma of the Hebrew Verbal System: Solutions from Ewald to the Present Day.* Sheffield.

Macdonald, J. 1975. "Some distinctive characteristics of Israelite Spoken Hebrew," *BO* 32.162–75.

Macuch, R.: 1965. *Handbook of Classical and Modern Mandaic.* Berlin.

———. 1969. *Grammatik des samaritanischen Hebräisch.* Berlin.

———. 1982. *Grammatik des samaritanischen Aramäisch.* Berlin.

Malessa, M. 2003. "Untersuchungen zur verbalen Valenz im biblischen Hebräisch," diss. Leiden (now [2006] slightly revised and published as *SSN* 49, and here quoted from it).

———. 2003a. "Biblisch-Hebräisch דִּבֶּר אֶל/לְ und דִּבֶּר עִם/אֶת im Vergleich," in Fschr. Muraoka, 333–340.

Malone, J.L. 1993. *Tiberian Phonology.* Winona Lake.

Mandelkern, S. 1896. *Veteris testamenti concordantiae hebraicae atque chaldaicae.* Leipzig.

Marcus, D. 1970. "Aspects of the Ugaritic verb in the light of comparative Semitic grammar," diss., Columbia University.

Margain, J. 1969–70. "*Yakhol* et l'expressiion de la modalité 'pouvoir'," *GLECS* 14.47–64.

———. 1973–79. "Causatif et tolératif en hébreu," *GLECS* 18–23.23–31.

Margolis, M.L. 1910. "The pronunciation of the שְׁוָא according to new hexaplaric material," *AJSL* 26.62–70.

———. 1901. "Accents," *Jewish Encyclopedia* (New York/London), 149b-158a.

Martin, M. 1958. *The Scribal Character of the Dead Sea Scrolls*, 2 vols. Leuven.

Massey, K.A.J. and K. Massey-Gillespie. 1995. "Semitic quadriliteral animal terms: an explanation," *JNWSL* 21.83–90.

Matthews, P.H.: 1981. *Syntax*. Cambridge.

Meek, Th.J. 1940. "The Hebrew accusative of time and place," *JAOS* 60.224–33.

Meier, S.A. 1992. *Speaking of Speaking: Marking Direct Discourse in the Hebrew Bible*. Leiden.

Meillet, A. and M. Cohen. ²1952. *Les Langues du monde*. Paris.

Melammed, E.Z. [מלמד .צ.ע]. 1984. "את in Biblical poetry"[Heb.], in *Studies in the Bible, its Translations and Interpreters* [מחקרים במקרא בתרגומיו ומפרשיו] (Jerusalem), 200–216. [Originally published in 1964 in עז לדוד, pp. 568–84].

Mengozzi, A.1997. "Osservazioni sintattiche e semantiche sui sintagmi aggettivali ebraicobiblici del tipo yfẽ toʾar," *Afroasiatica Neapolitana*, 11–12.

Mercati, G. 1958. *Psalterii Hexapli Reliquiae. I. Codex rescriptus Bibliothecae Ambrosianae 0.39 Supp. Phototypice expressus et transcriptus*. Rome.

Merwe, C.H.J. van der. 1990. *The Old Hebrew Particle gam. A Synoptic Description of gam in Gn-2Kg*. St. Ottilien.

———. 1991. "The Old Hebrew "particles" ʾak and raq (in Genesis to 2 Kings)", Fschr. Richter, 297–311.

———. 1992. "Is there any difference between ירא מפני, ירא מן, and ?ירא את," *JNSWSL* 18.177–83.

———. J.A. Naudé, and J.H. Kroeze. 1999. *A Biblical Hebrew Reference Grammar*, Sheffield.

Mettinger, T.N.D. 1971. "The nominal pattern 'qᵉtulla' in Biblical Hebrew," *JSS* 16. 2–14.

———. 1973. "The Hebrew verb system: A survey of recent research," *Annual of the Swedish Theological Institute* 9.64–84.

Meyer, R. ²1961. "Spuren eines westsemitischen Präsens-Futur in den Texten von Chirbet Qumran," in J. Hempel and L. Rost (eds), *Von Ugarit nach Qumran* [BZAW 77: Fschr. O. Eissfeldt], 118–28.

———. 1966–72. *Hebräische Grammatik*. 4 vols. Berlin.

Meyer-Lübke, W. 1890–1906. *Grammaire des langues romanes*. Paris.

Michel, A. 1997. *Theologie aus der Peripherie. Die gespaltene Koordination im Biblischen Hebräisch* [BZAW 257]. Berlin.

Michel, D. 1960. *Tempora und Satzstellung in den Psalmen*. Bonn.

———. 1977. *Grundlegung einer hebräischen Syntax. Teil I, Sprachwissenschaftliche Methodik: Genus und Numerus des Nomens*. Neukirchen-Vluyn.

———. 2004. *Grundlegung einer hebräischen Syntax. Teil 2, Der hebräische Nominalsatz*. Neukirchen-Vluyn.

Migsch, H. 2000. "Gibt es im Bibelhebräischen eine unpersönliche Passivkonstruktion mit direktem Objekt?," *BN* 102.14–21.

Milgrom, J. 1990. Numbers במדבר. Philadelphia/New York.

Milik, J.T. 1962. "Le rouleau de cuivre provenant de la grotte 3Q (3Q15)," in M. Baillet, J.T. Milik and R. de Vaux, *Les 'petites grottes' de Qumran* [DJD 3] (Oxford) 199–302.

Miller, C.L. 1996. *The Representation of Speech in Biblical Hebrew Narrative* [HSS 55]. Atlanta, GA.

———. (ed.). 1999. *The Verbless Clause in Biblical Hebrew—Linguistic Approaches*. Winona

Lake.

——. 1999a. "The pragmatics of *waw* as a discourse marker in Biblical Hebrew dialogue," *ZAH* 12.165–91.

Miller, P.D. 1979. "Vocative Lamed in the Psalter: a reconsideration," *UF* 11.617–39.

Mishor, M.[1983 .[מ. מישור]. "The tense system in Tannaitic Hebrew" [מערכת הזמנים בלשון התנאים], diss. Jerusalem.

——: 1993. "Second radical of infinitive לפעל without dageš lene," in Fschr. Blau, 383–96. [Heb.]

Möller, H. 1906. *Semitisch und Indogermanisch,* I Teil: Konsonanten. Kopenhagen.

——. 1911. *Vergleichendes indogermanisch-semitisches Wörterbuch.* Göttingen.

Morag, Sh.[שלמה מורג]. 1957. "Studies in the living traditions of post-biblical Hebrew," *Tarbiz* 26.4–16

——. 1962. *The Vocalization Systems of Arabic, Hebrew, and Aramaic.* 's-Gravenhage.

——. 1963. *The Hebrew Language Tradition of the Yemenite Jews* [העברית שבפי יהודי תימן]. Jerusalem.

——. 1968. "Niqqud" [Heb.], *EB*, vol. 5 (Jerusalem), cols. 837–57.

——. 1969–74. "The Tiberian tradition of Biblical Hebrew: Homogeneity and heterogeneity" [Heb.] *The Annual of the Shocken Institute for Jewish Studies,* vol. 2 (Jerusalem) 105–44.

——. 1971. "Pronunciation of Hebrew," *EJ*, vol. 13, cols. 1120–45.

——. 1974. "On the methodology and terminology of the early Massoretes," *Lěš* 38.49–77.

——. 1974a. "On the historical validity of the vocalization of the Hebrew Bible," *JAOS* 94.307–15.

——. 1982. "Some notes on Šelomo Almoli's contributions to the linguistic science of Hebrew," in J.A. Emerton and S.C. Reif (eds), *Interpreting the Hebrew Bible* [Fschr. E.I.R. Rosenthal] (Cambridge), 157–69.

——. 1984. "Some notes on linguistic thought in the Middle Ages: *Kitāb al-muṣawwatāt* and the phonological theory it presents," in M. Bar-Asher (ed.), *Masorot: Studies in Language Tradition* I [מסורות: I מחקרים במסורות הלשון] (Jerusalem), 41–50.

——. 1988. "Qumran Hebrew: Some typological observations," *VT* 38.148–64.

——. 2000. "On some concepts in the world of Qumran: Polysemy and semantic development," in Muraoka, T. and J.F. Elwolde (eds), *Diggers at the Well* (Leiden), 178–92.

Moran, W.L. 1960. "Early Canaanite *yaqtula*," *Or* N.S. 29.1–19.

——. 1961. "The Hebrew language in its Northwest Semitic background," G.E. Wright (ed.), *The Bible and the Ancient Near East* [Fschr. W.F. Albright] (Garden City, NY), 54–72.

Moreshet, M. [מ. מורשת]. 1967. "The predicate preceding a compound subject in the Biblical language," *Lěš* 31.251–60.

——. 1976. "The Hifᶜil in Mishnaic Hebrew as equivalent to the Qal" [Heb.], *Bar-Ilan* [בר־אילן] 13. 249–81.

Moscati, S. 1951. *L'epigrafia ebraica antica 1935–50.* Rome.

Moscati, S. (ed.), A. Spitaler, E. Ullendorff, and W. von Soden. 1964. *An Introduction to the Comparative Grammar of the Semitic Languages. Phonology and Morphology.* Wiesbaden.

Muchiki, Y. 1999. *Egyptian Proper Names and Loanwords in Northwest Semitic.* Atlanta.

Müller, A.R. 1991. "Zu den Artikelfunctionen im Hebräischen," in Fschr. Richter, 313–29.

Müller, D.H. 1906. "Die numeralia multiplicativa in den Amarnatafeln und im Hebräischen," *Semitica*, I, Sitzungsberichte der kais. Akademie der Wissenschaften in Wien, Philosophische-historische Klasse, Band CLIII, III. Abhandl., pp. 13ff.

Müller, H.-P. 1983. "Zur Geschichte des hebräischen Verbs - Diachronie der Konjugationsthemen," *BZ* 27:34–59.

———. 1984. "Ebla und das althebräische Verbalsystem," *Bib* 65.145–67.

———. 1985. "Ergativelemente im akkadischen und althebräischen Verbalsystem," *Bib* 66.385–417.

———. 1989. "Die Konstruktionen mit *hinnē* 'siehe' und ihr sprachgeschiclicher Hintergrund," *ZAH* 2.45–76.

———. 1992. "Kolloquialsprache und Volksreligion in den Inschriften von Kuntillet ʿAğrūd und Ḥirbet el Qōm," *ZAH* 5.515–51.

———. 1994. "Nicht junktiver Gebrauch von w- im Althebräischen," *ZAH* 7.141–74.

Mulder, M.J. 1973. "Die Partikel יַעַן," *OudSt* 18.49–83.

Muraoka, T. 1966. "Notes on the syntax of Biblical Aramaic," *JSS* 11.151–67.

———. 1969. "Emphasis in Biblical Hebrew," diss. Jerusalem.

———. 1972. "Remarks on some types of noun modifier in Syriac," *JNES* 31.192–94.

———. 1975. "The *Nun energicum* and the prefix conjugation in Biblical Hebrew," *AJBI* 1.63–71.

———. 1975a. "On the nominal clause in the Old Syriac Gospels," *JSS* 20.28–37.

———. 1977. "On the Syriac particle *ʾiṯ*," *BO* 34.21f.

———. 1977a. "The status constructus of adjectives in Hebrew," *VT* 27.375–80.

———. 1978. "A syntactic problem in Lev. xix. 18b," *JSS* 23.291–97.

———. 1978a. "On the so-called dativus ethicus in Biblical Hebrew," *JThSt* NS 29.495–98.

———. 1979. "On verb complementation in Biblical Hebrew," *VT* 29.425–35.

———. 1979a. "Hebrew philological notes," *AJBI* 5.88–104.

———. 1983–84. "The Tell-Fekheriye bilingual inscription and Early Aramaic," *AN* 22.79–117.

———. 1985. *Emphatic Words and Structures in Biblical Hebrew*. Jerusalem/Leiden.

———. 1987. *Classical Syriac for Hebraists*. Wiesbaden.

———. 1989. Rev. of A. Niccacci 1986, *AN* 27.187–93.

———. 1990. "On the nominal clause in Late Biblical Hebrew and Mishnaic Hebrew," in M. Bar-Asher, *Language Studies* [מחקרים בלשון] IV (Jerusalem), 219–52 [Heb.].

———. 1991. "The Biblical Hebrew nominal clause with a prepositional phrase," K. Jongeling, H.L. Murre-van den Berg, L. Van Rompay (eds), *Studies in Hebrew and Aramaic Syntax* [Fschr J. Hoftijzer] (Leiden), 143–51.

———. 1991–92. "Much ado about nothing? A sore point or two of Hebrew grammarians," *Ex Oriente Lux* 32.131–39.

———. 1992. "Biblical Hebrew philological notes (2)," *Jerusalem Studies in Arabic and Islam* 15 [Fschr. J. Blau], 43–54.

———. 1995. "Notae qumranicae philologicae (2)," *AN* 33.55–73.

———. 1995a. "Linguistic notes on the Aramaic inscription from Tel Dan" *IEJ* 45.19–21.

———. 1995b. "The Tel Dan inscription and Aramaic/Hebrew tenses," *AN* 33.113–15.

———. 1995c. "A new dictionary of Classical Hebrew," in T. Muraoka (ed.), *Studies in Ancient Hebrew Semantics*. [*Abr-Nahrain* Supplement 4] (Louvain), 87–101.

———. 1996. "1 Sam 1,15 again," *Bib* 77.98f.

———. 1997, ²2005b. *Classical Syriac. A Basic Grammar with a Chrestomathy. With a Select Bibliography Compiled by S.P. Brock* [PLO 19]. Wiesbaden.

———. 1997a. "The alleged final function of the Biblical Hebrew syntagm <*waw* + a volitive form>," in E. van Wolde (ed.), *Narrative Syntax and the Hebrew Bible: Papers of the*

Tilburg Conference 1996 (Leiden), 229–41.

———. 1998. "Again on the Tel Dan inscription and the Northwest Semitic verb tenses," *ZAH* 11.74–81.

———. 1999. "The participle in Qumran Hebrew with special reference to its periphrastic use," T. Muraoka and J.F. Elwolde (eds), *Sirach, Scrolls & Sages: Proceedings of a Second International Symposium on the Hebrew of the Dead Sea Scrolls, Ben Sira, & the Mishnah, held at Leiden University, 15–17 December 1997* (Leiden), 188–204.

———. 1999a. "The tripartite nominal clause revisited," in Miller (ed.) 187–213.

———. 2000. "An approach to the morphosyntax and syntax of Qumran Hebrew," T. Muraoka and J.F. Elwolde (eds), *Diggers at the Well: Proceedings of a Third International Symposium on the Hebrew of the Dead Sea Scrolls and Ben Sira* (Leiden), 193–214.

———. 2000a. "Hebrew," in L.H. Schiffman and J.C. VanderKam (eds), *Encyclopedia of the Dead Sea Scrolls* (Oxford), 1, 340–45.

———. 2000b. "How to analyse and translate the idiomatic phrase מִי יִתֵּן," *Bulletin of the International Organization for Septuagint and Cognate Studies* 33.47–52.

———. 2001. " 'Three of them' and 'the three of them' in Hebrew," *ANES* 3 8.215–16.

———. 2005. "Linguistic notes on Moabite and Ancient Hebrew iscriptions," in M. Bar-Asher and M. Florentin (eds), *Samaritan, Hebrew and Aramaic Studies Presented to Professor Abraham Tal* (Jerusalem), 31*–44*.

———. 2005a. "Apports de la LXX dans notre compréhension de l'hébreu et du grec, et de leur vocabulaire," in J. Joosten and Ph. le Moigne (eds), *L'apport de la Septante aux études sur l'Antiquité* (Paris), 57–68.

Fschr. Muraoka, ed. by M.F. J. Baasten and W.Th. van Peursen. *Hamlet on a Hill. Semitic and Greek Studies Presented to Professor T. Muraoka on the Occasion of his Sixty-fifth Birthday* [OLA 118]. Leuven.

Muraoka; T. and Malessa, M. 2002. "A Deuteronomistic formula <שמר + עשה>" *VT* 52.548–51.

Muraoka, T. and Porten, B. 1998, ²2003. *A Grammar of Egyptian Aramaic* [Handbuch der Orientalistik 32]. Leiden.

Muraoka, T. and Rogland, M. 1998. "The *Waw* consecutive in Old Aramaic? A rejoinder to Victor Sasson," *VT* 48.99–104.

Murray, D.F. 1999. "An unremarked rhetorical marker in Biblical Hebrew prose," *HS* 40.33–56.

Murtonen, A. 1952. *A Philological and LiteraryTreatise on the Old Testament Divine Names* אל, אלוה, אלהים, and יהוה. Helsinki.

———. 1986. *Hebrew in its West Semitic Setting,* Part 1, Section A. Leiden.

Mynatt, D.S. 1994. *The sub loco Notes in the Torah of Biblia Hebraica Stuttgartensia.* N. Richland Hills, TX.

Naudé, J.A. 1997. "The syntactic status of the ethical dative in Biblical Hebrew," *JS* 9.129–65.

Naveh, J. 1970. *The Development of the Aramaic Script.* Jerusalem.

———. ²1987. *Early History of the Alphabet.* Jerusalem/Leiden.

———. 2001. "Hebrew graffiti from the First Temple period," *IEJ* 51.194–207.

——— and I. Eph⁽al. 1989. "Hazael's booty inscriptions," *IEJ* 39.192–200.

Neef, H.-D. 2000. "Nomina ohne Plural im Biblischen Hebräisch," *ZA* 13.91–105.

Niccacci, A. 1986. *Sintassi del verbo ebraico nella prosa biblica classica.* Jerusalem. [Engl. tr.

by W.G.E. Watson, *The Syntax of the Verb in Classical Hebrew Prose* (Sheffield, 1990)].

———. 1993. "Simple nominal clause (SNC) or verbless clause in Biblical Hebrew prose," *ZAH* 6.216–27.

———. 1999. "Types and functions of the nominal sentence," in Miller (ed.), 215–48. Nöldeke, Th. 1875. *Mandäische Grammatik*. Halle.

———. ²1898. *Syrische Grammatik*. Leipzig.

———. ³1899. *Die semitischen Sprachen. Eine Skizze*. Leipzig.

———. 1904–05. "Zur semitischen Pluralendung," *ZA* 18.68–72.

———. 1910. *Neue Beiträge zur semitischen Sprachwissenschaft*. Strassburg.

———. 1910a. "Zweiradikalige Substantive," in his *Neue Beiträge zur semitischen Sprachwissenschaft* (Strassburg), pp. 109–78.

———. 1916. "Glossen zu H. Bauer's *Semitischen Sprachproblemen*," *ZA* 30.163–70.

Noth, M. 1928. *Die israelitischen Personennamen im Rahmen der gemeinsemitischen Namengebung*. Stuttgart.

Nyrop, K. 1890–1930. *Grammaire historique de la langue française*, 6 vols. Copenhagen.

O'Connor, M. 1980. *Hebrew Verse Structure*. Winona Lake.

———. 2002. "Discourse linguistics and the study of Biblical Hebrew," A. Lemaire (ed.), *Congress Volume: Basel 2001* (Leiden), 17–42.

———. 2002a. "Semitic lexicography: European dictionaries of Biblical Hebrew in the twentieth century," *IOS* 20.173–212.

Offer, Y. [עופר .י] 1992. "The notation of *šĕwā* at the end of a word in the Tiberian vocalization system," *Lĕš* 57.109–18.

Olshausen, J. 1861. *Lehrbuch der hebräischen Sprache*. Braunschweig.

Orlinsky, H.M. 1940–41, 1941–42. "On the cohortative and jussive after an imperative or interjection in Biblical Hebrew," *JQR* NS 31.371–82, ib. 32.191–205, 273–77.

———. 1942–43. "The biblical prepositions *táḥaṯ, bēn, báʿaḏ* and pronouns *ʾănū* (or *ʾanū*), *zōʾṯāḥ*," *HUCA* 17: 267–92.

———. 1947. "Notes on the Qal infinitive construct and the verbal noun in Biblical Hebrew," *JAOS* 67.107–26.

———. 1970. *Notes on the New Translation of the Torah*. Philadelphia.

Ornan, U. 2003. "The mysteries of *Waw connective*," *ZAW* 115.241–55.

Palmer, F.R. 1986. *Mood and Modality*. Cambridge.

Paran, M. [פארן.מ]. 1989. *Forms of the Priestly Style in the Pentateuch. Patterns, Linguistic Usages, Stylistic Structures* [דרכי הסגנון הכוהני בתורה. דגמים, שימושי לשון, מבנים]. Jerusalem.

Pardee, D. 1975, 1976. "The preposition in Ugaritic," *UF* 7.329–78, 8.215–322.

———. 1982. *Handbook of Ancient Hebrew Letters: A Study Edition*. Chico.

———. 1983. "The 'epistolary perfect' in Hebrew letters," *BN* 22.34–40.

———. 1997. "Ugaritic," in R. Hetzron (ed.), *The Semitic Languages* (London), 131–44.

Park, M. 2003. "Repetition and non-repetition of particles in Biblical Hebrew and the Hebrew of the Dead Sea Scrolls," diss. Jerusalem [Heb.: חזרה ואי־חזרה על מיליות בלשון המקרא ובלשון מגילות מדבר יהודה].

Passy, P.E. ²1912. *Petite phonétique comparée des principales langues européennes*. Leipzig.

Paul, H. ⁶1960. *Prinzipien der Sprachgeschichte*. Tübingen.

Peckham, R. 1997. "Tense and mood in Biblical Hebrew," *ZAH* 10.139–68.

Pentiuch, E.J. 2001. *West Semitic Vocabulary in the Akkadian Texts from Emar* [HSS 49]. Winona Lake.

Peretz, Y. [פרץ. י]. 1967. *The Relative Clause* [Heb.: משפט הזיקה בלשון העברית לכל תקופותיה]. Tel Aviv.

———. 1968. "Juxtaposition of proper noun and title," *Proceedings of the Fourth World Congress of Jewish Studies*, 129–33. [Heb.: Engl. abstract, pp. 188f.]

Pérez Feernández, M. 1997. Tr. J. Elwolde. *An Introductory Grammar of Rabbinic Hebrew*. Leiden.

van Peursen, W.Th. 2004. *The Verbal System in the Hebrew Text of Ben Sira* [SSLL 41]. Leiden.

Philippi, F.W.M. 1878. "Das Zahlwort Zwei im Semitischen," *ZDMG* 23.21–98.

du Plessis, S.J. 1971. "Aspects of morphological peculiarities of the language of Qoheleth" in I.H. Eybers et al. (eds), *De fructu oris sui* [Fschr. A. van Selms] (Leiden), 164–80.

Polotsky, H.J. 1964. "Semitics," in E.A. Speiser (ed.), *The World History of the Jewish People*, first series, vol. 1 (New Brunswick), 99–111; "Egyptian," 121–34.

Polzin, R. 1976. *Late Biblical Hebrew: Toward an Historical Typology of Biblical Hebrew Prose* [HSS 12]. Missoula.

Pope, M.H. 1988. "Vestiges of vocative *lamedh* in the Bible," *UF* 20.201–7.

Porath, E.:[פורת. א]. 1938. *Mishnaic Hebrew as Vocalised in the Early Manuscripts of the Babylonian Jews* [לשון חכמים לפי מסורות בבליות שבכתבי־יד ישנים]. Jerusalem:

Prätorius, F. 1882. "הלך und ילך," *ZAW* 2.310–12.

———. 1903. "Über einige Arten hebräischer Eigennamen," *ZDMG* 57.773–82.

Proceedings of the International Conference on Semitic Studies Held in Jerusalem, 19–23 July 1965 (Jerusalem, 1969).

Purvis, J.D. 1968. *The Samaritan Pentateuch and the Origin of the Samaritan Sect*. Cambridge, MA.

Qimron, E. [קימרון. א]. 1967. "A Grammar of the Hebrew Language of the Dead Sea Scrolls" [דקדוק הלשון העברית של מגילות מדבר יהודה], diss. Jerusalem.

———. 1983. "The negative word אל in our early sources," in M. Bar-Asher et al. (eds), *Hebrew Language Studies* [מחקרי לשון] [Fschr. Z. Ben-Ḥayyim] (Jerusalem), 473–82.

———. 1986. *The Hebrew of the Dead Sea Scrolls* [HSS 29]. Atlanta.

———. 1986a. "Interchanges of *e* and *a* vowels in accented closed syllables in Biblical Hebrew," *Lěš* 50.77–102.

———. 1986b. "Further notes on 'Philippi's law'," *Lěš* 50.247–49.

———. 1986–87. "Consecutive and conjunctive imperfect: the form of the imperfect with waw in Biblical Hebrew," *JQR* 77.149–61.

———. 1987. "קטלתוני and related forms in Hebrew," *JQR* 78.49–55.

———. 1987a. Rev. of A. Hurvitz 1982 in *Lěš* 51.235–39.

———. 1991. "Interchangeability of *ṣere* and *pataḥ* in Biblical Hebrew and "Philippi's law"," *Lěš* 56.111–16.

———. 1993. *Biblical Aramaic* [Heb.]. Jerusalem.

——— and J. Strugnell. 1994. *Qumran Cave 4, V: Miqṣat maʿaśe ha-torah* [DJD X] (Oxford) 65–108.

——— and D. Sivan. 1995. "Interchange of *pataḥ* and *ḥiriq* and the attenuation law," *Lěš* 59.7–

38.

——. 1996. "הוריה and some related forms" [Heb.], Y. Hoffman and F. Polak (eds), Fschr Y.S. Licht, 263–67.

——. 1997. "On the Hebrew tradition of the Massoretes," in Y. Bentolila (ed.), *Hadassah Shy Jubilee Book* (Beersheva), 37–43.

——. 1998. "A new approach toward interpreting the Imperfect verbal forms in Early Hebrew," *Lěš* 61.31–43.

——. 2000. "The nature of DSS Hebrew and its relation to Biblical Hebrew and Mishnaic Hebrew," in T. Muraoka and J.F. Elwolde, *Diggers at the Well: Proceedings of a Third International Symposium on the Hebrew of the Dead Sea Scrolls and Ben Sira* (Leiden), 232–44.

——. 2000–01. "Response to Moshe Florentin," *Lěš* 63.173f.

——. 2004. "נְאֻם and the history of the pattern *quʔl*" [Heb.], in M. Heltzer and M. Malul (eds), *Teshûrôt LaAvishur* [Fschr Y. Avishur] (Tel Aviv-Jaffa), 295*–99*.

Rabin, C.[רבין. ח]. 1951. *Ancient West-Arabian*. London.

——. 1962. "The ancient versions and the indefinite subject," *Textus* 2.60–76.

——. 1963. "The origin of the subdivisions of Semitic," in D.W. Thomas and W.D. McHardy (eds), *Hebrew and Semitic Studies* [Fschr. G.R. Driver] (Oxford), 104–15.

——. 1963–66. "Un phénomène d'alternance stylistique des constructions indéfinies en hébreu biblique," *GLECS* 10.34f.

——. 1964. (as edited by S. Shkolnikov), *A Syntax of Biblical Hebrew* [תחביר לשון המקרא]. Jerusalem.

——. 1967. "The vocalization of the third singular perfect of *Piʿél* in Tiberian Hebrew," *Lěš* 32.12–26.

——. 1969. "Shafel in Hebrew and Aramaic: its nature and origin" [השפעל בעברית ובארמית: מהותו ומוצאו]" *Eretz Israel* 9.148–58.

——. 1969a. "The structure of the Semitic system of case endings," *Proceedings of the International Conference on Semitic Studies Held in Jerusalem, 19–23 July 1965* (Jerusalem), 190–204.

——. 1970. "Hebrew," T.A. Sebeok (ed.), *Current Trends in Linguistics*, vol. 6 (The Hague / Paris), 304–46.

——. 1970a. *The Phonetics of Biblical Hebrew* [תורת ההגה העברית המקראית] (Jerusalem).

——. 1971. *The Meanings of Grammatical Forms in Biblical and Modern Hebrew* [משמעויותיהן של הצורות הדקדוקיות בלשון המקרא ובלשון ימינו]. Jerusalem.

——. 1979. "The emergence of Classical Hebrew," A. Malamat (ed.), *The World History of the Jewish People, The Age of Monarchies: Culture and Society,* vol. 4.2 (Jerusalem), pp. 71–78.

——. 1988. *Die Entwicklung der hebräischen Sprache,* a German tr. by L. Reichert (Wiesbaden) of A *Short History of the Hebrew Language*. Jerusalem, n.d.

Rainey, A.F. 1967. "The Samaria ostraca in the light of fresh evidence," *PEQ* 99.32–41.

——. 1970. "Semantic parallels to the Samaria ostraca," *PEQ* 102.45–51.

——. 1973. "Reflections on the suffix conjugation in West Semitised Amarna tablets," *UF* 5.235–62.

——. 1978. "The Barth-Ginsberg law in the Amarna tablets," *Eretz Israel* 14.8*–13*.

——. 1986. "The Ancient Hebrew prefix conjugation in the light of Amarnah Canaanite," *HS*

27.4–19.

———. 1996. *Canaanite in the Amarna Tablets. A Linguistic Analysis of the Mixed Dialect Used by Scribes from Canaan.* 4 vols. [Handbuch der Orientalistik 25]. Leiden.

———. 1996a. "The imperative "See" as an introductory particle: An Egyptian-West Semitic calque," in J.E. Coleson and V.H. Matthews (eds), *"Go to the Land I will Show you"* [Fschr. D.W. Young] (Winona Lake), 317–52.

———. 2003. "The suffix conjugation pattern in Ancient Hebrew tense and modal functions," *ANES* 40.3–42.

———. 2003a. "The *yaqtul* preterite in Northwest Semitic," in Fschr. Muraoka, 395–408.

Ratcliffe, R.R. 1998. *The 'Broken' Plural in Arabic and Comparative Semitic: Allomorphy and Analogy in Non-concatenative Morphology.* Amsterdam.

Ratzaby, Y. [רצהבי. י] 2000. "Verse and translation," *BM* 45.168–70.

Rechenmacher, H. 1996. "*šabbat[t]* - Nominalform und Etymologie," *ZAH* 9.199–203.

———, 2003. "לֹא and אין in nominal clauses," *JNWSL* 29.67–85.

Reckendorf, H. 1895–98. *Die syntaktischen Verhältnisse des Arabischen.* Leiden.

———. 1909. *Über Paronomasie in den semitischen Sprachen.* Giessen.

———. 1921. *Arabische Syntax.* Heidelberg.

de Regt, L.J. 1988. *A Parametric Model for Syntactic Studies of a Textual Corpus Demonstrated on the Hebrew of Deuteronomy 1–30* [SSN 24]. Assen/Maastricht.

Reichenbach, H. 1947. *Elements of Symbolic Logic.* New York.

Rendsburg, G. 1982. "*Laqtîl* infinitives: Yiph'il or Hiph'il," Or 51.231–38.

———. 1982a. "A new look at Pentateuchal *HW*," *Bib* 63.351–69.

———. 1989. "Sabaic notes to Hebrew grammar," *AN* 27.106–19.

———. 1990. *Diglossia in Ancient Hebrew.* New Haven.

———. 1990a. *Linguistic Evidence for the Northern Origin of Selected Psalms.* Atlanta.

———. 1992. "Morphological evidence for regional dialects in Ancient Hebrew," in W.R. Bodine, *Linguistics and Biblical Hebrew* (Winona Lake), 65–88.

———. 2003. "Hurvits redux: On the continued scholarly inattention to a simple principle of Hebrew philology," in I. Young (ed.), 104–28.

———. 2003a. "A comprehensive guide to Israelian Hebrew: grammar and lexicon," *Orient* 38.5–35.

Renz, J. & W. Röllig. 1995–2003. *Handbuch der althebräischen Epigraphik.* 2 vols. in 4 parts. Wiesbaden.

Retsö, J. 1989. *Diathesis in the Semitic Languages: A Comparative Morphological Study* [SSLL 14]. Leiden.

———. 1997. "State and plural marking in Semitic," in E. Wardini (ed.), *Built on Solid Rock: Studies in Honour of Professor Ebbe Egede Knudsen on the Occasion of his 65th Birthday April 11th 1997* (Oslo), 268–82.

Reuchlin, J. 1506. *De rudimentis hebraicis.* Pforzheim.

Revell, E.J. 1970. "Studies in the Palestinian vocalization of Hebrew," J.W. Wevers & D.B. Redford (eds), *Essays on the Ancient Semitic World* (Toronto), 51–100.

———. 1970a. *Hebrew Texts with Palestinian Vocalization.* Toronto.

———. 1977. *Biblical Texts with Palestinian Pointing and their Accents.* Missoula.

———. 1980. "Pausal forms in Biblical Hebrew: Their function, origin and significance," *JSS* 25.165–79.

———. 1981. "The nature of Resh in Tiberian Hebrew," *Association for Jewish Studies Review*

6.125–36.

———. 1981 a. "Syntactic/semantic structure and the reflexes of original short a in Tiberian pointing," *HAR* 5.75–100.

———. 1984. "Stress and the *Waw* 'consecutive' in Biblical Hebrew," *JAOS* 104.437–44.

———. 1985. "The vowelling of '*i*-type' segholates in Tiberian Hebrew," *JNES* 44.319–28.

———. 1989. "The conditioning of word order in verbless clauses in Biblical Hebrfew," *JSS* 34.1–24.

———. 1992. "The development of *Sĕgôl* in an open syllable as a reflex of **a*: An exercise in descriptive phonology," in W.R. Bodine, *Linguistics and Biblical Hebrew* (Winona Lake), 17–28.

———. 1993. "Concord with compound subjects and related uses of pronouns," *VT* 43.69–87.

———. 1995. "The two forms of first person singular pronoun in Biblical Hebrew," *JSS* 40.199–217.

———. 2002. "Logic of concord with collectives in Biblical narrative," *Maarav* 9.61–91.

Rezetko, R. 2003. "Dating Biblical Hebrew: Evidence from Samuel - Kings and Chronicles," in Young (ed.), 215–50.

Richter, W. 1978–80. *Grundlagen einer althebräischen Grammatik*. 3 vols. St. Ottilien.

Fschr. Richter. 1991. W. Groß, H. Irsigler, Th. Seidl (eds), *Text, Methode und Grammatik*. St. Ottilien.

Rössler, O. 1961. "Eine bisher unerkannte Tempusform im Althebräischen," *ZDMG* 111.445–51.

———. 1962. "Die Präfixkonjugation Qal der Verba I^{ae} Nûn im Althebräischen und das Problem der sogenannten Tempora," *ZAW* 74.125–41.

Rogland, M.F. 2000. "The Hebrew "Epistolary perfect" revisited," *ZAH* 13.194–200.

———. 2003. *Alleged non-past Uses of Qatal in Classical Hebrew*. [SSN 44]. Assen.

Rooker, M.F. 1990. *Biblical Hebrew in Transition. The Language of the Book of Ezekiel*. Sheffield.

Rosén, H.B. [רוזן .ח] 1956. "Aspects and tenses in Biblical Hebrew," H.Y. Gevaryahu, B. Luria and Y. Mehlmann (eds), Fschr. Biram (Jerusalem), 205–18.

———. 1960. "On a syntactic phenomenon in Ancient West-Semitic: The prehistory of אֶת," M. Haran and B.Z. Luria (eds), Fschr N.H. Tur-Sinai (Jerusalem), 127–42. [Heb.]

———. 1961. "A marginal note on Biblical Hebrew phonology," *JNES* 20.124–26.

———. 1962. *A Textbook of Israeli Hebrew*. Chicago.

———. 1969. "The comparative assignment of certain Hebrew tense forms," *Proceedings*, 212–34.

———. 1974. "La position descriptive et comparative des formes contextuelles en hébreu," in A. Caquot and D. Cohen (eds), *Actes du premier congrès international de linguistique sémitique et chamito-sémitique Paris 16–19 juillet 1969* (The Hague/Paris), 246–55.

———. 1975. "*ᵓnky et ᵓny*: Essai de grammaire, interprétation et traduction," *Mélanges A. Neher* (Paris), 253–72.

———. 1993. "Notes on Biblical Hebrew verbal morphology," in Fschr. Blau, 507–13.

———. 2003. "Remarques à propos du genre grammatical en hébreu biblique," in J. Lentin and A. Lonnet (eds), *Mélanges David Cohen* (Paris), 581–94.

Rosenbaum, M. 1997. *Word-order Variation in Isaiah 40–55: A Functional Perspective* [SSN 35]. Assen.

Rosenthal, F. 1939. *Die aramaistische Forschung seit Theodor Nöldeke's Veröffentlichungen*.

Leiden.

———. 1961. A *Grammar of Biblical Aramaic*. Wiesbaden.

———. (ed.). 1967. *An Aramaic Handbook*, two parts. Wiesbaden.

———. 1978. "Aramaic studies during the past thirty years," *JNES* 37.81–91.

Rotenberg, M. [רוטנברג. מ] 1968. "The implicit construct phrase in the Bible," *Lěš* 32.347–58.

———. 1977. "Again on the implicit construct phrase in the Bible," *Lěš* 41.305–8.

Rousselot, P.J. 1902. *Principes de phonétique expérimentale*. Paris.

Rubin, A. 2001. "A note on the conjugation of ל"ה verbs in the derived patterns," *ZAH* 14.34–41.

Rubinstein, A. 1952. "A finite verb continued by the infinitive absolute in Biblical Hebrew," *VT* 2.362–67.

Rubinstein, E. 1979. "Adjectival verbs in Biblical Hebrew," *IOS* 9.55–76.

Rundgren, F. 1961. *Das althebräische Verbum: Abriss der Aspektlehre*. Uppsala.

———. 1973. "Erneuerung des Verbalaspekts im Semitischen: Funktionell-diachronische Studien zur semitischen Verblehre," *Acta Universitatis Upsaliensis; Acta Societatis Linguisticae Upsaliensis*, NS 1:3, 49–108.

Ryder, S.A. II. 1974. *The D-stem in Western Semitic*. The Hague.

Sáenz-Badillos, A. Tr. J.F. Elwolde. 1993. *A History of the Hebrew Language*. Cambridge.

Sappan, R. [ספן. ר]. 1981. *The Typical Features of the Syntax of Biblical Poetry in its Classical Period* [הייחוד התחבירי של לשון השירה המקראית]. Jerusalem.

Sarauw, C. 1939. *Über Akzent und Silbenbildung in den älteren semitischen Sprachen*. København.

Sarfatti, G. [צרפתי. ג] 1982. "Hebrew inscriptions of the First Temple period—A survey and some linguistic comments," *Maarav* 3.58–65.

———. 1990. "Gleanings from Hebrew epigraphy," *Lěš* 55.43–53.

———. 1992. "Reflexive pronouns and pronouns of identity in Hebrew," *Lěš* 56.341–51.

———. 1993. "The origin of vowel letters in West-Semitic writing—A tentative recapitulation," *Lěš* 58.13–24.

Sass, B. 1988. *The Genesis of the Alphabet and its Development in the Second Millennium B. C*. Wiesbaden.

Satzinger, H. 2002. "The Egyptian connection: Egyptian and the Semitic languages," *IOS* 20.227–64.

Saussure, F. de. 1916. *Cours de linguistique générale*. Paris.

Saydon, P.P. 1954. "Some unusual ways of expressing the superlative in Hebrew and Maltese," *VT* 4.432f.

Schlesinger, M. 1928. *Satzlehre der aramäischen Sprache des babylonischen Talmuds*. Leipzig.

Schneider, W. ⁵1982. *Grammatik des biblischen Hebräisch*. München.

Schoors, A. 1989. "The pronouns in Qoheleth," *HS* 30.71–90.

———. 1992. *The Preacher Sought to Find Pleasing Words. A Study of the Language of Qoheleth* [OLA 41]. Leuven.

Schorch, S. 2003. "Determination and the use of the definite article in the Samaritan and in the Masoretic text of the Torah," *JSS* 48.287–320.

Schramm, G.M. 1957. "A reconstruction of Biblical Hebrew Waw consecutive," *General Linguistics* 3.1–8.

———. 1964. *The Graphemes of Tiberian Hebrew*. Berkeley/Los Angeles.

Schüle, A. 1997. "Zur Bedeutung der Formel *wajjehi* im Übergang zum mittelhebräischen Tempussystem," in A. Wagner (ed.), *Studien zur hebräischen Grammatik* (Göttingen), 115–25.

———. 2000. *Die Syntax der althebräischen Inschriften. Ein Beitrag zur historischen Grammatik des Hebräischen.* Münster.

———. 2001. "*Kāmōkā*–der Nächste, der ist wie Du. Zur Philologie des Liebesgebots von Lev 19, 18.34," *KUSATU* 2.97–129.

Schult, H. 1974. "Der Infinitiv mit b- und mit k- in der bibelhebräischen Prosa," *DBAT* 7.18–31.

———. 1977. "Akkusativ mit Partizip bei Verben der Wahrnehmung im Bibel-Hebräischen," *DBAT* 12:7–13.

Schwally, F. 1914. "Zum hebräischen Nominalsatz," *ZDMG* 68.111–17.

Segal, J.B. 1953. *The Diacritical Point and the Accents in Syriac.* London.

Segal, M.H.[מ.צ. סגל]. 1927. *A Grammar of Mishnaic Hebrew.* Oxford.

———. 1932. "The structure of the conditional sentence in Biblical Hebrew and Mishnaic Hebrew," *Lěš* 41.191–211.

———. 1936. דקדוק לשון המשנה. Tel Aviv.

Segert, S. 1961. "Die Sprache der moabitischen Königsinschrift," *Archiv Orientální* 29.197–267.

———. ³1986. *Altaramäische Grammatik mit Bibliographie, Chrestomathie und Glossar.* Leipzig.

———. 1976. *A Grammar of Phoenician and Punic.* München.

———. 1984. *A Basic Grammar of the Ugaritic Language.* Los Angeles/London.

Seidl, Th. 2001. "Wunschsätze mit mī yittin im Biblischen Hebräisch," in R. Bartelmus and N. Nebes (eds), *Sachverhalt und Zeitbezug. Semitische und alttestamentliche Studien Adolf Denz zum 65. Geburtstag* (Wiesbaden), 129–42.

Selms, A. van. 1967. "Paʿyal formations in Ugaritic and Hebrew nouns," *JNES* 26.289–95.

Sharvit, Sh. [ש. שרביט]. 1993. "The distribution of the feminine participle allomorphs in Biblical and Mishnaic Hebrew," in Fschr. Blau, 597–606. [Heb.]

Sheehan, J.F.X. 1971. "Egypto-Semitic elucidation of the *Waw conversive*," *Bib* 52.39–43.

Shimasaki, K. 2002. *Focus Structure in Biblical Hebrew. A Study of Word Order and Information Structure.* Bethesda, MD.

Shivtiel, I. [י. שבטיאל]. 1948. "The Yemenite tradition of Mishnaic Hebrew," in קונטרסים לענייני הלשון העברית 1.8–15.

Shulman, A. 1999. "The particle נָא in Biblical Hebrew prose," *HS* 40.57–82.

———. 2000. "The function of 'Jussive' and 'Indicative' imperfect forms in Biblical Hebrew," *ZAH* 13.168–80.

———. 2001. "Imperative and second person indicative forms in Biblical Hebrew prose," *HS* 42.271–87.

Siebesma, P.A. 1991. *The Function of the Niph'al in Biblical Hebrew in Relatioship to other Passive-reflexive Verbal Stems and the Pu'al and Hoph'al in Particular* [SSN 28]. Assen.

Sievers, E. 1901–19. *Metrische Studien, I. Studien zur hebräischen Metrik.* Leipzig.

Silverman, M.H. 1973. "Syntactic notes do the *Waw consecutive*, in H.A. Hoffner (ed.), *Orient and Occident*" [Fschr C.H. Gordon] (Neukirchen), 167–75.

Sinclair, C. 1991. "Verb valence," *JANESCU* 20.63–81.

Sivan, D. 1984. *Grammatical Analysis and Glossary of the Northwest Semitic Vocables in*

Akkadian Texts of the 15th-13th C. B. C. from Canaan and Syria. Neukirchen-Vluyn.

——. 1986. "Problematic lengthenings in North West Semitic spellings of the middle of the second millennium B.C.E.," *UF* 18.301–12.

——. 1990. "Notes on the use of the form QATAL as the plural base of the form QATL in Ugaritic," *Lěš* 55.37–41.

——. 1997. "Remarks on the use of the forms תִּקְטְלוּן / יִקְטְלוּן in the Bible in the wake of a recent study" [Heb.], in Y. Bentolila, *Hadassah Shy Jubilee Book* (Beersheva), 27–36.

Sivan, D. and Z. Cochavi-Rainey. 1992. *West-Semitic Vocabulary in Egyptian Script of the 14th to the 10th Centuries BCE*. Beersheva.

Skoss, S.L. 1951–52. "A study of Hebrew vowels from Saadia Gaon's grammatical work 'Kutub al-Lughah'," *JQR* NS 42.283–317.

——. 1955. Saadia Gaon: *The Earliest Hebrew Grammarian*. Philadelphia.

Smend, R. 1906. *Die Weisheit des Jesus Sirach*. Berlin.

Smith, M.S. 1991. *The Origins and the Development of the Waw-consecutive. Northwest Semitic Evidence from Ugarit to Qumran* [HSS 39]. Atlanta.

Socin, A. 1900–01. *Diwan aus Centralarabien*. Leipzig.

von Soden, W. 1960. "Status rectus-Formen vor dem Genitiv im Akkadischen und die sogenannte uneigentliche Annexion im Arabischen," *JNES* 19.163–71.

——. 1965. "Zum Methode der semitisch-hamitischen Sprachvergleichung," JSS 10.159–77.

——. 1965–81. *Akkadisches Handwörterbuch*. Wiesbaden.

——. 1968. "Die Spirantisierung von Verschlusslauten im Akkadischen: Ein Vorbericht," *JNES* 27.214–20.

——. 1988. "Bedeutungsgruppen unter den Substantiven nach der Nominalform *ma/iqtāl mit Pluralformen nach ma/iqtallîm/ôt* im Althebräischen," *ZAH* 1.103–06.

——. 1989. "Die Nominalform *taqtûl* im Hebräischen und Aramäischen," *ZAH* 2.77–85.

——. [3]1995. Unter Mitarbeit von W.R. Mayer. *Grundriss der akkadischen Grammatik with Ergänzungsheft*. Rome.

Soggin, J. A. 1965. "Tracee di antichi causativi in *š*- reallizzati come radici autonome in ebraico biblico," *Annali dell'Istituto Orientale di Napoli* NS 25.17–30. [= "Traces of ancient causatives in *š*- realized as autonomous roots in Biblical Hebrew" in *Old Testament and Oriental Studies* (Rome, 1975), 188–202.

Sokoloff, M. 2002. *A Dictionary of Jewish Palestinian Aramaic of the Byzantine Period: Addenda et Corrigenda*. Ramat-Gan.

——. 2002a. *A Dictionary of Jewish Babylonian Aramaic of the Talmudic and Geonic Periods*. Ramat-Gan.

——. 2003. *A Dictionary of Judean Aramaic*. Ramat-Gan

Solá-Solé, J.M. 1961. *L'infinitif sémitique*. Paris.

Sollamo, R. 2003. "The passive with an agent in Biblical Hebrew and its rendering in the Septuagint," in Fschr. Muraoka, 617–30.

Speiser, E.A. 1936. "Studies in Semitic formatives," *JAOS* 56.22–46.

——. "The pitfalls of polarity," *Language* 14.187–202.

——. 1954. "The terminative-adverbial in Canaanite-Ugaritic and Akkadian," *IEJ* 4.108–15.

——. 1955. "The durative hithpaᶜel: A *tan- form*," *JAOS* 75.118–21.

——. 1964. "Amorites and Canaanites," in E.A. Speiser (ed.), *The World History of the Jewish People*, first series, vol. 1 (New Brunswick), pp. 162–69.

Sperber, A. 1943. "Hebrew grammar: A new approach," *JBL* 62.137–262.

———. 1966. *A Historical Grammar of Biblical Hebrew*. Leiden.

Spieckermann, H. 1982. *Juda unter Assur in der Sargonidenzeit*. Göttingen.

Spuler, B. (ed.). 1953–54. *Handbuch der Orientalistik. III Semitistik*. Leiden.

Stade, B. 1879. *Lehrbuch der hebräischen Grammatik*. Leipzig.

Stec, D.M. 1987. "The use of hen in conditional sentences," *VT* 37.478–86.

Steiner, R.C. 1977. *The Case for Fricative-laterals in Proto-Semitic*. New Haven.

———. 1982. *Affricated ṣade in the Semitic Languages*. New York.

———. 1997. "Ancient Hebrew," in R. Hetzron (ed.), *The Semitic Languages* (London), pp. 145–73.

Stempel, R. 1999. *Abriß einer historischen Grammatik der semitischen Sprachen*. Frankfurt am Main.

Stipp, H.-J. 1987. "Narrativ-Langformen 2. und 3. Person von zweiradikaligen Basen nach *qalY* im biblischen Hebräisch," *JNWSL* 13.109–49.

———. 1991. "*w·hayā* für nichtiterative Vergangenheit? Zu syntaktischen Modernisierungen im masoretischen Jeremiabuch," in Fschr. Richter, 521–47.

Streck, M.P. 2002. Rev. of Tropper, *UG* in *ZDMG* 152.185–92.

Sukenik, E.L. [סוקניק. א.ל] et al. 1965–82. *Encyclopaedia Biblica. Thesaurus rerum biblicarum alphabetico ordine digestus*. 3rd impression [אנציקלופדיה מקראית]. Jerusalem.

Tal, A. [טל. א] 1994. *The Samaritan Pentateuch Edited according to MS 6(C) of the Skekhem Synagogue*. Tel Aviv.

———. 2000. *A Dictionary of Samaritan Aramaic* [Handbuch der Orientalistik 50], 2 vols. Leiden.

Talshir, D. [טלשיר. ד] 1990. "המלך יהונתן or יהונתן המלך," *Lěš* 55.277–80.

———. 2002/03. "אָחוֹת and עֵדוֹת in Ancient Hebrew," *ZAH* 15/16.108–23.

Talstra, E. 1978, 1982. "Text grammar and Hebrew Bible," *BO* 35.169–74, 39.26–38.

Téne, D. and J. Barr. 1971. "Hebrew linguistic literature," *EJ*, vol. 16, cols. 1352–1401.

Ternes, E. 2002. "Entgegengesetzte Genuszuweisung bei Numeralia im Semitischen: einige grammatiktheoretische und typologische Überlegungen," in W. Arnold and H. Bobzin (eds), „*Sprich doch mit deinen Knechten aramäisch!* "[Fschr O. Jastrow] (Wiesbaden), 719–36.

Testen, D.D. 1998. *Parallels in Semitic Linguistics. The Development of Arabic la- and Related Semitic Particles* [SSLL 26]. Leiden.

Thacker, T.W. 1963. "Compound tenses containing the verb 'be' in Semitic and Egyptian," in D.W. Thomas and W.D. McHardy (eds) *Hebrew and Semitic Studies* [Fschr. G.R. Driver] (Oxford), 156–71.

Thomas, D. Winton 1953. "A consideration of some unusual ways of expressing the superlative in Hebrew," *VT* 3.209–24.

Thurot, Ch. 1868. "Extraits de divers manuscrits latins pour servir à l'histoire des doctrines grammaticales au moyen-âge," in *Notices et extraits des manuscrits de la Bibliothèque Nationale* 22/2 (Paris), 1–592.

Torczyner [= Tur-Sinai], N.H. 1911. "Zur Bedeutung von Akzent und Vokal im Semitischen," *ZDMG* 64.269–311.

———. 1916. *Die Entstehung des semitischen Sprachtypus*, vol. 1. Wien.

———. 1937. "The hard and soft pronunciations of the Begadkefath letters in the history of Hebrew," *Lěš* 8.297–306.

Touzard, J.P. 1911. *Grammaire hébraïque abrégée*. Paris.

Tropper, J. 1992. "Dualische Personalpronomina und Verbalformen im Althebräischen," *ZAH* 5.201–8.

———. 1997–98. "Kanaanäisches in den Amarnabriefen," *AfO* 44–45.134–45. [Rev. of Rainey 1996]

———. 1998. "Althebräisches und semitisches Aspektsystem," *ZAH* 11.153–90.

———. 1999. "Die Endungen der semitischen Suffixkonjugation und der Absolutivkasus," *JSS* 44.175–93.

———. 2000. *Ugaritische Grammatik*. Münster.

———. 2001. "Das genusindifferente hebräische Pronomen *hwᵓ* im Pentateuch aus sprachvergleichender Sicht," *ZAH* 12.159–72.

———. 2002. "Die hebräische Partikel *hinnēʰ* 'siehe.' Morphologische und syntaktische Probleme," *KUSATU* 3.81–121.

———. 2002–03. "Die Vokativpartikel *yāʰ* im Hebräischen," *ZAH* 15/16.168–71.

Tsevat, M. 1955. *A Study of the Language of the Biblical Psalms*. Philadelphia.

Tur-Sinai, N.H. [טור־סיני .נ.ה.]: 1938-39 "The infinitive absolute in Hebrew," *Lěš* 9.170–94.

———. 1954. *The Language and the Book* [הלשון והספר]. כרך הלשון Jerusalem.

Ullendorff, E. 1958. "What is a Semitic language?," *Or* 27.66–75.

———. 1965. "The form of the definite article in Arabic and other Semitic languages," in G. Makdisi (ed.), *Arabic and Islamic Studies* [Fschr. H.A.R. Gibb] (Leiden), 631–37; now in E. Ullendorff, *Is Biblical Hebrew a Language?* etc. (Wiesbaden, 1977), pp. 165–71.

———. 1985. "Along the margins of Agnon's novel *Shirah*," C. Robin (ed.), *Mélanges linguistiques offerts à Maxime Rodinson* etc. (Paris), 393–400.

———. 1992. "Some observations on the *dativus ethicus* in Semitics and elsewhere," *Jerusalem Studies in Arabic and Islam* 15 [Fschr. J. Blau], 1–9.

Ungnad, A. 1905. "Über Analogiebildungen im hebräischen Verbum," *Beiträge zur Assyriologie* 5.233–78.

del Valle Rodriguez, C (ed.). 1977. *Sefer ṣaḥot*. Salamanca.

Vater, H. ³1994. *Einführung in die Zeit-Linguistik*. Hürth-Efferen.

Vendler, Z. 1957. "Verbs and times," *The Philosophical Review* 66.143–60.

Verheij, A.J.C. 1990. *Verbs and Numbers. A Study of the Frequencies of the Hebrew Verbal Tense Forms in the Books of Samuel, Kings, and Chronicles* [SSN 28]. Assen.

———. 1992. "Stems and roots," *ZAH* 5.64–71.

Versluis, A. 2003. "Taal en tijd. Een onderzoek naar mogelijkheid en methode van het dateren van (bijbel)teksten op taalkundige gronden," M.A. thesis. Leiden.

Vitestam, G. 1987–88. "Στύραξ and צֳרִי," *Or. Suec.* 36–37.29–37.

Vogt, E. 1971. *Lexicon linguae aramaicae veteris testamenti documentis antiquis illustratum*. Rome.

Voigt, R.M. 1987. "The classification of Central Semitic," *JSS* 32.1–22.

———. 1988. *Die infirmen Verbaltypen des Arabischen und das Biradikalismus-Problem*. Stuttgart.

———. 1988a. "Die Personalpronomina der 3. Person im Semitischen," *WO* 18.49–63.

———. 1992. "Die Lateralreihe /ś, ṣ, ź/ im Semitischen," *ZDMG* 142.37–52.

———. 1998. "Der Artikel im Semitischen," *JSS* 43.221–58.

———. 2002. "The Hamitic connection: Semitic and Semitohamitic," *IOS* 20.265–90.

———. 2002/03. "Die beiden Suffixkonjugationen des Semitischen (und Ägyptischen)," *ZAH* 15/16.138–65.

Vycichl, W. 1973–79. "Problèmes de linguistique chamitique. Morphologie et vocabulaire," *GLECS* 18–23.209–13.

———. 1973–79a. "Études d'hébreu massorétique," *GLECS* 18–23.495–517.

Wächter, L. 1971. "Reste von Saf‾el-Bildungen im Hebräischen," *ZAW* 83.380–89.

Wagner, A. 1997. *Sprechakte und Sprechaktanalyse. Untersuchungen im biblischen Hebräisch an der Nahstelle zwischen Handlungsebene und Grammatik* [BZAW 253]. Berlin.

Wagner, M. 1966. *Die lexikalischen und grammatikalischen Aramaismen im alttestamentlichen Hebräisch* [BZAW 96]. Berlin.

Waldman, N.M. 1989. *The Recent Study of Hebrew: A Survey of the Literature with Selected Bibliography.* Cincinnati / Winona Lake.

Waltke, B.K. and M. O'Connor. 1990. *An Introduction to Biblical Hebrew Syntax*; Winona Lake.

Wartburg W. von and P. Zumthor. ³1973. *Précis de syntaxe du français contemporain.* Berne.

Watson, W.G.E. 1992. "Final -*m* in Ugaritic," *AO* 10.223–52.

———. 1994. "Final -*m* in Ugaritic again," *AO* 14.259–68.

———. 1996. "Final -*m* in Ugaritic yet again," *AO* 12.95–104.

Weil, G.E. 1971. *Massorah Gedolah juxta codicem Leningradensem B 19ᵃ*, vol. I. Rome.

Weinberg, W. 1966. "Spoken Israeli Hebrew: Trends in the departures from classical phonology," *JSS* 11.40–68.

———. 1971–73. "Towards a world standard in the transliteration of Hebrew," *Proceedings of the Fifth World Congress of Jewish Studies* 4.137–51 (Jerusalem).

———. 1975. 1976. 1977, 1978, 1979. "The history of Hebrew *plene* spelling," *HUCA* 46.457–87, 47.237–80, 48.301–33, 49.311–38, 50.289–337. Also published as a monograph of the same title (Cincinnati, 1985).

Weinrich, H. ⁴1985. *Tempus: Besprochene und erzählte Welt.* Stuttgart.

Wellhausen, J. 1871. *Der Text der Bücher Samuelis untersucht.* Göttingen.

Wernberg-Møller, P. 1959. "Observations on the Hebrew participle," *ZAW* 71.54–67.

———. 1988. "The old accusative ending in Biblical Hebrew: Observations on הַמָּוְתָה in Ps. 116:15," *JSS* 33.155–64.

Werner, F. 1983. *Die Wortbildung der hebräischen Adjektiva.* Wiesbaden.

Wevers, J.W. 1970. "Ḥeth in Classical Hebrew," J.W. Wevers and D.B. Redford (eds), *Essays on the Ancient Semitic World* (Toronto), 101–12.

Wheeler, S.B. 1970–71. "The infixed -t- in Biblical Hebrew," *Journal of the Ancient Near East Society* 3.20–31

Wickes, W. 1881. *A Treatise on the Accentuation of the Three so-called Poetical Books of the Old Testament. Psalms, Proverbs and Job.* Oxford.

———. 1887. *A Treatise on the Accentuation of the Twenty-one so-called Prose Books of the Old Testament.* Oxford.

Williams, R.J. 1970. "The passive *Qal* theme in Hebrew," in J.W. Wevers and D.B. Redford (eds), *Essays on the Ancient Semitic World* (Toronto), 43–50.

———. 1972. "Energic verbal forms in Hebrew," in J. W. Wevers and D.B. Redford (eds), *Studies on the Ancient Palestinian World* (Toronto), 75–85.

Wilt, T. 1996. "A sociolinguistic analysis of *nāʾ*," *VT* 46. 237–55.

Wonneberger, R. 1984. *Leitfaden zur Biblia Hebraica Stuttgartensia. Göttingen. [ET D.R. Daniels, Understanding BHS: A Manual for the Users of Biblia Hebraica Stuttgartensia* (Rome, 1984)].

Woodhouse, R. 2003. "The biblical Shibboleth story in the light of Late Egyptian perceptions of Semitic sibilants: reconciling divergent views," *JAOS* 123.271–89.

Wright, W., W. Robertson Smith, M.J. de Goeje. ³1896–98. *A Grammar of the Arabic Language*. 2 vols. Cambridge.

Würthwein, E. ⁵1988. *Der Text des Alten Testaments: Eine Einführung in die Biblia Hebraica*. Stuttgart. E.T. by Rhodes, E.F. 1994. *The Text of the Old Testament. An Introduction to the Biblia Hebraica*. London.

Xella, P. 1995. "Le dieu et «sa déesse»: l'utilisation des suffixes pronominaux avec des théonymes d'Ebla à Ugarit et à Kuntillet ʿAjrud," *UF* 27.599–610.

Yahalom, Y. [יהלום .י] 1969–70. "The Palestinian vocalisation in Hedwata's Qĕduštot and the language tradition it reflects," *Leš* 34. 25–60.

Yalon, H.[ילון .ח]. 1964. *Introduction to the Pointing of the Mishnah* [מבוא לניקוד המשנה]. Jerusalem.

———. 1967. *Studies in the Dead Sea Scrolls. Philological Essays* [מגלות מדבר יהודה. דברי לשון]. Jerusalem.

———. 1971. פרקי לשון. Jerusalem.

Yannay, I. 1974. "Augmented verbs in Biblical Hebrew," *HUCA* 45.71–95.

Yeivin, I. [ייבין .י]. 1959. "Syntactical and musical influence on the use of maqqef with short words," *Leš* 23.35–48.

———. 1968. "Meteg," *EB*, vol. 5, cols. 641–43.

———. 1968a. *The Aleppo Codex of the Bible. A Study of its Vocalization and Accentuation*. Jerusalem.

———. 1968b. "Massorah," *EB*, vol. 5, cols. 130–59.

———. 1971. "The forms יקטולני and יקוטלנו in the Dead Sea Scrolls in the light of the Babylonian tradition of punctuation" [Heb.], in B. Uffenheimer (ed.), *Bible and Jewish History. Studies in Bible and Jewish History Dedicated to the Memory of Jacob Liver* (Tel Aviv), 256–76.

———. 1976. "קרי וכתיב," *EB*, vol. 6, cols. 262–65.

———. 1978. "Alef with a dagesh in the Bible," in Y. Avishur and J. Blau (eds), *Studies in the Bible and the Ancient Near East* [Fschr. S.E. Loewenstamm] (Jerusalem), 223–27.

———. 1980. *Introduction to the Tiberian Massorah* [tr. E.J. Revell]. Missoula.

———. 1980a. "Quantitative changes of hatephs," *Leš* 44.163–84

———. 1983. "The meaning of the dagesh sign in the 'complicated' Tiberian punctuation," in M. Bar-Asher et al. (eds.), *Hebrew Language Studies* [מחקרי לשון] [Fschr. Z. Ben-Ḥayyim] (Jerusalem), 293–307.

———. 1985. מסורת הלשון העברית המשתקפת בניקוד הבבלי [*The Hebrew Language Tradition as Reflected in the Babylonian Vocalization*]. Jerusalem.

Yeivin, S. [ייבין .ש]. 1929–30. "Linguistic notes: A new meaning of Hitpael in Hebrew," *Leš* 2.49f.

Young, G.D. 1953. "The origin of the Waw conversive," *JNES* 12.248–52.

Young, I. 1993. *Diversity in Pre-Exilic Hebrew.* Tübingen.

———. 1997. "Evidence of diversity in pre-exilic Judahite Hebrew," *HS* 38.7–20.

———. 1999. "*'Am* construed as singular and plural in Hebrew Bible texts: diachronic and textcritical perspectives," *ZAH* 12.48–82.

———. 2001. "*'Edah* and *Qahal* as collective nouns in Hebrew biblical texts," ZAH 14.68–78.

———. 2001a. "Observations on the third person masculine singular pronominal suffix -h in Hebrew biblical texts," *HS* 42.225–42.

———. 2003. (ed.), *Biblical Hebrew: Studies in Chronology and Typology.* Edinburgh.

Zaborski, A. 1999. "On the alleged ergativity in Hamitosemitic/Afroasiatic languages," in M. Brzezina and H. Kurek (eds), *Collectanea linguistica* [Fschr C. Polański] (Kraków), 309–17.

———. 2000. "Inflected article in Proto-Arabic and some other West Semitic languages," *Asian and African Studies* 9.24–35.

———. 2002. "On the interplay of tense, aspect and Aktionsart in Semitic languages," in W. Arnold and H. Bobzin (eds), *„Sprich doch mit deinen Knechten aramäisch!"* [Fschr O. Jastrow] (Wiesbaden), 869–76.

Zatelli, I. 2003. "I prodromi della definizione di verbo performativo nelle grammatiche tradizionali dell'ebraico biblico," in P. Marassini (ed.), *Semitic and Assyriological Studies* [Fschr P. Fronzaroli] (Wiesbaden), 690–97.

Zevit, Z. 1980. *Matres Lectionis in Ancient Hebrew Epigraphs.* Cambridge, MA.

———. 1988. "Talking funny in Biblical Henglish and solving a problem of the yaqtul past tense," *HS* 29.25–33.

———. 1998. *The Anterior Construction in Biblical Hebrew.* Atlanta, GA.

Zewi, T. 1994. "The nominal sentence in Biblical Hebrew," in G. Goldenberg and Sh. Raz (eds), *Semitic and Cushitic Studies* (Wiesbaden), 145–67.

———. 1996. "Subordinate nominal sentences involving prolepsis in Biblical Hebrew," *JSS* 41.1–20.

———. 1996a. "The particles הִנֵּה and וְהִנֵּה in Biblical Hebrew," *HS* 37.21–37.

———. 1997. "On similar syntactical roles of *inūma* in El Amarna and הנה, והנה and הן in Biblical Hebrew," *JANES* 25.71–86.

———. 1998. "The Syntactical Status of Exceptive Phrases in Biblical Hebrew," *Bib* 79:542–548.

———. 1999. *A Syntactical Study of Verbal Forms Affixed by* -n(n) *Endings in Classical Arabic, Biblical Hebrew, El-Amarna Akkadian and Ugaritic* [AOAT 260]. Münster.

———. 2000. "Is there a tripartite nominal sentence in Biblical Hebrew?," *JNWSL* 26.51–63.

Zlotniq, J. [זלוטניק .י]. 1930. "Piel," *Lěš* 2.22–34.

Zorell, F. 1933. "Gibt es im Hebräischen ein «kî recitativum»?," *Bib* 14.465–69.

———. 1968. *Lexicon hebraicum et aramaicum veteris testamenti.* Rome.